컴퓨터 과학 총론

13th Edition

Computer Science
An Overview

| J. Glenn Brookshear · Dennis Brylow 공저 |

| 이광수 · 윤영기 공역 |

Pearson

Human Science
휴먼싸이언스

Computer Science An Overview

13th Edition

J. Glenn Brookshear and Dennis Brylow

13th Edition 정가 35,000원

컴퓨터 과학 총론

2019년 1월 2일 초판 인쇄
2019년 1월 7일 초판 발행

저 자 : J. Glenn Brookshear · Dennis Brylow
공 역 자 : 이광수 · 윤영기
발 행 자 : 박 주 옥
발 행 처 : 휴먼싸이언스
주 소 : 서울시 도봉구 시루봉로 291 B1
(도봉동 613-14 숙진빌딩)
등록번호 : 제2008-20호
등 록 일 : 2008. 10. 13
전 화 : (02) 955-0244
팩 스 : (02) 955-0245

e-mail : humansci@naver.com
I S B N : 979-11-89057-05-3 93560

역자와의 협의하에 인지생략

이 도서의 국립중앙도서관 출판시도서목록(CIP)은 서지정보유통지원시스템 홈페이지(http://seoji.nl.go.kr)와 국가자료공동목록시스템(http://www.nl.go.kr/kolisnet)에서 이용하실 수 있습니다. (CIP제어번호: 2019000181)

서문

이 책은 컴퓨터과학에 대한 개론서이며, 여러 주제들을 폭넓게 탐색하면서도 각 주제를 제대로 이해할 수 있도록 충분히 깊게 다루고 있다.

독자

이 책은 컴퓨터과학 전공 학생들뿐만 아니라 다른 학문을 전공하는 학생들도 염두에 두고 쓴 것이다. 컴퓨터과학 전공 신입생들은 대부분 컴퓨터과학이 프로그래밍, 웹브라우징, 인터넷 파일 공유 등에 관한 것이라는 잘못된 생각을 갖고 있는데, 이것은 이 학생들이 주로 그와 같은 것들만 보아왔기 때문인 것이다. 그러나 컴퓨터과학은 이보다 훨씬 많은 내용들을 포함하고 있다. 따라서 컴퓨터과학에 입문하는 학생들은 자신이 전공하려는 학문의 다양한 분야에 접할 필요가 있으며, 이 책의 중요한 목적이 바로 그러한 기회를 제공하자는 것이다. 이 책은 학생들에게 컴퓨터과학의 다양한 주제들을 개괄적으로 소개하고 있는데, 이것은 나중에 배우게 될 전공과목들의 적절성과 상호관련성을 이해할 수 있는 토대가 될 것이다. 이러한 개괄적 접근 방식은 사실 자연과학의 개론 과목들에서 일찍부터 사용되어온 모델이다.

이러한 폭넓은 배경지식은 다른 학문을 전공하는 학생들에게도 자신이 살아가는 기술사회를 이해하기 위해 필요한 것이다. 이러한 독자들을 위한 컴퓨터과학 과목은 인터넷 사용법이나 몇 가지 대중적인 소프트웨어 패키지 사용법 훈련보다는 컴퓨터과학 전반에 대한 실용적이고 현실적인 이해에 도움이 될 수 있어야 한다. 물론 훈련도 나름대로 의미가 있겠지만, 이 책의 목적은 교육에 있다.

이 책을 집필함에 있어 컴퓨터과학을 전공하지 않는 학생들도 쉽게 이해할 수 있게 하자는 것이 중요한 목표 중 하나였으며, 그와 같은 노력의 결과로 이 책의 이전 판들이 고교생에서 대학원생에 이르기까지 교육 수준도 다양하고 전공도 다양한 학생들을 위한 여러 교과목에서 성공적인 교재로 사용되어 왔다. 이번 판도 그러한 전통을 이어갈 수 있도록 설계되었다.

파이썬 코드의 사용

13판에서도 12판에서 도입한 파이썬(Python) 코드 예제와 파이썬 스타일의 의사코드를 계속 사용하는데, 그 이유는 다음과 같다. 우선 이 책에는 이미 몇 개의 장들에서 사용된 상세한 의사코드들을 위시하여 여러 언어로 작성된 코드들을 포함하고 있다. 이미

상당한 분량의 구문을 학습하고 있었음을 고려하여, 나중에 실제로 배우게 될 교과목들에서 사용되는 언어를 이용하는 것이 보다 적절하다고 판단하였다. 더욱 중요한 이유는 이 책을 교재로 사용하는 많은 강사들이 컴퓨터과학개론과 같은 강의에서도 탐구와 실험을 위한 프로그래밍 도구를 사용하지 않고서는 여러 중요한 주제들을 이해하기가 어렵다고 토로하고 있다는 점이다.

왜 하필이면 파이썬을 선택하였는가? 언어를 선택한다는 것에는 항상 논쟁이 따를 수 있으며, 어떤 언어를 선택하더라도 좋아하는 사람들이 있는 이상으로 싫어하는 사람들이 있을 것이다. 그렇지만 파이썬은 다음과 같은 장점들을 갖춘 훌륭한 언어이다.

- 깔끔하고 쉽게 배울 수 있는 구문
- 간단한 입출력 명령어
- 이전 판들에서 사용된 의사코드에 밀접하게 대응되는 데이터 타입과 제어 구조
- 다중 프로그래밍 패러다임에 대한 지원

파이썬을 사용하는 활발한 개발자 그룹들이 있으며, 심층 학습을 위한 방대한 온라인 자료들이 존재한다. 파이썬은 산업계에서 많이 사용되는 5대 언어에 포함되며, 컴퓨터과학 저학년 교과목들에서 활용 빈도가 빠르게 증가하고 있다. 특히 비전공자를 위한 기초 교과목들에서도 인기가 있으며, 물리학이나 생명과학과 같은 타 이공계 전공에서의 컴퓨터 응용에 적합한 언어로 널리 인정받고 있다.

그렇지만, 이 책에서 중점을 두고 있는 것은 폭넓은 컴퓨터과학 기본개념들에 관한 것이며, 파이썬 관련 내용을 포함시킨 것은 이 책을 프로그래밍 개론서로 만들고자 하는 것이 아니라 이전 판들에 비해 프로그래밍을 약간 더 깊이 있게 소개하고자 하는 정도이다. 파이썬에 관한 내용은 이 책의 기존 구조에 맞추어 다루고 있다. 1장에서는 정수, 실수, ASCII 문자열, 유니코드 문자열 등과 같은 데이터 표현을 위한 파이썬 구문을 소개하며, 2장에서는 2장에서 논의되는 기계어 명령을 긴밀하게 반영하는 파이썬 명령들을 소개한다. 알고리즘 기술을 위한 완성도 높은 의사코드 표현에 필요한 조건문, 루프, 함수 등에 대해서는 5장에서 소개한다. 즉, 파이썬 구문들은 컴퓨터과학 기본개념들과 별개로 소개되는 것이 아니라 이러한 개념들에 대한 논의를 보완하기 위해 사용된다.

책의 구성

이 책은 주제들을 구체적인 것에서 추상적인 것들로 진행하는 상향식 방식을 따르고 있으며, 이는 각 주제가 다음 주제로 자연스럽게 이어지며 교육의 진행에 적합한 순서대로 전개하기 위한 것이다. 이 책은 정보의 인코딩, 데이터의 저장, 컴퓨터구조 등에 대한 기초로 시작하여(1, 2장), 운영체제(3장)와 컴퓨터 네트워크(4장)에 대한 학습으로 진행되고, 이어서 알고리즘, 프로그래밍 언어, 소프트웨어 개발 등을 살펴본다(5-7장). 다음에

정보에 대한 접근성을 향상시키기 위한 기법들을 탐색하며(8, 9장), 그래픽스와 인공지능을 통한 컴퓨터 기술의 주요 응용 분야를 고찰하고(10, 11장), 계산 이론에 대한 소개로 맺는다(12장).

이 책은 이러한 자연스러운 진행 순서를 따르고 있지만 개별 장절은 독립적이며, 따라서 별도의 단위로 읽을 수도 있고 순서를 변경하여 학습할 수도 있다. 실제로 이 책은 다양한 순서로 내용들을 다루는 교과목들의 교재로 사용되고 있다. 학습 순서 중 하나는 5, 6장(알고리즘 및 프로그래밍 언어)에서 시작하여 필요에 따라 책의 앞부분으로 돌아오는 것이다. 이와는 대조적으로 12장의 계산 가능성에 관한 내용으로 시작하는 교과목도 있다. 또 다른 경우로는 "졸업반 특강" 교과목에서 여러 영역의 프로젝트들로 확장될 핵심 서로서의 역할을 하기 위한 교재로도 사용되어 왔다. 기술적 측면에 익숙하지 않은 수강생들을 위한 교과목에서라면 4장(네트워킹과 인터넷), 9장(데이터베이스 시스템), 10장(컴퓨터 그래픽스), 11장(인공지능) 등에 집중할 수도 있을 것이다.

각 장의 시작 페이지에 고급 내용을 다루는 절들을 표시하기 위해 *를 사용하였다. 이러한 절들에서는 보다 특별한 주제를 다루거나 전통적인 주제를 더 깊이 있게 다루고 있다. 저자들의 의도는 교재를 학습하는 순서에 대한 힌트를 제공하자는 것이다. 물론 다른 지름길도 있을 것이다. 특히 빠른 진행을 원한다면, 다음과 같은 순서를 권하고 싶다.

절	주제
1.1–1.4	데이터 인코딩과 저장장치의 기초
2.1–2.3	컴퓨터 구조와 기계어
3.1–3.3	운영체제
4.1–4.3	네트워킹과 인터넷
5.1–5.4	알고리즘 및 알고리즘 설계
6.1–6.4	프로그래밍 언어
7.1–7.2	소프트웨어 공학
8.1–8.3	데이터 추상화
9.1–9.2	데이터베이스 시스템
10.1–10.2	컴퓨터 그래픽스
11.1–11.3	인공지능
12.1–12.2	계산이론

이 책의 맥을 형성하는 몇 가지 주제가 있다. 그 중 하나는 컴퓨터과학의 역동성이다. 이 책은 역사적 관점에서 토픽들을 소개하고, 현황을 논의하며, 연구 방향을 제시하기를 반복한다. 또 다른 주제는 추상화의 역할과 추상적 도구가 복잡성을 통제하기 위해 사용되는 방식에 관한 것이다. 이 주제는 0장에서 소개되며 운영체제 구조, 네트워킹, 알고리

즘 개발, 프로그래밍 언어 설계, 소프트웨어 공학, 데이터의 구성, 컴퓨터 그래픽스 등에서 되풀이되고 있다.

강사들에게

이 책은 한 학기에 다루기에는 너무 많은 내용들을 싣고 있으므로, 강의 목적에 맞지 않는 주제들은 건너뛰거나 순서를 재배열하여 사용할 것을 권한다. 이 책은 논리적 진행을 따르고 있지만 주제들은 대개 독립적이어서 원하는 대로 선택하여 다룰 수 있음을 알 수 있을 것이다. 이 책 자체로 하나의 교과목을 정의하기 위한 것이 아니라 교과목들에서 다룰 여러 주제들을 제공하는 참고자료로 이용될 수 있도록 이 책을 집필하였다. 저자들 자신도 일부 주제는 읽어오기 과제로 내주기도 하고, 수업에서 다루지 않는 주제들은 학생들에게 각자 읽어보도록 권하고 있다. 모든 내용을 수업시간에 설명해야 한다고 가정하는 것은 학생들을 과소평가하는 것이며, 우리의 역할은 학생들이 스스로 공부하는 법을 배우도록 도와주는 것이라고 생각한다.

이 책에서는 구체적 내용에서 추상적 내용으로 진행하는 상향식 구성을 채택하고 있다. 우리 학자들은 오랜 기간 동안 한 분야의 주제들을 연구하면서 어떤 관점에 익숙해져 있으며, 학생들도 우리의 관점을 이해할 것으로 가정한다. 그러나 그간에 가르쳐본 경험에 따르면, 학생들의 관점에서 내용들을 구성하는 것이 보다 나은 교육 방법이라고 생각한다. 이것이 이 책의 앞부분에 데이터 표현과 저장, 컴퓨터 구조, 운영체제, 네트워킹 등을 배치한 이유이다. 학생들은 JPEG이나 MP3 등의 용어들을 들어보았을 것이며, DVD에 데이터를 수록해본 경험이 있을 것이다. 또 운영체제를 이용하고 있으며, 매일같이 인터넷과 스마트폰을 사용하고 있을 것이다. 따라서 학생들은 이 책의 앞부분 내용들을 쉽게 자신의 경험에 연결시킬 수 있다. 또 오랫동안 품고 있었던 의문들에 대한 답을 이러한 주제들을 통해 스스로 발견하기도 하며, 이러한 내용을 이론적인 것이 아니라 실용적인 것으로 바라보기도 한다. 이러한 주제들에서 시작하여 알고리즘, 알고리즘적 구조, 프로그래밍 언어, 소프트웨어 개발 방법론, 계산 가능성, 복잡도 등 우리가 컴퓨터과학의 중요한 주제들로 간주하는 보다 추상적인 문제들로 자연스럽게 이행할 수 있다. 앞에서 언급한 바와 같이 주제들을 소개하는 특정 순서를 강요하자는 것은 아니며, 단지 한 번 시도해볼 만한 순서를 제안할 뿐이다.

학생들은 우리가 직접적으로 가르치는 것보다 훨씬 많은 내용을 배우며, 간접적으로 배우는 내용들을 명시적으로 학습하는 내용보다 더 잘 흡수하기도 한다는 것을 우리는 알고 있다. 이것은 특히 문제 해결을 "가르칠" 때 중요하다. 학생들은 문제 해결 방법론을 배운다고 해서 문제 해결사가 되지는 않는다. 학생들은 문제들을 해결해봄으로써 문제 해결사가 되는데, 이는 조심스럽게 설정된 "교과서적 문제"에만 국한되는 것은 아니다. 따라서 이 책 전반에 걸쳐 수많은 문제들을 포함시키고 있으며, 이들 중 일부는 의도적으로 모호하게 제시되어 있어 꼭 한 가지의 올바른 해법이나 하나의 정답이 없는 경우도 있다.

강사들에게도 이러한 문제들을 이용하고 이들을 확장할 것을 권하고 싶다.

"묵시적 학습" 범주로 분류하는 또 다른 주제는 전문가 정신, 윤리, 사회적 책임 등에 관한 주제이다. 이러한 내용이 단순하게 교과내용에 추가되어 별도의 주제로 제시되는 것은 바람직하지 않다고 생각한다. 대신에 적절한 상황에서 자연스럽게 나타나야 하며, 이것이 바로 이 책에서 취하고 있는 방식이다. 3.5, 4.6, 7.9, 9.7, 11.7 등의 절에서 보안, 프라이버시, 책임성, 사회적 인식제고 등의 주제를 운영체제, 네트워킹, 소프트웨어 공학, 데이터베이스 시스템, 인공지능 등의 맥락에서 소개하고 있다. 또한 각 장의 끝에는 본문의 내용과 우리가 살고 있는 사회 사이의 관계에 대해 학생들이 생각할 기회를 갖도록 사회적 논제라고 불리는 질문들을 포함하고 있다.

수업 교재로 이 책을 고려하고 있음에 감사드린다. 이 책이 교재로 채택되지 않더라도 컴퓨터과학 교육에 도움이 되는 책으로 평가되기를 희망한다.

수업 자료

이 책은 오랜 기간 동안의 강의의 산물이다. 이러한 결과로 이 책은 다양한 강의 보조 도구를 포함하고 있다. 13판에서는 학생들의 능동적 학습을 강화하기 위해 1,000문항이 조금 넘는 다양한 문제들이 제공되고 있다. 문제들은 연습문제, 단원 복습 문제, 사회적 논제 등으로 분류되어 있다. 연습문제는 각 절 끝에 나타나며, 각 절에서 논의된 내용들을 복습하고, 논의된 내용을 확장하며, 나중에 다룰 관련 주제들을 암시한다. 이 문제들에 대한 해답은 부록 F에 주어져 있다.

단원 복습 문제는 각 장의 끝에 나타난다. 이 문제들은 "숙제" 문제로 이용할 수 있도록 설계되어 있으며, 책에서 해답을 제공하지는 않는다.

또 각 장의 끝에는 사회적 논제 범주의 문제들이 주어져 있다. 이들은 사고와 토론을 위한 재료로 사용할 수 있도록 설계되어 있다. 이들 중 많은 문제는 연구 과제로 사용될 수 있으며, 학생들은 짧은 보고서나 구두 발표로 과제를 마칠 수 있을 것이다.

각 장 끝에는 참고 문헌들이 나타나는데, 각 장의 주제와 관련된 다른 자료들에 대한 리스트이다. 또한 서문, 본문, 보충설명 등에 표시되어 있는 웹사이트들에서 관련 자료들을 찾아볼 수 있을 것이다.

보충자료

이 책의 웹사이트인 `www.pearsonhighered.com/brookshear`에서는 다양한 보충자료들을 제공하고 있다. 모든 독자들은 다음 자료들을 이용할 수 있다.

- 이 책의 주제들을 확장하고 관련 주제들을 탐색하는 기회를 제공하는 장 단위 활동
- 이 책에서 다루는 내용을 복습할 수 있도록 마련된 장 단위의 "자가 테스트"
- 이 책의 학습 순서에 맞추어 파이썬 기초를 익히는 연습

추가적으로 다음과 같은 보충 자료들이 피어슨 교육의 강사용 자료 센터(Instructor's Resource Center)에서 자격을 갖춘 강사들에게 제공되고 있다. 이 자료들에 접근하기 위해 필요한 정보에 대해서는 www.pearsonhighered.com를 방문하거나 피어슨 영업부에 연락하기 바란다.

- 단원 복습 문제에 대한 해답을 포함하는 강사용 지침서
- 파워포인트 강의 슬라이드
- 문제 은행

이 책의 오류가 발견되면 정오표는 http://www.mscs.mu.edu/~brylow/errata/에 제공될 것이다.

학생들에게

Glenn Brookshear는 다소 반항적인 면이 있어서(친구들 중 일부는 다소 반항적인 정도가 아니라고 주장함), 이 책을 쓰기 시작할 때 받은 조언들을 항상 따르지는 않고 있다. 특히 여러 사람들이 이 책의 일부 내용은 공부를 시작하는 학생들에게는 너무 어려운 내용이라고 주장한다. 그러나 어떤 내용이 적정하다면, 학계에서 그 내용을 "어려운 주제"로 간주하더라도 여전히 적정한 것이라고 저자들은 믿고 있다. 학생들은 초심자들에게 적합한 주제들만 쉽게 만들어 포함시킨 버전이 아니라 컴퓨터과학 전체를 제대로 소개하는 교재를 가질 자격이 있다. 따라서 어려운 주제들을 회피하는 대신 더 자세히 설명하기 위해 노력하였다. 저자들은 또한 컴퓨터과학이 무엇을 다루고 있는지를 제대로 파악할 수 있도록 충분한 깊이의 내용들을 제공하기 위해 노력하였다. 요리법에서 조미료의 경우처럼 일부 주제를 취하지 않고 건너뛸 수도 있겠지만, 학생들이 원한다면 맛볼 수 있도록 이 책에서 다양한 주제들을 제공하고 있으며, 모든 주제들에 대해 학습하도록 권장하는 바이다.

또한 기술을 다루는 모든 교과목에 적용되는 사항이 하나 있는데, 이것은 오늘 배우는 세부사항들이 미래에도 필요한 세부사항들이 아닐 수도 있다는 것이다. 컴퓨터과학은 끊임없이 변화하고 있으며, 이 점이 재미를 더하는 측면도 있다. 이 책은 컴퓨터과학의 현재 모습과 역사적 관점을 제공할 것이다. 이러한 배경지식으로 기술의 발전과 함께 학생들 스스로도 발전할 수 있는 준비를 갖추게 될 것이다. 저자들은 학생들이 이 책에서 다루는 내용을 바탕으로 공부하는 법을 체득하고 끝없는 학문의 장도를 시작할 수 있기를 바란다.

이 책을 선택했다는 것은 저자들에 대한 신뢰를 보여준 것이며, 이 점에 감사드린다. 독자들이 읽는 데 시간을 보낼 가치가 있는 원고를 작성하는 것을 저자들의 책임이라고 생각하며, 우리가 이러한 책임을 다하고 있다고 평가되기를 희망한다.

감사의 글

컴퓨터과학 분야에서 엄청난 성장과 변화를 겪어온 지난 4반세기가 넘는 기간에 걸쳐 "자신의 자식"이라고도 할 수 있는 이 책의 11판에 이르기까지 집필해온 Glenn Brookshear에게 먼저 감사를 표하고 싶다. 수정된 부분들을 검토하는 일을 공저자에게 맡기는 것을 13판에서 두 번째로 허용하기는 했지만, 13판의 대부분의 내용과 구성도 Glenn Brookshear의 비전에 의한 작품이며, 다만 새로이 생겨난 흠결은 본인의 탓임을 고백한다.

먼저 이 책의 이전 판들을 읽고 사용함으로써 도와주신 분들에게 Glenn과 함께 감사드리며 명예롭게 생각한다. 컴퓨터과학 교재로 13판에 이른 것은 거의 기록에 가까운 일이다.

Andrew Kuemmel(Madison West 고등학교)은 13판과 CSP 체계에 공통된 부분을 찾는 데 큰 도움을 주었다. 나의 지인 중에는 고등학교와 대학교 양쪽에서 CSP 과목을 성공적으로 강의해본 유일한 사람이며, 컴퓨터과학 교육자로서 지칠 줄 모르는 열정은 정말 많은 영감을 주었다.

David T. Smith(Indiana 대학교)는 11판의 수정 작업에 나와 함께 참여하였으며, 이 작업의 많은 부분은 13판에도 여전히 반영되어 있다. David은 이전 판들의 본문과 보충 자료도 세심히 검토하며 큰 도움을 주었다. Andrew Kuemmel (Madison West 대학), George Corliss (Marquette 대학), Chris Mayfield (James Madison 대학) 등은 이전 판들의 초고 검토를 도와주었으며, James E. Ames (Virginia Commonwealth 대학), Stephanie E. August (Loyola 대학), Yoonsuck Choe (Texas A&M 대학), Melanie Feinberg (UT-Austin 대학), Eric D. Hanley (Drake 대학), Sudharsan R. Iyengar (Winona State 대학), Ravi Mukkamala (Old Dominion 대학), Edward Pryor (Wake Forest 대학) 등은 12판의 파이썬 관련 내용들에 대한 검토를 도와주었다.

이번의 13판 및 그 이전 판에 도움을 준 사람들에는 J. M. Adams, C. M. Allen, D. C. S. Allison, R. Ashmore, B. Auernheimer, P. Bankston, M. Barnard, P. Bender, K. Bowyer, P. W. Brashear, C. M. Brown, H. M Brown, B. Calloni, J. Carpinelli, M. Clancy, R. T. Close, D. H. Cooley, L. D. Cornell, M. J. Crowley, F. Deek, M. Dickerson, M. J. Duncan, S. Ezekiel, C. Fox, S. Fox, N. E. Gibbs, J. D. Harris, D. Hascom, L. Heath, P. B. Henderson, L. Hunt, M. Hutchenreuther, L. A. Jehn, K. K. Kolberg, K. Korb, G. Krenz, J. Kurose, J. Liu, T. J. Long, C. May, J. J. McConnell, W. McCown, S. J. Merrill, K. Messersmith, J. C. Moyer, M. Murphy, J. P. Myers, Jr., D. S. Noonan, G. Nutt, W. W. Oblitey, S. Olariu, G. Riccardi, G. Rice, N. Rickert, C. Riedesel, J. B. Rogers, G. Saito, W. Savitch, R. Schlafly, J. C. Schlimmer, S. Sells, Z. Shen, G. Sheppard, J. C. Simms, M. C. Slattery, J. Slimick,

J. A. Slomka, D. Smith, J. Solderitsch, R. Steigerwald, L. Steinberg, C. A. Struble, C. L. Struble, W. J. Taffe, J. Talburt, P. Tonellato, P. Tromovitch, H. Winston, E. D. Winter, E. Wright, M. Ziegler, 그리고 이름을 밝힐 수 없는 한 사람이 포함된다. 이 모든 분들에게 진심으로 감사드린다.

12판의 웹사이트에 수록되어 있는 자바와 C++ 매뉴얼의 작성자인 Diane Christie에게 감사드리며, 이번의 파이썬 자료들은 이에 기초하여 작성되었다. 또한 이전 판 웹사이트에는 각 장 별로 탐구활동이 마련되어 있는데 이는 Roger Eastman의 창의적 노력에 힘입은 바 크며, 그 정신은 13판 웹사이트에도 고스란히 녹아있다.

또한 이 책의 출간을 지원해준 Pearson사의 직원들에게도 감사드린다. 특히 이 책의 개선에 큰 도움을 준 지혜로운 Tracy Johnson, Erin Ault, Carole Snyder, Scott Disanno와 함께 즐겁게 일할 수 있었음에 감사드린다.

끝으로 집필 기간 중 세 아이들을 홀로 돌보다시피 해준 아내 Petra에게 감사드린다. 아내는 나의 버팀목이다.

D. W. Brylow
Marquette 대학
2018년 1월 1일

역자의 글

J. Glenn Brookshear 교수와 Dennis Brylow 교수가 함께 저술한 "Computer Science: An Overview"는 컴퓨터과학 전반의 내용을 깊이 있게 조명하고 있는 개론서이다. 아마 이 책이 다른 개론서들과 차별되는 가장 중요한 특징은 각 주제를 다루는 깊이일 것이다. 저자들 스스로도 서문에서 언급하고 있듯이 다소 무리할 정도로 깊이 있는 내용들을 설명하려고 시도하고 있으며, 이런 점에서 이 책의 어떤 부분들은 편안한 마음으로 읽어나가서는 내용을 이해하기 어려울 것이다. 즉, 일부 내용에 대해서는 연습장과 필기구를 준비한 다음, 본문의 내용을 따라서 의사코드를 작성해보거나 계산도 해보고, 또 연습문제를 풀어가며 "공부"하지 않으면 소화하기 어려운 부분들도 있다. 특히 마지막 장의 계산 이론 부분은 천천히 읽고 또 읽어야만 이해할 수 있는 내용이다. 이 책의 또 하나의 특징은 여러 주제들에 관한 최신의 동향까지 반영하고 있다는 점이다. 이번에 번역된 판본은 동서의 13판이다. 그동안 책에 포함되어 있던 내용 중 일부 오래된 내용들은 과감히 버렸으며, 일부 개론서와 달리 오래된 컴퓨터 초창기 역사나 지금은 잘 쓰이지도 않는 입출력 장비 등을 소개하는 데 지면을 할애하지 않고 있다. 반면에 다중 코어 CPU나 객체지향 설계 방법론, 데이터마이닝, 스마트폰 등등의 최신 동향에 이르기까지 컴퓨터과학의 역동성을 반영하기에 주저함이 없다. 아마 오늘날 컴퓨터과학의 발전의 한 부분은 저자들과 같은 도전정신을 가진 훌륭한 저술가들이 있음으로 해서일지도 모른다.

사실 13판 원서에는 미국 고등학교에서 대학 학점을 미리 이수할 수 있는 AP(Advanced Placement) 교과 중 컴퓨터과학원론에 해당하는 부분들에 대해 학습목표나 핵심지식을 곳곳에 표시하고 있다. 그러나 우리나라 교육제도와 무관한 부분이어서 해당 부분이나 또 이에 대해 언급한 서문 내용도 번역본에서는 과감히 삭제하였음을 밝힌다.

원서의 번역 작업에서 어려운 점은 원서의 내용을 이해하는 것이 아니라 용어의 한글화라는 점을 매번 절감하고 있다. 특히 전문서적보다 개론서의 경우 이러한 부담은 더욱 크다. 특히 최근의 동향과 관련된 전문 용어들의 경우 표준화되거나 보편성 있게 사용되는 한글 용어들이 없는 경우가 많다. 또 이러한 전문 용어들은 실무 현장에서 뿐만 아니라 학자들 사이나 학생들도 원어 표현대로 사용하는 경우가 허다하여, 오히려 한글화된 용어가 더 생경하고 다른 사람들과의 의사소통에 방해가 될 수도 있음을 인식하고 있다. 그럼에도 불구하고 가급적 표준화된 학술 용어를 사용하려고 노력하였으며, 용어 정립이 되어있지 않을 경우에도 원어의 의미를 최대한 살린 한글화를 시도하는 것이 번역자들의 의무라고 생각하고 나름대로 노력하였다. 그럼에도 불구하고 훌륭한 저술이 번역자의 부족한 역량으로 훼손되지 않았을까 조심스럽다. 혹시 오류나 번역 용어에 대한 의견을 가진 독자들은 역자(rhee@sm.ac.kr)에게 알려준다면 독자의 지대한 관심으로 알고 감사드리는 바이며, 후속 인쇄나 차기 번역본에 반영하게 될 것이다. 끝으로 이 번역본을 출판하기까지 여러 면에서 도움을 준 휴먼싸이언스 출판사 여러분께 감사의 뜻을 표한다.

2019년 1월
역자 씀

차례

CHAPTER 12 계산이론 597

부록 639

CHAPTER

0

서론

본문에 들어가기에 앞서 이 장에서는 컴퓨터과학의 범위와 역사를 살펴보고, 본문 전개를 위한 기초를 준비한다.

컴퓨터과학은 컴퓨터의 설계, 컴퓨터 프로그래밍, 정보 처리, 알고리즘적 문제 해결, 알고리즘 절차 등을 탐구하는 학문이다. 컴퓨터과학은 오늘날의 컴퓨터 응용 분야뿐만 아니라 미래의 컴퓨팅 인프라에 대해서도 이론적 토대를 제공한다.

이 책은 컴퓨터과학을 폭넓게 소개하고 있으며, 컴퓨터과학 학부 교과과정에서 흔히 나타나는 교과목들의 대부분을 포함하는 광범위한 주제들을 살펴볼 것이다. 컴퓨터과학의 전체 영역과 그 변천의 방향을 이해하는 것은 참으로 중요하며, 따라서 개별적 주제들 외에도 이들의 역사적 발전과정, 최신 연구 현황, 미래에 대한 전망 등도 함께 다룰 것이다. 컴퓨터과학을 전공하려는 이들이나 기술 중심 사회를 선도하려는 타 학문 전공자들이 컴퓨터과학을 실용적 측면에서 이해하는 데 도움을 주자는 것이 이 책의 목표이다.

0.1 알고리즘의 역할

컴퓨터과학의 가장 근본적인 개념은 **알고리즘(algorithm)**이다. 간단히 말하자면 알고리즘은 작업을 수행하는 방법을 정의하는 단계들의 집합이다. (알고리즘에 대한 보다 엄밀한 정의는 5장에서 제시될 것이다.) 예를 들면, 음식을 만드는 알고리즘도 있고(조리법), 낯선 도시에서 길을 찾아가기 위한 알고리즘도 있으며(길 안내), (세탁기 상판이나 빨래방 벽면 등에 표시되어 있는) 세탁기 조작을 위한 알고리즘도 있다. 또한 음악 연주를 위한 알고리즘도 있고(악보), 마술 시연을 위한 알고리즘도 있다(그림 0.1).

컴퓨터가 어떤 작업을 수행하기 위해서는 먼저 그 작업을 수행하기 위한 알고리즘을 만들고 이를 컴퓨터가 처리할 수 있는 형식으로 표현해야 한다. 알고리즘 표현 형식 중 하나가 **프로그램(program)**이다. 컴퓨터 프로그램은 사람들이 보기 편하도록 흔히 종이에 인쇄하거나 컴퓨터 화면에 표시한다. 컴퓨터가 처리하기 편하도록 하기 위해서는 프로그램을 컴퓨터 기종에 맞는 방식으로 인코딩한다. 프로그램을 컴퓨터가 처리할 수 있는 형식으로 인코딩하여 컴퓨터 안에 저장시키는 과정을 **프로그래밍(programming)** 또는 **코딩(coding)**이라고 한다. 프로그램들과 이들이 나타내는 알고리즘을 함께 묶어 **소프트웨어(software)**라고 부르는데, 이는 **하드웨어(hardware)**라고 불리는 컴퓨터 장비 자체와 대비되는 표현이다.

알고리즘에 관한 연구는 수학의 한 분야로 시작되었다. 실제로 알고리즘을 찾는 작업은 현대의 컴퓨터가 개발되기 훨씬 전부터 수학자들의 주요 활동이었다. 이러한 작업의 목표는 특정 유형의 모든 문제들을 해결할 수 있는 방법을 서술하는 일련의 명령들을 찾는 것이다. 알고리즘에 대한 초창기 연구에서 가장 잘 알려진 예 중 하나는 여러 자릿수를 갖는 두 수 사이의 몫을 구하는 나눗셈법 알고리즘이다. 또 다른 예는 그리스 수학자 유클리드가 발견한 호제법 알고리즘(Euclidean algorithm)인데, 이 알고리즘은 두 자연수의 최대 공약수를 찾아준다(그림 0.2).

그림 0.1 | 마술 시연을 위한 알고리즘

효과 마술 공연자는 보통의 카드 한 벌에서 몇 장의 카드를 집어 그림면을 아래로 향하게 한 채 테이블 위에 올려놓은 후, 이들을 잘 섞어 테이블 위에 펼쳐 놓는다. 그런 다음 청중들이 빨간색 또는 검은색 카드를 청하는 대로 해당 색상의 카드를 뒤집어 보인다.

비결과 주문

단계 1 보통의 카드 한 벌에서 10장의 빨간색 카드와 10장의 검은색 카드를 선택한다. 이들을 색상에 따라 테이블 위에 두 패로 나누되 그림이 윗면에 보이게 둔다.

단계 2 빨간색 카드들과 검은색 카드들이 선택되었음을 알린다.

단계 3 빨간색 카드들을 집는다. 빨간색 카드들을 정리한다는 구실로 그림면을 아래로 향하게 한 채로 왼손에 들고, 오른손 엄지와 검지를 사용하여 한 장씩 끄집어내면서 카드에 오목 흠집을 남긴다. 빨간색 카드들을 그림면이 아래로 향한 채로 테이블 위에 쌓아두고는 "이쪽에 빨간색 카드들이 있습니다."라고 말한다.

단계 4 이번에는 검은색 카드들을 집어 단계 3과 비슷한 작업을 하되 카드에 볼록 흠집을 남긴다. 검은색 카드들도 그림면이 아래로 향한 채로 테이블 위에 쌓아두고는 "이쪽에 검은색 카드들이 있습니다."라고 말한다.

단계 5 검은색 카드들을 테이블에 올려놓으면서 (여전히 카드들의 그림면을 아래로 향하게 한 채로) 즉시 양손을 사용하여 검은색 카드들과 빨간색 카드들을 섞어 테이블 위에 펼쳐놓는다. 카드들을 완전히 섞었음을 알린다.

단계 6 그림면이 아래로 향한 카드들이 남아있는 동안 다음 작업들을 반복적으로 실행한다.

6.1. 청중에게 색상을 선택하도록 요청한다.

6.2. 요청된 색상이 빨간색일 경우, 오목 흠집이 있고 그림면이 아래로 향한 카드가 남아있으면 "빨간색 카드가 여기 있군요."라고 말하면서 그 카드를 뒤집어 보인다.

6.3. 요청된 색상이 검은색일 경우, 볼록 흠집이 있고 그림면이 아래로 향한 카드가 남아있으면 "검은색 카드가 여기 있군요."라고 말하면서 그 카드를 뒤집어 보인다.

6.4. 요청된 색상의 카드가 남아있지 않을 경우, 그 사실을 알리고 남아있는 카드들을 모두 뒤집어 보임으로써 이를 확인시켜준다.

그림 0.2 | 두 자연수의 최대공약수를 찾기 위한 유클리드의 호제법 알고리즘

설명 이 알고리즘은 두 개의 자연수가 입력되는 것을 가정하고 그 두 값의 최대공약수를 계산한다.

절차

단계 1 두 입력 값 중 큰 값은 M, 작은 값은 N에 배정한다.

단계 2 M을 N으로 나누고 그 나머지를 R이라고 부른다.

단계 3 R이 0이 아닐 경우, N이 가진 값을 M에 배정하고 R의 값은 N에 배정한 다음 단계 2로 돌아간다. R이 0일 경우, 현재 N에 배정된 값이 최대공약수이다.

일단 작업을 수행하기 위한 알고리즘을 찾은 이후에는 알고리즘이 기초하고 있는 원리에 대한 이해는 더 이상 작업 수행에 필요하지 않다. 이제 작업의 수행은 단지 지시사항을 따르는 것으로 단순화된다. (각 알고리즘의 동작 원리에 대한 이해 없이도, 몫을 구하기 위해 나눗셈법 알고리즘을 따라 하거나 최대공약수를 찾기 위해 호제법 알고리즘을 따라 할 수 있다.) 어떤 의미에서는 해당 문제의 해결을 위해 요구되는 지능이 알고리즘 안에 인코딩되어 있다고 볼 수 있다.

유용한 작업을 수행하는 컴퓨터를 만들 수 있는 것은 알고리즘에 지능을 (또는 지적 동작을) 담아 전달하는 방식을 사용할 수 있었기 때문이다. 따라서 컴퓨터가 보이는 지능 수준의 한계는 알고리즘을 통해 전달할 수 있는 지능에 따라 정해진다. 컴퓨터가 특정 작업을 수행할 수 있으려면 그 작업을 수행하기 위한 알고리즘이 존재해야 한다. 즉, 어떤 문제를 해결하기 위한 알고리즘이 존재하지 않는다면 그 문제의 해결은 컴퓨터의 능력 밖이다.

알고리즘의 한계를 밝히는 연구는 1930년대 괴델(Kurt Gödel)의 불완전성 정리(incompleteness theorem)가 발표됨으로써 수학의 한 분야로 확립되었다. 이 정리를 요약하자면, 전통적인 산술 체계를 포함하는 모든 수학 이론 체계에서 알고리즘적으로 참인지 거짓인지 판단할 수 없는 명제들이 존재한다는 것이다. 즉, 알고리즘으로 해결할 수 없는 산술 문제가 존재한다는 것이다.

이러한 자각은 수학의 기초를 뒤흔들게 되었고, 그 결과로 파생된 알고리즘의 한계에 대한 연구가 오늘날 컴퓨터과학이라 불리는 학문분야의 효시가 되었다. 실상 컴퓨터과학의 핵심은 알고리즘에 대한 연구인 것이다.

0.2 컴퓨팅의 역사

오늘날의 컴퓨터는 복잡한 혈통을 갖고 있다. 초창기 계산 장치 중 하나는 주판이다. 역사에 따르면 고대 중국에서 주판을 처음 사용했을 가능성이 가장 높으며, 초창기 그리스나 로마문명에서도 사용되었다. 주판의 구조는 아주 단순한데, 네모 틀 안의 막대들에 끼워진 주판알들로 구성된다(그림 0.3). 주판알들이 막대 상에서 앞뒤로 이동하면서 이들의 위치로 저장된 값을 나타낸다. 주판 컴퓨터에서 값을 표현하고 저장하는 것은 바로 주판알들의 위치이다. 주판에서 알고리즘을 실행하는 것은 사람에게 맡겨져 있다. 따라서 주판만으로는 데이터 저장장치에 불과하며, 온전한 계산기가 되기 위해서는 사람의 개입을 필요로 한다.

중세와 근대 사이의 기간 동안 더욱 수준 높은 계산 장치를 만들기 위한 노력이 시작되었다. 톱니바퀴 기술을 계산기 설계에 이용하기 시작한 발명가들이 있었는데, 이들 중에는 프랑스의 파스칼(Blaise Pascal, 1623-1662), 독일의 라이프니츠(Gottfried Wilhelm

그림 0.3 | 나무로 만든 중국 주판 (Ekkapon/Shutterstock)

Leibniz, 1646-1716), 영국의 배비지(Charles Babbage, 1792-1871) 등이 있다. 이들이 만든 기계에서는 톱니바퀴의 위치로 데이터를 표현하고, 톱니바퀴의 초기 위치 설정에 따른 데이터 입력 기능도 갖추고 있었다. 파스칼 계산기와 라이프니츠 계산기에서 출력은 톱니바퀴의 최종 위치로 표현된다. 반면 배비지는 옮겨 적을 때 발생하는 오류의 가능성을 없애기 위해 계산 결과를 종이에 인쇄하는 계산기를 구상하였다.

알고리즘을 따라가는 능력의 유연성에 있어 이러한 계산기들이 점차 발전하고 있음을 볼 수 있다. 파스칼 계산기는 덧셈만을 할 수 있도록 만들어졌다. 따라서 덧셈 계산을 위해 필요한 일련의 단계들이 계산기 안에 내장되었다. 라이프니츠 계산기의 경우도 비록 사용자가 선택할 수 있는 연산 종류는 다양해졌지만, 계산 알고리즘이 계산기 안에 고정되어 있다는 점에 있어서는 별 차이가 없다. 배비지의 차분 엔진(Difference Engine)은 시연용 모델만 제작되었는데, 여러 가지 계산을 수행하기 위해 변경될 수 있었다. 배비지의 해석 엔진(Analytical Engine)은 종이 카드에 뚫은 구멍들을 이용하여 명령을 읽을 수 있도록 설계되었는데, 배비지는 해석 엔진의 제작비용을 지원 받지 못하였다. 배비지의 해석 엔진은 프로그램이 가능한 계산기였다. 흔히 최초의 프로그래머로 지목되는 에이다(Augusta Ada Byron)는 배비지의 해석 엔진에서 여러 가지 계산을 수행하기 위해 어떻게 프로그램을 작성할 수 있는지를 보이는 논문을 출간한 바 있다.

구멍 있는 종이카드를 사용하여 알고리즘을 표현하는 아이디어는 배비지가 창안한 것은 아니다. 1801년 자카드(Joseph Jacquard, 1752-1834)는 직조 공정이 크고 두꺼운 목재나 판지로 된 카드 상의 구멍들의 패턴에 따라 정해지는 직조기를 발명하였는데, 배비지는 이를 응용한 것이다. 자카드 직조기에서는 이러한 카드를 사용하여 여러 직조 설계에 맞추어 직조 알고리즘을 쉽게 변경할 수 있었다. 자카드의 아이디어를 잘 활용한 또 다른 사람은 홀러리스(Herman Hollerith, 1860-1929)인데, 홀러리스는 1890년 미국 총인구조사에서 도표화 작업속도를 향상시키기 위해 종이카드 구멍들로 정보를 표현하는 방법을 사용하였다. 후에 IBM이라는 회사가 만들어진 것은 바로 홀러리스의 작업에 힘입은 바 크다. 이러한 카드는 나중에 **천공카드(punched card)**로 불리게 되며, 1970년대까지 컴퓨터에 정보를 전달하는 수단으로 널리 이용되었다.

19세기의 기술은 파스칼, 라이프니츠, 배비지 등이 발명한 복잡한 톱니바퀴 구동 계산기들을 실용적인 비용으로 생산할 정도의 수준에 이르지 못하였다. 이러한 장애는 1900년대 초반 전자공학의 발전과 함께 극복되었다. 전자공학 발전의 사례에는 1940년 벨연구소에서 완성된 스티비츠(George Stibitz)의 전자-기계 혼용식 계산기, 1944년 에이큰(Howard Aiken)과 IBM 공학자들이 하버드대학에서 완성한 마크 I 등이 있다. 이러한 계산기들은 전자적으로 제어되는 많은 개수의 기계식 릴레이를 이용하였다. 이러한 이유로 이 계산기들은 만들어지자마자 쓸모가 없어졌는데, 이는 금방 다른 학자들이 진공관 기술을 응용하여 순수 전자식 컴퓨터를 제작하게 되었기 때문이다. 순수 전자식 컴퓨터의 효시는 1937년에서 1941년 사이에 아이오와 주립대학에서 아타나소프(John Atanasoff)와 그의 조수 베리(Clifford Berry)가 제작한 아타나소프-베리 컴퓨터이다. 또 다른 전자식 컴퓨터로는 2차 세계대전 후반 독일군의 암호문 해독을 위해 영국에서 플라워즈(Tommy Flowers)의 지휘 하에서 제작된 콜로서스(Colossus)라는 컴퓨터가 있다. (실제로 이러한 초창기 전자식 컴퓨터에는 10여 개가 더 있는데, 군사기밀 및 국가안보 등의 이유로 이들의 존재가 감추어져 "컴퓨터 족보"에 포함되지 않고 있었다.) 이들보다 발전된 컴퓨터들이 곧 뒤따랐는데, 여기에는 펜실베이니아대학 무어전기공학부에서 모클리(John Mauchly)와 에커트(J. Presper Eckert)가 개발한 (그림 0.4의) ENIAC(Electronic

그림 0.4 무어전기공학부에 설치되어 있을 당시 ENIAC 제어판을 운영하는 3인의 여성. ENIAC은 나중에 미 육군 산하 탄도연구소로 이전되었다. (U.S. Army 제공)

배비지의 차분 엔진

배비지가 고안한 계산기는 실로 현대 컴퓨터의 선조라고 할 수 있다. 만일 당시의 기술 수준이 배비지 계산기 제작의 경제성을 뒷받침하고 상업 및 공공 부문의 데이터 처리 양이 오늘날의 규모에 이르렀었다면, 배비지의 아이디어는 1800년대에 컴퓨터 혁명으로 이어질 수도 있었다. 그러나 배비지 생전에는 단지 시연용 차분 엔진만을 만드는 데 그쳐야 했다. 차분 엔진은 "연속적 차분 값"을 계산하여 숫자값을 결정하였다. 차분 엔진의 원리를 이해하기 위해 정수 제곱 계산 문제를 살펴보자. 0의 제곱은 0, 1의 제곱은 1, 2의 제곱은 4, 3의 제곱은 9라는 정도는 이미 알고 있는 것으로 하자. 이를 이용하여 4의 제곱 계산을 다음과 같은 방식으로 수행할 수 있다(아래 도표를 참고하라). 먼저 $1^2 - 0^2 = 1$, $2^2 - 1^2 = 3$, $3^2 - 2^2 = 5$ 등과 같이 이미 알고 있는 제곱들 사이의 차분들을 계산한다. 그런 다음 다시 그 결과들에 대한 차분을 $3 - 1 = 2$, $5 - 3 = 2$ 등과 같이 계산한다. 이번의 차분 값들은 둘 다 2라는 점을 유의하자. 이러한 일관성이 유지된다고 가정하면 (이 가정은 수학적으로 증명될 수 있음), $(4^2 - 3^2)$ 값과 $(3^2 - 2^2)$ 값 사이의 차분도 반드시 2라는 결론에 도달한다. 따라서 $(4^2 - 3^2)$는 $(3^2 - 2^2)$보다 2만큼 크며, $4^2 - 3^2 = 7$ 즉, $4^2 = 3^2 + 7 = 16$을 얻게 된다. 이제 4의 제곱을 알게 되었으므로, 같은 방법으로 1^2, 2^2, 3^2, 4^2 등의 값들에 기초하여 5의 제곱을 계산할 수 있다. (비록 연속적 차분에 관한 심도 있는 논의는 이 책의 범위 밖이지만 미적분학을 공부한 학생들은 앞의 보기가 $y = x^2$의 미분이 기울기가 2인 직선이 된다는 사실에 기초하고 있음을 유추할 수 있을 것이다.)

x	x^2	1차 차분	2차 차분
0	0		
1	1	1	2
2	4	3	2
3	9	5	2
4	16	7	2
5			

Numerical Integrator And Computer)이 포함된다.

전자식 컴퓨터가 나타난 이래, 컴퓨터의 역사는 트랜지스터[1]의 발명이나 그 후의 집적회로[2] 개발 등을 포함하는 기술 발전과 밀접한 관련을 맺고 있다. 집적회로는 완전한 회로를 하나의 장치로 만든 것을 말한다. 이러한 발전을 통해 1940년대에 하나의 방을 차지했던 컴퓨터가 수십 년이 지난 지금 작은 상자 크기로 줄어들었다. 이와 동시에 컴퓨터의 처리 능력은 2년마다 두 배씩 발전해 왔으며 이러한 발전은 오늘날까지도 계속되고 있다. 집적회로 기술이 발전하면서 컴퓨터에 사용되는 많은 부품들을 장난감 크기의 플라

1) 트랜지스터를 발명한 업적으로 물리학자 윌리엄 쇼클리(William Shockley), 존 바딘(John Bardeen), 월터 브라테인(Walter Brattain) 등은 노벨상을 수상한 바 있다.

2) 집적회로를 발명한 업적으로 잭 킬비(Jack Kilby) 또한 노벨상을 수상하였다.

에이다 바이런(Augusta Ada Byron)

러브리스 백작부인으로 알려져 있는 에이다 바이런은 컴퓨터 계통에서 많이 회자되는 인물이다. 건강 문제와 여성의 전문직 진출을 제한하는 사회의 이단아라는 사실 등으로 인해 에이다 바이런의 37년(1815-1852) 인생은 다소 비극적이었다. 에이다는 다양한 과학 분야에 관심을 갖고 있었으며, 특히 수학 연구에 노력을 집중하였다. 1833년 배비지의 차분 엔진 모형 시연을 목격하고서는 배비지 계산기들에 매료되었으며, 그녀의 "컴퓨터과학"에 대한 관심은 이로 인해 시작되었다. 컴퓨터과학에 있어 에이다가 기여한 것 중 하나는 배비지의 해석 엔진 설계를 불어에서 영어로 번역한 것이다. 배비지는 에이다에게 번역을 하면서 해석 엔진의 적용 사례들과 여러 가지 작업을 수행하기 위한 프로그램 작성 방법을 부록으로 첨부하도록 권유하였다. 에이다의 작업에 배비지가 열의를 보인 것은 이를 출판하면 해석 엔진을 위한 재정 지원을 받을 수 있지 않을까하는 기대에서였는데, 바이런 경의 딸인 에이다 바이런은 중요한 재력가들을 많이 알고 있는 명사이기도 했다. 재정적 후원은 실현되지 못했지만, 에이다 바이런의 부록은 살아남았으며 최초의 컴퓨터 프로그램 예를 포함하고 있는 문헌으로 간주되고 있다. 배비지가 에이다 바이런의 연구에 영향을 미친 정도는 역사가들 사이에서도 논란거리이다. 어떤 이들은 배비지가 크게 기여하였다고 하는 반면 다른 이들은 오히려 배비지는 도움이 되기보다는 방해가 되었을 뿐이라고 주장하고 있다. 그렇지만 오늘날 에이다 바이런은 세계 최초의 프로그래머로 인정받고 있는데, 이는 미국 국방성에서 그녀를 기념하여 유명한 프로그래밍 언어의 이름을 Ada로 지음으로 인해 공인된 지위가 되었다.

스틱 칩 형태로 공개시장에서 구할 수 있게 되었다.

컴퓨터 보급에 결정적 역할을 한 것은 데스크톱 컴퓨터의 개발이다. 데스크톱 컴퓨터의 기원은 집에서 칩들을 조합하여 컴퓨터를 자체 제작하였던 컴퓨터 취미생활자들에게서 찾을 수 있다. 스티브 잡스(Steve Jobs)와 스티븐 워즈니악(Stephen Wozniak)이 상업적으로 성공한 가정용 컴퓨터를 제작하고 제품 제작 및 홍보를 위해 1976년 애플컴퓨터사를 설립할 수 있었던 것도 이러한 "언더그라운드" 취미 활동의 성행 덕분이라고 볼 수 있다. 유사한 제품으로 시장에 진출했던 회사들에는 코모도어, 히쓰키트, 라디오섁 등이 있다. 비록 이러한 제품들이 컴퓨터 취미생활자들 사이에서는 인기를 끌었지만 기업 업무용으로는 널리 쓰이지 못했는데, 기업들에서는 대부분의 계산 업무에 이미 확고한 위치를 잡고 있는 IBM 컴퓨터를 계속 사용하고 있었다.

1981년 IBM은 개인용 컴퓨터 또는 PC(personal computer)라고 불리는 IBM 최초의 데스크톱 컴퓨터를 소개하였는데, 기본 소프트웨어는 당시에 어려움을 겪고 있던 신진 기업 마이크로소프트사가 개발한 것이었다. PC는 즉각적으로 성공을 거두며 데스크톱 컴퓨터가 기업들에서도 필수 장비가 되는 계기를 마련하였다. 오늘날 PC라는 용어는 IBM의 초창기 데스크톱 컴퓨터의 설계를 발전시킨 (다양한 제조업체의) 모든 컴퓨터들을 가리키며, 대부분의 PC에서는 여전히 마이크로소프트사의 소프트웨어를 채택하고 있다. 때로 PC는 **데스크톱(desktop)**이나 **노트북컴퓨터(laptop)**와 같은 의미로 사용되기도 한다.

20세기가 끝나갈 무렵 **인터넷(Internet)**이라고 불리는 범세계적 시스템에 개별 컴퓨터

구글(Google)

1998년에 창립된 구글은 세계 최고 기술기업 중 하나로 인정받고 있다. 구글이 제공하는 핵심서비스인 구글 검색엔진은 웹상의 문서를 검색하기 위해 수많은 사람들이 사용하고 있다. 그 외에도 구글은 전자우편 서비스 지메일, 인터넷 기반 동영상 공유 서비스 유튜브, 구글맵, 구글 캘린더, 구글 어스, 구글북, 구글 번역기 등 다양한 인터넷 서비스들을 제공한다.

그러나 구글은 창업가 정신의 대표주자인 동시에 기술의 확장이 어떻게 사회에 대한 도전이 되는지에 대한 사례가 되고 있다. 예를 들면, 구글의 검색엔진은 다국적기업이 각국 정부의 의지를 어느 정도까지 존중해야 하는지에 대한 질문들을 촉발하고 있다. 유튜브(YouTube)는 다른 사람들이 어떤 기업이 제공하는 서비스를 통해 정보를 유통시킬 때 그 기업이 정보에 대해 어느 정도의 소유권을 주장할 수 있는지 또 그 정보에 대해 어느 정도까지 책임을 져야 하는지에 대한 질문들을 제기한다. 구글북(Google Books)은 지적재산권의 범위와 한계에 대한 관심을 촉발시켰으며, 구글맵(Google Maps)은 사생활 침해 혐의로 고소를 당하고 있다.

들을 연결할 수 있음으로 해서 통신에 획기적 전기가 마련되었다. 이를 바탕으로 영국의 과학자인 팀 버너스리(Tim Berners-Lee)는 인터넷상의 컴퓨터에 저장되어 있는 문서들을 연결하여 이루어진 정보망을 구성하기 위한 **월드와이드웹(World Wide Web)**(흔히 줄여서 "웹"이라고 부름)이라는 시스템을 제안하였다. 웹상의 정보들에 대한 접근을 용이하게 만들기 위해 **검색 엔진(search engine)**이라는 소프트웨어 시스템이 개발되었는데, 검색 엔진은 웹에 "침투하여" 발견한 정보들을 "분류하고" 그 결과를 사용하여 특정 주제를 조사하는 사용자들을 도와준다. 이 분야의 주류는 구글, 야후, 마이크로소프트 등이며, 이들 기업은 웹 관련 활동을 끊임없이 확장시키고 있는데 때로는 이러한 웹 관련 활동이 전통적인 사고의 틀에 대한 도전이 되기도 한다.

일반가정에서도 데스크톱 컴퓨터와 노트북컴퓨터들을 사용하게 되었으며, 이와 함께 컴퓨터의 소형화 기술도 계속 발전하고 있다. 오늘날 초소형 컴퓨터들을 각종 전자장치 안에 내장하는 경우가 많다. 오늘날 최신 자동차들은 내장된 수십 개의 소형 컴퓨터들을 이용하여 내비게이션 장치를 실행시키고 엔진 기능을 모니터링하고 자동차오디오나 전화통신시스템을 음성으로 제어하는 서비스를 제공한다.

어쩌면 컴퓨터 소형화를 가장 혁신적으로 이용하는 분야는 휴대형 전화 기능의 확장일지 모른다. 실제로 불과 얼마 전만 해도 단순한 전화기였던 휴대형 전화는 이제 **스마트폰(smartphone)**이라고 불리면서 전화 통화는 수많은 기능 중 하나일 뿐 손 안의 범용 컴퓨터로 진화하고 있다. 일이십년 전의 슈퍼컴퓨터들보다 더욱 강력해진 포켓 크기의 이러한 장비들은 카메라, 마이크로폰, 내비게이션 장치, 터치스크린, (전화기의 방향과 이동을 탐지하기 위한) 가속도계, 다른 스마트폰이나 컴퓨터와 통신할 수 있는 여러 가지 무선 장치 등의 다양한 센서와 인터페이스를 갖추고 있다. 실제로 많은 사람들은 PC보다 스마트폰이 사회에 미치는 영향이 더 클 것이라고 주장하고 있다.

0.3 본문의 구성

이 책은 컴퓨터과학 학습에 대해 상향식 방식을 취하고 있는데, 먼저 컴퓨터 하드웨어와 같은 손쉬운 주제들에서 시작하여 알고리즘 복잡도나 계산 가능성 등과 같은 보다 추상적인 주제들로 옮겨간다. 그 결과로 이러한 주제들에 대한 이해를 넓히면서 점점 큰 추상적 도구들을 만들어나가는 패턴을 따른다.

먼저 알고리즘 실행을 위한 컴퓨터의 설계와 제작에 관한 주제들부터 다룬다. 1장(데이터 저장)에서는 현대식 컴퓨터에서 정보를 어떻게 인코딩하고 저장하는지 알아보고, 2장(데이터 조작)에서는 간단한 컴퓨터의 기본 내부 동작을 살펴볼 것이다. 이 장들의 일부는 기술적 사항들을 포함하고 있지만, 전체 주제는 기술과 독립적이다. 즉, 디지털 회로 설계, 데이터 인코딩, 데이터 압축 시스템, 컴퓨터 구조 등과 같은 주제들은 광범위한 기술에 적용될 수 있으며, 미래의 기술 방향과 상관없이 여전히 적용될 수 있다.

3장(운영체제)에서는 컴퓨터의 전반적 운영을 제어하는 소프트웨어를 공부할 텐데, 이 소프트웨어는 운영체제라고 불린다. 컴퓨터와 외부 세계 사이의 인터페이스 제어, 컴퓨터 및 내부 저장 데이터를 불법적 접근으로부터 보호하는 일, 컴퓨터 사용자가 다양한 프로그램의 실행을 요청할 수 있게 도와주는 일, 사용자의 요청을 충족시키기 위해 내부 활동들을 조정하는 일 등이 컴퓨터 운영체제가 하는 일이다.

4장(네트워킹과 인터넷)에서는 컴퓨터 네트워크를 형성하기 위해 컴퓨터들이 어떻게 서로 연결되는지, 또 인터넷을 형성하기 위해 네트워크들이 어떻게 연결되는지 학습한다. 이러한 학습은 네트워크 프로토콜, 인터넷 구조 및 내부 동작, 월드와이드웹(World Wide Web), 다양한 보안 문제 등으로 이어진다.

5장(알고리즘)에서는 보다 형식적인 관점에서 알고리즘을 소개한다. 알고리즘을 어떻게 찾는지 살펴보고, 몇 가지 기본 알고리즘 구조를 소개하며, 알고리즘 표현을 위한 기본 기법을 알아보고, 알고리즘 효율성 및 정확성이라는 주제를 다룬다.

6장(프로그래밍 언어)에서는 알고리즘의 표현과 프로그램 개발 과정이라는 주제를 다룬다. 여기에서 프로그래밍 기법의 향상에 대한 탐구가 다양한 프로그래밍 방법론이나 프로그래밍 패러다임으로 이어졌음을 볼 수 있으며, 이들은 각기 나름의 프로그래밍 언어들을 보유하고 있다. 이러한 패러다임들과 프로그래밍 언어들을 살펴보면서 문법 및 언어 번역 문제들도 다룰 것이다.

7장(소프트웨어 공학)에서는 소프트웨어 공학이라는 컴퓨터과학의 한 분야를 소개하는데, 소프트웨어 공학에서는 대형 소프트웨어 시스템을 개발할 때 나타나는 문제들을 다룬다. 바탕에 깔린 주제는 대형 소프트웨어 시스템의 설계는 전통적인 공학 문제 이상의 복잡한 문제들을 포함하는 복잡한 작업이라는 것이다. 따라서 소프트웨어 공학이라는 분야는 공학, 프로젝트 관리, 인적 관리, 프로그래밍 언어 설계, 시스템 구조 등의 다양한 주제들을 포함하며, 컴퓨터과학에서 중요한 연구 분야로 자리 잡게 되었다.

그 다음 두 개의 장에서는 컴퓨터 시스템 안에서 데이터를 조직하는 여러 가지 방식을 살펴본다. 8장(데이터 추상화)에서는 컴퓨터 주기억장치 안에서 데이터 조직에 사용되는 전통적 기법들을 소개하고, 데이터 추상화가 프리미티브 개념에서 오늘날의 객체지향 기법에 이르기까지 어떻게 발전해왔는지 살펴본다. 9장(데이터베이스 시스템)에서는 컴퓨터의 대용량 저장장치에서 데이터 조직에 전통적으로 사용되는 방법을 소개하고 복잡한 초대형 데이터베이스 시스템이 어떻게 구현되어 있는지 살펴본다.

10장(컴퓨터 그래픽스)에서는 그래픽스와 애니메이션 등의 주제를 탐색하는데, 여기에서는 가상세계의 창조와 사진처리 기술 등을 다룬다. 컴퓨터구조, 알고리즘 설계, 데이터 구조, 소프트웨어 공학 등과 같은 전통적인 컴퓨터과학 영역의 발전에 힘입어 그래픽스와 애니메이션 분야에서도 상당한 진전이 이루어졌으며, 이제는 대단히 흥미롭고 역동적인 분야로 발전하고 있다. 특히 컴퓨터 그래픽스는 근사한 효과를 얻기 위해 컴퓨터과학의 여러 주제들이 물리학, 미술, 사진술 등의 다른 학문들과 어떻게 결합될 수 있는지 보여주고 있다.

11장(인공지능)에서는 보다 유용한 컴퓨터를 개발하기 위해 컴퓨터과학은 인간의 지능에 대한 연구도 수행하고 있음을 배운다. 우리 자신이 어떻게 추론하고 인식하는지 이해함으로써 이러한 과정을 모방하는 알고리즘을 설계할 수 있고 또한 이러한 능력을 컴퓨터에 심을 수 있기를 희망하고 있다. 이러한 노력의 결과가 인공지능이라고 불리는 컴퓨터과학 분야인데, 심리학, 생물학, 언어학 등의 영역에서 이루어진 연구 성과들을 많이 이용하고 있다.

마지막으로 12장(계산이론)에서는 컴퓨터과학의 이론적 토대를 살펴볼 텐데, 이는 바로 알고리즘과 컴퓨터의 한계를 다루는 주제이다. 여기에서는 알고리즘으로 해결될 수 없는 문제, 즉, 컴퓨터 영역 밖의 문제 몇 개를 살펴본다. 또한 이와는 다르지만 해결에 과도한 시간이나 저장 공간이 필요한 많은 문제들이 있으며, 실용적 관점에서 볼 때 이들도 해결되지 않는 문제들임을 배우게 될 것이다. 즉, 계산이론을 통해 알고리즘을 사용하는 시스템의 범위와 한계를 이해할 수 있다.

각 장에서 우리의 목표는 해당 주제에 대한 진정한 이해에 이를 수 있도록 깊이 있게 살펴보는 것이다. 또한 우리가 살고 있는 기술 사회를 이해하고 학문과 기술이 발전함에 따라 스스로 공부할 수 있는 토대가 될 컴퓨터과학에 대한 실용적 지식을 얻기 바란다.

0.4 컴퓨터과학의 중심 주제

앞 절에서 나열된 각 장의 주요 주제들 외에도 몇 가지 중심 주제들을 통해 컴퓨터과학에 대한 이해를 넓힐 수 있기 바란다.

컴퓨터의 소형화와 확장된 기능으로 인해 컴퓨터 기술은 오늘날 사회의 전면에 등장하게 되었다. 이제는 컴퓨터 기술이 모든 곳에 침투되어 있어 컴퓨터를 모르고서는 현대 사회를 살아가기 힘들게 되었다. 컴퓨터 기술은 정부의 자국민 통제 능력을 변화시켰으며, 세계 경제에도 막대한 영향을 미치고 있고, 과학 연구에도 경이적인 진전을 가져왔으며, 정보의 수집, 저장, 활용 등을 혁신시켰고, 사람들의 통신과 대화에 새로운 수단들을 제공하고 있으며, 또한 끊임없이 사회의 기성체제에 도전을 던지고 있다. 그 결과로 컴퓨터과학을 둘러싼 다양한 주제들이 생겨났으며, 이들은 제각기 중요한 연구분야가 되고 있다. 더욱이 기계공학과 물리학의 경우에서 보는 것처럼, 때로 이러한 분야들과 컴퓨터과학 사이의 경계선을 긋는 일도 쉽지 않다. 따라서 올바른 관점을 유지하기 위해 우리는 컴퓨터과학의 핵심적인 주제들뿐만 아니라 컴퓨터과학의 다양한 응용과 그 파생 분야들에 대해서도 탐구할 것이다. 실제로 컴퓨터과학을 소개하는 것은 여러 학문을 복합적으로 다루는 것이다.

컴퓨팅이라는 분야를 폭넓게 탐색하기 위해서는 컴퓨터과학을 관통하는 중심 주제들을 유념할 필요가 있다. "컴퓨터과학의 7대 주제"[3]는 이 책의 10판보다 앞서 발표되었지만 이 책의 각 장들과 긴밀하게 대응되고 있다. "7대 주제"는 바로 알고리즘, 추상화, 창의성, 데이터, 프로그래밍, 인터넷, 그리고 사회적 영향을 말한다. 앞으로 이어질 장들에서는 각 주제에 관련된 핵심적 개념, 최신 연구주제, 해당 분야의 지식발전에 적용되는 기법 등을 소개한다.

알고리즘

제한된 데이터 저장 용량, 복잡하고 장시간을 소요하는 프로그래밍 절차 등의 제약조건으로 인해 초창기 컴퓨터에서는 복잡한 알고리즘들을 활용하지 못하였다. 그러나 이러한 제한들이 사라지기 시작하면서 컴퓨터들은 보다 복잡하고 규모가 큰 업무들에 적용되었다. 복잡한 업무들을 알고리즘으로 표현하려는 시도가 사람들에게 부담을 초래하게 되었으며, 이것은 알고리즘과 프로그래밍 작업과정에 대한 연구를 활성화하는 계기가 되었다.

수학자들의 이론적 연구 결과가 실용성을 갖게 된 것은 이러한 배경에서이다. 괴델의 불완전성 정리가 발표된 후 수학자들은 이미 오늘날 기술 발전으로 나타난 알고리즘 처리과정에 관한 여러 문제들을 조사해오고 있다. 이것이 바로 **컴퓨터과학**(computer science)이라는 새로운 학문 분야의 등장을 알리는 서막이었다.

오늘날 컴퓨터과학은 알고리즘 과학으로 확립되어 있다. 컴퓨터과학의 범위는 방대하며, 수학, 공학, 심리학, 생물학, 경영학, 언어학 등에 걸친 다양한 주제를 포함하고 있다. 이후의 장절에서 컴퓨터과학의 여러 분야들을 살펴볼 것이다. 실제로 컴퓨터과학의 다양한 분야에 종사하고 있는 학자들은 컴퓨터과학에 대해 각기 다른 정의를 내리고 있다. 예

3) www.csprinciples.org

그림 0.5 | 컴퓨터과학에서 알고리즘의 핵심적 역할

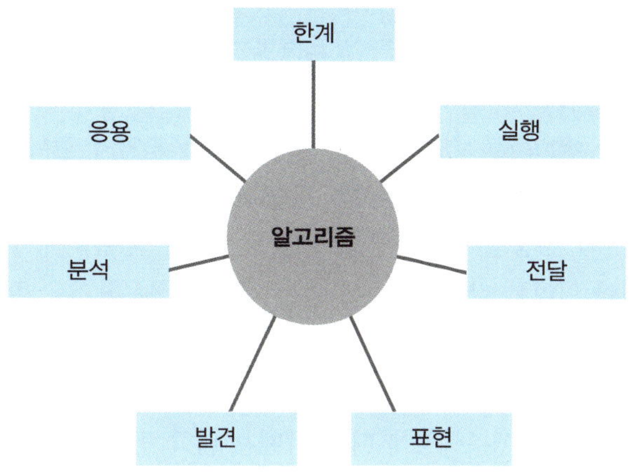

를 들면, 컴퓨터구조 분야의 학자는 회로의 소형화에 노력을 기울이고 있으며 컴퓨터과학을 회로기술의 진보와 응용으로 간주할 것이다. 반면에 데이터베이스 시스템 분야의 학자는 컴퓨터과학을 정보시스템의 유용성을 증가시키는 수단에 대한 모색으로 간주할 것이다. 그리고 인공지능 분야의 학자는 컴퓨터과학을 지능 및 지능적 행동에 대한 연구로 간주할 것이다.

그렇지만 이 모든 학자들은 알고리즘 과학의 각기 다른 측면을 맡는 것이다. 알고리즘이 컴퓨터과학에서 차지하는 핵심적 역할을 감안하면서(그림 0.5 참고), 컴퓨터과학 연구의 초점이 되는 몇 개의 질문을 통해 생각을 정리해보자.

- 알고리즘적 처리과정에 의해 해결될 수 있는 것은 어떤 문제들인가?
- 어떻게 하면 알고리즘을 보다 쉽게 찾을 수 있을 것인가?
- 어떻게 알고리즘의 표현 및 전달을 개선할 수 있을까?
- 서로 다른 알고리즘들의 특성들을 어떻게 분석하고 비교할 수 있을까?
- 알고리즘은 정보처리에 어떻게 이용될 수 있는가?
- 알고리즘은 지능적 행동의 발현에 어떻게 응용될 수 있는가?
- 알고리즘의 응용은 사회에 어떤 영향을 미칠 것인가?

추상화

추상화(abstraction)라는 용어는 개체의 외적 속성과 내적 구성의 세부사항을 구별하는 것을 가리킨다. 추상화로 인해 우리는 컴퓨터, 자동차, 전자레인지 등과 같은 복잡한 장치를 내적 세부사항을 무시한 채 하나의 장비로 파악하여 사용할 수 있게 된다. 더욱이 이렇게 복잡한 시스템을 설계하고 제작할 수 있는 것도 추상화를 통해서이다. 컴퓨터, 자동차, 전자레인지 등은 여러 부품들을 사용하여 제작되는데, 각 부품은 그 부품의 내부 구성을 모르더라도 사용할 수 있도록 추상화되어 있다.

크고 복잡한 컴퓨터 시스템을 제작, 분석, 관리할 수 있는 것은 추상화를 적용함으로써 가능한데, 만일 그 전체를 모두 자세히 살펴보아야 한다면 감당하기 어려울 것이다. 각 추상 계층에서 시스템은 **추상적 도구**(abstract tool)라고 불리는 부품들을 통해 파악할 수 있으며, 각 부품의 세부사항은 일단 무시한다. 컴퓨터에서는 부품이라는 용어 대신 보다 일반적인 의미를 갖는 구성요소라는 용어를 사용하기로 한다. 추상화를 사용함으로써 각 구성요소는 동일한 계층의 다른 구성요소들과 어떻게 상호작용하며 어떻게 구성요소들이 모여 전체적으로 하나의 상위 계층 구성요소를 형성하는지 등에 집중할 수 있게 된다. 이리하여 수많은 세부사항에 빠져 헤매지 않고 당면 작업에 관계된 시스템 부분을 파악할 수 있게 된다.

추상화는 과학이나 기술에만 한정되는 것은 아니라는 점을 유의하자. 추상화라는 단순화 기법이 없었다면 오늘날과 같은 생활 방식을 영위할 수도 없었을 것이다. 일상생활에서 각종 용품들이 실제 어떻게 만들어지는지 아는 사람은 거의 없다. 우리는 스스로 생산할 수 없는 음식을 먹고 옷을 입는다. 바탕이 되는 기술에 대한 이해 없이도 전기 제품이나 통신장비를 사용하며, 서비스 제공자의 업무 처리 세부사항을 모르면서도 서비스들을 이용한다. 각각의 새로운 발전에 대해, 사회의 작은 일부만이 그 구현을 전담하며 나머지 사람들은 그 결과를 추상적 도구로 사용하게 된다. 이러한 방식으로 사회가 이용할 수 있는 추상적 도구들은 확장되며, 사회의 발전 능력도 향상된다.

이 책에서 추상화라는 주제는 여러 번 반복적으로 나타날 것이다. 뒤에서 컴퓨터 장비는 여러 계층의 추상적 도구들로 구성되어 있음을 배우게 될 것이다. 또한 대형 소프트웨어 시스템의 개발은 모듈 방식으로 이루어지는 것을 살펴볼 텐데, 이 방식에서는 각 모듈이 더 큰 모듈에서 하나의 추상적 도구로 사용된다. 또한 추상화는 학자들이 복잡한 분야 중 특정 영역에만 집중할 수 있게 함으로써 컴퓨터과학을 발전시키는 데 있어서도 중요한 역할을 한다. 사실 이 책의 구성도 추상화를 반영하고 있다. 컴퓨터과학의 특정 영역을 다루고 있는 각 장은 다른 장들과 상당히 독립적이지만, 모두 모여 방대한 컴퓨터과학에 대한 포괄적 총론을 구성한다.

창의성

컴퓨터는 단순한 알고리즘 명령들을 기계적으로 실행시키는 복잡한 기계일 뿐이지만, 컴퓨터과학이라는 학문은 본질적으로 창의적인 학문이라는 점을 밝혀나갈 것이다. 새로운 알고리즘을 발견하고 적용하는 일은 현실 세계의 문제들을 해결하기 위해 도구를 사용하는 인간의 내재된 욕구에 따른 인간 활동이다. 컴퓨터과학은 시각적, 언어적, 음악적 예술 등에서 사용되어온 표현 형태를 확장하는 데 그치지 않고 현대 세계에서 광범위하게 사용되고 있는 디지털 표현이라는 새로운 표현 방식을 제공한다.

대규모 소프트웨어 시스템을 만드는 일은 단순한 요리법을 따라하는 일이라기보다는 새로운 대형 조각품을 창조하는 일에 가깝다. 형태와 기능의 구상은 세심한 기획을 요하며, 구성요소들을 만들기 위해서는 시간, 세부사항들에 대한 집중력, 숙련된 기술 등을 요한다. 최종적인 시스템에는 만든 사람들의 설계 감각과 감성이 녹아들어간다.

데이터

컴퓨터는 디지털화될 수 있는 모든 정보를 표현할 수 있다. 알고리즘은 이렇게 디지털 형태로 표현되어 있는 정보들을 다양한 방식으로 처리하거나 변환시킬 수 있다. 그 결과는 디지털 데이터를 컴퓨터 안의 한 부분에서 다른 부분으로 단순히 이동시키는 것에 그치지 않는다. 컴퓨터 알고리즘을 이용하여 데이터에서 특정 패턴들을 찾을 수 있으며, 모의실험을 수행할 수도 있고, 데이터를 연결하여 새로운 지식이나 통찰을 생성할 수도 있다. 대규모 저장용량, 고속 컴퓨터 네트워크, 강력한 계산능력 등을 활용하여 자연과학, 공학, 인문학 등의 다른 학문 분야에서 새로운 발견들을 이끌어낼 수 있다. 복잡한 단백질 구조에 관한 모의실험을 통한 신약의 효과에 대한 예측, 수세기에 걸친 도서들을 디지털화한 후 통계적 분석을 통한 언어의 진화에 관한 연구, 인체 손상 없는 의료 스캔 영상으로부터 내장기관에 대한 3D 영상의 구성 등에서와 같이 데이터는 다양한 분야에서 새로운 발견을 위한 중심 동력의 역할을 맡고 있다.

이 책에서 살펴볼 데이터에 관련된 몇 가지 중요한 사항은 다음과 같다.

- 숫자, 텍스트, 이미지, 소리, 비디오 등과 같은 일상적인 디지털 정보들을 컴퓨터에서는 어떤 형태의 데이터로 저장하는가?
- 실세계에서 나타나는 아날로그 정보들에 관한 근사 데이터를 컴퓨터에서는 어떻게 구하는가?
- 컴퓨터에서는 데이터상의 오류를 어떻게 탐지하고 예방하는가?
- 우리가 접할 수 있는 데이터가 끝없이 늘어나고 상호연결성이 강화되는 데 따른 파생효과는 무엇인가?

프로그래밍

프로그래밍을 위한 수많은 언어와 도구들이 존재하는 오늘날의 프로그래밍 환경은 1950년대나 1960년대 초의 프로그램 가능한 컴퓨터와는 전혀 다르지만, 사람의 의도를 실행 가능한 컴퓨터 알고리즘으로 변환하는 일을 일반적으로 **프로그래밍(programming)**이라고 부른다. 컴퓨터 프로그래밍은 컴퓨터과학의 작은 일부일 뿐이지만, 실행 가능한 알고리즘, 즉, 프로그램을 만들어 문제를 해결할 수 있는 능력은 모든 컴퓨터과학도들에게 필수적인 기본 기술이라 할 수 있다.

컴퓨터 하드웨어는 비교적 단순한 알고리즘 명령들만을 실행할 수 있지만, 컴퓨터 프로그래밍 언어들이 제공하는 추상화를 통해 사람들은 훨씬 복잡한 문제들을 위한 해답을 추론하고 코딩할 수 있다. 프로그래밍에 관련된 몇 가지 핵심 질문은 다음과 같다.

- 프로그램은 어떻게 만드는가?
- 어떤 종류의 오류들이 프로그램에서 발생하는가?
- 프로그램상의 오류들을 어떻게 발견하고 고치는가?
- 프로그램에서 오류들이 미치는 영향은 무엇인가?
- 프로그램을 문서화하고 평가하는 방법은 무엇인가?

인터넷

인터넷은 전 세계의 컴퓨터들과 전자장치들을 연결하고 있으며, 오늘날의 기술 사회에서 정보에 대한 저장, 검색, 공유 등을 수행하는 방식에 크게 영향을 미치고 있다. 작은 컴퓨터 네트워크들을 서로 연결하여 구성된 인터넷에 상거래, 뉴스, 오락, 통신 등이 의존하는 정도는 점차 증대되고 있다. 이 책에서는 인터넷 구성을 위한 메커니즘들을 논하는 데 그치지 않고 인터넷이란 글로벌 네트워크와 인간사회의 다양한 측면이 어떻게 엮여있는지에 대해서도 살펴볼 것이다.

인터넷의 확산은 프라이버시와 개인정보들에 대한 보안성에도 막대한 영향을 미치고 있다. 사이버공간은 많은 위험을 내재하고 있으며, 따라서 오늘날의 고도연결성 사회에서 암호학과 사이버보안에 대한 중요성이 점차 증대되고 있다.

사회적 영향

컴퓨터과학은 통신, 작업, 놀이 등에 사용되는 기술들에 엄청난 영향을 미칠 뿐만 아니라 사회적 영향도 막대하다. 컴퓨터과학의 발전은 과거에 우리 사회가 결정의 근거로 삼았던 여러 가지 차별화의 경계를 모호하게 만들고 있으며, 오랜 사회적 원칙들에 도전을 던지고 있다. 법률적으로는, 지적재산에 대한 소유권은 어느 정도까지 허용되는지, 소유에 따르는 권리와 책임은 무엇인지 등에 관한 의문들이 생겨나고 있다. 윤리적으로는 사회적 행동의 근거가 되는 전통적 원칙들에 이의를 제기하는 다양한 사항들이 생겨나고 있다. 정부 부문에서는 컴퓨터 기술이나 응용과 관련해서 법제화 수준에 대한 토의가 벌어지고 있다. 철학에서는 지능적 행동의 존재와 지능 자체의 존재 사이의 관계에 대한 논쟁이 벌어지고 있다. 그리고 사회 전반에 걸쳐 새로운 응용의 결과로 자유가 확대될 것인지 통제가 확대될 것인지에 대한 논쟁을 촉발하고 있다.

이러한 주제들은 컴퓨터 관련 분야에 종사하는 사람들에게는 중요한 것들이다. 과학에서 새로운 사실의 발견은 때로 논란을 일으킬 수 있는 분야에 응용되기도 하며, 이로 인해 관련 학자들이 심각하게 불평을 제기하기도 한다. 더욱이 한때의 윤리적 실수로 성공적인 삶이 순식간에 좌초되기도 한다.

컴퓨터 기술의 발전으로 발생되는 딜레마들을 해결하는 능력은 해당 기술 영역 밖의 사람들에게도 중요하다. 실로 기술은 우리 사회 전반에 침투하고 있어서 누구도 그 영향을 벗어나기 어렵다.

이 책은 컴퓨터과학으로 인해 발생되는 딜레마들을 합리적으로 다루기 위한 기술적 배경지식을 제공한다. 그러나 컴퓨터과학에 대한 기술적 지식만으로는 관련된 모든 문제에 대한 해결책을 제시할 수 없다. 이러한 사실에 유념하여 이 책은 컴퓨터과학의 사회적, 윤리적, 법적 영향들을 다루는 몇 개의 절들을 포함하고 있다. 여기에는 보안 문제, 소프트웨어 소유권 및 책임 문제, 데이터베이스 기술의 사회적 영향, 인공지능 발전이 가져올 결과 등이 포함된다.

때로 어떤 문제에 대해서는 하나의 정답이 없는 경우도 많으며, 서로 상반되면서도 나름의 정당성을 갖는 여러 해결책들이 존재할 수도 있다. 이와 같은 상황에서 해결책을 찾기 위해서는 남의 의견을 잘 들어주고, 다른 관점을 이해하고, 합리적 토론을 수행하고, 새로운 사실을 받아들이면서 자신의 의견을 고칠 수도 있는 능력이 요구된다. 이를 위해 각 장의 끝에 "사회적 논제"라는 제목 아래에 여러 질문들을 두고 있는데, 이들은 컴퓨터과학과 사회 사이의 관계를 생각해보기 위한 것이다. 이러한 질문 중에는 정답이 없는 것들도 있으며, 답을 내기보다는 생각해보자는 취지의 질문들이다. 때로 처음에 분명히 옳은 듯 했던 대답도 대안을 고려해보면 과히 만족스럽지 않을 수도 있다.

요약하자면 이러한 질문들의 목적은 "올바른" 답으로 인도하자는 것이기보다는 어떤 이슈에 있어서의 관련 당사자에 대한 인식, 대안들에 대한 인식, 이러한 대안들의 단기적 파생 결과와 장기적 파생 결과에 대한 인식들을 포함하여 여러 측면의 인식을 제고하자는 데 있다.

결정이나 행동의 지침이 될 원칙에 이르는 기본 이론들을 모색하는 과정에서 철학자들은 여러 가지 윤리적 방법론들을 제시하였다.

플라톤과 아리스토텔레스가 발전시킨 **성격론적 윤리학**(character-based ethics)은 때로 **미덕의 윤리학**(virtue ethics)이라고도 불리는데, "선한 행동"은 정할 수 있는 규칙들을 적용한 결과가 아니라 "선한 성격"의 자연스런 결과라고 주장한다. 결과론적 윤리학, 의무론적 윤리학, 계약론적 윤리학 등과 같은 다른 윤리학에서는 "결과가 무엇인가?", "나의 의무가 무엇인가?", "계약 내용이 무엇인가?" 등을 질문함으로써 윤리적 딜레마를 해결하려는 데 비해, 성격론적 윤리학에서는 "내가 어떤 사람이 되고자 하는가?"라는 질문을 통해 윤리적 딜레마를 해결할 것을 제시하고 있다. 따라서 선한 행동은 선한 성격을 키워감으로써 얻을 수 있으며, 선한 성격은 좋은 교육과 도덕적 습관의 함양을 통해 얻을 수 있는 것으로 보았다.

다양한 분야의 전문인들에게 윤리를 가르칠 때 일반적으로 취하는 방법은 바로 성격론적 윤리학이다. 이 방식에서는 특정 윤리학을 가르치는 대신 전문인들의 전문 직종에서 발생하는 다양한 윤리적 문제들을 제기하는 사례연구들을 제시한다. 그런 다음 해당 사례에서 좋은 점과 나쁜 점들에 대해 토론함으로써 전문인들은 자신의 전문 직종에 내재된 위험들에 대해 인식을 제고하게 되며 보다 성숙해진다. 이 책에서 각 장 끝에 사회적 쟁점에 관한 질문들을 마련한 것도 바로 이러한 취지에서이다.

사회적 논제

다음 질문들은 컴퓨터 적용 분야에 관련된 윤리적/사회적/법률적 쟁점에 대한 지침을 마련하기 위한 것이다. 이 질문들의 목표는 단순히 대답을 이끌어내는 것에 있지 않다. 자신의 대답에 대한 이유를 생각해야 하며, 그와 같은 논거는 각 문항 사이에서 일관성을 유지해야 한다.

1. 우리 사회는 컴퓨터 혁명이 없었을 경우의 사회와는 다른 모습일 것이라는 가정은 일반적으로 인정되고 있다. 우리 사회의 모습은 컴퓨터 혁명 없이 도래한 사회에 비해 보다 나은 사회인가? 아니면 보다 나쁜 사회인가? 사회에서의 지위에 따라 이 대답은 달라질 것인가?
2. 기술의 기초를 이해하려는 노력 없이 오늘날의 기술 사회를 살아가도 좋은 것인가? 예를 들면, 기술을 어떻게 지원하고 사용할지에 대해 투표권을 갖는 민주사회의 구성원들이 그러한 기술을 이해하려고 노력할 의무를 갖는다고 보는가? 이 대답은 기술에 따라 달라지는가? 예를 들면, 핵 기술과 컴퓨터 기술에 대해 앞의 질문에 대한 대답은 동일할 것인가?
3. 지금까지는 금전 거래에서 현금을 사용함으로써 사람들은 수수료 부담 없이 금전적 업무를 처리하는 선택권을 갖고 있다. 그러나 경제의 자동화가 진전됨에 따라 금융기관들은 자동화 시스템 이용에 수수료를 부과하고 있다. 이러한 수수료로 사람들의 경제 행위를 부당하게 제한한다는 주장에 일리가 있다고 보는가? 예를 들어, 어느 고용주가 사원의 급여를 수표로만 지급하며, 모든 금융기관들은 수표의 현금 교환이나 계좌 입금에 수수료를 부과한다고 하자. 그 사원은 부당한 대우를 받는 것인가? 고용주가 수표 대신 계좌 이체를 통한 급여 방식을 고집할 경우는 어떠한가?
4. 대화형 TV 환경에서 방송사가 (대화형 게임 등의 형식을 통해) 어린이들에게서 수집하는 정보는 어느 선까지 허용해야 할 것인가? 예를 들어, 어린이에게서 부모의

구매 패턴에 대한 보고서를 받는 것은 허용해야 한다고 보는가? 어린이 자신에 관한 정보의 경우는 어떤가?

5. 정부는 컴퓨터 기술과 응용에 대해 어느 정도까지 법제화해야 하는가? 예를 들어, 질문 3과 4에서 언급된 문제들을 생각해보자. 정부의 법제화를 정당화시키는 논거는 무엇인가?
6. 기술 일반에 관한 결정, 특히 컴퓨터 기술에 관한 결정은 미래 세대에 어느 정도의 영향을 미치게 될까?
7. 기술이 진보함에 따라 우리의 교육 시스템도 주제들을 가르치는 추상 수준을 어느 수준에 맞출 것인지를 조정하도록 압력을 받고 있다. 질문들 중 많은 부분은 특정 기술이 여전히 필요한지 또는 추상적 도구의 사용을 허용할 것인가라는 모습을 띠고 있다. 삼각함수를 공부하는 학생들은 더 이상 삼각함수표를 사용하여 삼각함수 값을 계산하는 방법을 배우지 않는다. 대신 삼각함수 값을 찾기 위해 계산기를 추상적 도구로 사용한다. 어떤 이들은 나눗셈조차도 추상화에 밀려 없어졌다고 주장한다. 유사한 논쟁의 다른 사례들을 들어보라. 현대의 워드프로세서로 인해 철자법 훈련은 필요 없게 되었다고 보는가? 비디오 기술은 언젠가 독서의 필요성을 사라지게 할 것인가?
8. 공공도서관의 개념은 민주사회의 모든 국민은 정보 접근이 보장되어야 한다는 전제에 근거하고 있다. 보다 많은 정보가 컴퓨터 기술을 통해 저장되고 배포되는 지금, 컴퓨터 기술에 대한 접근권이 모든 개인에게 보장되어야 하는가? 그렇다면, 공공도서관이 그러한 역할의 접근 채널이 되어야 한다고 보는가?
9. 추상적 도구들의 사용에 의존하는 사회에서 발생하는 윤리적 문제에는 어떤 것이 있을까? 동작 원리에 대한 이해 없이 제품이나 서비스를 사용하는 것이 비윤리적인 경우가 있을까? 어떻게 제조되는지 모를 경우라면 어떨까? 또는 그 사용의 부산물을 이해하지 못하는 경우라면 어떨까?
10. 우리 경제가 점차 자동화되면서 정부가 국민의 금융 활동을 감시하는 것이 용이해지고 있다. 이는 좋은 일일까? 나쁜 일일까?
11. 조지 오웰이 1984라는 소설에서 상상했던 기술 중 현실화된 것들에는 무엇이 있는가? 이들은 오웰이 예측한 대로 사용되고 있는가?
12. 타임머신을 갖게 되면, 과거의 어느 시대에서 살고 싶은가? 현재 기술 중 가져가고 싶은 것은? 그 기술들은 다른 기술들을 가져가지 않고도 쓸모가 있는가? 하나의 기술은 어느 정도까지 다른 기술과 분리되어 있는가? 현대 의술은 이용하면서 지구온난화 반대 시위에 참여하는 것은 일관성이 있다고 보는가?
13. 당신의 직업으로 인해 다른 문화권 지역에 거주해야 한다고 가정해보자. 자신의 원래 문화권의 윤리 지침을 고수해야 할까? 아니면 현재 거주하는 문화권의 윤리 지침을 적용해야 할까? 당면 이슈가 옷차림새인지 아니면 인권 문제인지에 따라 대답이

달라지는가? 자신의 원래 문화권에 거주하면서 인터넷상에서 다른 문화권과 사업을 수행하는 경우 어느 쪽 윤리적 기준을 따라야 할까?

14. 오늘날의 사회는 상거래, 통신, 사회적 교류 등에서 컴퓨터 응용 프로그램들에 너무 종속되어 있지 않은가? 예를 들어 인터넷 서비스나 휴대폰 서비스에 장기간의 장애가 발생할 경우 어떤 결과가 발생하겠는가?

15. 대부분의 스마트폰은 GPS를 사용하여 스마트폰의 위치를 알 수 있다. 이를 이용하여 스마트폰 응용 프로그램들은 현재 위치에 기초하여 (지역 뉴스, 지역 날씨, 인근 지역의 가게 정보 등과 같은) 위치 기반 정보를 제공할 수 있다. 그러나 이러한 GPS 기능이 있음으로 해서 어떤 응용 프로그램들은 스마트폰의 현재 위치를 다른 사람들에게 알려줄 수도 있다. 이것은 좋은 일인가? 휴대폰의 위치에 (즉, 당신의 위치에) 대한 정보가 어떻게 악용될 수 있을까?

참고문헌

Goldstine, H. H. *The Computer from Pascal to von Neumann*. Princeton: Princeton University Press, 1972.

Haigh, T., M. Priestley, and C. Rope. *ENIAC in Action: Making and Remaking the Modern Computer*. Cambridge, MA: The MIT Press, 2016.

Kizza, J. M. *Ethical and Social Issues in the Information Age*, 5th ed. London: Springer-Verlag, 2013.

Mollenhoff, C. R. *Atanasoff: Forgotten Father of the Computer*. Ames, IA: Iowa State University Press, 1988.

Neumann, P. G. *Computer Related Risks*. Boston, MA: Addison-Wesley, 1995.

Quinn, M. J. *Ethics for the Information Age*, 7th ed. Essex, England: Pearson, 2016.

Randell, B. *The Origins of Digital Computers*, 3rd ed. New York: Springer-Verlag, 1982.

Spinello, R. A. and H. T. Tavani. *Readings in CyberEthics*. Sudbury, MA: Jones and Bartlett, 2001.

Swade, D. *The Difference Engine*. New York: Viking, 2000.

Tavani, H. T. *Ethics and Technology: Controversies, Questions, and Strategies for Ethical Computing*, 5th ed. New York: Wiley, 2016.

Woolley, B. *The Bride of Science, Romance, Reason, and Byron's Daughter*. New York: McGraw-Hill, 1999.

CHAPTER

1

데이터의 저장

이 장에서는 데이터의 표현 및 컴퓨터에서의 데이터 저장에 관련된 주제들을 살펴본다. 살펴볼 데이터의 유형에는 텍스트, 숫자, 이미지, 오디오, 비디오 등이 포함된다. 이 장에서 다루는 내용은 디지털 사진작업, 오디오/비디오의 녹화 및 재생, 장거리 통신 등과 같은 전통적인 컴퓨터 응용 분야가 아닌 것들과도 연관성을 갖는다.

* 표시된 절은 고급 내용임을 나타냄

사람들은 무엇인가를 만들어내기 위해 컴퓨터를 사용한다. 소프트웨어 패키지, 디지털 미디어, 웹 콘텐츠, 데이터 집합, 모델, 시뮬레이션 등은 모두 전산 도구와 추상화 요소들을 이용하여 사람들이 만들어내는 전산 산출물의 예이다. 먼저 컴퓨터 안에서 이러한 전산 산출물을 어떻게 표현하고 저장하는지 살펴봄으로써 컴퓨터과학에 대한 학습을 시작할 것이다. 첫 번째 단계로 컴퓨터의 데이터 저장장치에 관한 기본사항들을 설명한 다음 이러한 장치들에 저장하기 위해서 정보를 어떻게 표현하는지 살펴본다. 이러한 시스템들의 엄청난 복잡성 때문에 전자적 스위치들로 만들어지는 간단한 하드웨어 게이트에서 컴퓨터에 대한 명령들을 소프트웨어로 구성하기 위해 사용되는 고급 프로그래밍 언어에 이르기까지 다양한 수준의 강력한 추상화 요소들이 요구된다. 오늘날 사용되는 데이터 저장장치의 종류들을 알아보고 데이터 압축이나 오류 처리 등의 기법들이 데이터 저장장치의 약점을 보완하는 데 어떻게 이용되는지 조사할 것이다.

1.1 비트의 저장

오늘날의 컴퓨터 안에서 정보는 0과 1들의 패턴으로 표현된다. 이러한 숫자를 **비트**(bit, *binary digit*의 줄임말)라고 부른다. 비트들을 숫자로 생각하기 쉽지만 실제로는 당면 응용에 따라 의미가 달라지는 기호들일 뿐이다. 때로 비트 패턴들은 숫자를 나타내기 위해 사용되기도 하고 때로는 알파벳 문자나 구두점을 나타내기도 한다. 때로 이미지나 소리를 나타내기도 한다.

부울 연산

컴퓨터 안에서 개별 비트들을 어떻게 저장하고 조작하는지 이해하기 위해서는 비트 0은 *거짓*을 나타내고 비트 1은 *참*을 나타낸다고 생각하면 편리하다. 참/거짓을 다루는 연산을 논리(logic)라는 수학 분야의 개척자인 부울(George Boole, 1815-1864)을 기념하여 **부울 연산(Boolean operation)**이라고 부른다. 세 가지 기본 부울 연산은 그림 1.1에 요약되어 있는 AND, OR, XOR(eXclusive OR)이다. 이들 연산은 두 개의 값을 연산의 입력으로 취하고 이들을 조합하여 연산의 결과인 제3의 값을 만들어낸다는 점에서 산술 연산인 곱셈, 덧셈 등과 비슷하다. 그러나 산술 연산과는 달리 부울 연산들은 숫자 대신 참/거짓 값들을 조합할 뿐이다.

부울 연산 AND는 두 개의 더 작고 간단한 명제들을 접속사 AND로 결합하여 형성된 명제의 참 또는 거짓을 반영한다. 이러한 명제의 일반 형식은

P AND Q

그림 1.1 | 부울 연산 AND, OR, XOR

AND 연산

0	0	1	1
AND 0	AND 1	AND 0	AND 1
0	0	0	1

OR 연산

0	0	1	1
OR 0	OR 1	OR 0	OR 1
0	1	1	1

XOR 연산

0	0	1	1
XOR 0	XOR 1	XOR 0	XOR 1
0	1	1	0

이며, 여기에서 *P* 와 *Q* 는 각기 다른 명제를 나타낸다. 예를 들면 다음과 같다.

커밋은 개구리이다 AND 피기 양은 여배우이다.

AND 연산의 입력은 복합 명제의 구성요소들의 참 또는 거짓을 나타내며, 출력은 복합 명제 자체의 참 또는 거짓을 나타낸다. *P* AND *Q* 형식의 명제는 구성요소 둘 모두 참일 때만 참이 되므로, 1 AND 1은 1이 되고, 나머지 모든 경우에서 출력은 0이 되어야 하며, 이는 그림 1.1에서 나타내는 바와 같다.

OR 연산도 마찬가지로

P OR *Q*

형식의 복합 명제에 기초하고 있으며, 여기에서도 *P* 와 *Q* 는 각기 다른 명제를 나타낸다. 이러한 명제는 그 구성요소 중 적어도 하나가 참일 경우 참이 되며, 이는 그림 1.1에서 나타내는 바와 일치한다.

XOR 연산의 의미를 나타내는 영어 접속사는 존재하지 않는다. XOR은 입력 중 하나는 1(참)이고 다른 하나는 0(거짓)일 경우에 1(참)을 출력한다. 예를 들어 *P* XOR *Q* 형식의 명제는 "*P* 또는 *Q* 이지만 둘 다는 아님"을 의미한다.(즉, XOR 연산은 두 입력 값이 서로 다를 경우 1을 출력한다.)

NOT 연산도 부울 연산이다. NOT은 한 개의 입력만을 취한다는 점에서 AND, OR, XOR 등과 다르다. 출력은 입력의 반대가 된다. 즉, NOT 연산의 입력이 참일 경우 출력은 거짓이 되며, 입력이 거짓일 경우 출력은 참이 된다. 따라서 NOT 연산의 입력이

포지는 곰이다

라는 명제가 참인지 거짓인지를 나타낼 경우, 그 출력은

포지는 곰이 아니다.

라는 명제가 참인지 거짓인지를 나타낼 것이다.

게이트와 플립플롭

부울 연산의 입력 값들이 주어질 때 연산 결과를 출력하는 장치를 **게이트(gate)** 또는 **논리 게이트(logic gate)**라고 부른다. 게이트는 톱니바퀴, 릴레이(relay), 광학(optic) 장치 등 다양한 기술을 이용하여 만들 수 있다. 오늘날의 컴퓨터 안에 사용되는 게이트는 대개 전압 수준에 따라 숫자 0과 1을 나타내는—**트랜지스터(transistor)**라고 불리는—작은 전자 스위치 회로로 만들어져 있다. 그러나 이런 자세한 내용에 대해 관심을 가질 필요는 없다. 여기에서는 그림 1.2에서 보이고 있는 대로 기호를 사용하여 게이트를 표시하는 정도로 충분하다. AND, OR, XOR, NOT 등의 게이트는 각기 다른 모양으로 표시되며, 한

그림 1.2 | AND, OR, XOR, NOT 등을 위한 게이트 기호와 입출력 값

AND

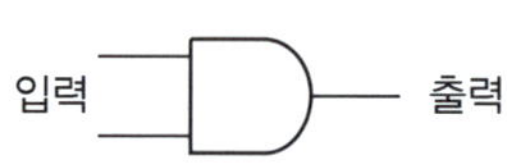

입력	출력
0 0	0
0 1	0
1 0	0
1 1	1

OR

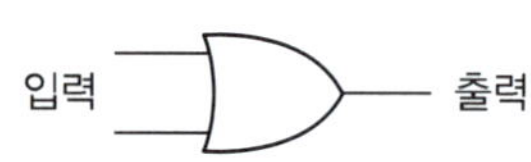

입력	출력
0 0	0
0 1	1
1 0	1
1 1	1

XOR

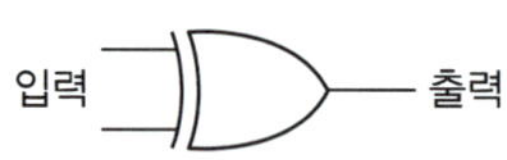

입력	출력
0 0	0
0 1	1
1 0	1
1 1	0

NOT

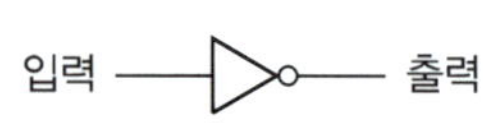

입력	출력
0	1
1	0

쪽에는 입력 값들이 들어가고 다른 쪽에서 출력 값이 나온다.

위와 같은 게이트들은 컴퓨터를 만들 때 사용되는 벽돌과 같다. 그러한 이유에서 부울 논리와 연산은 프로그래밍 언어에서 기본 연산으로 나타난다. 그림 1.3에서 게이트들을 조합하여 플립플롭(flip-flop)이라는 하드웨어 부품을 만들어 보이고 있다. 플립플롭은 컴퓨터 메모리의 기본 단위이다. 플립플롭은 0 또는 1을 출력 값으로 가지며, 다른 회로로부터 출력 값을 변경하라는 (순간적으로 1이 되었다가 다시 0이 되는) 펄스 신호를 보내올 때까지 출력 값을 일정하게 유지하는 회로이다. 즉, 외부 자극의 제어 하에 출력이 0이 되었다 1이 되었다 한다. 그림 1.3에서 두 입력 모두가 0인 동안은 출력 값은 (0이든 1이든) 변하지 않을 것이다. 그러나 위쪽 입력에 순간적으로 1을 걸면 출력은 1이 되며, 아래쪽 입력에 순간적으로 1을 걸면 출력은 0이 된다.

이 점에 대해 더 자세히 살펴보자. 그림 1.3에서 현재의 회로 출력을 모르는 상태에서 아래쪽 입력은 0으로 유지되고 위쪽 입력은 1로 변경된다고 가정하자(그림 1.4a). 이 결과로 OR 게이트의 출력은 이 게이트의 다른 입력에 상관없이 1이 될 것이다. 이제 아래쪽 입력 0이 NOT 게이트를 거쳐 만들어진 다른 한쪽의 입력은 이미 1로 되어있으므로 AND 게이트의 두 입력 모두 1이 될 것이다. 그러면 AND 게이트의 출력도 1이 될 것이며, 이는 OR 게이트의 두 번째 입력도 이제 1이 될 것임을 의미한다(그림 1.4b). 이는 플립플롭의 위쪽 입력이 0으로 돌아가더라도(그림 1.4c), OR 게이트의 출력은 1로 유지될 것임을 의미한다. 요약하자면, 플립플롭의 출력은 1이 되었으며, 이 출력은 위쪽 입력이 0으로 돌아간 후에도 유지된다.

비슷한 이유로 아래쪽 입력에 1을 걸면 플립플롭의 출력은 0이 되며, 이 출력은 입력 값이 0으로 돌아간 후에도 유지될 것이다.

그림 1.3과 1.4에 있는 플립플롭을 소개하는 목적은 세 가지이다. 첫째, 게이트들을 이용하여 어떻게 장치를 만드는지 보여주고 있는데, 이것은 디지털 회로 설계라고 불리는 작업과정으로서 컴퓨터공학의 중요한 주제 중 하나이다. 실제로 플립플롭은 컴퓨터공학

그림 1.3 간단한 플립플롭 회로

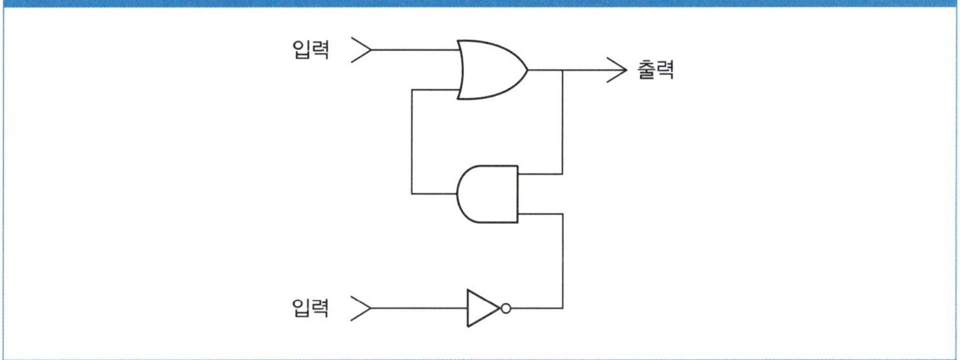

그림 1.4 플립플롭의 출력을 1로 만들기

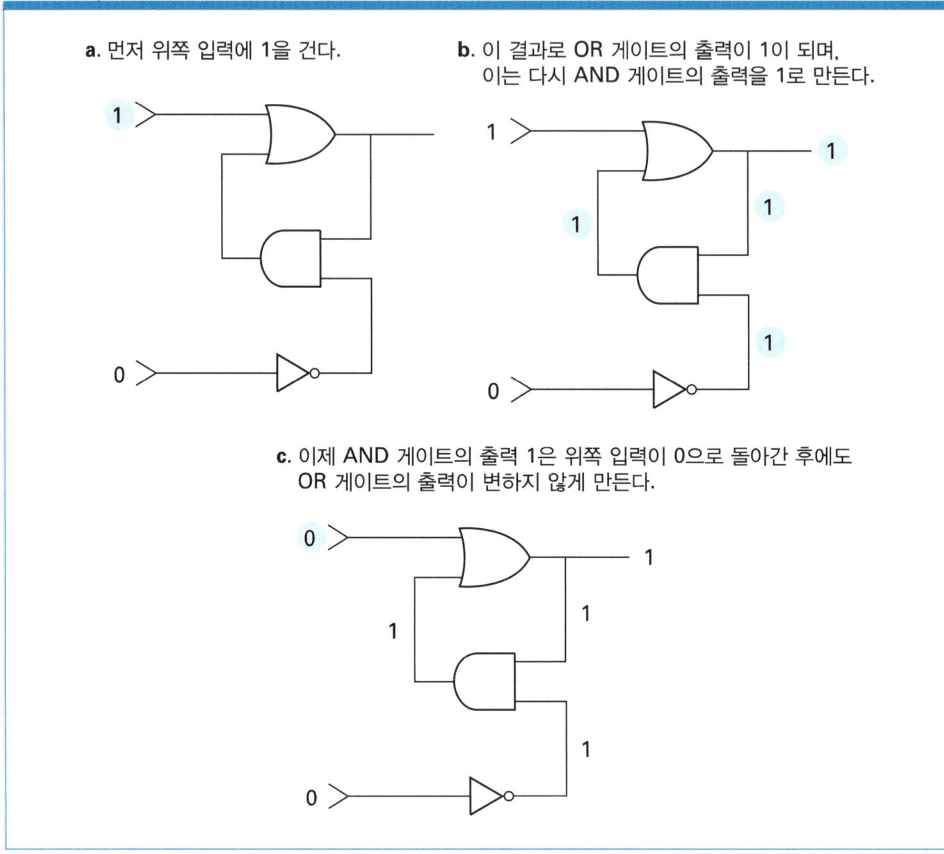

에서 기본 도구로 사용되는 수많은 회로 중 하나일 뿐이다.

둘째, 플립플롭 개념은 추상화와 추상 도구 이용의 보기를 제공한다. 실제로 플립플롭을 만드는 다른 방법들도 있는데, 그림 1.5에서 또 다른 방법 하나를 보이고 있다. 그림

그림 1.5 플립플롭을 구성하는 또 다른 방법

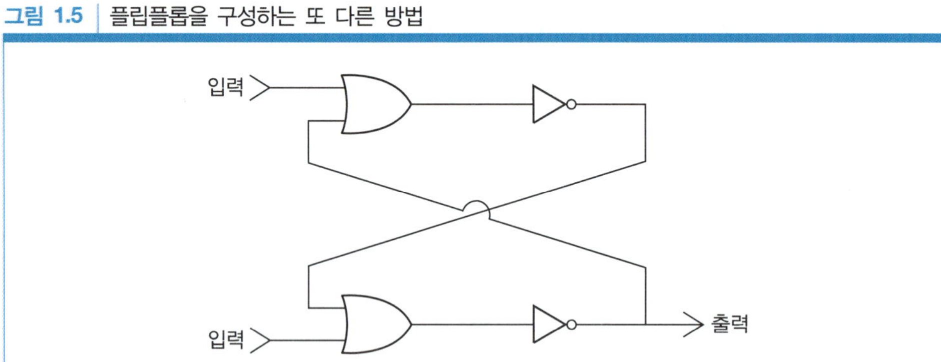

1.5의 회로를 가지고 실험해 보면, 비록 내부구조는 다르지만 외적 특성은 그림 1.3의 플립플롭과 동일하다는 것을 알 수 있을 것이다. 컴퓨터 엔지니어는 플립플롭 안에 실제 어떤 회로가 사용되는지에 대해 알아야 할 필요는 없다. 대신 플립플롭을 추상적 도구로 사용하기 위해 플립플롭의 외적 성질만 이해하면 된다. 엔지니어는 보다 복잡한 회로들을 구성하는 데 사용할 빌딩 블록 요소로 플립플롭이나 다른 잘 정의된 회로들을 이용한다. 컴퓨터 회로의 설계는 계층구조로 이루어지며, 각 계층에서 아래 계층의 구성요소들을 추상적 도구로 사용하게 된다.

플립플롭을 소개한 세 번째 목적은 플립플롭이 컴퓨터 안에서 하나의 비트를 저장하는 수단임을 보여주기 위한 것이다. 정확히 말하자면, 플립플롭은 출력 값을 0과 1 어느 값으로나 설정할 수 있다. 다른 회로에서 플립플롭에 펄스를 보내어 플립플롭 출력 값을 쉽게 조정할 수 있으며, 어떤 회로들은 플립플롭의 출력을 자신의 입력으로 사용함으로써 플립플롭에 저장된 값을 이용할 수 있다. 이렇게 해서 매우 작은 전기회로들로 만들어진 플립플롭들이 컴퓨터 안에서 0과 1의 패턴으로 표시되는 정보를 기록하는 수단으로 사용될 수 있다. 실제로 **칩(chip)**이라고 불리는 반도체 웨이퍼(wafer) 한 장 위에 수백만 개의 전기 회로들을 만들 수 있는 **VLSI(very large-scale integration; 초고밀도 집적회로)** 기술을 이용하여 수백만 개의 플립플롭과 제어회로들을 포함하는 소형 장치들을 만든다. 그리고 이러한 칩들은 다시 컴퓨터 시스템 안의 상위 수준 부품 제작에서 추상 도구로 사용된다. 사실 한 개의 칩으로 전체 컴퓨터 시스템을 만들기 위해 VLSI가 사용되는 경우도 있다.

16진법

컴퓨터의 내부 활동을 살펴볼 때 비트 패턴들을 다루게 되는데, 이를 비트 열이라고 부를 것이며, 비트 열 중에는 상당히 긴 것들도 있다. 긴 비트 열은 때로 **스트림(stream)**이라고도 불린다. 사람이 스트림을 다루는 것은 쉽지 않다. 101101010011 정도의 패턴을 옮겨 적는 것조차도 지루하고 틀리기 쉬운 작업이다. 이러한 비트 패턴의 표현을 쉽게 하기 위해 흔히 **16진법(hexadecimal notation)**이라는 간이 표기법을 사용하는데, 이것은 컴퓨터 내부에서 비트 패턴의 길이는 대개 4의 배수라는 사실을 이용한 것이다. 16진법은 4비트 패턴의 표시에 기호 하나를 사용한다. 예를 들어 12비트로 된 열이라면 3개의 기호를 사용하여 표현할 수 있다. 수학자들은 대개 10진수 외의 진법을 표시하기 위해 아래첨자를 사용하며, 15_{10}의 16진수 값을 F_{16}과 같이 쓴다. 아래첨자를 지원하지 않는 텍스트 기반 언어로 프로그래밍 하는 데 익숙한 컴퓨터과학자들은 10진수 외의 진법을 표시하기 위해 종종 접두사를 이용한다. 이 책에서도 16진수 표현을 명확히 하기 위해 필요할 경우 숫자 앞에 "0x"라는 접두사를 사용할 것이다.

그림 1.6에서 16진 인코딩 체계를 보여주고 있다. 왼쪽 칸에는 길이 4인 모든 비트 패

그림 1.6 | 16진 인코딩 체계

비트 패턴	16진법 표현
0000	0
0001	1
0010	2
0011	3
0100	4
0101	5
0110	6
0111	7
1000	8
1001	9
1010	A
1011	B
1100	C
1101	D
1110	E
1111	F

턴을 표시하고 있으며, 오른쪽 칸에는 왼쪽의 비트 패턴을 나타내기 위해 사용되는 16진법 기호를 표시하고 있다. 16진 인코딩 체계를 사용하면 비트 패턴 10110101은 B5로 표현된다. 이는 주어진 비트 패턴을 길이 4인 작은 열로 나눈 다음 각각의 작은 열을 해당되는 16진수로 표시함으로써 만들어지는데, 1011은 B로 표시되며 0101은 5로 표시된다. 이러한 방법을 사용하면 16비트 패턴 1010010011001000은 사용하기 쉬운 A4C8로 줄일 수 있다.

다음 장에서 16진법을 많이 사용하게 될 것이며, 그 때 16진법의 이점을 체감하게 될 것이다.

연습문제

1. 아래 회로의 출력이 1이 되게 하는 입력 비트 패턴은 어떤 것들인가?

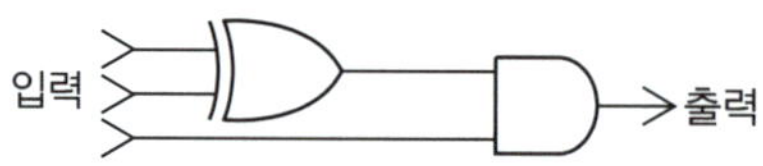

2. 본문에서 그림 1.3의 플립플롭의 (위쪽 입력은 0을 유지한 상태에서) 아래쪽 입력에 1을 걸면 플립플롭의 출력은 0이 된다고 하였다. 이 경우 플립플롭 내부에서 일어나는 일들을 순서대로 기술하라.

3. 그림 1.5에서 플립플롭의 두 입력 모두 0으로 시작한다고 가정하고, 위쪽 입력에 순간

적으로 1이 걸릴 때 일어나는 일들을 순서대로 기술하라.

4. a. AND 게이트의 출력이 NOT 게이트를 거쳐 전달될 경우, 이 두 게이트의 조합은 두 입력 값이 모두 1일 경우에만 출력이 0이 되는 NAND라는 부울 연산을 수행한다. NAND 게이트 기호는 AND 게이트와 같은데, 다만 출력 쪽에 작은 원 하나가 표시되어 있다. 아래 그림은 한 개의 NAND 게이트들을 포함하는 회로이다. 이 회로가 계산하는 부울 연산은 무엇인가?

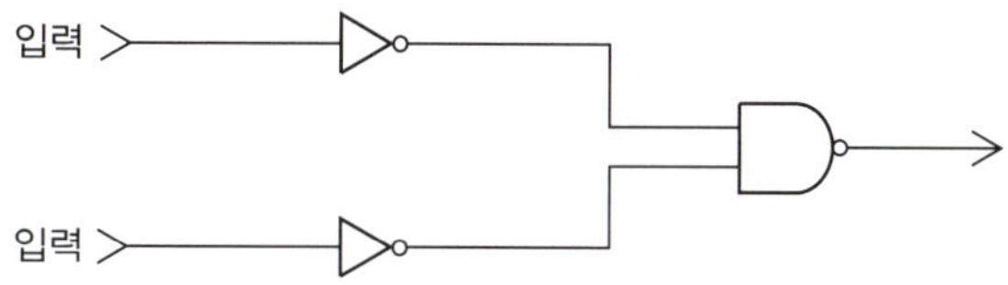

b. OR 게이트의 출력이 NOT 게이트를 거쳐 전달될 경우, 이 두 게이트의 조합은 두 입력 값이 모두 0일 경우에만 출력이 1이 되는 NOR이라는 부울 연산을 수행한다. NOR 게이트 기호는 OR 게이트와 같은데, 다만 출력 쪽에 작은 원 하나가 표시되어 있다. 아래 그림은 한 개의 AND 게이트와 두 개의 NOR 게이트를 포함하는 회로이다. 이 회로가 계산하는 부울 연산은 무엇인가?

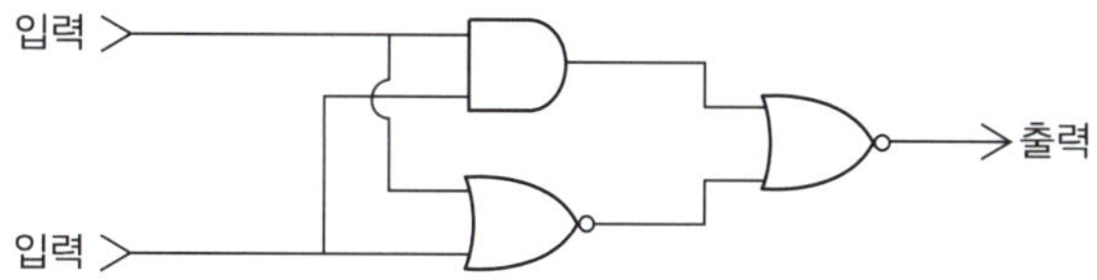

5. 다음 비트 패턴을 16진법으로 표현하라.
   a. 0110101011110010
   b. 111010000101010100010111
   c. 01001000

6. 다음 16진 패턴이 나타내는 비트 패턴은 무엇인가?
   a. 5FD97　　b. 610A
   c. ABCD　　d. 0100

1.2 주기억장치

데이터 저장을 위해 컴퓨터는 한 개의 비트를 저장할 수 있는 (플립플롭과 같은) 수많은 회로들을 포함하고 있다. 이러한 비트 저장소를 컴퓨터의 **주기억장치(main memory)**라고 한다.

메모리 구성

컴퓨터의 주기억장치는 **셀(cell)**이라고 불리는 관리하기 쉬운 단위로 조직되는데, 셀의 크기는 대개 8비트이다. (8비트로 된 열은 **바이트(byte)**라고 불리며, 따라서 대개의 메모리 셀은 한 바이트의 용량을 갖는다.) 온도조절장치나 전자레인지와 같은 가전제품에 내장되어 있는 컴퓨터의 주기억장치는 수백 개 정도의 셀을 갖는 반면, 데스크톱 컴퓨터나 스마트폰의 경우 주기억장치 안에 수십억 개의 셀을 가질 수도 있다.

컴퓨터 안에서 좌우 구분은 없지만, 대개 메모리 셀 안의 비트들이 한 줄에 배열되어 있다고 간주한다. 이 줄의 왼쪽 끝을 **상단(high-order end)**, 오른쪽 끝을 **하단(low-order end)**이라고 부른다. 셀의 내용이 숫자를 나타내는 것으로 해석될 경우 숫자에서 가장 큰 자리수를 나타낸다는 점에서, 가장 왼쪽 비트를 상위(high-order) 비트 또는 **최상위 비트(most significant bit)**라고 부른다. 같은 이유로 가장 오른쪽 비트는 하위(low-order) 비트 또는 **최하위 비트(least significant bit)**라고 불린다. 따라서 바이트 크기의 메모리 셀을 그림 1.7과 같이 나타낼 수 있다.

컴퓨터의 주기억장치 안에 있는 개별 셀들을 식별하기 위해, 각 셀에는 고유한 "이름"이 지정되는데, 이를 **주소(address)**라고 부른다. 메모리 주소 체계는 도시 안의 주택들을 주소로 구분하는 것과 비슷한 기법이다. 그러나 메모리 셀의 경우 사용되는 주소는 숫자들만으로 이루어진다. 정확히 말하자면, 모든 셀이 한 줄로 배열되어 있고 그 순서대로 0에서 시작되는 번호가 부여되는 것으로 간주한다. 이러한 주소 체계를 사용함으로써 각 셀을 구분할 수 있을 뿐만 아니라, 셀들의 순서도 정해지며(그림 1.8), 따라서 "다음 셀" 또는 "이전 셀" 같은 표현을 쓸 수 있다.

주기억장치의 셀들과 각 셀 안의 비트들에 순서를 부여함으로써 파생되는 중요한 결과 중 하나는 컴퓨터 주기억장치 안의 모든 비트들이 길게 일렬로 배열되어 있는 것으로 생각할 수 있다는 것이다. 이 긴 줄의 어느 부분을 사용하여 하나의 셀보다 긴 비트 패턴을 저장할 수 있다. 예를 들면, 두 개의 연속된 셀로 16비트 열을 저장할 수 있다.

컴퓨터의 주기억장치를 완성하기 위해 실제 비트들을 저장하는 회로는 메모리 셀에 데이터를 저장하거나 메모리 셀에서 데이터를 읽어내기 위해 필요한 회로들과 결합되어 있다. 이러한 방식을 통해, 다른 회로들에서 특정 주소의 내용을 전자적으로 요청함으로써 데이터를 읽을 수도 있고(**읽기** 연산), 특정 주소에 위치한 셀 안에 특정 비트 패턴을 저

그림 1.7 | 바이트 크기 메모리 셀의 구성

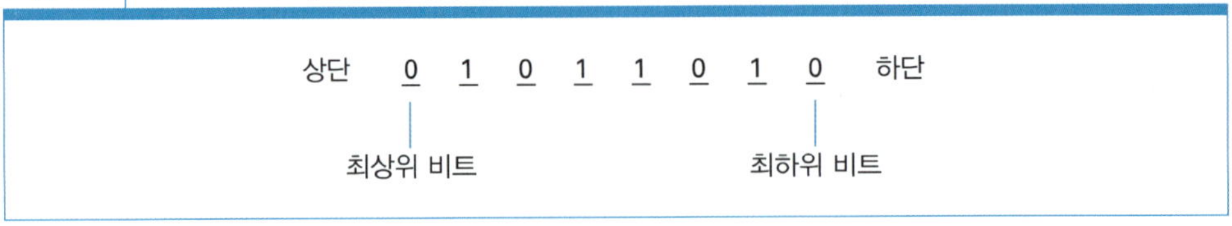

그림 1.8 | 주소에 따라 배열된 메모리 셀

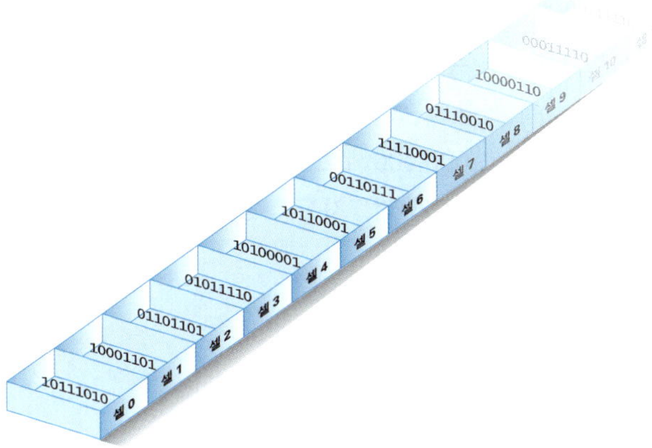

장하도록 요청함으로써 정보를 기록할 수도 있다(쓰기 연산).

컴퓨터의 주기억장치는 주소가 부여된 개별 셀들로 이루어져 있으므로, 필요한 셀들에 독립적으로 접근할 수 있다. 임의의 순서로 셀들에 접근할 수 있다는 점을 반영하여, 컴퓨터의 주기억장치는 흔히 RAM(Random Access Memory, 임의 접근 메모리)이라 불린다. 주기억장치의 임의 접근성은 다음 절에서 다룰 대용량 저장장치와 뚜렷이 대조되는데, 대용량 저장장치에서는 긴 비트 열들로 이루어진 블록 단위로 처리한다.

비록 비트 저장 수단으로 플립플롭을 소개한 바 있지만, 대부분의 현대식 컴퓨터에서는 훨씬 작고 빠른 응답시간을 제공하는 다른 기술들을 이용하여 RAM을 만든다. 플립플롭과 유사하지만 훨씬 더 복잡한 이러한 기술 중 상당수는 빨리 소멸되는 미량의 전하를 사용하여 비트를 저장한다. 이러한 장치들은 1초 동안에도 수많은 횟수에 걸쳐 반복적으로 전하를 복원하는 재생회로(refresh circuit)라는 추가 회로를 필요로 한다. 이러한 휘발성(volatility)을 반영하여 컴퓨터 메모리를 종종 동적 메모리(dynamic memory)라고도 부르며, 그 결과로 DRAM(Dynamic RAM)이라는 용어가 만들어졌다. 때로 SDRAM(Synchronous DRAM)이라는 용어가 사용되는데, 또 다른 기술을 이용하여 메모리 셀을 읽는 시간을 단축시킨 DRAM 종류를 가리킨다.

메모리 용량의 측정

다음 장에서 배우게 되겠지만, 전체 셀 개수가 2의 멱승이 되도록 주기억장치를 설계하면 편리하다. 초창기 컴퓨터들에서는 메모리 크기를 1024(= 2^{10}) 셀 단위로 측정하였다. 1024는 1000에 가까운 숫자이므로, 컴퓨터 계통에서는 이 단위를 표시하기 위해 킬로라는 접두사를 채택하였다. 즉, *킬로바이트*(KB)라는 용어는 1024바이트를 가리키기 위해 사용된다. 따라서 4096개의 메모리 셀을 갖는 컴퓨터는 4 KB의 메모리를 갖는다고 표현된다(4096 = 4 × 1024). 메모리가 커지면서 메가바이트(MB), 기가바이트(GB), 테라바이트(TB) 등의 단위도 널리 쓰이게 되었다. 유감스럽게도 *킬로*나 *메가* 등의 접두사들은 다른 곳에서는 1000의 멱승들을 나타내고 있으므로 용어상의 혼선을 일으키고 있다. 예를 들어 거리 측정에 사용되는 *킬로미터*는 1000미터를 가리키며, 무선주파수 측정에 사용되는 *메가헤르츠*는 1,000,000헤르츠를 가리킨다. 일반적으로 컴퓨터 메모리에 대해 사용될 경우 *킬로*나 *메가* 등의 접두사들은 2의 멱승들을 가리키지만, 다른 곳에서는 1000의 멱승들을 나타낸다.

연습문제

1. 주소가 5인 메모리 셀에 8이라는 값이 들어 있을 경우, 5라는 값을 6번 셀에 쓰는 것과 5번 셀의 내용을 6번 셀에 옮기는 것 사이에 어떤 차이가 있는가?
2. 아래의 단계들을 순서대로 적용하여 2번 셀과 3번 셀의 내용을 교환하고자 한다. 잘못된 점을 찾아라.
   단계 1. 2번 셀의 내용을 3번 셀로 옮긴다.
   단계 2. 3번 셀의 내용을 2번 셀로 옮긴다.
3. 위의 셀들의 내용을 올바르게 교환하는 단계들을 설계하라. 필요하다면 추가의 셀들을 사용해도 좋다.
4. 4 KB의 메모리를 갖는 컴퓨터 메모리 안에 들어 있는 비트의 개수를 구하라.

1.3 대용량 저장장치

컴퓨터 주기억장치의 휘발성과 제한된 크기 등으로 인해 대부분의 컴퓨터는 보조기억장치라고도 불리는 **대용량 저장장치(mass storage)**를 별도로 갖고 있다. 이러한 장치에는 자기디스크, CD, DVD, 자기테이프, 플래시 드라이브, SSD 등이 포함되며, 이들 각각에 대해서는 곧 설명될 것이다. 주기억장치에 비해 대용량 저장장치는 낮은 휘발성, 큰 저장 용량, 적은 비용 등의 이점을 갖고 있으며, 대부분의 경우 저장매체를 컴퓨터에서 분리하여 보관할 수도 있다.

자기 방식이나 광학 방식의 대용량 저장장치들이 갖는 심각한 문제점 중 하나는 기계적 동작을 요하기 때문에 전자적 동작만을 요하는 주기억장치에 비해 데이터를 읽고 쓰는 데 많은 시간을 요한다는 점이다. 또한 기계적 부품을 사용하는 저장장치들은 SSD에 비해 기계적 고장을 일으키기 쉽다. 플래시 드라이브나 SSD는 기계적 동작에 따른 문제는 없지만, 다른 전자적 문제가 있어 주기억장치에 비해 속도나 수명에 한계가 있다.

자기 장치

오랜 기간 동안 자기 기술이 대용량 저장장치 분야를 주도해 왔다. 오늘날 사용되고 있는 가장 보편적인 자기 장치의 예는 데이터 저장에 자기 코팅을 입힌 얇은 회전 디스크가 사용되는 **자기 디스크(magnetic disk)**, 즉, **하드디스크(hard disk drive; HDD)**이다(그림 1.9). 읽기/쓰기 헤드들이 디스크 위와 아래에 달려있어 디스크가 회전함에 따라 각 헤드가 지나가는 자리는 **트랙(track)**이라고 불리는 원 모양을 형성하게 된다. 읽기/쓰기 헤드의 위치를 이동시킴으로써 서로 다른 동심원 트랙들에 접근할 수 있다. 일반적으로 디스크 저장장치는 하나의 축에 겹겹이 올려놓은 여러 개의 디스크로 이루어지며, 디스크 판들 사이에는 읽기/쓰기 헤드가 이동할 수 있을 만큼 충분한 공간이 있다. 읽기/쓰기 헤드들은 함께 움직이며, 위치를 변경할 때마다 새로운 실린더에 접근할 수 있게 되는데, **실린더(cylinder)**는 서로 다른 디스크 면상의 같은 크기의 동심원 트랙들이 모여 이루어진다.

한 개의 트랙은 보통 한 번에 처리할 수 있는 이상의 정보를 포함하므로, 각 트랙은 연속된 비트 열을 수록하는 **섹터(sector)**라고 불리는 작은 원호들로 분할된다. 하나의 디스크 상의 모든 섹터는 같은 수의 비트들을 포함하는데, 일반적인 용량은 512바이트에서 수 KB 사이이다. 일반적인 디스크 저장장치에서 각 트랙 당 섹터 수는 일정하다. 따라서 디스크 바깥쪽 트랙 상의 섹터 안의 비트들은 중심에 가까운 트랙에 비해 저장 밀도가 낮은데, 이는 바깥쪽 트랙의 길이가 안쪽 트랙보다 길기 때문이다. 실제로 고용량 디스크 저장장치에서는 바깥쪽 트랙이 중심에 가까운 트랙보다 훨씬 많은 수의 섹터를 포함할 수 있으며, **ZBR(zoned-bit recording)**이라는 기법에서는 이러한 특징을 이용한다. ZBR에

그림 1.9 | 디스크 저장장치

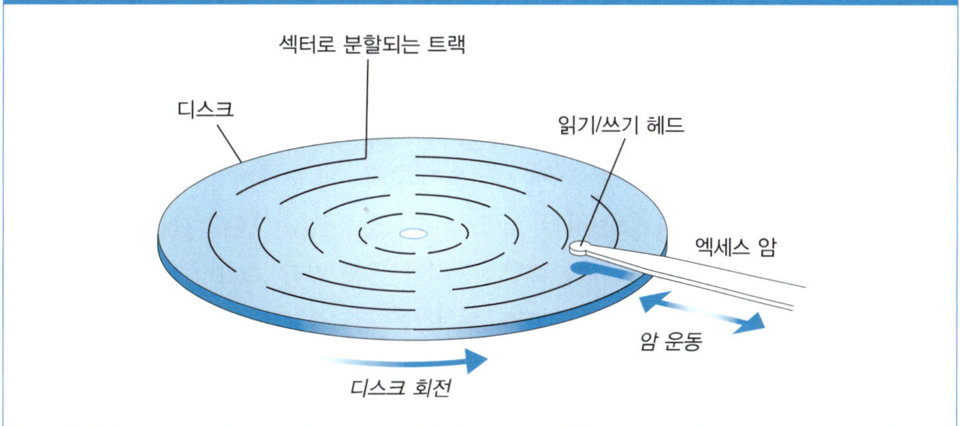

서 인접한 몇 개의 트랙을 모아 구역(zone)을 만드는데, 대개 디스크 하나에 10개 정도의 구역이 포함된다. 같은 구역 안의 모든 트랙에서 트랙 당 섹터 수는 일정하지만, 바깥쪽의 구역에서는 안쪽 구역에 비해 트랙당 섹터 수가 많다. 이런 방식을 적용함으로써 전체 디스크 표면을 보다 효율적으로 활용할 수 있다. 세부사항은 달라도 디스크 저장장치는 각기 독립된 비트 열을 나타내는 수많은 개별 섹터들로 이루어진다는 점은 동일하다.

디스크 저장장치의 용량은 사용되는 디스크 판의 수, 트랙과 섹터의 배치 밀도 등에 따라 달라진다. 저용량 장치는 디스크 판 한 개만으로 이루어질 수도 있다. 고용량 디스크는 테라바이트 단위를 저장할 수 있으며, 대개 하나의 축에 3개에서 6개 사이의 디스크 판을 장착하여 사용한다. 더욱이 각 디스크 판의 윗면과 아랫면 양쪽 모두 데이터 저장에 사용될 수 있다.

디스크 장치 성능 측정을 위해 여러 값들이 사용된다. (1) **탐색시간**(seek time: 읽기/쓰기 헤드를 한 트랙에서 다른 트랙으로 이동시키는 데 필요한 시간), (2) **회전지연**(rotational delay: 디스크가 한 번 회전하는 데 필요한 시간의 1/2, 즉, 읽기/쓰기 헤드를 해당 트랙에 위치시킨 후 원하는 데이터가 회전하여 헤드 아래에 오는 데 걸리는 평균 시간), (3) **접근시간**(access time: 탐색 시간과 회전 지연의 합), (4) **전송속도**(transfer rate: 데이터를 디스크로 보내거나 디스크로부터 받아오는 속도). (ZBR의 경우, 디스크가 한 번 회전하는 동안 읽기/쓰기 헤드를 지나가는 데이터 양이 안쪽 구역보다 바깥쪽 구역에서 더 많으며, 따라서 데이터 전송속도는 디스크의 어느 부분이 사용되는가에 따라 달라진다.) 대용량 저장장치나 통신시스템의 평가에 사용되는 다른 중요한 성능 지표로는 (1) **대역폭**(bandwidth: 단위 시간 동안 전송될 수 있는 총 비트 수. 예: 초 당 3메가비트), 그리고 (2) **대기시간**(latency: 데이터 전송 요청과 데이터 수신 사이의 총 소요 시간) 등이 있다.

접근시간과 전송속도를 제한하는 한 요소는 디스크 장치가 회전하는 속도이다. 디스크 장치에서는 회전속도를 높이기 위해 읽기/쓰기 헤드가 디스크 표면에 닿지 않고 약간 떨어져 있다. 그 간격은 아주 미세하여 작은 먼지라도 헤드와 디스크 표면 사이에 끼일 수 있을 정도이며, 이 경우 헤드와 디스크 표면 모두를 손상시킬 수도 있는데 이런 현상을 헤드 크래시(crash)라고 부른다. 이런 이유로 하드디스크 장치는 공장에서 밀봉되는 용기를 사용하여 만들어진다. 이렇게 만들어진 디스크 장치는 초 당 수백 회 정도의 회전이 가능하며, 초 당 MB 단위로 측정되는 전송속도를 갖는다.

디스크 장치가 작동하려면 물리적 동작이 필요하므로 전자회로에 비해 속도 면에서 상당히 느리다. 전자회로에서 지연시간이 나노 초(10^{-9}초) 단위로 측정되는 반면, 디스크 장치에서 탐색시간, 대기시간, 접근시간 등은 밀리 초(10^{-3}초) 단위로 측정된다. 따라서 디스크 장치에서 정보를 읽어오는 시간은 결과를 기다리는 전자회로 입장에서 보면 너무 느리게 느껴질 수 있다.

오늘날 사용 빈도가 크게 줄어든 자기 저장장치에는 **자기테이프**(magnetic tape)와 **플**

로피디스크(floppy disk drive)가 있다. 자기테이프에서는 릴에 감긴 얇은 플라스틱 테이프 상의 자기 코팅에 정보가 기록된다. 플로피디스크는 자기 코팅이 입혀진 디스크 판 한 개가 들어있는 휴대형 케이스 형태로 만들어져 있으며, 디스크 장치에서 쉽게 꺼낼 수 있다. 자기테이프는 탐색시간이 아주 길며, 오디오카세트나 비디오카세트처럼 되감기와 빨리감기 등에 오랜 시간을 요한다. 자기테이프는 낮은 비용과 높은 데이터 용량이라는 장점으로 인해 보관용 데이터 백업처럼 순차적으로 데이터를 읽고 쓰는 응용 분야에서는 여전히 사용되고 있다. 플로피디스크를 장치에서 쉽게 분리할 수 있도록 만들었지만, 이로 인해 하드디스크에 비해 데이터 저장 밀도와 접근 속도는 훨씬 낮아지게 되었다. 그렇지만 고용량과 내구성을 갖춘 플래시 드라이브가 출현하기 전에는 이동성이라는 장점으로 인해 플로피디스크가 많이 사용되었다.

광학 장치

광학 기술을 응용하는 좀 다른 종류의 대용량 저장장치들이 있는데, CD(Compact Disk, 콤팩트디스크)가 한 예이다. CD는 지름이 12 cm(약 5인치)이며, 투명 보호막으로 표면 처리된 반사 매체로 이루어진다. CD에서는 반사 표면에 변화를 줌으로써 정보를 기록한다. 회전하는 CD의 반사 표면의 불규칙성을 레이저를 사용하여 탐지함으로써 CD 상의 정보를 읽어올 수 있다.

원래 CD 기술은 CD-DA(Compact Disk-Digital Audio)라는 리코딩 포맷을 사용하는 오디오 리코딩에 응용되었는데, 오늘날 컴퓨터에서 데이터 저장에 사용되는 CD도 기본적으로 동일한 리코딩 포맷을 사용한다. CD에서 정보를 저장하는 트랙은 예전의 레코드 음반의 홈과 같이 나선형으로 되어있지만, CD의 경우 안쪽에서 시작하여 바깥쪽으로 진행한다(그림 1.10). 이 트랙은 섹터라고 불리는 단위로 분할된다. 각 섹터는 자체 식별 표식

그림 1.10 | CD 저장 포맷

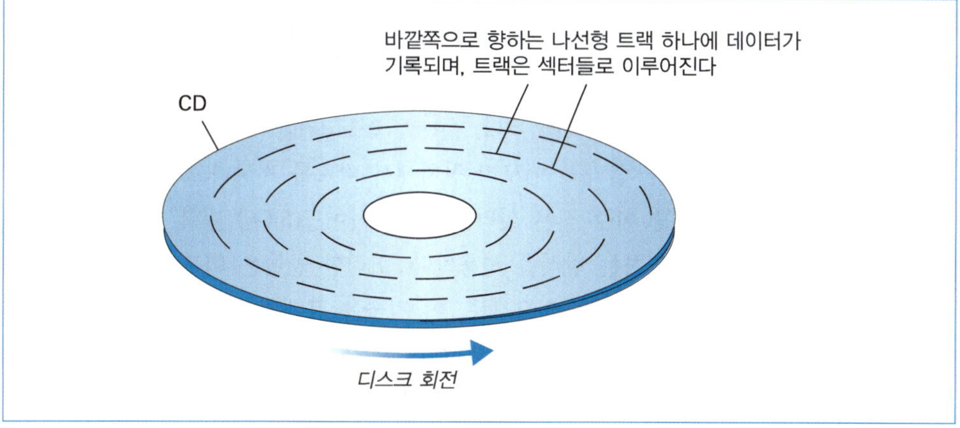

을 가지며 2 KB의 데이터 저장 용량을 갖는데, 이것은 오디오 리코딩의 경우 1/75초 분량의 음악에 해당한다.

나선형 트랙에서 한 바퀴의 길이는 안쪽보다 바깥쪽에서 더 길다. CD의 용량을 최대로 이용하기 위해 전체 나선형 트랙 상의 정보 기록 밀도는 일정하게 유지한다. 이는 안쪽 부분에 비해 바깥쪽 부분의 한 바퀴가 더 많은 정보를 저장한다는 의미이다. 이는 다시 디스크가 한 번 회전하는 동안 레이저로 바깥쪽 트랙을 읽고 있을 때 더 많은 섹터를 읽어 들임을 의미한다. 따라서 일정한 데이터 전송속도를 유지하기 위해 CD-DA 재생기는 레이저 위치에 따라 회전 속도를 변경하도록 설계되어 있다. 그러나 오늘날 컴퓨터 데이터의 저장에 사용되는 CD 장치들은 더 빠르고 일정한 속도로 회전하며 따라서 데이터 전송속도의 변화에 적응할 수 있어야 한다.

이러한 설계 원리로 인해, CD 저장장치는 음악 재생의 경우와 같이 긴 연속적 데이터 열을 처리할 때 가장 좋은 성능을 나타낸다. 반면에 임의의 순서로 데이터 항목들을 읽어 들여야 하는 응용 프로그램의 경우에는, 동심원 트랙을 독립적으로 읽을 수 있는 섹터로 분할하고 있는 자기디스크 저장장치의 성능이 CD에서 사용되는 나선형 방식보다 우수하다.

일반 CD의 용량은 600 MB에서 700 MB 정도이다. 그러나 나중에 나온 DVD(Digital Versatile Disk)의 저장 용량은 수 GB에 이르는데, DVD는 레이저로 정확히 초점을 맞추면 다른 면처럼 보이는 여러 겹의 반투명 층들로 이루어진다. DVD는 한 편의 영화 전체와 같은 긴 멀티미디어 정보를 저장할 수 있다. 끝으로, (적색 대신) 빛의 청자색 스펙트럼 레이저를 사용하는 블루레이 기술은 대단히 정교한 정밀도로 레이저 광선의 초점을 맞출 수 있다. 그 결과로 싱글 레이어 BD(Blu-ray Disk)는 DVD에 비해 5배가 넘는 용량을 제공한다. 새로 나온 다중 레이어 BD 양식은 100 GB 대의 용량에 이를 수 있다. 초고해상도 동영상을 저장하기 위해서는 이러한 방대한 용량의 저장장치가 필요하다.

플래시 드라이브

자기 기술이나 광학 기술에 기초하고 있는 대용량 저장장치의 공통적인 특징은 데이터를 저장하거나 읽어 오기 위해서는 디스크 회전, 읽기/쓰기 헤드의 이동, 레이저 빔의 조준 등과 같은 물리적 동작이 필요하다는 점이다. 이로 인해 데이터를 읽고 쓰는 작업이 전자 회로의 속도에 비해 느리게 된다. 플래시 메모리(flash memory) 기술은 이러한 문제점을 완화시킬 수 있다. 플래시 메모리 장치에서 비트를 저장하고자 할 경우, 저장매체에 전자적 신호를 보내면 아주 작은 실리콘 다이옥사이드(SiO_2) 방에 전자를 가두어 작은 전자회로의 특성을 변경하는 방식을 사용한다. 이러한 방들은 외부 전원 없이도 갇혀있는 전자를 몇 년이고 잡아둘 수 있으므로, 이 기술은 휴대형 비휘발성 데이터 저장에 적합하다.

플래시 메모리 장치에 저장된 데이터는 RAM에서와 같이 바이트 단위의 소량 접근도 허용하지만, 현재 기술로는 큰 블록 단위로 저장된 데이터를 삭제해야 한다. 더욱이 잦은 데이터 삭제는 실리콘 다이옥사이드 방들을 손상시키며, 이러한 이유로 현재의 플래시 메모리 기술은 1초에도 몇 번씩 내용이 변경되는 주기억장치용으로는 적합하지 않다. 그러나 디지털 카메라나 스마트폰 등과 같이 변경이 많지 않은 장치의 경우 데이터 저장 기술로서 플래시 메모리에 대한 선호도가 높다. 또한 자기장치나 광학장치와 달리 플래시 메모리는 물리적 충격에 민감하지 않으며, 이로 인해 노트북컴퓨터와 같은 휴대용 장비 분야에서 다른 대용량 저장장치들을 대체해가고 있다.

플래시 드라이브(flash drive)라고 불리는 플래시 메모리 장치의 용량은 수 TB에 이르며, 일반적인 대용량 저장장치로 이용될 수 있다. 이러한 장치들은 작은 플라스틱 케이스 제품으로 만들어져 있으며, 장치를 사용하지 않고 있을 때 전기적 연결 부위를 보호하기 위해 한쪽 끝에는 탈착식 캡이 붙어있다. 휴대 용이성, 고용량성, 컴퓨터에 연결 및 분리가 용이한 점 등으로 인해 플래시 메모리는 휴대형 데이터 저장에 이상적인 장치이다. 그러나 초소형 실리콘 다이옥사이드 방들의 취약한 내구성으로 인해 아주 긴 기간 동안 사용하기에는 광학 디스크에 비해 신뢰성이 떨어진다.

SSD(solid-state drive)라고 불리는 고용량 플래시 메모리 장치는 자기 하드디스크를 대체하기 위한 용도로 사용된다. SSD는 하드디스크에 비해 진동이나 물리적 충격에 강하며, (기계적 부품을 사용하지 않아) 훨씬 조용하고 데이터 접근 속도도 빠르다. SSD는 비슷한 용량의 하드디스크보다는 비싸서 아직은 데스크톱 컴퓨터 구입 시 고급 사양으로 간주된다. 노트북컴퓨터나 스마트폰과 같은 모바일 장치의 경우 SSD가 갖는 뚜렷한 장점이 있다. SSD 섹터는 플래시 메모리 기술 중에서 수명이 가장 짧은 축에 속하는 단점이 있지만, 자주 변경되는 데이터 블록을 SSD 드라이브의 새로운 위치로 재배치하는 기술을 사용하여 이러한 단점을 만회할 수 있다.

플래시 기술의 또 다른 응용분야는 (SD 카드라고도 불리는) SD(Secure Digital) 메모리 카드이다. SD 카드는 2 GB까지의 저장용량을 제공하며, 우표 크기의 얇은 플라스틱 케이스 안의 웨이퍼 위에 봉입된다(SD 카드는 더 작은 미니 사이즈나 마이크로 사이즈로도 제공된다). SDHC(High Capacity) 메모리 카드는 32 GB까지의 용량을 제공하며, 차세대 SDXC(Extended Capacity) 메모리 카드의 용량은 1 TB를 초과한다. 이들은 크기가 작아 소형 전자장치 슬롯에도 쉽게 끼울 수 있다. 따라서 디지털카메라, 음악 재생기, 자동차 내비게이션 장치, 기타 수많은 전자기기 등에 적합하다.

연습문제

1. 디스크나 CD의 회전속도를 증가시킴으로써 얻을 수 있는 장점은 무엇인가?
2. 여러 개의 디스크 판을 갖는 저장장치에 데이터를 기록할 때, 하나의 디스크 면을 완전히 채운 후 다른 면으로 옮겨가는 방식과 하나의 실린더를 완전히 채운 후 다른 실린더

로 옮겨가는 방식 중 어떤 방식이 유리할 것인가?

3. 계속 수정되는 예약 시스템 안의 데이터를 CD나 DVD 대신 자기디스크에 저장하는 이유는 무엇인가?

4. CD, DVD, 블루레이 디스크 등을 모두 동일한 장치에서 읽을 수 있는 이유를 설명하라.

5. 플래시 드라이브가 이 절에서 소개된 다른 대용량 저장장치들에 비해 갖는 장점은 무엇인가?

6. 자기 하드디스크가 아직도 경쟁력을 갖고 있는 것은 어떤 장점 때문인가?

1.4 비트 패턴을 이용한 정보 표현

앞에서 비트들을 저장하는 기법들을 알아보았으며, 이제 정보를 어떻게 비트 패턴으로 인코딩할 수 있는지 살펴볼 것이다. 여기에서는 텍스트, 숫자 데이터, 이미지, 소리 등을 인코딩하기 위해 널리 사용되는 방법들을 중점적으로 살펴볼 것이다. 이러한 인코딩 체계 각각은 일반 컴퓨터 사용자에게도 가시적 영향을 미친다. 여기에서의 목표는 이러한 기법들의 사용으로 파생되는 효과를 인식할 수 있도록 이들에 대한 이해를 높이자는 것이다.

텍스트의 표현

대개 텍스트 형식의 정보는 (알파벳 문자나 구두점과 같은) 텍스트 상의 상이한 문자 각각에 고유한 비트 패턴을 지정하는 코드에 의해 표현된다. 코드가 정해지면 텍스트는 비트 패턴들이 원래 텍스트의 기호들을 나타내는 긴 비트 열로 표현된다.

1940년대와 1950년대에 텍스트 표현을 위한 여러 종류의 코드들이 설계되어 각기 다른 장비들에 사용되었으며, 이로 인해 여러 가지 통신 문제들이 발생하게 되었다. 이러한 상황을 개선하기 위해 ANSI(American National Standards Institute)에서는 ASCII (American Standard Code for Information Interchange)를 채택하였다. ASCII 코드는 영문 알파벳 대문자 및 소문자, 구두점 기호, 0에서 9까지의 숫자, LF(line feed), CR (carriage return), 탭(tab) 등의 제어문자 등을 표현하기 위해 길이가 7인 비트 패턴들을 사용한다. ASCII는 각 7비트 패턴 앞에 0을 추가하여 기호 당 8비트 형식으로 확장되어 있다. 이러한 확장으로 각 패턴이 바이트 크기의 메모리 셀에 맞추어졌으며, 또한 추가 비트에 1 값을 사용하여 영문 알파벳이나 구두점 외의 기호들을 표현하기 위해 사용할 수 있는 128개의 추가적인 패턴을 얻게 되었다.

8비트 형식의 ASCII 코드 일부를 부록 A에 실어두었다. 이 부록을 참고하여 아래 비트

그림 1.11 | "Hello."를 나타내는 ASCII (즉, UTF-8) 메시지

01001000	01100101	01101100	01101100	01101111	00101110
H	e	l	l	o	.

패턴을 분석하면 그림 1.11에서 보여주고 있듯이 "Hello."라는 메시지가 된다.

```
01001000 01100101 01101100 01101100 01101111 00101110
```

ISO(International Organization for Standardization)에서는 ASCII에 대한 여러 확장들을 개발하였는데, 개별 확장은 각기 어떤 주요 언어 그룹을 수용하도록 설계되었다. 예를 들면, 그와 같은 표준 중 하나는 대부분의 서구 언어들을 위한 문장들을 표현하기 위해 필요한 기호들을 제공하며, 추가된 128개의 기호에는 영국 화폐 기호 £, 독일어 모음 문자 ä, ö, ü 등이 포함되어 있다.

ISO 확장 ASCII 표준들은 세계의 모든 다중언어 의사소통을 지원함에 있어 큰 진척을 이루었지만, 두 개의 큰 장애요소가 표면화되었다. 첫째, 확장 ASCII에서 제공하는 추가 비트 패턴의 개수는 여러 아시아 언어 및 일부 유럽 언어의 알파벳들을 수용하기에는 턱없이 부족하다. 둘째, 개별 문서에서 사용하는 기호는 하나의 선택된 표준의 기호들로 한정되므로 서로 다른 언어 그룹의 언어들을 섞어 사용하는 문서들을 지원할 수 없다. 이러한 두 가지 요소 모두 국제적 사용에 심각한 지장을 초래한다는 사실이 분명해졌다. 이러한 결함을 해결하기 위하여 하드웨어 및 소프트웨어 분야의 여러 선두 업체들의 협력을 통해 개발된 것이 유니코드(Unicode)이며, 이는 사용자층을 빠르게 넓혀가고 있다. 유니코드는 각 기호의 표현에 최대 21비트까지의 패턴을 사용한다. UTF-8(Unicode Transformation Format 8-bit) 코딩 표준과 함께 사용되는 유니코드에서 원래의 ASCII 문자들은 여전히 8비트로 표현되며, 중국어, 일본어, 히브리어 등에서 사용되는 수만개의 문자들도 16비트로 표현할 수 있다. 전 세계에서 일반적으로 사용되는 언어들에서 필요한 문자 외의 다른 유니코드 기호들이 필요할 경우 UTF-8은 24비트 또는 32비트 패턴을 사용할 수 있도록 허용함으로써 향후의 확장을 위한 충분한 여지를 남겨두고 있다.

ASCII나 유니코드를 사용하여 인코딩된 기호들의 긴 열로 이루어지는 파일을 대개 **텍스트 파일**이라고 부른다. **텍스트 편집기** 또는 줄여서 편집기(editor)라고 불리는 유틸리티 프로그램으로 작성된 텍스트 파일과 마이크로소프트 워드와 같은 **워드프로세서**(word processor)로 작성된 보다 화려한 파일은 다르다는 것을 이해할 필요가 있다. 둘 다 텍스트 자료로 이루어지는데, 텍스트 파일이 텍스트에 대한 문자별 코드만 포함하고 있는 반면, 워드프로세서로 작성한 파일에는 폰트 변경, 열 맞춤 정보, 기타 등등을 나타내는 추가적 구조를 포함한다.

숫자의 표현

숫자 정보의 경우에 문자 코드를 사용하여 저장하는 것은 효율적이지 않다. 이를 이해하기 위해 25라는 값을 저장하는 문제를 생각해보자. 각 기호마다 한 개의 바이트를 사용하는 ASCII로 저장한다면 모두 16비트가 필요할 것이며, 16비트를 사용하여 저장할 수 있는 가장 큰 숫자는 99가 될 것이다. 그러나 **2진법**을 사용하면 16비트로 0에서 65535 범위의 어떤 정수라도 저장할 수 있다. 이러한 이유로 컴퓨터에서 숫자 데이터를 저장할 때 2진법이나 그 변형이 널리 사용된다.

2진법은 기수가 10인 전통적인 10진수 체계에서 사용하는 0, 1, 2, 3, 4, 5, 6, 7, 8, 9 대신 숫자 0과 1만을 사용하여 숫자를 표현하는 방법이다. 2진법에 대해서는 1.5절에서 더 자세히 배울 것이며, 당장 필요한 것은 2진 체계에 대한 기초적 이해이다. 자동차의 주행거리계의 표시 바퀴들이 0에서 9까지의 숫자 대신 0과 1만을 갖고 있다고 생각해보자. 처음에 주행거리계에는 0들만이 나타나 있을 것이다. 처음 수 마일을 운전해가는 동안 가장 오른쪽 바퀴가 먼저 0에서 1로 돌아갈 것이다. 그 다음에 이 바퀴는 1에서 다시 0으로 돌아가며, 이때 그 왼쪽 바퀴에 1이 나타나면서, 패턴 10이 만들어진다. 가장 오른쪽의 0은 다시 1이 되어 패턴 11이 만들어질 것이다. 다시 가장 오른쪽 바퀴는 1에서 0으로 회전하며, 그 왼쪽의 1 또한 0으로 돌아간다. 이때 오른쪽에서 세 번째 자리에는 1이 나타나 패턴 100이 만들어진다. 요약하자면, 주행거리계에는 다음 순서대로 패턴들이 나타나게 될 것이다.

```
0000
0001
0010
0011
0100
0101
0110
0111
1000
```

위의 열은 0에서 8까지의 정수에 대한 2진법 표현에 해당한다. 좀 지루하긴 하겠지만, 이렇게 세어나가기를 계속하면 열여섯 자리에 모두 1이 나타나는 비트 패턴은 65535라는 값을 나타낸다는 것을 알 수 있을 것이며, 이로서 16비트를 사용하여 0에서 65535까지의 어떤 정수라도 표현할 수 있음을 확인할 수 있다.

2진법이 효율적이기 때문에 숫자 정보의 저장에는 일반적으로 기호 코드 대신 2진법 표기 형식 중 하나가 사용된다. "2진법 표기 형식 중 하나" 중 하나라는 표현을 사용하는 이유는 지금 설명한 단순한 2진 체계는 컴퓨터에서 사용되는 몇 가지 숫자 저장 기법의

ANSI(American National Standards Institute)

ANSI는 1918년 공학계와 정부기관으로 이루어진 소규모 컨소시엄에 의해 민간 분야의 자발적 표준 개발을 조정하기 위한 비영리기관으로 창설되었다. 오늘날 ANSI에는 1300개가 넘는 기업, 전문인 단체, 협회, 정부기관 등이 회원으로 참가하고 있다. ANSI는 뉴욕에 본부를 두고 있으며, ISO에서 미국을 대표하는 회원기구로 활동한다. ANSI 웹사이트 주소는 http://www.ansi.org이다.

다른 나라에도 ANSI와 유사한 단체들이 있는데, 호주의 SA(Standards Australia), 캐나다의 SCC (Standards Council of Canada), 중국의 CSBQTS(China State Bureau of Quality and Technical Supervision), 독일의 DIN(Deutsches Institur für Normung), 일본의 JISC(Japanese Industrial Standards Committee), 멕시코의 DGN(Dirección General de Normas), 러시아의 SCRFSM(State Committee of the Russian Federation for Standardization and Metrology), 스위스의 SAS(Swiss Association for Standardization), 영국의 BSI(British Standards Institution) 등을 들 수 있다.

토대일 뿐이기 때문이다. 2진 체계의 몇 가지 변형에 대해 이후의 절들에서 살펴볼 것이다. 당장은 1.6절에서 설명될 **2의 보수** 표기법이라는 체계가 양수 및 음수를 표현하는 방법을 제공하는 편리한 방법이어서 정수 표현에 널리 쓰인다는 것을 알고 있기 바란다. 4 ½이나 ¾ 등과 같은 분수의 표현에는 1.7절에서 설명될 **부동소수점** 표기법이라는 다른 기법이 사용된다.

2진법을 사용하든, 보다 익숙한 10진법을 사용하든, 또는 짧은 16진법을 사용하든, 표현되는 숫자 값은 동일하다. 즉, 2에 2를 더하면 4이며, 이는 (010 + 010 = 100)과 같이 2진법으로 표시하거나, (2 + 2 = 4)와 같이 10진법으로 표시하거나, (0x2 + 0x2 = 0x4)와 같이 16진법으로 표시하거나, 또는 다른 어떤 진법을 사용하더라도 성립한다. 컴퓨터에 있어서는 모두가 2진수 0과 1들일 뿐이다.

이미지의 표현

이미지를 표현하는 한 가지 방법은 이미지를 점(dot)들의 집합으로 해석하는 것이며, 각 점은 그림 원소(picture element)를 줄여 **픽셀(pixel)**이라고 불린다. 각 픽셀의 모습을 인코딩하여 표현하며, 전체 이미지는 인코딩된 픽셀들의 집합으로 표현된다. 이렇게 만들어진 픽셀 집합을 **비트맵(bit map)**이라고 부른다. 프린터나 디스플레이 화면과 같은 많은 디스플레이 장치들이 픽셀 개념을 이용하기 때문에 이러한 방식이 널리 사용되고 있으며, 비트맵으로 표현된 이미지는 디스플레이 출력 형식에 맞추기 쉽다.

비트맵에서 픽셀들을 인코딩하는 방법은 응용 프로그램에 따라 달라진다. 단순 흑백 이미지의 경우, 각 픽셀은 해당 픽셀이 검은색인지 흰색인지에 따라 값이 정해지는 한 개의 비트로 표현될 수 있다. 이것은 또한 대부분의 팩스에서 사용되는 방식이기도 하다.

보다 정교한 흑백 사진의 경우 각 픽셀은 다양한 회색 음영을 표현할 수 있는 비트 집합으로 표현되는데, 대개 8비트 패턴을 많이 사용한다.

컬러 이미지의 경우 각 픽셀은 더욱 복잡한 시스템으로 인코딩되는데, 두 가지 인코딩 방식이 널리 사용되고 있다. 이 중 한 방식은 RGB 인코딩이라고 불리는데, 각 픽셀은 빛의 3원색에 따라 적(R), 녹(G), 청(B) 등의 세 가지 색상 요소로 표현된다. 보통 한 색상 요소의 강도를 표현하는 데 한 바이트를 사용하며, 원래 이미지의 한 픽셀을 표현하기 위해 세 바이트의 저장 공간을 필요로 한다.

RGB 인코딩 외의 다른 인코딩 방식에서는 한 개의 밝기 요소와 두 개의 색상 요소를 사용한다. 이 방식에서 밝기 요소는 픽셀 휘도(luminance)라고 불리며, 기본적으로 적, 녹, 청 요소들의 합에 해당한다. (실제로는 픽셀 안의 백광의 양으로 간주되지만, 그 차이는 여기에서 중요하지 않다.) 다른 두 요소는 청색 색도 차이(chrominance)와 적색 색도 차이라고 불리며, 픽셀의 휘도와 적색 또는 청색의 차이를 계산하여 결정된다. 이 세 개의 요소를 함께 사용하면 픽셀 재생에 필요한 정보를 얻을 수 있다.

휘도와 색도 차이 요소들을 사용하여 이미지를 인코딩하는 방식이 널리 사용되게 된 것은 컬러 TV 방송 분야에서 사용되었기 때문인데, 이 방식은 구식 흑백 TV 수상기와 호환되는 방식의 컬러 이미지 인코딩 수단을 제공한다. 실제로 인코딩된 컬러 이미지에서 휘도 요소만 사용하면 회색 음영 이미지를 얻을 수 있다.

이미지 표현에 비트맵 기법을 사용할 때의 단점 중 하나는 이미지를 임의의 크기로 축소하거나 확대할 수 없다는 것이다. 기본적으로 이미지를 확대하는 유일한 방법은 픽셀을 더 크게 만드는 것인데, 이렇게 하면 선명하지 않은 이미지가 된다. (이것이 디지털 카메라에서 사용되는 "디지털 줌"이라는 기법이며, 카메라 렌즈를 조정하는 "광학 줌"과 구분된다.)

이러한 크기 변경 문제를 피하는 이미지 표현 방법은 이미지를 직선이나 곡선과 같은 기하학적 도형의 집합으로 표현하는 것이며, 각 도형은 해석 기하 기법을 이용하여 인코딩될 수 있다. 이러한 표현 방법을 통해 이미지 재생 장치는 지정된 픽셀 패턴을 따르기보다 스스로 기하학적 구조를 어떻게 그릴 것인지 결정하게 된다. 오늘날 워드프로세서에

ISO(International Organization for Standardization)

ISO는 1947년 각국에서 한 개씩의 표준화 기구가 참여하는 범세계적 표준기구 연합체로 설립되었다. 오늘날 ISO의 본부는 스위스 제네바에 위치하고 있으며, 100개가 넘는 회원기구와 여러 교신 회원이 참여하고 있다. (교신 회원이란 대개 국가를 대표하는 표준화 기구가 없는 국가의 표준화 기구이며, 이들은 표준 개발에 직접적으로 참여할 수는 없지만 ISO 활동에 대한 정보를 제공받는다.) ISO의 웹사이트 주소는 http://www.iso.ch이다.

서 이용하는 크기 변경이 자유로운 폰트(scalable font)의 생성에 사용되는 것이 바로 이러한 방식이다. 예를 들면, 마이크로소프트사와 애플사가 개발한 TrueType는 텍스트 기호들을 기하학적으로 기술하는 체계이다. 어도비사에서 개발한 PostScript는 문자뿐만 아니라 보다 일반적인 그림 데이터를 기술하는 수단도 제공한다. 이와 같은 기하학적 이미지 표현 방법은 컴퓨터 디스플레이 화면상에서 3차원 물체의 도면을 표시하고 조작하는 CAD(Computer-Aided Design) 시스템에서도 널리 사용된다.

비트맵 방식에 비해 기하학적 구조 형태로 이미지를 표현하는 방식의 특성은 직사각형, 타원, 기본 곡선 등과 같은 사전 설정된 모양들로 이루어지는 그림을 사용자가 선택하여 그릴 수 있는 (마이크로소프트 페인트 프로그램과 같은) 그림 제작 소프트웨어의 사용자들에게 분명히 드러난다. 사용자는 메뉴에서 원하는 도형을 선택한 다음 마우스를 사용하여 그리기 작업을 지시할 것이다. 그리기 작업 동안 이 소프트웨어는 그릴 도형의 기하학적 특성 값들을 유지할 것이다. 마우스의 지시에 따라 도형의 내부사항이 변경되고 다시 비트맵 형식으로 변환되어 화면에 표시될 것이다. 이러한 처리 방식은 이미지 크기의 변경이나 모양 변경을 쉽게 처리할 수 있다. 그러나 일단 그리기 작업이 완료되면, 기하학적 특성 값들은 폐기되고 비트맵만이 남는데, 이후의 추가적인 변경에는 시간이 많이 걸리는 픽셀 단위의 변경 작업이 필요하다. 반면에 일부 그림 제작 시스템들은 나중에 쉽게 수정할 수 있도록 도형의 특성 값들을 보존한다. 이러한 시스템들에서는 도형의 크기를 쉽게 변경할 수 있으며, 따라서 어떤 크기로나 선명한 이미지를 유지할 수 있다.

소리의 표현

오디오 정보를 컴퓨터에 저장하거나 처리하기 위해 인코딩하는 가장 일반적인 방법은 일정 간격으로 소리 파동의 진폭 샘플을 추출하여 얻은 일련의 값들을 기록하는 것이다. 예를 들면, 0, 1.5, 2.0, 1.5, 2.0, 3.0, 4.0, 3.0, 0 등의 연속값들은 진폭이 점차 올라가다가, 약간 떨어졌다가, 다시 더 높이 올라갔다가, 0으로 떨어지는 소리 파동을 표현한다(그림 1.12). 초 당 8000개의 샘플을 추출하는 이와 같은 기법은 장거리 전화에 오랜 기간 동안 사용되어 왔다. 통화의 한쪽 편에서 음성을 8000분의 1초마다 진폭을 나타내는 숫자로 인코딩한다. 이 숫자들은 통신 회선을 통해 수신 측에 전달되어 수신 측에서 음성을 재생하기 위해 사용된다.

초 당 8000개의 샘플은 빠른 속도처럼 보이지만 고품질 음악 리코딩에는 충분하지 않다. 오늘날의 음악 CD 수준의 고품질 사운드 재생을 위해서는 초 당 44,100개의 샘플 추출율을 사용한다. 각 샘플에서 얻는 데이터는 16비트로 표현되며, 스테레오의 경우 32비트로 표현된다. 따라서 스테레오로 리코딩되는 1초간의 음악에 100만 비트 이상이 필요하다.

전자식 키보드의 음악 신시사이저, 비디오 게임 사운드, 웹사이트 음향 효과 등에서는

그림 1.12 | 연속 값 0, 1.5, 2.0, 1.5, 2.0, 3.0, 4.0, 3.0, 0 등이 표현하는 소리 파동

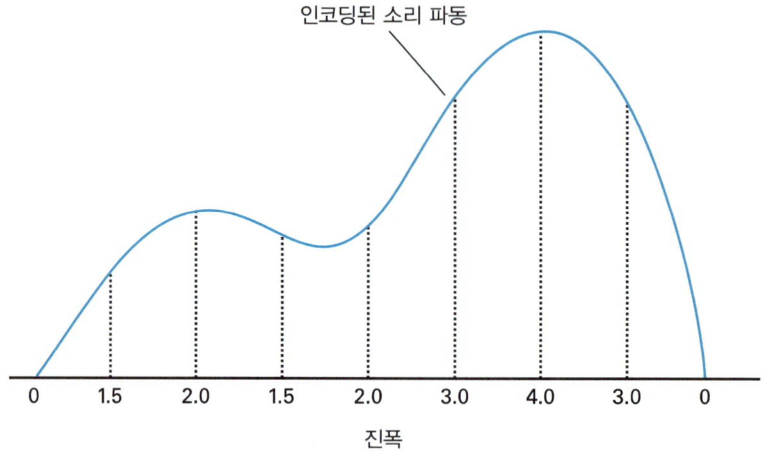

MIDI(Musical Instrument Digital Interface)라는 또 다른 인코딩 체계가 널리 사용되고 있다. MIDI는 소리 자체를 인코딩하는 대신 신시사이저 상에서 음악을 연주하기 위한 지시를 인코딩함으로써 샘플 추출 기법과 달리 큰 저장 용량을 필요로 하지 않는다. 정확히 말하면, MIDI는 악기, 연주 음표, 시간 등을 코드로 표시하며, 2초간 D음을 클라리넷으로 연주하라는 지시를 단 세 바이트로 표시할 수 있다. 동일한 연주에 대해 초 당 44,100 샘플을 사용한다면, 200만 바이트로도 부족할 것이다.

요약하자면, MIDI는 연주 자체보다는 연주자가 읽는 악보를 인코딩하는 방식으로 간주할 수 있으며, 따라서 MIDI "리코딩"은 사용되는 신시사이저에 따라 다른 소리를 낼 것이다.

연습문제

1. 기호 당 8비트를 사용하여 ASCII로 인코딩된 다음 메시지의 내용은 무엇인가? (부록 A 참고)

```
01000011 01101111 01101101 01110000 01110101 01110100
01100101 01110010 00100000 01010011 01100011 01101001
01100101 01101110 01100011 01100101
```

2. ASCII 코드에서 동일한 문자에 대해 대문자 코드와 소문자 코드 사이의 관계는 무엇인가? (부록 A 참고)

3. 다음 문장을 ASCII 코드로 표시하라.
   a. "Stop!" Cheryl shouted.
   b. Does 2 + 3 = 5?

4. 올리거나 내릴 수 있는 깃대 위의 깃발과 같이 일상생활에서 두 가지 상태를 오가는 장치를 묘사해보라. 상태 중 하나에는 0을 배정하고 다른 상태에는 1을 배정한 다음, 문자 b를 나타내는 ASCII 비트 표현을 이러한 장치를 사용하여 나타낸다면 어떤 모습일지 묘사해보라.

5. 다음 각 2진법 표현을 10진법으로 변환하라.
   a. 0101 b. 1001 c. 1011
   d. 0110 e. 10000 f. 10010

6. 다음 각 10진법 표현을 2진법으로 변환하라.
   a. 6 b. 13 c. 11
   d. 18 e. 27 f. 4

7. 바이트 당 한 개의 ASCII 패턴을 사용하여 숫자를 인코딩할 경우, 세 바이트로 나타낼 수 있는 가장 큰 숫자는 무엇인가? 2진법을 사용할 경우는?

8. 비트 패턴 표현에 16진법을 사용하는 대신 각 바이트를 10진수로 나타내고 바이트 사이에 점을 찍어 구분하는 표현 방식이 있다. 예를 들면, 12.5는 0000110000000101을 표현하는데, 12는 00001100을 나타내고 5는 00000101을 나타낸다. 그리고 패턴 100010000001000000000111은 136.16.7로 표현할 수 있다. 다음 각 비트 패턴을 점을 사용하는 10진법으로 표현하라.
   a. 0000111100001111 b. 001100110000000010000000
   c. 0000101010100000

9. 이미지를 비트맵 대신 벡터 기법으로 표현할 경우의 이점은 무엇인가? 또 벡터 기법에 비한 비트맵 기법의 이점은?

10. 한 시간 분량의 음악에 대한 스테레오 리코딩을 초 당 44,100 샘플을 사용하여 인코딩한다고 하자. 이때의 인코딩 용량과 CD 한 장의 저장 용량을 비교하라.

1.5 2진 체계

1.4절에서 2진법은 보편적으로 쓰이는 10진수 체계에서 사용되는 0에서 9까지의 숫자 대신 0과 1을 사용하여 숫자를 표현하는 수단임을 살펴보았다. 이제 2진법에 대해 더 자세히 알아보자.

2진법

10진수 체계에서 각 자릿수는 특정 양에 연계되어 있다. 375라는 표현에서 5는 1이라는

그림 1.13 | 10진수 체계와 2진수 체계

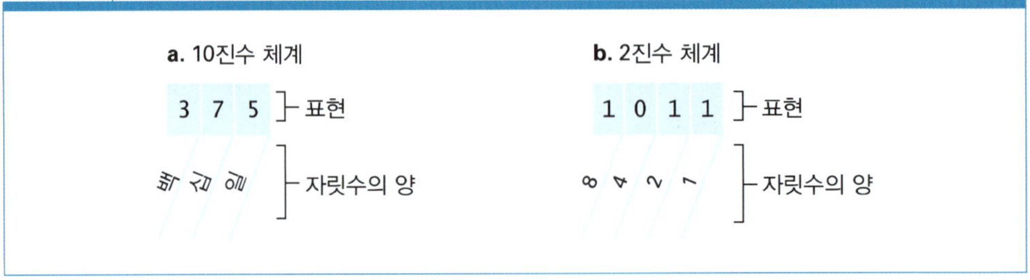

양에 연계된 자리에 위치하며, 7은 10에 연계된 자리에 위치하고, 3은 100에 연계된 자리에 위치한다(그림 1.13a). 각 양은 바로 오른쪽에 비해 10배이다. 전체 표현이 나타내는 값은 각 자리의 숫자를 그 자리가 나타내는 양과 곱한 값들을 더하여 계산된다. 예를 들면, 패턴 375가 나타내는 값은 $(3\times100) + (7\times10) + (5\times1)$이며, 보다 기술적으로 표현하면 $(3\times10^2) + (7\times10^1) + (5\times10^0)$이 된다.

2진법에서도 각 숫자의 위치는 특정 양에 연계되어 있으며, 다른 점은 각 자리에 연계된 양은 그 오른쪽 자리에 연계된 양의 2배라는 것이다. 좀 더 정확히 표현하자면, 2진법 표현에서 가장 오른쪽 자리는 $1(=2^0)$, 그 다음 자리는 $2(=2^1)$, 그 다음은 $4(=2^2)$, 그 다음은 $8(=2^3)$ 등등으로 연계된다. 예를 들면, 2진법 표현 1011에서, 가장 오른쪽의 1은 1에 연계된 자리, 그 다음 1은 2에 연계된 자리, 0은 4에 연계된 자리, 가장 왼쪽의 1은 8에 연계된 자리에 위치한다(그림 1.13b).

2진법 표현이 나타내는 값을 계산하기 위한 절차는 10진법 표현의 경우와 같다. 즉, 각 숫자값에 각 자리에 연계된 양을 곱한 결과들을 더한다. 예를 들면, 100101이 표현하는 값은 그림 1.14에서 보이고 있듯이 37이다. 2진법은 숫자 0과 1만을 사용하므로 곱셈-덧셈 과정은 단순히 1이 나타나는 자리들에 연계된 양들을 더하기만 하면 된다. 따라서 2진 패턴 1011에서 1은 1, 2, 8에 연계된 자리들에 나타나며 따라서 이 패턴은 11을 나타낸다.

1.4절에서 2진법으로 세는 방법을 배웠으며, 작은 정수들을 인코딩할 수 있었다. 큰 값

그림 1.14 | 2진법 표현 100101의 해석

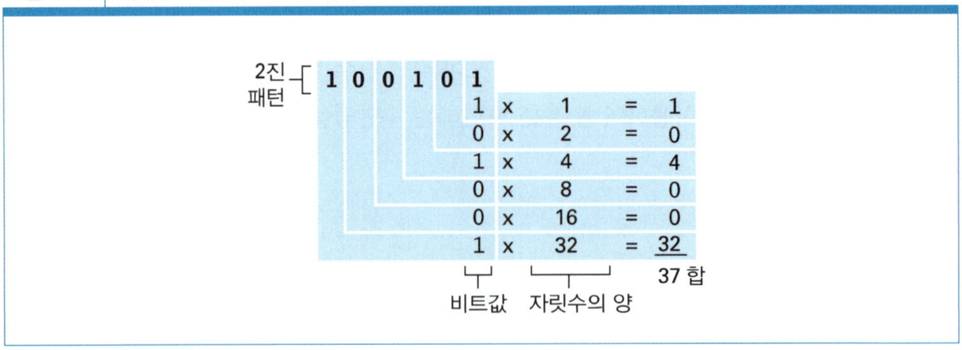

그림 1.15 | 자연수의 2진법 표현을 구하는 알고리즘

단계 1. 주어진 값을 2로 나누고 나머지를 기록한다.

단계 2. 단계 1의 몫이 0이 아니면, 이 몫을 2로 나누고 그 나머지를 기록하는 작업을 계속한다.

단계 3. 이제 몫은 0이 되어있을 것이며, 나머지들을 기록된 순서대로 오른쪽에서 왼쪽으로 나열하면 원래 값의 2진법 표현을 얻는다.

그림 1.16 | 13의 2진법 표현 계산에 그림 1.15의 알고리즘을 적용한 예

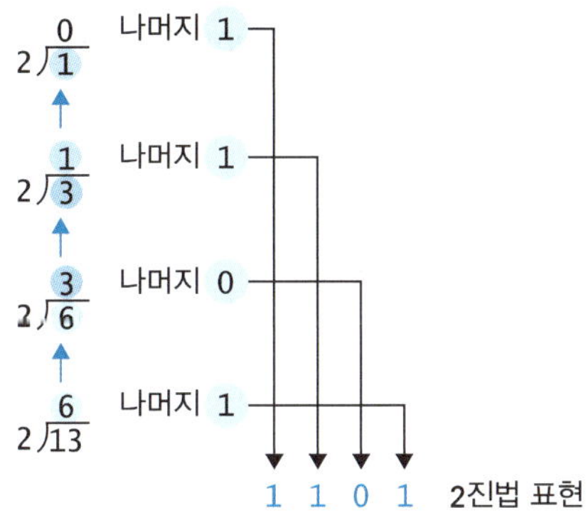

들에 대한 2진법 표현을 구하기 위해서는 그림 1.15의 알고리즘에서 기술된 방식이 편할 것이다. 이 알고리즘을 13에 적용해보자(그림 1.16). 13을 먼저 2로 나누어 몫 6과 나머지 1을 얻는다. 몫이 0이 아니므로, 단계 2에서 지시하는 대로 몫 6을 2로 나누어 다시 몫 3과 나머지 0을 얻는다. 이번의 몫도 0이 아니므로 2로 나누어 몫 1과 나머지 1을 얻는다. 한 번 더 새로 얻은 몫을 2로 나누면 몫 0과 나머지 1을 얻는다. 이번의 몫은 0이므로 단계 3으로 진행하며, 나머지들의 목록으로부터 원래 값 13의 2진법 표현 1101을 얻게 된다.

2진 덧셈

2진법으로 표현된 두 정수에 대한 덧셈 과정을 이해하기 위해 먼저 전통적인 10진법으로 표현된 값들의 덧셈 과정을 살펴보기로 한다. 다음 보기를 생각해보자.

```
  58
+ 27
```

먼저 가장 오른쪽 자리의 8과 7을 더하여 합 15를 얻는다. 5는 해당 자리 밑줄 아래에 기록하고 1은 다음 자리의 올림수로 사용하여 아래와 같은 결과를 얻는다.

```
   1
  58
+ 27
   5
```

이제 다음 자리의 5와 2를 올림수 1과 함께 더하여 8을 얻고, 이를 해당 자리 밑줄 아래에 기록한다. 그 결과는 아래와 같다.

```
  58
+ 27
  85
```

요약하자면, 이 절차는 오른쪽에서 왼쪽으로 진행하며 각 자리의 숫자를 더하고, 합의 낮은 자리 값을 해당 자리에 쓰고, 합에 큰 자리가 있을 경우 다음 자리를 위한 올림수로 사용한다.

2진법으로 표현된 두 정수를 더하기 위해서는 초등학교 시절에 배운 전통적인 10진수 덧셈 법칙 대신 그림 1.17에서 보이고 있는 덧셈 법칙을 사용하여 합을 계산한다는 점 외에는 동일한 절차를 따른다. 예를 들어 다음 문제를 풀기 위해

```
  111010
+  11011
```

먼저 가장 오른쪽의 0과 1을 더하면 1이 되며, 이 값을 가장 오른쪽 아래에 적는다. 그 다음 자리의 1과 1을 더하면 10이 되는데, 이 중 0은 덧셈이 일어난 자리 아래에 적고 1은 그 다음 자리 위쪽에 적는다. 이때 풀이 과정은 아래와 같은 모습이 될 것이다.

```
     1
  111010
+  11011
      01
```

그 다음 자리의 1, 0, 0을 더하여 얻은 1을 그 자리 아래쪽에 적는다. 그 다음 자리의 1과 1의 합 10을 얻으면 그 자리에 0을 적고 1은 그 다음 자리로 올린다. 이제 풀이 과정은 다음과 같다.

```
   1
  111010
+  11011
    0101
```

그림 1.17 2진 덧셈 법칙

```
  0     1     0     1
+ 0   + 0   + 1   + 1
  0     1     1    10
```

아날로그(analog)와 디지털(digital)

21세기 이전에는 많은 학자들이 디지털 기술과 아날로그 기술의 장단점에 대해 논쟁하였다. 디지털 시스템에서 값은 일련의 숫자들로 인코딩되며, 숫자의 각 자리를 표현하는 장치를 여러 개 사용하여 저장된다. 아날로그 시스템에서 각 값은 연속 구간 안의 임의의 값을 나타낼 수 있는 장치 한 개 안에 저장된다.

저장 장치로 물 양동이를 사용하여 두 방식을 비교해보자. 디지털 시스템을 모방하기 위해 빈 양동이는 숫자 0을 나타내고 가득 찬 양동이는 숫자 1을 나타낸다고 가정할 수 있다. 이제 부동소수점 표기법(1.7절 참고)을 사용하여 숫자를 일렬로 나열된 양동이로 표현할 수 있다. 반면에 양동이 한 개에 물의 높이가 표현하고자 하는 숫자를 나타내도록 부분적으로 채우는 방법을 사용하여 아날로그 시스템을 모방할 수 있다. 언뜻 보면, 아날로그 시스템이 디지털 시스템에 내재된 절삭 오차(1.7절 참고)를 피할 수 있기에 더 정확한 것처럼 보인다. 그러나 아날로그 시스템에서는 양동이를 조금만 움직여도 물 높이를 측정할 때 오차가 발생할 수 있는 반면, 디지털 시스템에서 가득 찬 양동이와 빈 양동이 사이의 구분에 문제가 생기려면 상당한 양의 물을 엎질러야 할 것이다. 따라서 디지털 시스템은 아날로그 시스템에 비해 오차에 덜 민감하다. 이러한 안정성은 원래 아날로그 기술을 이용했던 전화, 오디오 리코딩, TV 등의 많은 응용 분야가 디지털 기술로 옮겨온 주된 이유 중 하나이다.

그 다음 자리의 1, 1, 1의 합은 11(3에 해당하는 2진법 표기)이 되며, 작은 자리의 1은 그 자리에 아래쪽에 적고 다른 1은 그 다음 자리 위쪽으로 올린다. 다음 자리의 1과 올림수 1을 더하여 10을 얻은 다음 낮은 자리의 0은 그 자리에 적고 올림수 1을 그 다음 자리로 넘긴다. 이제 풀이 과정의 모습은 다음과 같다.

```
 1
  111010
+  11011
  010101
```

그 다음 자리의 유일한 항은 올림수 1뿐이므로 그 값을 아래에 적는다. 이 풀이 과정의 최종 단계의 모습은 다음과 같다.

```
  111010
+  11011
 1010101
```

분수의 2진법 표현

분수 값도 나타낼 수 있도록 2진법을 확장하기 위해 10진법에서와 같이 **소수점**을 사용한다. 즉, 소수점 왼쪽의 숫자들은 정수 부분을 나타내며 지금까지 설명된 2진 체계에서와 동일하게 해석된다. 소수점 오른쪽의 숫자들도 동일한 요령으로 해석되지만 각 자리에 배정된 양이 분수 값이라는 차이가 있다. 즉, 소수점 오른쪽의 첫 번째 자리에는 ½(= 2^{-1})

그림 1.18 2진법 표현 101.101의 해석

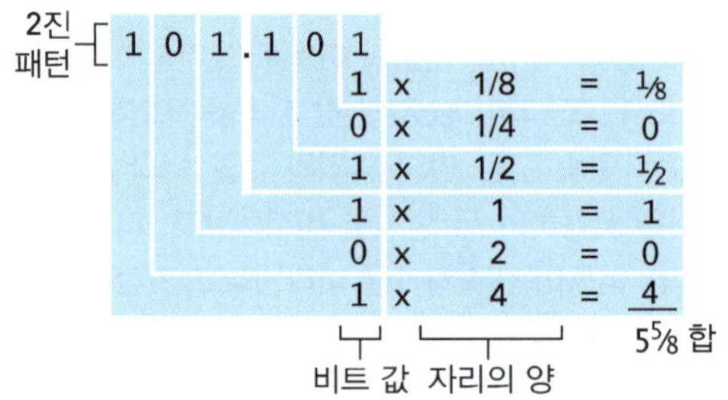

이 배정되며, 그 다음은 ¼(= 2^{-2}), 또 그 다음은 ⅛(= 2^{-3}) 등등으로 진행한다. 이는 앞에서 정한 규칙의 연장선상에 있다. 즉, 각 자리에 배정된 양은 그 오른쪽 자리에 배정된 양의 두 배이다. 각 비트 자리에 배정된 양들을 사용하여 소수점을 포함하는 2진법 표현을 해석하는 절차는 소수점 없는 경우의 절차와 동일하다. 좀 더 정확히 표현하자면, 소수점을 포함하는 2진법 표현 안의 각 비트 값을 해당 자리에 배정된 양과 곱한다는 것이다. 예를 들면, 2진법 표현 101.101을 해석하면 그림 1.18에서 보는 바와 같이 5⅝가 된다.

덧셈의 경우 10진수 체계에 적용되는 기법이 2진 체계에도 적용된다. 즉, 소수점을 갖는 두 개의 2진법 표현을 더하기 위해서는 소수점 자리를 맞추고 이전과 같은 덧셈 과정을 적용하면 된다. 예를 들어 10.011과 100.11을 더하면 아래와 같이 111.001이 된다.

```
   10.011
+ 100.110
  111.001
```

연습문제

1. 다음 각 2진법 표현을 10진법으로 변환하라.
   a. 101010 b. 100001 c. 10111 d. 0110 e. 11111
2. 다음 각 10진법 표현을 2진법으로 변환하라.
   a. 32 b. 64 c. 96 d. 15 e. 27
3. 다음 각 2진법 표현을 10진법으로 변환하라.
   a. 11.01 b. 101.111 c. 10.1 d. 110.011 e. 0.101
4. 다음 값들을 2진법을 사용하여 표현하라.

a. $4\frac{1}{2}$ b. $2\frac{3}{4}$ c. $1\frac{1}{8}$ d. $\frac{5}{16}$ e. $5\frac{5}{8}$

5. 다음 2진 덧셈을 수행하라.

```
a.   11011     b.  1010.001     c.  11111     d.  111.11
   + 1100        +    1.101       + 0001        + 00.01
```

1.6 정수의 저장

수학자들은 오랫동안 숫자 표기법에 관심을 가져 왔으며, 그 중 여러 아이디어가 디지털 회로의 설계에 적용될 수 있는 것으로 밝혀졌다. 이 절에서 두 가지 유용한 표기법인 2의 보수 표기법과 초과 표기법을 살펴볼 텐데, 이들은 컴퓨터 장비에서 정수 표현에 사용된다. 이 표기법들은 2진 체계에 기초하고 있지만, 컴퓨터 설계에 보다 적합한 추가적인 특성을 갖고 있다. 그러나 이러한 이점과 함께 단점도 존재하는데, 우리의 목표는 이러한 특성들을 살펴보고 이들이 컴퓨터 이용에 어떤 영향을 끼치는지 이해하는 것이다.

2의 보수 표기법

오늘날 컴퓨터에서 가장 널리 사용되는 정수 표현 체계는 **2의 보수(two's complement)** 표기법이다. 이 체계에서는 값의 표현에 일정한 수의 비트를 사용한다. 오늘날의 장비에서는 각 값을 32비트 패턴으로 표현하는 2의 보수를 많이 사용한다. 이렇게 긴 비트 패턴을 사용하면 큰 숫자들까지도 표현할 수 있지만, 설명에 사용하기에는 불편하다. 따라서 2의 보수 체계의 성질을 설명하기 위해 여기에서는 작은 비트 패턴을 사용한다.

그림 1.19에서는 각기 길이가 3인 비트 패턴과 길이가 4인 비트 패턴에 기초한 2의 보수 체계 두 개의 전체 내용을 보여주고 있다. 이와 같은 체계를 만들기 위해, 전체가 0들로 이루어진 적절한 길이의 비트 열에서 시작하여 첫 번째 자리만 0이고 나머지는 모두 1이 될 때까지 2진 방식으로 세어나간다. 이때 나타나는 패턴들은 0, 1, 2, 3 등등의 값을 표현한다. 음의 값들을 나타내는 패턴들을 얻기 위해서는 전체가 1들로 이루어진 적절한 길이의 비트 열에서 시작하여 첫 번째 자리만 1이고 나머지는 모두 0이 될 때까지 2진 방식에서 역으로 세어나간다. 이때 나타나는 패턴들은 −1, −2, −3 등등의 값을 표현한다. (2진 방식에서 역으로 세어나가는 것이 어려우면, 첫 번째 자리만 1이고 나머지는 모두 0인 표 하단의 패턴에서 시작하여 전체가 1인 패턴까지 순방향으로 세어나가도 된다.)

2의 보수 체계에서 비트 패턴의 가장 왼쪽 비트는 표현되는 값의 부호를 가리킨다는 점에 유의해야 한다. 이러한 이유로 가장 왼쪽 비트는 종종 **부호 비트(sign bit)**라고 불린다. 즉, 2의 보수 체계에서 음의 값들은 부호 비트가 1인 패턴으로 표현되며, 음이 아닌

그림 1.19 | 2의 보수 표기 체계

a. 길이가 3인 패턴을 사용할 경우

비트 패턴	표현 값
011	3
010	2
001	1
000	0
111	-1
110	-2
101	-3
100	-4

b. 길이가 4인 패턴을 사용할 경우

비트 패턴	표현 값
0111	7
0110	6
0101	5
0100	4
0011	3
0010	2
0001	1
0000	0
1111	-1
1110	-2
1101	-3
1100	-4
1011	-5
1010	-6
1001	-7
1000	-8

값들은 부호 비트가 0인 패턴으로 표현된다.

2의 보수 체계에서는 동일한 크기를 갖는 양의 값과 음의 값 사이에 재미있는 관계가 있다. 이들을 오른쪽에서 왼쪽으로 읽어나갈 때, 첫 번째 1이 나타날 때까지는 그 1을 포함하여 이들은 똑 같다. 그 후의 부분에서는 두 패턴은 서로 보수 관계에 있다. (패턴의 **보수(complement)**는 모든 0은 1로 변경하고 모든 1은 0으로 변경하여 얻어지는데, 예를 들면 0110과 1001은 보수 관계에 있다.) 예를 들면, 그림 1.19의 4비트 체계에서 2와 −2를 나타내는 패턴 모두 10으로 끝나지만, 2를 나타내는 비트 패턴이 00으로 시작하는 반면 -2를 나타내는 비트 패턴은 11로 시작한다. 이러한 관찰로부터 같은 크기를 갖는 양의 값과 음의 값을 나타내는 비트 패턴들 사이의 변환 알고리즘을 얻을 수 있다. 즉, 오른쪽에서 왼쪽으로 진행하며 1이 복사될 때까지 원래 패턴을 복사한 다음, 나머지 비트들에 대해서는 보수를 취한다(그림 1.20).

앞에서 설명한 2의 보수 체계에 대한 기본 성질을 이해하면 2의 보수 표현을 해석하기 위한 알고리즘을 얻을 수 있다. 해석되어야 할 패턴의 부호 비트가 0이면, 단순한 2진법 표현으로 간주하여 값을 읽으면 된다. 예를 들면, 0110은 110이 나타내는 것과 같은 6이라는 값을 나타낸다. 해석되어야 할 패턴의 부호 비트가 1이면, 표현된 값이 음수라는 것을 알 수 있으며 남은 것은 그 크기를 구하는 일뿐이다. 크기를 구하는 것은 그림 1.20의 "복사 및 보수 계산" 절차를 적용하면 되며, 이렇게 얻은 패턴을 단순한 2진법 표현으로 간주하여 해석할 수 있다. 예를 들면, 패턴 1010을 해석하기 위해서는 먼저 부호 비트가

그림 1.20 | 4개의 비트를 사용하여 −6을 2의 보수 표기법으로 인코딩하기

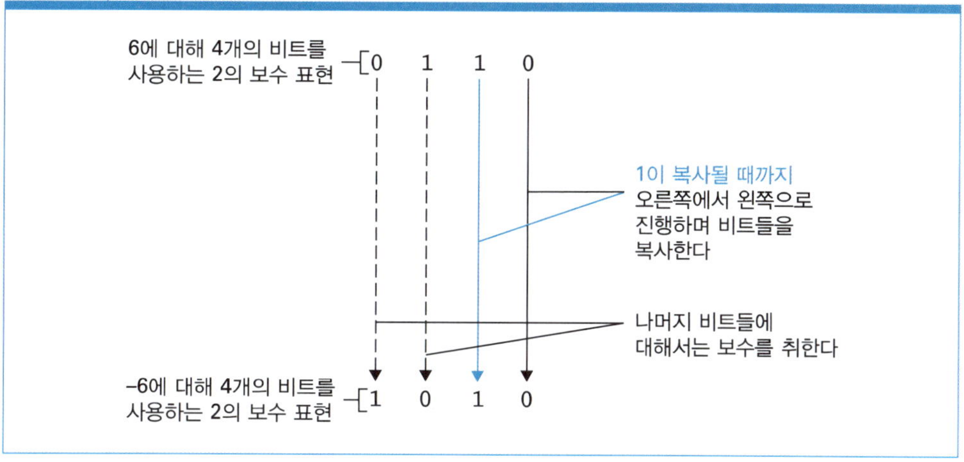

1이므로 표현된 값이 음수임을 인지한다. 따라서 "복사 및 보수 계산" 절차를 적용하여 패턴 0110을 얻은 다음, 이 패턴이 6에 해당하는 2진법 표현임을 알아내어 원래의 패턴이 −6을 표현하고 있다고 해석한다.

2의 보수 표기법에서의 덧셈 2의 보수 표기법으로 표현된 두 값을 더하기 위해서는 2진 덧셈에서와 동일한 알고리즘을 적용하는데, 다만 여기에서는 결과를 포함하여 모든 비트 패턴의 길이가 동일하다. 이는 마지막 올림수에 의해 결과의 왼쪽에 생기는 추가 비트는 절삭되어야 함을 의미한다. 따라서 0101과 0010을 더하면 0111이 되며, 0111과 1011을 더하면 0010이 된다(0111 + 1011 = 10010이지만 0010으로 절삭된다).

이러한 이해를 바탕으로 그림 1.21의 덧셈 문제 3개를 살펴보자. 각 문제를 길이가 4인 비트 패턴들을 사용하여 2의 보수 표기법으로 표현하고, 앞에서 설명한 덧셈 절차를

그림 1.21 | 2의 보수 표기법으로 변환된 덧셈 문제

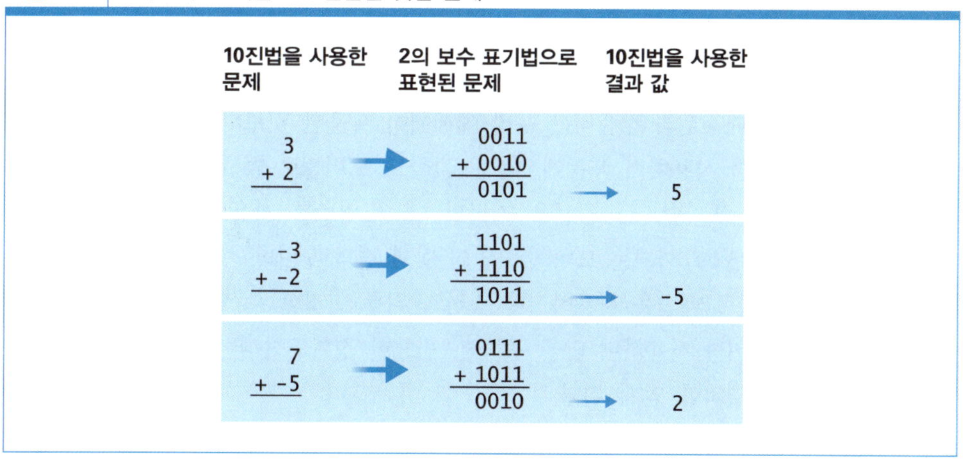

수행한 다음 결과를 10진법으로 해석하였다.

그림 1.21의 3번째 문제에서는 양수와 음수를 더하고 있는데, 이것이 바로 2의 보수 표기법의 주요 장점 중 하나이다. 더할 숫자들이 어떤 부호를 갖더라도 동일한 알고리즘, 즉, 동일한 회로를 사용하여 계산할 수 있다는 것이다. 이 점은 사람들이 보통 산술 연산을 수행하는 방법과 뚜렷이 대조된다. 초등학교 학생들이 덧셈을 먼저 배운 다음 뺄셈을 배우는 것과 달리 2의 보수 표기법을 사용하는 컴퓨터는 덧셈 방법만 알면 된다.

예를 들면, 뺄셈 문제 7 − 5는 덧셈 문제 7 + (−5)와 같다. 따라서 컴퓨터에서 (0111로 저장된) 7에서 (0101로 저장된) 5를 빼도록 요청받으면, 아래와 같이 먼저 5를 (1011로 표현되는) −5로 바꾼 다음 덧셈 절차 0111 + 1011을 수행하여 0010을 얻게 되는데, 이것은 2를 나타낸다.

```
 7          0111          0111
-5    →   - 0101    →   + 1011
                          0010    →    2
```

이제 2의 보수 표기법을 사용하여 숫자들을 표현할 경우, 덧셈 회로와 값의 부호를 바꾸어주는 회로만 있으면 덧셈 문제와 뺄셈 문제 모두를 풀기에 충분하다는 것을 알 수 있을 것이다. (부록 B에서 그와 같은 회로를 보이고 설명한다.)

오버플로 문제 앞의 예제들에서 피해왔던 문제 하나는 어떤 2의 보수 체계에서든 표현될 수 있는 값의 크기에 한계가 있다는 것이다. 4비트 패턴을 갖는 2의 보수로 나타낼 수 있는 최대값은 7이며, 최대 크기의 음수는 −8이다. 9라는 값은 표현될 수 없으며, 따라서 5 + 4라는 문제에 대한 정확한 결과를 얻을 수 없다. 실제로 계산해보면 결과는 −7이 될 것이며, 이러한 현상을 오버플로(overflow)라고 한다. 즉, 오버플로란 계산결과 값이 표현될 수 있는 값의 범위를 벗어날 때 발생하는 문제를 말한다. 2의 보수 표기법을 사용할 경우, 두 개의 양수를 더하거나 두 개의 음수를 더할 때 이러한 현상이 발생할 수 있다. 어느 경우이든, 결과의 부호 비트를 검사함으로써 이 조건의 발생 여부를 알 수 있다. 두 개의 양수를 더한 결과가 음의 값에 해당하는 패턴이 되든지 두 개의 음수를 더한 결과가 양의 값에 해당하는 패턴이 되면 오버플로가 발생한 것이다.

물론 대부분의 컴퓨터는 우리 예제에서 사용한 것보다는 긴 비트 패턴을 갖는 2의 보수 체계를 사용하기 때문에, 더 큰 값들도 오버플로 발생 없이 처리될 수 있다. 오늘날 2의 보수 표기법으로 값들을 저장할 때 32비트를 사용하는 것이 일반적이며, 이 경우 2,147,483,647까지는 오버플로 없이 덧셈 결과로 나타날 수 있다. 더 큰 값이 필요하다면 더 긴 비트 패턴을 사용하거나 측정 단위를 변경할 수 있다. 예를 들면, 인치 단위 대신 마일 단위를 사용하여 답을 구하면, 필요한 정확도를 유지하면서도 더 작은 숫자들을 사용하는 결과를 얻게 된다.

요는 컴퓨터도 실수할 수 있다는 것이며, 따라서 컴퓨터를 사용하는 사람은 잠재된 위험성을 인식하고 있어야 한다. 컴퓨터 프로그래머나 사용자가 무심하여 작은 값들도 모이면 큰 숫자가 될 수 있다는 사실을 무시하는 경향은 문제가 될 수 있다. 예를 들면, 예전에는 2의 보수 표기법으로 값을 표현할 때 16비트 패턴이 보편적으로 사용되었는데, 이는 $2^{15} = 32,768$ 이상의 값에 도달할 때 오버플로가 발생하게 됨을 의미한다. 1989년 9월 19일, 어떤 병원의 컴퓨터가 수년 동안 잘 작동하다가 장애를 일으켰다. 자세히 살펴본 결과 이 날짜는 1900년 1월 1일을 기준으로 32,768일째 되는 날이었으며, 이 컴퓨터는 그 날을 기준으로 날짜를 계산하도록 프로그램 되어 있었다. 따라서 오버플로로 인해 1989년 9월 19일이라는 날짜는 음의 값을 발생시켰는데, 이는 그 컴퓨터 프로그램이 처리할 수 없는 현상이었던 것이다.

초과 표기법

정수값을 표현하는 또 다른 방법에 **초과 표기법(excess notation)**이라는 표기법이 있다. 2의 보수 표기법에서와 마찬가지로 초과 표기법 체계에서도 각 값은 일정한 길이의 비트 패턴으로 표현된다. 초과 표기법 체계를 확립하기 위해서는, 먼저 사용할 패턴 길이를 정한 다음 2진법으로 세어나갈 때 나타나는 순서대로 모든 비트 패턴들을 적는다. 그러면 비트 패턴 리스트의 중간쯤에서 처음으로 최상위 비트에 1이 나타나는 것을 볼 수 있다. 이 패턴을 0을 나타내는 패턴으로 선택하고, 그 뒤의 패턴들은 차례대로 1, 2, 3, ...을 표현하기 위해 사용되며, 그 앞의 패턴들은 가까운 것부터 −1, −2, −3, ...을 표현하기 위해 사용된다. 그림 1.22에서 길이 4인 패턴을 사용할 경우의 코드를 보이고 있다. 그림에

그림 1.22 | 8 초과 변환 표

비트 패턴	표현 값
1111	7
1110	6
1101	5
1100	4
1011	3
1010	2
1001	1
1000	0
0111	-1
0110	-2
0101	-3
0100	-4
0011	-5
0010	-6
0001	-7
0000	-8

그림 1.23 | 길이 3인 비트 패턴을 사용하는 초과 표기법 체계

비트 패턴	표현 값
111	3
110	2
101	1
100	0
011	-1
010	-2
001	-3
000	-4

서 값 5는 패턴 1101로 표현되며, −5는 0011로 표현되고 있다. (초과 표기법 체계와 2의 보수 체계에서 부호 비트가 반대로 되어있음에 유의하자.)

그림 1.22에서 나타내고 있는 체계는 8 초과 표기법이다. 일반 2진 체계를 사용하는 코드에서의 각 패턴이 나타내는 값을 그림 1.22의 초과 체계에서 표현되는 값과 비교해 보면, 2진법 해석 값이 초과 표기법 해석 값보다 8만큼 큰 것을 볼 수 있을 것이다. 예를 들면, 패턴 1100은 2진법에서는 12를 나타내지만 8 초과 체계에서는 4를 나타낸다. 또 0000은 2진법에서는 0을 나타내지만 8 초과 체계에서는 −8을 나타낸다. 같은 원리로 길이 5인 패턴들에 기초한 초과 체계는 16 초과 표기법으로 불릴 텐데, 이는 패턴 10000이 보통 때의 16이라는 값 대신 0을 나타낼 것이기 때문이다. 마찬가지로 3비트 초과 체계는 4 초과 표기법으로 불릴 것이다(그림 1.23).

연습문제

1. 다음 각 2의 보수 표현을 10진법으로 변환하라.
   a. 00011 b. 01111 c. 11100
   d. 11010 e. 00000 f. 10000
2. 다음 각 10진법 표현을 8비트 패턴을 사용하는 2의 보수 형식으로 변환하라.
   a. 6 b. −6 c. −17
   d. 13 e. −1 f. 0
3. 다음 비트 패턴들이 2의 보수 표기법으로 저장된 값들을 나타낸다고 가정하자. 각 값에 대해 부호를 변경하여 얻은 값에 대한 2의 보수 표현을 구하라.
   a. 00000001 b. 01010101 c. 11111100
   d. 11111110 e. 00000000 f. 01111111
4. 어떤 컴퓨터에서 숫자들을 2의 보수 표기법으로 저장한다고 가정하자. 다음 각 길이의

패턴을 사용할 경우 저장할 수 있는 최대값과 최소값은 무엇인가?

a. 4 b. 6 c. 8

5. 다음 각 문제에서 각 비트 패턴은 2의 보수 표기법으로 저장된 값을 나타낸다. 본문에서 설명된 덧셈 과정을 수행하고 각 문제의 답을 2의 보수 표기법으로 표현하라. 그런 다음 문제와 답을 10진법으로 변환함으로써 답이 맞는지 검산하라.

a. 0101 + 0010 b. 0011 + 0001 c. 0101 + 1010
d. 1110 + 0011 e. 1010 + 1110

6. 2의 보수 표기법으로 표현된 다음 각 문제를 풀되, 오버플로가 발생하는지 관찰하고 이 때문에 답이 올바르지 않은 경우를 표시하라.

a. 0100 + 0011 b. 0101 + 0110 c. 1010 + 1010
d. 1010 + 0111 e. 0111 + 0001

7. 다음 각 문제를 10진법에서 길이 4인 비트 패턴을 사용해서 2의 보수 표기법으로 변환한 다음, 각 문제를 동등한 덧셈 문제로 고치고 덧셈을 수행하라. 결과를 다시 10진법으로 변환하여 맞는지 검산하라.

a. 6 − (−1) b. 3 − (−2) c. 4 − 6
d. 2 − (−4) e. 1 − 5

8. 2의 보수 표기법으로 덧셈을 할 때 더해지는 두 숫자의 부호가 다를 때에도 오버플로가 발생할 수 있는가? 그 이유를 설명하라.

9. 본문의 표를 사용하지 말고 다음 각 8 초과 표현을 동등한 10진법으로 변환하라.

a. 1110 b. 0111 c. 1000
d. 0010 e. 0000 f. 1001

10. 본문의 표를 사용하지 말고 다음 각 10진법 표현을 동등한 8 초과 형식으로 변환하라.

a. 5 b. −5 c. 3
d. 0 e. 7 f. −8

11. 9를 8 초과 표기법으로 표현할 수 있는가? 6은 4 초과 표기법으로 표현할 수 있는가? 그 이유를 설명하라.

1.7 소수의 표현

정수를 저장할 때와는 달리, 소수 부분이 있는 값을 저장할 때는 2진법 표현을 나타내는 0과 1의 패턴뿐만 아니라 소수점의 위치도 표시해야 한다. 소수의 표현에 널리 사용되는 방법으로 과학적 표기법에 기초하고 있는 **부동소수점(floating-point)** 표기법이 있다. 컴퓨터에서 유한한 저장 공간은 소수의 표현에서 정밀도를 제한하는데, 이 문제에 대해서는 다음 절에서 자세히 살펴볼 것이다.

부동소수점 표기법

바이트 한 개만 사용하는 예를 가지고 부동소수점 표기법을 설명하기로 한다. 실제 컴퓨터에서는 대개 더 긴 패턴을 사용하지만, 여기에서 사용하는 8비트 형식으로도 긴 비트 패턴으로 인한 번거로움을 피하면서 실제 시스템의 중요한 개념과 원리를 보일 수 있다.

먼저 바이트 상의 최상위 비트를 부호 비트로 지정한다. 여기에서도 부호 비트가 0이면 음이 아닌 값을 나타내며, 1이면 음의 값을 나타낸다. 나머지 7비트는 두 개의 그룹으로 나누어 **지수 부분(exponent field)**과 **유효숫자 부분(mantissa field)**으로 사용한다. 부호 비트 다음의 3비트는 지수 부분으로 지정하고, 나머지 4비트는 유효숫자 부분으로 지정한다. 그림 1.24에서 바이트를 어떻게 나누는지 보여준다.

각 부분의 의미를 알아보기 위해 비트 패턴 01101011로 이루어지는 바이트를 보기로서 살펴보자. 앞의 형식에 맞추어 이 패턴을 분석해보면, 부호 비트는 0, 지수는 110, 유효숫자는 1011임을 알 수 있다. 이 바이트를 해석할 때 먼저 유효숫자 부분을 추출하여 그 왼쪽에 소수점을 위치시켜 다음과 같이 만든다.

```
.1011
```

그 다음에 지수 부분의 내용(110)을 추출하고 3비트 초과 방법(그림 1.23 참고)으로 표현된 정수로 해석하는데, 이 보기에서는 2가 된다. 이것은 앞의 소수점 위치를 오른쪽으로 두 비트 옮기라는 뜻이다. (지수가 음의 값일 경우에는 소수점을 왼쪽으로 옮긴다.) 따라서 다음 결과를 얻는다.

```
10.11
```

위의 결과는 $2\frac{3}{4}$의 2진법 표현에 해당된다(그림 1.18의 분수에 대한 2진법 표현 참고). 그런 다음 부호 비트를 보는데 여기에서는 0이므로 음이 아닌 값을 나타냄을 알 수 있다. 따라서 바이트 01101011은 $2\frac{3}{4}$을 나타낸다고 해석한다. 패턴이 부호 비트만 다른

그림 1.24 부동소수점 표기법 구성요소

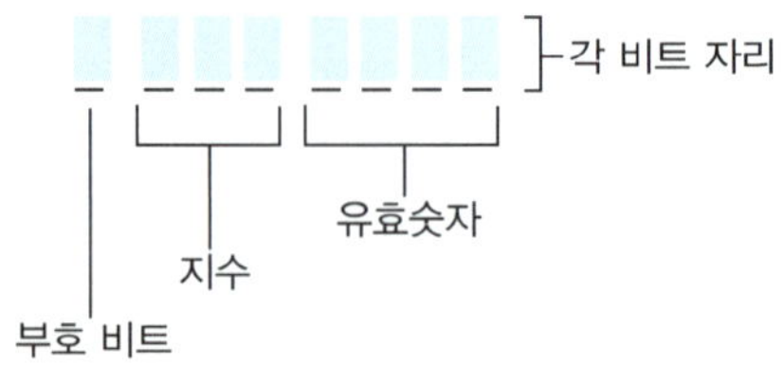

11101011이었다면 표현되는 값은 $-2\frac{3}{4}$이었을 것이다.

또 다른 보기로 바이트 00111100을 살펴보자. 유효숫자 부분을 추출하면 다음과 같다.

```
.1100
```

지수 부분 011이 −1을 나타내고 있으므로 소수점을 왼쪽으로 한 비트 옮기면, 다음과 같게 된다.

```
.01100
```

이것은 $\frac{3}{8}$을 나타낸다. 원래 패턴의 부호 비트가 0이므로 표현되는 값은 음이 아니며, 따라서 패턴 00111100은 $\frac{3}{8}$을 나타낸다고 해석한다.

부동소수점 표기법을 사용하여 값을 저장하기 위해서는 앞에서 보인 해석 절차를 역으로 사용한다. 예를 들면, $1\frac{1}{8}$을 인코딩하기 위해 먼저 2진법으로 표현하여 1.001을 얻는다. 그런 다음, 비트 패턴을 가장 왼쪽에 나타나는 1부터 시작하여 유효숫자 부분의 왼쪽 끝부터 오른쪽으로 복사하면, 바이트의 모습은 다음과 같게 된다.

```
_ _ _ _ 1 0 0 1
```

이제 지수 부분을 채울 차례이다. 이를 위해 유효숫자 부분의 왼쪽에 소수점이 있다고 가정하고 원래의 2진수가 되기 위해 소수점을 몇 비트만큼 어느 방향으로 옮겨야 하는지 정한다. 현재의 보기에서는 .1001에서의 소수점을 오른쪽으로 한 비트 옮기면 1.001을 얻을 수 있음을 알 수 있다. 따라서 지수는 +1이 되어야 하므로 지수 부분에 그림 1.23의 4 초과 표기법에 따라 101을 넣는다. 끝으로 부호 비트는 음이 아닌 값을 나타내는 0으로 채운다. 완성된 바이트의 모습은 다음과 같다.

```
0 1 0 1 1 0 0 1
```

유효숫자 부분을 채울 때 놓치기 쉬운 작은 문제가 하나 있다. 이때의 규칙은 2진법으로 표현된 비트 패턴에서 가장 왼쪽에 나타나는 1부터 시작하여 유효숫자 부분의 왼쪽 끝부터 오른쪽으로 복사한다는 것이다. 명확한 설명을 위해 2진법으로는 .011이 되는 $\frac{3}{8}$ 값을 저장하는 절차를 살펴보자. 이 경우 유효숫자 부분은 다음과 같게 된다.

```
_ _ _ _ 1 1 0 0
```

즉, 유효숫자가 다음과 같게 되지는 않는다는 것이다.

```
_ _ _ _ 0 1 1 0
```

이것은 2진법 표현에서 나타나는 가장 왼쪽의 1에서 시작해서 유효숫자 부분을 채워나가기 때문이다. 이 규칙을 준수하는 표현을 **정규형(normalized form)**이라고 한다.

정규형을 사용함으로써 동일한 값에 대해 여러 가지 표현이 생길 가능성을 피할 수 있

단일 정밀도 부동소수점

1.7절에서 소개된 부동소수점 표기법은 실제 컴퓨터에서 사용하기에는 너무 단순하다. 요컨대 8비트만으로는 불과 256개의 실수만을 표현할 수 있을 뿐이다. 앞의 논의에서 8비트를 사용한 것은 중요한 개념을 소개하면서도 예제가 복잡해지지 않도록 하기 위한 것이었다.

오늘날 많은 컴퓨터들은 **단일 정밀도 부동소수점**(Single Precision Floating Point)이라고 불리는 32비트 형태의 부동소수점 표기법을 지원한다. 이 형식에서는 부호를 위한 1비트, 지수를 위한 8비트(초과 표기법을 사용함), 유효숫자를 위한 23비트 등을 사용한다. 단일 정밀도 부동소수점은 7자리 10진수 유효숫자를 갖는 (10^{38} 단위의) 아주 큰 숫자에서 (10^{-37} 단위의) 아주 작은 숫자까지 표현할 수 있다. 즉, (약간의 오차가 존재할 수는 있지만) 주어진 10진수의 첫 7자리는 상당히 정확하게 저장할 수 있다. 첫 7자리 이후의 자릿수들은 절삭 오차에 의해 확실히 잃게 될 것이지만 숫자의 전체적 크기는 유지될 것이다. **2배 정밀도 부동소수점**(Double Precision Floating Point)이라고 불리는 형식에서는 64비트를 사용하며, 10진수 15자리까지의 정밀도를 제공한다.

다. 예를 들면, 00111100와 01000110 둘 다 ⅜으로 해석되겠지만 첫 번째 패턴만이 정규형에 해당한다. 정규형을 준수하는 것은 또한 0 이외의 모든 값에 대한 표현은 유효숫자 부분이 1로 시작한다는 것을 의미한다. 그러나 0 값의 경우는 예외이며, 전체가 0으로 채워지는 비트 패턴이 0 값에 대한 부동소수점 표현이다.

절삭 오차

한 바이트 부동소수점 체계에서 2⅝를 저장하려 할 때 발생하는 귀찮은 문제가 하나 있다. 2⅝의 2진법 표현을 먼저 구하면 10.101이 된다. 그러나 이 표현을 유효숫자 부분에 복사할 때 공간이 부족하여 (마지막 ⅛에 해당하는) 가장 오른쪽의 1을 잃게 된다(그림 1.25). 지금은 이 문제를 무시하고 다른 부분들을 계속 채워나가면, 결과 패턴은 01101010이 되어 2⅝ 대신 2½을 나타내게 된다. 여기에서 발생하는 문제가 바로 **절삭 오차**(truncation error 또는 round-off error)라고 불리는 것으로 유효숫자 부분의 자리수가 부족하여 저장될 값의 일부를 잃어버리게 됨을 의미한다.

절삭 오차의 효과를 줄이기 위해 유효숫자 부분을 더 길게 할 수 있다. 실제로 오늘날 제작되는 대부분의 컴퓨터에서는 부동소수점 표기법으로 값을 저장할 때, 여기에서처럼 8비트를 사용하는 것이 아니라 최소한 32비트를 사용한다. 이 경우 지수 부분도 더 길어질 수 있게 된다. 그러나 이렇게 더 긴 형식을 사용하더라도 여전히 정밀도가 충분하지 않은 경우가 있다.

절삭 오차의 또 다른 원인은 10진법을 통해 이미 잘 알고 있는 현상인데, 예를 들어 10진법으로 ⅓을 표현하려 할 때 발생하는 무한소수 문제이다. 어떤 값들은 아무리 많은 자리수를 사용하더라도 정확히 표현될 수 없다. 2진법의 경우에는 10진법보다 무한소수 표

그림 1.25 | 2⅝ 값의 인코딩

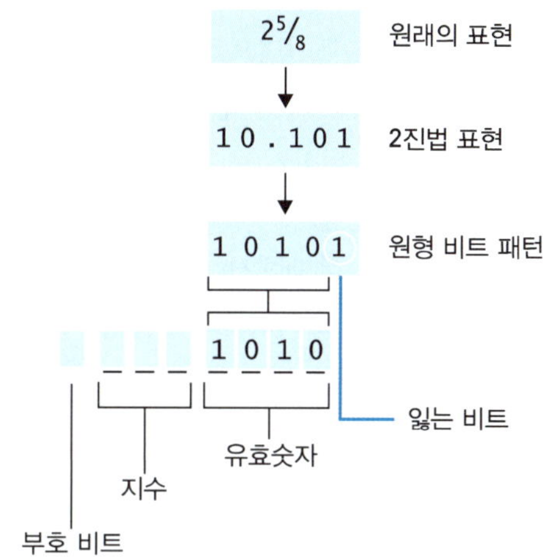

현을 갖는 값이 더 많은데, 예를 들면 1/10이라는 값도 2진법에서는 무한소수 표현을 갖는다. 달러와 센트를 다루기 위해 부동소수점 표기법을 사용하는 부주의한 사람의 경우 절삭 오차로 인한 문제를 생각해보자. 특히, 달러가 측정 단위로 사용된다면, 다임 값은 정확히 저장될 수 없을 것이다. 이 경우의 해결책은 페니 단위로 데이터를 다루는 것이며, 이 경우 2의 보수와 같은 방법을 사용하여 정확히 저장될 수 있는 정수로 모든 값을 나타낼 수 있다.

절삭 오차 및 관련 문제는 수치해석 분야에서 일하는 사람들에게는 일상적 관심사항이다. 수치해석에서는 큰 숫자들이나 높은 정밀도를 요하는 계산을 수행할 때 발생하는 문제들을 다룬다.

아래의 예제는 수치해석 학자들이라면 열변을 토할만한 문제이다. 앞에서 정의한 1 바이트 부동소수점 표기법을 사용하여 다음 3개의 값을 더해보기로 하자.

$$2\tfrac{1}{2} + \tfrac{1}{8} + \tfrac{1}{8}$$

나열된 순서대로 값들을 더하면, 먼저 ⅛에 2½을 더하여 2⅝를 얻게 되며, 2진법으로는 10.101이 된다. 유감스럽게도 이 값은 (앞에서 보았듯이) 정확히 저장될 수 없기 때문에, 이 계산의 결과는 2½이 되어버린다(이것은 덧셈에 사용된 값 중 하나와 같은 것이다). 다음 단계는 이 결과에 마지막의 ⅛을 더하는 것인데, 이때에도 같은 절삭 오차가 발생하여 최종 결과는 틀린 답인 2½이 된다.

이제 순서를 반대로 하여 위의 값들을 더해보자. 먼저 ⅛과 ⅛을 더하면 ¼을 얻게 되며, 2진법으로는 .01이 된다. 따라서 첫 번째 계산의 결과는 한 바이트 안에 00111000로 저장되며, 이는 정확한 결과이다. 이제 ¼을 리스트상의 그 다음 값인 2½에 더하면 2¾

을 얻게 되며, 한 바이트 안에 01101011로 정확히 저장된다. 이번의 결과도 정확한 답이다.

요약하자면, 부동소수점 표기법으로 표현된 숫자들을 더할 때, 더하는 순서가 중요하다. 문제는 아주 큰 숫자와 아주 작은 숫자를 더할 때 작은 숫자가 절삭될 수 있다는 것이다. 따라서 여러 값들을 더하기 위한 일반 규칙은 작은 값들을 먼저 모아서 더하는 것이며, 작은 값들이 모여 큰 값에 더해질 때 절삭되지 않을 정도의 값이 되기를 바래보는 것이다. 이것이 바로 앞의 예제에서 나타났던 현상이다.

오늘날 상용 소프트웨어 패키지들은 이러한 문제에 대한 이해가 없는 사용자들도 잘 이용할 수 있도록 설계되어 있다. 일반적인 스프레드시트 시스템에서는 더하는 값들이 10^{16}배 이상 차이가 나지 않는다면 정확한 값을 얻을 수 있다. 따라서

```
10,000,000,000,000,000
```

에 1을 더하면, 얻게 되는 결과는

```
10,000,000,000,000,001
```

이 아니라

```
10,000,000,000,000,000
```

이 될 것이다. 이러한 문제는 계산이 반복되면서 작은 오차들이 복합적 효과를 일으키며 심화될 수 있는 (항법 시스템과 같은) 응용 분야에서 심각하지만, 일반적인 PC 사용자의 경우에는 대부분의 상용 소프트웨어가 제공하는 정도의 정밀도로 충분하다.

연습문제

1. 본문에서 설명된 부동소수점 형식을 사용하는 다음 비트 패턴들을 해석하라.

a. 01001010 **b.** 01101101 **c.** 00111001 **d.** 11011100 **e.** 10101011

2. 다음 값들을 본문에서 설명된 부동소수점 형식으로 인코딩하라. 절삭 오차가 발생하는 경우를 표시하라.

a. $2\frac{3}{4}$ **b.** $5\frac{1}{4}$ **c.** $\frac{3}{4}$ **d.** $-3\frac{1}{2}$ **e.** $-4\frac{3}{8}$

3. 본문에서 설명된 부동소수점 형식에서 패턴 01001001과 패턴 00111101 중 더 큰 값을 나타내는 것은? 두 값 중 더 큰 값을 나타내는 패턴을 결정하기 위한 간단한 절차를 기술하라.

4. 본문에서 설명된 부동소수점 형식을 사용할 때 표현될 수 있는 가장 큰 값은? 그리고 표현될 수 있는 가장 작은 양의 값은?

1.8 데이터와 프로그래밍

현대식 컴퓨터의 주요 요소인 데이터 표현 방법과 기본 명령들을 고안한 건 사람들이지만, 이러한 기계적 수준의 요소들을 능숙하게 사용하며 컴퓨터를 다룰 수 있는 사람들은 많지 않다. 사람들이 계산 문제를 다룰 때는 이보다 높은 수준의 추상화를 이용하며, 기계적 수준의 세부사항은 컴퓨터가 처리하도록 맡기게 된다. *프로그래밍 언어(programming language)*란 사람들이 고급 수준의 추상화를 이용하여 알고리즘을 정확히 표현할 수 있도록 만들어진 컴퓨터 시스템이다.

20세기에는 컴퓨터 프로그래밍이 고도로 훈련된 소수의 전문가를 위한 영역으로 간주되었으며, 지금도 경험 많은 컴퓨터과학자나 소프트웨어 엔지니어의 참여가 요구되는 복잡한 계산 문제들이 많이 있다. 그러나 일상생활의 모든 측면에 컴퓨터가 관여하게 된 21세기에 이르러 최소한 일정 수준의 프로그래밍 기술을 필요로 하지 않는 직무를 찾기란 점차 어려워지고 있다. 실제로 어떤 사람들은 기본 소양에 읽기, 쓰기, 산수 다음으로 프로그래밍, 즉, *코딩(coding)* 능력을 들고 있다.

이 절에서, 그리고 이후의 장들 안의 프로그래밍 보충 관련 절들에서 프로그래밍 언어가 해당 장의 주요 주제들을 어떻게 반영하고 있는지, 또 프로그래밍 언어가 계산 문제를 쉽게 해결하는 데 어떻게 도움이 되는지 살펴볼 것이다.

파이썬 개요

파이썬(Python)은 1980년대 후반 기도 반 로썸(Guido van Rossum)이 만든 프로그래밍 언어이다. 오늘날 파이썬은 가장 많이 사용되는 10대 언어에 포함되며, 웹 응용프로그램, 과학적 계산, 학생들을 위한 입문언어 등으로 널리 사용되고 있다. 파이썬은 구글, NASA, DropBox 등을 포함하는 다양한 기관들에서 사용되고 있으며, 이용자층도 일반 사용자, 과학자, 예술가 등 다양한 분야에 걸쳐 있다. 파이썬은 가독성을 강조하고 있으며, 명령형, 객체지향형, 함수형 등 다양한 프로그래밍 패러다임을 지원한다(프로그래밍 패러다임들에 대해서는 6장에서 다룸).

파이썬 프로그램의 작성과 실행을 위한 소프트웨어는 다른 많은 자료들과 함께 `www.python.org`에서 무료로 제공된다. 파이썬 언어는 시간이 흐름에 따라 계속 진화하고 있다. 이 책의 모든 예제는 파이썬 3 버전에 맞추어져 있다. 그 전의 파이썬 버전들의 기능도 비슷하지만, 파이썬 2 이후 구두점 등 여러 작은 변화들이 있었음을 유의하기 바란다.

파이썬은 *인터프리터 언어(interpreted language)*인데, 초심자들은 대화형 신호에 맞추어 프로그램을 입력하거나 "스크립트(script)"라고 불리는 텍스트 파일에 저장해두었다가 나중에 실행할 수 있다는 의미로 이해하면 될 것이다. 아래 예제에서는 둘 중 어느 방식을 사용해도 좋지만, 연습문제나 단원 복습 문제에서는 대개 스크립트 방식이 적절할 것이다.

간단한 파이썬 프로그램

많은 프로그래밍 언어 입문편에서 첫 번째 예제 프로그램으로 "Hello, World!"라는 인사말을 출력하는 프로그램을 든다. 이 프로그램을 통해 특정 언어에서 결과를 출력하는 방법과 텍스트를 표현하는 방법을 소개한다. 이를 위한 파이썬[4] 프로그램은 다음과 같다.

```
print('Hello, World!')
```

위의 문장을 파이썬 대화형 인터프리터에 입력하거나 파이썬 스크립트로 저장한 다음 실행하면, 다음과 같은 결과를 얻을 것이다.

```
Hello, World!
```

파이썬은 작은따옴표 안의 텍스트를 사용자에게 보여준다.

이 간단한 파이썬 스크립트에서 몇 가지 유념할 사항이 있다. 첫째, `print()`는 파이썬에서 프로그램 실행 결과인 출력을 얻기 위해 사용할 수 있도록 미리 만들어져 있는 내장함수(built-in function)이다. `print` 다음에는 괄호가 오며, 괄호 안에는 *출력*될 값이 온다.

둘째, 파이썬은 작은따옴표를 사용하여 텍스트 문자열을 표시한다. 문자열은 파이썬에서 하나의 값으로 취급되는데, 위의 예제에서 대문자 `H` 앞과 느낌표 뒤의 작은따옴표는 문자열의 시작과 끝을 표시한다.

프로그래밍 언어들은 명령들을 아주 정확하게 실행한다. 사용자가 `print` 문 안의 작은따옴표들 사이의 메시지를 조금이라도 변경한다면, 출력되는 텍스트도 그에 따라 변경될 것이다. `print` 문에서 대소문자의 변경, 구두점 기호 변경, 단어 변경 등을 시도하여 그 결과를 관찰해보라.

변수

파이썬에서는 값들을 나중에 사용할 수 있도록 이름을 정할 수 있으며, 이는 간결하고 이해하기 쉬운 스크립트의 작성에서 중요한 추상화 요소이다. 이렇게 이름이 정해진 저장 위치를 변수(variable)라고 하며, 이는 대수학에서 사용되는 수학적 변수와 비슷하다. 위의 "Hello World" 출력 예제를 조금 개선하여 만든 다음 코드를 살펴보자.

---

4) 이 파이썬 코드는 이 책에서 채택한 버전 3에 맞추어져 있으며, 이 책에서 "파이썬"은 파이썬 버전 3을 의미한다. 이전 버전 중에는 괄호를 생략할 수 있는 버전도 있었다.

```
message = 'Hello, World!'
print(message)
```

이 스크립트에서 첫 번째 행을 *배정문(assignment statement)*이라고 한다. 배정문에서 = 기호의 사용은 등호의 대수적 용법에 익숙한 초심자들에게는 다소 혼란스러울 것이다. 위의 배정문은 "변수 message에 'Hello, World!'라는 문자열 값을 배정함"을 의미한다. 일반적으로 배정문에서 등호의 왼쪽에는 변수가 나타나며 오른쪽에는 값이 나타난다.

파이썬은 *동적 타입(dynamically typed)* 언어이며, 이는 위의 파이썬 스크립트에서 message라는 변수의 존재를 미리 확립할 필요도 없고 message 안에 어떤 타입의 값이 저장될지 미리 규정할 필요도 없음을 의미한다. 이 스크립트에서는 주어진 텍스트 문자열을 message에 배정하는 문장을 두고 그 다음 print() 문에서 변수 message를 참조하는 것으로 충분하다.

파이썬에서 변수의 이름을 어떻게 정할지는 대체로 사용자의 몫이지만, 간단한 규칙으로 변수 이름은 알파벳 문자로 시작되고 이후 문자, 숫자, 밑줄문자(_) 등이 임의의 개수만큼 나타날 수 있도록 규정하고 있다. 위의 두 줄짜리 스크립트에서는 m이라는 변수 이름으로도 충분하겠지만, 경험 많은 프로그래머들은 의미 있는 변수 이름을 찾기 위해 노력할 것이다.

파이썬 변수 이름에서는 대소문자를 구분한다. 예를 들면, size라는 이름의 변수는 Size나 SIZE라는 이름의 변수들과 다른 변수로 취급된다. 파이썬에는 특별한 의미를 갖도록 예약되어 있는 많지 않은 개수의 **키워드(keyword)**라는 이름들이 있는데, 키워드는 변수 이름으로 사용될 수 없다. 키워드 목록은 파이썬에 내장되어 있는 도움말(help) 기능을 사용하여 다음과 같이 확인할 수 있다.

```
help('keywords')
```

변수들은 파이썬에서 표현할 수 있는 모든 타입의 값들을 저장하기 위해 사용될 수 있다.

```
my_integer = 5
my_floating_point = 26.2
my_Boolean = True
my_string = 'characters'
```

위의 코드에서 나타나는 타입들은 이 장의 앞부분에서 다룬 참/거짓의 부울(1.1절), 텍스트(1.4절), 정수(1.6절), 부동소수점(1.7절) 등의 표현에 대응된다. (이 책에서 다루는 입문 범위를 벗어나는) 다소 복잡한 파이썬 코드를 사용하여 (1.4절의) 이미지 데이터나 소리 데이터도 파이썬 변수에 저장할 수 있다.

파이썬에서는 아래의 예와 같이 0x 접두사를 사용하여 16진법 값들을 표시한다.

```
my_integer = 0xFF
```

```
print(my_integer)
```

값을 16진법으로 표시하더라도 프로그래머의 사고 과정에서 사용되는 진법에 관계 없이 정수 값을 0과 1의 열로 저장하는 컴퓨터 메모리에서 값의 표현이 달라지지는 않는다. 16진법 표기법은 스크립트의 이해에 도움이 될 수 있는 상황에서 사람이 읽기 쉽도록 하기 위한 것이다. 위의 print() 문을 통해 16진수 0xFF에 해당하는 10진법 숫자 255가 출력된다. 이는 print() 문의 통상적인 처리동작이 정수에 대해서는 10진법 출력이기 때문이다. print() 문에 대한 복잡한 조정을 통해 10진법 외의 다른 표현에 따른 값을 출력할 수도 있지만, 여기에서는 우리에게 익숙한 10진법 출력에 대해서만 소개한다.

ASCII 문자집합에 포함되지 않는 글자들도 포함하는 유니코드 문자들을 지원하는 텍스트 편집기를 사용할 경우, 아래와 같이 유니코드 문자들도 직접 문자열 안에 포함시킬 수 있다.

```
print('¥1000')        # 일본 화폐로 1,000엔을 나타내는 ¥1000을 출력한다
```

혹은 아래와 같이 '\u' 접두사 뒤에 4자리 16진수를 사용하는 형식을 사용할 수도 있다.

```
print('\u00A31000') # 영국 화폐로 1,000파운드를 나타내는 £1000을 출력한다
```

문자열 '\u00A3' 부분은 영국의 파운드 기호에 대한 유니코드 표현을 위한 코드이다. 바로 이어서 '1000'이 오는 것은 최종 출력 £1000에서 화폐기호와 금액 사이에 공백이 오지 않도록 하기 위함이다.

위의 예제 코드들에서는 유니코드 텍스트 문자열 외에 또 다른 파이썬 언어 기능을 소개하고 있다. 바로 *주석(comment)*의 시작을 나타내는 # 기호인데, 주석은 파이썬 코드 안에 사람이 읽도록 마련된 내용으로 프로그램 실행 시 컴퓨터에서는 무시된다. 숙련된 프로그래머들은 어려운 알고리즘 부분에 대한 설명, 이력 정보나 작성자 정보, 또는 코드를 읽을 때 주의를 요하는 부분을 표시하고자 할 때 주석을 사용한다. 스크립트 서두의 개략적인 기술을 담고 있는 주석은 대개 코드에 대한 개요를 제공한다. #의 오른쪽에서 행이 끝날 때까지 나타나는 모든 문자들은 파이썬에서 무시된다.

연산자와 식

파이썬의 내장 연산자들을 이용하여 우리에게 익숙한 다양한 방식으로 숫자들을 결합하거나 조작할 수 있다.

```
print(3 + 4)        # 3 더하기 4에 해당하는 "7"을 출력한다.
print(5 - 6)        # 5 빼기 6에 해당하는 "-1"을 출력한다.
print(7 * 8)        # 7 곱하기 8에 해당하는 "56"을 출력한다.
print(45 / 4)       # 45 나누기 4에 해당하는 "11.25"를 출력한다.
```

```
print(2 ** 10)          # 2의 10 제곱에 해당하는 "1024"를 출력한다.
```

45 나누기 4와 같이 연산의 결과가 정수가 아닐 때 파이썬은 자동적으로 부동소수점 표현으로 전환한다. 나눗셈의 결과로 정수를 원할 경우 아래와 같이 다른 종류의 연산자들이 사용된다.

```
print(45 // 4)          # 45 나누기 4에서 정수 나눗셈의 결과로 "11"을 출력한다.
print(45 % 4)           # 45 나누기 4에서의 나머지로 "1"을 출력한다.
```

// 기호는 *정수 나눗셈(integer floor division)* 연산자를 나타내며, % 기호는 나머지 연산자를 나타낸다. 이들을 함께 사용하여 해석하자면, "45에는 11개의 4가 포함되어 있으며, 이때 나머지는 1"로 이해할 수 있다. 위의 예제에서 멱승을 나타내기 위해 파이썬에서는 **를 사용하는데, 다른 프로그래밍 언어나 조판 기호 중에서는 멱승을 나타내기 위해 ^를 사용하는 경우도 있다. 파이썬에서는 ^ 기호는 *비트 단위 부울 연산자(bitwise Boolean operator)* 중 하나이며, 이들에 대해서는 다음 장에서 다룬다.

문자열 값들에 대해서도 다음과 같은 연산이 적용될 수 있다.

```
s = 'hello' + 'world'
t = s * 4
print(t)      # "helloworldhelloworldhelloworldhelloworld"를 출력한다.
```

+ 연산자는 문자열 값들을 *결합하며(concatenate)*, * 연산자는 문자열 값들을 *복제한다(replicate)*.

일부 내장 연산자들은 둘 이상의 의미를 가지며, 이로 인해 혼동을 일으킬 수 있다. 아래 스크립트는 오류를 발생시킨다.

```
print('USD$' + 1000)      # 타입오류: int 값을 str 값으로 자동 변환시킬 수 없다.
```

위의 오류는 문자열 결합 연산자는 두 번째 피연산자가 문자열이 아닐 경우 어떻게 해야할지 알 수 없음을 표시한다. 다행히 파이썬에서는 한 종류의 타입을 다른 종류의 타입으로 변환시켜주는 함수들이 제공된다. int() 함수는 부동소수점 값을 소숫점 아래 부분을 버리고 정수 표현으로 변환시켜준다. 이 함수는 또한 숫자들로 이루어진 문자열을 정수 표현으로 변환시켜준다. 그리고 str() 함수는 숫자 표현을 UTF-8 코딩 텍스트 문자열로 변환시켜준다. 따라서 위의 print() 문을 아래와 같이 고치면 오류가 해결된다.

```
print('USD$' + str(1000))    # "USD$1000"을 출력한다.
```

환전 예제

아래의 파이썬 스크립트 예제는 완전한 프로그램이며, 이 절에서 소개하는 여러 가지 개념들을 활용하고 있다. 이 스크립트는 주어진 미국 달러 단위 금액을 3개의 다른 국가 화폐 단위로 변환한 금액을 출력한다.

```
# 환전을 위한 화폐 단위 변환 프로그램
USD_to_GBP = 0.76      # 미국 달러 대 영국 파운드 환율
USD_to_EUR = 0.86      # 미국 달러 대 유로 환율
USD_to_JPY = 114.08    # 미국 달러 대 일본 엔 환율

GBP_sign   = '\u00A3' # 비-ASCII 화폐 기호들을 위한 유니코드 값들
EUR_sign   = '\u20AC'
JPY_sign   = '\u00A5'

dollars    = 1000      # 환전할 달러 단위 금액

pounds     = dollars * USD_to_GBP  # 변환 계산
euros      = dollars * USD_to_EUR
yen        = dollars * USD_to_JPY

print('Today, $' + str(dollars))   # 결과 출력
print('converts to ' + GBP_sign + str(pounds))
print('converts to ' + EUR_sign + str(euros))
print('converts to ' + JPY_sign + str(yen))
```

위의 스크립트를 실행하면 다음과 같은 결과가 출력된다.

```
Today, $1000
converts to £760.0
converts to €860.0
converts to ¥114080.0
```

디버깅(Debugging)

프로그래밍 언어들은 초심자라고 해서 봐주는 법이 없으며, 소프트웨어 작성 시간의 많은 부분은 버그(bug), 즉, 코드상의 오류를 찾는 데 소요된다. 그와 같은 버그의 발생 위치를 찾아 고치는 일을 디버깅(debugging)이라고 한다. 프로그램 오류는 크게 (기호 입력 관련 실수에 해당하는) 구문 오류(syntax error), (프로그램 의미 관련 실수에 해당하는) 의미 오류(semantic error), (프로그램 실행 시 발생하는 실수에 해당하는) 실행 오류(runtime error) 등 세 가지로 나눌 수 있다.

구문 오류는 초심자들에게 가장 흔하게 발생하는 것으로 텍스트 문자열 시작이나 끝에 따옴표를 빠뜨리거나 닫는 괄호를 빠뜨리거나 함수 이름 print() 철자를 틀리는 것 등

이 이에 해당한다. 파이썬 인터프리터가 이러한 오류를 발견하면 해당 행 번호와 오류에 대한 설명 등을 표시한다. 조금만 연습하면 초심자들도 금방 오류 유형들을 인식하고 이해할 수 있게 될 것이다. 다음 예를 보자.

```
print(5 + )
SyntaxError: invalid syntax
```

위의 식에서는 덧셈 연산자와 닫는 괄호 사이에 값이 빠져있다.

```
print(5.e)
SyntaxError: invalid token
```

파이썬에서는 소수점 다음에 숫자가 나타나야지 문자가 나타나면 안 된다.

```
pront(5)
NameError: name 'pront' is not defined
```

사람 이름을 틀리게 부르는 것과 마찬가지로 알려져 있는 함수나 변수의 이름 철자를 틀리면 혼란을 일으킬 수 있다.

의미 오류는 알고리즘 자체의 오류일 수도 있고 알고리즘을 언어로 표현하는 과정에서 발생한 오류일 수도 있다. 예를 들면, 계산에서 변수 이름이 틀렸거나 복잡한 식에서 산술 연산 순서가 틀렸을 수도 있다. 파이썬에서는 일반적인 연산자 우선순위를 따른다. 따라서 식 total_pay = 40 + extra_hours * pay_rate에서 덧셈보다 곱셈이 먼저 실행되어 총 급여 계산이 틀리게 된다. 복잡한 식에서는 연산 순서를 올바르게 지정하기 위해 괄호를 사용하는 것이 의미 오류도 피할 수 있고 코드를 이해하기 쉽게 해준다(예: total_pay = (40 + extra_hours) * pay_rate).

실행 오류의 예로는 나눗셈의 분모가 0이거나 값을 정해주지 않은 변수를 사용하는 경우를 들 수 있다. 파이썬 문장들은 위에서 아래로 진행되며, 어떤 식에서 변수를 사용하기 전에 먼저 그 변수에 값을 정해주는 배정문이 있어야 한다.

파이썬 스크립트나 다른 프로그램을 효과적으로 작성하기 위해서는 테스트가 필수적이다. 스크립트의 체계적 테스트를 위해서는 스크립트가 수행해야 할 작업에 대한 이해가 우선되어야 한다. 파이썬 스크립트를 작성하면서 가급적 자주 실행시켜보는 것이 좋으며, 가능하다면 한 줄씩 작성할 때마다 실행시켜도 좋을 것이다. 스크립트가 수행해야 할 작업을 이해하고 있으면 구문 오류를 일찍 발견하여 고칠 수 있고 스크립트의 각 단계에서 어떤 일을 해야 할지 집중하는 데 도움이 된다.

연습문제

1. 파이썬을 인터프리터 언어로 규정하는 요소들은 무엇인가?

2. 다음 내용을 출력하는 파이썬 코드를 작성하라.
   a. "Computer Science Rocks!"라는 내용의 텍스트
   b. 숫자 42
   c. π 값을 소수점 아래 네 자리까지 표시
3. 다음 내용을 수행하는 파이썬 코드를 작성하라.
   a. `rockstar`라는 변수에 "programmer"라는 문자열을 배정한다.
   b. `seconds_per_hour`라는 변수에 한 시간에 해당하는 초의 개수를 배정한다.
   c. `bodyTemp`라는 변수에 인체 평균 온도를 배정한다.
4. `bodyTemp`라는 변수에 주어진 화씨온도를 섭씨온도로 변환하여 `metricBodyTemp`라는 변수에 배정하는 파이썬 문장을 작성하라.

1.9 데이터 압축

때로 데이터의 저장이나 전송을 위해 원래 정보를 유지하면서도 데이터 크기를 줄이는 것은 도움이 되며, 경우에 따라서는 필수적이기도 하다. 이를 달성하기 위한 기법을 데이터 압축(data compression)이라고 부른다. 이 절에서는 먼저 일반적인 데이터 압축 기법들을 알아본 다음 특정 응용 분야에 맞게 고안된 방법 몇 가지를 살펴본다.

일반적인 데이터 압축 기법

데이터 압축 방법은 두 종류로 나누어지는데, 무손실(lossless) 압축 방법과 손실(lossy) 압축 방법이 있다. 무손실 압축 방법이란 압축 과정에서 정보를 잃지 않는 방법이며, 손실 압축 방법은 정보를 잃을 수도 있는 방법이다. 손실 압축 기법은 종종 무손실 압축 기법보다 높은 압축률을 제공하며, 이미지나 비디오의 경우처럼 작은 오차들을 감당할 수 있는 환경에서 널리 사용된다.

압축되는 데이터에 동일한 값이 연속하여 나타나는 긴 열이 들어 있을 경우 RLE(Run-Length Encoding)라는 무손실 압축 방법이 자주 사용된다. RLE에서는 반복되는 원소와 반복 횟수를 나타내는 코드로 동일한 데이터 원소의 열을 대체한다. 예를 들면, 253개의 1 다음에 118개의 0이 나타나고 다시 87개의 1이 나타난다는 것을 표시하는 것이 실제 458개의 비트를 나열하는 것보다 더 작은 공간을 필요로 한다.

데이터 항목을 표현하기 위해 사용되는 비트 패턴의 길이를 해당 항목이 사용되는 빈도의 역과 관련시켜 결정하는 방법인 빈도 종속 인코딩(frequency-dependent encoding)이 또 다른 무손실 데이터 압축 기법이다. 이러한 코드는 가변 길이 코드인데, 이는 항목

에 따라 서로 다른 길이의 패턴으로 표현된다는 것을 의미한다. 빈도 종속 코드 개발에 널리 사용되는 알고리즘을 개발한 허프만(David Huffman)의 이름을 따서 그 알고리즘을 사용하여 개발된 코드들을 일반적으로 **허프만 코드(Huffman code)**라고 부른다. 오늘날 사용되는 대부분의 빈도 종속 코드는 허프만 코드이다.

빈도 종속 인코딩의 한 예로 영문 텍스트의 인코딩 작업을 살펴보자. 영문 텍스트에서는 e, t, a, i 등의 문자들이 z, q, x 등의 문자들보다 훨씬 자주 나타난다. 따라서 영문 텍스트를 위한 코드를 만들 때, 앞의 문자들에 대해서는 짧은 비트 패턴을 사용하고 뒤의 문자들에 대해서는 긴 비트 패턴을 사용함으로써 공간을 절약할 수 있다. 이 결과로 얻게 되는 코드를 사용하면 일정한 길이의 코드를 사용할 경우에 비해 영문 텍스트의 표현 길이가 짧아진다.

압축될 데이터 스트림이 각 단위가 바로 앞의 단위와 약간씩만 다른 여러 개의 단위들로 이루어지는 경우가 있다. 동영상의 연속 프레임들이 이러한 예에 해당된다. 이 경우에는 **차등 인코딩(differential encoding)**으로도 알려져 있는 **상대적 인코딩(relative encoding)**을 사용하는 기법이 도움이 된다. 이러한 기법에서는 전체 단위들 대신 인접 단위들 사이의 차이를 기록한다. 즉, 각 단위는 바로 앞 단위와의 관계로서 인코딩된다. 상대적 인코딩은 연속 데이터 단위 사이의 차이를 정확히 인코딩할지 근사 값을 인코딩할지에 따라 손실 압축이 될 수도 있고 무손실 압축이 될 수도 있다.

널리 쓰이는 또 다른 압축 방식에 **사전 인코딩(dictionary encoding)** 기법에 기초한 것들이 있다. 여기에서 사전이라는 용어는 압축될 메시지를 구성하는 항목들의 집합을 가리키며, 메시지 자체는 사전에 대한 일련의 참조 표시로 인코딩된다. 일반적으로 사전 인코딩 방식은 무손실 압축 방식이지만, 이미지 압축 등에서는 사전에 들어 있는 항목들이 정확한 데이터 원소들에 대한 근사 값들이어서 결과적으로 손실 압축 방식이 된다.

워드프로세서에서 텍스트 문서를 압축할 때 사전 인코딩을 사용할 수 있는데, 이는 철자법 검사를 위해 이미 워드프로세서 안에 포함되어 있는 사전이 압축용 사전으로도 훌륭하게 이용될 수 있기 때문이다. 특히, 하나의 단어 전체를 UTF-8과 같은 코드 체계상의 문자들의 열 대신 철자법 검사용 사전에 대한 참조 하나로 인코딩할 수 있다. 워드프로세서에서 흔히 사용되는 사전에는 25,000개 정도의 단어가 들어 있는데, 이는 각 단어를 0에서 24,999 범위의 정수로 식별할 수 있음을 의미한다. 이것은 각 단어를 15비트 패턴으로 식별할 수 있다는 의미이다. 반면에 참조되는 단어가 6개의 글자로 이루어질 경우 글자별로 인코딩한다면 UTF-8로는 48비트를 사용하게 될 것이다.

사전 인코딩의 한 변형에 **동적 사전 인코딩(dynamic dictionary encoding)**으로도 알려져 있는 **적응적 사전 인코딩(adaptive dictionary encoding)**이 있다. 적응적 사전 인코딩 방식에서는 인코딩 과정 중에 사전의 변화가 허용된다. 널리 사용되는 예에 창안자들의 이름을 따서 이름 지어진 **LZW(Lempel-Ziv-Welsh) 인코딩**이 있다. LZW를 사용하여 메시지를 인코딩하기 위해서는 먼저 메시지를 구성하는 데 사용될 항목들을 포함하는 사전을 가지고 시작하는데, 더 큰 단위의 항목들이 메시지에서 발견되면 이들을 사전에 추가하여 이들이 다시 나타날 때 한 번의 사전 참조로 인코딩될 수 있도록 한다. 예를 들면, 영문 텍스트를 인코딩할 경우 개별 문자들과 숫자들과 구두점들만 포함되어 있는 사전을 가지고 시작한다. 그러나 메시지 안의 단어들을 찾아 사전에 추가할 수 있다. 이런 방식으로 메시지가 인코딩되면서 사전은 점점 커지며, 사전이 커질수록 메시지 안의 더 많은 단어들, 즉, 반복되는 단어 패턴들을 사전에 대한 한 번의 참조로 인코딩할 수 있게 된다.

이 결과로 각 메시지에 고유하게 구성되는 다소 큰 사전을 사용하여 인코딩된 메시지를 얻게 된다. 그러나 메시지 디코딩(decoding)을 위해 이 큰 사전이 남아있어야 할 필요는 없으며, 인코딩을 시작할 때의 그 작은 사전만 있으면 된다. 디코딩 과정이 진행되면서 인코딩 과정에서 발견되었던 것과 동일한 단어들을 만나게 되며, 인코딩 과정에서와 마찬가지로 이들을 나중에 참조하기 위해 사전에 추가할 수 있다.

앞의 설명을 명확히 하기 위해 다음 메시지에 LZW 인코딩을 적용해보자.

xyx xyx xyx xyx

일단 *x*, *y*, 공백 등의 3개의 항목이 차례로 들어 있는 사전으로 시작한다. 먼저 *xyx*를 121로 인코딩하는데, 이는 메시지 시작 부분에 사전의 첫 번째 항목, 그 뒤에 두 번째 항목, 그 뒤에 다시 첫 번째 항목이 나타나 있음을 의미한다. 그 뒤의 공백이 인코딩되어 1213이 만들어진다. 공백에 도달하였으므로 앞의 문자열이 단어를 형성함을 알 수 있으며, 따라서 패턴 *xyx*를 사전의 네 번째 항목으로 추가한다. 이러한 방식으로 계속한다면, 전체 메시지는 121343434로 인코딩될 것이다.

원래의 3개 항목으로 된 사전으로 시작하여 이 메시지를 디코딩해야 한다면, 앞부분의 문자열 1213은 *xyx*와 공백으로 디코딩될 것이다. 이 시점에서 문자열 *xyx*가 단어를 형성함을 알 수 있으며, 인코딩 과정에서와 마찬가지로 이 단어를 사전의 네 번째 항목으로 추가한다. 이제 메시지 디코딩을 계속하면서 메시지 안의 4가 새로 추가된 네 번째 항목임을 인식하여 단어 *xyx*로 디코딩하면, 다음 패턴이 만들어진다.

xyx xyx

이러한 방식으로 계속한다면, 결국 문자열 121343434는

xyx xyx xyx xyx

라는 메시지로 디코딩될 텐데, 이것은 원래의 메시지와 같다.

이미지의 압축

1.4절에서 이미지를 비트맵 기법을 사용하여 인코딩하는 방법을 살펴보았다. 유감스럽게도 비트맵들은 때로 아주 큰 크기를 갖는다. 이러한 이유로 이미지 표현을 위한 다양한

압축 방식이 개발되어 왔다.

GIF(Graphic Interchange Format)라는 이름의 이미지 압축 방법은 CompuServe사에 의해 개발된 사전 인코딩 방법이다. 이 방법에서는 한 픽셀에 지정될 수 있는 색상의 개수를 256개로 줄이는 방식으로 압축 문제에 접근한다. 각 색상의 적-녹-청 조합은 세 바이트를 사용하여 인코딩되며, 이들 256개의 인코딩은 팔레트라고 불리는 표 (즉, 사전) 안에 저장된다. 이제 이미지 안의 각 픽셀은 256개의 팔레트 항목 중 어느 값이 그 픽셀의 색상을 나타내는지 가리키는 한 바이트 값으로 표현될 수 있다. (한 개의 바이트로 256개의 서로 다른 비트 패턴 중 어느 것이나 표현할 수 있음을 상기하자.) GIF가 임의의 이미지에 적용되었을 때 팔레트 안의 색상이 원래 이미지의 색상과 일치하지 않을 수도 있으므로, GIF는 손실 압축 방법이다.

GIF에서 위의 단순한 사전 방식을 LZW 기법을 사용하는 적응적 사전 방식으로 확장하면 압축률을 높일 수 있다. 특히 인코딩 과정에서 여러 픽셀들로 이루어진 패턴들을 만날 때 사전에 추가해두면, 나중에 이 패턴들이 다시 나타날 때 보다 효율적으로 인코딩할 수 있다. 이 경우 최종 사전은 원래의 팔레트와 픽셀 패턴들의 집합으로 구성될 것이다.

일반적으로 GIF 팔레트 안의 색상 중 하나에는 "투명"이라는 값이 지정되는데, 이것은 이 "색상"이 지정된 영역을 통해 배경이 보이게 될 것임을 의미한다. 이러한 옵션과 GIF 방식의 상대적 단순성으로 인해, 여러 이미지를 컴퓨터 화면 상에서 움직여 만드는 간단한 애니메이션 분야에서 GIF가 많이 사용된다. 반면에 인코딩에 256개의 색상밖에 사용할 수 없다는 점 때문에 사진 촬영과 같은 높은 정밀도를 요하는 응용 분야에는 적합하지 않다.

널리 사용되는 또 다른 이미지 압축 방식에 JPEG이 있는데, 이것은 ISO 안의 JPEG (Joint Photographic Experts Group) 분과에 의해 개발된 표준이다. JPEG은 컬러 사진의 압축에 유효한 표준이며, 대부분의 디지털 카메라에서 기본 압축 기법으로 JPEG을 사용하는 사실에서 알 수 있듯이 사진업계에서 널리 사용되고 있다.

실상 JPEG 표준은 각기 다른 목표를 갖는 여러 이미지 압축 방법을 포함하고 있다. 정확도가 중요한 상황에서는 JPEG은 무손실 모드를 제공한다. 그러나 JPEG의 무손실 모드는 다른 JPEG 옵션들에 비교할 때 압축률이 떨어진다. 더욱이 다른 JPEG 옵션들이 워낙 성공적이어서 JPEG의 무손실 모드는 거의 사용되지 않는다. 대신 손실 순차 모드라고도 알려져 있는 JPEG 기본 표준이 많은 응용 분야에서 사용되고 있다.

JPEG 기본 표준을 사용하는 이미지 압축에서는 일련의 단계들을 사용하는데, 이 중 일부는 육안의 한계성을 이용한다. 특히 육안은 색상의 변화보다는 밝기 변화에 민감하다. 따라서 휘도 요소와 색도 차이 요소들로 인코딩된 이미지에서 먼저 2×2 픽셀 사각영역에 대해 색도 차이 값들의 평균을 계산한다. 이렇게 함으로써 원래의 밝기 정보는 유지하면서도 색도 차이 정보의 크기는 ¼로 줄어든다. 이 결과로 눈에 띌만한 이미지 품질의 손실 없이 상당한 정도의 압축이 일어난다.

다음 단계는 이미지를 8×8 픽셀 블록들로 분할하고 각 블록 단위로 그 안의 정보를 압축하는 것이다. 이 작업에는 DCT(Discrete Cosine Transform)라는 수학적 기법이 적용되는데, 그 자세한 내용을 알 필요는 없다. 중요한 점은 DCT 변환이 원래의 8×8 블록을 실제 픽셀 값을 나타내는 대신 픽셀들 사이의 관계를 나타내는 항들로 이루어진 블록으로 변형한다는 것이다. 이 새로운 블록에서 미리 정해진 기준 값 아래의 값들은 0으로 대체되는데, 이는 이렇게 작은 값들이 나타내는 변경은 너무 미세하여 육안이 감지하지 못한다는 사실을 반영하는 것이다. 예를 들어 원래의 블록이 체스 판 모양의 패턴을 포함할 경우, 새로운 블록은 모든 픽셀이 평균 색상 값을 갖는 패턴을 나타낼 것이다. (대개 8×8 픽셀 블록은 이미지 안에서 너무 작은 사각형이어서 사람이 체스 판 모양을 알아보기도 어려울 것이다)

이 단계에서 RLE, 상대적 인코딩, 가변 길이 인코딩 등의 전통적인 기법들이 적용되어 압축률을 높일 것이다. 이상의 단계들이 함께 작용하여 JPEG의 기본 표준은 눈에 띌만한 이미지 품질의 손실 없이 대개 컬러 이미지를 원래 크기의 1/10 이하로 압축하는데, 때로 1/30에 이를 경우도 있다.

또 다른 이미지 관련 데이터 압축 방법에 TIFF(Tagged Image File Format)가 있다. 그러나 일반적으로 TIFF는 데이터 압축에 사용하기 위한 것이 아니라, 사진을 날짜, 시간, 카메라 설정 등과 같은 관련 정보와 함께 저장하기 위한 표준 형식으로 사용하기 위한 것이다. TIFF에서 이미지 자체는 압축 없이 적색, 녹색, 청색 등의 픽셀 요소들로 저장된다.

TIFF 표준에 데이터 압축 기법들도 포함되어 있는데, 이들 대부분은 팩스 응용에서 텍스트 문서 이미지를 압축하기 위한 것이다. 이러한 압축 기법들에서는 텍스트 문서 이미지에서 백색 픽셀들이 길게 연속하여 나타난다는 사실을 이용하기 위해 RLE의 변형을 사용한다. TIFF 표준에 포함된 컬러 이미지 압축 옵션은 GIF에서 사용되는 것과 유사한 기법에 기초하고 있으며, 따라서 사진 계통에서는 널리 사용되지 않는다.

오디오 및 비디오의 압축

오디오와 비디오를 인코딩하고 압축하기 위해 가장 많이 사용되는 표준은 ISO 산하의 MPEG(Motion Picture Experts Group) 그룹에서 개발되었으며, 이 표준의 이름도 MPEG이다.

MPEG은 서로 다른 응용 분야를 위한 다양한 표준을 포함하고 있다. 예를 들면, HDTV (High Definition television) 방송에서의 요구수준은 방송 신호가 기능이 제한되어 있을 수도 있는 다양한 통신 경로를 거쳐야 할 화상회의에서의 요구수준과 동일하지 않다. 그리고 구간별로 재생되거나 건너뛸 수 있도록 저장되는 비디오 응용 분야의 경우는 이들 응용 분야 어느 것과도 다르다.

MPEG에서 사용되는 기법은 이 책의 범위를 크게 벗어나지만, 일반적으로 비디오 압축 기법은 영화를 필름에 녹화할 때와 같이 비디오를 일련의 그림들로 구성된 것으로 간주하여 처리한다. 일련의 그림을 압축할 때 화상들 중에 I-프레임이라고 불리는 일부 그림에 대해서만 그 전체를 인코딩한다. I-프레임들 사이의 그림들은 상대적 인코딩을 사용하여 인코딩된다. 즉, 이들에 대해서는 전체 그림 대신 이전 그림과의 차이만이 기록된다. I-프레임들은 대개 JPEG과 유사한 기법을 사용하여 압축된다.

가장 잘 알려진 오디오 압축 방식은 MP3인데, 이것은 MPEG 표준 안에 포함되어 있다. 사실 *MP3*는 *MPEG 계층 3*을 나타내는 약어이다. MP3는 사람의 청각기관의 특성을 이용하고 있는데, 사람의 청각기관에서 인식할 수 없는 미세한 부분은 버리는 방식을 이용한다. 청각기관의 특성 중에 시간적 차폐효과(temporal masking)라 불리는 것이 있는데, 이것은 사람의 청각기관에서는 큰 소리를 들은 후 짧은 시간 동안 원래는 들려야 할 작은 소리를 듣지 못하는 현상을 말한다. 또 다른 특성인 주파수 차폐효과(frequency masking)는 특정 주파수의 소리가 그 주변 주파수의 부드러운 소리들을 가리는 현상을 말한다. MP3는 이러한 특성들을 이용함으로써 거의 CD 정도의 사운드 품질을 유지하면서도 상당한 오디오 압축을 달성하기 위해 사용된다.

MPEG 및 MP3 압축 기법을 사용함으로써, 비디오카메라는 128 MB 용량의 저장장치에 한 시간 분량의 비디오를 녹화할 수 있으며, 휴대용 MP3 플레이어에서는 1 GB 용량의 저장장치에 400곡이나 되는 팝송을 저장할 수 있다. 그러나 다른 상황에서의 압축 목표와는 달리 오디오 및 비디오에 대한 압축의 목표는 반드시 저장 공간을 절약하는 데 있지 않다. 또 다른 중요한 목표는 시간에 맞게 보여주거나 들려줄 수 있도록 오늘날의 통신 시스템 상에서 정보를 빨리 전송하는 것이다. 만일 각 비디오 프레임이 1 MB의 저장 공간을 필요로 하는데 프레임을 전송하는 통신 경로가 초 당 1 KB 밖에 전달할 수 없다면, 화상회의를 성공적으로 할 수 없을 것이다. 따라서 오디오 및 비디오 압축 방법에서는 재생 시의 품질도 중요하지만 때로 적시의 데이터 통신에 필요한 전송속도가 판단 기준이 된다. 일반적으로 통신 속도는 bps(bits per second)로 측정된다. 일반적으로 사용되는 단위에는 Kbps(kilo-bps, 1000 bps에 해당), Mbps(mega-bps, 100만 bps에 해당), Gbps(giga-bps, 10억 bps에 해당) 등이 있다. MPEG 기법을 사용할 경우, 40 Mbps의 전송속도를 제공하는 통신 경로 상에서 비디오를 성공적으로 재생할 수 있다. MP3 리코딩의 경우에는 일반적으로 64 Kbps 정도의 전송속도를 요한다.

연습문제

1. 4가지 일반형 압축 기법을 나열하라.
2. 본문에서 설명된 바와 같이 x, y, 공백(텍스트에 기술한 것처럼)을 포함하는 사전으로 시작하며 LZW 압축을 사용할 경우, 다음 메시지는 어떻게 인코딩되겠는가?

xyx yxxxy xyx yxxxy yxxxy

3. 컬러 만화를 인코딩할 때 JPEG보다 GIF가 나은 이유는 무엇인가?

4. 본인이 다른 행성에 가서 사진을 전송해 보내는 우주선을 설계하는 팀의 일원이라고 가정하라. 이미지의 저장 및 전송에 필요한 자원을 줄이기 위해 GIF나 JPEG 기본 표준을 사용하여 사진을 압축하는 것은 좋은 방안인지 논하라.

5. JPEG 기본 표준이 이용하는 것은 육안의 어떤 특성인가?

6. MP3가 이용하는 것은 사람의 청각기관의 어떤 특성인가?

7. 숫자 정보, 이미지, 소리 등을 비트 패턴으로 인코딩할 때 공통적으로 문제가 되는 현상은 무엇인가?

1.10 통신 오류

정보가 컴퓨터의 여러 부분 사이를 오갈 때, 또는 지구와 달 사이에서 정보가 전송될 때, 또는 단순히 저장장치에 저장되어 있는 동안에도, 최종적으로 읽는 비트 패턴이 원래의 비트 패턴과 다를 가능성이 존재한다. 자기 기록 표면의 먼지 입자나 기름때, 또는 오동작 회로 등으로 인해 데이터가 잘못 기록되거나 읽힐 수 있다. 전송 경로 상의 잡음이 데이터 일부를 손상시킬 수도 있다. 어떤 기술에 의해 주위에서 발생하는 전자파만으로도 컴퓨터 주기억장치에 저장된 비트 패턴을 변경할 수 있다.

이러한 문제를 해결하기 위해, 오류의 탐지나 때로 오류 정정까지 제공할 수 있는 다양한 인코딩 기법이 개발되어 왔다. 오늘날 이러한 기법들은 주로 컴퓨터 시스템의 내부 구성요소들 안에 내장되어 있기 때문에, 컴퓨터 사용자들에게 드러나지는 않는다. 그렇지만 이들의 존재는 중요하며 과학 연구에 크게 기여하고 있다. 따라서 오늘날 장비에 대한 신뢰성의 배경이 되는 이러한 기법 중 몇 가지를 여기에서 살펴보기로 한다.

패리티 비트

오류를 탐지하는 간단한 방법 하나는 각 비트 패턴 안의 1의 개수를 홀수 개가 되도록 조작하고, 1의 개수가 짝수 개인 비트 패턴이 발견될 경우 오류가 발생한 것으로 판단한다는 원리에 기초하고 있다. 이러한 원리를 사용할 수 있기 위해서는 각 패턴이 홀수 개의 1을 포함하게 되는 인코딩 체계가 필요하다. 이를 위한 쉬운 방법은 인코딩 체계상의 기존 비트 패턴에 **패리티 비트(parity bit)**라는 여분 비트를 최상위 비트로 추가하는 것이다. 각 패턴에서 이 새로운 비트에 0 또는 1을 배정하여 패리티 비트를 포함하는 전체 패턴에 홀수 개의 1이 존재하도록 만든다. 이런 방식으로 수정된 인코딩 체계에서 짝수 개의 1을 갖는 패턴이 있다면 오류가 발생한 것이며, 따라서 해당 패턴은 정확하지 않음을 알 수 있다.

그림 1.26은 문자 A와 F를 나타내는 ASCII 코드에 패리티 비트를 추가해 보이고 있다. A를 위한 ASCII 코드는 패리티 비트 1을 가지며 101000001이 되고, F를 위한 ASCII 코드는 패리티 비트 0을 가지며 001000110이 된다. A를 위한 원래의 8비트 패턴은 짝수 개의 1을 갖고 F를 위한 원래의 8비트 패턴은 홀수 개의 1을 갖지만, 9비트 패턴에서는 둘 모두 홀수 개의 1을 갖는다. 이러한 기법이 모든 8비트 ASCII 패턴에 적용될 경우, 짝수 개의 1을 갖는 9비트 패턴은 오류 발생을 의미하게 되는 9비트 인코딩 체계를 얻게 된다.

지금 설명한 패리티 체계는 **홀수 패리티(odd parity)**라고 불리는데, 이는 이 체계에서 올바른 패턴은 홀수 개의 1을 포함하기 때문이다. **짝수 패리티(even parity)** 체계도 있는데, 여기에서는 각 패턴이 짝수 개의 1을 포함하도록 되어 있으며, 패턴에 홀수 개의 1이 나타나면 오류가 발생한 것이다.

오늘날 컴퓨터의 주기억장치에서 패리티 비트의 사용은 보편화되어 있다. 보통 컴퓨터 주기억장치의 메모리 셀들은 8비트 용량을 갖는 것으로 생각하지만, 실제로는 패리티 비트로 사용되는 한 비트를 포함하여 9비트로 되어 있다. 8비트 패턴이 저장을 위해 메모리 회로에 주어질 때마다 메모리 회로는 패리티 비트를 추가하여 만들어진 9비트 패턴을 저장한다. 나중에 패턴을 읽을 때, 메모리 회로는 9비트 패턴의 패리티를 검사한다. 패리티 오류가 없을 경우, 메모리 회로는 오류가 없다고 믿으며 패리티 비트를 제거하고 나머지 8비트 패턴을 보내준다. 패리티 오류가 있을 경우에도 메모리 회로는 8비트 데이터를 보내주겠지만, 이 패턴은 원래 메모리에 맡겨졌던 패턴과는 다른 패턴이라는 경고를 함께 보낸다.

패리티 비트는 사용하기가 간단하지만 한계가 있다. 홀수 개의 1을 갖는 패턴에서 두 비트에 오류가 발생하였을 경우, 1의 개수는 여전히 홀수 개일 것이며 따라서 패리티 체계는 오류를 탐지하지 못하게 된다. 실제로 패리티 체계의 단순 적용은 한 패턴에서 짝수

그림 1.26 | 문자 A와 F에 대해 홀수 패리티로 조정된 ASCII 코드

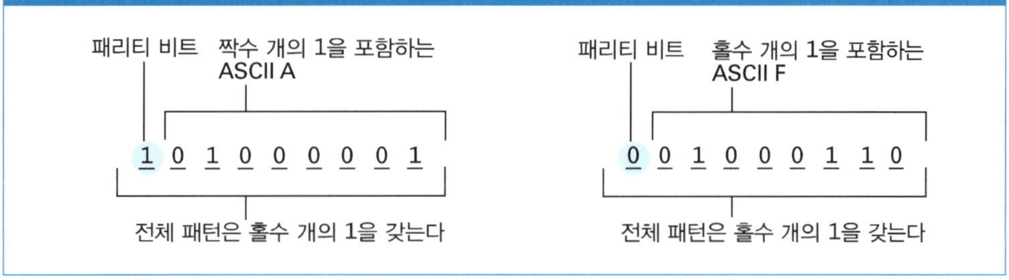

개의 오류가 발생하면 탐지하지 못한다.

이러한 문제를 최소화하기 위한 다른 방법들이 자기디스크 상의 한 섹터에 기록되는 비트 열과 같이 긴 비트 패턴에 적용된다. 예를 들면, 긴 패턴에 **검사바이트(checkbyte)**라 불리는 패리티 비트 집합 하나를 첨부한다. 검사바이트 안의 각 비트는 전체 패턴에 분산되어 있는 비트 집합에 연계된 패리티 비트에 해당한다. 예를 들면, 패리티 비트 하나는 패턴의 첫 번째 비트에서 시작하여 8비트씩 떨어져 있는 비트들에 연계된 패리티 비트이고, 또 다른 패리티 비트는 패턴의 두 번째 비트에서 시작하여 8비트씩 떨어져 있는 비트들에 연계된 패리티 비트일 수 있다. 이 방식을 사용할 경우, 한 곳에서 여러 개의 오류가 발생했을 경우 여러 패리티 비트들에 영향을 미치게 되어 탐지될 가능성이 높다. 이와 같은 검사바이트의 변형으로 **검사합(checksum)**이나 **CRC(Cyclic Redundancy Check)**와 같은 오류 탐지 방법이 있다.

오류 정정 코드

한 개의 패리티 비트를 사용하면, 한 개의 오류가 발생했을 경우 탐지할 수는 있지만, 오류를 고치기 위해 필요한 정보를 제공하지는 못한다. 오류를 탐지할 수 있을 뿐만 아니라 고칠 수도 있는 **오류 정정 코드(error-correcting code)**를 만들 수 있다는 사실에 많은 사람들이 신기해한다. 직관적으로는 수신된 메시지 안의 정보를 이미 알고 있지 않을 경우에 메시지 상의 오류를 고칠 수 없을 것처럼 보인다. 그러나 교정 기능을 갖는 간단한 코드를 그림 1.27에서 보이고 있다.

이 코드의 동작 원리를 이해하기 위해 먼저 두 패턴 사이의 **해밍 거리(Hamming distance)**라는 것을 두 패턴에서 서로 다른 비트 개수로 정의하는데, 이 용어는 1940년대의 초창기 진공관 컴퓨터의 신뢰성 결여에 좌절을 겪은 후 오류 정정 코드에 대한 연구 분야를 개척한 해밍(R. W. Hamming)의 이름을 딴 것이다. 예를 들면, 그림 1.27의 코드에서

그림 1.27 | 오류 정정 코드의 예

기호	코드
A	000000
B	001111
C	010011
D	011100
E	100110
F	101001
G	110101
H	111010

A와 B를 나타내는 패턴들 사이의 해밍 거리는 4이며, B와 C 사이의 해밍 거리는 3이다. 그림 1.27에서 보이고 있는 코드의 중요한 성질은 임의의 두 패턴 사이의 해밍 거리가 최소한 3이라는 것이다.

그림 1.27의 한 패턴에서 한 비트만 변경되었을 경우, 그 결과는 유효한 패턴이 아니므로 오류 탐지가 가능하다. (어느 패턴이 다른 유효한 패턴이 되려면 최소한 3비트는 변경해야 한다.) 더욱이, 원래의 패턴이 무엇이었는지도 알아낼 수 있다. 변경된 패턴과 원래의 패턴 사이의 해밍 거리는 1이지만, 다른 유효한 패턴들과의 해밍 거리는 2 이상일 것이기 때문이다.

따라서 그림 1.27의 코드를 사용하여 인코딩된 원래 메시지를 디코딩하기 위해, 수신된 패턴과의 해밍 거리가 1인 패턴을 찾을 때까지 수신된 패턴과 코드상의 패턴들을 비교하기만 하면 되며, 이렇게 찾은 패턴이 디코딩할 올바른 기호를 나타내는 것으로 간주한다. 예를 들어, 비트 패턴 010100을 수신한 다음 코드상의 패턴들과 비교하면, 그림 1.28의 표를 얻게 된다. 이리하여 전송된 패턴은 차이가 가장 적은 D라고 결론짓게 된다.

그림 1.27의 코드를 가지고 이 기법을 사용하면, 실제로 패턴 당 두 개까지의 오류를 탐지할 수 있고 한 개의 오류는 정정할 수도 있음을 알 수 있을 것이다. 패턴 상호간의 최소 해밍 거리가 5가 되도록 코드를 설계한다면, 네 개까지의 오류를 탐지할 수 있고 두 개까지의 오류를 정정할 수 있다. 물론 큰 해밍 거리를 갖는 효율적 코드의 설계가 단순한 작업은 아니다. 실제로 이것은 대수적 코딩 이론이라 불리는 수학의 한 분야이며, 선형 대수 및 행렬 이론 영역의 한 주제이다.

오류 정정 기법들은 컴퓨터 장비의 신뢰성을 향상시키기 위해 광범위하게 사용되고 있다. 예를 들면, 고용량 하드디스크 드라이브에서 자기표면상의 결함이 데이터를 손상시킬 가능성을 줄이기 위해 이러한 기법들이 흔히 사용된다. 그리고 오디오 디스크로 사용되는

그림 1.28 | 그림 1.27의 코드를 사용하여 패턴 010100을 디코딩하기

문자	코드	수신된 패턴	수신된 패턴과 코드 사이의 거리
A	0 0 0 0 0 0	0 **1** 0 **1** 0 0	2
B	0 0 1 1 1 1	0 **1** 0 1 **0 0**	4
C	0 1 0 0 1 1	0 1 0 **1 0 0**	3
D	0 1 1 1 0 0	0 1 **0** 1 0 0	1 (최소 거리)
E	1 0 0 1 1 0	**0 1** 0 1 **0** 0	3
F	1 0 1 0 0 1	**0 1 0 1** 0 **0**	5
G	1 1 0 1 0 1	**0** 1 0 1 0 **0**	2
H	1 1 1 0 1 0	**0** 1 **0 1 0** 0	4

원래의 CD 형식과 컴퓨터 데이터 저장에 사용되는 레이저 형식 사이의 주된 차이도 오류 정정의 정도에 있다. CD-DA 형식은 CD 두 장에 오류 한 개 정도로 오류 비율을 줄여주는 오류 정정 기능을 내장하고 있다. 이 정도면 오디오 리코딩에는 충분하지만, 소프트웨어 공급용으로 CD를 사용하는 기업에서는 50%나 되는 디스크에 결함이 있다면 사용할 수 없을 것이다. 따라서 데이터 저장에 사용되는 CD에는 추가적인 오류 정정 기능이 사용되며, 20,000장의 디스크에 한 개 정도로 오류 확률을 줄여준다.

연습문제

1. 홀수 패리티를 사용하여 인코딩된 다음 바이트 중 오류가 발생한 것들은?
   a. 10101101 b. 10000001 c. 00000000
   d. 11100000 e. 11111111

2. 문제 1의 어떤 바이트에서 여러 개의 오류가 발생했는데 발견되지 않을 수 있는가? 그 이유를 설명하라.

3. 홀수 패리티 대신 짝수 패리티를 사용하는 경우 위의 문제 1과 문제 2에 대한 대답은 어떻게 달라지겠는가?

4. 다음 각 문장을 홀수 패리티를 사용하여 ASCII 인코딩하되, 각 문자 코드의 상위 비트 쪽에 패리티 비트를 추가하라.
   a. "Stop!" Cheryl shouted.
   b. Does 2 + 3 = 5?

5. 그림 1.27의 오류 정정 코드를 사용하여 다음 메시지를 디코딩하라.
   a. 001111 100100 001100
   b. 010001 000000 001011
   c. 011010 110110 100000 011100

6. 길이 5인 비트 패턴을 사용하여 문자 A, B, C, D를 위한 코드를 만들되 임의의 두 패턴 사이의 해밍 거리가 최소한 3이 되도록 하라.

단원 복습 문제

(* 표시된 것은 고급 내용을 다루는 절에 관련된 문제이다.)

1. 다음 각 회로에서 위쪽 입력은 1이고 아래쪽 입력은 0으로 가정하고 출력을 결정하라. 위쪽 입력은 0이고 아래쪽 입력은 1일 경우의 출력은 어떻게 되겠는가?

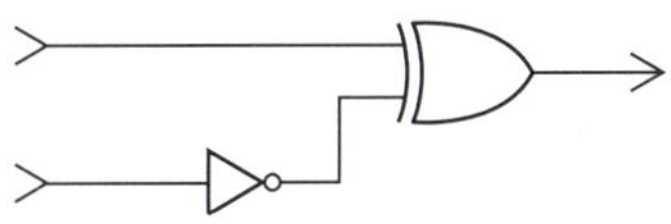

a.

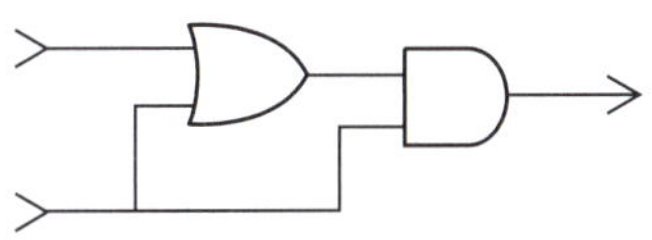

b.

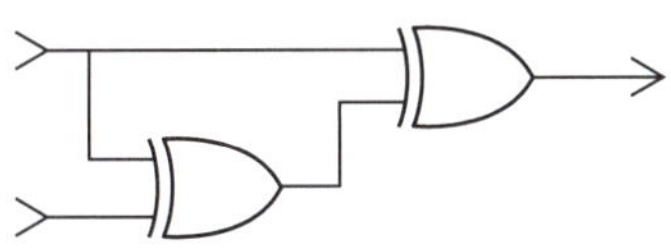

c.

2. a. 아래 회로가 계산하는 부울 연산은 무엇인가?

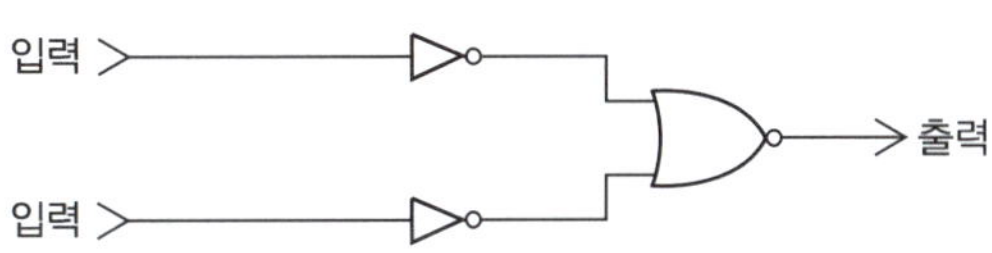

b. 아래 회로가 계산하는 부울 연산은 무엇인가?

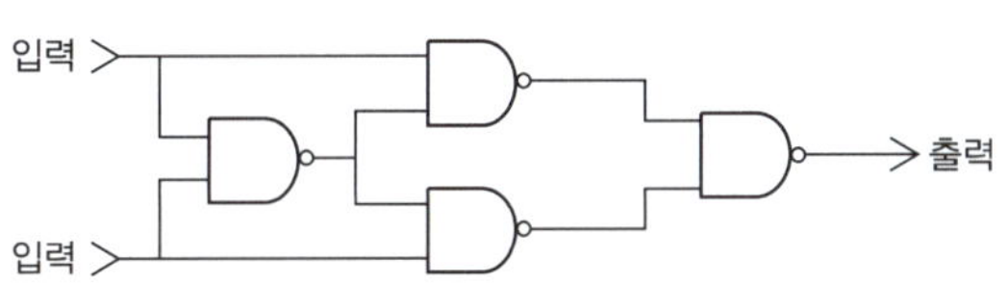

***3.** a. 전자부품 가게에서 플립플롭 회로를 구입하려고 보니 플립(flip)이라는 추가적인 입력을 가진 것들이 있다. 이 입력이 0에서 1로 변경될 때, 출력 값이 변한다(출력이 0이었다면 1로, 1이었다면 0으로 변함). 그렇지만 플립 입력이 1에서 0으로 변경될 때는 아무 변화도 일어나지 않는다. 이러한 동작을 달성하기 위해 필요한 회로의 세부사항에 대해서는 모르더라도 이 장치를 다른 회로에서 추상적 도구로 사용할 수 있다. 아래 그림과 같이 2개의 플립플롭을 사용하는 회로가 있다고 하자. 이 회로의 입력에 펄스 신호를 보내면, 하단의 플립플롭은 상태를 변경할 것이다. 그러나 두 번째 플립플롭은 상태를 변경하지 않을 텐데, 그 이유는 (NOT 게이트의 출력으로부터 받은) 입력이 1에서 0으로 변경되기 때문이다. 그 결과로 이 회로는 이제 0과 1을 출력으로 갖게 될 것이다. 두 번째 펄스 신호를 보내면 두 개의 플립플롭 모두 상태를 변경하여 출력은 1과 0이 될 것이다. 세 번째 펄스 신호를 보낸 후 출력은 어떻게 되겠는가? 네 번째 펄스 신호를 보낸 후에는?

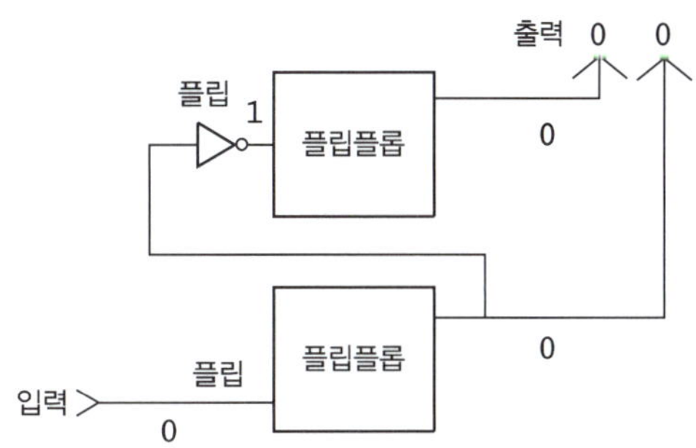

b. 때로 컴퓨터 안의 여러 구성요소 사이에서 활동들에 대한 조정이 필요한 경우가 있다. 이를 달성하기 위해 문항 a에서와 비슷한 회로에 (클락이라 불리는) 펄스 발생기를 연결한다. 그림에서와 같이 추가적인 게이트들이 연결되어 있는 다른 회로들에 서로 조정해 가며 신호들을 보낼 것이다. 이러한 회로를 잘 분석해보면, 클락에서 1, 5, 9번째 등등의 펄스 신호를 보낼 때 출력 A에서 1이 나온다는 것을 확인할 수 있을 것이다. 출력 B에서 1이 나오는 클락 펄스들은? 출력 C에서 1이 나오는 클락 펄스들은? 클락에서 4번째 펄스 신호를 보낼 때 어떤 출력들에서 1이 나오게 되는가?

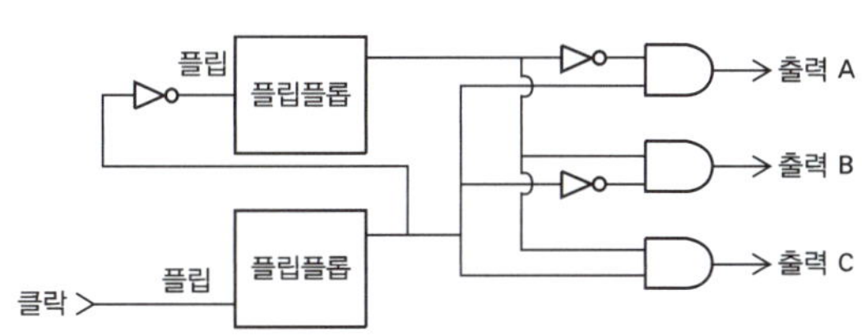

4. 아래 회로에서 두 입력 모두 1이라고 가정하라. 위쪽 입력이 순간적으로 0으로 바뀔 경우 무슨 일이 일어날지 기술하라. 또 아래쪽 입력이 순간적으로 0으로 바뀔 경우 무슨 일이 일어날지 기술하라. NAND 게이트를 사용하여 회로를 다시 그려라.

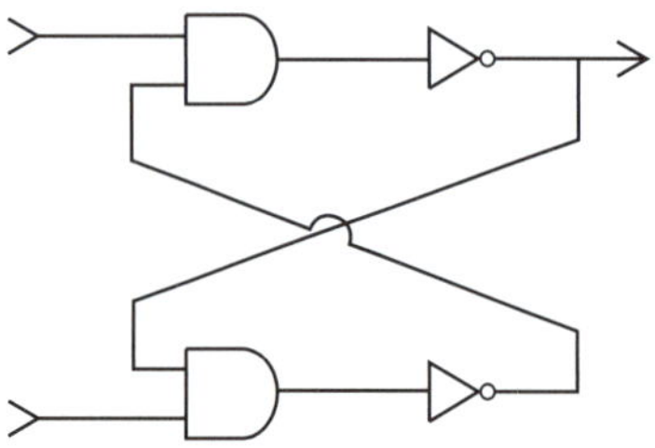

5. 아래의 표는 컴퓨터 주기억장치 안의 셀들의 주소와 내용을 16진법으로 표현하고 있다. 이 메모리 배열로 시작하여 주어진 명령들을 수행한 다음 각 메모리 셀의 최종 내용을 표시하라.

주소	내용
00	AB
01	53
02	D6
03	02

단계 1. 주소가 03인 셀의 내용을 주소가 00인 셀로 옮긴다.
단계 2. 값 01을 주소가 02인 셀로 옮긴다.
단계 3. 주소가 01인 셀의 내용을 주소가 03인 셀로 옮긴다.

6. 각 셀의 주소를 두 자리 16진수로 표현할 수 있다면, 컴퓨터의 주기억장치에 몇 개까지의 셀이 존재할 수 있는가? 네 자리 16진수가 사용될 경우는?

7. 다음 16진수들이 표현하는 비트 패턴은?
a. CD b. 67 c. 9A
d. FF e. 10

8. 다음 16진수들이 표현하는 비트 패턴에서 최상위 비트의 값은?
a. 8F b. FF
c. 6F d. 1F

9. 다음 비트 패턴들을 16진법으로 표현하라.
a. 101000001010
b. 110001111011
c. 000010111110

10. 256 MB의 저장용량을 갖는 디지털 카메라가 있다고 하자. 사진 하나에서 각 행과 열이 1024개의 픽셀로 이루어지고 하나의 픽셀 저장에 세 바이트가 필요하다면 이 카메라에 몇 장의 사진을 저장할 수 있는가?

11. 어떤 그림을 디스플레이 화면상에서 1024개의 열과 768개의 행을 갖는 사각 영역에 표시한다고 하자. 각 픽셀에 대해 색상을 인코딩하기 위해 8비트가 필요하고 명암을 인코딩하기 위해 추가로 8비트가 필요할 경우, 전체 그림을 저장하기 위해 바이트 단위 메모리 셀이 몇 개나 필요한가?

12. a. 자기디스크 저장장치에 비해 주기억장치가 갖는 장점 두 가지를 쓰라.
b. 주기억장치에 비해 자기디스크 저장장치가 갖는 장점 두 가지를 쓰라.

13. PC의 120 GB 하드디스크 드라이브에서 50 GB만이 비어있는 경우, 하드디스크 전체 내용을 CD로 백업하는 것은 합리적인가? DVD를 사용하는 것은 어떤가?

14. 자기디스크 상의 각 섹터가 1024바이트를 갖고 있을 경우, 2바이트 유니코드로 각 문자를 표현하는 외국어 텍스트 한 쪽을 저장하는 데 몇 개의 섹터가 필요한가? (텍스트 한 쪽은 100개씩의 문자를 갖는 50개의 행으로 이루어진다고 가정한다.)

15. ASCII를 사용하고 각 쪽에 3500개의 글자가 포함될 경우, 400쪽짜리 소설을 저장하는 데 필요한 저장 공간의 바이트 수는 얼마인가? 2바이트 유니코드가 사용될 경우는?

16. 분 당 3600번 회전하는 하드디스크 드라이브에서 대기시간은 얼마인가?

17. 초 당 360번 회전하고 탐색시간이 10밀리초인 하드디스크 드라이브에서 평균 접근시간은 얼마인가?

18. 매일 쉬지 않고 분 당 60개의 단어를 입력하는 타이피스트가 있다고 하자. 이 타이피스트가 용

량이 640 MB인 CD 한 장을 채우려면 며칠이나 걸리겠는가? 한 단어는 다섯 글자로 이루어져 있고, 각 글자는 한 개의 바이트를 차지한다고 가정한다.

19. 다음 ASCII 메시지의 내용은 무엇인가?

01010111	01101000	01100001
01110100	00100000	01100100
01101111	01100101	01110011
00100000	01101001	01110100
00100000	01110011	01100001
01111001	00111111	

20. 다음은 문자 당 한 바이트를 사용하여 ASCII로 인코딩된 텍스트를 16진법으로 표현한 것이다. 메시지의 내용은 무엇인가?

686578206E6F746174696F6E

21. 다음 문장을 문자 당 한 바이트를 사용하여 ASCII로 인코딩하라.

a. Does 100/5 = 20?

b. The total cost is $7.25.

22. 앞 문제의 답을 16진법으로 표현하라.

23. 8에서 18까지의 정수를 2진법으로 표현하라.

24. a. 숫자 23을 ASCII로 2와 3을 나타내는 방법으로 표현하라.

b. 숫자 23을 2진법으로 표현하라.

25. 2진법 표현에서 비트들 중 한 개만이 1인 숫자들에는 어떤 것들이 있는가? 이러한 성질을 갖는 값 중에 가장 작은 것 6개만 나열하라.

***26.** 다음 각 2진수를 10진법으로 변환하라.

a. 111　b. 0001　c. 10101

d. 1000　e. 10011　f. 000000

g. 1001　h. 10001　i. 100001

j. 11001　k. 11010　l. 11011

***27.** 다음 각 10진수를 2진법으로 변환하라.

a. 7　b. 11　c. 16

d. 17　e. 31

***28.** 다음 각 16 초과 표현을 10진법으로 변환하라.

a. 10001　b. 10101

c. 01101　d. 01111

e. 11111

***29.** 다음 각 10진수를 4 초과 표현으로 변환하라.

a. 0　b. 3　c. −2

d. −1　e. 2

***30.** 다음 각 2의 보수 표현을 10진법으로 변환하라.

a. 01111　b. 10100　c. 01100

d. 10000　e. 10110

***31.** 다음 각 10진수를 7비트 2의 보수 표현으로 변환하라.

a. 13　b. −13　c. −1

d. 0　e. 16

***32.** 2의 보수로 표현된 아래의 비트 열들에 대해 덧셈을 수행하라. 오버플로로 인해 답이 틀리게 되는 경우를 표시하라.

a. 00101 + 01000　b. 11111 + 00001

c. 01111 + 00001　d. 10111 + 11010

e. 11111 + 11111　f. 00111 + 01100

***33.** 다음 각 문제에서, 값들을 5비트 2의 보수로 변환하고 뺄셈 문제는 동등한 덧셈 문제로 변형한 후 계산을 수행하라. 구한 답은 다시 10진법으로 변환하여 검산하라. (오버플로에 주의하라.)

a. 5 + 1　b. 5 − 1　c. 12 − 5

d. 8 − 7　e. 12 + 5　f. 5 − 11

***34.** 다음 각 2진법 표현을 10진법으로 변환하라.

a. 11.11　b. 100.0101　c. 0.1101

d. 1.0　e. 10.01

***35.** 다음 값들을 2진법으로 표현하라.

a. $5\frac{3}{4}$　b. $15\frac{15}{16}$　c. $5\frac{3}{8}$

d. $1\frac{1}{4}$　e. $6\frac{5}{8}$

***36.** 그림 1.24에 기술된 부동소수점 형식을 사용하여 다음 비트 패턴들을 해석하라.

a. 01011001　b. 11001000

c. 10101100　d. 00111001

***37.** 그림 1.24에 기술된 8비트 부동소수점 형식을 사용하여 다음 값들을 인코딩하라. 절삭 오차가 발생하는 경우를 표시하라.

a. $-7\frac{1}{2}$　b. $\frac{1}{2}$　c. $-3\frac{3}{4}$

d. $\frac{7}{32}$　e. $\frac{31}{32}$

***38.** 정규형을 사용하도록 제약하지 않는다고 가정하고, 그림 1.24에 기술된 8비트 부동소수점 형식을 사용하여 3/8을 표현할 수 있는 모든 비트 패턴들을 나열하라.

***39.** 그림 1.24에 기술된 8비트 부동소수점 형식을 사용하여 표현될 수 있는 2의 제곱근에 가장 가까운 값은 무엇인가? 이 근사 값을 이러한 부동소수점 형식을 사용하는 컴퓨터에서 제곱하면 실제로 얻게 되는 값은 무엇인가?

***40.** 그림 1.24에 기술된 8비트 부동소수점 형식을 사용하여 표현할 수 있는 1/10에 가장 가까운 근사 값은 무엇인가?

***41.** 미터 단위계를 사용하여 측정값들을 부동소수점 표기법으로 기록할 때 발생할 수 있는 오차에 대해 설명하라. 110 cm를 미터 단위로 기록할 경우를 보기로 사용하라.

***42.** 비트 패턴 01011과 11011 중 하나는 16 초과 표기법을 사용하여 어떤 값을 표현한 것이고 다른 하나는 2의 보수를 사용하여 같은 값을 표현하고 있다.

a. 비트 패턴들이 표현하고 있는 값에 대해 결정될 수 있는 정보는 무엇인가?

b. 동일한 비트 패턴 길이를 사용하는 2의 보수 표기법과 초과 표기법에서 같은 값을 나타내는 패턴들 사이의 관계는 무엇인가?

***43.** 3개의 비트 패턴 10000010, 01101000, 00000010 등은 2의 보수 표기법, 초과 표기법, 그림 1.24에 기술된 8비트 부동소수점 형식 등을 사용하여 동일한 값을 표현하고 있는데, 패턴 순서와 나열된 표기법 순서가 일치하는 것은 아니다. 이 패턴들이 공통적으로 표현하는 값을 구하고, 각 패턴에서 사용되는 표기법을 밝혀라.

***44.** 다음 값 중 그림 1.24에 기술된 부동소수점 형식을 사용하여 정확히 표현될 수 없는 것은?

a. $6\frac{1}{2}$　　b. $\frac{13}{16}$　　c. 9

d. $\frac{17}{32}$　　e. $\frac{15}{16}$

***45.** 2진법으로 정수를 표현할 때, 사용되는 비트 열의 길이를 4비트에서 6비트로 늘려준다면, 표현할 수 있는 최대값에는 어떠한 변화가 있겠는가? 2의 보수를 사용할 경우에는?

***46.** 각 셀이 바이트 한 개의 용량을 가질 경우, 4 MB 메모리에서 가장 큰 주소를 16진수로 표현하라.

***47.** 1.9절에서 설명된 바와 같이 *x*, *y*, 공백을 포함하는 사전으로 시작하며 LZW 압축을 사용할 경우, 다음 메시지는 어떻게 인코딩되겠는가?

xxy yyx xxy xxy yyx

***48.** 아래의 메시지는 *x*, *y*, 공백 등의 세 항목을 포함하는 사전으로 시작하며 LZW 압축을 사용하여 압축된 결과이다. 압축을 풀어 원래의 메시지를 구하라.

22123113431213536

***49.** 아래의 메시지를 *x*, *y*, 공백 등의 세 항목을 포함하는 사전으로 시작하며 LZW를 사용하여 압축할 경우, 최종 사전에 어떤 항들이 들어 있겠는가?

xxy yyx xxy xxyy

***50.** 다음 장에서 배우게 되겠지만, 비트들을 일반 전화 시스템 상에서 전송하는 한 가지 방법은 비트 패턴들을 음성 신호로 변환하여 전화선을 통해 전송한 다음, 수신된 음성 신호를 다시 비트 패턴으로 변환시키는 것이다. 이러한 기법은 전송 속도가 57.6 Kbps로 제한된다. MPEG를 사용하여 비디오를 압축할 경우 이 속도는 원격화상회의에 충분한가?

***51.** 각 문자 코드 상단에 패리티 비트를 추가하는 방식으로 짝수 패리티를 사용하여 다음 문장을 ASCII로 인코딩하라.

a. Does 100/5 = 20?

b. The total cost is $7.25.

***52.** 아래 메시지는 원래의 짧은 비트 열 각각에 홀수 패리티를 사용하여 전송된 것이다. 오류가 발생한 비트 열들을 찾아라.

11001　11011　10110　00000　11111
10001　10101　00100　01110

***53.** ASCII 표현을 세 번씩 연속적으로 반복하여 각 문자에 대한 24비트 코드를 만들었다고 가정하자. 예를 들면, 문자 A는 비트 열 01000001010

0000101000001로 표현된다. 이러한 코드가 갖는 오류 정정 기능은 무엇인가?

*54. 그림 1.27에 기술된 오류 정정 코드를 사용하여, 다음 각 단어를 디코딩하라.
   a. 111010 110110
   b. 101000 100110 001100
   c. 011101 000110 000000 010100
   d. 010010 001000 001110 101111 000000 110111 100110
   e. 010011 000000 101001 100110

*55. 환율은 자주 변경된다. 현재 환율을 조사하고, 그에 따라 1.8절의 환전 스크립트를 수정하라.

*56. 1.8절의 환전 프로그램에 포함되어 있지 않은 다른 화폐를 찾는다. 해당 화폐에 대한 현재 환율을 구하고 웹상에서 해당 화폐단위를 위한 유니코드를 찾아보라. 새로운 화폐를 위해 1.8절의 스크립트를 확장하라.

*57. 본인의 웹브라우저나 텍스트편집기가 유니코드나 UTF-8을 적절히 지원할 경우, 1.8절의 환전 스크립트에 `'\u00A3'`과 같은 번거로운 코드 대신 복사/붙이기를 통해 직접 화폐기호를 넣어보라. (본인의 소프트웨어가 유니코드를 적절히 처리하지 못할 경우, 이러한 시도의 결과로 텍스트 편집기에 이상한 기호가 나타나게 될 것이다.)

*58. 1.8절의 환전 스크립트에서는 환전할 금액을 저장하기 위해 dollars라는 변수를 사용한다. 이는 곱셈 계산에서 정수 값 1000을 직접 사용하는 것에 비해 스크립트에 한 개의 문장을 추가한다. 이러한 변수를 사용하는 것에 어떤 이점이 있겠는가?

*59. 바이트 개수가 주어지면 이에 대응되는 킬로바이트, 메가바이트, 기가바이트, 테라바이트 개수를 출력하는 파이썬 스크립트를 작성하고 테스트하라. 또 테라바이트 개수가 주어지면 이에 대응되는 바이트, 킬로바이트, 메가바이트, 기가바이트 개수를 출력하는 파이썬 스크립트를 작성하고 테스트하라.

*60. 음악 한 곡의 녹음 분량이 몇 분 몇 초인지 주어지면 압축하지 않은 CD급 스테레오 음질로 저장하기 위해 소요되는 비트 수를 계산하는 파이썬 스크립트를 작성하고 테스트하라. (필요한 매개변수와 공식에 대해서는 1.4절을 참고하라.)

*61. 아래의 파이썬 스크립트에서 오류를 찾아보라.

```
days_per_week = 7
weeks_per_year = 52
days_per_year = days_per_week **
                weeks_per_year
PRINT(days_per_year)
```

사회적 논제

다음 질문들은 컴퓨터 적용 분야에 관련된 윤리적/사회적/법률적 쟁점에 대한 지침을 마련하기 위한 것이다. 이 질문들의 목표는 단순히 대답을 이끌어내는 것에 있지 않다. 자신의 대답에 대한 이유를 생각해야 하며, 그와 같은 논거는 각 문항 사이에서 일관성을 유지해야 한다.

1. 위험한 상황에서 절삭 오차가 발생하여 광범위한 피해와 인명 손실을 초래하였다고 하자. 책임을 져야 한다면, 누가 져야 하는가? 하드웨어 설계자? 소프트웨어 설계자? 문제의 프로그램 부분을 실제로 작성한 프로그래머? 해당 응용 분야에 문제의 소프트웨어를 사용하기로 결정한 사람? 만일 원래의 소프트웨어를 개발한 회사에서는 이

미 오류를 수정하였는데, 문제의 응용 분야에 수정판을 구입하여 적용하지 않았다면? 만일 사용된 소프트웨어가 해적판이었다면?

2. 자신이 사용할 응용 프로그램을 개발하는 경우라면, 절삭 오차 가능성 및 파생 결과를 무시해도 좋은가?

3. 1970년대에 소프트웨어를 개발할 때, 소프트웨어가 세기가 바뀔 때 결함을 가질 거라는 사실을 무시하고, 76은 1976년을 나타내는 등의 방식으로 연도 표시에 두 자리 숫자만 사용하였다면 윤리적으로 합당한 일이었던가? 오늘날, 982는 1982년을 나타내고 015는 2015년을 나타내는 등의 방식으로 연도 표시에 세 자리 숫자를 사용한다면 윤리적으로 합당한가? 네 자리 숫자만을 사용한다면 어떤가?

4. 많은 이들은 정보를 인코딩함으로써 정량화하게 되면 정보가 손실되거나 왜곡될 수 있다고 주장한다. 이들은 또한 설문응답자가 의견을 1에서 5 사이의 숫자로 표시해야 하는 설문조사는 본질적인 결함을 갖고 있다고 주장한다. 정보는 어느 정도까지 정량화될 수 있는가? 쓰레기 폐기 시설을 위한 부지들의 장단점에 대한 정량화가 가능한가? 핵발전소 및 방사능 폐기물에 관한 논쟁은 정량화할 수 있는가? 평균이나 다른 통계분석에 근거하여 결정하는 것은 위험한 일인가? 언론기관이 사용한 정확한 설문을 제공하지 않으면서 여론조사 결과를 보도하는 것은 윤리적으로 합당한가? 인간 생명의 가치를 정량화하는 것은 가능한가? 추가적인 투자가 제품의 사용과 관련된 사망률을 낮출 수 있다는 것을 알면서도, 기업이 제품 개선에 투자를 멈추어도 좋은가?

5. 자료 형태에 따라 자료의 수집 및 배포에 관한 권리가 달라져야 하는가? 즉, 사진, 오디오, 비디오 등을 수집하고 배포하는 권리는 텍스트를 수집하고 배포하는 권리와 동일해야 하는가?

6. 고의적이든 아니든 언론 기사는 대개 그 기사를 쓴 기자의 선입관을 반영한다. 종종 몇 개의 단어만 바꾸어도 기사가 긍정적이 될 수도 있고 부정적이 될 수도 있다. (“조사대상자의 과반수가 국민투표를 반대하였다.”라는 표현과 “조사대상자의 상당수가 국민투표를 지지하였다.”라는 표현을 비교해보라.) (일부 요점을 빠뜨리거나 단어를 면밀하게 선택하는 등의 방법으로) 스토리를 고치는 것과 사진을 고치는 것 사이에 어떤 차이가 있는가?

7. 데이터 압축의 사용으로 미세하지만 중요한 정보를 잃을 수 있다. 어떤 책임문제가 제기될 수 있는가? 이러한 문제는 어떻게 해결되어야 하는가?

참고문헌

Drew, M. and Z. Li. *Fundamentals of Multimedia*, 2nd ed. Cham, Switzerland: Springer, 2014.

Halsall, F. *Multimedia Communications*. Boston, MA: Addison-Wesley, 2001.

Hamacher, V. C., Z. G. Vranesic, S. G. Zaky, and N. Manjikian. *Computer Organization and Embedded Systems*, 6th ed. New York, NY: McGraw-Hill, 2011.

Knuth, D. E. *The Art of Computer Programming*, Vol. 2, 3rd ed. Boston, MA: Addison-Wesley, 1998.

Long, B. *Complete Digital Photography*, 8th ed. Boston, MA: Cengage Learning, 2015.

Miano, J. *Compressed Image File Formats*. New York: ACM Press, 1999.

Petzold, C. CODE: *The Hidden Language of Computer Hardware and Software*. Redman, WA: Microsoft Press, 2000.

Saloman, D., and G. Motta. *Handbook of Data Compression*, 5th ed. London, England: Springer, 2010.

Sayood, K. *Introduction to Data Compression*, 5th ed. Cambridge, MA: Morgan Kaufmann, 2017.

CHAPTER

2

데이터 조작

이 장에서는 컴퓨터가 어떻게 데이터를 조작하고 프린터나 키보드와 같은 주변장치들과 통신하는지에 대해 공부할 것이다. 또한 컴퓨터 구조의 기초적인 사항을 살펴볼 것이며, 기계어 명령을 사용하여 컴퓨터 프로그램을 작성하는 방법에 대해서도 배울 것이다.

* 표시된 절은 고급 내용임을 나타냄

1장에서 컴퓨터 내부에서의 데이터 저장에 관련된 주제들을 공부하였다. 이 장에서는 컴퓨터가 저장된 데이터를 어떻게 조작하는지 알아볼 것이다. 이러한 조작은 데이터를 한 장소에서 다른 장소로 옮기는 작업뿐만 아니라 산술 계산, 텍스트 편집, 이미지 조작 등의 작업 수행도 포함한다. 먼저 데이터 저장 방식에 대한 이해를 넘어 컴퓨터 구조에 대한 이해를 넓혀보자.

2.1 컴퓨터 구조

데이터 조작을 제어하는 컴퓨터 안의 회로는 **중앙처리장치(central processing unit)** 또는 **CPU**라고 불리며, 때로는 프로세서라고도 불린다. 20세기 중반의 컴퓨터들에서는 CPU가 여러 개의 선반에 나누어진 전자 회로로 이루어진 큰 장치였으며, 그러한 크기는 CPU의 중요성을 잘 나타내고 있었다. 그러나 기술의 발전은 CPU의 크기를 비약적으로 줄여왔다. 오늘날의 데스크톱 컴퓨터나 노트북컴퓨터에서 사용되는 CPU들은 대개 사람 손바닥 안에 들어갈 정도의 작고 납작한 정사각형 모양으로 제작되며, CPU 연결 핀들은 컴퓨터의 (**마더보드(motherboard)**라고 불리는) 주 회로기판에 장착된 소켓에 끼운다. 스마트폰, 태블릿, 기타 모바일 컴퓨팅 기기들에서 CPU의 크기는 대략 우표 크기의 절반 정도이다. 그 작은 크기로 인해 이러한 프로세서들은 **마이크로프로세서(microprocessor)**라고 불린다.

CPU 기초

CPU는 연산장치, 제어장치, 레지스터 장치 등의 세 부분으로 구성된다(그림 2.1). **연산장치(arithmetic/logic unit)**는 데이터에 대한 덧셈이나 뺄셈과 같은 연산을 수행하는 회로를

그림 2.1 | 버스를 통해 연결된 CPU와 주기억장치

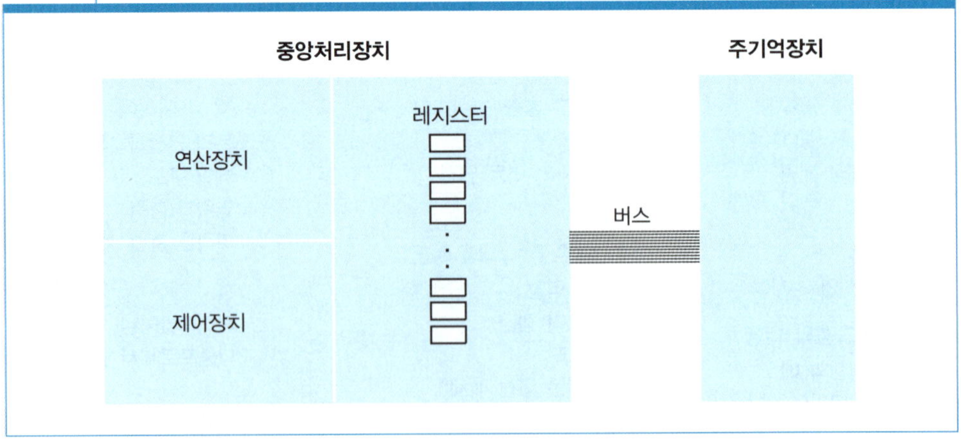

포함하며, **제어장치(control unit)**는 컴퓨터의 동작을 조정하는 회로를 포함한다. **레지스터 장치(register unit)**는 **레지스터(register)**라고 불리는 데이터 저장용 셀들을 갖고 있는데, 이들은 CPU 내에서 정보를 임시로 저장하기 위해 사용되며 개념상 주기억장치 셀들과 비슷하다.

레지스터 장치 안의 일부 레지스터들은 **범용 레지스터**로 간주되며, 나머지 레지스터들은 **용도 지정 레지스터**로 간주된다. 용도가 지정된 레지스터들에 대해서는 2.3절에서 다루며, 여기에서는 범용 레지스터에 대해 살펴본다.

범용 레지스터들은 CPU에서 조작되는 데이터를 위한 임시 저장 공간으로 사용된다. 범용 레지스터들은 연산장치 회로의 입력들을 저장하고 있거나 연산장치에서 계산된 결과를 저장하기 위한 공간으로 이용된다. 주기억장치에 저장된 데이터에 대한 연산을 수행하기 위해, 제어장치가 데이터를 주기억장치로부터 범용 레지스터로 전송하고, 어느 레지스터가 데이터를 갖고 있는지 연산장치에 알려주고, 연산장치 안의 적절한 회로를 작동시키고, 연산장치에게 결과를 받을 레지스터가 어느 것인지를 알려준다.

비트 패턴들을 전송하기 위해 컴퓨터의 CPU와 주기억장치는 **버스(bus)**라 불리는 전선 묶음으로 연결되어 있다(그림 2.1). 이 버스를 통해 CPU는 주기억장치 회로에 해당 메모리 셀의 주소와 읽기 신호를 보냄으로써 주기억장치로부터 데이터를 읽어온다. 마찬가지로 CPU가 주기억장치에 데이터를 저장할 때에도 목적지 셀의 주소, 저장될 데이터, 적절한 전자 신호 등을 주기억장치 회로에 보낸다.

이러한 설계로부터 알 수 있겠지만, 주기억장치에 저장된 두 개의 값을 더하는 작업은 단순한 덧셈 연산의 실행보다는 훨씬 복잡하다. 데이터들은 주기억장치로부터 CPU 안의 레지스터들로 전송되며, 이 값들을 더한 결과를 레지스터 안에 넣은 다음, 이 결과를 다시 메모리 셀에 저장한다. 주기억장치에 저장된 두 개의 값을 더하는 전체 과정은 그림 2.2에서 다섯 단계로 요약되어 있다.

프로그램 내장 개념

초창기 컴퓨터들에서는 수행할 프로그램을 제어장치 안에 실현시켰으므로 프로그램이 고

그림 2.2 | 주기억장치에 저장된 값들에 대한 덧셈

단계 1. 덧셈에 사용될 값 중 하나를 주기억장치에서 가져와 레지스터에 넣는다.

단계 2. 덧셈에 사용될 또 다른 값을 주기억장치에서 가져와 또 다른 레지스터에 넣는다.

단계 3. 단계 1, 2에서 사용된 레지스터들을 입력으로 사용하고 결과는 또 다른 레지스터에 저장하도록 덧셈 회로를 작동시킨다.

단계 4. 결과를 주기억장치에 저장한다.

단계 5. 멈춘다.

캐시 메모리

컴퓨터에서 사용되는 여러 가지 메모리 장치들을 기능 중심으로 비교해보자. 레지스터들은 곧바로 사용될 데이터를 기억하기 위해 사용되고, 주기억장치는 가까운 시간 안에 사용될 데이터를 기억하기 위해 사용되며, 대용량 저장장치는 당장 필요하지는 않은 데이터를 보관하기 위해 사용된다. 많은 컴퓨터들은 이들 외에 캐시 메모리라고 불리는 또 다른 메모리 계층을 두도록 설계되어 있다. **캐시 메모리**(cache memory)는 CPU 내부에 위치한 (수백 KB 정도의) 고속 메모리이다. 컴퓨터는 이 특별한 메모리 공간에 현재 자주 사용하는 주기억장치 부분의 복사본을 유지한다. 캐시 메모리를 갖는 컴퓨터에서, 원래는 레지스터와 주기억장치 사이에서 일어날 데이터 전송 작업이 레지스터와 캐시 메모리 사이에서 일어나게 된다. 캐시 메모리에 일어나는 변경들은 모아서 적절한 시점에 한꺼번에 주기억장치로 전달된다. 이 결과로 CPU는 주기억장치와의 통신으로 인한 지연을 피할 수 있으므로 보다 신속하게 계산을 수행할 수 있게 된다.

정되어 여러 가지 기능을 수행할 수 있는 유연성이 없었다. 초창기 컴퓨터 중 일부에서는 유연성을 증가시키기 위해 CPU 안의 회로 연결을 변경할 수 있도록 설계하였다. 이러한 컴퓨터들에서는 전화 연결선을 구멍에 꽂아 전화를 연결하는 구식 전화 교환기와 비슷한 구멍이 있는 판을 사용하여 CPU 회로를 변경하는 방법이 사용되었다.

유연성에 대한 획기적 발전은 데이터와 마찬가지로 프로그램도 주기억장치 안에 인코딩하여 저장시킬 수 있는 기술의 실현으로 마련되었다(흔히 폰노이만(Jon von Neumann)의 공로로 알려져 있는데, 이는 잘못된 것이다). 제어장치가 메모리에서 프로그램을 가져와서 명령을 해석하고 실행하도록 설계된다면, 제어장치 회로를 변경하는 대신 컴퓨터 메모리의 내용을 변경하는 것만으로 컴퓨터가 수행할 프로그램을 변경할 수 있게 된다.

컴퓨터 프로그램을 주기억장치 안에 저장하자는 생각은 **프로그램 내장 개념(stored-program concept)**으로 불리며, 오늘날에는 너무나도 당연한 표준 방식이 되어 있다. 초창기 컴퓨터 시절 프로그램의 메모리 내장이 어려웠던 것은 모든 사람이 프로그램과 데이터를 다른 것으로만 간주하여, 데이터는 메모리에 저장하지만 프로그램은 CPU의 일부로 생각했기 때문이다. 그 결과 나무는 보되 숲은 보지 못하는 사례가 되어 버린 것이다. 이러한 고정관념을 벗어나기는 쉽지 않으며, 오늘날에도 우리가 인식하지 못하는 사이에 컴퓨터과학은 여러 가지 고정관념에 사로잡혀 있을 수 있다. 실제로 과학자로서의 큰 기쁨은 새로운 통찰로 끊임없이 새로운 이론과 응용을 열어가는 데 있다.

연습문제

1. 컴퓨터의 메모리 셀 내용을 다른 메모리 셀로 옮기기 위해 필요한 작업들을 순서대로 나열하라.
2. 메모리 셀에 값을 저장하기 위해 CPU가 주기억장치 회로에 제공해야 하는 정보는 무엇

인가?

3. 대용량 저장장치, 주기억장치, 범용 레지스터 등은 모두 저장장치이다. 용도 측면에서 이들의 차이는 무엇인가?

2.2 기계어

프로그램 내장 개념을 적용하기 위해 CPU는 비트 패턴으로 인코딩된 명령들을 해석할 수 있도록 설계되어 있다. 인코딩 체계와 명령 집합을 함께 기계어(machine language)라고 부른다. 기계어에서 표현되는 명령은 기계 수준 명령이라고 부르는데, 기계 명령(machine instruction)이라는 용어가 더 자주 사용된다.

명령의 종류

일반 CPU가 해석하고 실행할 수 있어야 하는 필수적인 기계 명령의 개수는 그리 많지 않다. 실제로 잘 선택된 몇 가지 기본 작업만 수행할 수 있다면, 추가적인 기능을 더한다고 해서 컴퓨터의 이론적 계산 능력을 증대시키지는 못한다. 즉, 어느 선을 넘어서서 기능을 추가하는 것은 편의성 측면에서는 도움이 되겠지만 컴퓨터의 기본적인 계산 능력에 추가되는 것은 없다.

컴퓨터 설계에서 이러한 사실을 어떻게 이용하는가에 따라 CPU 구조에 대한 두 가지 철학이 생겨났다. 한쪽은 CPU가 최소의 기계 명령 집합을 실행하도록 설계되어야 한다는 철학이며, 이 방식은 RISC(Reduced Instruction Set Computer)라고 불린다. RISC 구조를 선호하는 쪽의 주장은 이러한 구조의 컴퓨터가 효율적이고 빠르면서도 제작비용 또한 적게 든다는 것이다. 반면 다른 쪽에서는 많은 수의 복잡한 명령들을 실행할 수 있는 CPU를 선호하는데, 다수의 명령이 기능적으로 중복되어도 무방하다고 생각한다. 이 방식의 결과가 CISC(Complex Instruction Set Computer) 구조이다. CISC 구조를 선호하는 쪽의 주장은 CPU가 복잡할수록 오늘날 점차 더욱 복잡해지는 소프트웨어에 더 잘 대처할 수 있다는 것이다. CISC의 경우 강력한 명령들을 풍부하게 갖추고 있으며, RISC 설계라면 여러 개의 명령으로 할 일을 CISC에서는 하나의 명령으로 처리할 수 있어 프로그램하기 쉽다는 것이다.

1990년대에 그리고 21세기에 와서도 상용 CISC 및 RISC 프로세서들은 데스크톱 컴퓨터에서 주도권을 잡기 위해 활발하게 경쟁하였다. PC에서 사용되는 인텔 프로세서들은 CISC 구조의 사례이고, (애플, IBM, 모토롤라 연합에 의해 개발된) PowerPC 프로세서는 RISC 구조의 사례이며 애플 매킨토시에서 사용되었다. 시간이 지나면서 CISC의 제조

실제 발명자는 누구인가?

어떤 발명에 대한 한 명의 공로자를 정하는 작업에는 항상 불확실성이 따른다. 에디슨(Thomas Edison)이 백열등을 발명한 것으로 알려져 있지만, 다른 여러 연구자들도 유사한 전등을 개발하고 있었으며, 어떤 의미에서 에디슨은 운이 좋아 백열등에 대한 특허를 얻었을 뿐이다. 라이트(Wright) 형제는 비행기를 발명한 것으로 알려져 있지만 다른 사람들이 수행한 연구의 결과를 이용하였으며, 어떤 면에서는 15세기에 비행 장비에 대한 아이디어를 가졌던 레오나르도 다빈치(Leonardo da Vinci)가 먼저 발명하였다고 볼 수도 있다. 레오나르도 다빈치의 설계조차도 그보다 앞선 아이디어들에 기초하고 있음은 명백하다. 물론 이들 경우는 그나마 지정된 발명자가 공로에 합당한 자격을 갖춘 경우이다. 경우에 따라서는 공로가 부적절하게 돌아간 경우도 있는데, 프로그램 내장 개념의 경우가 한 예이다. 폰노이만(John von Neumann)이 다양한 기여에 대해 공로를 인정받을 자격이 있는 훌륭한 학자라는 사실에는 의심할 여지가 없다. 그러나 폰노이만의 공으로 알려져 있는 프로그램 내장 개념은 실은 펜실베이니아대학 무어전기공학부에서 에커트(J. Presper Eckert)가 이끈 연구자들이 개발한 것이 분명하다. 폰노이만이 한 일은 단지 그 아이디어에 대한 보고서를 먼저 출판한 것이며, 그러한 이유로 컴퓨터 분야에서 폰노이만이 발명자인 것으로 전해 내려오고 있는 것이다.

비용은 크게 낮아졌으며, 따라서 인텔 프로세서가 (혹은 AMD(Advanced Micro Devices, Inc.)에서 제공하는 유사품이) 현재 거의 모든 데스크톱 컴퓨터나 노트북컴퓨터에서 사용되고 있다(심지어 애플도 인텔 제품 기반의 컴퓨터를 생산하고 있음).

CISC가 데스크톱 컴퓨터 시장을 차지하였지만 전력을 많이 사용한다는 단점이 있다. 반면에 ARM(Advanced RISC Machine)이라는 회사에서는 저전력 용도에 적합한 RISC 구조를 설계하였다. (ARM은 원래 Acorn Computers라는 이름을 사용하였지만 지금은 ARM Holdings라는 이름을 사용한다.) 따라서 퀄컴이나 텍사스인스트러먼츠 등을 포함하는 여러 회사들에서 제작되는 ARM 기반 프로세서들은 게임제어기, 디지털 TV, 내비게이션 장치, 자동차 모듈, 스마트폰, 기타 전자제품 등에서 많이 사용되고 있다.

RISC 구조이든 CISC 구조이든, 기계 명령들은 데이터 전송 그룹, 연산 그룹, 제어 그룹 등의 세 그룹으로 분류할 수 있다.

데이터 전송(data transfer) 데이터 전송 그룹은 데이터를 한 장소에서 다른 장소로 옮길 것을 요청하는 명령들로 구성된다. 그림 2.2의 단계 1, 2, 4 등은 이 범주에 속한다. 여기에서 사용되는 전송(*transfer*) 또는 이동(*move*)이라는 용어는 실제 정확한 표현은 아니다. 옮겨지는 데이터가 원래 장소에서 지워지는 일은 드물며, 전송 명령 과정은 옮긴다기보다는 복사라고 해야 맞다. 따라서 복사(*copy*) 또는 복제(*clone*) 등의 용어가 데이터 전송 명령 그룹의 동작에 더 맞는 표현이다.

그리고 CPU와 주기억장치 사이의 데이터 전송을 가리킬 때는 특별한 용어들이 사용된다. 메모리 셀에 들어 있던 내용을 범용 레지스터에 옮기라는 요청을 가리키는 명령은 보

가변 길이 명령

설명의 편의를 위해 이 장의 예제들에 사용되는 (부록 C의) 기계어는 모든 명령에 대해 두 바이트의 고정된 크기를 사용하고 있다. 이 경우 명령을 메모리에서 가져오기 위해 CPU는 항상 두 개의 연속된 메모리 셀의 내용을 읽어오며, 프로그램 카운터를 2만큼 증가시킨다. 이러한 일관성은 명령 가져오기 작업을 단순화시키며, RISC 컴퓨터의 특징이다. 그러나 CISC 컴퓨터에서는 명령들의 길이가 일정하지 않다. 예를 들면, 오늘날의 인텔 프로세서에서는 한 바이트 길이의 명령도 있고, 쓰임새에 따라 길이가 달라지는 다중 바이트 명령들도 존재한다. 이러한 기계어를 갖는 CPU들은 명령의 명령 코드 필드를 보고 읽어 들일 명령의 길이를 결정한다. 즉, 먼저 명령 코드 필드를 가져와서 비트 패턴을 본 다음에야 명령의 나머지 부분을 가져오기 위해 메모리에서 몇 바이트나 더 읽어 와야 하는지 알 수 있다.

통 LOAD라고 불리며, 역으로 레지스터에 들어 있던 내용을 메모리 셀에 옮기라는 요청을 가리키는 명령은 보통 STORE라고 불린다. 그림 2.2에서 단계 1과 2는 LOAD 명령에 해당되며, 단계 4는 STORE 명령에 해당된다.

데이터 전송 범주에서 중요한 명령 그룹은 CPU나 주기억장치가 아닌 프린터, 키보드, 디스플레이 화면, 디스크 장치 등 장치와의 통신을 위한 명령들이다. 이러한 명령들은 컴퓨터의 입출력(Input/Output, I/O) 작업을 다루고, I/O 명령이라고 불리며, 때로 자체적으로 하나의 범주를 형성하는 것으로 간주된다. 반면 2.5절에서는 이러한 I/O 작업이 CPU와 주기억장치 사이의 데이터 전송을 요청하는 것과 동일한 명령들에 의해 어떻게 처리될 수 있는지 설명하고 있다. 따라서 본 교재에서는 I/O 명령들도 데이터 전송 그룹의 일부로 간주할 것이다.

연산(arithmetic/logic) 연산 그룹은 제어장치가 연산장치에 어떤 작업을 하도록 요청하는 명령들로 구성된다. 그림 2.2의 단계 3은 이 범주에 속한다. 이름으로 알 수 있듯이 연산장치는 기본 산술연산 외에 다른 연산들도 수행할 수 있다. 이러한 추가적인 연산에는 1장에서 소개된 부울 연산 AND, OR, XOR 등이 포함된다.

대부분의 연산장치 안에 포함되어 있는 또 다른 연산으로 레지스터의 내용을 그 안에서 오른쪽이나 왼쪽으로 이동하는 연산들이 있다. 이러한 연산들은 SHIFT나 ROTATE로 불리는데, 한쪽 끝에서 레지스터 밖으로 나가는 비트들을 버리는 것이 SHIFT이며, 이러한 비트들을 다른 쪽 끝의 빈자리를 채우기 위해 사용하는 것이 ROTATE이다.

제어(control) 제어 그룹은 데이터를 조작하는 대신 프로그램의 실행을 조종하는 명령들로 구성된다. 아주 단순한 예이기는 하지만, 그림 2.2의 단계 5가 이 범주에 속한다. 이 그룹에는 CPU가 명령 목록상의 다음 명령이 아닌 명령을 실행하도록 조종하기 위해 사용되는 (BRANCH라고도 불리는) JUMP 명령군과 같은 여러 가지 재미있는 명령들을 포

그림 2.3 | 메모리에 저장된 값들에 대한 나눗셈

단계 1. 메모리에서 값 하나를 받아와서 레지스터에 LOAD하라.

단계 2. 메모리에서 또 다른 값 하나를 받아와서 또 다른 레지스터에 LOAD하라.

단계 3. 두 번째 값이 0일 경우, 단계 6으로 점프하라.

단계 4. 첫 번째 레지스터의 내용을 두 번째 레지스터의 내용으로 나누어 얻은 몫을 세 번째 레지스터에 넣어라.

단계 5. 세 번째 레지스터의 내용을 메모리에 STORE하라.

단계 6. 멈춘다.

함한다. JUMP 명령에는 **무조건(unconditional) 점프**와 **조건부(conditional) 점프**의 두 종류가 있다. "단계 5로 건너뛰어라"는 무조건 점프의 예이며, "계산된 값이 0이면 단계 5로 건너뛰어라"는 조건부 점프의 예이다. 차이는 조건부 점프에서는 특정 조건이 만족될 경우에만 "경로 변경"이 일어난다는 것이다. 그림 2.3에서 두 값에 대한 나눗셈 알고리즘을 예로 보여주고 있는데, 알고리즘에서 단계 3은 분모가 0이 될 가능성을 피하기 위한 조건부 점프이다.

Vole: 가상적인 기계어

이제 일반 컴퓨터에서 명령들이 어떻게 인코딩되는지 살펴보자. 여기에서 설명을 위해 사용할 컴퓨터는 Vole이라고 부를 텐데, 그 내용은 부록 C에 기술되어 있고 그림 2.4에 요약되어 있다. 이 가상의 컴퓨터 Vole은 16개의 범용 레지스터와 256개의 주기억장치 셀

그림 2.4 | 부록 C의 컴퓨터 구조

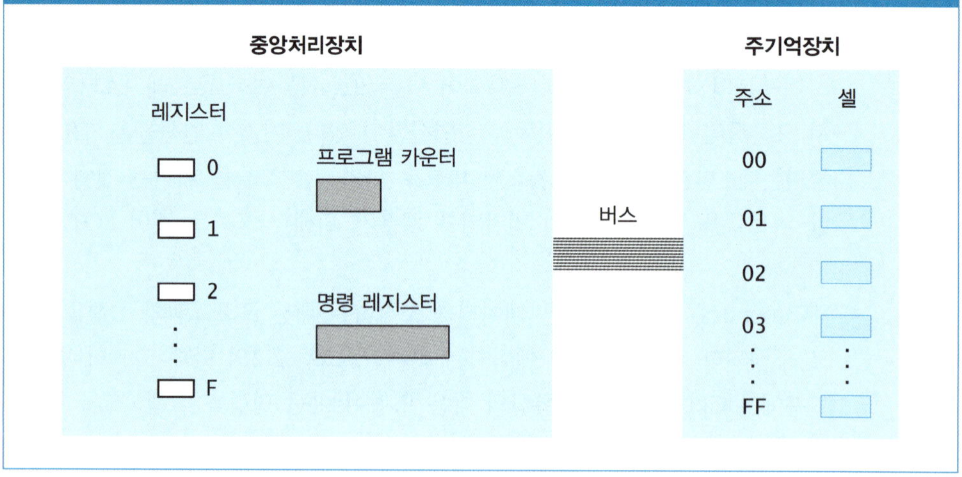

그림 2.5 | 부록 C의 컴퓨터를 위한 명령의 구성

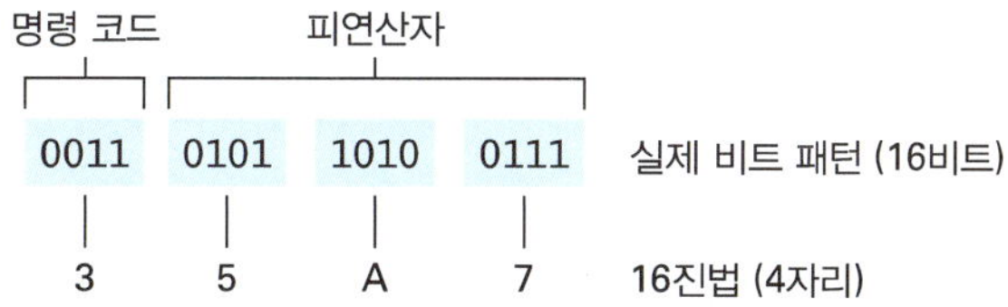

을 가지고 있으며, 각 셀의 용량은 8비트이다. 레지스터들에는 참조를 위해 0에서 15까지의 번호가 부여되어 있으며, 메모리 셀들은 0에서 255까지의 주소를 갖는다. 사용하기 편하도록 레지스터 번호와 메모리 주소는 2진수 값으로 표현되며 16진법으로 줄여 쓴다. 즉, 레지스터 번호는 0에서 F까지이며, 메모리 셀 주소는 00에서 FF까지이다.

인코딩된 기계 명령은 **명령 코드**(operation code, 또는 op-code) 필드와 **피연산자**(operand) 필드의 두 부분으로 구성된다. 명령 코드 필드에 나타나는 비트 패턴은 STORE, SHIFT, XOR, JUMP 등등 중에서 어느 기본 명령인지를 나타내며, 피연산자 필드에 나타나는 비트 패턴은 명령 코드가 사용할 정보를 제공한다. 예를 들면, STORE 명령의 경우, 피연산자 필드의 정보는 어느 레지스터가 데이터를 가지고 있는지, 어느 메모리 셀이 데이터를 받을 것인지 등을 나타낸다.

부록 C의 Vole 컴퓨터에서 전체 기계어는 단 12개의 기본 명령으로 구성되어 있다. 이 명령들 각각은 16비트로 인코딩되어, 4자리 16진수로 표현된다(그림 2.5). 각 명령에서 명령 코드 필드는 첫 4비트, 즉, 첫 번째 16진 숫자로 이루어진다. 부록 C에서 이 명령 코드들은 실제로 1에서 C까지의 16진 숫자로 표현되어 있다. 예를 들면, 부록 C의 표에서 16진 숫자 3으로 시작되는 명령은 STORE 명령을 나타내며, 16진 숫자 A로 시작되는 명령은 ROTATE 명령을 나타낸다.

Vole의 각 명령에서 피연산자 필드는 3개의 16진 숫자, 즉, 12비트로 이루어지며, 추가 정보가 필요 없는 HALT 명령을 제외하고는 명령 코드가 지시하는 명령의 내용을 더욱 구체화한다. 그림 2.6의 예를 보면, 명령의 첫 번째 16진 숫자가 (레지스터 내용을 저장하기 위한 명령을 나타내는) 3일 경우, 그 다음 16진 숫자는 어느 레지스터를 저장할지 가리키며, 마지막 두 개의 16진 숫자는 어느 메모리 셀이 데이터를 받을지를 가리킨다. 따라서 35A7이라는 (16진법) 명령은 "5번 레지스터 안의 비트 패턴을 주소가 A7인 메모리 셀에 STORE하라"라는 문장으로 해석된다. (명령 35A7에 해당하는 비트 패턴은 0011010110100111인데, 16진수의 사용으로 표현이 간단해짐을 알 수 있을 것이다.)

명령 35A7은 또한 주기억장치 용량을 2의 멱승으로 표시하는 이유에 대한 예를 보여주고 있다. 여기에서는 명령에서 8비트로 메모리 셀을 지정하기 때문에, 정확히 2^8개의 서로 다른 메모리 셀을 가리킬 수 있다. 따라서 그와 같은 크기를 가지며 0에서 255 사이

그림 2.6 명령 35A7의 해석

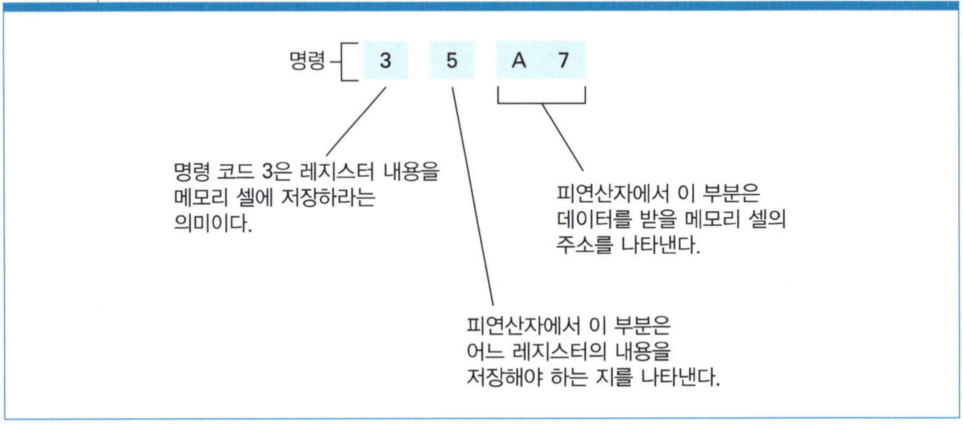

의 주소를 갖는 주기억장치를 만드는 것이 적절할 것이다. 주기억장치가 그 이상의 셀을 갖는다면, 이들을 나타낼 수 있는 명령을 만들 수 없을 것이며, 주기억장치가 그보다 적은 수의 셀을 가진다면 존재하지 않는 셀을 가리키는 명령을 작성할 수 있게 된다.

피연산자 필드가 어떻게 사용되는지에 대한 또 다른 예로서 명령 코드 7이 나타내는 명령을 살펴볼 텐데, 이 명령 코드는 두 개의 레지스터의 내용에 대해 OR을 수행한다. (레지스터에 대한 OR 명령의 자세한 의미에 대해서는 2.4절에서 다룰 것이며, 여기에서는 명령의 인코딩에 대해서만 설명한다.) 이 경우, 그 다음 16진 숫자는 결과를 받을 레지스터를 가리키며, 마지막 두 개의 16진 숫자는 OR 수행의 대상이 되는 두 개의 레지스터들을 가리킨다. 따라서 명령 70C5는 "C번 레지스터와 5번 레지스터의 내용에 대해 OR을 수행하고, 그 결과를 0번 레지스터에 넣어라"라는 문장으로 해석된다.

Vole에는 두 개의 LOAD 명령이 있는데, 이들 사이에는 약간의 차이가 있다. 명령 코드 1은 메모리 셀에 들어 있는 내용으로 레지스터를 채우는 명령을 나타내는 반면, 명령 코드 2는 특정 값으로 레지스터를 채우는 명령을 나타낸다. 차이점은 첫 번째 유형의 명령에서는 피연산자 필드에 주소를 갖는 반면, 두 번째 유형의 명령에서는 피연산자 필드에 레지스터를 채울 실제 비트 패턴을 갖는다는 점이다.

Vole에는 또 2의 보수 표현들에 대한 덧셈과 부동소수점 표현들에 대한 덧셈 등 두 개의 ADD 명령이 있음에 유의하라. 이러한 차이는 연산장치에서 2의 보수로 인코딩된 값들을 표현하는 비트 패턴들에 대한 덧셈과 부동소수점 표기법으로 인코딩된 값들에 대한 덧셈이 서로 다른 동작이기 때문이다. 레지스터나 주기억장치 셀이 저장되는 데이터 타입을 구별하지는 않으며, 2진수 시퀀스를 어떻게 해석할지는 전적으로 그에 적용되는 연산에 의해 정해진다.

그림 2.2의 명령들에 대한 인코딩 버전을 포함하는 그림 2.7을 보이는 것으로 이 절을 맺고자 한다. 여기에서 더해야 할 값들은 메모리 주소 6C와 6D에 2의 보수 표기법으로 저장되어 있으며, 합은 주소가 6E인 메모리 셀에 저장된다고 가정한다.

그림 2.7 그림 2.2의 명령들에 대한 인코딩 버전

인코딩된 명령	해설
156C	주소가 6C인 메모리 셀에 들어 있는 비트 패턴으로 5번 레지스터를 채운다.
166D	주소가 6D인 메모리 셀에 들어 있는 비트 패턴으로 6번 레지스터를 채운다.
5056	5번 레지스터와 6번 레지스터의 내용에 대해 2의 보수 덧셈을 수행하고, 그 결과를 0번 레지스터에 넣는다.
306E	0번 레지스터의 내용을 주소가 6E인 메모리 셀에 저장한다.
C000	멈춘다.

연습문제

1. 이동(move)이라는 용어가 컴퓨터상의 한 장소에서 다른 장소로 데이터를 옮기는 작업에 대해 부정확한 이름으로 간주될 수 있는 이유는 무엇인가?
2. 본문에서, JUMP 명령은 "단계 6으로 점프하라" 등과 같이 JUMP 명령 안에 목적지 이름이나 단계 번호를 명시적으로 표시함으로써 목적지를 나타내는 방식으로 표현되었다. 이러한 기법의 단점은 나중에 명령의 이름이나 번호가 변경될 경우 이를 참조하는 모든 JUMP 명령을 찾아 고쳐주어야 한다는 것이다. 목적지 이름을 명시적으로 표시하지 않는 다른 JUMP 명령 표현 방법을 생각해보라.
3. "0이 0과 같으면, 단계 7로 점프하라"라는 명령은 조건부 점프인가? 무조건 점프인가? 그 이유를 설명하라.
4. 그림 2.7에 있는 예제 프로그램을 실제 비트 패턴으로 표현하라.
5. 다음은 부록 C의 기계어로 작성된 명령들이다. 각 명령의 내용을 그림 2.7에서처럼 말로 설명하라.

   a. 368A　　b. BADE　　c. 803C　　d. 40F4
6. 부록 C의 기계어 명령 15AB와 명령 25AB의 차이는 무엇인가?
7. 아래에 설명되어 있는 명령들을 Vole 컴퓨터 기계어로 작성하라.

   a. 16진수 56을 3번 레지스터에 LOAD하라.

b. 5번 레지스터를 오른쪽으로 3비트만큼 ROTATE하라.

c. A번 레지스터의 내용과 5번 레지스터의 내용에 대해 AND 연산을 수행하고, 그 결과를 0번 레지스터에 넣어라.

2.3 프로그램의 실행

컴퓨터는 필요한 대로 명령들을 메모리에서 CPU로 복사함으로써 메모리에 저장된 프로그램을 따라간다. 일단 CPU로 옮겨진 명령은 해석되고 실행된다. 메모리에서 명령들을 가져오는 순서는 JUMP 명령으로 변경되지 않는 한 메모리에 명령이 저장된 순서와 같다.

전체적인 실행 과정이 어떻게 진행되는지 이해하기 위해 CPU 안의 두 개의 용도 지정 레지스터인 **명령 레지스터(instruction register)**와 **프로그램 카운터(program counter)**를 살펴볼 필요가 있다(그림 2.4 참고). 명령 레지스터는 실행될 명령을 보관하기 위해 사용된다. 프로그램 카운터는 다음에 실행될 명령의 주소를 갖고 있으며, 컴퓨터가 현재 프로그램의 어느 부분에 와있는지 추적하는 수단으로 사용된다.

CPU의 작업은 **기계 주기(machine cycle)**라고 불리는 3단계 과정을 반복함으로써 알고리즘을 실행시키는 것이다. 기계 주기 안의 세 단계는 인출(fetch), 해석(decode), 실행(execute) 등이다(그림 2.8). 인출 단계에서 CPU는 프로그램 카운터가 가리키는 주소에 저장된 명령을 달라고 주기억장치에 요청한다. 부록 C의 컴퓨터에서 각 명령의 길이는

그림 2.8 | 기계 주기

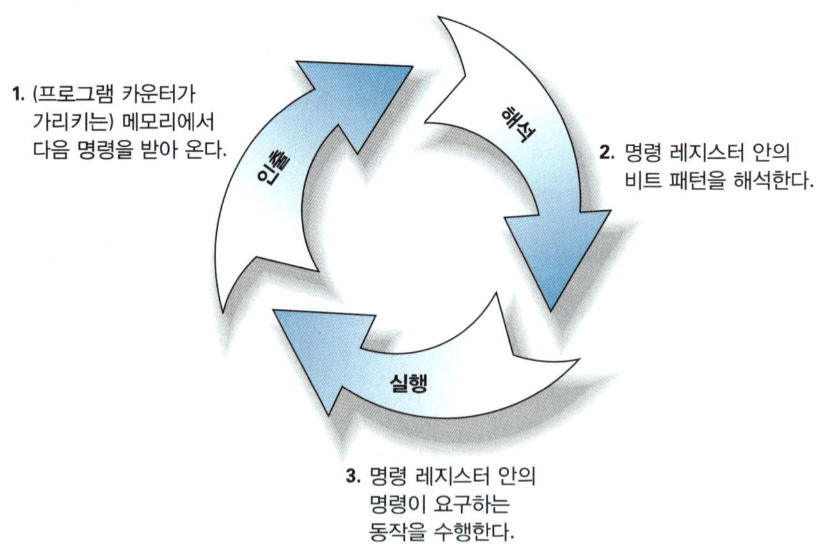

두 바이트이므로, 인출 과정은 주기억장치에서 두 개의 메모리 셀의 내용을 읽어오는 작업을 포함한다. CPU는 메모리에서 받아온 명령을 명령 레지스터 안에 넣은 다음 프로그램 카운터를 2만큼 증가시켜 메모리에 저장된 다음 명령의 주소를 갖게 만든다. 이렇게 해서 프로그램 카운터는 다음 인출을 위한 준비를 갖출 것이다.

이제 명령은 명령 레지스터 안에 있으며, CPU가 명령을 해석하는데, 이에는 명령 코드에 기초하여 피연산자 필드를 적절한 요소들로 나누는 작업이 포함된다.

그 다음에 CPU는 명령이 요청한 작업을 수행하기 위해 적절한 회로를 작동시킴으로써 명령을 실행한다. 예를 들어, 명령이 메모리로부터의 LOAD를 나타낼 경우, CPU는 주기억장치에 적절한 신호들을 보내고, 주기억장치가 데이터를 보내오기를 기다렸다가 받은 데이터를 요청된 레지스터에 넣는다. 산술 연산을 위한 명령의 경우, CPU는 올바른 레지스터를 입력으로 하여 연산장치의 적절한 회로를 작동시키고, 연산장치가 결과를 계산하기를 기다렸다가 계산 결과를 적절한 레지스터에 넣는다.

일단 명령 레지스터 안의 명령이 실행되면, CPU는 다시 인출 단계에서 기계 주기를 시작한다. 바로 앞의 인출 단계 끝에서 프로그램 카운터가 증가되었으므로, 프로그램 카운터가 CPU에 올바른 주소를 제공하게 된다.

JUMP 명령의 실행은 약간 특별한 경우이다. 예를 들어 명령 B258을 살펴보자(그림 2.9). 이 명령이 의미하는 것은 "2번 레지스터의 내용이 0번 레지스터의 내용과 같을 경우, 주소 (16진법으로) 58 위치의 명령으로 점프하라"이다. 이 경우 기계 주기의 실행 단계는 먼저 0번 레지스터와 2번 레지스터를 비교할 것이다. 이들이 서로 다른 비트 패턴을 가지고 있다면, 실행 단계는 종료되고 다음 기계 주기가 시작된다. 그러나 이들 레지스터의 내용이 같다면, 실행 단계에서 컴퓨터는 (16진수) 58을 프로그램 카운터에 넣게 된다. 이 경우, 다음 인출 단계에서 프로그램 카운터 값이 58이므로 그 주소에 있는 명령이 인출되어 실행될 것이다.

그림 2.9 | 명령 B258에 대한 해석

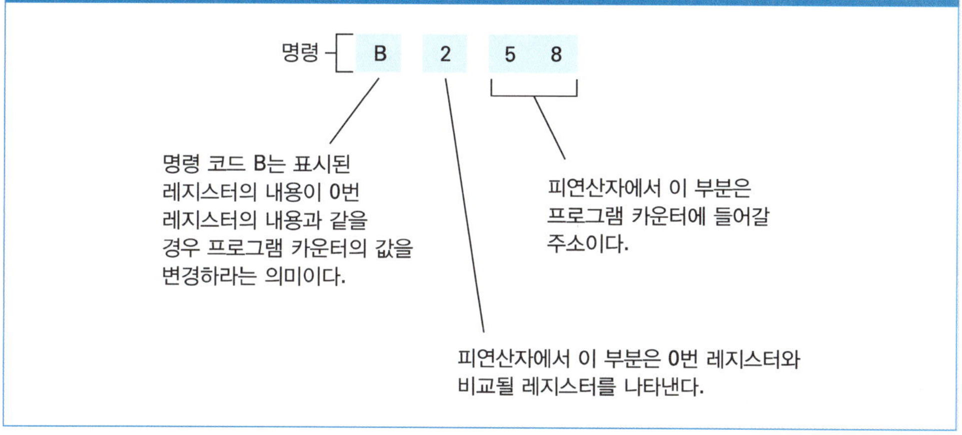

만일 명령이 B058이었을 경우, 프로그램 카운터를 변경해야 할지에 대한 결정은 0번 레지스터의 내용이 0번 레지스터의 내용과 같은지에 기초하게 된다. 그런데 이들은 동일한 레지스터이며, 따라서 항상 같은 내용을 갖는다. 결과적으로 B0XY 형식의 명령은 0번 레지스터의 내용에 상관없이 메모리 주소 XY로 점프가 일어나게 만들 것이다.

프로그램 실행의 예

주기억장치에서 두 개의 값을 가져와서 이들의 합을 계산하고, 결과를 주기억장치 셀에 저장하는 그림 2.7의 프로그램에 적용되는 기계 주기를 따라가 보기로 하자. 먼저 프로그램이 메모리 어디엔가 저장되어야 한다. 여기에서는 (16진법으로) 주소 A0에서 시작하여 연속적 주소 위치에 프로그램이 저장된다고 가정한다. 이렇게 저장된 프로그램을 실행시키기 위해, 프로그램 카운터에 먼저 첫 번째 명령의 주소 A0을 넣고 컴퓨터를 작동시킴으로써 프로그램이 실행되도록 만든다(그림 2.10).

CPU는 주소 A0 위치의 주기억장치에서 명령 156C를 추출하여 명령 레지스터에 넣으면서 기계 주기의 인출 단계를 시작한다(그림 2.11a). 이 컴퓨터에서 명령의 길이는 16비트, 즉, 2바이트 길이를 갖는다. 따라서 인출될 전체 명령은 두 개의 셀, 즉, 주소가 A0인 셀과 A1인 셀을 차지한다. CPU는 이러한 점을 고려하여 두 개의 셀의 내용을 읽고 받아온 비트 패턴들을 16비트 길이의 명령 레지스터에 넣도록 설계되어 있다.

그림 2.10 | 주기억장치에 저장되어 실행 준비된 그림 2.7의 프로그램

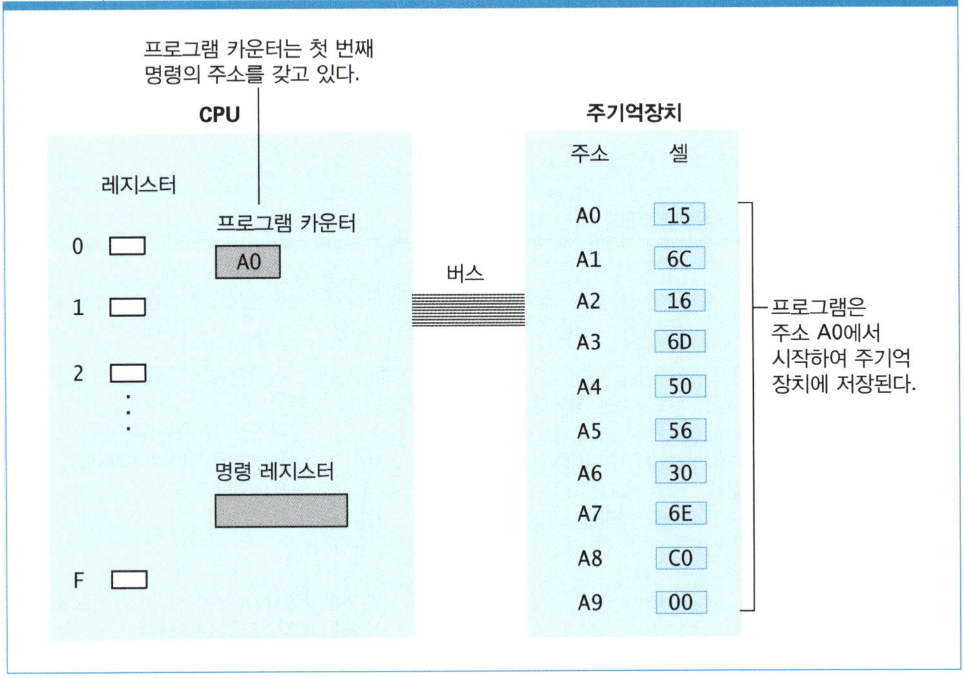

컴퓨터 성능의 비교

PC를 구입할 때, 흔히 클락(clock) 속도로 컴퓨터들을 비교한다. 컴퓨터의 **클락**은 발진기(oscillator)라고 불리는 회로인데, 컴퓨터 동작을 조정하기 위해 사용되는 펄스를 발생시킨다. 발진기 회로가 빠를수록 컴퓨터의 기계 주기 수행이 빨라진다. 클락 속도는 헤르츠(hertz; Hz) 단위로 측정되며, 1 Hz는 초 당 한 번의 기계 주기, 즉, 초 당 한 개의 펄스에 해당한다. 대개의 데스크톱 컴퓨터에서 클락 속도는 수백 MHz에서 수 GHz 사이이다. (MHz는 100만 Hz를 의미하는 megahertz를 줄여 쓴 것이며, GHz는 1000 MHz를 의미하는 gigahertz를 줄여 쓴 것이다.)

유감스럽게도 CPU 설계에 따라 한 클락 주기 동안 수행하는 작업량이 일정하지 않으며, 따라서 클락 속도만으로는 서로 다른 CPU를 사용하는 컴퓨터를 제대로 비교하기 어렵다. 인텔 프로세서 기반의 컴퓨터와 ARM 기반의 컴퓨터를 비교한다면, **벤치마킹**을 통한 성능 비교가 더 유용할 것이다. 벤치마킹이란 동일한 프로그램을 실행하여 서로 다른 컴퓨터들의 성능을 비교하는 절차를 말하며, 이때 비교에 사용되는 프로그램을 **벤치마크**(benchmark)라고 부른다. 다양한 유형의 응용 프로그램을 대표하는 벤치마크들을 잘 선택하면, 다양한 시장을 위한 의미 있는 비교 자료를 얻게 될 것이다.

그림 2.11 | 기계 주기의 인출 단계

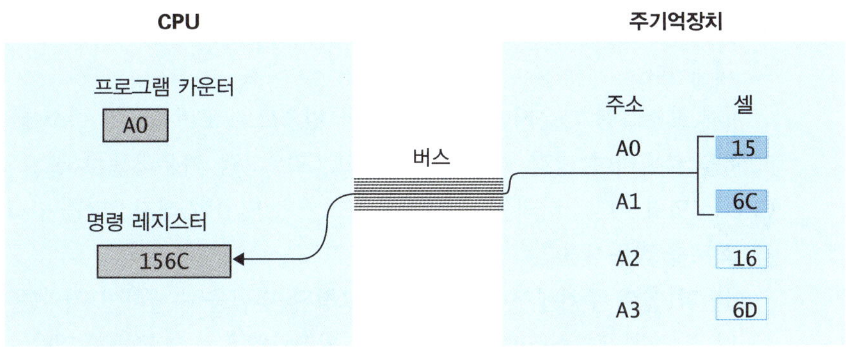

a. 인출 단계를 시작할 때 주소 A0에서 시작되는 명령을 메모리에서 가져와서 명령 레지스터에 넣는다.

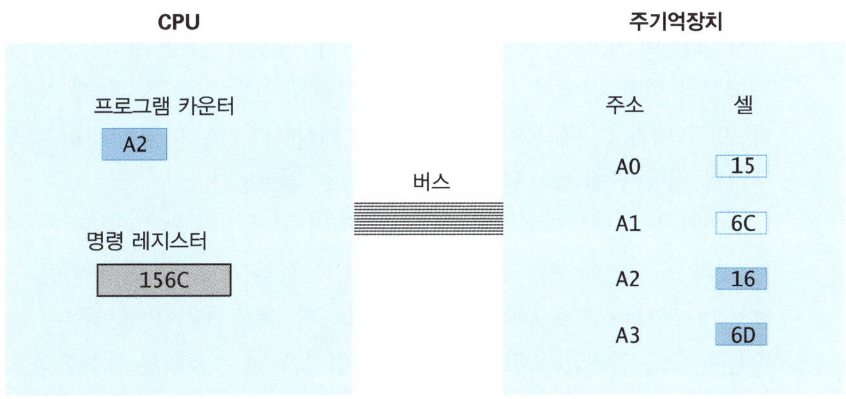

b. 그런 다음 프로그램 카운터가 증가되어 다음 명령을 가리킨다.

그런 다음 CPU는 프로그램 카운터에 2를 더하여 다음 명령의 주소를 갖도록 만든다(그림 2.11b). 첫 번째 기계 주기의 인출 단계가 끝나면, 프로그램 카운터와 명령 레지스터는 다음의 데이터를 갖게 된다.

프로그램 카운터: `A2`
명령 레지스터: `156C`

그 다음에 CPU는 명령 레지스터 안의 명령을 분석하여 주소가 6C인 메모리 셀의 내용을 5번 레지스터에 LOAD하라는 명령으로 해석한다. 이 LOAD 동작은 기계 주기의 실행 단계에서 수행되며, 그런 다음 CPU는 다음 주기를 시작한다.

이 주기는 주소 A2에서 시작하는 두 개의 메모리 셀에서 명령 166D를 읽어오는 것으로 시작된다. CPU는 이 명령을 명령 레지스터에 넣은 다음 프로그램 카운터를 A4로 증가시킨다. 프로그램 카운터와 명령 레지스터는 다음의 값을 갖는다.

프로그램 카운터: `A4`
명령 레지스터: `166D`

이제 CPU는 명령 166D를 분석하여 메모리 주소 6D의 내용을 6번 레지스터에 LOAD하라는 명령으로 해석한다. CPU는 이 명령을 실행하며, 이때 실제로 6번 레지스터에 값이 적재된다.

이제 프로그램 카운터에는 A4가 들어 있으므로, CPU는 이 주소에 위치한 다음 명령 5056을 추출하여 명령 레지스터에 넣고, 프로그램 카운터를 A6으로 증가시킨다. 이제 CPU는 명령 레지스터의 내용을 해석하고, 5번 및 6번 레지스터를 입력으로 2의 보수 덧셈 회로를 작동시킨다.

이번의 실행 주기에서, 연산장치는 요청된 덧셈을 수행하여 결과를 (제어장치의 요청에 따라) 0번 레지스터에 넣고, 실행을 완료하였음을 CPU에 알린다. 그런 다음 CPU는 다음 기계 주기를 시작한다. 다시 프로그램 카운터를 사용하여 메모리 위치 A6에서 시작하는 두 개의 메모리 셀에서 그 다음 명령 306E를 인출하고, 프로그램 카운터를 A8로 증가시킨다. 이 명령을 해석하여 실행시키면, 계산된 합이 메모리 위치 6E에 저장된다.

메모리 위치 A8에서 시작되는 다음 명령을 인출하고, 프로그램 카운터는 AA로 증가된다. 명령 레지스터에 들어 있는 C000을 해석하면 HALT 명령이며, 따라서 컴퓨터는 기계 주기의 실행 단계에서 멈추고, 프로그램은 완료된다.

요약하자면, 메모리에 저장된 프로그램의 실행은 사람이 세부적인 명령 목록을 따라가는 것과 동일한 과정을 포함한다. 사람이 명령들을 수행하면서 명령 수행 위치에 표시를 달듯이, CPU는 프로그램 카운터를 사용하여 수행 위치를 표시한다. 사람이라면 어느 명령을 다음에 실행할지 결정한 다음 그 명령을 읽고 의미를 해석한다. 그런 다음, 요청된 작업을 수행하고 다시 명령 목록으로 돌아가서 그 다음 명령을 찾을 텐데, 이는 CPU가 명령 레지스터 안의 명령을 실행하고 그 다음 인출을 계속하는 것과 같은 방식이다.

프로그램과 데이터

컴퓨터 주기억장치 안에 여러 개의 프로그램이 서로 다른 위치를 차지하면서 동시에 저장될 수 있다. 컴퓨터를 시작하면서 어느 프로그램을 실행할 것인지는 프로그램 카운터를 적절히 설정하는 방법을 사용하여 정할 수 있다.

그러나 데이터 또한 주기억장치 안에 저장되며 0과 1을 사용하여 인코딩되므로, 컴퓨터 자체는 어느 것이 데이터이고 어느 것이 프로그램인지 판단할 방법이 없다. 실행하고자 하는 프로그램 대신 엉뚱하게 데이터가 들어 있는 곳의 주소를 프로그램 카운터에 배정하였다면, 이를 알 리 없는 CPU는 데이터 비트 패턴을 추출하여 명령으로 간주하여 실행하려 할 것이다. 이의 결과는 해당 데이터에 따라 달라질 것이다.

컴퓨터 메모리에서 프로그램과 데이터가 동일한 형태를 갖는 것을 나쁘다고 말하려는 것은 아니다. 사실 이는 한 프로그램이 다른 프로그램을 (때로는 자신을) 데이터처럼 다룰 수 있기 때문에 유용한 특성이다. 예를 들어, 사용 환경과의 상호작용을 통해 스스로 변화하며 학습 능력을 갖춘 프로그램이나 제시된 문제를 해결하기 위한 다른 프로그램을 작성하고 실행시키는 프로그램을 상상해보라.

연습문제

1. Vole 컴퓨터에서 주소 00에서 05까지의 메모리 셀에 다음 표와 같은 (16진법) 비트 패턴들이 들어 있다고 하자.

주소	내용
00	14
01	02
02	34
03	17
04	C0
05	00

프로그램 카운터에 00이 들어 있는 상태에서 컴퓨터를 작동시키면, 컴퓨터가 종료될 때 주소가 16진법으로 17인 메모리 셀에 들어 있게 될 비트 패턴을 구하라.

2. Vole 컴퓨터에서 주소 B0에서 B8까지의 메모리 셀에 다음 표와 같은 (16진법) 비트 패턴들이 들어 있다고 하자.

주소	내용
B0	13
B1	B8
B2	A3
B3	02

B4	33
B5	B8
B6	C0
B7	00
B8	0F

a. 프로그램 카운터가 B0으로 시작할 경우, 첫 번째 명령의 실행 후 3번 레지스터의 비트 패턴은?

b. HALT 명령이 실행될 때 메모리 셀 B8의 비트 패턴은?

3. Vole 컴퓨터에서 주소 A4에서 B1까지의 메모리 셀에 다음 표와 같은 (16진법) 비트 패턴들이 들어 있다고 하자.

주소	내용
A4	20
A5	00
A6	21
A7	03
A8	22
A9	01
AA	B1
AB	B0
AC	50
AD	02
AE	B0
AF	AA
B0	C0
B1	00

다음 질문에 대답할 때, 프로그램 카운터에 A4가 들어 있는 상태에서 컴퓨터 작동이 시작되었다고 가정하라.

a. 주소 AA에 들어 있는 명령을 첫 번째 실행시켰을 때 0번 레지스터의 내용은?

b. 주소 AA에 들어 있는 명령을 두 번째 실행시켰을 때 0번 레지스터의 내용은?

c. 컴퓨터가 종료될 때까지 주소 AA에 들어 있는 명령은 몇 번이나 실행되는가?

4. Vole 컴퓨터에서 주소 F0에서 F9까지의 메모리 셀에 다음 표와 같은 (16진법) 비트 패턴들이 들어 있다고 하자.

주소	내용
F0	20
F1	C0
F2	30
F3	F8

F4	20
F5	00
F6	30
F7	F9
F8	FF
F9	FF

프로그램 카운터에 F0이 들어 있는 상태에서 컴퓨터 작동이 시작될 경우, 주소 F8에 위치한 명령에 도달할 때 컴퓨터는 어떤 일을 하게 될까?

2.4 연산 명령

앞에서 언급하였듯이 연산 명령 그룹은 산술 연산, 논리 연산, 자리 이동 연산 등의 명령들로 구성된다. 이 절에서는 이러한 연산들을 자세히 살펴볼 것이다.

논리 연산

1장에서 AND, OR, XOR(eXclusive OR) 등의 논리 연산을 두 개의 입력 비트를 조합하여 한 개의 출력 비트를 만드는 연산으로 소개한 바 있다. 이러한 연산들은 각 자리에 기본 연산을 적용함으로써 두 개의 비트 열을 조합하여 한 개의 출력 비트 열을 만드는 연산으로 확장될 수 있다. 예를 들면, 패턴 10011010과 11001001에 AND 연산을 적용한 결과는 다음과 같다.

```
    10011010
AND 11001001
    10001000
```

여기에서 각 자리에 있는 두 개의 비트에 AND 연산을 적용한 결과를 각 자리의 아래쪽에 적었을 뿐이다. 마찬가지로, 이들 패턴에 OR 연산과 XOR 연산을 적용한 결과는 다음과 같게 된다.

```
   10011010        10011010
OR 11001001    XOR 11001001
   11011011        01010011
```

AND 연산의 주된 용도 중 하나는 비트 패턴의 나머지 부분을 건드리지 않고 일부만 0으로 만드는 것이다. 실제 이러한 응용의 예는 많다. 한 가지 예를 들면, 1장에서 기술한 RGB 형식으로 표현된 디지털 이미지에서 특정 색상을 필터링하는 경우를 생각할 수 있다. AND 연산의 첫 번째 피연산자가 한 바이트 크기의 00001111일 경우 어떤 일이 일어날지 생각해보자. 두 번째 피연산자의 내용을 모르더라도 연산 결과의 상위 4비트는 0이 될 것임을 알 수 있다. 그리고 연산 결과의 하위 4비트는 아래의 예에서와 같이 두 번째 피연산자의 해당 부분의 복제본과 같을 것이다.

```
    00001111
AND 10101010
    00001010
```

AND 연산을 이렇게 사용하는 것을 보통 마스킹(masking)이라고 한다. 피연산자 중 하나는 마스크(mask)라고 불리며, 다른 피연산자의 어느 부분이 결과에 영향을 미칠지를 결정한다. AND 연산의 경우 마스킹의 결과는 피연산자 중 하나에 대한 부분적인 복제본이 될 것이며, 복제되지 않는 자리는 0들로 채워질 것이다. 이러한 맥락에서의 AND 연산의 명백한 용도 하나는 이미지 안의 픽셀 중 적색 요소에 연계된 비트들을 모두 0으로 마스킹함으로써 청색과 녹색 요소들만 남기는 경우를 생각할 수 있다. 이미지 조작 소프트웨어에서 흔히 이러한 변환 기능이 제공된다.

각 비트가 특정 개체의 존재 여부를 표현하는 비트 열로 이루어진 비트맵(bit map)과 같이 그래픽 외의 응용에서 비트 열을 다룰 때에도 AND 연산이 유용하다. 예를 들면, 각 비트가 한 장씩의 트럼프 카드에 연계되는 52비트로 된 열에서, 손에 든 패 안의 카드들을 나타내는 5개의 비트만 1로 두고 나머지는 모두 0을 배정하여 포커 패의 표현에 사용할 수 있다. 마찬가지로 13비트만 1인 52비트 길이의 비트맵은 브리지 패를 나타내기 위해 사용될 수 있으며, 32비트 길이의 비트맵은 32가지 맛의 아이스크림의 선택에 사용될 수 있다.

메모리 셀 안의 8비트가 비트맵으로 사용된다고 가정하고, 3번째 상위 비트에 연계된 객체가 존재하는지 여부를 알고 싶다고 하자. 이때 필요한 것은 비트맵 바이트 전체와 마스크 00100000에 대한 AND 연산이며, 이 결과로 비트맵의 3번째 상위 비트가 0일 경우에만 모든 비트가 0인 바이트가 만들어진다. 프로그램에서 AND 연산을 수행한 뒤 조건부 점프 명령을 사용함으로써 적절한 동작을 취할 수 있다. 그리고 비트맵에서 3번째 상위 비트가 1일 경우, 다른 비트를 건드리지 않고 그 비트만 0으로 변경하고자 한다면, 비트맵과 마스크 11011111에 대해 AND 연산을 수행한 후 결과를 원래 비트맵 자리에 저장하면 된다.

비트 열을 부분적으로 복제하면서 복제되지 않는 자리는 0들로 채울 때 AND 연산을 사용하는 반면, 비트 열을 부분적으로 복제하면서 복제되지 않는 자리는 1들로 채울 때 OR 연산을 사용할 수 있다. 이 경우에도 마스크를 사용하지만, 이번에는 복제되는 비트 자리에는 0을 사용하고 복제되지 않는 자리에는 1을 사용한다. 예를 들어, 11110000과 어떤 바이트에 대해 OR 연산을 수행할 경우, 연산 결과의 상위 4비트는 1이 되고 나머지 비트들은 아래에 보이고 있듯이 다른 피연산자의 하위 4비트의 복제본과 같을 것이다.

```
   11110000
OR 10101010
   11111010
```

따라서 AND 연산에서 마스크 11011111은 3번째 상위 비트를 0으로 만들 때 사용될 수 있는 반면, 마스크 00100000은 그 자리를 1로 만들기 위해 OR 연산에서 사용될 수 있다.

XOR 연산의 주된 용도는 비트 열의 보수(complement)를 만드는 것이다. 1들로 채워진 마스크와 어떤 바이트에 대해 XOR 연산을 수행하면, 그 바이트에 대한 보수가 만들어진다. 아래 예에서, 두 번째 피연산자와 결과의 관계를 자세히 살펴보라.

```
    11111111
XOR 10101010
    01010101
```

RGB 비트맵 이미지상의 모든 비트들을 변경하기 위해 XOR 연산을 사용할 수 있으며, 이 경우 "역전된" 컬러 이미지를 얻게 되는데, 이는 밝은 색상은 어두운 색상으로 어두운 색상은 밝은 색상으로 바뀔 것이다.

Vole 기계어에서, 명령 코드 7, 8, 9는 각기 논리 연산 OR, AND, XOR을 나타낸다. 각 명령은 지정된 두 개의 레지스터의 내용에 대한 해당 논리 연산을 수행하고 그 결과를 지정된 제3의 레지스터에 넣도록 요청한다. 예를 들면, 명령 7ABC는 B번 레지스터와 C번 레지스터의 내용에 대해 OR 연산을 수행한 결과를 A번 레지스터에 넣도록 요청한다.

회전 및 자리 이동 연산

회전 및 자리 이동 그룹의 명령들은 레지스터 내부에서 비트들을 이동하거나 자리 맞춤 문제를 해결하는 수단으로 이용된다. 이러한 명령들은 (왼쪽 또는 오른쪽인) 이동 방향에 따라, 또는 회전성 여부에 따라 분류된다. 이러한 분류에는 다양한 변형과 여러 가지 용어들이 섞여 있다. 여기에 관여되어 있는 개념들을 살펴보자.

한 바이트 길이의 레지스터가 있다고 하자. 레지스터 안의 비트들을 오른쪽으로 한 비트 이동시키면, 가장 오른쪽 비트가 가장자리에서 밖으로 나가며, 가장 왼쪽 비트 자리에 빈자리가 생긴다. 밖으로 나가는 비트와 빈자리에 어떤 일이 생기느냐가 다양한 자리 이동 명령들을 구분하는 특징이다. 한 가지 처리 방법은 오른쪽 끝에서 밖으로 나가는 비트를 왼쪽 빈자리에 넣는 것이며, 이러한 자리 이동을 **회전식 자리 이동(circular shift)** 또는 **회전(rotation)**이라고 부른다. 따라서 한 바이트 크기의 비트 패턴에 대해 오른쪽 방향 회전식 이동을 8번 반복하면 원래 비트 패턴으로 돌아온다.

또 다른 처리 방법은 가장자리 밖으로 나가는 비트를 버리고 빈자리는 0으로 채우는 것이며, 이러한 명령을 가리키기 위해 **논리적 자리 이동(logical shift)**이라는 용어를 사용한다. 이러한 자리 이동을 왼쪽 방향으로 적용하면, 2의 보수 표현에 2를 곱한 것과 같다.

결과적으로 2진수를 왼쪽으로 자리 이동하는 것은 곱하기 2에 해당하는데, 이것은 10진수의 경우 왼쪽으로 자리 이동하면 곱하기 10에 해당하는 것과 같다. 그리고 나누기 2는 2진 패턴을 왼쪽으로 자리 이동함으로써 달성할 수 있다. 어떤 자리 이동에서든 사용되는 표기법에 따라서 부호 비트에 유의해야 한다. 오른쪽 방향의 자리 이동에서는 흔히 빈자리는 원래 그 자리에 있던 것과 동일한 값으로 채운다. 부호 비트가 변경되지 않도록 처리하는 자리 이동을 때로 **산술적 자리 이동(arithmetic shift)**이라고 부른다.

다양한 자리 이동 및 회전 명령이 존재할 수 있지만, 부록 C의 Vole 기계어에서는 오른쪽 방향 회전식 자리 이동만 포함하고 있으며, 명령 코드로는 A를 사용하고 있다. 이 명령에서 피연산자의 첫 번째 16진 숫자는 회전될 레지스터를 지정하며, 피연산자의 나머지 부분은 회전식 이동할 비트 수를 나타낸다. 따라서 명령 A501은 "5번 레지스터의 내용을 오른쪽으로 1비트 회전하라"를 의미한다. 만일 5번 레지스터가 원래 비트 패턴 65(16진수임)를 가지고 있었다면, 이 명령의 실행 후에는 그 값이 B2가 되어 있을 것이다(그림 2.12). (다른 자리 이동이나 회전 명령은 Vole 기계어 안의 다른 명령들을 조합하여 나타낼 수 있다. 예를 들면, 레지스터의 길이가 8비트이므로, 3비트만큼의 오른쪽 방향 회전식 자리 이동의 결과는 5비트만큼의 왼쪽 방향 회전식 자리 이동의 결과와 동일하다.)

산술 연산

덧셈, 뺄셈, 곱셈, 나눗셈 등의 산술 연산에 대해 이미 언급한 바 있지만, 몇 가지 보충해

그림 2.12 비트 패턴 65(16진수임)에 대한 1비트 오른쪽 방향 회전식 자리 이동

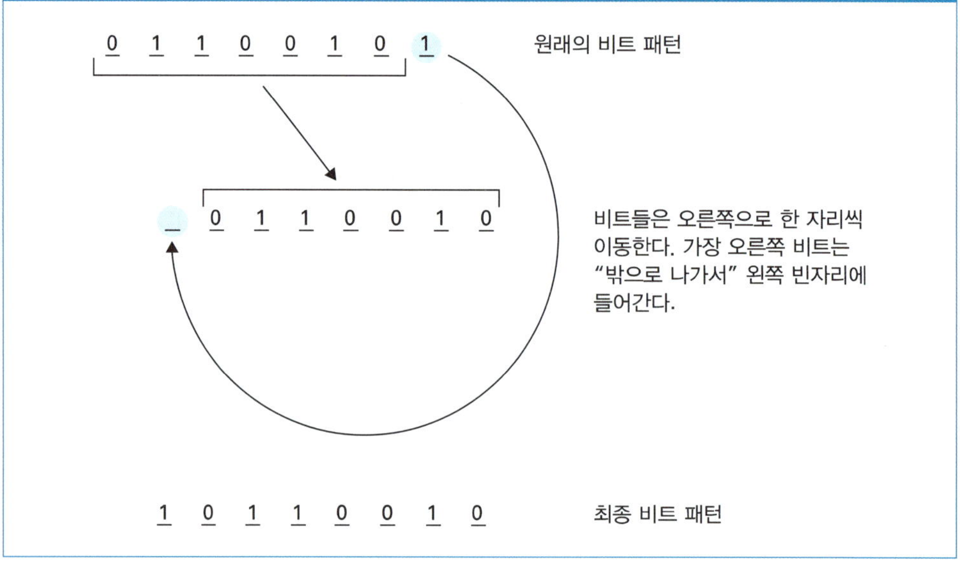

야 할 사항이 남아 있다. 첫째, 뺄셈을 덧셈과 부호 변경(negation)의 조합으로 대체할 수 있음은 이미 앞에서 살펴본 바 있다. 그리고 곱셈은 덧셈의 반복, 나눗셈은 뺄셈의 반복을 사용하여 계산할 수 있다. (6 나누기 2가 3이 되는 것은 6에서 2를 3번 뺄 수 있기 때문이다.) 이러한 이유로 작은 CPU 중에는 덧셈 명령만 갖거나 덧셈 명령과 뺄셈 명령만 갖도록 설계되는 것도 있다.

각 산술 명령에 대한 다양한 변형들도 존재한다. Vole 컴퓨터에서 사용할 수 있는 덧셈 명령과 관련하여 이 점에 대해 이미 언급한 바 있다. 예를 들면, 덧셈의 경우 더할 값들이 2의 보수로 저장되어 있으면 한 자리씩 단순 덧셈으로 전체 덧셈 과정을 수행하면 된다. 그러나 피연산자들이 부동소수점 값으로 저장되어 있을 경우, 덧셈 과정은 각 값의 유효숫자 부분을 추출하고, 지수 필드에 따라 유효숫자를 오른쪽이나 왼쪽으로 자리 이동시키고, 부호를 검사하고, 덧셈을 수행하고, 결과를 부동소수점 표기법에 맞게 표현하는 등의 작업을 수행해야 한다. 따라서 두 명령 모두 덧셈으로 간주되지만, 컴퓨터에서 실제 수행되는 동작은 같지 않다.

연습문제

1. 다음 각 연산을 수행하라.

```
a.      01001011     b.      10000011     c.      11111111
   AND  10101011        AND  11101100        AND  00101101

d.      01001011     e.      10000011     f.      11111111
   OR   10101011        OR   11101100        OR   00101101

g.      01001011     h.      10000011     i.      11111111
   XOR  10101011        XOR  11101100        XOR  00101101
```

2. 한 바이트에서 중앙의 4비트를 건드리지 않고 나머지 4비트에만 0을 넣는 방법으로 중앙의 4비트를 분리하고자 한다. 어떤 연산과 어떤 마스크를 사용해야 하는가?

3. 한 바이트에서 나머지 비트들을 그대로 둔 채로 중앙의 4비트를 보수로 변경하고자 한다. 어떤 연산과 어떤 마스크를 사용해야 하는가?

4. **a.** 어떤 비트 열의 첫 두 비트의 XOR을 계산한 다음, 비트 열의 나머지 부분에 대해 계속하여 각 결과를 그 다음 비트와 XOR 하는 방식으로 진행한다고 하자. 이러한 계산의 최종 결과와 비트 열에 나타나는 1의 개수 사이에는 어떤 관계가 존재하는가?
b. 이 문제는 메시지를 인코딩할 때 패리티 비트의 결정과 어떤 관련이 있는가?

5. 때로 산술 연산 대신 논리 연산을 사용하는 것이 편리할 수도 있다. 예를 들면, 두 비트에 대한 논리 연산 AND는 곱셈과 동일한 결과를 만든다. 두 비트에 대한 덧셈과 가장 가까운 논리 연산은 무엇이며, 이 경우 어떤 문제가 생길 수 있는가?

6. 어떤 논리 연산과 마스크를 사용하면, ASCII 소문자 코드를 대문자 코드로 바꿀 수 있는가? 대문자에서 소문자로 바꿀 경우는?

7. 다음 각 비트 열에 대해 3비트 오른쪽 방향 회전식 자리 이동을 수행한 결과는?
   a. 01101010　　b. 00001111　　c. 01111111

8. 16진수로 표시된 다음 각 바이트에 대해 1비트 왼쪽 방향 회전식 자리 이동을 수행한 결과는? 결과를 16진수로 표현하라.
   a. AB　　b. 5C　　c. B7　　d. 35

9. 8자리 비트 열에 대한 3비트 오른쪽 방향 회전식 자리 이동과 동등한 것은 몇 비트 왼쪽 방향 회전식 자리 이동인가?

10. 2의 보수 표기법으로 저장된 01101010과 11001100의 합을 나타내는 비트 패턴을 구하라. 비트 패턴들이 1장에서 설명한 부동소수점 형식으로 저장된 값을 표현하는 경우이면?

11. 주소가 A7인 메모리 셀에서 나머지 비트는 건드리지 말고 최상위 비트에 1을 넣는 프로그램을 부록 C의 Vole 기계어를 사용하여 작성하라.

12. 메모리 셀 E0의 중앙 4비트의 복제본을 메모리 셀 E1의 최하위 4비트에 넣고, E1 위치의 셀의 최상위 4비트에는 0들을 넣는 프로그램을 Vole 기계어를 사용하여 작성하라.

2.5 다른 장치와의 통신

주기억장치와 CPU는 컴퓨터의 핵심 부분이다. 이 절에서 컴퓨터라는 표현은 이 핵심 부분을 가리킨다. 이 절에서는 이 핵심 부분이 대용량 저장장치, 프린터, 키보드, 마우스, 디스플레이 화면, 디지털 카메라 등의 주변장치나 또는 다른 컴퓨터와 어떻게 통신하는지 살펴본다.

제어기의 역할

컴퓨터와 다른 장치 사이의 통신은 보통 제어기(controller)라고 불리는 중개 장치를 통해 처리된다. PC의 경우, 제어기는 컴퓨터의 마더보드에 고착된 회로일 수도 있고, 유연성을 위해 마더보드상의 슬롯에 끼우는 회로 기판의 형태일 수도 있다. 어느 경우이든, 제어기는 컴퓨터 본체 내부에서 케이블로 주변장치와 연결되거나 외부 장치들이 연결될 수 있는 컴퓨터 본체 뒷면에 포트(port)라고 불리는 연결단자(connector)에 케이블로 연결된다. 때로 이들 제어기는 그 자체로 메모리 회로와 간단한 CPU를 갖는 작은 컴퓨터이며,

제어기 안의 CPU는 제어기 동작을 지시하는 프로그램을 수행한다.

제어기는 컴퓨터의 내부적 특성에 맞는 형식에서 제어기가 부착된 주변장치의 내부적 특성에 맞는 형식으로 또는 그 반대 방향으로 메시지와 데이터를 변환한다. 원래 각 제어기는 특정 유형의 장치에 맞도록 설계되었으며, 새 주변장치를 구입하면 대개 새 제어기도 함께 구입해야 했었다.

컴퓨터 보급이 더욱 확대되고 이용 가능한 주변기기들이 크게 증가함에 따라 하나의 제어기가 여러 종류의 장치들을 처리할 수 있도록 통신 표준들이 발전하였다. 속도가 점차 빨라지고 있는 범용직렬버스(Universal Serial Bus; USB)의 여러 버전들, 고화질 멀티미디어 인터페이스(High Definition Multimedia Interface; HDMI), 디스플레이포트 등은 모두 주변장치를 컴퓨터에 연결하기 위해 널리 채택된 표준의 사례들이다. 하나의 USB 제어기는 컴퓨터와 여러 종류의 USB 호환 장치들 사이의 인터페이스(interface)로 사용될 수 있다(이론적으로는 한 번에 2^7-1, 즉, 127개까지의 장치를 처리할 수 있음). 오늘날 USB 제어기와 통신할 수 있는 장치들에는 마우스, 프린터, 스캐너, 외장 디스크, 플래시 드라이브, 디지털 카메라, 오디오 스피커, 스마트와치, 스마트폰 등이 포함된다.

각 제어기는 컴퓨터의 CPU와 주기억장치를 연결하는 버스에 연결을 만들어 컴퓨터와 통신한다(그림 2.13). 이렇게 연결된 제어기는 CPU와 주기억장치 사이에 전송되는 신호를 감시할 수도 있고 자신의 신호를 버스 상에 올려놓을 수도 있다.

이러한 배치를 이용하여 CPU는 주기억장치와 통신할 때와 동일한 방식으로 버스에 연결된 제어기들과 통신할 수 있다. 제어기에 어떤 비트 패턴을 전송하기 위해서는 먼저 CPU의 범용 레지스터 중 하나에 그 비트 패턴을 넣는다. 그런 다음 레지스터에 저장된 비트 패턴을 제어기 안에 "저장"하도록 CPU가 STORE 명령과 유사한 명령을 실행한다.

그림 2.13 | 컴퓨터의 버스에 연결된 제어기들

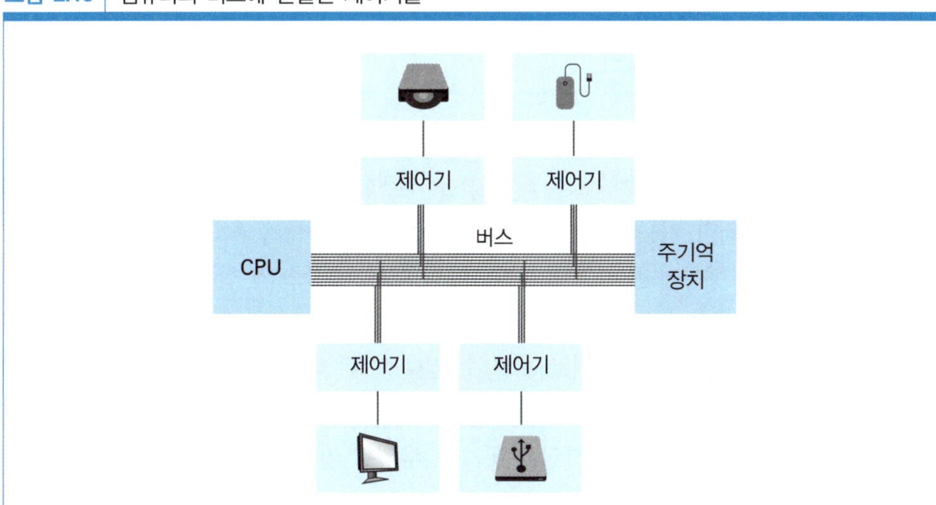

그림 2.14 | 메모리-사상 I/O의 개념적 표현

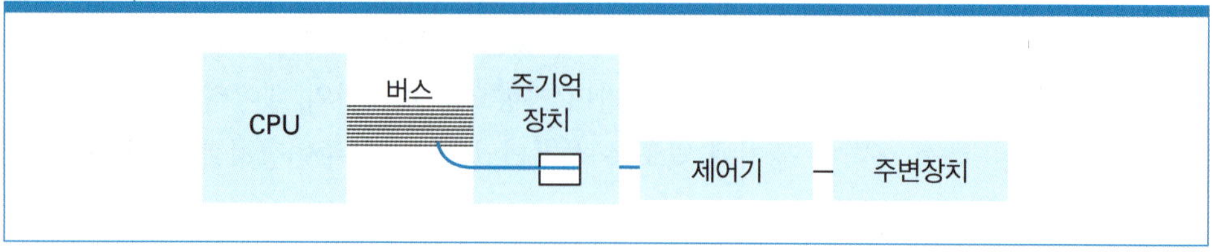

마찬가지로 제어기로부터 비트 패턴을 받을 경우에도 LOAD 명령과 유사한 명령이 사용된다.

컴퓨터 설계에 따라서는 제어기로 오가는 데이터 전송에 주기억장치와의 통신을 위해 이미 포함되어 있는 LOAD 및 STORE 명령 코드를 사용하기도 한다. 이 경우, 각 제어기는 주기억장치에서는 무시하도록 되어 있는 특정 주소들에 반응하도록 설계된다. 따라서 CPU가 어떤 제어기에 지정된 메모리 주소에 비트 패턴을 저장하기 위해 버스 상에 메시지를 보내면, 이 비트 패턴은 실제로 주기억장치가 아니라 해당 제어기 안에 "저장"된다. 마찬가지로 CPU가 그러한 메모리 주소에서 데이터를 읽으려 시도하면, CPU는 메모리가 아니라 제어기로부터 비트 패턴을 받게 될 것이다. CPU에게는 컴퓨터의 입출력 장치들이 각기 다른 메모리 위치에 나타나는 것처럼 보인다고 해서, 이러한 통신 방식을 **메모리-사상 I/O(memory-mapped I/O)**라고 부른다(그림 2.14).

메모리-사상 I/O 외의 또 다른 통신 방식 하나는 제어기를 오가는 전송을 지시하기 위해 기계어에 특별한 명령 코드를 두는 것이다. 이러한 명령 코드를 갖는 명령을 I/O 명령이라고 부른다. 예를 들어 Vole에서 이 방식을 따른다면, "5번 레지스터의 내용을 비트 패턴 A3이 나타내는 제어기에 STORE하라"를 의미하는 F5A3과 같은 명령을 포함하고 있을 것이다.

직접 메모리 접근

제어기는 컴퓨터의 버스에 연결되어 있기 때문에, CPU가 버스를 사용하지 않는 사이에 제어기 자체로 주기억장치와 통신을 수행할 수 있다. 제어기가 주기억장치에 접근할 수 있는 이러한 기능을 **직접 메모리 접근(Direct Memory Access; DMA)**이라고 부르며, 컴퓨터 성능 향상에 큰 도움이 된다. 예를 들면, 디스크의 한 섹터에서 데이터를 읽어 올 때, CPU는 제어기가 그 섹터를 읽어 주기억장치의 지정 장소에 저장하도록 비트 패턴들로 인코딩된 요청을 제어기로 보낼 수 있다. 그런 다음 제어기가 읽기 작업을 수행하여 DMA를 통해 데이터를 주기억장치에 저장시키는 동안 CPU는 다른 작업으로 진행할 수 있다. 이렇게 하면 두 가지 작업이 동시에 수행될 것이다. 즉, CPU는 프로그램을 실행시키고, 제어기는 디스크와 주기억장치 사이의 데이터 전송을 담당할 것이다. 이러한 방식으로 상대적으로 느린 데이터 전송 동안 CPU 계산 자원의 낭비를 피할 수 있게 된다.

DMA의 사용에는 컴퓨터의 버스 상에서 일어나는 통신을 복잡하게 만드는 부정적 효과도 있다. 비트 패턴들이 CPU와 주기억장치 사이, CPU와 각 제어기 사이, 각 제어기와 주기억장치 사이 등에서 이동해야 한다. 버스 상에서 이 모든 활동을 조정할 수 있도록 설계하는 것은 복잡한 문제이다. 아무리 설계를 잘 하더라도, CPU와 제어기가 버스 사용권을 두고 경쟁하면서 중앙의 버스가 정체 현상의 원인이 될 수 있다. 이러한 정체 현상은 **폰노이만 병목 현상(von Neumann bottleneck)**으로 알려져 있는데, 이는 바탕이 되는 **폰노이만 구조(von Neumann architecture)**에서 CPU가 메모리에서 명령들을 인출해올 때 중앙 버스를 사용하기 때문이다.

핸드셰이킹

두 개의 컴퓨터 구성요소 사이에서의 데이터 전송이 어느 한 방향으로만 일어나는 경우는 드물다. 프린터의 경우 데이터를 받기만하는 장치로 생각하기 쉽지만, 실제로 프린터도 컴퓨터에 데이터를 보낸다. 컴퓨터는 프린터가 인쇄하는 것보다 훨씬 빠른 속도로 문자들을 만들어 프린터에 전송한다. 컴퓨터가 무작정 프린터에 데이터를 전송할 경우, 프린터는 뒤처지게 되어 데이터를 잃게 된다. 따라서 문서 인쇄와 같은 과정은 **핸드셰이킹(handshaking)**이라는 지속적인 양방향 대화를 사용하게 되는데, 이를 통해 컴퓨터와 주변장치가 장치의 상태에 관한 정보를 교환하고 서로의 활동을 조정한다.

핸드셰이킹은 때로 **상태 단어(status word)**를 이용하는데, 이것은 주변장치에서 만들어져 제어기로 전송되는 비트 패턴이다. 상태 단어는 비트들로 장치의 여러 가지 상태를 반영하는 비트맵이라고 볼 수 있다. 예를 들면, 프린터의 경우 상태 단어의 최하위 비트는 프린터 용지가 떨어졌음을 나타내고, 그 다음 비트는 프린터가 추가적인 데이터를 받을 준비가 되어 있음을 나타내기 위해 사용될 수 있다. 또 다른 비트는 용지 낌 현상이 발생하였음을 나타낼 수 있다. 시스템에 따라 제어기가 이러한 상태 정보를 자체적으로 처리할 수도 있고, CPU에게 정보를 넘길 수도 있다. 어느 경우이든, 상태 단어는 주변장치와의 통신을 조정할 수 있는 메커니즘을 제공한다.

많이 쓰이는 통신 매체

컴퓨터의 장치들 사이의 통신을 처리하는 경로에는 병렬(parallel)과 직렬(serial)의 두 가지 유형이 있다. 이 용어들은 상대방에 신호를 전달하는 방식을 나타낸다. **병렬 통신(parallel communication)**의 경우 여러 개의 신호가 각기 다른 회선을 이용하여 동시에 전송된다. 이 방식은 데이터를 빨리 전송할 수 있지만, 상대적으로 복잡한 통신 경로를 요한다. 병렬 통신의 예에는 컴퓨터의 내부 버스가 포함되는데, 내부 버스는 큰 데이터 블록과 다른 신호를 동시에 전송하기 위해 사용된다.

이와는 대조적으로 **직렬 통신**(serial communication)은 한 회선 상에서 한 번에 한 개씩 신호를 전송한다. 따라서 직렬 통신은 병렬 통신에 비해 단순한 회로를 요하며, 이것이 직렬 통신이 널리 사용되는 이유이다. 수 미터 정도의 짧은 거리에서 비교적 고속의 데이터 전송을 제공하는 USB와 파이어와이어는 직렬 통신 방식의 예이다. 통신 거리가 좀 더 긴 가정이나 회사 안에서는 이더넷(Ethernet) 연결(4.1절)을 사용하는 유선 통신이나 또는 무선 통신 방식의 직렬 통신이 널리 이용되고 있다.

더욱 먼 거리의 통신을 위해서는 수십 년 동안 일반 전화 회선이 대부분의 PC 환경에 이용되어 왔다. 음성 신호를 하나씩 전송하는 단일 회선을 사용하는 이러한 통신 경로는 본질적으로 직렬 방식이다. 전화 회선 상에서의 디지털 데이터 전송은 먼저 **모뎀**(modem, modulator-demodulator의 줄임말)을 사용하여 비트 패턴들을 음성 신호로 변환하고, 음성 신호를 전화 시스템을 통해 전송하고, 목적지 쪽의 모뎀으로 다시 음성 신호를 비트들로 변환함으로써 이루어진다.

보다 빠른 장거리 통신을 위해, 전화회사들은 **디지털 가입자 회선**(Digital Subscriber Line, DSL)으로 알려져 있는 서비스를 제공하는데, 이 서비스는 기존 전화 회선이 일반 음성 통신에서 사용하는 것보다 넓은 주파수 범위를 처리할 수 있다는 사실을 이용하고 있다. 정확히 말하자면, DSL은 낮은 주파수 대역은 음성 통신에 사용하고 음성 신호 전송에 사용하지 않는 높은 주파수 대역을 디지털 데이터 전송에 사용한다. 비록 DSL은 대단한 성공을 거두었지만, 전화회사들은 전통적인 전화선보다 디지털 통신을 더 잘 지원하는 광섬유 회선들로 빠르게 시스템을 업그레이드 하고 있다.

DSL과 경쟁하고 있는 기술 중 하나는 **케이블 모뎀**(cable modem)인데, 케이블 모뎀은 케이블 TV 시스템에서 전송되는 비트 패턴을 변조하거나 복조한다. 케이블 사업자들은 HDTV 신호와 컴퓨터 네트워크 접속을 제공하기 위해 광섬유나 동축 케이블을 이용한다.

고속 전화망 또는 케이블 TV 네트워크를 이용하기 어려운 벽지의 경우 컴퓨터 네트워크 접속을 위해 고주파 무선 방송 방식을 이용하는 위성 링크가 사용되기도 한다.

통신 속도

컴퓨터 구성요소 사이의 비트들이 전송되는 속도는 **초 당 비트 수**(bits per second, bps)로 측정된다. 보편적으로 사용되는 단위에는 Kbps(kilo-bps, 1000 bps), Mbps(mega-bps, 100만 bps), Gbps(giga-bps, 10억 bps) 등이 있다. (비트와 바이트의 차이에 유의하라. 즉, 8 Kbps가 초 당 1 KB에 해당한다. 소문자 b는 주로 비트를 나타내고, 대문자 B는 주로 바이트를 나타낸다.)

짧은 거리의 통신에서 USB 3.0과 썬더볼트(Thunderbolt)는 수 Gbps의 전송속도를 제공하는데, 이 정도면 대부분의 멀티미디어 응용 분야에서도 충분하다. 이러한 전송속도

다중 코어 CPU

기술이 발전하여 하나의 실리콘 칩(chip)에 점점 더 많은 회로를 배치할 수 있게 되면서, 컴퓨터의 구성요소들 사이의 물리적 구분이 사라져가고 있다. 예를 들면, 한 개의 칩 안에 CPU와 주기억장치를 포함시킬 수도 있다. 이것이 "단일 칩 시스템(system-on-a-chip)" 방식의 한 예이며, 전체 시스템을 하나의 장치로 만들어 상위 계층의 설계에서 추상적 도구로 사용할 수 있도록 하는 것이 목표이다. 또 다른 예에는 하나의 장치 안에 같은 회로 여러 개를 배치하는 것이다. 여러 개의 독립적인 게이트나 플립플롭을 포함하는 칩이 후자의 시초이다. 오늘날의 최신 기술로는 둘 이상의 CPU를 하나의 칩에 배치할 수 있게 되었으며, 이것이 다중 코어(multi-core) CPU로 알려진 장치의 하부 구조이다. 다중 코어 CPU는 하나의 칩에 들어 있는 두 개 이상의 CPU와 이들이 공유하는 캐시 메모리로 구성된다. 이러한 장치는 MIMD 시스템의 제작을 쉽게 해주며, 가정용 컴퓨터에서도 쉽게 이용할 수 있도록 제공되고 있다.

와 편의성 및 낮은 비용 등으로 인해 이들이 프린터, 외장 디스크 드라이브, 카메라 등의 주변장치와 가정용 컴퓨터 사이의 통신에 널리 사용된다.

여러 개의 데이터를 섞어서 번갈아 인코딩하는 방법으로 하나의 통신 경로를 여러 개의 경로인 것처럼 사용하는 방식을 **다중화(multiplexing)**라고 한다. 이러한 다중화와 데이터 압축 기술을 사용함으로써, 일반 전화 시스템에서 57.6 Kbps 정도의 전송속도를 지원할 수 있는데, 이는 넷플릭스, 유튜브 등의 사이트가 제공하는 HD급 비디오 스트리밍과 같은 오늘날의 멀티미디어 및 인터넷 응용에는 충분하지 않다. MP3 음악 파일을 재생하려면 64 Kbps 정도의 전송속도가 필요하며, 낮은 품질의 비디오 클립이라도 재생하려면 Mbps 단위의 전송속도가 필요하다. 이것이 Mbps 단위의 전송속도를 제공하는 DSL, 케이블, 위성 링크 등이 일반 음성전화 시스템을 대체한 이유이다.

개별 환경에서 제공될 수 있는 최대 전송속도는 통신 경로의 유형과 그 구현에 사용된 기술에 따라 달라진다. 최대 전송속도는 통신 경로의 **대역폭(bandwidth)**이라고 표현되는데, 엄밀히는 대역폭이라는 용어는 전송속도보다는 용량을 나타내는 의미가 담겨있다. 즉, 어떤 통신 경로가 높은 대역폭을 갖는다거나 **초고속통신(broadband)** 서비스를 제공한다는 것은 통신 경로가 높은 속도로 비트들을 전송할 수 있을 뿐 아니라 대량의 정보를 동시에 전송할 수 있는 용량을 가지고 있음을 의미한다.

연습문제

1. Vole 컴퓨터가 메모리-사상 I/O를 사용하며, 주소 B5가 인쇄할 데이터를 보낼 프린터 포트라고 가정하자.
   a. 7번 레지스터가 문자 A를 위한 ASCII 코드를 갖고 있을 경우, 이 문자를 프린터로 인쇄하기 위한 Vole 기계어 명령은?

b. 컴퓨터가 초 당 100만 개의 명령을 실행할 경우, 1초에 몇 번이나 이 문자를 프린터로 전송할 수 있는가?
c. 프린터가 분 당 5페이지를 인쇄할 수 있을 때, (b)에서의 문자 전송 속도를 따라갈 수 있는가?

2. PC 상의 하드디스크가 분 당 3000번 회전하며, 각 트랙은 16개의 섹터를 포함하고, 각 섹터는 1024바이트를 포함한다고 가정하자. 제어기가 회전하는 디스크에서 읽어 들인 비트들을 바로 받을 수 있으려면, 디스크 드라이브와 디스크 제어기 사이에서 통신 속도는 얼마가 되어야 하나?

3. 16비트 유니코드 문자로 인코딩된 300쪽 분량의 소설을 54 Mbps의 전송속도로 전송하려면 얼마의 시간이 걸릴지 계산하라.

2.6 데이터 조작에 관한 프로그래밍

파이썬과 같은 컴퓨터 프로그래밍 언어가 갖추어야 할 필수적인 기능 중 하나는 낮은 수준의 기계적인 동작 세부사항들을 사용자로부터 감추어주는 것이다. 컴퓨터 프로세서 수준에서 데이터 조작이 어떻게 처리되는지 살펴본 이 시점에서 파이썬 스크립트 프로그래머가 염려하지 않아도 좋을 주요 세부사항들을 복습의 의미에서 살펴보도록 한다.

6장에서 자세히 살펴보겠지만, 고급 프로그래밍 언어 문장들을 실행시키기 위해서는 먼저 낮은 수준의 기계어 명령들에 대응되어야 한다. 문장의 복잡도나 기계어의 효율성 수준에 따라 하나의 파이썬 문장이 하나의 기계어 명령에 대응될 수도 있고 수십 개 이상의 기계어 명령에 대응될 수도 있다. 각기 다른 파이썬 언어 인터프리터의 구현과 컴퓨터 운영체제의 요소들에 따라 개별 컴퓨터 프로세서를 위한 대응 작업은 다르게 처리되겠지만, 파이썬 프로그래머들이 자신의 파이썬 스크립트가 RISC 프로세서에서 실행되는지 CISC 프로세서에서 실행되는지 신경 쓸 필요는 없다.

여러 파이썬 연산들은 일반 컴퓨터의 기본 기계어 명령들이나 부록 C의 Vole 기계어 명령들에 긴밀하게 대응되고 있다. 파이썬 정수들이나 부동소수점 숫자들에 대한 덧셈은 부록 C의 ADD 명령 코드와 유사하다. 변수들에 값을 저장하는 것은 LOAD, STORE, MOVE 등의 명령 코드 조합에 대응될 수 있다. 파이썬은 우리가 어떤 프로세서 레지스터가 사용되는지 염려할 필요가 없도록 해주지만, 파이썬 문장들을 실행하기 위해 기계어 명령 코드들을 이용할 것이다. 명령 레지스터, 프로그램 카운터, 메모리 셀 주소 등을 우리가 볼 수는 없겠지만, 파이썬 스크립트의 문장들은 기계어 프로그램과 마찬가지로 한 문장씩 순서대로 실행될 것이다.

논리 연산과 자리 이동 연산

어떤 종류의 수치 데이터에 대해서도 논리 연산이나 자리 이동 연산이 수행될 수 있지만, 데이터의 개별 비트들에 작용하는 이러한 연산의 예는 2진 값들을 사용하여 보여주는 것이 이해하기 쉬울 것이다. 파이썬에서 16진법 값을 나타내기 위해 접두사 '0x'를 사용하는 것처럼 2진법 값을 나타내기 위해 접두사 '0b'를 사용할 수 있다[5].

```
x    = 0b00110011
mask = 0b00001111
```

이것은 (2진수 110011, 또는 16진수 0x33에 해당하는) 51을 x에 배정하고, (2진수 1111, 또는 16진수 0x0F에 해당하는) 15를 mask에 배정하는 것과 같다. 파이썬 배정문에서 정수 값 표현에 어떤 방식을 사용하는지는 컴퓨터에서 어떻게 표현되는지에 영향을 미치지는 않으며, 단지 사람이 보기에 다를 뿐이다.

2.4절에 기술되어 있는 비트 단위 연산자들 각각에 대응되는 파이썬 연산자들이 존재한다.

```
print(0b00000101 ^ 0b00000100)     # 5 XOR 4, 즉, 1을 출력한다.
print(0b00000101 | 0b00000100)     # 5 OR 4, 즉, 5를 출력한다.
print(0b00000101 & 0b00000100)     # 5 AND 4, 즉, 4를 출력한다.
```

2.4절의 예제들을 파이썬 코드로 표현하면 다음과 같다.

```
                                   #        10011010
print(0b10011010 & 0b11001001)     #    AND 11001001
                                   #        10001000

                                   #        10011010
print(0b10011010 | 0b11001001)     #    OR  11001001
                                   #        11011011

                                   #        10011010
print(0b10011010 ^ 0b11001001)     #    XOR 11001001
                                   #        01010011
```

위의 예제들에 대해 파이썬의 기본 출력 방법은 10진수 표현을 사용하는 것이다. 만일 2진수 표기법 출력을 원한다면, 정수 값을 해당 2진수를 나타내는 0과 1의 열로 변환시켜 주는 내장함수를 이용할 수 있다.

```
print(bin(0b10011010 & 0b11001001))        # "0b10001000"을 출력한다.
```

5) 이러한 구문은 파이썬 언어에 최근 도입된 기능이다. 이러한 예제들을 이용하려면 적어도 파이썬 버전 3 이상을 사용해야 한다.

```
print(bin(0b10011010 | 0b11001001))        # "0b11011011"을 출력한다.
print(bin(0b10011010 ^ 0b11001001))        # "0b1010011"을 출력한다.
```

파이썬의 최근 버전들에서는 숫자 앞부분의 0들을 출력하지 않으며, 따라서 3번 행의 출력에서는 8자리 숫자가 아니라 7자리 숫자가 나타난다.

자리 이동 연산을 위한 파이썬의 연산자는 >>와 <<이며, 각기 다른 자리 이동 방향을 나타낸다. 연산자의 오른쪽에 나타나는 피연산자는 자리 이동할 비트 개수를 나타낸다.

```
print(0b00111100 >> 2)      # "15", 즉, 0b00001111을 출력한다.
print(0b00111100 << 2)      # "240", 즉, 0b11110000을 출력한다.
```

자리 이동 연산자들은 비트 마스크를 왼쪽이나 오른쪽으로 이동시키는 것 외에도 (왼쪽 자리 이동으로) 2의 멱승으로 곱하거나 (오른쪽 자리 이동으로) 2의 멱승으로 나누는 것을 보다 효율적으로 처리하기 위해 사용될 수 있다.

제어 구조

이 장의 앞부분에서 소개한 제어 그룹 소속 기계어 명령들은 프로그램의 한 부분에서 다른 부분으로 점프하기 위한 메커니즘을 제공한다. 파이썬과 같은 고급 언어에서는 이를 이용하여 제어 구조(control structure)라는 구문 패턴을 만드는데, 이를 통해 알고리즘 표현이 훨씬 용이해진다. 제어 구조의 한 예는 스크립트상의 부울 값이 참인지 여부에 따라 특정 코드 부분을 선택적으로 건너뛸 수 있게 해주는 if 문이다.

```
if (water_temp > 140):
  print('Bath water too hot!')
```

위의 파이썬 코드는 water_temp 변수와 정수 값 140을 비교하는 기계어 명령들에 대응될 것이며, 비교 대상 값들은 모두 레지스터에 미리 옮길 것이다. water_temp 값이 140보다 크지 않을 경우, 조건 점프를 통해 내장 함수 print()에 해당하는 기계어 명령들을 건너뛸 것이다.

또 다른 제어 구조로 주어진 조건에 따라 특정 코드 부분을 여러 번 실행하는 루프 구문 while이 있다.

```
while (n < 10):
  print(n)
  n = n + 1
```

변수 n의 처음 값이 10보다 작다고 가정하면, 이 루프는 n을 출력하고 그 값을 1씩 증가시키는 일을 n이 10 이상이 될 때까지 계속할 것이다.

5장 이후에서 위의 제어 구조들과 함께 다른 제어 구조들에 대해서도 더욱 자세히 살펴보는 시간을 갖겠지만, 여기에서는 프로그램의 다른 부분으로 점프하여 정해진 작업을 수행한 다음 원래의 위치로 돌아오는 메커니즘에 집중할 것이다.

함수

우리는 이미 산술 연산자나 논리 연산자와는 구문 형식이 다른 내장 파이썬 연산들을 살펴본 바 있다. `print()`, `str()`, `bin()` 등의 연산은 기호 대신 이름을 사용하여 호출되며, 피연산자들을 괄호 안에 포함시킨다.

이들은 모두 함수(function)라는 파이썬 언어 요소의 예이다. 수학에서 함수라는 용어는 "$f(x) = x^2 + 3x + 4$"와 같은 대수적 관계를 기술하기 위해 사용된다. 이러한 함수 정의가 있으면, 이후 "f(5)"와 같은 표현이 f()를 정의하는 식에 매개변수 x가 나타나는 모든 곳에 5라는 값을 대입하는 것을 의미한다. 따라서 $f(5) = 5^2 + 3*5 + 4 = 25 + 15 + 4 = 44$가 된다. 이러한 추상화를 통해 이 식을 되풀이하지 않고도 여러 번 재사용할 수 있다. 프로그래밍 언어상의 함수도 이와 비슷하며, 주어진 매개변수들에 대해 수행될 일련의 연산에 대해 이름을 지정할 수 있게 해준다. 식이나 문장에서 함수가 나타나면 이를 함수 호출(function call)이라고 한다. 함수 호출은 프로그래밍 언어에서 중요한 단축 표현으로 코드의 복잡도를 줄이는 데 기여한다.

위의 예제들에 나타나는 `print()`와 `bin()` 모두 이러한 함수 호출의 예이며, 이들은 파이썬 인터프리터가 주어진 이름의 함수 정의를 실행한 다음 돌아와서 원래의 작업을 계속할 것임을 나타낸다. 함수 호출 구문은 함수 이름 바로 뒤의 괄호 안에 함수 정의를 실행할 때의 매개변수들에 주어질 함수 인수 값(argument value)을 표시하는 형식을 취한다. 이때 여는 괄호와 닫는 괄호를 짝 맞추어주는 일이 중요하며, 파이썬에서 이렇게 괄호를 맞추어주지 않는 것은 초심자들이 저지르기 쉬운 구문 오류이다. 함수를 호출할 때마다 매개변수에 주어질 인수 값을 변경할 수 있으며, 이를 통해 함수 코드의 중복 없이 다른 매개변수에 대해 함수 안의 코드를 재사용할 수 있다.

이후 `print()`에서처럼 파이썬 함수를 지칭할 때마다 괄호를 포함시킬 텐데, 이는 함수를 변수 등과 명확히 구분하기 위함이다.

다양한 형태의 함수가 존재하며, 아래의 `max()` 함수와 같이 어떤 함수들은 둘 이상의 인수를 취하기도 한다.

```
x = 1034
y = 1056
z = 2078
biggest = max(x, y, z)
print(biggest)                  # "2078"을 출력한다.
```

괄호 안에서 인수들 사이에는 콤마가 사용된다. 어떤 함수들은 값을 **리턴(return)** 하는데, 이러한 함수 호출은 대개 복잡한 식의 한 부분으로 나타나거나 배정문의 오른쪽에 나타난다. 이들은 **결과 있는 함수(fruitful function)**라고 하며, 위의 예제에 나타나는 max()나 정수 값을 인수로 받아 0과 1의 열로 이루어진 문자열을 리턴하는 bin() 등은 모두 이에 해당된다. 값을 리턴하지 않는 함수들도 있는데, 이들은 print()의 경우처럼 독립적인 문장으로 나타난다. 값을 리턴하지 않는 함수들은 **void 함수**, 또는 **프로시저(procedure)**라고 불리는데, 파이썬에서는 구문상으로는 이들을 구별하지 않는다. 아래의 예에서 보여주듯이 void 함수의 결과를 변수에 배정하는 것은 파이썬에서 오류로 취급하지는 않지만 무의미한 일이며, 아예 x에 아무 값도 배정하지 않는 것과는 미묘한 차이가 있다.

```
x = print('hello world!')    # x에는 어떤 값도 배정되지 않는다.
```

파이썬의 기본적인 내장 함수는 수십 개 정도이며, 우리가 살펴본 함수들은 모두 이에 속한다. 그러나 파이썬에는 고급 스크립트에서 참조할 수 있는 수많은 함수들의 라이브러리가 존재한다. 파이썬 라이브러리 모듈들은 일반 프로그램들에서 꼭 요구되지는 않지만 필요할 때 호출될 수 있는 많은 유용한 함수들을 포함한다.

```
# 직각삼각형의 빗변을 계산한다.
import math

sideA = 3.0
sideB = 4.0

# 피타고라스 정리를 이용하여 제3의 변을 계산한다.
hypotenuse = math.sqrt(sideA**2 + sideB**2)

print(hypotenuse)
```

위의 예제에서 import 문은 이 스크립트에서 "math"라는 이름의 라이브러리를 참조하고 있음을 파이썬 인터프리터에게 미리 알려주고 있는데, 이 라이브러리는 파이썬이 갖고 있는 표준 라이브러리 모듈 중 하나이다. math 라이브러리 모듈 안에 정의되어 있는 sqrt() 함수는 주어진 인수(이 예제의 경우 sideA**2 + sideB**2)의 제곱근을 알려준다. 라이브러리 함수 호출에는 모듈 이름("math")과 함수 이름("sqrt")이 마침표로 결합되어 나타난다.

파이썬 math 모듈에는 로그함수, 삼각함수, 쌍곡선함수 등의 유용한 수리함수들과 math.pi와 같은 몇 개의 상수가 포함된다.

내장 함수와 라이브러리 모듈 함수 외에도 파이썬은 스크립트에서 자체적으로 함수들을 정의할 수 있는 구문을 제공한다. 이 절의 끝에서 몇 개의 함수를 정의하는 예를 보이고 나중에 오는 장에서 더욱 복잡한 예제를 살펴볼 것이다.

입력과 출력

앞의 여러 예제에서 결과를 출력하기 위해 내장 파이썬 함수 print()를 사용하였다. 많은 프로그래밍 언어들은 프로그래머가 데이터를 컴퓨터 프로세서 안으로 또는 밖으로 이동시키는 작업에 대한 편리한 추상화 도구로서의 입력과 출력을 달성하기 위한 유사한 메커니즘들을 제공한다. 사실 이러한 내장 입출력 기능은 2.5절에서 논의한 바 있는 하드웨어 제어기 및 주변장치와의 통신에 해당한다.

지금까지의 예제들에서는 사용자로부터의 입력을 이용하지 않고 있다. 간단한 사용자 입력을 받아들이기 위해서는 파이썬 내장 함수 input()를 사용하면 된다.

```
echo = input('Please enter a string to echo: ')
print(echo * 3)
```

input() 함수는 선택사항인 인수를 취할 수도 있는데, 이 인수는 입력을 기다릴 때 사용자에게 제시하는 안내 문자열이다. 이 스크립트가 실행될 때 먼저 "Please enter a string to echo: "를 화면에 표시한 후 사용자의 입력을 기다린다. 사용자가 문자들을 입력하고 엔터키를 누르면, 스크립트는 (엔터키는 제외하고) 입력된 문자열을 변수 echo에 배정한다. 스크립트의 두 번째 행은 입력된 문자열을 세 번 반복 출력한다. (앞에서 설명한 바와 같이 * 연산자는 피연산자로 주어지는 문자열을 복제한다.)

이제 입력 방법을 배웠으니 앞의 빗변 계산 스크립트에서 배정문을 통해 고정되어 있는 옆변의 길이들을 사용하는 대신 사용자로부터 입력받을 수 있도록 고쳐보기로 하자.

```
# 직각삼각형의 빗변을 계산한다.
import math

# 옆변의 길이들을 입력받는다.
sideA = input('Length of side A? ')
sideB = input('Length of side B? ')
# 피타고라스 정리를 이용하여 제3의 변을 계산한다.
hypotenuse = math.sqrt(sideA**2 + sideB**2)

print(hypotenuse)
```

이 스크립트가 실행될 때 먼저 "Length of side A? "를 화면에 표시한 후 입력을 기다린다. 사용자가 "3"을 입력하고 엔터키를 누르면, 스크립트는 다시 안내문 "Length of side B? "를 화면에 표시한 후 입력을 기다린다. 이제 사용자가 "4"를 입력하고 엔터키를 눌렀다고 하자. 이 시점에서 파이썬 인터프리터는 스크립트의 실행을 중단하고 다음의 내용을 출력할 것이다.

```
hypotenuse = math.sqrt(sideA**2 + sideB**2)
TypeError: unsupported operand type(s) for ** or pow(): 'str' and
'int'
```

위와 같은 유형의 오류는 파이썬과 같은 동적 타입 언어에서 쉽게 발생할 수 있다. 이전 버전의 스크립트에서는 아무 문제가 없었는데, 사용자로부터 입력받은 값을 사용할 때 오류가 발생하였다. 이는 새로운 스크립트에서 변수 sideA는 정수가 아니라 문자열을 나타내고 있기 때문에 파이썬에서 이 변수에 대한 제곱을 계산할 수 없다는 사실을 반영하는 일종의 타입오류(TypeError)에 해당된다. 이 오류의 근원은 빗변 계산을 나타내는 행에 있기보다는 input()으로부터 sideA와 sideB의 값을 받는 데 있다. 파이썬 인터프리터는 문제를 일으키는 행을 찾으려고 노력했지만 실제 원인은 더 앞쪽에 있는 행에 있으며, 이러한 오류 위치 착오 현상은 프로그래밍 언어들에서 흔히 나타난다.

위의 문자열 반복 코드에서는 echo에 배정되는 값이 사용자가 입력한 문자열이라는 것을 명백히 알 수 있다. 빗변 계산 프로그램에서도 input() 함수의 동작은 동일하며, 이는 정수 값을 입력하려는 프로그래머의 의도와 상치된다. 문자열 “4”를 나타내는 ASCII 또는 UTF-8 표현은 정수 4에 대한 2의 보수 표현과는 다르며, 파이썬 스크립트는 정수 계산으로 진행하기에 앞서 문자열 표현을 2의 보수 표현으로 변환시키는 일을 명시적으로 처리해주어야 한다.

다행히 이러한 기능을 수행하는 내장 함수가 있다. int() 함수는 인수를 정수 표현으로 변환하며, 변환이 불가능할 경우 오류 메시지를 발생시킨다.

위의 스크립트에서 int() 함수를 사용하여 오류를 제거할 수 있는 곳이 세 곳 있다. 먼저 input()의 결과를 변수에 배정하기 전에 int() 함수를 호출할 수 있다. 혹은 int() 함수를 호출하기 위한 행들을 추가할 수도 있다. 혹은 math.sqrt() 함수 호출의 인수에서 제곱 계산 직전에 int() 함수를 호출할 수도 있다. 아래의 스크립트는 첫 번째 방법을 반영한 것이며, 나머지 방법들에 대한 구현은 독자들에게 맡긴다.

```
# 직각삼각형의 빗변을 계산한다.
import math

# 옆변의 길이들을 입력받아 정수로 변환한다.
sideA = int(input('Length of side A? '))
sideB = int(input('Length of side B? '))
# 피타고라스 정리를 이용하여 제3의 변을 계산한다.
hypotenuse = math.sqrt(sideA**2 + sideB**2)

print(hypotenuse)
```

위의 스크립트는 여러 직각삼각형에 대해 스크립트 수정 없이 적용될 수 있다.

마지막으로 유의할 사항은 int() 함수가 문자열 인수를 세심하게 검사하여 숫자로의 변환을 수행한다는 점이다. 입력 문자열이 "3.14"와 같이 숫자이기는 하지만 정수가 아닐 경우, int() 함수는 소수점 아래 부분은 버리고 정수 값만 리턴한다. 이러한 연산은 절삭에 해당하며, 사람들의 예상대로 "반올림"을 수행하지는 않는다. 파이썬에는 다른 표준 타입들에 대한 유사한 변환 함수들도 존재한다.

마라톤 훈련 지원 프로그램 예제

아래의 파이썬 스크립트 예제는 완전한 프로그램이며, 이 절에서 소개하는 여러 가지 개념들을 활용하고 있다. 장거리 달리기를 즐기는 사람들이 많아지면서 마라톤 주행을 위한 엄격한 신체 훈련을 준비하기 위해 복잡한 훈련 일정을 추구하는 사람들이 늘어나고 있다. 이 스크립트는 자신이 원하는 거리와 주행 속도에 따라 훈련 시간을 계산하는 일을 도와준다. (마일 당 주행 시간을 분과 초로 표시한) 속도와 (마일 단위로 표시한) 주행 거리가 주어지면, 이 스크립트는 먼저 속도를 우리에게 익숙한 시간 당 마일 단위로 계산한 후 총 소요 시간에 대한 예상 값을 계산해준다. 그림 2.15는 몇 개의 데이터를 예로 들고 있는데, 처음 3개의 열은 입력을 나타내며 마지막 3개의 열은 예상 결과를 나타낸다. 파이썬 인터프리터에 따라서는 그림 2.15의 속도 값에 사용되는 소수점 아래 자리수가 다를 수도 있음을 유의하기 바란다.

```
# 마라톤 훈련 지원 프로그램
import math

# 이 함수는 분과 초로 표시된 시간을 초 단위로 변환한다.
def total_seconds(min, sec):
  return min * 60 + sec
```

그림 2.15 | 마라톤 훈련 데이터 예

마일 당 소요 시간				총 소요 시간	
분	초	마일	속도 (mph)	분	초
9	14	5	6.49819494584	46	10
8	0	3	7.5	24	0
7	45	6	7.74193548387	46	30
7	25	1	8.08988764044	7	25

```
# 이 함수는 (초 단위로 주어지는) 마일 당 주행 시간으로부터
# 시간 당 마일 단위의 속도를 계산한다.
def speed(time):
  return 3600 / time

# 사용자에게 속도와 주행 거리를 입력하도록 안내한다.
pace_minutes = int(input('Minutes per mile? '))
pace_seconds = int(input('Seconds per mile? '))
miles = int(input('Total miles? '))

# 속도를 계산하여 출력한다.
mph = speed(total_seconds(pace_minutes, pace_seconds))
print('Your speed is')
print(mph)

# 계획된 훈련에 대해 소요 시간을 계산한다.
total = miles * total_seconds(pace_minutes, pace_seconds)
elapsed_minutes = total // 60
elapsed_seconds = total % 60

print('Your total elapsed time is')
print(elapsed_minutes)
print(elapsed_seconds)
```

위의 스크립트는 내장 함수 input(), int(), print() 외에도 사용자정의 함수인 speed()와 total_seconds()도 사용하고 있다. 사용자 함수 정의는 키워드 def, 함수 이름, 매개변수 목록 등으로 시작된다. 들여쓰기가 적용되어 있는 그 다음의 행들은 함수의 본체(body)라고 불리며 함수의 내용을 정의하는 단계들을 표현한다. 나중에 오는 장에서 본체에 둘 이상의 문장을 포함하는 함수들의 예를 살펴볼 것이다. 키워드 return 뒤에는 함수의 결과에 해당하는 계산식이 온다.

사용자정의 함수는 스크립트 상단에서 정의되지만 더 큰 식의 일부로 함수 호출이 나타나는 행에 이르러 비로소 수행된다. 또 이 스크립트에서 함수 호출이 이루어지는 방식에 유의할 필요가 있다. input()에 대한 호출의 결과는 곧바로 int() 함수에 대한 인수로 전달되며, 그런 다음 int() 함수의 결과가 변수에 배정된다. 마찬가지로 total_seconds()의 결과는 곧바로 speed() 함수에 대한 인수로 전달되며, 그런 다음 speed() 함수의 결과가 변수 mph에 배정된다. 이들 각 경우에 함수 호출을 각기 다른 행에서 표현하고 그 결과를 새로운 변수에 배정하고, 또 그 결과를 사용하는 다음 함수에 대한 호출을 수행하는 방식으로 표현할 수도 있다. 그러나 위의 스크립트와 같은 압축된 표현이 더욱 간결하며, 계산의 중간 결과를 저장하기 위한 임시 변수들이 늘어나는 것을 방지할 수 있다.

입력으로 마일 당 소요 시간이 7분 45초, 주행거리가 6 마일로 주어질 경우 위의 스크립트의 출력은 다음과 같다.

```
Your speed is
7.74193548387
Your total elapsed time is
46
30
```

이러한 출력 형식은 다소 조잡하다고 볼 수 있다. (7.74193548387 mph, 46 minutes, 30 seconds 등과 같은) 단위가 누락되어 있으며, 간단한 계산에 비해 소수점 아래 자리수는 지나치게 많고, 또 너무 많은 행이 사용되고 있다. 보다 깔끔한 출력을 얻기 위한 스크립트의 작성은 독자들을 위한 과제로 남긴다.

연습문제

1. 빗변 계산 예제 스크립트에서는 입력 옆변의 길이는 정수로 절삭하면서 출력에서는 부동소수점 숫자가 사용되고 있다. 그 이유는 무엇일까? 정수를 출력하도록 이 스크립트를 고쳐라.
2. 빗변 계산 스크립트에서 부동소수점 숫자를 절삭 없이 입력받도록 조정하라. 원래의 정수 버전과 이렇게 고친 부동소수점 버전 중 어느 것이 더 적절한가?
3. 파이썬 내장 함수 str()은 숫자 인수를 문자열 표현으로 변환하며, +를 사용하여 문자열들을 결합할 수 있다. 이들을 사용하여 아래와 같이 깔끔한 출력을 얻을 수 있도록 마라톤 스크립트를 고쳐라.

   ```
   Your speed is 7.74193548387 mph
   Your total elapsed time is 46 minutes, 30 seconds
   ```

4. 파이썬 내장 함수 bin()을 사용하여 10진수 표현 정수를 읽고 대응되는 2진수 표현으로 출력하는 스크립트를 작성하라.
5. 검사합(1.10절 참고)이나 암호화(4.6절 참고)에서 효율적 계산을 위해 XOR 연산이 자주 사용된다. 숫자 하나를 읽고 0x55555555와 같은 패턴과 XOR한 결과를 출력하는 간단한 파이썬 스크립트를 작성하라. 이 스크립트는 숫자를 "암호화" 하여 외견상 무관한 숫자로 바꾸어주며, 암호화된 숫자를 입력으로 받으면서 이 스크립트를 한 번 더 실행하면 원래의 숫자를 출력해준다.
6. 이 절의 예제 스크립트에 예상하지 못한 입력을 제공함으로써 발생하는 오류 조건을 탐

색해보라. 빗변 계산 스크립트나 마라톤 스크립트에서 모든 입력이 0일 경우 어떤 일이 발생하는가? 음의 숫자들을 입력할 경우는? 숫자 대신 글자들을 입력할 경우는?

2.7 기타 구조

지금까지 설명한 전통적인 컴퓨터 구조와는 다른 구조들을 살펴봄으로써 시야를 넓혀보자.

파이프라이닝

전기 펄스가 전선을 통해 이동하는 속도는 빛의 속도와 같다. 빛은 1나노초에 1피트 (대략 30 cm) 정도 이동하므로, CPU가 1피트 떨어져 있는 메모리 셀에서 명령 하나를 인출하기 위해서는 최소한 2나노초가 필요하다. (읽기 요청을 메모리에 보내기 위해 최소한 1나노초가 필요하며, 명령을 CPU로 보내기 위해 최소한 1나노초가 추가로 필요하다.) 따라서 이러한 컴퓨터에서 명령을 인출하고 실행하기 위해서는 수 나노초가 필요하며, 이는 컴퓨터 실행 속도를 증가시키기 위해서는 결국 컴퓨터가 소형화되어야 함을 의미한다.

그러나 실행 속도를 증가시키는 것만이 컴퓨터 성능을 개선하는 유일한 방법은 아니다. 실제 목표는 컴퓨터의 처리율(throughput)을 개선시키는 것인데, 처리율이란 컴퓨터가 주어진 시간에 수행할 수 있는 작업량을 가리킨다.

실행 속도를 증가시키지 않고도 컴퓨터의 처리율을 개선시킬 수 있는 방법의 한 예가 파이프라이닝(pipelining)을 이용하는 것인데, 이것은 기계 주기의 단계들을 중첩시키는 기술이다. 명령이 실행되는 동안 그 다음 명령이 인출될 수 있으며, 이는 임의의 시점에 각기 다른 처리 단계에 있는 둘 이상의 명령이 "파이프 안에" 들어 있을 수 있음을 의미한다. 이런 방식을 사용함으로써, 개별 명령을 인출하고 실행시키는 데 소요되는 시간에는 변화가 없지만, 컴퓨터의 총 처리율은 향상된다. (물론, JUMP 명령이 나타날 경우, "파이프 안의" 명령들이 실제 필요한 것들이 아니어서 사전 인출에 의한 향상 효과는 실현되지 않을 것이다.)

최근의 컴퓨터 설계에서 파이프라이닝 개념은 여기에서의 단순한 예를 훨씬 넘어서 있다. 동시에 여러 개의 명령을 인출할 수 있으며, 서로 독립적인 명령들의 경우 한 번에 둘 이상 실행할 수도 있다.

다중프로세서 컴퓨터

파이프라이닝은 동시에 여러 개의 동작을 수행하는 병렬 처리(parallel processing)의 첫 단계로 볼 수 있다. 그러나 진정한 병렬 처리는 둘 이상의 프로세서를 요하며, 그 결과 다중프로세서(multiprocessor) 컴퓨터 또는 **다중 코어**(multi-core) 컴퓨터가 만들어졌다.

오늘날 대부분의 컴퓨터들은 이러한 개념을 고려하여 설계된다. 이를 위한 한 방법은 각기 단일프로세서 컴퓨터의 CPU와 비슷한 프로세서 여러 개를 하나의 주기억장치에 연결하는 것이다. 이러한 구성에서 프로세서들은 독립적으로 작업을 진행하지만, 공통의 메모리 셀을 통해 서로에게 메시지를 남김으로써 활동을 조정한다. 예를 들면, 한 프로세서가 큰 작업을 맡고 있을 경우, 공통 메모리에 작업 일부를 위한 프로그램을 저장해두고 다른 프로세서에게 그 프로그램을 실행해주도록 요청할 수 있다. 이러한 컴퓨터는 서로 다른 데이터 집합에 대해 서로 다른 일련의 명령들을 수행하는 컴퓨터이며, MIMD(Multiple-Instruction stream, Multiple-Data stream) 구조라고 불리는데, 고전적인 SISD(Single-Instruction stream, Single-Data stream) 구조와 대비된다.

또 다른 유형의 다중프로세서 구조에서는 여러 개의 프로세서들을 엮어 각자의 데이터 집합에 대해 동일한 일련의 명령들을 일제히 실행한다. 이를 SIMD(Single-Instruction stream, Multiple-Data stream) 구조라고 한다. 이러한 컴퓨터는 큰 데이터 블록 안의 비슷한 데이터 항목 집합 각각에 동일한 작업이 적용되어야 하는 응용 분야에 유용하다.

또 다른 병렬 처리 방식은 각기 자체의 메모리와 CPU를 갖는 작은 컴퓨터들의 집합체로서의 대형 컴퓨터를 만드는 것이다. 이러한 구조에서 각각의 작은 컴퓨터는 자신의 이웃 컴퓨터들과 긴밀히 연결되며, 전체 시스템에 주어진 작업을 개별 컴퓨터들에서 나누어 수행할 수 있다. 따라서 내부 컴퓨터 중 하나가 맡은 작업을 독립적인 작은 작업들로 분할할 수 있다면, 그 컴퓨터는 이웃 컴퓨터들에게 분할된 작업들을 병렬적으로 수행하도록 요청할 수 있게 된다. 이렇게 함으로써 원래의 작업은 단일프로세서 컴퓨터에서 수행할 때보다 훨씬 짧은 시간에 완료될 수 있다.

연습문제

1. 2.3절 문제 3의 컴퓨터가 이 절에서 설명된 파이프라이닝 기법을 사용할 경우, 주소 AA에 있는 명령이 실행될 때 "파이프" 안에는 무엇이 들어 있겠는가? 이 시점에서 파이프라이닝이 도움이 되지 않을 조건을 구하라?

2. 2.3절 문제 4의 프로그램을 파이프라인 컴퓨터에서 실행할 때 해결되어야 할 문제는 무엇인가?

3. 동일한 메모리에 두 개의 CPU가 연결되어 있고 이들이 각기 다른 프로그램을 실행하고 있다고 하자. 그리고 동일한 메모리 셀의 내용에 대해, 한 CPU는 1을 더하려 하고 다른 CPU는 1을 빼려고 한다고 하자. (최종 결과에서 그 셀의 값은 처음과 같게 될 것이다.)
   a. 두 CPU의 동작의 결과로 그 셀의 값이 처음보다 1 작게 되는 동작 순서를 기술하라.
   b. 두 CPU의 동작의 결과로 그 셀의 값이 처음보다 1 크게 되는 동작 순서를 기술하라.

단원 복습 문제

(* 표시된 것은 고급 내용을 다루는 절에 관련된 문제이다.)

1. a. 범용 레지스터와 주기억장치 셀의 유사한 점은 무엇인가?
b. 범용 레지스터와 주기억장치 셀의 차이점은 무엇인가?

2. 부록 C의 Vole 기계어를 사용하여 다음 질문에 답하라.
a. 16진법으로 표시된 명령 2304를 16비트의 열로 다시 쓰라.
b. 16진법으로 표시된 명령 B2A5의 명령 코드를 4비트의 열로 다시 쓰라.
c. 16진법으로 표시된 명령 B2A5의 피연산자 필드를 12비트의 열로 다시 쓰라.

3. Vole 컴퓨터에서 주소 98에서 A2까지의 메모리 셀들에 한 블록의 데이터가 저장되어 있다고 하자. 이 블록에는 몇 개의 메모리 셀이 있는가? 이들의 주소들을 나열하라.

4. Vole 컴퓨터에서 명령 B0CD를 실행한 직후의 프로그램 카운터의 값은 무엇인가?

5. Vole 컴퓨터에서 주소 00에서 05까지의 메모리 셀에 다음과 같은 비트 패턴들이 들어 있다고 하자.

주소	내용
00	22
01	11
02	32
03	02
04	C0
05	00

프로그램 카운터의 처음 값이 00이라고 가정하고, 컴퓨터가 멈출 때까지 각 기계 주기의 인출 단계가 끝날 때마다 프로그램 카운터, 명령 레지스터, 주소가 02인 메모리 셀 등의 내용을 기록하라.

6. 3개의 값 x, y, z가 컴퓨터의 메모리 안에 저장되어 있다고 하자. $x + y + z$를 계산하기 위한 (메모리에서 레지스터로 LOAD하기, 값을 메모리에 저장하기 등등의) 작업 순서를 기술하라. $(2x) + y$의 경우는?

7. 다음은 Vole 기계어로 작성된 명령이다. 풀어서 설명하라.
a. 7123 b. 40E1 c. A304
d. B100 e. 2BCD

8. 4비트 명령 코드 필드를 갖는 기계어를 가정하자. 이 언어에 포함될 수 있는 서로 다른 명령 유형의 최대 개수는? 명령 코드 필드가 6비트로 늘어날 경우는?

9. 다음에 서술되어 있는 명령을 Vole 기계어로 변환하라.
a. 16진수 값 77을 6번 레지스터에 LOAD하라.
b. 주소가 (16진수로) 77인 메모리 셀의 내용을 7번 레지스터에 LOAD하라.
c. 0번 레지스터의 값이 A번 레지스터의 값과 같으면, 메모리 주소 (16진수로) 24에 위치한 명령으로 JUMP하라.
d. 4번 레지스터를 오른쪽으로 3비트 ROTATE하라.
e. E번 레지스터와 2번 레지스터의 내용에 AND 연산을 적용한 결과를 1번 레지스터에 넣어라.

10. 덧셈을 수행해야 할 값들이 2의 보수 표기법이 아니라 부동소수점 표기법으로 인코딩되어 있다고 가정하고, 그림 2.7의 프로그램을 다시 작성하라.

11. Vole 기계어로 작성된 다음 각 명령에 대해, 그 실행 결과 주소 3C 위치의 메모리 셀의 내용을 변경할 것인지, 3C 위치의 메모리 셀의 내용을 읽어올 것인지, 3C 위치의 메모리 셀의 내용과 무관한지 등에 따라 분류하라.
a. 353C b. 253C c. 153C
d. 3C3C e. 403C

12. Vole 컴퓨터에서 주소 00에서 03까지의 메모리

셀에 다음과 같은 비트 패턴들이 들어 있다고 하자.

주소	내용
00	26
01	55
02	C0
03	00

a. 첫 번째 명령을 풀어서 설명하라.
b. 프로그램 카운터가 00인 상태에서 컴퓨터가 시작될 경우, 컴퓨터가 멈출 때 6번 레지스터에 들어 있게 될 비트 패턴은?

13. Vole 컴퓨터에서 주소 00에서 02까지의 메모리 셀에 다음과 같은 비트 패턴들이 들어 있다고 하자.

주소	내용
00	12
01	21
02	34

a. 프로그램 카운터가 00인 상태에서 컴퓨터가 시작될 경우, 처음 실행되는 명령은?
b. 프로그램 카운터가 01인 상태에서 컴퓨터가 시작될 경우, 처음 실행되는 명령은?

14. Vole 컴퓨터에서 주소 00에서 05까지의 메모리 셀에 다음과 같은 비트 패턴들이 들어 있다고 하자.

주소	내용
00	12
01	02
02	32
03	42
04	C0
05	00

아래 질문에 답할 때, 컴퓨터는 프로그램 카운터가 00인 상태에서 시작한다고 가정하라.
a. 실행되는 명령들을 풀어서 설명하라.
b. 컴퓨터가 멈출 때 주소가 42인 메모리 셀에 들어 있게 될 비트 패턴은?
c. 컴퓨터가 멈출 때 프로그램 카운터에 들어 있게 될 비트 패턴은?

15. Vole 컴퓨터에서 주소 00에서 09까지의 메모리 셀에 다음과 같은 비트 패턴들이 들어 있다고 하자.

주소	내용
00	1C
01	03
02	2B
03	03
04	5A
05	BC
06	3A
07	00
08	C0
09	00

프로그램 카운터가 00인 상태에서 컴퓨터가 시작한다고 가정하라.
a. 컴퓨터가 멈출 때 주소가 00인 메모리 셀에 들어 있게 될 비트 패턴은?
b. 컴퓨터가 멈출 때 프로그램 카운터에 들어 있게 될 비트 패턴은?

16. Vole 컴퓨터에서 주소 00에서 07까지의 메모리 셀에 다음과 같은 비트 패턴들이 들어 있다고 하자.

주소	내용
00	2B
01	07
02	3B
03	06
04	C0
05	00
06	00
07	23

a. 프로그램 카운터가 00인 상태에서 컴퓨터가 시작할 경우, 실행될 명령들을 포함하는 메모리 셀 주소들을 나열하라.
b. 데이터 저장에 사용되는 메모리 셀 주소들을 나열하라.

17. Vole 컴퓨터에서 주소 00에서 0D까지의 메모리 셀에 다음과 같은 비트 패턴들이 들어 있다고 하자.

주소	내용
00	20
01	04
02	21
03	01
04	40
05	12
06	51
07	12
08	B1
09	0C
0A	B0
0B	06
0C	C0
0D	00

프로그램 카운터가 00인 상태에서 컴퓨터가 시작한다고 가정하라.

a. 컴퓨터가 멈출 때 0번 레지스터에 들어 있게 될 비트 패턴은?
b. 컴퓨터가 멈출 때 1번 레지스터에 들어 있게 될 비트 패턴은?
c. 컴퓨터가 멈출 때 프로그램 카운터에 들어 있게 될 비트 패턴은?

18. Vole 컴퓨터에서 주소 F0에서 FD까지의 메모리 셀에 다음과 같은 비트 패턴들이 들어 있다고 하자.

주소	내용
F0	20
F1	00
F2	22
F3	02
F4	23
F5	04
F6	B3
F7	FC
F8	50
F9	02
FA	B0
FB	F6
FC	C0
FD	00

프로그램 카운터가 F0인 상태에서 컴퓨터가 시작할 경우, 최종적으로 컴퓨터가 FC 위치의 HALT 명령을 실행할 때 0번 레지스터의 값은?

19. Vole 컴퓨터가 100만분의 1초마다 한 개의 명령을 실행한다면, 문제 18의 프로그램 완료에 소요되는 시간은?

20. Vole 컴퓨터에서 주소 20에서 28까지의 메모리 셀에 다음과 같은 비트 패턴들이 들어 있다고 하자.

주소	내용
20	12
21	20
22	32
23	30
24	B0
25	21
26	24
27	C0
28	00

프로그램 카운터가 20인 상태에서 컴퓨터가 시작한다고 가정하라.

a. 컴퓨터가 멈출 때 0번, 1번, 2번 레지스터에 들어 있게 될 비트 패턴은?
b. 컴퓨터가 멈출 때 주소가 30인 메모리 셀에 들어 있게 될 비트 패턴은?
c. 컴퓨터가 멈출 때 주소가 B0인 메모리 셀에 들어 있게 될 비트 패턴은?

21. Vole 컴퓨터에서 주소 AF에서 B1까지의 메모리 셀에 다음과 같은 비트 패턴들이 들어 있다고 하자.

주소	내용
AF	B0
B0	B0
B1	AF

프로그램 카운터가 AF인 상태에서 컴퓨터가 시작된다면 무슨 일이 일어나겠는가?

22. Vole 컴퓨터에서 주소 00에서 05까지의 메모리 셀에 다음과 같은 비트 패턴들이 들어 있다고 하자.

주소	내용
00	25
01	B0
02	35
03	04
04	C0
05	00

프로그램 카운터가 00인 상태에서 컴퓨터가 시작된다면, 언제 컴퓨터가 멈추겠는가?

23. 다음 각 경우에 요청된 작업을 수행하기 위한 짧은 프로그램을 Vole 기계어로 작성하라. 컴퓨터는 프로그램 카운터가 00인 상태에서 시작한다고 가정하라.

a. 메모리 주소 D8에 있는 값을 메모리 주소 B3으로 옮겨라.

b. 메모리 주소 D8과 B3에 저장된 값들을 서로 교환하라.

c. 메모리 주소 44에 저장된 값이 00이면, 메모리 주소 46에 값 01을 넣고, 아니면 메모리 주소 46에 값 FF를 넣어라.

24. 컴퓨터 애호가들 사이에 인기 있던 게임 중에 배틀쉽(Battleship)의 변형인 코어워즈(Core Wars)가 있었다. (코어라는 용어는 고리 모양의 자성체에서 자장으로 0과 1을 나타내던 초창기 메모리 소자에서 유래되었는데, 고리 모양의 자성체를 코어라고 불렀다.) 이 게임은 한 컴퓨터의 메모리상의 서로 다른 위치에 저장되어 서로 싸우는 두 프로그램 사이에서 진행된다. 컴퓨터는 한 프로그램의 명령 하나를 실행한 다음에는 다른 프로그램의 명령 하나를 실행하는 방식으로 두 프로그램 사이를 오간다. 각 프로그램의 목표는 상대 프로그램이 들어 있는 메모리에 엉뚱한 데이터를 써넣음으로써 상대 프로그램에 오동작을 일으키는 것인데, 서로 상대방의 위치를 모른다.

a. Vole 기계어를 사용하여 코어워즈와 비슷한 프로그램을 작성하되, 크기를 최소화함으로써 자신을 방어하는 전략을 반영하라.

b. Vole 기계어를 사용하여 코어워즈와 비슷한 프로그램을 작성하되, 자신의 위치를 옮김으로써 상대 프로그램으로부터의 공격을 피하는 전략을 반영하라. 조금 더 구체적으로 표현하자면, 주소 00에서 시작하는 프로그램을 작성하되, 이 프로그램은 자신을 주소 70으로 복사한 다음 주소 70으로 점프한다.

c. 계속 새로운 주소로 자신의 위치를 변경하도록 (b)의 프로그램을 확장하라. 새로운 위치는 이전 위치에 70을 더하여 계산하라. 즉, 처음 위치는 00, 두 번째 위치는 70, 세 번째 위치는 E0 (= 70 + 70), 그 다음 위치는 50 (= 70 + 70 + 70) 등과 같이 계산된다.

25. 메모리 주소 A1, A2, A3 등에 저장된 부동소수점 형식 값들의 합을 계산하는 프로그램을 Vole 기계어로 작성하라. 계산된 합은 메모리 주소 A4에 저장한다.

26. Vole 컴퓨터에서 주소 00에서 05까지의 메모리 셀에 다음과 같은 비트 패턴들이 들어 있다고 하자.

주소	내용
00	20
01	C0
02	30
03	04
04	00
05	00

프로그램 카운터가 00인 상태에서 컴퓨터가 시작된다면 무슨 일이 일어나겠는가?

27. Vole 컴퓨터에서 주소 08과 09의 메모리 셀에 각각 비트 패턴 B0과 08이 들어 있고 프로그램 카운터가 08인 상태에서 컴퓨터가 시작된다면, 무슨 일이 일어나겠는가?

28. Vole 기계어로 작성된 아래 프로그램이 주소 30(16진수)에서 시작하여 주기억장치 안에 저장되어 있다고 가정하자. 이 프로그램을 실행시키면 어떤 작업이 수행되겠는가?

```
2003
2101
2200
2310
1400
3410
```

```
5221
5331
3239
333B
B248
B038
C000
```

29. Vole 컴퓨터가 명령 코드 B를 수행할 때 일어나는 단계들을 요약하라. CPU에게 주어지는 일련의 지시사항의 형태로 답을 제시하라.

***30.** Vole 컴퓨터가 명령 코드 5를 수행할 때 일어나는 단계들을 요약하라. CPU에게 주어지는 일련의 지시사항의 형태로 답을 제시하라.

***31.** Vole 컴퓨터가 명령 코드 6을 수행할 때 일어나는 단계들을 요약하라. CPU에게 주어지는 일련의 지시사항의 형태로 답을 제시하라.

***32.** Vole 컴퓨터의 4번과 5번 레지스터에 각각 비트 패턴 3A와 C8이 들어 있다고 하자. 다음 각 명령의 실행 후, 0번 레지스터에 들어 있게 될 비트 패턴은?

a. 5045 b. 6045 c. 7045
d. 8045 e. 9045

***33.** Vole 기계어를 사용하여, 아래의 각 작업을 수행하기 위한 프로그램을 작성하라.

a. 메모리 주소 44에 저장된 비트 패턴을 메모리 주소 AA에 복사하라.
b. 주소가 34인 메모리 셀에서 다른 비트는 건드리지 말고 하위 4비트를 0으로 변경하라.
c. 메모리 주소 A6의 다른 비트는 건드리지 말고 하위 4비트 자리에 메모리 주소 A5의 하위 4비트를 복사하라.
d. 메모리 주소 A5의 하위 4비트를 메모리 주소 A5의 상위 4비트 자리에 복사하라. (메모리 주소 A5에서 상위 4비트와 하위 4비트는 같게 된다.)

***34.** 다음 연산을 수행하라.

```
a.      111001     b.      000101
    AND 101001         AND 101010

c.      001110     d.      111011
    AND 010101         AND 110101

e.      111001     f.      010100
    OR  101001         OR  101010

g.      000100     h.      101010
    OR  010101         OR  110101

i.      111001     j.      000111
    XOR 101001         XOR 101010

k.      010000     l.      111111
    XOR 010101         XOR 110101
```

***35.** 아래 각 작업의 수행에 필요한 마스크와 논리연산을 제시하라.

a. 8비트 패턴에서 나머지 비트들은 건드리지 말고 상위 4비트에 1을 넣어라.
b. 8비트 패턴에서 나머지 비트들은 건드리지 말고 최상위 비트만 보수로 바꾸어라.
c. 8비트 패턴에 대해 보수로 변환하라.
d. 8비트 패턴에서 나머지 비트들은 건드리지 말고 최하위 비트에 0을 넣어라.
e. 8비트 패턴에서 최상위 비트는 건드리지 말고 나머지 비트들에 1을 넣어라.
f. 24비트 패턴의 중앙 8비트가 녹색 정보를 저장하는 RGB 비트맵 이미지 픽셀에서 녹색 요소를 제거하라.
g. 24비트 RGB 비트맵 픽셀의 모든 비트에 대해 보수로 바꾸어라.
h. "백색"을 나타내도록 24비트 RGB 비트맵 픽셀의 모든 비트를 1로 바꾸어라.

***36.** 앞 문제의 각 문항을 구현하는 간단한 파이썬 스크립트를 작성하고 테스트하라.

***37.** 8비트 입력 열에 적용될 경우 입력이 10000001일 경우에만 출력 비트 열 전체가 0이 되는 논리 연산과 마스크를 제시하라.

***38.** 앞 문제를 구현하는 간단한 파이썬 스크립트를 작성하고 테스트하라.

***39.** 8비트 입력 열에 적용될 경우 입력 비트 열의 시작 비트와 마지막 비트가 모두 1일 경우 출력 비트 열 전체를 0으로 만드는 일련의 논리 연산과 마스크를 제시하라. 위의 조건이 충족되지 않을 경우 출력에 적어도 한 개의 1이 포함되어야 한다.

***40.** 앞 문제를 구현하는 간단한 파이썬 스크립트를 작성하고 테스트하라.

***41.** 다음 각 비트 패턴에 4비트 왼쪽 방향 회전식 자리 이동을 수행한 결과는?

a. 10101 b. 11110000 c. 001
d. 101000 e. 00001

***42.** 16진법으로 표현된 아래 바이트들에 2비트 오른쪽 방향 회전식 자리 이동을 수행한 결과는? (답도 16진법으로 표현하라.)

a. 3F b. 0D
c. FF d. 77

***43.** a. Vole 기계어에서 한 개의 명령으로 B번 레지스터에 대한 5비트 오른쪽 방향 회전식 자리 이동을 표현하라.

b. Vole 기계어에서 한 개의 명령으로 B번 레지스터에 대한 2비트 왼쪽 방향 회전식 자리 이동을 표현하라.

***44.** 주소 8C의 메모리 셀에서 비트들의 순서를 역으로 바꾸어주는 Vole 프로그램을 작성하라. (즉, 주소 8C의 최종 비트 패턴을 왼쪽에서 오른쪽으로 읽으면, 원래 비트 패턴을 오른쪽에서 왼쪽으로 읽는 것과 같게 된다.)

***45.** 주소 A2에 저장된 값에서 주소 A1에 저장된 값을 빼서 그 결과를 주소 A0에 넣는 Vole 프로그램을 작성하라. 값들은 2의 보수 표기법으로 인코딩되어 있다고 가정하라.

***46.** 고해상도 동영상은 초당 30프레임의 속도를 사용하며 각 프레임은 1920×1080 픽셀이라는 해상도를 갖고, 각 픽셀은 24비트를 사용한다. 이러한 형식의 압축되지 않은 동영상 스트림을 USB 1.1 직렬 포트를 통해 전송할 수 있겠는가? USB 2.0 직렬 포트의 경우는 어떠한가? USB 3.0 직렬 포트의 경우는 어떠한가? (메모: USB 1.1, USB 2.0, USB 3.0 직렬 포트의 최대 속도는 각기 12 Mbps, 480 Mbps, 5 Gbps 등이다.)

***47.** 어떤 사람이 분 당 40단어를 키보드에서 입력한다고 하자. (한 단어는 5글자로 이루어지는 것으로 가정한다.) 컴퓨터가 100만분의 1초에 500개의 명령을 실행한다면, 연속된 두 글자를 입력하는 사이에 몇 개의 명령을 실행할 수 있는가?

***48.** 분 당 40단어를 입력하는 타이피스트의 속도를 따라가기 위해 필요한 키보드의 전송속도를 bps 단위로 나타내어라. (각 문자는 ASCII로 인코딩되며, 각 단어는 6개의 글자로 이루어진다고 가정한다.)

***49.** Vole 컴퓨터가 메모리-사상 I/O를 사용하여 프린터와 통신한다고 하자. 또한 주소 FF가 문자들을 프린터에 전송하기 위해 사용되며, 주소 FE는 프린터 상태에 관한 정보를 받기 위해 사용된다고 가정하자. 특히 주소 FE의 최하위 비트는 프린터가 추가 문자를 받을 준비가 되어있는지를 나타낸다고 가정한다. (0은 "준비되어 있지 않음"을 나타내며, 1은 "준비되어 있음"을 나타낸다.) 주소 00에서 시작하며, 프린터가 준비될 때까지 기다렸다가 5번 레지스터가 나타내는 문자를 프린터로 전송하는 기계어 프로그램을 작성하라.

***50.** 주소 A0에서 C0까지의 메모리 셀들을 0으로 채우는 작업을 수행하는 Vole 프로그램을 작성하되, 이 프로그램은 주소 00에서 13(16진법) 사이의 메모리 셀에 들어갈 수 있을 만큼 작아야 한다.

***51.** 어떤 컴퓨터가 하드디스크에 남아 있는 저장용량으로 200 GB를 가지고 있고 전화 회선으로 15 Mbps의 전송속도로 데이터를 수신하고 있다. 이 경우 남아있는 저장용량을 채우는 데 필요한 시간은?

***52.** 250 Kbps의 속도로 직렬 데이터 스트림을 수신하기 위해 사용되는 위성 시스템을 가정하자. 6.96초 동안 대기 간섭 현상이 발생했을 때 영향받는 데이터 비트의 개수는?

***53.** 각기 100만분의 1초에 여러 자릿수를 갖는 숫자 두 개의 합을 계산할 수 있는 프로세서 32개를 갖고 있다고 가정하자. 64개의 숫자들에 대한 합을 100만분의 6초 만에 계산하기 위한 병렬 처리 방법을 기술하라. 한 개의 프로세서를 사용할 경우에 동일한 합의 계산에 필요한 시간은?

***54.** CISC 구조와 RISC 구조의 차이를 요약하라.

***55.** 처리율을 증가시키기 위한 두 가지 방식을 제시하라.

***56.** 여러 숫자들의 평균 계산에 있어 다중프로세서를 사용할 경우 어떻게 단일프로세서 컴퓨터를 사용할 경우보다 빨리 계산할 수 있는지 기술하라.

***57.** 원의 반지름을 나타내는 부동소수점 숫자를 읽고 원의 둘레와 넓이를 계산하는 파이썬 스크립트를 작성하고 테스트하라.

***58.** 문자열과 정수 하나를 읽고 문자열을 주어진 정수만큼 반복하여 출력하는 파이썬 스크립트를 작성하고 테스트하라.

***59.** 직각삼각형의 두 옆변의 길이를 나타내는 두 개의 부동소수점 숫자를 읽고 빗변 길이, 둘레, 넓이 등을 계산하는 파이썬 스크립트를 작성하고 테스트하라.

사회적 논제

다음 질문들은 컴퓨터 적용 분야에 관련된 윤리적/사회적/법률적 쟁점에 대한 지침을 마련하기 위한 것이다. 이 질문들의 목표는 단순히 대답을 이끌어내는 것에 있지 않다. 자신의 대답에 대한 이유를 생각해야 하며, 그와 같은 논거는 각 문항 사이에서 일관성을 유지해야 한다.

1. 어떤 컴퓨터 제조업체에서 새로운 컴퓨터 구조를 개발한다고 가정하자. 개발된 구조에 대한 그 회사의 소유권은 어느 선까지 인정되어야 하는가? 사회를 위한 최선의 정책은 무엇인가?

2. 어떤 의미에서 1923년은 소위 '구형'이라는 개념이 탄생한 해이다. 이 해에 슬로운이 이끄는 제너럴모터스는 자동차업계에 연식의 개념을 도입하였다. 이 아이디어는 자동차에 향상된 기능을 도입하기보다는 스타일에 변화를 주어 판매고를 올리려는 것이다. 슬로운은 "신형차를 구입하고 싶도록 현재 소유하고 있는 차에 불만을 느끼게 만들겠습니다."라고 말한 것으로 전해지고 있다. 이러한 마케팅 전략이 오늘날 컴퓨터업계에서 어느 정도까지 통용되고 있다고 보는가?

3. 우리는 때로 컴퓨터 기술이 우리 사회를 변화시켜왔다고 생각한다. 그러나 많은 사람들은 컴퓨터 기술이 구식 제도를 유지할 수 있도록 하며, 때로는 강화시키는 작용을 함으로써 변화를 막는 경우도 있다고 반론을 펴기도 한다. 예를 들면, 컴퓨터 기술 없이 오늘날 사회에서 중앙정부의 역할을 유지할 수 있었을 것인가? 컴퓨터 기술이 없었다면, 중앙정부기관은 어느 정도의 역할로 남았을까? 컴퓨터 기술이 없었다면, 우리의 삶은 얼마나 더 좋아졌을까? 또는 더 나빠졌을까?

4. 다른 누군가가 만들고, 유지하고, 발생하는 문제를 고칠 것이기 때문에 개인이 기계의 내적 세부사항을 알 필요는 없다는 개인의 태도는 윤리적으로 합당한가? 그 기계가 컴퓨터, 자동차, 핵발전소, 토스터 등으로 달라짐에 따라 이에 대한 대답도 달라질 것인가?

5. 어떤 제조업체가 컴퓨터 칩을 생산하였는데, 나중에 설계상의 결함을 발견하였다고 하자. 그리고 결함 발견 이후에는 결함을 고친 제품을 생산하였지만, 원래의 결함을 비밀로 하고 이미 출하된 제품들에 대해서는 해당 결함이 문제될 응용 분야에서 사용되지 않을 것으로 간주하여 리콜은 하지 않기로 결정하였다고 하자. 그 업체의 결정으로 누군가 피해를 입게 될 것인가? 누구도 피해를 입지 않고 또 그 결정으로 해당 업체가 손실을 입지 않아 직원들을 해고하지 않을 수 있었다면, 그 업체의 결정은 정당화될 수 있다고 보는가?
6. 기술 발전이 심장질환을 위한 치료방법을 찾는 데 도움이 될 것인가? 아니면 운동량을 줄임으로써 심장질환을 초래하는 생활방식의 원인이 될 것인가?
7. 오버플로나 절삭 오차로 인해 발생하는 산술적 오류의 결과로 금융 분야나 운항 시스템 등에서 대형 사고의 발생을 상상하는 것은 어렵지 않다. 이미지 저장 시스템에서 이미지의 미세한 부분을 잃음으로써 발생할 수 있는 결과는 무엇인가? 정찰이나 의료진단 분야를 생각해보라.
8. ARM Holdings는 다양한 일반소비자용 전자기기를 위한 프로세서들을 설계하는 작은 회사이다. 이 회사는 직접 프로세서들을 제작하지는 않으며, 대신 퀄컴, 삼성, 텍사스인스트러먼츠 등과 같은 반도체 제조업체들에게 라이선스 방식으로 설계들을 제공하며, 반도체 제조업체들은 생산 대수에 따라 로열티를 지불한다. 이러한 비즈니스 모델은 컴퓨터 프로세서의 연구개발에 소요되는 막대한 비용을 전체 전자제품 시장에 분산시키는 효과를 갖는다. 오늘날 (스마트폰만이 아니라) 전체 휴대폰의 95% 이상, 전체 디지털카메라의 40% 이상, 디지털 TV의 25% 이상이 ARM 프로세서를 사용하고 있다. 더욱이 태블릿, 음악 재생기, 게임 제어기, 전자도서 기기, 내비게이션 장치 등등의 수많은 전자기기들에서 ARM 프로세서를 사용하고 있다. 이러한 상황을 감안할 때 이 회사를 독점기업으로 볼 수 있는가? 그 여부에 대한 이유는 무엇인가? 현대 사회에서 일반소비자용 전자기기들이 차지하는 비중이 점차 증가한다는 점을 고려할 때, 별로 알려져 있지도 않은 이러한 회사에 대한 종속성은 좋은 일인가? 아니면 우려해야 할 일인가?

참고문헌

Carpinelli, J. D. *Computer Systems Organization and Architecture*. Boston, MA: Addison-Wesley, 2001.

Comer, D. E. *Essentials of Computer Architecture*, 2nd ed. Boca Raton, FL: Taylor & Francis, 2017.

Dandamudi, S P. *Guide to RISC Processors for Programmers and Engineers*. New York: Springer, 2005.

Furber, S. *ARM System-on-Chip Architecture*, 2nd ed. Boston, MA: Addison-Wesley, 2000.

Hamacher, V. C., Z. G. Vranesic, and S. G. Zaky. *Computer Organization*, 5th ed. New York: McGraw-Hill, 2002.

Knuth, D. E. *The Art of Computer Programming*, Vol. 1, 3rd ed. Boston, MA: Addison-Wesley, 1998.

Murdocca, M. J. and V. P. Heuring. *Computer Architecture and Organization: An Integrated Approach*. New York: Wiley, 2007.

Stallings, W. *Computer Organization and Architecture*, 10th ed. Harlow, Essex, England: Pearson, 2016.

Tanenbaum, A. S. *Structured Computer Organization*, 6th ed. Upper Saddle River, NJ: Prentice-Hall, 2012.

CHAPTER

3

운영체제

이 장에서는 운영체제를 공부하게 된다. 운영체제는 컴퓨터의 내부 활동을 조정하고 외부 세계와의 통신을 관장하는 소프트웨어 패키지들로 이루어진다. 컴퓨터 하드웨어를 유용한 도구로 만들어주는 것이 바로 컴퓨터의 운영체제이다. 우리의 목표는 운영체제가 무엇을 어떻게 수행하는지를 이해하는 것이며, 이러한 배경 지식은 유능한 컴퓨터 사용자가 되기 위해 필수적이다.

* 표시된 절은 고급 내용임을 나타냄

운영체제(operating system)는 컴퓨터의 전반적인 운영을 제어하는 소프트웨어이다. 운영체제는 사용자가 파일을 저장하거나 불러올 수 있는 수단을 제공하며, 사용자가 프로그램 실행을 요청할 때 사용할 수 있는 인터페이스를 제공하고, 요청된 프로그램을 실행하기 위한 환경을 제공한다.

아마 가장 많이 알려진 운영체제는 마이크로소프트(Microsoft)사의 윈도우(Windows)일 텐데, 여러 버전이 있으며 PC 쪽에서 널리 사용되고 있다. 또 다른 안정된 운영체제로 유닉스(UNIX)가 있는데, PC에서도 사용되지만 대형 컴퓨터 시스템에서 많이 사용되고 있다. 사실 UNIX는 매킨토시 계열 컴퓨터에서 사용되는 애플의 Mac OS나 (지금은 오라클에 매입된) 선마이크로시스템즈가 개발한 솔라리스(Solaris)의 핵심 부분을 형성하고 있다. 또 다른 운영체제로는 대형 컴퓨터나 소형 컴퓨터 모두에서 사용되는 리눅스(Linux)가 있으며, 리눅스는 원래 아마추어 개발자들에 의해 개발되었지만 지금은 IBM 등과 같은 영리업체를 통해 제공되기도 한다.

일반 컴퓨터 사용자 입장에서 운영체제 사이의 차이는 주로 외관상의 차이일 뿐이다. 컴퓨터 전문가들의 경우 운영체제가 달라지면 작업에 사용하는 도구가 크게 달라지며, 또한 작업의 분산이나 진행에서 따르게 되는 업무 철학이 달라지기도 한다. 그렇지만 모든 주류 운영체제들의 핵심부는 지난 50년 이상 컴퓨터 전문가들이 마주하고 있는 동일한 종류의 문제들을 다룬다.

3.1 운영체제의 발전

운영체제는 작게 출발하였지만 오늘날에는 크고 복잡한 소프트웨어가 되었다. 1940년대나 1950년대의 컴퓨터들은 유연성이나 효율성 측면에서 열악하였으며, 컴퓨터들은 큰 방 전체를 차지하기도 하였다. 프로그램을 실행시키려면 자기테이프를 걸고, 천공카드들을 카드판독기에 넣고, 스위치를 설정하는 등등의 상당한 장비 준비 작업을 필요로 하였다. 프로그램의 실행을 **작업(job)**이라고 불렀는데, 각기 하나의 격리된 활동으로 간주하여 처리되었다. 즉, 하나의 프로그램을 실행시키기 위해 컴퓨터를 준비시켜 프로그램을 실행한 후, 다음 프로그램을 위한 준비를 하기 전에 사용되었던 테이프나 천공카드 등을 모두 치워야 했다. 여러 사용자가 한 대의 컴퓨터를 함께 사용해야 할 경우에는 각자 사용 시간대를 예약하도록 신청서를 제공하였다. 한 사용자에게 할당된 시간 동안 컴퓨터는 그 사용자의 독점적 제어 하에 있었으며, 세션은 프로그램 실행 준비로 시작해서 여러 번의 짧은 프로그램 실행 시간으로 이어졌다. 다음 사용자가 프로그램 실행 준비를 하면서 애타게 기다리는 동안, 한 가지라도 더 시도해보기 위해 급히 서두르는 일이 종종 벌어지곤 했다.

이러한 환경에서 운영체제는 프로그램 준비 작업을 쉽게 만들고 작업들 사이의 전환을 단순화시키기 위한 시스템으로 출발하였다. 초창기 운영체제에서 개발된 중요한 기능 중 하나는 사람들이 컴퓨터실을 드나들 필요가 없도록 사용자와 장비를 분리시킨 것이다. 이를 위해 컴퓨터 운영을 전담하는 컴퓨터 운영자가 고용되었다. 프로그램을 실행시키고자 하는 사람은 필요한 데이터나 프로그램의 요구사항에 관련된 특별한 지시와 함께 프로그램을 운영자에게 제출하도록 되어 있었으며, 나중에 결과를 받으러 다시 오면 되었다. 그러면 운영자는 제출된 프로그램과 데이터를 대용량 저장장치에 적재하는데, 운영체제가 한 번에 한 개씩의 프로그램을 읽어 와서 실행을 시키게 된다. 이것이 **일괄 처리(batch processing)**의 효시이며, 작업들을 모아 하나의 묶음으로 만들어두고 사용자의 개입 없이 이들을 실행시키는 작업 실행 방식을 취한다.

일괄 처리 시스템에서는 대용량 저장장치에 들어 있는 작업들이 **작업 큐(job queue)**에서 실행되기를 기다린다(그림 3.1). **큐(queue)**는 **선입 선출(First-In, First-Out; FIFO)** 방식의 순서로 항목들을 (이 경우에는 작업들을) 보관하기 위해 사용되는 저장장치의 구성 형태이다. 즉, 항목들이 큐에 들어온 순서에 따라 큐에서 나가게 된다. 실제 대부분의 작업 큐들은 FIFO 구조를 엄격히 따르지는 않는데, 이는 대부분의 운영체제가 작업들의 우선순위를 고려하기 때문이다. 그 결과 작업 큐에서 기다리던 작업은 더 높은 우선순위의 작업으로 인해 순서가 밀릴 수 있다.

초창기 일괄 처리 시스템에서, 각 작업은 해당 작업을 위해 컴퓨터를 준비시키기 위한 단계들을 설명하는 일련의 지시사항을 수반하였다. 이러한 지시사항은 작업 제어 언어(Job Control Language; JCL)로 불리는 체계를 사용하여 인코딩되고 작업 큐에 작업과 함께 저장되었다. 작업이 실행을 위해 선택될 때, 운영체제는 이러한 지시사항을 컴퓨터 운영자가 읽고 처리할 수 있도록 프린터에 출력하였다. 운영체제와 컴퓨터 운영자 사이의 이와 같은 통신은 오늘날까지도 이용되고 있는데, 예를 들면 PC 운영체제에서 화면에 "네트워크에 연결할 수 없음", "프린터 응답이 없음" 등의 오류를 표시하는 것에서 볼 수 있다.

컴퓨터와 사용자 사이에 중개자로서 컴퓨터 운영자를 두는 방식의 주요 단점 중 하나

그림 3.1 | 일괄 처리

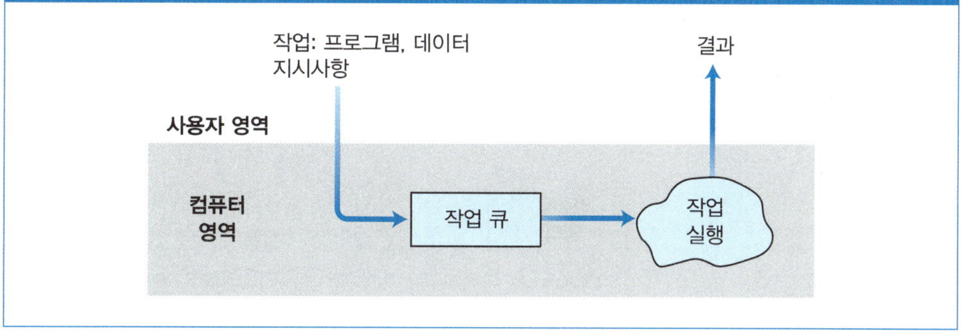

는 사용자들이 일단 작업을 운영자에게 제출한 후에는 작업에 전혀 개입할 수 없다는 점이다. 처리에 관한 모든 결정과 데이터가 잘 정리되어 있는 응용 분야라면 이것이 문제가 되지 않을 수도 있다. 그러나 실행 중 사용자가 프로그램과 대화할 필요가 있는 경우에는 문제가 될 것이다. 예를 들면, 예약시스템의 경우 예약이나 취소가 발생하면 즉시 보고가 되어야 한다. 또 입력하고 수정하면서 문서를 작성하는 워드프로세서나 컴퓨터와의 상호작용이 핵심 기능이라 볼 수 있는 컴퓨터 게임 등도 이러한 예에 속한다.

이러한 요구를 수용하기 위해, 실행되는 프로그램이 원격 단말기를 통해 사용자와 대화할 수 있게 해주는 새로운 운영체제들이 개발되었는데, 이러한 기능을 대화식 처리(interactive processing)라고 부른다(그림 3.2). (단말기는 사용자가 입력할 수 있고 종이에 인쇄된 컴퓨터의 응답을 읽을 수 있는 정도의 전자식 타이프라이터에 지나지 않았다. 오늘날 PC, 노트북컴퓨터, 스마트폰 등은 구식 컴퓨터나 단말기에 비해 엄청난 성능을 가지고 있지만, 더욱 엄청난 인터넷 클라우드 서비스를 이용하기 위해 구식 컴퓨터나 단말기들이 사용되기도 한다.)

성공적인 대화식 처리에 핵심적인 것은 사용자가 기다리지 않도록 컴퓨터의 동작이 충분히 빨라야 한다는 것이다. (급여 처리와 같은 작업은 컴퓨터가 필요로 하는 시간에 맞추어 실행 일정을 잡을 수 있지만, 워드프로세서가 입력되는 문자에 바로바로 반응하지 않는다면 사용하기 힘들 것이다.) 이렇게 마감시간을 맞추며 컴퓨터 서비스를 제공하는 것을 실시간 처리(real-time processing)라고 부르며, 이렇게 수행되는 동작은 실시간으로 이루어진다고 표현된다. 즉, 컴퓨터가 작업을 실시간으로 수행한다는 표현은 컴퓨터가 작업을 충분히 신속하게 처리함으로써 외부의 실제 환경에서 일어나는 활동을 좇아갈 수 있음을 의미한다.

대화식 시스템에서 한 번에 한 명씩의 사용자를 위해 실시간 처리를 제공하는 것은 아무 문제도 되지 않았을 것이다. 그러나 1960년대나 1970년대의 컴퓨터는 워낙 고가여서 한 사람이 한 대의 컴퓨터를 독점할 수는 없었다. 따라서 동시에 원격 단말기에서 작업하는 여러 사용자들이 컴퓨터에 대화식 서비스를 요청하는 것이 보통이었으며, 이 경우 실

그림 3.2 | 대화식 처리

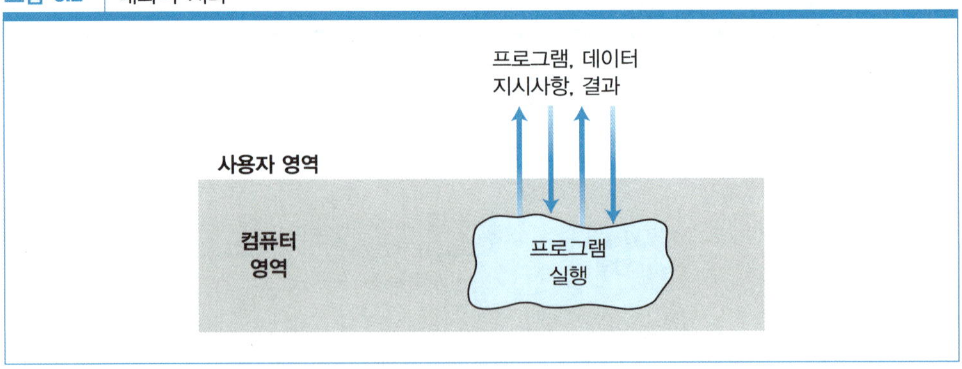

시간 처리는 단순한 문제가 아니었다. 운영체제가 한 번에 한 개의 작업을 실행하는 방식을 고수하였다면 한 명의 사용자만이 만족스러운 실시간 서비스를 받았을 것이다.

이 문제에 대한 해결책은 동시에 여러 사용자에게 서비스를 제공할 수 있도록 운영체제를 설계하는 것인데, 이를 **시분할(time-sharing)** 방식이라고 한다. 시분할 방식을 구현하는 한 가지 방법은 **멀티프로그래밍(multiprogramming)**이라는 기법을 적용하는 것인데, 이는 시간을 작은 구간들로 나누고 한 작업은 한 번에 한 구간 동안만 실행시키는 기법이다. 각 구간이 끝날 때, 현재의 작업은 잠시 제쳐놓고 다음 구간 동안 다른 작업이 실행되도록 한다. 이러한 방식으로 작업들을 빨리 교대시키면 여러 작업이 동시에 실행되는 것처럼 보이게 된다. 실행되는 작업 유형에 따라서는 초창기 시분할 시스템이 동시에 30명 정도의 사용자들에 실시간 처리를 무난히 제공하기도 하였다. 오늘날 멀티프로그래밍 기법은 다중사용자 시스템뿐만 아니라 단일 사용자 시스템에서도 사용되는데, 단일사용자 시스템의 경우 흔히 **멀티태스킹(multitasking)**이라는 표현을 사용한다. 즉, 시분할 방식은 다수의 사용자가 동일 컴퓨터를 공유하고 있음을 가리키는 반면, 멀티태스킹은 한 명의 사용자가 동시에 여러 작업을 실행시키고 있음을 가리킨다.

다중사용자 시분할 운영체제의 개발로 중앙의 대형컴퓨터에 수많은 워크스테이션을 연결하여 구성하는 것이 일반화되었다. 사용자들은 컴퓨터 운영자에게 작업을 맡기는 대신 컴퓨터실 밖에서 이러한 워크스테이션 앞에 앉아 컴퓨터와 직접 통신할 수 있게 되었다. 공통적으로 사용되는 프로그램들은 컴퓨터의 대용량 저장장치에 저장해두고, 워크스테이션에서 요청이 들어오면 운영체제가 이 프로그램들을 실행할 수 있도록 설계되었다. 이리하여 사용자와 컴퓨터 사이의 중개자로서의 컴퓨터 운영자의 역할은 점차 사라지게 되었다.

오늘날 컴퓨터 운영자들은 거의 사라졌으며, 특히 PC에서는 컴퓨터 사용자가 컴퓨터 운영을 전적으로 책임진다. 대부분의 대형 컴퓨터들도 특별히 지키는 사람 없이 가동되고 있다. 실제로 컴퓨터 운영자라는 직업 대신 시스템 관리자라는 직업이 생겨났는데, 시스템 관리자는 단순한 절차에 따라 컴퓨터를 운영하는 대신 새로운 장비나 소프트웨어의 설치를 감독하고, 다양한 유형의 사용자들을 위해 계정 발급 및 디스크 용량 한도 설정 등과 같은 자체 관리 정책을 집행하며, 시스템에서 발생하는 문제 해결 작업을 관장한다.

요약하자면, 운영체제는 프로그램을 한 번에 한 개씩 불러와서 실행시키는 단순한 프로그램에서 시분할을 조정하고, 컴퓨터의 대용량 저장장치에서 프로그램과 데이터 파일을 유지하며, 컴퓨터 사용자의 요청에 직접 응답하는 복잡한 시스템으로 발전해왔다.

그러나 운영체제의 진화는 이것으로 끝난 것이 아니다. 다중프로세서 컴퓨터의 개발로 여러 개의 작업을 단일 프로세서에서 시분할 처리하는 운영체제뿐만 아니라 각기 다른 프로세서에 배정하여 시분할/멀티태스킹을 제공하는 운영체제도 나타나게 되었다. 이러한 운영체제들은 **부하 균형(load balancing)**이나 **스케일링(scaling)** 등의 문제와 씨름해야 한다. 부하 균형은 작업들을 여러 프로세서에 잘 할당하여 프로세서들을 효율적으로 사용

스마트폰 안에는 무엇이 들어있는가?

휴대폰의 기능은 점차 강화되어 단순한 통화를 넘어선 다양한 서비스들을 제공할 수 있게 되었다. 일반 **스마트폰**(smartphone)은 이제 문자메시지 전송, 웹 브라우징, 길안내, 멀티미디어 콘텐츠 재생 등에 사용할 수 있다. 다시 말하면 일반 PC가 제공하는 서비스의 많은 부분을 제공할 수 있게 되었다. 따라서 스마트폰은 스마트폰 하드웨어의 제한된 자원의 관리뿐만 아니라 급속히 확대되어 가고 있는 스마트폰 응용 소프트웨어들을 지원하는 기능들을 제공하기 위한 완전한 기능을 갖춘 운영체제를 필요로 하게 되었다. 스마트폰 운영체제 시장에서 주도권을 잡기 위한 싸움이 치열하게 진행되고 있으며, 어떤 시스템이 최선의 가격으로 가장 창의적인 기능들을 제공하느냐에 따라 승부가 갈릴 것이다. 스마트폰 운영체제 분야에서 주요 경쟁자들로는 블랙베리 OS, 애플의 iOS, 마이크로소프트의 윈도우 모바일, 구글의 안드로이드 등이 있다.

하는 것을 말하며, 스케일링은 작업을 이용 가능한 프로세서의 수에 맞추어 작은 작업으로 분할하는 것을 말한다. 더욱이, 수많은 컴퓨터들을 먼 거리에 걸쳐 연결하는 컴퓨터 네트워크의 도래로 인해 네트워크 활동을 조정하기 위한 소프트웨어들도 만들어지게 되었다. 4장에서 배우게 될 네트워킹 분야도 여러 면에서 운영체제라는 주제의 확장으로 볼 수 있는데, 네트워킹에서의 목표는 개별 운영체제들의 네트워크보다는 네트워크를 관장하는 하나의 운영체제를 개발하는 것이다.

운영체제 연구의 또 다른 방향은 의료기기, 차량용 전자기기, 가전제품, 휴대폰, 손에 들고 사용할 수 있는 컴퓨터 등과 같은 기기들에 초점을 맞추고 있다. 이러한 기기들에서 사용되는 컴퓨터 시스템은 임베디드 시스템(embedded system)이라고 불린다. 임베디드 운영체제는 종종 배터리 전원의 절약, 실시간 일정의 충족, 사람의 감독이 별로 없는 상태에서의 지속적인 운영 등의 요건들을 충족하도록 기대된다. 이 분야에서 성공적인 사례에는 윈드리버시스템즈의 VxWORKS, (윈도우 임베디드 컴팩트라고도 불리는) 마이크로소프트의 윈도우 CE, 블랙베리의 QNX 등이 있으며 이들은 주로 휴대형 장비에서 사용된다. VxWORKS는 "Spirit and Opportunity"라는 이름의 화성탐사선에서 사용된 바 있다.

연습문제

1. 큐의 예들을 들어라. 각 예에서 FIFO 구조를 따르지 않는 상황을 설명하라.
2. 다음 중 실시간 처리를 요하는 것은?
   a. 우편용 라벨의 인쇄
   b. 컴퓨터 게임 진행
   c. 스마트폰에서 전화를 걸 때 입력되는 전화번호 숫자들을 바로 화면에 표시하기
   d. 내년도 경제 전망을 예측하는 프로그램의 실행
   e. MP3 곡의 재생

3. 임베디드 시스템과 PC의 차이는 무엇인가?
4. 시분할과 멀티태스킹의 차이는 무엇인가?

3.2 운영체제의 구조

일반적인 운영체제의 구성을 이해하기 위해, 먼저 일반적인 컴퓨터 시스템에 나타나는 소프트웨어 종류들을 살펴보자. 그런 다음 운영체제를 집중적으로 살펴볼 것이다.

소프트웨어 개관

일반적인 컴퓨터 시스템에 나타나는 소프트웨어들을 분류해보기로 하자. 시간대를 정하다보면, 지리적으로 가까이 위치하여 일몰, 일출 등에서 시간상 거의 차이가 없는 지역들인데 시계는 한 시간이나 다르게 설정해야 하는 경우가 생긴다. 마찬가지로 소프트웨어 분류 체계도 유사한 소프트웨어를 서로 다른 범주로 분류하게 되는 것을 피할 수 없다. 더욱이, 소프트웨어 분류의 경우, 주제 자체의 동적 변화와 담당 기관의 부재 등으로 인해 상충되는 용어가 사용되기도 한다. 예를 들면, 마이크로소프트 윈도우 운영체제에서는 "보조 프로그램"이라는 프로그램 그룹과 "관리 도구"라는 프로그램 그룹이 존재하는데, 이 두 그룹 모두 이 책에서 응용 범주로 분류한 소프트웨어와 유틸리티 범주로 분류한 소프트웨어 모두 가지고 있다. 따라서 아래의 분류는 일반적으로 인정되는 사실로 받아들이

그림 3.3 | 소프트웨어의 분류

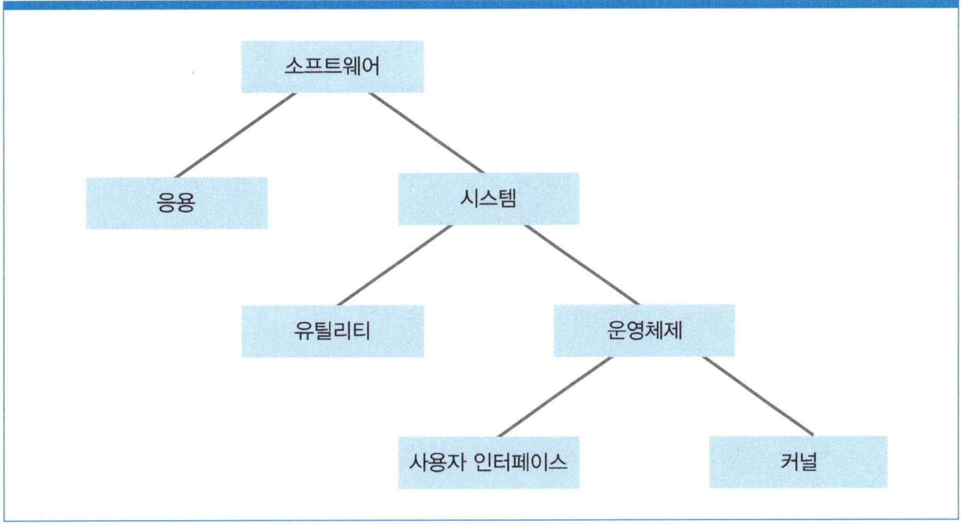

기보다는 광범위하고 변화가 많은 주제에 접근하기 위한 시도로 간주되어야 할 것이다.

컴퓨터 소프트웨어를 먼저 응용 소프트웨어(application software)와 시스템 소프트웨어(system software)라는 두 개의 큰 범주로 분류해보자(그림 3.3). 응용 소프트웨어는 컴퓨터를 이용하는 작업을 수행하기 위한 프로그램들로 이루어진다. 제조업체의 재고를 관리하기 위해 사용되는 컴퓨터는 전기공이 사용하는 컴퓨터에서 사용되는 것과는 다른 응용 소프트웨어들을 가지고 있을 것이다. 응용 소프트웨어의 예에는 스프레드시트, 데이터베이스 시스템, 탁상용 출판 시스템, 회계 시스템, 프로그램 개발용 소프트웨어, 게임 등이 포함된다.

응용 소프트웨어와는 대조적으로 시스템 소프트웨어는 컴퓨터 시스템들에 공통된 작업들을 수행한다. 어떤 의미에서 정부, 도로, 전기, 금융기관 등등의 한 국가의 기반시설이 국민들이 각자의 생활을 영위하기 위해 필요한 토대를 제공하는 것과 마찬가지로 시스템 소프트웨어는 응용 소프트웨어가 필요로 하는 환경을 제공한다.

시스템 소프트웨어는 다시 두 개의 범주로 나누어지는데, 하나는 운영체제이며 또 다른 하나는 유틸리티 소프트웨어(utility software)라고 불리는 소프트웨어들의 집합이다. 한 컴퓨터의 유틸리티 소프트웨어의 대부분은 운영체제에는 포함되어 있지 않지만 컴퓨터에서 기본적인 활동들을 수행하는 프로그램들로 이루어진다. 어떤 의미에서 유틸리티 소프트웨어는 운영체제의 기능을 확장시켜주는 소프트웨어들로 이루어진다. 예를 들면, 디스크를 포맷하거나 자기디스크를 플래시 드라이브에 복사하는 등의 기능은 운영체제 안에 구현되어 있지 않으며, 대신 유틸리티 프로그램의 형태로 제공된다. 또 다른 유틸리티 소프트웨어의 예에는 데이터 압축 소프트웨어, 멀티미디어 콘텐츠의 재생을 위한 소프트웨어, 네트워크 통신을 처리하기 위한 소프트웨어 등이 포함된다.

특정 기능들을 유틸리티 소프트웨어로 구현함으로써 이들이 운영체제에 포함되었을 경우보다 더 쉽게 시스템 소프트웨어를 특정 컴퓨터 시스템의 요구에 적합하게 맞출 수 있다. 실제로 기업이나 개인 사용자들이 원래 컴퓨터와 함께 제공된 유틸리티 소프트웨어를 변경하거나 프로그램을 추가하여 사용하는 경우가 많다.

유감스럽게도 응용 소프트웨어와 유틸리티 소프트웨어의 구별은 분명하지 않다. 이 책에서는 해당 패키지가 컴퓨터의 "소프트웨어 인프라"의 일부인가 아닌가로 판단한다. 따라서 새로운 응용 프로그램이 기본 도구가 되면 유틸리티로서의 지위를 가질 수도 있다. 인터넷 통신을 위한 소프트웨어가 연구 프로젝트 상태에 있었을 때는 응용 소프트웨어로 간주되었지만, 오늘날 이들은 모든 컴퓨터에서 기본적인 도구가 되었으며 따라서 유틸리티 소프트웨어로 분류되어야 할 것이다.

유틸리티 소프트웨어와 운영체제 사이의 구분도 마찬가지로 불분명하다. 특히 미국과 유럽에서의 반독점 소송들은 브라우저나 매체 재생기와 같은 프로그램들이 마이크로소프트의 운영체제 구성요소인지 마이크로소프트가 경쟁기업에 우위를 점할 목적으로 포함시킨 유틸리티인가에 관한 의문에 근거를 두고 있다.

운영체제 구성요소

이제 운영체제 내부의 구성요소들을 살펴보기로 하자. 컴퓨터의 사용자들이 요청하는 동작들을 수행하기 위해서는 운영체제가 사용자들과 대화할 수 있어야 한다. 이러한 소통을 다루는 운영체제 요소를 흔히 **사용자 인터페이스(User Interface)**라고 부른다. **셸(shell)**이라고 불리던 예전의 사용자 인터페이스에서는 주로 키보드와 모니터 화면을 사용하여 텍스트 메시지를 통해 사용자와 대화하였다. 최근의 시스템들은 파일이나 프로그램과 같이 처리 대상이 되는 항목들을 디스플레이에서 아이콘 등과 같이 그림으로 표시하는 **그래픽 사용자 인터페이스(Graphical User Interface; GUI)**를 사용한다. 이러한 시스템에서 사용자는 여러 가지 일반 입력장치를 사용하여 명령을 전달할 수 있다. 예를 들면, 한 개 이상의 버튼을 갖춘 마우스는 화면상의 아이콘을 클릭하거나 끌어 움직이기 위해 사용될 수 있다. 그래픽 작업가의 경우나 손에 쥐는 기기들에서는 전용 포인팅 장치나 스타일러스를 마우스 대신에 사용하기도 한다. 최근에는 정밀 터치스크린이 발전하여 사용자가 손가락으로 직접 아이콘을 조작할 수도 있게 되었다. 오늘날의 GUI들은 대개 2차원 이미지 투사시스템을 사용하지만, 3차원 투사시스템, 촉감인식 장치, 서라운드 사운드 오디오 재생장치 등을 이용한 3차원 대화 인터페이스들에 대한 연구가 진행 중이다.

운영체제의 사용자 인터페이스가 컴퓨터의 기능을 수립하는 데 있어 중요한 역할을 맡고 있지만, 이러한 구조는 컴퓨터 사용자와 운영체제의 실제 핵심요소 사이의 중개자의 역할을 수행할 뿐이다(그림 3.4). 사용자 인터페이스와 운영체제 내부 요소 사이가 확연하게 구분되는 것은 일부 운영체제에서 사용자별로 자신에 적합한 인터페이스를 이용하기 위해 여러 인터페이스 중에서 선택하여 사용할 수 있는 것을 보면 잘 알 수 있다. 예를 들면, UNIX 운영체제의 사용자들은 Bourne 셸, C 셸, Korn 셸, X11이라는 GUI 등

그림 3.4 | 사용자와 운영체제 커널 사이의 중개자 역할을 하는 사용자 인터페이스

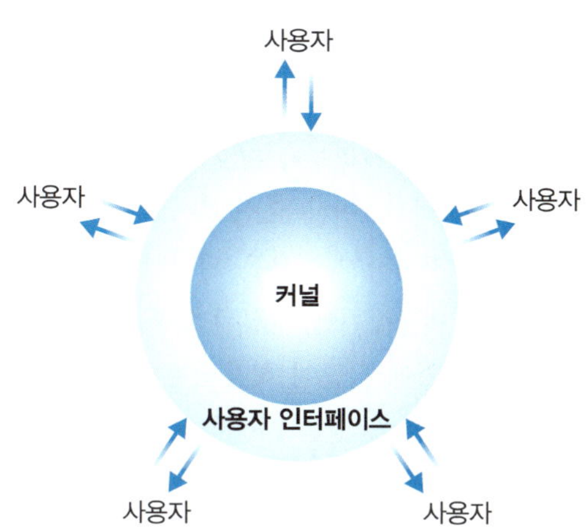

리눅스(Linux)

운영체제의 내부 구성요소들을 건드려보고 싶은 컴퓨터광들을 위한 운영체제가 바로 리눅스이다. 리눅스는 원래 토발즈(Linus Torvalds)가 헬싱키대학 재학시절 설계한 운영체제이다. 리눅스는 소유권이 설정되어 있지 않은 제품이며, 소스 코드(6장 참고) 및 설명서 등과 함께 무료로 이용할 수 있다. 소스 코드가 무료로 제공되므로, 리눅스는 컴퓨터 취미생활자, 운영체제를 공부하는 학생들, 일반 프로그래머들 사이에 큰 인기를 누려왔다. 더욱이, 리눅스는 오늘날 이용할 수 있는 운영체제 중 가장 안정적인 운영체제 중 하나로 인정받고 있다. 이러한 이유로 지금은 여러 기업들이 여러 리눅스 버전들을 쉽게 사용할 수 있는 패키지로 만들어 판매하고 있으며, 시장에서 오랜 기간에 걸쳐 자리 잡은 상용 운영체제들에 도전하고 있다. 리눅스에 관한 추가 정보는 웹사이트 http://www.linux.org에서 구할 수 있다.

을 포함하는 다양한 셸 중에서 선택할 수 있다. 그리고 마이크로소프트 윈도우의 초창기 버전들은 MS-DOS라는 운영체제의 명령 셸에서 실행되는 하나의 GUI 응용 프로그램이었다. 윈도우의 최근 버전들에서도 DOS 셸 cmd.exe는 유틸리티 프로그램 형태로 제공되는데, 일반사용자들은 많이 사용하지 않는다. 마찬가지로 애플의 OS X도 선조 격인 유닉스의 전통에 따라 터미널 유틸리티를 유지하고 있다.

오늘날의 GUI 셸의 중요한 구성요소 중 하나는 **윈도우 관리자(window manager)**인데, 이것은 윈도우라고 불리는 화면상의 공간을 할당하고 어느 응용 프로그램이 각 윈도우에 연계되어 있는지를 추적하는 기능을 수행한다. 응용 프로그램에서 어떤 내용을 화면에 표시하고자 할 경우 이를 윈도우 관리자에게 알리면, 윈도우 관리자가 해당 응용 프로그램에 지정된 윈도우를 찾아 그 안에 요청된 이미지를 넣어준다. 마우스 버튼이 클릭될 때에도, 화면상에서 마우스 위치를 계산하여 적절한 응용 프로그램을 찾아서 마우스 동작을 알려주는 것도 윈도우 관리자가 하는 일이다. 윈도우 관리자는 GUI의 "스타일"을 책임지고 있으며, 대부분의 윈도우 관리자는 구성에서 설정할 수 있는 다양한 선택들을 제공한다. 리눅스 사용자들은 윈도우 관리자들도 선택할 수 있으며, 많이 사용되는 윈도우 관리자에는 KDE와 Gnome이 포함된다.

운영체제의 내부 요소는 사용자 인터페이스와는 대조적인 **커널(kernel)**이라는 이름으로 불린다. 운영체제 커널은 컴퓨터가 필요로 하는 가장 기본적인 기능들을 수행하는 소프트웨어 요소들을 포함한다. 그러한 요소 중 하나가 **파일 관리자(file manager)**인데, 그 기능은 컴퓨터의 대용량 저장장치 이용을 관장하는 것이다. 보다 구체적으로 표현하자면, 파일 관리자는 대용량 저장장치에 저장된 모든 파일에 관한 정보를 유지하는데, 이에는 각 파일의 저장 위치, 파일에 접근이 허용되는 사용자들에 대한 정보, 새로운 파일이 추가되거나 기존의 파일이 확장될 경우 사용할 수 있는 대용량 저장장치의 비어있는 공간에 관한 정보 등이 포함된다. 이러한 정보는 관련 파일을 포함하는 개별 저장매체 상에 유지되며, 해당 매체가 시스템에 연결될 때 파일 관리자가 이러한 정보들을 읽어옴으로써 해당

매체에 무엇이 저장되어 있는지 파악할 수 있게 된다.

컴퓨터 사용자들의 편의를 위해 대부분의 파일 관리자는 파일들을 **디렉터리(directory)** 또는 **폴더(folder)**라는 묶음으로 그룹을 나눈다. 이러한 방식을 통해 사용자들은 연관된 용도의 파일들을 같은 디렉터리에 저장함으로써 파일들을 조직화할 수 있게 된다. 더욱이, 디렉터리 안에 하위디렉터리(subdirectory)라고 불리는 디렉터리들을 포함시킬 수 있게 함으로써 계층구조를 형성할 수 있다. 예를 들면, 사용자는 FinancialRecords, MedicalRecords, HouseHoldRecords 등의 이름을 갖는 하위디렉터리들을 포함하는 MyRecords라는 디렉터리를 만들 수 있다. 이들 각 하위디렉터리 안에는 하위디렉터리 이름이 나타내는 범주에 속하는 파일들을 저장할 수 있을 것이다. (윈도우 운영체제의 사용자들은 윈도우 탐색기라는 유틸리티 프로그램을 실행시킴으로써 파일 관리자로 하여금 전체 폴더들을 화면에 표시하게 만들 수 있다.)

디렉터리 안의 디렉터리로 이어지는 연결 사슬을 **디렉터리 경로(directory path)**라고 부른다. 경로들은 흔히 경로상의 디렉터리들을 슬래시(/) 기호로 연결하여 표현된다. 예를 들면, animals/prehistoric/dinosaurs는 animals라는 이름의 디렉터리에서 시작하여, prehistoric이라는 이름의 하위디렉터리를 지나, dinosaurs라는 이름의 하위디렉터리에서 끝나는 경로를 나타낸다. (윈도우 사용자의 경우, 경로 표현에서 animals\prehistoric\dinosaurs에서와 같이 슬래시는 역방향인 백슬래시(\, 한글 윈도우에서는 ₩)로 표시된다.)

운영체제 외의 다른 프로그램의 파일 접근은 파일 관리자의 감독을 받는다. 파일 접근 과정은 파일 열기라는 절차로 시작되는데, 이것은 프로그램이 파일 관리자에게 파일 접근을 요청하는 것이다. 파일 관리자가 접근 요청을 승인하는 경우, 파일을 찾아 이용하기 위해 필요한 정보를 제공한다.

커널의 또 다른 구성요소는 **장치 관리자(device driver)**라는 프로그램들의 집합인데, 이들은 컴퓨터에 연결된 주변장치에 동작들을 수행하기 위해 제어기와 통신하거나 또는 주변장치와 직접 통신하는 프로그램이다. 프린터, 디스크 장치, 모니터 등의 각 장치 유형마다 각자의 장치 관리자가 있으며, 일반화된 요청을 개별 장치가 요구하는 독자적인 일련의 명령들로 변환시켜준다. 예를 들면, 특정 프린터를 위한 장치 관리자는 해당 프린터의 상태 단어나 핸드셰이크 세부사항을 읽고 해석하는 프로그램을 포함한다. 따라서 다른 프로그램들은 파일을 인쇄하기 위해 프린터 특성을 고려할 필요가 없게 되며, 해당 프린터를 위해 설치되어 있는 장치 관리자 소프트웨어에게 인쇄를 맡겨 필요한 세부사항을 처리하게 하면 된다. 이러한 방식을 통해 다른 프로그램들이 개별 장치들의 고유 특성들과 독립적으로 설계될 수 있다. 또한 적절한 장치 관리자를 설치함으로써 개별 주변장치들에 맞출 수 있는 범용 운영체제를 구축할 수 있다.

운영체제 커널의 또 다른 구성요소는 컴퓨터의 주기억장치 사용을 관장하는 **메모리 관리자(memory manager)**이다. 한 번에 하나의 작업만을 수행하는 컴퓨터 환경에서는 메모리 관리자가 하는 일이 많지 않으며, 지정된 위치에 현재 작업을 옮겨놓고 실행한 후, 다음 작업을 수행하기 위한 프로그램을 같은 위치에 다시 옮기는 정도이다. 그러나 다중사용자 또는 멀티태스킹 환경에서는 컴퓨터가 동시에 여러 요구에 답해야 하며, 메모리 관리자가 할 일이 많아진다. 이 경우 동시에 여러 프로그램과 데이터 블록이 메모리를 차지하게 된다. 따라서 메모리 관리자는 이러한 요구들에 대해 메모리 공간을 찾아 할당해야 하며, 각 프로그램의 활동이 그 프로그램에 할당된 공간 내에서 이루어지도록 책임져야 한다. 더욱이, 서로 다른 활동들이 생겨났다 사라지므로, 메모리 관리자는 더 이상 이용되지 않는 메모리 영역을 추적하고 있어야 한다.

요청된 주기억장치의 크기가 실제 컴퓨터에서 사용가능한 공간을 초과할 경우 메모리 관리자의 일은 더욱 복잡해진다. 이 경우 메모리 관리자는 프로그램과 데이터를 주기억장치와 대용량 저장장치 사이를 오가며 옮기는 기법을 사용하여 주기억장치를 확장하는 효과를 만들 수 있는데, 이러한 기법을 **페이징(paging)**이라고 부른다. 예를 들어 필요한 주기억장치의 용량은 8 GB인데, 실제 컴퓨터에는 4 GB만 가지고 있다고 하자. 주기억장치의 용량을 늘이는 효과를 얻기 위해, 메모리 관리자는 디스크 상에 8GB의 저장 공간을 예약해둔다. 주기억장치의 실제 용량이 8 GB이었다면 주기억장치에 저장했을 비트 패턴들을 예약해둔 디스크 상의 공간에 기록한다. 이러한 데이터는 **페이지(page)**라고 불리는 일정한 크기의 단위로 분할되는데, 보통 그 크기는 수 KB 정도이다. 메모리 관리자는 필요한 페이지들이 실제로 4 GB의 주기억장치 안에 들어 있도록 하기 위해 이 페이지들을 주기억장치와 대용량 저장장치 사이에서 옮기는 작업을 반복하게 된다. 이러한 작업의 결과로 컴퓨터에 실제 8GB의 주기억장치가 있는 것처럼 기능할 수 있게 된다. 페이징에 의해 만들어진 이러한 "가상적인" 큰 기억공간을 **가상 메모리(virtual memory)**라고 부른다.

운영체제 커널 안의 구성요소에는 다음 절에서 살펴볼 **일정 관리자(scheduler)**와 **실행 관리자(dispatcher)**의 두 가지가 더 있다. 여기에서는 멀티프로그래밍 시스템에서 일정 관리자는 어느 작업을 실행시켜야 할지를 결정하며, 실행 관리자는 이러한 작업에 대한 시간 할당을 관장한다는 정도만 언급해둔다.

운영체제의 시동

운영체제는 다른 프로그램들이 필요로 하는 인프라를 제공하고 있음을 살펴보았는데, 운영체제 자체가 어떻게 동작을 시작하는지는 살펴보지 않았다. 운영체제의 시동은 **부트스트래핑(boot strapping)** 또는 줄여서 **부팅(booting)**이라고 부르는 절차에 의해 이루어지며, 이 절차는 컴퓨터 전원을 켤 때마다 수행된다. 대용량 저장장치에 영구적으로 저장되어 있는 운영체제를 전원이 켜질 때 비어있는 상태의 주기억장치로 옮기는 작업이 바로 부팅 절차이다. 부팅 절차와 그것이 필요한 이유를 이해하기 위해 먼저 컴퓨터의 CPU로 돌아가 보자.

CPU에 전원이 들어올 때마다 프로그램 카운터는 미리 정해져 있는 특정 주소를 가리키도록 CPU가 설계되어 있다. 그 특정 주소는 CPU가 실행될 프로그램의 시작 위치로 생각하는 주소이다. 따라서 논리적으로 생각해보면 남은 일은 운영체제를 이 위치에 저장해 두기만 하면 된다. 그러나 기술적 이유로 컴퓨터의 주기억장치는 대개 휘발성 메모리로 만들어져 있는데, 이는 컴퓨터 전원을 끄면 그 안에 저장되었던 모든 데이터가 지워짐을 의미한다. 따라서 컴퓨터를 다시 켤 때마다 주기억장치의 내용을 다시 채울 방법이 필요하다.

즉, 컴퓨터를 처음 켤 때 주기억장치에 어떤 프로그램이 이미 들어 있을 필요가 있지만(운영체제이면 좋을 것임), 컴퓨터의 휘발성 기억장치는 컴퓨터를 끌 때마다 지워져 있을 것이다. 이러한 딜레마를 해결하기 위해, CPU가 초기 프로그램이 들어 있을 것으로 기대하는 곳에 위치한 주기억장치의 작은 부분에 특별한 비휘발성 메모리 셀을 사용한다. 이러한 메모리는 읽을 수만 있을 뿐 변경할 수는 없기 때문에 **ROM(Read-Only Memory)**이라고 불린다. ROM에 비트 패턴을 저장시키는 일은 훨씬 첨단의 기술이기는 하지만 작은 퓨즈들을 끊는 일에 비교할 수 있다. 보다 정확히 표현하자면, 오늘날 PC에서 사용하는 대부분의 ROM은 플래시 메모리 기술을 사용해서 만들어지는데, 이들은 특별한 상황에서 내용을 변경할 수 있으므로 엄밀히는 ROM이 아니다.

범용 컴퓨터의 경우 **부트 로더(boot loader)**라고 불리는 프로그램이 컴퓨터의 ROM에 영구적으로 저장되어 있다. (ROM에 저장되어 있는 프로그램은 **펌웨어(firmware)**라고 불리는데, 이는 하드웨어에 영구적으로 기록된 소프트웨어로 이루어져 있음을 의미한다.) 컴퓨터 전원이 들어올 때 자동으로 실행되는 것은 바로 이 부트스트랩 프로그램이다. 부트스트랩 프로그램 안의 명령들이 하는 일은 CPU로 하여금 대용량 저장장치의 특정 위치에 저장된 운영체제를 주기억장치의 휘발성 영역으로 옮기는 것이다(그림 3.5). 일단

그림 3.5 | 부팅 과정

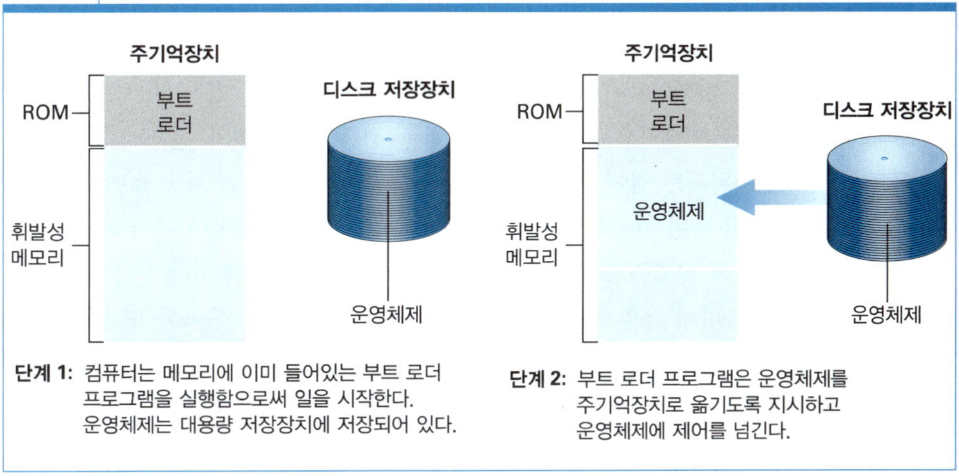

펌웨어

PC의 ROM 안에는 부트 로더 외에도 키보드로부터의 정보 수신, 컴퓨터 화면에 메시지 표시, 대용량 저장장치로부터의 데이터 읽기 등과 같은 기본적인 입출력 활동을 수행하기 위한 소프트웨어 루틴 모음이 포함되어 있다. 플래시 ROM과 같은 비휘발성 메모리에 저장되는 이러한 소프트웨어는 내용을 변경할 수 없도록 컴퓨터에 실리콘 형태로 제작되어 포함되는 하드웨어는 아니지만, 대용량 저장장치에 들어있는 일반 소프트웨어처럼 쉽게 변경할 수 있는 것은 아니다. **펌웨어(firmware)**라는 용어는 이러한 중간 지대를 표현하기 위해 만들어졌다. 펌웨어 루틴은 운영체제가 기능할 수 있기 전 상태에서 부트 로더가 입출력 활동들을 수행하기 위해 사용할 수 있다. 예를 들면, 부팅 프로세스가 실제로 시작되기 전에 컴퓨터 사용자와의 통신이나 부팅 과정의 오류 보고에 펌웨어가 사용될 수 있다. 널리 사용되는 펌웨어 시스템에는 PC에서 예전부터 사용되어온 BIOS(Basic Input/Output System), 그보다 나중에 나온 EFI(Extensible Firmware Interface), (현재는 오라클의 일부인) Sun사의 오픈 펌웨어, 임베디드 장치에서 많이 사용되는 CFE(Common Firmware Environment) 등이 있다.

운영체제가 주기억장치로 옮겨진 다음에는 부트스트랩이 CPU에게 운영체제의 시작 부분으로 점프 명령을 실행하도록 지시한다. 이 시점에서 운영체제가 컴퓨터를 접수하여 컴퓨터 활동을 제어하기 시작한다. 부트스트랩을 실행시키고 운영체제를 가동시키는 전체 과정을 **부팅(booting)**이라고 부른다.

대용량 저장장치로부터의 부팅이 필요 없도록 전체 운영체제를 저장할 수 있을 만큼 충분한 크기의 ROM을 데스크톱 컴퓨터가 갖지 않는 이유에 대해 의문을 가질 수 있을 것이다. 운영체제의 크기가 작은 임베디드 시스템에서는 그렇게 할 수도 있겠지만, 현재의 기술로서는 범용 컴퓨터에서 큰 용량의 비휘발성 메모리를 주기억장치에 두는 것이 비효율적이기 때문이다. 더욱이 최근의 운영체제들은 보안성을 유지하고 최신 하드웨어들을 위한 새롭고 개선된 장치 관리자들로 업그레이드할 수 있도록 잦은 업데이트를 겪는다. ROM 안에 저장되어 있는 운영체제나 부트 로더를 업데이트하는 것이 가능하기는 하지만(이를 **펌웨어 업데이트(firmware update)**라고 부름), 기술적인 한계가 있어 일반 컴퓨터 시스템에서는 대개 대용량 저장장치에 운영체제를 저장한다.

끝으로 덧붙이자면, 운영체제, 유틸리티 소프트웨어, 응용 소프트웨어 등의 차이와 부팅 과정을 이해함으로써 대부분의 범용 컴퓨터 시스템의 전반적인 동작 방식을 이해할 수 있게 된다는 점에 주목하기 바란다. 이러한 컴퓨터를 처음 켜면, 부트 로더가 운영체제를 읽어 들여 가동시킨다. 그 다음에 사용자는 운영체제에 유틸리티 프로그램이나 응용 프로그램의 실행을 요청하게 된다. 각 유틸리티 프로그램이나 응용 프로그램이 종료하면, 사용자는 다시 운영체제와 대화 상태에 놓이며 이때 사용자는 또 다른 요청을 할 수 있다. 따라서 이러한 시스템의 사용법을 배우는 것은 두 단계로 이루어진다. 사용하고자 하는 유틸리티 프로그램이나 응용 프로그램의 세부사항을 배우는 것 외에도 응용 프로그램들을 이용할 수 있기 위해 컴퓨터의 운영체제에 대해서도 충분한 지식을 갖추어야 한다.

연습문제

1. 일반적인 운영체제의 구성요소들을 나열하고, 각각의 역할을 한 문장으로 요약하라.
2. 응용 소프트웨어와 유틸리티 소프트웨어의 차이는 무엇인가?
3. 가상 메모리란 무엇인가?
4. 부팅 절차를 요약하라.

3.3 컴퓨터 활동의 조정

이 절에서는 운영체제가 어떻게 응용 소프트웨어, 유틸리티 소프트웨어, 운영체제 내부의 프로그램 등의 실행을 조정하는지 알아볼 것이다. 먼저 프로세스 개념부터 살펴보기로 하자.

프로세스 개념

현대 운영체제에서 가장 기본적인 개념 중 하나는 프로그램과 프로그램 실행 활동을 구분하는 것이다. 프로그램은 명령들의 정적인 집합인 반면, 프로그램 실행은 시간의 경과에 따라 성질이 변하는 동적인 활동이다. (이러한 구별은 책장에 놓여있는 책 속에 가만히 있는 악보와 악보가 기술하는 동작을 취하면서 음악가가 악보를 연주하는 행위를 구별하는 것과 비슷하다.) 운영체제의 제어 하에서 프로그램을 실행시키는 활동을 **프로세스(process)**라고 부른다. 프로세스에는 **프로세스 상태(process state)**라고 불리는 현재 상태 정보가 연계되어 있다. 이 상태 정보에는 프로그램의 현재 실행 위치(프로그램 카운터의 값)와 함께 다른 CPU 레지스터 및 관련 메모리 셀들의 값이 포함된다. 대략적으로 말하자면, 프로세스 상태는 특정 시점의 컴퓨터 스냅사진(snapshot)에 해당한다. 프로그램이 실행되는 동안 그때그때 스냅사진도 달라질 것이다.

보통 한 번에 하나의 악보만 연주하는 음악가와는 달리 일반적인 시분할/멀티태스킹 컴퓨터에서는 실행 중인 여러 프로세스들이 컴퓨터 자원을 이용하기 위해 경쟁하게 된다. 각 프로세스들이 주변장치, 주기억장치의 공간, 파일에 대한 접근, CPU에 대한 접근 등의 필요한 자원을 얻고, 독립적인 프로세스들이 서로 방해하지 않고, 정보를 교환할 필요가 있는 프로세스들이 그렇게 할 수 있도록 프로세스들을 관리하는 것이 운영체제의 역할이다.

프로세스 관리

프로세스들의 실행을 조정하는 작업을 처리하는 것은 운영체제 커널 내부에 있는 일정 관리자와 실행 관리자이다. 일정 관리자는 컴퓨터 시스템에 존재하는 프로세스들에 대한 기록을 관리하고, 새로운 프로세스들을 여기에 추가하거나 완료된 프로세스들을 지운다. 따라서 사용자가 응용 프로그램의 실행을 요청할 때, 현재 프로세스들의 집합에 요청된 응용 프로그램의 실행을 추가하는 것은 일정 관리자의 일이다.

일정 관리자는 모든 프로세스들을 추적하기 위해 주기억장치 안에 **프로세스 테이블**이라고 불리는 정보 블록을 유지한다. 프로그램의 실행이 요청될 때마다, 일정 관리자는 프로세스 테이블 안에 해당 프로세스를 위한 새로운 항목을 생성한다. 이 항목 안에는 (메모리 관리자로부터 얻은) 프로세스에 할당된 메모리 영역, 프로세스의 우선순위, 프로세스가 준비 상태인지 또는 대기 상태인지 등에 관한 정보가 포함된다. 프로세스가 계속 진행할 수 있으면 **준비** 상태이며, 대용량 저장장치 작업의 완료, 키보드 동작, 다른 프로세스로부터의 메시지 수신 등의 외부 이벤트가 발생할 때까지 진행이 연기되어 있으면 프로세스는 **대기** 상태이다.

실행 관리자는 일정이 잡혀 있는 프로세스들의 실행을 감독하는 커널 구성요소이다. 시분할/멀티태스킹 시스템에서 이 작업은 **멀티프로그래밍**에 의해 달성된다. 즉, 시간을 (대개 밀리초나 마이크로초 단위로 측정되는) **할당 시간(time slice)**이라고 불리는 짧은 구간으로 나눈 다음, 각 프로세스가 할당 시간을 초과하지 않도록 프로세스들 사이에서 CPU를 전환시켜준다(그림 3.6). 한 프로세스에서 다른 프로세스로 전환하는 절차를 **프로세스 스위치(process switch)** 또는 **콘텍스트 스위치(context switch)**라고 부른다.

실행 관리자가 프로세스에게 할당 시간을 부여할 때마다 실행 관리자는 타이머 회로를 가동시키는데, 이 회로는 **인터럽트(interrupt)**라고 불리는 신호를 생성하여 할당 시간이 끝났음을 알릴 것이다. CPU가 이러한 인터럽트에 반응하는 방식은 우리가 작업 중에 중단 호출을 받았을 때 반응하는 방식과 별 차이가 없다. 하고 있던 일을 멈추고, (나중에 돌아와서 계속할 수 있도록) 현재 작업 위치를 기록하고, 호출 사유를 해결할 것이다. CPU

그림 3.6 | 프로세스 A와 프로세스 B 사이의 멀티프로그래밍

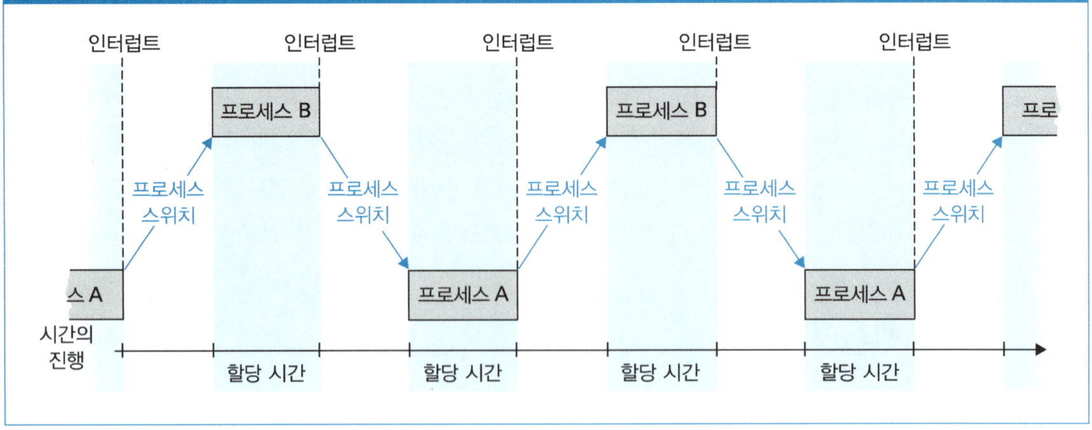

가 인터럽트 신호를 받을 경우, 현재의 기계 주기를 마친 후, 현재 프로세스 위치를 저장한 다음, **인터럽트 처리기**(interrupt handler)라고 불리는 프로그램의 실행을 시작하는데, 이 프로그램은 주기억장치의 지정된 위치에 저장되어 있을 것이다. 인터럽트 처리기는 실행 관리자의 일부이며, 실행 관리자가 어떻게 인터럽트 신호에 반응해야 할지 정해놓은 것이다.

따라서 인터럽트 신호의 효과는 현재 진행 중인 프로세스를 멈추고 제어를 실행 관리자에게 넘겨주는 것이다. 이때 실행 관리자는 (일정 관리자의 결정에 따라) 준비 상태에 있는 프로세스 중 우선순위가 가장 높은 프로세스를 프로세스 테이블에서 선택하고, 할당 시간에 맞추어 타이머 회로를 다시 작동시키고, 선택된 프로세스에게 제어를 넘긴다.

멀티프로그래밍 시스템의 성공에 중요한 것은 프로세스를 멈추었다가 나중에 다시 시작할 수 있는 기능이다. 책을 읽다 중단한 경우라면, 나중에 읽기를 계속할 수 있기 위해서는 어디까지 읽고 있었는지 그 때까지의 내용이 무엇이었는지 등의 정보를 기억하는 것이 중요하다. 요약하자면, 인터럽트 직전의 환경을 다시 만들 수 있어야 한다.

프로세스의 경우 다시 만들어야 할 환경은 프로세스의 상태이다. 앞에서 언급한 것처럼 이 상태에는 프로그램 카운터의 값, 레지스터들과 관련 메모리 셀의 내용 등이 포함된다. 멀티프로그래밍 시스템에 맞게 설계된 CPU들은 인터럽트 신호에 대한 CPU 반응의 일부로서 이러한 정보를 저장하는 기능을 갖는다. 이러한 CPU들은 이전에 저장된 상태를 다시 불러들이는 기계어 명령을 갖는 경우가 많다. 이러한 기능은 프로세스 스위치를 수행할 때 실행 관리자의 작업을 용이하게 해주며, 운영체제의 요구에 따라 CPU 설계가 어떻게 영향 받는지 보여주는 하나의 예이다.

끝으로, 멀티프로그래밍에 필요한 프로세스 교대로 인한 오버헤드를 감안하면 약간은 의외이지만, 멀티프로그래밍의 사용으로 컴퓨터의 전반적인 효율성은 향상되는 것으로 밝혀져 있다. 멀티프로그래밍을 사용하지 않을 경우, 각 프로세스는 다음 프로세스가 시

인터럽트

할당 시간을 끝내기 위해 인터럽트(interrupt)를 사용하는 것은 컴퓨터 인터럽트 시스템의 여러 용법 중 하나에 지나지 않는다. 인터럽트 신호가 발생하는 상황에는 여러 가지가 있으며, 각기 자체 인터럽트 루틴을 갖고 있다. 실제로 인터럽트는 컴퓨터 활동과 주위 환경을 조정하기 위한 중요한 도구이다. 예를 들면, 마우스를 클릭하거나 키보드상의 키를 누르거나 해도 인터럽트 신호가 발생되어 CPU로 하여금 현재 하던 일을 멈추고 인터럽트의 원인을 해결하게 만든다.

발생한 인터럽트를 인식하여 반응하는 작업을 관리하기 위해, 인터럽트 신호들에 우선순위가 부여되어 중요한 작업을 먼저 처리할 수 있게 한다. 가장 높은 우선순위의 인터럽트는 대개 전원 중단에 연계된 것이다. 컴퓨터 전원이 갑자기 나갈 경우 이러한 인터럽트 신호가 발생하며, 관련 인터럽트 루틴은 전압이 가동 수준 이하로 떨어지기 전 수 밀리초 동안 CPU로 하여금 일련의 "정리" 작업을 수행하도록 지시한다.

작하기 전에 완료되어야 하며, 이는 프로세스가 주변장치들이 작업을 완료하기를 기다리거나 사용자가 다음 요청을 하는 동안의 시간이 낭비될 것임을 의미한다. 멀티프로그래밍은 이렇게 잃어버릴 시간을 다른 프로세스가 이용할 수 있게 해준다. 예를 들면, 한 프로세스가 디스크에서 데이터를 읽어오는 등의 I/O 요청을 실행할 경우, 일정 관리자는 해당 프로세스가 외부 이벤트를 기다리고 있음을 반영하도록 프로세스 테이블을 갱신할 것이다. 이 경우, 실행 관리자는 해당 프로세스에 할당 시간을 부여하기를 멈출 것이다. 나중에 (수백 밀리초 정도가 지난 후) I/O 요청이 완료되면, 일정 관리자는 다시 해당 프로세스가 준비 상태에 있음을 반영하도록 프로세스 테이블을 갱신할 것이며, 그 프로세스는 할당 시간을 받기 위해 경쟁할 것이다. 요약하자면, I/O 요청이 수행되는 동안에는 다른 작업들이 진행될 것이며, 순차적 방식으로 실행될 경우에 비해 더 적은 시간으로 전체 작업을 완료할 수 있을 것이다.

연습문제

1. 프로그램과 프로세스의 차이를 요약하라.
2. 인터럽트가 발생할 때 CPU가 수행하는 단계들을 요약하라.
3. 멀티프로그래밍 시스템에서 어떻게 최고 우선순위의 프로세스들이 다른 프로세스들보다 빨리 실행될 수 있는가?
4. 멀티프로그래밍 시스템에서 각 할당 시간이 50밀리초이고 프로세스 스위치에 걸리는 시간이 1마이크로초를 넘지 않는다면, 컴퓨터는 1초 동안 몇 개의 프로세스를 서비스할 수 있는가?
5. 문제 4에서 각 프로세스가 자신의 할당 시간을 다 사용할 경우, 컴퓨터가 실제로 프로세스 실행에 사용하는 시간의 비율은? 각 프로세스가 자신의 할당 시간 중 1마이크로초가 지났을 때 I/O 요청을 실행할 경우라면?

3.4 프로세스 간의 경쟁에 대한 처리

운영체제의 중요한 작업 중 하나는 컴퓨터의 자원들을 시스템 안의 프로세스들에게 할당하는 일이다. 여기에서 자원(resource)이라는 용어는 컴퓨터 내부의 기능뿐만 아니라 주변장치까지 포함하는 넓은 의미로 사용되고 있다. 파일 관리자는 파일에 대한 접근을 관장할 뿐만 아니라 새로운 파일을 만들기 위한 대용량 저장장치 공간 할당도 맡고 있다. 메모리 관리자는 메모리 공간을 할당하고, 일정 관리자는 프로세스 테이블에서 공간을 할당하며, 실행 관리자는 할당 시간을 할당한다. 컴퓨터 시스템의 다른 많은 문제들의 경우처럼 자원 할당 작업도 언뜻 보면 단순해 보인다. 그러나 부실하게 설계된 시스템에서 오동작으로 이어질 수 있는 여러 가지 미묘한 문제들이 잠복해 있다. 컴퓨터는 스스로 생각하지 않으며, 단지 지시를 따를 뿐이라는 점을 기억하라. 따라서 신뢰할 수 있는 운영체제를 구축하기 위해서는 아무리 사소할지라도 가능한 모든 사고에 대비한 알고리즘을 개발해야 한다.

세마포어

한 개의 프린터가 달려있는 컴퓨터의 활동을 제어하는 시분할/멀티태스킹 운영체제를 생각해보자. 프로세스가 결과를 인쇄할 필요가 있을 경우, 운영체제에게 프린터 장치 관리자에 접근할 수 있도록 요청해야 한다. 이때 운영체제는 프린터를 사용 중인 다른 프로세스가 있는지 여부에 따라 이 요청을 승인할 것인지 결정해야 한다. 프린터를 사용하고 있는 다른 프로세스가 없을 경우, 운영체제는 이 요청을 승인하여 프로세스가 진행되도록 허용해야 한다. 프린터를 사용하고 있는 다른 프로세스가 있을 경우, 운영체제는 이 요청을 거부해야 하며 어쩌면 프린터를 이용할 수 있을 때까지 해당 프로세스를 대기 프로세스로 분류해야 할 것이다. 어쨌든 두 프로세스가 동시에 프린터에 접근을 허용 받는다면, 그 결과는 두 프로세스 모두에게 도움이 되지 않을 것이다.

프린터에 대한 접근을 제어하기 위해, 운영체제는 프린터가 이미 할당되어 있는지 여부를 추적하고 있어야 한다. 이를 위한 한 가지 방법은 플래그(flag)를 사용하는 것이다. 플래그는 한 비트 값인데, 보통 **지정(set)** 상태와 **해제(clear)** 상태로 불리는 상태 값을 갖는다. 0 값으로 표현되는 해제 플래그는 프린터를 사용할 수 있음을 나타내며, 1 값으로 표현되는 지정 플래그는 프린터가 이미 할당되었음을 나타낸다. 얼핏 보면 이 방법에는 별 문제가 없는 것처럼 보인다. 운영체제는 프린터에 대한 접근 요청이 있을 때마다 이 플래그를 검사할 것이다. 플래그가 해제 상태이면 요청을 승인하고 운영체제는 플래그를 지정 상태로 바꾼다. 플래그가 지정 상태이면 운영체제는 요청한 프로세스를 대기하도록 만든다. 어떤 프로세스가 프린터 사용을 마칠 때마다 운영체제는 프린터를 대기 중인 프로세스에게 할당하거나, 또는 대기 중인 프로세스가 없을 경우 플래그를 해제하면 된다.

그러나 이렇게 단순한 플래그 시스템에는 문제가 하나 있다. 플래그를 검사하고 지정 상태로 변경하는 작업은 여러 개의 기계 명령을 요할 수도 있다. (플래그 값을 메모리에서 읽어오고, CPU 안에서 처리한 다음, 플래그 값을 메모리에 다시 저장해야 할 것이다.) 따라서 하나의 작업에서 해제 플래그를 확인한 다음 다시 지정 상태로 변경하기 전에 인터럽트 신호를 받을 수도 있다. 특히 현재 프린터가 비어있고 어떤 프로세스가 프린터 사용을 요청하고 있다고 하자. 주기억장치에서 관련 플래그를 가져와서 프린터가 비어있음을 나타내는 해제 상태임을 확인한다. 그러나 이 시점에서 이 프로세스가 인터럽트로 중

마이크로소프트의 작업관리자(Task Manager)

(Ctrl, Alt, Delete 등 세 개의 키를 동시에 누름으로써) 작업관리자라는 유틸리티 프로그램을 실행시켜 보면, 마이크로소프트 윈도우 운영체제의 내부 활동에 대해 조금 파악할 수 있을 것이다. 특히 작업관리자 창에서 [프로세스] 탭을 선택하면 프로세스 테이블을 볼 수 있다. 다음과 같은 실험을 해보기 바란다. 어떤 응용 프로그램도 실행하기 전에 먼저 프로세스 테이블을 살펴보라. (프로세스 테이블에 이미 수많은 프로세스들이 들어 있어 놀랄지 모르겠지만, 운영체제의 기본적 동작을 위해 필요한 프로세스들이 많이 있다.) 이제 아무 응용 프로그램이나 실행시킨 후 프로세스 테이블에 새로운 항목이 추가되었음을 확인하라. 또한 그 프로세스에 얼마만큼의 기억장치가 할당되었는지 볼 수 있을 것이다.

단되고 다른 프로세스가 할당 시간에 따른 실행을 시작한다. 새로운 프로세스 역시 프린터 사용을 요청하는데, 이전 프로세스가 플래그를 지정 상태로 변경하기 전에 인터럽트로 중단되어 있으므로 주기억장치에서 가져온 플래그는 아직 해제 상태이다. 따라서 운영체제는 새로운 프로세스에게도 프린터 사용을 허가할 것이다. 나중에 원래의 프로세스가 실행을 재개할 때, 운영체제가 플래그가 해제 상태임을 확인했던 그 상태로 돌아가 있을 것이다. 따라서 운영체제는 주기억장치의 플래그를 지정 상태로 변경하고 원래의 프로세스에게 프린터 접근을 허용할 것이다. 이제 두 개의 프로세스가 동일한 프린터를 사용하게 될 것이다.

이 문제에 대한 해결책은 플래그의 검사에서 지정 상태로의 변경에 이르는 작업을 인터럽트에 의한 중단 없이 완료시키는 것이다. 한 방법은 대부분의 기계어에서 제공되는 인터럽트 차단(interrupt disable) 명령과 인터럽트 허용(interrupt enable) 명령을 사용하는 것이다. 인터럽트 차단 명령이 실행되면 이후에 일어나는 인터럽트를 차단해주며, 인터럽트 허용 명령은 CPU가 인터럽트 신호에 반응하는 것을 재개시킨다. 따라서 운영체제가 플래그 검사 루틴을 시작할 때 인터럽트 차단 명령을 실행시키고 끝낼 때 인터럽트 허용 명령을 실행시킬 경우, 일단 그 루틴이 시작되면 다른 활동으로 인한 인터럽트로 중단되지 않을 것이다.

또 다른 해결 방법은 많은 기계어에서 제공되는 **검사-지정(test-and-set)** 명령을 사용하는 것이다. 이 명령은 하나의 기계어 명령에서 CPU로 하여금 플래그 값을 읽고, 값을 확인하고, 다시 지정하도록 지시한다. 이 방식의 이점은 인터럽트를 인지하기 전에 CPU가 현재 실행 중인 명령을 완료하므로, 한 개의 명령 안에 구현되어 있는 플래그에 대한 검사와 지정이 분리되지 않는다는 것이다.

앞에서 설명된 플래그가 적절히 구현될 경우 **세마포어(semaphore)**라고 불리는데, 이 용어는 열차선로 구간에 대한 접근을 제어하기 위해 사용되는 철도 신호에서 따온 것이다. 실제로 소프트웨어에서의 세마포어 사용 방식은 철도 시스템의 경우와 별반 다르지 않다. 한 번에 한 프로세스만이 실행시킬 수 있는 일련의 명령은 한 번에 한 대의 열차만 이용할 수 있는 선로구간에 해당된다. 이러한 일련의 명령 블록을 **임계 구역**(critical region)이라 부른다. 한 번에 하나의 프로세스만이 임계 구역을 실행하도록 허용하자는 요구사항은 **상호 배제**(mutual exclusion)라고 불린다. 요약하면, 임계 구역에 대해 상호 배제를 달성하는 일반적인 방법이 세마포어로 임계 구역을 보호하는 것이다. 임계 구역에 들어가기 위해 프로세스는 세마포어가 해제 상태임을 확인해야 하며, 임계 구역에 들어가기 전에 세마포어를 지정 상태로 변경해야 한다. 나중에 임계 구역을 나올 때는 세마포어를 해제 상태로 변경해야 한다. 세마포어가 지정 상태이면, 임계 구역에 들어가려던 프로세스는 세마포어가 해제 상태가 될 때까지 기다려야 한다.

교착상태

자원 할당에서 발생할 수 있는 또 다른 문제는 **교착상태**(deadlock)라는 것인데, 이는 둘 이상의 프로세스가 서로 상대방에 할당된 자원을 기다리느라 어느 프로세스도 진행하지 못하는 상태를 가리킨다. 예를 들면, 한 프로세스는 프린터에 대한 접근을 확보하고 있으면서 DVD 플레이어에 대한 접근을 기다리고 있는 반면, 또 다른 프로세스는 DVD 플레이어에 대한 접근을 확보하고 있으면서 프린터에 대한 접근을 기다리고 있을 수 있다. 또 다른 예는 프로세스들이 작업을 나누어 수행하기 위해 (유닉스 용어로 **포크**(forking)라는 동작을 통해) 새로운 프로세스들을 생성하도록 허용되는 시스템에서 발생한다. 일정 관리자가 사용하는 프로세스 테이블에 남아있는 공간은 없고 시스템에서 실행 중인 각 프로세스는 작업을 완료하기 위해 추가의 프로세스를 생성해야 한다면, 어느 프로세스도 진행할 수 없게 된다. 이러한 교착상태는 시스템의 성능을 크게 떨어뜨릴 수 있다(그림 3.7).

그림 3.7 | 공유될 수 없는 철도 교차점을 이용하기 위한 경쟁의 결과로 발생하는 교착상태

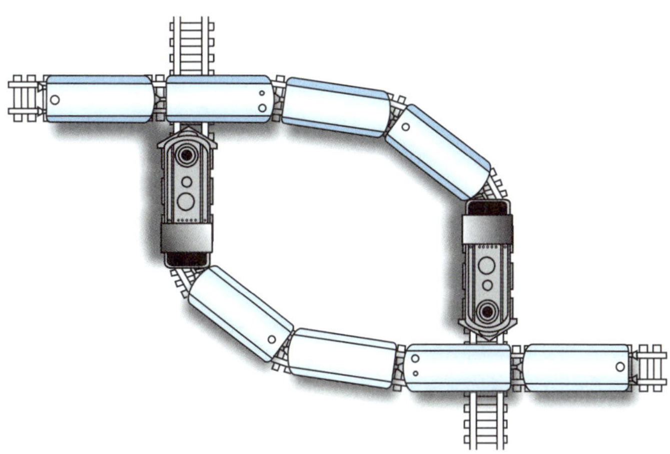

교착상태에 대한 분석을 통해, 다음 세 가지 조건 모두가 충족되지 않을 경우 교착상태가 발생할 수 없음이 밝혀져 있다.

1. 공유할 수 없는 자원에 대한 경쟁이 존재한다.
2. 자원에 대한 요청이 단계적으로 이루어진다. 즉, 프로세스가 일부 자원을 얻은 후, 나중에 다른 자원을 요청한다.
3. 일단 자원이 할당되면, 강제로 회수할 수 없다.

이러한 조건들에 대한 분석을 통해, 위의 세 가지 조건 중 어느 하나라도 제거하면 교착상태를 해결할 수 있음을 알 수 있다. 세 번째 조건을 제거하는 방식은 **교착상태 탐지 및 해결** 기법에 속한다. 이 경우 교착상태는 좀처럼 발생하지 않는 것으로 간주되며, 교착상태의 발생 자체를 피하기 위한 어떠한 노력도 하지 않는다. 대신, 이 기법에서는 교착상태가 발생할 경우 이를 탐지하고 할당된 자원 일부를 강제로 회수하는 방식으로 문제를 해결한다. 가득 찬 프로세스 테이블은 이 범주에 속하는 것으로 볼 수 있다. 테이블이 가득 차서 교착상태가 발생할 경우, 운영체제 안의 루틴들이 (또는 시스템 관리자가 "관리자" 권한을 사용하여) 프로세스 중 일부를 **제거(kill)**함으로써 프로세스 테이블에 공간을 만들어 나머지 프로세스들이 작업을 진행할 수 있게 해준다.

처음 두 가지 조건을 제거하는 방식은 **교착상태 회피** 기법으로 불린다. 한 가지 방법은 각 프로세스가 한 번에 모든 자원을 요청하도록 함으로써 두 번째 조건을 예방하는 것이다. 또 다른 방법에서는 첫 번째 조건을 제거하는데, 경쟁 자체를 없애는 것이 아니라 공유할 수 없는 자원을 공유할 수 있는 자원으로 변환시키는 방법을 사용한다. 예를 들어, 문제의 자원이 프린터이고 여러 프로세스가 프린터 사용을 요구한다고 하자. 프로세스가 프린터를 요청할 때마다, 운영체제는 요청을 승인할 수 있다. 그러나 프로세스를 프린터 장치 관리자에 연결시켜 주는 대신, 운영체제는 프로세스가 인쇄할 정보를 프린터로 보내지 않고 대용량 저장장치에 저장하는 장치 관리자에게 연결시킨다. 이 경우 각 프로세스는 자신이 프린터에 접근하였다고 생각하고 정상적인 방식으로 실행될 수 있다. 나중에

파이썬과 운영체제

사용자가 파이썬 스크립트를 실행할 때 운영체제는 이 스크립트를 실행하기 위한 새로운 프로세스를 생성한다. 이러한 스크립트가 시스템의 기능을 확장하거나 조정할 경우 유틸리티 소프트웨어로 간주될 수도 있지만 대개 응용 프로그램으로 취급된다. 파이썬 스크립트는 작업 수행을 위해 운영체제 요소들과 상호작용하는데, 예를 들면 파일에 대한 읽기 또는 쓰기를 위해 파일관리자와 상호작용 하거나 사용자와의 대화를 위해 GUI 또는 셸과 상호작용 하기도 한다. 파이썬 모듈 안에는 작은 "운영체제"가 있으며, 이러한 작은 운영체제는 새로운 파이썬 프로세스를 분기시키거나 다른 유틸리티 또는 응용 프로그램을 실행시키는 등의 작업을 위한 일반적인 운영체제 요소들에 접근하기 위한 사전 정의된 시스템 독립적인 기능들을 제공한다.

다중 코어 운영체제

전통적인 시분할/멀티태스킹 시스템에서는 사람이 인식할 수 있는 것보다 빠르게 할당 시간 사이에서 전환함으로써 동시에 여러 프로세스를 실행시키는 것 같은 착각을 일으킨다. 최근의 시스템들도 이러한 방식으로 멀티태스킹을 실현하고 있지만, 여기에 더하여 최근의 다중 코어 CPU들은 실제로 두 개, 네 개, 혹은 그 이상의 프로세스들을 동시에 실행시킬 수 있다. 여러 대의 단일 코어 컴퓨터들이 협력하여 작업하는 것과는 달리 한 대의 다중 코어 컴퓨터는 여러 개의 독립적인 (코어(core)라고 불리는) 프로세서들을 갖고 있는데, 이들은 컴퓨터의 주변장치, 메모리, 기타 자원들을 공유한다. 다중 코어 운영체제에서 이는 실행 관리자나 일정 관리자가 각 코어에서 어떤 프로세스를 실행시켜야 할지를 고려해야 함을 의미한다. 서로 다른 프로세스들이 서로 다른 코어에서 실행될 경우, 프로세스들 사이의 경쟁에 대한 처리가 더욱 복잡해지는데, 이는 어떤 프로세스가 임계 구역에 진입할 필요가 있을 때 모든 코어에서 인터럽트를 차단시키는 것은 대단히 비효율적일 것이기 때문이다. 컴퓨터과학에서는 새로운 다중 코어 시스템들에 적합한 운영체제 메커니즘에 관련된 다양한 연구가 활발하게 이루어지고 있다.

프린터가 비게 되면, 운영체제가 대용량 저장장치의 데이터를 프린터에 전달할 수 있다. 이러한 방식으로 운영체제가 가상적인 프린터를 여러 개 만드는 방법을 통해 공유할 수 없는 자원을 공유할 수 있는 자원처럼 만드는 것이다. 이렇게 나중에 보다 편할 때 출력할 데이터를 저장하는 기법을 **스풀링(spooling)**이라고 부른다.

하나의 공통 자원에 대해 여러 프로세스의 접근을 허용하기 위한 기법으로 스풀링이 소개되었는데, 이에는 여러 변형이 존재한다. 예를 들면, 파일 관리자가 동일한 파일을 읽기만 하는 여러 프로세스들의 접근을 허용할 수는 있지만, 둘 이상의 프로세스가 동시에 파일에 대한 변경을 시도할 경우에는 충돌이 발생할 수 있다. 따라서 파일 관리자는 여러 프로세스에게 읽기 권한을 허용하면서 한 프로세스에게만 쓰기 권한을 허용하는 방식으로 프로세스들의 요구에 따른 파일 접근 할당 정책을 적용할 수 있다. 다른 시스템에서는 파일을 여러 부분으로 나누어 서로 다른 프로세스들이 각기 다른 부분을 동시에 변경할 수 있도록 허용할 수도 있을 것이다. 그러나 이러한 각 기법에는 시스템의 신뢰성을 확보하기 위해 해결되어야 할 미묘한 문제들이 존재한다. 쓰기 권한을 갖는 프로세스가 파일을 변경할 때 읽기 권한만을 갖는 프로세스들에게 어떻게 알릴 것인가가 그러한 문제의 한 예가 될 것이다.

연습문제

1. 프로세스 A와 프로세스 B가 동일한 컴퓨터에서 시분할 방식으로 실행되고 있고 각 프로세스는 짧은 시간 동안 공유할 수 없는 동일한 자원을 필요로 한다고 하자. (예를 들면, 각 프로세스는 일련의 짧고 독립적인 보고서를 인쇄하고 있을 수 있다.) 각 프로세

스는 해당 자원을 얻었다가 반환하고 다시 요청하기를 반복할 것이다. 이 자원에 대한 접근을 제어하기 위해 다음 방식을 사용할 경우의 단점은 무엇인가?

> 플래그를 두고 그 값은 0으로 시작한다. 프로세스 A가 자원을 요청할 경우, 플래그가 0이면 요청을 승인하고 아니면 프로세스 A를 기다리게 한다. 프로세스 B가 자원을 요청할 경우, 플래그가 1이면 요청을 승인하고 아니면 프로세스 B를 기다리게 한다. 프로세스 A가 자원 사용을 마칠 때마다 플래그를 1로 변경한다. 프로세스 B가 자원 사용을 마칠 때마다 플래그를 0으로 변경한다.

2. 2차선 도로가 터널을 지나기 위해 1차선 도로로 합쳐진다고 가정하자. 터널 이용을 조정하기 위해 다음과 같은 신호 체계가 설치되었다. 이 체계의 결함은 무엇인가?

> 터널의 어느 쪽에서나 터널로 들어가는 차가 있으면 터널 위에 달린 적색등이 켜진다. 그 차가 터널을 빠져나가면 적색등은 꺼진다. 접근하는 차가 적색등이 켜져 있는 것을 보면 등이 꺼질 때까지 기다렸다 들어간다.

3. 차선이 하나밖에 없는 교량에서 두 대의 차가 마주치게 될 때 발생하는 교착상태를 해결하기 위해 아래와 같은 방법들이 제안되어 있다. 이들은 각기 본문에 주어진 교착상태 형성 조건 중 몇 번째 조건을 제거하는가?
   a. 교량이 빌 때까지 차가 교량으로 진입하지 못하게 한다.
   b. 차들이 마주칠 경우, 둘 중의 한 대를 후진시켜 교량 밖으로 나오게 한다.
   c. 교량에 두 번째 차선을 추가한다.

4. 멀티프로그래밍 시스템에서 각 프로세스를 원으로 표시하고, 한 프로세스가 다른 프로세스에서 사용 중인 (공유할 수 없는) 자원을 기다릴 경우 첫 번째 프로세스에서 두 번째 프로세스로 향하는 화살표를 그린다. 이 결과로 만들어진 그림을 수학자들은 방향성 그래프(directed graph)라고 부른다. 시스템에서의 교착상태에 해당하는 방향성 그래프의 성질은 무엇인가?

3.5 보안

운영체제는 컴퓨터 안의 활동들을 감독하므로 당연히 보안 유지에서도 중요한 역할을 수행한다. 넓은 의미에서 이러한 책임은 여러 가지 형태로 나타나는데, 그 중의 하나가 신뢰성이다. 파일 관리자의 결함으로 인해 파일의 일부분을 잃게 된다면, 그 파일이 보호되고 있다고 볼 수는 없을 것이다. 실행 관리자의 어떤 결함으로 인해 흔히 시스템 크래시(crash)라고 불리는 시스템 장애가 발생하여 한 시간 동안 입력한 데이터를 잃게 만든다면, 작업이 보호되고 있지 않다고 말할 수 있을 것이다. 따라서 컴퓨터 시스템 보안은 잘 설계되어 신뢰할 수 있는 시스템을 필요로 한다.

신뢰성을 갖춘 소프트웨어의 개발은 운영체제에 국한된 주제는 아니다. 이것은 모든 소프트웨어 개발에 적용되며, 7장에서 다루게 될 소프트웨어 공학이라는 컴퓨터과학의 한 분야를 구성한다. 이 절에서는 특히 운영체제에 밀접하게 관련된 보안 문제들에 초점을 맞추어 살펴본다.

외부로부터의 공격

운영체제가 수행하는 중요한 작업 중 하나는 컴퓨터 자원을 인가되지 않은 사용자가 접근하지 못하도록 보호하는 것이다. 여러 사람이 사용하는 컴퓨터의 경우, 이 작업은 주로 인가된 사용자들에게 "계정"을 발급하는 방식을 사용하는데, **계정(account)**은 기본적으로 사용자 이름, 비밀번호, 사용자에 주어지는 권한 등의 항목을 포함하는 운영체제 내부의 레코드이다. 운영체제는 **로그인(login)** 절차 동안 이 정보를 사용하여 시스템에 대한 접근을 제어하는데, 로그인 절차는 사용자가 컴퓨터 운영체제와의 초기 접촉을 확립하기 위한 일련의 정보 교환으로 이루어진다.

계정을 관리하는 것은 관리자(administrator 또는 super user)로 불리는 사람인데, 이 사람은 로그인 절차 동안 관리자 이름과 비밀번호를 입력함으로써 운영체제에 대한 높은 접근 권한을 갖는다. 일단 로그인하게 되면, 관리자는 운영체제 안의 설정들의 변경, 주요 프로그램의 수정, 다른 사용자의 권한 조정, 일반 사용자에게 허용되지 않는 기타 관리 작업의 실행 등을 수행할 수 있다.

관리자는 이렇게 "높은 자리"에 올라 악의적이든 우연에 의한 것이든 파괴적 행동을 탐지하기 위한 노력의 일환으로 컴퓨터 시스템 내부의 활동들을 감시할 수 있다. 이러한 감시를 돕기 위해 컴퓨터 시스템에서 발생하는 활동들을 기록하고 분석하는 **감사 소프트웨어(auditing software)**라는 유틸리티들이 개발되어 왔다. 특히 감사 소프트웨어는 틀린 비밀번호를 사용하여 로그인하려는 시도의 반복을 잡아낼 수 있는데, 이러한 시도는 비인가 사용자가 컴퓨터에 접근하려 했음을 나타낸다. 감사 소프트웨어는 또한 특정 사용자가 정상적으로 로그인한 후 활동이 과거 행동 패턴과 일치하지 않는 경우를 찾아낼 수도 있는데, 이러한 활동은 비인가 사용자가 해당 계정에 접근하였음을 나타낼 수 있다. (워드 프로세서나 스프레드시트만 사용하던 사용자가 갑자기 고급 기술 소프트웨어를 사용한다든가 권한 밖의 유틸리티 패키지를 사용한다든가 하지는 않을 것이다.)

감사 시스템이 찾아내도록 설계되어 있는 또 다른 공격은 **스니퍼(sniffing software)**인데, 이것은 컴퓨터에서 실행되면서 활동들을 기록하고 나중에 침입자에게 이를 보고하는 소프트웨어이다. 많이 알려져 있고 오래된 스니퍼의 한 예는 운영체제의 로그인 절차를 위장한 프로그램이다. 이 프로그램은 인가된 사용자들이 운영체제와 대화하는 것으로 믿게 만들어서 위장 프로그램에 계정 이름과 비밀번호를 제공하게 만들 수 있다.

컴퓨터 보안에는 복잡한 기술들이 관련되어 있지만, 컴퓨터 시스템 보안의 가장 큰 장

비밀번호 보안

컴퓨터에 더욱 많은 개인정보와 가치 있는 데이터를 저장하게 되면서 컴퓨터 계정을 안전한 비밀번호로 보호하는 일은 점차 중요성을 더하고 있다. 네트워크에 연결된 시스템들은 다양한 유형의 원격 로그인을 허용하므로 악의적 공격자들은 사람들보다 엄청나게 빠른 속도로 수많은 비밀번호를 시도하는 소프트웨어를 구축하여 이용할 수 있다. 따라서 안전한 비밀번호란 쉽게 추측할 수 없고 또 공격자가 가능한 모든 조합을 시도할 경우 찾는 데 엄청나게 긴 시간을 요하는 비밀번호이다. 이러한 이유로 오늘날 많은 계정들은 최소 비밀번호 길이를 요구하며, 비밀번호에 대문자, 소문자, 숫자, 특수문자 등의 조합을 포함하도록 요구하기도 한다.

유감스럽게도 사람들은 길고 안전한 비밀번호를 잘 기억하지 못하며, 이는 비밀번호를 정기적으로 변경해야 할 경우 더욱 심화된다. 온라인 로그인 아이디와 비밀번호의 관리를 지원하는 많은 소프트웨어 시스템들이 존재하지만, 이들의 안전성은 비밀번호들을 보호하는 마스터 비밀번호의 안전성 수준에 좌우된다.

일반 사용자들이 상당히 안전한 비밀번호들을 기억하는 데 도움이 되는 몇 가지 기억법이 있다. 집요한 공격자가 쉽게 추측하는 것을 피하기 위해서는 사전에 나타나는 단어나 (가족 생일과 같은) 공개된 개인적 숫자들은 피하는 것이 좋다. 반면에 혼자만 알 수 있는 이야기에 나타나지만 함께 잘 사용되지 않는 몇 개의 제법 긴 단어들을 조합하면서 대소문자를 섞어 쓰고, 숫자나 특수문자를 추가한다면 안전하면서도 기억하기 좋을 것이다.

동물을 좋아하는 필자의 어떤 친구가 동료의 집을 봐주게 되었는데, 해야 할 일 중에 뒷마당의 너구리들에게 애완견용 비스킷을 주는 일과 실내용 화초 잎이 반짝이도록 마요네즈를 발라주는 일이 포함되어 있었다. (Racoon Treat and Mayo Shine)을 의미하는 "Racc00nTreat&May0Sh1n3"은 기억하기 쉬우면서 이 책에서 그 이야기가 소개되기 전까지는 추측하기 어려운 비밀번호이다.

애물 중 하나는 놀랍게도 사용자들 자신의 부주의이다. 사용자들은 이름이나 생일과 같은 쉽게 추측할 수 있는 비밀번호를 선택하기도 하고, 자신의 비밀번호를 친구와 공유하기도 하며, 비밀번호를 주기적으로 변경하는 것을 게을리 하기도 한다. 사용자들은 오프라인 대용량 저장매체를 여러 컴퓨터에서 사용함으로써 손상시키기도 하고, 승인되지 않은 소프트웨어를 시스템에 설치함으로써 시스템 보안을 무력하게 만들기도 한다. 이러한 문제들을 해결하기 위해, 많은 수의 컴퓨터를 보유하고 있는 대부분의 기관들은 사용자의 의무와 책임을 나열한 정책을 채택하고 집행한다.

내부로부터의 공격

일단 침입자가 (또는 악의적 의도를 가진 인가된 사용자가) 컴퓨터 시스템에 접근하면, 다음 단계는 대개 탐색을 통해 관심 있는 정보를 찾거나 악성 프로그램을 설치할 장소를 찾는 일이다. 침입자가 관리자 계정에 대한 접근을 취득했을 경우에는 이러한 작업은 간단한 일이며, 따라서 관리자 비밀번호를 잘 보호해야 한다. 만일 일반 사용자 계정을 통해 접근이 이루어졌다면, 침입자에게 일반 사용자 이상의 권한을 허용하도록 운영체제를

다중 요소 인증

컴퓨터 계정 보호에 취약한 비밀번호를 사용하는 사람들로 인한 문제에 대한 해결책의 하나는 접속에 두 종류 이상의 인증을 요구하는 것이다. 비밀번호는 사용자가 알고 있는 지식의 한 예이며, "외할머니의 성은 무엇인가?"와 같은 보안성 질문에 대한 대답도 그러한 예의 하나이다. 또 다른 종류의 인증 요소는 사용자가 소유한 물건에 기초하는 것으로 ATM 카드, 전용 보안 토큰, 특정 전화번호를 갖는 스마트폰 등이 이에 해당한다. 로그인 과정에서 비밀번호와 함께 사용자의 스마트폰으로 전송된 접속 코드를 요구하는 2-요소 인증을 적용하는 온라인 계정이 점차 늘어나고 있다. 세 번째 인증 요소는 사용자 자신에 관련된 무엇인가를 이용하는 것이다. 모바일 기기에 내장된 생체인식 센서는 사용자별로 고유한 지문, 음성, 망막 패턴 등을 쉽게 인식할 수 있다. 스마트폰 가속도계 데이터를 이용하여 사용자의 고유한 보행 패턴을 인식하기 위한 생체인식 메커니즘에 대해 연구하고 있는 사람도 있다.

그러나 이러한 메커니즘 어느 것도 완벽하지는 않다. 영리한 공격자들은 사용자 비밀번호를 도청하고, 내장 센서를 속이기 위한 기술들을 이용해왔으며, 시스템 관리자의 스마트폰 전화번호를 다른 계정에 연계된 번호로 변경하도록 속이기도 한다.

속이는 일이 필요하게 된다. 예를 들면, 침입자는 프로세스가 할당받은 영역 밖의 메모리 셀에 접근할 수 있도록 메모리 관리자를 속이려고 시도하거나 접근이 거부되어야 할 파일을 읽을 수 있도록 파일 관리자를 속이려고 시도할 수도 있다.

오늘날의 CPU들은 이러한 시도를 방지하기 위한 강화된 기능을 갖도록 설계된다. 예를 들어 프로세스가 메모리 관리자를 통해 할당받은 메모리 영역에만 접근할 수 있게 제한할 필요에 대해 생각해보자. 이러한 제한이 없다면, 어떤 프로세스가 주기억장치에서 운영체제를 지우고 컴퓨터에 대한 통제권을 차지할 수 있게 될 것이다. 이러한 시도에 대응하기 위해, 멀티프로그래밍 시스템용으로 설계된 CPU들은 각 프로세스에 할당된 메모리 영역의 상한선 및 하한선 주소를 저장할 수 있는 특별한 레지스터들을 갖고 있다. 이 경우 프로세스를 수행하는 동안 각 메모리 참조에 대해 지정된 영역 안에서 이루어지도록 이 레지스터의 값들과 비교하게 된다. 만일 프로세스의 지정 영역 밖에 대한 참조이면, CPU는 운영체제가 적절한 조치를 취할 수 있도록 인터럽트 메커니즘에 의해 제어를 자동적으로 운영체제에 넘길 것이다.

앞의 설명에는 중대한 문제가 하나 숨어있다. 보안 기능이 이 정도에서 그친다면, 프로세스는 메모리 한계선을 나타내는 특별용도 레지스터들의 값을 변경함으로써 지정 영역 밖의 메모리 셀들에 접근할 수 있을 것이다. 즉, 메모리 영역을 늘리고 싶을 경우 메모리 상한선을 나타내는 레지스터의 값을 증가시킴으로써 운영체제의 승인 없이 추가의 메모리 공간을 사용할 수 있을 것이다.

이러한 행위로부터의 보호를 위해, 멀티프로그래밍 시스템용 CPU들은 "특권 모드"와 "비특권 모드"라는 두 가지 **특권 수준(privilege level)**을 두고, 설정된 수준에 따라 달리 동작하도록 설계되어 있다. 특권 모드(privileged mode)에서 CPU는 기계어에 들어 있는 모든 명령을 실행할 수 있다. 그러나 비특권 모드(nonprivileged mode)에서는 허용되는 명령이 제한된다. 특권 모드에서만 쓸 수 있는 명령을 **특권 명령(privileged instruction)**이라고 한다. (특권 명령의 전형적인 예에는 메모리 한계선 레지스터의 내용을 변경하는 명령이나 CPU의 현재 특권 수준을 변경하는 명령 등이 포함된다.) CPU가 비특권 모드에 있을 때, 특권 명령을 실행하려 하면 인터럽트가 발생한다. 이 경우의 인터럽트는 CPU를 특권 모드로 전환시키면서 제어를 운영체제 안의 인터럽트 처리기로 넘긴다.

처음 전원이 켜지면 CPU는 특권 모드에 있게 된다. 따라서 부팅 과정이 끝나면서 운영체제가 시작할 때는 모든 명령이 실행될 수 있는 상태가 된다. 그러나 운영체제가 프로세스에게 할당 시간을 지정하여 실행시킬 때마다, 운영체제는 "특권 모드 변경" 명령을 실행시켜 CPU를 비특권 모드로 전환시킨다. 만일 그 프로세스가 특권 명령을 실행하고자 시도하면 운영체제가 이를 통보받을 것이며, 운영체제는 컴퓨터 시스템에 손상이 생기지 않도록 하는 조치를 취해야 할 상황에 놓이게 된다.

특권 명령과 특권 수준의 제어는 운영체제가 보안 유지를 위해 이용할 수 있는 중요한 도구이다. 그러나 이러한 도구의 사용을 담당하는 부분은 운영체제의 복잡한 구성요소이며, 현재까지도 이 부분에서 오류들이 계속 발견되고 있다. 특권 수준 제어에서 단 한 개의 오류라도 있다면, 악의적 프로그래머나 부주의한 프로그래밍 오류 등에 의한 사고에 문을 열어주는 것과 같다. 프로세스가 운영체제의 멀티프로그래밍 시스템을 제어하는 타이머를 변경할 수 있다면, 프로세스는 자신의 할당 시간을 연장하여 컴퓨터를 독차지할 수 있게 된다. 프로세스가 주변장치에 직접 접근할 수 있다면, 파일 관리자의 감독을 거치지 않고 파일을 읽을 수 있게 될 것이다. 프로세스가 자신에게 할당된 영역 밖의 메모리 셀들에 접근할 수 있다면, 다른 프로세스가 사용하는 데이터를 읽거나 변경할 수도 있을 것이다. 따라서 보안 유지는 운영체제 설계 목표일뿐만 아니라 관리자의 중요한 업무 중 하나이다.

연습문제

1. 바람직하지 않은 비밀번호를 선택한 예들을 제시하고, 왜 그 비밀번호들이 바람직하지 않은지 설명하라.
2. 인텔 펜티엄 계열의 프로세서들은 네 가지 특권 수준을 사용한다. 펜티엄 설계자들이 특권 수준의 수를 세 개나 다섯 개가 아니라 네 개로 선택한 이유는 무엇이었겠는가?
3. 멀티프로그래밍 시스템에서 프로세스가 자신에게 할당된 영역 밖의 메모리 셀들에 접근할 수 있다면, 어떤 방법으로 컴퓨터 통제권을 확보할 수 있겠는가?

단원 복습 문제

(* 표시된 것은 고급 내용을 다루는 절에 관련된 문제이다.)

1. 일반적인 운영체제의 네 가지 활동을 나열하라.

2. 일괄 처리와 대화식 처리의 차이를 요약하라.

3. 세 개의 항목 R, S, T가 이 순서대로 큐에 들어갔다고 하자. 그런 다음 네 번째 항목 X를 큐에 넣기 전에 한 개의 항목을 꺼낸다. 그 다음에 다시 큐에서 한 개의 항목을 꺼낸다. 그리고는 항목 Y와 Z를 차례대로 큐에 넣고는 다시 한 번에 한 개씩 항목을 꺼내어 큐를 비운다. 큐에서 항목들을 어떤 순서대로 꺼냈는지 나열하라.

4. 임베디드 시스템과 PC의 차이는 무엇인가?

5. 멀티태스킹 운영체제란 무엇인가?

6. PC나 스마트폰에서 멀티태스킹 기능을 유용하게 사용할 수 있는 상황을 몇 가지 들어보라.

7. 본인이 익숙한 컴퓨터에서 응용 프로그램 두 개와 유틸리티 프로그램 두 개를 찾아서 나열하고, 이들에 대한 분류 근거를 설명하라.

8. a. 운영체제에서 사용자 인터페이스의 역할은 무엇인가?
   b. 운영체제 커널의 역할은 무엇인가?

9. 경로 X/Y/Z가 나타내는 디렉터리 구조는?

10. 운영체제에서 사용되는 "프로세스"라는 용어를 정의하라.

11. 운영체제 안의 프로세스 테이블에는 어떤 정보가 포함되는가?

12. 준비 상태의 프로세스와 대기 상태의 프로세스의 차이는 무엇인가?

13. 가상 메모리와 주기억장치의 차이는 무엇인가?

14. 컴퓨터가 512 MB의 주기억장치를 가지고 있으며, 운영체제는 2 KB의 페이지를 사용하여 주기억장치보다 두 배 크기의 가상 메모리를 만들 필요가 있다고 하자. 몇 개의 페이지가 필요하겠는가?

15. 시분할/멀티태스킹 시스템에서 두 프로세스가 동시에 동일한 파일에 대한 접근을 필요로 할 경우 어떤 문제가 발생할 수 있는가? 파일 관리자가 이러한 요청들을 허용해야 할 경우가 있는가? 파일 관리자가 이러한 요청들을 거부해야 할 경우가 있는가?

16. 응용 소프트웨어와 시스템 소프트웨어의 차이는 무엇인가? 각각에 대한 예를 들어보라.

17. 멀티프로세서 구조를 사용하는 환경에서 부하 균형(load balancing)과 스케일링(scaling)을 정의하라.

18. 부팅 과정을 요약하라.

19. 부팅 과정이 필요한 이유는 무엇인가?

20. PC를 켤 때 관찰할 수 있는 활동들을 순서대로 기록하라. 실제 부팅 과정이 시작되기 전에 컴퓨터 화면에 나타나는 메시지들을 적어보라. 이러한 메시지들을 출력하는 것은 어떤 소프트웨어인가?

21. 멀티프로그래밍 운영체제가 10밀리초 단위로 할당 시간을 할당하며, 컴퓨터는 1나노초에 평균 5개의 명령을 실행한다고 가정하자. 한 번의 할당 시간 동안 몇 개의 명령을 실행할 수 있는가?

22. 타이피스트가 분 당 5글자 단어 60개를 입력할 수 있다면, 한 문자 입력에 소요되는 시간은 얼마인가? 시분할 운영체제가 10밀리초 단위로 할당 시간을 할당하고 프로세스 스위치에 소요되는 시간을 무시한다면, 글자를 입력하는 사이에 몇 개의 할당 시간을 할당할 수 있겠는가?

23. 멀티프로그래밍 운영체제가 50밀리초 단위로 할당 시간을 할당한다고 하자. 디스크의 읽기/쓰기 헤드를 원하는 트랙 위에 위치시키기 위해 소요되는 시간이 8밀리초이고, 원하는 데이터가 읽기/쓰기 헤드 아래로 돌아오는 데 소요되는 시간이 17밀리초라면, 디스크에서 읽기 작업이 이루어지기를 기다리느라 보내는 시간이 할당 시간에

서 차지하는 비율은 얼마인가? 이 컴퓨터가 1 나노초에 10개의 명령을 실행할 수 있다면, 기다리는 시간 동안 몇 개의 명령을 실행할 수 있는가? (이것이 바로 어떤 프로세스가 주변장치에 작업을 수행할 때 멀티프로그래밍 시스템이 해당 프로세스의 할당 시간을 종료시키고 그 프로세스가 주변장치의 서비스를 기다리는 동안 다른 프로세스를 실행시키는 이유이다.)

24. 멀티태스킹 운영체제가 접근을 조정해야 할 자원 다섯 가지를 들어라.

25. 많은 I/O 작업을 필요로 하는 프로세스를 I/O 집중형(I/O-bound)이라고 표현하며, 주로 CPU 및 메모리 내에서의 계산으로 이루어지는 프로세스를 계산 집중형(compute-bound)이라고 표현한다. 계산 집중형 프로세스와 I/O 집중형 프로세스가 함께 할당 시간을 기다리고 있을 경우, 어느 프로세스에 높은 우선순위를 배정해야 하는가? 그 이유는 무엇인가?

26. 멀티프로그래밍 환경에서 두 개의 프로세스가 실행되고 있는 시스템에서 두 프로세스 모두 I/O 집중형(문제 25 참고)일 경우와 하나는 I/O 집중형이고 하나는 계산 집중형일 경우 중 어느 경우에 처리율이 더 높겠는가? 그 이유는 무엇인가?

27. 프로세스의 할당 시간이 끝났을 때 운영체제의 실행 관리자에게 보낼 일련의 지시사항을 쓰라.

28. 프로세스의 상태에는 어떤 정보가 포함되는가?

29. 멀티프로그래밍 시스템에서 프로세스가 자신에게 주어진 할당 시간을 모두 다 쓰지 않는 경우는 어떤 상황인가?

30. 프로세스에 인터럽트가 발생할 경우 일어나는 주요 이벤트들을 시간에 따라 나열하라.

31. 자신이 사용하는 운영체제에 대해 아래 각 질문에 답하라.

a. 파일을 한 장소에서 다른 장소로 복사하고자 할 때 운영체제에 어떻게 요청하는가?

b. 디스크 상의 디렉터리를 보여 달라고 할 때 운영체제에 어떻게 요청하는가?

c. 프로그램을 실행하고자 할 때 운영체제에 어떻게 요청하는가?

32. 자신이 사용하는 운영체제에 대해 아래 각 질문에 답하라.

a. 운영체제는 어떻게 승인된 사용자들에게만 접근을 허용하는가?

b. 현재 프로세스 테이블에 어떤 프로세스들이 들어 있는지 보여 달라고 할 때 운영체제에게 어떻게 요청하는가?

c. 컴퓨터상의 다른 사용자들이 자신의 파일에 접근하는 것을 원하지 않는다는 것을 운영체제에게 어떻게 알리는가?

***33.** 많은 기계어에 포함되어 있는 검사-설정(test-and-set) 명령의 중요한 용법을 설명하라. 검사-설정 과정을 한 개의 명령으로 구현하는 것이 중요한 이유는 무엇인가?

***34.** $100,000 밖에 없는 은행이 두 명의 고객에게 각기 $50,000씩 대출해준다. 나중에 두 고객 모두 돌아와서는 대출금을 갚으려면 먼저 이전의 대출금이 묶여있는 거래를 마쳐야 하는데, 이를 위해 각자 추가로 $10,000을 더 대출 받아야 한다고 사정 얘기를 한다. 은행은 다른 곳에서 자금을 빌려서 두 고객에게 대출해줌으로써 이 교착상태를 해결한다. 은행은 교착상태 발생의 세 가지 조건 중 어느 것을 제거하였는가?

***35.** 어느 대학에서 Model Railroading II라는 교과목을 수강하려는 학생들은 담당교수의 허가를 받아야 하며 실습비도 지불해야 한다. 두 가지 요건을 충족시키는 순서는 상관이 없으며, 담당교수 연구실과 실습비 접수처는 캠퍼스 안에서 좀 떨어져 있다. 수강생은 20명으로 제한되는데, 담당교수와 실습비 접수처 모두 각기 20명씩만 받는다. 이 수강신청 시스템에서 19명의 학생은 수강신청에 성공하였는데, 마지막 한 자리를 놓고 담당교수의 허가를 받은 한 학생과 실습비를 납부한 다른 학생 두 명이 다투고 있다고 하자. 이 문제에 대한 다음 각 해결책은 교착상태의 어떤 요건을 제거하고 있는가?

a. 두 학생 모두에게 수강을 허용한다.

b. 수강생 한도를 19명으로 낮추어 두 학생 모두에게 수강을 허용하지 않는다.

c. 두 학생 모두에게 수강을 못하게 하고, 제3의 학생에게 20번째 자리를 내준다.

d. 수강 허용 요건을 실습비 납부로 결정한다. 따라서 실습비를 납부한 학생에게 수강을 허용하고, 다른 학생은 거절한다.

***36.** 컴퓨터 디스플레이상의 각 영역은 한 번에 한 프로세스만 사용할 수 있으며(이렇게 하지 않으면 화면상의 내용을 읽을 수 없을 것이다), 이 영역들은 윈도우 관리자가 할당하는 공유될 수 없는 자원들이다. 교착상태를 피하기 위해 윈도우 관리자는 교착상태의 세 가지 요건 중 어느 것을 제거하겠는가?

***37.** 컴퓨터 시스템에서 공유될 수 없는 자원을 1등급 자원, 2등급 자원, 3등급 자원 등으로 분류한다고 하자. 그리고 시스템 안의 각 프로세스는 이러한 분류 순서에 따라 필요로 하는 자원을 요청한다고 하자. 즉, 프로세스는 2등급 자원을 요청하기 전에 먼저 필요한 모든 1등급 자원을 한 번에 요청해야 한다. 일단 1등급 자원을 받은 후에 필요한 모든 2등급 자원을 요청할 수 있으며, 그 다음에 필요한 모든 3등급 자원을 요청할 수 있다. 이러한 시스템에서 교착상태가 발생할 수 있는가? 그 이유를 설명하라.

***38.** 두 개의 로봇 팔은 각각 컨베이어 벨트에서 조립품을 집어 올려 검사하고, 검사 결과에 따라 두 개의 통 중 하나에 넣도록 프로그램 되어있다. 조립품은 충분한 시간 간격을 두고 한 번에 하나씩 도착한다. 두 개의 팔이 동일한 조립품을 집어 올리지 못하도록 팔들을 제어하는 컴퓨터는 공통의 메모리 셀을 공유한다. 조립품이 접근해 올 때 비어있는 팔을 제어하는 컴퓨터는 공통 셀의 값을 읽는다. 그 값이 0이 아니면, 그 팔은 조립품을 지나가게 한다. 그 값이 0이면, 제어 컴퓨터는 공통 메모리 셀에 0이 아닌 값을 넣고, 로봇 팔이 조립품을 집어 올리도록 지시하고, 동작이 끝나면 메모리 셀에 다시 0을 넣는다. 두 로봇 팔 사이에 다툼을 초래하게 될 일련의 이벤트로 이루어지는 시나리오를 기술하라.

***39.** 프린터로 가는 출력에 대한 스풀링 과정에서 큐가 어떻게 사용되는지 설명하라.

***40.** 할당 시간을 기다리는 프로세스가 할당 시간을 전혀 받지 못할 경우 그 프로세스는 기아(starvation) 상태에 있다고 표현된다.

a. 교차로 중앙 부분은 교차로에 접근하는 차들이 경쟁하는 공유할 수 없는 자원으로 간주될 수 있다. 이 자원의 할당을 제어하기 위해 운영체제 대신 신호등이 사용된다. 신호등이 각 방향에서 접근하는 교통량을 파악할 수 있고 가장 교통량이 많은 쪽에 녹색 신호를 주도록 프로그램 되어있을 경우, 교통량이 적은 쪽은 기아 상태에 놓일 수 있다. 기아를 피할 방법은 무엇인가?

b. 프로세스들은 고정된 우선순위를 가지며, 실행 관리자는 우선순위에 따라 할당 시간을 배정할 경우, 어떻게 해서 기아 상태의 프로세스가 생길 수 있는가? (힌트: 방금 할당 시간을 끝낸 프로세스의 우선순위와 대기 상태의 프로세스의 우선순위는 어느 쪽이 높을 것이며, 어느 쪽이 다음 할당 시간을 받겠는가?) 많은 운영체제들은 어떻게 이러한 문제를 피할 것으로 생각하는가?

***41.** 교착상태와 기아(문제 40 참고)의 유사성은 무엇인가? 교착상태와 기아의 차이는 무엇인가?

***42.** 다음은 원래 다익스트라(E. W. Dijkstra)가 제안했던 "식사하는 철학자들" 문제인데, 지금은 컴퓨터과학에서 널리 사용되는 예이다.
원형 식탁에 다섯 명의 철학자가 앉아 있다. 각자의 앞에는 스파게티 접시가 놓여 있다. 식탁에는 5개의 포크가 접시 사이마다 한 개씩 놓여 있다. 각각의 철학자는 생각과 식사를 번갈아 진행한다. 식사를 진행하기 위해서는 자신의 접시 주위의 포크 두 개 모두를 가져야 한다.
"식사하는 철학자들" 문제에 존재하는 교착상태와 기아(문제 40 참고)의 가능성에 대해 설명하라.

***43.** 멀티프로그래밍 시스템에서 할당 시간의 길이가 점점 짧아진다면 어떤 문제가 생기겠는가? 할당 시간이 점점 길어진다면?

***44.** 컴퓨터과학이 발전하면서 기계어는 특화된 명령들을 포함하도록 확장되어 왔다. 운영체제에서 널리 사용되는 그와 같은 기계어 명령 세 개가 3.4절에서 소개되었다. 어떤 명령들이었는가?

45. 일반 사용자가 아니라 운영체제 관리자가 수행할 수 있는 활동을 두 가지 들어보라.

46. 운영체제는 어떻게 한 프로세스가 다른 프로세스의 메모리 공간에 접근하는 것을 방지하는가?

47. 26개의 문자로 이루어진 영문 알파벳 문자 9개를 사용하여 만들어진 비밀번호를 생각해보자. 각 비밀번호에 대한 시험에 1밀리초가 소요된다면, 가능한 모든 비밀번호를 시험하는 데 얼마나 걸리겠는가?

48. 멀티태스킹 운영체제용 CPU가 여러 특권 수준을 갖도록 설계되는 이유는?

49. 특권 명령으로 요청되는 동작을 두 개 들어보라.

50. 운영체제가 방지하지 않을 경우 프로세스가 컴퓨터 시스템 보안을 위협할 수 있는 세 가지 방법을 들어보라.

51. 다중 코어 운영체제란 무엇인가?

52. 펌웨어 업데이트와 운영체제 업데이트 사이에는 어떤 차이가 있는가?

53. 운영체제와 윈도우 관리자의 관계는 무엇인가?

54. 인터넷 익스플로러는 마이크로소프트 윈도우 운영체제의 일부인가?

55. 임베디드 운영체제가 다루어야 할 특별한 문제는 무엇인가?

사회적 논제

다음 질문들은 컴퓨터 적용 분야에 관련된 윤리적/사회적/법률적 쟁점에 대한 지침을 마련하기 위한 것이다. 이 질문들의 목표는 단순히 대답을 이끌어내는 것에 있지 않다. 자신의 대답에 대한 이유를 생각해야 하며, 그와 같은 논거는 각 문항 사이에서 일관성을 유지해야 한다.

1. 다른 사용자들에게 속하는 파일의 이름과 내용을 볼 수 있도록 허용하는 다중사용자 운영체제를 사용하고 있다고 가정하자. 허가 없이 그러한 정보를 보는 것은 잠겨있지 않은 남의 집을 무단히 들어가서 배회하는 일과 비슷한가? 또는 병원 대기실 같은 공용 휴게시설에 비치된 도서를 읽는 정도의 일과 비슷한가?

2. 다중사용자 컴퓨터 시스템에 계정을 갖게 되었을 경우, 비밀번호를 선택할 때 어떤 책임을 갖게 되는가?

3. 운영체제 보안 결함으로 인해 악의적 프로그래머가 민감한 데이터에 대해 인가되지 않은 접근을 할 수 있게 되었다면, 운영체제 개발자의 책임은 어느 정도까지인가?

4. 침입자가 들어올 수 없도록 집을 잠그는 것은 집주인의 책임인가? 아니면 모든 사람에게 초대받지 않은 남의 집에 들어가지 않을 책임이 있는가? 컴퓨터와 그 내용을 지키는 것이 운영체제의 책임인가? 또는 남의 컴퓨터를 건드리지 않는 것이 해커의 책임인가?

5. 쏘로(Henry David Thoreau)는 자신의 책 Walden에서 우리는 우리가 만든 도구의 도구가 되어가고 있다고 주장한다. 즉, 우리가 가진 도구가 우리를 편하게 해주는 것이 아니라 도구를 구하고 유지하는 데 많은 시간을 허비하게 된다는 것이다. 컴퓨터

의 경우 어느 정도까지 이 말은 진실인가? 예를 들어 PC를 가지고 있을 경우, 구입 비용을 벌기 위해, 운영체제를 사용하는 방법을 배우기 위해, 유틸리티 및 응용 소프트웨어를 사용하는 방법을 배우기 위해, PC를 유지하기 위해, 또는 업그레이드 소프트웨어를 다운로드 하기 위해 쓰는 시간을 PC를 도움이 되도록 이용하는 데 쓰는 시간과 비교한다면? PC를 사용할 때 쓴 시간은 그만한 가치가 있는 시간인가? PC를 가지고 있을 때 사회성이 나아질 것인가? 아니면 PC가 없을 때가 나은가?

참고문헌

Bishop, M. *Introduction to Computer Security*. Boston, MA: Addison-Wesley, 2005.

Craig, B. *Cyberlaw: The Law of the Internet and Information Technology*. Upper Saddle River, NJ: Prentice-Hall, 2012.

Davis, W. S. and T. M. Rajkumar. *Operating Systems: A Systematic View*, 6th ed. Boston, MA: Addison-Wesley, 2005.

Deitel, H. M., P. J. Deitel, and D. R. Choffnes. *Operating Systems*, 3rd ed. Upper Saddle River, NJ: Prentice-Hall, 2005.

Silberschatz, A., P. B. Galvin, and G. Gagne. *Operating System Concepts*, 9th ed., New York: Wiley, 2012.

Stallings, W. *Operating Systems*, 9th ed. Upper Saddle River, NJ: Prentice-Hall, 2017.

Tanenbaum, A. S. and A. Woodhull. *Operating Systems Design and Implementation*, 4th ed. Upper Saddle River, NJ: Prentice-Hall, 2016.

CHAPTER

4

네트워킹과 인터넷

이 장에서는 네트워킹(networking)이라는 컴퓨터과학의 한 영역을 살펴볼 텐데, 네트워킹은 컴퓨터들이 정보와 자원을 공유하기 위해 어떻게 연결되는지를 다루는 주제이다. 이 장에서 다룰 내용에는 네트워크의 구축과 운영, 네트워크의 응용, 보안 문제 등이 포함된다. 특히 중요한 주제는 인터넷으로 불리는 전 세계의 네트워크들을 연결한 네트워크이다.

* 표시된 절은 고급 내용임을 나타냄

서로 다른 컴퓨터 사이에서 정보와 자원을 공유하고자 하는 요구에 부응하여 컴퓨터 시스템들을 연결하게 되었으며, 이를 **네트워크(network)**라고 부르는데, 컴퓨터 간에 데이터를 전송할 수 있도록 컴퓨터 시스템들을 연결하는 것을 말한다. 이러한 네트워크에서 컴퓨터 사용자들은 정보를 교환할 수 있고, 전 세계 시스템 여기저기에 분산되어 있는 스트리밍 미디어 콘텐츠, 소프트웨어, 데이터 저장장치 등의 자원을 공유할 수 있게 된다. 이러한 응용을 지원하기 위해 필요한 하부 소프트웨어는 간단한 유틸리티 패키지에서 복잡한 네트워크 차원의 인프라를 제공하는 네트워크 소프트웨어 시스템으로 발전하였으며, 이러한 소프트웨어는 나날이 확장되고 있다. 어떤 의미에서 네트워크 소프트웨어는 네트워크 차원의 운영체제로 진화해가고 있다. 이 장에서는 날로 확장되고 있는 컴퓨터과학 분야인 네트워크에 대해 살펴볼 것이다.

4.1 네트워크 기초

먼저 네트워킹 관련 기본 개념들에 대해 알아보자.

네트워크의 분류

컴퓨터 네트워크는 종종 **개인 통신망(Personal Area Network; PAN)**, **근거리 통신망(Local Area Network; LAN)**, **광역도시 통신망(Metropolitan Area Network; MAN)**, **원거리 통신망(Wide Area Network; WAN)** 등으로 분류된다. PAN은 대개 헤드셋과 스마트폰 사이 또는 무선마우스와 PC 사이 등과 같이 수 미터 이내의 짧은 거리의 통신에 사용된다. 반면에 LAN은 대개 하나의 건물이나 건물 군 안의 컴퓨터들로 이루어진다. 예를 들면, 대학 캠퍼스나 제조업체 공장 안의 컴퓨터들이 LAN으로 연결될 수 있다. MAN은 지역 공동체 정도의 지역에 걸친 중간 크기의 네트워크이다. WAN은 이웃 도시나 지구의 반대편 등에 있는 컴퓨터들과 같이 보다 먼 거리의 컴퓨터들을 연결한다.

네트워크를 분류하는 또 다른 방법은 네트워크의 내부 운영이 공적 영역에 있는 설계에 기초하고 있는지 또는 개인이나 기업이 소유하고 통제하는 기술에 기초한 것인지에 따르는 것이다. 전자에 따른 네트워크는 **개방형(open)** 네트워크라고 불리며, 후자의 경우 **폐쇄형(closed)** 또는 **사적 소유(proprietary)** 네트워크라고 불린다. 개방형 네트워크의 설계는 무료로 배포되며 종종 라이선스 요금이나 계약 조건에 의해 적용이 제한되는 사적 소유 방식보다 더 널리 사용될 만큼 성장하기도 한다.

이 장에서 공부하게 될 전 세계 네트워크를 연결한 네트워크인 인터넷은 개방형 시스템의 하나이다. 특히, 인터넷을 통한 통신은 4.4절에서 다룰 TCP/IP 프로토콜 모음으로 알려진 개방형 표준들로 운용된다. 이 표준들은 누구라도 협약 없이 무료로 사용할 수 있다. 이와는 대조적으로 마이크로소프트사와 같은 기업에서 이러한 표준들에 기초하여 사적 소유 시스템을 개발하여 소유권을 유지하면서 제품 판매나 임대 등으로 통해 수익을 얻는 경우도 있다.

네트워크를 분류하는 또 다른 방식은 컴퓨터들이 연결되는 패턴을 나타내는 네트워크 토폴로지(topology)에 근거하는 것이다. 이 중 널리 사용되는 두 가지는 컴퓨터들을 버스라고 불리는 공통 통신회선에 연결하는 버스(bus) 토폴로지(그림 4.1a)와 컴퓨터들을 중심점 역할을 하는 한 컴퓨터에 연결하는 스타(star) 토폴로지(그림 4.1b)이다. **이더넷(Ethernet)**이라고 불리는 표준으로 구현된 버스 토폴로지가 1990년대에 많이 보급되었다. 최근의 고속 이더넷은 물리적으로는 스타 토폴로지로 연결되지만 논리적으로는 버스 토폴로지처럼 동작한다.

스타 토폴로지는 1970년대로 거슬러 올라가며, 다수의 사용자에 서비스를 제공하는 대형 중앙 컴퓨터 패러다임에서 진화한 것이다. 이러한 사용자들이 쓰던 단순한 단말기가 소형 컴퓨터로 발전하면서 스타 네트워크가 나타나게 된 것이다. 오늘날 스타 방식 구성은 주변의 통신을 조정하는 구심점의 역할을 **AP(access point)**라고 불리는 중앙 장치의 무선 방송 방식을 이용하는 무선 네트워크에서 많이 사용된다.

외형적인 모습만으로 버스 네트워크와 스타 네트워크를 구별하기는 쉽지 않다. 이들의 차이는 네트워크상의 컴퓨터들이 공통의 버스를 통해 직접 통신하는지 아니면 중앙의 중개 장치를 통해 간접적으로 통신하느냐이다. 예를 들면, 버스 네트워크가 그림 4.1에서 보이고 있듯이 컴퓨터들이 긴 버스에 짧은 링크를 통해 연결되는 모습을 하고 있지 않을 수도 있다. 버스 네트워크상의 버스 자체는 대단히 짧은 대신 각 컴퓨터에 연결되는 링크는 길어 외형상 스타 네트워크처럼 보일 수도 있다. 실제로 버스 네트워크가 **허브(hub)**라고 불리는 장치를 가운데 두고 각각의 컴퓨터를 허브에 링크로 연결하여 구축할 수도 있다. 이러한 허브는 길이가 짧은 버스로 볼 수 있다. 허브가 하는 일은 자신이 수신한 신호를 자신에 연결되어 있는 모든 컴퓨터에게 전달하는 것이며, 대개 이때 신호 강도를 유

그림 4.1 | 널리 사용되는 두 가지 네트워크 토폴로지

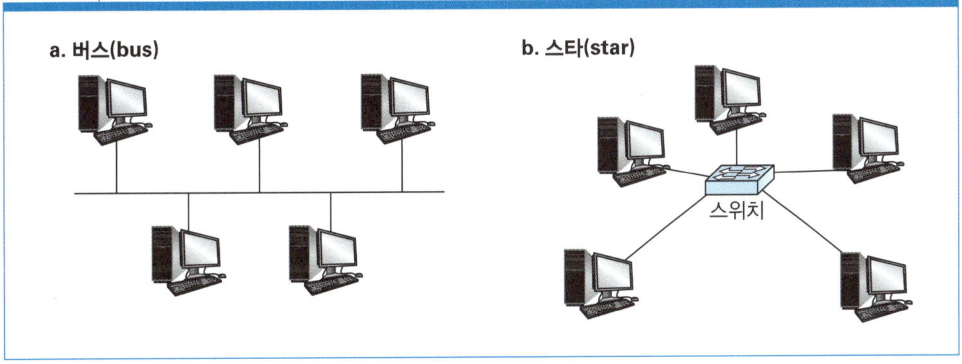

지하기 위해 신호 증폭을 수행한다. 이 결과 외형적인 모습은 스타 네트워크처럼 보이겠지만 버스 네트워크로 동작한다.

프로토콜

네트워크가 신뢰성 있게 기능하기 위해서는 활동을 수행하기 위한 규칙을 확립하는 것이 중요한데, 이러한 규칙을 **프로토콜(protocol)**이라고 부른다. 프로토콜 표준을 개발하고 채택함으로써, 업체들은 다른 업체의 제품과 호환되는 네트워크 응용 제품들을 만들 수 있다. 따라서 프로토콜 표준의 개발은 네트워크 기술의 발전에 필수불가결한 과정이다.

프로토콜 개념을 소개하기 위해 네트워크상의 컴퓨터들 사이에서 메시지 전송을 조정하는 문제를 생각해보자. 이 통신을 관장하는 규칙이 없다면, 여러 컴퓨터가 동시에 메시지를 전송하려 할 수도 있고, 메시지의 중계가 실패할 수도 있다.

이더넷 표준에 기초한 버스 네트워크에서는 메시지를 송신할 권리가 CSMA/CD(Carrier Sense, Multiple Access with Collision Detection)라는 프로토콜에 의해 제어된다. 이 프로토콜은 각각의 메시지를 버스 상의 모든 컴퓨터에 방송되도록 한다(그림 4.2). 각 컴퓨터는 모든 메시지를 감시하지만 자신을 목적지 주소로 하는 메시지만 취한다. 메시지를 송신하기 위해 컴퓨터는 버스가 조용해질 때까지 기다렸다가 메시지를 송신하는데, 송신 중에도 계속 버스를 감시한다. 만일 다른 컴퓨터도 송신을 시작한다면 두 컴퓨터 모두 충돌을 탐지하게 되어 잠시 동안 송신을 멈추는데, 멈추는 기간은 컴퓨터마다 난수를 이용하여 각기 다르게 정한다. 이 결과로 구축되는 시스템은 몇 사람이 모여 대화할 때 사용하는 방식과 비슷하다. 두 사람이 동시에 말하기 시작할 경우 둘 다 멈춘다. 차이라면, 사람들은 "미안합니다. 무슨 말씀을 하려고 하신 건가요?", "아니, 괜찮습니다. 먼저 말씀하시죠." 등과 같은 말을 하겠지만, CSMA/CD 프로토콜 하의 컴퓨터들은 나중에 다시 송신을 시도할 뿐이다.

CSMA/CD는 모든 컴퓨터들이 중앙의 AP를 통해 통신하는 무선 스타 네트워크에는 맞

그림 4.2 | 버스 네트워크상의 통신

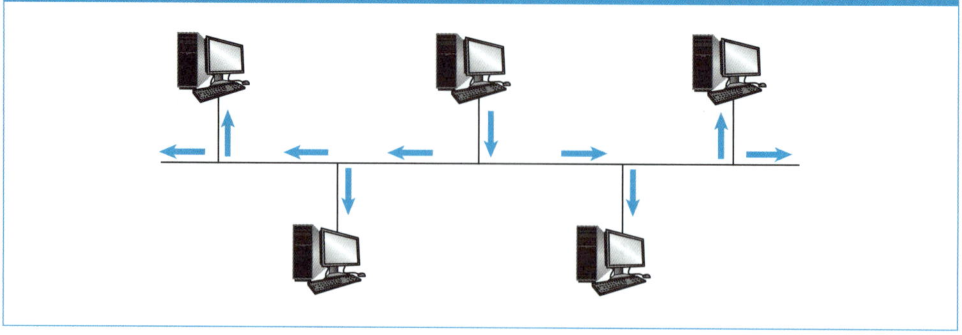

지 않다는 점에 유의하기 바란다. 이는 무선 네트워크상에서 컴퓨터는 자신의 송신 행위가 다른 컴퓨터의 송신 행위와 충돌하는지 여부를 탐지할 수 없기 때문이다. 예를 들면, 컴퓨터는 자신이 보낸 신호가 동시에 송신된 다른 컴퓨터의 신호를 가리기 때문에 다른 컴퓨터가 보낸 신호를 들을 수 없다. 중앙의 AP를 통해서는 통신이 가능한 여러 컴퓨터가 방해물이나 거리 때문에 직접 상대의 신호를 들을 수 없는 환경도 CSMA/CD를 사용할 수 없는 예가 될 수 있다(이 조건은 은폐 단말기(hidden terminal) 문제로 불림. 그림 4.3 참고) 이러한 이유로 무선 네트워크는 충돌을 탐지하는 정책 대신 충돌을 피하는 정책을 채택하고 있다. 그와 같은 정책은 CSMA/CA(Carrier Sense, Multiple Access with Collision Avoidance)로 분류되며, IEEE(7장의 IEEE에 관한 보충설명을 참고하기 바람)에서 IEEE 802.11 위원회에 의해 여러 개의 프로토콜이 정의되어 있으며, 흔히 WiFi로 지칭된다. 충돌 회피 프로토콜들은 충돌을 피하도록 설계되어 있지만 충돌을 완전히 제거하지는 못한다는 점을 유념하기 바란다. 충돌이 발생할 경우 메시지는 재전송되어야 한다.

충돌 회피를 위한 가장 보편적인 방식은 이미 송신 기회를 기다리고 있는 컴퓨터에 우선권을 주는 방안을 이용하는 것이며, 이때 사용되는 프로토콜은 이더넷의 CSMA/CD와

그림 4.3 | 은폐 단말기 문제

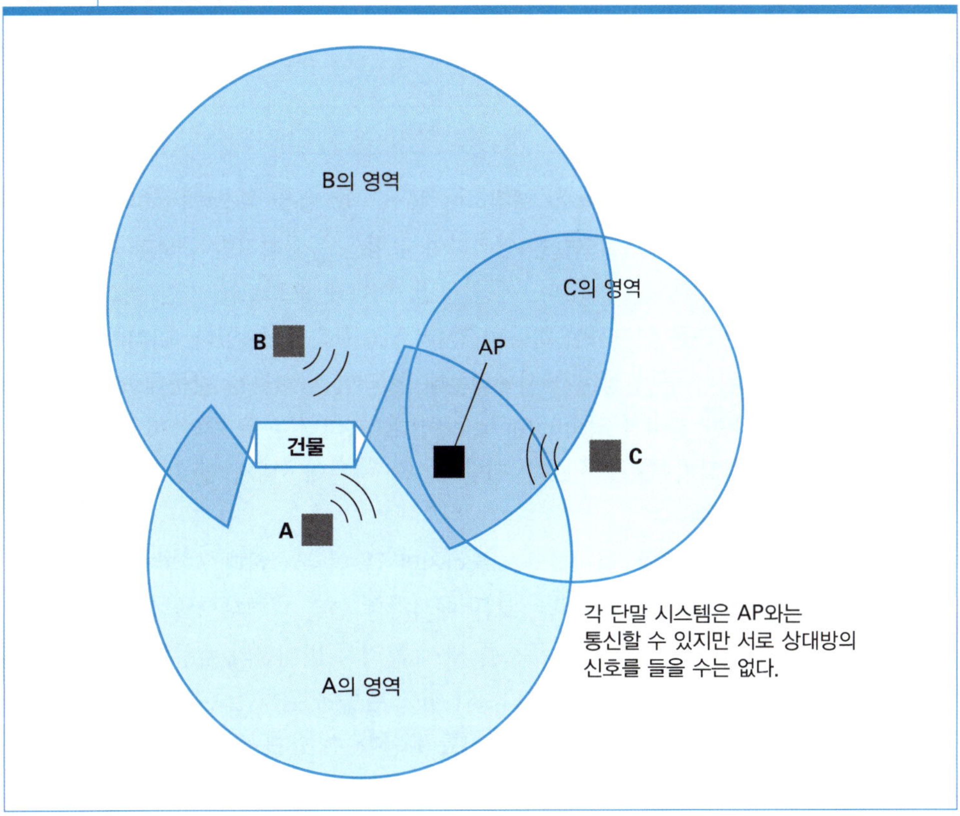

비슷하다. 기본적인 차이는 처음 메시지를 송신하고자 하는 장치는 통신 채널이 쉬고 있음을 확인했다고 해서 곧바로 송신을 시작하지 않는다는 점이다. 대신 짧은 시간 동안 기다려보고 기다리는 기간 동안 통신 채널이 여전히 쉬고 있을 경우에만 송신을 시작한다. 만일 이 과정에서 통신 채널이 사용 중일 경우, 그 장치는 무작위로 정한 시간만큼 기다린 후 다시 시도하게 된다. 일단 이 기간이 지나가면 그 장치는 주저 없이 쉬고 있는 채널 사용권을 주장할 수 있다. 이는 "신입 장치"와 기존의 대기 중 장치 사이의 충돌을 피할 수 있음을 의미하는데, 그것은 대기 중 장치들이 모두 시작할 기회를 얻기 전에는 "신입 장치"에게 쉬고 있는 채널을 사용하도록 허용하지 않기 때문이다.

그러나 이 프로토콜은 은폐 단말기 문제를 해결하지 못한다. 어쨌든 쉬고 있는 채널과 사용 중인 채널의 구별에 기초한 모든 프로토콜은 각 장치가 다른 장치의 신호를 들을 수 있어야하기 때문이다. 이 문제를 해결하기 위해 어떤 WiFi 네트워크에서는 각 장치가 AP에 짧은 "요청" 메시지를 보낸 다음 전체 메시지를 송신하기 전에 그 요청에 대해 AP로부터의 승인 메시지를 기다리도록 요구한다. AP가 "은폐 단말기"로 인해 이미 바쁜 상태라면, AP는 그 요청을 무시할 것이며 요청을 보낸 장치는 자신이 기다려야 한다는 것을 알게 될 것이다. AP가 바쁜 상태가 아니라면 AP는 그 요청을 승인할 것이며, 그 장치는 자신이 안전하게 송신할 수 있음을 알게 될 것이다. 네트워크상의 모든 장치들은 진행되는 전송 자체를 들을 수는 없지만, AP로부터의 승인 신호를 들을 수는 있으며 특정 시간에 AP가 바쁜지 여부를 파악할 수 있다.

네트워크의 결합

때로 기존의 네트워크들을 연결하여 통신 시스템을 확장하는 일이 필요한 경우가 있다. 이러한 확장은 네트워크들을 연결하여 유형은 동일하지만 규모가 더 큰 네트워크를 형성함으로써 이루어질 수 있다. 예를 들면, 이더넷 프로토콜 기반 버스 네트워크의 경우 여러 개의 버스를 연결하여 하나의 긴 버스를 구축할 수 있다. 이러한 연결에는 리피터, 브리지, 스위치 등의 장비가 사용되는데, 이러한 장비들은 나름대로의 차이가 있다. 이 중 가장 단순한 장비가 **리피터(repeater)**인데, 리피터는 두 개의 버스 사이에서 신호의 의미에는 상관하지 않고 신호를 전달하기만 하는데, 대개 신호 증폭 기능을 갖는다(그림 4.4a).

브리지(bridge)는 리피터와 비슷하지만 좀 더 복잡하다. 리피터와 마찬가지로 브리지도 두 개의 버스를 연결하지만, 모든 메시지를 연결 너머로 전달하지는 않는다. 대신, 브리지는 각 메시지의 목적지 주소를 봐서 브리지 반대편의 컴퓨터로 향하는 메시지만 연결을 건너가게 한다. 따라서 브리지의 어느 한쪽에 위치한 두 컴퓨터는 다른 쪽에서 이루어지는 통신을 방해하지 않고 메시지를 교환할 수 있게 된다. 브리지는 리피터에 비해 보다 효율적인 통신 환경을 만들어준다.

그림 4.4 | 작은 버스 네트워크를 모아 큰 네트워크 구축하기

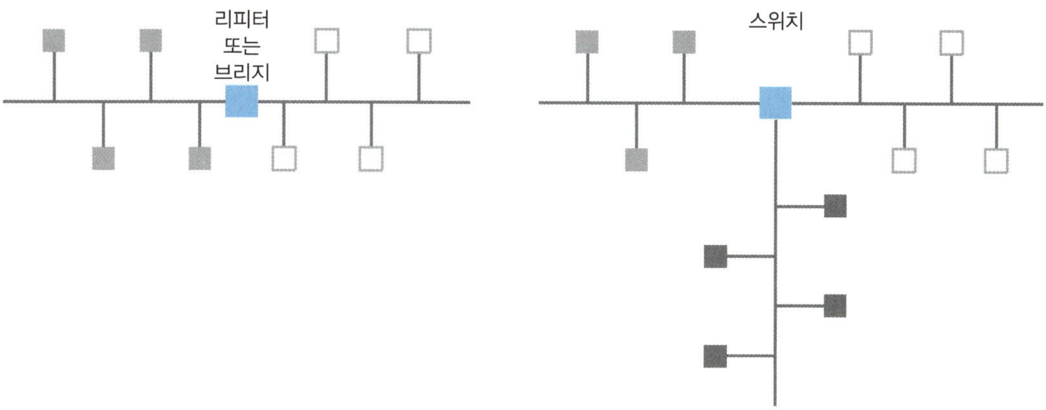

a. 두 개의 버스를 연결하는 리피터 또는 브리지

b. 여러 개의 버스를 연결하는 스위치

스위치(switch)는 여러 연결점을 갖는 브리지라고 할 수 있으며, 둘 이상의 버스들을 연결할 수 있다. 이렇게 스위치를 중심으로 부챗살 모양으로 연결된 여러 개의 버스들로 이루어지는 네트워크가 형성된다(그림 4.4b). 브리지에서처럼 스위치도 메시지들의 목적지 주소를 고려하여 다른 부챗살 쪽으로 향하는 메시지들만 전달한다. 더욱이 각 메시지는 적절한 부챗살 쪽으로만 전달되며, 따라서 각 부챗살에는 꼭 필요한 트래픽만으로 최소화된다.

리피터, 브리지, 스위치 등을 사용하여 네트워크를 연결하면 하나의 더 큰 네트워크가 만들어진다. 전체 시스템은 각각의 작은 네트워크와 동일한 방식으로 (동일한 프로토콜을 사용하면서) 동작한다.

그러나 때로는 연결되는 네트워크들이 호환되지 않는 특성을 가지고 있을 수도 있다. 예를 들면, WiFi 네트워크는 이더넷 네트워크와 쉽게 호환되지 않는다. 이 경우 네트워크들은 네트워크의 네트워크를 구축하는 방식으로 연결되어야 하는데, 이를 인터네트워크(internet)이라고 부르며, 원래의 개별 네트워크들은 자체적으로 독립된 네트워크로서의 기능을 유지한다. (여기에서의 internet이라는 일반 용어는 인터넷(Internet)과는 구별된다. 대문자 I로 시작하는 Internet은 범세계적 인터네트워크로 다른 절에서 다룰 것이다. 많은 인터네트워크들이 존재하는데, 일반 전화 시스템도 인터넷이 널리 보급되기 훨씬 전에 이미 범세계적인 인터네트워크 시스템으로 구축되었다.)

인터네트워크를 구축하기 위해 두 개의 네트워크를 연결할 때 라우터(router)라는 장치가 사용되는데, 라우터는 메시지 전달에 사용되는 특별한 용도의 컴퓨터이다. 라우터가 수행하는 작업은 리피터, 브리지, 스위치 등에서 수행되는 작업과는 차이가 있는데, 이것은 라우터가 각 네트워크의 고유한 내부적 특성을 유지시켜주면서 네트워크 사이를 연결

시켜주어야 하기 때문이다. 그림 4.5에서 두 개의 WiFi 네트워크와 한 개의 이더넷 버스 네트워크가 라우터들로 연결되어 있는 예를 보여주고 있다. WiFi 네트워크 중 하나에 속하는 컴퓨터에서 이더넷 네트워크 안의 컴퓨터에 메시지를 전송할 때, 그 컴퓨터는 먼저 자신의 소속 네트워크상의 AP에 그 메시지를 전송한다. 그러면 AP는 자신에 연계된 라우터에 그 메시지를 보내며, 그 라우터는 이더넷 쪽 라우터에 그 메시지를 넘겨준다. 이더넷 쪽 라우터는 다시 그 메시지를 버스를 통해 이더넷 상의 최종 도착지에 전달한다.

경로에 따른 분배기를 의미하는 라우터라는 명칭은 라우터의 용도가 메시지를 적절한 방향으로 전달하는 것임을 나타내기 위한 것이다. 전달 과정은 (네트워크상의 장치와 라우터들을 포함하는) 인터네트워크상의 모든 장치에 고유한 주소를 지정하는 인터네트워크 차원의 주소체계에 기초한다. (따라서 원래의 네트워크에서 각 컴퓨터는 두 개의 주소를 갖게 되는데, 하나는 원래의 네트워크에서 사용하는 "자체" 주소이고 다른 하나는 인터네트워크 주소이다.) 먼 곳의 네트워크상의 컴퓨터에 메시지를 전송하고자 하는 컴퓨터는 목적지의 인터네트워크 주소를 메시지에 덧붙인 다음 그 메시지를 자체 라우터에게 보내면, 라우터는 그 메시지를 적절한 방향으로 전달한다. 이러한 메시지 전달을 위해 라우터는 메시지들을 목적지 주소에 따라 전달할 방향에 관한 정보를 담고 있는 **전달 테이블(forwarding table)**을 유지한다.

네트워크가 인터네트워크에 연결되는 "지점"을 흔히 **게이트웨이(gateway)**라고 부르는데, 이는 그 지점이 해당 네트워크와 외부 세계 사이의 통로의 역할을 하기 때문이다. 게

그림 4.5 인터네트워크를 형성하기 위해 두 개의 WiFi 네트워크와 한 개의 이더넷 네트워크를 연결하는 라우터들

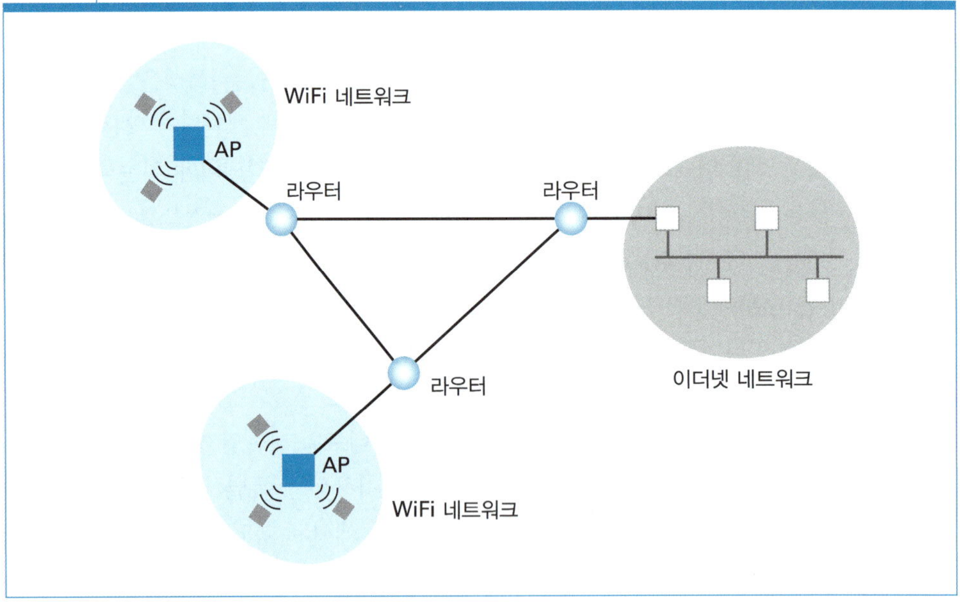

이트웨이는 다양한 형태를 취할 수 있으며, 따라서 이 용어는 다소 유연하게 사용된다. 많은 경우 네트워크의 게이트웨이는 인터네트워크와 연결해주는 라우터에 지나지 않는다. 때로 게이트웨이는 라우터 이상의 역할을 한다는 의미로 사용되기도 한다. 예를 들면, 인터넷에 연결된 대부분의 주택 WiFi 네트워크에서 게이트웨이라는 용어는 대개 하나의 장치로 통합되어 있는 AP와 라우터를 함께 지칭하기 위해 사용된다.

프로세스 통신 방법

한 네트워크 안의 서로 다른 컴퓨터상에서 실행되는 (또는 동일한 컴퓨터에서 시분할/멀티태스킹 방식을 통해 동시에 실행되는) 다양한 프로세스들이 함께 동작을 조정하거나 지정된 작업을 수행하기 위해서는 통신이 필요하다. 프로세스들 사이의 이러한 통신을 **프로세스 간 통신(interprocess communication)**이라고 부른다.

프로세스 간 통신에 많이 사용되는 방식 중에 **클라이언트/서버** 모델이 있다. 이 모델은 프로세스들이 수행하는 역할을 클라이언트와 서버로 규정하는데, **클라이언트(client)**는 다른 프로세스에게 무엇인가를 요청하며, **서버(server)**는 클라이언트의 요청을 들어준다.

클라이언트/서버 모델을 이용한 초창기 응용 중 하나는 여러 사무실의 컴퓨터들을 연결하여 이루어진 네트워크에서 한 대의 고급 프린터를 네트워크에 연결된 모든 컴퓨터에서 공유하는 것이다. 이 경우 프린터는 서버가 되며 흔히 **프린트 서버(print server)**라고 부른다. 그리고 다른 컴퓨터들은 프린트 서버에게 프린트 요청을 보내는 클라이언트가 된다.

클라이언트/서버 모델의 또 다른 초창기 응용은 한 기관의 모든 레코드를 저장하는 대용량 저장장치 시스템인데, 이로서 자기디스크 저장장치에 드는 비용을 줄이고 동일한 레코드 복사본에 대한 수요를 없앨 수 있었다. 대용량 저장장치를 갖는 컴퓨터가 **파일 서버(file server)**라고 불리는 서버가 되며, 다른 컴퓨터들은 필요한 레코드에 대해 레코드 접근 요청을 파일 서버에 보내는 클라이언트가 된다.

오늘날 클라이언트/서버 모델은 네트워크 응용에서 광범위하게 사용되고 있다. 그러나 프로세스 간 통신에 클라이언트/서버 모델만 있는 것은 아니다. 또 다른 모델로 **P2P (peer-to-peer)** 모델이 있다. 클라이언트/서버 모델에서는 한 프로세스(서버)가 다른 여러 프로세스(클라이언트)에 서비스를 제공하는 반면, P2P 모델에서는 서로 서비스를 주고받는 프로세스들이 관여되어 있다(그림 4.6). 더욱이, 서버는 아무 때라도 클라이언트에 서비스를 제공할 수 있도록 항상 실행되고 있어야 하는 반면, P2P 모델에서 통신하는 두 프로세스는 필요할 때만 일시적으로 실행된다. P2P 모델의 응용 프로그램 예에는 인터넷을 통한 문자 대화를 수행하기 위해 사용되는 메신저, 대결 방식의 대화형 게임 등이 있다.

P2P 모델은 인터넷상에서 음악 파일이나 동영상 파일 등의 파일을 공유하기 위해서도

그림 4.6 | 클라이언트/서버 모델과 P2P 모델의 비교

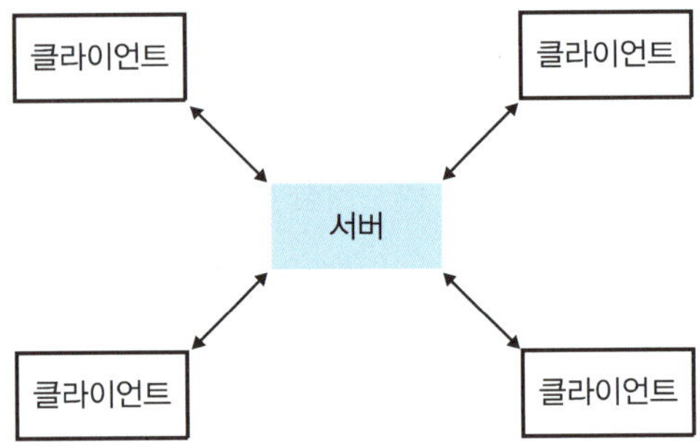

a. 서버는 아무 때나 여러 클라이언트에게 서비스를 제공할 준비가 되어 있어야 한다.

b. 동격 개체는 동등한 위상을 가지며 일대일로 통신한다.

널리 사용된다. 이 경우 한 개체는 다른 개체로부터 파일을 받을 수도 있고 그 파일을 다른 개체들에 제공할 수도 있다. 이러한 배포 행위에 참여하는 개체들의 집합을 때로 군중(swarm)이라고 부른다. 군중 방식의 파일 배포는 중앙에 서버 역할의 배포 센터를 두고 클라이언트들이 파일을 다운로드 받는 (또는 최소한 파일의 위치를 얻는) 클라이언트/서버 모델을 응용한 초기 방식과 대조된다.

파일 공유에서 P2P 모델이 클라이언트/서버 모델을 대체하고 있는 이유 중 하나는 서비스를 하나의 서버에 집중시키는 대신 여러 개체에 분담시킨다는 점이며, 중앙 운영 거점이 없어짐으로 인해 P2P 모델은 더욱 효율적인 시스템이 되었다. 유감스럽게도 P2P 모델에 기초한 파일 공유가 인기 있는 또 다른 이유는 합법성이 의심될 때 중앙 서버가 없으면 저작권법을 집행하려는 법적 조치가 더 어려워진다는 점에 있다. 그러나 "어려움"이 반드시 "불가능함"을 의미하는 것은 아니라는 것을 개인들이 깨닫게 되는 사례들이 있으며, 저작권 침해로 인해 상당한 배상책임에 직면하는 많은 소송 사례들도 있다.

P2P 네트워크라는 용어를 읽거나 들은 적이 있을 텐데, 이는 비전문가 집단이 기술 용어를 잘못 사용하는 전형적인 예에 해당된다. P2P는 네트워크상에서 두 프로세스가 통신하는 방식을 가리키는 용어이지, 네트워크의 성질 같은 것을 나타내는 용어가 아니다. 어떤 프로세스가 다른 프로세스와 P2P 모델을 사용하여 통신하다가 나중에 동일한 네트워크상의 또 다른 프로세스와는 클라이언트/서버 모델을 사용하여 통신할 수도 있다. 따라서 P2P 네트워크상에서 통신한다고 말하기보다는 P2P 모델을 사용하여 통신한다고 말하는 것이 더 정확한 표현이다.

분산 시스템

네트워킹 기술의 성공으로 인해, 네트워크를 통한 컴퓨터 간의 상호작용은 보편화되고 다면화되어 왔다. 범세계적 정보 검색 시스템, 재무 및 재고관리 시스템, 컴퓨터 게임, 네트워크 인프라를 제어하는 소프트웨어 등의 많은 현대 소프트웨어 시스템들은 **분산 시스템(distributed system)**으로 설계되는데, 이는 이들이 여러 컴퓨터에서 실행되는 프로세스들로 이루어짐을 의미한다.

초창기 분산 시스템은 각기 독립적으로 개발되었다. 그러나 오늘날에는 통신 방식이나 보안 등과 같이 분산 시스템들에 공통적으로 적용될 수 있는 인프라가 연구를 통해 정립되고 있다. 이에 따라 이러한 기본 구조를 제공하여 응용 분야에 고유한 부분만 개발함으로써 보다 쉽게 분산 응용 프로그램을 개발할 수 있게 해주는 사전 제작 시스템을 만들기 위한 노력들이 진행되어 왔다.

오늘날 몇 가지 유형의 분산 컴퓨팅 시스템이 보편화되어 있다. **클러스터 컴퓨팅(Cluster computing)**이라는 분산시스템에서는 훨씬 큰 컴퓨터에서 수행해야 할 계산이나 서비스를 제공하기 위해 많은 대수의 독립적인 컴퓨터들이 긴밀하게 협력한다. 이러한 개별 컴퓨터들의 비용에 이들을 연결하기 위한 고속 네트워크의 비용을 더해도 고가의 슈퍼컴퓨터보다 적은 비용을 들이면서도 신뢰성은 높이고 유지보수 비용은 줄일 수 있다. 이러한 분산 시스템은 **고가용성(high-availability)**을 제공하는데, 이는 클러스터 멤버 중 일부에 장애가 발생하더라도 다른 멤버들이 요청을 처리할 수 있기 때문이다. 또한 **부하균형(load-balancing)**을 제공하는데, 이는 일이 너무 많은 멤버들에서 너무 적은 멤버들 쪽으로 부하를 이동시킬 수 있기 때문이다. **그리드 컴퓨팅(Grid computing)**이라는 분산시스템에서는 클러스터 방식에 비해 연결 관계는 다소 느슨하지만 여전히 큰 작업을 위해 협력한다. 그리드 컴퓨팅에서는 그리드에 참여하는 컴퓨터들 사이에 데이터와 알고리즘의 분배를 용이하게 하기 위한 특화된 소프트웨어를 이용할 수 있다. 그리드 컴퓨팅의 예로는 위스콘신 대학의 HTCondor 시스템이나 BOINC(Berkeley's Open Infrastructure for Network Computing) 등을 들 수 있다. 이 두 시스템 모두 종종 업무용 PC들이나 가정용 PC들과 같이 다른 용도로 사용되는 컴퓨터들에 설치되기도 하는데, 이들은 바쁘게 사용되지 않을 때 자원하여 그리드에 계산 능력을 제공한다. 인터넷의 연결성이 점차 확대됨에 따라 이러한 유형의 자발적인 분산형 그리드 컴퓨팅은 엄청나게 복잡한 수학 및 과학 문제들에 수백만 대의 가정용 PC들을 동원할 수 있게 되었다. **클라우드 컴퓨팅(Cloud computing)**은 분산시스템에서 가장 최신의 유형이며, 여기에서는 네트워크상의 공유 컴퓨터들로 이루어진 거대한 집단에서 필요에 따라 클라이언트가 사용할 수 있도록 할당하는 방식이 사용된다. 20세기 초에 광역 전력망의 확산을 통해 개별 공장이나 업체에서 발전기를 유지할 필요가 없어졌듯이 인터넷은 개체들이 자신의 데이터와 계산을 "클라우드(Cloud)"에 위탁할 수 있게 하는데, 이때 클라우드는 이미 네트워크상에서 제공되어 있는 방대한 컴퓨터 자원을 가리킨다. 아마존의 EC2(Elastic Compute Cloud)와 같은 서비스를 통해 고객들은 가상 컴퓨터를 시간제로 임차할 수 있으며, 이때 컴퓨터 하드웨어의 실제 위치에 대해서는 관심을 둘 필요가 없다. 구글 드라이브나 구글 앱스를 통해 사용자들은 얼마나 많은 수의 컴퓨터들이 작업에 참여하는지 데이터는 어느 곳에 저장되는지 알지 못해도 정보에 관한 협업을 수행할 수도 있고 웹서비스를 구축할 수도 있다. 클라우드 컴퓨팅 서비스는 신뢰성이나 규모 확장성에 대한 상당한 수준의 보장을 제공하지만, 우리가 사용하는 컴퓨터를 누가 소유하고 운영하는지 알 수 없는 세상에서 사생활 침해나 보안에 관한 우려도 제기되고 있다.

연습문제

1. 개방형 네트워크란 무엇인가?
2. 브리지와 스위치의 차이를 요약하라.
3. 라우터란 무엇인가?
4. 일상생활에서 클라이언트/서버 모델을 따르는 관계들을 찾아보라.
5. 일상생활에서 사용되는 프로토콜들을 찾아보라.
6. 클러스터 컴퓨팅과 그리드 컴퓨팅의 차이를 요약하라.

4.2 인터넷

가장 대표적인 인터네트워크의 예는 인터넷(Internet-대문자 I에 유의하라)인데, 이것은 1960년대 초반까지 거슬러 올라가는 연구 프로젝트에서 시작되었다. 이 프로젝트의 목표는 국지적 재난이 발생할 경우에도 네트워크가 기능할 수 있도록 다양한 컴퓨터 네트워크들을 연결하는 방법을 개발하는 것이었다. 이 프로젝트에 대한 재정적 지원의 많은 부분은 미국 정부에서 DARPA(Defense Advanced Research Projects Agency)라는 기구를 통해 제공하였다. 세월이 지나면서 인터넷의 개발은 국방 프로젝트에서 학술 연구 프로젝트로 그 성격이 변화되었다. 오늘날 인터넷은 전 세계의 PAN, LAN, MAN, WAN들을 연결하는 대규모의 민간 프로젝트이며, 여기에 연결되어 있는 컴퓨터들만도 수억대에 이를 것이다.

인터넷의 구조

앞에서 언급한 것처럼 인터넷은 서로 연결된 네트워크들의 모임이다. 일반적으로 이러한 네트워크들은 인터넷 서비스 사업자(Internet Service Provider; ISP)로 불리는 기관들에 의해 구축되고 유지된다. ISP가 제공하는 네트워크 자체를 가리킬 때 ISP라는 용어를 사용하기도 한다. 따라서 어떤 네트워크를 ISP에 연결한다는 표현은 사실 그 네트워크를 ISP가 제공하는 네트워크에 연결한다는 의미이다.

ISP가 운영하는 네트워크 체계는 이들이 전체 인터넷 구조에서 수행하는 역할에 따라 계층구조로 분류될 수 있다(그림 4.7). 이 계층구조의 최상위에는 고속 고용량의 국제 WAN들로 이루어지는 계층-1 ISP들이 위치하며, 그 수는 상대적으로 많지 않다. 이 네트워크들은 인터넷의 중추로 간주되며, 대개 대규모 통신회사에 의해 운영된다. 일반전화 사업자나 케이블TV 사업자에서 출발하여 여타 통신 서비스로 사업영역을 확장한 회사가 그러한 기관의 예가 될 것이다.

계층-1 ISP에 연결되는 것은 다소 지역적이고 서비스 용량이 떨어지는 계층-2 ISP들이다. (계층-1 ISP와 계층-2 ISP의 구별은 때로 명확하지 않다.) 이러한 네트워크들도 대개 통신회사들이 운영한다.

계층-1 ISP와 계층-2 ISP는 기본적으로 인터넷의 통신 인프라를 제공하는 라우터들로 이루어지는 네트워크이다. 라우터들 사이에는 수많은 경로가 존재하며 이러한 특성은 인터넷 핵심부에 중복성(redundancy)을 제공하는데, 이는 중요한 계층-1 라우터에 장애가 발생하더라도 네트워크 전체 또는 대부분은 여전히 연결 상태를 유지할 것임을 의미한다. 이러한 핵심부에 대한 접속은 접속 ISP(access ISP) 또는 계층-3 ISP라고 불리는 중개자에 의해 제공된다. 접속 ISP는 기본적으로 독립적인 인터네트워크이며, 개별 가정이나 사

그림 4.7 | 인터넷의 구성

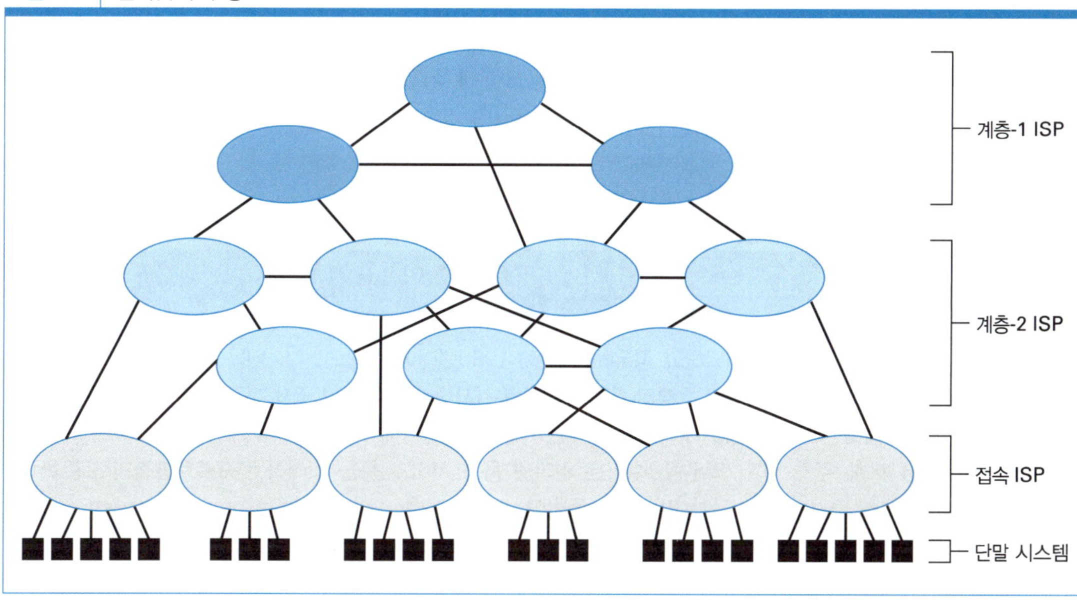

업자들에 인터넷 접속 서비스를 제공하는 단위 사업자에 의해 운영된다. 이러한 사업자의 예로는 서비스 요금을 청구하는 케이블 사업자나 전화회사, 그리고 스스로 비용을 부담하며 기관 내부 사용자들에게 인터넷 접속을 제공하는 대학이나 기관들이 있다.

개별 사용자들이 접속 ISP에 연결하는 장치는 **단말 시스템(end system)** 또는 **호스트(host)**라고 불린다. 단말 시스템은 노트북컴퓨터나 PC일 수도 있지만, 전화, 비디오카메라, 자동차, 가전기구 등과 같은 다른 장비들도 점차 증가하고 있다. 인터넷은 기본적으로 통신 시스템이며, 다른 장치와의 통신을 이용할 수 있는 장치라면 어떤 것이라도 단말 시스템이 될 수 있다.

단말 시스템을 더 큰 네트워크에 연결하는 기술 또한 다양하게 존재한다. 아마 가장 빠르게 성장하고 있는 것은 WiFi 기술에 기초한 무선 접속일 것이다. 이 경우의 전략은 AP를 접속 ISP에 연결시키고 AP의 방송 범위 안의 단말 시스템들에 해당 ISP를 통한 인터넷 접속을 제공하는 것이다. AP 또는 AP 그룹의 접속 서비스가 공개적으로 제공되거나 무료로 제공될 때 이러한 서비스 범위에 포함되는 지역을 흔히 **핫스팟(hotspot)**이라 부른다. 핫스팟은 주거지역, 호텔, 업무용 건물, 소규모 사업체, 공원 등에서 찾아볼 수 있으며, 때로 도시 전체가 하나의 핫스팟이 될 수도 있다. 이동통신 사업자들도 유사한 기술을 사용하는데, 이 경우 핫스팟은 셀(cell)이라 불리며, 셀을 생성하는 라우터들이 셀 사이를 이동하는 단말 시스템들에게 지속적인 서비스 제공을 위해 협력한다.

접속 ISP에 연결하기 위한 또 다른 보편적 기법은 전화회선이나 케이블/위성 시스템을 이용하는 것이다. 이러한 기술들은 단말 시스템을 직접 연결시켜주는 데 이용될 수도 있고 여러 시스템이 연결되는 고객 라우터를 연결시켜주는 데 이용될 수도 있다. 이 중 후자의 경우가 개별 주택 등에서 많이 이용되는데, 여기에서는 기존의 케이블이나 전화회선을 이용하여 접속 ISP에 연결되는 라우터/AP에 의해 국지적 핫스팟이 형성된다.

수많은 종류의 장치나 기술들 사이에 통신 서비스를 제공할 수 있는 인터넷을 설계하기 위해 **단-대-단(end-to-end)** 구조를 채택하게 되었다. 단말 장치에 대한 가정을 최소화함으로써 인터넷은 새로운 종류의 네트워크나 장치가 보급됨에 따라 신속하게 이들을 지

IETF(Internet Engineering Task Force)

IETF는 인터넷 프로토콜 표준을 개발하고 공유하기 위해 1980년대에 설립되었다. 처음에는 미국 연방정부 프로젝트로 시작되었지만, 1990년대 초부터 IETF는 자원봉사자들로 이루어진 국제기구로 발전하였다. 인터넷이 성장하고 진화하면서 인터넷을 대성공으로 이끈 개방형 표준들에 대해 주기적 개선이 필요하게 되었다. IETF는 이름 체계, 주소 체계, 라우팅, 수많은 인터넷 응용 서비스 등을 처리하는 프로토콜들의 표준화와 개정 작업에 합의 기반 방식이 적용되도록 감독한다. IETF에 관한 자세한 정보는 https://www.ietf.org/에서 찾을 수 있다.

원할 수 있도록 진화해왔다.

20세기의 전화, 케이블 TV, 위성 링크 등을 이용하는 WAN은 음성 통화나 아날로그 TV 신호와 같은 아날로그 통신을 전송하도록 설계되었다. 현대의 네트워크는 컴퓨터들 사이에서 디지털 데이터를 직접 전송하도록 설계될 수 있지만, 아직도 구식 아날로그 네트워크 기반설비가 인터넷의 상당 부분을 차지하고 있다. 이러한 구식 아날로그 링크들로 인해 발생하는 이슈들을 흔히 **최종 마일 문제(last mile problem)**라고 한다. WAN, MAN, 그리고 많은 LAN의 주요 구간들은 광섬유와 같은 고속 디지털 기술을 이용하여 현대화시키기가 비교적 쉽지만, 개별 가정이나 사무실에서 이러한 구간과 연결하기 위해 사용되는 기존 구리 전화선이나 동축 케이블을 모두 교체하는 것은 훨씬 많은 비용을 요할 수 있다. 따라서 인터넷상의 어떤 단말 시스템에서 발생하는 정보가 여러 대륙을 거쳐 전달될 때 여정의 대부분은 고속 디지털 연결 상에서 이루어지지만 "최종 마일" 구간에 위치하는 느린 구식 아날로그 전화선에서 많은 시간을 소요할 수 있다. 2장에서 언급되었듯이 디지털 데이터 전송을 수용하기 위해 이러한 아날로그 링크들을 확장하는 몇 가지 기술들이 개발되어 왔다. DSL 모뎀, 케이블 모뎀, 위성 링크, 때로는 광섬유 연결 등이 사용자들에게 초고속 인터넷 접속을 제공하기 위해 사용된다.

인터넷 주소

4.1절에서 살펴보았듯이, 인터네트워크는 각 컴퓨터에 고유한 식별 주소를 지정할 수 있는 인터네트워크 차원의 주소 체계를 필요로 한다. 인터넷에서 사용되는 주소 체계는 **IP 주소(IP address)**이다. IP라는 용어는 4.4절에서 다룰 인터넷 프로토콜(Internet Protocol)을 나타낸다. 원래 각 IP 주소는 32비트의 패턴이었지만, 더 큰 주소 집합을 제공하기 위해 128비트로 전환하기 위한 절차가 현재 진행 중이다(4.4절의 IPv6 참고). 연속된 번호의 IP 주소 블록을 ISP에 배정하는 것은 **ICANN(Internet Corporation for Assigned Names and Numbers)**이라는 비영리법인이며, 이 기구는 인터넷 운영을 조정하기 위해 설립되었다. ISP들은 다시 자신이 배정받은 IP 주소 블록들을 자신의 관할권 안의 컴퓨터들에 할당하는데, 대개 연속된 주소 블록을 고객 기관들에 배정한다. 이렇게 해서 인터넷 상의 컴퓨터들에는 고유한 IP 주소가 계층구조를 형성하며 배정된다.

일반적으로 IP 주소는 **점찍는 10진 표기법(dotted decimal notation)**으로 표시되는데, 각 바이트는 10진법 정수로 표시되며 각 바이트 사이에 점을 찍어 구분한다. 예를 들면 5.2는 두 바이트 패턴 0000010100000010을 나타내는데, 이 패턴은 5를 나타내는 바이트 00000101과 2를 나타내는 바이트 00000010으로 이루어진다. 패턴 17.12.25는 17을 나타내는 바이트 00010001, 12를 나타내는 바이트 00001100, 25를 나타내는 바이트 00011001 등으로 이루어지는 3바이트 패턴을 나타낸다. 요컨대 점찍는 10진 표기법에 따른 32비트 IP 주소는 192.207.177.133과 같은 모습을 갖는다.

비트 패턴 형식 또는 점찍는 10진 표기법으로 표시된 주소는 사람이 사용하기에는 적합하지 않다. 이러한 이유로 인터넷에서는 기억하기 쉬운 이름으로 컴퓨터를 식별하는 또 다른 주소 체계도 사용한다. 이 주소 체계는 **도메인(domain)**이라는 개념에 기초하고 있는데, 도메인은 대학, 클럽, 회사, 정부기관 등의 단위 기구가 운영하는 인터넷 "영역"으로 간주될 수 있다. (영역이라는 단어에 따옴표를 사용한 것은 여기서 말하는 영역이 인터넷상의 물리적 영역에 대응되지 않을 수도 있기 때문이다.) 각 도메인은 ICANN에 등록되어야 하며, 등록 절차는 ICANN의 위임을 받은 **등록대행사(registrar)**에 의해 이루어진다. 이러한 등록 절차의 일환으로 각 도메인에는 기억하기 쉬운 **도메인 이름(domain name)**이 지정되는데, 인터넷상의 도메인 이름은 각기 다르게 정해진다. 도메인 이름은 종종 도메인을 등록하는 기관을 잘 나타내는 이름으로 정해지며, 이는 도메인의 효용성을 증가시킨다.

예를 들면, 마켓대학교의 도메인 이름은 mu.edu이다. 점 다음에 오는 접미사에 유의하기 바란다. 이 접미사는 도메인의 분류를 반영하는데, 이 경우의 edu라는 접미사는 교육기관(educational)을 나타낸다. 이러한 접미사들은 **최상위도메인(top-level domain; TLD)**이라 불린다. TLD에는 영리기관(commercial institution)을 나타내는 com, 미국 정부기관(government institution)을 나타내는 gov, 비영리기관(nonprofit organization)을 나타내는 org, 특별한 제한이 없는 info, 원래는 ISP를 나타내기 위한 것이었으나 사용 범위가 확대된 net 등이 있다. 인터넷 TLD 초창기에는 연결된 기관들이 미국 내에 위치한다는 것이 기본 가정이었다. 인터넷은 급속히 성장하여 전 세계의 국가들을 포함하게 되었으며, 그 결과로 국가코드 TLD라 해서 각 국가를 나타내는 두 글자 TLD들을 도입하게 되었는데, 오스트레일리아를 나타내는 au나 캐나다를 나타내는 ca 등과 같이 표시한다. 21세기에 들어와서 사업체(business)를 나타내는 biz, 박물관(museum)을 나타내는 museum 등과 같은 수백 개의 새로운 TLD가 DNS 계층구조에 추가되었다.

일단 도메인 이름이 등록되면, 그 이름을 등록한 기관은 도메인 안의 개별 컴퓨터를 위한 이름을 정하기 위해 도메인 이름을 확장할 수 있다. 예를 들면, 마켓대학교 안의 한 호스트는 eagle.mu.edu라는 이름으로 식별될 수 있다. 계층구조를 갖는 도메인 이름은 왼쪽으로 확장되며 점에 의해 구분된다. 경우에 따라서는 도메인 안의 이름들을 조직화하기 위해 여러 번 확장하기도 하는데, 이를 **부도메인(subdomain)**이라고 부른다. 부도메인은 흔히 해당 도메인 관할권 안의 각기 다른 네트워크들을 나타내기도 한다. 예를 들어 yoyodyne.com이라는 도메인 이름을 갖는 요요다인주식회사에서는 도메인을 부도메인들로 분할하기로 정했다고 하자. 이 경우, 요요다인의 어떤 컴퓨터가 overthruster.propulsion.yoyodyne.com이라는 주소를 가질 수 있을 텐데, 이는 컴퓨터 overthruster가 영리기관 도메인 클래스 com 안의 도메인 yoyodyne 안의 부도메인 propulsion에 소속됨을 의미한다. (도메인 이름에서 사용하는 점찍는 표기법은 IP 주소에서 사용되는 점찍는 10진 표기법과는 관련이 없다.)

기억하기 쉬운 이름을 사용하는 기호식 주소는 사람에게는 편리하지만, 인터넷상에서 메시지들은 항상 IP 주소를 사용하여 전송된다. 따라서 어떤 사람이 먼 곳의 컴퓨터에 메시지를 전송하고자 하는데 목적지를 기호식 주소로 표시하였을 경우, 메시지 전송 소프트웨어는 메시지 송신에 앞서 이 주소를 IP 주소로 변환할 수 있어야 한다. 이러한 변환은 네임 서버(name server)라고 불리는 여러 서버들의 도움을 받아 수행되는데, 이들은 기본적으로 클라이언트들에 주소 변환 서비스를 제공하는 디렉터리들이다. 인터넷상의 모든 네임 서버들은 함께 DNS(Domain Name System)라고 불리는 인터넷 차원의 디렉터리 시스템을 구성하며, 주소 변환을 위해 DNS를 사용하는 절차를 DNS 조회(DNS lookup)라고 부른다. DNS의 계층구조 특성은 도메인, DNS 서버, 인터넷 호스트 등의 개수가 늘어나면서 규모를 확장할 수 있게 해준 중요한 요소이다. 인터넷상의 호스트는 DNS 조회를 수행하기 위해 전 세계에 걸친 전체 도메인에 대한 완전한 정보를 알아야 하거나 유지할 필요가 없다. 대신 호스트는 자신의 지역 DNS 서버를 찾을 수 있도록 초기 설정만 하면 되며, 이러한 지역 DNS 서버는 대개 접속 ISP에 의해 제공된다. DNS 프로토콜은 모르는 도메인에 대해서는 해당 TLD를 위한 최상위 서버에서 출발하여 DNS 조회가 진행되도록 해준다. 잘 모르는 lectroid.propulsion.yoyodyne.com 서버를 찾는 호스트는 알려진 .com 네임 서버에서 출발할 수 있으며, 이 서버는 다시 yoyodyne.com 네임 서버에게 질의를 전달할 텐데, 이 네임 서버는 다시 propulsion.yoyodyne.com 네임 서버에게 질의를 전달할 것이다. 이 마지막 네임 서버는 해당 호스트 이름을 공식적인 IP 주소로 변환할 수 있다. 현실에서는 캐싱(caching) DNS 서버들이 DNS 조회를 수행할 때마다 담당 DNS 서버를 찾는 대신 DNS 조회에 대한 대답들을 저장해두는 방식으로 시간을 절약하고 불필요한 네트워크 트래픽을 감소시킨다.

따라서 컴퓨터에 기호식 도메인 이름을 사용하여 접근할 수 있기 위해서는 그 이름이 DNS 내부의 네임 서버에 표현되어 있어야 한다. 도메인을 관리하는 기관이 충분한 자원을 보유하고 있을 경우 도메인 내의 모든 이름을 포함하는 자체의 네임 서버를 유지할 수 있다. 사실 원래의 도메인 시스템은 이러한 모델에 기초하고 있다. 등록되어 있는 각 도메인은 기업, 대학, 정부기관 등과 같은 지역적 기관에 의해 운영되는 물리적 인터넷 영역을 나타내는 것이었다. 이 기관은 기본적으로 인터넷에 연결된 자체 네트워크를 이용하여 그 구성원들에게 인터넷 접속을 제공하는 접속 ISP에 해당되었다. 이러한 시스템의 한 부분으로 해당 기관은 자체 도메인 내부에서 사용되는 모든 이름들을 위한 변환 서비스를 제공하는 자체적인 네임 서버를 유지하였다.

오늘날에도 이 모델은 여전히 많이 사용되고 있다. 그러나 많은 개인들이나 작은 기관들은 도메인의 지원에 필요한 자원을 확보하지는 않으면서 인터넷상에 도메인을 만들고 싶어 할 수도 있다. 예를 들면, 지역의 체스 클럽이 KingsandQueens.org라는 인터넷 도메인을 가지면 도움이 되겠지만, 이러한 클럽이 자체 네트워크를 구성하여 인터넷에 연결하고 자체 네임 서버를 구축하려 들지 않을 수도 있다. 이 경우 이 클럽은 접속 ISP 측

무선 전화기의 세대 구분

휴대폰 기술은 1980년대에 단순한 휴대형 전자장치로 소개된 이후 급속하게 진화해왔다. 이후 거의 매 10년마다 완전히 새로운 세대의 전화기 기술이 나타나면서 복잡하고 다양한 기능을 갖춘 현재의 스마트폰으로 발전하였다. 1세대의 무선 전화망은 아날로그 음성 신호를 공중으로 전송하였는데, 이는 벽을 따라 설치되는 구리 회선이 없을 뿐 일반 전화망과 별 차이가 없었다. 이러한 초창기의 전화기를 이제 1세대, 즉 1G 네트워크라고 부른다. 2세대(2G)에서는 음성을 인코딩하기 위해 디지털 신호를 사용하였으며, 전파를 보다 효과적으로 사용하는 동시에 문자 메시지와 같은 디지털 데이터를 전송할 수 있게 되었다. 3세대(3G) 전화망은 더욱 높은 데이터 전송률을 제공하며, 영상통화나 높은 대역폭을 사용하는 활동들이 가능하게 되었다. 4G 전화망은 더욱 높은 데이터 전송률과 완전한 패킷교환 IP 네트워크를 제공하며, 이를 통해 예전에 초고속 인터넷에 연결된 컴퓨터에서만 이용할 수 있었던 기능들을 차세대 스마트폰에서 이용할 수 있게 되었다.

을 접촉하여 ISP에 의해 이미 확보된 자원을 이용하여 등록된 도메인을 만들 수 있다. 이 클럽은 아마 ISP의 도움을 받아 자신이 선택한 도메인 이름을 등록하고 ISP의 네임 서버에 그 이름을 포함시키도록 ISP와 계약을 맺을 것이다. 이는 그 체스 클럽의 도메인 이름에 대한 모든 DNS 조회가 그 ISP의 네임 서버로 전달되어 그곳에서 적절한 변환이 이루어질 것임을 의미한다. 이러한 방법을 사용하여 한 개의 ISP 안에 많은 등록된 도메인을 수용할 수 있다. 이 전체 과정은 인터넷상의 다양한 사이트에서 몇 달러 정도의 비용으로 수 분 이내에 완료될 수 있다.

인터넷 응용 프로그램

인터넷 초창기의 대부분 응용 프로그램은 개별 네트워크 프로토콜을 따르는 독립적이고 단순한 프로그램들이었다. 뉴스 응용 프로그램은 NNTP(Network News Transfer Protocol)를 사용하여 서버에 접근하였으며, 네트워크를 통해 파일 목록을 받아오고 파일을 복사하는 응용 프로그램은 FTP(File Transfer Protocol)를 구현하였다. 먼 거리의 컴퓨터에 접근하기 위한 응용 프로그램은 텔넷(Telnet) 프로토콜을 사용하였으며, 나중에는 SSH(Secure Shell) 프로토콜을 사용하기도 하였다. 웹서버와 웹브라우저의 기능이 점차 강화되면서 위와 같은 전통적인 네트워크 응용 프로그램들을 HTTP(Hypertext Transfer Protocol)를 이용하는 웹페이지들을 통해 처리할 수 있게 되었다. 그렇지만 인터넷 응용 프로그램을 위한 네트워크 프로토콜을 처음 살펴보는 입장에서는 단순한 예들로 시작하는 것이 적합하며, HTTP에 대해서는 다음 절에서 다룰 것이다.

이메일 오늘날 네트워크상에서 사용자들 사이에 메시지를 교환하기 위한 시스템은 다양하게 존재하며, 몇 개의 예를 들면 메신저, 브라우저 기반 대화방, 트위터 기반 "트윗",

페이스북 "월(wall)" 등이 있다. 인터넷에서 가장 오랫동안 사용되어온 메시지 교환 시스템은 **이메일(email)**이다. 오늘날 많은 사용자들이 이메일을 읽거나 작성하기 위해 웹브라우저를 사용하거나 마이크로소프트 아웃룩, 애플 메일, 모질라 썬더버드 등의 복잡한 응용 프로그램을 사용하지만, 인터넷상의 컴퓨터들 사이에서의 이메일 메시지 전송은 SMTP와 같은 기본 네트워크 프로토콜을 통해 이루어진다.

SMTP(Simple Mail Transfer Protocol)는 네트워크상의 한 호스트에서 다른 호스트에게 이메일 메시지를 전송할 때 두 호스트가 대화하는 방식을 규정하고 있다. 예를 들어 **메일 서버** mail.skaro.gov가 사용자 dalek으로부터의 이메일을 도메인 tardis.edu 상의 사용자 doctor에게 전송하는 예를 살펴보자. 먼저 mail.skaro.gov 상의 메일 처리 프로세스가 mail.tardis.edu 상의 메일 서버 프로세스를 접촉한다. 이를 위해 먼저 사람이 읽을 수 있는 목적지 도메인 이름을 적절한 메일 서버 이름에 대응시킨 후 다시 그에 대응되는 IP 주소를 구하는데, 이 과정에서 또 다른 네트워크 프로토콜 DNS가 이용된다. 이는 전화를 이용할 때 친지의 전화번호를 찾는 과정과 비슷하다. 마찬가지로 상대편 사용자 측 서버 프로세스가 응답할 때 SMTP는 응답 서버가 호출자에게 자신의 이름을 밝히도록 요구하고 있다. SMTP 교환에 대한 기록은 다음과 같은 모습을 갖는다.

```
1  220 mail.tardis.edu SMTP Sendmail Gallifrey-1.0; Fri, 23
     Aug 2413 14:34:10
2  HELO mail.skaro.gov
3  250 mail.tardis.edu Hello mail.skaro.gov, pleased to meet you
4  MAIL From: dalek@skaro.gov
5  250 2.1.0 dalek@skaro.gov... Sender ok
6  RCPT To: doctor@tardis.edu
7  250 2.1.5 doctor@tardis.edu... Recipient ok
8  DATA
9  354 Enter mail, end with "." on a line by itself
10 Subject: Extermination.
11
12 EXTERMINATE!
13 Regards, Dalek
14 .
15 250 2.0.0 r7NJYAE1028071 Message accepted for delivery
16 QUIT
17 221 2.0.0 mail.tardis.edu closing connection
```

1번 행에서 원격 메일 서버 프로세스는 호출자에게 자신의 이름, 사용하는 프로토콜, (프로토콜 버전, 현재 날짜와 시간 등과 같은) 선택사항인 기타 정보 등을 제공하는 것으로 응답한다. 2번 행에서 송신 메일 서버 프로세스는 자신의 이름을 밝힌다. 3번 행에서 원격 서버는 송신 서버의 이름에 대한 확인 메시지를 보낸다.

대부분의 인터넷 프로토콜에서 사람들이 쉽게 해석할 수 있는 ASCII 문자들을 사용하여 메시지를 전송하는 것은 아니다. 확실히 3번 행의 "pleased to meet you"와 같은 과도한 인사문구가 이 연결 양단의 소프트웨어에서 인식되는 것도 아니며 SMTP가 기능하기 위해 필수적인 요소도 아니다. 시작 부분의 응답 코드 "250"만으로 이전 행이 수용되었음을 알리기에 충분하며, 교환을 진행할 수 있다. 그러나 이러한 인사문구는 메일 서버 사이의 호환성 오류 문제를 해결하기 위해 SMTP 메시지들을 사람들이 검토하는 일이 잦았던 인터넷 초창기에 SMTP 메일 서버에 구현된 이래 지금까지도 유지되고 있다. 사람들은 잘 모르지만 인터넷상에서 이메일을 전송하는 소프트웨어 에이전트들만 알고 있는 수많은 메시지 교환이 매일같이 네트워크상에서 발생한다.

원격 메일 서버는 2번 행의 단어 mail.skaro.gov를 받아들여 도메인 skaro.gov 안의 mail이라는 이름의 컴퓨터가 송신 서버라고 인식한다. SMTP는 원래 상호신뢰를 기반으로 만들어진 프로토콜이지만, 오늘날 이러한 신뢰는 스팸메일 발송자나 기타 인터넷상의 악당들에 의해 악용되고 있다. 최근의 메일 서버들은 이메일의 안전한 전송을 보장하기 위해 SMTP의 확장 버전을 사용하도록 되어 있다. 네트워크 보안에 대해서는 이 장의 마지막 절에서 자세히 다루기로 한다.

위의 기록상의 4번 행에서는 송신 서버가 전달할 메시지가 있다는 사실을 알리면서 송신자를 밝힌다. 5번 행에서 원격 서버는 이 도메인으로부터 그리고 이 사용자로부터 메시지를 수신할 의사가 있다는 확인 메시지를 보낸다. 6번 행에서 송신 서버는 원격 서버상의 수신자를 밝힌다. 7번 행에서 원격 서버는 해당 사용자를 목적지로 하는 이메일을 수신할 의사가 있다는 확인 메시지를 보낸다. 8번 행에서 송신 서버는 이메일 메시지의 실제 본문에 해당하는 데이터를 보낼 준비가 되었음을 알린다. 9번 행에서 원격 서버는 (SMTP 프로토콜에 따라서 354 코드를 사용하여) 메시지 본문을 받아들일 준비가 되어있으며 메시지 전송을 완료하기 위한 방법을 사람이 읽을 수 있는 지시 형태로 알린다.

10~14번 행에서 송신 서버는 전달할 이메일 메시지 텍스트를 전송한다. 원격 서버는 15번 행에서 메시지 수령에 대한 확인 메시지를 보내며 17번 행에서는 16번 행에 나타나는 송신 서버의 QUIT 통보에 대한 확인 메시지를 보낸다.

SMTP를 기술하는 기술문서들은 위의 기록과 같은 대화의 각 단계들을 규정한다. HELO, MAIL, RCPT, DATA, QUIT 등과 같은 키워드에 대해 어떻게 보낼지, 어떤 옵션들을 수반하는지, 옵션들을 어떻게 해석할지 등의 세부내용을 정확하게 규정한다. 마찬가지로 원격 서버들의 확인 메시지를 숫자로 표시하는 응답 코드들이 정의된다. 소프트웨어 설계자들은 프로토콜 기술문을 파악하여 네트워크상에서 이메일 송수신을 정확히 구현하는 알고리즘을 개발한다.

이메일 전달 과정의 다른 부분에는 또 다른 프로토콜들이 사용된다. SMTP는 원래 ASCII 형식의 텍스트 메시지 전송용으로 설계되었기 때문에 비-ASCII 데이터를 SMTP에 맞는 형식으로 변환시키기 위해, MIME(Multipurpose Internet Mail Extensions)과 같은 추가적인 프로토콜이 개발되었다.

사용자의 메일 서버에 도착되어 보관 중인 메일에 접근하기 위해 사용될 수 있는 두 가지 보편화된 프로토콜이 있는데, POP3(Post Office Protocol version 3)와 IMAP (Internet Mail Access Protocol)이다. 이들 중 단순한 프로토콜은 POP3("pop-THREE"로 읽음)이다. 사용자는 POP3를 사용하여 메시지를 자신의 컴퓨터로 받아올 수 있으며, 자신의 컴퓨터에서 메시지들을 읽고, 저장하고, 편집하거나 다른 원하는 작업을 할 수 있다. 이러한 활동들은 사용자의 컴퓨터에서 자체 저장장치를 사용하여 이루어진다. IMAP ("EYE-map"으로 읽음)은 사용자가 메일 서버 컴퓨터에서 메시지 및 관련 정보를 저장하거나 처리할 수 있다. 이 방식에서는 여러 다른 컴퓨터에서 자신의 이메일에 접근해야 하는 사용자가 자신이 이용할 수 있는 아무 컴퓨터에서나 메일 서버 컴퓨터상의 레코드들을 관리할 수 있다.

메일 서버의 역할을 생각하면, 이메일 주소의 구조를 이해하기 쉽다. 이메일 주소는 개인을 식별하는 (계정 이름이라고 불리는) 문자열, @("at"으로 읽음) 기호, 메일을 수신하는 메일 서버를 나타내는 도메인 이름 등을 차례로 연결하여 만들어진다. (실제로는 이메일 주소에서 목적지 도메인만을 식별하는 경우가 많으며, 이 경우 도메인의 실제 메일 서버는 DNS 조회에 의해 결정된다.) 이렇게 해서 애디슨-웨슬리 출판사의 한 사용자를 위한 이메일 주소는 shakespeare@aw.com와 같은 형태를 가질 수 있다. 즉, 이 주소로 전송되는 메시지는 aw.com 도메인 안의 메일 서버로 갈 것이며, 메일 서버는 shakespeare라는 사용자를 위해 그 메시지를 보관한다.

VoIP 최근에 등장한 인터넷 응용 분야의 한 예로 전통적인 전화시스템과 비슷한 음성통화의 제공에 인터넷 인프라를 이용하는 VoIP(Voice over Internet Protocol)를 살펴보기로 하자. 가장 단순한 형태의 VoIP는 P2P 모델을 통해 음성 데이터를 전송하는 서로 다른 컴퓨터상의 두 프로세스로 이루어지며, 이 과정은 그 자체로는 별다른 문제를 제기하지 않는다. 그러나 통화의 개시나 수신, VoIP를 일반 전화시스템에 연결하는 일, 긴급구조 119 통화와 같은 서비스의 제공 등의 작업들은 전통적인 인터넷 응용의 범위를 넘어선 이슈들이다. 더욱이 자국의 일반 전화사업체들을 국영화하고 있는 정부들은 VoIP를 위협으로 간주하며 높은 세금을 부과하거나 아예 불법화하고 있는 경우도 있다.

시장에서 경쟁을 벌이고 있는 VoIP 시스템들에는 네 가지 유형이 있다. VoIP 소프트웨어 전화는 둘 이상의 PC들이 스피커와 마이크 외의 다른 특별한 하드웨어 없이도 통화할 수 있게 해주는 P2P 소프트웨어로 이루어진다. VoIP 소프트웨어 전화 중 하나인 Skype는 고객들에게 일반 전화와의 연결도 제공한다. Skype의 단점 한 가지는 사설 시스템이어서 그 운용 구조가 일반에 알려져 있지 않다는 점이다. 이는 Skype 사용자들이 Skype 소프트웨어의 무결성을 제3자의 검증 없이 신뢰해야 함을 의미한다. 예를 들면,

Skype 사용자는 자신의 PC를 인터넷에 연결된 채 두어야 Skype 시스템에서 이용할 수 있으며, 이는 PC의 소유주가 인식하지 못하는 상태에서 PC의 자원 일부가 다른 Skype 통신에 이용될 것임을 의미하는데, 이로 인해 사용자들의 저항감을 초래한 바 있다.

두 번째 유형의 VoIP는 **아날로그 전화 어댑터들**로 이루어지는데, 이 경우 사용자들은 접속 ISP가 제공하는 전화 서비스에 일반 전화기를 연결한다. 이러한 서비스는 일반 인터넷 서비스나 디지털 TV 서비스에서 부가서비스 형태로 제공되기도 한다.

세 번째 유형의 VoIP는 임베디드 VoIP 전화기 형태로 제공되는데, 이들은 일반 전화기와 동일한 모양이지만 TCP/IP 네트워크에 직접 연결된다. 임베디드 VoIP 전화기들은 대형기관들에서 점차 보편화되고 있는데, 이들은 비용을 줄이고 기능을 강화하기 위해 예전에 구내 회선에서 사용하던 구리 회선 기반의 일반 전화 시스템을 이더넷상의 VoIP로 교체하고 있다.

끝으로, 최근의 스마트폰은 무선 VoIP 기술을 사용하고 있다. 이전의 무선 전화기들은 특정 전화회사의 프로토콜을 사용하여 해당 회사의 네트워크와만 통신할 수 있었다. 인터넷에 접속하려면 해당 회사의 네트워크와 인터넷 사이에 위치하는 게이트웨이를 통해야만 했으며, 게이트웨이는 신호를 TCP/IP 체계로 변환하는 일을 담당하였다. 그러나 4G 전화망은 모든 곳에서 IP 기반 네트워크로 설계되었으며, 이는 4G 전화기는 초고속 인터넷에 접속되어 있는 호스트 컴퓨터나 같다는 뜻이다.

인터넷 멀티미디어 스트리밍 현재 인터넷 트래픽의 엄청난 부분은 인터넷상에서 오디오 또는 비디오를 실시간으로 전송하는 데 사용되고 있는데, 이를 **스트리밍(streaming)**이라고 한다. 넷플릭스는 2013년 첫 4분기 동안만 40억 시간이 넘는 분량의 프로그램을 사용자들에게 스트리밍으로 전송하였으며, 2016년에는 전체 북미지역 인터넷 트래픽의 1/3 이상을 차지하였다. 2017년에는 오디오 및 비디오 스트리밍 서비스가 인터넷 전송량의 70% 이상을 차지하였다.

표면상 인터넷 라디오는 특별히 주의할 점이 없어 보인다. 예를 들면, 인터넷 라디오 방송국은 요청하는 고객들에게 프로그램 메시지를 전송하는 서버만 구축하면 될 것처럼 짐작할 수 있을 것이다. 이러한 기법은 **N-유니캐스트(N-unicast)**로 알려져 있다. (정확히 표현하면 유니캐스트는 하나의 송신자가 하나의 수신자에게 메시지를 전송하는 것을 가리키는 반면, N-유니캐스트는 하나의 송신자가 다수의 수신자에게 메시지를 전송하는 것을 가리킨다.) N-유니캐스트 방식이 사용되어 오고는 있지만, 방송국 서버와 서버에 바로 이웃한 인터넷에 상당한 부담을 초래한다는 단점이 있다. 실제로 N-유니캐스트 방식에서는 서버가 고객들 각각에게 실시간으로 개별 메시지들을 송신해야 하며, 이 메시지들은 서버의 이웃들을 거쳐 전달되어야 한다.

N-유니캐스트에 대한 대부분의 대안은 이러한 문제를 경감시키기 위한 시도들에 해당한다. 한 방법은 파일 공유 시스템에서 사용되는 방식으로 P2P 모델을 이용하는 것이다. 즉,

하나의 개체가 데이터를 수신하면 그 데이터를 기다리는 다른 개체들에게 분배하기 시작하는 것인데, 이로 인해 분배 문제를 데이터의 출발지가 아니라 개체들에게 떠넘기게 된다.

멀티캐스트(multicast)라고 불리는 또 다른 대안에서는 분배 문제를 인터넷 라우터들에 떠넘기는 방법을 사용한다. 멀티캐스트를 사용할 경우 서버는 단일 주소를 사용하여 다수의 고객들에게 메시지를 전송할 수 있는데, 이때 라우터들이 그 주소의 특별한 의미를 인식하여 적절한 목적지들에 메시지 사본들을 만들어 전송해 주어야 한다. 멀티캐스트를 필요로 하는 응용 프로그램을 위해서는 인터넷 라우터의 기능이 원래의 기본 기능보다 확장되어야 한다. 멀티캐스트에 대한 지원은 소규모 네트워크에서 구현되고 있지만, 전체 인터넷 이용자로의 확장은 아직 시기상조이다.

더욱 중요한 것은 이 범주에 속하는 응용 영역의 대부분이 사용자가 자신이 원할 때 아무 때나 매체를 이용할 수 있는 **주문형 스트리밍**(on-demand streaming)이라는 사실이다. 이는 개별 사용자가 자신의 보조에 맞추어 콘텐츠에 대한 시작, 일시 멈춤, 되감기 등을 수행할 수 있다는 점에서 인터넷 라디오 방송국의 경우와는 전혀 다른 문제를 내포한다. 이 경우 N-유니캐스트나 멀티캐스트 기술은 별로 도움이 되지 않는다. 개별 주문형 스트림은 콘텐츠를 제공하는 서버에서 이를 이용하는 사용자에게로 향하는 유니캐스트와 마찬가지이다.

이러한 유형의 스트리밍을 각기 다른 스트림을 이용하는 수천 명 또는 수백만 명의 사용자에게 동시에 제공할 수 있기 위해서는 다수의 서버에 콘텐츠를 복제하는 일이 불가피하다. 대규모 스트리밍 서비스에서는 **콘텐츠 전송 네트워크**(Content Delivery Network; CDN)를 이용하는데, 이는 각자 자신의 주변 네트워크 안의 사용자들에게 콘텐츠 사본을 스트리밍하는 서버들의 그룹을 의미하며 이 때 서버들은 인터넷상에서 전략적으로 분산된다. 많은 경우 CDN 서버들은 접속 ISP 네트워크 안에 위치하여 접속 ISP의 고객들이 스트리밍 서비스의 중앙 서버보다 훨씬 가까운 곳에 위치한 인접 서버로부터 고속 멀티캐스트 콘텐츠 서비스를 받을 수 있게 해준다. **애니캐스트**(anycast)라는 네트워크 기술은 사용자가 지정된 서버 그룹에서 가장 가까운 서버에 자동적으로 접속할 수 있게 해주며 CDN의 실용성을 지원한다.

HD급 주문형 비디오의 인터넷 스트리밍은 전통적인 PC 대수보다 훨씬 더 많이 보급되어 있다. 다양한 등급의 TV, DVD/블루레이 재생기, 게임기 등은 직접 TCP/IP 네트워크에 연결되어 수많은 무료 또는 유료 서버가 제공하는 콘텐츠를 선택할 수 있다.

연습문제

1. 계층-1 및 계층-2 ISP의 용도는 무엇인가? 접속 ISP의 용도는 무엇인가?
2. DNS란 무엇인가?

3. 점찍는 10진 표기법으로 표현된 3.6.9가 나타내는 비트 패턴은 무엇인가? 비트 패턴 0001010100011100을 점찍는 10진 표기법으로 표현하라.

4. overthruster.propulsion.yoyodyne.com과 같은 인터넷상의 컴퓨터 도메인 이름의 구조는 어떤 면에서 일반 우편 주소와 비슷한가? 이러한 구조가 IP 주소에도 적용되는가?

5. 인터넷에서 볼 수 있는 세 가지 유형의 서버의 이름을 나열하고 각각의 기능을 쓰라.

6. 프로토콜은 네트워크 통신의 어떤 측면을 기술하는가?

7. 인터넷 라디오 방송에서 P2P와 멀티캐스트를 이용하는 방식은 어떤 점에서 N-유니캐스트와 다른가?

8. 네 가지 유형의 VoIP 중 하나를 선택할 때 고려해야 할 기준들은 무엇인가?

4.3 월드와이드웹

월드와이드웹(World Wide Web)은 **하이퍼텍스트(hypertext)**라고 불리는 링크 연결 문서 개념을 인터네트워크 기술에 결합시켜 1990년 12월 최초의 WWW 소프트웨어를 구현한 팀 버너스리(Tim Berners-Lee)의 연구에 그 기원을 두고 있다. 초기의 프로토타입은 멀티미디어 데이터를 지원하지 않았지만, 오늘날 월드와이드웹의 핵심 요소들을 포함하였다. 여기에는 다른 문서와의 **하이퍼링크(hyperlink)**를 포함시키기 위한 하이퍼텍스트 문서 형식, 네트워크상에서 하이퍼텍스트를 전송하기 위한 프로토콜, 요청에 따라 하이퍼텍스트 페이지를 제공하는 서버 프로세스 등이 포함된다. 이렇게 시작은 미약하였지만, 웹은 이미지, 오디오, 비디오 등을 지원할 수 있도록 빠르게 성장하였으며, 1990년대 중반 무렵에는 인터넷의 성장을 견인하는 지배적인 응용으로 발전하였다.

웹의 구현

인터넷에서 하이퍼텍스트에 접근할 때 사용되는 소프트웨어 패키지는 두 범주로 나누어지는데, 바로 **브라우저(browser)**와 **웹서버(web server)**이다. 브라우저는 사용자 컴퓨터에 설치되어 있으며, 사용자가 요청하는 자료를 얻어 와서 사용자에게 체계화된 방식으로 보여주는 일을 담당한다. 많이 사용되는 인터넷 브라우저에는 크롬, 파이어폭스, 사파리, 인터넷 익스플로러 등이 포함된다. 웹서버는 접근 대상인 하이퍼텍스트 문서들을 갖고 있는 컴퓨터에 설치된다. 서버의 역할은 클라이언트의 요청에 따라 자신의 컴퓨터에 있는 문서들에 접근할 수 있도록 해주는 것이다. 많이 사용되는 웹서버에는 아파치, 마이크로소프트 IIS, Nginx 등이 포함된다. 일반적으로 브라우저와 웹서버 사이에서 하이퍼텍스트 문서를 전송할 때 사용되는 프로토콜은 HTTP(Hypertext Transfer Protocol)이다.

웹상의 문서를 찾아서 받아오기 위해, 각 문서에는 URL(Uniform Resource Locator)이라 불리는 고유한 주소가 지정된다. 각 URL에는 브라우저가 적절한 서버에 접속하여 원하는 문서를 요청하기 위해 필요한 정보가 포함된다. 따라서 웹페이지를 보기 위해 사용자는 먼저 자신의 브라우저에게 원하는 문서의 URL을 제공하고 브라우저로 하여금 문서를 받아와서 화면에 표시하도록 지시한다.

전형적인 URL의 예가 그림 4.8에 주어져 있다. URL은 문서에 대한 접근을 제어하는 서버와 통신하기 위해 사용할 프로토콜, 서버가 설치되어 있는 컴퓨터의 도메인 이름, 서버에서 문서를 포함하는 디렉터리를 찾기 위해 필요한 디렉터리 경로, 문서 파일의 이름 등의 네 부분으로 이루어진다. 요약하면, 그림 4.8의 URL은 브라우저에게 HTTP 프로토콜을 사용하여 eagle.mu.edu라는 이름의 호스트상의 웹서버에 접속하고, authors라는 디렉터리 안의 하위디렉터리 Shakespeare 안에 들어 있는 Julius_Caesar.html이라는 문서를 받아오도록 지시한다.

때로 URL은 그림 4.8에서 보이는 모든 부분들을 포함하지 않을 수도 있다. 예를 들어, 서버가 문서에 도달하기 위해 디렉터리를 따라갈 필요가 없을 경우, 디렉터리 경로가 URL에 나타나지 않을 것이다. 때로 URL은 프로토콜과 컴퓨터 도메인 이름만으로 이루어질 수도 있다. 이 경우, 웹서버는 홈페이지라고 불리는 미리 정해져 있는 문서를 반환하는데, 홈페이지에는 대개 해당 웹사이트에서 제공하는 정보에 대한 기술이 나타난다. 이렇게 짧은 URL들은 기관들에 접근하는 편리한 수단을 제공한다. 예를 들면, http://www.google.com이라는 URL은 구글 홈페이지로 안내할 것이며, 이 홈페이지에는 이 회사에 관련된 서비스, 제품, 문서 등에 대한 하이퍼링크들이 포함되어 있다.

웹사이트 주소 표현을 더욱 단순화시키기 위해 많은 브라우저들은 프로토콜 표시가 없을 때 HTTP 프로토콜이 사용된 것으로 가정한다. 이러한 브라우저에서는 www.google.

그림 4.8 | 전형적인 URL

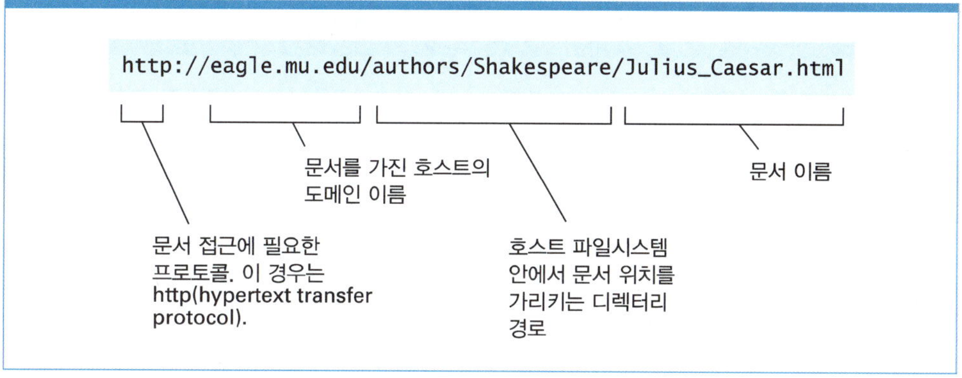

com이라는 URL만으로 구글의 홈페이지를 정확히 찾을 것이다.

HTML

전통적인 하이퍼텍스트 문서는 ASCII나 유니코드와 같은 코드 체계를 사용하여 텍스트를 인코딩하고 있으므로 텍스트 파일과 비슷하다. 텍스트 파일과 다른 점은 하이퍼텍스트 문서가 **태그(tag)**라고 불리는 특별한 기호들을 포함한다는 것이며, 태그는 문서를 컴퓨터 화면에서 어떤 모습으로 표시할지, (이미지 등의) 어떤 멀티미디어 자원이 문서에 수반되어 있는지, 문서 안에 어떤 항목들이 다른 문서와 연결되어 있는지 등을 나타낸다. 이러한 태그 체계는 **하이퍼텍스트 마크업 언어(Hypertext Markup Language; HTML)**로 알려져 있다.

따라서 웹페이지 작성자가 해당 페이지를 사용자 화면에 표시하기 위해 필요로 하는 정보 또는 현재 페이지가 참조하는 관련 문서들을 찾기 위해 필요한 정보를 기술하기 위해 사용하는 것이 바로 HTML이다. 이러한 과정은 최종 출력 모양을 식자공에게 알려주기 위해 타이프라이터로 작성된 일반 텍스트에 빨강 펜 같은 것을 사용하여 식자 지시를 첨가하는 것과 비슷한 면이 있다. 하이퍼텍스트의 경우, 빨강 표시 대신 HTML 태그가 사용되며, 브라우저가 식자공의 역할을 맡아 HTML 태그를 읽고 브라우저 화면에 텍스트를 어떻게 표시할지 정한다.

아주 간단한 웹페이지의 HTML **소스(source)**가 그림 4.9a에 나타나 있다. 태그들은 〈 기호로 시작하여 〉 기호로 끝난다. HTML 소스 문서는 <head> 태그와 </head> 태그로 둘러싸인 헤드(head)와 <body> 태그와 </body> 태그로 둘러싸인 본문(body)의 두 부분으로 이루어진다. 웹페이지의 헤드와 본문의 구분은 부서 간의 메모에서 헤드와 본문의 구분과 비슷하다. 두 경우 모두에서 헤드 부분은 문서에 관한 기본 정보를 포함하는데, 메모의 경우라면 날짜, 제목 등이 포함될 것이다. 본문은 문서의 실제 내용을 포함하는데, 웹페이지의 경우 컴퓨터 화면상에 표시될 자료에 해당한다.

월드와이드웹 컨소시엄

월드와이드웹 컨소시엄(World Wide Web Consortium; W3C)은 W3C 표준으로 알려져 있는 프로토콜 표준을 개발함으로써 월드와이드웹의 사용을 진작시키기 위해 1994년 구성되었다. W3C의 본부는 CERN에 두고 있는데, CERN은 스위스 제네바에 있는 고에너지입자물리연구소이다. CERN은 HTML 마크업 언어가 개발된 곳이며, 또한 인터넷상에서 HTML 문서를 전송하기 위한 HTTP 프로토콜을 개발한 곳이기도 하다. 오늘날 W3C는 다양한 종류의 인터넷 제품에서 호환성을 보장할 수 있도록 많은 표준들을 개발하고 있으며, 이러한 표준에는 XML 표준 및 여타 멀티미디어 응용을 위한 다양한 표준들이 포함된다. W3C의 웹사이트 주소는 http://www.w3c.org이다.

그림 4.9a에 표시된 웹페이지의 헤드는 “title” 태그로 둘러싸인 문서 제목만을 포함하고 있다. 이 제목은 문서의 용도를 알려주고 있으며 브라우저 화면에 표시되는 부분에 포함되지 않지만, 최근의 일부 브라우저들은 브라우저 창/탭 상단에 제목을 포함하기도 한다. 브라우저 화면에 표시되는 부분은 문서의 본문 부분에 포함된다.

그림 4.9a의 문서 본문의 첫 번째 항목은 <h1> 태그와 </h1> 태그로 둘러싸인 수준 1 헤딩이며, “My Web Page”라는 텍스트를 포함하고 있다. 수준 1 헤딩은 브라우저가 화면상에서 이 텍스트를 눈에 띄도록 표시할 것임을 의미한다. 본문의 다음 항목은 <p> 태그와 </p> 태그로 둘러싸인 한 개의 문단이며 “Click here for another page”라는 텍스트를 포함한다. 그림 4.9b는 브라우저가 표시한 페이지 모습을 보여준다.

클릭하면 브라우저가 다른 문서를 표시하도록 만들어져 있을 것 같은 here라는 단어를 클릭하더라도 현재 상태에서는 아무 일도 일어나지 않으며, 이러한 점에서 그림 4.9의 페

그림 4.9 | 간단한 웹페이지

a. HTML로 인코딩된 페이지

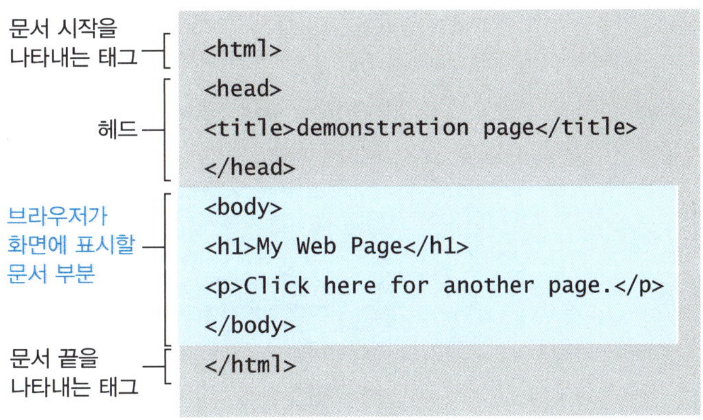

b. 컴퓨터 화면상의 페이지 모습

이지는 제대로 기능하지 않는다고 볼 수 있다. 적절한 동작이 일어나도록 하기 위해 here라는 단어에 다른 문서를 연결해주어야 한다.

here라는 단어를 클릭할 때 브라우저는 URL `http://crafty.com/demo.html`이 가리키는 페이지를 가져와서 표시해야 한다고 하자. 이를 위해 먼저 페이지의 HTML 소스에서 here라는 단어를 앵커(anchor) 태그라고 불리는 <a> 태그와 </a> 태그로 둘러싸야 한다. 앵커 시작 태그 안에는 그림 4.10a에서 보이는 것처럼

```
href = "http://crafty.com/demo.html"
```

그림 4.10 기능이 추가된 웹페이지

a. HTML로 인코딩된 페이지

```
<html>
<head>
<title>demonstration page</title>
</head>
<body>
<h1>My Web Page</h1>
<p>Click
   <a href="http://crafty.com/demo.html">
   here
   </a>
   for another page.</p>
</body>
</html>
```

인수를 포함하는 앵커 태그 — `<a href="http://crafty.com/demo.html">`

앵커 종료 태그 — `</a>`

b. 컴퓨터 화면상의 페이지 모습

과 같은 인수를 포함시킨다. 이 인수는 이 태그에 연계된 하이퍼텍스트 참조(hypertext reference; href)가 = 기호 다음의 URL http://crafty.com/demo.html임을 가리킨다. 앵커 태그를 추가하면 웹페이지는 이제 그림 4.10b에서와 같은 모습으로 표시된다. 이것은 그림 4.9b와 비슷하지만, here라는 단어는 다른 웹문서에 대한 링크임을 나타내기 위해 다른 색을 사용하여 강조되어 있다. 이렇게 강조된 부분을 클릭하면 브라우저는 연계되어 있는 웹페이지를 가져와서 화면에 표시한다. 즉, 웹페이지들을 서로 연결하는 것은 바로 앵커 태그를 사용함으로써 이루어진다.

끝으로 간단한 웹페이지 예제에 이미지를 포함시키는 방법을 설명한다. 포함시키고자 하는 JPEG 인코딩 이미지 파일이 Images.com의 디렉터리 Images 안에 들어 있는 OurPic.jpg라는 이름의 파일에 저장되어 있으며, 그 사이트의 웹서버를 통해 제공된다고 하자. 브라우저로 하여금 웹페이지 상단에 이미지를 표시하도록 하기 위해 이미지 태그

```
<img src = "http://Images.com/Images/OurPic.jpg">
```

를 HTML 소스 문서의 <body> 태그 바로 다음에 넣는다. 이 태그는 브라우저에게 OurPic.jpg라는 이름의 이미지를 문서 시작 부분에 표시하도록 지시한다. 여기에서 src라는 용어는 "source"의 줄임말이며, = 기호 다음의 정보가 표시될 이미지의 소스임을 나타낸다. 브라우저가 이 태그를 보면 Images.com에 위치한 HTTP 서버에게 다시 OurPic.jpg라는 이미지를 요청하는 메시지를 보내고 이미지를 적절히 표시할 것이다.

만일 이미지 태그를 </body> 바로 앞인 문서 끝으로 옮긴다면, 브라우저는 웹페이지 하단에 이미지를 표시할 것이다. 물론 웹페이지에서 이미지의 위치를 정하는 복잡한 표현들이 있지만 여기에서는 다루지 않는다.

XML

HTML은 텍스트 문서의 내용과 문서의 외관을 함께 단순한 텍스트 파일로 인코딩할 수 있는 표기 체계이다. 비슷한 방법을 사용하여 악보 등과 같이 텍스트가 아닌 자료들도 텍스트 파일로 인코딩할 수 있다. 언뜻 보면, 악보에서 사용하는 곡의 패턴, 마디 표시, 음표 등은 문자 단위 형식을 사용하는 텍스트 파일과는 맞지 않는 것처럼 보인다. 그러나 적절한 표기 체계를 개발함으로써 이러한 문제를 해결할 수 있다. 정확히 말하자면, 곡의 시작은 <staff clef = "treble">, 곡의 끝은 </staff>, 박자는 <time> 2/4 </time>, 한 마디의 시작과 끝은 각각 <measure>와 </measure>, 1/8박자 C 음표는 <notes> eighth C </notes> 등등과 같이 나타내기로 정할 수 있다. 이 경우, 다음 텍스트는 그림 4.11에서 보이는 악보의 인코딩에 사용될 수 있다.

```
<staff clef = "treble"> <key>C minor</key>
```

그림 4.11 | 베토벤의 5번 교향악의 첫 두 마디

```
<time> 2/4 </time>
<measure> <rest> eighth </rest> <notes> eighth G,
eighth G, eighth G </notes></measure>
<measure> <notes> half E </notes></measure>
</staff>
```

이러한 표기법을 사용하면, 악보는 텍스트 파일로 인코딩되고, 수정되고, 저장되며, 인터넷상에서 전송될 수 있다. 더욱이, 이러한 파일의 내용을 전통적인 악보 형태로 그려주거나 또는 신시사이저에서 음악을 연주하는 소프트웨어를 개발할 수도 있다.

앞의 악보 인코딩 체계는 HTML과 동일한 스타일을 사용하고 있다. 구성요소들을 식별하는 태그를 < 기호와 > 기호로 표시한다. 곡, 음표, 마디 등의 구조의 시작과 끝은 동일한 이름의 태그로 표시하며, 종료 태그는 슬래시(/) 기호로 표시한다. 예를 들면, <measure> 태그는 </measure> 태그로 끝난다. 그리고 태그 안에는 clef = "treble"와 같은 표현으로 특별한 속성을 표시한다. 동일한 스타일을 수식이나 그래픽 등의 다른 형식 표현을 위한 체계를 개발할 때에도 사용할 수 있다.

XML(eXtensible Markup Language)은 데이터를 텍스트 파일로 표현하기 위한 표기 체계의 설계에 사용되는 (앞의 악보 예제와 비슷한) 표준화된 스타일이다. 사실 XML은 SGML(Standard Generalized Markup Language)이라는 이름의 보다 오래된 표준을 단순화시켜 만든 표준이다. XML 표준을 따라 수식, 멀티미디어 콘텐츠, 음악 등을 표현하기 위한 다양한 **마크업 언어(markup language)**들이 개발되어 왔다. 사실 HTML도 XML 표준에 기초하여 웹페이지 표현을 위해 개발된 마크업 언어이다. (실제로 HTML의 시초 버전은 XML 표준이 완성되기 전에 개발되었으며, 따라서 HTML의 일부 기능은 XML을 엄격히 따르고 있지 않다. 이러한 이유로 XHTML에 대한 언급을 볼 수 있을 텐데, XHTML은 XML을 엄격히 준수하는 HTML 방계 언어이다.)

XML은 다양한 응용 분야에 걸쳐 사용될 수 있도록 표준을 설계하는 방법을 보여주는 좋은 예이다. 다양한 유형의 문서를 인코딩하기 위해 서로 관련이 없는 개별 마크업 언어들을 설계하는 대신, XML에서 취한 방식은 마크업 언어를 위한 일반적인 표준을 개발한 것이다. 다양한 응용 분야를 위해 마크업 언어들이 이 표준에 따라 개발될 수 있다. 이러한 방식으로 개발된 마크업 언어들은 동일한 형태를 가지고 있으며, 이러한 점으로 인해 악보와 수식을 함께 포함하는 텍스트 문서와 같이 복합적인 응용 분야를 위한 마크업 언어를 얻기 위해 악보용 마크업 언어와 수식용 마크업 언어를 쉽게 결합할 수도 있다.

끝으로 강조하고 싶은 것은 XML은 모양보다는 의미를 강조한다는 점에서 HTML과는 다른 새로운 마크업 언어를 개발할 수 있게 한다는 점이다. 예를 들면, HTML에서는 조리법에서 각 재료들이 서로 다른 줄에 위치하는 리스트 형식으로 나타나게끔 재료들을 표시할 수 있다. 그러나 의미 지향의 태그를 사용한다는 것은 요리 재료들을 리스트의 항목들로 표현하는 대신 <ingredient> 태그와 </ingredient> 태그를 사용하여 요리 재료로 표시할 수 있다. 이 차이는 작아 보이지만 중요한 것이다. 의미론적 방식을 사용할 경우 **검색 엔진**(사용자를 도와 관심 대상 주제에 관련된 웹 자료를 찾아주는 웹사이트)은 특정 재료를 포함하거나 포함하지 않는 조리법을 구분할 수 있을 것이며, 이는 특정 단어를 포함하거나 포함하지 않는 조리법을 구분하는 현재의 검색 엔진 기술에 비해 훨씬 발전된 것이다. 예를 들어, 의미론적 태그가 사용될 경우 검색 엔진은 시금치를 사용하지 않는 라자니아를 위한 조리법을 식별할 수 있지만, 단순히 포함된 단어에 기초한 검색 엔진은 "이 라자니아는 시금치를 포함하지 않는다"라는 문장으로 시작되는 조리법을 건너뛸 것이다. 문서들에 모양보다는 의미 표시를 붙이는 인터넷 차원의 표준을 사용하게 된다면, 지금의 구문 기반 월드와이드웹(World Wide Syntactic Web) 대신 의미 기반 월드와이드웹(World Wide Semantic Web)을 만들어갈 수 있을 것이다.

클라이언트 측 활동과 서버 측 활동

이제 그림 4.10에서 보이고 있는 간단한 웹페이지를 받아와서 브라우저 화면에 표시하기 위해 필요한 단계들을 생각해보자. 첫째, 클라이언트의 역할을 수행하는 브라우저는 (아마 브라우저 사용자가 제공한) URL 정보를 사용하여 해당 페이지를 제어하는 웹서버에 접속하여 해당 페이지의 사본을 브라우저에게 전송해달라고 요청할 것이다. 서버는 그림 4.10a에 표시된 텍스트 문서를 전송함으로써 이러한 요청에 응답할 것이다. 그 다음에 브라우저는 해당 페이지를 화면에 어떻게 표시해야 할지 정하기 위해 문서 안의 HTML 태그들을 해석할 것이며, 해석한 바에 따라 문서를 컴퓨터 화면에 표시할 것이다. 브라우저의 사용자는 그림 4.10b에서 묘사하는 것과 같은 이미지를 보게 될 것이다. 사용자가 here라는 단어 위에서 마우스를 클릭한다면, 브라우저는 관련 앵커 태그가 나타내는 URL을 사용하여 적절한 서버에 접속하여 또 다른 웹페이지를 얻어 와서 화면에 표시할 것이다. 요약하자면, 이러한 과정은 브라우저가 사용자의 지시에 따라 웹페이지를 받아와서 화면에 표시하는 작업으로 이루어진다.

애니메이션을 포함하는 웹페이지나 고객이 주문서를 기입하여 제출할 수 있는 웹페이지는 어떻게 작성될 수 있을까? 이러한 웹페이지는 브라우저나 서버에서 추가 활동을 필요로 한다. 브라우저 등의 클라이언트에서 이러한 활동이 수행될 경우 **클라이언트 측 활동**이라고 불리며, 웹서버 등의 서버에서 이러한 활동이 수행될 경우 **서버 측 활동**이라고 불린다.

한 예로 고객이 원하는 목적지들과 여행 날짜들을 알려주면, 고객의 수요에 관련 있는 정보만을 포함하는 맞춤형 웹페이지를 고객에게 제시하고자 하는 여행사를 생각해보자. 이 경우, 여행사 웹사이트는 먼저 고객에게 가능한 목적지들을 보여주는 웹페이지를 제공할 것이다. 이 정보에 기초하여 고객은 관심 있는 목적지들과 희망 여행 날짜를 지정할 것이며, 이는 클라이언트 측 활동에 해당한다. 이 정보는 여행사 서버에 전송되어 적절한 맞춤형 웹페이지 구성에 사용될 것이며, 이 웹페이지는 고객의 브라우저에게 전송될 것이다. 이때의 맞춤형 웹페이지 구성 작업은 서버 측 활동에 해당한다.

검색 엔진 서비스를 이용하는 것도 또 다른 예가 될 수 있다. 이 경우 클라이언트 측에 있는 사용자가 관심 있는 주제를 지정하면(클라이언트 측 활동), 그 내용은 검색 엔진에 전달될 것이며, 검색 엔진은 검색 주제에 맞는 문서들을 나타내는 웹페이지를 구성하여(서버 측 활동) 클라이언트에게 전송한다. 또 다른 예를 웹메일에서 찾을 수 있는데, 컴퓨터 사용자들이 웹브라우저를 통해 이메일을 이용하는 웹메일의 사용은 점차 증가하고 있다. 이 경우 웹서버는 클라이언트와 클라이언트의 메일 서버 사이의 중개자 역할을 한다. 기본적으로 웹서버는 메일 서버로부터의 정보를 포함하는 웹페이지들을 구성하며(서버 측 활동), 이 웹페이지들을 클라이언트에 보내어 클라이언트 측 브라우저가 화면에 표시할 수 있도록 해준다(클라이언트 측 활동). 역으로 브라우저는 사용자가 메시지를 작성할 수 있게 해주며(클라이언트 측 활동), 이러한 정보를 웹서버에 보내어 웹서버로 하여금 메시지를 메일 서버에 전달하여 메일 서비스가 진행될 수 있게 해준다(서버 측 활동).

클라이언트 측 활동과 서버 측 활동의 수행을 위한 나름대로의 장점을 갖춘 수많은 경쟁 시스템들이 존재한다. 클라이언트 측 활동을 제어하는 수단으로 일찍 나온 것 중에 웹페이지를 위한 HTML 문서 안에 넷스케이프 커뮤니케이션즈에서 개발된 자바스크립트(JavaScript) 언어로 작성된 프로그램을 끼워 넣는 방법이 있는데, 이것은 아직도 많이 사용되고 있다. 브라우저는 이러한 HTML 문서에서 프로그램을 추출하여 필요한대로 실행시킨다. 또 다른 방식은 선마이크로시스템즈에서 개발된 것으로 먼저 웹페이지를 브라우저에게 전송한 다음 HTML 소스 문서 안에서 요청하는 대로 자바(Java) 언어로 작성된 애플릿(applet)이라는 추가 프로그램을 전송한다. 또 다른 방식은 마크로미디어에서 개발된 플래시(Flash) 시스템인데, 이를 이용하여 다양한 클라이언트 측 멀티미디어 콘텐츠를 구현할 수 있다.

서버 측 활동을 제어하기 위한 초창기 수단의 하나는 CGI(Common Gateway Interface)라고 불리는 표준들을 사용하는 것인데, 클라이언트는 CGI 규약에 따라 서버에 있는 프로그램의 실행을 요청할 수 있다. 이 방식의 한 변형은 선마이크로시스템즈에서 개발된 것으로 클라이언트의 요청에 따라 서버 측에서 서블릿(servlet)이라는 프로그램을 실행한다. 앞의 여행사 예제와 같이 맞춤형 웹페이지의 구성과 같은 서버 측 활동이 필요할 경우, 서블릿 방식을 단순화시킨 방식을 적용할 수도 있다. 이 경우 JSP(Java Server Page)라고 불리는 웹페이지 틀을 웹서버에 저장해두고 클라이언트에서 받은 정보를 사용하여 맞춤형 웹페이지를 완성한다. 비슷한 방식을 마이크로소프트에서도 사용하는데, 맞춤형 웹페이지를 만들기 위해 사용되는 틀은 ASP(Active Server Page) 또는 ASP.NET라고 불린다. 개발사가 소유권을 가지고 있는 이러한 시스템들과 달리 PHP(원래는 Personal Home Page를 나타냈지만 이제는 PHP Hypertext Preprocessor를 나타냄)는 서버 측 기능을 구현하기 위한 공개 소스 시스템이다. 널리 사용되는 서버 측 스크립트 언어에는 파이썬, 루비(Ruby), 펄(Perl) 등을 포함하는 여러 가지 언어들이 있다.

끝으로, 클라이언트나 서버가 남의 컴퓨터에서 프로그램을 실행할 경우에 발생할 수 있는 보안 문제와 윤리 문제를 빠뜨려서는 안될 것이다. 웹서버가 프로그램을 클라이언트에 전송하여 실행되도록 한다는 사실로 인해 서버 쪽에서는 윤리 문제가 발생하며 클라이언트 쪽에는 보안 문제가 발생한다. 웹서버가 보낸 프로그램을 클라이언트가 맹목적으로 실행한다면, 서버에 의한 악의적 활동에 자신을 맡기는 셈이다. 마찬가지로, 클라이언트가 서버 쪽에서 프로그램이 실행되도록 만들 수 있다는 사실로 인해 클라이언트 쪽에서는 윤리 문제가 발생하며 서버 쪽에는 보안 문제가 발생한다. 클라이언트가 보낸 아무 프로그램이나 서버가 맹목적으로 실행한다면, 서버 측에서 보안 침해나 피해가 발생할 수 있다.

연습문제

1. URL이란 무엇인가? 브라우저란 무엇인가?
2. 마크업 언어란 무엇인가?
3. HTML과 XML의 차이는 무엇인가?
4. 다음 각 HTML 태그의 용도는 무엇인가?
   a. <html>
   b. <head>
   c. </p>
   d. </a>
5. 클라이언트 측이라는 용어와 서버 측이라는 용어는 무엇을 가리키는가?

4.4 인터넷 프로토콜

이 절에서는 인터넷상에서 메시지들이 어떻게 전송되는지 살펴볼 것이다. 이러한 전송 과정은 시스템 안의 모든 컴퓨터들의 협력을 필요로 하며, 이러한 과정을 제어하는 소프트웨어는 인터넷상의 모든 컴퓨터에 존재한다. 먼저 이러한 소프트웨어의 전반적인 구조에 대해 알아보자.

네트워크 소프트웨어의 계층 구조

네트워크 소프트웨어의 주요 작업은 컴퓨터들 사이에서 메시지를 전송하기 위해 필요한 인프라를 제공하는 것이다. 인터넷에서 이러한 메시지 전달 활동은 계층적 프로그램들에 의해 수행되는데, 이들이 하는 일은 미국의 서부 해안 쪽에 있는 사람이 동부 해안 쪽의 친구에게 선물을 포장하여 보낼 경우 수행되는 일과 비슷하다(그림 4.12). 선물을 보낼 사람은 먼저 선물을 패키지로 포장한 다음 패키지 바깥쪽에 적절한 주소를 적을 것이다. 그 다음에는 패키지를 UPS와 같은 탁송회사에 가져간다. 탁송회사는 이 패키지를 다른 패키지들과 함께 대형 컨테이너에 넣어 운송 계약을 맺은 항공사에 전달한다. 항공사는 컨테이너를 항공기에 싣고 목적지 도시에 전달하는데, 중간 기착지들을 거쳐 갈 수도 있다. 최종 목적지에서 항공사는 항공기에서 컨테이너를 내려서 목적지의 탁송회사 사무실에 전달한다. 탁송회사는 컨테이너에서 패키지를 꺼내어 주소지로 배달한다.

요약하자면, 선물 운송은 (1) (선물을 보내는 사람과 친구로 이루어지는) 사용자 계층, (2) 탁송회사, (3) 항공사 등 세 단계의 계층구조에 의해 수행된다. 각 계층은 바로 아래

그림 4.12 | 패키지 탁송 예제

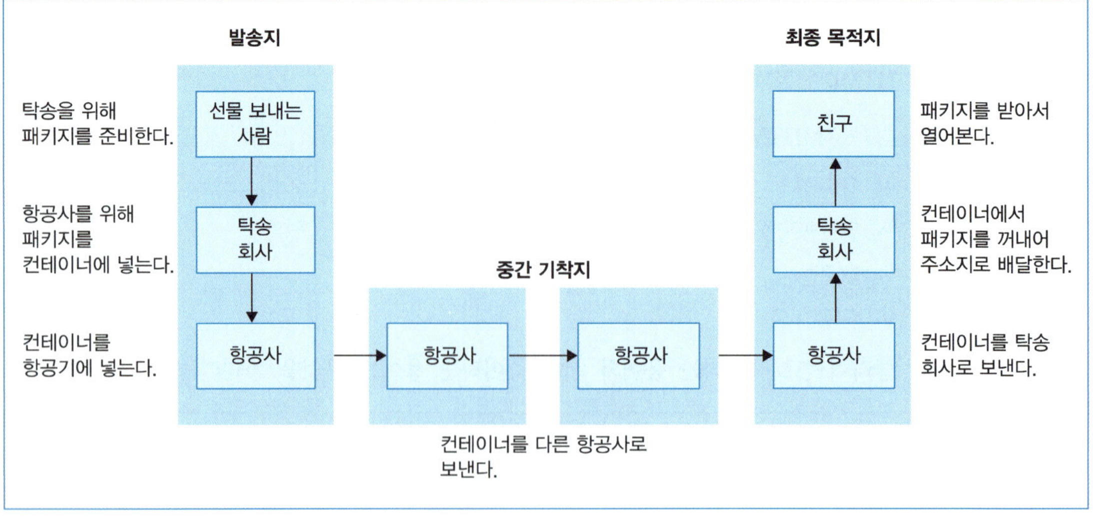

의 계층을 추상적 도구로 사용한다. (선물을 보내는 사람은 탁송회사의 세부사항에 관심을 가질 필요가 없으며, 탁송회사는 항공사의 내부 운영에 대해 관심을 가질 필요가 없다.) 계층구조 안의 각 계층은 발송지와 목적지에 대표들을 가지며, 목적지 쪽의 대표는 발송지 쪽의 대표가 수행한 작업의 역에 해당되는 작업을 수행한다.

인터넷상의 통신을 제어하는 소프트웨어의 경우에도 이와 마찬가지인데, 다만 인터넷 소프트웨어에서는 3개가 아니라 4개의 계층이 있으며, 각 계층은 사람이나 기업이 아니라 소프트웨어 코드들로 이루어진다. 4개의 계층은 **응용 계층**, **전송 계층**, **네트워크 계층**, **링크 계층** 등으로 불린다(그림 4.13). 대개 메시지는 응용 계층에서 발생한다. 메시지는 전송을 위해 준비하는 과정에서 응용 계층에서 전송 계층으로 또 다시 네트워크 계층으로 전달되며, 최종적으로 링크 계층에 의해 전송된다. 목적지 링크 계층에서 메시지를 수신하며, 메시지 목적지의 응용 계층에 도달할 때까지 계층을 따라 올라간다.

메시지가 시스템을 통해 길을 찾아가는 과정을 추적해봄으로써 이러한 처리과정을 좀 더 자세히 살펴보기로 하자(그림 4.14). 이 과정은 응용 계층에서 시작된다.

응용 계층(application layer)은 작업 수행을 위해 인터넷 통신을 사용하는 클라이언트나 서버와 같은 프로그램들로 이루어진다. 이름은 비슷하지만, 이 계층은 3.2절에서 제시된 응용 프로그램으로 분류되는 소프트웨어로 국한되는 것은 아니며, 여러 유틸리티 프로그램들도 포함된다. 예를 들면, 파일을 전송하거나 매체를 재생하는 소프트웨어 등은 이제 보편화되어 보통 유틸리티 소프트웨어로 간주된다.

선물을 보내는 사람이 탁송회사를 이용하는 것처럼, 응용 계층은 인터넷상에서 메시지를 주고받기 위해 전송 계층을 이용한다. 탁송회사의 규정에 따라 주소를 제공하는 것이 선물 보내는 사람의 책임이듯이, 전송 계층에서 사용할 수 있는 주소를 제공하는 것은 응

그림 4.13 | 인터넷 소프트웨어 계층

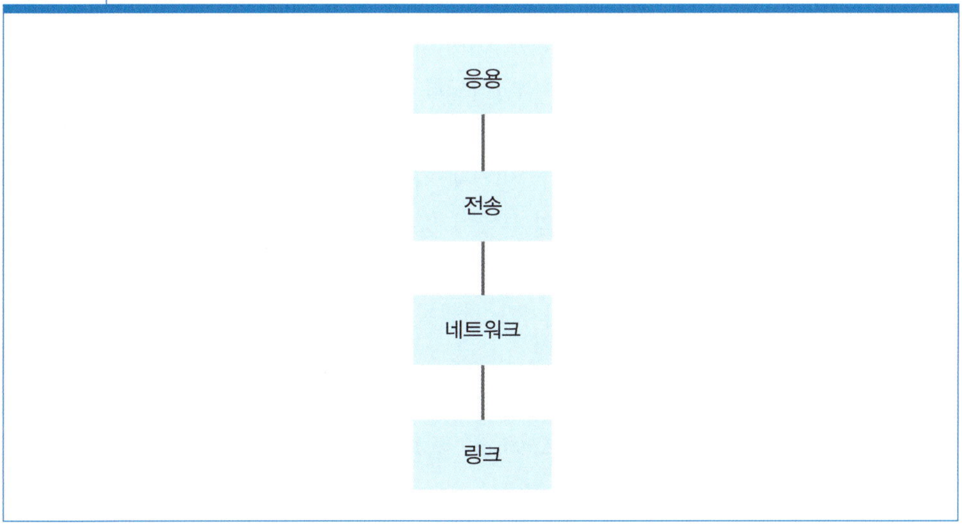

그림 4.14 | 인터넷을 통한 메시지 전송 과정

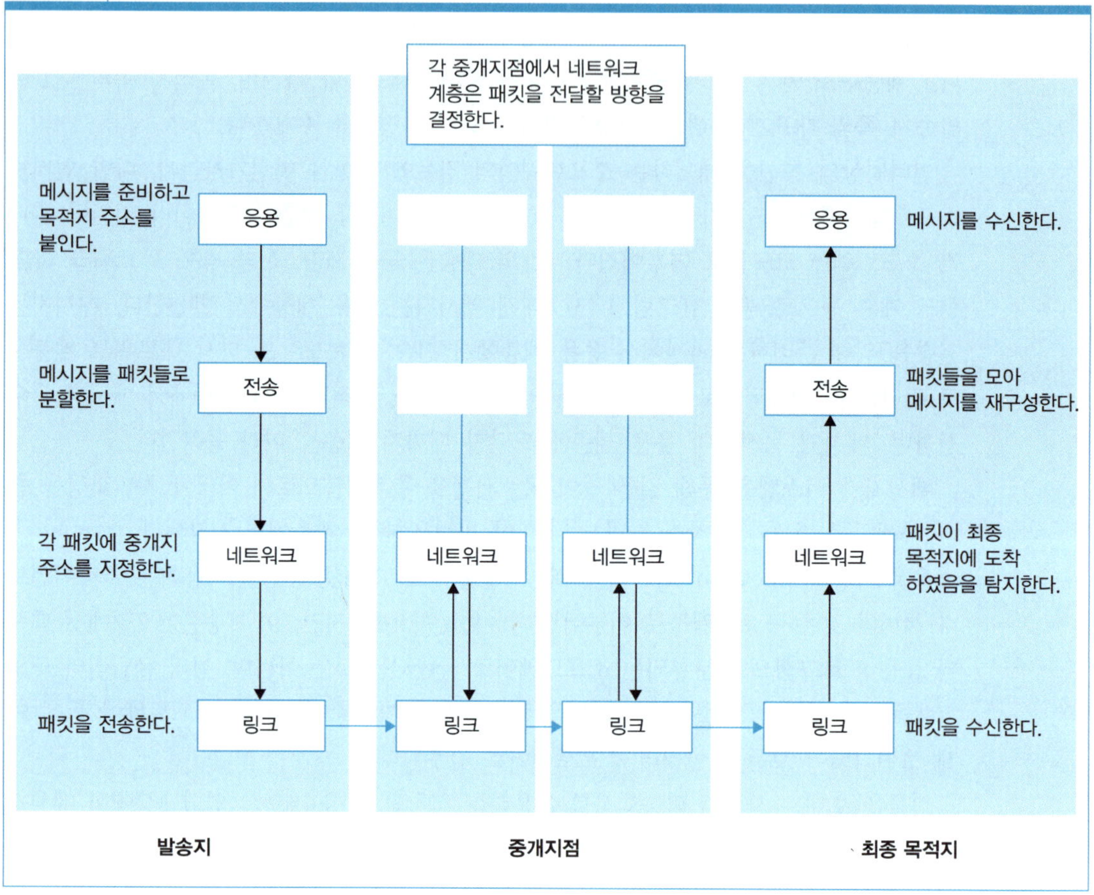

용 계층의 책임이다. 이러한 요구를 충족시키기 위해, 응용 계층은 도메인 이름을 인터넷에서 이용할 수 있는 IP 주소로 변환하기 위해 네임 서버의 서비스를 이용할 수도 있다.

전송 계층(transport layer)이 수행하는 중요한 작업은 응용 계층으로부터 메시지를 받아 인터넷에서 전송하기에 적합하도록 적절한 형식에 맞추는 일이다. 이를 위해 전송 계층은 긴 메시지를 작은 조각들로 분할한 다음 조각들을 한 개씩 인터넷상에서 전송한다. 수많은 메시지들이 엇갈리는 인터넷 라우터들에서 긴 메시지는 다른 메시지의 흐름을 방해할 수 있으므로, 메시지의 분할이 필요하다. 실제로 작은 메시지 조각들은 이러한 교차 지점에서 교대로 지나갈 수 있지만, 긴 메시지가 지나가는 동안은 다른 메시지들을 기다리게 만들 것이며, 이는 기차가 건널목에서 다른 차들을 오랫동안 기다리게 만드는 것과 비슷하다.

전송 계층은 자신이 만들어낸 작은 조각들을 메시지 목적지에서 재구성할 수 있도록 각 조각에 순서번호들을 추가한다. 그런 다음 **패킷(packet)**이라 불리는 이 조각들을 네트워크 계층에 넘긴다. 이후 패킷들은 최종 목적지 전송 계층에 도착할 때까지 서로 무관한 개별 메시지로 취급된다. 동일한 메시지에서 만들어진 패킷들이 인터넷상에서 서로 다른 경로를 거칠 수도 있다.

인터넷상의 패킷 경로를 따라 각 단계에서 패킷을 어느 방향으로 전송할지 결정하는 것은 네트워크 계층(network layer)의 일이다. 사실 인터넷 라우터상의 소프트웨어는 네트워크 계층과 그 아래의 링크 계층의 조합에 해당한다. 라우터의 전달 테이블을 유지하고 이 테이블을 이용하여 패킷 전달 방향을 결정하는 일은 네트워크 계층이 맡는다. 라우터의 링크 계층이 맡는 일은 패킷을 수신하고 이를 다시 송신하는 것이다.

따라서 패킷의 원래 출발지의 네트워크 계층이 전송 계층으로부터 패킷을 수신할 때, 네트워크 계층은 패킷이 여정을 시작하도록 만들어주기 위해 어디로 보내야 할지를 전달 테이블을 사용하여 결정한다. 적절한 방향이 결정되면, 네트워크 계층은 실제 송신을 위해 패킷을 링크 계층에 넘겨준다.

링크 계층(link layer)은 패킷을 전송하는 일을 담당한다. 따라서 네트워크 계층은 컴퓨터가 위치한 개별 네트워크의 통신 특성에 따라 처리해야 한다. 예를 들어, 네트워크가 이더넷일 경우 링크 계층은 CSMA/CD를 적용할 것이며, 네트워크가 WIFI 네트워크라면 링크 계층은 CSMA/CA를 적용할 것이다.

패킷을 전송하면, 해당 연결의 반대편 링크 계층에서 수신한다. 그 컴퓨터에서 링크 계층은 패킷의 다음 단계 방향을 결정하기 위해 최종 목적지와 네트워크 계층의 전달 테이블과 비교할 수 있도록 네트워크 계층으로 패킷을 넘긴다. 네트워크 계층은 전달 방향을 결정한 후 패킷을 전송할 수 있도록 링크 계층에 돌려준다. 이러한 방식으로 각 패킷은 최종 목적지로 향하는 과정에서 한 컴퓨터에서 다음 컴퓨터로 이동한다. 이 여행 동안 중개지점에서는 링크 계층과 네트워크 계층만이 관련되며(그림 4.14를 다시 참고하라), 따라서 앞에서 언급한 것처럼 이 두 계층만이 라우터상에 존재한다. 더욱이 각 중개 지점에서 지연을 최소화하기 위해, 네트워크 계층의 전달 기능은 링크 계층과 밀접하게 통합되어 있다. 이러한 최적화의 결과 오늘날의 라우터가 패킷을 전달하는 데 소요하는 시간은 백만분의 1초 단위로 측정될 정도이다.

패킷이 최종 목적지에서 패킷의 여정이 완료되었음을 인지하는 것은 네트워크 계층이며, 이 경우 네트워크 계층은 패킷을 더 이상 전달하지 않고 전송 계층에 넘긴다. 전송 계층은 네트워크 계층에서 패킷을 받으면, 그 안의 메시지 조각을 추출하여 메시지 발송지의 전송 계층에서 제공하는 순서번호에 따라 원래의 메시지를 재구성한다. 메시지가 재구성되면 전송 계층은 응용 계층 안의 적당한 프로그램에 메시지를 넘기며, 이로서 메시지 전송 과정이 완료된다.

응용 계층 안의 어느 프로그램이 들어온 메시지를 받아야 할지 결정하는 것은 전송 계층에서 중요한 일이다. 이 작업을 처리하기 위해 응용 계층의 각 프로그램에 고유한 **포트번호(port number)**를 배정하며, 메시지가 여행을 시작하기 전에 적절한 포트번호가 메시지 주소 부분에 첨부되도록 요구한다. (여기에서의 포트번호는 2장에서 논의한 I/O 포트와는 아무 관련이 없다.) 이렇게 해서 목적지의 전송 계층에서 메시지를 수신하면, 지정된 포트번호에 따라 해당 응용 계층 프로그램에 메시지를 넘긴다.

인터넷 사용자들이 포트번호에 관심을 가져야 할 경우는 거의 없는데, 이는 자주 사용되는 응용 프로그램들에는 보편적으로 승인된 포트번호가 배정되어 있기 때문이다. 예를 들면, 웹브라우저를 통해 URL이 `http://www.zoo.org/animals/frog.html`인 문서를 받아올 경우, 브라우저는 `www.zoo.org`에 위치한 HTTP 서버에 포트번호 80을 통해 접속하도록 되어있다. 마찬가지로 이메일을 보낼 때, SMTP 클라이언트는 포트번호 25를 사용하여 SMTP 서버와 통신하도록 되어있다.

요약하자면, 인터넷상의 통신은 네 계층의 소프트웨어 사이의 상호작용을 통해 이루어진다. 응용 계층은 응용 프로그램의 관점에서 메시지를 처리한다. 전송 계층은 이러한 메시지를 인터넷에서 사용할 수 있도록 조각들로 변환시키고, 수신 측에서는 받은 메시지를 재구성한 다음 적절한 응용 프로그램에 전달한다. 네트워크 계층은 인터넷에서 이 조각들을 어느 방향으로 전달할지에 관련된 작업을 수행한다. 링크 계층은 한 컴퓨터에서 다음 컴퓨터로 조각들을 실제 전송하는 일을 처리한다. 이러한 모든 활동을 고려하면, 인터넷에서의 응답시간이 밀리초 단위로 이루어지며 많은 트랜잭션(transaction)이 순식간에 일어난다는 것이 다소 신기할 정도이다.

TCP/IP 프로토콜 모음

개방형 네트워크에 대한 요구로 인해 다른 업체의 장비나 소프트웨어 등의 제품들끼리도 적절히 기능할 수 있도록 널리 알려진 표준을 만들 필요가 생겼다. 그 결과로 만들어진 표준의 하나가 ISO에 의해 만들어진 OSI(Open System Interconnection) 참조 모델이다. 이 표준은 앞에서 설명한 4 계층의 계층구조와 달리 7 계층의 계층구조에 기초하고 있다. OSI 참조 모델은 국제기구의 권위에 힘입어 자주 인용되는 모델이지만, 4 계층 개념을 빨리 대체하지는 못하였는데, 이는 4 계층의 계층구조가 이미 인터넷을 위한 사실상의 표준이 된 후에 OSI 참조 모델이 만들어졌기 때문이다.

TCP/IP 프로토콜 모음은 4 계층 통신 계층구조를 구현하기 위해 사용되는 프로토콜 표준들의 모음이다. 그 안의 수많은 프로토콜 중에서 TCP(Transmission Control Protocol)와 IP(Internet Protocol)는 단 두 개의 프로토콜 이름일 뿐이므로 전체 프로토콜들에 대해 TCP/IP 프로토콜 모음이라는 이름을 사용하는 것은 다소 부적절한 면이 있다. 정확히 말하자면, TCP는 전송 계층의 한 버전을 규정한다. 여기에서 한 버전이라고 표현하는 이유는 TCP/IP 프로토콜 모음에서 제공되는 전송 계층 구현 방식이 한 가지가 아니기 때문이다. 또 다른 버전은 UDP(User Datagram Protocol)에 의해 규정된다. 이러한 분류는 패키지 탁송의 경우 여러 탁송회사가 있을 수 있고, 각 회사는 기본 서비스는 동일하지만 각기 다른 특성을 가질 수 있다는 사실과 유사한 면이 있다. 따라서 요구되는 서비스 품

그림 4.15 | TCP와 UDP 사이의 선택

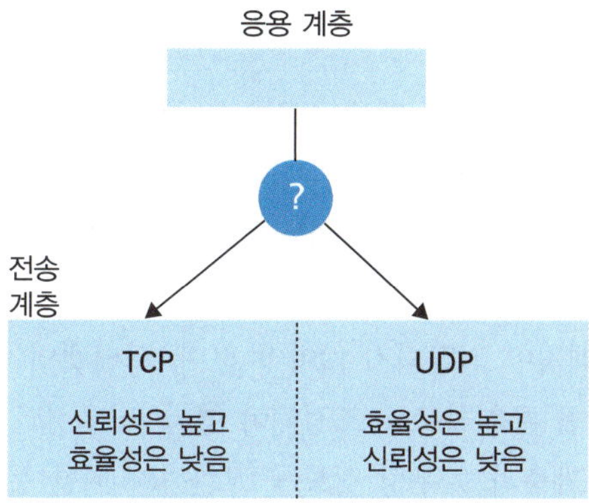

질에 따라 응용 계층 프로그램은 TCP 버전의 전송 계층을 이용하거나 UDP 버전을 이용한다(그림 4.15).

TCP와 UDP 사이에는 몇 가지 차이가 있다. 하나는 응용 계층이 요청하는 대로 메시지를 전송하기 전에 TCP 기반의 전송 계층은 목적지의 전송 계층에 자체 메시지를 보내어 메시지를 보낼 계획에 대해 알려준다는 점이다. 그리고는 상대편의 확인 메시지를 받은 다음에야 응용 계층 메시지를 전송하기 시작한다. 이러한 방식을 통해 TCP 전송 계층은 메시지 전송 전에 연결을 확립한다. UDP 기반의 전송 계층은 메시지 전송 전 이러한 연결 확립 절차를 수행하지 않는다. UDP에서는 메시지를 주어진 주소에 따라 전송하고는 그 사실에 대해 잊어버린다. UDP의 경우 목적지 컴퓨터가 현재 동작하지 않고 있을 수도 있다. 이러한 이유로 UDP는 비연결형(connectionless) 프로토콜이라 불린다.

TCP와 UDP 사이의 또 다른 차이는 TCP의 경우, 모든 메시지 조각이 성공적으로 목적지에 전송되었음을 확인하기 위해 발송지와 목적지의 TCP 전송 계층들이 확인 및 패킷 재전송을 통해 서로 협력한다는 점이다. 이러한 이유로 TCP가 신뢰할 수 있는 프로토콜로 불리는 데 비해, 이러한 재전송 서비스를 제공하지 않는 UDP는 신뢰할 수 없는 프로토콜로 불린다.

TCP와 UDP 사이의 또 다른 차이는 TCP는 흐름 제어와 혼잡제어를 제공한다는 점이다. **흐름 제어(flow control)**는 메시지 출발지의 TCP 전송 계층이 목적지의 TCP 전송 계층이 감당할 수 없을 정도가 되지 않게끔 송신 속도를 조절할 수 있음을 의미하며, **혼잡 제어(congestion control)**는 메시지 출발지의 TCP 전송 계층이 자신과 메시지 목적지 사이의 혼잡을 완화시키기 위해 송신 속도를 조절할 수 있음을 의미한다.

이 모든 것이 UDP가 잘못된 선택임을 의미하는 것은 아니다. UDP 기반의 전송 계층은 TCP 기반의 전송 계층에 비해 단순하며, 따라서 응용 프로그램이 UDP로 인한 문제들에 대처할 준비가 되어 있다면, UDP가 더 나은 선택이 될 수도 있다. 예를 들면, UDP

의 효율성 때문에 DNS 조회나 여러 종류의 스트리밍에서는 UDP를 채택하고 있다. 그러나 이메일은 이들에 비해 시간에 덜 민감하므로 메일 서버들은 TCP를 사용하여 메일을 전송한다.

IP는 네트워크 계층에 배정된 작업을 구현하기 위한 인터넷 표준이다. 이미 앞에서 이 작업은 전달과 라우팅으로 이루어져 있음을 관찰한 바 있다. **전달**은 인터넷을 통해 패킷들을 중계하는 일이며, **라우팅**에는 변화하는 상황을 반영하기 위해 네트워크 계층의 전달 테이블을 갱신하는 일도 포함된다. 예를 들어 어떤 라우터가 고장 났을 때는 더 이상 그 방향으로 트래픽이 전달되지 않아야 하며, 인터넷의 어떤 구간에 혼잡이 발생하면 트래픽이 해당 구간을 우회하도록 조정해야 한다. 라우팅과 관련된 IP 표준의 많은 부분은 이웃의 네트워크 계층과 라우팅 정보를 교환하기 위한 통신에 사용되는 프로토콜들을 다루고 있다.

IP의 중요한 기능 중 하나는 패킷을 준비하면서 **홉(hop) 총수** 또는 TTL(time to live)이라고 불리는 값을 패킷에 첨가하는 것이다. 이 값은 패킷이 인터넷상에서 전송 경로를 따라가면서 거치는 중개지점 개수에 대한 한도를 나타낸다. 중개지점의 IP 계층이 패킷을 전달할 때마다 패킷의 홉 총수를 1씩 감소시킨다. 이 정보를 사용하여 네트워크 계층은 인터넷에서 패킷이 무한히 순환하는 것을 방지할 수 있다. 인터넷은 나날이 커져가고 있지만, 처음 정했던 홉 총수 값 64는 오늘날에도 패킷이 ISP 라우터들로 이루어진 미로를 헤쳐 나가기에 충분한 것으로 간주된다.

패킷의 전송, 라우팅, 전달 등을 위한 이러한 기능들의 총체적 결과로 인터넷은 여러 유형의 장애에 대해 내성을 갖게 되었으며, 혼잡이나 고장이 발생할 때 다른 전송 경로를 선택할 수 있다.

오랜 기간 동안 IPv4(IP 버전 4)라는 IP 버전이 인터넷에서 네트워크 계층을 구현하기 위해 사용되어 왔다. 그러나 인터넷은 IPv4에서 사용되는 32비트 인터넷 주소 체계가 불안할 정도로 빠른 속도로 성장하고 있다. 이러한 문제를 해결하면서 멀티캐스트와 같은 다른 개선사항들도 구현하기 위해, 128비트 인터넷 주소를 사용하는 IPv6라는 새로운 IP 버전이 개발되었다. IPv4에서 IPv6로의 전환은 현재 진행 중이다. (이것이 4.2절에서 인터넷 주소를 소개할 때 암시되었던 전환이다.) 인터넷에서 32비트 주소는 2025년쯤이면 사라질 것으로 예상된다.

연습문제

1. 인터넷 소프트웨어 계층구조 중 라우터에서는 필요 없는 계층들은?
2. TCP 프로토콜 기반 전송 계층과 UDP 프로토콜 기반 전송 계층의 차이점들은 무엇인가?

3. 전송 계층에서는 도착된 메시지를 응용 계층의 어떤 프로그램이 수신할지 어떻게 결정하는가?
4. 인터넷상의 컴퓨터가 자신을 거쳐 가는 모든 메시지의 사본을 저장하지 않도록 방지하는 것은 어떤 메커니즘이 작용해서인가?

4.5 간단한 클라이언트 서버 코드

이 절에서는 최소한의 클라이언트와 서버를 구성하는 한 쌍의 간단한 파이썬 스크립트를 살펴볼 것이다.

To Infinity and Beyond!

이제 살펴볼 한 쌍의 파이썬 스크립트에서는 단순성에 치중하였으며, 따라서 그 자체로 특별히 유용하지는 않을 것이다. 클라이언트 스크립트를 실행하면 사전에 정해진 상대에게 네트워크 연결을 형성한 다음 상대측의 누군가에게 “To Infinity...”라는 문자열을 전송할 것이다. 그런 다음 클라이언트 스크립트는 응답을 기다렸다가 받은 응답을 출력할 것이다. 이를 위한 완전한 파이썬 클라이언트 스크립트는 아래와 같다.

```
import socket

# TCP/IP 소켓을 생성한다.
sock = socket.socket(socket.AF_INET, socket.SOCK_STREAM)
# localhost:1313에서 감청하고 있는 서버에 연결한다.
server_address = ('localhost', 1313)
print('Connecting to %s:%s' % server_address)
sock.connect(server_address)
# 요청 메시지를 전송한다.
message = b'To Infinity...'
print('Client sending "%s"' % message.decode())
sock.sendall(message)
# 서버로부터의 응답을 수신한다.
reply = sock.recv(11)
print('Client received "%s"' % reply.decode())

# 서버와의 연결을 닫는다.
sock.close()
```

import 문은 파이썬 인터프리터에게 이 스크립트에서 "socket"이라는 이름의 라이브러리 안에 정의되어 있는 함수들을 사용할 것임을 알려준다. 네트워킹 소프트웨어에서 소켓(socket)은 네트워크 스택의 응용 계층에 위치한 프로세스들이 그 아래의 전송 계층을 통해 네트워크상의 다른 프로세스와 연결을 형성하는 데 이용되는 추상화 요소이다.

다음 행의 배정문은 socket 라이브러리를 사용하여 새로운 소켓을 생성하고 "sock"이라는 이름을 배정한다. socket 라이브러리의 socket() 함수에 전달되는 매개변수들을 보면 IP 버전 4의 인터넷 주소체계 네트워크 프로토콜을 사용하며("AF_INET"), 전송 계층에서는 UDP가 아니라 TCP를 사용할 것임을 알 수 있다("SOCK_STREAM").

그 다음 3개의 문장은 소켓 연결의 목적지를 구성하고, 사용자에게 도움이 되는 정보를 출력하고, 사전에 정해진 네트워크 위치에 있는 서버 프로세스에 연결을 시도한다. 예제를 간단하게 만들기 위해 서버의 이름은 "localhost"라고 지정하였는데, 이는 일반적으로 인터넷에 연결된 호스트들이 자신을 가리키기 위한 이름이다. 그 결과로 이 간단한 클라이언트는 실제로 메시지를 네트워크 건너편에 전송하는 것이 아니며, 클라이언트 프로세스와 서버 프로세스가 동일한 로컬 호스트 컴퓨터상에 위치하도록 예제가 구성되었다. 이렇게 예제를 구성한 이유는 이 책의 독자들 중에는 위의 예제 코드를 실행하기 위한 두 대의 인터넷 연결 호스트를 확보하기 어려운 이가 많기 때문이다. 더욱이 호스트 중에는 기본 보안 조치로 인해 일반 사용자들이 관리자의 특별 접속 승인 없이 자신의 클라이언트와 서버를 연결할 수 없게 되어 있는 경우도 많다(다음 절의 방화벽 개념 참고). 위의 예제 코드를 원격 호스트의 IP 주소를 조회하도록 확장하는 일은 (그리고 시스템 관리자에게 접속 승인을 받는 일은) 독자들을 위한 연습문제로 남긴다.

이 예제가 처음 나타나는 개정판이 13판이어서 포트번호로 1313이라는 숫자를 사용하였으며, 그 외에 다른 특별한 의미는 없다. 다른 프로세스가 사용하고 있지만 않다면 1023과 65,535 사이의 어떤 포트번호라도 대부분의 호스트에서 동작할 것이다.

sock.connect(server_address)라는 문장은 하부 전송 계층과 운영체제로 하여금 호스트 localhost 포트 1313에서 감청 중인 프로세스에게 연결을 시도하게 만든다. 이는 신뢰할 수 있는 TCP 소켓 연결이므로 클라이언트 스크립트가 실행될 때 해당 연결을 감청하고 있는 서버 프로세스가 없다면 이 문장에서 오류가 발생될 것이다.

그 다음 3개의 문장은 클라이언트의 간단한 메시지 "To Infinity..."를 구성하고, 사용자를 위해 출력하고, 소켓 연결 반대편의 프로세스에게 메시지 전송을 시도할 것이다. 메시지 문자열 앞에 오는 "b"와 출력을 위한 여분의 decode() 함수는 메시지를 네트워크 반대편으로 전송할 때 발생하는 미묘한 문제를 시사한다. 파이썬 socket 라이브러리의 sendall() 함수는 문자열이 단일 바이트들로 구성될 것을 기대하는 반면, print() 함수는 문자열이 UTF-8과 같은 다중 바이트 인코딩을 사용할 것을 기대한다. 파이썬은 문자열 표현에 대해 서로 다른 형식 사이의 변환을 위한 메커니즘을 제공하지만, 이 네트워킹 예제에서 그 세부사항에 대해서는 그냥 넘어갈 것이다.

그 다음 2개의 문장은 서버로부터의 응답("reply"라고 부름) 수신을 기다리고, 응답을 받으면 응답의 UTF-8 표현에 대해 print()를 수행한다. 대기 동작은 socket 라이브러리 recv() 함수 안에 내장되어 있으며, 위의 클라이언트에서 클라이언트 메시지에 응답하는 프로세스에 연결하지 못했을 경우 위의 스크립트는 이 문장에서 무한정 대기하게 될 것이다.

예제 클라이언트 스크립트의 마지막 문장은 서버와의 소켓 연결을 닫고 소켓이 통제하던 전송 계층 자원을 나중에 재사용할 수 있도록 운영체제에게 반환한다.

위의 클라이언트 예제에 대응되는 간단한 서버 스크립트는 아래와 같다.

```
import socket

# TCP/IP 소켓을 생성한다.
sock = socket.socket(socket.AF_INET, socket.SOCK_STREAM)
# 소켓을 localhost:1313 포트에 연계시킨다.
server_address = ('localhost', 1313)
sock.bind(server_address)
# 클라이언트로부터의 연결을 감청한다.
sock.listen(1)
print('Waiting for a client to connect')
client, client_port = sock.accept()
print('Connection from client %s:%s' % client_port)
# 클라이언트로부터의 요청을 수신한다.
request = client.recv(14)
print('Client sent "%s"' % request.decode())
reply = b'And Beyond!'
print('Server replies "%s"' % reply.decode())
client.sendall(reply)

# 클라이언트와의 연결을 닫는다.
client.close()
```

위의 서버 스크립트의 내용은 대응되는 클라이언트 스크립트와 대단히 유사하다. 첫 번째 차이는 클라이언트 스크립트에서 connect() 함수를 호출한 반면, 서버 스크립트에서는 소켓에 대해 bind()와 listen()을 호출한다는 점이다. 첫 번째의 호출은 하부 운영체제로부터 포트 1313을 사용할 수 있도록 요청하고, 이를 서버 프로세스에 연계시킨다. 요청된 포트를 사용할 수 없는 상황일 경우, bind() 문에서 오류 메시지가 발생할 것이며 서버 스크립트는 종료된다. listen() 함수는 이 소켓이 클라이언트로부터 들어오는 연결을 수용할 준비가 되어있다고 표시한다.

accept() 함수는 네트워크상의 클라이언트 프로세스에서 해당 서버 프로세스와 대화하기 위해 이 호스트:포트에 연결할 때까지 대기한다. 반환되는 값은 두 개인데, 이는 연결 클라이언트의 호스트 주소와 포트이다.

이 코드에서 클라이언트로부터 메시지를 수신하는 recv()의 작업은 메시지 "To Infinity..."의 길이가 14바이트라는 것을 알고 있기 때문에 아주 단순해진다. 서버는 유명한 대사에 맞추어 "And Beyond!"라는 응답을 만들어 클라이언트에게 전송하고, 소켓 연결을 닫는다. 서버 스크립트가 close() 문장에 도달하기 전에 어떤 이유로든 종료될 경우, 감청에 사용되는 포트번호는 운영체제가 회수할 때까지 몇 분 동안은 다른 프로세스가 사용할 수 없는 상태로 남는다.

위의 간단한 클라이언트/서버 예제를 실행해보려면 먼저 파이썬 창에서 서버 스크립트를 실행한다. 서버는 아래 메시지를 출력한 다음 대기 상태가 될 것이다.

```
Waiting for a client to connect
```

또 다른 파이썬 창에서 클라이언트 스크립트를 실행한다. 클라이언트는 아래와 같은 메시지를 출력할 것이다.

```
Connecting to localhost:1313
Client sending "To Infinity..."
Client received "And Beyond!"
```

이때 서버 스크립트는 아래와 같은 메시지를 출력할 것이다.

```
Connection from client 127.0.0.1:53233
Client sent "To Infinity..."
Server replies "And Beyond!"
```

이 경우 양 측 스크립트는 깔끔하게 종료될 것이다. 위의 예제가 정상적으로 실행되려면 약간의 운이 필요할 수 있다. 어느 측에서든 포트 1313을 사용할 수 없다면 65,536보다 작은 다른 포트번호를 시도할 수 있으며, 이때 클라이언트 스크립트와 서버 스크립트 모두 동일한 포트번호로 맞추어야 한다.

위의 간단한 예제에서는 전송 계층 소켓 시스템을 통해 클라이언트 프로세스와 서버 프로세스가 정보를 교환하는 것을 보여주는데, 이는 인터넷상의 클라이언트/서버 소프트웨어에서 널리 사용되는 방식이다. 이 예제의 초점은 고급 파이썬 구문이나 라이브러리 기능에 있지 않으며, 따라서 실제 클라이언트/서버 시스템의 여러 중요한 세부사항은 생략되었다. 실제 서버 프로세스들은 대개 클라이언트 연결을 계속 수용할 수 있도록 루프 구조를 갖는다. 예제의 서버는 연결 클라이언트에서 전송한 요청을 검사하지 않고 그 내용과 무관하게 항상 "And Beyond!"라고 대답한다. 추가적인 작업을 위한 파이썬 구문은 나중의 장들에 나타나며, 이후 예제 클라이언트/서버의 확장을 고려해보기 바란다. 십 여 행의 코드를 추가하면 여러 종류의 요청을 처리하여 클라이언트에게 유용한 정보로 응답할 수 있는 간단한 서버 스크립트를 만들 수 있다.

연습문제

1. 네트워크 소켓이란 무엇인가?
2. 새로운 소켓을 생성하기 위해 필요한 정보는 무엇인가?
3. 클라이언트 연결 설정과 서버 연결 설정 사이의 주요 차이점은 무엇인가?
4. 네트워크 연결 상에서 문자 데이터를 전송할 때 사용되는 표현 형식은 무엇인가?

4.6 사이버보안

컴퓨터가 네트워크에 연결될 때 **사이버범죄**에 해당하는 비인가 접근(unauthorized access), 파괴적 행위(vandalism) 등에 노출된다. 이 절에서는 이러한 문제들을 다룬다. **사이버보안**은 이러한 공격들로부터 컴퓨터, 네트워크, 데이터 등을 보호하기 위한 것이다.

공격 유형

네트워크 연결을 통해 컴퓨터 시스템이나 그 안에 저장된 데이터를 공격할 수 있는 수많은 방법이 있다. 공격들은 컴퓨터 시스템 안의 소프트웨어에 초점을 맞추는 경우가 많지만, 컴퓨터 시스템 안의 하드웨어나 사용자가 시스템에서 중요한 약점이 될 수도 있다. 이러한 시스템을 보호하려면 세 가지 모두에 대한 개입이 필요할 수 있다.

많은 공격은 **멀웨어(malware)**라고도 줄여 부르는 악성 소프트웨어(malicious software)를 통해 이루어진다. 이러한 소프트웨어는 공격 대상 컴퓨터에 전달되어 실행되기도 하고, 원격지에서 공격이 수행되기도 한다. 공격 대상 컴퓨터에 전달되어 실행되는 소프트웨어의 예에는 바이러스, 웜, 트로이목마, 스파이웨어 등이 포함되며, 각 이름들은 해당 소프트웨어의 주요 특성을 반영하고 있다.

바이러스(virus)는 자기 자신을 컴퓨터상의 기존 프로그램에 끼워 넣음으로써 감염시키는 소프트웨어이다. 바이러스에 감염된 "숙주" 프로그램이 실행될 때, 바이러스도 함께 실행된다. 많은 바이러스들은 실행될 때 컴퓨터상의 다른 프로그램들을 감염시키는 일 외에 다른 피해를 주지는 않는다. 그러나 어떤 바이러스들은 운영체제를 손상시키거나, 대용량 저장장치의 블록들을 지우거나, 또는 다른 방식으로 데이터나 프로그램들을 손상시키는 파괴적 행위를 수반한다.

웜(worm)은 네트워크를 통해 자신을 전파시키는 독립적인 프로그램이며, 컴퓨터들에 자리를 차지하고 자신의 복사본들을 다른 컴퓨터로 전파한다. 바이러스의 경우와 마찬가지로 웜도 단순히 자신을 복제하기만 할 수도 있고 심각한 파괴적 행위를 수행할 수도 있다. 웜의 전형적 특성은 웜 복사본의 폭발적 증가로 인해 정상적인 응용 프로그램의 성능을 저하시키며 전체 네트워크의 부하를 가중시킨다는 것이다.

트로이목마(Trojan horse)는 피해자가 자발적으로 설치하게 되는 게임이나 유틸리티 패키지와 같이 필요한 프로그램으로 위장하여 컴퓨터 시스템에 침입하는 프로그램이다. 그러나 일단 컴퓨터에 들어가면, 트로이목마는 피해를 줄 수 있는 추가적인 행위를 수행한다. 때로 이러한 행위는 즉시 시작되기도 하지만, 미리 정해둔 날짜의 도래와 같은 특정 이벤트가 발생할 때까지 잠복해 있는 것도 있다. 트로이목마는 종종 이메일 메시지의 첨부 파일 형태로 들어올 수도 있다. (수신자가 첨부물을 보기 위한 요청을 할 때) 첨부물이 열리면서 트로이목마의 악의적 행위가 시작된다. 따라서 출처가 불분명한 이메일 첨부물은 결코 열어서는 안 된다.

또 다른 형태의 악성 소프트웨어는 때로 **스니핑(sniffing; 도청)** 소프트웨어로도 불리는 **스파이웨어(spyware)**인데, 이것은 자신이 자리 잡은 컴퓨터에서 일어나는 활동들에 관한 정보를 모아서 공격자에게 보내주는 소프트웨어이다. 어떤 기업들은 스파이웨어를 고객 프로필을 구축하는 수단으로 사용하기도 하는데, 이러한 점에서 윤리적 문제를 발생시킨다. 때로 스파이웨어는 비밀번호나 신용카드번호 등을 얻기 위해 컴퓨터 키보드에서 입력되는 기호들을 기록한다든지 등의 명백히 악의적인 목적으로 사용된다.

스파이웨어를 통한 도청으로 비밀리에 정보를 얻는 방법과는 달리, **피싱(phishing)**은 직접 요청하는 방법으로 정보를 얻는 기법이다. 피싱이라는 용어는 낚시(fishing)라는 단어의 말장난인데, 그 과정이 마치 수많은 "낚싯줄"을 던져놓고 누군가 "미끼를 물기"를 기다리는 것과 비슷하기 때문이다. 피싱은 때로 이메일을 통해 이루어지는데, 이 경우 예전의 전화사기와 별반 다르지 않다. 공격자는 금융기관, 관청, 수사기관 등으로 행세하며 이메일 메시지를 보낸다. 이메일에서 잠재적 피해자에게 합법적 용도로 필요한 것처럼 정보를 요청하지만, 이렇게 얻은 정보는 공격자가 악의적 목적으로 사용할 수 있다.

바이러스나 스파이웨어 같은 내부 감염에 의한 공격과는 달리, 네트워크상의 컴퓨터는 다른 컴퓨터에서 실행되는 소프트웨어에 의해 공격당할 수도 있다. 이러한 예의 하나는 **서비스거부(denial of service; DoS)** 공격인데, 이것은 컴퓨터에 과도한 요청을 보내는 방법으로 이루어진다. 서비스거부 공격은 기업의 업무를 방해하기 위해 대기업 웹서버들에 대해 수행되어 왔으며, 때로 해당 기업들의 업무를 정지 상태에까지 이르게 하기도 한다.

서비스거부 공격은 공격 대상 서버를 압도하기 위해 짧은 기간 동안 많은 수의 메시지를 만들어낼 필요가 있다. 이를 달성하기 위해 대개 공격자는 의심하지 않는 다수의 컴퓨

CERT

1988년 11월 인터넷에 풀어놓은 웜으로 인해 상당한 서비스 장애가 발생하였다. 이에 대한 후속조치로 미국 DARPA(Defense Advanced Research Projects Agency)는 컴퓨터침해사고대응팀(Computer Emergency Response Team; CERT)을 구성하고, 카네기멜론대학의 CERT 조정센터에 본부를 두었다. CERT는 인터넷 보안의 "감시견"에 해당한다. CERT의 임무 중에는 보안 문제의 조사, 보안 경고문 발행, 인터넷 보안의 개선을 위한 공공 인식제고 캠페인 추진 등이 포함된다. CERT 조정센터의 활동을 게시하는 웹사이트의 주소는 http://www.cert.org이다.

터에 소프트웨어를 심어두었다가 신호를 보내면 요청을 생성하도록 만든다. 이렇게 해서 신호가 주어질 때 (때로 봇넷(botnet)이라 불리는) 이 모든 컴퓨터들이 공격 대상 컴퓨터에 메시지를 쏟아 붓게 된다. 공격을 생성하는 작업이 다수의 호스트에 분산될 경우 분산서비스거부(distributed denial of service; DDoS) 공격이라고 한다. 분산서비스거부 공격에 필요한 것은 공격 도구로 사용될 의심하지 않는 컴퓨터들이 있어야 한다는 것이다. 이것이 바로 모든 컴퓨터 사용자들이 운영체제 공급자로부터 모든 보안 업데이트를 설치하고 모든 인터넷 연결 컴퓨터들에 적절한 보호조치를 적용하도록 권장되는 이유이다. 일단 PC가 인터넷에 연결되면, 20분에 한 번꼴로 침입이 일어날 가능성이 있는 것으로 추정되고 있다. 적절히 보호되지 않는 호스트는 인터넷의 안전성에 상당한 위협이 된다.

원하지 않는 메시지가 넘쳐나는 것에 연계된 또 다른 문제는 스팸(spam)이라 불리는 정크 메일의 범람이다. 그러나 서비스거부 공격과는 달리 스팸의 양이 컴퓨터 시스템을 마비시킬 정도는 아니다. 대신 스팸의 효과는 스팸을 수신하는 사람을 괴롭히는 것이다. 이 문제는 스팸이 피싱이나 트로이목마를 전파하는 매체로 널리 이용된다는 점에서 더욱 심각하다고 볼 수 있으며, 트로이목마는 바이러스나 다른 악성 소프트웨어를 전파할 수도 있다.

보호 및 대책

"1 온스의 예방은 1 파운드의 치료보다 낫다"라는 격언은 네트워크상에서 파괴적 행위의 통제에도 적용된다. 주요 예방 기법은 네트워크상의 특정 지점을 지나는 트래픽을 거르는 것인데, 대개 방화벽(firewall)이라는 프로그램이 사용된다. 예를 들면, 방화벽은 기관의 내부 네트워크를 드나드는 메시지들을 거르기 위해 기관 내부 네트워크의 게이트웨이에 설치될 수 있다. 이러한 방화벽들은 특정 목적지 주소로 나가는 메시지를 차단하도록 정할 수도 있고, 문제가 있는 것으로 알려진 발송지에서 들어오는 메시지를 차단하도록 정할 수도 있다. 후자의 경우 공격하는 컴퓨터로부터의 트래픽을 차단함으로써 서비스거부 공격을 막는 도구로 사용될 수 있다. 게이트웨이에 위치하는 방화벽의 또 다른 일반적 기능은 외부에서 들어오면서 발송지 주소가 내부 네트워크로 표시된 메시지들을 차단하는 것인데, 이러한 메시지들은 외부의 공격자가 도메인의 구성원인 것처럼 위장하고 있음을 나타낸다. 자신 외의 당사자로 위장하는 것을 **스푸핑(spoofing)**이라고 한다.

전체 네트워크나 도메인 대신 개별 컴퓨터의 보호에도 방화벽이 사용될 수 있다. 예를 들면, 특정 컴퓨터가 웹서버, 네임 서버, 이메일 서버 등으로 사용되지 않을 경우, 그 컴퓨터에 설치된 방화벽이 그와 같은 응용 프로그램으로 향하는 모든 트래픽을 들어오지 못하게 차단할 수 있다. 실제로 침입자가 컴퓨터에 들어오는 한 가지 방법은 존재하지 않는 서버가 남긴 "구멍"을 통해 접속하는 것이다. 특히 스파이웨어가 수집한 정보를 받는 한 가지 방법은 감염된 컴퓨터에 비밀 서버를 설치하고 악의적 클라이언트 프로그램을 사용하여 스파이웨어가 수집한 정보를 받아오는 것이다. 적절히 설정된 방화벽은 이러한 악의적 클라이언트로부터의 메시지들을 차단할 수 있다.

방화벽의 일부 변형들은 특정 목적으로 설계되는데, 원하지 않는 이메일을 차단하도록 설계된 방화벽인 **스팸필터(spam filter)**를 예로 들 수 있다. 많은 스팸필터들은 정상적인 이메일과 스팸을 구별하기 위해 다소 복잡한 기법을 사용한다. 어떤 스팸필터는 학습을 통해 구별방법을 배우기도 하는데, 필터가 스스로 결정할 수 있는 능력을 가질 수 있도록 충분한 사례를 모을 때까지 사용자가 스팸 여부를 알려준다. 이러한 필터는 확률론이나 인공지능 등과 같은 다양한 분야의 지식이 결합되어 다른 분야의 발전에 이용되는 것을 보여주는 사례이다.

필터 개념을 이용하는 또 다른 예방 도구에 프록시 서버가 있다. **프록시 서버(proxy server)**는 서버의 적대적 행위로부터 클라이언트를 보호하려는 목적으로 클라이언트와 서버 사이의 중개 역할을 수행하는 프로그램이다. 프록시 서버가 없을 경우 클라이언트는 직접 서버와 통신하게 되며, 이는 서버가 클라이언트에 관한 어느 정도의 정보를 얻을 기회를 갖게 될 것임을 의미한다. 기관 내부 네트워크의 여러 클라이언트들이 특정 원격 서버에 접속하게 되면서, 그 서버는 내부 네트워크의 내적 구조에 관한 여러 가지 정보를 수집할 수 있으며 이 정보는 나중에 악의적 활동에 사용될 수 있다. 이에 대한 대책으로 도메인은 FTP, HTTP 등의 개별 서비스 유형을 위한 프록시 서버를 둘 수 있다. 그 내부 네트워크의 클라이언트가 해당 유형의 서버에 접속을 시도할 때마다, 클라이언트는 사실 프록시 서버에 접속하게 된다. 그러면 프록시 서버가 클라이언트 역할을 수행하면서 실제 서버에 접속하게 된다. 이후 프록시 서버는 실제 클라이언트와 실제 서버 사이에서 양방향으로 메시지를 중계하면서 중개자 역할을 수행한다. 이러한 배치에서 오는 이점의 하나는 실제 서버는 프록시 서버가 진짜 클라이언트가 아니라는 사실을 알 방법이 없다는 것이며, 실제 서버는 실제 클라이언트의 존재에 대해 알지도 못한다. 이로 인해 실제 서버는 클라이언트가 속한 도메인의 내부 정보를 얻을 기회를 갖지 못한다. 두 번째 이점은 프록시 서버는 서버와 클라이언트 사이에 주고받는 모든 메시지들을 검사하여 거를 수 있는 위치에 있다는 것이다. 예를 들면, FTP 프록시 서버는 들어오는 모든 파일에 대해 알려진 바이러스가 들어 있는지 검사하여 감염된 파일의 유입을 차단할 수 있다.

네트워크 환경에서 문제를 예방하는 또 다른 도구에 3.5절 운영체제 보안에서 다룬 감사(auditing) 소프트웨어와 유사한 네트워크 감사 소프트웨어가 있다. 네트워크 감사 소프트웨어를 사용함으로써, 시스템 관리자는 관리 영역 안의 여러 위치에서 갑자기 메시지 트래픽이 증가하는 것을 탐지할 수 있으며, 방화벽의 활동을 관찰하거나, 비정상적인 행위를 탐지하기 위해 개별 컴퓨터에서 발생하는 요청들의 패턴을 분석할 수도 있다. 사실 감사 소프트웨어는 문제가 지나치게 확대되기 전에 포착하기 위해 관리자가 사용하는 주요 도구이다.

네트워크 연결을 통한 침입에 대한 또 다른 방어수단은 **안티바이러스 소프트웨어(anti-virus software)**라고 불리는 소프트웨어인데, 이것은 알려진 바이러스와 기타 감염을 탐지하고 제거하기 위해 사용된다. (실제로 안티바이러스 소프트웨어에는 여러 유형의 소프트웨어 제품이 포함되어 있는데, 각기 특정 유형의 감염을 탐지하고 제거하도록 설계되어 있다. 예를 들면, 많은 제품들은 바이러스 통제 기능을 수행하지만, 어떤 제품들은 스파이웨어에 대한 보호 기능을 수행한다.) 이러한 패키지들의 사용자는 생물학적 바이러스와 마찬가지로 컴퓨터에서도 업데이트된 백신을 요하는 새로운 감염이 끊임없이 나타나고 있음을 인식해야 한다. 따라서 안티바이러스 소프트웨어는 제공업체로부터의 업데이트를 주기적으로 다운로드 받아 최신상태를 유지해야 한다. 그러나 이렇게 하더라도 컴퓨터의 안전이 보장되는 것은 아니다. 결국 새로운 바이러스는 어떤 컴퓨터들인가 감염시키고 나서야 바이러스가 발견되어 백신을 만들 수 있기 때문이다. 따라서 현명한 컴퓨터 사용자는 모르는 곳에서 온 이메일 첨부물을 열지 않고, 먼저 신뢰성을 확인하기 전에는 소프트웨어를 다운로드 받지 않고, 팝업 광고에 응하지 않으며, 연결이 필요한 때가 아니면 컴퓨터를 인터넷에 연결된 채로 두지 않아야 한다.

암호학

경우에 따라서는 네트워크 침해의 목적이 서비스거부 공격처럼 시스템 장애를 일으키는 것이지만, 때로는 최종 목표가 정보에 접근하는 것일 수도 있다. 정보를 보호하는 전통적인 수단은 비밀번호를 사용하여 접근을 통제하는 것이다. 그러나 비밀번호가 노출될 수도 있으며, 데이터가 네트워크상에서 전송되면서 알려지지 않은 개체들에 의해 중계될 때 비밀번호는 아무 도움이 되지 않는다. **암호학(cryptography)**은 공격자가 존재하는 상황에서도 안전하게 메시지를 주고받을 수 있는 방법에 관한 학문이다. 이 경우 **암호화(encryption)**와 같은 암호 도구를 사용하여 메시지를 코딩할 수 있으며, 암호화된 데이터는 악인의 손에 들어가도 인코딩된 정보가 노출되지 않는다. 오늘날 전통적인 인터넷 응용 프로그램들의 상당수도 암호 기법을 적용시킨 소위 “보안 버전” 형태로 변화되어 가고 있다.

중요한 예의 하나는 **HTTPS**라고 불리는 HTTP의 보안 버전인데, 대부분의 금융기관이 고객들에게 안전한 인터넷 뱅킹을 제공하기 위해 사용한다. HTTPS의 중추는 넷스케이프 사에서 웹클라이언트와 웹서버 사이에 안전한 통신을 제공하기 위해 개발한 SSL(Secure Sockets Layer)의 후속 버전에 해당하는 TLS(Transport Layer Security)라는 프로토콜이다. 대부분의 브라우저는 컴퓨터 화면에 조그마한 자물쇠 아이콘을 표시함으로써 TLS가 사용 중임을 나타낸다. (어떤 브라우저들은 자물쇠 아이콘의 존재 여부로 TLS의 사용 여부를 표시하며, 어떤 브라우저들은 자물쇠의 잠금 상태 여부로 표시한다.)

오랜 세월 동안 암호학자들이 사용해온 암호화 체계에서는 메시지 보호를 위해 **키(key)**라고 불리는 패스워드의 비밀성 외에도 암복호 알고리즘의 비밀성에 의존하였다. 암호학의 기초가 되는 수학에 대한 이해가 높아지면서, 컴퓨터는 다수의 전통적인 암호화 체계를 해독할 수 있는 강력한 도구임이 입증되었는데, 때로 사람보다 훨씬 빠른 속도로 가능한 모든 키를 시도할 수 있다는 것만으로도 충분하였다. 컴퓨터에서 긴 의사난수 키를 사용할 수 있게 되면서, 메시지의 암호화와 복호화에 동일한 키를 사용하는 **대칭키 암호화(symmetric-key encryption)** 시스템은 더욱 향상된 보안성을 제공하게 되었다. 이상적인 조건에서 암호화 체계를 위한 키 길이를 한 비트 늘리면, 암호 공격자가 시도해야 하는 조합이 두 배로 늘어난다. HTTPS나 SSL은 인터넷 도처에서 웹 트랜잭션을 보호하기 위해 대칭키 암호화 기법을 사용한다. 이러한 시스템들은 메시지 암호화 방법에 관한 지식, 즉, 암호 알고리즘에 관한 지식이 메시지 복호화에 전혀 도움이 되지 않도록 설계된 수학적 연산에 기초하고 있다. 이러한 특성은 다소 직관에 반한다고 볼 수 있다. 직관에 따르면 메시지를 암호화하는 방법을 알고 있다면, 암호화 과정의 수학적 연산을 역으로 적용하여 메시지를 복호화할 수 있어야 한다. 그러나 대칭키 암호화 시스템은 이러한 직관적 논리를 무시한다. 대칭키 시스템에서 안전한 통신이 이루어지기 위해서는 공격자에게 비밀키를 노출시키지 않으면서 송신자와 수신자 사이에 비밀키를 공유해야 한다는 문제가 남아있다.

암호학에서 보다 흥미로운 주제 중 하나는 **공개키 암호화(public-key encryption)**이다. 공개키 암호화 시스템에서는 암호화 알고리즘과 복호화 알고리즘이 알려져 있고 키 중의 하나도 알려져 있지만, 인코딩된 메시지의 비밀성이 유지되는 기법을 이용한다.

공개키 암호화 시스템은 두 개의 **키(key)**를 사용한다. 키 하나는 **공개키(public key)**라고 불리며 메시지의 암호화에 사용된다. **개인키(private key)**라고 불리는 또 다른 키는 메시지의 복호화에 사용된다. 공개키 암호화 시스템을 사용하기 위해서는 먼저 특정 수신자에게 메시지를 보낼 필요가 있는 사람들에게 그 수신자의 공개키를 배포한다. 메시지 발송자는 수신자의 공개키를 사용하여 메시지를 암호화하여 수신자에게 보내며, 중간에 이 메시지를 보게 되는 중개자들이 암호화에 사용된 공개키를 알고 있다고 하더라도 메시지 내용이 안전할 것으로 확신할 수 있다. 실제로 그 메시지를 복호화할 수 있는 유일한 당사자는 개인키를 갖고 있는 메시지 수신자이다. 따라서 밥이 공개키 암호화 시스템을 만든 다음 앨리스와 캐롤에게 공개키를 준다면, 앨리스와 캐롤은 밥에게 보낼 메시지를 암호화할 수 있지만, 이들은 상대방의 통신을 염탐할 수 없다. 실제로 앨리스가 보낸 메시지를 캐롤이 가로챘을 경우, 비록 캐롤은 앨리스가 어떻게 메시지를 암호화했는지는 알고 있지만 그 메시지를 복호화할 수는 없다(그림 4.16). 비밀스런 암호화 체계가 밥의 메시지를 보호하기 위한 최선의 보호가 될 것이라는 생각이 직관에 부합되겠지만, 인터넷상에서 사용되는 가장 신뢰도가 높은 암호화 체계는 개방형 표준이다. 개방형 표준 암호화 알고리즘은 모두에게 공개되어 있지만, 개인키가 안전하게 관리된다면 메시지들의 안전성도 유지된다.

물론 공개키 시스템에도 잠복되어 있는 미묘한 문제들이 존재한다. 이 중 하나는 사용 중인 공개키가 실제로 수신 당사자를 위한 적절한 키인지 어떻게 확신할 수 있는가이다. 예를 들어, 자신의 은행과 통신하고 있는 사용자가 암호화에 사용하는 공개키가 사칭행위자의 공개키가 아니라 은행의 공개키라는 것을 확인하고 싶다고 하자. 사칭행위자가 은행인 것처럼 행세하면서 자신의 공개키를 제시할 경우(스푸핑의 예), 사용자가 암호화하여 은행에 보낸 메시지는 은행이 아니라 사칭행위자가 읽을 수 있을 것이다. 따라서 공개키를 올바른 당사자와 연계시키는 것은 중요한 일이다.

이 문제를 해결하기 위한 한 방법은 **인증기관(certification authority)**이라고 불리는 신뢰할 수 있는 인터넷 사이트들을 설립하는 것인데, 인증기관이 하는 일은 공개키들과 그 소유자들로 이루어진 정확한 목록을 유지하는 것이다. 이러한 기관들은 서버의 역할을 하

그림 4.16 | 공개키 암호화

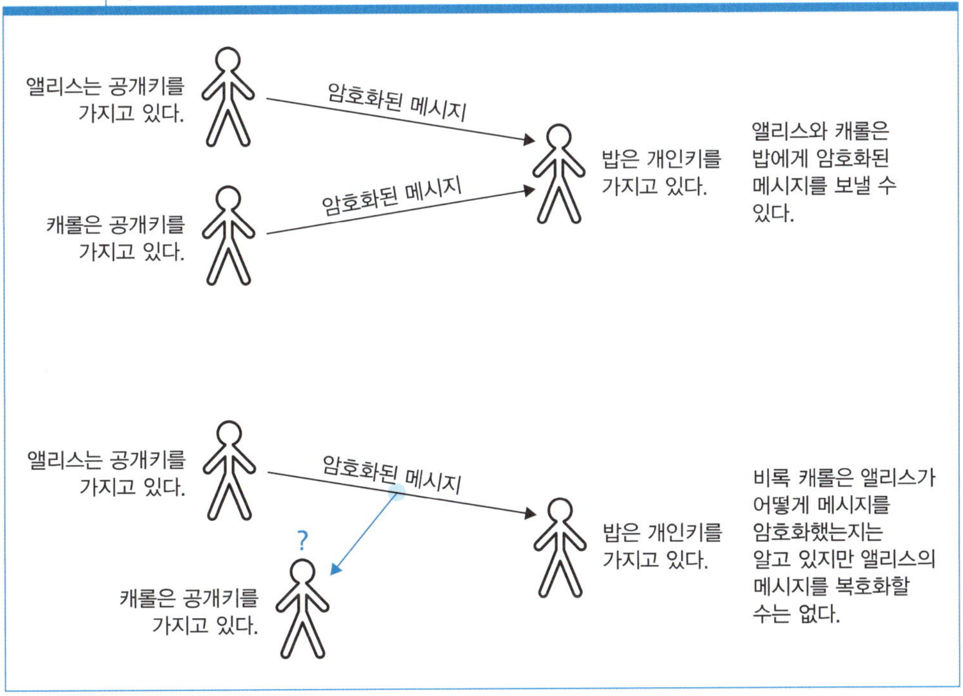

면서 고객들에게 신뢰할 수 있는 공개키 정보를 인증서라는 형태로 제공한다. **인증서(certificate)**는 당사자의 이름과 당사자의 공개키를 포함하는 정보 개체이다. 비록 기관들은 자신의 통신을 보다 엄격히 보호하기 위해 자체적인 인증기관을 유지하는 것이 일반적이지만, 인터넷에는 다수의 상업적 인증기관들도 존재한다.

공개키 시스템이 갖는 두 번째 문제는 계산 비용이 높다는 것이며, 유사한 수준의 대칭키 시스템에 비해 암호화 수행에 훨씬 더 많은 시간을 요한다. 인터넷에서 널리 사용되는 해결책은 대칭키 시스템과 공개키 시스템의 조합을 이용함으로써 각 기법의 장점을 취하는 것이다. 웹브라우저 소프트웨어에는 신뢰할 수 있는 인증기관 목록이 포함되어 있는 경우가 많다. 클라이언트 브라우저는 자신이 갖고 있는 인증서를 이용하여 원격 서버의 공개키가 진짜임을 확인할 수 있다. 그런 다음 브라우저는 원격 서버와 완전히 새로운 비밀 세션키를 협상하는데, 이때 비교적 느린 공개키 암호가 사용된다. 어떤 도청에도 노출되지 않는 새로운 비밀키를 교환한 후, 브라우저와 서버는 인터넷상에서 신용카드 결제를 수행하는 동안 HTTPS 메시지를 보호하기 위한 암호화에 속도가 빠른 대칭키 암호를 이용한다.

끝으로 언급해두고자 하는 사항은 공개키 암호화 시스템은 메시지 작성자의 신원을 확인할 수 있는 **인증(authentication)**에도 이용될 수 있다는 점이다. 여기에서 중요한 사항은 공개키 시스템에 따라서는 암호화키와 복호화키의 역할을 서로 바꿀 수 있다는 것이다. 즉, 텍스트를 개인키로 암호화할 수 있는데, 개인키에는 한 당사자만이 접근할 수 있으므로, 그렇게 암호화된 텍스트는 해당 당사자가 만든 것임을 확인할 수 있다. 이러한 방식을 사용하여 개인키 소지자는 한 당사자만이 만들어낼 수 있는 특별한 비트 패턴인 **전자서명(digital signature)**을 생성할 수 있다. 메시지에 전자서명을 첨부함으로써 송신자는 메시지가 진본임을 표시할 수 있다. 전자서명은 메시지를 암호화하듯이 간단하게 만들 수 있다. 발송자는 (원래 복호화에 사용되는 키인) 자신의 개인키로 전송될 메시지를 암호화하기만 하면 된다. 수신자는 수신된 메시지를 복호화하기 위해 발송자의 공개키를 사용한다. 이렇게 해서 메시지를 읽을 수 있다면, 해당 개인키의 소지자만이 암호화된 버전을 만들 수 있었을 것이므로 메시지가 진본임이 확인된다.

공개키 암호화에 대해서는 12장 끝부분에서 복잡한 컴퓨터 알고리즘의 한 예로서 다루게 될 것이다.

네트워크 보안을 위한 법률적 조치

컴퓨터 네트워킹 시스템의 보안을 강화시킬 수 있는 또 다른 방법은 법률적 대책들을 적용하는 것이다. 그러나 이 방법에는 두 가지 약점이 존재한다. 첫 번째는 어떤 행위를 불법화시킨다고 해서 그 행위를 방지할 수는 없다는 것이다. 단지 사후에 법률적 책임을 물을 수 있을 뿐이다. 두 번째는 네트워킹이 국제적으로 이루어지므로 법률적 책임을 묻는 것이 때로 아주 어려울 수도 있다는 것이다. 한 국가에서 불법인 사항이 다른 국가에서는 합법일 수도 있다. 궁극적으로 법률적 수단을 통해 네트워크 보안을 강화하는 것은 국제적 프로젝트이며, 따라서 국제적 사법기구에서 다루어야 할 일이다. 아마 헤이그에 위치한 국제사법재판소가 그와 같은 역할을 할 수도 있을 것이다.

이러한 약점들에도 불구하고 법적 효력은 완전하지는 않겠지만 대단한 영향력을 가지며, 이러한 점 때문에 네트워킹으로 인한 분쟁을 해결하기 위한 법률적 수단들을 모색할 필요가 있다. 미국 연방법에서 이와 관련된 몇 가지 사례를 살펴볼 것이다. 유럽연합과 같은 다른 정부기구에서도 유사한 예를 찾을 수 있을 것이다.

먼저 악성 소프트웨어의 범람 문제부터 살펴보자. 미국에서는 이 문제를 1984년에 통과되고 몇 차례 개정된 바 있는 컴퓨터 사기 및 오용에 관한 법령(Computer Fraud and Abuse Act)에서 다루고 있다. 웜이나 바이러스를 만들어 퍼뜨리는 사건에 대한 기소는 이 법령 하에서 이루어져 왔다. 요약하자면, 이 법령은 피고인이 고의적으로 피해를 초래하는 프로그램이나 데이터를 알면서도 전송하였다는 사실을 증명하도록 요구한다.

컴퓨터 사기 및 오용에 관한 법령은 또한 정보의 절도에 관련된 사항들도 다룬다. 특히 이 법령은 컴퓨터에 대해 인가되지 않은 접근을 통해 가치 있는 어떠한 것이라도 획득하는 것을 불법으로 규정하고 있다. 법원은 "가치 있는 어떠한 것"이라는 구절을 넓게 해석하는 경향을 보여 왔으며, 따라서 컴퓨터 사기 및 오용에 관한 법령은 정보의 절도에만 적용되는 것은 아니다. 컴퓨터를 사용한 것만으로도 "가치 있는 어떠한 것"에 해당하는 것으로 법원이 판단한 사례도 있다.

프라이버시에 관한 권리는 법조계가 당면한 또 다른 네트워킹 관련 논제로서 어쩌면 가장 논란이 많은 논제일 것이다. 피고용인의 통신을 감시하는 고용주의 권리에 관한 문제나 ISP의 고객이 통신을 통해 전송하는 정보에 대해 ISP의 접근은 어느 정도까지 허용되어야 할 것인지 등에 대해 많은 검토가 있었다. 미국의 경우, 이러한 문제들은 1986년 제정된 전자통신프라이버시보호법(Electronic Communication Privacy Act; ECPA)에서 다루고 있는데, ECPA는 도청 통제 관련 법안들에 기원을 두고 있다. ECPA 전문은 길지만, 그 취지는 몇 개의 짧은 발췌문으로 요약될 수 있다. 그 중 일부를 살펴보면 다음과 같다.

> 이 장에서 명문화된 경우를 제외하고는, 어떠한 유선 통신, 구두 통신, 전자 통신을 불문하고, 의도적으로 가로채거나 가로채려고 기도하거나, 다른 사람으로 하여금 가로채거나 가로채려고 기도하도록 사주하는 사람은 누구나 (4)절 조항에 따라 처벌받거나 (5)절 조항에 따라 기소될 것이다.[6]

그리고

> 전자통신 서비스를 일반 대중에게 제공하는 사람이나 기관은 해당 통신의 수취인 또는 수취인의 대리인이 아닌 누구에게도 통신의 어떠한 내용도 의도적으로 제공해서는 안 된다.

6) 출처: Peter Toren, *Intellectual Property and Computer Crimes*, 2003.

요약하자면, ECPA는 개인의 사적 통신에 대한 권리를 보장하며, ISP가 고객의 통신 관련 정보를 공개하는 것이나 인가되지 않은 사람이 다른 사람의 통신을 도청하는 것이 불법임을 규정하고 있다. 그러나 ECPA는 논쟁의 여지를 남겨두고 있다. 예를 들면, 피고용인의 통신을 감시하는 고용주의 권리에 관련된 문제는 권한위임의 문제이며, 이에 대해 법원은 고용주의 장비를 사용하여 이루어진 통신에 대해서는 고용주의 권리를 인정하는 경향을 보여 왔다.

또한 이 법령은 특정 정부기관들에게 일정 조건 하에서 전자통신을 감청할 수 있는 권한을 부여하는데, 이러한 조항들은 많은 논쟁의 원인이 되고 있다. 예를 들면, 2000년에는 FBI가 법원이 허가한 특정 대상이 아니라 모든 ISP 가입자의 통신 내역을 보고하는 카니보어(Carnivore)라는 시스템의 존재를 공개하였으며, 2001년에는 세계무역센터에 대한 테러공격의 후속 대책으로 정부기관의 통신 감청의 전제조건을 수정한 말썽 많은 USA PATRIOT(Uniting and Strengthening America by Providing Appropriate Tools Required to Intercept and Obstruct Terrorism) 법안을 통과시켰다. 2013년에는 이 법이 일반 미국시민들에 대해서도 광범위한 전화 및 인터넷 사용에 관한 데이터의 무차별적 수집을 승인한다는 의미로 해석되었음이 밝혀진 바 있다.

이러한 상황 전개로 인해 발생하는 법률적 윤리적 논쟁 외에도, 감청 권한을 부여하는 것과 관련하여 몇 가지 기술적 문제도 제기된다. 그 중 하나는 감청 기능을 제공하려면 감청이 가능하도록 통신시스템을 구축하고 프로그램해야 한다. 감청 기능을 구축하는 것이 범죄수사를 위한 통신감청 법령(Communications Assistance for Law Enforcement Act; CALEA)의 목표이다. CALEA는 통신사업자가 자사의 장비에 수사용 도청기를 장착할 수 있도록 장비를 수정하도록 요구하는데, 이러한 요구는 복잡하고도 비용이 많이 드는 사안이다.

또 다른 논쟁거리는 정부의 통신 감청 권리와 국민의 암호화 사용 권리 사이의 충돌에 관한 것이다. 감청되는 메시지가 제대로 암호화되어 있다면, 통신을 도청하는 것은 수사기관에 별 도움이 되지 않을 것이다. 구미 각국 정부는 암호화키들의 등록을 요구하는 시스템을 고려하고 있지만, 이러한 요구에 대해 많은 단체들이 반대하고 있다. 산업 스파이 행위 등으로 인해 암호화키의 등록을 요구하는 것은 일반 준법 국민들뿐만 아니라 준법 기업들까지도 불안하게 만들 것이다. 등록 시스템의 안전성을 얼마나 신뢰할 수 있겠는가? 소프트웨어 공급업체가 소비자 제품에서 고강도 암호화를 기본 기능으로 포함시킴에 따라 일부 법 집행기관은 강력한 예외조항을 요구하는 것으로 대응해왔다. 2016년 미국 FBI는 전년도에 발생한 샌 버나디노 총격사건 범인 중 한 명이 소유한 아이폰의 잠금 기능을 해제할 수 있는 새로운 소프트웨어를 구축하도록 애플에 요청하였다. 애플은 이것이 위험한 선례가 될 수 있고, 또 이러한 허점이 전 세계 애플 기기들의 보안성을 잠식할 수 있다는 이유를 들어 거부하였다. FBI는 이 시끄러운 소송에 대한 판결이 나기 전에 이 전화기에 접근할 수 있는 다른 방안을 찾은 바 있다.

끝으로, 사이버무단점유(cybersquatting)라고 불리는 유사 도메인 이름을 쓰는 사칭행위에 대해 기관들을 보호하기 위해 1999년 제정된 사이버무단점유에 대한 소비자보호법(Anticybersquatting Consumer Protection Act; ACPA)의 조항들을 통해 인터넷을 둘러싼 법률문제의 범위를 가늠해볼 수 있다. 이 법령은 남의 등록상표나 "관습법적 등록상표"와 동일하거나 분간하기 어려울 정도로 유사한 도메인 이름의 사용을 금한다. 이 법령이 유망한 도메인을 등록해 두었다가 나중에 비싸게 되파는 도메인 이름 투기를 불법화시키지는 못하지만, 이러한 투기 대상 도메인 이름을 일반적인 것으로만 제한하는 효과가 있다. 따라서 도메인 이름 투기꾼들은 GreatUsedCars.com과 같은 일반적 이름을 등록할 수는 있겠지만, 중고차업계에서 이미 유명한 빅앨(Big Al)사가 있다면 BigAlUsedCars.com이라는 이름에 대한 권리를 주장하지는 못할 것이다. 이러한 차이는 종종 ACPA에 근거한 법률소송에서 논쟁거리이다.

연습문제

1. 피싱이란 무엇인가? 컴퓨터를 피싱으로부터 보호하기 위한 방법은 무엇인가?
2. 도메인 게이트웨이에 배치될 수 있는 방화벽 유형과 도메인 안의 개별 호스트에 설치되는 방화벽 유형 사이의 차이는 무엇인가?
3. 기술적으로 구분하자면, 데이터라는 용어는 정보를 표현한 것을 가리키는 반면, 정보는 데이터에 담긴 의미를 가리킨다. 비밀번호의 사용은 데이터를 보호하는가? 아니면 정보를 보호하는가? 암호화의 사용은 데이터를 보호하는가? 아니면 정보를 보호하는가?
4. 전통적인 암호화 기법에 비해 공개키 암호화가 갖는 이점은 무엇인가?
5. 네트워크 보안 문제에 대응하기 위한 법률적 시도에 어떤 문제점들이 있는가?

단원 복습 문제

(* 표시된 것은 고급 내용을 다루는 절에 관련된 문제이다.)

1. 프로토콜이란 무엇인가? 이 장에서 소개된 세 개의 프로토콜 이름을 적고, 각 프로토콜의 용도를 간단히 기술하라.
2. 클라이언트/서버 모델을 설명하라.
3. P2P 모델을 설명하라.
4. 세 종류의 분산 컴퓨팅 시스템을 설명하라.
5. 개방형 네트워크와 폐쇄형 네트워크의 차이는 무엇인가?
6. CSMA/CD 프로토콜을 무선 네트워크에 사용할 수 없는 이유는 무엇인가?

7. 네트워크상에서 CSMA/CD 프로토콜을 사용하여 메시지를 전송하고자 하는 컴퓨터가 따르는 단계들을 기술하라.

8. 은폐 단말기 문제란 무엇인가? 이를 해결하기 위한 기법 하나를 기술하라.

9. 허브와 리피터의 차이는 무엇인가?

10. 리피터, 브리지, 스위치 등의 장비와 라우터는 어떻게 다른가?

11. 네트워크와 인터네트워크의 차이는 무엇인가?

12. 네트워크에서 메시지 전송 권리를 제어하기 위한 프로토콜 두 개를 들어보라.

13. 32비트 인터넷 주소를 사용하는 것은 원래 확장을 위한 충분한 공간을 제공할 것으로 생각되었으나 이러한 추정은 정확하지 않은 것으로 드러났다. IPv6에서는 128비트 주소 체계를 사용한다. 이는 충분할 것인가? 이유를 설명하라. (예를 들면, 가능한 주소의 개수와 세계 인구를 비교해 볼 수도 있다.)

14. 다음 비트 패턴을 점찍는 10진 표기법으로 인코딩하라.

a. 000001010001001000100011
b. 1000000000100000
c. 001100000011000

15. 다음 점찍는 10진법 패턴이 나타내는 비트 패턴은?

a. 0.0
b. 26.19.1
c. 8.12.20.13

16. 인터넷상의 호스트 주소 134.48.4.122를 16진법으로 표시한 32비트 주소는?

17. DNS 조회란 무엇인가?

18. `batman.batcave.metropolis.gov`라는 도메인 이름을 갖는 컴퓨터를 포함하는 도메인에 대해 추정할 수 있는 사항은?

19. 이메일 주소 `kermit@animals.com`의 구성요소들에 대해 설명하라.

20. VoIP에서 아날로그 전화 어댑터와 임베디드 전화기의 차이는 무엇인가?

21. 메일 서버의 역할을 설명하라.

22. N-유니캐스트와 멀티캐스트 사이의 차이는 무엇인가?

23. 다음 각 용어를 정의하라.

a. 네임 서버
b. 접속 ISP
c. 게이트웨이
d. 단말 시스템

24. 다음 각 용어를 정의하라.

a. 하이퍼텍스트
b. HTML
c. 브라우저

25. 인터넷의 일반 사용자들은 인터넷이라는 용어와 월드와이드웹이라는 용어를 동일한 의미로 사용한다. 이 용어들이 나타내는 정확한 내용은 무엇인가?

26. 간단한 웹페이지를 볼 때, 브라우저에게 문서의 소스 버전을 보여주도록 요청하라. 소스 버전에서 문서의 구조를 찾아라. 특히, 문서의 헤드 부분과 본문 부분을 식별하고, 각 부분에 나타나는 문장들을 나열해보라.

27. HTML 태그 다섯 개를 들고 그 의미를 기술하라.

28. `http://animals.org/pets/dogs.html`이라는 URL을 갖는 문서가 단어 "Rover"에 연결되도록 아래 HTML 문서를 수정하라.

```
<html>
<head>
<title>Example</title>
</head>
<body>
<h1>My Pet Dog</h1>
<p>My dog's name is Rover.</p>
</body>
</html>
```

29. 다음 HTML 문서를 컴퓨터 화면에 표시할 때 나타날 대략적인 모습을 그려보라.

```
<html>
<head>
```

```
<title>Example</title>
</head>
<body>
<h1>My Pet Dog</h1>
<img src = "Rover.jpg">
</body>
</html>
```

30. 본문에 소개된 XML 스타일을 사용하여, 수식을 텍스트 파일로 표현하기 위한 마크업 언어를 설계해보라.

31. 본문에 소개된 XML 스타일을 사용하여, 워드프로세서에서 텍스트에 표시를 달기 위해 사용할 수 있는 태그 집합을 설계해보라. 예를 들어, 워드프로세서에서 진하게, 기울임, 밑줄 등등을 어떻게 표시할지 생각해보라.

32. 본문에 소개된 XML 스타일을 사용하여, 영화 소개 텍스트 항목들을 표시하기 위한 태그 집합을 설계하되 텍스트 항목들이 인쇄되었을 때 어떤 모습으로 나타날지를 제어할 수 있는 태그들을 사용하라. 영화 소개 텍스트 항목들을 표시하기 위한 또 다른 태그 집합을 설계하되, 텍스트 항목들의 의미를 표현할 수 있는 태그들을 사용하라.

33. 본문에 소개된 XML 스타일을 사용하여, 스포츠 이벤트 기사를 표시하기 위한 태그 집합을 설계하되 텍스트 항목들이 인쇄되었을 때 어떤 모습으로 나타날지를 제어할 수 있는 태그들을 사용하라. 스포츠 이벤트 기사를 표시하기 위한 또 다른 태그 집합을 설계하되, 텍스트 항목들의 의미를 표현할 수 있는 태그들을 사용하라.

34. 다음 URL의 구성요소들을 식별하고 각각의 의미를 설명하라.
`http://lifeforms.com/animals/moviestars/kermit.html`

35. 다음 각 URL의 구성요소들을 식별하라.
a. `http://www.farmtools.org/windmills.html`
b. `http://castles.org/`
c. `www.coolstuff.com`

36. 아래 두 개의 URL에 대해 "문서를 찾도록" 브라우저에게 요청할 때 브라우저의 동작은 어떻게 달라지는가?
`http://stargazer.universe.org`
`https://stargazer.universe.org`

37. 웹상에서 클라이언트 측 활동의 예를 두 가지 들어보라. 웹상에서 서버 측 활동의 예를 두 가지 들어보라.

***38.** OSI 참조모델이란 무엇인가?

***39.** 버스 토폴로지 기반 네트워크에서 버스는 컴퓨터들이 메시지를 전송하기 위해 경쟁하는 공유될 수 없는 자원이다. 버스 환경에서 교착상태(3.4절 참고)는 어떻게 제어되는가?

***40.** 인터넷 소프트웨어 계층구조에 포함되는 4개의 계층을 나열하고 각 계층이 수행하는 작업을 설명하라.

***41.** 전송 계층이 긴 메시지들을 작은 패킷들로 분할하는 이유는 무엇인가?

***42.** 응용 계층에서 전송 계층에게 TCP를 사용하여 메시지를 전송하도록 요청할 때, 응용 계층의 요청을 완수하기 위해 전송 계층이 추가적으로 전송하는 메시지는 무엇인가?

***43.** TCP가 또 다른 전송 계층 프로토콜인 UDP에 비해 우월한 점은 무엇인가? UDP가 TCP에 비해 우월한 점은 무엇인가?

***44.** UDP가 비연결형 프로토콜이라는 것은 어떤 의미인가?

***45.** 방화벽이 아래 각 기준에 의해 들어오는 트래픽을 거를 경우, TCP/IP 프로토콜의 어느 계층에 배치되어야 하는가?
a. 메시지 내용
b. 발송지 주소
c. 응용 유형

46. 특정 단어나 구절을 포함하는 이메일 메시지를 차단하도록 방화벽을 설정하려고 한다. 방화벽을 도메인 게이트웨이에 설치할 것인가? 또는 도메인 메일 서버에 설치할 것인가? 그 이유를 설명하라.

47. 프록시 서버가 무엇인지 설명하고, 프록시 서버의 이점을 나열하라.

48. 공개키 암호화의 원리를 요약하라.

49. 쉬고 있는 PC가 보호되지 않을 경우 어떤 면에서 인터넷의 안전에 위협이 되는가?

50. 인터넷이 전 세계에 걸쳐있다는 것이 어떤 측면에서 인터넷 문제에 대한 법률적 해결을 제한하게 되는가?

사회적 논제

다음 질문들은 컴퓨터 적용 분야에 관련된 윤리적/사회적/법률적 쟁점에 대한 지침을 마련하기 위한 것이다. 이 질문들의 목표는 단순히 대답을 이끌어내는 것에 있지 않다. 자신의 대답에 대한 이유를 생각해야 하며, 그와 같은 논거는 각 문항 사이에서 일관성을 유지해야 한다.

1. 컴퓨터나 스마트폰을 인터넷에 연결할 수 있게 된 것은 공동 작업을 더욱 용이하게 만들었으며 재택근무 활성화의 계기가 되었다. 이메일, 화상회의, 문자 전송, 공동 작업을 위한 클라우드 상의 소프트웨어 도구 등의 사용으로 업무공간에서 전통적인 대면 활동을 상당 수 대체할 수 있게 되었다. 이러한 변화에 따른 장단점은 무엇인가? 이것은 천연자원의 소비에 어떤 영향을 미치는가? 가족의 유대를 강화시키는가? "사무실 정치"를 감소시키는가? 재택근무자들은 현장근무자와 동일한 승진기회를 갖는가? 사원들 사이의 유대는 약화되는가? 동료들과의 사적 접촉이 줄어든 것이 긍정적 효과를 가져 오는가? 아니면 부정적 효과를 가져 오는가?
2. 인터넷을 통한 상품주문이 빠르게 전통적인 현장 쇼핑을 대체해가고 있다. 쇼핑 습관에서 이러한 변화가 지역사회에 미치는 영향은 무엇인가? 쇼핑몰에는 어떤 영향을 미치는가? 사지는 않고 주로 구경만 하게 되는 서점이나 옷가게 같은 작은 상점들에는 어떤 영향을 미치는가? 최저가 구매는 어느 정도까지 좋은 일인가? 나쁜 일인가? 지역 경제를 지원하기 위해 물건을 비싸게 구매해야 할 도덕적 의무가 있다고 보는가? 가까운 가게에 가서 상품들을 비교해 본 다음 선택한 상품을 인터넷을 통해 더 싸게 주문하는 것은 윤리적으로 합당한 일인가? 장기적 관점에서 이러한 행동이 어떤 결과를 초래할 것인가?
3. 정부는 어느 선까지 자국민의 인터넷 (또는 국제적 네트워크) 접근을 검열해야 하는가? 국가안보에 관련된 사항에 대해서는? 발생할 수 있는 보안 문제에는 어떤 것들이 있을까?
4. 소셜미디어 사이트에서 인터넷 사용자들은 (종종 익명으로) 글을 올릴 수 있고 또 남이 올린 글을 읽을 수 있다. 이러한 서비스의 관리자는 게시된 글들의 내용에 책임이 있는가? 전화회사는 통화내용에 책임이 있는가? 슈퍼마켓 관리자는 가게 안에 설치된 동네 게시판의 내용물에 대해 책임이 있는가?

5. 인터넷의 사용에 대해 감시해야 하는가? 감시에 대한 법제화가 필요한가? 필요하다면 누가 어느 정도까지 법제화해야 하는가?
6. 인터넷 사용에 얼마만큼 많은 시간을 보내고 있는가? 인터넷 사용에 쓴 시간은 가치 있게 사용되었는가? 인터넷 사용이 본인의 사회생활에 어떤 변화를 가져왔는가? 직접 만나서 대화하는 것보다 소셜미디어나 인터넷을 통해 사람들과 대화하는 것을 더 편하게 느끼는 편인가?
7. 컴퓨터에서 사용할 소프트웨어를 구입할 때, 개발사는 추후의 업그레이드에 대한 정보를 제공하기 위해 개발사에 등록하도록 요청하는 것이 일반적이다. 이러한 등록 과정은 점차 인터넷을 사용하는 방향으로 이루어지고 있다. 이때 흔히 이름, 주소, 제품에 대해 알게 된 경위 등에 대한 질문에 대답하게 되며, 해당 소프트웨어 패키지는 이러한 정보를 자동적으로 개발사에 전송하게 된다. 이러한 등록 과정 동안 등록 소프트웨어가 개발사에 추가적인 정보를 함께 전송한다면 어떤 윤리적 문제가 발생하는가? 예를 들면, 등록 소프트웨어는 시스템을 검사하여 설치되어 있는 다른 소프트웨어 패키지들에 대해 보고할 수도 있을 것이다.
8. 웹사이트를 방문할 때, 해당 사이트는 방문자가 예전에 그 사이트를 방문한 적이 있는지를 가리키는 쿠키(cookie)라고 불리는 정보를 기록할 수 있는데, 쿠키는 방문자의 컴퓨터에 저장되어 있던 것이다. 이러한 쿠키는 다시 찾아온 방문자들을 식별하여 예전의 행적을 기록함으로써 추후의 방문을 보다 효율적으로 처리할 수 있도록 하기 위해 이용될 수 있다. 방문자의 컴퓨터에 저장되어 있는 쿠키들은 예전에 방문한 사이트들에 대한 기록을 제공한다. 웹사이트가 방문자의 컴퓨터에 이러한 쿠키가 저장되도록 만드는 기능을 가져야 하는가? 본인도 모르는 사이에 웹사이트가 방문자의 컴퓨터에 이러한 쿠키를 저장하도록 허용해야 하는가? 쿠키 사용의 이점은 무엇인가? 쿠키 사용으로 발생할 수 있는 문제점은 무엇인가?
9. 기업들에 암호화키를 정부 기구에 등록하도록 의무화한다면, 암호화키들은 안전할 것인가?
10. 일반적으로 주말 여가 계획과 같은 문제로 친구의 직장에 전화를 하는 것은 예의상 피해야 할 일로 간주된다. 마찬가지로 대부분의 사람들은 새로운 제품을 설명하기 위해 고객의 집으로 전화하는 것을 조심한다. 비슷한 이유로 결혼청첩장은 집으로 보내며, 컨퍼런스에 관한 안내문은 참석자의 직장 주소로 보낸다. 친구에게 보내는 이메일을 친구 직장의 메일 서버를 통해 보내는 것은 적절하다고 보는가?
11. PC의 주인이 PC가 인터넷에 연결된 상태로 내버려두어 누군가가 서비스거부 공격에 그 PC를 이용했다고 하자. PC 주인의 책임은 어느 정도까지인가? PC의 주인이 적절한 방화벽을 설치하였다면 앞의 대답은 달라질 것인가?
12. 과자나 장난감을 생산하는 기업이 업체 웹사이트에 자사 제품들을 선전하면서 아이들이 즐길 수 있는 게임을 제공하는 것은 윤리적으로 문제가 없는 일인가? 만일 그

게임이 아이들에 관한 정보를 수집하고 있다면? 오락, 광고, 불법적 이용 사이의 경계는 어디인가?

참고문헌

Antoniou, G., P. Groth, F. van Harmelem, and R. Hoekstra. *A Semantic Web Primer*, 3rd ed. Cambridge, MA: MIT Press, 2012.

Bishop, M. *Introduction to Computer Security*. Boston, MA: Addison-Wesley, 2005.

Comer, D. E. *Computer Networks and Internets*, 6th ed. Upper Saddle River, NJ: Prentice-Hall, 2014.

Comer, D. E. *Internetworking with TCP/IP*, Vol. 1, 6th ed. Upper Saddle River, NJ: Prentice-Hall, 2013.

Goldfarb, C. F. and P. Prescod. *The XML Handbook*, 5th ed. Upper Saddle River, NJ: Prentice-Hall, 2004.

Halsall, F. *Computer Networking and the Internet*, 5th ed. Boston, MA: Addison-Wesley, 2005.

Harrington, J. L. *Network Security: A Practical Approach*. San Francisco: Morgan Kaufmann, 2005.

Kurose, J. F. and K. W. Ross. *Computer Networking: A Top Down Approach Featuring the Internet*, 7th ed. Boston, MA: Pearson, 2017.

Peterson, L. L. and B. S. Davie. *Computer Networks: A Systems Approach*, 5th ed. San Francisco: Morgan Kaufmann, 2011.

Rosenoer, J. *CyberLaw: The Law of the Internet*. New York: Springer, 1997.

Spinello, R. A. *Cyberethics: Morality and Law in Cyberspace*, 6th ed. Sudbury, MA: Jones and Bartlett, 2016.

Stallings, W. *Cryptography and Network Security*, 7th ed. Upper Saddle River, NJ: Pearson, 2016.

Stevens, W. R. *TCP/IP Illustrated*, Vol 1, 2nd ed. Boston, MA: Addison-Wesley, 2011.

CHAPTER

5

알고리즘

이 책의 제일 앞 장에서 컴퓨터과학의 핵심 주제가 알고리즘에 관한 연구라는 점을 언급한 바 있다. 이제 이 핵심 주제에 대해 살펴볼 때가 되었다. 이 장의 목표는 컴퓨터과학의 진수를 이해할 수 있도록 알고리즘에 관한 기본적 사항들을 자세히 살펴보는 것이다.

컴퓨터가 어떤 작업을 수행하려면 컴퓨터로 하여금 해야 할 일을 정확히 지시하는 알고리즘이 주어져야 한다는 것을 이미 알고 있을 것이다. 따라서 알고리즘에 관한 연구는 컴퓨터과학의 토대에 해당된다. 이 장에서 알고리즘의 발견과 표현에 관한 문제, 반복과 재귀법이라는 제어 개념 등을 포함하는 여러 가지 알고리즘 관련 개념들을 소개할 것이다. 또한 몇 개의 유명한 검색 알고리즘과 정렬 알고리즘을 소개할 것이다. 먼저 알고리즘의 개념부터 살펴보자.

5.1 알고리즘의 개념

이 책의 제일 앞 장에서 알고리즘은 작업이 어떻게 수행되는지를 규정하는 일련의 단계라고 정의한 바 있다. 이러한 기본적 개념에 대해 더 자세히 살펴보기로 하자.

알고리즘이란 무엇인가

지금까지 이 책에서 여러 개의 알고리즘을 살펴보았다. 숫자 표기법 사이의 변환을 위한 알고리즘, 데이터 오류의 탐지 및 정정을 위한 알고리즘, 데이터 파일의 압축과 해제를 위한 알고리즘, 멀티태스킹 환경에서의 시분할 제어를 위한 알고리즘 등을 살펴보았다. 또한 CPU가 따르는 기계 주기도 다음과 같이 기술되는 간단한 알고리즘의 하나로 볼 수 있다.

정지(halt) 명령을 만날 때까지는 다음 단계들을 계속 수행한다.
  a. 명령 하나를 인출한다.
  b. 명령을 해석한다.
  c. 명령을 실행한다.

그림 0.1의 마술 시연을 기술한 알고리즘에서 보듯이, 알고리즘은 기술적 활동으로 제한되지는 않는다. 실제로 완두콩 껍질을 까는 평범한 활동에도 알고리즘이 깔려있다.

껍질 안 깐 완두콩 바구니와 빈 접시 하나를 준비한다.
바구니에 껍질 안 깐 완두콩이 남아있는 동안 다음 단계들을 계속 수행한다.
  a. 바구니에서 완두콩을 꺼낸다.
  b. 완두콩 껍질을 연다.
  c. 껍질 안의 완두콩을 접시에 담는다.
  d. 껍질을 버린다.

실제로 많은 학자들은 상상, 창의적 활동, 의사결정 등을 포함하는 인간의 모든 정신 활동은 알고리즘 실행의 결과라고 믿고 있다. 이것은 11장에서 인공지능을 공부할 때 다시 만날 가설이다. 그러나 앞으로 더 나가기 전에 알고리즘에 대한 정형적 정의를 살펴보자.

알고리즘의 정형적 정의

비정형적으로 정의된 개념도 일상생활에서는 별 문제가 없이 많이 사용되지만, 학문은 잘 정의된 용어에 기초해야 한다. 그림 5.1에 주어진 알고리즘에 대한 정형적 정의를 살펴보자.

이 정의에서는 알고리즘의 단계들에 순서를 정하도록 요구한다. 이는 알고리즘 안의 단계들이 실행 순서와 관련하여 명확한 구조를 가져야 함을 의미한다. 가장 단순한 구조의 알고리즘에서는 단계들이 **순차적(sequenced)**인데, 이는 단계들이 주어진 순서대로 실행된다는 것을 의미한다. 그러나 이 말이 단계들이 나타나는 순서에 따라 차례대로 실행되어야 한다는 것을 의미하는 것은 아니다. 특히 병렬 알고리즘의 경우에는 단계들의 실행 열이 둘 이상 있으며, 각기 다중프로세서 상의 서로 다른 프로세서에서 실행되도록 설계된다. 이러한 알고리즘에서는 첫 번째 실행될 단계, 두 번째 실행될 단계 등과 같이 하나의 실행흐름(thread)에 전체 알고리즘을 맞출 수조차 없다. 이러한 알고리즘의 경우 여러 프로세서가 전체 작업의 각기 다른 부분을 수행하면서 실행흐름이 갈라졌다 합쳐지기를 반복하는 다중 실행흐름 구조를 갖는다. (이 개념에 대해서는 6장에서 다시 살펴볼 것이다.) 알고리즘의 단계들을 하나의 실행흐름으로 맞출 수 없는 또 다른 예는 1장의 플립플롭과 같은 회로에 의해 실행되는 알고리즘이다. 이 경우 단계들은 원인과 결과라는 방식에 따라 진행되며, 각 게이트의 동작이 회로 전체로 파급되어 간다.

다음에 알고리즘은 실행 가능한 단계들로 이루어져야 한다는 요구사항을 살펴보자. 이 조건을 따져보기 위해 다음 지시사항을 생각해보자.

> 모든 양의 정수의 목록을 만들어라.

양의 정수는 무한히 많기 때문에 이러한 지시사항을 수행하는 것은 불가능하다. 따라서 이러한 지시시항을 포함하는 지시사항의 집합은 알고리즘이 될 수 없다. 컴퓨터과학자들은 실행 가능성이라는 개념을 표현하기 위해 *유효성(effective)*이라는 용어를 사용한다. 즉, 어떤 단계가 유효하다는 것은 실행할 수 있음을 의미한다.

그림 5.1의 정의에서 부과하고 있는 또 다른 조건은 알고리즘 안의 단계들은 모호하지 않아야 한다는 것이다. 이것은 알고리즘의 실행 동안 프로세스 상태 정보가 각 단계가 취

그림 5.1 | 알고리즘의 정의

알고리즘은 모호하지 않고 실행 가능한 단계들의 집합이며, 단계들에는 순서가 정해져 있고 종료되는 프로세스를 정의한다.

할 유일한 동작을 명확히 결정할 수 있어야 한다는 것을 의미한다. 즉, 알고리즘 안의 각 단계의 실행은 창의적 기술을 필요로 하기보다는 지시를 따르는 능력만을 필요로 한다. (12장에서는 이러한 제한을 따르지 않는 비결정형 알고리즘이라고 불리는 알고리즘이 중요한 연구 주제임을 배울 것이다.)

그림 5.1의 정의는 또한 알고리즘이 종료되는 프로세스를 정의하도록 요구하며, 이는 알고리즘의 실행은 반드시 끝나야 한다는 것을 의미한다. 이 요구사항은 이론 컴퓨터과학에서 나온 것이며, 이론 컴퓨터과학의 목표는 "알고리즘과 컴퓨터의 궁극적인 한계는 무엇인가" 등과 같은 질문에 답하는 것이다. 알고리즘으로 답을 구할 수 있는 문제와 알고리즘을 사용하는 시스템의 능력 밖에 있는 문제를 구분하는 것이 이론 컴퓨터과학에서 추구하는 것이다. 이러한 점에서, 답을 내면서 종료되는 프로세스와 결과 없이 무한정 진행하는 프로세스 사이에는 분명한 선이 존재한다.

그러나 병원환자의 활력징후를 관찰하는 프로세스나 항공기의 비행고도를 유지하는 프로세스 등과 같이 종료되지 않는 프로세스가 의미 있게 사용되는 응용 분야들도 있다. 어떤 사람들은 이러한 응용 프로그램들이 각기 종료되었다가 자동적으로 반복되는 알고리즘들의 반복일 뿐이라고 주장할 것이다. 또 다른 사람들은 그와 같은 주장이 지나치게 제한적인 정형적 주장을 고수하려는 시도에 불과하다고 반박할 것이다. 어떤 경우이든, 결과적으로 *알고리즘*이란 용어가 실무 상황이나 비정형적인 논의 과정에서는 반드시 종료되지는 않는 프로세스를 구성하는 단계들의 집합을 가리키는 경우가 종종 있다. 한 예는 나눗셈 "알고리즘"인데, 1 나누기 3은 끝나지 않는 프로세스가 된다. 정확히 말하자면, 이 경우는 알고리즘이라는 용어가 잘못 사용된 것이다.

알고리즘의 추상적 특성

알고리즘과 그 표현의 차이는 스토리와 책의 차이와 비슷하다. 스토리는 본질상 추상적이거나 개념적이지만, 책은 스토리에 대한 물리적 표현이다. 책을 다른 언어로 번역하거나 편집 체제를 바꾸어 재출판할 경우, 변하는 것은 스토리의 표현일 뿐이며 스토리 자체는 변하지 않는다.

이와 마찬가지로 알고리즘도 추상적이며 그 표현과는 구별된다. 한 알고리즘을 여러 방식으로 표현할 수 있다. 예를 들면, 섭씨온도를 화씨온도로 변환하기 위한 알고리즘은 보통 다음과 같은 공식으로 표현된다.

$$F = (9/5)C + 32$$

그러나 이 알고리즘은 또 다음과 같은 지시사항으로 표현될 수도 있다.

섭씨온도에 9/5를 곱한 다음 그 결과에 32를 더하라.

또는 전자회로 형태로 표현될 수도 있다. 각 경우에 바탕이 되는 알고리즘은 동일하며,

표현만 다를 뿐이다.

알고리즘과 표현 사이의 구별로 인해 알고리즘을 전달할 때 문제가 생긴다. 대표적인 문제가 알고리즘을 얼마나 자세히 기술해야 하는가이다. 기상학자에게는 "섭씨온도를 화씨온도로 변환하라"라는 정도의 지시사항이면 충분하겠지만, 보다 자세한 설명을 요하는 문외한이라면 이 지시사항은 명확하지 않다고 주장할 수도 있다. 그러나 문제는 알고리즘 자체에 있는 것이 아니라, 문외한에게는 알고리즘이 충분하게 자세히 표현되지 않았다는 것이다. 다음 절에서는 알고리즘 표현에서 이러한 모호성을 없애기 위해 프리미티브 개념이 어떻게 사용될 수 있는지 알아볼 것이다.

끝으로, 알고리즘과 표현이라는 주제의 연장선에서 서로 연관된 개념인 프로그램과 프로세스의 구분에 대해서 명확히 하고자 한다. *프로그램*은 알고리즘에 대한 표현이다. (여기에서 *알고리즘*이라는 용어는 정형적인 의미는 아닌데, 이는 많은 프로그램이 종료하지 않는 "알고리즘"에 대한 표현이기 때문이다.) 사실 컴퓨터 분야에서 *프로그램*이라는 용어는 대개 컴퓨터에서 실행될 알고리즘에 대한 정형적 표현을 가리킨다. 3장에서 *프로세스*는 프로그램 실행 활동으로 정의한 바 있다. 그러나 프로그램을 실행한다는 것은 곧 프로그램이 표현하고 있는 알고리즘을 실행한다는 것이며, 따라서 프로세스는 알고리즘 실행 활동이라고 정의할 수도 있다. 결론적으로 말하자면, 프로그램, 알고리즘, 프로세스는 서로 다르지만 연관된 개념이다. 프로그램은 알고리즘의 표현이며, 프로세스는 알고리즘 실행 활동인 것이다.

연습문제

1. 프로그램, 알고리즘, 프로세스 간의 차이를 요약하라.
2. 본인이 익숙한 알고리즘의 예를 몇 개 들어라. 이들은 엄밀한 의미에서 진정한 알고리즘인가?
3. 0.1절에서 소개된 알고리즘의 비정형적 정의에서 불분명한 점들을 지적하라.
4. 다음 지시사항 목록에 의해 기술된 단계들이 알고리즘을 구성하지 못하는 이유를 설명하라.
   단계 1. 주머니에서 동전을 꺼내어 테이블 위에 올려놓아라.
   단계 2. 단계 1로 돌아가라.

5.2 알고리즘의 표현

이 절에서는 알고리즘 표현과 관련된 문제들을 살펴본다. 목표는 프리미티브 및 의사코드의 기본 개념을 소개하고 여기에서 사용할 표현 체계를 확립하는 것이다.

프리미티브

알고리즘을 표현하기 위해서는 일종의 언어가 필요하다. 사람의 경우에는 영어, 스페인어, 러시아어, 일본어 등과 같은 일상 언어가 사용될 수도 있고, 네모 종이를 사용하여 새를 접는 알고리즘을 기술하는 그림 5.2에서 보이고 있듯이 그림 언어를 사용할 수도 있다. 그러나 이러한 일상적 의사전달 방법에서는 하나의 표현이 두 가지 이상의 의미를 나타내는 경우가 있어 오해를 초래할 수 있다. (영어 문장 "Visiting grandchildren can be nerve-racking"은 손자들이 오면 문제를 일으킨다는 의미일 수도 있고, 손자들을 보러 가는 일이 힘들다는 의미일 수도 있다.) 또한 얼마나 자세히 기술할 것인지에 대한 생각의 차이로 문제가 발생할 수도 있다. 그림 5.2의 지시사항을 따라 새를 접을 수 있는 사람은 많지 않겠지만, 종이접기를 배운 사람이라면 별 어려움을 느끼지 않을 것이다. 요약하자

그림 5.2 | 네모 종이로 새를 접는 방법

면, 알고리즘의 표현에 사용될 언어가 정확히 정의되지 않거나 정보가 충분히 자세하게 기술되지 않을 경우 의사소통 문제가 발생한다.

컴퓨터과학에서는 알고리즘 표현에 사용할 잘 정의된 기초 요소의 집합을 구축함으로써 이와 같은 문제를 해결한다. 이러한 기초 요소를 **프리미티브(primitive)**라고 부른다. 프리미티브를 정확히 정의하게 되면 많은 모호성 문제가 해결되며, 프리미티브를 사용하여 알고리즘을 기술하도록 요구함으로써 세부사항 서술 정도의 일관성을 확립할 수 있다. 프리미티브의 집합과 더 복잡한 개념을 표현하기 위한 프리미티브 조합 규칙의 집합이 **프로그래밍 언어**를 구성하는 요소들이다.

각 프리미티브는 자체의 구문(syntax)과 의미(semantics)를 갖는다. 구문이란 프리미티브의 기호 표현을 가리키며, 의미는 프리미티브가 나타내는 개념을 가리킨다. '*air*'라는 단어의 구문 요소는 3개의 기호로 이루어진다고 말할 수 있는 반면, 그 의미는 세상을 둘러싸고 있는 기체 상태의 물질을 나타낸다. 그림 5.3은 종이접기에서 사용되는 몇 가지

그림 5.3 | 종이접기 프리미티브

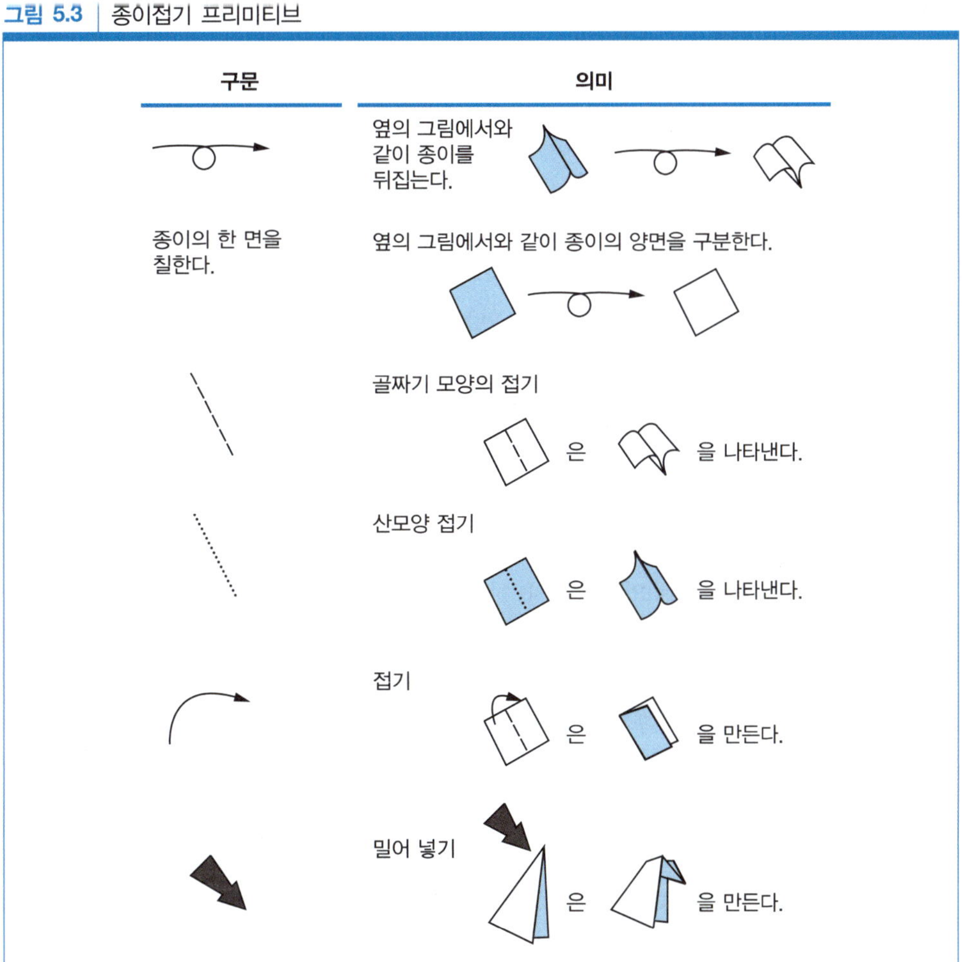

프리미티브를 보여준다.

컴퓨터에서 실행될 알고리즘의 표현에 사용될 프리미티브 집합을 구하기 위해, 기계어 명령을 고려해볼 수도 있다. 알고리즘이 기계어 수준으로 자세히 표현된다면, 컴퓨터 실행에 적합한 프로그램을 얻게 될 것은 분명하다. 그러나 알고리즘을 이렇게 자세히 표현하는 것은 아주 지루한 일이어서 보통은 기계어에서 제공되는 프리미티브로부터 구축된 추상적 도구들에 해당되는 "고급" 프리미티브의 집합을 사용한다. 그 결과로 기계어보다는 개념적으로 높은 수준에서 알고리즘을 표현할 수 있는 정형적 프로그래밍 언어를 얻게 된다. 이러한 프로그래밍 언어에 대해서는 다음 장에서 다룰 것이다.

의사코드

프로그래밍 언어의 소개는 일단 미루고, 여기에서는 보다 직관적이고 형식이 자유로운 의사코드라는 표기 체계를 사용한다. 일반적으로 **의사코드(pseudocode)**는 알고리즘 개발 과정에서 생각들을 보다 자유로운 형식으로 표현할 수 있는 표기 체계이다. 의사코드는 프로그래밍 언어에 비해 사람이 이해하기 쉬우며 자연어보다는 명확하다는 이점이 있다.

의사코드를 만드는 한 가지 방법은 정형적인 프로그래밍 언어의 구문과 의미구조를 차용하되 그 언어의 규칙들을 다소 완화하고 비정형적인 구문들을 섞어 사용하는 것이다. 프로그래밍 언어들이 다양한 만큼 이러한 방법으로 만들어진 의사코드들도 다양하게 존재한다. 많이 채택되어온 언어는 여러 해 동안 교재나 학술논문 등에서 널리 사용되어온 알골(Algol)과 파스칼(Pascal)이다. 최근에는 자바나 C 언어 스타일의 의사코드들도 자주 사용되는데, 이 또한 대부분의 프로그래머들이 이러한 언어들에 친숙하기 때문일 것이다. 의사코드의 구문을 어떤 언어에서 차용하였건 꼭 갖추어야 할 요건은 알고리즘 표현에 적합해야 한다는 것이며, 이는 자주 나타나는 의미구조를 일관성 있고 간결하게 표현할 수 있는 표기법을 갖추어야 함을 의미한다. 이 책에서는 의사코드의 표현에 파이썬 스타일의 구문을 사용할 것이다. 의미구조 중 일부는 앞의 장들에서 이미 다루었지만 나머지에 대해서는 차차 다루게 될 것이다.

자주 나타나는 의미구조 중 하나는 계산된 값에 이름을 배정하는 일이다. 예를 들면, 수표발행 계좌와 저축성 계좌의 합계를 계산하였다면, 그 결과를 나중에 참조할 수 있도록 이름을 배정하고 저장하게 될 것이다. 이러한 경우에 다음과 같은 형식을 사용할 것이다.

이름 = *식*

여기에서 *이름*은 나중에 결과 값을 참조하기 위해 사용할 이름이며, *식*은 결과 값을 저장할 계산을 나타낸다. 이러한 의사코드 구조는 1장에서 파이썬 변수에 값을 저장하기 위해 사용되는 것으로 소개된 바 있는 파이썬 **배정문(assignment statement)**과 같다. 예를 들면,

```
RemainingFunds = CheckingBalance + SavingsBalance
```

알고리즘 설계 시의 알고리즘 표현

복잡한 알고리즘을 설계하는 작업에서 설계자는 수많은 서로 연관된 개념들을 파악하고 있어야 하는데, 이는 인간 두뇌의 능력을 넘어선 요구사항일 수도 있다. 따라서 복잡한 알고리즘의 설계자는 알고리즘을 만들어가는 동안 집중해야 할 부분들을 기록하고 다시 생각해내는 데 사용할 수 있는 표현 방법을 필요로 한다.

1950년대와 1960년대에는 도형과 화살표로 알고리즘을 표현하는 순서도(flowchart)가 첨단 설계 도구였다. 그러나 순서도에서 뒤엉킨 화살표들로 인해 순서도가 표현하는 알고리즘의 구조를 이해하기 어려운 경우가 종종 발생하였다. 이런 이유로 순서도는 다른 표현 기법들에 설계 도구로서의 자리를 내주게 되었다. 다른 알고리즘 표현 기법의 예에는 이 책에서 알고리즘 표현에 주로 사용되는 의사코드가 있으며, 의사코드에서는 잘 정의된 문장구조를 사용하여 알고리즘을 표현한다. 순서도는 설계보다는 설명에 사용할 경우 여전히 유용한 도구이다. 예를 들면, 그림 5.8과 그림 5.9에서는 널리 사용되는 제어문이 나타내는 알고리즘 구조를 설명하기 위해 순서도를 사용하고 있다.

설계 표기법을 개선하기 위한 노력은 지금도 계속되고 있다. 대규모 소프트웨어 시스템을 개발할 때, 시스템 안의 작은 절차적 구성요소 단위의 설계에는 의사코드를 주로 사용하지만, 시스템의 전체적인 설계에는 도식화 기법을 사용하는 것이 현재의 추세임을 7장에서 배우게 될 것이다.

라는 문장은 `CheckingBalance`와 `SavingsBalance`의 합을 `RemainingFunds`라는 이름에 배정하는 배정문이다. 따라서 `RemainingFunds`라는 이름이 나중에 그 합을 참조하기 위해 사용될 수 있다.

자주 나타나는 또 다른 의미구조는 어떤 조건이 참인지 거짓인지에 따라 두 가지 활동 중 하나를 **선택(selection)**하는 것이다. 몇 개의 예문을 들어보자.

> 국내총생산이 증가하였다면 보통주를 매입하고, 아니면 보통주를 매각하라.
> 보통주를 매입해야 할 경우는 국내총생산이 증가하였을 때이며, 그렇지 않으면 매각해야 한다.
> 국내총생산이 증가하였는지 또는 감소하였는지에 따라 각각 보통주를 매입하거나 매각하라.

위의 문장들은 다음 구조에 맞추어 다시 작성될 수 있다.

```
if (조건):
  활동
else:
  활동
```

여기에서 전체 구조 안의 여러 작은 구조들을 표시하기 위해 `if`, `else` 등의 키워드를 사용하였으며, 작은 구조들의 경계를 표시하기 위해 콜론과 들여쓰기를 사용하였다. *조건*

과 else 뒤에는 항상 콜론이 사용된다. 이들에 대응되는 *활동*은 들여쓰기를 하며, *활동*에 여러 행이 있을 경우 모두 동일하게 들여쓰기 한다. 의사코드 표현을 위해 이러한 구문을 채택함으로써 선택을 일관성 있게 표현할 수 있게 된다. 따라서

그 해가 윤년인지 여부에 따라 합을 각각 366 또는 365로 나누어라

라는 문장이 보다 창의적인 표현 스타일일 수도 있지만, 우리의 의사코드에서는 다음과 같은 단순한 스타일을 사용할 것이다.

```
if (해당 연도가 윤년):
    1일 합계 = 합 / 366
else:
    1일 합계 = 합 / 365
```

else에 연결된 활동이 없을 경우 다음과 같은 단축 구문이 사용된다.

```
if (조건):
  활동
```

이러한 표기법을 사용하면,

판매액이 감소할 경우, 가격을 5%만큼 낮추어라

라는 문장은 다음과 같이 표현될 것이다.

```
if (판매액이 감소하였음):
  가격을 5%만큼 낮추어라
```

또 다른 일반적인 의미구조는 특정 조건이 참인 동안 어떤 문장 또는 일련의 문장을 몇 번이고 실행하는 **반복(iteration)**이다. 예문을 들어보면 다음과 같다.

판매할 티켓이 남아있는 동안에는 티켓 판매를 계속하라.

이러한 경우에 우리의 의사코드에서는 다음과 같은 일관된 패턴을 사용한다.

```
while (조건):
  활동
```

요약하자면, 위와 같은 문장은 *조건*을 검사하여 참이면 *활동*을 수행하고 다시 *조건*을 검사하라는 의미이다. 그러나 *조건*이 거짓이면 while 구조 뒤에 오는 다음 명령으로 진행한다. 따라서 앞의 예문들은 다음과 같이 표현될 수 있다.

```
while (판매할 티켓이 남아있음):
  한 장의 티켓을 판다
```

순차적 실행, 선택, 반복은 알고리즘 작성에 필요한 의사코드 기초 요소 집합을 완성한다. 그러나 추가적인 요소들을 사용함으로써 알고리즘을 보다 간결하게 작성할 수도 있다.

많은 프로그래밍 언어에서 들여쓰기는 프로그램을 읽는 데 도움이 된다. 파이썬 언어와 우리 책의 파이썬 기반 의사코드에서 들여쓰기는 코드 표현에서 더욱 중요한 의미를 갖는다. 예를 들면,

```
if (비가 오지 않음):
   if (기온 == 높음):
      수영하러 간다
   else:
      골프를 한다
else:
   TV를 본다
```

와 같은 문장에서 들여쓰기를 통해 "비가 오지 않음"이 거짓일 경우 "기온 == 높음"이라는 조건은 따지지도 않을 것임을 알 수 있다. 기온에 관한 조건이 안쪽의 if 문에 나타나는데, 이러한 활동은 바깥쪽 if 문이 참일 경우에만 수행된다. 마찬가지로 들여쓰기를 통해 "else: 골프를 한다"가 바깥쪽 if 문이 아니라 안쪽의 if 문에 속한다는 것을 알 수 있다. 따라서 우리의 의사코드에서는 들여쓰기를 사용할 것이다.

다른 응용 프로그램에서 추상적 도구로 사용될 수 있는 활동들을 기술하기 위해 우리의 의사코드를 확장할 수 있다. 이러한 추상적 도구를 표현하는 프로그램 단위를 나타내는 여러 가지 용어가 컴퓨터과학에서 사용되고 있는데, 이러한 용어로는 부프로그램(subprogram), 서브루틴(subroutine), 프로시저(procedure), 메서드(method), 함수(function) 등이 있으며, 이들의 의미는 조금씩 차이가 있다. 우리의 의사코드에서는 파이썬에서와 같이 **함수**라는 용어를 사용할 것이며, 의사코드 단위의 이름을 지정하기 위해 파이썬 키워드 def를 사용할 것이다. 즉, 의사코드 단위는 다음과 같은 문장으로 시작한다.

def *이름*():

여기에서 *이름*은 개별 프로그램 단위를 위한 이름이다. 이러한 도입 문장 뒤에 프로그램 단위의 행동을 규정하는 문장들을 기술할 것이다. 예를 들면, 그림 5.4는 "Hello" 메시지

그림 5.4 파이썬으로 작성된 Greetings 함수

```
def Greetings():
  Count = 3
  while (Count > 0):
    print('Hello')
    Count = Count - 1
```

프로그램에서 항목들의 이름 정하기

일상 언어에서 때로 항목들의 이름은 "부품 생산 비용" 또는 "예상 도착 시간" 등과 같이 여러 단어로 이루어지기도 한다. 경험에 의하면, 알고리즘 표현에서 여러 단어로 된 이름들을 사용할 경우 알고리즘 표현이 복잡해진다. 가급적 각 항목을 하나의 연속된 문자열로 나타내는 것이 바람직하다. 프로그램에서 항목들에 의미 있는 이름을 사용하기 위해 여러 단어를 하나의 어휘로 압축하기 위한 많은 기법들이 사용되어 왔다. 그 중 하나는 estimated_arrival_time에서와 같이 단어들을 밑줄(_) 기호로 연결하는 방법이다. 또 다른 기법으로 EstimatedArrivalTime에서와 같이 어휘를 구성하는 각 단어의 첫 글자에 대문자를 사용하여 단어들을 구분하여 읽을 수 있게 해주는 방법도 있다. 이 기법은 프로그래밍 언어 Pascal의 사용자들이 즐겨 썼다고 해서 **파스칼 케이싱(Pascal casing)** 이라고 불린다. 파스칼 케이싱의 변형에 **캐멀 케이싱(camel casing)**이 있는데, 파스칼 케이싱과 비슷하지만 estimatedArrivalTime에서와 같이 첫 번째 글자에는 소문자를 사용한다. 이 책에서는 파스칼 케이싱을 주로 사용하겠지만, 이 선택은 대개 취향 문제이다.

를 세 번 인쇄하는 Greetings라는 함수의 의사코드 표현이다.

함수가 수행하는 작업이 의사코드의 다른 부분에서 필요할 경우, 함수 이름만으로 해당 작업을 요청한다. 예를 들어 ProcessLoan이라는 함수와 RejectApplication이라는 함수가 있다면, 아래와 같은 문장을 통해 이 함수들이 나타내는 서비스를 if-else 구조 안에서 요청할 수 있다.

```
if (. . .):
  ProcessLoan()
else:
  RejectApplication()
```

조건이 참이면 ProcessLoan 함수가 실행될 것이며, 조건이 거짓이면 RejectApplication 함수가 실행될 것이다. 각 함수는 그 자체가 하나의 알고리즘이므로 위와 같은 구성을 알고리즘의 합성이라고 할 수 있다. 즉, "ProcessLoan()"이라는 알고리즘과 "RejectApplication()"이라는 알고리즘에 알고리즘 기초 요소들을 추가함으로써 대출 신청에 대한 검토를 위한 새로운 알고리즘을 생성할 수 있으며, 이 새로운 알고리즘에 이름을 배정하고 더 큰 알고리즘의 한 부분으로 재사용할 수 있다.

여러 다른 상황에서 함수가 사용되려면, 가능한 한 일반성을 갖도록 함수를 설계해야 한다. 이름들의 리스트를 정렬하는 함수는 특정 리스트가 아니라 임의의 리스트를 정렬할 수 있도록 설계되어야 한다. 즉, 정렬할 리스트가 함수 자체 내에서 정의되어서는 안 된다. 대신 함수 안에서 정렬할 리스트를 일반적 이름으로 참조해야 한다.

매개변수(parameter)라고 불리는 이러한 일반적 이름들을 우리의 의사코드에서 함수 이름과 같은 줄에서 괄호 안에 나열한다. 예를 들면, 임의의 이름 리스트를 정렬하도록 설계된 Sort라는 이름의 함수는 아래와 같은 문장으로 시작될 것이다.

```
def Sort (List):
```

Sort 함수 안에서 정렬 대상인 리스트가 필요할 경우, 매개변수인 List가 사용될 것이다. 그리고 Sort 서비스가 필요할 경우, Sort 함수에서 List를 대체할 리스트의 이름을 표시할 것이다. 예를 들면, 필요에 따라 다음과 같은 문장을 작성할 수 있다.

```
Sort(단체의 회원 명부)
Sort(결혼식 하객 명부)
```

연습문제

1. 한 쪽에서 프리미티브였던 것이 다른 쪽에서는 여러 프리미티브의 조합일 수도 있다. 예를 들면, 우리의 의사코드에서 while 문은 프리미티브이지만, 결국은 여러 기계어 명령의 조합으로 구현될 것이다. 컴퓨터 외의 분야에서 이러한 사례를 두 개 이상 찾아보라.
2. 어떤 의미에서 함수의 작성이 프리미티브의 작성이라고 볼 수 있겠는가?
3. 유클리드의 호제법 알고리즘은 다음 과정에 의해 두 개의 양의 정수 X, Y의 최대공약수를 구한다.

   X와 Y의 값이 둘 다 0보다 클 경우, 둘 중 큰 값을 작은 값으로 나누고, X와 Y 각각에 제수와 나머지를 배정한다. (X에 마지막으로 배정되는 값이 최대공약수이다.)

   이 알고리즘을 의사코드로 표현하라.
4. 컴퓨터 프로그래밍 이외의 분야에서 사용되는 프리미티브들의 집합을 찾아 기술하라.

5.3 알고리즘의 발견

프로그램의 개발은 바탕이 되는 알고리즘을 발견하는 일과 알고리즘을 프로그램으로 표현하는 일의 두 가지 활동으로 구성된다. 지금까지는 알고리즘을 표현하는 문제에만 관심을 가져왔으며, 알고리즘을 어떻게 발견할지에 대해서는 고려하지 않았다. 그러나 알고리즘의 발견이야말로 대개 소프트웨어 개발과정에서 더 어려운 부분이다. 문제를 해결하기 위한 알고리즘을 발견한다는 것은 결국 문제를 푸는 방법을 찾는 것이다. 따라서 알고리즘이 어떻게 발견되는지 이해하기 위해서는 문제해결 과정을 이해해야 한다.

문제해결 기술

문제를 해결하는 기법이나 이들에 대한 이해를 높여야 할 필요성은 컴퓨터과학에 국한된 사항이라기보다는 거의 모든 분야에 공통된 사항이다. 알고리즘 발견 과정과 일반적인 문제해결 과정은 긴밀하게 연관되어 있으며, 따라서 컴퓨터과학자들도 보다 나은 문제해결 기법을 모색하기 위해 다른 학문분야의 학자들과 협력하고 있다. 궁극적으로 모든 문제를 스스로 해결하는 알고리즘을 구하고 싶겠지만, 이는 불가능한 것으로 판명되어 있다. (이것은 12장에서 다루는 주제에 속하며, 알고리즘적인 해답을 갖지 않는 문제들이 존재한다는 것을 보일 것이다.) 따라서 문제를 해결하는 능력은 학습을 통해서 이룰 수 있는 엄밀한 과학이라기보다는 예술적 기교에 가깝다고 볼 수 있다.

1945년 수학자인 폴리야(G. Polya)가 제시한 아래의 문제해결 단계는 오늘날에도 문제해결 기술을 가르칠 때 기초로 삼는 기본원리로 남아있으며, 어떤 면에서 문제해결이 모호하고 예술적인 성격을 갖는다는 증거로 볼 수도 있다.

단계 1. 문제를 이해한다.
단계 2. 문제해결을 위한 계획을 세운다.
단계 3. 계획을 실행한다.
단계 4. 앞에서 구한 해결방법이 정확한지 검토하고, 또 이 방법을 다른 문제의 해결에도 사용할 수 있도록 일반화할 수 있는지 평가한다.

프로그램 개발에 맞추어 위의 단계들을 아래와 같이 고쳐 쓸 수 있다.

단계 1. 문제를 이해한다.
단계 2. 알고리즘적인 절차로 어떻게 문제를 해결할지에 대한 개략적인 생각을 정리한다.
단계 3. 알고리즘을 기술하고 다시 프로그램으로 표현한다.
단계 4. 프로그램이 정확한지 검토하고, 또 이 프로그램을 다른 문제의 해결에도 사용할 수 있도록 일반화할 수 있는지 평가한다.

폴리야의 문제해결 단계들을 제시하였는데, 이러한 단계들은 문제를 해결할 때 차례대로 따라가는 단계라기보다는 문제해결 과정에서 언젠가 완료되는 진행국면에 가깝다. 여기에서 중요한 단어는 "*따라가다*"이다. 정해진 절차를 단순히 따라가는 것으로 문제를 해결할 수는 없으며, 문제를 해결하기 위해서는 문제를 해결하려는 사람이 주도적인 역할을 수행해야 한다. 문제를 해결해나가는 과정에서 "이제 단계 1을 마쳤으니 단계 2로 진행해야겠다"와 같은 자세로는 성공적으로 문제를 해결하기 어려울 것이다. 그러나 문제에 몰입하여 결국 해결한 다음에 돌이켜보면, 어느 사이엔가 폴리야의 단계들을 수행한 것임을 깨닫게 될 것이다.

또 다른 중요한 사실은 폴리야의 단계들이 반드시 순서대로 완료되는 것이 아니라는 점이다. 문제를 성공적으로 해결한 사람은 때로 문제 자체를 완전히 이해하지 않은 상태에서(단계1) 문제해결을 위한 전략을 세우기도 한다(단계 2). 이렇게 세운 전략이 (단계

3이나 4에서) 실패하게 되면, 그 과정에서 문제에 대한 이해를 높이게 될 것이며, 다시 문제로 돌아가서 보다 성공적인 전략을 세울 수 있을 것이다.

여기에서 우리가 논의하고 있는 것은 문제를 어떻게 해결하는 것이 최선의 방법인지에 대한 것이 아니라 문제를 어떻게 해결하는지에 대한 것이다. 이상적으로는 방금 설명된 것과 같은 시행착오 과정에 내재된 낭비를 피하고 싶을 것이다. 대규모 소프트웨어 시스템을 개발할 경우, 단계 4에 와서야 잘못 이해한 것을 발견하게 되면 많은 자원의 낭비를 초래할 수 있다. 이러한 사태를 피하자는 것이 7장에서 다루게 될 소프트웨어 공학의 주요 목표이며, 따라서 소프트웨어 엔지니어는 전통적으로 문제 해결의 진행에 앞서 문제에 대한 철저한 이해를 중요하게 여길 것이다. 그러나 문제에 대한 진정한 이해는 해결방법을 얻을 때에야 비로소 완성된다고 주장할 수도 있을 것이다. 문제가 해결되지 않았다는 사실은 문제에 대한 이해가 충분하지 않음을 의미한다. 따라서 해결방법을 제안하기에 앞서 문제를 완전히 이해해야 한다는 것은 다소 이상에 치우친 주장이다.

다음 문제를 생각해보자.

> A라는 사람이 B라는 사람의 세 아이의 나이를 알아내는 작업을 맡았다. B는 A에게 아이들의 나이를 곱하면 36이 된다고 알려준다. 이 단서를 가지고 생각해본 다음 A는 또 다른 단서가 필요하다고 대답하며, B는 다시 A에게 아이들 나이의 합을 알려준다. 다시 A는 또 다른 단서가 필요하다고 대답하며, B는 A에게 큰 아이가 피아노를 친다고 알려준다. 이 단서들 들은 후에 A는 B에게 세 아이들의 나이를 말해준다.
>
> 세 아이들은 각기 몇 살인가?

언뜻 생각하면 마지막 단서는 문제와 전혀 관계없는 것처럼 보이지만, A는 이 단서를 이용해 아이들의 나이를 최종적으로 결정한 것으로 판단된다. 어떻게 이것이 가능할 수 있을까? 문제에 대해 완전히 이해한 것은 아니지만, 일단 문제해결을 위한 계획을 작성한 다음 계획을 따르는 방식으로 진행해보자. 우리의 계획은 위의 문제 해설에서 서술된 단계들을 따라가면서 A에게 어떤 정보가 주어지는가를 추적하는 것이다.

아이들 나이의 곱이 36이라는 것이 A에게 주어진 첫 번째 단서이다. 이것은 세 개의 나이 값이 그림 5.5(a)에 나열된 것 중 하나일 것임을 의미한다. 그 다음 단서가 세 값의

그림 5.5 경우의 수들에 대한 분석

a. 곱이 36인 세 숫자		**b.** (a)의 세 숫자들의 합	
(1,1,36)	(1,6,6)	1 + 1 + 36 = 38	1 + 6 + 6 = 13
(1,2,18)	(2,2,9)	1 + 2 + 18 = 21	2 + 2 + 9 = 13
(1,3,12)	(2,3,6)	1 + 3 + 12 = 16	2 + 3 + 6 = 11
(1,4,9)	(3,3,4)	1 + 4 + 9 = 14	3 + 3 + 4 = 10

합이다. 그 합이 얼마인지는 알려주지 않았지만, 이 정보만으로는 A가 정확한 답을 결정하기에 충분하지 않다는 것은 알 수 있다. 따라서 올바른 답은 그림 5.5(b)에서 같은 합이 두 번 이상 나타나는 것 중 하나일 것이다. 그런데 그림 5.5(b)에서 같은 합이 두 번 이상 나타나는 경우는 (1,6,6)과 (2,2,9)뿐이며, 이들은 모두 합이 13이 된다. 이것이 마지막 단서가 주어지기 직전 A가 알고 있는 정보이다. 이제 마지막 단서의 중요성을 이해할 수 있을 것이다. 중요한 것은 피아노를 친다는 사실이 아니라 가장 나이든 아이가 한 명 있다는 것이다. 이로써 (1,6,6)은 가능성에서 제외되며, 아이들의 나이가 2, 2, 9라고 결론짓는다.

이 문제의 경우, 문제해결을 위한 계획을 실행해 보고서야(단계 3) 문제에 대해 완전히 이해하게 된다(단계 1). 더 이상 진행하기 전에 단계 1을 마치기를 고집했다면, 아마 아이들의 나이를 결코 정하지 못했을 것이다. 문제해결 과정의 이러한 변칙성은 문제해결에 체계적인 방법을 개발하기 어렵게 만드는 근본적인 문제이다.

고심하던 문제 해결에 실패했던 사람이 나중에 다른 일을 하다가 갑자기 해결방법이 생각나는 경우처럼 영감이란 신비스러운 것이며, 이는 문제해결 과정의 또 다른 변칙성이다. 폰 헬름홀츠(H. von Helmholtz)는 1896년에 벌써 이러한 현상을 발견하였으며, 수학자인 푸엥카르(Henri Poincare)는 파리에서 심리학회를 청중으로 한 강의에서 이를 주제로 강연하였다. 이 강연에서 푸엥카르는 자신이 오랫동안 연구해왔던 문제의 해결방법을 그 문제를 제쳐두고 다른 프로젝트를 시작한 후에야 발견하게 된 자신의 경험담을 소개하였다. 이러한 현상은 정신의 잠재의식 부분이 계속 일하고 있으며, 성공할 경우 해결방법이 의식 상태 쪽으로 옮겨가는 과정을 반영한다. 오늘날, 문제에 대한 의식적 작업과 갑자기 오는 영감 사이의 기간을 부화기간(incubation period)이라고 부르며, 이것은 현재 연구를 통해 규명해야 할 과제의 하나이다.

알고리즘 발견의 기초

지금까지 문제를 해결하기 위해 어떻게 해야 하나라는 문제는 회피하면서 다소 철학적인 관점에서 문제해결을 논의해왔다. 물론 수많은 문제해결 방법들이 있으며, 이들은 각기 맞는 상황에서는 효과적일 수 있다. 이러한 문제해결 방법 몇 가지는 곧 살펴볼 것이다. 이러한 기법들에 공통적으로 깔려있는 생각을 단적으로 표현하자면 "일단 문제해결의 발판을 마련하라"는 것이다. 다음 문제를 예로 살펴보자.

A, B, C, D가 경주를 시작하기 전에 다음과 같이 예언하였다.

A는 B가 우승할 것으로 예언하였다.
B는 D가 꼴찌일 것으로 예언하였다.
C는 A가 3등을 할 것으로 예언하였다.

> D는 A의 예측이 맞을 것으로 예언하였다.
>
> 위의 예언들 중 하나만 맞았으며, 그것은 실제 우승자가 예언한 것이다. A, B, C, D 가 경주를 마친 순서는?

문제를 읽고 데이터를 분석하면, A와 D는 동일한 예언을 하였고, 단 한 사람만 정확히 예언하였으므로 A와 D의 예언은 틀렸음을 깨닫는 데는 별로 시간이 걸리지 않을 것이다. 따라서 A와 D는 우승자가 아니다. 이제 일단 문제해결의 발판이 마련된 것이며, 문제에 대한 완전한 답을 찾는 것은 여기에서부터 어떻게 지식을 확장해 나가느냐의 문제이다. A의 예언이 틀렸다면 B도 우승자가 아니다. 이제 우승자가 될 수 있는 남은 사람은 C뿐이다. 따라서 C가 1등이며, C의 예언이 맞았다. 따라서 A가 3등이 된다. 이제 최종 순서는 CBAD 또는 CDAB이다. 그러나 B의 예언이 틀렸으므로 CBAD는 제외된다. 따라서 최종 순서는 CDAB이다.

물론 문제해결의 발판을 마련하라는 지침이 실제 어떻게 하는지를 알려주는 것은 아니다. 이러한 발판을 마련하는 것이나 이를 확장하여 문제에 대한 완전한 해답에 도달하기 위해서는 문제를 해결하고자 하는 사람의 창의적인 노력이 요구된다. 그러나 어떻게 문제해결의 발판을 마련할지에 대해 폴리아나 다른 사람들이 제안한 몇 가지 일반적인 방법이 있다. 한 가지 방법은 문제를 거꾸로 풀어보는 것이다. 예를 들어, 문제가 주어진 입력에서 특정 출력을 만들어내는 방법을 발견하는 것이라면, 출력에서 시작하여 주어진 입력을 찾아가는 방법을 시도해볼 수 있다. 이 방법은 앞 절에서 예로 든 새 접기 알고리즘을 찾을 때 사람들이 흔히 사용한다. 사람들은 흔히 완전히 접은 새가 어떻게 만들어졌는지 알아내기 위해 다시 펼쳐본다.

또 다른 일반적 문제해결 방법은 더 쉬운 문제나 이미 해결방법이 알려져 있는 비슷한 문제를 찾아보고 그 해결방법을 현재의 문제에 적용해보는 것이다. 이러한 기법은 특히 프로그램 개발에서 유용하게 사용된다. 일반적으로 프로그램 개발은 문제의 특정 사례를 해결하는 과정이 아니라 그 문제의 모든 사례를 해결할 수 있는 일반적인 알고리즘을 발견하는 과정이다. 보다 구체적인 예를 들자면, 이름들을 알파벳순으로 나열하는 프로그램을 개발하는 작업을 맡을 때, 특정 리스트를 정렬하는 것이 아니라 어떤 이름 리스트라도 정렬할 수 있는 일반적인 알고리즘을 발견하는 것이다. 따라서

```
David와 Alice의 위치를 서로 바꾼다.
Carol을 Alice와 David 사이로 이동한다.
Bob을 Alice와 Carol 사이로 이동한다.
```

와 같은 지시사항들이 David, Alice, Carol, Bob으로 이루어진 리스트는 올바르게 정렬하겠지만, 이들이 우리가 원하는 범용적인 알고리즘이 되는 것은 아니다. 우리가 필요로 하는 것은 이 리스트도 정렬할 수 있고 또 다른 리스트들도 정렬할 수 있는 알고리즘이

다. 이것은 특정 리스트를 정렬하는 답이 범용적인 알고리즘을 찾는 데 아무런 가치도 없다는 의미는 아니다. 예를 들면, 원하는 범용 알고리즘을 개발하기 위해 사용될 수 있는 일반적인 원리를 찾기 위해 특정 사례들을 살펴봄으로써 문제해결의 발판을 마련할 수도 있다. 이 경우 비슷한 사례를 많이 풀어보는 방법을 사용하여 범용적인 해결 방법을 얻을 수 있다.

문제해결의 발판을 마련하는 또 다른 방법은 단계적 개선법(stepwise refinement)을 적용하는 것인데, 이 방법에서는 한 번에 전체 문제를 세세한 수준까지 해결하려고 시도하지 않는다. 대신 단계적 개선법에서는 주어진 문제를 몇 개의 작은 문제로 간주한다. 단계적 개선법의 착상은 원래의 문제를 작은 문제들로 분할함으로써 각각은 전체 문제보다는 해결하기 쉬운 단계가 되며, 이러한 단계들을 모아 전체적인 해결방법을 얻을 수 있다는 것이다. 단계적 개선법에서는 이러한 단계들을 다시 더 작은 단계들로 분할하고, 이들을 또 다시 더 작은 단계들로 분할함으로써 전체 문제는 쉽게 풀 수 있는 작은 문제들의 집합으로 귀착된다.

이러한 점에서 단계적 개선법은 일반적인 것에서 세부적인 것으로 진행하는 하향식(top-down) 방법론이다. 이와는 반대로 상향식(bottom-up) 방법론은 세부적인 것에서 일반적인 것으로 진행한다. 이들은 이론상으로는 상반되는 개념들이지만 창의적인 문제해결 과정에서 종종 서로를 보완한다. 단계적 개선법이라는 하향식 방법론에 기초한 문제 분할은 종종 상향식으로 작용하는 직관에 의해 이루어질 수도 있다.

단계적 개선법이라는 하향식 방법론은 기본적으로 문제를 구성요소들로 세분화함으로써 해결하는 것이다. 단계적 개선법은 대규모 소프트웨어 시스템이 하나의 큰 구성요소로 이루어지는 데이터 처리 분야에서는 예전부터 중요한 설계방법론으로 사용되어 왔다. 그러나 7장에서 공부하겠지만 대규모 소프트웨어 시스템들은 점차 이미 만들어져 있는 구성요소들을 조합하는 방식으로 구축되는 추세이며, 이는 본질적으로 상향식 방법론이다. 따라서 하향식 방법론과 상향식 방법론 모두 컴퓨터과학에서 중요한 도구들이다.

시각을 넓게 유지하는 것은 중요하며, 특히 문제해결 작업에서 어떤 선입견이나 특정 도구를 고집하다보면 때로 문제의 단순한 구조도 보이지 않게 될 수도 있다. 앞에서 예로 든 아이들 나이 문제가 이러한 현상을 잘 보여주고 있다. 대수 학도라면 연립방정식에 의해 이 문제에 접근하기 쉬우며, 이 방식으로는 오히려 도중에 막혀서 주어진 정보는 문제를 해결하기에 불충분하다고 생각해버릴 수도 있다.

또 다른 예를 들어보자.

> 선착장에서 배에 올라타면서 모자가 벗겨져 강물에 빠졌는데 이를 눈치 채지 못했다고 하자. 강물은 시속 2.5마일로 흐르며, 모자는 이 속도로 강 하류로 떠내려 갈 것이다. 그 동안 배는 상류 쪽으로 이동하는데 강물에 대한 상대적인 속도는 시속 4.75마일이다. 10분 후 모자 주인이 모자를 떨어뜨렸음을 깨닫고 모자를 찾기 위해 강 하류로 배를 돌렸다. 모자를 따라가기까지 얼마의 시간이 걸릴 것인가?

대다수의 대수 학도나 계산기 쓰기를 좋아하는 사람이라면 10분 동안 배는 상류 쪽으로 얼마나 이동하였고 모자는 하류 쪽으로 얼마나 이동하였는지 계산해볼 것이다. 그런 다음 배가 하류로 현재 모자가 있는 곳까지 이동하는 데 얼마나 걸릴 것인지 계산해본다. 그러나 배가 그곳에 도착했을 때는 모자는 이미 하류 쪽으로 더 이동해 있을 것이다. 따라서 방법을 바꾸어 미적분학의 기법을 적용하려고 시도하거나 모자의 새 위치와 거기까지 가는 데 걸리는 시간을 계산하는 일을 무한정 반복하고 있을 수도 있다.

그러나 이 문제는 사실 아주 간단한 문제이다. 비결은 공식을 세우거나 계산하고 싶은 충동을 극복하는 것이다. 이런 복잡한 기술을 제쳐두는 대신 시각을 조금 바꿀 필요가 있다. 전체 문제는 강에서 일어난다. 강물이 강기슭에 상대적으로 이동한다는 사실은 여기에서 중요하지 않다. 동일한 문제를 강 대신 아주 긴 컨베이어 벨트에서 일어나는 일로 바꾸어 생각해보라. 먼저 정지 상태의 컨베이어 벨트에 대해 문제를 풀어본다. 모자를 발 아래에 내려놓은 다음 10분 동안 걸어서 모자로부터 멀어졌다면, 다시 모자가 있는 곳으로 돌아오는 데에도 10분이 걸릴 것이다. 이제 컨베이어 벨트 스위치를 켠다. 이번에는 장면이 벨트의 움직임과 함께 이동하는 모습으로 나타나겠지만, 이것이 모자 주인과 벨트 또는 모자 사이의 관계에 영향을 미치지는 않는다. 즉, 이번에도 모자가 있는 곳까지 돌아가는 데에 10분이 걸리게 된다.

알고리즘의 발견은 잘 정의된 방법론들을 다루는 교과목을 배워서 되는 것이 아니라 상당기간에 걸쳐 힘들게 노력하며 발전시켜 나가야 하는 창의적인 능력이라는 다시 한 번 강조하고자 한다. 실제로 문제해결을 배우는 사람에게 특정 방법론을 따라하도록 훈련시키는 것은 창의적 기술의 함양을 방해하는 것이다.

연습문제

1. **a.** 주어진 양의 정수 n 에 대해, 합이 n 이 되는 정수들의 리스트 중에서 곱이 최대로 되는 것을 찾는 문제를 해결하는 알고리즘을 구하라. 예를 들어 n 이 4일 경우, 답은 (2, 2)인데 이것은 2×2가 $1\times1\times1\times1$, $2\times1\times1$, 3×1 등보다 크기 때문이다. n 이 5일 경우, 답은 (2, 3)이다.

b. n = 2001일 경우의 답을 구하라?

c. 어떻게 이 문제에 대한 해결의 발판을 마련하였는지 설명하라.

2. **a.** 어떤 양의 정수 n 에 대해 가로 세로 모두 2^n 개씩의 정사각형으로 이루어진 체커보드(checkerboard)와 정확히 체커보드 상의 정사각형 3개를 덮을 수 있는 L자 모양 타일을 상자 가득 가지고 있다고 하자. 체커보드에서 아무 위치에서나 정사각형 하나를 잘라내 버린다면, 타일들이 서로 겹치거나 체커보드 바깥으로 걸쳐있지 않으면서 남아있는 체커보드를 타일들로 덮을 수 있겠는가?

b. 모든 양의 정수 n에 대해 $2^{2n}-1$을 3으로 나눌 수 있다는 것을 보이기 위해 (a)에 대한 답을 어떻게 이용할 수 있는지 설명하라.
c. (a)와 (b)는 폴리아의 문제해결 단계와 어떻게 연관되는가?

3. 다음 메시지를 해독하고, 이 문제에 대해 해결의 발판을 어떻게 마련하였는지 설명하라.
`Pdeo eo pda yknnayp wjosan`

4. 퍼즐 조각들을 테이블 위에 아무렇게나 쏟아놓고 조각들을 맞추어보는 그림 퍼즐 문제 해결 방법은 하향식 방법론을 따른다고 볼 수 있는가? 전체 그림의 모습을 파악하기 위해 퍼즐 상자에 인쇄되어 있는 그림을 먼저 살펴본 다음 시작하는 것으로 가정하면, 앞의 대답이 달라지는가?

5.4 반복 구조

이 절의 목표는 알고리즘적 프로세스를 기술할 때 사용되는 반복 구조 몇 가지를 살펴보는 것이다. 이 절에서는 명령들이 순환 방식으로 반복되는 반복 구조(iterative structure)를 다룬다. 다음 절에서는 재귀법이라는 기법을 소개할 것이다. 이 과정에서 순차 검색, 2진 검색, 삽입 정렬 등 널리 사용되는 알고리즘 몇 개도 함께 소개할 것이다. 먼저 순차 검색 알고리즘부터 살펴보기로 하자.

순차 검색 알고리즘

리스트에서 특정 값이 나타나는지 검색하는 문제를 생각해보자. 특정 값이 리스트 안에 들어 있는지 결정하는 알고리즘을 개발하고자 한다. 그 값이 리스트 안에 들어 있으면 검색이 성공한 것으로 간주하며, 그렇지 않으면 실패한 것으로 간주한다. 리스트는 항목들의 순서를 정하는 특정 규칙에 따라 정렬되어 있는 것으로 가정한다. 예를 들어 리스트가 이름들로 이루어진 명부일 경우, 이름들은 알파벳순으로 나열되어 있다고 가정하며, 숫자들로 이루어진 리스트라면, 작은 값부터 큰 값 순으로 나열되어 있다고 가정한다.

문제해결의 발판을 마련하기 위해, 20개 정도의 이름이 들어 있는 고객명부에서 특정 이름을 어떻게 검색할 것인지 생각해보자. 이 상황에서 리스트를 처음부터 차례대로 읽으면서 각 명부 항목을 찾고자하는 검색 목표와 비교할 수 있다. 검색 목표인 이름을 찾게 되면, 검색은 성공 상태로 종료된다. 그러나 검색 목표를 찾지 못한 채 리스트의 끝에 도달하면, 검색은 실패 상태로 종료된다. 사실 리스트를 읽어나가다가 검색 목표보다 알파벳순을 기준으로 더 큰 이름에 도달하면, 검색은 실패로 끝난다. (리스트의 이름들은 알파벳순으로 정렬되어 있으며, 일단 검색 목표보다 더 큰 이름에 도달했다는 것은 검색 목표인 이름이 리스트에 나타나지 않을 것임을 가리킨다.) 요약하자면, 아직 비교해볼 이름이 남아 있고 검색 목표 이름이 현재 보고 있는 이름보다 더 클 경우, 리스트에 대한 검색을 계속하라는 것이 대략적인 개요이다.

의사코드로 이러한 과정을 표현하면 다음과 같다.

```
리스트 안의 첫 번째 항목을 TestEntry로 선택한다.
while (TargetValue > TestEntry이고 항목이 남아 있음):
   리스트 안의 다음 항목을 TestEntry로 선택한다.
```

앞의 명부 검색을 위한 while 구조를 마칠 때, 목표 값을 찾았거나 목표 값이 리스트에 없거나 두 가지 조건 중 하나가 해당될 것이다. 어느 경우이든, 테스트 항목(TestEntry)과 목표 값(TargetValue)을 비교해보면 검색 성공 여부를 판단할 수 있다. 이들이 같으면 검색은 성공한 것이다. 따라서 다음과 같은 문장을 앞의 의사코드 끝에 추가한다.

```
if (TargetValue == TestEntry):
   검색의 성공을 선언한다.
else:
   검색의 실패를 선언한다.
```

끝으로, 리스트의 첫 번째 항목을 시험 항목으로 선택하는 첫 번째 문장은 문제의 리스트가 최소한 한 개의 항목을 포함하고 있다는 가정에 기초하고 있음에 주목하자. 이 정도의 가정이면 별 문제가 없을 수도 있지만, 그래도 확실을 기하기 위해 앞의 문장들을 아래 if 문의 else 쪽에 넣을 수 있다.

```
if (List가 비어 있음):
   검색의 실패를 선언한다.
else:
   . . .
```

이렇게 해서 만들어진 함수를 그림 5.6에서 보이고 있다. 이 함수는 다른 함수에서 사용할 수 있는데, 예를 들면 Darrel Baker라는 승객이 있는지 알아보기 위해 다음과 같은 문장을 사용할 수 있다.

```
목표 값 Darrel Baker에 대해 승객 명부에 Search() 함수를 호출하라.
```

그리고 성분 리스트에 nutmeg가 나타나는지 알아보기 위해서라면 다음과 같은 문장을 사용할 수 있다.

```
목표 값 nutmeg에 대해 성분 리스트에 Search() 함수를 호출하라.
```

요약하자면, 그림 5.6의 알고리즘은 항목들을 리스트에 나타나는 순서대로 비교한다. 이러한 이유로 이 알고리즘은 **순차 검색(sequential search)** 또는 **선형 검색(linear search)**

그림 5.6 | 순차 검색 알고리즘을 나타내는 의사코드

```
def Search(List, TargetValue):
  if (List가 비어 있음):
    검색의 실패를 선언한다.
  else:
    List 안의 첫 번째 항목을 TestEntry로 선택한다.
    while (TargetValue > TestEntry이고 비교할 항목이 남아 있음):
      List 안의 다음 항목을 TestEntry로 선택한다.
    if (TargetValue == TestEntry):
      검색의 성공을 선언한다.
    else:
      검색의 실패를 선언한다.
```

알고리즘이라 불린다. 순차 검색 알고리즘은 그 단순성 때문에 짧은 리스트 등에서 자주 사용된다. 그러나 긴 리스트의 경우에는 순차 검색은 곧 살펴볼 다른 검색 기법에 비해 효율성이 크게 떨어진다.

루프 제어

하나의 명령 또는 일련의 명령의 반복적 사용은 중요한 알고리즘 개념이다. 이러한 반복을 구현하는 한 가지 방법이 **루프(loop)**라는 반복 구조이며, 루프의 **본체(body)**라고 불리는 명령들의 집합이 특정 제어 과정 하에서 반복적으로 실행된다. 그림 5.6의 순차 검색 알고리즘 안에 그와 같은 반복 구조의 전형적인 예가 포함되어 있다. 이 알고리즘에서 "`List` 안의 다음 항목을 `TestEntry`로 선택한다"라는 한 개의 문장에 대한 반복을 제어하기 위해 `while` 문을 사용한다. 실제로

```
while (조건):
  본체
```

와 같은 `while` 문은 다음과 같은 순환적 패턴을 조건이 거짓이 될 때까지 실행하는 루프 구조의 개념을 나타낸다.

```
조건을 검사한다.
본체를 실행한다.
조건을 검사한다.
본체를 실행한다.
  ...
조건을 검사한다.
```

일반적으로 본체를 여러 번 나열하는 것보다는 루프 구조를 사용하는 것이 훨씬 더 융통성이 있다. 예를 들면,

```
한 방울의 황산을 추가한다.
```

라는 문장을 세 번 실행하기 위해,

```
한 방울의 황산을 추가한다.
한 방울의 황산을 추가한다.
한 방울의 황산을 추가한다.
```

와 같이 작성할 수도 있다. 그러나 다음 루프 구조의 경우 몇 방울의 황산이 필요할지 미리 알 수 없기 때문에 이와 동등한 문장의 열을 만들 수는 없다.

```
while (pH 수준 > 4):
   한 방울의 황산을 추가한다
```

이제 루프의 제어 부분을 어떻게 작성하는지에 대해 좀 더 자세히 살펴보자. 루프 구조에서 제어 부분은 크게 중요하지 않은 부분으로 생각할 수도 있을 것이다. 결국 황산 방울들의 추가와 같이 실제 어떤 작업을 수행하는 것은 대개 루프의 본체 부분이며, 제어 부분은 본체를 반복 실행하기 위해 추가해야 하는 부분처럼 보일 것이다. 그러나 루프의 제어 부분이야말로 틀리기 쉬운 부분이며, 따라서 주의를 요하는 부분이다.

루프의 제어는 초기화, 테스트, 변경의 세 가지 활동으로 이루어지며(그림 5.7), 성공적인 루프 제어를 위해서는 세 가지 활동 모두가 필요하다. 테스트 활동은 루프를 종료시킬 조건이 발생했는지를 확인함으로써 루프를 종료시킬 책임을 담당한다. 이러한 조건을 **종료 조건**이라고 부른다. 의사코드의 각 while 문에 조건을 포함시키는 것은 바로 이러한 테스트 활동에 사용하기 위한 것이다. 그러나 while 문의 경우 표현된 조건은 루프의 본체가 실행되어야 할 조건이며, 종료 조건은 while 구조에 나타나는 조건의 부정에 해당된다. 따라서

```
while (pH 수준 > 4):
   한 방울의 황산을 추가한다
```

라는 문장에서 종료 조건은 "pH 수준이 4보다 크지 않음"이며, 그림 5.6의 while 문의

그림 5.7 반복 제어의 구성요소들

초기화:	종료 조건으로 이행되어갈 초기 상태를 확립한다.
테스트:	현재 상태와 종료 조건을 비교하고 이들이 같으면 반복을 종료시킨다.
변경:	종료 조건을 향해 나아가도록 상태를 변화시킨다.

경우 종료 조건은 다음과 같이 표현될 수 있다.

```
(TargetValue <= TestEntry) 또는 (비교할 항목이 남아 있지 않음)
```

루프 제어의 다른 두 가지 활동은 종료 조건이 언젠가는 발생하도록 하기 위한 것이다. 초기화 단계는 시작 조건을 정하기 위한 것이며, 변경 단계는 이 조건이 종료 조건에 가까워지도록 변화시킨다. 예를 들면, 그림 5.6에서 초기화는 while 문 앞의 문장에서 이루어지며, 이를 통해 첫 번째 리스트 항목이 현재 테스트 항목으로 정해진다. 이 경우 변경 단계는 실제로 루프 본체 안에서 이루어지는데, 관심 사항인 테스트 항목이 리스트 끝 방향으로 이동한다. 따라서 초기화 단계를 실행한 후, 변경 단계를 반복 적용하다보면, 종료 조건에 도달하게 된다. (목표 값과 같거나 큰 테스트 항목에 도달하든지 아니면 리스트의 끝에 도달하게 된다.)

초기화 단계와 변경 단계는 반드시 적절한 종료 조건에 이를 수 있도록 정해져야 한다는 점을 강조해둔다. 이러한 특성은 적절한 루프 제어에서 대단히 중요하며, 따라서 루프 구조를 설계할 때는 항상 이러한 특성이 만족되는지 면밀히 확인해야 한다. 이러한 확인 작업을 빠뜨리면 아주 간단한 경우에도 오류가 발생할 수 있다. 다음 예를 살펴보기로 하자.

```
Number = 1
while (Number != 6):
   Number = Number + 2
```

위의 의사코드에서 "!="는 "같지 않음"을 나타낸다. 여기에서 종료 조건은 "Number == 6"이다. 그러나 Number의 값은 1로 초기화되어 변경 단계에서 2씩 증가한다. 따라서 루프가 순환되면서 Number에 배정되는 값은 1, 3, 5, 7, 9, ...와 같아서 결코 6이 되지는 않는다. 따라서 이 루프는 절대 종료하지 않는다.

루프 제어의 구성요소들이 실행되는 순서에 따라 결과가 달라질 수 있다. 사실 이 점에서 차이가 있는 두 가지 루프 구조가 존재한다. 첫 번째 구조는 앞의 의사코드에서 사용한 다음과 같은 while 문이며, 그 의미는 그림 5.8에서 **순서도(flowchart)**로 표현되어 있다.

```
while (조건):
   활동
```

(순서도에서는 개별 단계들을 나타내기 위해 다양한 도형을 사용하며, 화살표는 단계들의 순서를 나타내기 위해 사용된다. 각 도형 모양은 관련 단계에 포함된 활동 유형을 나타낸다. 마름모는 결정을 나타내며, 사각형은 임의의 문장 또는 일련의 문장들을 나타낸다.) while 구조에서 종료 테스트는 루프의 본체가 실행되기 전에 일어난다.

이와는 대조적으로 그림 5.9의 구조는 종료 조건에 대한 테스트를 수행하기 전에 루프

그림 5.8 | while 루프 구조

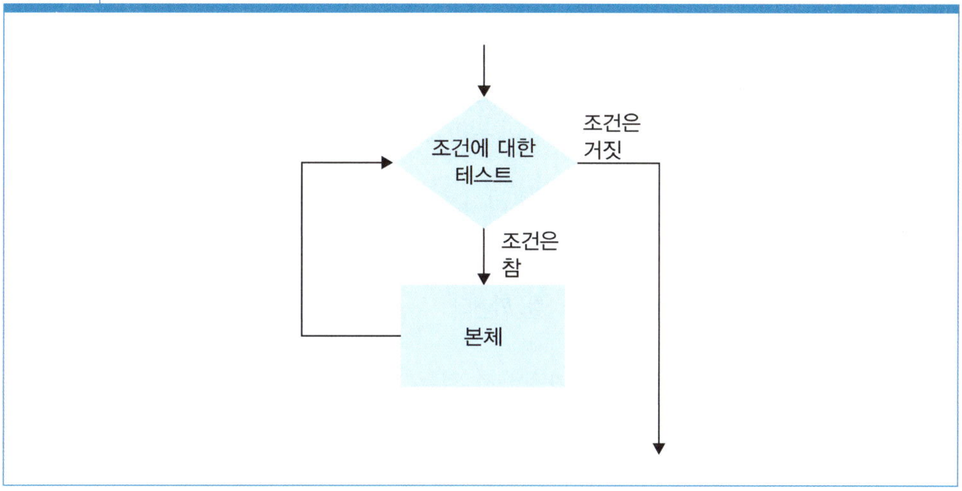

본체를 실행시킨다. 이 경우 루프의 본체는 항상 적어도 한 번은 수행되는 반면, while 구조에서 종료 조건이 첫 번째 테스트할 때 만족되면 본체는 한 번도 실행되지 않는다.

파이썬에는 이러한 종류의 루프를 위한 구조가 존재하지 않지만, 기존의 while 구조, if 문, 루프 본체 끝의 break 등을 사용하여 동등한 구조를 표현하는 것은 어렵지 않다. 이 책의 의사코드에서는 그림 5.9의 구조를 아래와 같이 표현하기 위해 몇몇 언어에서 사용되는 키워드들을 차용하고 있다.

```
repeat:
  활동
  until (조건)
```

그림 5.9 | repeat 루프 구조

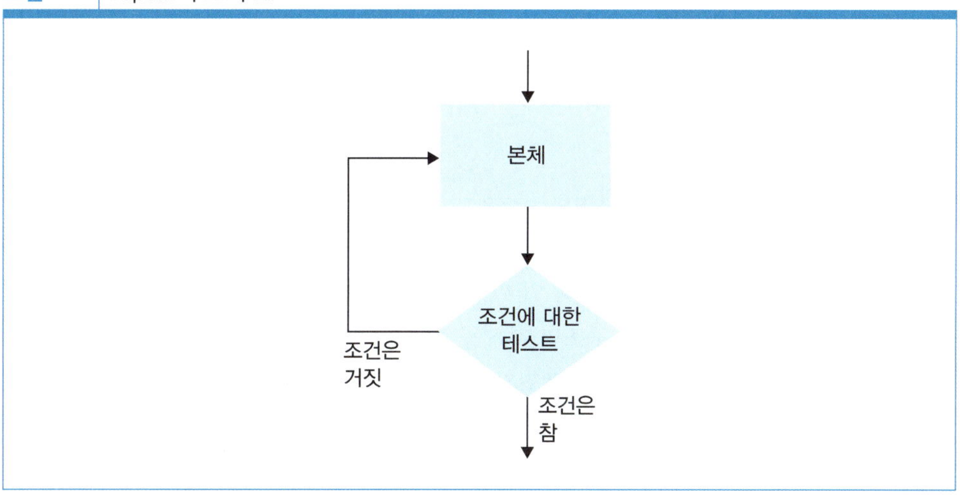

따라서

```
repeat:
  주머니에서 동전 하나를 꺼낸다
  until (주머니에 동전이 남아있지 않음)
```

와 같은 문장은 시작할 때 주머니에 적어도 한 개의 동전이 있다고 가정하지만,

```
while (주머니에 동전이 있음):
  주머니에서 동전 하나를 꺼낸다
```

와 같은 문장은 그렇게 가정하지 않는다.

의사코드 용어를 사용하자면, 위의 구조들은 while 루프 구조와 repeat 루프 구조이다. 보다 일반적인 상황에서는 while 루프 구조는 본체 실행 전에 종료 조건을 테스트하므로 **사전 테스트 루프(pretest loop)**라고 불리며, repeat 루프 구조는 본체 실행 후에 종료 조건을 테스트하므로 **사후 테스트 루프(posttest loop)**라고 불린다.

루프를 제어할 때 초기화, 테스트, 변경 등에 세심한 주의를 요하는 알고리즘도 많지만, 보편적인 어떤 패턴을 따르는 경우도 많다. 특히 데이터 리스트에 대한 작업의 경우 가장 보편적인 패턴은 리스트의 첫 번째 항목에서 시작하여 리스트 끝에 도달할 때까지 리스트 안의 각 항목들을 차례로 처리하는 것이다. 앞서의 순차 검색 예제에서는 아래 의사코드와 비슷한 패턴을 사용한 바 있다.

```
리스트 안의 첫 번째 항목을 선택한다
while (비교할 항목이 남아 있음):
  . . .
  리스트 안의 다음 항목을 선택한다
```

이러한 구조는 알고리즘들에서 자주 나타나며, 이 책의 의사코드에서는 리스트의 각 항목에 대해 반복하는 루프의 표현을 위해 다음과 같은 구문을 사용할 것이다.

```
for Item in List:
  . . .
```

이러한 의사코드 프리미티브는 while 구조에 비해 한 단계 높은 수준의 추상화라고 볼 수 있는데, 이는 초기화, 변경, 테스트 등과 동일한 효과를 달성하면서도 불필요한 세부사항의 기술 없이 루프의 의미를 더 깔끔하게 전달하고 있기 때문이다.

이러한 for 루프 구조의 본체를 반복할 때마다 Item의 값은 List 안의 다음 항목이 될 것이다. 이 루프의 종료조건은 "List의 끝에 도달하였을 때"임이 묵시적으로 표현되어 있다. 예를 들면, 리스트 안의 숫자들에 대한 합을 구하기 위해 다음과 같은 의사코드를 사용할 수 있다.

```
Sum = 0
for Number in List:
  Sum = Sum + Number
```

이러한 유형의 루프를 어떤 언어에서는 for-each 루프라고 부르기도 하는데, 이는 일종의 사전 테스트 루프이다. for 구조는 리스트 안의 각 항목에 대해 동일한 작업을 수행하는 상황에 적합하며, 별도로 루프 제어 변수를 유지할 필요가 없다는 장점이 있다.

삽입 정렬 알고리즘

반복 구조를 사용하는 또 다른 예로 이름들로 이루어진 리스트를 알파벳순으로 정렬하는 문제를 생각해보자. 그러나 진행에 앞서 먼저 제약조건을 정리해야 한다. 간단히 말하자면, 우리의 목표는 리스트를 "제자리에서" 정렬하는 것이다. 즉, 리스트를 다른 위치로 옮기지 말고 리스트의 항목들을 자리바꿈하는 방법으로 리스트를 정렬하기를 원한다. 이 상황은 혼잡한 책상 위에 펼쳐 놓은 색인 카드들에 기록된 항목을 정렬하는 것과 비슷하다. 책상에서 색인 카드들을 위한 공간은 겨우 확보했지만 다른 것들을 올려놓을 추가의 공간은 더 없다고 하자. 이러한 제약은 컴퓨터 응용 프로그램에서 흔한 일인데, 이는 컴퓨터 안의 작업공간이 책상처럼 붐비기 때문이기보다는 저장 공간을 효율적으로 사용하기를 원하기 때문이다.

책상 위에서 이름들을 어떻게 정렬할지 생각해봄으로써 정렬문제를 해결하기 위한 발판을 마련할 수 있다. 다음과 같은 이름들의 리스트를 생각해보자.

Fred
Alex
Diana
Byron
Carol

이 리스트를 정렬하기 위한 한 가지 접근 방법은 가장 위의 이름인 Fred만으로 이루어진 부분 리스트는 정렬이 되어 있지만, 가장 위의 두 이름 Fred와 Alex로 이루어진 부분 리스트는 정렬이 되어 있지 않다는 것에 주목하는 것이다. 따라서 그림 5.10의 첫 번째 줄에서 보듯이, Alex라는 이름을 갖는 카드를 꺼내고, Fred라는 이름을 갖는 카드를 Alex 카드가 있던 곳에 밀어놓고, Alex 카드를 리스트 상단의 빈자리에 삽입한다. 이 시점에서 리스트는 다음과 같게 될 것이다.

Alex
Fred

Diana
Byron
Carol

이제 가장 위의 두 이름은 정렬된 부분 리스트를 형성하지만, 가장 위의 세 이름으로 이루어지는 부분 리스트는 정렬 상태에 있지 않다. 따라서 그림 5.10의 두 번째 줄에서 보이고 있듯이, 세 번째 이름인 Diana를 꺼내고, Diana가 있던 빈자리에 Fred를 밀어 넣

그림 5.10 | Fred, Alex, Diana, Byron, Carol로 이루어진 리스트를 알파벳순으로 정렬하기

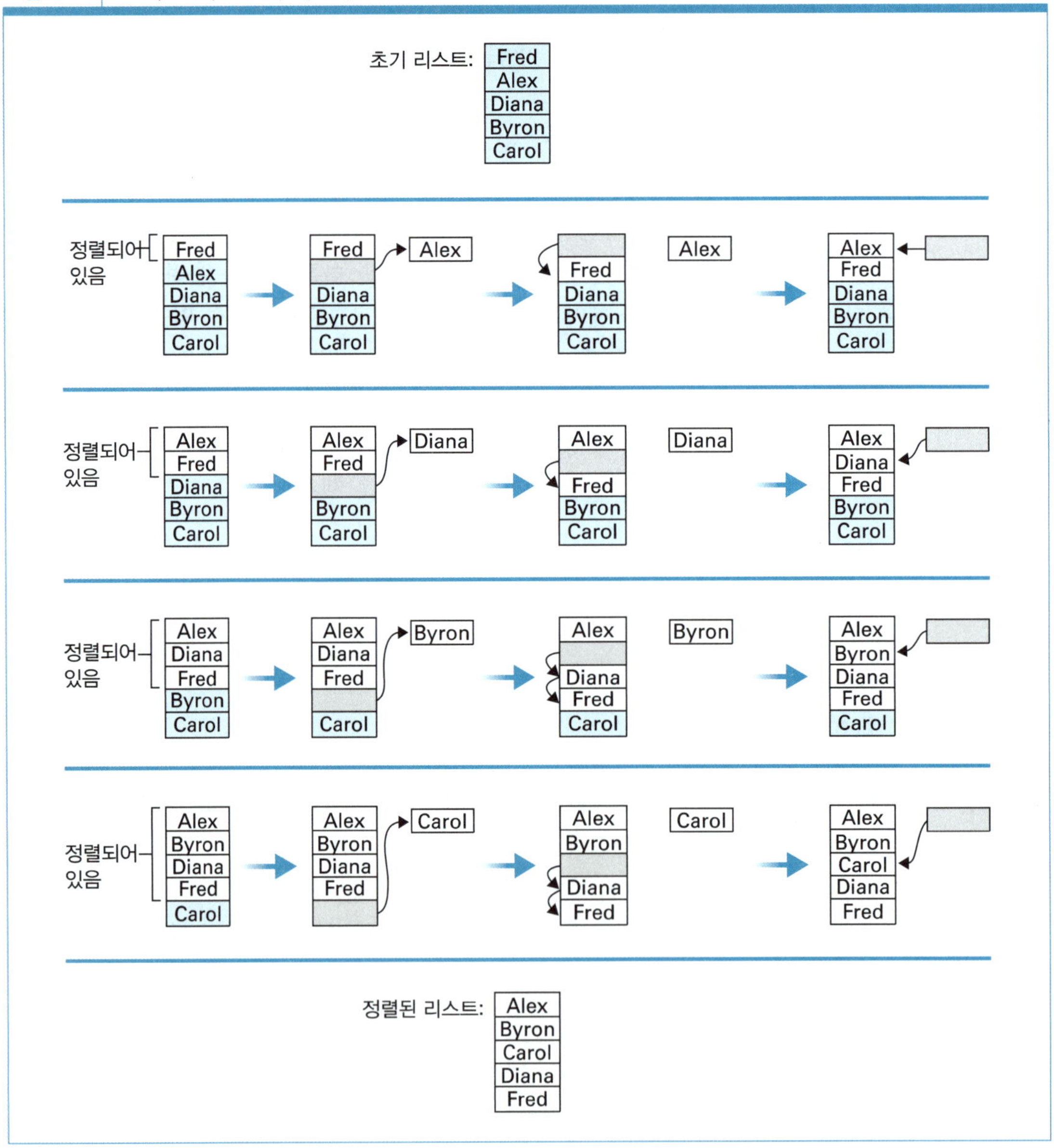

고, Diana를 Fred가 남긴 빈자리에 삽입한다. 이제 가장 위의 세 이름으로 이루어지는 부분 리스트가 정렬된 것이다. 이렇게 계속하여 네 번째 이름인 Byron을 꺼내고, Fred와 Diana를 한 칸씩 아래로 이동하고, Byron을 빈자리에 삽입함으로써 첫 네 항목을 정렬한 리스트를 얻을 수 있다(그림 5.10의 세 번째 줄 참고). 마지막으로 Carol을 꺼내고, Fred와 Diana를 한 칸씩 아래로 이동하고, Carol을 빈자리에 삽입함으로써 정렬 과정을 완성할 수 있다(그림 5.10의 네 번째 줄 참고).

특정 리스트를 정렬하는 과정을 분석해보았으므로, 이제 해야 할 일은 이 과정을 일반화하여 일반적인 리스트를 정렬하는 알고리즘을 얻는 일이다. 이를 위해 그림 5.10의 각 줄이 나타내는 것이 동일한 일반적 처리과정이라는 것을 파악해야 하는데, 바로 리스트에서 정렬되지 않은 부분의 첫 번째 이름을 꺼내고, 이 이름보다 큰 이름들을 아래쪽으로 이동하고, 아까 꺼낸 이름을 빈자리에 다시 삽입하는 일이다. 꺼낸 이름을 기준 항목이라고 하면, 이 과정은 다음과 같은 의사코드로 표현될 수 있다.

```
기준 항목을 임시 공간에 옮겨 List에 빈자리를 만든다
while (빈자리 위쪽에 이름이 있고 그 이름은 기준 항목보다 큼):
    빈자리 위쪽의 이름을 빈자리로 옮겨 그 이름 위에 빈자리를 만든다
기준 항목을 List의 빈자리로 옮긴다.
```

음악에서의 반복 구조

음악가들은 컴퓨터과학자들보다 수세기나 앞서서 반복 구조를 이용하고 프로그램해 왔다. 실제로 여러 절과 후렴으로 이루어진 노래의 구조는 다음과 같은 while 문으로 표현할 수 있다.

```
while (남아 있는 절이 있음):
    다음 절을 노래한다
    후렴을 노래한다
```

그리고

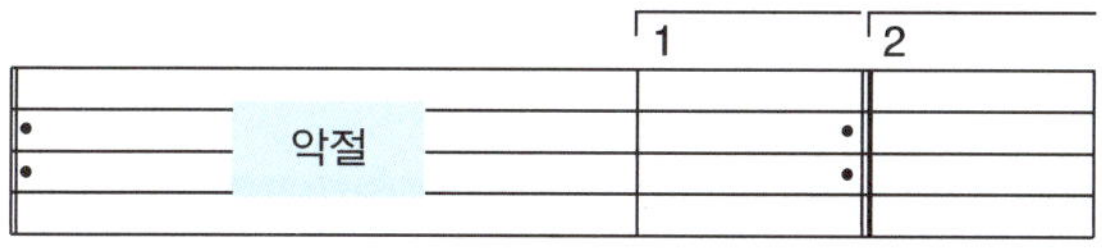

와 같은 표기법은 작곡가가 다음과 같은 구조를 나타내는 표현 방법이다.

```
N = 1
while (N < 3):
    해당 악절을 연주한다
    N번째 엔딩을 연주한다
    N = N + 1
```

다음으로 관찰할 수 있는 것은 이러한 과정이 반복적으로 실행되어야 한다는 것이다. 정렬 과정을 시작할 때의 기준 항목은 리스트의 두 번째 항목이며, 마지막 항목에 이를 때까지 각 반복에서 기준 항목은 한 자리씩 아래쪽의 항목으로 이동한다. 즉, 앞의 루틴이 반복되면서, 기준 항목의 초기 위치는 두 번째 항목에서 세 번째 항목, 네 번째 항목 등등으로 진행되며, 이는 리스트의 마지막 항목이 처리될 때까지 계속된다. 이러한 실마리를 따라 다음 문장들로 필요한 반복 구조를 표현할 수 있다.

```
N = 2
while (N의 값이 List의 길이 이하임):
    List의 N 번째 항목을 기준 항목으로 선택한다
    ...
    N = N + 1
```

여기에서 N은 기준 항목으로 사용될 위치를 나타내며, List의 길이는 리스트 안의 항목 개수를 나타내고, ...은 앞의 루틴이 들어갈 자리를 나타낸다.

완성된 의사코드 프로그램을 그림 5.11에서 보이고 있다. 요약하자면, 이 프로그램은 한 항목을 꺼내어 적절한 자리에 삽입하는 일을 반복함으로써 리스트를 정렬한다. 이 알고리즘은 삽입하는 작업을 반복하므로 **삽입 정렬(insertion sort)**이라고 한다,

그림 5.11의 구조는 루프 안의 루프 구조이며, 첫 번째 while 문은 바깥쪽 루프를 표현하고 있고 두 번째 while 문은 안쪽 루프를 표현하고 있다. 바깥쪽 루프 본체를 한 번 실행할 때마다 안쪽 루프가 초기화되고 종료 조건이 충족될 때까지 실행이 반복된다. 따라서 바깥쪽 루프 본체를 한 번 실행하면 한쪽 루프 본체가 여러 번 실행된다.

바깥쪽 루프 제어의 초기화 요소는 다음 문장으로 N의 초기 값을 정하는 부분이다.

```
N = 2
```

변경 요소는 각 루프 본체의 끝에서 다음 문장으로 N의 값을 1씩 증가시키는 부분이다.

```
N = N + 1
```

그림 5.11 | 의사코드로 표현된 삽입 정렬 알고리즘

```
def Sort (List):
  N = 2
  while (N의 값이 List의 길이 이하임):
    List의 N 번째 항목을 기준 항목으로 선택한다.
    기준 항목을 임시 공간에 옮겨 List에 빈자리를 만든다.
    while (빈자리 위쪽에 이름이 있고 그 이름은 기준 항목보다 큼):
      빈자리 위쪽의 이름을 빈자리로 옮겨 그 이름 위에 빈자리를 만든다.
    기준 항목을 List의 빈자리로 옮긴다.
    N = N + 1
```

종료 조건은 N의 값이 리스트 길이를 초과할 때 발생한다.

안쪽 루프 제어는 기준 항목을 리스트에서 꺼내어 빈자리를 만드는 것으로 초기화된다. 루프의 변경 단계는 항목들을 빈자리로 이동시킴으로써 달성되는데, 이 결과 빈자리는 위로 이동한다. 종료 조건은 빈자리가 기준 항목보다 크지 않은 이름 바로 아래에 오거나 빈자리가 리스트 상단에 이르렀을 때 발생한다.

연습문제

1. 그림 5.6의 순차 검색 함수를 정렬되어 있지 않은 리스트에도 적용할 수 있도록 수정하라.

2. 다음 의사코드 루틴을 repeat 문을 사용하여 다시 작성하라.

```
Z = 0
X = 1
while (X < 6):
    Z = Z + X
    X = X + 1
```

3. 어떤 프로그래밍 언어에서는 사전 테스트 루프의 표현을 위해 다음 구문을 사용하며,

```
while (. . .) do (. . .)
```

사후 테스트 루프의 표현을 위해 다음 구문을 사용한다.

```
do (. . .) while (. . .)
```

설계 자체는 깔끔하지만, 두 구문의 유사성으로 인해 발생하는 문제가 있다. 어떤 문제일까?

4. 그림 5.11의 삽입 정렬 알고리즘을 Gene, Cheryl, Alice, Brenda로 이루어진 리스트에 적용하였다고 하자. 바깥쪽 while 구조의 본체를 한 번씩 실행할 때마다 리스트의 상태를 표시하라.

5. 그림 5.11의 안쪽 while 구조에서 "기준 항목보다 큼"이라는 표현을 "기준 항목과 같거나 그보다 큼"이라고 고치지 않을 이유는?

6. 삽입 정렬과는 조금 다른 정렬 알고리즘으로 선택 정렬(selection sort) 알고리즘이 있다. 이 알고리즘에서는 리스트에서 가장 작은 항목을 선택하여 리스트의 맨 앞으로 옮긴다. 그런 다음 리스트의 나머지 항목 중 가장 작은 항목을 선택하여 리스트의 두 번째 자리로 옮긴다. 남은 리스트 부분에서 가장 작은 항목을 선택하여 앞쪽으로 옮기는 일을 반복함으로써, 정렬된 리스트 부분이 리스트 앞쪽에서 시작하여 점점 커지게 되며 정렬되지 않은 항목들로 이루어지는 뒤쪽 부분 리스트는 점점 작아진다. 선택 정렬 알고리즘

을 사용하여 리스트를 정렬하기 위한 (그림 5.11의 함수와 비슷한) 함수를 의사코드로 표현하라.

7. 널리 알려져 있는 또 다른 정렬 알고리즘에 버블 정렬(bubble sort) 알고리즘이 있다. 이 알고리즘은 두 개의 인접한 이름들을 비교하여 이들의 상대적 순서가 올바르지 않으면 서로 자리를 바꾸는 일을 반복하는 과정에 기초하고 있다. 문제의 리스트에 n개의 항목이 들어 있다고 하자. 버블 정렬은 제일 먼저 n번째 항목과 $n-1$번째 항목을 비교한다(그리고 필요하면 서로 자리를 바꾸어준다). 그 다음에는 $n-1$번째 항목과 $n-2$번째 항목을 비교하고, 리스트의 첫 번째 항목과 두 번째 항목을 (필요하면 서로 자리를 바꾸어주며) 비교할 때까지 앞으로 이동해간다. 이렇게 리스트 전체를 한 번 거치면 리스트에서 가장 작은 항목은 맨 앞으로 가 있게 된다. 마찬가지로 또 한 번 리스트를 거치면 두 번째로 작은 항목이 리스트의 두 번째 자리에 가 있게 된다. 이렇게 $n-1$번 리스트를 거치면, 전체 리스트가 정렬되어 있을 것이다. (알고리즘의 동작을 살펴보면, 작은 항목들이 물속의 공기방울처럼 리스트의 위쪽으로 떠오르는 것을 관찰할 수 있으며, 알고리즘의 이름도 여기에서 유래되었다.) 버블 정렬 알고리즘을 사용하여 리스트를 정렬하기 위한 (그림 5.11의 함수와 비슷한) 함수를 의사코드로 표현하라.

5.5 재귀 구조

재귀(recursive) 구조는 활동의 반복을 구현함에 있어 루프 패러다임과는 또 다른 패러다임을 제공한다. 루프의 경우 반복되는 명령 집합을 끝내고 다시 반복하는 방식으로 진행하는 반면, 재귀법(recursion)에서는 명령 집합을 원래 작업의 부분 작업으로서 반복하는 형태이다. 비슷한 사례로 다중 탭을 갖는 웹브라우저 상에서 온라인 쇼핑을 수행하는 과정을 살펴보기로 하자. 한 페이지에서 어떤 상품을 찾는 동안 새로운 브라우저 탭을 열어 관련된 다른 상품들에 대한 링크를 열어볼 수 있다. 이때 다른 페이지들을 읽는 동안 완료되지 않은 쇼핑 거래가 보류 상태에 있게 된다. 옆길로 샜던 탐색을 마치게 되면 새로 연 탭들을 닫고 원래의 페이지로 돌아와서 마무리할 것이다. 이 과정에서 둘 이상의 웹페이지에 대한 브라우징이 진행된다. 하지만 이들은 선형 루프 구조에서처럼 하나씩 차례로 수행되는 것이 아니라, 한 페이지에 대한 브라우징이 다른 페이지에 대한 브라우징 안에 포함되어 있는 구조이다. 안쪽의 작업들을 마치면 바깥쪽 작업으로 돌아온다.

2진 검색 알고리즘

재귀법을 소개하기 위해, 정렬된 리스트에 대해 특정 항목을 검색하는 문제를 다시 살펴보되, 이번에는 사전을 검색할 때 사용되는 절차를 생각해봄으로써 문제해결의 발판을 만든다. 사전을 검색할 때 한 항목씩 차례대로 비교하거나 페이지 순서대로 진행하지는 않는다. 대신 목표 항목이 있을 걸로 예상되는 페이지를 펼치는 것으로 검색을 시작한다. 운이 좋으면 바로 그 페이지에서 원하는 항목을 찾을 것이며, 못 찾았을 경우에는 검색을 계속해야 한다. 그렇지만 이때 벌써 검색 범위는 상당히 좁혀져 있을 것이다.

물론 사전을 검색하는 경우, 우리는 단어 위치가 대략 어디쯤일지에 대한 사전 지식을 갖고 있다. *somnambulism*이라는 단어를 찾는 경우라면, 처음에 사전의 뒷부분 어딘가를 펼칠 것이다. 그러나 일반적인 리스트의 경우에는 이러한 이점 없이 진행해야 할 것이며, 따라서 항상 리스트의 "중앙" 항목에서 검색을 시작하기로 정한다. 여기에서 중앙에 큰 따옴표를 사용한 것은 리스트에 짝수 개의 항목이 있을 경우 엄밀한 의미에서 중앙 항목이 존재하지 않을 수도 있기 때문이다. 이 경우 "중앙" 항목은 리스트 후반부의 첫 번째 항목을 가리키는 것으로 정한다.

리스트 중앙 항목이 목표 값일 경우, 검색의 성공을 선언할 수 있다. 그렇지 않으면, 목표 값이 지금 비교한 항목보다 작은지 또는 큰지에 따라 리스트의 전반부 또는 후반부로 검색 범위를 제한할 수 있다. (리스트는 정렬되어 있음을 기억하라.)

리스트의 남은 부분에 대해 검색하기 위해 순차 검색을 적용할 수도 있겠지만, 전체 리스트에 적용했던 것과 동일한 방법을 이 부분 리스트에 대해서도 적용해보자. 즉, 남은 리스트 부분의 중앙 항목을 다음 검사 항목으로 선택한다. 전에 한 것과 마찬가지로, 이 항목이 목표 값이면, 검색은 완료된 것이다. 그렇지 않으면, 검색 범위는 더욱 작아진다.

이러한 검색 방법이 그림 5.12에 요약되어 있으며, 그림의 왼쪽에 있는 리스트에서 John이라는 항목을 검색하는 작업을 살펴본다. 먼저 중앙 항목인 Harry와 비교한다. 목

그림 5.12 | 리스트에서 John이라는 항목을 검색하기 위한 전략의 적용

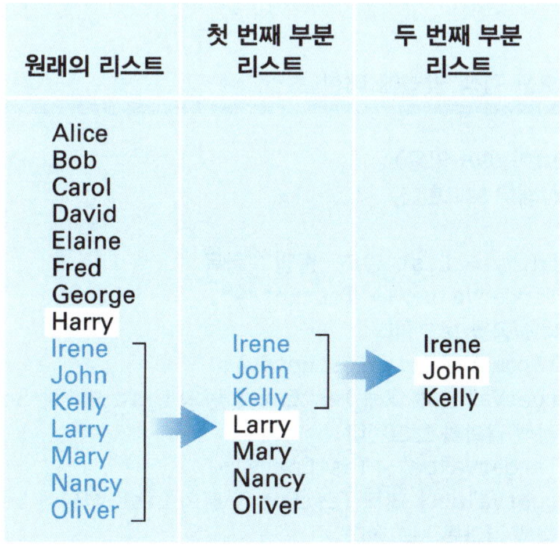

표 값은 Harry보다는 뒤쪽에 나타나야 하므로, 리스트의 아래쪽으로 범위를 좁혀 검색을 계속한다. 아래쪽 부분 리스트에서 중앙 항목은 Larry이다. 목표 값은 Larry보다는 앞에 나타나야 하며, 따라서 검색 범위는 현재 부분 리스트의 전반부가 된다. 두 번째로 얻은 이 부분 리스트의 중앙 항목을 조사해보면 목표 값인 John을 발견하게 되며 검색이 성공하였음을 선언한다. 요약하자면, 이 전략은 목표 값을 찾거나 검색 범위가 비어있는 리스트 구간으로 좁혀질 때까지 문제의 리스트를 작은 구간으로 계속 분할하는 것이다.

끝으로 강조해둘 사항이 하나 있다. 목표 값이 원래의 리스트에 들어 있지 않을 경우, 여기에서 설명하고 있는 방법에서는 리스트를 점차 작은 구간으로 분할하는데, 그 구간이 빈 구간이 될 때까지 이러한 분할이 계속된다. 빈 구간이 나타나면, 검색 알고리즘은 이 검색이 실패임을 깨닫게 된다.

그림 5.13은 이 알고리즘을 위한 의사코드 초안이다. 의사코드는 리스트가 비어있는지 테스트하는 것으로 검색을 시작한다. 처음부터 리스트가 비어있으면 검색은 실패라고 보고하도록 되어있다. 비어있지 않을 경우 리스트의 중앙 항목을 검사한다. 이 항목이 목표 항목이 아닐 경우 리스트의 전반부 또는 후반부에 대해 검색을 계속한다. 어느 경우이든 2차적 검색을 필요로 한다. 이러한 검색의 수행에 추상적 도구를 사용할 수 있다면 좋을 것이다. 여기에서는 이와 같은 2차적 검색을 수행하기 위해 Search라는 이름의 함수를 사용한다. 따라서 프로그램을 완성하기 위해 이와 같은 함수를 제공해야 한다.

그러나 Search 함수는 우리가 이미 작성한 의사코드로 표현되는 바로 그 작업을 수행해야 한다. 이 함수는 먼저 주어진 리스트가 비어있는지 검사해야 하며, 비어있지 않을 경우 그 리스트의 중앙 항목을 검사하는 것으로 시작해야 한다. 따라서 우리가 작성하고 있던 루틴을 Search 함수로 이름 짓고 2차적 검색이 필요한 곳에는 이 함수에 대한 참조를 표현함으로써 필요한 함수를 완성할 수 있다. 이렇게 해서 만들어진 의사코드를 그림 5.14에 보인다.

그림 5.13 | 2진 검색 방법에 대한 초안

```
if (List가 비어 있음):
  검색 실패를 보고한다.
else:
  TestEntry = List 안의 "중앙" 항목
  if (TargetValue == TestEntry):
    검색 성공을 보고한다.
  if (TargetValue < TestEntry):
    TargetValue에 대해 TestEntry 앞의 List 부분에 Search()를 적용하고,
      검색 결과를 보고한다.
  if (TargetValue > TestEntry):
    TargetValue에 대해 TestEntry 뒤의 List 부분에 Search()를 적용하고,
      검색 결과를 보고한다.
```

그림 5.14 | 의사코드로 작성된 2진 검색 알고리즘

```
def Search(List, TargetValue):
  if (List가 비어 있음):
    검색 실패를 보고한다.
  else:
    TestEntry = List 안의 "중앙" 항목
    if (TargetValue == TestEntry):
      검색 성공을 보고한다.
    if (TargetValue < TestEntry):
      Sublist = TestEntry 앞의 List 부분
      Search(Sublist, TargetValue)
    if (TargetValue > TestEntry):
      Sublist = TestEntry 뒤의 List 부분
      Search(Sublist, TargetValue)
```

이 함수는 자기 자신에 대한 참조를 포함하고 있음을 유의하라. 이 함수를 따라가다가

```
Search(...)
```

와 같은 명령에 도달할 경우, 원래의 리스트에 적용하는 것과 동일한 함수를 더 작은 리스트에 적용하게 될 것이다. 그 검색이 성공할 경우, 돌아가서 원래의 검색이 성공한 것으로 선언할 것이며, 그 2차적 검색이 실패할 경우 원래의 검색이 실패한 것으로 선언할 것이다.

그림 5.14의 함수가 작업을 제대로 수행하는지 알아보기 위해 Alice, Bill, Carol, David, Evelyn, Fred, George로 이루어진 리스트에 대해 목표 값 Bill을 검색하는 과정을 따라가 보자. 먼저 중앙 항목인 David를 테스트 항목으로 선택한다. 목표 값 Bill이 테스트 항목보다 작으므로 `Search` 함수를 David 앞쪽의 리스트, 즉, Alice, Bill, Carol로 이루어지는 리스트에 적용하도록 지시 받는다. 이 과정에서 `Search` 함수의 두 번째 복사본이 만들어져 이번의 2차적 검색 작업에 배정된다.

검색과 정렬

순차 검색 및 2진 검색 알고리즘은 검색 과정을 수행하기 위한 수많은 알고리즘 중 단 두 개의 예일 뿐이다. 마찬가지로 삽입 정렬도 수많은 정렬 알고리즘 중 단 하나일 뿐이다. 고전적인 다른 정렬 알고리즘에는 병합 정렬(12장), 선택 정렬(5.4절 연습문제 6번), 버블 정렬(5.4절 연습문제 7번), 퀵 정렬(quick sort, 정렬 과정에 분할-정복 방식 적용), 힙 정렬(heap sort, 리스트 전방으로 이동해야 할 항목들을 찾는 창의적인 방법을 사용함) 등이 포함된다. 이러한 알고리즘들에 대한 설명은 이 장 끝의 참고문헌으로 나열된 책들에서 찾을 수 있을 것이다.

이제 그림 5.15에 요약되어 있는 것처럼 두 개의 Search 함수 복사본이 실행 상태에 있게 된다. 첫 번째 함수에서의 진행은 다음 명령에서 일시적으로 정지된다.

```
Search(Sublist, TargetValue)
```

그 동안에 두 번째 Search 함수 복사본을 Alice, Bill, Carol로 이루어지는 리스트의 검색에 적용한다. 이 2차적 검색이 완료되면, 두 번째 Search 함수 복사본은 버리고, 그 결과를 첫 번째 복사본에 전달하고 첫 번째 복사본에서 진행을 계속한다. 이와 같은 방식을 통해 두 번째 함수 복사본이 첫 번째 복사본에 종속되어 실행되며, 첫 번째 함수가 요청한 작업을 수행하고 사라지게 된다.

2차적 검색에서는 Alice, Bill, Carol로 이루어진 리스트의 중앙 항목인 Bill을 테스트 항목으로 선택한다. 이 항목은 목표 값과 일치하므로, 2차적 검색은 검색의 성공을 보고하며 종료된다.

이 시점에서 Search 함수의 첫 번째 복사본에서 요청한 2차적 검색이 완료된 것이며, 따라서 첫 번째 복사본의 실행을 계속해 나갈 수 있다. 이때 우리는 2차적 검색의 결과가 원래 검색의 결과로 보고되어야 한다는 것을 알고 있으므로, 원래 검색이 성공하였다고 보고한다. 이러한 프로세스는 Bill이 Alice, Bill, Carol, David, Evelyn, Fred, George로 이루어진 리스트에 들어 있음을 올바르게 결정하고 있다.

그림 5.15 | 재귀적 검색

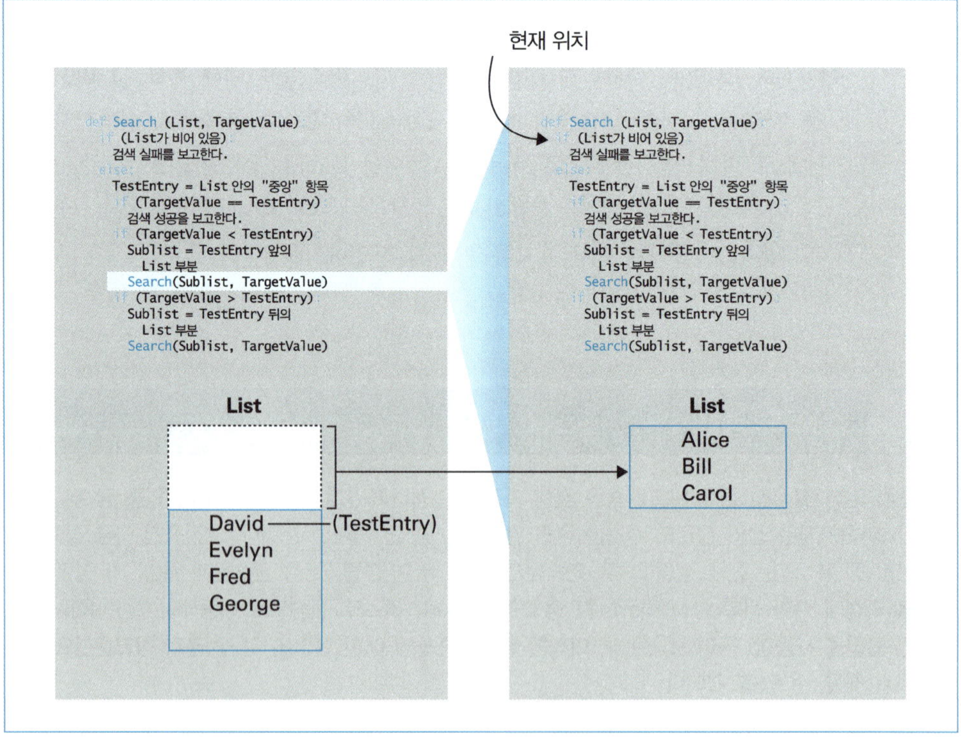

이제 그림 5.14의 함수를 Alice, Carol, Evelyn, Fred, George로 이루어진 리스트에서 David을 검색하는 데 적용할 경우 무슨 일이 일어나는지 살펴보자. 이번에는 Search 함수의 첫 번째 복사본이 테스트 항목으로 Evelyn을 선택하며 목표 값은 리스트의 전반부에 들어 있을 것으로 추정한다. 따라서 Search 함수의 첫 번째 복사본은 Evelyn 앞쪽의 항목들로 이루어지는 리스트, 즉, Alice와 Carol로 이루어진 리스트를 검색하도록 두 번째 복사본에 요청한다. 이 단계에서 상황은 그림 5.16이 나타내는 것과 같다.

Search 함수의 두 번째 복사본은 Carol을 현재의 테스트 항목으로 선택하고 목표 값은 그보다 뒤에 있을 것으로 추정한다. 두 번째 복사본은 세 번째 복사본에 Alice와 Carol로 이루어진 리스트에서 Carol 뒤의 이름들로 이루어지는 리스트를 검색하도록 요청한다. 이 부분 리스트는 비어 있으며, 따라서 Search 함수의 세 번째 복사본은 목표 값 David를 비어 있는 리스트에서 검색하는 일을 수행한다. 이 시점에서의 상황은 그림 5.17에서 나타내고 있다. Search 함수의 첫 번째 복사본이 Alice, Carol, Evelyn, Fred, George로 이루어진 리스트를 검색하는 일을 맡고 있으며, 이때의 테스트 항목은 Evelyn이다. 두 번째 복사본이 Alice와 Carol로 이루어진 리스트를 검색하는 일을 맡고 있으며, 이때의 테스트 항목은 Carol이다. 세 번째 복사본은 비어 있는 리스트에 대해 검색을 시작하려 하고 있다.

그림 5.16 2차적 재귀적 검색 (첫 번째 스냅사진)

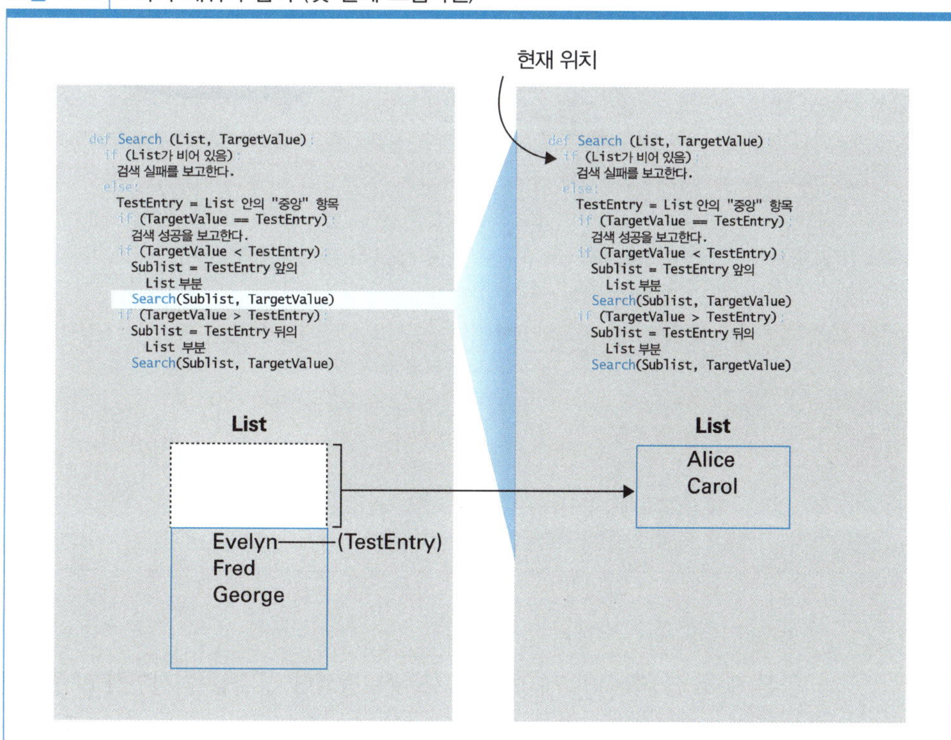

그림 5.17 | 2차적 재귀적 검색 (두 번째 스냅사진)

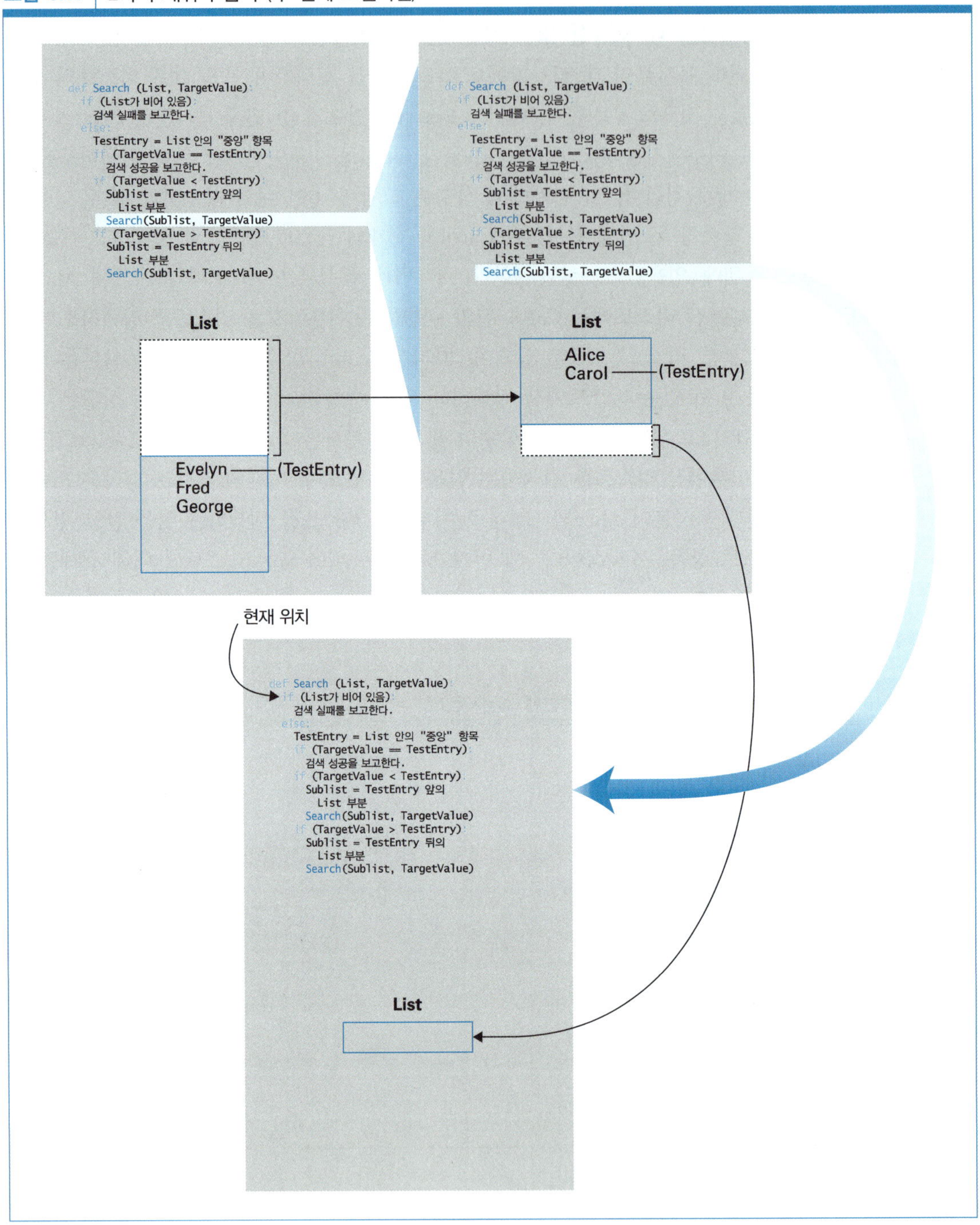

물론 Search 함수의 세 번째 복사본은 검색이 실패임을 선언하고 종료한다. 세 번째 복사본이 종료하면 두 번째 복사본이 작업을 계속할 수 있다. 두 번째 복사본은 자신이 세 번째 복사본에 요청한 검색의 결과가 실패임을 전달 받고 자신의 검색 작업도 실패임을 선언하고 종료한다. 이 보고가 바로 Search 함수의 첫 번째 복사본이 기다리던 것이었으며, 따라서 첫 번째 복사본이 진행할 수 있다. 자신이 요청한 검색이 실패하였으므로 첫 번째 복사본도 자신의 검색 작업이 실패임을 선언하고 종료한다. 우리가 작성한 루틴은 이번 경우에도 David가 Alice, Carol, Evelyn, Fred, George로 이루어진 리스트에 들어 있지 않음을 올바르게 결정하고 있다.

이제 요약을 해보자. 앞의 두 예제를 돌이켜보면, 그림 5.14의 알고리즘에서 사용하는 프로세스는 문제의 리스트를 두 개의 작은 부분들로 분할하기를 반복하는데, 두 부분 중 하나만 검색하면 되도록 분할해 나간다. 이렇게 두 부분으로 분할하는 방식을 사용하므로, 이 알고리즘은 2진 검색(binary search)이라고 불린다.

재귀 제어

2진 검색 알고리즘은 반복적인 과정의 실행을 요청한다는 점에서 순차 검색과 비슷하지만, 이러한 반복의 구현 방식에는 상당한 차이가 있다. 순차 검색에서는 순환 형태의 반복을 사용하는 반면, 2진 검색에서는 각 반복 단계를 이전 단계의 부분 작업으로 실행시킨다. 이러한 기법을 재귀법(recursion)이라고 부른다.

앞에서 살펴보았듯이, 재귀 함수를 실행하면 그 함수의 여러 복사본이 생기고 각 복사본은 그 함수를 수행하는 것처럼 보인다. 이러한 함수의 각 복사본은 호출(activation)이라 불리는데, 여러 개의 원통으로 만들어진 망원경의 원통들처럼 생겨났다가 알고리즘이 진행되면서 사라진다. 이러한 호출된 복사본 중에서 특정 시점에는 한 개의 복사본만이 실제로 진행되며, 나머지 복사본들은 멈추고 있다가 다른 복사본이 끝나기를 기다려 진행된다.

재귀 시스템도 일종의 반복적인 프로세스이며, 따라서 순환적인 구조와 마찬가지로 적절한 제어가 중요하다. 루프 제어에서와 마찬가지로, 재귀 시스템에서도 종료 조건에 대한 테스트와 종료 조건에 도달하도록 보장하는 설계가 중요하다. 사실 적절한 재귀 제어도 루프 제어에서 요구되는 초기화, 변경, 종료 테스트의 세 가지 요소를 포함한다.

일반적으로 재귀 함수는 추가적인 호출 전에 흔히 기본 케이스(base case)라고 불리는 종료 조건을 테스트하도록 설계된다. 종료 조건이 만족되지 않으면, 해당 루틴은 함수를 한 번 더 호출하여 현재의 호출보다 종료 조건에 더 가까운 문제를 해결하는 일을 맡긴다. 종료 조건이 만족될 경우, 추가적인 호출 없이 현재 호출된 복사본을 종료시키는 실행 경로를 취한다.

반복 제어의 초기화와 변경 단계가 그림 5.14의 2진 검색 함수에서는 어떻게 구현되어 있는지 살펴보자. 여기에서는 목표 값을 발견하거나 검색에 빈 리스트가 주어질 경우 추가적인 호출을 멈춘다. 이 프로세스는 초기 리스트와 목표 값으로 초기화된다. 이러한 초

예술에서 나타나는 재귀 구조

네덜란드 화가 몬드리안(Piet Mondrian, 1872-1944)은 직사각형 캔버스를 더 작은 직사각형들로 계속 분할해 나가는 방식의 그림을 그렸는데, 이러한 스타일의 그림을 만들어내기 위해 직사각형 캔버스에 아래와 같은 재귀 함수가 적용될 수 있다. 아래의 그림과 비슷한 그림을 만들기 위해 주어진 함수를 스스로 실행시켜 보기 바란다. 작업 대상인 캔버스를 나타내는 직사각형에 이 함수를 적용시킴으로써 실행을 시작한다. (이 함수가 나타내는 알고리즘이 5.1절의 정의에 부합되는 알고리즘인지 의문을 가질 수 있을 것이다. 실제로 이 알고리즘은 "창의적" 결정을 요구하고 있는 비결정적 알고리즘의 한 예이다. 아마 이런 점이 몬드리안의 작품은 우리 알고리즘들과 달리 예술로 간주되는 이유일 것이다.)

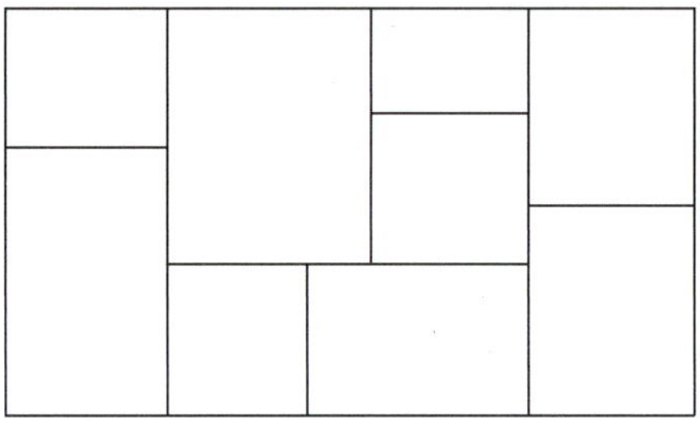

```
def Mondrian (Rectangle):
  if (Rectangle이 당신의 예술적 취향에 비해 너무 큼):
    Rectangle을 두 개의 더 작은 직사각형들로 분할한다.
    작은 직사각형 중 하나에 Mondrian 함수를 적용한다.
    작은 직사각형 중 나머지 하나에 Mondrian 함수를 적용한다.
```

기 구성에서 시작하여 이 함수는 더 작은 리스트에 대한 검색으로 작업을 변경해 나간다. 원래의 리스트는 유한한 개수의 항목들로 이루어지며 각 변경 단계는 리스트의 길이를 줄여주므로, 결국 목표 값을 찾게 되거나 검색 대상 리스트가 비게 될 것이 보장된다. 따라서 이 반복 과정은 종료가 보장된다고 결론지을 수 있다.

루프 제어 구조와 재귀 제어 구조 모두 명령 집합을 반복시키는 방법이므로 이들이 동등한 능력을 가지고 있는지 생각해볼 수 있다. 즉, 루프 구조를 사용하여 설계할 수 있는 알고리즘이 있으면, 재귀법을 사용해서 똑 같은 문제를 해결하는 알고리즘을 설계할 수 있는가? 또 그 역도 성립하는가? 이러한 질문은 컴퓨터과학에서 중요한데, 이는 그 답에 따라 가장 강력한 프로그래밍 시스템을 만들기 위해 어떤 기능들이 제공되어야 하는지 정해질 것이기 때문이다.

컴퓨터과학의 이론적 측면과 수학적 기초를 다루는 12장에서 이 문제를 다시 살펴보기로 한다. 이러한 배경 지식을 갖게 되면, 부록 E에 있는 반복 구조와 재귀 구조의 동등성 증명을 이해할 수 있을 것이다.

연습문제

1. 그림 5.14의 2진 검색을 사용하여 Alice, Brenda, Carol, Duane, Evelyn, Fred, George, Henry, Irene, Joe, Karl, Larry, Mary, Nancy, Oliver로 이루어진 리스트에서 Joe를 검색할 때 검사하는 이름들은?
2. 200개의 항목으로 이루어진 리스트에 2진 검색을 적용할 경우 최대 몇 번의 항목 검사가 필요한가? 100,000개의 항목으로 이루어진 리스트의 경우는?
3. N에 1을 배정하고 다음 재귀 함수를 시작한다면 어떤 숫자들이 출력되겠는가?

```
def Exercise(N):
  print(N)
  if (N < 3):
    Exercise(N + 1)
  print(N)
```

4. 위의 3번에서 재귀 함수의 종료 조건은 무엇인가?

5.6 효율성과 정확성

이 절에서는 컴퓨터과학 내에서 중요한 연구 분야의 주제들을 소개하는데, 바로 알고리즘 효율성과 알고리즘 정확성이다.

알고리즘 효율성

비록 오늘날의 컴퓨터는 매초 수백만에서 수십억 개의 명령을 실행할 수 있지만, 효율성은 여전히 알고리즘 설계에서 중요한 사항이다. 효율적인 알고리즘과 비효율적인 알고리즘 사이의 선택에 따라 종종 어떤 문제에 대해 실용적인 해결방법을 얻게 될 것인지 또는 비현실적인 해결방법을 얻게 될 것인지가 정해진다.

학적부를 검색하고 갱신하는 작업을 수행하는 대학 학적과 업무에 대해 생각해보자. 매 학기 실제 등록 인원은 대략 10,000명 정도이지만, "재학생" 파일에는 30,000명 이상의 학생들에 대한 레코드가 포함되어 있는데, 이것은 지난 수년 동안 한 과목이라도 등록한 적이 있고 졸업하지는 않은 학생들이 재학생으로 간주되기 때문이다. 우선은 학적부가 학적과 컴퓨터에 학번 순으로 정리된 리스트로 저장되어 있다고 가정하자. 특정 학생의 레코드를 찾기 위해 학적과 담당자는 학번으로 이 리스트를 검색하게 될 것이다.

이러한 리스트를 검색하기 위한 알고리즘으로 순차 검색과 2진 검색의 두 가지를 소개한 바 있다. 이제 문제는 이 둘 중 어느 알고리즘을 선택하느냐가 학적과 담당자에게 무슨 차이가 있는가이다. 먼저 순차 검색을 살펴보자.

학번이 주어지면 순차 검색 알고리즘은 리스트 앞에서 시작하여 항목들을 차례로 찾고자 하는 학번과 비교한다. 목표 값이 어디서 나왔는지 모른다면, 이 검색 알고리즘으로 리스트에서 얼마나 가야 할지 미리 알 수 없다. 그렇지만 여러 번 검색하게 되면, 평균적인 검색 깊이는 리스트의 중간까지이며, 어떤 검색은 더 짧게 끝날 것이며 어떤 검색은 더 길어질 것이다. 따라서 오랜 기간에 걸친 순차 검색에서 검색 때마다 대략 15,000개 정도의 레코드를 검사하게 될 것이다. 각 레코드를 읽고 학번을 검사하는 데 10밀리초가 소요된다면, 순차 검색은 평균 150초, 즉, 2.5분이 걸릴 것이며, 이는 학적과 담당자가 학적 레코드 하나가 화면에 나타나기를 기다리기에는 너무 긴 시간이다. 각 레코드를 읽고 검사하는 시간이 1밀리초로 줄어든다고 해도 검색에는 여전히 평균 15초가 필요하며, 이는 여전히 기다리기에는 긴 시간이다.

이와는 대조적으로 2진 검색은 목표 값과 리스트의 중앙 항목을 비교하는 방식으로 진행된다. 이 항목이 찾고자 하는 항목이 아닐 경우, 남은 검색은 최소한 원래 리스트의 절반으로 제한된다. 따라서 30,000개의 학적 레코드의 중앙 항목을 검사한 후에는 2진 검색이 검사해야 할 레코드의 수는 최대 15,000개가 된다. 두 번째 검사 후에는 이 숫자는 7,500개로 줄어들며, 세 번째 검사 후에는 3,750항목을 넘지 않게 된다. 이러한 방식으로 계속하면, 30,000개의 레코드들로 이루어진 리스트에서 최대 15항목을 읽어서 검사한 후에는 목표 레코드를 발견할 것임을 알 수 있다. 따라서 각 레코드를 읽고 검사하는 일이 10밀리초에 수행된다면, 특정 레코드의 검색에 0.15초가 필요하며, 이는 어떤 학적 레코드라도 순식간에 컴퓨터 화면에 나타날 것임을 의미한다. 이제 순차 검색 알고리즘과 2진 검색 알고리즘 사이의 선택이 학적과 업무에서 큰 영향을 미칠 것이라고 결론지을 수 있다.

이 예제는 알고리즘이 요구하는 시간이나 저장 공간과 같은 자원을 따지는 알고리즘 분석이라는 컴퓨터과학 영역의 중요성을 보여주고 있다. 이러한 연구의 주된 응용은 여러 대안 알고리즘의 상대적 장점을 평가하는 것이다.

알고리즘 분석은 종종 최선의 경우, 최악의 경우, 평균적인 경우의 시나리오에 대해 이루어진다. 학적부 예제에서는, 30,000개의 항목으로 이루어진 리스트를 검색하는 데 필요한 시간을 추정하기 위해, 순차 검색 알고리즘에 대한 평균 경우 분석(average-case analysis)과 2진 검색 알고리즘에 대한 최악 경우 분석(worst-case analysis)을 수행하였다. 일반적으로 이러한 분석은 보다 일반적인 상황에 대해 수행된다. 즉, 리스트 검색 알고리즘들을 분석할 때, 특정 길이의 리스트에 대해 분석하는 것이 아니라, 임의의 길이를 갖는 리스트들에 대한 알고리즘의 성능을 나타내는 공식을 찾고자 시도한다. 앞에서 분석한 결과를 임의의 길이의 리스트에 대한 결과로 일반화시키는 것은 어렵지 않다. n개의 항목을 갖는 리스트에 적용될 경우, 순차 검색 알고리즘은 평균 $n/2$개의 항목을 검사하게 될 것이며, 2진 검색 알고리즘은 최악 경우 시나리오에서 최대 $\log_2 n$개의 항목들을 검사하게 될 것이다. ($\log_2 n$ 은 밑이 2인 로그를 나타낸다. 달리 표시되어 있지 않을 경우 컴퓨터과학에서 로그는 대개 밑이 2인 로그를 의미한다.)

그림 5.11의 삽입 정렬 알고리즘을 비슷한 방법으로 분석해보자. 이 알고리즘은 기준 항목을 선택하고 기준 항목을 삽입할 자리를 찾을 때까지 그 앞의 항목들과 비교한 다음, 기준 항목을 그 자리에 삽입한다. 두 항목을 비교하는 활동이 알고리즘의 주요 활동이므로, 길이가 n인 리스트를 정렬할 때 수행되는 비교 횟수를 세면된다.

삽입 정렬 알고리즘은 리스트의 두 번째 항목을 기준 항목으로 선택하는 것으로 시작한다. 그 뒤의 항목들을 차례로 기준 항목으로 선택하는 것으로 진행하는데, 이는 리스트 끝에 도달할 때까지 계속된다. 최선의 경우, 각 기준 항목이 이미 적절한 자리에 있어서 한 개의 항목과만 비교하면 적절한 자리를 찾을 수 있다. 따라서 최선의 경우에 n개의 항목을 갖는 리스트에 삽입 정렬을 적용할 때 $n-1$번의 비교가 필요하다. (두 번째 항목이 한 개의 항목과 비교되며, 세 번째 항목도 한 개의 항목과 비교되며, 이는 모든 항목에 대해 마찬가지다.)

이와는 대조적으로 최악 경우의 시나리오에서는 각 기준 항목에 대해 적절한 자리를 찾기 위해서 그 앞의 모든 항목들과 비교해야 한다. 이러한 시나리오는 원래의 리스트가 역순으로 되어 있을 경우 발생한다. 이 경우 첫 번째 기준 항목(리스트의 두 번째 항목)은 한 개의 항목과 비교되며, 두 번째 기준 항목(리스트의 세 번째 항목)은 두 개의 항목과 비교되며, 이렇게 계속된다(그림 5.18). 따라서 n개의 항목을 갖는 리스트를 정렬할 때 비교 횟수는 $1 + 2 + 3 + \ldots + (n-1)$, 즉, $(1/2)(n^2 - n)$이 된다. 예를 들어, 리스트에 10개의 항목이 포함되어 있을 경우, 삽입 정렬 알고리즘의 최악 경우 시나리오는 45번의 비교를 요할 것이다.

삽입 정렬에서 평균적 경우, 각 기준 항목은 그 앞의 항목들의 절반과 비교될 것으로 예상할 수 있다. 이것은 최악의 경우와 비교하여 절반 정도의 비교 횟수이며, 따라서 n개

그림 5.18 | 최악의 상황에서 삽입 정렬의 적용

의 항목을 갖는 리스트를 정렬하는 데 $(1/4)(n^2 - n)$번 정도의 비교가 필요할 것이다. 예를 들어 길이가 10인 리스트 여러 개를 정렬하기 위해 삽입 정렬을 사용한다면, 매번 정렬 시 평균 비교 횟수는 22.5일 것으로 예상할 수 있다.

이러한 결과가 중요한 것은 삽입 정렬 알고리즘의 실행 동안 이루어지는 비교 횟수가 알고리즘 실행에 필요한 시간에 대한 근사 값이 될 것이기 때문이다. 그림 5.19에서는 이 근사 값을 사용하여 리스트의 길이가 증가할 때 삽입 정렬 알고리즘의 실행에 필요한 시간이 얼마나 증가하는지를 나타내는 그래프를 보인다. 이 그래프는 길이 n인 리스트의 정렬에 최대 $(1/2)(n^2 - n)$번의 리스트 항목 간 비교를 요한다는 결론을 얻은 삽입 정렬 알고리즘에 대한 최악 경우 분석에 기초하고 있다. 그래프 상에서 몇 개의 리스트 길이와 해당 경우에 필요한 시간을 표시하고 있다. 리스트 길이가 일정량씩 늘어날 때마다 리스트 정렬에 필요한 시간은 점점 더 많이 증가하는 것에 유의하라. 따라서 이 알고리즘은 리스트 크기가 증가할수록 점점 효율성이 떨어질 것이다.

비슷한 분석을 2진 검색 알고리즘에 적용해보자. n개의 항목을 갖는 리스트에 이 알고리즘을 사용하여 검색할 경우 최대 $\log_2 n$개의 항목을 검사할 것으로 결론지었으며, 이는 다양한 리스트 크기에 대해 이 알고리즘을 실행하는 데 필요한 시간에 대한 근사 값이 될 것이다. 그림 5.20은 이러한 분석에 기초한 그래프를 보이고 있으며, 이 그래프 상에 일정한 증가폭을 갖는 몇 개의 리스트 길이와 해당 경우에 필요한 시간을 표시하고 있다. 알고리즘 실행에 필요한 시간은 점차 증가폭이 줄어들며 증가하는 것에 유의하라. 따라서

그림 5.19 | 삽입 정렬 알고리즘에 대한 최악 경우 분석 그래프

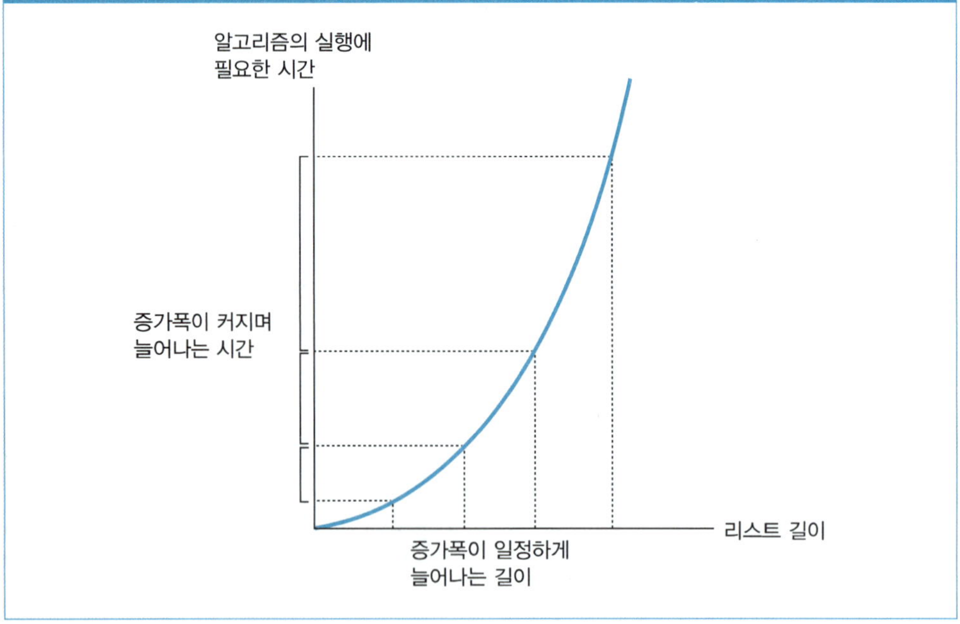

이 알고리즘은 리스트 크기가 증가할수록 점점 효율성이 높아질 것이다.

그림 5.19와 그림 5.20 사이의 차이는 관련 그래프의 대체적 모양이다. 이러한 대체적 모양은 입력의 크기가 증가함에 따라 알고리즘의 성능이 어떻게 변화할지를 보여준다. 더욱이 그래프의 대체적 모양은 수식의 세부사항보다는 수식 유형에 의해 정해진다. 모든 선형 수식은 직선 그래프를 만들 것이며, 모든 이차식은 포물선 그래프를 만들 것이며, 로그 식은 그림 5.20과 같은 로그 곡선 그래프를 만들 것이다. 그래프 모양을 표시하기 위해 그러한 모양을 만드는 가장 단순한 식을 사용하는 것이 일반적이다. 예를 들면, 포물선은 n^2이라는 식으로 표시하며, 로그 모양은 $\log_2 n$이라는 식으로 표시한다.

알고리즘의 작업 수행에 필요한 시간을 입력 데이터 크기와 비교하여 얻은 그래프의 모양은 알고리즘의 효율성이라는 특성을 반영하므로, 이러한 그래프 모양에 따라 알고리즘들을 분류하는 하는 것이 보편적이며, 이 그래프들은 대개 최악 경우 분석에 기초한다. 알고리즘 분류 클래스를 나타내는 데 사용되는 표기법을 흔히 **빅-세타 표기법(big-Θ notation)**이라고 부른다. 삽입 정렬 알고리즘과 같이 포물선 모양의 그래프를 갖는 모든 알고리즘은 $\Theta(n^2)$이 나타내는 클래스에 속한다. 2진 검색과 같이 로그 곡선 모양의 그래프를 갖는 모든 알고리즘은 $\Theta(\log_2 n)$이 나타내는 클래스에 속한다. 특정 알고리즘이 속하는 클래스를 알면, 그 알고리즘의 성능을 예측할 수 있고, 동일한 문제를 해결하는 다른 알고리즘들과 비교할 수 있다. $\Theta(n^2)$에 속하는 두 알고리즘은 입력의 크기가 증가함에 따라 수행 시간에서 비슷한 변화를 나타낼 것이다. 그리고 $\Theta(\log_2 n)$에 속하는 알고리즘의 수행 시간은 $\Theta(n^2)$에 속하는 알고리즘의 수행 시간만큼 빨리 늘어나지 않을 것이다.

그림 5.20 | 2진 검색 알고리즘에 대한 최악 경우 분석 그래프

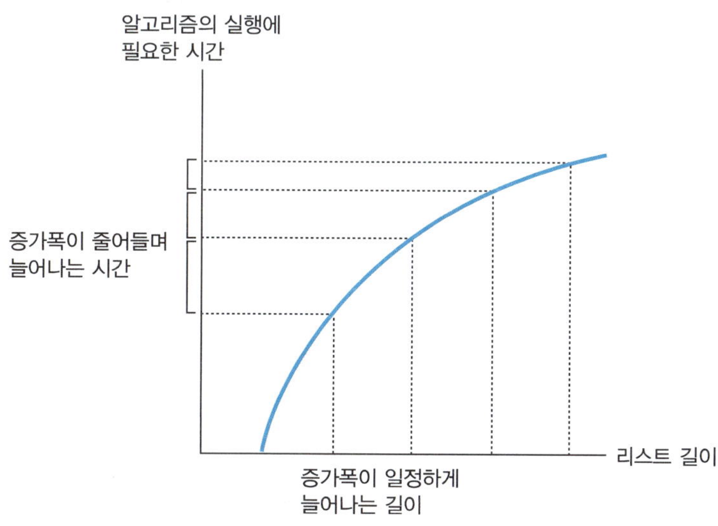

소프트웨어 검증

5.3절의 폴리야의 문제해결 분석에서 4번째 단계가 해결방법이 정확한지 검토하고, 또 이 방법을 다른 문제의 해결을 위한 도구로 사용할 수 있는지 평가하는 것임을 상기하기 바란다. 이 단계의 첫 번째 부분이 중요하다는 것은 다음 예를 통해 알 수 있다.

> 7개의 고리로 된 황금 사슬을 가진 여행자가 외딴 호텔에서 7일 밤을 지내야 한다. 매일 밤 숙박료로 사슬 고리 한 개를 주어야 한다. 숙박료를 미리 내는 일 없이 매일 아침 호텔에 숙박료를 내기 위해 끊어야 할 고리의 최소 개수는 몇 개인가?

이 문제를 풀기 위해 먼저 사슬의 모든 고리를 끊을 필요는 없다는 점을 인식해야 한다. 만일 두 번째 고리를 끊는다면, 처음 두 개의 고리가 나머지 부분으로부터 분리된다. 이 점에 착안하면, 사슬에서 2, 4, 6번 고리를 끊음으로써 3개만 끊어 모든 고리를 분리시키는 답을 찾을 수 있다(그림 5.21). 그리고 이보다 적은 수의 고리를 끊을 경우 연결 상태의 두 개의 고리가 남게 되므로, 이 문제에 대한 정확한 답은 3이라고 결론지을 수 있다.

그러나 문제를 다시 생각해보면, 사슬의 세 번째 고리 하나만 끊을 때 각기 길이가 1, 2, 4인 세 개의 사슬을 얻게 됨을 알 수 있다(그림 5.22). 이 사슬 조각들을 가지고 다음과 같이 진행할 수 있다.

첫 번째 아침: 하나짜리 고리를 호텔에 준다.
두 번째 아침: 하나짜리 고리를 돌려받고 두 개짜리 사슬을 호텔에 준다.
세 번째 아침: 하나짜리 고리를 호텔에 준다.
네 번째 아침: 세 개의 고리를 돌려받고 네 개짜리 사슬을 호텔에 준다.
다섯 번째 아침: 하나짜리 고리를 호텔에 준다.
여섯 번째 아침: 하나짜리 고리를 돌려받고 두 개짜리 사슬을 호텔에 준다.
일곱 번째 아침: 하나짜리 고리를 호텔에 준다.

그림 5.21 세 번 끊어 사슬을 분리하기

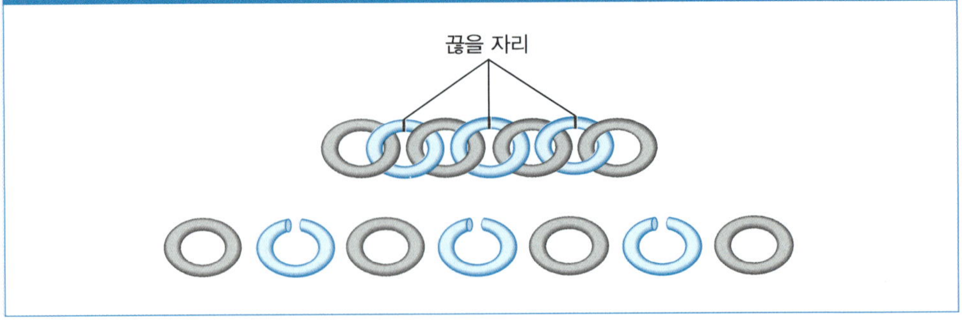

그림 5.22 | 한 번만 끊는 사슬 문제 해법

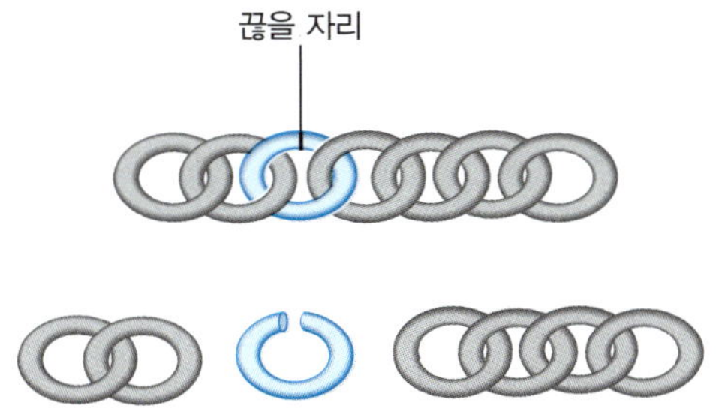

결과적으로 우리가 옳다고 생각했던 첫 번째의 답이 틀린 것이다. 그러면 새로운 답이 옳다는 것은 어떻게 확신할 수 있을까? 첫 번째 아침 호텔에 한 개의 고리를 주어야 하므로 한 번은 고리를 끊어야 하며, 새로운 답에서는 한 번밖에 끊지 않으므로 이 답이 최선의 답임에 틀림없다고 주장할 수 있을 것이다.

프로그램 작성 문제로 바꾸어서 표현하면, 이 예제는 정확한 것으로 간주되는 프로그램과 실제 정확한 프로그램은 구별되어야 한다는 것을 강조하고 있다. 이 둘이 항상 같은 것은 아니다. 전산 계통에서는 정확한 것으로 "알려진" 소프트웨어가 예측할 수 없는 상황으로 인해 중요한 순간에 장애를 일으키는 것과 관련된 끔찍한 이야기가 많다. 따라서 소프트웨어의 검증은 중요한 작업이며, 효율적인 검증 기법을 찾는 것은 컴퓨터과학에서 활발한 연구 분야 중 하나이다.

이 분야에서 주된 연구방향 중 하나는 정형 논리(formal logic) 기법을 프로그램 정확성 증명에 적용하려는 시도이다. 즉, 목표는 프로그램이 표현하는 알고리즘이 의도된 작업을 수행하는지를 증명하기 위해 정형 논리를 적용하는 것이다. 여기에 바탕이 되는 논제는 검증 과정을 정형적 절차로 변환함으로써 황금 사슬 문제에서처럼 직관적 주장에 수반되기 쉬운 부정확한 결론을 피할 수 있다는 것이다. 프로그램 검증을 위한 이 방식에 대해 좀 더 자세히 살펴보자.

엄밀한 수학 증명이 공리들에 기초하고 있듯이(기하 증명들은 흔히 유클리드 기하학 공리들에 기초하며, 어떤 증명들은 집합론의 공리들에 기초함), 프로그램의 정확성에 대한 엄밀한 증명은 프로그램 설계가 따르는 명세에 기초한다. 프로그램이 이름들의 리스트를 정확히 정렬한다는 것을 증명하기 위해 프로그램의 입력이 이름들의 리스트라는 가정으로 시작하거나, 프로그램이 한 개 이상의 양의 정수의 평균을 계산하도록 설계된 경우 입력이 한 개 이상의 양의 정수들로 이루어져 있다고 가정한다. 요약하자면, 정확성 증명은 **사전 조건(precondition)**이라고 불리는 특정 조건이 프로그램 실행이 시작될 때 만족된다는 가정을 하고 시작한다.

정확성 증명의 다음 단계는 이러한 사전조건들로 인한 결과가 프로그램 전체로 어떻게 파급되는지를 고려하는 것이다. 이를 위해 학자들은 다양한 프로그램 구조를 분석해 왔는데, 목적은 해당 구조의 실행 전에 참인 명제가 그 구조의 실행으로 인해 어떻게 영향을 받는지를 결정하기 위한 것이다. 간단한 예를 하나 들어보자. 다음 명령의 실행 전에 Y의 값에 관한 어떤 명제가 성립한다고 하자.

```
X = Y
```

이 경우 위의 명령의 실행 후 동일한 명제가 X에 대해 성립할 것이다. 예를 들자면, 위의 명령을 실행하기 전에 Y의 값이 0이 아니라면, 명령을 실행한 후 X의 값이 0이 아니라고 결론지을 수 있다.

다음과 같은 if-else 구조의 경우 상황은 조금 더 복잡해진다.

```
if (조건):
  명령 A
else:
  명령 B
```

여기에서 위의 구조를 실행하기 전에 어떤 명제가 성립한다면, *명령 A*를 실행해야 할 경우 그 실행 전에는 *조건*과 그 명제 모두 참이다. 만일 *명령 B*를 실행해야 할 경우라면, 그 실행 전에는 *조건*의 부정과 그 명제 모두 참이다.

이와 같은 규칙을 따르는 정확성 증명은 프로그램의 여러 위치에 세워놓을 수 있는 명제(assertion)라는 문장을 찾는 작업이 포함된다. 이를 통해 명제들의 집합을 얻게 되며, 각 명제는 프로그램의 사전 조건들에서 시작하여 그 명제를 세워둔 위치에 이르는 일련의 명령들을 수행한 결과에 부합되어야 한다. 프로그램의 끝 부분에 세운 명제가 원하는 결과 명세(사후 조건(postcondition)이라고 불림)에 부합될 경우, 그 프로그램은 정확하다

소프트웨어의 검증을 넘어서

이 책에서 논의하고 있는 검증 문제는 소프트웨어에만 적용되는 것은 아니다. 프로그램을 실행하는 하드웨어에 결함이 없다는 것을 확인하는 문제도 똑같이 중요한 사항이다. 이것은 컴퓨터의 제작뿐만 아니라 회로 설계에 대한 검증도 포함한다. 이 경우에도 소프트웨어의 검증과 마찬가지로 근본적인 검증보다는 테스트에 많이 의존하며, 따라서 미세한 오류가 최종 제품에 포함되어 있을 수 있다. 기록에 따르면, 1940년대에 하버드대학에서 제작된 Mark I의 경우 수년 동안 발견되지 않은 배선상의 오류가 있었다. 1990년대에는 초창기 펜티엄 프로세서의 부동소수점 관련 부분에 포함된 결함이 발견된 바 있는데, 이 결함은 특정 숫자들에 대한 나눗셈에서 틀린 결과를 계산하였다. 두 경우 모두 심각한 결과가 발생하기 전에 오류가 발견되었다.

모델 검증기법(model checking)과 같은 최근의 수학적 기법은 하드웨어나 특정 유형의 소프트웨어에 대한 검증을 위한 유망한 방향을 제시하고 있지만, 검증 능력이나 표현성에 있어 한계가 있다.

고 결론지을 수 있다.

그림 5.23에서 나타내고 있는 while 루프 구조를 예로 삼아 살펴보기로 하자. A 지점에 주어져 있는 사전 조건에 의해 반복 과정 동안 종료 조건에 대한 테스트가 B 지점에서 수행될 때마다 항상 참이 되는 명제를 정할 수 있다. 루프 안의 한 지점에 도달할 때마다 항상 참이 되는 명제를 **루프 불변 명제(loop invariant)**라고 한다. 반복이 종료될 경우, 실행 위치는 C 지점으로 이동하며, 이때 루프 불변 명제와 종료 조건 모두 성립한다고 결론지을 수 있다. (루프 불변 명제가 여전히 성립하는 이유는 종료 조건에 대한 테스트가 프로그램상의 어떤 값도 변경하지 않기 때문이며, 종료 조건이 성립하지 않았다면 루프가 종료되지 않았을 것이기 때문에 종료 조건이 성립하게 되는 것은 당연하다.) 루프 불변 명제와 종료 조건을 결합하여 원하는 사후 조건을 얻을 수 있을 경우, 루프의 초기화 요소와 변경 요소가 종료 조건으로 이끌어간다는 것만 보이면 정확성 증명은 완성된다.

이러한 분석을 그림 5.11에서 보이고 있는 삽입 정렬에 적용해보자. 삽입 정렬 프로그램의 바깥쪽 루프에 대해 다음과 같은 루프 불변 명제를 세울 수 있다.

> 종료 조건 테스트를 수행할 때마다, 리스트 위치 1에서 위치 $N-1$까지의 모든 항목들이 정렬 상태에 있다.

그림 5.23 | 전형적인 while 구조에 연계된 명제들

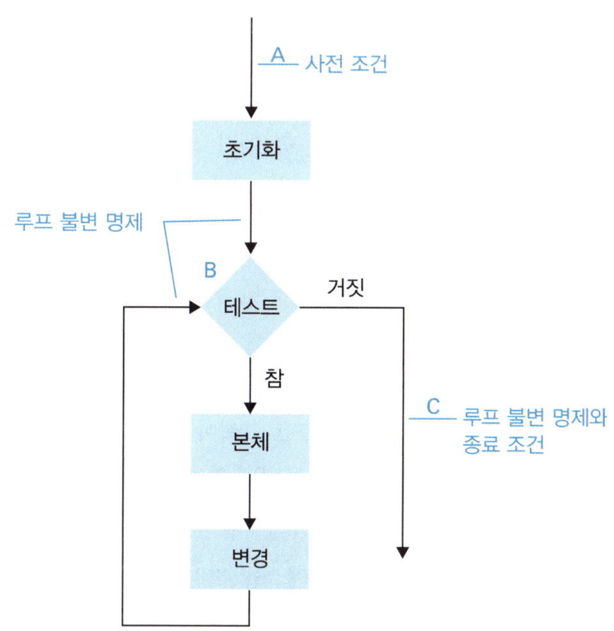

그리고 종료 조건은 다음과 같다.

N의 값이 리스트 길이보다 크다.

따라서 루프가 종료한다면, 위의 두 가지 조건 모두가 충족되었음을 알 수 있으며, 이는 전체 리스트가 정렬되어 있을 것임을 의미한다.

프로그램 증명 기법 개발은 여전히 진전을 이루기가 쉽지 않지만, 이 분야에서도 진전은 이루어지고 있다. 중요한 진전 중의 하나는 프로그래밍 언어 SPARK에서 찾아볼 수 있는데, 이 언어는 더 많이 알려져 있는 Ada라는 언어와 밀접하게 연관되어 있다. (Ada는 다음 장에서 프로그램 예제들을 들 때 사용할 언어 중 하나이다.) SPARK는 의사코드와 같은 고급 수준의 프로그램 표현을 허용하면서도, 프로그래머가 프로그램 안에 사전 조건, 사후 조건, 루프 불변 명제 등의 명제를 포함시킬 수단을 제공한다. 따라서 SPARK로 작성된 프로그램은 적용될 알고리즘 외에도 엄밀한 정확성 증명 기법의 적용에 필요한 정보도 포함한다. 현재까지 SPARK는 미국 국가보안국을 위한 보안 소프트웨어, 록히드마틴사의 C130J 헤라클래스 항공기에서 사용되는 제어 소프트웨어, 철도수송제어시스템 등의 고위험도 응용 프로그램을 위한 수많은 소프트웨어 개발 프로젝트에 성공적으로 사용되어 왔다.

SPARK 등의 성공에도 불구하고 엄밀한 증명 기법은 아직 널리 사용되지는 않고 있으며, 오늘날 대부분의 경우 소프트웨어의 "검증"은 테스트를 통해 이루어지는데, 이는 확실한 검증은 아니다. 결국 테스트를 통한 검증이란 테스트가 적용된 경우들에 대해서만 정확히 수행된다는 것을 증명해 보일 뿐이다. 그 이상 확대 해석하는 것은 단지 추정일 뿐이다. 프로그램에 들어 있는 오류들은 개발 과정이나 테스트 과정에서 쉽게 지나칠 수 있는 미세한 사항을 놓친 데서 비롯되는 경우가 많다. 따라서 황금 사슬 문제에서의 오류와 마찬가지로, 프로그램상의 오류들도 이를 피하기 위한 상당한 노력을 기울이더라도 모르고 지나칠 경우가 많다. 극적인 한 예가 2003년 미국과 캐나다에서 발생하였다. 발전소 감시 소프트웨어상의 경쟁 조건(3장 참고)으로 인해 미국의 8개 주와 온타리오 지역에서 5천만 명 이상의 사람들에게 장시간의 정전이 발생하였다.

연습문제

1. 어떤 컴퓨터에서 삽입 정렬 프로그램이 100개의 이름을 갖는 리스트를 정렬하는 데 평균 1초 정도 걸린다고 하자. 1000개의 이름을 갖는 리스트를 정렬하기 위해서는 얼마나 걸릴 것으로 추정하는가? 10,000개의 이름을 갖는 리스트의 경우는?

2. $\Theta(\log_2 n)$, $\Theta(n)$, $\Theta(n^2)$ 클래스들 각각에 속하는 알고리즘의 예를 들어라.

3. $\Theta(n^2)$, $\Theta(\log_2 n)$, $\Theta(n)$, $\Theta(n^3)$ 클래스들을 효율성이 높은 것부터 차례로 나열하라.

4. 다음 문제와 제안된 답에 대해 생각해보라. 제안된 답은 정확한가? 그 이유를 설명하라.

문제 : 하나의 상자 안에 세 장의 카드가 들어 있다고 하자. 그 중 한 장의 카드는 양면이 검정색으로 칠해져 있으며, 한 장은 양면이 빨강색으로 칠해져 있고, 남은 한 장은 한 면은 빨강색으로 한 면은 검정색으로 칠해져 있다. 상자에서 카드 한 장을 꺼내어 한 면만 볼 수 있다고 하자. 꺼낸 카드의 다른 면이 살펴본 면과 동일한 색일 확률은 얼마인가?

제안된 답 : 1/2. 꺼낸 카드에서 볼 수 있었던 면이 빨강색이었다고 하자. (문제의 대칭성으로 해서 검정색의 경우도 동일한 논리를 적용할 수 있을 것이다.) 세 장의 카드 중 두 장만이 빨강색 면을 갖는다. 따라서 꺼낸 카드는 빨강색 면을 갖는 두 장 중 하나일 것이다. 그 두 장의 카드 중 한 장은 다른 면이 빨강색이며, 나머지 한 장은 다른 면이 검정색이다. 따라서 다른 면에 빨강색이 나타날 확률은 검정색이 나타날 확률과 같다.

5. 다음 프로그램은 두 개의 양의 정수 사이의 나눗셈에서 나머지는 버리고 몫을 계산하기 위한 것이다. 이 프로그램에서 사용하는 계산 방법은 남은 값이 제수보다 작아질 때까지 피제수에서 제수를 몇 번이나 뺄 수 있는지를 세는 방법으로 몫을 계산한다. 예를 들면, 7/3은 2가 되는데, 이는 7에서 3을 두 번 뺄 수 있기 때문이다. 이 프로그램은 정확한가? 그 이유를 설명하라.

```
Count = 0
Remainder = Dividend
repeat:
  Remainder = Remainder - Divisor
  Count = Count + 1
  until (Remainder < Divisor)
Quotient = Count
```

6. 다음 프로그램은 음이 아닌 두 개의 정수의 곱을 계산하기 위한 것인데, Y개의 X를 더하는 방법을 사용한다. 예를 들면, 3 곱하기 4는 4를 세 번 더하여 계산한다. 이 프로그램은 정확한가? 그 이유를 설명하라.

```
Product = Y
Count = 1
while (Count < X):
  Product = Product + Y
  Count = Count + 1
```

7. N에 관련된 사전 조건은 양의 정수라는 가정 하에서, 다음 프로그램이 종료될 경우 Sum의 값은 $0 + 1 + \ldots + N$이 된다는 결론에 이를 수 있는 루프 불변 명제를 구하라.

```
Sum = 0
K = 0
```

```
while (K < N):
  K = K + 1
  Sum = Sum + K
```

위의 프로그램이 실제로 종료된다는 점을 설명하라.

8. 어떤 프로그램과 프로그램을 실행하는 하드웨어 모두에 대해 정확성을 엄밀하게 검증하였다고 하자. 이는 전체 시스템의 정확성을 보장할 수 있는가?

단원 복습 문제

(* 표시된 것은 고급 내용을 다루는 절에 관련된 문제이다.)

1. 5.1절의 첫 번째 문단에서 주어진 알고리즘의 비정형적 정의에는 부합되지만 그림 5.1의 정형적 정의에는 부합되지 않는 일련의 단계의 예를 들어라.

2. 알고리즘에서의 모호성과 알고리즘 표현에서의 모호성을 구별하여 설명하라.

3. 프리미티브를 사용하는 것이 알고리즘 표현에서의 모호성을 제거하는 데 어떻게 도움이 되는지 설명하라.

4. 자신이 익숙한 분야를 선택하고 해당 분야에서 어떤 활동을 하기 위한 지침을 나타내는 의사코드를 설계하라. 특히, 의사코드 표현에 이용할 수 있는 프리미티브나 구문을 기술하라. (분야를 정하는 것이 어렵다면 스포츠, 미술, 공예 등을 고려해보라. 수영 연습은 어떨까?)

5. 아래의 프로그램은 엄밀한 의미에서 알고리즘이라고 할 수 있는가? 그 이유를 설명하라.

```
Count = 0
while (Count != 5):
  Count = Count + 2
```

6. 아래의 세 단계가 알고리즘을 구성하지 못하는 이유는?
단계 1: 좌표가 (2,5)인 점과 (6,11)인 점을 연결하는 선분을 그려라.
단계 2: 좌표가 (1,3)인 점과 (3,6)인 점을 연결하는 선분을 그려라.
단계 3: 위의 두 선분이 만나는 점에 중심을 두고 반지름이 2인 원을 그려라.

7. 아래 프로그램을 while 구조 대신 repeat 구조를 사용하여 다시 작성하라. 새로 작성된 프로그램이 원래 프로그램과 동일한 값들을 출력할 수 있어야 한다.

```
Count = 2
while (Count < 7):
  print(Count)
  Count = Count + 1
```

8. 아래 프로그램을 repeat 구조 대신 while 구조를 사용하여 다시 작성하라. 새로 작성된 프로그램이 원래 프로그램과 동일한 값들을 출력할 수 있어야 한다.

```
Count = 1
repeat:
  print(Count)
  Count = Count + 1
  until (Count == 5)
```

9.
```
repeat:
  (. . . )
  until (. . . )
```

와 같은 형태의 사후 테스트 루프를

```
do:
  (. . . )
  while (. . . )
```

와 같은 형태의 내용상 동등한 사후 테스트 루프로 변환하려면 어떤 작업을 해야 하는가?

10. 0, 1, 2, 3, 4, 5, 6, 7, 8, 9 등의 숫자들을 배열하면 10자리 수를 만들 수 있다. 이러한 배열이 주어지면, 숫자들의 배열을 바꾸어 만들어지는 10자리 수 중 그 다음으로 큰 수를 구하는 알고리즘을 작성하라. 만일 더 큰 수를 만들 수 없다면, 그 사실을 보고하면 된다. 예를 들어, 5647382901이 주어지면 알고리즘이 구한 결과는 5647382910이 될 것이다.

11. 주어진 양의 정수의 모든 약수들을 구하는 알고리즘을 설계하라. 예를 들면, 12가 주어질 경우, 알고리즘이 출력하는 값들은 1, 2, 3, 4, 6, 12가 될 것이다.

12. 1700년 1월 1일 이후의 임의의 날짜가 주어지면 요일을 계산하는 알고리즘을 설계하라. 예를 들면, 2001년 8월 17일은 금요일이다.

13. 정형적 프로그래밍 언어와 의사코드의 차이는 무엇인가?

14. 구문과 의미의 차이는 무엇인가?

15. 아래에 10진법 덧셈 문제가 주어져 있다. 각 문자는 서로 다른 숫자를 나타낸다. 각 문자가 나타내는 숫자를 구하라. 문제해결의 발판을 어떻게 마련했는지 설명하라.

```
   XYZ
+  YWY
  ZYZW
```

16. 아래에 10진법 곱셈 문제가 주어져 있다. 각 문자는 서로 다른 숫자를 나타낸다. 각 문자가 나타내는 숫자를 구하라. 문제해결의 발판을 어떻게 마련했는지 설명하라.

```
    XY
×   YX
    XY
   YZ
   WVY
```

17. 아래에 2진법 덧셈 문제가 주어져 있다. 각 문자는 서로 다른 2진 자릿수를 나타낸다. 어느 문자가 1을 나타내며, 어느 문자가 0을 나타내는가? 이러한 문제를 해결하기 위한 알고리즘을 설계하라.

```
   YXX
+  XYX
  XYYY
```

18. 하나의 랜턴을 가진 네 명의 광산 답사자가 갱도를 통과해야 한다. 갱도 안에는 최대 두 사람이 함께 다닐 수 있으며, 갱도를 지날 때는 랜턴이 있어야 한다. 답사자들의 이름은 Andrews, Blake, Johnson, Kelly인데 이들이 갱도를 통과하는 데 각기 1분, 2분, 4분, 8분이 걸린다. 두 사람이 함께 걸을 때는 느린 사람에 속도에 맞추어 걸어야 한다. 15분 만에 네 명이 모두 갱도를 통과할 수 있는 방법을 찾아라. 이 문제를 해결하고, 문제해결의 발판을 어떻게 마련했는지 설명하라.

19. 큰 포도주잔 하나와 작은 포도주잔 하나가 주어져 있다. 먼저 작은 잔에 포도주를 가득 따른 다음, 작은 잔의 포도주를 전부 큰 잔에 옮긴다. 그 다음에 작은 잔을 물로 채운 다음, 작은 잔의 물의 일부를 큰 잔으로 옮긴다. 큰 잔의 내용물을 섞은 다음, 그 혼합물을 작은 잔이 가득 찰 때까지 다시 따른다. 이제 큰 잔에 들어 있는 물과 작은 잔에 들어 있는 포도주 중 어느 쪽의 양이 더 많을까? 이 문제를 해결하고, 문제해결의 발판을 어떻게 마련했는지 설명하라.

20. 서로 다른 벌통에 살고 있는 로미오와 줄리엣이라는 두 마리의 꿀벌이 만나서 사랑에 빠지게 되었다. 바람 한 점 없는 어느 봄날 아침에 이들은 서로를 찾아가기 위해 동시에 자신의 벌통을 나서 상대방의 벌통을 향해 떠났다. 이들은 두 벌통 중 가까운 곳에서 50미터 떨어진 지점에서 만났지만 서로를 보지 못한 채 지나쳐갔다. 각자 상대방의 벌통에서 똑같은 시간을 보낸 후 상대방이 집에 있지 않음을 깨닫고 각자 자신의 벌통으로 돌아오기 시작했다. 각자 자신의 집으로 돌아가던 이들은 두 벌통 중 가까운 곳에서 20 미터 떨어진 지점에서 만나게 되었다. 이번에는 서

로 알아보고 헤어지기 전에 점심을 함께 먹었다. 이들이 사는 벌통들은 서로 얼마나 떨어져 있는가? 이 문제를 해결하고, 문제해결의 발판을 어떻게 마련했는지 설명하라.

21. 두 개의 문자열이 주어지면, 첫 번째 문자열이 두 번째 문자열 안의 어디엔가 포함되어 있는 부분 문자열인지를 테스트하는 알고리즘을 설계하라.

22. 아래의 알고리즘은 피보나치수열의 시작 부분을 인쇄하도록 설계되어 있다. 알고리즘에서 루프의 본체 부분, 루프 제어의 초기화 단계, 변경 단계, 테스트 단계 등을 찾아라. 어떤 숫자들이 인쇄되는가?

```
Last = 0
Current = 1
while (Current < 100):
  print(Current)
  Temp = Last
  Last = Current
  Current = Last + Temp
```

23. 입력 매개변수 값으로 0과 1이 주어질 때, 다음 알고리즘은 어떤 숫자들을 인쇄하는가?

```
def MysteryWrite(Last, Current):
  if (Current < 100):
    print(Current)
    Temp = Current + Last
    MysteryWrite(Current, Temp)
```

24. 앞의 MysteryWrite 함수가 값들을 역으로 인쇄하도록 수정하라.

25. J를 찾기 위해 A, B, C, D, E, F, G, H, I, J, K, L, M, N, O 등으로 이루어지는 리스트에 그림 5.14의 2진 검색을 적용할 경우, 어떤 문자들을 검사하게 되는가? Z를 검색할 경우는?

26. 6,000개의 항목을 갖는 리스트에 여러 번 순차 검색을 수행해본 후, 목표 값을 리스트 항목과 비교하는 평균 횟수를 얼마로 예상하겠는가? 2진 검색 알고리즘을 사용할 경우는?

27. 아래의 각 반복문에서 종료 조건을 찾아라.

a. `while (Count < 5):`
```
   . . .
```
b. `repeat:`
```
   . . .
   until (Count == 1)
```
c. `while ((Count<5)and(Total<56)):`
```
   . . .
```

28. 아래 루프 구조에서 본체 부분을 식별하고, 본체 부분이 몇 번 실행될지 세어라. 종료 조건이 while (Count != 6)으로 변경될 경우는 어떻게 되는가?

```
Count = 1
while (Count != 7):
  print(Count)
  Count = Count + 3
```

29. 아래의 프로그램을 컴퓨터에서 실행할 경우 어떤 문제가 발생하리라고 예상하는가? (힌트: 부동소수점 연산과 관련된 절삭 오차 문제를 기억하라.)

```
Count = one_tenth
repeat:
  print(Count)
  Count = Count + one_tenth
  until (Count == 1)
```

30. (5.2절 연습문제 3의) 유클리드의 호제법 알고리즘을 재귀 버전으로 설계하라.

31. 입력 값 1에 대해 아래의 Test1 함수와 Test2 함수를 호출한다고 하자. 두 함수에서 인쇄된 출력의 차이는?

```
def Test1(Count):
  if (Count != 5):
    print(Count)
    Test1(Count + 1)
def Test2(Count):
  if (Count != 5):
    Test2(Count + 1)
    print(Count)
```

32. 바로 앞 문제의 루틴들에서 제어 메커니즘의 주요 구성요소들을 식별하라. 특히, 프로세스를 종료하게 하는 조건은 무엇인가? 프로세스의 상태를 종료 조건에 다가가도록 변화시키는 곳은 어

디인가? 제어 상태의 초기화는 어디에서 이루어지는가?

33. 다음 재귀 함수에서 종료 조건을 식별하라.

```
def XXX(N):
  if (N == 5):
    XXX(N + 1)
```

34. 값 3에 대해 아래에 정의된 MysteryPrint 함수를 호출하여 인쇄되는 값들을 기록하라.

```
def MysteryPrint (N):
  if (N > 0):
    print(N)
    MysteryPrint(N - 2)
  print(N + 1)
```

35. 값 2에 대해 아래에 정의된 MysteryPrint 함수를 호출하여 인쇄되는 값들을 기록하라.

```
def MysteryPrint(N):
  if (N > 0):
    print(N)
    MysteryPrint(N - 2)
  else:
    print(N)
    if (N > -1):
      MysteryPrint(N + 1)
```

36. 소인수가 2와 3뿐인 양의 정수들을 크기가 증가하는 순으로 생성하는 알고리즘을 설계하라. 즉, 프로그램은 2, 3, 4, 6, 8, 9, 12, 16, 18, 24, 27, ... 등의 숫자를 출력해야 한다. 이 프로그램은 엄격한 의미에서 알고리즘이라고 볼 수 있는가?

37. Alice, Byron, Carol, Duane, Elaine, Floyd, Gene, Henry, Iris 등을 포함하는 리스트에 대해 아래 각 물음에 답하라.

a. 순차 검색 알고리즘과 2진 검색 알고리즘 중 어느 것이 Gene이라는 이름을 더 빨리 찾겠는가?

b. 순차 검색 알고리즘과 2진 검색 알고리즘 중 어느 것이 Alice라는 이름을 더 빨리 찾겠는가?

c. 순차 검색 알고리즘과 2진 검색 알고리즘 중 어느 것이 Bruce라는 이름이 없다는 것을 더 빨리 판단하겠는가?

d. 순차 검색 알고리즘과 2진 검색 알고리즘 중 어느 것이 Sue라는 이름이 없다는 것을 더 빨리 판단하겠는가?

e. 순차 검색을 사용할 경우 Elaine이라는 이름을 검색할 때 몇 개의 항목을 검사하겠는가? 2진 검색의 경우는?

38. 0의 계승은 1이라고 정의된다. 양의 정수의 계승은 그 정수와 그보다 하나 작은 수의 계승의 곱으로 정의된다. 정수 n의 계승을 표현하기 위해 n!이라는 기호를 사용한다. 따라서 3!이라고 표시되는 3의 계승은 $3 \times (2!) = 3 \times (2 \times (1!)) = 3 \times (2 \times (1 \times (0!))) = 3 \times (2 \times (1 \times (1))) = 6$이다. 주어진 값의 계승을 계산하는 재귀 알고리즘을 설계하라.

39. a. 5개의 이름을 갖는 리스트를 정렬해야 하는데, 이미 4개의 이름을 갖는 리스트를 정렬하는 알고리즘을 설계해두었다고 하자. 이미 설계되어 있는 알고리즘을 이용하여 5개의 이름을 갖는 리스트를 정렬하는 알고리즘을 설계하라.

b. (a)에서 사용된 기법에 기초하여, 임의의 이름 리스트를 정렬하는 재귀 알고리즘을 설계하라.

40. 하노이탑이라는 수수께끼 문제에서는 3개의 말뚝이 나타나는데, 이 중 한 말뚝에는 여러 개의 크기가 다른 고리가 놓여있으며 위쪽에 있는 고리일수록 지름의 크기가 작다. 문제에서 요구하는 것은 고리들을 전부 다른 말뚝 쪽으로 옮기는 것이다. 고리는 한 번에 하나씩만 옮길 수 있으며, 어떤 경우에도 작은 고리위에 큰 고리를 올려놓을 수는 없다. 이 수수께끼에서 고리가 한 개뿐일 경우는 아주 해결하기 쉽다. 그리고 여러 개의 고리를 옮기는 경우, 가장 큰 고리를 제외한 나머지 고리들을 다른 말뚝 하나에 옮겨놓을 수 있다면, 가장 큰 고리를 제3의 말뚝에 옮길 수 있을 것이며, 이제 남은 문제는 다른 고리들을 가장 큰 고리 위로 옮기는 일일 것이다. 이러한 사실을 이용하여 임의 개수의 고리에 대해 하노이탑 수수께끼를 해결하기 위한 재귀 알고리즘을 설계하라.

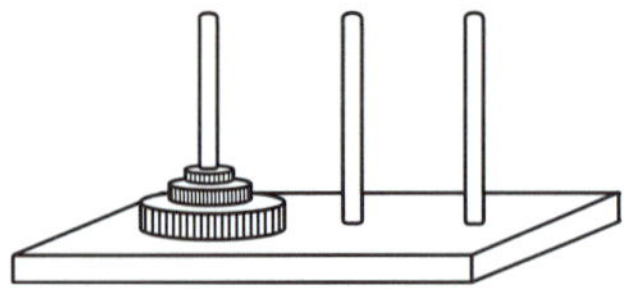

41. 문제 40의 하노이탑 수수께끼를 해결하기 위한 또 다른 방법은 원형판 위에서 4시, 8시, 12시를 나타내는 각 위치에 말뚝이 있다고 생각하는 것이다. 이 중 한 말뚝에 놓여있는 고리들에 작은 것부터 1, 2, 3 등등으로 번호를 매겨둔다. 홀수 번호의 고리는 말뚝 가장 위에 나타날 때 시계방향으로만 이동할 수 있으며, 짝수 번호의 고리는 말뚝 가장 위에 나타날 때 시계반대방향으로만 이동할 수 있다. (물론 이러한 이동으로 인해 이동되는 고리가 더 작은 고리 위에 놓여서는 안 된다.) 이러한 제약 하에서 항상 이동 가능한 가장 큰 번호의 고리를 이동한다. 이 사실을 이용하여 하노이탑 수수께끼를 해결할 수 있는 비재귀 알고리즘을 만들어라.

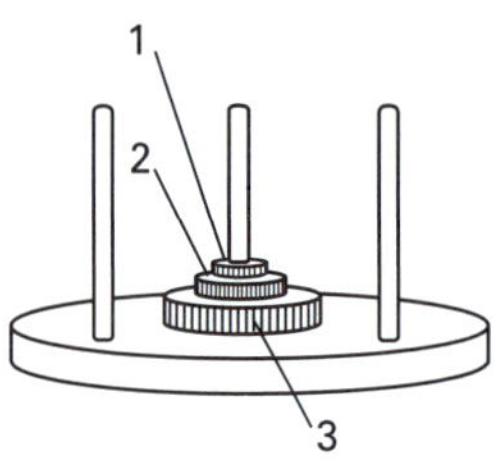

42. 매일 전날 급료의 두 배를 받는 일꾼이 있다고 하자. 첫날 1원을 받는 것으로 시작하여 100일 동안 이 일꾼의 매일 급료를 인쇄하는 두 개의 알고리즘을 개발하되, 하나는 루프 구조를 사용하고 다른 하나는 재귀 구조를 사용하라. 실제 컴퓨터에서 이 알고리즘들을 구현할 경우 숫자의 저장과 관련하여 발생할 수 있는 문제에는 무엇이 있을까?

43. 주어진 양수의 제곱근을 구하는 알고리즘을 설계하되, 추측을 반복하는 방법을 사용하라. 주어진 수 자체를 첫 번째 추측으로 사용하며, 이후 원래의 값을 이전의 추측 값으로 나눈 값과 이전의 추측 값의 평균을 새로운 추측 값으로 사용하기를 반복한다. 이 반복 프로세스의 제어를 분석하라. 특히 어떤 조건을 반복 종료 조건으로 사용하겠는가?

44. 5개의 서로 다른 문자로 이루어진 문자열의 문자들을 재배열하여 얻을 수 있는 모든 문자열들을 나열하는 알고리즘을 설계하라.

45. 이름들로 이루어진 리스트에서 가장 긴 이름을 찾는 알고리즘을 설계하라. `for` 루프 구조를 사용하라. "가장 긴" 이름이 여러 개 있을 경우 그 알고리즘은 어떻게 처리하는가? 특히 이름 전부의 길이가 같을 경우는 어떻게 처리하는가?

46. 다섯 개 이상의 숫자로 이루어진 리스트가 주어지면, 전체 리스트를 정렬하지 않으면서 리스트 안의 가장 작은 숫자 5개와 가장 큰 숫자 5개를 찾는 알고리즘을 설계하라.

47. Brenda, Doris, Raymond, Steve, Timothy, William 등의 이름을 그림 5.11의 삽입 정렬 알고리즘으로 정렬할 때 비교 횟수를 최소화할 수 있는 순서로 배열하라.

48. 그림 5.14의 2진 검색 알고리즘을 4,000개의 이름을 갖는 리스트에 적용할 경우, 검사해야 할 항목의 최대 개수는? 그림 5.6의 순차 검색을 적용할 경우와 비교한다면?

49. 빅-세타 표기법을 사용하여 초등학교에서 사용하는 덧셈 알고리즘과 곱셈 알고리즘을 분류하라. 즉, n 자리 숫자 두 개를 더할 경우, 몇 번의 한 자릿수 덧셈이 수행되어야 하는가? 또 n 자리 숫자 두 개를 곱할 경우, 몇 번의 한 자릿수 곱셈이 수행되어야 하는가?

50. 때로 문제가 약간 달라져서 답의 모양이 크게 달라질 수 있다. 한 그룹의 사람들을 두 개의 (임의의 크기의) 소그룹으로 나누되, 두 소그룹 안의 구성원들의 나이의 합의 차가 최대가 되도록 나누는 문제가 있다. 이 문제를 해결하는 간단한 알고리즘을 구하고, 빅-세타 표기법을 사용하여 그 알고리즘을 분류하라. 이제 앞의 문제를 차가 최소화되는 문제로 바꾼 다음, 수정된 문제를 위한 알고리즘을 구하고, 그 알고리즘을 분류하라.

51. 아래의 리스트에서 합이 3,165가 되는 숫자들의 집합을 추출하라. 이 문제를 풀기 위해 사용된 방법의 효율성은 어느 정도인가?
26, 39, 104, 195, 403, 504, 793, 995, 1156, 1677

52. 아래 루틴의 루프는 종료되는가? 그 이유를 설명하라. 실제 컴퓨터에서 이 루틴을 실행하면 무슨 일이 일어날지 설명하라(1.7절 참고).

```
X = 1
Y = 1 / 2
while (X != 0):
  X = X - Y
  Y = Y / 2
```

53. 아래의 프로그램은 음이 아닌 두 정수 X와 Y의 곱을 계산하기 위해 X개의 Y를 더하는 방법을 사용하도록 설계되었다. 즉, 3 곱하기 4는 세 개의 4를 합하여 계산된다. 이 프로그램은 정확한가? 그 이유를 설명하라.

```
Product = 0
Count = 0
repeat:
  Product = Product + Y
  Count = Count + 1
  until (Count == X)
```

54. 아래의 프로그램은 양의 정수 X와 Y 중 어느 것이 큰지 알려주도록 설계되었다. 이 프로그램은 정확한가? 그 이유를 설명하라.

```
Difference = X - Y
if (Difference > 0):
  print('X is bigger than Y')
else:
  print('Y is bigger than X')
```

55. 아래의 프로그램은 비어있지 않은 정수 리스트에서 가장 큰 항목을 찾도록 설계되었다. 이 프로그램은 정확한가? 그 이유를 설명하라.

```
TestValue = 리스트의 첫 번째 항목
CurrentEntry = 리스트의 첫 번째 항목
while (CurrentEntry가 마지막 항목이 아님):
  if (CurrentEntry > TestValue):
  TestValue = CurrentEntry
  CurrentEntry = 리스트 상의 다음 항목
```

56. a. 그림 5.6에 표현된 순차 검색의 사전 조건을 식별하라. 그 프로그램 안의 while 구조를 위해 루프 불변 명제를 세우는데, 이 명제는 종료 조건과 결합되면 루프가 종료될 때 알고리즘의 성공 또는 실패를 정확히 보고한다는 것을 의미할 수 있어야 한다.
b. 그림 5.6의 while 루프가 실제로 종료한다는 것을 설명하라.

57. X와 Y에는 음이 아닌 정수들이 배정된다는 사전 조건에 기초하여, 아래의 while 구조를 위한 루프 불변 명제를 세우는데, 이 명제는 종료 조건과 결합되면 루프가 종료될 때 Z의 값이 X - Y임을 의미할 수 있어야 한다.

```
Z = X
J = 0
while (J < Y):
  Z = Z - 1
  J = J + 1
```

사회적 논제

다음 질문들은 컴퓨터 적용 분야에 관련된 윤리적/사회적/법률적 쟁점에 대한 지침을 마련하기 위한 것이다. 이 질문들의 목표는 단순히 대답을 이끌어내는 것에 있지 않다. 자신의 대답에 대한 이유를 생각해야 하며, 그와 같은 논거는 각 문항 사이에서 일관성을 유지해야 한다.

1. 현재 복잡한 프로그램의 정확성을 완벽하게 검증하는 것은 불가능한데, 프로그램 작성자가 오류에 대해 책임을 져야 할 상황이 있는가? 있다면 어떤 경우인가?

2. 어떤 좋은 생각이 나서 이를 많은 사람들이 사용할 수 있는 제품으로 발전시켰다. 그리고 이렇게 일반 대중에게 유용한 형태의 제품화에 이르기까지 1년간의 노력과 5만불의 투자가 필요하였다. 그러나 최종 제품 형태는 대부분의 사람들이 개발자에게서 구입하지 않고도 이용할 수 있는 것이었다. 이 제품에 대한 보상을 받기 위해 개발자는 어떤 권리를 갖는가? 컴퓨터 소프트웨어의 해적판을 이용하는 것은 윤리적으로 합당한 일인가? 음악이나 영화의 경우는 어떠한가?
3. 어떤 소프트웨어 패키지의 가격이 너무 비싸서 가격을 감당할 수 없는 사람이 있다고 하자. 그 사람이 자신이 사용할 목적으로 그 소프트웨어를 복사하는 것은 윤리적으로 합당한 일인가? (어차피 그 패키지를 돈을 주고 사지는 않을 것이었기 때문에 이로 인해 공급자의 매출에 영향이 있는 것은 아니다.)
4. 강, 숲, 바다 등등에 대한 소유권은 오랫동안 쟁점이 되어 왔다. 알고리즘의 경우 어떤 사람이나 기관이 소유권을 가져야 할 근거는 무엇인가?
5. 어떤 사람들은 새로운 알고리즘이 발견되었다고 생각하는 반면, 다른 사람들은 새로운 알고리즘이 창조되었다고 생각한다. 어느 쪽 생각에 동의하는가? 이러한 관점의 차이가 알고리즘의 소유나 소유권 행사와 관련하여 다른 결론으로 유도할 것인가?
6. 어떤 불법적 행위를 수행하기 위한 알고리즘을 설계하는 것은 윤리적으로 합당한 일인가? 알고리즘을 실제 실행할지 여부에 따라 그 대답이 달라질 것인가? 그러한 알고리즘을 만든 사람이 그 알고리즘에 대한 소유권을 가져야 하는가? 그렇다면, 어떤 종류의 권리를 말하는가? 알고리즘에 대한 소유권은 알고리즘의 용도에 따라 달라져야 하는가? 보안을 뚫는 기술을 홍보하고 유포하는 것은 윤리적으로 합당한 일인가? 어떤 보안을 뚫느냐에 따라 그 대답은 달라지는가?
7. 어떤 작가의 소설을 영화에서 사용하는데, 영화 대본에서는 스토리의 일부를 고쳐서 사용한다고 하자. 이러한 상황에서 그 작가는 자신의 소설을 영화에서 사용하는 데 대한 작품료를 받았다고 하자. 스토리가 얼마나 달라져야 아예 다른 스토리로 간주될 수 있는가? 알고리즘의 경우에는 얼마나 많은 변경이 있어야 다른 알고리즘이 되는가?
8. 18개월 이하의 유아들을 위한 교육용 소프트웨어가 판매되고 있다고 하자. 이러한 소프트웨어의 옹호론자들은 이들이 많은 어린이들에게 다른 방법으로는 얻기 힘든 시각적 및 청각적 자극을 제공한다고 주장한다. 반대론자들은 부모와 아이 사이의 귀중한 교감 기회를 줄이는 열등한 대체물이라고 주장한다. 이러한 주장들에 대해 어떻게 생각하는가? 지금 내린 결론에 기초하여 해당 소프트웨어에 대해 더 자세히 알아보지 않고 어떤 행동을 취하겠는가? 그렇다면 그 행동은 어떤 것인가?

참고문헌

Aho, A. V., J. E. Hopcroft, and J. D. Ullman. *The Design and Analysis of Computer Algorithms*. Boston, MA: Addison-Wesley, 1974.

Baase, S., and A. Van Gelder. *Computer Algorithms: Introduction to Design and Analysis*, 3rd ed. Boston, MA: Addison-Wesley, 2000.

Barnes, J. *High Integrity Software: The SPARK Approach to Safety and Security*. Boston, MA: Addison-Wesley, 2003.

Gries, D. *The Science of Programming*. New York: Springer-Verlag, 1998.

Harbin, R. *Origami-the Art of Paper Folding*. London: Hodder Paperbacks, 1973.

Johnsonbaugh, R. and M. Schaefer. *Algorithms*. Englewood Cliffs, NJ: Prentice- Hall, 2004.

Kleinberg, *Algorithm Design*, 2nd ed. Boston, MA: Addison-Wesley, 2014.

Knuth, D. E. *The Art of Computer Programming*, vol. 3, 2nd ed. Boston, MA: Addison-Wesley, 1998.

Levitin, A. V. *Introduction to the Design and Analysis of Algorithms*, 3rd ed. Boston, MA: Addison-Wesley, 2011.

Polya, G. *How to Solve It*. Princeton, NJ: Princeton University Press, 1973.

Roberts, E. S. *Thinking Recursively*. New York: Wiley, 1986.

CHAPTER

6

프로그래밍 언어

이 장에서는 프로그래밍 언어에 대해 학습할 것이다. 이 장에서 필요할 경우 파이썬 예제들을 사용하겠지만 우리의 목적은 특정 언어에 초점을 맞추는 데 있는 것이 아니라 프로그래밍 언어가 무엇인지에 대해 배우자는 것이다. 또한 여러 언어와 이들이 사용하는 방법론의 차이와 함께 공통점에 대해서도 이해해야 한다.

* 표시된 절은 고급 내용임을 나타냄

기계어로 프로그램을 작성해야 했다면 오늘날 주위에서 접할 수 있는 운영체제, 네트워크 소프트웨어, 다양한 응용 소프트웨어 등과 같은 복잡한 소프트웨어 시스템을 개발하는 것은 불가능했을 것이다. 복잡한 시스템을 개발하려고 노력하면서 기계어에 포함되어 있는 복잡한 세부사항을 고려하는 것은 정말 고생스러운 일이 되었을 것이다.

따라서 사람들이 쓰기에도 편하고 기계어 명령으로도 쉽게 전환될 수 있는 형태로 알고리즘을 표현할 수 있도록 많은 프로그래밍 언어들이 개발되었다. 이 장에서의 목표는 프로그래밍 언어들의 설계와 구현을 다루는 컴퓨터과학 분야를 탐색하자는 것이다.

6.1 역사적 고찰

먼저 프로그래밍 언어의 변천 과정을 살펴보기로 하자.

초창기 언어

2장에서 살펴본 바와 같이 현대식 컴퓨터를 위한 프로그램은 숫자들로 인코딩된 일련의 명령들로 이루어진다. 이러한 인코딩 체계를 기계어(machine language)라고 부른다. 유감스럽게도 기계어로 프로그램을 작성하는 것은 종종 오류들을 발생시키는 지루한 작업이며, 프로그램이 완성되기 위해서는 이러한 오류들을 찾아서 고치는 **디버깅(debugging)**이라는 과정을 거쳐야 한다.

1940년대에 프로그래밍 과정을 쉽게 만들기 위해 숫자들 대신 기호를 사용하여 명령을 표현할 수 있는 표기 체계를 개발하였다. 예를 들어

5번 레지스터의 내용을 6번 레지스터로 옮겨라

라는 명령을 2장에서 소개한 *Vole* 기계어로 표현하면,

```
4056
```

이 되겠지만, 기호 표기 체계에서는

```
MOV R5, R6
```

와 같이 표현할 수 있다. 조금 더 긴 예제를 들어보면,

```
156C
166D
5056
306E
C000
```

라는 기계어 루틴은 메모리 셀 6C와 6D의 내용을 더하고 그 결과를 6E 위치에 저장하는데(2.2절의 그림 2.7 참고), 기호 체계를 사용하면 아래와 같이 표현될 수 있다.

```
LD R5,Price
LD R6,ShippingCharge
ADDI R0,R5,R6
ST R0,TotalCost
HLT
```

여기에서 LD, ADDI, ST, HLT 등은 각기 *LOAD, ADD, STORE, HALT* 등의 명령을 나타낸다. 그리고 Price, ShippingCharge, TotalCost 등의 의미 있는 이름을 각기 6C, 6D, 6E 등에 위치한 메모리 셀들을 가리키기 위해 사용하며, 이러한 이름을 흔히 프로그램 변수 또는 **식별자(identifier)**라고 부른다. 기호 형식은 충분하지는 않지만 숫자 형식에 비해서는 루틴의 의미를 훨씬 잘 표현한다.

일단 기호 체계를 정하면, 기호 표현을 기계어 명령으로 변환해주는 **어셈블러(assembler)**라는 프로그램을 개발하여 사용할 수 있다. 그러면 프로그래머는 프로그램을 직접 기계어로 작성하는 대신 기호 형식으로 작성한 다음 어셈블러를 사용하여 기호 형식의 프로그램을 기계어로 변환할 수 있다.

프로그램 표현에 사용되는 기호 체계를 **어셈블리 언어(assembly language)**라고 부른다. 어셈블리 언어들이 처음 개발되었을 당시 이들은 프로그래밍 기술의 개선을 위한 탐색에서 큰 진전으로 간주되었다. 사실 어셈블리 언어들은 당시 워낙 혁신적인 언어로 간주되어 2세대 언어로 불리게 되었으며, 그러면서 기계어는 1세대 언어로 분류하게 되었다.

비록 어셈블리 언어는 기계어에 비해 여러 가지 이점을 갖고 있지만, 궁극적인 프로그래밍 환경을 제공하기에는 여전히 많이 부족하다. 결국 어셈블리 언어에서 사용되는 프리미티브는 해당 기계어에서 사용되는 것과 기본적으로 동일하다. 차이는 프리미티브들을 표현하기 위해 사용되는 구문 정도이다. 따라서 어셈블리 언어로 작성된 프로그램도 본질적으로 기계 종속적이다. 즉, 프로그램 안의 명령들은 특정 컴퓨터의 속성을 이용하여 표현된다. 이는 어셈블리 언어로 작성된 프로그램을 다른 종류의 컴퓨터에 맞게 옮기는 것은 새로운 컴퓨터의 레지스터 구성이나 명령 집합 등에 맞도록 고쳐야 하므로 간단한 일이 아니다.

어셈블리 언어의 또 다른 단점은 프로그래머가 숫자 형식을 사용해야 하는 것은 아니지만 여전히 기계어의 단순한 단계들로 주어지는 틀에 맞추어 사고하도록 강요된다는 점이다. 이러한 상황은 집을 널빤지, 못, 벽돌 등으로 설계하는 것과 비슷하다. 실제 집을 지을 때, 이런 기본적인 자재들에 기초하여 자세히 기술하는 것이 필요하겠지만, 설계 단계에서는 방, 창, 문 등과 같이 보다 큰 단위에 맞추어 생각하는 것이 쉽다.

요약하자면, 최종적으로 제품을 만들 때 사용되는 기본적인 프리미티브가 꼭 제품을 설계할 때 사용되어야 할 프리미티브는 아니라는 것이다. 각기 제품의 주요 기능에 관련된 개념을 나타내는 고급 프리미티브가 설계 과정에 사용하기에는 더 적합하다. 일단 설계가 완성되면, 이러한 고급 프리미티브들은 구현의 세부사항에 관련된 낮은 수준의 개념들로 변환될 수 있다.

이러한 철학에 따라 컴퓨터과학자들은 낮은 수준의 어셈블리 언어보다 소프트웨어 개발에 도움이 되는 프로그래밍 언어들을 개발하기 시작하였다. 그 결과로 나타난 것이 3세대 프로그래밍 언어들인데, 이들은 보다 큰 단위의 명령을 표현할 수 있는 고급 수준의 프리미티브를 가지고 있으며 특정 컴퓨터의 특성에 의존하지 않는 **기계 독립적(machine independent)**이라는 점에서 이전 세대의 언어들과 차별화된다. 가장 널리 알려진 초창기 언어는 과학 및 공학 분야 응용을 위해 개발된 FORTRAN(FORmula TRANslator)과 비즈니스 업무용으로 미 해군에 의해 개발된 COBOL(COmmon Business-Oriented Language)이다.

일반적으로 3세대 프로그래밍 언어에서 취하는 방식은 5장의 의사코드에서처럼 소프트웨어 개발에 이용될 수 있는 고급 수준의 프리미티브 집합을 정하는 것이다. 이러한 프리미티브 각각은 기계어에 들어 있는 저수준 프리미티브들을 여러 개 사용함으로써 구현될 수 있다. 예를 들면,

`TotalCost`에 `Price + ShippingCharge`로 계산된 값을 배정하라

와 같은 문장은 특정 컴퓨터에서 그와 같은 작업을 어떻게 수행할지에 대해서는 지정하지 않은 채 고급 수준의 활동을 표현하고 있지만, 앞에서 설명한 기계어 명령들을 사용하여 구현될 수 있다. 따라서 다음과 같은 의사코드 구조는 고급 수준의 프리미티브에 해당한다.

식별자 = *식*

일단 고급 수준의 프리미티브 집합이 정해지면, 이러한 고급 수준의 프리미티브들을 기계어 프로그램으로 번역해주는 **번역기(translator)** 프로그램을 개발하여 사용할 수 있다. 이러한 번역기는 2세대 언어를 위한 어셈블러와 비슷하지만, 하나의 고급 수준 프리미티브가 요청하는 활동을 수행하기 위해 여러 개의 기계어 명령을 조합(compile)해야 한다는 점에서 차이가 있다. 이러한 이유로 3세대 언어들을 위한 번역 프로그램을 흔히 **컴파일러(compiler)**라고 부른다.

3세대 언어를 구현하기 위한 수단으로 컴파일러 대신 **인터프리터(interpreter)**라고 불리는 프로그램을 사용하기도 한다. 인터프리터는 컴파일러와 유사한 측면이 있지만, 컴파일러가 번역된 버전을 나중에 사용하기 위해 파일로 만드는 반면, 인터프리터는 번역하면서 실행한다는 점에서 차이가 있다. 즉, 인터프리터는 나중에 실행된 기계어 버전을 만드는

교차 플랫폼(Cross-Platform) 소프트웨어

일반 응용 프로그램은 작업의 많은 부분을 수행함에 있어 운영체제의 도움을 받는다. 응용 프로그램이 사용자와 대화하기 위해 윈도우 관리자 서비스를 필요로 할 수도 있으며, 대용량 저장장치에서 데이터를 읽기 위해 파일관리자를 사용할 수도 있다. 유감스럽게도 운영체제마다 이러한 서비스들에 대한 요청 방식이 일정하지 않다. 따라서 컴퓨터 하드웨어나 운영체제가 다른 시스템들이 섞여있는 네트워크에서 프로그램을 전송하여 실행시키기 위해서는 프로그램이 기계 독립성과 운영체제 독립성을 갖추어야 한다. 교차 플랫폼이라는 용어는 이러한 수준의 독립성을 반영하기 위해 사용된다. 즉, 교차 플랫폼 소프트웨어는 컴퓨터 하드웨어뿐만 아니라 운영체제에도 독립적인 소프트웨어를 말하며, 따라서 네트워크 어디에서나 실행될 수 있다.

대신에 고급 수준 형태의 프로그램을 실제로 실행시킨다.

조금 다른 얘기지만, 처음에 3세대 프로그래밍 언어를 보급시키는 것은 생각만큼 쉬운 일이 아니었다. 일상 언어와 비슷한 형태로 프로그램을 작성한다는 생각이 워낙 혁신적이어서 관리직급의 많은 사람들은 처음에 그러한 개념을 잘 받아들이려 하지 않았다. 최초의 컴파일러 개발자로 알려져 있는 하퍼(Grace Hopper)에 따르면, 종종 영어 대신 독일어를 사용하는 3세대 언어를 위한 번역기를 시연하였다고 한다. 그와 같은 이야기의 요지는 프로그래밍 언어는 작은 프리미티브 집합을 이용하여 구축되었으며, 이러한 프리미티브를 여러 다른 나라의 언어로 표현하기 위해서는 번역기를 조금만 수정하면 된다는 것이다. 그러나 2차 대전 전후의 몇 해 동안 하퍼의 강연을 듣는 청중들은 하퍼가 컴퓨터에게 독일어를 "이해할" 수 있도록 가르친다는 사실에 놀라워했으며, 그와 같은 반응은 다시 하퍼를 놀라게 했다. 오늘날 우리는 일상 언어를 이해하는 일은 몇 개의 엄격히 정의된 프리미티브에 반응하는 일보다 훨씬 더 복잡한 일이라는 것을 알고 있다. 실제로 영어, 독일어, 라틴어 등과 같은 일상 언어는 **자연어(natural language)**라고 불리는데, 정형적인 문법 분석 없이 진화해왔다는 점에서 문법(6.4절)이 엄격히 정의되어 있는 프로그래밍 언어와 같은 **정형적 언어(formal language)**들과 구별된다.

기계 독립성

3세대 언어의 발전과 함께 기계 독립성이라는 목표는 대체로 달성되었다. 3세대 언어에서 문장들은 특정 컴퓨터의 속성을 참조하지 않기 때문에 어느 컴퓨터에서나 쉽게 컴파일될 수 있었다. 이론상으로는 3세대 언어로 작성된 프로그램은 어느 컴퓨터에서나 적절한 컴파일러만 있으면 사용할 수 있다.

그러나 현실은 이렇게 단순하지 않다. 컴파일러가 설계될 때, 때로 그 기반이 되는 컴퓨터의 특성이 번역되는 언어에 대한 조건으로 반영되기도 한다. 예를 들면, 컴퓨터들이

I/O 작업을 처리하는 방식이 달라서 "동일한" 언어라도 컴퓨터마다 서로 다른 특성을 갖는 경우, 즉, 방언이 생기는 경우가 있다. 따라서 프로그램을 한 컴퓨터에서 다른 컴퓨터로 옮기기 위해서는 적어도 약간의 변경이 필요한 경우가 많다.

이러한 이식성(portability) 문제를 가중시키는 것은 특정 언어에 대한 정확한 정의를 구성하는 것이 무엇인지에 대해 합의되어 있지 않은 경우이다. 이러한 점을 개선하기 위해 ANSI(American National Standards Institute)나 ISO(International Organization for Standardization) 등의 표준기구들은 널리 사용되는 여러 언어를 위한 표준들을 채택하고 공표해 왔다. 그리고 어떤 언어의 특정 방언이 널리 사용된 경우 호환성 있는 컴파일러를 개발하려는 개발자들을 위해 비공식 표준이 발전해온 경우도 있다. 그러나 엄격히 표준화되어 있는 언어들의 경우에도 컴파일러 설계자들은 종종 언어의 표준 버전의 일부가 아닌 기능들을 때로 언어의 확장이라며 제공하는 경우가 있다. 프로그래머가 이러한 기능을 이용할 경우, 그 결과로 만들어지는 프로그램들은 다른 업체의 컴파일러를 사용하는 환경에서는 호환되지 않을 것이다.

프로그래밍 언어의 전체 역사에서 보면, 3세대 언어가 진정한 기계 독립성에 미치지는 못한다는 사실이 두 가지 이유에서 별로 중요하지 않다. 첫째, 소프트웨어를 한 컴퓨터에서 다른 컴퓨터로 그리 어렵지 않게 옮길 수 있을 정도로 3세대 언어의 기계 독립성 수준은 충분하다. 둘째, 기계 독립성이라는 목표는 보다 중요한 목표를 위한 씨앗에 지나지 않는다.

새로 나타나는 고급 프로그래밍 언어들에는 더욱 강력한 추상화 요소들이 내장되어 프로그래머들이 소프트웨어 설계를 개념화하는 수준을 더욱 높였으며, 점차 더욱 복잡한 소프트웨어 시스템의 구축이 가능해졌다. 고급 프로그래밍 언어 코드 몇 행으로 수백만 행의 라이브러리 코드를 불러오고, 운영체제 내장 함수를 호출하며, 네트워크나 데이터베이스와의 상호작용을 처리할 수 있다. 그 결과로 고급 프로그래밍 언어들은 컴퓨터 프로그램을 작성하기도 쉽게 해주고 다른 사람들이 읽기도 쉽게 해준다.

이러한 발전으로 인해 컴퓨터과학자들은 추상적인 개념들을 컴퓨터가 처리할 수 있는 형태로 변환하는 대신 추상적인 개념을 사용하여 컴퓨터와 대화할 수 있는 프로그래밍 환경을 꿈꾸게 되었다. 나아가서 컴퓨터과학자들은 단순히 알고리즘을 실행하는 컴퓨터가 아니라 알고리즘 발견 과정의 많은 부분을 수행할 수 있는 컴퓨터를 원하게 되었다. 이 결과 많은 프로그래밍 언어들이 나타나게 되었으며, 이로 인해 프로그래밍 언어들에 대한 세대를 구분하기가 곤란해졌다.

프로그래밍 패러다임

프로그래밍 언어를 세대로 분류하는 방식은 그림 6.1과 같은 선형 등급에 기초하고 있는데, 여기에서는 언어의 사용자가 컴퓨터의 세부사항에 얽매이지 않고 해결 대상 문제에

그림 6.1 | 세대별 프로그래밍 언어

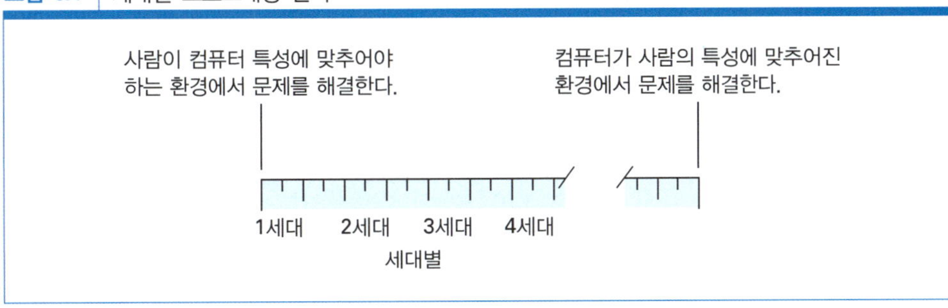

관련된 용어로 생각할 수 있는 정도에 따라 언어의 위치가 결정된다. 실제로 프로그래밍 언어는 이러한 관점을 따라 발전해왔다고 하기보다는 **프로그래밍 패러다임**이라고 불리는 다양한 프로그래밍 방법론이 나타남에 따라 다양한 방향으로 발전해왔다. 따라서 프로그래밍 언어의 발전상을 더 잘 표현하고 있는 것은 그림 6.2에서 보는 것처럼 다중 트랙 도표이며, 여기에서는 상이한 패러다임에서 비롯된 여러 다른 경로가 나타나고 이들은 각기 독립적으로 발전해왔다. 특히 이 그림은 함수형(functional), 객체지향(object-oriented), 명령형(imperative), 선언형(declarative) 등의 패러다임을 나타내는 네 개의 경로를 제시하고 있으며, 각 패러다임에 연관된 여러 언어들이 생겨난 순서에 따라 각 경로 상에 표시되어 있다. (이러한 경로는 한 언어가 반드시 바로 앞의 언어에서 진화한 것임을 의미하는 것은 아니다.)

비록 그림 6.2에서 표시하고 있는 패러다임들을 프로그래밍 패러다임이라고 부르고는 있지만, 이들은 *프로그래밍* 과정 이상의 의미가 담겨있다. 이들은 문제에 대한 해결방법을 구축하기 위해 근본적으로 다른 방식을 사용하며, 따라서 전체 소프트웨어 개발 과정에 영향을 미친다. 이러한 점에서 *프로그래밍 패러다임*이라는 용어는 부적절한 측면이 있

그림 6.2 | 프로그래밍 패러다임의 진화

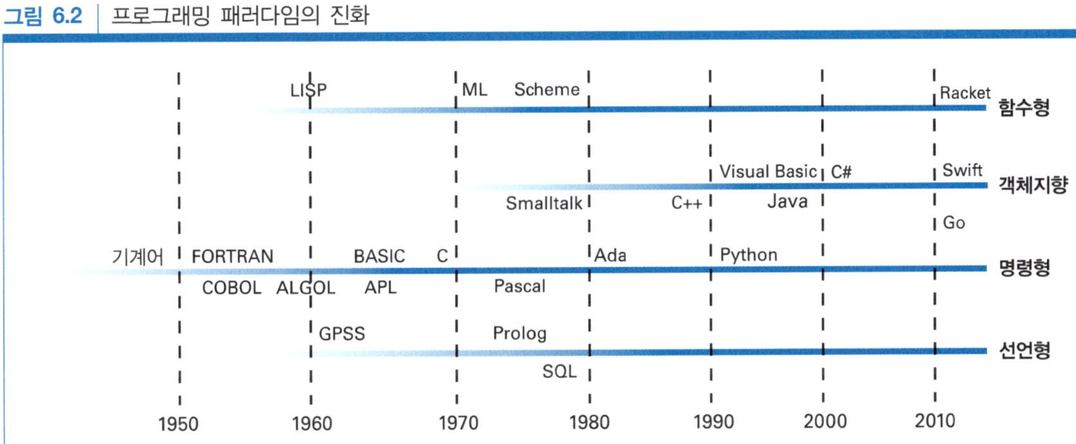

다. *소프트웨어 개발 패러다임*이라는 용어가 보다 적절한 표현일 것이다.

각 패러다임 안에는 초 저급 언어에서 초 고급 언어에 이르기까지 다양한 수준의 추상화 요소들을 제공하는 다양한 언어들이 존재할 수 있다. 이미 살펴본 바와 같이 자연어나 의사코드도 인내심만 충분히 가지면 얼마든지 알고리즘들을 표현할 수 있지만, 텍스트 기반 프로그래밍 언어들이나 시각적 프로그래밍 언어들은 컴퓨터 프로세서에서 자동적으로 실행시킬 수 있을 정도의 정확성을 제공하면서 알고리즘을 명료하게 기술할 수 있도록 설계된다. 고급 프로그래밍 언어의 수가 이렇게 많아진 데에는 여러 가지 요인이 있다. 광범위한 영역에 걸쳐 문제 해결 유형이 다양해짐에 따라 특정 유형의 알고리즘들을 보다 잘 지원할 수 있는 많은 전용 프로그래밍 언어가 개발되었다. 대부분의 프로그래밍 언어는 어떤 알고리즘이라도 표현할 수 있지만, 그래픽 사용자 인터페이스 구축을 지원하도록 설계된 언어는 분명히 통계 분석이나 내장 센서 피드백 제어 시스템을 지원하도록 설계하는 언어와는 다른 알고리즘 표현 체계를 제공할 것이다. 개별 문제 영역이나 개발팀의 문제 해결 스타일에 맞추어 올바른 패러다임의 프로그래밍 언어를 선택하는 것은 소프트웨어 패키지의 명확성이나 유지보수성에 큰 차이를 가져올 수 있다.

명령형 패러다임(imperative paradigm)이라고도 불리는 **절차형 패러다임(procedural paradigm)**은 프로그래밍 과정에 대한 전통적 접근 방법이다. 이것은 2장의 기계어, 파이썬, 5장의 의사코드 등에서 취하는 패러다임이다. 명령형 패러다임은 그 이름이 나타내고 있듯이 데이터를 가공하여 원하는 결과를 만들어내도록 실행될 수 있는 일련의 명령을 개발하는 것으로 프로그래밍 과정을 정의한다. 따라서 명령형 패러다임에서 프로그래밍 과정은 당면한 문제를 해결하기 위한 알고리즘을 찾고 알고리즘을 일련의 명령으로 표현하는 접근 방법을 취하게 된다.

명령형 패러다임과 대조되는 것으로 **선언형 패러다임(declarative paradigm)**이 있는데, 이 패러다임에서는 프로그래머가 구체적인 알고리즘이 아니라 해결해야 할 문제 자체를 기술한다. 보다 정확히 말하자면, 선언형 프로그래밍 시스템은 주어지는 문제에 미리 정의되어 있는 범용 문제 해결 알고리즘을 적용한다. 이러한 환경에서 프로그래머의 작업은 문제 해결을 위한 알고리즘을 기술하는 것이 아니라 문제에 대해 정확하게 기술하는 것이다.

선언형 패러다임에 기초한 프로그래밍 시스템을 개발함에 있어 주요 애로사항은 바탕이 되는 문제 해결 알고리즘이 필요하다는 것이다. 이러한 이유로 초창기 선언형 프로그래밍 언어들은 특정 응용 분야에서만 사용하도록 설계된 형태가 많았다. 예를 들면, 가설의 검정이나 예상치를 얻는 것을 목적으로 하는 정치, 경제, 환경 등의 분야의 시스템 시뮬레이션에 선언형 언어들이 오랫동안 사용되어 왔다. 이러한 환경에서 기반 알고리즘은 국내총생산, 무역적자 등등의 매개변수 값에 대해 이전에 계산된 값에 기초한 반복 계산을 적용함으로써 시간의 경과를 시뮬레이션하는 과정에 지나지 않는다. 따라서 이러한 시뮬레이션을 위한 선언형 언어를 구현하기 위해서는 이러한 반복 절차를 수행하는 알고리즘을 구현하기만 하면 된다. 이러한 시스템을 이용하는 프로그래머가 해야 할 작업은 시뮬레이션 대상 상황을 기술해주는 일뿐이다. 예를 들면, 기상예보관이 기상을 예측하기 위한 알고리즘을 개발할 필요는 없으며, 단지 기반 시뮬레이션 알고리즘의 단기 기상 예측을 위해 필요한 현재 기상 상태 정보만 기술해주면 된다.

수학에서 정형논리(formal logic)가 범용 선언형 프로그래밍 시스템에서 사용하기에 적합한 간단한 문제 해결 알고리즘을 제공한다는 사실을 발견하게 되면서 선언형 패러다임이 크게 활성화되는 계기가 마련되었다. 그 결과 선언형 패러다임에 대한 관심이 높아지게 되었으며, 6.7절에서 논의할 **논리 프로그래밍(logic programming)**이 등장하게 되었다.

또 다른 프로그래밍 패러다임으로 **함수형 패러다임(functional paradigm)**이 있다. 함수형 패러다임 하에서 프로그램은 입력을 받아서 출력을 만드는 개체로 간주된다. 수학자들은 이러한 개체를 함수라고 칭하며, 이러한 이유로 함수형 패러다임이라는 이름을 사용하게 되었다. 함수형 패러다임 하에서 프로그램은 사전 정의된 작은 함수라는 프로그램 단위들을 연결하여 구축되는데, 각 함수의 출력은 다른 함수의 입력으로 사용되며 전체적으로 원하는 입력-출력 함수 관계를 형성한다. 요약하자면, 함수형 패러다임 하에서의 프로그래밍 과정은 함수 안에 또 다른 작은 함수들이 중첩되는 복잡한 함수 호출 구조를 구축하는 것이다.

예를 들면, 그림 6.3에서는 수표책을 정리하기 위한 함수를 두 개의 작은 함수들을 이용하여 구축할 수 있음을 보여주고 있다. `Find_sum`이라는 함수는 입력 값들을 받아 그

그림 6.3 | 단순한 함수 여러 개를 사용하여 구축된 수표책 정리 함수

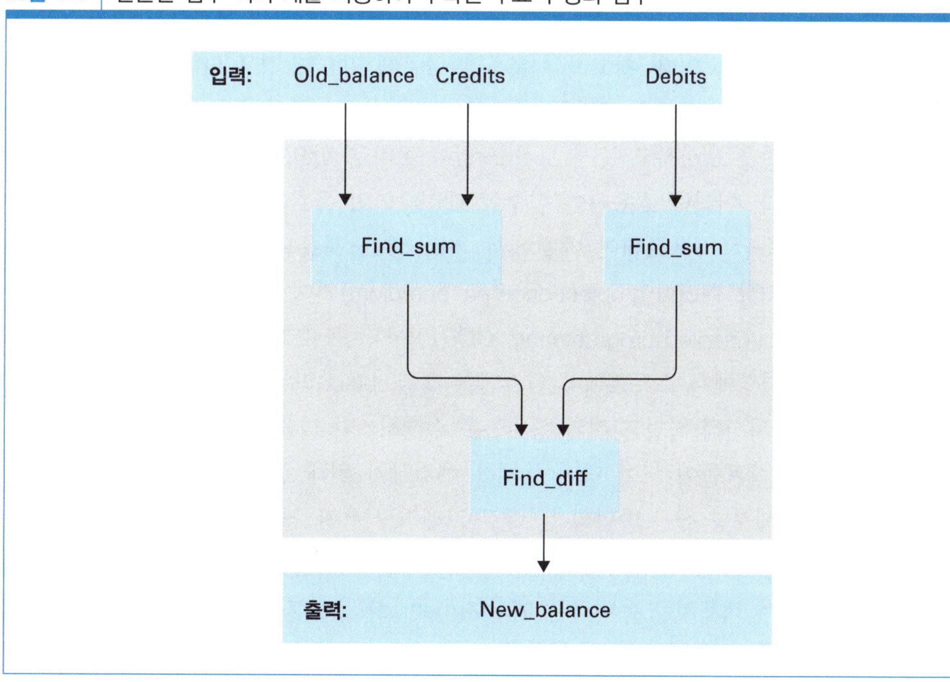

합을 출력으로 계산한다. 또 다른 함수 Find_diff는 두 개의 입력 값을 받아 그 차를 계산한다. 그림 6.3에서 보이는 구조를 가장 유명한 함수형 프로그래밍 언어의 하나인 LISP로 표현하면 다음과 같다.

```
(Find_diff (Find_sum Old_balance Credits) (Find_sum Debits))
```

위의 표현에서 (괄호들로 표현된) 중첩 구조는 Find_diff 함수의 입력은 Find_sum 함수를 두 번 호출하여 만들어진다는 것을 반영하고 있다. Find_sum 함수의 첫 번째 호출은 입금(Credits) 쪽의 모든 항목들을 예전 잔고(Old_balance)에 더한 결과를 반영한다. Find_sum 함수의 두 번째 호출은 출금(Debits) 쪽의 모든 항목들의 합을 계산한다. 그런 다음 Find_diff 함수에서는 이 결과들을 사용하여 새로운 수표책 잔고를 계산한다.

함수형 패러다임과 명령형 패러다임의 차이를 명확히 이해하기 위해 수표책 정리를 위한 함수형 프로그램과 명령형 패러다임에 따른 다음 의사코드 프로그램을 비교해보자.

```
Total_credits = 모든 Credits 항목들의 합
Temp_balance = Old_balance + Total_credits
Total_debits = 모든 Debits 항목들의 합
Balance = Temp_balance - Total_debits
```

명령형 프로그램은 각기 어떤 계산을 수행하고 그 결과를 나중에 사용하기 위해 저장하는 여러 개의 문장으로 이루어진다. 이와는 대조적으로 함수형 프로그램은 각 계산의 결과를 바로 다음 계산으로 연결하는 하나의 문장으로 이루어진다. 어떤 의미에서는 명령형 프로그램은 각기 원자재를 제품으로 만들어 창고에 보관하는 공장들의 집합과 비슷하다고 볼 수 있다. 창고의 제품들은 나중에 필요할 경우 다른 공장으로 전달된다. 그러나 함수형 프로그램은 공장들 사이의 조정 기능이 강화되어 각기 다른 공장에서 주문한 제품들만을 생산하고 중개 보관소 없이 곧바로 필요한 곳에 전달하는 공장들의 집합과 비슷하다. 이러한 효율성이 함수형 패러다임의 옹호론자들이 주장하는 장점 중 하나이다.

오늘날 소프트웨어 개발에서 가장 많이 사용되는 또 다른 프로그래밍 패러다임은 **객체지향 패러다임(object-oriented paradigm)**인데, 이 패러다임은 **객체지향 프로그래밍(object-oriented programming; OOP)**이라는 프로그래밍 과정과 관련되어 있다. 객체지향 패러다임에서 소프트웨어 시스템은 **객체(object)**라는 단위들의 집합으로 간주되며, 각 객체는 자신에 직접 관련된 행위들을 수행하거나 다른 객체들의 행위를 요청할 수 있다. 이러한 객체들이 모여 당면 문제를 해결하기 위해 상호작용을 수행한다.

객체지향 접근 방법의 한 예로 그래픽 사용자 인터페이스를 개발하는 작업을 생각해보자. 객체지향 환경에서 화면상에 나타나는 아이콘들은 객체로 구현될 것이다. 이러한 각 객체는 객체지향 용어로는 **메서드(method)**라고 불리는 함수들의 집합을 포함하는데, 이러한 함수들은 마우스 버튼의 클릭을 통한 선택이나 마우스를 사용하여 화면상에서 끌어

움직이기 등과 같은 다양한 사건이 발생할 때 객체가 어떻게 반응해야 할지를 기술한 것이다. 즉, 전체 객체지향 시스템은 자신에 관련된 사건들에 어떻게 반응할지를 알고 있는 객체들의 집합으로 구축된다.

명령형 패러다임과 객체지향 패러다임을 비교하기 위해, 이름 리스트를 다루는 프로그램 하나를 생각해보자. 전통적인 명령형 패러다임에서 이 리스트는 단순히 데이터의 집합일 것이다. 이 리스트에 접근하는 프로그램 단위들은 요구되는 작업을 수행하기 위한 알고리즘을 포함해야 할 것이다. 그러나 객체지향 방식에서 이 리스트는 객체로 구축될 텐데, 그 안에는 리스트와 리스트 관련 작업을 수행하는 메서드들의 집합이 함께 포함될 것이다. (여기에는 리스트에 새로운 항목을 삽입하는 함수, 리스트가 비어있는지 검사하는 함수, 리스트를 정렬하는 함수 등이 포함될 수 있다.) 이제 리스트 처리를 위해 필요한 다른 프로그램 단위는 관련 작업을 수행하는 알고리즘을 포함하는 대신, 객체에서 제공되는 함수들을 이용하기만 하면 될 것이다. 어떤 의미에서 그 프로그램 단위는 명령형 패러다임에서와 같이 리스트를 정렬하는 대신에 리스트에게 스스로를 정렬하도록 요청하는 방식을 사용한다.

6.5절에서 객체지향 패러다임에 대해 더 자세히 논의하겠지만, 오늘날 소프트웨어 개발 분야에서 객체지향 패러다임의 중요성을 감안하여 이 절에서 클래스 개념을 미리 소개한다. 객체는 (이름들의 리스트와 같은) 데이터 부분과 함께 (리스트에 새로운 이름을 삽입하는 것과 같은) 활동 수행을 위한 메서드 집합으로 이루어진다. 이러한 특성은 작성된 프로그램 안의 문장들로 기술되어야 한다. 객체의 특성을 기술하는 것이 **클래스(class)**이며, 일단 클래스가 구축되면 그와 같은 특성을 갖는 객체가 필요할 때마다 그 클래스를 적용할 수 있다. 따라서 하나의 클래스에 기초하여 여러 개의 객체가 만들어질 수 있다. 일란성 쌍둥이들의 경우처럼 이러한 객체들은 서로 다른 개체들이지만, 동일한 클래스라는 틀에서 구축되었기 때문에 동일한 특성을 가질 것이다. (특정 클래스를 사용하여 구축된 객체를 해당 클래스의 **인스턴스(instance)**라고 부른다.)

객체지향 패러다임이 성공하게 된 중요한 요인은 객체들이 재사용 가능한 클래스를 통해 기술된 잘 정의된 단위라는 점이다. 실제로 객체지향 프로그래밍의 옹호론자들은 객체지향 패러다임이 소프트웨어 개발에 "빌딩 블록(building block)" 방식을 적용하기에 적합한 환경을 제공한다고 주장한다. 이들은 많은 일반 제품들이 규격 부품을 사용하여 만들어지듯이 소프트웨어 시스템도 사전 정의된 클래스들로 이루어진 소프트웨어 라이브러리로부터 구축될 수 있다는 비전을 제시한다. 이러한 라이브러리들을 구축하고 확장하는 것은 현재 진행 중인 과정이며, 7장에서 이에 대해 살펴볼 것이다.

끝으로, 객체 안의 메서드들은 기본적으로 작은 명령형 프로그램 단위에 지나지 않음을 지적해둔다. 이는 객체지향 패러다임에 기초한 대부분의 프로그래밍 언어들은 명령형 언어에 들어 있는 여러 기능들을 포함하고 있음을 의미한다. 예를 들면, 널리 사용되는 객체지향 언어인 C++는 명령형 언어인 C에 객체지향 기능들을 추가하는 방식으로 개발된 것이다. 그리고 C++에서 파생된 자바와 C# 또한 이러한 명령형 핵심 기능들을 물려받았다. 6.2절과 6.3절에서 이러한 명령형 기능들을 살펴볼 것이며, 이 과정에서 오늘날 대부분의 객체지향 소프트웨어에 파급되어 있는 개념들에 대해 논의할 것이다. 그런 다음 6.5절에서 객체지향 패러다임에 고유한 기능들을 살펴볼 것이다.

연습문제

1. 3세대 언어들이 기계 독립적이란 어떤 의미에서인가? 또한 3세대 언어들의 기계 종속적인 측면은 무엇인가?
2. 어셈블러와 컴파일러의 차이는 무엇인가?
3. 명령형 프로그래밍 패러다임은 당면한 문제의 해결방법으로 이어지는 프로세스의 기술을 강조하는 것으로 요약할 수 있다. 선언형 패러다임, 함수형 패러다임, 객체지향 패러다임 등에 대해서도 비슷하게 요약해보라.
4. 3세대 프로그래밍 언어들은 이전 세대의 언어들보다 고급 수준이라고 하는 것은 어떤 의미에서인가?

6.2 전통적 프로그래밍 개념

고급 프로그래밍 언어들은 간단한 상수, 리터럴, 변수에서 중간 정도의 복잡도를 갖는 문장이나 식, 제어구조, 그리고 더욱 복잡한 프로그램 단위, 모듈, 라이브러리 등과 같은 다양한 종류의 추상화 요소들을 포함한다.

이 절에서는 객체지향 프로그래밍 언어와 명령형 언어에서 공통적으로 볼 수 있는 개념들을 살펴보기로 한다. 이를 위해 Ada, C, C++, C#, FORTRAN, 자바 등의 언어로 된 예제들을 이용할 것이다. 우리의 목표는 특정 언어의 세부사항을 자세히 다루기보다는 보편적인 언어상의 기능들이 실제 언어들에 어떻게 반영되어 있는지 살펴보자는 데 있다. C는 3세대 명령형 언어이다. C++는 C 언어의 확장판으로 개발된 객체지향 언어이다. 자바와 C#은 C++에서 파생된 객체지향 언어이다. (자바는 나중에 오라클에 매입된 선마이크로시스템즈에서 만들었으며, C#은 마이크로소프트에서 만들었다.) FORTRAN과 Ada는 원래 3세대 명령형 언어로 설계되었지만, 이들의 최신 버전은 객체지향 패러다임의 대부분을 반영하도록 확장되었다. 부록 D에서는 이들 각 언어에 대해 짧게 배경을 설명하고 있다.

비록 C++, 자바, C# 등의 객체지향 언어들을 예제 언어로 포함시키고는 있지만, 이 절

그림 6.4 | 전형적인 명령형 프로그램 또는 프로그램 단위의 구성

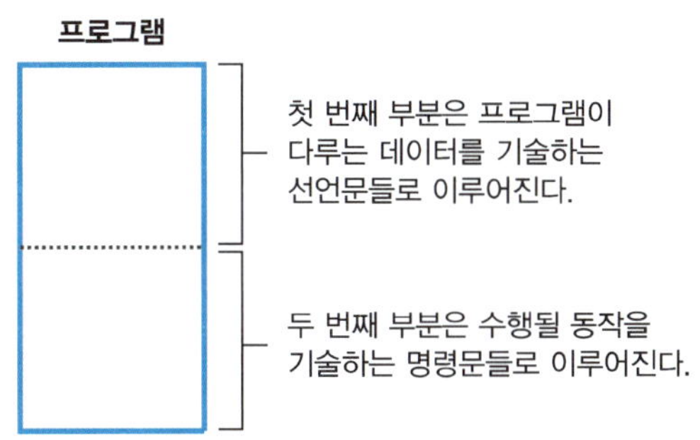

에서는 명령형 패러다임 하에서 프로그램을 작성하는 접근 방식을 취하고 있는데, 이것은 (외부 자극에 객체가 어떻게 반응할지를 기술하는 함수 등과 같은) 객체지향 프로그램 안의 많은 프로그램 단위들은 기본적으로 짧은 명령형 프로그램과 같기 때문이다. 뒤의 6.5절에서 객체지향 패러다임의 고유한 기능들을 집중적으로 살펴볼 것이다.

일반적으로 프로그램은 문장의 집합으로 이루어지며, 프로그램 문장들은 선언문, 명령문, 주석 등의 세 개의 범주로 분류된다. 선언문(declarative statement)은 데이터 항목에 대한 참조에 사용되는 이름들과 같이 프로그램에서 나중에 사용할 용어들을 정의한다. 명령문(imperative statement)은 프로그램의 바탕이 되는 알고리즘의 단계들을 기술한다. 주석(comment)은 프로그램이 수행하는 기능을 사람이 이해하기 쉬운 형식으로 설명함으로써 프로그램을 읽기 쉽게 해준다. 대개 명령형 프로그램은 (또는 객체지향형 프로그램 내부의 명령형 프로그램 단위는) 그림 6.4에 묘사된 구조를 갖는 것으로 간주될 수 있다. 명령형 프로그램은 프로그램에서 다룰 데이터를 기술하는 선언문들로 시작한다. 이러한 선언문들 뒤에 실행될 알고리즘을 기술하는 명령문들이 온다. 오늘날 많은 언어들은 선언문과 명령문이 자유롭게 섞여 나타나는 것을 허용하지만 개념적인 구분은 남아있다. 주석들은 프로그램의 명확성을 높이기 위해 필요한 곳곳에 분산되어 있다.

이상의 소개에 따라 프로그래밍 개념에 대한 학습은 프로그램 문장들의 유형을 프로그램 안에서 나타나는 순서에 따라 살펴보기로 하고, 일단 선언문에 관련된 개념부터 시작해보자.

변수와 데이터 타입

1.8절에서 학습한 바와 같이, 고급 프로그래밍 언어들에서는 주기억장치상의 위치들을 숫자 형태의 주소 대신 의미 있는 이름을 사용하여 표시할 수 있다. 이러한 이름들이 나타내는 주소 위치의 값을 프로그램 실행 중 변경할 수 있다는 사실을 반영하여 흔히 변수(variable)라고 부른다. 파이썬과는 달리 이 장에서 예로 드는 언어들에서는 변수들을 다

스크립트 언어

명령형 언어 중에 **스크립트 언어**(scripting language)라고 불리는 종류의 언어들이 있다. 이 언어들은 대개 복잡한 프로그램을 개발하는 데보다는 관리 작업의 수행에 이용된다. 이러한 작업에 대한 표현을 **스크립트**(script)라고 부르며, "스크립트 언어"라는 이름은 이에 기인한 것이다. 예를 들면, 컴퓨터 시스템의 관리자가 매일 저녁 수행되어야 할 일련의 일지 작성 작업을 지시하는 스크립트를 작성할 수도 있을 것이며, PC 사용자가 디지털카메라로부터 사진 파일들을 읽고 날짜별로 정리한 다음 보관용 저장장치에 저장하기 위해 필요한 일련의 프로그램들의 실행을 지시하는 스크립트를 작성할 수도 있다. 스크립트 언어의 기원은 일괄 처리(3.1절 참고) 작업들에 대해 운영체제에게 실행 스케줄을 지시하기 위해 사용된 1960년대의 작업 제어 언어(JCL; job control language)로 거슬러 갈 수 있다. 오늘날에도 많은 사람들은 스크립트 언어를 다른 프로그램들의 실행을 지시하기 위한 언어로 간주하는데, 이는 오늘날의 스크립트 언어를 너무 좁게 본 것이다. 스크립트 언어의 예에는 Perl, PHP, VBScript 등이 포함된다. Perl과 PHP 모두 서버 측 웹 응용 프로그램(4.3절 참고)의 작성에 많이 사용되며, VBScript는 마이크로소프트에 의해 개발된 Visual Basic에서 파생된 언어이며 MS 윈도우 환경에서만 사용된다.

른 곳에서 사용하기 전에 미리 선언문을 통해 표시하도록 요구하고 있다. 이러한 선언문들은 또한 그 변수가 나타내는 메모리 위치에 저장할 값의 유형을 표시하도록 요구한다.

이러한 유형을 **데이터 타입**(data type)이라고 부르며 데이터 항목을 어떻게 인코딩할지와 그러한 데이터에 대해 수행될 수 있는 연산들을 규정한다. 예를 들면, **정수**(integer)라는 타입은 대개 2의 보수 표기법을 사용하여 저장되는 정수들을 가리킨다. 정수 데이터에 대해 수행될 수 있는 연산에는 전통적인 산술 연산과 상대적 크기 비교 등이 포함된다. **실수**(float 또는 real) 타입은 대개 부동소수점 표기법으로 저장되며, 정수 이외의 숫자들도 포함할 수 있는 숫자 데이터를 가리킨다. 실수 데이터 타입에 대해 수행될 수 있는 연산은 정수 타입에 대해 수행되는 연산들과 비슷하다. 그러나 두 개의 실수 타입 항목을 더하기 위해 필요한 동작은 두 개의 정수 타입 항목을 더하기 위해 필요한 동작과 차이가 있다.

프로그램에서 2의 보수 표기법으로 인코딩된 숫자 값을 포함하는 주기억장치 영역을 가리키기 위해 변수 `WeightLimit`를 사용하고자 한다. C, C++, 자바, C# 등의 언어에서는 이러한 의도를 선언하기 위해 프로그램의 앞부분에 다음과 같은 문장을 포함시킨다.

```
int WeightLimit;
```

이 문장의 의미는 "`WeightLimit`라는 이름은 프로그램 안에서 나중에 2의 보수 표기법으로 저장된 어떤 값을 포함하는 메모리 영역을 지칭하기 위해 사용될 것이다"라는 것이다. 하나의 선언문에서 동일한 타입의 변수 여러 개를 선언하는 것이 일반적으로 허용된다. 예를 들면, 다음 문장은 `Height`와 `Width` 모두 정수 타입 변수임을 선언한다.

```
int Height, Width;
```

그리고 대부분의 언어들은 변수를 선언할 때 초기 값을 지정하는 것을 허용한다. 다음 문장은 WeightLimit가 정수 타입의 변수임을 선언할 뿐만 아니라 그 변수에 초기 값으로 100을 지정하고 있다.

```
int WeightLimit = 100;
```

반면에 파이썬과 같은 동적 타입 언어에서는 먼저 변수 타입을 선언하지 않고 변수에 값을 배정할 수 있는데, 이러한 변수들에 대한 타입 검사는 연산이 수행될 때 이루어진다. 스위프트(Swift)와 같은 타입 추론 언어에서는 초기값이 불분명한 경우를 제외하고는 타입 표시 없이 변수를 선언하고 초기화할 수 있다.

널리 사용되는 다른 데이터 타입에 문자 타입과 부울 타입이 포함된다. **문자(character)** 타입은 ASCII나 유니코드(Unicode)로 저장되는 기호들로 이루어지는 데이터를 가리킨다. 이러한 데이터에 대해 수행되는 연산은 알파벳 순서에 따른 비교, 하나의 기호 열이 다른 기호 열 안에 나타나는지에 대한 검사, 한 기호 열 뒤에 다른 기호 열을 연결하여 긴 기호 열을 형성하는 결합 등이 포함된다. 다음과 같은 문장이 C, C++, C#, 자바 등에서 변수 Letter와 Digit이 문자 타입임을 선언하기 위해 사용될 수 있다.

```
char Letter, Digit;
```

부울(Boolean) 타입은 참이나 거짓 값만을 가질 수 있는 데이터 항목을 가리킨다. 부울 타입의 데이터에 대한 연산에는 현재의 값이 참인지 거짓인지에 대한 질의가 포함된다. 예를 들어, 변수 LimitExceeded가 부울 타입으로 선언되었을 경우, 다음과 같은 형식의 문장에 사용할 수 있을 것이다.

```
if (LimitExceeded) then (...) else (...)
```

정수를 나타내는 int, 문자를 나타내는 char 등과 같이 프로그래밍 언어에 프리미티브로서 포함된 데이터 타입들을 **프리미티브 데이터 타입(primitive data type)**이라고 부른다. 앞에서 살펴보았듯이, 정수 타입, 실수 타입, 문자 타입, 부울 타입 등이 흔히 사용되는 프리미티브들이다. 프리미티브로 보편화되어 있지 않은 데이터 타입에 이미지, 오디오, 비디오, 하이퍼텍스트 등이 포함된다. 그러나 GIF, JPEG, HTML 등의 타입이 정수나 실수처럼 보편화될 수도 있을 것이다. 6.5절과 8.4절 등에서 객체지향 패러다임을 통해 프로그래머가 데이터 타입 종류를 언어에서 제공하는 프리미티브를 넘어서 확장할 수 있는 방법에 대해 배우게 될 것이다. 실제로 이러한 타입 확장 기능이 객체지향 패러다임이 갖는 훌륭한 장점 중 하나이다.

요약하자면, C, C++, C#, 자바 등에서 다음과 같은 선언문으로 변수 Length와 Width는 실수 타입, 변수 Price, Tax, Total 등은 정수 타입, 변수 Symbol은 문자 타입임을 선언한다.

```
float Length, Width;
int Price, Tax, Total;
char Symbol;
```

6.4절에서 번역기가 이러한 선언문에서 얻은 정보를 고급 언어로 작성된 프로그램을 기계어로 번역할 때 어떻게 이용하는지 보게 될 것이다. 지금은 이러한 정보가 오류를 식별하는 데 사용될 수 있음을 밝혀둔다. 예를 들어 부울 타입으로 선언된 두 변수에 대한 덧셈을 요청하는 문장을 번역기가 발견하면 아마 이 문장을 오류로 간주하여 사용자에게 이를 보고할 것이다.

데이터 구조

프로그램 안의 변수들은 데이터 타입뿐만 아니라 종종 데이터 구조(data structure)와 연계되기도 하는데, 데이터 구조는 데이터에 대한 개념적 형태나 배치를 의미한다. 예를 들면, 텍스트는 대개 긴 문자열로 간주되며, 매출 레코드는 가로 열은 개별 사원의 매출을 나타내고 세로 열은 개별 날짜의 매출을 나타내는 숫자들로 이루어진 직사각형 테이블로 간주될 수도 있다.

일반적인 데이터 구조 중 하나로 배열(array)이 있는데, 배열이란 1차원 리스트, 가로 행(row)과 세로 열(column)을 갖는 2차원 테이블, 또는 고차원 테이블 등과 같이 동일한 타입의 원소들로 이루어지는 블록을 말한다. 프로그램에서 이러한 배열을 만들기 위해 많은 프로그래밍 언어에서는 배열의 이름을 선언할 때 각 차원의 길이도 함께 지정하도록 요구한다. 예를 들면, 그림 6.5는 다음과 같은 C 언어 문장에 의해 선언되는 개념적 구조를 표시하고 있다.

```
int Scores[2][9];
```

이 선언문은 "변수 Scores는 프로그램에서 2개의 행과 9개의 열을 갖는 2차원 정수 배열을 가리키기 위해 사용된다"는 것을 의미한다. FORTRAN에서는 다음과 같은 문장으로

그림 6.5 | 두 개의 행과 9개의 열을 갖는 2차원 배열

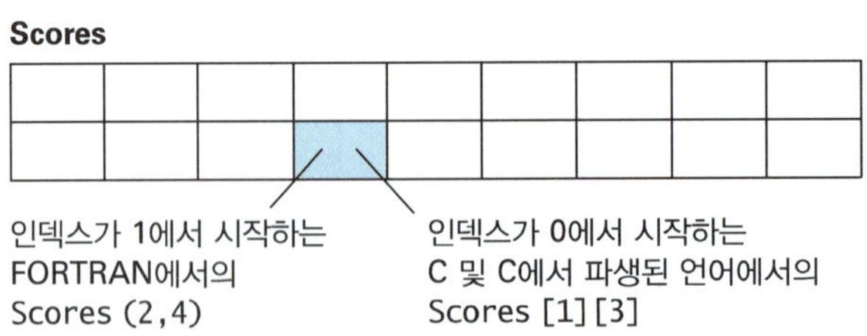

표현할 수 있다.

```
INTEGER Scores(2,9)
```

일단 배열이 선언되면, 프로그램에서 배열 이름으로 참조할 수도 있고, 원하는 행이나 열 등을 지정하는 **인덱스(index)**라고 불리는 정수 값을 이용하여 개별 원소를 표시할 수도 있다. 그러나 이러한 인덱스의 범위는 언어에 따라 조금씩 차이가 있다. 예를 들면, C, C에서 파생된 C++, 자바, C# 등에서 인덱스는 0에서 시작하며, 이는 (앞에서 선언된) Scores라는 배열에서 두 번째 행의 네 번째 열에 있는 항목은 Scores[1][3], 첫 번째 행의 첫 번째 열의 항목은 Scores[0][0] 등으로 참조될 것임을 의미한다. 이와는 달리 FORTRAN 프로그램에서 인덱스는 1에서 시작하며, 따라서 두 번째 행의 네 번째 열에 있는 항목은 Scores(2,4)로 참조될 것이다(그림 6.5 참고).

모든 데이터 항목이 동일한 타입을 갖는 배열과는 달리, (**집합체 타입(aggregate type)**, **레코드(record)**, 또는 **이질성 배열(heterogeneous array)**이라고도 불리는) **구조체(structure)**는 원소들마다 타입이 달라질 수 있는 데이터 블록을 말한다. 예를 들면, 어떤 사원을 가리키는 데이터 블록은 문자 타입의 Name이라는 항목, 정수 타입의 Age라는 항목, 실수 타입의 SkillRating이라는 항목 등으로 이루어질 수 있다. C에서 이러한 구조체는 다음과 같은 문장으로 선언될 것이다.

```
struct { char Name[25];
         int Age;
         float SkillRating;
       } Employee;
```

이 문장은 변수 Employee는 (25개의 문자들의 열인) Name, Age, SkillRating 등의 세 요소로 이루어지는 구조체(structure)임을 나타낸다(그림 6.6). 일단 이러한 구조체가 선언되면, 프로그래머는 구조체 이름 Employee를 사용하여 전체 구조체를 나타낼 수도

그림 6.6 구조체 Employee의 개념적 구성

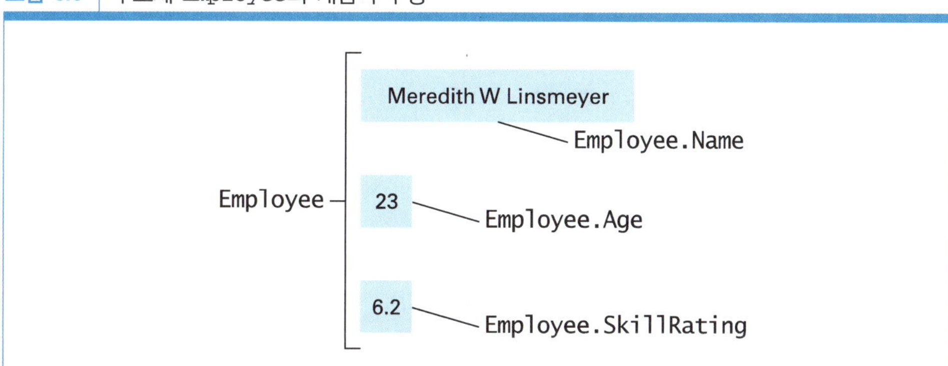

있고 구조체 이름 뒤에 마침표(.)와 필드 이름을 사용하는 `Employee.Age`와 같은 표현으로 개별 필드를 참조할 수도 있다.

8장에서 배열과 같은 개념적 구조들을 어떻게 컴퓨터 안에서 구현하는지 보게 될 것이다. 특히 하나의 배열 안에 포함된 데이터가 주기억장치나 대용량 저장장치 상에서 흩어져 분포될 수도 있음을 배우게 될 것이다. 이것이 앞에서 데이터 구조를 데이터의 *개념적* 형태 또는 배치라고 표현했던 이유이다. 실제로 컴퓨터 저장장치에서 실제 배치는 개념적 배치와 상당히 다를 수 있다.

상수와 리터럴

때로 미리 정해져 고정된 값이 프로그램 안에서 사용된다. 예를 들면, 특정 공항 근처의 항공 트래픽을 통제하는 프로그램 안의 여러 곳에서 공항의 해발 고도를 참조할 수 있다. 이러한 프로그램을 작성할 때 이 값(645 피트로 가정함)을 필요할 때마다 숫자로 표시할 수도 있다. 이렇게 값 자체를 표시하는 것을 **리터럴(literal)**이라고 부른다. 리터럴을 사용하는 문장은 다음과 같을 것이다.

```
EffectiveAlt = Altimeter + 645
```

위의 문장에서 `EffectiveAlt`와 `Altimeter`는 변수로 가정되며, 645는 리터럴이다. 따라서 이 문장은 변수 `Altimeter`에 배정된 값에 645를 더한 결과를 변수 `EffectiveAlt`에 배정하도록 요청한다.

대부분의 프로그래밍 언어에서 텍스트 리터럴은 작은따옴표나 큰따옴표를 사용하여 프로그램의 다른 요소들과 구분된다. 예를 들면,

```
LastName = "Smith"
```

와 같은 문장은 텍스트 "Smith"를 변수 `LastName`에 배정하기 위해 사용될 수 있는 반면,

```
LastName = Smith
```

와 같은 문장은 `Smith`라는 변수에 배정된 값을 변수 `LastName`에 배정하기 위해 사용될 것이다.

리터럴은 사용되는 문장의 의미를 가릴 수 있어 리터럴을 사용하는 것이 바람직하지 않은 프로그래밍 습관으로 간주되기도 한다. 예를 들면, 아래의 문장을 보고 645가 무엇을 나타내는지 알 수 없을 것이다.

```
EffectiveAlt = Altimeter + 645
```

그리고 리터럴은 프로그램의 수정 작업을 어렵게 만들 수도 있다. 앞의 항공 트래픽 프로그램을 다른 공항으로 옮겨 갈 경우, 공항의 고도에 대한 모든 참조가 변경되어야 한다.

고도를 매번 645라는 리터럴을 사용하여 참조하였다면, 프로그램 전체에 걸쳐 이러한 참조를 찾아 변경해야 한다. 특히 645가 공항의 고도가 아닌 다른 양을 나타내기도 한다면 문제는 더욱 복잡해질 것이다. 이 경우 어떤 645는 변경하고 어떤 645는 그대로 두어야 할지 파악하기가 쉽지 않을 것이다.

이러한 문제를 해결하기 위해 프로그래밍 언어들에서는 변경되지 않는 특정 값에 서술적 이름을 부여하는 것을 허용한다. 이러한 이름을 **상수(constant)**라고 부른다. 예를 들면, C, C++, C# 등에서

```
const int AirportAlt = 645;
```

와 같은 선언문은 식별자 AirportAlt에 고정된 값인 (정수 타입의) 645를 연계시킨다. 동일한 개념이 자바에서는 다음과 같은 문장으로 표현한다.

```
final int AirportAlt = 645;
```

스위프트에서는 다음과 같은 문장으로 표현한다.

```
let AirportAlt = 645
```

이러한 선언이 있은 다음에는 서술적인 이름 AirportAlt를 리터럴 645 대신 사용할 수 있다. 의사코드에서 이러한 상수를 사용한다면,

```
EffectiveAlt = Altimeter + 645
```

와 같은 문장은

```
EffectiveAlt = Altimeter + AirportAlt
```

와 같이 고쳐 쓸 수 있으며, 이 경우 문장의 의미가 더 잘 표현된다. 그리고 리터럴 대신 이러한 상수를 사용한다면, 이 프로그램을 고도가 267피트인 다른 공항으로 옮겨 갈 경우 그 상수를 정의하고 있는 선언문 하나만 변경하면 공항 고도에 대한 모든 참조를 새로운 값으로 변경한 셈이 된다.

배정문

일단 프로그램에서 사용될 변수들과 상수들을 나타내는 이름들을 선언한 다음, 프로그래머는 관련 알고리즘의 기술을 시작할 수 있다. 알고리즘의 기술은 명령문들을 사용하여 이루어진다. 가장 기본적인 명령문이 **배정문(assignment statement)**인데, 이는 변수에 식의 값을 배정하도록 요청한다. 또는 변수가 나타내는 메모리 영역에 값을 저장하도록 요청한다고 하는 것이 더 정확한 표현일 것이다. 배정문의 일반적 구문은 변수, 배정 연산을 나타내는 기호, 배정될 값을 가리키는 식이 차례대로 나타나는 형식을 취한다. 배정문

의 의미는 먼저 식의 값을 계산한 다음 그 결과를 변수 값으로 저장하라는 것이다. 예를 들면, C, C++, C#, 자바 등에서

```
Z = X + Y;
```

라는 문장은 X와 Y의 합을 변수 Z에 배정하도록 요청한다. 여러 명령형 언어들에서 문장들의 구분에 사용되는 행 끝의 세미콜론은 파이썬 배정문과 구문 상 구별되는 유일한 차이점이다. Ada와 같은 언어에서는 동일한 내용을 다음과 같은 문장으로 표시하기도 한다.

```
Z := X + Y;
```

위의 두 문장에서 차이가 나는 부분은 배정 연산자뿐인데, C, C++, C#, 자바 등에서는 등호만 사용하는데, Ada에서는 등호 앞에 콜론을 붙여 쓴다. 1962년 아이버슨(Kenneth E. Iverson)이 설계한 APL에서 사용되는 배정 연산자 기호가 어쩌면 더 적절할 수도 있다. (APL은 "A Programming Language"를 나타낸다.) APL은 배정 연산자로 화살표를 사용하며, 따라서 위의 배정문은 APL에서는 아래와 같이 표시될 것이다. 유감스럽게도 "←" 기호는 대부분의 키보드에서 제공되지 않는다.

```
Z ← X + Y
```

배정문의 유용성은 주로 오른쪽에 나타나는 식의 표현 능력에서 비롯된다. 일반적으로 사칙연산 기호 +(덧셈), −(뺄셈), *(곱셈), /(나눗셈) 등을 사용하는 어떤 산술식이라도 나타날 수 있다. C나 자바에서는 사용하고 있지 않지만 Ada나 파이썬과 같은 일부 언어에서는 지수 연산을 표현하기 위해 **라는 조합을 사용하기도 한다. 이러한 언어에서 아래 식은 x^2을 나타낸다.

```
x ** 2
```

그러나 이러한 식을 해석하는 방식에 있어서 언어들마다 차이가 있다. 예를 들면, 2 * 4 + 6 / 2와 같은 식을 오른쪽에서 왼쪽으로 평가해나갈 경우 14가 되지만, 왼쪽에서 오른쪽으로 평가해나갈 경우 7이 된다. 이러한 모호성은 대개 **연산자 우선순위(operator precedence)** 규칙에 의해 해결되는데, 이는 어떤 연산은 다른 연산에 비해 높은 우선순위를 갖는다는 의미이다. 대수학에서 전통적 규칙은 곱셈이나 나눗셈이 덧셈이나 뺄셈에 비해 높은 우선순위를 갖도록 정하고 있다. 즉, 곱셈이나 나눗셈은 덧셈이나 뺄셈에 비해 먼저 수행된다. 이러한 규칙을 따르면, 앞의 식은 11로 계산될 것이다. 대부분의 언어들에서는 연산자 우선순위를 넘어서기 위해 괄호를 사용할 수 있다. 예를 들면, 2 * (4 + 6) / 2를 계산하면 10이 될 것이다.

많은 프로그래밍 언어들에서 하나의 기호가 둘 이상의 연산을 나타내기 위해 사용될 수 있다. 이 경우 기호의 의미는 피연산자의 데이터 타입에 따라 정해진다. 예를 들면, +

기호는 피연산자들이 숫자일 경우에는 덧셈을 가리키지만, 자바나 파이썬과 같은 일부 언어에서 피연산자들이 문자열일 경우 문자열 결합(concatenation)을 가리키기도 한다. 즉, 다음 식의 결과는 *abracadabra*가 된다.

```
'abra' + 'cadabra'
```

하나의 연산 기호를 여러 용도로 사용하는 것을 중복 정의(overloading)라고 부른다. 많은 언어들에서는 일반 연산자 중 몇 개에 대해 내재된 중복 정의를 제공하는 반면, Ada, C++, C#, 스위프트 등의 언어들에서는 프로그래머가 추가적으로 중복 정의를 할 수 있거나 심지어 연산자를 추가할 수 있는 언어도 있다.

제어문

제어문(control statement)은 프로그램의 실행 순서를 변경한다. 프로그램에서 사용되는 문장 중 아마 제어문들이 가장 많은 주목을 받고 가장 많은 논란을 발생시켜왔다. 이 중에서도 가장 논란이 되는 것은 가장 단순한 제어문인 goto 문이다. goto 문은 이름이나 숫자로 표시되는 라벨이 달린 위치로 실행 순서를 옮기는 수단을 제공하며, 따라서 기계어의 점프 명령과 같다. goto 문의 문제는 고급 언어 기능이면서도 프로그래머로 하여금 아래와 같이 이해하기 어려운 코드를 작성하게 한다는 점이다.

```
    goto 40
20  Evade()
    goto 70
40  if (KryptoniteLevel < LethalDose) then goto 60
    goto 20
60  RescueDamsel()
70  ...
```

사실 위의 코드는 다음의 한 문장으로 간결하게 표현할 수 있다.

```
if (KryptoniteLevel < LethalDose):
  RescueDamsel()
else:
  Evade()
```

goto 문으로 인해 야기되는 복잡성을 피하기 위해 오늘날의 언어들은 하나의 구문으로 전체 분기(branching) 패턴을 표현할 수 있는 제어문들을 사용한다. 특정 언어에서 어떤 제어문들을 포함할 것인가 하는 것은 설계상의 중요한 결정사항이다. 제어문 설계의 목표는 프로그래머로 하여금 알고리즘을 보다 읽기 쉬운 형태로 표현할 수 있도록 돕자

프로그래밍 언어에 따른 문화

일상 언어들과 마찬가지로 서로 다른 프로그래밍 언어를 사용하는 사람들도 문화적 차이를 보이며 때로 각 언어의 장점에 대해 토론하기도 한다. 특히 관련 프로그래밍 패러다임이 다를 경우, 언어들 사이의 차이는 심각할 수도 있다. 그러나 경우에 따라서는 언어들 사이의 차이가 미세한 정도에 그칠 수도 있다. 예를 들면, 파스칼에서는 프로시저와 함수를 구별하고 있지만(6.3절), C나 파이썬 프로그래머들은 이들 모두를 함수라고 부른다. 이것은 파이썬 프로그램에서는 프로시저를 반환하는 값이 없는 함수로 간주하기 때문이다. 또 다른 예는 C++ 프로그래머들이 객체 안의 프로시저를 멤버 함수(member function)라고 부르는 것인데, 원래 이에 해당하는 일반적 용어는 메서드(method)이다. 이러한 용어상의 차이는 C++가 C의 확장으로 개발되었다는 사실에 기인한다. 또 다른 문화적 차이는 Ada 프로그램을 인쇄할 때 예약어(reserved word)들을 진한 글씨 또는 대문자로 표시하는 것인데, C, C++, C#, FORTRAN, 자바 등에서는 취하지 않는 방식이다.

비록 이 책의 여러 장에서 파이썬 스타일의 예제들을 사용하고 있지만, 구체적 예를 들 경우에는 관련 언어에서 일반적으로 사용하는 스타일을 따르고 있다. 이러한 예를 살펴볼 때는 일반적 개념이 실제 언어로는 어떻게 표현되는지 보여주고 있는 것이지 개별 언어의 자세한 내용을 설명하기 위한 것이 아니라는 것을 유의하기 바란다. 즉, 나무보다는 숲을 볼 수 있어야 한다.

는 것이다. 이를 위해 프로그램을 너절하게 만들기 쉬운 것으로 판명된 기능들의 사용을 제한하는 것이 바람직하며, 그 결과로 나온 것이 조직적 설계 방법론과 프로그래밍 언어 제어문들의 적절한 이용을 결합한 **구조적 프로그래밍(structured programming)**이라는 프로그래밍 방식이다. 이 방식의 중심 개념은 쉽게 이해할 수 있고 명세에 맞는지 확인하기 쉬운 프로그램을 만들자는 것이다.

우리는 이미 5장에서 `if-else` 문과 `while` 문이라는 두 개의 널리 사용되는 분기 구조를 살펴본 바 있다. 이들은 거의 모든 명령형, 함수형, 또는 객체지향 언어에 나타난다. 보다 정확히 표현하자면,

```
if (condition):
  statementA
else:
  statementB
```

그리고

```
while (condition):
  body
```

와 같은 파이썬 문장들은 C, C++, C#, 자바 등에서는 아래와 같이 표현될 것이다.

```
if (condition) statementA; else statementB;
```

그리고

```
while (condition) { body }
```

4개의 언어 모두에서 이 문장들이 동일한 것은 C++, C#, 자바 등이 명령형 언어 C의 객체지향형 확장이라는 사실로 인한 것임에 유의하기 바란다. 반면에 Ada에서 위의 문장들에 해당되는 표현은 아래와 같다.

```
IF condition THEN
  statementA;
ELSE
  statementB;
END IF;
```

그리고

```
WHILE condition LOOP
  body
END LOOP;
```

보편적으로 사용되는 또 다른 분기 구조는 종종 switch 문 또는 case 문으로 표현된다. 이 구조는 지정된 변수가 갖는 값에 따라 여러 문장 열 중 하나를 선택할 수 있는 수단을 제공한다. 예를 들면, C, C++, C#, 자바 등에서

```
switch (variable) {
  case 'A': statementA; break;
  case 'B': statementB; break;
  case 'C': statementC; break;
  default: statementD;
}
```

와 같은 문장은 variable의 현재 값이 각기 A, B, C일 경우 statementA, statementB, statementC가 실행될 것이며, variable의 값이 그 외의 값일 경우 statementD가 실행될 것이다. 스위프트에서도 비슷하지만 세미콜론이나 break 문은 사용하지 않는다. 동일한 구조가 Ada에서는 아래와 같이 표현될 것이다.

```
CASE variable IS
  WHEN 'A'=> statementA;
  WHEN 'B'=> statementB;
  WHEN 'C'=> statementC;
  WHEN OTHERS=> statementD;
END CASE
```

그림 6.7은 흔히 for 루프라고 부르는 또 다른 보편적 제어 구조의 예와 C++, C#, 자바 등에서의 표현을 나타낸다. 이 구조는 5장에서 소개된 파이썬 for 구조와는 차이가 있다. 데이터 리스트 항목들에 대해 반복이 이루어지는 루프를 위한 초기화, 변경, 종료 조건 등을 묵시적으로 지정하는 대신 C 계열의 for 구조에서는 루프의 초기화, 변경, 종료 조건 등을 모두 하나의 문장 안에서 명시적으로 표현한다는 차이가 있다. 특정 범위 안의 값들 각각에 대해 루프의 본체가 한 번씩 수행되어야 할 경우에 for 문은 편리하다. 예를 들면, 그림 6.7의 문장은 Count의 값이 1, 2, 3의 차례로 변화하면서 루프의 본체가 한 번씩 수행되도록 지시하고 있다. 두 가지 유형의 for 구조 모두를 사용하는 프로그래밍 언어의 경우 foreach나 for...in 등과 같이 구문으로 구분할 수 있다.

예제들을 통해 나타내고자 하는 요점은 명령형 언어들이나 객체지향 언어들 전반에 걸쳐 약간씩 변형되어 있기는 하지만 보편적인 분기 구조들이 나타난다는 것이다. 놀랍게도 이론 컴퓨터과학 분야에서 도출된 결과에 따르면, 알고리즘적 해결방법을 갖는 어떤 문제에 대해서도 알고리즘 표현에 꼭 필요한 분기 구조는 이 중 몇 개면 충분하다는 것이다. 이러한 주장에 대해서는 12장에서 살펴볼 것이다. 지금으로서는 프로그래밍 언어를 배우는 것이 서로 다른 수많은 제어 구조를 끝없이 배워야 하는 것은 아니라는 점만 지적해둔다. 오늘날의 프로그래밍 언어들에서 볼 수 있는 대부분의 제어 구조는 기본적으로 이 절에서 살펴본 것들의 변형 정도이다.

그림 6.7 for 루프 구조와 C++, C#, 자바 등에서의 for 문

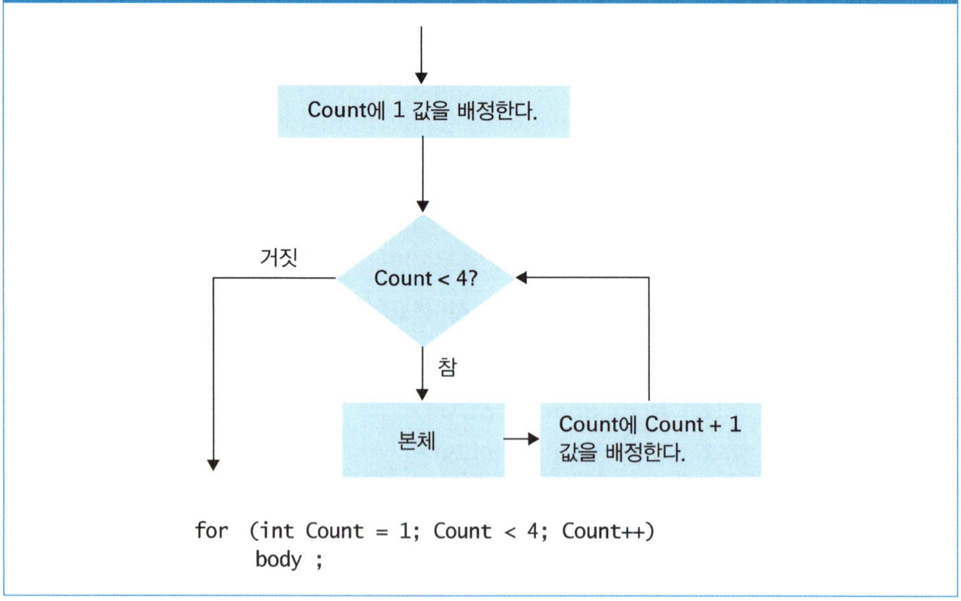

주석

프로그래밍 언어가 아무리 잘 설계되고 프로그램에서 그 언어의 기능을 아무리 잘 사용하더라도, 사람이 프로그램을 읽고 이해하려 할 때 대개 추가적인 정보가 도움이 되며 경우에 따라서는 필수적이다. 이러한 이유로 프로그래밍 언어들은 주석(comment)이라고 불리는 설명문들을 프로그램 안에 넣을 수 있는 방법을 제공한다. 번역기는 주석을 무시하며, 따라서 주석의 존재 여부는 기계적으로는 프로그램에 아무 영향을 미치지 않는다. 번역기에 의해 만들어지는 기계어 버전 프로그램은 주석이 있든 없든 동일한 내용을 갖지만, 주석이 제공하는 정보는 읽는 사람에게는 프로그램의 중요한 부분이다. 이러한 정보 없이는 프로그래머가 복잡한 프로그램을 이해하는 일이 아주 어려울 수도 있다.

프로그램 안에 주석을 넣는 일반적인 방법 두 가지가 있다. 하나는 주석의 시작부분과 끝부분에 특별한 기호를 사용하여 주석 전체를 둘러싸는 방법이다. 또 다른 방법에서는 주석의 시작 부분만을 표시하고, 표시 기호 오른쪽에서 해당 줄 끝까지 주석이 차지한다. C++, C#, 자바 등에서는 이 두 가지 기법 모두 사용한다. 이러한 언어들에서는 /*와 */를 사용하여 주석을 둘러쌀 수도 있고, //로 시작하여 줄 끝까지 계속되는 주석도 사용한다. 따라서

```
/* This is a comment. */
```

와

```
// This is a comment.
```

모두 유효한 주석이다.

Visual Basic

Visual Basic은 마이크로소프트에서 개발된 객체지향 프로그래밍 언어 중 하나이며, 마이크로소프트 윈도우 운영체제의 사용자들이 GUI 응용 프로그램을 개발할 때 사용할 수 있는 도구이다. 실제로 Visual Basic은 단순히 언어로만 그치는 것이 아니며, 프로그래머가 (버튼, 체크박스, 텍스트박스, 스크롤바 등등의) 사전 정의된 컴포넌트들을 사용하여 응용 프로그램을 구축하고 다양한 사건에 대해 이러한 컴포넌트들이 어떻게 반응할지 기술함으로써 컴포넌트들을 응용 프로그램에 맞게 조정할 수 있게 해주는 종합적인 소프트웨어 개발 패키지이다. 예를 들어 버튼의 경우, 프로그래머는 버튼을 클릭했을 때 어떤 일이 일어나야 할지 기술하게 될 것이다. 7장에서 사전 정의된 컴포넌트들을 사용하여 소프트웨어를 구축하는 것이 소프트웨어 개발 기법의 최근 추세임을 배우게 될 것이다.

윈도우 운영체제의 광범위한 보급과 Visual Basic 개발 패키지의 편리성이 결합되어 원래의 Visual Basic은 1990년대에 널리 사용되는 프로그래밍 언어의 하나로 자리 잡았다. VB.NET과 같은 Visual Basic의 후속 버전들은 그래픽 사용자 인터페이스를 이용하는 소프트웨어에 대한 단기 프로토타이핑 등에 많이 사용되고 있다.

의미 있는 주석을 만들기 위해 유념해야 할 사항이 몇 가지 있다. 초보 프로그래머들이 프로그램의 자체적 설명을 위해 주석을 사용하도록 지시받을 경우,

```
ApproachAngle = SlipAngle + HyperSpaceIncline;
```

와 같은 명령문에 대해 "HyperSpaceIncline과 SlipAngle을 더하여 ApproachAngle을 계산한다"와 같은 주석을 다는 경우가 있다. 이러한 중복 주석은 프로그램을 명확하게 하기보다는 오히려 길어지게만 할 뿐이다. 주석의 목적은 프로그램을 설명하자는 것이지 프로그램을 되풀이하자는 것이 아니다. 왜 ApproachAngle를 계산하는지에 대한 설명이라면 (그 이유가 프로그램상 명확하지 않다면) 이 경우에 적절한 주석이 될 수도 있을 것이다. 예를 들면, "ApproachAngle은 ForceFieldJettisonVelocity의 계산에 사용되며, 그 이후에는 필요하지 않다"와 같은 주석이 앞의 주석보다는 훨씬 도움이 될 것이다.

그리고 프로그램 문장들 사이에 주석이 섞여 있으면, 때로 사람이 프로그램의 흐름을 따라가는 데 방해가 될 수 있으며 이 경우 오히려 주석이 없을 때보다 프로그램을 이해하기 어렵게 만들 수도 있다. 바람직한 방식은 한 프로그램 단위에 관련된 주석을 해당 단위의 앞부분 등의 위치에 모아서 정리하는 것이다. 이렇게 함으로써 해당 프로그램 단위를 읽는 사람이 어디에서 설명을 찾아야 할지 분명해진다. 또한 이 부분에서 프로그램 단위의 목적과 특성을 기술할 수도 있다. 각 프로그램 단위에 대해 설명문을 앞에 두고 실제 코드를 그 뒤에 작성하는 형식을 모든 프로그램 단위에 적용함으로써 전체 프로그램에 걸쳐 어느 정도의 일관성을 갖출 수 있을 것이다. 이러한 일관성은 프로그램을 읽는 데 도움이 된다.

블록 기반 프로그래밍

블록 기반 프로그래밍 언어라고도 불리는 시각적 프로그래밍 언어들은 프로그래머가 화면상에서 그래픽 블록을 조작하는 것으로 프로그램을 작성할 수 있게 해주며, 전통적인 텍스트 기반 프로그래밍 환경에 대한 대안으로 떠오르고 있다. 루프, 조건, 함수 등등의 기본적인 언어 구조들은 프로그램 명령 시퀀스 생성을 위해 레고 블록처럼 끼워 넣을 수 있는 그래픽 블록으로 표현될 수 있다.

사용 용이성으로 인해 시각적 프로그래밍 언어들은 아동이나 대학신입생들을 위한 컴퓨터과학 입문 교과용으로 선택되고 있다. 앨리스(Alice), 스크래치(Scratch), 스타레고(StarLogo), 앱인벤터(App Inventor) 등은 교육에 널리 사용되는 블록 기반 언어들이다.

원리상 블록 기반 언어는 텍스트 기반 프로그래밍 언어만큼의 표현력을 갖지는 못하지만, 단순화된 교육용 시각적 언어들이 많이 사용되다보니 이들은 기초적인 작업에만 사용될 수 있다는 오해를 하는 학생들이 많다. 사실 강력한 블록 언어들은 임베디드 시스템에 대한 프로그래밍, 복잡한 미디어 산출물의 조작, 시뮬레이션 구축 등에도 사용될 수 있다.

연습문제

1. 상수를 사용하는 것이 리터럴을 사용하는 것보다 바람직한 프로그래밍 스타일로 간주되는 것은 어떤 이유에서인가?
2. 선언문과 명령문의 차이는 무엇인가?
3. 보편적인 데이터 타입 몇 가지를 들어보라.
4. 명령형 프로그래밍 언어들과 객체지향 프로그래밍 언어들에서 공통적으로 발견되는 제어 구조에는 어떤 것들이 있는가?
5. 배열과 구조체의 차이는 무엇인가?

6.3 프로그램 단위

앞의 장들에서 큰 프로그램을 관리하기 쉬운 단위로 분할할 경우의 이점을 살펴본 바 있다. 이 절에서는 명령형 언어에서 프로그램을 모듈 형식으로 표현하기 위해 사용하는 주요 기법인 함수 개념에 대해 자세히 알아볼 것이다. 5장에서 언급되었듯이 프로그래밍 언어들에서는 이러한 핵심 개념에 부프로그램(subprogram), 서브루틴(subroutine), 프로시저(procedure), 메서드(method), 함수(function) 등 조금씩 다른 의미를 갖는 여러 용어들을 사용해왔다. 명령형 언어에서는 함수라는 용어가 가장 많이 사용되는 반면, 객체지향 언어에서는 객체들이 다양한 자극에 대해 어떻게 반응할지를 규정할 때 메서드라는 용어를 선호한다.

함수

함수(function)의 일반적 의미는 다른 프로그램 단위에서 추상적 도구로 사용될 수 있으며 어떤 작업을 수행하는 명령들의 모임을 말한다. 함수에 대한 서비스 요청이 있으면 그 때 제어는 함수 쪽으로 이동되며, 함수가 완료되면 원래의 프로그램 단위로 돌아온다(그림 6.8). 제어를 함수로 이동하는 과정을 함수 **호출(calling 또는 invoking)**이라고 부른다. 함수의 실행을 요청하는 프로그램 단위를 **호출 단위(calling unit)**라고 부를 것이다.

5장의 파이썬 예제에서처럼 함수는 대개 개별 프로그램 단위로 작성된다. 이 단위는 함수의 이름을 포함하는 **함수 헤더(function header)**라고 불리는 문장으로 시작된다. 헤더 뒤에는 함수의 세부사항을 정의하는 문장들이 온다. 이 문장들은 전통적인 명령형 프로그램 안의 문장들과 동일하게 배열되는데, 함수 안에서 사용되는 변수들을 기술하는 선언문

그림 6.8 | 함수와 관련한 제어의 흐름

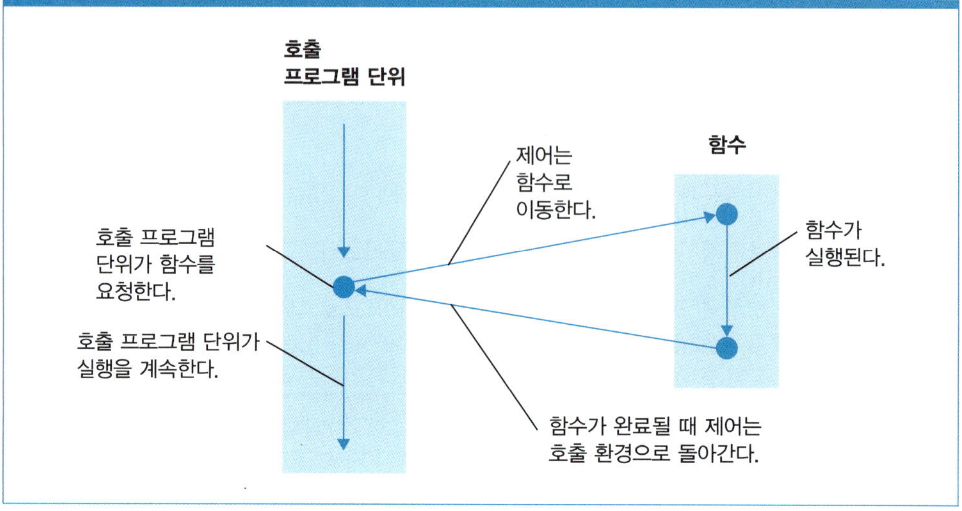

들이 먼저 나타나고 함수가 실행될 때 수행되어야 할 단계들을 기술하는 명령문들이 그 뒤에 온다. 일반적으로 함수 안에서 선언되는 변수를 **지역변수**(local variable)라고 부르는데, 이는 이러한 변수는 함수 내부에서만 참조될 수 있음을 의미한다. 이러한 개념은 서로 독립적으로 작성된 두 함수에서 동일한 이름을 갖는 변수들을 사용할 경우에 발생할 수 있는 혼란을 방지한다. 어떤 변수가 참조될 수 있는 프로그램 부분을 그 변수의 **참조범위**(scope)라고 부른다. 따라서 지역변수의 참조범위는 그 변수가 선언된 함수이다. 참조범위가 프로그램의 특정 부분으로 제한되지 않는 변수는 **전역변수**(global variable)라고 부른다. 대부분의 프로그래밍 언어에서는 변수가 지역변수인지 전역변수인지 지정하기 위한 수단을 제공한다.

대부분의 프로그래밍 언어에서는 함수의 이름을 표시하는 것만으로 함수를 호출할 수 있다. 예를 들어 GetNames, SortNames, WriteNames 등이 이름들로 이루어진 리스트를 받아오고, 정렬하고, 인쇄하는 함수들의 이름일 경우, 그와 같은 리스트를 받아와서 정렬하고 인쇄하는 프로그램은

```
GetNames()
SortNames()
WriteNames()
```

와 같이 작성될 수 있다. 각 함수에 함수가 수행하는 동작을 가리키는 적절한 이름을 지정함으로써, 앞에서와 같이 간결한 함수 호출 형식을 사용할 경우 프로그램의 의미를 잘 나타내는 일련의 명령처럼 보이게 된다는 점에 주목하기 바란다.

새로운 함수들을 처음 개발하는 일은 초보 프로그래머에게는 어려울 수 있다. 새로운

함수를 정의하는 구문은 대부분 언어에서 단순하지만, 올바른 추상화 요소들을 파악하고 이들을 프로그래밍 언어 코드로 깔끔하게 표현하는 일은 많은 연습을 요한다. 초보자들은 모든 경우를 만족하는 하나의 함수를 작성하는 일반화를 수행하기에 앞서 연관된 작업들의 개별 경우를 처리하는 여러 개의 코드를 작성하게 될 수도 있다. 개별 사례들의 세부사항에 초점을 맞추면 공통점을 파악하는 일이 쉬울 수 있다. 훌륭한 함수를 작성함에 있어 핵심적인 지적 작업은 추상화이다.

매개변수

때로 함수들은 함수가 호출될 때 구체화되는 일반형 명칭들을 포함하여 작성되기도 한다. 예를 들어 5장의 그림 5.11은 특정 리스트가 아니라 일반형 리스트를 사용하여 표현되어 있다. 이 책에서 사용하는 의사코드에서는 이러한 일반형 명칭들을 함수 헤더의 괄호 안에 표시하기로 정하였다. 따라서 그림 5.11에서 함수는

```
def Sort (List):
```

와 같은 헤더로 시작한 다음 정렬 대상인 리스트를 가리키는 이름으로 `List`를 사용하면서 정렬 과정을 기술한다. 결혼식 하객 리스트를 정렬하고자 할 경우, 일반형 명칭인 `List`가 결혼식 하객 리스트를 가리킨다고 가정하고 함수에서 주어지는 명령을 따라 하면 된다. 어떤 회원 리스트를 정렬하고자 할 경우라면, 이번에는 일반형 명칭인 `List`가 회원 리스트를 가리킨다고 가정하고 함수에서 주어지는 명령을 따라 하면 된다.

함수 내부의 그와 같은 일반형 명칭들을 **매개변수**(parameter)라고 부른다. 보다 정확히는 함수 내부의 일반형 명칭들은 **형식 매개변수**(formal parameter)라고 부르며, 함수가 호출될 때 정해지는 형식 매개변수의 정확한 의미를 **실질 매개변수**(actual parameter)라고 부른다. 어떤 의미에서는 형식 매개변수는 함수를 호출할 때 실질 매개변수를 끼워 넣을 수 있는 (함수에 마련되어 있는) 빈자리에 해당된다고 볼 수 있다.

파이썬에서처럼 많은 프로그래밍 언어들은 함수를 정의할 때 매개변수들을 함수 헤더의 괄호 안에 나열한다. 그림 6.9에서 C 언어로 작성된 `ProjectPopulation`이라는 이름의 함수에 대한 정의의 예를 보여주고 있다. 이 함수는 호출될 때 특정 연간 성장률이 주어질 것을 기대한다. 이 비율에 기초하여 `ProjectPopulation` 함수는 최초의 개체수를 100으로 가정하고 향후 10년간 특정 종에 대한 예상 개체수를 계산하고 그 값들을 전역 배열 `Population`에 저장한다.

대부분의 프로그래밍 언어들은 함수를 호출하면서 실질 매개변수를 표시할 때에도 괄호 표기를 사용한다. 즉, 함수의 실행을 요청하는 문장은 함수 이름과 그 뒤에 오는 괄호로 둘러싸인 실질 매개변수 리스트로 이루어진다. 따라서 의사코드에서와 같은

성장률로 `0.03`**을 사용하여** `ProjectPopulation()`**을 호출하라**

그림 6.9 | C 언어로 작성된 ProjectPopulation 함수

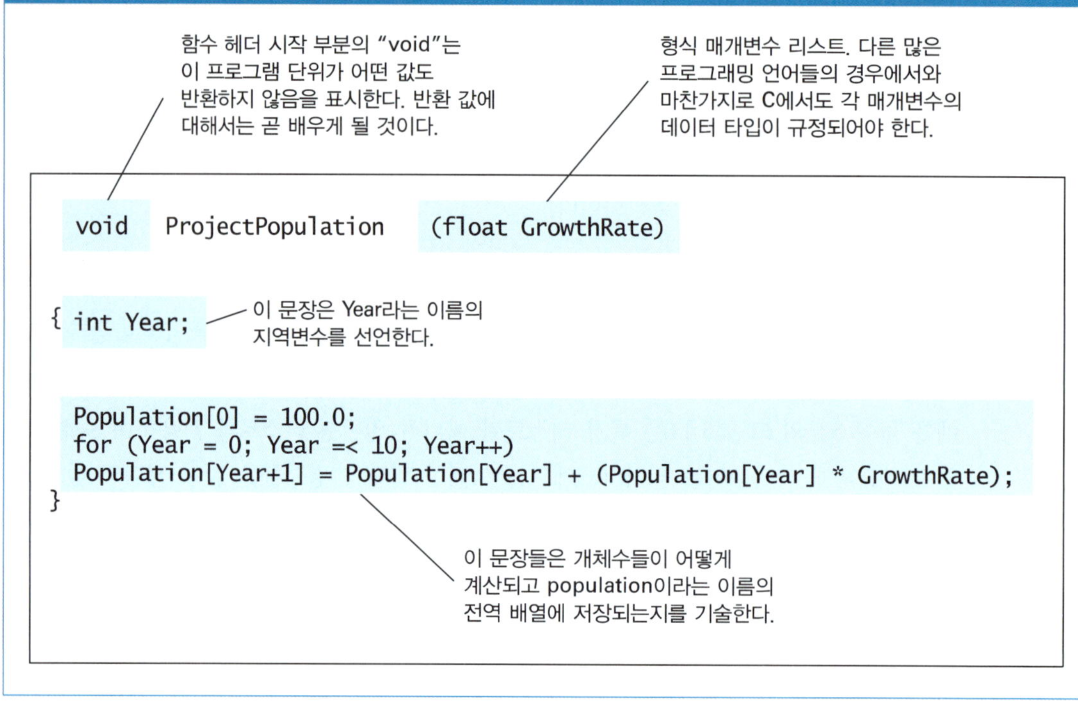

라는 문장을 사용하는 대신, C 프로그램에서 성장률로 0.03을 사용하여 그림 6.10의 `ProjectPopulation` 함수를 호출하는 문장은 다음과 같다. 파이썬에서도 동일한 구문을 사용하지만 문장 끝에 세미콜론을 사용하지 않는다.

```
ProjectPopulation(0.03);
```

둘 이상의 매개변수가 사용될 경우, 실질 매개변수와 함수 헤더의 형식 매개변수는 한 항목씩 대응된다. 즉, 첫 번째 실질 매개변수는 첫 번째 형식 매개변수에 대응되는 식이다. 이러한 방식으로 실질 매개변수들의 값은 대응되는 형식 매개변수에 전달되어 함수가 실행된다.

매개변수 대응관계에 대한 예제로서 다음과 같은 헤더를 갖는 것으로 정의된 `PrintCheck` 함수를 생각해보자.

```
def PrintCheck(Payee, Amount):
```

여기에서 `Payee`와 `Amount`는 각기 수표 수신인과 금액을 나타내는 함수 내부의 형식 매개변수들이다. 이 경우,

```
PrintCheck('John Doe', 150)
```

라는 문장으로 함수를 호출하면, 형식 매개변수 `Payee`는 실질 매개변수 `John Doe`와 연

계되고 형식 매개변수 Amount는 150이라는 값에 연계된 상태에서 PrintCheck 함수가 실행될 것이다. 그러나 만일

```
PrintCheck(150, 'John Doe')
```

라는 문장으로 함수를 호출하면, 150이라는 값을 형식 매개변수 Payee에 배정하고 John Doe라는 이름을 형식 매개변수 Amount에 배정할 텐데, 이는 잘못된 결과를 발생시킬 것이다.

실질 매개변수와 형식 매개변수 사이에 데이터를 전달하는 작업은 프로그래밍 언어마다 다양한 방식으로 처리된다. 어떤 언어들에서는 함수에 주어지는 실질 매개변수가 나타내는 데이터의 복사본이 만들어져 함수에 전달된다. 이 방식을 사용할 경우 함수 안에서 데이터가 어떻게 변경되더라도 복사본에만 변화가 반영되며, 호출 프로그램 단위의 데이터는 전혀 변경되지 않는다. 이러한 매개변수 전달 방식을 "**값에 의한 전달(passed by value)**"이라고 부른다. 값에 의한 매개변수 전달은 잘못 설계된 함수에서 호출 단위 쪽의 데이터를 실수로 변경하는 것을 방지하는 효과가 있음에 유의하기 바란다. 예를 들어 호출 단위에서 어떤 함수에 사원의 이름을 전달할 경우, 함수에서 그 이름을 변경하는 것을 원하지 않을 것이다.

유감스럽게도 값에 의한 매개변수 전달은 대규모 데이터 블록의 경우 비효율적이다. 이 경우 보다 효율적인 기법은 함수에 호출 프로그램 단위 쪽의 실질 매개변수의 주소를 알려줌으로써 함수가 실질 매개변수에 접근할 수 있게 하는 방식이다. 이러한 매개변수 전달 방식을 "**참조에 의한 전달(passed by reference)**"이라고 부른다. 참조에 의한 전달은 호출 환경 쪽에 있는 데이터의 변경을 허용한다. 리스트를 정렬하는 함수의 경우 참조에 의한 전달 방식이 바람직한데, 이러한 함수는 리스트에 변화를 일으키는 것이 목적이기 때문이다.

다음과 같이 정의된 Demo 함수를 예제로 살펴보자.

```
def Demo (Formal):
  Formal = Formal + 1;
```

그리고 Actual이라는 변수에 5라는 값이 배정되어 있고 다음 문장으로 Demo를 호출하였다고 가정하자.

```
Demo(Actual)
```

매개변수가 값에 의해 전달될 경우, 함수 안에서 Formal에 일어난 변화는 변수 Actual에 반영되지 않는다(그림 6.10). 그러나 매개변수가 참조에 의해 전달될 경우, 변수 Actual의 값은 1만큼 증가될 것이다(그림 6.11).

프로그래밍 언어마다 사용하는 매개변수 전달 방식이 일정하지 않지만, 매개변수를 사용함으로써 함수는 일반성을 갖도록 정의될 수 있으며, 적절한 시점에 특정 데이터에 적

그림 6.10 | 값에 의한 전달과 Demo 함수의 실행

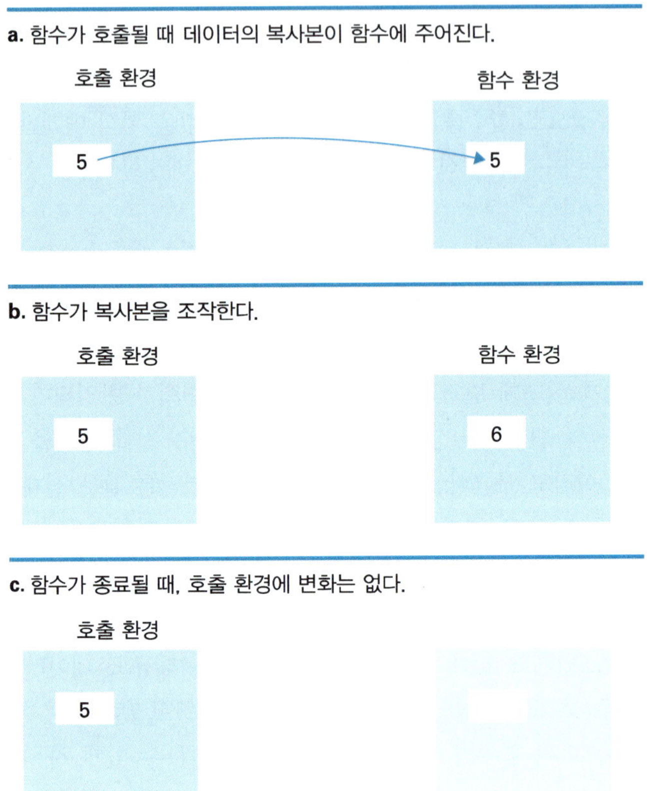

용될 수 있다. 일반화된 함수들은 효과적인 소프트웨어 재사용의 초석이다. 숙련된 프로그래머라면 자주 발생하는 문제들을 해결하는 함수들을 충분히 테스트해두었다가 손쉽게 이용할 수 있도록 간직할 것이다.

결과 있는 함수

여기에서는 많은 프로그래밍 언어에서 볼 수 있는, 함수를 약간 변형한 형태를 살펴보기로 하자. 때로 함수의 목적이 어떤 동작을 수행하기보다는 어떤 값을 계산하기 위한 경우가 있다. (제품들에 대한 판매 예상 개수를 추정하는 것이 목적인 함수와 간단한 게임을 수행하기 위한 함수 사이의 차이를 생각해보면, 전자의 경우는 어떤 값을 계산하는 것을 강조하는 반면 후자의 경우 어떤 동작의 수행을 강조하고 있음을 알 수 있다.) 실제로 컴퓨터과학에서 *함수*(*function*)라는 용어는 기본적으로 입력 집합과 출력 집합 사이의 관계를 의미하는 수학적 함수 개념에서 비롯된 것이다. 이러한 의미에서 지금까지의 모든

그림 6.11 | 참조에 의한 전달과 Demo 함수의 실행

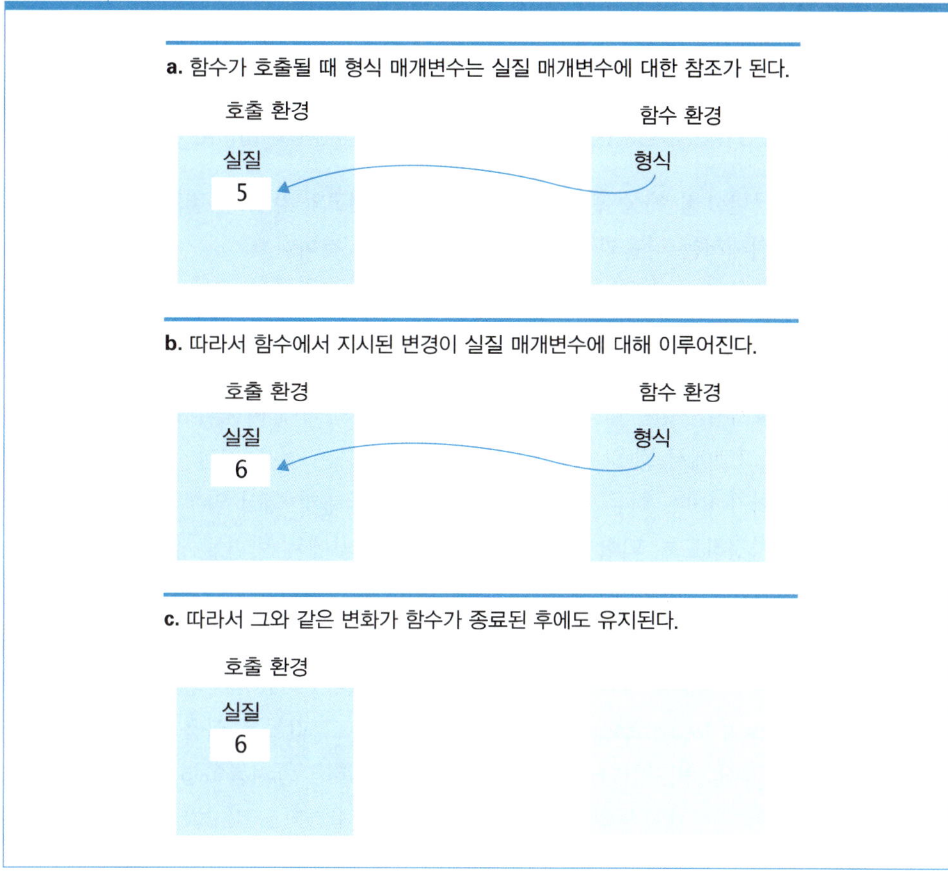

파이썬 및 의사코드 예제상의 함수들은 출력 값을 갖지 않는 특별한 함수들이다. (기술적으로 파이썬의 모든 함수들은 값을 리턴하며, 따라서 수학적 용어 함수의 정의에 들어맞는다고 볼 수 있다. return 문을 포함하지 않는 파이썬 함수는 None이라는 값을 리턴하는 것으로 간주된다.) 프로그래밍 언어들에서 이러한 두 가지 유형의 프로그램 단위를 구별하기 위한 여러 용어들이 사용되어 왔다. 영향력 높은 언어인 파스칼에서 값을 리턴하지 않는 서브프로그램을 가리키기 위해 **프로시저(procedure)**라는 용어를 사용하고 있다. C와 자바에서는 리턴 값이 없는 함수나 메서드를 표시하기 위해 **void**라는 키워드를 사용한다. 파이썬 프로그래머 사이에서는 리턴 값을 갖는 함수를 구별하기 위해 **결과 있는 함수(fruitful function)**라는 용어가 사용된다. 언어들마다 사용하는 용어는 다르지만, 대부분의 언어들에서 "함수의 값"을 호출 프로그램 단위로 돌려보내는 프로그램 단위라는 개념을 나타내는 이름을 갖고 있다. 즉, 함수를 실행한 결과로 어떤 값을 계산하여 호출 프로그램 단위로 보내게 된다. 함수 값은 나중에 참조하기 위해 변수에 저장될 수도 있고, 아니면 계산에서 바로 사용될 수도 있다. C, C++, 자바, C# 등에서 1월에 얼마나 많

은 제품이 판매될지에 대한 예상치를 구하기 위해 EstimatedSales 함수를 적용한 결과를 변수 ProjectedJanSales에 저장하도록 요청하기 위한 문장은 다음과 같이 작성될 수 있다.

```
ProjectedJanSales = EstimatedSales(January);
```

또는 금년 1월 예상 판매고가 작년 1월 판매고와 비교한 결과에 따라 다른 동작을 수행하기 위해서는 다음과 같이 작성할 수 있을 것이다.

```
if (LastJanSales < EstimatedSales(January)) ...
else ...
```

이 문장에서는 함수에 의해 계산된 값이 분기 선택에 사용되기만 하며 저장은 되지 않는다.

프로그램에서 값을 리턴하는 함수를 정의하는 것은 결과 값이 없는 함수의 경우와 별반 차이가 없다. 다른 점이라면 함수의 경우 대개 헤더 앞부분에 반환될 값의 데이터 타입을 지정하도록 되어 있으며, 함수 정의의 끝에는 반환될 값을 지정하는 return 문을 사용한다는 정도이다. 그림 6.12는 C 언어로 작성된 CylinderVolume이라는 이름의 함수 정의를 보여주고 있다. (실제 C 프로그래머라면 보다 간결한 형식을 사용했겠지만, 여기에서는 설명을 위해 다소 길게 작성되었다.) 이 함수는 호출될 때 형식 매개변수 Radius와 Height에 특정 값을 받게 되며, 그 값들을 사용하여 원통 모양의 부피를 계산한 결과를 반환한다. 아래와 같은 문장을 통해 반지름이 3.45이고 높이가 12.7인 원통에 들어가는 내용물의 비용을 결정하기 위해 CylinderVolume 함수를 프로그램에서

그림 6.12 | C 언어로 작성된 CylinderVolume 함수

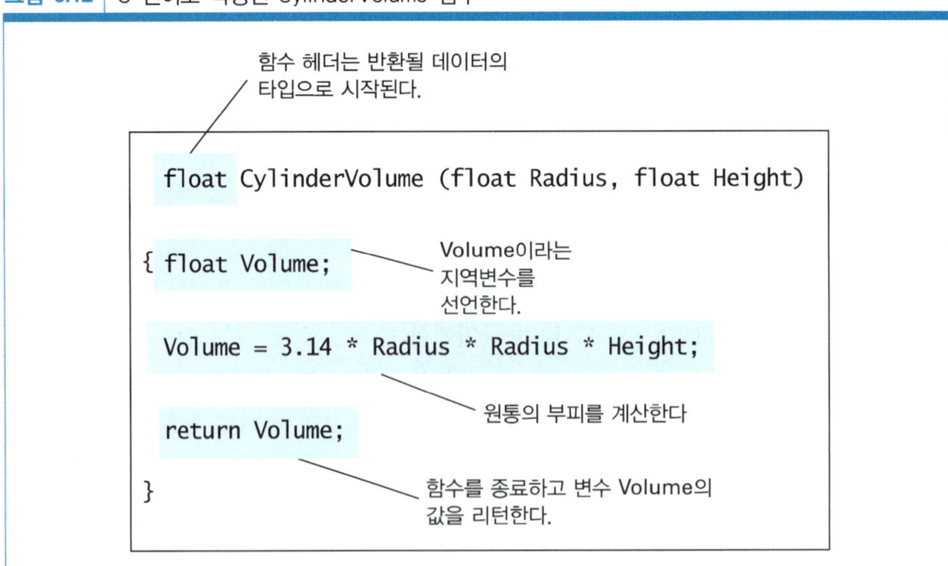

사건 구동형 소프트웨어 시스템

본문에서 함수를 명시적으로 호출하는 문장을 사용한 결과로 함수가 실행되는 경우를 살펴보았다. 그러나 어떤 사건의 발생에 의해 자동적으로 함수가 실행되는 경우도 있다. GUI 응용 프로그램에서 버튼 클릭에 대해 어떤 일을 해주어야 할지를 기술하는 함수 등이 이러한 예에 해당되는데, 이러한 함수는 다른 프로그램 단위에서 호출하여 실행되는 것이 아니라 버튼을 클릭한 결과로 실행된다. 명시적 요청이 아니라 사건에 의해 실행되는 함수들로 이루어진 소프트웨어 시스템을 **사건 구동형(event-driven)** 시스템이라고 부른다. 요약하자면, 사건 구동형 소프트웨어 시스템은 다양한 사건의 결과로 어떤 일이 이루어져야 할지를 기술하는 함수들로 구성된다. 시스템이 실행될 때 이러한 함수들은 휴면 상태에 있다가, 관련 사건이 발생하면 활성화되어 작업을 수행한 다음 다시 휴면 상태로 돌아간다.

사용할 수 있다.

```
Cost = CostPerVolUnit * CylinderVolume(3.45, 12.7);
```

이전의 장들에서 input(), math.sqrt() 등과 같이 값을 리턴하는 파이썬 내장 함수들을 사용한 적이 있지만, 이러한 함수를 정의한 적은 없다. 그림 6.12의 CylinderVolume 함수에 대한 파이썬 버전은 다음과 같다.

```
def CylinderVolume(Radius, Height):
  Volume = math.pi * Radius * Radius * Height
  return Volume
```

프로그래밍 언어는 소프트웨어 개발자가 소프트웨어 재사용, 프로그램의 명확성과 가독성의 향상, 코드 정확성의 촉진 등을 위한 수단으로 자신의 함수들을 생성할 수 있게 해준다. 복잡한 단일체의 알고리즘은 현명하게 작은 함수들로 구성된 동등한 프로그램보다 테스트하기가 어렵다. 잘 작성된 함수들은 상위의 알고리즘과 분리하여 테스트할 수 있으므로 숨겨진 소프트웨어 버그를 찾을 기회가 많아진다. 구성요소로 사용되는 함수 블록들이 정확하다는 것을 확인하면 설계자는 전체 시스템이 정확하다는 점에 대한 확신을 높일 수 있다.

연습문제

1. 변수의 참조범위란 무엇인가?
2. 함수와 결과 있는 함수의 관계는 무엇인가?
3. 많은 프로그래밍 언어에서 입출력 작업을 함수에 대한 호출로 구현하고 있는 이유는 무엇인가?

4. 형식 매개변수와 실질 매개변수의 차이는 무엇인가?
5. 참조에 의한 호출 방식으로 매개변수를 전달하는 함수와 값에 의한 호출 방식으로 매개변수를 전달하는 함수 사이의 차이는 무엇인가?

6.4 언어의 구현

이 절에서는 고급 언어로 작성된 프로그램을 컴퓨터에서 실행 가능한 형태로 변환하는 과정을 살펴보기로 한다.

번역 과정

프로그램을 한 언어에서 다른 언어로 변환하는 과정을 번역(translation)이라고 한다. 이때 원래 형태의 프로그램은 소스 프로그램(source program)이라 불리며, 번역된 버전은 목적 프로그램(object program)이라 불린다. 번역 과정은 어휘 분석, 구문 분석, 코드 생성 등의 세 가지 활동으로 이루어지는데, 이들은 각기 번역기 내의 어휘 분석기, 구문 분석기, 코드 생성기 등에 의해 수행된다(그림 6.13).

어휘 분석은 소스 프로그램에서 하나의 개체, 즉, 토큰(token)을 표현하는 기호 열을 인식하는 과정이다. 예를 들면, 3개의 기호 153은 1, 5, 3의 3개의 개체가 아니라 하나의 숫자 값을 나타내는 것으로 인식되어야 한다. 마찬가지로 프로그램 안의 단어도 개별 기호들로 이루어져 있지만 하나의 개체로 해석되어야 한다. 사람들은 대개 거의 무의식적으로 어휘 분석을 수행하며, 소리 내어 읽을 때 우리는 개별 문자가 아니라 단어 단위로 발음하게 된다.

어휘 분석기(lexical analyzer)는 소스 프로그램을 기호별로 읽어나가면서 토큰을 이루는 기호 그룹을 식별하고, 숫자, 단어, 산술연산자 등등으로 토큰들을 분류한다. 어휘 분석기는 각 토큰을 분류 코드로 인코딩하여 구문 분석기에 넘겨준다. 이 과정에서 어휘 분석기는 주석들을 건너뛴다.

그림 6.13 | 번역 과정

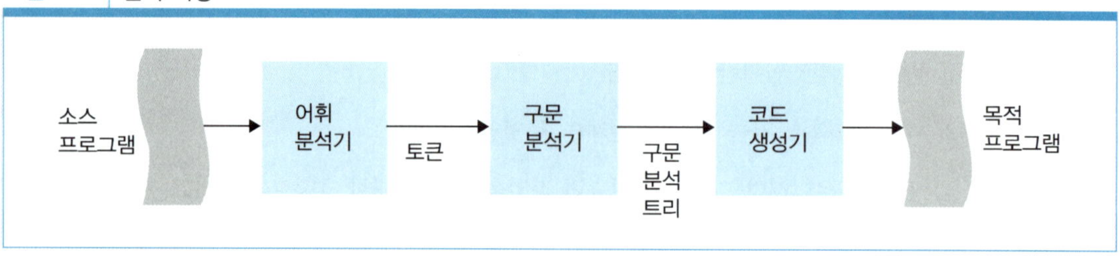

자바와 C#의 구현

애니메이션을 포함하는 웹페이지의 제어 등과 같은 경우, 소프트웨어는 인터넷을 통해 전송되어 원격 컴퓨터에서 실행된다. 이러한 소프트웨어가 소스 프로그램 형태로 제공될 경우, 실행을 위해 적절한 기계어로 번역되어야 하므로 목적지에서 추가적인 지연이 발생할 것이다. 이러한 소프트웨어를 기계어 형태로 제공할 경우에는 원격 컴퓨터에서 사용되는 기계어에 따라 다른 버전의 소프트웨어가 제공되어야 한다.

선마이크로시스템즈에서는 "범용 기계어"를 설계함으로써 이러한 문제를 해결하였는데, 소스 프로그램은 이러한 범용 기계어로 번역될 수 있다(자바의 경우 해당 범용 기계어는 바이트코드(bytecode)라고 불리며, C#의 경우에는 .NET CIL(Common Intermediate Language)이라고 불림). 이러한 언어들은 실제 기계어는 아니지만, 기계어로 빨리 번역될 수 있도록 설계되었다. 따라서 자바나 C#으로 작성된 소프트웨어가 적절한 "범용 기계어"로 번역되어 있으면, 이러한 소프트웨어는 인터넷을 통해 다른 컴퓨터에 전송되어 효율적으로 실행될 수 있다. 때로 "범용 기계어" 소프트웨어의 실행은 해석기(interpreter)라는 프로그램에 의해 이루어지기도 한다. 경우에 따라서는 "범용 기계어" 소프트웨어가 실행 전에 **실시간 컴파일**(just-in-time compilation)이라는 과정에 의해 신속하게 번역되기도 한다.

이리하여 구문 분석기(parser)는 프로그램을 개별 기호로서가 아니라 토큰이라는 어휘 단위로 파악한다. 어휘 단위들을 문장으로 묶는 것은 구문 분석기가 할 일이다. 실제로 구문 분석은 프로그램의 문법적 구조를 식별하고 각 구성요소의 역할을 인식하는 과정이다. 다음과 같은 문장을 읽을 때 의미 파악에 애로를 겪는 것은 구문 분석이 쉽지 않기 때문이다.

The man the horse that won the race threw was not hurt.

("That that is is. That that is not is not. That that is not is not that that is."라는 문장에 대해 구문 분석을 시도해보기 바란다!)

구문 분석 과정을 단순화시키기 위해 초창기 프로그래밍 언어들은 프로그램의 각 문장을 인쇄된 페이지에서 특정 위치에 나타나도록 정하였다. 이러한 언어들을 고정 형식 언어(fixed-format language)라고 부른다. 오늘날 많은 프로그래밍 언어들은 자유 형식 언어(free-format language)인데, 이는 문장을 어떤 위치에 두느냐는 중요하지 않음을 의미한다. 자유 형식 언어의 장점은 프로그램을 작성할 때 사람이 읽기 쉽게 프로그래머가 구성할 수 있다는 점이다. 일반적으로 문장 구조를 사람이 쉽게 파악할 수 있도록 하기 위해 들여쓰기를 사용한다. 따라서

```
if Cost < CashOnHand then 현금으로 지불한다 else 신용카드를 사용한다
```

라고 쓰기보다는

```
if Cost < CashOnHand
  then 현금으로 지불한다
```

```
else 신용카드를 사용한다
```

와 같이 작성하게 될 것이다.

컴퓨터가 자유 형식 언어로 작성된 프로그램을 구문 분석할 수 있기 위해서는, 소스 프로그램에서 사용되는 공백에 상관없이 프로그램의 구조를 식별할 수 있도록 언어 구문이 설계되어야 한다. 이를 위해 대부분의 자유 형식 언어는 문장 끝을 표시하기 위해 세미콜론을 사용하며, 구절의 시작에는 `if`, `then`, `else` 등과 같은 **키워드(keyword)**를 사용한다. 이러한 키워드들은 대개 프로그램 안에서 다른 용도로는 사용될 수 없는 **예약어(reserved word)**이다. 다른 언어들과는 달리 파이썬은 부분적으로는 자유 형식 언어이면서도 구조 표현에서는 세미콜론이나 중괄호와 같은 구두점 기호를 사용하는 대신 엄격한 들여쓰기를 채택하고 있다.

구문 분석 과정은 프로그래밍 언어의 구문을 정의하는 규칙들의 집합에 기초하여 이루어진다. 이러한 규칙들의 집합을 **문법(grammar)**이라고 부른다. 구문 규칙을 표현하는 한 가지 방식은 **구문 다이어그램(syntax diagram)**을 사용하는 것인데, 이것은 프로그램의 문법적 구조를 그림으로 표현한 것이다. 그림 6.14는 5장의 파이썬 `if-else` 문을 위한 구문 다이어그램을 보여주고 있다. 이 다이어그램은 `if-else` 구조에서 `if`라는 단어가 처음에 오며, 그 다음에 부울 식, 콜론, 들여쓰기 된 문장 등이 차례로 나타난다는 것을 표시한다. 이러한 조합 다음에 `else`라는 단어, 콜론, 들여쓰기 된 문장이 나타날 수도 있고 나타나지 않을 수도 있다. `if-else` 문에서 실제로 나타날 단어들은 타원 안에 표시되어 있고, 부울 식이나 들여쓰기 된 문장과 같이 추가적인 기술을 요하는 항목들은 직사각형 안에 표시된다. 직사각형 안에 표시된 추가적인 기술을 요하는 항목은 **비종결자(nonterminal)**라고 불리며, 타원 안에 표시된 항목은 **종결자(terminal)**라고 불린다. 언어 구문 전체를 기술할 경우, 비종결자들에 대해 기술하는 추가적인 다이어그램이 필요하게 된다.

보다 완성된 모습의 예로서 그림 6.15에서는 간단한 산술식을 나타내는 *Expression* 구조를 위한 구문 다이어그램들을 보여준다. 첫 번째 다이어그램에서는 *Expression*을 기술하고 있는데, 하나의 *Expression*은 한 개의 *Term*으로 이루어지거나, 또는 차례로 나타나는 한 개의 *Term*, + 또는 − 기호, 또 다른 *Expression* 등으로 이루어질 수 있다. 두 번째 다이어그램은 *Term*을 기술하고 있는데, 하나의 *Term*은 한 개의 *Factor*로 이루어지거나, 또는 차례로 나타나는 한 개의 *Factor*, × 또는 ÷ 기호, 또 다른 *Term* 등으로 이

그림 6.14 | 파이썬의 if-else 문을 위한 구문 다이어그램

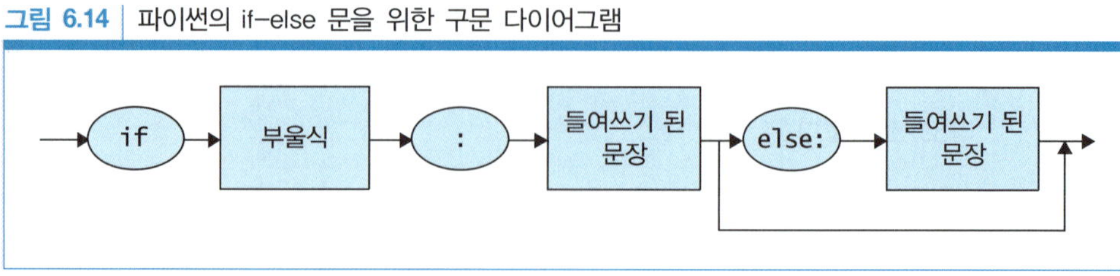

루어질 수 있다. 마지막 다이어그램은 *Factor*를 x, y, z 기호 중 하나로 기술하고 있다.

특정 문자열을 구문 다이어그램에 맞게 그림 형태로 표현한 것을 **구문 분석 트리(parse tree)**라고 부르며, 그림 6.16에서는 그림 6.15의 다이어그램들에 기초하여 아래 문자열을 위한 구문 분석 트리를 보이고 있다.

x + y × z

트리의 상단은 비종결자인 *Expression* 으로 시작되며, 각 계층에서는 문자열의 기호들을 얻을 때까지 해당 계층의 비종결자가 어떻게 분할되는지 보여준다. 이 그림에서는 그림 6.15의 첫 번째 다이어그램에 따라 *Expression* 이 *Term*, + 기호, *Expression* 등으로 분할될 수 있음을 보여준다. 그리고 *Term*은 다시 그림 6.15의 두 번째 다이어그램을 사용하여 *Factor* (기호 x에 해당함)가 되며, 마지막 *Expression*은 그림 6.15의 세 번째 다이어그램을 사용하여 *Term*(y × z에 해당)이 된다.

프로그램을 구문 분석하는 과정은 기본적으로 소스 프로그램을 위한 구문 분석 트리를 구축하는 과정이다. 실제로 구문 분석 트리는 프로그램의 문법적 구조에 대한 구문 분석기의 해석에 해당한다. 이러한 이유로 프로그램의 문법적 구조를 기술하는 구문 규칙은 하나의 문자열에 대해 두 개의 서로 다른 구문 분석 트리를 허용해서는 안 되는데, 이로

그림 6.15 간단한 산술식의 구조를 기술하는 구문 다이어그램

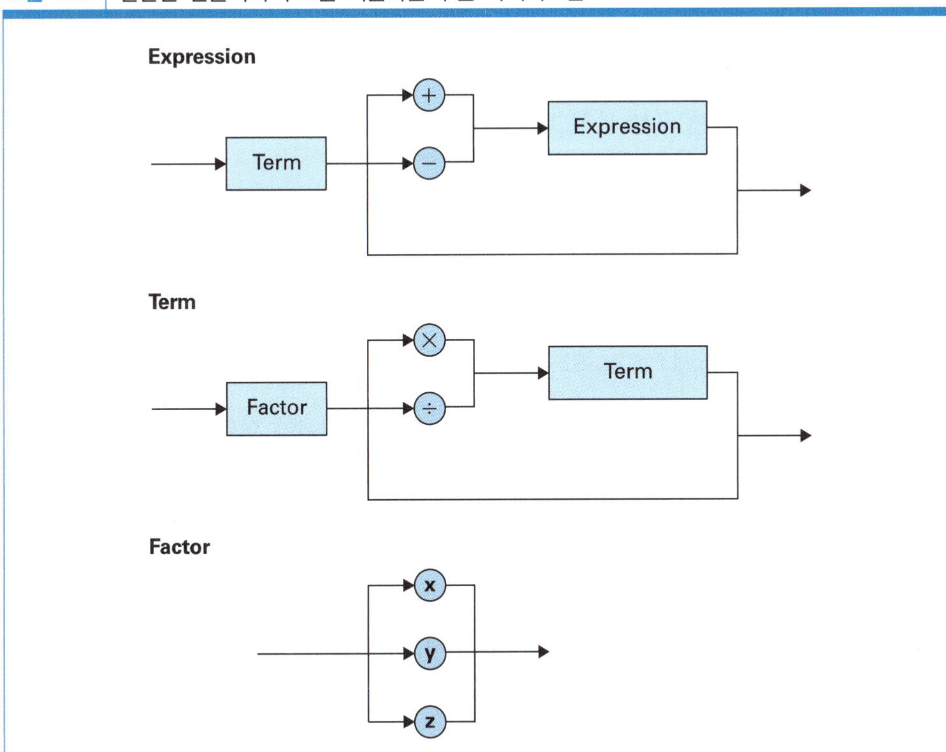

그림 6.16 그림 6.15의 구문 다이어그램에 기초한 문자열 x + y × z의 구문 분석 트리

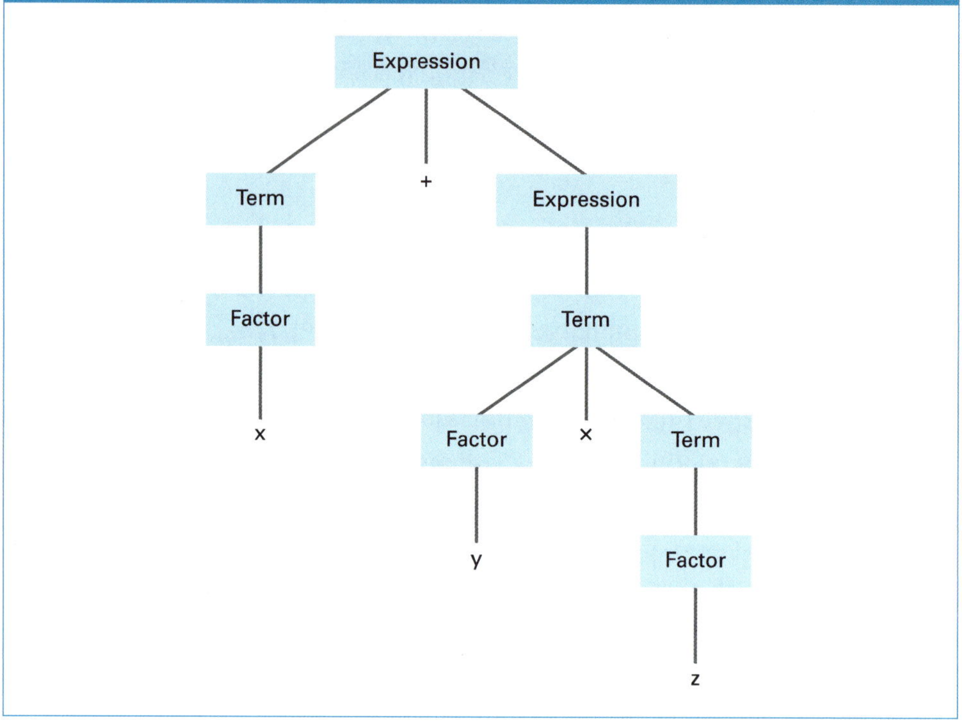

인해 구문 분석기에서 모호성을 발생시킬 것이기 때문이다. 하나의 문자열에 대해 두 개의 서로 다른 구문 분석 트리를 허용하는 문법을 **모호한 문법(ambiguous grammar)**이라고 부른다.

문법상의 모호성은 단순하지 않을 수도 있다. 실제로 그림 6.14의 규칙은 그와 같은 결함을 포함하고 있으며, 아래 문장에 대해 그림 6.17의 두 가지 구문 분석 트리 모두 가능하게 된다.

```
if B1: if B2: S1 else: S2
```

이 두 가지 해석은 상당한 차이가 있음에 유의해야 한다. 첫 번째 해석은 *B1*이 거짓일 경우 문장 *S2*가 실행되어야 함을 의미하며, 두 번째 해석은 *B1*은 참이고 *B2*가 거짓일 경우에만 *S2*가 실행되어야 함을 의미한다.

프로그래밍 언어의 구문 정의는 이러한 모호성을 피하도록 설계된다. 파이썬에서는 이러한 문제를 피하기 위해 들여쓰기를 사용한다. 이를테면, 두 가지의 가능한 해석을 구분하기 위해 다음과 같이 작성할 수 있다.

```
if B1:
  if B2:
```

그림 6.17 | if B1: if B2: S1 else: S2 문장을 위한 두 개의 구문 분석 트리

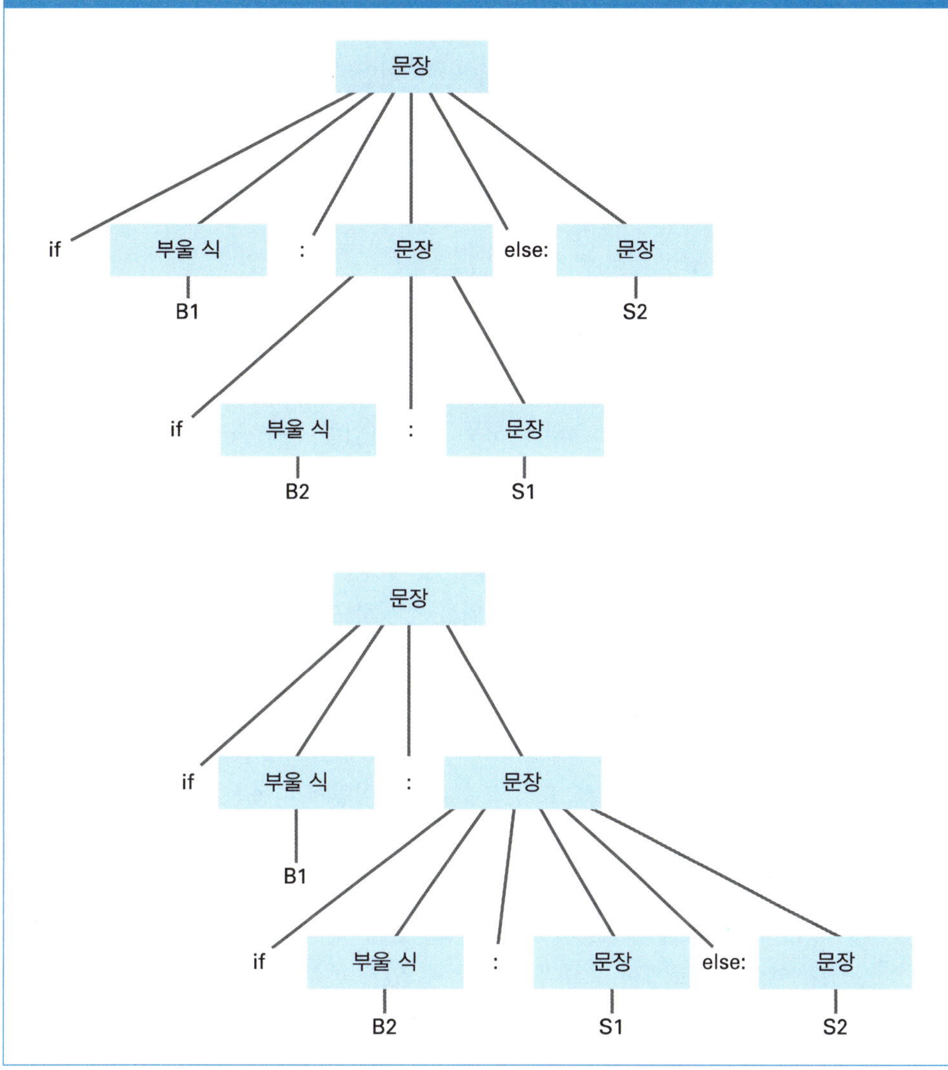


```
    S1
  else:
    S2
```

와

```
if B1:
  if B2:
    S1
else:
  S2
```

구문 분석기는 프로그램의 문법적 구조를 분석하므로, 개별 문장들을 식별할 수 있고 또 선언문과 명령문을 구별할 수 있다. 구문 분석기가 선언문을 인식하게 되면, **심볼 테이블**(symbol table)이라는 테이블 안에 선언된 정보를 기록한다. 이렇게 해서 심볼 테이블은 프로그램에 나타나는 변수의 이름과 관련 데이터 타입 및 데이터 구조 등에 관한 정보를 포함하게 된다. 구문 분석기는 다음과 같은 명령문을 분석할 때 이러한 정보를 이용한다.

```
z = x + y
```

예를 들면, 기호 +의 의미를 결정하기 위해 x와 y의 데이터 타입을 알아야 한다. x의 타입이 실수이고 y의 타입이 문자일 경우, x와 y를 더하는 것은 이상한 일이며 따라서 오류로 보고되어야 한다. x와 y 모두 정수 타입일 경우, 구문 분석기는 코드 생성기에게 해당 컴퓨터의 정수 덧셈을 사용하는 기계어 명령을 생성하도록 요청할 것이다. x와 y 모두 실수 타입일 경우, 구문 분석기는 부동소수점 덧셈 명령을 사용하도록 요청할 것이다. x와 y 모두 문자 타입일 경우, 구문 분석기는 코드 생성기에게 문자열 결합 연산을 수행하기 위해 필요한 기계어 명령 열을 생성하도록 요청할 것이다.

x가 정수 타입이고 y가 실수 타입일 경우는 약간 특별한 경우이다. 이 경우 덧셈이 적용되어야겠지만 값들이 함께 사용할 수 있는 형태로 인코딩되어 있지 않다. 이 경우 구문 분석기는 코드 생성기에게 값 중의 하나를 다른 타입으로 변환한 후 덧셈을 수행하기 위한 명령들을 생성하도록 요청할 수 있다. 이렇게 자동적으로 이루어지는 타입 변환을 **묵시적 변환**(coercion)이라고 부른다.

묵시적 변환에 대해 바람직하지 않은 것으로 생각하는 프로그래밍 언어 학자들이 다수 있는데, 이는 묵시적인 타입 변환으로 인해 데이터 항목의 값이 변경될 수 있고 그 결과로 미묘한 프로그램 오류가 발생할 수 있기 때문이다. 이들의 주장에 따르면, 묵시적 변환이 필요하다는 것은 프로그램의 설계에 결함이 있다는 뜻이며 이를 구문 분석기가 해결하는 것은 바람직하지 않다는 것이다. 이러한 사고의 결과로 오늘날 대부분의 프로그래밍 언어는 **강한 타입 규칙**(strongly typed)을 갖는데, 이는 프로그램에서 요청되는 모든 활동은 묵시적 변환 없이도 함께 쓰일 수 있는 데이터 타입만을 사용해야 한다는 것을 의미한다. 자바와 같은 일부 언어에서는 **타입 확장 변환**(type promotion)에 한해 묵시적 변환을 허용하는데, 이는 낮은 정밀도의 값에서 높은 정밀도의 값으로의 변환을 의미한다. 이 경우 값 자체를 변경시킬 가능성이 있는 묵시적 변환은 오류로 보고된다. 그렇지만 대부분의 경우 프로그래머는 **타입 강제 변환**(type cast)을 사용하여 타입 변환을 요청할 수 있는데, 이는 컴파일러에게 프로그래머가 타입 변환이 적용된다는 사실을 인지하고 있음을 알리는 것이다.

번역 과정의 마지막 활동은 **코드 생성**(code generation)인데, 이는 구문 분석기가 인식한 문장을 구현하기 위해 기계어 명령들을 생성하는 과정이다. 이 과정에 관련된 여러 가지 문제들이 존재하는데, 그 중 하나는 어떻게 하면 효율적인 기계어 버전 프로그램을 만들어낼 수 있는가 하는 것이다. 예를 들어 아래의 두 문장을 번역하는 작업을 생각해 보자.

```
x = y + z
w = x + z
```

이 문장들을 개별적으로 번역할 경우, 각 덧셈이 일어나기 전에 주기억장치에서 데이터를 CPU 쪽으로 이동하는 일이 필요하다. 그러나 첫 번째 문장을 실행한 후 x와 z의 값이 이미 CPU의 범용 레지스터들에 들어 있어 두 번째 덧셈 전에 이들을 주기억장치에서 가져올 필요가 없다는 점을 인식한다면 보다 효율적인 코드를 만들 수 있다. 이러한 지식을 구현하는 과정을 **코드 최적화(code optimization)**라고 하며, **코드 생성기(code generator)**의 중요한 작업 중 하나이다.

끝으로 강조하고 싶은 것은 어휘 분석, 구문 분석, 코드 생성 등의 단계들은 반드시 순차적으로 하나씩 수행되어야 하는 것은 아니라는 점이다. 이러한 활동들은 교차적으로 수행되기도 한다. 어휘 분석기는 소스 프로그램에서 문자들을 읽기 시작하면서 첫 번째 토큰을 식별하여 구문 분석기에 전달한다. 구문 분석기는 어휘 분석기에서 토큰을 넘겨받을 때마다 현재 읽고 있는 문법적 구조를 분석한다. 이때 구문 분석기는 어휘 분석기에게 다음 토큰을 요청할 수도 있고, 하나의 완결된 구절이나 문장을 인식하게 되었을 경우 코드 생성기에게 적절한 기계어 명령들을 생성하도록 요청할 수도 있다. 코드 생성기는 요청을 받을 때마다 목적 프로그램에 추가될 기계어 명령을 만들어낸다. 사실 프로그램을 한 언어에서 다른 언어로 번역하는 작업은 객체지향 패러다임에 꼭 들어맞는다. 소스 프로그램, 어휘 분석기, 구문 분석기, 코드 생성기, 목적 프로그램 등은 각자 자신이 맡은 작업을 수행하면서 서로에게 메시지를 보내어 상호작용하는 객체들에 해당한다(그림 6.18).

그림 6.18 | 객체지향 방식의 번역 과정

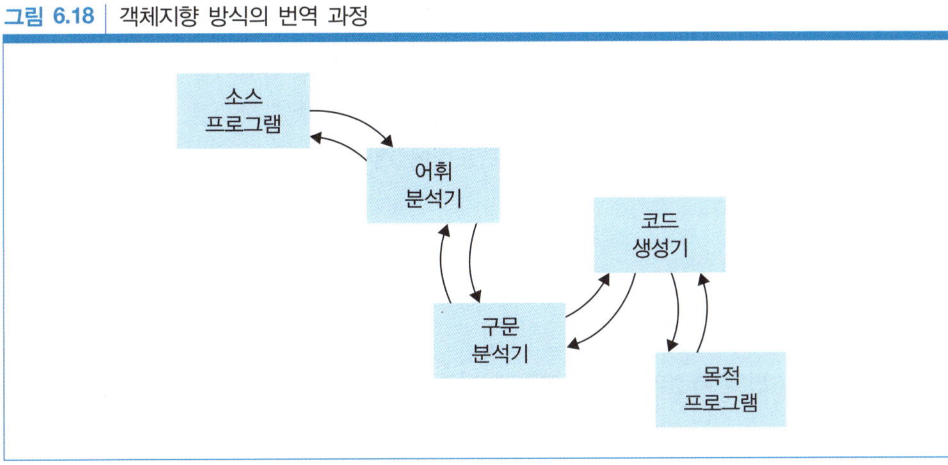

소프트웨어 개발 패키지

소프트웨어 개발 과정에서 사용되는 편집기와 번역기 등과 같은 소프트웨어 도구들은 종종 하나의 통합 소프트웨어 개발 시스템으로 기능하는 패키지로 묶여 있다. 이러한 시스템은 3.2절의 분류 체계에서 응용 소프트웨어로 분류될 것이다. 이러한 응용 패키지를 사용함으로써, 프로그래머는 프로그램 작성을 위한 편집기, 프로그램을 기계어로 변환하기 위한 번역기, 오동작 프로그램이 어디에서 잘못되었는지 찾아내기 위해 프로그래머가 실행을 추적할 수 있게 해주는 다양한 디버깅 도구 등을 쉽게 이용할 수 있다.

이러한 통합 시스템의 이용에는 여러 가지 장점이 있는데, 그 중에서도 가장 두드러진 장점은 프로그래머가 프로그램을 고치고 테스트하면서 편집기와 디버깅 도구 사이를 쉽게 이동할 수 있다는 점일 것이다. 또한 많은 소프트웨어 개발 패키지들에서는 서로 연관된 프로그램 단위들을 이용하기 쉽게 연결할 수 있다. 패키지에 따라서는 연관된 프로그램 단위 중 어느 단위가 마지막 테스트 이후에 변경되었는지에 관한 기록을 유지하는 경우가 있다. 서로 연관된 프로그램 단위들을 여러 프로그래머가 나누어 개발하는 대규모 소프트웨어 시스템의 개발에서 이러한 기능은 크게 도움이 된다.

소규모의 개발에서도 소프트웨어 개발 패키지 안의 편집기는 종종 사용되는 프로그래밍 언어에 특화되어 있다. 이러한 편집기는 해당 언어에서 표준적으로 사용하는 들여쓰기를 자동으로 수행하는 기능을 제공하거나 키워드의 첫 몇 글자만 입력하면 전체 단어를 완성시켜주는 기능을 제공하기도 한다. 더욱이 이러한 편집기는 소스 프로그램에서 키워드들을 색상을 사용하는 등의 방법으로 강조하여 프로그램을 읽기 쉽게 보여주기도 한다.

다음 장에서 소프트웨어 개발자들이 점차 컴포넌트라고 불리는 사전 제작된 코드 블록들을 사용하여 새로운 소프트웨어 시스템을 구축할 수 있는 방법을 모색하고 있음을 배우게 될 것이며, 이러한 노력으로 컴포넌트 구조(component architecture)라고 불리는 새로운 소프트웨어 개발 모델이 나타나게 되었다. 컴포넌트 구조 모델에 기초한 소프트웨어 개발 패키지는 종종 컴포넌트들을 디스플레이상의 아이콘으로 표현하는 그래픽 인터페이스를 이용한다. 이러한 환경에서 (컴포넌트 어셈블러라고도 불리는) 프로그래머는 마우스로 원하는 컴포넌트를 선택한다. 패키지 안의 편집기를 사용하여 선택된 컴포넌트를 조정한 다음 마우스를 사용하여 다른 컴포넌트에 부착시킬 수 있다. 이러한 소프트웨어 개발 패키지는 보다 향상된 소프트웨어 개발 도구의 모색에 있어 큰 진전으로 평가된다.

연습문제

1. 번역 과정의 주요 단계 세 개를 설명하라.
2. 심볼 테이블이란 무엇인가?

3. 종결자와 비종결자의 차이는 무엇인가?

4. 그림 6.15의 구문 다이어그램에 기초하여 다음 식을 위한 구문 분석 트리를 그려라.

   x × y + x + z

5. 아래 구문 다이어그램들로 주어지는 Chacha 구조에 맞는 문자열을 기술하라.

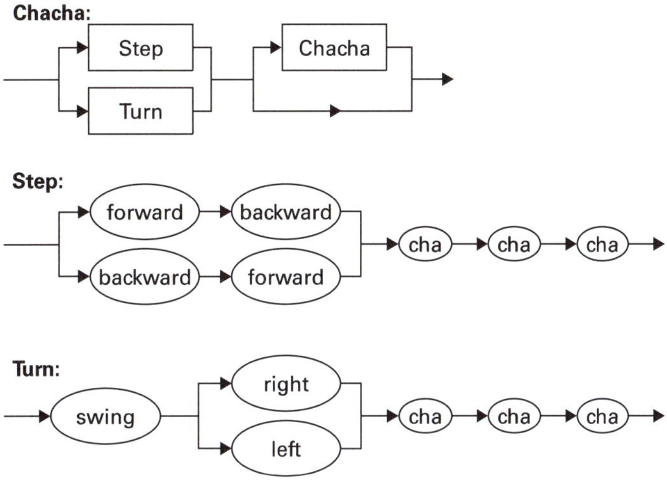

6.5 객체지향 프로그래밍

6.1절에서 객체지향 패러다임에서는 객체(object)라는 프로그램 단위를 개발하게 되는데, 각 객체는 다양한 자극에 대해 해당 객체가 어떻게 반응해야 할지를 기술하는 함수들을 포함한다는 것을 배운 바 있다. 객체지향 방식의 문제해결에서는 관련 객체들을 식별하고 이들에 대해 자체 완결적인 방식으로 기술한다. 따라서 객체지향 프로그래밍 언어들은 객체와 그 동작을 기술하기 위한 문장들을 제공한다. 이 절에서는 오늘날 가장 많이 사용되는 객체지향 언어 중 C++, 자바, C# 등에서 나타나는 객체지향 표현을 위한 문장 몇 가지를 살펴보기로 한다.

클래스와 객체

고성능 레이저로 떨어지는 운석을 쏘아 맞힘으로써 운석들로부터 지구를 보호하는 컴퓨터 게임을 개발하는 작업을 생각해보자. 각 레이저는 유한한 양의 내부 에너지원을 포함하는데, 레이저를 발사할 때마다 조금씩 에너지를 소모하게 된다. 에너지가 고갈되면 레이저는 사용할 수 없게 된다. 각 레이저는 우측 방향으로 조준 이동, 좌측 방향으로 조준 이동, 레이저빔 발사 등의 명령에 반응할 수 있어야 한다.

객체지향 패러다임에서 이 컴퓨터 게임의 각 레이저는 남아있는 에너지에 대한 기록과 조준 변경이나 레이저빔 발사 등의 함수들을 포함하는 객체로 구현될 것이다. 모든 레이저 객체는 동일한 속성을 가질 것이므로 공통의 틀을 사용하여 기술될 수 있다. 객체지향 패러다임에서 객체들을 위한 틀(template)을 **클래스(class)**라고 부른다.

8장에서 클래스와 데이터 타입 사이의 유사성에 대해 더 자세히 살펴볼 것이다. 지금으로서는, 정수라는 프리미티브 데이터 타입이 1, 5, 82 등의 숫자들에 공통된 특성을 포함하고 있듯이, 클래스도 어떤 객체들의 공통된 특성을 기술하기 위한 것이라는 점만 언급해두고자 한다. 일단 프로그램 안에 클래스에 대한 기술이 포함되면, 정수라는 프리미티브 타입이 정수 타입의 "객체"를 다루기 위해 사용되듯이, 클래스라는 틀이 그러한 "타입"의 객체를 생성하거나 다루기 위해 사용될 수 있다.

C++, 자바, C# 등의 언어에서 클래스는 다음과 같은 형식으로 기술된다.

```
class Name
{
   .
   .
   .
}
```

여기에서 Name은 프로그램의 다른 부분에서 이 클래스를 참조할 때 사용될 수 있는 이름이다. 앞의 컴퓨터 게임에서 레이저 구조를 기술하는 LaserClass라는 이름의 클래스의 개요가 그림 6.19에 보기로 주어져 있다. 이 클래스는 (정수 타입의) RemainingPower라는 변수에 대한 선언과 turnRight, turnLeft, fire 등의 이름을 갖는 세 개의 함수로 구성된다. 이 함수들은 해당 동작을 수행하기 위한 루틴을 기술한다. 따라서 이러한 틀로부터 생성된 객체라면 모두 RemainingPower라는 변수와 turnRight(), turnLeft(), fire() 등의 이름을 갖는 세 개의 함수를 갖게 된다.

RemainingPower와 같이 객체 안에 들어 있는 변수를 **인스턴스 변수(instance variable)**라고 부르며, 객체 안의 함수를 **메서드(method)**라고 부른다(C++ 용어로는 멤버 함수). 그림 6.19에서 인스턴스 변수인 RemainingPower는 6.2절에서와 유사한 선언문을 사용하여 기술되며 메서드들은 6.3절의 함수와 유사한 형태로 기술된다. 어쨌든 인스턴스 변수의 선언이나 메서드 기술은 기본적으로 명령형 프로그래밍 언어에서 비롯된 개념들이다.

일단 우리의 게임 프로그램에서 LaserClass라는 클래스를 기술한 다음에는, 아래와 같은 형식의 문장으로 Laser1, Laser2, Laser3 등의 변수를 LaserClass "타입"으로 선언할 수 있다.

그림 6.19 컴퓨터 게임에서 레이저 무기를 기술하는 클래스의 구조

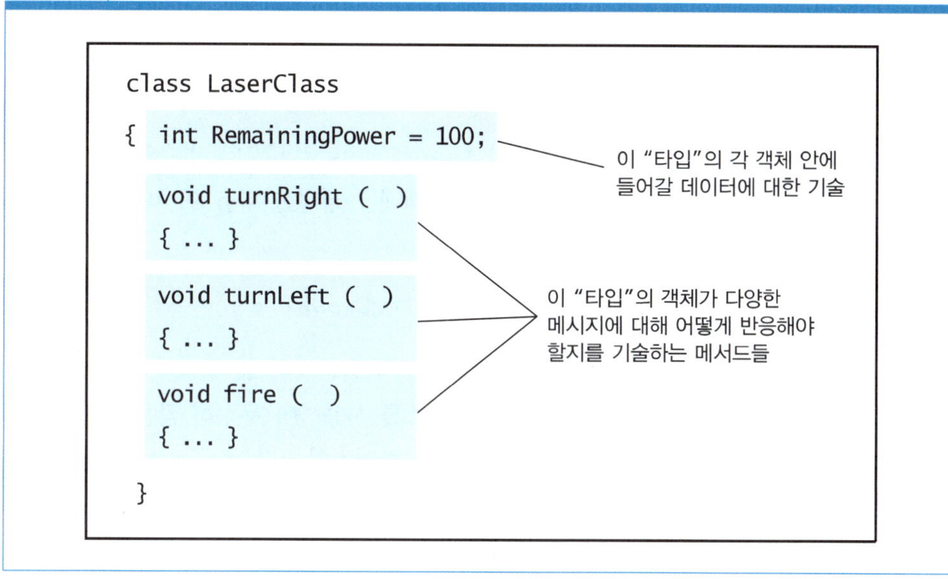


```
LaserClass Laser1, Laser2, Laser3;
```

이러한 선언 형식은 6.2절에서 x, y, z라는 이름의 정수 타입 변수들을 선언하기 위해 사용되는 다음 문장과 동일한 형식이다.

```
int x, y, z;
```

두 선언 모두 "타입" 이름 뒤에 선언되는 변수들의 리스트를 표시한다. 차이는 후자의 경우 x, y, z 등의 변수가 프리미티브 타입인 정수 타입의 항목을 가리키기 위해 사용되는 것으로 규정하는 반면, 전자의 경우에는 Laser1, Laser2, Laser3 등의 변수가 프로그램 내부에서 정의된 "타입"인 LaserClass "타입"의 항목을 가리키기 위해 사용되는 것으로 규정한다는 점이다.

일단 Laser1, Laser2, Laser3 등의 변수에 대해 LaserClass "타입"으로 선언하면 이들에 값을 배정할 수 있게 되며, 이러한 값들은 LaserClass "타입"을 따르는 객체이어야 한다. 배정문을 통해 이러한 값들을 지정할 수도 있지만, 때로 이러한 변수들에 대한 선언문에서 변수들의 초기 값을 지정하는 것이 편리할 경우도 있다. 이러한 초기 값의 지정은 C++ 언어의 경우 자동적으로 이루어진다. 즉, 아래의 문장은 Laser1, Laser2, Laser3 등의 변수를 설정하는 것 외에도, 각 변수의 값으로 한 개씩 LaserClass "타입"의 객체 세 개를 생성한다.

```
LaserClass Laser1, Laser2, Laser3;
```

자바와 C# 등의 언어에서는 초기 값의 지정이 프리미티브 타입의 변수에 초기 값을 지정

하는 것과 비슷한 형식으로 이루어진다. 예를 들면, 아래의 문장은 x가 정수 타입의 변수임을 선언하는 것과 함께 3이라는 값을 x에 지정한다.

```
int x = 3;
```

반면에 다음 문장은 Laser1이 LaserClass "타입"의 변수임을 선언하는 것과 함께 LaserClass 틀을 사용하여 새로운 객체를 생성한 다음 이 객체를 Laser1의 초기 값으로 지정한다.

```
LaserClass Laser1 = new LaserClass();
```

이 시점에서 클래스와 객체에 대한 구별을 분명히 할 필요가 있다. 클래스는 객체들을 생성해내기 위한 틀이며, 하나의 클래스를 사용하여 무수히 많은 객체들을 생성할 수 있다. 객체는 흔히 객체 생성에 사용되는 클래스의 인스턴스(instance)라고 부른다. 따라서 우리의 컴퓨터 게임에서 Laser1, Laser2, Laser3 등은 LaserClass 클래스의 인스턴스를 값으로 갖는 변수들이다.

선언문을 사용하여 Laser1, Laser2, Laser3 등의 변수를 생성하고 객체들을 지정한 다음, 이러한 객체들 안의 적절한 메서드를 호출하는 명령문들을 작성함으로써 게임 프로그램 작성을 진행해나갈 수 있다(객체지향 용어로는 메서드 호출은 객체에 메시지를 보내는 것이라고 표현한다). 예를 들면, 아래와 같은 문장을 사용하여 Laser1이라는 변수에 배정된 객체의 fire 메서드를 실행시킬 수 있다.

```
Laser1.fire();
```

또는 아래와 같은 문장을 통해 Laser2라는 변수에 배정된 객체의 turnLeft() 메서드를 실행시킬 수 있다.

```
Laser2.turnLeft();
```

이들은 실제로 함수 호출에 지나지 않는다. 실제로 이들 중 앞의 문장은 Laser1이라는 변수에 배정된 객체 내부의 fire() 함수(즉, 메서드)에 대한 호출이며, 뒤의 문장은 Laser2라는 변수에 배정된 객체 내부의 turnLeft() 함수에 대한 호출이다.

운석 게임에 대한 지금까지의 논의를 통해 전형적인 객체지향 프로그램의 전체구조를 파악하기 위한 배경지식을 갖추었을 것이다(그림 6.20). 객체지향 프로그램은 그림 6.19와 유사한 클래스를 여러 개 포함할 것이며, 각 클래스는 프로그램 안에서 사용될 한 개 이상의 객체들의 구조를 기술한다. 또한 프로그램은 실행 초기에 수행될 일련의 명령을 포함하는 (흔히 "main"이라는 이름으로 지칭되는) 프로그램 단위를 포함한다. 이 프로그램 단위는 프로그램 안에서 사용될 객체들을 설정하기 위한 레이저에 대한 선언문과 비슷한 선언문들을 포함할 것이며, 또한 이러한 객체들 안에 들어 있는 메서드들의 실행을 요청하는 명령문들도 포함할 것이다.

그림 6.20 | 일반적인 객체지향 프로그래밍의 구조

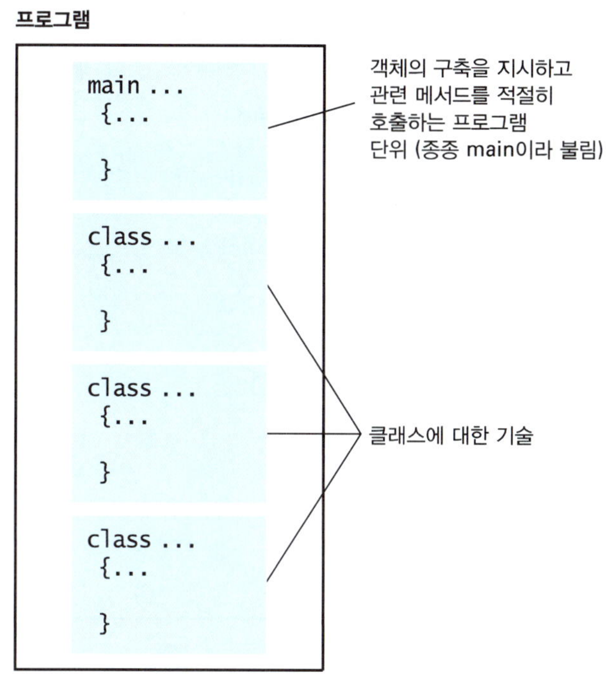

생성자

객체가 생성될 때 종종 객체마다 조금씩 달라지는 작업의 수행을 필요로 하기도 한다. 예를 들면, 운석 컴퓨터 게임에서 레이저마다 각기 다른 초기 에너지 값을 갖는 것을 원할 수도 있으며, 이 경우 객체들마다 다른 초기 값이 주어져야 함을 의미한다. 초기화에 대한 이러한 요구는 해당 클래스 안의 생성자(constructor)라고 불리는 특별한 메서드에 의해 처리된다. 생성자는 클래스의 객체가 생성될 때 자동적으로 실행된다. 클래스 정의 안의 생성자는 클래스 이름과 동일한 이름을 갖는 메서드로 정의되며, 이러한 사실에 의해 다른 메서드들과 구별된다.

그림 6.21은 원래 그림 6.19에서 보인 LaserClass 정의의 확장을 보여주고 있다. 확장된 정의에서는 LaserClass라는 이름을 갖는 메서드, 즉, 생성자를 포함하고 있음에 유의하기 바란다. 이 메서드는 인스턴스 변수 RemainingPower에 매개변수로 받은 값을 배정하고 있다. 따라서 LaserClass라는 클래스에서 객체가 생성될 때, 이 메서드가 실행되어 RemainingPower가 적절한 값으로 초기화될 것이다.

생성자가 사용할 실질 매개변수는 객체 생성을 일으키는 문장에서 매개변수 리스트로

그림 6.21 | 생성자를 갖는 클래스

```
class   LaserClass
{ int RemainingPower;

  LaserClass (InitialPower)
  { RemainingPower = InitialPower;
  }

  void turnRight ( )
  { ... }

  void turnLeft ( )
  { ... }

  void fire ( )
  { ... }

}
```

생성자는 객체가 생성될 때 RemainingPower에 값을 배정한다.

표시된다. 따라서 그림 6.21의 클래스 정의에 따라, C++ 프로그래머는 아래와 같은 문장으로 LaserClass 타입의 객체 두 개를 생성하는데, 하나는 초기 에너지 비축량이 50인 Laser1이며, 다른 하나는 초기 에너지 비축량이 100인 Laser2이다.

```
LaserClass Laser1(50), Laser2(100);
```

자바 또는 C# 프로그래머라면 같은 내용을 표현하기 위해 아래와 같은 문장을 쓰게 될 것이다.

```
LaserClass Laser1 = new LaserClass(50);
LaserClass Laser2 = new LaserClass(100);
```

기타 특성

운석 컴퓨터 게임에서 일정 점수에 도달하면 레이저 일부를 초기 에너지 비축량으로 재충전해주는 것으로 보상한다고 하자. 이러한 레이저들은 재충전 가능하다는 점을 제외하면 다른 레이저와 동일한 속성을 갖는다.

기존의 객체들과 비슷하지만 약간 다른 특성을 갖는 객체들에 대한 기술을 쉽게 할 수 있도록 하기 위해, 객체지향 언어들은 상속(inheritance)이라고 불리는 기법을 통해 한 클래스가 다른 클래스의 속성을 포함할 수 있게 해준다. 예를 들어 운석 게임 프로그램을 개발하기 위해 자바를 사용한다고 하자. 프로그램상의 모든 레이저에 공통된 속성을 기술하는 LaserClass라는 클래스를 정의하기 위해 앞에서 기술한 class 문을 사용할 수 있다. 그런 다음 아래와 같은 문장을 사용하여 RechargeableLaser이라는 이름의 또 다른 클래스를 정의할 수 있다. (C++나 C#에서는 extends라는 단어 대신 콜론 기호를 사용한다.)

```
class RechargeableLaser extends LaserClass
{
  .
  .
  .
}
```

여기에서 extends 절은 이 클래스가 중괄호 안에 나타나는 특성들과 함께 LaserClass 클래스의 특성들을 상속받을 것임을 표시한다. 이 예제에서는 중괄호 안에 인스턴스 변수 RemainingPower를 원래의 초기 값으로 재설정하기 위한 단계를 기술하는 새로운 메서드를 (아마 recharge라는 이름으로) 포함하게 될 것이다. 일단 이러한 클래스들이 정의되면, Laser1과 Laser2를 일반적인 레이저를 가리키는 변수로 선언하기 위해 다음과 같은 문장을 사용할 수 있고,

```
LaserClass Laser1, Laser2;
```

Laser3과 Laser4는 RechargeableLaser 클래스에 기술된 추가적인 속성을 갖는 레이저를 가리키는 변수로 선언하기 위해 다음과 같은 문장을 사용할 수 있다.

```
RechargeableLaser Laser3, Laser4;
```

상속을 사용함으로써 비슷하지만 약간 다른 특성을 갖는 다양한 객체들이 존재하게 되는데, 이는 6.2절의 중복 정의를 연상시킨다. (중복 정의는 +의 경우 같이 하나의 기호가 피연산자의 타입에 따라 다른 연산들을 나타내는 경우를 가리킨다.) 각기 원, 사각형, 삼각형 등등의 도형을 나타내는 다양한 객체들로 이루어진 객체지향 그래픽 패키지가 있다고 하자. 이러한 객체들이 모여 개별 이미지를 구성할 수 있을 것이다. 각 객체는 자신의 크기, 위치, 색상 등을 "알고 있으며", 새로운 위치로 이동하라거나 디스플레이상에 자신을 그리라거나 하는 등의 메시지에 대해 어떻게 반응할지도 "알고 있다고" 하자. 이미지를 그리기 위해서는 이미지 안의 각 객체에 "자신을 그려라"라는 메시지를 보내기만 하면 된다. 그러나 객체를 그리기 위해 사용되는 루틴은 객체가 나타내는 도형에 따라 달라진다. 예를 들면, 사각형을 그리는 과정은 원을 그리는 것과는 다를 것이다. 객체마다 메시지를 자신에 맞게 달리 해석하는 것을 **다형성(polymorphism)**이라고 부르며, 이러한 메시

지를 다형적이라고 한다.

객체지향 프로그래밍에 연관된 또 다른 특성은 캡슐화(encapsulation)인데, 이는 객체의 내부 속성에 대한 접근을 제한하는 것을 가리킨다. 객체의 어떤 속성이 *캡슐화*되어 있다고 말하는 것은 오직 객체 자체에서만 그러한 속성에 접근할 수 있음을 의미한다. 캡슐화된 속성을 전용(private) 속성이라고 표현한다. 반면에 외부에서 접근할 수 있는 속성은 공용(public) 속성이라고 표현한다.

그림 6.19에 개요가 주어져 있는 `LaserClass` 클래스로 다시 돌아가 보자. 이 클래스에는 한 개의 인스턴스 변수 `RemainingPower`와 세 개의 메서드 `turnRight()`, `turnLeft()`, `fire()` 등이 기술되어 있다. 이 메서드들은 `LaserClass`의 인스턴스가 적절한 동작을 수행하도록 만들기 위해 다른 프로그램 단위에서 호출하기 위한 것이다. 그러나 `RemainingPower`의 값은 해당 인스턴스의 내부 메서드에 의해서만 변경될 수 있어야 한다. 다른 어떤 프로그램 단위도 이 값에 직접 접근할 수 있어서는 안 된다. 이러한 규칙을 집행하기 위해, 그림 6.22에서 보이고 있는 곳처럼 `RemainingPower`는 전용으로 표시하고 `turnRight()`, `turnLeft()`, `fire()` 등은 공용으로 표시한다. 전용 및 공용 표시를 사용함으로써 `RemainingPower` 변수가 들어 있는 객체의 외부에서 이 변수의 값에 접근하려는 시도는 프로그램을 번역할 때 오류로 식별될 것이며, 더 이상 진

그림 6.22 | 자바 또는 C# 언어에서 캡슐화를 사용한 LaserClass 클래스의 정의

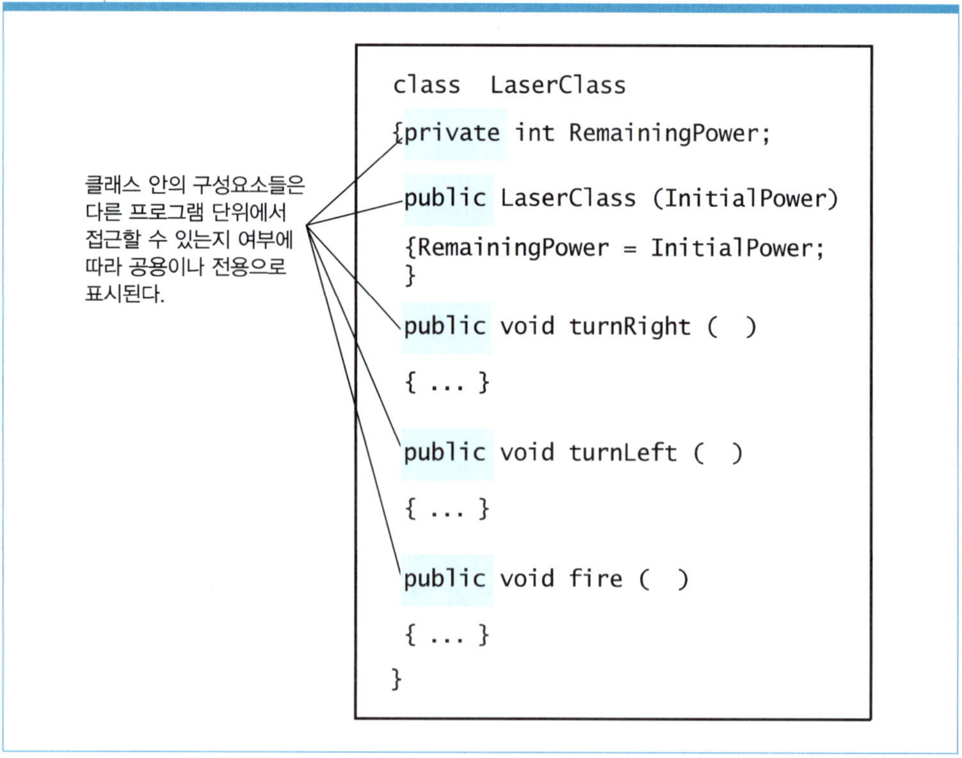

행하기 전에 프로그래머는 그와 같은 문제를 바로잡아야 한다.

캡슐화는 소프트웨어 개발자가 (메서드가 실제로 수행하는 작업을 의미하는) 객체의 동작과 (변수들의 이름은 무엇인지, 이들이 현재 갖는 값은 무엇인지 등과 같은 세부사항을 의미하는) 객체의 구현을 분리할 수 있게 해주는 강력한 추상화 도구이다. 이와 같은 방식으로 시스템 안의 다른 객체들은 객체의 공용 메서드와 공용 필드가 명시적으로 제공하는 서비스에만 의존하며, 이를 통해 전체 시스템은 나중에 객체 코드의 내적 세부사항이 변경되더라도 오류 발생 가능성을 줄일 수 있다.

연습문제

1. 객체와 클래스의 차이는 무엇인가?
2. 이 절의 컴퓨터 게임 예제에서 `LaserClass` 클래스 외에 어떤 클래스들을 정의할 수 있을까? `LaserClass` 클래스에 `RemainingPower` 외에 어떤 인스턴스 변수들을 추가할 수 있을까?
3. `PartTimeEmployee` 클래스와 `FullTimeEmployee` 클래스가 `Employee` 클래스의 속성들을 상속받는다고 가정하자. 각 클래스에는 어떤 속성들이 들어갈 수 있을까?
4. 생성자란 무엇인가?
5. 클래스 안의 일부 항목들이 전용으로 표시되는 이유는 무엇인가?

6.6 병행 활동 프로그래밍

적의 우주선 여러 대가 공격해오는 액션 컴퓨터 게임을 위한 애니메이션을 만드는 프로그램을 설계한다고 생각해보자. 전체 애니메이션 화면을 제어하는 프로그램을 하나로 설계하는 것이 한 가지 방법이 될 수 있다. 이러한 프로그램은 각각의 우주선을 다 그려내는 책임을 맡게 될 것이며, 그럴싸한 애니메이션을 만들어내기 위해서는 여러 대의 우주선의 개별 속성들에 대한 변화를 추적해야 할 것이다. 또 다른 방법으로 한 대의 우주선에 대한 애니메이션을 제어하는 프로그램을 설계하고, 각 우주선의 속성은 프로그램 실행을 시작할 때 매개변수로 지정한다. 이 경우 애니메이션은 이 프로그램을 여러 번 활성화시킴으로써 구성될 수 있으며, 각 프로그램은 각자의 매개변수 값들을 갖게 될 것이다. 이러한 프로그램 활성화를 동시에 실행시킴으로써, 여러 대의 개별 우주선이 동시에 화면에서 움직이는 효과를 얻을 수 있다.

이렇게 여러 프로그램에 대한 활성화를 동시에 실행시키는 것을 **병렬 처리**(parallel

processing) 또는 **병행 처리**(concurrent processing)라고 부른다. 진정한 병렬 처리를 위해서는 각 활성화에 한 개씩 여러 개의 CPU 코어가 필요하다. CPU가 하나밖에 없을 경우에는, 3장의 멀티프로그래밍 운영체제에서 사용하는 것과 비슷한 방식으로 여러 개의 활성화가 단일 프로세서의 시간을 나누어 쓰는 방법으로 병렬 처리가 이루어지는 것 같은 착각을 일으킨다.

오늘날 많은 컴퓨터 응용 프로그램들은 하나의 명령 열로 이루어지는 전통적인 방식보다 병렬 처리 개념을 사용하면 보다 쉽게 해결될 수 있다. 이를 반영하여 새로운 프로그래밍 언어 중에는 병렬 계산에 관련된 의미 구조를 표현하기 위한 구문을 제공하는 것들이 있다. 이러한 언어의 설계에서는 병렬 계산에 관련된 의미 구조들을 식별하고 이들을 표현하기 위한 구문을 개발하는 작업이 필요하다.

프로그래밍 언어마다 병렬 처리 패러다임에 접근하는 관점이 다르며, 이로 인해 용어들도 달라진다. 예를 들면, 앞에서 활성화(activation)라는 비공식적인 용어로 지칭한 내용을 Ada에서는 *태스크(task)*라고 부르는 반면 자바에서는 *쓰레드(thread)*라고 부른다. 즉, Ada 프로그램에서는 여러 동작을 동시에 수행하기 위해 여러 개의 태스크를 생성하게 되겠지만, 자바에서는 여러 개의 쓰레드를 생성하게 된다. 어느 경우이든 결과는 멀티태스킹 운영체제 제어 하의 프로세스들과 비슷한 방식으로 여러 활동이 생성되어 실행된다는 것이다. 이 책에서는 자바 용어를 채택하여 이러한 "프로세스"를 쓰레드라고 부르기로 한다.

병렬 처리를 포함하는 프로그램에서 표현되어야 할 가장 기본적인 동작은 아마도 새로운 쓰레드를 생성하는 동작일 것이다. 만일 동시에 우주선 프로그램을 여러 개 활성화하여 실행시키려면, 이를 표현할 수 있는 구문이 필요할 것이다. 새로운 쓰레드를 생성하는 일은 일반 함수의 실행을 요청하는 일과 비슷하다. 다른 점이라면, 일반 함수의 활성화를 요청한 프로그램 단위는 요청된 함수의 실행이 종료될 때까지 실행이 중단되는 데 비해(그림 6.9), 병렬 처리의 경우 요청된 함수가 작업을 수행하는 동안 요청 프로그램 단위도 실행을 계속한다는 것이다(그림 6.23). 따라서 화면상에서 움직이는 여러 개의 우주선을 생성하기 위해서는, 해당 우주선의 특성을 기술하는 각기 다른 매개변수 값을 갖는 우주선 프로그램에 대한 활성화를 여러 개 생성하는 주프로그램을 작성하게 될 것이다.

병렬 처리와 관련된 보다 복잡한 문제 중 하나는 쓰레드 사이의 통신을 어떻게 처리하는가이다. 예를 들면, 우주선 예제에서 서로 다른 우주선을 나타내는 쓰레드들이 자신의 활동을 조정하기 위해 서로에게 자신의 위치를 전달할 필요가 있을 수도 있다. 또는 한 쓰레드는 다른 쓰레드가 계산 과정의 어느 부분에 도달할 때까지 기다릴 필요가 있을 수도 있다. 또는 한 쓰레드가 어떤 작업을 완료할 때까지 다른 쓰레드의 진행을 중지하고 있도록 요청할 필요가 있을 수도 있다.

쓰레드 사이의 통신에 대한 요구는 오랫동안 컴퓨터과학자들의 연구주제였으며, 최근의 많은 프로그래밍 언어들은 쓰레드 사이의 상호작용 문제에 대한 나름의 접근 방식을

그림 6.23 | 쓰레드의 분기

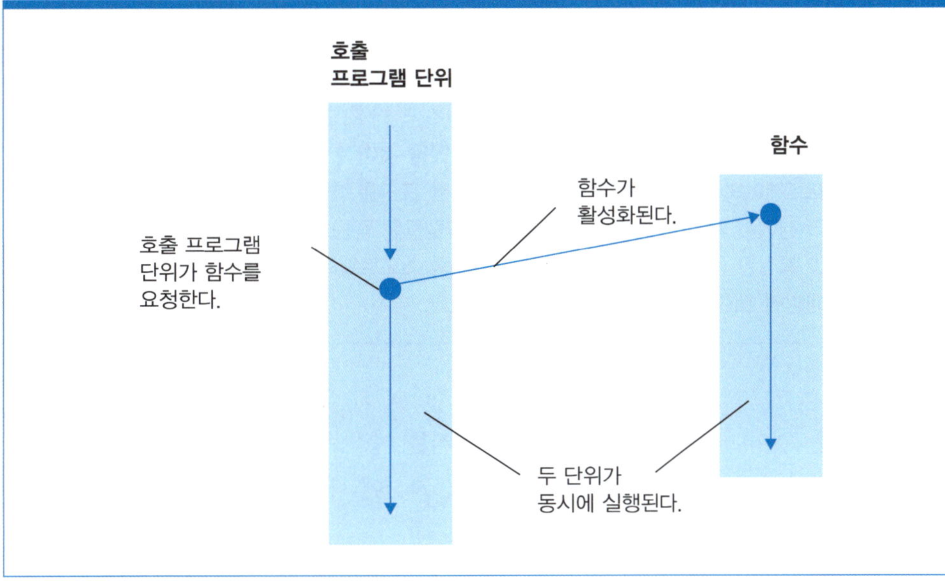

반영하고 있다. 예를 들어 두 쓰레드가 동일한 데이터를 변경하려 할 때 발생하는 통신 문제를 생각해보자. (이 예제는 고급 내용을 다루는 3.4절에서 자세히 소개된 바 있다.) 병행적으로 실행되는 두 쓰레드 각각에서 공통 데이터 항목에 3을 더할 필요가 있을 경우, 다른 쓰레드에 작업을 허용하기 전에 한 쓰레드가 작업을 완료하도록 보장하기 위한 방법이 필요하다. 그렇지 않으면, 이 둘이 동일한 초기 값을 가지고 각기 계산을 수행하여 최종 결과는 6만큼 증가되는 것이 아니라 3만큼 증가하는 것으로 끝나게 될 것이다. 한 번에 한 쓰레드에 의해서만 접근될 수 있는 데이터는 상호 배제 접근성을 갖는다고 표현된다.

상호 배제 접근성을 구현하는 한 가지 방법은, 한 쓰레드가 공유 데이터를 사용할 때 다른 쓰레드들이 안전하게 접근할 수 있을 때까지 다른 쓰레드들의 접근을 차단하도록 관련 쓰레드를 기술하는 프로그램 단위를 작성하는 것이다. (이는 3.4절에서 기술된 방식이며, 여기에서는 공유 데이터에 접근하는 프로세스 부분을 임계 구역(critical region)이라고 표현한 바 있다.) 그 간의 경험에 의하면 이 방식은 상호 배제를 보장하는 책임을 프로그램의 다양한 부분에 분산시키는 단점이 있다. 즉, 공유 데이터에 접근하는 각 프로그램 단위는 상호 배제를 지킬 수 있도록 적절히 설계되어야 하는데, 어느 한 부분이라도 잘못되어 있으면 전체 시스템에 문제가 발생한다. 이러한 이유로 많은 이들은 데이터 항목 자체가 자신에 대한 접근을 제어할 수 있는 능력을 갖도록 만드는 것이 보다 나은 해결방법이라고 주장한다. 요약하자면, 공유 데이터에 접근하는 쓰레드들이 다중 접근에 대한 보호를 적절히 구현하는 것을 믿기보다는 데이터 항목 자체에 이러한 책임을 맡기자

스마트폰 프로그래밍

손으로 잡을 정도의 휴대형 임베디드 기기를 위한 소프트웨어는 다른 곳에서 사용되는 것과 동일한 범용 프로그래밍 언어를 사용하여 개발된다. 키보드만 조금 더 크고 약간의 참을성을 보탠다면 일부 스마트폰 응용 프로그램은 스마트폰 자체에서 작성될 수도 있을 것이다. 그러나 대부분의 스마트폰 소프트웨어는 스마트폰 소프트웨어의 편집, 번역, 테스트 등을 위한 도구를 제공하는 소프트웨어 시스템을 사용하여 데스크톱 컴퓨터 상에서 개발된다. 간단한 응용 프로그램들은 종종 자바, 스위프트, C++, C# 등으로 작성된다. 그러나 보다 복잡한 응용 프로그램이나 핵심 시스템 소프트웨어를 작성하기 위해서는 병행형 및 사건 구동형 프로그래밍에 대한 지원을 필요로 할 수도 있다.

는 것이다. 그 결과 접근에 대한 제어는 여러 프로그램 단위들에 흩어져 있기보다는 프로그램상의 한 곳에 집중되게 되었다. 자신에 대한 접근 제어 능력을 갖춘 데이터 항목을 흔히 모니터(monitor)라고 부른다.

요약하자면, 병렬 처리를 위한 프로그래밍 언어의 설계에는 쓰레드의 생성, 쓰레드의 일시적 중단 및 재가동, 임계 구역의 식별, 모니터의 구성 등과 같은 사항을 표현하기 위한 방법을 개발하는 일이 포함되어 있다.

끝으로 강조하고 싶은 것은, 애니메이션이 병렬 계산에 관련된 문제들을 탐색하기 위한 흥미로운 주제이기는 하지만, 이것은 병렬 처리 기법이 도움이 되는 수많은 분야 중 하나에 지나지 않는다는 점이다. 다른 응용 분야에는 기상 예측, 항공 트래픽 제어, (핵반응에서 보행자 트래픽에 이르기까지) 복잡한 시스템에 대한 모의실험, 컴퓨터 네트워킹, 데이터베이스 관리 등이 포함된다.

연습문제

1. 일반 프로그래밍 언어에서는 볼 수 없지만 병행 처리를 위한 프로그래밍 언어에서 나타나는 것에는 어떤 것들이 있는가?
2. 데이터에 대한 상호 배제 접근을 보장하기 위한 두 가지 방법을 설명하라.
3. 애니메이션 외에 병렬 처리가 도움이 되는 상황들을 들어보라.

6.7 선언형 프로그래밍

6.1절에서 정형 논리는 선언형 프로그래밍 시스템을 구축하기 위해 사용할 수 있는 일반

적인 문제 해결 알고리즘을 제공한다고 주장한 바 있다. 이 절에서는 먼저 그러한 알고리즘에 대한 기본사항들을 소개하고 이에 기초한 선언형 프로그래밍 언어를 간략하게 살펴봄으로써 이러한 주장의 근거를 조사해보기로 한다.

논리적 추론

우리는 커밋이 무대 위에 있든지 또는 커밋이 병에 걸려 있든지 둘 중 하나임을 알고 있으며, 커밋이 무대 위에 있지 않다는 사실을 듣게 되었다고 하자. 그러면 커밋은 병에 걸려있음이 틀림없다고 결론지을 수 있다. 이는 **분해(resolution)**라 불리는 연역적 추론 원리의 한 예이다. 분해는 명제들의 집합에서 결론을 유도하는 데 사용되는 **추론 규칙(inference rule)**이라 불리는 많은 기법 중 하나이다.

여기에서 명제는 하나의 문자로 표현하며, 명제에 대한 부정은 ¬ 기호로 표시하기로 하자. 예를 들면, "커밋은 왕자이다"라는 명제는 A로 표현하고 "피기양은 여배우이다"는 B로 표현할 수 있다. 그러면

A OR B

라는 표현은 "커밋이 왕자이거나 피기양이 여배우이다"를 의미하게 될 것이며,

B AND $\neg A$

는 "피기양은 여배우이지만 커밋은 왕자가 아니다"를 의미하게 될 것이다. 화살표는 "의미함"을 나타내기 위해 사용될 것이다. 예를 들면,

$A \rightarrow B$

라는 표현은 "커밋이 왕자라는 사실은 피기양이 여배우임을 의미한다"를 나타낼 것이다.

분해 원리를 일반 형식으로 나타내자면 다음과 같다.

P OR Q와 R OR $\neg Q$에서 얻을 수 있는 결론은 P OR R이다.

이 경우 앞의 두 개의 명제가 분해되어 **분해문(resolvent)**이라고 불리는 세 번째의 명제가 형성된다고 말한다. 중요한 것은 분해문이 원래 명제들의 논리적 결과라는 사실이다. 즉, 원래 명제들이 참이면 분해문 또한 반드시 참이 된다. (Q가 참이면 R은 반드시 참이다. Q가 거짓이면 P가 반드시 참이다. 따라서 Q가 참이든 거짓이든 P와 R 중 하나는 반드시 참이다.)

그림 6.24에서 이 두 명제에 대한 분해를 그림으로 보이고 있으며, 원래의 명제에서 아래쪽의 분해문을 선분으로 연결하고 있다. 분해는 **절 형태(clause)**로 나타나는 명제들의 쌍에만 적용될 수 있다. 절 형태의 명제란 부울 연산 OR로 연결된 기본 요소들로 이루어진 명제를 말한다. 따라서

그림 6.24 (P OR Q)와 (R OR ¬ Q)를 분해하여 (P OR R) 만들기

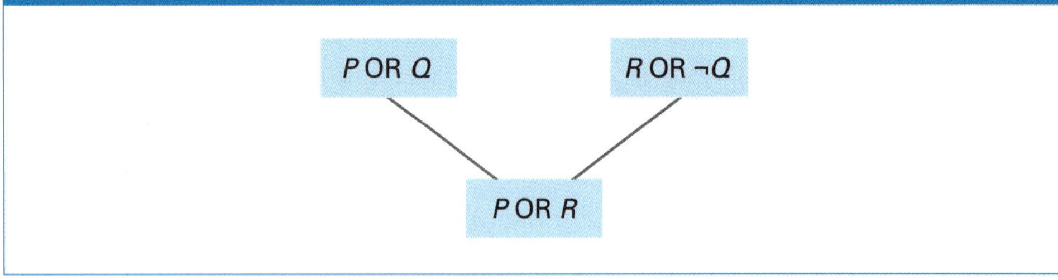

P OR Q

는 절 형태의 명제인 반면,

$P \rightarrow Q$

는 절 형태의 명제가 아니다. 이러한 문제는 별로 중요하지 않은데, 이는 일차 술어 논리(first-order predicate logic)에서 표현되는 모든 명제는 절 형태로 표현될 수 있다는 수리논리학 정리가 있기 때문이다. (일차 술어 논리는 강력한 표현력을 갖춘 명제 표현 체계이다.) 이 중요한 정리에 대해서는 더 이상 설명하지 않겠지만, 나중을 위해

$P \rightarrow Q$

라는 명제는 다음 절 형태의 명제와 동등하다는 사실을 언급해둔다.

Q OR ¬P

명제 집합 안의 모든 명제가 동시에 참이 될 수는 없을 경우, 이러한 집합은 **모순적(inconsistent)**이라고 표현된다. 즉, 모순적 명제 집합은 서로 모순되는 명제들이 포함되어 있는 집합이다. 간단한 예로는 명제 P와 명제 ¬P를 포함하는 집합을 들 수 있다. 논리학자들은 분해를 반복하는 것이 모순적 집합의 모순성을 확인하는 체계적인 방법이 될 수 있음을 증명하였다. 즉, 분해의 반복적 적용으로 비어있는 절이 생기면(P 형태의 절과 ¬P 형태의 절을 분해한 결과), 원래의 명제 집합은 모순적이다. 그림 6.25는 다음 명제들의 집합이 모순적임을 보여준다.

P OR Q
R OR ¬ Q
¬ R
¬ P

이번에는 어떤 명제들의 집합이 명제 P를 의미한다는 것을 확인하고자 한다고 가정하자. 명제 P를 의미한다는 것은 명제 ¬ P를 부정한다는 것과 같다. 따라서 원래의 명제 집합이 P를 의미한다는 것을 보이기 위해 필요한 것은 원래의 명제들에 명제 ¬ P를 추

그림 6.25 명제 (*P* OR *Q*), (R OR ¬ *Q*), ¬ *R*, ¬ *P* 등에 대한 분해

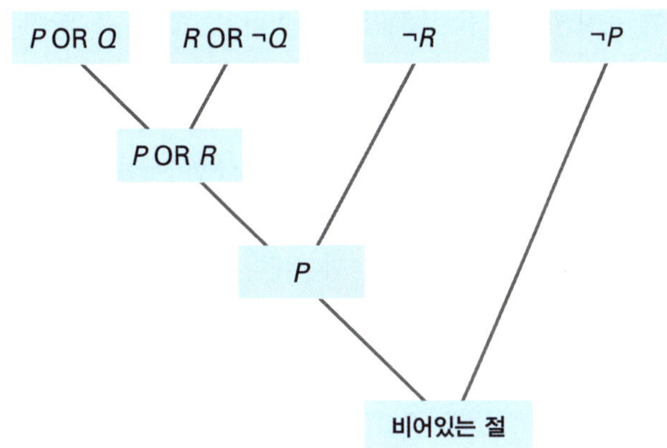

가한 집합에 비어있는 절이 생길 때까지 분해를 적용하는 것이다. 비어있는 절이 생기면, 명제 ¬ *P* 는 원래의 명제들과 모순되며, 따라서 원래의 명제들이 *P* 를 의미한다고 결론지을 수 있다.

실제 프로그래밍 환경에서 분해를 적용하기 위한 준비로 한 가지 사항이 남아있다. 다음과 같은 두 개의 명제가 있다고 하자.

(메리는 X에 있다) → (메리의 양은 X에 있다)

와

메리는 집에 있다

여기에서 X 는 어떤 장소를 나타낸다. 이 두 명제를 절의 형태로 표현하면 다음과 같게 된다.

(메리의 양은 X 에 있다) OR ¬ (메리는 X 에 있다)

와

(메리는 집에 있다)

얼핏 보면 이들은 분해될 수 있는 요소를 갖지 않은 것처럼 보인다. 그러나 (메리는 집에 있다)와 ¬ (메리는 X에 있다) 는 서로 반대에 가깝다. 문제는 "메리는 X에 있다"는 일반적인 장소에 관한 명제이며, 구체적으로는 "집에" 대한 명제가 될 수 있음을 인식하는 것이다. 따라서 첫 번째 명제의 특별한 경우에 해당하는

(메리의 양은 집에 있다) OR ¬ (메리는 집에 있다)

는

(메리는 집에 있다)

와 함께 분해되어 다음 명제가 만들어질 수 있다.

(메리의 양은 집에 있다)

분해가 수행될 수 있도록 "집"이라는 값을 X에 배정하는 것과 같이 값을 변수에 배정하는 과정은 단일화(unification)라고 부른다. 단일화는 연역 시스템에서 일반적인 명제를 특정 사례에 적용될 수 있게 만드는 과정이다.

Prolog

프로그래밍 언어 Prolog(PROgramming in LOGic의 줄임말)는 반복적 분해에 기초한 문제 해결 알고리즘을 이용하는 선언형 프로그래밍 언어이다. 이러한 언어를 논리 프로그래밍(logic programming) 언어라고 한다. Prolog로 작성된 프로그램은 기반 알고리즘이 연역적 추리를 적용할 초기 명제들의 집합으로 이루어진다. 이러한 명제들을 이루고 있는 구성요소는 술어(predicate)라고 불린다. 술어는 술어 식별자와 괄호 안의 술어 인수 리스트로 이루어진다. 하나의 술어는 인수들에 대한 어떤 사실을 나타내며, 술어 식별자는 대개 그 의미를 반영하는 이름으로 선택된다. 따라서 빌이 메리의 부모라는 사실을 표현하기 위해 다음과 같은 술어를 사용할 수 있다.

```
parent(bill, mary)
```

이 술어에서 인수들은 고유명사를 나타내지만 소문자로 시작한다. 이는 Prolog에서 상수는 소문자로 시작하고 변수는 대문자로 시작하는 것으로 정해져 있기 때문이다. (Prolog에서는 *리터럴*이라는 일반적 용어 대신 *상수*라는 용어를 사용한다. 즉, 소문자로 시작되는 bill은 Prolog에서 리터럴 "Bill"을 나타내기 위해 사용될 수 있으며, 대문자로 시작되는 Bill은 Prolog에서 변수를 가리키기 위해 사용된다.)

Prolog 프로그램에서 문장은 사실(fact)이나 규칙(rule)을 나타내며, 각 문장은 마침표(.)로 끝난다. 사실은 하나의 술어로 이루어진다. 예를 들면, 거북이가 달팽이보다 빠르다는 사실은 다음과 같은 Prolog 문장으로 나타낼 수 있다.

```
faster(turtle, snail).
```

그리고 토끼가 거북이보다 빠르다는 사실은 다음과 같은 Prolog 문장으로 나타낼 수 있다.

```
faster(rabbit, turtle).
```

Prolog 규칙은 "의미함"을 나타내는 문장이며, X → Y의 형식 대신 Y : - X의 형식을 사용한다. 따라서 "X의 나이가 많다는 사실은 X가 현명함을 의미한다"라는 문장을 논리

학자는

```
old(X) → wise(X)
```

와 같이 표현하겠지만, Prolog에서는 다음과 같이 표현될 것이다.

```
wise(X) :- old(X).
```

예를 하나 더 들자면,

```
(faster(X, Y) AND faster(Y, Z)) → faster(X, Z)
```

라는 규칙은 Prolog에서는 다음과 같이 표현될 것이다.

```
faster(X, Z) :- faster(X, Y), faster(Y, Z).
```

faster(X, Y)와 faster(Y, Z)를 구분하는 콤마는 접속사 AND를 나타낸다. 이와 같은 규칙은 절의 형태는 아니지만, 쉽게 절의 형태로 변환될 수 있으므로 Prolog에서 사용할 수 있다.

Prolog 시스템은 프로그램 안에 있는 술어들의 의미를 알지는 못하며, 단지 분해 추론 규칙에 따라 문장들을 기호로서 처리한다. 따라서 술어에 관련된 의미를 사실과 규칙으로 기술하는 것은 프로그래머의 책임이다. 이런 점에서 Prolog 프로그램의 사실들은 특정 술어의 구체적 사례인 경우가 많은 반면, 규칙들은 일반적인 원칙을 기술하기 위해 사용된다. 앞의 faster 술어에 관련된 문장들도 이를 따르고 있다. 주어진 두 개의 사실은 "더 빠름"과 관련된 특정 사례들을 기술하고 있는 반면, 주어진 규칙은 일반적 속성에 대해 기술하고 있다. 토끼가 달팽이보다 빠르다는 사실이 명시적으로 주어지지는 않았지만, 주어진 두 개의 사실과 규칙을 조합한 결과로 도출할 수 있는 사실이다.

Prolog를 사용하여 소프트웨어를 개발할 때, 프로그래머의 작업은 알려져 있는 정보를 기술하는 사실들과 규칙들을 개발하는 것이다. 이러한 사실들과 규칙들은 연역 시스템에서 사용될 초기 명제 집합을 구성한다. 일단 이러한 명제 집합이 정해지면, (Prolog에서 목표라고 부르는) 가설이 시스템에 제안될 수 있는데, 대개 이러한 제안은 컴퓨터 키보드를 통해 입력된다. Prolog 시스템에 목표가 제안되면, 시스템은 초기 명제들로부터 목표를 도출할 수 있는지 확인하기 위해 분해를 적용한다. faster 관계를 기술하는 문장들에 기초하여 다음 각 목표를 확인할 수 있는데, 이들 각 목표는 초기 명제들의 논리적 결과이기 때문이다.

```
faster(turtle, snail).
faster(rabbit, turtle).
faster(rabbit, snail).
```

첫 두 개의 목표는 초기 명제들에 나타나는 사실들과 동일한 반면, 세 번째 목표는 시스템에 의한 연역 과정을 어느 정도 필요로 한다.

약간 더 복잡한 예로 목표에서 상수 대신 변수를 인수로 사용하는 경우를 생각해보자. 이 경우 Prolog는 초기 명제들로부터 목표를 도출하려 할 것이며 이를 위해 필요한 단일화를 수행해나갈 것이다. 목표를 추론해낸 다음에 Prolog는 수행된 단일화들에 대해 보고한다. 예를 들어 다음 목표를 생각해보자.

```
faster(W, snail).
```

이에 대해 Prolog는 다음과 같이 보고할 것이다.

```
faster(turtle, snail).
```

실제로 이러한 보고는 초기 명제들의 결과이며 단일화를 통하면 목표와 일치된다. 또한 Prolog에게 더 많은 사실을 알려달라고 요청하면, 다음과 같은 사실을 찾아 보고할 것이다.

```
faster(rabbit, snail).
```

이와 반대로 토끼보다 느린 동물들의 사례를 찾기 위해 Prolog에게 다음과 같은 목표를 제안할 수 있다.

```
faster(rabbit, W).
```

실제로 다음 목표로 시작한다면, Prolog는 초기 명제들에서 도출될 수 있는 모든 faster 관계에 대해 보고할 것이다.

```
faster(V, W).
```

이는 하나의 Prolog 프로그램으로 특정 동물이 다른 동물보다 빠르다는 것을 확인하거나, 특정 동물보다 빠른 동물들을 찾거나, 특정 동물보다 느린 동물들을 찾거나, 또는 모든 faster 관계를 찾을 수 있음을 의미한다.

Prolog에서 이렇게 여러 가지를 할 수 있다는 점이 컴퓨터과학자들의 관심을 끈 특징 중 하나이다. 유감스럽게도 Prolog 시스템 안에 구현되어 있는 분해 프로시저는 이론상으로는 존재하지 않는 한계점들을 갖고 있으며, 따라서 Prolog 프로그램들은 이론적으로 예상할 수 있는 유연성을 갖추지는 못하고 있다. 이 말의 의미를 이해하기 위해 먼저 그림 6.25에서는 당면 과제에 관련된 분해만을 보여주고 있다는 사실에 유의하기 바란다. 사실 분해 과정이 추구할 수 있는 다른 방향들도 존재한다. 예를 들면, 가장 왼쪽의 절과 가장 오른쪽의 절을 분해하여 분해문 Q를 만들어낼 수도 있다. 따라서 하나의 응용 안에 포함되어 있는 기초적인 사실과 규칙을 기술하는 문장들 외에도 종종 Prolog 프로그램은 분해 과정을 올바른 방향으로 인도하기 위한 추가적인 문장들을 포함해야 한다. 이러한 이유로 실제 Prolog 프로그램들은 앞에 예제에서처럼 여러 개의 목표를 처리하는 일을 잘 못할 수도 있다.

연습문제

1. R, S, T, U, V 중 어떤 명제들이 ($\neg R$ OR T OR S), ($\neg S$ OR V), ($\neg V$ OR R), (U OR $\neg S$), (T OR $\neg U$), (S OR V) 등으로 이루어진 명제 집합의 논리적 결과인가?

2. 다음 명제 집합은 모순적인가? 이유를 설명하라.

   P OR Q OR R　　$\neg R$ OR Q　　R OR $\neg P$　　$\neg Q$

3. 술어 mother(X, Y)는 "X는 Y의 어머니이다"를 의미하며, 술어 father(X, Y)는 "X는 Y의 아버지이다"를 의미할 수 있도록 다음 Prolog 프로그램의 마지막 두 규칙을 완성하라.

```
female(carol).
female(sue).
male(bill).
male(john).
parent(john, carol).
parent(sue, carol).
mother(X,Y) :-
father(X,Y) :-
```

4. 위의 연습문제 3의 Prolog 프로그램에서 다음 규칙은 X와 Y가 공통의 부모를 가질 경우 X와 Y는 형제 관계에 있음을 의미한다(여기서의 '형제'는 남매나 자매의 의미도 포함함).

```
sibling(X, Y) :- parent(Z, X), parent(Z, Y).
```

   형제에 대한 이러한 정의에 대해 Prolog는 어떤 예상하지 못한 결론을 생성할 수 있겠는가?

단원 복습 문제

(* 표시된 것은 고급 내용을 다루는 절에 관련된 문제이다.)

1. 프로그래밍 언어가 기계 독립적이라는 것은 무엇을 의미하는가?

2. 다음 파이썬 프로그램을 부록 C의 Vole 기계어로 번역하라.

```
x = 0
while (x < 3):
   x = x + 1
```

3. Length, Width, Halfway 모두 부동소수점 표

기법으로 표현되어 있다고 가정하고, 다음 문장을 부록 C의 Vole 기계어로 번역하라.

```
Halfway = Length + Width
```

4. W, X, Y, Z 모두 한 바이트씩의 메모리를 사용하며 2의 보수 표기법으로 표현된 값으로 가정하고, 다음 고급 수준의 문장들을 부록 C의 Vole 기계어로 번역하라.

```
if (X == 0):
  Z = Y + W
else:
  Z = Y + X
```

5. 문제 4의 문장들을 번역하기 위해 변수들의 데이터 타입에 관한 정보가 필요한 이유는 무엇인가? 많은 고급 프로그래밍 언어에서 프로그래머로 하여금 프로그램의 시작 부분에서 각 변수의 타입을 표시하도록 요구하는 이유는 무엇인가?

6. 네 가지 프로그래밍 패러다임의 이름을 쓰고 간략히 설명하라.

7. 함수 f는 두 개의 숫자를 입력으로 받아 그 중 작은 값을 출력으로 반환한다고 하자. w, x, y, z가 숫자들을 나타낼 경우, $f(f(w,x), f(y,z))$가 반환하는 값은 무엇인가?

8. f는 입력으로 주어진 기호 열을 역으로 만들어 반환하는 함수이며, g는 입력으로 주어진 두 개의 기호 열을 결합하여 반환하는 함수라고 하자. x가 기호 열 $abcd$일 경우, $g(f(x),x)$가 반환하는 값은?

9. 개인 재정 기록을 관리하기 위한 객체지향 프로그램을 작성한다고 가정하자. 수표 발행 계좌를 나타내는 객체 안에는 어떤 데이터가 저장되어야 하는가? 이 객체는 어떤 메시지들에 반응해야 하는가? 이 프로그램에는 또 어떤 객체들이 필요한가?

10. 기계어와 어셈블리 언어의 차이를 요약하라.

11. 부록 C의 Vole 컴퓨터를 위한 어셈블리 언어를 설계하라.

12. 존은 프로그램에서 상수 대신 변수를 사용할 수 있으므로 상수를 선언할 수 있는 기능이 필요하지 않다고 주장한다. 예를 들면, 6.2절의 AirportAlt 관련 예제에서 AirportAlt를 변수로 선언하고 프로그램의 시작 부분에서 필요한 값을 배정함으로써 처리될 수 있다. 상수 대신 변수를 사용하는 방식이 좋지 않은 이유는?

13. 선언문과 명령문의 차이를 요약하라.

14. 리터럴, 상수, 변수 등의 차이를 설명하라.

15. a. 연산자 우선순위란 무엇인가?
b. 연산자 우선순위를 정하기에 따라 다음 식은 어떤 값들을 가질 수 있는가?
$6 + 2 \times 3$

16. 구조적 프로그래밍이란 무엇인가?

17. 다음과 같은 문장에서 사용되는 이중 등호의 의미와

```
if (X == 5):
  . . .
```

다음과 같은 배정문에서 사용되는 단일 등호의 의미 사이의 차이는 무엇인가?

```
X = 2 + Y
```

18. 다음 for 문으로 표현되는 구조를 나타내는 순서도를 그려라.

```
for (int x = 2; x < 8; ++x)
  { . . . }
```

19. 다음 for 문을 파이썬 while 문을 사용하여 같은 의미를 나타내도록 고쳐 쓰라.

```
for (int x = 2; x < 8; ++x)
  { . . . }
```

20. 악보상의 기호를 프로그래밍 언어로 간주하여 분석하라. 어떤 제어 구조들이 있는가? 주석을 삽입하기 위한 구문은 무엇인가? 그림 6.7의 for 문과 비슷한 의미를 갖는 악보 기호는 무엇인가?

21. 다음 문장에 의해 표현되는 구조를 나타내는 순서도를 그려라.

```
switch (suit)
  { case "clubs": bid(1);
    case "diamonds": bid(2);
    case "hearts": bid(3);
    case "spades": bid(4);
  }
```

22. 다음 프로그램의 중첩된 if-else 문들 대신 하나의 case 문을 사용하여 재작성하라.

```
if (W == 5):
  Z = 7
else:
  if (W == 6):
    Y = 7
  else:
    if (W == 7):
      X = 7
```

23. 복잡하게 얽혀있는 다음 루틴을 if-else 문 하나를 사용하여 정리하라.

```
   if X > 5 then goto 80
   X = X + 1
   goto 90
80 X = X + 2
90 stop
```

24. 다음 각 활동을 수행하기 위해 명령형 및 객체지향 프로그래밍 언어들에서 사용하는 기본 제어 구조들을 요약하라.

a. 어느 명령이 다음에 수행될지 결정한다.
b. 명령들의 집합을 반복한다.
c. 변수의 값을 변경한다.

25. 번역기와 해석기의 차이를 요약하라.

26. 프로그램에서 변수 X가 정수 타입으로 선언되어 있다고 하자. 다음 문장을 실행할 때 어떤 오류가 발생하겠는가?

```
X = 2.5
```

27. 프로그래밍 언어가 강한 타입 규칙을 갖는다는 것은 무엇을 의미하는가?

28. 대규모 배열을 함수에 값으로 전달하지 않아야 할 이유는 무엇인가?

29. 파이썬 함수 Modify가 아래와 같이 정의되어 있다고 하자.

```
def Modify (Y):
  Y = 7
  print(Y)
```

매개변수들이 값으로 전달될 경우, 다음 프로그램을 실행하면 어떤 값들이 인쇄되겠는가? 매개변수들이 참조로 전달될 경우는?

```
X = 5
Modify(X)
print(X)
```

30. 파이썬 함수 Modify가 아래와 같이 정의되어 있다고 하자.

```
def Modify (Y):
  Y = 9
  print(X)
  print(Y)
```

X는 전역변수라고 가정한다. 매개변수들이 값으로 전달될 경우, 다음 프로그램을 실행하면 어떤 값들이 인쇄되겠는가? 매개변수들이 참조로 전달될 경우는?

```
X = 5
Modify(X)
print(X)
```

31. 때로 실질 매개변수는 (값에 의해 전달되는 매개변수의 경우에서처럼) 함수에서 사용할 복사본이 먼저 만들어져서 전달되지만, 함수가 완료될 때 호출 함수를 진행하기 전에 피호출 함수의 복사본의 값을 실질 매개변수로 되돌려주는 경우가 있다. 이 경우 매개변수는 값–결과에 의해 전달된다고 표현된다. 매개변수들이 값–결과로 전달될 경우, 문제 30의 프로그램을 실행하면 어떤 값들이 인쇄되겠는가?

32. a. 참조에 의한 전달에 비해 값에 의한 전달의 장점은 무엇인가?
b. 값에 의한 전달에 비해 참조에 의한 전달의 장점은 무엇인가?

33. 다음 문장에 어떤 모호성이 존재하는가?

```
X = 3 + 2 × 5
```

34. 5명의 사원을 둔 작은 회사에서 인원을 6명으로 늘릴 계획을 갖고 있다고 하자. 그리고 이 회사의 프로그램 중 하나에 다음과 같은 배정문들이 포함되어 있다고 하자.

```
DailySalary = TotalSal/5;
AvgSalary = TotalSal/5;
DailySales = TotalSales/5;
AvgSales = TotalSales/5;
```

이 프로그램이 원래는 둘 다 5라는 값으로 설정된 상수 NumEmpl과 DaysWk를 사용하여 다음과 같이 배정문들을 표현하고 있었다면, 프로그램 수정 작업은 어떻게 용이해질 것인가?

```
DailySalary = TotalSal/DaysWk;
AvgSalary = TotalSal/NumEmpl;
DailySales = TotalSales/DaysWk;
AvgSales = TotalSales/NumEmpl;
```

35. a. 프로그래밍 언어와 일상 언어의 차이는 무엇인가?
b. 각 경우의 예를 들어라.

36. 5장의 파이썬 while 문의 구조를 표현하는 구문 다이어그램을 그려라.

37. 자신의 지역에서 사용되는 전화번호의 구문을 기술하기 위한 구문 다이어그램들을 설계하라. 예를 들면, 미국에서 전화번호에는 (444) 555-1234와 같이 광역코드, 지역코드, 4자리 숫자 등이 차례로 나열된다.

38. 자신의 모국어에서 간단한 문장들을 기술하기 위한 구문 다이어그램들을 설계하라.

39. "*월/일/연도*" 또는 "*달이름 일, 연도*" 등과 같이 날짜를 표현하는 다양한 방법을 기술하는 구문 다이어그램들을 설계하라.

40. 단어 *yes*가 여러 번 나타나고 그 뒤에 같은 횟수의 *no*가 나타나는 "문장"의 문법적 구조를 기술하기 위한 구문 다이어그램들을 설계하라. 예를 들면, "*yes yes no no*"는 그와 같은 문장에 해당되지만, "*no yes*", "*yes no no*", "*yes no yes*" 등은 해당되지 않는다.

41. 단어 *yes*가 여러 번 나타나고 그 뒤에 같은 횟수의 no가 나타난 다음 다시 같은 횟수의 maybe가 나타나는 "문장"의 문법적 구조를 기술하기 위한 구문 다이어그램들을 설계하는 것은 불가능하다는 것을 설명하라. 예를 들면, "*yes no maybe*", "*yes yes no no maybe maybe*" 등은 그와 같은 문장에 해당되지만, "*yes maybe*", "*yes no no maybe maybe*", "*maybe no*" 등은 해당되지 않는다.

42. 아래의 구문 다이어그램들로 정의되는 기호 열의 구조를 말로 설명하라. 기호 열 *xxyxx*를 위한 구문 분석 트리를 그려라.

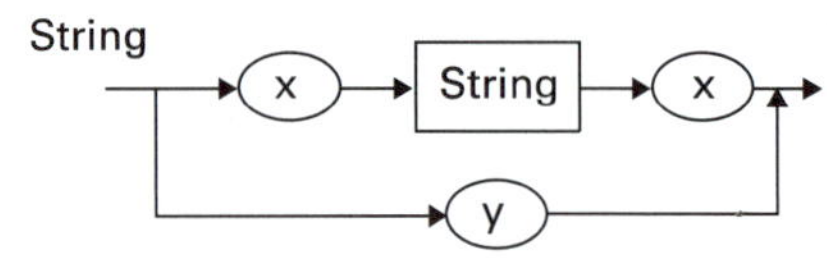

43. Dance 구조가 Chacha 또는 Waltz가 될 수 있도록 정의하는 구문 다이어그램들이 되도록 6.4절의 연습문제 4의 구문 다이어그램들에 구문 다이어그램들을 추가하라. 여기에서 Waltz는

forward diagonal close

또는

backward diagonal close

와 같은 패턴의 복사본을 한 번 이상 사용하여 구성된다.

44. 그림 6.15의 구문 다이어그램에 기초하여 다음 식을 위한 구문 분석 트리를 그려라.

$x \times y + y \div x$

45. 다음 문장을 나타내는 기계어 코드를 구축할 때 코드 생성기는 어떤 코드 최적화를 수행할 수 있는가?

```
if (X == 5):
  Z = X + 2
else:
  Z = X + 4
```

46. 다음 프로그램을 단순화시켜보라.

```
Y = 5
if (Y == 7):
  Z = 8
else:
  Z = 9
```

47. 다음 프로그램을 단순화시켜보라.

```
while (X != 5):
  X = 5
```

48. 객체지향 프로그래밍 환경에서 타입과 클래스는 어떤 점에서 유사하며, 어떤 점에서 다른가?

49. 다양한 유형의 건축물을 기술하는 클래스들을 개발하기 위해 상속이 어떻게 사용될 수 있는지 설명하라.

50. 클래스의 전용 부분과 공용 부분의 차이는 무엇인가?

51. a. 인스턴스 변수가 전용이 되어야 할 상황의 예를 들어라.
b. 인스턴스 변수가 공용이 되어야 할 상황의 예를 들어라.
c. 메서드가 전용이 되어야 할 상황의 예를 들어라.
d. 메서드가 공용이 되어야 할 상황의 예를 들어라.

52. 호텔 로비에서 보행자 트래픽을 모의실험하기 위한 프로그램에 들어갈 만한 객체들을 기술하라. 객체들이 수행할 동작에 대한 설명도 포함시켜라.

*53. 프로그래밍 언어와 관련하여 "모니터"라는 용어의 의미는 무엇인가?

*54. 병행성을 지원하는 프로그래밍 언어의 사용이 바람직한 것은 병행 처리의 어떤 속성들 때문인가?

*55. (Q OR ¬R), (T OR R), ¬P, (P OR ¬T), (P OR ¬Q) 등의 명제들로 이루어진 집합이 모순적이라는 것을 보이기 위해 필요한 분해를 표현하는 (그림 6.25와 비슷한) 다이어그램을 그려라.

*56. ¬R, (T OR R), (P OR ¬Q), (Q OR ¬T), (R OR ¬P) 등의 명제들로 이루어진 집합이 모순적인지 여부를 대답하고 설명하라.

*57. 6.7절 연습문제 3과 4의 Prolog 프로그램을 확장하여 uncle, aunt, grandparent, cousin 등의 추가적 가족 관계를 포함시켜라. 또한 X, Y가 Z의 부모임을 의미하는 parents(X, Y, Z)를 정의하는 규칙도 추가하라.

*58. 다음 Prolog 프로그램의 첫 번째 문장이 "Alice는 스포츠를 좋아한다."라는 의미라고 가정할 때, 프로그램의 마지막 두 문장의 의미를 해석하라. 그런 다음 이 프로그램에 기초하여 Prolog가 Alice가 좋아할 것으로 결론 내릴 항목들의 리스트를 제시하고, 그 리스트의 내용을 설명하라.

```
likes(alice, sports).
likes(alice, music).
likes(carol, music).
likes(david, X) :- likes(X, sports).
likes(alice, X) :- likes(david, X).
```

*59. 값들이 1.7절에 기술된 8비트 부동소수점 형식으로 표현되는 컴퓨터에서 아래의 프로그램을 실행할 경우, 어떤 문제가 발생하겠는가?

```
X = 0.01
while (X != 1.00):
  print(X)
  X = X + 0.01
```

사회적 논제

다음 질문들은 컴퓨터 적용 분야에 관련된 윤리적/사회적/법률적 쟁점에 대한 지침을 마련하기 위한 것이다. 이 질문들의 목표는 단순히 대답을 이끌어내는 것에 있지 않다. 자신의 대답에 대한 이유를 생각해야 하며, 그와 같은 논거는 각 문항 사이에서 일관성을 유지해야 한다.

1. 일반적으로 저작권법은 아이디어 자체가 아니라 아이디어의 표현에 관한 권리를 인정한다. 그 결과로 책 안의 어떤 문단에 대한 저작권을 등록할 수는 있지만, 그 문단에서 표현하고 있는 아이디어에 대해 저작권을 등록할 수는 없다. 이러한 권리가 소스 프로그램과 소스 프로그램이 표현하는 알고리즘에는 어떻게 적용되어야 하겠는

가? 상용 패키지에서 사용되는 알고리즘을 알고 있는 사람이 동일한 알고리즘을 표현하는 자신의 프로그램을 만들어 판매하는 것은 어느 정도까지 허용되어야 한다고 보는가?

2. 고급 프로그래밍 언어를 사용함으로써 *if*, *else*, *while* 등의 단어들을 사용하여 알고리즘을 표현할 수 있다. 컴퓨터는 이러한 단어들의 의미를 어느 정도까지 이해하는 것인가? 이러한 단어들에 적절히 반응할 수 있다는 것이 이러한 단어들을 이해하고 있다고 말할 수 있는가? 자신이 하는 말을 다른 사람이 이해하는 것인지 어떻게 알 수 있는가?
3. 새로운 프로그래밍 언어를 개발하는 사람은 이러한 언어를 사용함으로써 발생하는 이익에 대한 권리를 가져야 하는가? 그러한 권리가 인정된다면, 그러한 권리를 어떻게 보호할 수 있는가? 어느 정도까지 언어에 대한 소유권이 인정되어야 하는가? 사원의 창의적 지적 성과물에 대해 기업의 소유권은 어느 정도까지 인정되어야 하는가?
4. 마감일이 촉박할 경우, 제 시간에 프로그램을 실행할 수 있도록 하기 위해 주석을 통한 문서화를 생략하는 것은 용인될 수 있는 일인가? (처음 배우는 학생들은 소프트웨어 개발 전문가들이 문서화를 얼마나 중요하게 생각하는지에 대해 종종 놀라워한다.)
5. 프로그래밍 언어에 대한 연구의 많은 부분은 사람이 쉽게 읽고 이해할 수 있는 프로그램을 작성할 수 있는 언어를 개발하기 위한 것이었다. 프로그래머는 이러한 기능을 어느 정도까지 사용해야만 하는가? 즉, 사람의 관점에서는 잘 작성되지 않았더라도 정확히 실행되는 프로그램은 어느 정도까지 괜찮은 것인가?
6. 초보 프로그래머가 자신이 사용하기 위한 프로그램을 작성하였으며, 이 프로그램은 부실하게 구성되어 있다고 하자. 이 프로그램은 가독성을 향상시키는 기능을 이용하지 않고 있으며, 효율적이지도 않고, 프로그래머가 이 프로그램을 적용할 특수한 상황을 이용하는 불안한 코드를 포함하고 있다. 시간이 지나면서 이 프로그래머는 이 프로그램을 사용하기를 원하는 친구들에게 프로그램 사본을 나누어주었으며, 그 친구들은 또 자신의 친구들에게 나누어주었다. 이 프로그래머는 발생할 문제들에 대해 어느 정도까지의 책임이 있는가?
7. 컴퓨터 전문가는 다양한 프로그래밍 패러다임에 대해 어느 정도까지의 지식을 갖추어야 하는가? 어떤 회사는 그 회사에서 개발되는 모든 소프트웨어는 미리 지정된 동일한 프로그래밍 언어를 사용하여 작성하도록 정하고 있다. 이러한 회사에서 일하는 전문가의 경우 앞의 질문에 대한 대답은 달라져야 하는가?

참고문헌

Aho, A. V., M. S. Lam, R. Sethi, and J. D. Ullman. *Compilers: Principles, Techniques, and Tools*, 2nd ed. Boston, MA: Addison-Wesley, 2007.

Barnes, J. *Programming in Ada 2012*. Cambridge, England: Cambridge University Press, 2014.

Clocksin, W. F. and C. S. Mellish. *Programming in Prolog*, 5th ed. New York: Springer-Verlag, 2013.

Friedman, D. P. and M. Felleisen. *The Little Schemer*, 4th ed. Cambridge, MA: MIT Press, 1995.

Kernighan, B.W. and D.M. Ritchie. *The C Programming Language*, 2nd ed. Englewood Cliffs, NJ: Prentice Hall, 1988.

Metcalf, M., J. Reid and M. Cohen. *Modern Fortran Explained*, 4th ed. Oxford, England: Oxford University Press, 2011.

Pratt, T. W. and M. V. Zelkowitz. *Programming Languages, Design and Implementation*, 4th ed. Upper Saddle River, NJ: Prentice-Hall, 2001.

Richards, D. and H. Hamburger. *Logic and Language Models for Computer Science*, 3rd ed. Hackensack, NJ: World Scientific, 2017.

Savitch, W. and K. Mock. *Absolute C++*, 6th ed. Essex, England: Pearson, 2016.

Savitch, W. and K. Mock. *Absolute Java*, 6th ed. Essex, England: Pearson, 2016.

Savitch, W. and K. Mock. *Problem Solving with C++*, 10th ed. Essex, England: Pearson, 2017.

Scott, M. L. *Programming Language Pragmatics*, 4th ed. Waltham, MA: Morgan Kaufmann, 2016.

Sebesta, R. W. *Concepts of Programming Languages*, 11th ed. Essex, England: Pearson, 2016.

Wu, C. T. *An Introduction to Object-Oriented Programming with Java*, 5th ed. Burr Ridge, IL: McGraw-Hill, 2009.

CHAPTER

7

소프트웨어 공학

이 장에서는 대규모의 복잡한 소프트웨어 시스템을 개발하는 과정에서 발생하는 문제들을 탐색해본다. 소프트웨어 개발은 공학적 과정이므로 이 주제는 소프트웨어 공학으로 불린다. 소프트웨어 공학자들의 목표는 소프트웨어 개발 과정의 지침이 되고 효율적이고 신뢰할 만한 소프트웨어 제품으로 이어질 원리들을 찾는 것이다.

소프트웨어 공학은 대규모의 복잡한 소프트웨어 시스템의 개발에 지침이 되는 원리들을 모색하는 컴퓨터과학의 한 분야이다. 이러한 시스템을 개발할 때 직면하게 되는 문제들은 소규모의 프로그램을 작성할 때 직면하게 되는 문제들을 단순 확장한 것 이상이다. 예를 들면, 대규모 소프트웨어의 개발은 오랜 기간 동안 여러 사람의 노력을 필요로 하며, 이 과정에서 제안된 시스템의 요구사항이 변경될 수도 있고 프로젝트에 투입된 사람들이 교체될 수도 있다. 따라서 소프트웨어 공학에는 인력 관리나 프로젝트 관리와 같이 컴퓨터 과학보다는 경영학에 가까운 주제들을 포함한다. 그러나 여기에서는 컴퓨터과학에 관련된 주제들에 초점을 맞춘다.

7.1 소프트웨어 공학 개관

소프트웨어 공학에 내포된 문제들을 제대로 인식하기 위해 자동차, 고층건물, 성당 등과 같은 대규모의 복잡한 설비를 설계하고 그 구축 작업을 감독한다고 생각해보자. 이러한 프로젝트를 완성하기 위해 소요될 시간적 비용, 금전적 비용, 기타 자원 규모 등을 어떻게 예측할 수 있을까? 어떻게 전체 프로젝트를 관리하기 쉬운 단위들로 나눌 수 있을 것인가? 나누어진 단위들이 적절하다는 것을 어떻게 알 수 있는가? 서로 다른 관리 단위에 소속된 인원들 사이의 통신을 위해 어떤 방법을 사용할 것인가? 진척 정도는 어떻게 측정할 것인가? 문손잡이의 선택, 석상의 설계, 스테인드글라스를 위한 청색 유리의 재고 현황, 기둥의 강도, 난방 시스템을 위한 배관 설계 등등의 각종 세부사항들은 어떻게 처리할 것인가? 비슷한 종류의 질문들에 대한 대답이 대규모 소프트웨어 시스템의 개발 과정에서도 필요하다.

공학은 잘 확립된 분야이므로 이러한 질문에 대답하는 데 유용한 공학적 기법들이 이미 많이 개발되어 있을 것으로 생각할 것이다. 이러한 추론은 부분적으로는 맞지만, 이는 또한 소프트웨어의 특성과 다른 공학 분야의 특성 사이의 근본적 차이를 간과한 측면도 있다. 이러한 차이는 소프트웨어 공학 프로젝트를 곤란하게 만들며, 비용 초과, 납품 지연, 고객 불만 등으로 이어지기도 한다. 따라서 이러한 차이점들을 파악하는 것은 소프트웨어 공학 발전의 첫 번째 단계이다.

이러한 차이점 중 하나는 사전 제작된 범용 컴포넌트들을 이용하여 시스템을 구축하는 것과 관련된 것이다. 일반 공학 분야의 경우, 복잡한 설비를 구축할 때 "규격" 부품들을 기초 요소로 사용하는 방식은 대단히 유용하다. 새로운 자동차 모델의 설계자가 새로운 엔진이나 변속기를 설계할 필요는 없으며, 이미 설계되어 있는 부품들을 사용하면 된다. 그러나 소프트웨어 공학은 이러한 점에서 뒤떨어져 있다. 과거에 사전 설계된 소프트웨어 컴포넌트들은 특정 도메인에 맞추어져 있다. 즉, 내부 설계가 특정 응용 분야에 기초하고 있어서 범용 컴포넌트로서의 유용성이 제한된다. 그 결과 복잡한 소프트웨어 시스템들은 처음부터 새로 개발되어 온 것이 사실이다. 아직 해야 할 일도 많이 남아 있지만 현재 상당한 진전이 이루어지고 있으며, 이러한 진전에 대해 이 장에서 살펴보게 될 것이다.

소프트웨어 공학과 다른 공학 분야 사이의 또 다른 차이점은 소프트웨어의 경우 그 성질을 측정하기 위해 사용될 수 있는 **측도**(metric)라고 불리는 정량적 기법이 없다는 것이다. 예를 들면, 소프트웨어 시스템의 개발 비용을 산출하기 위해 제안된 제품의 복잡도를 측정하고 싶겠지만, 소프트웨어의 "복잡도"를 측정하기 위한 방법들은 확실하지 않다. 마찬가지로 소프트웨어 제품의 품질을 평가하는 일도 단순하지가 않다. 기계 장치의 경우 품질 측정 기준 한 가지는 종종 고장과 고장 사이의 평균 시간인데, 이는 기본적으로 장치의 내구성에 대한 측정이다. 이와는 달리 소프트웨어는 마모되지 않으며, 따라서 이러한 품질 측정 방법은 소프트웨어 공학에 적용될 수 없다.

소프트웨어의 성질을 정량적으로 측정하는 데 관련된 어려움은 소프트웨어 공학이 기계공학이나 전기공학과 같은 의미에서의 엄격한 토대를 마련하기 위해 노력해온 이유 중 하나이다. 기계공학이나 전기공학이 물리학이라는 굳건한 토대 위에 세워진 데 비해, 소프트웨어 공학은 토대로 삼을만한 것을 계속 찾고 있는 중이다.

따라서 소프트웨어 공학 연구는 현재 두 가지 수준에서 진행되고 있다. 실용 연구자들은 바로 응용될 수 있는 기법들을 개발하고 있으며, 이론 연구자들은 훗날 보다 안정된 기법들을 구축하는 데 토대가 될 기초 원리와 이론들을 모색하고 있다. 과거에 실용 연구자들이 개발하여 보급한 많은 방법론들은 주관적 토대에 기초하고 있기 때문에 다른 방법들에 의해 대체되고 있으며, 새로운 방법들도 시간이 지남에 따라 효용성이 없어질 수 있다. 반면 이론 연구자들에 의한 성과는 아직 미미하다.

우리 사회는 점차 컴퓨터 시스템과 관련 소프트웨어에 대한 의존 정도가 심화되고 있으며, 따라서 실용 연구와 이론 연구에서의 진전에 대한 요구는 절실하다. 경제, 의료, 정부, 사법, 운송, 국방 등 어느 것 하나 대규모 소프트웨어 시스템에 의존하지 않는 분야가 없지만, 이러한 시스템들의 신뢰성은 여전히 큰 문제가 되고 있다. 소프트웨어 오류는 월출을 핵공격으로 해석하거나 뉴욕은행이 하루에 오백만 달러의 손실을 입거나 우주 탐사선의 실종이나 방사선 조사량 초과 등으로 인한 인명 사상, 대규모 전화 불통 등과 같은 대형사고의 원인이 되어왔다.

물론 상황이 절망적이라고 말하려는 것은 아니며, 사전 제작된 컴포넌트 및 측도의 결여와 같은 문제를 극복하는 분야에서는 상당한 진전이 이루어지고 있다. 그리고 소프트웨어의 개발에도 컴퓨터 기술을 적용하는 CASE(Computer-Aided Software Engineering)라는 기법이 탄생하게 되었으며, 이로 인해 소프트웨어 개발 과정은 점차 단순화되어 가고 있다. CASE의 발전으로 **CASE 도구**라고 불리는 다양한 시스템들이 개발되어 왔으며, 이러한 도구에는 (비용 예측, 프로젝트 일정관리, 인원 배치 등을 도와주는) 프로젝트 계획 시스템, (개발 프로젝트의 진행 상황을 모니터하는 일을 도와주는) 프로젝트 관리 시스템, (문서화 작업을 도와주는) 문서화 도구, (프로토타입의 개발을 도와주는) 프로토타이핑 및 시뮬레이션 시스템, (GUI의 개발을 도와주는) 인터페이스 설계 시스템, (프로그램의 작성 및 디버깅을 도와주는) 프로그래밍 시스템 등을 포함한다. 이러한 도구들에는 원래 일반 용도로 개발된 것이지만 소프트웨어 엔지니어들이 사용하게 된 워드프로세서, 스프레드시트 소프트웨어, 이메일 통신시스템 등도 포함된다. 나머지 도구 중에는 소프트웨어 공학 환경을 위해 특별히 개발된 상당히 복잡한 패키지들이 있다. 실제로 **통합개발환경(IDE; integrated development environment)**이라고 불리는 시스템들에서는 소프트웨어 개발을 위한 (편집기, 컴파일러, 디버깅 도구 등의) 여러 도구들을 하나의 통합 패키지로 결합시키고 있다. 이러한 시스템의 주요 사례는 스마트폰 응용 프로그램을 위한 개발도구들이다. 이들은 소프트웨어의 작성과 디버깅을 위한 프로그래밍 도구뿐만 아니라 시뮬레이터도 제공하는데, 이러한 시뮬레이터는 그래픽 디스플레이를 사용하여 개발 중인 소프트웨어가 스마트폰 상에서 어떻게 수행될지 프로그래머가 확인할 수 있게 해준다.

학자들이 이러한 노력을 기울이는 동안, ISO, ACM, IEEE 등의 전문가단체들과 표준기구들은 소프트웨어 공학의 상황을 진전시키기 위한 노력에 동참해 왔다. 이러한 노력에는 소프트웨어 개발자들의 전문가 정신을 강화하고 개인의 책임에 대한 무관심에 대처하기 위한 윤리 강령을 채택하는 일에서 소프트웨어 개발기관의 품질을 측정하고 이러한 기관들의 지위를 향상시키기 위한 지침을 제공하기 위한 표준을 제정하는 일에 이르기까지 다양한 활동이 포함된다.

대규모 소프트웨어 시스템을 개발할 때 발생하는 큰 문제는 이러한 작업에 많은 사람들이 참여한다는 것이다. 소규모 시스템은 혼자서도 마음먹고 개발할 수 있지만, 대규모 프로젝트에서 소프트웨어 공학의 특성은 다수의 인원이 효과적으로 소통하고 협업할 수 있어야 한다는 점이다. 대규모 소프트웨어 프로젝트를 단계적으로 진행하려면 단독 코딩과는 다른 기술들이 필요하지만, 각 개인의 작업 복잡성은 줄일 수 있다. 사실 대규모 소프트웨어 시스템은 너무 복잡하기 때문에 개별 개발자들이 자신이 담당하는 작업 부분을 완전히 이해할 수 있도록 시스템을 작은 구성 요소로 분할해야할 경우가 많다.

이 장의 나머지 부분에서 소프트웨어 생명 주기와 모듈화 등과 같은 소프트웨어 공학

ACM(Association for Computing Machinery)

ACM은 1947년 정보 기술의 학문적 발전과 활용의 진작을 위한 국제적 학술 및 교육 기구로 창립되었다. 본부는 뉴욕에 두고 있으며, 컴퓨터구조, 인공지능, 생의학 컴퓨팅, 컴퓨터와 사회, 컴퓨터과학 교육, 컴퓨터 그래픽스, 하이퍼텍스트/하이퍼미디어, 운영체제, 프로그래밍 언어, 시뮬레이션 및 모델링, 소프트웨어 공학 등의 주제에 집중하는 다양한 특별 분과(SIG; Special Interest Group)들을 두고 있다. ACM의 웹사이트 주소는 http://www.acm.org이다. ACM의 윤리 강령은 http://ethics.acm.org/code-of-ethics에서 찾을 수 있다.

의 기본 원칙들에 대해 논의하고, 설계 패턴의 식별이나 응용 또는 재사용 가능한 소프트웨어 컴포넌트의 등장과 같은 소프트웨어 공학의 추세 등을 살펴볼 것이며, 객체지향 패러다임이 소프트웨어 공학에 미친 효과 등을 알아볼 것이다.

연습문제

1. 프로그램에 들어 있는 행의 수가 프로그램의 복잡도에 대한 정확한 측도가 아닌 이유를 설명하라.
2. 소프트웨어 품질을 측정하기 위한 측도를 제안해보라. 제안된 측도는 어떤 약점을 갖고 있는가?
3. 소프트웨어 단위 하나에 얼마나 많은 오류가 들어 있는지 결정하기 위해 어떤 기법이 사용될 수 있겠는가?
4. 소프트웨어 공학 분야에서 발전이 이루어져왔거나 진행되고 있는 측면 두 가지를 들어 보라.

7.2 소프트웨어 생명 주기

소프트웨어 공학에서 가장 근본적인 개념은 소프트웨어 생명 주기(software life cycle)이다.

전체 주기

그림 7.1은 소프트웨어 생명 주기를 보여주고 있다. 이 그림은 일단 소프트웨어가 개발되면 사용과 유지보수의 주기에 돌입하는데, 이는 그 소프트웨어의 생명이 남아있는 동안 계속 진행되는 주기이다. 이러한 패턴은 제조업체의 제품들에서도 일반적으로 나타난다.

그림 7.1 | 소프트웨어 생명 주기

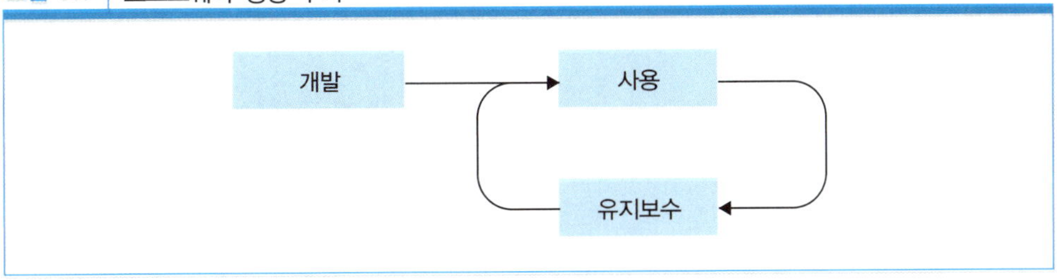

차이점이라면, 일반 제품의 경우 유지보수 단계의 주요 작업이 수리인데 비해, 소프트웨어의 경우 유지보수 단계의 주요 작업이 오류 수정이나 갱신이라는 점이다. 실제로 소프트웨어에 오류가 발견되거나, 소프트웨어의 응용 분야의 변경으로 인해 소프트웨어에 변경이 필요하거나, 이전의 변경으로 인해 소프트웨어의 다른 부분에 문제가 생겼거나 등으로 인해 유지보수 단계로 이행한다.

어떤 이유로 소프트웨어 변경 단계에 진입했느냐에 상관없이, 변경 과정에서 누군가는 프로그램의 관련 부분을 이해할 수 있을 때까지 프로그램과 설명서를 공부해야 하며, 그 누군가는 원래의 개발자가 아닌 경우도 많다. 이러한 이해 없이 프로그램을 변경하면, 해결하는 것보다 더 많은 문제들을 새로 만들 수 있다. 프로그램이 잘 설계되고 잘 설명되어 있을 경우에도 프로그램을 이해하는 일은 어려운 작업이다. 사실 기존 패키지를 성공적으로 변경하는 것보다 차라리 처음부터 새로 개발하는 것이 쉽겠다는 구실로 소프트웨어 일부를 버리게 되는 경우가 이 단계에서 종종 생긴다.

소프트웨어의 개발 단계에서 들인 약간의 노력이 변경이 필요할 때 큰 차이를 가져올 수 있음은 경험에서 알 수 있다. 예를 들면, 6장의 데이터 기술에 관련된 문장들에 대한 논의에서 리터럴 대신 상수를 사용하는 것이 나중에 변경 작업을 얼마나 단순화시키는지에 대해 살펴본 바 있다. 따라서 소프트웨어 공학 연구의 대부분은 소프트웨어개발 단계에 초점을 맞추고 있으며, 목표는 적은 노력으로 효과를 극대화하는 데 있다.

전통적인 개발 단계

소프트웨어 개발 생명 주기의 주요 단계는 요구사항 분석, 설계, 구현, 테스트 등의 과정으로 이루어진다(그림 7.2).

요구사항 분석 소프트웨어 생명 주기에서 첫 번째 과정은 요구사항 분석(requirements

그림 7.2 | 소프트웨어 생명 주기의 개발 단계

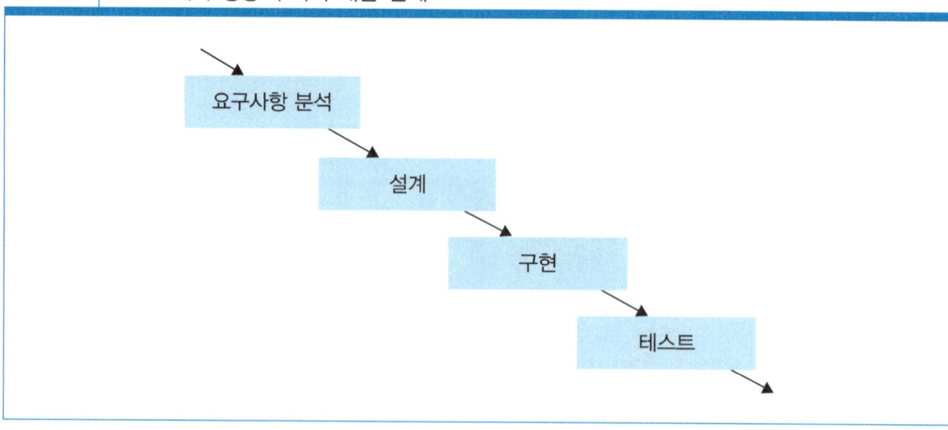

analysis)이며, 그 목표는 제안 시스템에서 제공할 서비스들을 규정하는 것, 이러한 서비스들에 부과되는 시간 제약이나 보안 등등의 조건을 파악하는 것, 외부세계와 시스템 사이의 상호작용을 정의하는 것 등이다.

요구사항 분석은 (추후의 사용자나 기타 법률적 재정적 이해 등의 다른 유대 관계를 가진 사람 등의) 제안 시스템의 **이해관계자**들의 요구사항을 조사하는 일을 포함한다. 사실 최종 사용자가 소프트웨어 프로젝트의 수행을 위해 소프트웨어 개발업체에게 용역을 맡기는 기업이나 정부기관과 같은 법인인 상황에서는 요구사항 분석이 사용자가 스스로 수행하는 타당성 조사로 시작될 수도 있다. 소프트웨어 개발자가 소매점을 통하든 인터넷 다운로드 방식을 사용하든 일반 판매를 목적으로 소프트웨어를 개발하는 업체일 수도 있다. 이 경우 누가 사용자가 될지는 분명하지는 않지만, 소프트웨어 개발자가 요구사항 분석의 초기 과정으로 시장 조사를 수행할 수도 있다.

어쨌든 요구사항 분석은 소프트웨어 사용자들의 요구사항을 수집하고 분석하는 일, 희망사항, 요구사항, 비용, 타당성 등에 대해 절충하기 위해 프로젝트 이해관계자들과 협상하는 일, 최종 소프트웨어 시스템이 갖추어야 할 기능과 서비스 등을 나타내는 요구사항 모음을 개발하는 일 등으로 이루어진다. 이러한 요구사항들은 **소프트웨어 요구사항 명세**라는 이름의 문서에 기록된다. 어떤 의미에서 소프트웨어 요구사항 명세는 모든 관련 당사자 사이의 서면 합의서에 해당하며, 이러한 합의서는 소프트웨어 개발의 지침으로 사용되며 개발 과정에서 추후에 발생할지도 모를 분쟁을 해결하는 수단으로도 사용될 수 있다. **소프트웨어 요구사항 명세**가 중요하다는 것은 IEEE와 같은 전문가단체들이나 미국 국방성과 같은 소프트웨어 시장의 큰 고객들이 이러한 문서의 작성을 위한 표준을 채택하고 있는 것을 보더라도 알 수 있다.

소프트웨어 개발자의 관점에서 보면, 소프트웨어 요구사항 명세는 소프트웨어 개발의 방향이 될 확고한 목표를 정의해야 한다. 그러나 이 문서가 처음부터 확정되는 경우는 드물다. 실제로 소프트웨어 공학 분야의 실무자들에 따르면 불충분한 의사소통과 잦은 요구사항 변경이 소프트웨어 업계에서 비용 초과나 납품 지연 등의 주요 원인으로 작용한다. 기초 공사가 끝난 다음에 건물의 평면도를 바꾸자고 할 고객은 드물겠지만, 소프트웨어의 구축이 한참 진행 중인 동안에도 소프트웨어 시스템의 기능을 확장하거나 변경하자는 기관의 사례는 흔히 볼 수 있다. 이러한 사례는 원래 특정 자회사에 적용하기 위해 개발하던 시스템을 그룹 전체에 적용하기로 결정하게 된 경우일 수도 있고, 기술의 진보로 초기 요구사항 분석 단계에서 사용하기로 했던 기술을 대체해야 하는 경우일 수도 있다. 어느 경우이든 소프트웨어 엔지니어들은 프로젝트 이해관계자들과 자주 그리고 명확하게 의사소통을 하는 것이 필수적이라는 사실을 절감하게 되었다.

설계 요구사항 분석이 제안 소프트웨어 제품에 대한 기술을 제공하는 반면, 설계(design)는 제안 시스템의 구축을 위한 계획을 만드는 일이다. 바로 이 단계에서 소프트웨어 시스템의 구조가 정해진다. 어떤 의미에서 요구사항 분석이 해결해야 할 문제를 파악하기 위한 것이라면, 설계는 문제의 해답을 구하는 것이라고 할 수 있다. 문외한의 관점에서 본다면, 요구사항 분석은 소프트웨어 시스템이 *무엇*을 할지 결정하는 것이라면 설계는 소프트웨어 시스템이 그 일을 *어떻게* 할지 결정하는 일이라고 볼 수 있다. 이러한 설명이 도움이 되는 면도 있지만, 많은 소프트웨어 공학자들은 여기에 오류가 있다고 주장하는데, 이는 요구사항 분석 과정에서도 어떻게 할지에 대한 고려가 많이 이루어지며 설계 단계에서도 무엇을 할지에 대한 고려가 많이 이루어지기 때문이다.

소프트웨어 시스템의 내부구조를 확립하는 것은 설계 단계이다. 설계 단계의 결과는 프로그램으로 변환될 수 있는 소프트웨어 시스템 구조에 대한 세부 기술이다.

소프트웨어 시스템이 아니라 업무용 빌딩을 짓는 프로젝트라면, 설계는 지정된 요구사항들을 충족시키기 위한 세부 도면을 개발하는 단계이다. 예를 들면, 그러한 도면은 제안되는 빌딩을 묘사하는 여러 단계의 세부도면들의 청사진들을 포함할 것이며, 때로는 제안된 구조의 3차원 축소 모형이 포함될 수도 있다. 실제 빌딩의 건축에 이용되는 것은 이러한 문서들이다. 이러한 도면을 개발하기 위한 기법들이 오랜 세월에 걸쳐 발전되어왔으며, 이에는 표준화된 표기 체계와 수많은 다이어그램 작성 방법들도 포함된다.

이와 마찬가지로 소프트웨어 설계에서도 다이어그램과 모델링 작업이 중요한 역할을 한다. 그러나 소프트웨어 엔지니어들이 사용하는 방법론이나 표기 체계는 건축 분야처럼 안정되어 있지는 않다. 실제로 안정되어 있는 건축 분야에 비해 소프트웨어 공학상의 설계는 변화가 많으며, 학자들은 소프트웨어 개발 과정을 위한 보다 나은 방법을 열심히 모색하고 있다. 최근의 추세에 대해서는 7.3절에서 살펴볼 것이며, 7.5절에서는 현재의 표기 체계와 관련 다이어그램/모델링 방법론 등에 대해 조사할 것이다.

IEEE(Institute of Electrical and Electronics Engineers)

AIEE(American Institute of Electrical Engineers)는 에디슨(Thomas Edison)을 포함하는 25명의 전기공학자들에 의해 1884년 세워진 단체이며 IRE(Institute of Radio Engineers)는 1912년 설립되었는데, 1963년이 두 단체가 합병되어 전기, 전자, 제조업 분야의 엔지니어들을 위한 단체인 IEEE가 설립되었다. 오늘날 IEEE의 본부는 뉴저지 주 피스카타웨이에 위치하고 있다. IEEE는 AESS(Aerospace and Electronic Systems Society), LEOS(Lasers and Electro-Optics Society), RAS(Robotics and Automation Society), VTS(Vehicular Technology Society), 컴퓨터소사이어티 등의 수많은 기술 분과를 포함하고 있다. IEEE의 다양한 활동 중에는 표준의 개발도 포함된다. 예를 들면, IEEE의 노력을 통해 개발된 단일 정밀도 및 2배 정밀도 부동소수점 형식으로 값을 표현하기 위한 표준은 오늘날 대부분의 컴퓨터에서 사용되고 있다.

IEEE의 웹사이트 주소는 http://www.ieee.org이며, IEEE 컴퓨터소사이어티의 웹사이트 주소는 http://www.computer.org이고, IEEE의 윤리 강령을 위한 주소는 http://www.ieee.org/about/whatis/code.html이다.

구현 구현(implementation)은 프로그램을 실제로 작성하고, 데이터 파일을 만들고, 데이터베이스를 개발하는 작업들을 포함한다. 시스템 분석가로 칭하기도 하는 **소프트웨어 분석가(software analyst)**와 **프로그래머**가 구별되는 것은 바로 이 구현 단계에서이다. 소프트웨어 분석가는 전체 개발 과정에 관련된 사람이며, 주로 요구사항 분석과 설계 단계를 담당한다. 프로그래머는 주로 구현 단계를 수행하는 사람을 말한다. 이런 좁은 의미의 프로그래머는 소프트웨어 분석가가 만든 설계를 구현하는 프로그램을 작성하는 일을 담당한다. 이렇게 구분하기는 했지만, 컴퓨팅 분야 전체에서 사용되는 용어들을 관장하는 중심 기구가 존재하지는 않는다. 소프트웨어 분석가라는 직함을 가진 사람들은 대개 프로그래머인 경우가 많다. 또한 프로그래머라는 직함을 가진 사람들, 특히 고참자들의 경우에는 대부분 손색없는 소프트웨어 분석가들이다. 이렇게 용어들의 경계가 불분명한 것은 소프트웨어 개발 과정의 단계들이 서로 얽혀있음에 기인한다.

테스트 과거의 전통적 개발 단계에서 테스트(testing)는 기본적으로 프로그램의 오류를 찾아 고치고 최종 소프트웨어 제품이 소프트웨어 요구사항 명세에 합치되는지 확인하는 과정이었다. 그러나 오늘날 테스트를 이렇게 보는 것은 너무 협소한 것으로 간주된다. 소프트웨어 개발 과정에서 테스트하는 것은 프로그램만이 아니다. 실제로 전체 개발 과정의 각 중간 단계 결과물에 대해 정확한지 "테스트" 해야 한다. 더욱이 7.6절에서 살펴보겠지만 오늘날 테스트는 전체 소프트웨어 생명 주기를 관통하는 목표 중 하나인 품질 보증을 위한 전반적 노력의 한 부분으로 인식되고 있다. 따라서 많은 소프트웨어 공학자들은 테스트를 소프트웨어 개발에서 하나의 분리된 단계로 볼 것이 아니라 다른 단계들에 테스트 요소들이 편입되어야 하며, 결과적으로 소프트웨어 개발 과정은 "요구사항 명세와 *확인*", "설계와 *검증*", "구현과 *테스트*" 등 세 개의 단계로 이루어져야 한다고 주장한다.

그러나 대규모 소프트웨어 시스템은 현대의 품질 보증 기법을 가지고서 많은 테스트를 거친 후에도 여전히 오류를 포함한다. 이러한 오류들의 많은 부분은 시스템이 사용되는 동안 드러나지 않을 수도 있고, 결정적인 장애를 일으키기도 한다. 이러한 오류들을 제거하는 것이 소프트웨어 공학의 목표 중 하나이다. 소프트웨어에 이렇게 많은 오류들이 존재한다는 사실은 아직도 많은 연구가 이루어져야 한다는 것을 의미한다.

연습문제

1. 소프트웨어 생명 주기의 개발 단계는 어떻게 유지보수 단계에 영향을 미치는가?
2. 소프트웨어 생명 주기의 네 단계인 요구사항 분석, 설계, 구현, 테스트를 요약하여 설명하라.
3. 소프트웨어 요구사항 명세의 역할을 무엇인가?

7.3 소프트웨어 공학 방법론

소프트웨어 공학에 대한 초창기 방식에서는 요구사항 분석, 설계, 구현, 테스트 등을 엄격히 순차적으로 수행할 것을 주장하였다. 이러한 방식은 대규모 소프트웨어 시스템의 개발 과정에서 변화를 허용한다면 너무 많은 위험이 따르게 된다는 신념에서 비롯된 것이다. 그 결과 소프트웨어 엔지니어들은 설계를 시작하기 전에 시스템에 대한 요구사항 명세가 완료되어야 하며, 마찬가지로 구현이 시작되기 전에 설계가 완료되어야 한다고 주장하게 되었다. 이렇게 해서 만들어진 개발 방식은 오늘날 **폭포수 모델**(waterfall model)이라고 불리는데, 개발 과정이 한 방향으로만 진행된다는 점에 착안한 이름이다.

최근에 와서 소프트웨어 공학 기법들은 폭포수 모델에 의한 엄격한 구조적 환경과 창의적 문제 해결에 핵심적인 "자유분방한" 시행착오 과정 사이의 모순을 극복하는 방향으로 발전하고 있다. 이러한 사례에 해당하는 것이 소프트웨어 개발을 위한 **점진적 모델**(incremental model)의 출현이다. 이 모델을 따를 경우 소프트웨어 시스템은 점진적으로 구축되는데, 먼저 최종 제품의 기능 중 일부만을 갖는 단순화된 버전이 구축된다. 이 버전에 대해 테스트를 수행하고 잠재적 사용자의 평가를 거친 다음에는, 기능을 추가하고 다시 테스트하는 일이 시스템이 완성될 때까지 점진적으로 이루어진다. 예를 들어 개발되는 시스템이 병원을 위한 환자 레코드 시스템이라면, 첫 번째 버전은 전체 레코드 시스템의 작은 샘플에서 환자 레코드를 볼 수 있는 기능만 구현할 것이다. 이 버전이 잘 동작하면, 레코드의 추가나 갱신과 같은 기능을 단계적으로 추가하게 될 것이다.

폭포수 모델의 엄격한 고수를 벗어난 또 다른 모델로 **반복형 모델**(iterative model)이 있는데, 이 모델은 점진적 모델과 차이는 있지만 비슷한 부분이 많으며 때로 이 둘은 동일시되기도 한다. 점진적 모델이 제품의 각 예비 버전을 *확장*하여 더 큰 버전을 만들어 나가는 반면, 반복형 모델은 각 버전을 재구축한다는 개념을 함축하고 있다. 현실적으로 점진적 모델은 대개 반복형 과정을 이용하며, 반복형 모델은 종종 점진적으로 기능들을 추가하기도 한다.

반복형 기법 중에 지금은 IBM에 편입된 레이셔널소프트웨어에서 개발한 RUP(Rational Unified Process)라는 것이 있다. RUP는 기본적으로 소프트웨어 생명주기의 개발 과정의 단계들을 세분화하는 패러다임이며, 이러한 단계들의 수행을 위한 지침들을 제공한다. 이 지침들과 이들을 지원하기 위한 CASE 도구는 IBM에 의해 판매되고 있다. 오늘날 RUP는 소프트웨어 산업 전반에 걸쳐 널리 적용되고 있다. 사실 RUP의 인기가 높아 UP(Unified Process)라는 공개 버전이 개발되어 비영리적 용도로 제공되고 있다.

점진적 모델과 반복형 모델은 때로 **프로토타이핑**(prototyping)이라는 소프트웨어 개발 방식을 이용하는데, 이 방식에서는 **프로토타입**(prototype)이라는 제안 시스템의 미완성 버전을 구축하고 평가한다. 점진적 모델에서 이러한 프로토타입은 **진화적 프로토타이핑**(evolutionary prototyping)이라는 과정에 의해 완성된 최종 시스템으로 발전해간다. 반복형 모델에서는 최종 설계를 새로 구현하면서 프로토타입을 버리는 **폐기형 프로토타이핑**(throwaway prototyping) 방식도 있다. 폐기형 프로토타이핑의 범주에 포함되는 방식에 **단기 프로토타이핑**(rapid prototyping)이 있는데, 여기에서는 개발 초기 단계에서 제안 시스템의 단순화된 형태를 단기간에 구축한다. 이러한 단기 프로토타입은 시스템이 사용자와 어떻게 상호작용하는지 어떤 기능을 가질 것인지 등을 나타내는 몇 개의 화면만으로 구성될 수도 있다. 단기 프로토타이핑의 목표는 실제로 동작하는 제품 버전을 만들어내는 것이 아니라, 소프트웨어 개발 과정에 관련된 당사자들 사이의 의사소통을 명확히 하기 위한 시연용 도구를 확보하는 데 있다. 단기 프로토타입은 요구사항 분석 단계에서 시스템 요구사항을 명확히 하거나 잠재 고객에게 제품 소개를 할 때의 보조도구로도 유용하다.

점진적 및 반복형 방식의 비정형적 변형의 하나로 컴퓨터 전문가들 사이에 잘 알려져 있는 **공개소스 개발**(open-source development)이라는 방식이 있다. 오늘날 무료 소프트웨어의 많은 수가 이 방식으로 개발된다. 아마 가장 대표적인 예는 리눅스 운영체제이며, 리눅스의 공개소스 개발은 원래 토발드(Linus Torvalds)가 시작하였다. 소프트웨어 패키지의 공개소스 개발은 대개 자신이 사용할 목적으로 개발한 소프트웨어의 소스 코드와 설명 문서를 개발자가 인터넷에 올려놓음으로써 시작된다. 이후 다른 사용자들이 무료로 다운로드 받아 사용하게 되는데, 소스 코드와 설명문서가 함께 있으므로 자신의 필요에 맞게 그 소프트웨어를 수정하거나 확장할 수 있으며 오류를 찾아 고치기도 한다. 이러한 변경에 대해 원 개발자에게 보고하면, 원 개발자는 이러한 변경을 반영하여 다시 공개한다. 실제로 어떤 소프트웨어 패키지는 일주일 동안에도 몇 번씩 이러한 확장을 통해 진화하는 경우도 있다.

아마 폭포수 모델과 가장 차이가 많이 나는 방식은 **기민성 방법**(agile method)이라고 불리는 방식일 텐데, 여기에는 여러 방법론들이 포함되며 각 방법론은 변화하는 요구사항에 맞추어 점진적으로 신속한 조기 구현을 제공하며 엄격한 요구사항 분석과 설계를 강조하지는 않는다. 기민성 방법의 한 예는 XP(eXtreme Programming)이다. XP 모델을 따르면, 공통의 공간을 사용하는 10여명 이내의 개발자로 이루어진 팀이 자유롭게 생각을 교환하고 개발 프로젝트에서 서로를 돕는 방식으로 소프트웨어를 개발한다. 비정형적 요구사항 분석, 설계, 구현, 테스트로 이루어지는 주기를 매일같이 반복하며 소프트웨어는 점진적으로 발전되어간다. 이렇게 해서 소프트웨어의 확장 버전이 일정 주기로 만들어져서 프로젝트 관계자들의 평가를 받고 후속 확장의 토대로 사용된다. 요약하자면, 기민성 방법의 가장 중요한 특성은 유연성이며, 이는 프로그래머들과 관리자들이 전체 소프트웨어 개발 업무 중 각자 자신이 맡은 일을 독립적으로 수행하는 폭포수 모델과 대조적이다.

폭포수 모델과 XP의 비교를 통한 대비는 소프트웨어를 효율적인 방식으로 개발하는 방법을 개선하기 위해 소프트웨어 개발 과정에 적용되는 방법론의 폭을 보여주고 있다. 이 분야의 연구는 현재진행형이며, 발전이 이루어지고는 있지만 아직 해야 할 일이 많이 남아있다.

연습문제

1. 소프트웨어 개발을 위한 전통적 방식인 폭포수 모델과 최근의 점진적 및 반복형 패러다임 사이의 차이점을 요약하라.
2. 폭포수 모델의 엄격한 고수를 지양하는 개발 패러다임 세 개를 들어보라.
3. 전통적인 진화적 프로토타이핑과 공개소스 개발의 차이는 무엇인가?
4. 공개소스 방법을 통해 개발된 소프트웨어에 대한 소유권과 관련하여 어떤 문제가 있을 수 있다고 생각하는가?

7.4 모듈화

7.2절의 핵심은 소프트웨어를 변경하기 위해서는 최소한 프로그램의 관련 부분을 이해해야 한다는 것이다. 프로그램을 이해하는 것은 소규모의 프로그램의 경우에도 쉽지 않은 일이며, 모듈화(modularity)가 되어있지 않다면 대규모 소프트웨어 시스템의 경우는 거의 불가능할 것이다. 모듈화란 소프트웨어를 관리하기 쉬운 모듈(module)이라는 단위들로 분할하는 것을 말하며, 각 모듈은 소프트웨어의 전체 기능 중 특정 부분만을 담당한다.

모듈화 구현

모듈은 다양한 형태로 존재한다. 5장 및 6장에서 살펴본 바에 의하면 명령형 패러다임의 경우 모듈은 함수의 형태로 나타난다. 반면에 객체지향 패러다임에서는 기본 모듈 요소로 객체를 이용한다. 이러한 차이는 소프트웨어 설계 과정에서 목표 설정과 관련되므로 중요하다. 즉, 전체 작업을 관리하기 쉬운 개별 프로세스들로 표현하는 것을 설계 목표로 할 수도 있고, 시스템상의 객체들을 파악하고 객체들 사이의 상호작용을 이해하는 것이 설계 목표가 될 수도 있다.

예를 들어 테니스 게임을 위한 시뮬레이션 프로그램을 개발하는 과정이 명령형 패러다임과 객체지향 패러다임에서 어떻게 진행될 수 있는지 생각해보자. 명령형 패러다임에서는 어떤 동작들이 일어나야 하는지 생각하는 일로 시작할 수 있다. 테니스 경기는 한 선수가 서브를 하는 것으로 시작되므로, (선수의 특성과 확률에 기초하여) 공의 초기 속도와 방향을 계산하는 `Serve()`라는 이름의 함수를 먼저 생각해볼 수 있다. 다음에는 공이 네트에 걸릴지 어느 위치에 떨어질지 등과 같이 공의 경로를 계산하는 `ComputePath()`라는 이름의 함수를 계획할 수 있을 것이다. 그 다음 단계는 상대 선수가 공을 리턴할 수

그림 7.3 | 구조도

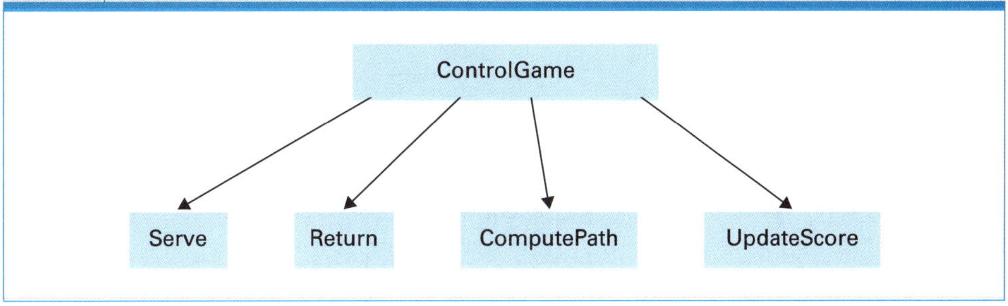

있을지를 결정하는 것이며, 리턴할 경우에는 공의 새로운 속도와 방향을 계산해야 한다. 이러한 계산은 Return()이라는 이름의 함수로 표현할 수 있을 것이다.

이런 식으로 계속하면 그림 7.3에서 보이고 있는 것과 같은 구조도(structure chart)로 묘사하고 있는 모듈 구조에 도달할 것이며, 이 구조도에서 사각형은 함수를 나타내며 화살표는 (함수 호출로 구현되는) 함수 사이의 종속 관계를 나타낸다. 특히 이 구조도는 전체 게임을 관장하는 함수가 ControlGame()이며, ControlGame()은 Serve(), Return(), ComputePath(), UpdateScore() 등의 서비스를 요청하여 자신의 작업을 수행하고 있음을 표현하고 있다.

각 함수가 어떻게 작업을 수행할지는 구조도에 나타나지 않는다. 대신에 함수들을 표시하고 함수들 사이의 종속성을 기술할 뿐이다. 실제로 ControlGame() 함수는 먼저 Serve() 함수를 호출한 다음, 실패 보고가 있을 때까지 ComputePath() 함수와 Return() 함수를 반복적으로 호출하며, 끝에서 UpdateScore() 함수를 호출한 다음 다시 Serve() 함수를 호출하여 전체 과정을 다시 반복한다.

이 단계에서 원하는 프로그램의 아주 간단한 골격만 얻었지만, 명령형 패러다임에서 필요한 활동들을 생각해봄으로써 필요한 함수들을 모듈로 포함하게 되는 프로그램 설계 과정을 살펴보았다.

이번에는 객체지향 패러다임 하에서 프로그램 설계가 어떻게 이루어지는지 살펴보기로 하자. 먼저 객체로 표현해야 할 두 선수가 존재한다는 것을 생각할 수 있을 것이며, 이들을 PlayerA와 PlayerB로 나타내기로 하자. 이들은 동일한 기능을 갖지만 다른 특성을 가질 것이다. (둘 다 서브를 할 수 있고 공을 리턴할 수 있지만, 기술이나 힘에는 차이가 있을 것이다.) 따라서 이 객체들은 동일한 클래스의 인스턴스들일 것이다. (6장에서 메서드라고 불리는 함수들과 인스턴스 변수라고 불리는 속성들을 정의하는 틀로서의 클래스 개념을 소개한 바 있다.) 이 클래스는 PlayerClass라고 부를 수 있을 것이며, 선수의 동작을 모방한 serve()와 returnVolley() 등의 메서드를 포함할 것이다. 이 클래스는 또한 선수의 특성을 반영하는 값을 나타내는 (Skill(기술)이나 Endurance(지구력)와 같은) 내부 속성을 포함할 것이다. 지금까지의 설계를 다이어그램으로 표현한 것이

그림 7.4 PlayerClass의 구조와 인스턴스들

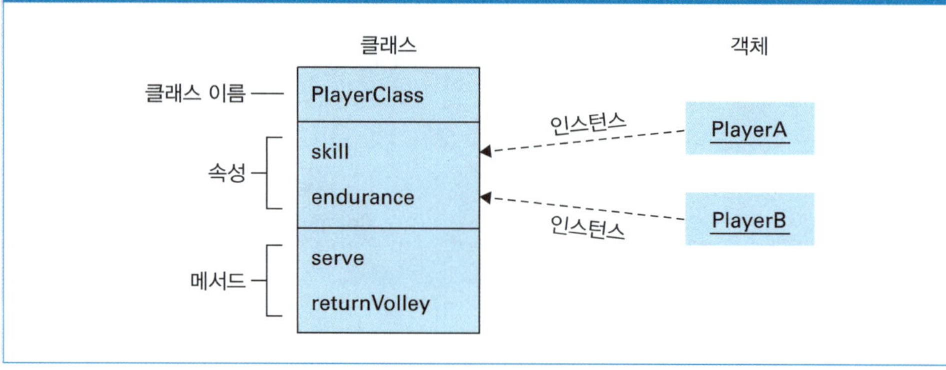

그림 7.4에 정리되어 있다. 그림에서 PlayerA와 PlayerB는 PlayerClass 클래스의 인스턴스들이며, 이 클래스는 serve() 메서드 및 returnVolley() 메서드와 함께 skill과 endurance를 속성으로 포함하고 있음을 볼 수 있다. (그림 7.4에서 클래스 이름들과 구분하기 위해 객체들의 이름 아래에는 밑줄 표시를 하고 있다.)

다음으로 필요한 것은 선수들의 동작이 규정에 맞는지 결정하는 심판 역할을 수행하는 객체이다. 예를 들면, 서브에 대해서는 공이 네트를 건드리지 않고 코트의 규정 영역에 착지했는지에 대한 판정이 필요하다. 이를 위해 evaluateServe()와 evaluateReturn() 같은 메서드를 포함하는 Judge라는 객체를 정할 수 있다. Judge 객체가 서브나 리턴이 적합하다고 판정하면 경기는 계속된다. 적합하지 않다고 판정할 경우에는 Judge 객체가 Score라는 이름의 객체에게 결과를 적절히 기록하라는 메시지를 보낸다.

이 시점에서 테니스 프로그램의 설계는 PlayerA, PlayerB, Judge, Score 등의 네 개의 객체로 이루어진다. 이 설계를 명확히 하기 위해 그림 7.5에 묘사된 공방 과정의 일

그림 7.5 PlayerA의 서브로 시작된 객체들 사이의 상호작용

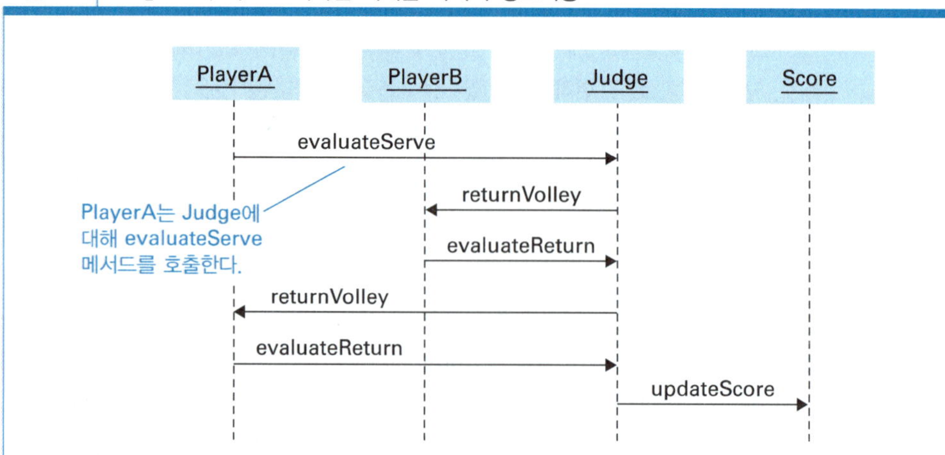

련의 이벤트를 살펴보기로 하자. 그림 7.5에서 관련 객체들은 사각형으로 표시되어 있으며, 이러한 객체들 사이의 통신은 모두 객체 PlayerA의 serve() 메서드를 호출한 결과이다. 그림의 아래쪽으로 진행하면서 나타나는 이벤트들은 시간적 순서에 따른 것이다. 가장 위의 수평선에 표시된 바와 같이, PlayerA는 evaluateServe() 메서드를 호출함으로써 Judge 객체에게 서브를 하였음을 알린다. Judge는 서브가 규정에 맞는 것으로 판정하고, PlayerB에 대해 returnVolley() 메서드를 호출함으로써 PlayerB에게 서브를 리턴할 것을 요청한다. Judge가 PlayerA가 실수하였다고 판정하고 Score 객체에게 결과를 기록하도록 요청할 때 이 공방은 종료된다.

명령형 패러다임의 경우에서처럼 이번의 객체지향 프로그램에서도 설계 단계를 아주 단순화시켜 기술하고 있다. 그러나 기본 구성요소가 객체인 객체지향 패러다임에서 모듈 설계가 어떻게 이루어지는지 충분히 살펴볼 수 있는 기회가 되었을 것이다.

모듈 간의 결합도

관리하기 쉬운 소프트웨어를 만드는 방법으로 모듈화를 소개한 바 있다. 추후의 변경은 몇 개의 모듈에 국한될 것이며, 변경 작업을 맡은 사람은 전체 패키지와 씨름하는 대신 해당 부분에만 집중하면 된다는 것이 모듈화에 대한 발상 원리이다. 이는 물론 한 모듈에서의 변경이 다른 모듈들에 미치는 영향이 숨겨져 있지 않다는 가정에 달려 있다. 따라서 모듈화 시스템을 설계할 때의 목표는 모듈 사이의 독립성을 극대화하는 것이며, 이는 **모듈 간 결합도(intermodule coupling)**라고 표현되는 모듈 사이의 연결 정도를 최소화하는 것이라고 말할 수도 있다. 실제로 소프트웨어 시스템의 복잡도의 측정에 사용되는 한 척도는 시스템의 모듈 간 결합도를 측정하는 것이며, 흔히 소프트웨어의 유지비용을 추정할 때 사용된다.

모듈 간 결합은 여러 가지 형태로 나타난다. 그 중 하나는 **제어 결합(control coupling)**인데, 이는 함수 호출의 경우에서처럼 한 모듈이 다른 모듈에게 실행 제어를 넘길 때 발생한다. 그림 7.3의 구조도는 함수들 사이에 존재하는 제어 결합을 표현한다. 예를 들면, ControlGame() 모듈에서 Serve() 모듈 방향의 화살표는 전자에서 후자 쪽으로 제어를 넘기는 것을 가리킨다. 그림 7.5에서 표현하고 있는 것도 제어 결합이며, 여기에서는 화살표가 객체 사이의 제어 경로를 나타낸다.

또 다른 형태의 모듈 간 결합은 **데이터 결합(data coupling)**인데, 이것은 모듈 사이의 데이터 공유를 가리킨다. 두 모듈이 동일한 데이터 항목을 사용할 경우, 한 모듈의 변경은 다른 모듈에 영향을 미칠 수도 있고, 데이터 형식 자체를 변경하면 두 모듈 모두에 영향을 미칠 수도 있다.

함수들 사이의 데이터 결합은 두 가지 형태로 일어날 수 있다. 하나는 한 함수에서 다른 함수에게로 매개변수를 통해 데이터를 명시적으로 전달하는 경우이다. 이러한 결합은

그림 7.6 | 데이터 결합을 포함하는 구조도

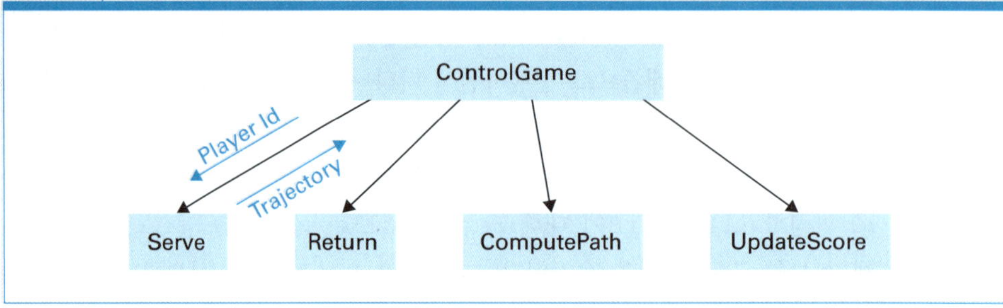

구조도에서 함수 사이의 화살표에 전달되는 데이터를 라벨로 사용하여 표현할 수 있다. 화살표의 방향은 데이터의 전달 방향을 가리키게 된다. 예를 들면, 그림 7.6은 그림 7.3의 확장 버전인데, 그림 7.6에서는 `ControlGame()` 함수가 `Serve()` 함수를 호출할 때 선수의 어떤 특성을 사용할 것인지를 알려주고 또 `Serve()` 함수가 작업을 끝낼 때 `ControlGame()` 함수에게 공의 경로를 보고한다는 사실이 표현되어 있다.

객체지향 설계에서도 객체들 사이에 비슷한 데이터 결합이 발생한다. 예를 들면, `PlayerA` 객체가 `Judge` 객체에게 자신의 서브를 평가하도록 요청할 때(그림 7.5 참고), `Judge`에게 경로 정보를 전달해야 한다. 반면, 객체지향 패러다임의 이점 중 하나는 본질적으로 객체들 사이의 데이터 결합도를 최소화하는 경향이 있다는 것이다. 이것은 객체 내부의 데이터를 다루는 함수들은 모두 객체 내부의 메서드로 포함되는 경향이 있기 때문이다. 예를 들면 `PlayerA` 객체는 선수의 특성에 관한 정보를 요하는 모든 메서드들과 함께 정보 자체도 포함할 것이다. 이렇게 해서 다른 객체에 그러한 정보를 전달할 필요는 없으며, 따라서 객체 사이의 데이터 결합도가 최소화된다.

매개변수를 통해 데이터를 명시적으로 전달하는 것과는 달리, **전역 데이터(global data)**라는 형태로 모듈 사이에 묵시적 데이터 공유가 발생할 수도 있다. 명시적으로 다른 모듈에 전달하지 않으면 특정 모듈 내부에서만 접근 가능한 지역 데이터 항목과는 달리, 전역 데이터는 자동적으로 시스템상의 전체 모듈에서 이용할 수 있는 데이터 항목이다. 대부분의 고급 언어는 전역 데이터와 지역 데이터 둘 다 이용할 수 있는 방법을 제공하지만, 전역 데이터는 조심스럽게 사용되어야 한다. 문제는 전역 데이터에 의존하는 모듈을 변경하려는 사람이 이 모듈과 다른 모듈들 사이의 상호작용을 파악하는 일이 어렵다는 점이다. 간단히 표현하자면, 전역 데이터를 사용하는 모듈은 추상적 도구로서의 유용성이 떨어질 수 있다는 것이다.

정보 은닉

훌륭한 모듈 방식 설계를 위해서는 그 토대의 하나로 **정보 은닉(information hiding)**이라는 개념을 이용하는데, 정보 은닉은 정보를 소프트웨어 시스템의 특정 부분에서만 이용될 수 있도록 제한하는 것을 말한다. 여기서 정보라는 용어는 프로그램 단위의 구조나 내용 등에 대한 지식을 포함하는 폭넓은 의미로 해석되어야 한다. 따라서 정보는 데이터, 사용되는 데이터 구조의 유형, 인코딩 체계, 모듈의 내부 구성, 함수 단위의 논리적 구조, 모듈의 내적 성질에 관한 기타 요소 등을 포함한다.

정보 은닉의 요지는 모듈의 동작이 불필요하게 다른 모듈에 종속되거나 영향을 주지 않게끔 하자는 것이다. 그렇지 않을 경우, 한 모듈의 유효성이 다른 모듈의 개발 과정에서의 오류나 소프트웨어 유지보수 과정에서의 실수 등으로 인해 손상될 수도 있다. 예를 들어, 어느 모듈이 자신의 내부 데이터를 다른 모듈에서 사용할 수 없도록 제한하지 않는다면, 다른 모듈에 의해 그 데이터 값이 손상될 수도 있다. 혹은 어떤 모듈이 다른 모듈의 내부 구조적 특성을 이용하도록 설계되어 있을 경우, 그 내부 구조가 변경될 경우 이 모듈은 오작동을 일으킬 수 있다. 정보 은닉에는 설계 목표로서의 정보 은닉과 구현 목표로서의 정보 은닉이라는 두 가지 측면이 있다. 모듈은 다른 모듈이 그 내부 정보에 접근할 필요가 없도록 설계되어야 하며, 또한 모듈은 그 경계를 확실히 지킬 수 있는 방식으로 구현되어야 한다. 전자의 예에는 응집도의 최대화와 결합도의 최소화 등이 포함된다. 후자의 예에는 지역 변수의 사용, 캡슐화의 적용, 잘 정의된 제어 구조의 사용 등이 포함된다.

끝으로 덧붙이자면, 정보 은닉은 추상화라는 주제와 추상 도구의 사용에 핵심이 되는 개념이다. 실제로 추상 도구라는 개념은 사용자가 그 내적 특성을 무시할 수 있는 "블랙박스"라는 개념이며, 이를 통해 사용자는 당면의 보다 큰 응용에 집중할 수 있게 된다. 이런 의미에서 정보 은닉은 손상 방지 케이스가 복잡하고 위험성 있는 전자 장비를 보호하듯이 추상 도구를 봉인하자는 개념에 해당된다. 정보 은닉과 손상 방지 케이스 모두 내적 위험으로부터 사용자를 보호하면서 동시에 내부를 사용자의 침입으로부터 보호한다.

모듈의 응집도

모듈 사이의 결합도를 최소화하는 것만큼이나 각 모듈의 내부 연결성을 극대화하는 것도 중요하다. **응집도(cohesion)**라는 용어는 이러한 내부 연결 정도, 즉, 모듈의 내부 부분들 사이의 연관성 정도를 가리킨다. 응집도의 중요성을 알아보기 위해서는 시스템의 초기 개발 단계를 지나 전체 소프트웨어 생명 주기를 고려해야 한다. 어떤 모듈에 변경이 필요할 경우, 그 안에 다양한 활동이 포함되어 있다면 쉽게 할 수 있는 변경 작업이 복잡해질 수도 있다. 따라서 소프트웨어 설계자들은 모듈 간 결합도를 낮추는 일 외에도 모듈 내 응집도를 높이기 위해 노력하게 된다.

약한 형태의 응집도는 **논리적 응집도(logical cohesion)**라고 불린다. 이것은 모듈 내부의 요소들은 성질상 논리적으로 비슷한 활동을 수행한다는 사실에서 도출된 모듈 내 응집도이다. 예를 들어 시스템이 외부 세계와 통신하는 것을 담당하는 모듈을 생각해보자. 이러한 모듈을 묶어주는 "접착제"는 이 모듈 안의 모든 활동은 통신에 관련되어 있다는 것이다. 그러나 통신 관련 사항들이라도 서로 많이 다를 수 있다. 데이터를 받아오는 부분이 있는 반면, 보고서 출력을 맡은 부분도 있을 것이다.

기능적 응집도(functional cohesion)라고 불리는 보다 강한 형태의 응집도는 한 모듈 안의 모든 부분은 한 가지 활동의 수행에 초점을 맞추어야 함을 의미한다. 명령형 설계에서 기능적 응집도를 강화하기 위해서는, 서브태스크들을 별도의 모듈에 두고 이 모듈을 추상적 도구로 이용하는 방법을 사용할 수 있다. 앞의 테니스 시뮬레이션에서 이러한 예를 볼 수 있는데(그림 7.3 참고), 여기에서는 `ControlGame()` 모듈이 다른 모듈들을 추상적 도구로 사용함으로써 서브, 리턴, 점수 기록 등의 세부사항에 신경 쓰지 않고 전체 게임을 관장하는 데 집중할 수 있다.

객체지향 설계의 경우, 객체 단위로는 대개 논리적 응집도만 갖추게 되는데, 이는 객체 안의 메서드들의 연관성이 약한 경우가 있으며 이들 사이의 유일한 연결 고리는 동일한 객체에 수행되는 활동이라는 것뿐인 경우도 있다. 예를 들면, 테니스 시뮬레이션 예제에서 선수 객체 각각은 서브와 리턴을 위한 메서드를 포함하고 있는데, 이들은 상당히 다른 활동들이다. 따라서 이러한 객체는 논리적 응집도만을 갖춘 모듈이다. 그러나 소프트웨어 설계자들은 객체 안의 개별 메서드가 기능적 응집도를 갖도록 노력해야 한다. 즉, 객체 전체로는 논리적 응집도만 갖추고 있지만, 객체 안의 각 메서드는 기능적 응집도를 갖도록 한 가지의 작업만을 수행해야 한다는 것이다(그림 7.7).

그림 7.7 | 객체 내의 논리적 응집도와 기능적 응집도

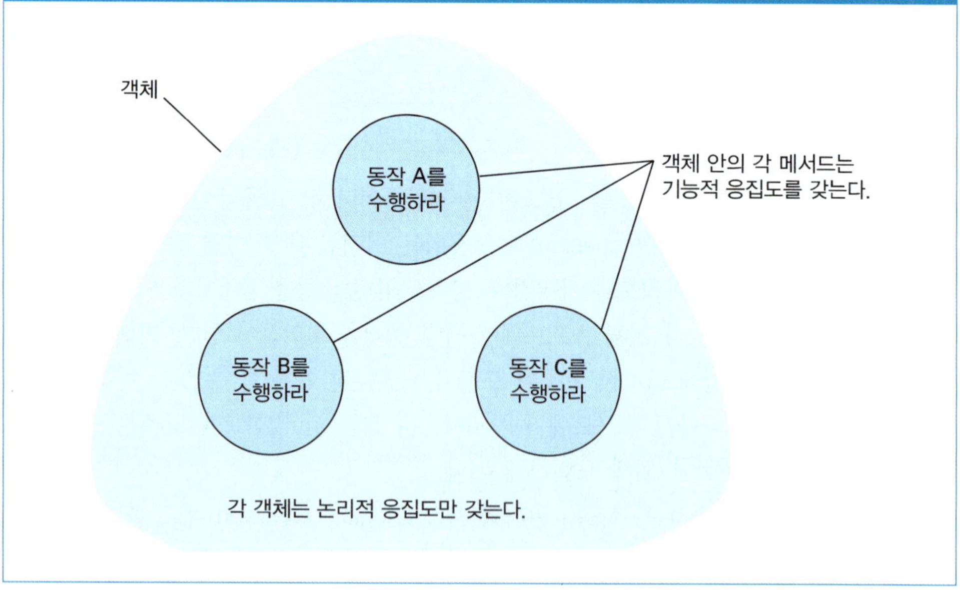

컴포넌트

소프트웨어 공학에서 애로사항 중 하나는 대규모 소프트웨어 시스템을 구축할 때 사용할 사전 제작된 "규격" 부품의 결여라는 점을 이미 언급한 바 있다. 소프트웨어 개발에 대한 모듈화 방식은 이런 측면에서 희망을 보여준다. 특히 객체지향 프로그래밍 패러다임이 유용한데, 이는 객체들이 주변 환경과 명확히 정의된 인터페이스를 갖는 자체 완결적인 단위들을 구성하기 때문이다. 일단 특정 역할을 맡을 객체가 (혹은 보다 정확히 표현하면, 클래스가) 설계되면, 그와 같은 서비스를 필요로 하는 어떤 프로그램에서라도 그 객체를 사용할 수 있다. 더욱이 상속은 객체 정의가 특정 응용의 요구에 따라 조정되어야 할 경우, 사전 제작된 객체 정의를 다듬기 위한 수단으로 사용될 수 있다. C++, 자바, C# 등과 같은 객체지향 프로그래밍 언어들에 특정 역할을 수행하는 객체들을 쉽게 구현할 수 있도록 사전 제작된 클래스들이 함께 제공되는 것은 자연스러운 일일 것이다. 예를 들면, C++에는 C++ STL(Standard Template Library), 자바에는 Java API (Application Programming Interface), C#에는 .NET FCL(Framework Class Library)이 함께 제공된다.

객체들과 클래스들이 소프트웨어 설계에서 사전 제작된 구성요소로 사용될 수 있지만, 이들이 이상적이라는 의미는 아니다. 객체가 갖는 문제는 객체의 단위가 너무 작다는 것이다. 따라서 객체는 실제로 정의상 재사용 가능한 소프트웨어 단위를 의미하는 **컴포넌트(component)**라는 보다 일반적인 개념의 특별한 경우로 간주된다. 실제로 대부분의 컴포넌트들은 객체지향 패러다임에 기반하고 있으며, 각기 독립된 단위로 기능하는 한 개 이상의 객체들이 모여 컴포넌트를 구성한다.

컴포넌트의 개발과 사용에 관한 연구로 **컴포넌트 구조(component architecture)**(컴포넌트 기반 소프트웨어 공학으로 불리기도 함)라는 분야가 등장하게 되었으며, 여기에서는 프로그래머의 역할이 **컴포넌트 어셈블러(component assembler)**라는 것으로 변하는데, 이들은 많은 개발 환경에서 흔히 그래픽 인터페이스상의 아이콘으로 표시되는 사전 제작된 컴포넌트들로부터 소프트웨어 시스템을 구축하는 일을 한다. 컴포넌트 어셈블러는 컴포넌트 자체를 작성하기보다는 사전 정의된 컴포넌트의 집합으로부터 관련 컴포넌트를 선택하고 이들을 연결하면서 원하는 기능을 얻기 위해 필요하다면 약간의 손질도 하는 등의 작업을 수행한다. 실제로 잘 정의된 컴포넌트란 내부 코드의 수정 없이 개별 응용 분야에 필요한 기능을 포함할 수 있도록 확장할 수 있는 것을 말한다.

컴포넌트 구조가 적합한 분야 중 하나가 스마트폰 시스템이다. 스마트폰에서의 자원 제약으로 인해 응용 프로그램들은 서로 협력하는 컴포넌트의 집합으로 이루어지며, 각 컴포넌트는 응용 프로그램을 위한 각기 다른 기능을 수행한다. 예를 들면, 응용 프로그램 안의 각 디스플레이 화면은 대개 별개의 컴포넌트에 해당한다. 이러한 화면들 뒤에서는 정보를 메모리 카드에 저장하거나 읽어오기 위한, 또는 (음악 재생과 같은) 연속적인 기능을 수행하기 위한, 또는 인터넷상의 정보를 읽어오기 위한 다른 서비스 컴포넌트들이 존재할 수 있다. 이러한 컴포넌트 각각은 사용자에게 효율적인 서비스를 제공하기 위해 필요에 따라 개별적으로 시작되고 종료된다. 그러나 응용 프로그램은 이음새 없는 일련의 화면들과 동작들로 이루어진 것처럼 보이게 된다.

시스템 자원의 사용을 제약하려는 동기 외에도 스마트폰에서 컴포넌트 구조를 사용함으로써 응용 프로그램들의 통합이라는 이점을 취할 수 있다. 예를 들면, 페이스북을 스마트폰에서 실행시킬 때 주소록 앱의 컴포넌트를 사용하여 모든 페이스북 친구들을 주소록에 추가할 수 있다. 더욱이 통화 관련 앱에서 수신된 호출의 상대방을 조회하기 위해 주소록 앱의 컴포넌트를 사용할 수도 있다. 이러한 방식을 통해 페이스북 친구 중 한 명이 전화를 걸어오면 그 친구의 사진을 스마트폰 화면에 (그 친구의 최근 페이스북 게시물과 함께) 표시할 수 있을 것이다.

연습문제

1. 소설과 백과사전은 장, 절, 항목과 같은 단위의 결합도 측면에서 어떻게 다른가? 응집도의 경우는 어떠한가?
2. 스포츠 경기는 대개 어떤 단위들로 나누어진다. 예를 들면, 야구경기는 이닝들로 나누어져 있으며, 테니스 시합은 여러 세트로 구성된다. 이러한 "모듈들" 사이의 결합도를 분석하라. 이러한 단위들이 응집도를 갖추고 있다면 어떤 의미에서일까?
3. 응집도를 극대화하면서 결합도를 최소화하는 것이 가능한가? 즉, 응집도가 증가하면 결합도는 자연히 감소하는 경향이 있는가?
4. 결합, 응집, 정보 은닉 등의 용어를 정의하라.
5. 그림 7.3의 구조도에서 `ControlGame()` 모듈과 `UpdateScore()` 모듈 사이의 데이터 결합을 포함하도록 확장하라.
6. `PlayerA`의 서비스가 유효하지 않은 것으로 판정되었을 경우에 발생할 이벤트 열을 나타내도록 그림 7.5와 유사한 다이어그램을 작성하라.
7. 전통적인 프로그래머와 컴포넌트 어셈블러 사이의 차이는 무엇인가?
8. 대부분의 스마트폰에서 (달력, 주소록, 시계, 소셜 네트워킹, 이메일, 지도 등등의) 여러 가지 생활 관리용 앱들을 갖추고 있다고 가정하고, 유용하고 흥미로운 컴포넌트 기능 조합들을 찾아보라.

7.5 설계 도구

이 절에서는 소프트웨어 개발에서 분석 및 설계 단계 동안 사용되는 모델링 기법과 표기 체계에 대해 알아볼 것이다. 이 중에는 명령형 패러다임이 소프트웨어 공학의 주류이던 시절 개발된 것들도 있다. 이 중 일부는 객체지향 패러다임에서도 유용한 반면, 그림 7.3의 구조도와 같은 것들은 명령형 패러다임에만 적용될 수 있다. 명령형 패러다임에 기원을 두고 있으면서 아직도 사용되는 기법들을 먼저 살펴본 다음, 보다 새로운 객체지향 도구와 역할이 증대되고 있는 설계 패턴 등에 대한 탐색으로 옮겨갈 것이다.

전통적 도구들

비록 명령형 패러다임에서는 프로시저나 함수들을 사용하여 소프트웨어를 구축하는 방식을 취하고 있지만, 함수들을 식별하는 방법은 함수 자체보다는 처리할 데이터를 고려해보는 것이다. 데이터가 시스템에서 어떻게 움직이는지 조사함으로써 데이터 형식이 변경되거나 데이터 이동 경로가 합쳐지거나 갈라지는 지점들을 찾을 수 있다. 바로 이러한 위치에서 처리가 일어나게 되며, 따라서 데이터 흐름에 대한 분석을 통해 함수들을 식별할 수 있게 된다. **데이터 흐름도(dataflow diagram)**는 이러한 데이터 흐름에 대한 조사를 통해 얻은 정보를 표현하기 위한 수단이다. 데이터 흐름도에서 화살표는 데이터 경로를 나타내며, 사각형은 데이터 소스와 데이터 저장소를 나타낸다. 그림 7.8은 병원의 진료비 청구 시스템을 표현하고 있는 기초적인 데이터 흐름도의 예를 보여주고 있다. 이 데이터 흐름도를 보면, 환자들에서 나온 `Payments`와 병원 파일에서 나온 `PatientRecords`가 타원형의 `ProcessPayments`에서 합쳐지며, 여기에서 나온 `UpdatedRecords`는 다시 병원 파일로 돌아간다.

데이터 흐름도는 소프트웨어 개발의 설계 단계에서 프로시저들을 식별하는 데 도움이 될 뿐만 아니라 분석 단계에서 제안 시스템을 이해하려 할 때도 유용하다. 실제로 데이터

그림 7.8 | 데이터 흐름도

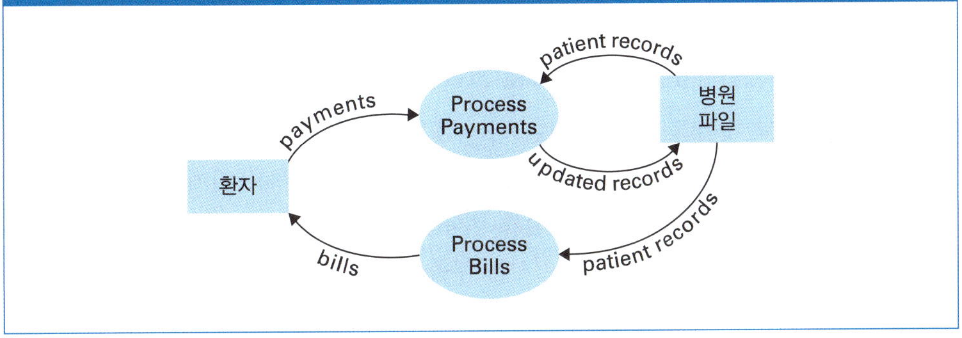

버전 제어

오늘날 대부분의 대규모 소프트웨어 공학 작업은 버전 제어 시스템을 포함한다. 네트워크로 연결된 웹 기반 버전 제어 시스템을 통해 코드의 개별적 변경 사항을 추적하기 위한 일관된 메커니즘을 이용함으로써 팀 구성원들은 소스 코드에 대한 공동 작업을 수행할 수 있다. Git, Subversion, Mercurial 등과 같은 버전 제어 도구를 사용함으로써 팀 구성원들은 각자 공유 프로젝트의 개인 복사본에서 작업하고, 병행 작업 중인 다른 구성원들에 의한 변경사항들을 병합하며, 자신의 변경사항을 공유할 준비가 되면 공유 프로젝트에 반영할 수 있다. 버전 제어 시스템은 공유 프로젝트에 대한 개별 변경 사항이 정확히 언제 그리고 누구에 의해 수행되었는지 추적할 수 있으며, 잘못된 변경 사항을 취소하기 위해 코드를 이전 버전으로 되돌릴 수 있다. 버전 제어는 문서, 설정 데이터 등에도 적용될 수 있다.

실제로 기초적인 버전 제어 기능이 현재 Google Docs와 같은 클라우드 기반 서비스나 많은 소프트웨어 패키지에 포함되어 있는데, 여러 변경 사항을 되돌릴 수 있는 "실행 취소" 버튼이 있는 프로그램들은 모두 이에 해당된다.

흐름도를 만드는 것은 고객의 요구사항을 소프트웨어 엔지니어가 파악해야 하는 상황에서 고객과 소프트웨어 엔지니어 사이의 의사소통을 개선하기 위한 수단으로 사용될 수도 있으며, 따라서 명령형 패러다임은 점차 사용이 줄어들고 있지만 데이터 흐름도는 여전히 유용하게 사용되고 있다.

소프트웨어 엔지니어들이 수십 년간 사용해온 또 다른 도구는 데이터 사전(data dictionary)인데, 이것은 소프트웨어 시스템에 나타나는 데이터 항목들에 관한 정보의 중앙 저장소이다. 이 정보에는 각 항목을 참조하기 위해 사용되는 식별자, 각 항목에서 유효한 데이터에 대한 규정(항목이 숫자로 이루어지는가? 또는 알파벳 문자들로 이루어지는가? 이 항목에 배정될 수 있는 값의 범위는?), 항목을 저장할 장소(항목이 파일이나 데이터베이스에 저장될 수 있는가? 된다면 어디에 저장할 것인가?), 항목을 참조하고 있는 소프트웨어상의 위치(어느 모듈이 이 항목을 필요로 하고 있는가?) 등이 포함된다.

데이터 사전 구축의 목표 중 하나는 소프트웨어 시스템의 잠재적 사용자와 사용자의 요구를 요구사항 명세로 변환하는 작업을 맡은 소프트웨어 엔지니어 사이의 의사소통을 개선하자는 것이다. 이런 면에서 데이터 사전의 구축은 부품번호가 실제로는 숫자가 아니라는 사실이 나중에 설계나 구현 단계에서가 아니라 분석 단계에서 드러날 수 있도록 해준다. 데이터 사전에 관련된 또 다른 목표는 시스템 전체에 걸쳐 일관성을 확보하는 것이다. 중복성이나 모순점이 드러나는 것은 대개 데이터 사전의 구축을 통해서이다. 예를 들면, 재고 레코드에서 `PartNumber`로 지칭되는 항목은 판매 레코드의 `PartId`와 동일한 항목일 수도 있다. 그리고 인사 부서에서는 사원을 지칭하기 위해 `Name`이라는 이름을 사용하는 반면, 재고 레코드에서는 부품을 지칭하기 위해 `Name`이라는 이름을 사용할 수도 있다.

UML

데이터 흐름도와 데이터 사전은 객체지향 패러다임이 등장하기 훨씬 전부터 소프트웨어 공학에서 사용되어온 도구들이며, 이들이 원래 사용된 명령형 패러다임은 점차 쇠퇴해가고 있지만 이 도구들은 여전히 유용하게 사용된다. 이제 객체지향 패러다임을 염두에 두고 개발된 UML(Unified Modeling Language)이라는 보다 현대적인 도구들을 살펴보기로 하자. 그러나 UML 중에서 첫 번째로 살펴볼 도구는 사용자의 관점에서 제안 시스템의 모습을 그려보기 위한 것이므로 패러다임에 상관없이 유용하다. 이 도구는 **용례 다이어그램**(use case diagram)이며, 그림 7.9에 한 가지 예를 보이고 있다.

용례 다이어그램은 제안 시스템을 하나의 큰 사각형으로, 시스템과 사용자 사이의 상호작용을 타원으로, 시스템의 사용자들을 막대 인물로 표현한다. 타원으로 표시되는 상호작용은 **용례**(use case)라고 불리며, 시스템의 사용자는 실제로는 사람이 아닐 수도 있지만 **행위자**(actor)라고 불린다. 따라서 그림 7.9의 용례 다이어그램은 의사나 간호사가 "의료

그림 7.9 | 용례 다이어그램

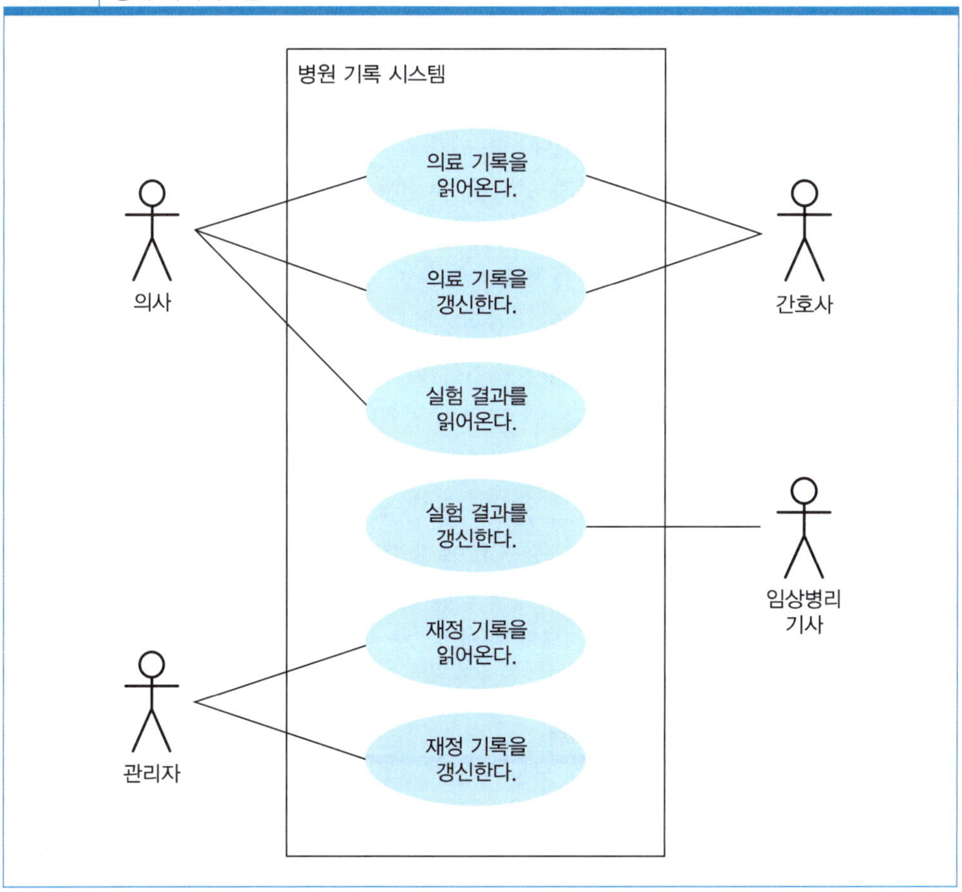

기록을 읽어오기" 위해 제안된 병원 기록 시스템을 사용할 것임을 나타낸다.

용례 다이어그램은 제안된 소프트웨어 시스템을 외부 시각에서 바라보는 반면, UML은 시스템의 내적 객체지향 설계를 표현하기 위한 다양한 도구를 제공한다. 이 중 하나는 **클래스 다이어그램(class diagram)**인데, 이것은 클래스들의 구조와 클래스 사이의 관계를 표현하기 위한 표기 체계이다. 클래스 사이의 관계는 UML 용어로는 **연관 관계(association)**라고 불린다. 예를 들어 의사, 환자, 병실 사이의 관계를 살펴보자. 이러한 개체들을 나타내는 객체들은 각기 Physician, Patient, Room 등의 클래스로부터 생성된다고 가정한다.

그림 7.10은 이러한 클래스들 사이의 관계가 UML 클래스 다이어그램에서는 어떻게 표현되는지 보여주고 있다. 클래스들은 사각형으로 표시되며 연관관계는 연결선으로 표시된다. 연결선에는 라벨을 붙일 수도 있고 붙이지 않을 수도 있다. 연결선에 라벨이 있을 경우 라벨을 읽는 방향을 나타내기 위해 진한 화살촉 표시를 사용할 수 있다. 예를 들면, 그림 7.10에서 환자가 의사를 치료하는 것이 아니라 의사가 환자를 치료한다는 것을 나타내기 위해 "치료함"이라는 라벨 뒤쪽에 화살촉 표시를 사용하고 있다. 때로 연결선에는 방향에 따라 다른 연관관계를 설명하기 위해 두 개의 라벨을 부여하기도 하며, 이에 대한 예는 그림 7.10에서 Patient 클래스와 Room 클래스 사이의 연관관계에서 찾아볼 수 있다.

클래스 다이어그램은 클래스 사이의 관계를 보여주는 외에도 이러한 관계에 연계된 수량 관계를 표현할 수도 있다. 즉, 클래스 다이어그램은 한 클래스의 인스턴스 몇 개가 다른 클래스의 인스턴스들과 연계될 수 있는지 표현할 수 있다. 이러한 정보는 각 관계 연결선의 끝에 표시된다. 특히 그림 7.10에서 각 환자는 하나의 병실만 차지할 수 있으며, 각 병실은 0명 또는 1명의 환자를 수용할 수 있음을 표현하고 있다. (여기에서 각 병실은 1인실로 가정된다.) 별표(*)는 0 이상의 임의의 숫자를 표현하기 위해 사용된다. 따라서 그림 7.10의 별표는 각 의사가 여러 환자를 치료할 수 있음을 나타내는 반면, 연결선의 의사 쪽의 1은 각 환자는 한 명의 주치의만을 갖는다는 것을 나타낸다. (이 설계에서는 주치의 역할만을 고려한다.)

연관관계의 수량 관계는 일대일 관계, 일대다 관계, 다대다 관계 등 세 가지 형태로 존재할 수 있으며, 이들은 그림 7.11에 요약되어 있다. 각 환자는 한 개의 병실에만 배정되며 각 병실은 한 명의 환자에게만 배정되므로 환자와 1인실 사이의 관계는 **일대일 관계(one-to-one relationship)**에 해당한다. 각 의사는 여러 명의 환자를 돌보지만 각 환자는

그림 7.10 | 클래스 다이어그램

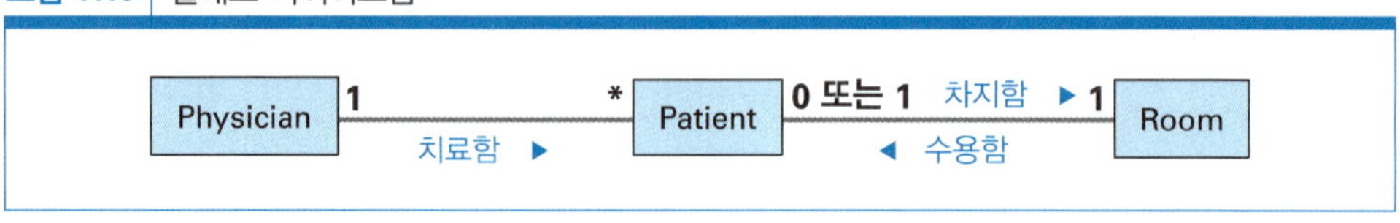

그림 7.11 | x 타입의 개체들과 y 타입의 개체들 사이의 일대일, 일대다, 다대다 관계

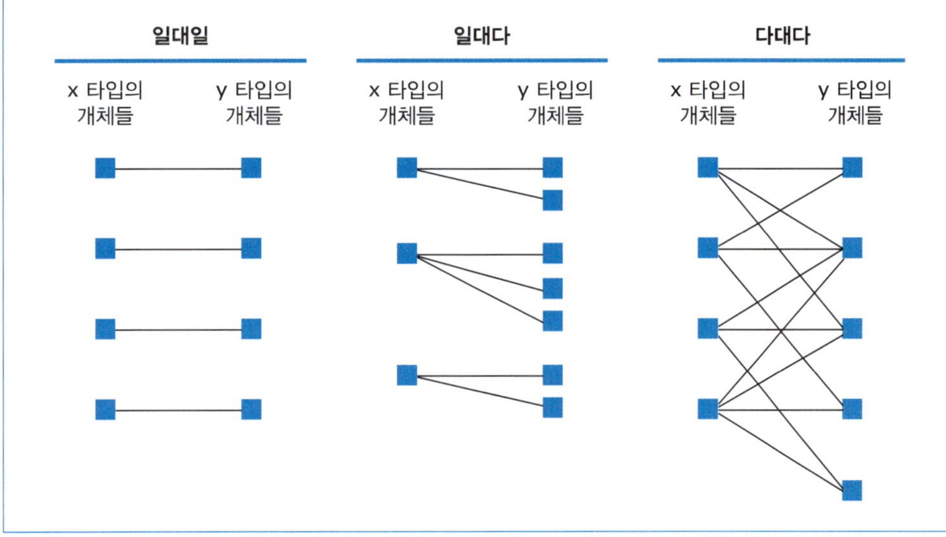

한 명의 주치의를 갖는다는 점에서 의사와 환자 사이의 관계는 **일대다 관계(one-to-many relationship)**에 해당한다. 의사와 환자의 관계에 진찰전문의를 포함시킬 경우 **다대다 관계(many-to-many relationship)**가 발생할 수 있다. 이 경우 각 의사는 여러 명의 환자를 돌볼 수 있으며 각 환자도 여러 명의 진찰전문의를 가질 수도 있다.

객체지향 설계에서 한 클래스는 다른 클래스의 보다 구체적인 버전을 나타내는 경우가 종종 있다. 이 경우 후자의 클래스는 전자의 클래스에 대한 일반화라고 부른다. UML은 일반화 관계를 표현하기 위한 특별한 표기법을 제공한다. 그림 7.12에서 예제 하나를 보여주고 있는데, 여기에서는 MedicalRecord, SurgicalRecord, OfficeVisitRecord 등의 클래스 사이의 일반화 관계를 묘사하고 있다. 그림에서 클래스 사이의 연관 관계는 흰색 화살촉을 사용하여 표현되는데, 일반화라는 연관 관계를 나타내는 UML 표기법에 따른 것이다. 각 클래스는 그림 7.4에서 소개된 형식에 따라 이름, 속성, 메서드 등을 포함하는 사각형으로 표시한다. 이것이 클래스 다이어그램에서 클래스의 내부 특성을 표현하는 UML 방식이다. 그림 7.12에 나타나 있는 정보는 MedicalRecord 클래스는 SurgicalRecord 클래스의 일반화인 동시에 OfficeVisitRecord 클래스의 일반화라는 것이다. 즉, SurgicalRecord 클래스와 OfficeVisitRecord 클래스는 MedicalRecord 클래스의 모든 기능과 각자의 사각형 안에 명시적으로 나열된 모든 기능을 포함한다. 따라서 SurgicalRecord 클래스와 OfficeVisitRecord 클래스 모두 환자, 의사, 기록일자를 포함하지만, SurgicalRecord 클래스는 또한 수술절차, 병원, 퇴원일자 등을 포함하는 반면 OfficeVisitRecord 클래스는 증세와 진단 등을 포함한다. 세 클래스 모두 의료기록을 출력하는 기능을 갖는다. SurgicalRecord와 OfficeVisitRecord 안의 printRecord() 메서드는 MedicalRecord 안의

그림 7.12 | 일반화 예제를 위한 클래스 다이어그램

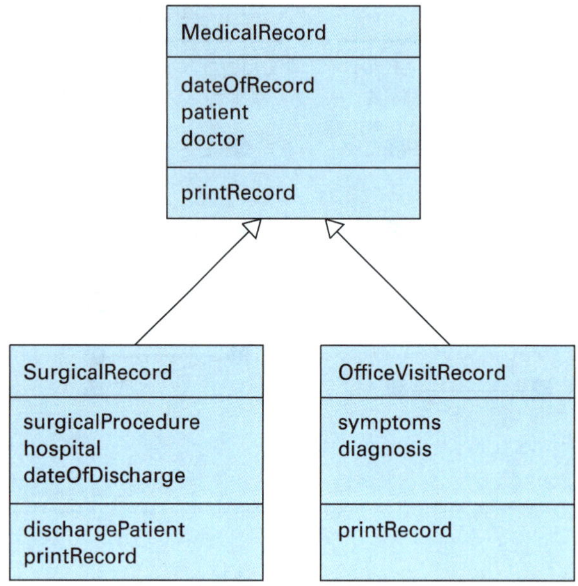

`printRecord()` 메서드의 특성화라고 볼 수 있으며, 각기 해당 클래스에 고유한 정보를 인쇄할 것이다.

6장(6.5절)에 의하면, 객체지향 프로그래밍 환경에서 일반화를 구현하는 자연스러운 방법은 상속을 이용하는 것이다. 그러나 소프트웨어 엔지니어 중에는 상속이 모든 경우의 일반화에 적합한 것은 아니라고 경고하는 사람들도 있다. 그 이유는 상속으로 인해 클래스들 사이에 강한 결합이 발생하며, 이러한 결합은 소프트웨어 생명 주기에서 나중에 바람직하지 않을 수도 있기 때문이다. 이를테면, 어떤 클래스 내부의 변경이 이 클래스를 상속하는 모든 클래스에 자동적으로 반영되기 때문에, 소프트웨어 유지보수에서 약간의 수정으로 인해 예상하지 못한 결과를 초래할 수 있다. 예를 들어 어떤 회사가 사원들을 위한 휴양 시설을 개장하게 되었다고 하자. 이 경우 이 휴양 시설의 회원들은 모두 그 회사의 사원들일 것이며, 따라서 회원 명부의 구현을 위해 담당 프로그래머는 기존의 `Employee` 클래스를 상속하여 `RecreationMember` 클래스를 구축하였다. 나중에 회사가 번창하여 휴양 시설을 확장하고 사원들의 가족이나 퇴직자들에게도 개방되었을 경우, `Employee` 클래스와 `RecreationMember` 클래스 사이에 내재된 결합이 해체되어야 할 것이다. 따라서 단지 편리하다는 이유로 상속을 사용해서는 안 되며, 구현되는 일반화가 절대 변할 수 없는 경우에만 상속이 사용되어야 한다.

클래스 다이어그램은 프로그램 설계의 정적인 기능을 표현할 뿐이며, 실행 동안 발생하는 이벤트들의 진행순서를 표현하지는 못한다. 이와 같은 동적인 기능을 표현하기 위

해, UML은 상호작용 다이어그램(interaction diagram)으로 총칭되는 다양한 다이어그램 유형을 제공한다. 상호작용 다이어그램 유형 중 하나가 진행순서 다이어그램(sequence diagram)인데, 이것은 작업 수행에 참여하는 (행위자, 소프트웨어 컴포넌트, 개별 객체 등의) 객체들 사이의 통신을 묘사한다. 이 다이어그램은 아래쪽으로 그려진 점선을 갖는 사각형이 개체를 나타낸다는 점에서 그림 7.5와 비슷하다. 각 사각형과 그에 연결된 점선을 함께 생명선(life line)이라고 부른다. 개체들 사이의 통신은 해당 생명선을 연결하는 라벨 붙은 화살표에 의해 표시되며, 라벨은 요청되는 행위를 나타낸다. 이 화살표들은 다이어그램을 위에서 아래로 읽어가면서 시간 순서에 따라 표시된다. 프로시저에서 사용하는 전통적인 리턴에서와 마찬가지로 하나의 개체가 요청된 작업을 완료하여 제어를 요청 개체 쪽으로 돌려줄 때 통신이 발생하며, 이는 원래의 생명선을 향하는 라벨 없는 화살표로 표시된다.

따라서 그림 7.5는 기본적으로 진행순서 다이어그램이다. 그러나 그림 7.5의 내용만으로는 몇 가지 부족한 점이 있다. 그 중 하나는 두 선수 사이의 대칭성이 드러나지 않는다는 점이다. PlayerB가 서비스를 시작하는 공방을 표현하기 위해서는 그 내용은 PlayerA에서 시작하는 경우와 거의 같지만 별도의 다이어그램을 그려야 한다. 더욱이 그림 7.5는 특정 경우의 공방만을 묘사하고 있는데, 일반적인 공방은 무한히 길어질 수도 있다. 정형적인 진행순서 다이어그램은 하나의 다이어그램 안에 이러한 변형들을 표현할 수 있는 기법들을 포함하며, 이러한 내용을 여기에서 자세히 다룰 필요는 없지만 앞의 테니스 경기 설계에 기초한 일반적인 공방 형태를 묘사하고 있는 그림 7.13의 정형적 진행순서 다이어그램을 잠시 살펴보기로 하자.

그림 7.13에서는 전체 진행순서 다이어그램을 (프레임(frame)이라고 불리는) 사각형으로 둘러싸서 표현하고 있다. 프레임의 좌측 상단 구석에는 (“sequence diagram”을 의미하는) *sd*와 식별자를 포함하는 오각형이 있다. 이 식별자는 전체 진행순서를 나타내는 이름일 수도 있고, 그림 7.13의 경우처럼 진행순서를 시작하기 위해 호출되는 메서드의 이름일 수도 있다. 그림 7.5와는 대조적으로 그림 7.13에서는 선수들을 나타내는 사각형들은 특정 선수 대신 PlayerClass “유형”의 객체들을 나타낸다는 것을 표시하고만 있다. 이 중 하나는 *self*로 표시되어 있는데, 이는 이 진행순서를 시작하기 위해 호출되는 serve 메서드를 갖는 선수임을 나타낸다.

그림 7.13에서 주목해야 할 또 다른 사항은 두 개의 안쪽 사각형들에 대한 것이다. 이들은 상호작용 구절(interaction fragment)이라 불리며, 하나의 다이어그램 안에서 택일해야 할 진행순서들을 표현하기 위해 사용된다. 그림 7.13은 2개의 상호작용 구절을 포함하는데, 하나는 “loop”라는 라벨이 붙어있으며, 다른 하나에는 “alt”라는 라벨이 붙어있다. 이들은 기본적으로 5.2절의 파이썬에서 다룬 바 있는 while 구조와 if-else 구조에 해당한다. “loop” 상호작용 구절은 Judge 객체가 validPlay의 값이 참이라고 판정하는 한 그 경계선 안의 이벤트들이 반복될 것임을 나타낸다. “alt” 상호작용 구절은

그림 7.13 | 테니스에서 일반화된 공방을 표현하는 진행순서 다이어그램

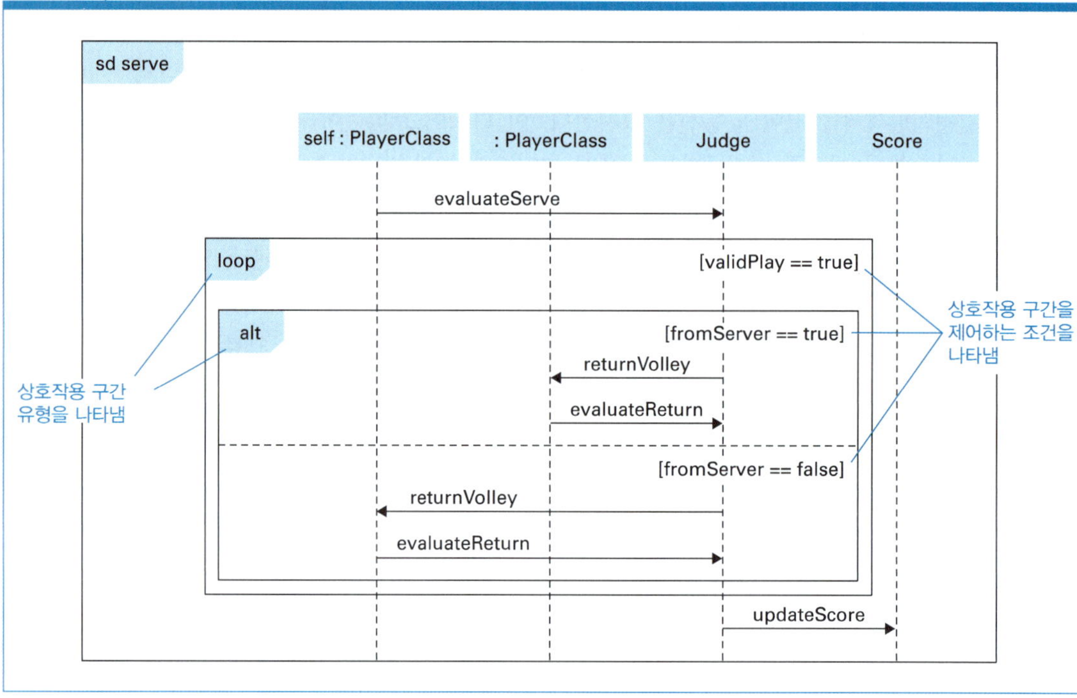

fromServer의 값이 참인지 거짓인지에 따라 주어진 대안 중 하나가 수행될 것임을 나타낸다.

UML에 속하지는 않지만 객체지향 설계의 검증에서 중요한 역할을 하는 **CRC(class-responsibility-collaboration) 카드**라는 도구가 있다. CRC 카드는 객체에 대한 설명을 적어 넣는 인덱스카드와 비슷하다. CRC 카드 방법론은 소프트웨어 설계자가 제안 시스템상의 각 객체마다 카드 한 장씩을 만들어두었다가 시스템에 대한 시뮬레이션에서 객체들을 나타내기 위해 그 카드들을 사용하자는 것이다. 이러한 시뮬레이션은 회의용 테이블 상에서 작은 규모로 이루어질 수도 있고, 설계팀의 각 구성원이 한 장씩의 카드를 들고 그 카드가 기술하는 객체의 역할을 수행하는 "공연" 스타일로 진행될 수도 있다. 흔히 **구조적 예행연습(structured walkthrough)**이라고도 불리는 이러한 시뮬레이션은 설계를 구현하기 전에 설계상의 결함을 찾아내는 데 도움이 된다.

설계 패턴

소프트웨어 엔지니어를 위한 강력한 도구에 설계 패턴이라는 것이 있으며, 많은 설계 패턴들이 축적되면서 그 효용성이 증대되고 있다. **설계 패턴(design pattern)**이란 소프트웨어 설계에서 자주 나타나는 문제를 위해 이미 개발되어 있는 해결 방법을 말한다. 예를

들면, 어댑터(Adapter) 패턴은 사전 제작된 모듈들로부터 소프트웨어를 구축할 때 발생하는 문제에 대한 해결 방법이다. 이를테면, 사전 제작된 어떤 모듈은 당면 문제를 해결하기 위해 필요한 기능을 갖고 있지만 현재의 응용 프로그램에서 이용할 수 있는 인터페이스를 갖추고 있지 못할 수도 있다. 이 경우 어댑터 패턴은 사전 제작된 모듈을 현재의 응용 프로그램에서 사용할 수 있도록, 이 모듈의 인터페이스와 외부 세계 사이의 변환을 수행하는 다른 모듈 안에 "포장하는" 표준 방식을 제공한다.

또 다른 안정된 설계 패턴에 데코레이터(Decorator) 패턴이라는 것이 있다. 이 패턴은 실행 시점의 상황에 따라 동일한 활동들을 다르게 조합하는 작업을 수행하는 시스템을 설계하기 위한 수단이다. 이러한 시스템의 경우 조심스럽게 설계하지 않으면, 옵션들이 너무 많아져서 엄청나게 복잡한 소프트웨어가 만들어질 수도 있다. 그러나 데코레이터 패턴은 이러한 시스템이 관리하기 쉬운 시스템이 될 수 있도록 구현하기 위한 표준적인 방법을 제공한다.

자주 발생하는 문제를 파악하는 일이나 이러한 문제들을 해결하기 위한 설계 패턴을 만드는 일이나 이들에 대한 목록 관리 등은 소프트웨어 공학에서 연구가 진행 중인 분야이다. 그러나 설계 패턴의 목표는 단순히 설계 문제들에 대한 해결 방법을 찾는 것이 아니라 소프트웨어 생명 주기에서 유연성을 제공하는 고품질의 해결 방법을 찾자는 것이다. 따라서 결합도의 최소화나 응집도의 극대화와 같은 훌륭한 설계 원리에 대한 고려는 설계 패턴의 개발에서도 중요한 역할을 수행한다.

설계 패턴 개발에서 발전의 결과는 오늘날 오라클에서 공급하는 Java 프로그래밍 패키지나 마이크로소프트가 공급하는 .NET 프레임워크와 같은 소프트웨어 개발 패키지에서 제공되는 도구들에 반영되어 있다. 실제로 이러한 "툴킷(tool kit)"에서 볼 수 있는 많은 "템플릿(template)"은 설계 문제에 대한 고품질의 기성품 해결책으로 연결될 수 있는 설계 패턴 골격들이다.

소프트웨어 공학에서 설계 패턴의 등장은 어떻게 다양한 학문이 서로에게 도움이 되는지를 보여주는 좋은 사례이다. 설계 패턴은 알렉산더(Christopher Alexander)의 건축학 연구에 기원을 두고 있다. 알렉산더의 목표는 빌딩이나 종합 빌딩을 위한 고품질의 건축 설계에 기여할 수 있는 특성들을 파악하고 이러한 특성을 반영하는 설계 패턴들을 개발하는 것이었다. 오늘날 알렉산더의 발상 중 많은 부분이 소프트웨어 설계에 도입되어 있으며, 많은 소프트웨어 엔지니어들이 그의 연구에서 영감을 얻고 있다.

연습문제

1. 도서관 이용자가 도서관에서 책을 대출할 때 발생하는 데이터의 흐름을 표현하는 데이터 흐름도를 그려라.

2. 도서관 기록 시스템을 위한 용례 다이어그램을 그려라.
3. 여행객과 이들이 머무는 호텔 사이의 관계를 표현하는 클래스 다이어그램을 그려라.
4. 사람이 고용인의 일반화라는 사실을 표현하는 클래스 다이어그램을 그려라. 각 클래스에 속하는 속성들을 포함시켜라.
5. 그림 7.5를 완전한 진행순서 다이어그램으로 변환시켜라.
6. 설계 패턴들은 소프트웨어 공학 과정에서 어떤 역할을 수행하는가?

7.6 품질 보증

소프트웨어 오작동, 비용 초과, 마감일 경과 등의 잦은 발생으로 인해 소프트웨어 품질 제어 방법에 대한 개선이 요구되고 있다. 이 절에서는 이러한 노력의 일환으로 추구되고 있는 방향들 몇 가지를 살펴볼 것이다.

품질 보증의 범위

컴퓨터 활용 초기에 고품질 소프트웨어 개발 이슈는 주로 구현 중 발생할 수 있는 프로그래밍 오류를 제거하는 데 치중하였다. 이 절 뒷부분에서 그 동안 달성된 이러한 방향의 진보들에 대해 살펴볼 것이다. 그러나 오늘날 소프트웨어 품질 제어의 범위는 디버깅 작업 수준을 훨씬 넘어선 것으로 소프트웨어 공학 절차의 개선, 인증 제도를 포함하는 관련 훈련 프로그램들의 개발, 소프트웨어 공학의 기반 표준 확립 등 다양한 분야를 포함한다. 이러한 측면에서 소프트웨어 개발 업체에서 품질 제어를 평가하는 데 사용할 기준의 확립과 전문가 정신을 향상시킴에 있어 ISO, IEEE, ACM 등의 표준기구들이 갖는 역할에 대해 언급한 바 있다. 구체적 예를 들자면, ISO 9000 계열 표준들은 설계, 제작, 설치, 서비스 등의 다양한 산업 활동을 다루고 있으며, ISO/IEC 33001은 ISO와 IEC(International Electrotechnical Commission)가 공동으로 개발한 표준 모음이다.

다수의 주요 소프트웨어 발주기관은 이제 소프트웨어 개발 용역업체들이 위와 같은 표준들을 충족하도록 요구하고 있다. 그 결과 소프트웨어 개발업체들은 자신이 채택한 품질 제어 체계의 감독 및 집행을 담당할 **소프트웨어 품질 보증 그룹(SQA(software quality assurance) group)**을 설립하고 있다. 예를 들면, 전통적인 폭포수 모델의 경우라면 해당 SQA 그룹은 설계 단계가 시작되기 전에 소프트웨어 요구사항 명세를 승인하는 일, 구현의 개시 전에는 설계 및 관련 문서를 승인하는 일 등을 수행하게 될 것이다.

오늘날의 품질 제어 노력에는 몇 가지 테마가 있다. 그 중 하나는 기록 정리이다. 개발 과정의 각 단계를 추후에 참조하기 위해 정확히 문서로 남기는 것은 대단히 중요한 일이다. 그러나 이러한 목표는 인간의 본성과 충돌하는 면이 있다. 즉, 사람들은 관련 문서를 갱신하지 않은 채 의사결정을 내리거나 이를 변경하는 경향이 있다. 그 결과 기록이 부정확하여 후속 단계에서 사용하려 할 때 사실과 다를 가능성이 존재한다. 이럴 때 CASE 도구를 이용하면 좋은데, CASE 도구는 다이어그램 수정이나 데이터 사전 갱신 등의 작업을 수작업으로 할 때보다 한결 쉽게 만들어주기 때문이며, 이 경우 문서 갱신이 함께 이루어져 최종 문서가 정확할 가능성이 대단히 높아진다. (이 예는 소프트웨어 공학이 인간 본성 문제를 해결해야 하는 여러 경우 중 하나일 뿐이다. 관련 인간 본성 문제에는 협동 작업에서 발생하는 불가피한 개성의 충돌, 질시, 이기심의 충돌 등이 포함된다.)

품질 지향의 또 다른 테마는 소프트웨어 개발 프로젝트에 관련된 여러 관계자들이 모여 특정 주제를 살펴보는 **검토(review)**를 수행하는 것이다. 요구사항 검토, 설계 검토, 구현 검토 등 소프트웨어 개발의 전 과정에 걸쳐 검토가 일어날 수 있다. 요구사항 분석의 초기 과정에서의 프로토타입 시연, 소프트웨어 설계팀 구성원 사이에서의 구조적 예행연습, 서로 연관된 설계 부분을 구현하는 프로그래머 사이의 조정 등의 모습으로 검토가 이루어질 수도 있다. 이러한 반복적 검토가 제공하는 의사소통 채널을 통해 큰 문제를 일으키기 전에 착오를 예방하거나 오류를 고칠 수 있다. 검토의 중요성은 IEEE 1028로 알려져 있는 IEEE 소프트웨어 검토 표준이 개발되어 있는 것으로도 알 수 있다.

성격상 특히 중요한 검토들이 있는데, 예를 들면 프로젝트 이해관계자들과 소프트웨어 개발팀 대표들이 모여 최종 소프트웨어 요구사항 명세를 승인하기 위한 검토와 같은 것들이다. 실제로 이러한 승인이 정형적 요구사항 분석 단계를 마감시키는 것이며 나머지 개발 단계를 진행할 수 있는 기초가 된다. 그러나 사실 모든 검토가 중요하며, 품질 제어를 위해서는 지속적인 기록 정리 과정의 일환으로 검토 결과를 문서로 정리해야 한다.

소프트웨어 테스트

이제 소프트웨어 품질 보증은 전체 개발 과정에 걸쳐 있는 주제로 인식되고 있는 반면, 프로그램에 대한 테스트와 검증은 여전히 연구 주제로 남아있다. 5.6절에서 엄밀한 수학적 방식으로 알고리즘의 정확성을 증명하기 위한 기법을 살펴보면서, 오늘날 대부분의 소프트웨어는 테스트를 통해 "검증" 한다고 결론내린 바 있다. 유감스럽게도 이러한 테스트는 정확할 수가 없다. 모든 가능한 시나리오에 대해 테스트해보기 전에는 테스트라는 방법으로 소프트웨어의 정확성을 보장할 수 없다. 그러나 간단한 프로그램의 경우에도 수십억 개 이상의 실행 경로들이 존재할 수 있다. 따라서 복잡한 프로그램의 경우 가능한 모든 경로를 테스트한다는 것은 불가능한 작업이다.

한편 소프트웨어 엔지니어들은 적은 수의 테스트로도 소프트웨어상의 오류를 찾을 확률을 개선시키는 테스트 방법론을 발전시켜왔다. 이 중의 하나는 소프트웨어상의 오류들은 모여서 나타나는 경향이 있다는 관찰에 기초하고 있다. 즉, 대규모 소프트웨어 시스템에서 소수의 모듈이 나머지 대부분의 모듈보다 더 많은 문제를 갖고 있다는 것을 경험에서 알 수 있다는 것이다. 따라서 이런 모듈을 찾아 더욱 철저히 테스트하는 방법이 모든 모듈에 대해 균등하게 테스트하는 것보다 더 많은 시스템 오류를 발견할 수 있다. 이것은 **파레토 원리(Pareto principle)**라고 불리는 명제의 한 사례인데, 경제학자이며 사회학자인 파레토(Vilfredo Pareto; 1848-1923)는 이태리에서 소수의 인구가 대부분의 부를 통제하고 있음을 관찰하였다. 소프트웨어 공학 분야에 파레토 원리를 적용해 본다면, 특정 부분에 노력을 집중함으로써 보다 빨리 성과를 개선시킬 수 있다는 것이다.

기초 경로 테스트(basis path testing)라고 불리는 또 다른 소프트웨어 테스트 방법은 소프트웨어 안의 모든 명령이 적어도 한 번씩은 실행되도록 보장하는 테스트 데이터 집합을 개발하는 것이다. 이러한 테스트 데이터 집합을 식별하기 위해 그래프 이론이라는 수학 분야를 응용한 기법들이 개발되어왔다. 소프트웨어 시스템상의 모든 경로에 대한 테스트를 보장하는 것은 불가능한 일이지만, 시스템 안의 모든 문장을 테스트 과정에서 한 번씩은 실행되도록 보장하는 것은 가능한 일이다.

파레토 원리에 기초한 기법과 기초 경로 테스트는 테스트 대상 소프트웨어의 내부 구성에 대한 지식을 전제한다. 따라서 이들은 **유리박스 테스트(glass-box testing)**라는 범주에 속하는데, 이 범주의 테스트에서는 소프트웨어를 테스트하는 사람이 소프트웨어의 내부 구조를 잘 알고 있으며 이러한 지식을 테스트의 설계에 이용한다. 이와 대조되는 범주가 **블랙박스 테스트(black-box testing)**인데, 이것은 소프트웨어의 내부 구성에 대한 지식에 의존하지 않는 테스트를 말한다. 요약하자면 블랙박스 테스트는 사용자의 관점에서 수행된다. 블랙박스 테스트에서는 소프트웨어가 어떻게 작업을 수행하는지에 대해서는 관여하지 않으며, 정확성과 시간을 기준으로 소프트웨어가 올바르게 수행되는지를 평가한다.

블랙박스 테스트 중에 **경계값 분석(boundary value analysis)**이라는 것이 있는데, 이 방법에서는 소프트웨어가 비슷한 성능을 보이는 데이터 범위를 일컫는 **동치 클래스(equivalence class)**들을 식별하고 이러한 범위들의 가장자리에 가까운 데이터들에 대해 소프트웨어를 테스트한다. 예를 들어 소프트웨어가 특정 범위의 값들을 입력받도록 되어있을 경우, 이 범위의 최대값과 최소값에 대해 소프트웨어를 테스트하게 될 것이다. 여러 활동을 조정하도록 되어 있는 소프트웨어의 경우라면, 가장 많은 활동들을 포함하는 집합에 대해 소프트웨어를 테스트하게 될 것이다. 이의 배경이 되는 이론은 동치 클래스를 식별함으로써 테스트 데이터 개수를 최소화시킬 수 있다는 것인데, 이는 동치 클래스 안의 데이터 몇 개에 대해 정확한 동작이 검증되면 전체 클래스에 대해 소프트웨어를 검증한 것이 되기 때문이다. 그리고 어떤 클래스에서 오류를 찾을 가능성은 클래스 가장자리의 데이터를 사용했을 때 가장 높아진다는 것이다.

또 다른 블랙박스 테스트 방법으로 **베타테스트(beta testing)**라는 방법이 있다. 이 방법에서는 일부 사용자들에게 **베타버전(beta version)**이라고 불리는 소프트웨어의 예비 버전을 제공한다. 그 목적은 제품의 최종 버전을 확정하여 시장에 내놓기 전에 그 소프트웨어가 실제 상황에서 어떻게 실행될지 알아보기 위한 것이다. (개발자 사이트에서 수행되는 유사한 테스트는 **알파테스트(alpha testing)**라고 불린다.) **베타테스트**의 이점은 오류 발견이라는 전통적인 차원을 크게 넘어선다. 일반 고객의 (긍정적 및 부정적) 사용소감을 얻을 수 있으며, 이는 시장 전략을 개선하는 데 도움이 될 수 있다. 더욱이 베타버전 소프트웨어의 조기 배포는 다른 소프트웨어 개발자들이 호환 제품을 설계하는 데 도움이 된다. 예를 들면, 데스크톱 컴퓨터 시장을 위한 새로운 운영체제의 경우 베타버전의 배포는 호환 가능한 유틸리티 소프트웨어의 개발을 촉진할 것이며, 운영체제의 최종 버전이 상점에 나올 때쯤이면 함께 사용할 수 있는 제품들에 둘러싸여 있을 것이다. 또한 베타버전 소프트웨어의 존재는 시장 내에 기대감을 만들어내며, 이러한 분위기는 홍보와 매출을 향상시킨다.

연습문제

1. 소프트웨어 개발 기관에서 SQA 그룹의 역할은 무엇인가?
2. 품질 보증에 악영향을 미치는 인간 본성의 측면은 무엇인가?
3. 품질 향상을 위해 개발 과정 전체에 적용되는 두 가지 테마는 무엇인가?
4. 성공적인 소프트웨어 테스트란 오류를 발견한 경우일까? 아니면 발견하지 못한 경우일까?
5. 다른 모듈들보다 더욱 철저한 테스트를 요하는 모듈을 식별하기 위해 어떤 방법을 사용할 수 있을까?
6. 100개 이하의 항목을 갖는 리스트를 정렬하기 위해 설계된 소프트웨어 패키지에 대해 수행할 만한 좋은 테스트는 무엇일까?

7.7 문서

사람들이 사용하고 관리하는 방법을 배울 수 없다면 소프트웨어 시스템은 아무 소용이 없다. 따라서 문서들은 최종 소프트웨어 패키지의 중요한 부분이며, 문서화 작업은 소프트웨어 공학에서 중요한 주제 중 하나이다.

소프트웨어 문서는 세 가지 용도가 있으며, 따라서 사용자 문서, 시스템 문서, 기술 문서 등의 세 종류의 문서로 나누어진다. **사용자 문서(user documentation)**의 목적은 소프트웨어의 기능을 설명하고 이러한 기능들을 어떻게 사용하는지 기술하는 것이다. 사용자 문서는 소프트웨어의 사용자들이 읽도록 만들어진 것이며, 따라서 해당 응용 분야의 용어를 사용하여 작성된다.

오늘날 사용자 문서는 마케팅의 중요 요소로 인식되고 있다. 훌륭한 사용자 문서가 잘 설계된 사용자 인터페이스와 결합될 때, 소프트웨어 패키지 이용을 용이하게 만들며 판매 증가에 기여하게 된다. 이러한 점을 인식한 많은 소프트웨어 개발자들은 사용자 문서를 개발하기 위해 전문 집필자를 고용하거나, 소프트웨어가 일반에 출시될 때 사용법에 관한 서적들을 서점에서 구할 수 있도록 제품의 예비 버전을 독립적 저자들에게 제공하기도 한다.

사용자 문서는 전통적으로 책자 형태로 되어 있었지만, 점차 온라인 전자 문서의 형태로 제공되거나 소프트웨어의 일부분으로 함께 포함시키는 경우도 많다. 이렇게 함으로써 사용자가 소프트웨어를 사용하는 중에 사용자 문서를 참조하기가 용이해진다. 이 경우 사용자 문서에 포함되는 정보는 작은 단위들로 분할되어 있을 수도 있는데, 이들은 때로 도움말 페이지라고 불린다. 때로 명령들이 진행되는 사이 사용자가 오랫동안 기다려야 할 경우 기다리는 시간을 유용하게 보낼 수 있도록 자동적으로 도움말이 화면에 나타나는 경우도 있다.

시스템 문서(system documentation)의 목적은 소프트웨어 생명 주기에서 유지보수 단계에 도움이 될 수 있도록 소프트웨어의 내부 구성에 대해 기술하는 것이다. 시스템 문서의 주요 구성요소 중 하나는 시스템을 구성하는 모든 프로그램의 소스 버전들이다. 이러한 프로그램들은 읽기 쉬운 형식으로 되어 있어야 한다. 이것이 바로 소프트웨어 엔지니어들이 잘 설계된 고급 프로그래밍 언어를 사용하고, 프로그램에 설명을 달기 위해 주석 문장을 사용하며, 각 모듈이 응집성 있는 단위가 되도록 모듈화 설계를 사용하는 이유이다. 실제로 소프트웨어 제품을 생산하는 대부분의 회사들은 자사의 프로그래머들이 프로그램을 작성할 때 따라야 할 관행을 채택하고 있다. 여기에는 출력된 프로그램의 구성을 위한 들여쓰기 관행, 변수, 상수, 객체, 클래스 등 여러 프로그램 구조들의 이름을 구별하기 위한 이름의 사용에 관한 관행, 모든 프로그램에 대해 충분한 문서화를 보장하기 위한 문서 관행 등이 포함된다. 이러한 관행들은 그 회사의 소프트웨어 전체에 걸쳐 일관성을 확립시키며, 궁극적으로 소프트웨어 유지보수 과정을 단순화시키는 데 기여한다.

시스템 문서의 또 다른 구성요소는 소프트웨어 요구사항 명세를 포함하는 설계 문서와 설계 도중 이러한 명세를 얻게 된 과정을 기술한 기록이다. 이러한 정보는 소프트웨어 유지보수 과정에서 유용한데, 이는 이러한 정보가 소프트웨어가 왜 그 상태로 구현되었는지를 밝혀주며 이러한 정보의 이용을 통해 유지보수 과정에서의 변경으로 인해 시스템에 결함이 발생할 가능성을 줄일 수 있기 때문이다.

기술 문서(technical documentation)의 목적은 소프트웨어 시스템의 설치와 (운영 매개변수의 조정이나 업데이트 설치, 문제 발생 시 소프트웨어 개발자에게 보고하는 일 등의) 사후관리 방법 등을 기술하는 것이다. 소프트웨어에 대한 기술 문서는 자동차 업계에서 정비사에게 제공되는 매뉴얼과 비슷하다. 이러한 매뉴얼은 자동차가 어떻게 설계되고 제작되는지(시스템 문서에 해당함)에 대해서나 운전을 어떻게 하고 냉난방 시스템은 어떻게 운영하는지(사용자 문서에 해당함)에 대해서는 설명하지 않는다. 대신 변속기를 어떻게 교체하는지 간헐적으로 발생하는 전기 관련 문제를 어떻게 찾아낼지 등 자동차 부품 수리와 관련된 내용을 기술한다.

데스크톱 컴퓨터 영역에서 기술 문서와 사용자 문서 사이의 경계가 불분명한 경우도 있는데, 이는 사용자가 바로 소프트웨어를 설치하고 관리하는 사람인 경우가 많기 때문이다. 그러나 다중 사용자 환경에서는 이들 사이의 경계가 더 분명해진다. 이 경우 사용자들이 소프트웨어 패키지들을 추상적 도구로 이용할 수 있도록 자신의 관할 하의 모든 소프트웨어에 대한 관리를 맡고 있는 시스템 관리자가 사용하는 것이 기술 문서이다.

연습문제

1. 어떤 종류의 소프트웨어 문서들이 있는가?
2. 소프트웨어 생명 주기에서 시스템 문서가 만들어지는 단계는?
3. 프로그램과 문서 중 어느 것이 더 중요한가?

7.8 인간-장비 인터페이스

요구사항 분석 과정의 작업 중 하나는 제안된 소프트웨어 시스템이 주변 환경과 어떻게 상호작용할지 정하는 것이라고 7.2절에서 기술한 바 있다. 이 절에서는 이러한 상호작용이 사람과의 소통을 포함할 때에 관련된 주제들을 살펴볼 것이며, 이는 심오한 의미가 담겨있는 주제이다. 어쨌든 사람이 소프트웨어 시스템을 추상도구로 이용할 수 있어야 한다. 이러한 도구는 이용하기 쉬워야 하며, 시스템과 사용하는 사람 사이의 소통 오류를 최소화시키도록 (이상적으로는 완전히 제거할 수 있도록) 설계되어야 한다. 이는 소프트웨어 시스템의 인터페이스가 시스템 자체의 편의보다는 사람의 편의성에 초점을 맞추어 설계되어야 한다는 것을 의미한다.

훌륭한 인터페이스 설계의 중요성을 더욱 강조해야 할 이유는 시스템의 다른 어떤 특성보다 사용자에게 강한 인상을 주는 것이 시스템의 인터페이스이기 쉽다는 점 때문이다. 결국 사람은 시스템이 내부 작업을 얼마나 똑똑하게 수행하는가보다는 어떻게 사용할 수 있는지에 따라 시스템을 평가하는 경향이 있다. 사람의 관점에서 보면, 두 개의 경쟁 시스템 사이에서 선택할 때 시스템의 인터페이스에 기초할 가능성이 높다. 따라서 시스템의 인터페이스를 설계하는 것은 소프트웨어 공학 프로젝트의 성공 여부를 결정짓는 요소가 될 수 있다.

이러한 이유로 인간-장비 인터페이스는 소프트웨어 개발 프로젝트의 요구사항 분석 단계에서 중요한 고려사항이 되어왔으며, 소프트웨어 공학에서 더욱 커지고 있는 세부 분야 중 하나이다. 사실 어떤 사람들은 인간-장비 인터페이스는 그 자체로 하나의 분야가 될 수 있다고 주장하기도 한다.

이 분야에 대한 연구의 한 수혜자가 스마트폰 인터페이스이다. 포켓 크기의 편리한 기기라는 목표를 달성하기 위해 (일반 크기의 키보드, 마우스, 스크롤바, 메뉴 등등의) 전통적인 인간-장비 인터페이스 요소들은 터치스크린 상에서 수행되는 손동작들, 음성 명령, 단어나 문구의 자동완성 기능을 갖춘 가상 키보드 등과 같은 새로운 방식들로 대체되고 있다. 이러한 방식들만으로도 상당한 진보이지만 대부분의 스마트폰 사용자들은 앞으로도 혁신의 여지가 많이 남아있다고 생각할 것이다.

인간-장비 인터페이스 설계 분야의 연구는 인체공학과 인지공학 등의 공학 영역들의 결과들을 많이 이용하고 있다. **인체공학(ergonomics)**은 사람의 신체 기능과 조화되는 시스템 설계를 다루며, **인지공학(cognetics)**은 사람의 정신 기능과 조화되는 시스템 설계를 다룬다. 이 둘 중에서 인체공학에 대한 이해는 상대적으로 잘 정립되어 있는데, 이는 지난 수천 년 동안 사람들은 주로 장비들과 신체적으로 상호작용해왔기 때문이다. 이러한 예에는 선사시대의 도구, 무기, 운송수단 등에서 찾아볼 수 있다. 이러한 역사는 자명하지만, 때로 인체공학의 적용이 직관과 다를 경우도 있다. 자주 언급되는 예의 하나는 (지금은 컴퓨터 키보드로 재탄생한) 타자기 키보드의 설계인데, 키들은 고의적으로 타자 속도를 늦추도록 배열되었으며, 이는 초기 타자기에서 사용된 기계적 장치들이 엉키지 않게 하기 위해서였다.

이와는 대조적으로 장비와의 정신적 상호작용은 비교적 최근의 현상이며, 따라서 연구 성과와 새로운 통찰력을 기대할 수 있는 잠재성이 큰 분야는 인지공학이다. 인지공학의 연구결과는 때로 그 미묘한 측면으로 인해 흥미롭다. 예를 들면, 사람들은 습관을 형성하는데, 이를 통해 작업 능률을 향상시킬 수 있으므로 표면상으로는 좋은 일로 볼 수 있다. 그러나 습관은 또한 오류를 발생시킬 수도 있으며, 인터페이스 설계를 통해 그러한 문제를 나름대로 해결하고 있는 경우에도 여전히 오류들을 발생시킨다. 일반 운영체제에 파일 삭제를 요청하는 과정을 생각해보자. 의도하지 않은 삭제를 피하기 위해 대부분의 인터페이스에서는 그와 같은 요청에 대해 "이 파일을 정말 삭제하시겠습니까?"와 같은 메시지를 통해 삭제 요청을 재확인하도록 요구하는 방식의 반응을 한다. 언뜻 보면, 이러한 재확인 요구는 의도하지 않은 삭제 문제를 해결할 수 있을 것처럼 보인다. 그러나 오랜 기간 동안 이러한 시스템을 사용하다보면, 그와 같은 메시지에 대해 자동적으로 "예"라고 대답하는 습관을 기르게 되며, 따라서 파일 삭제 작업이 삭제 명령과 재확인 질문에 대한 심사숙고를 거친 반응으로 이루어지는 두 단계 과정 대신 "삭제-예"라는 한 단계 과정으로 귀결된다. 즉, 사람이 잘못된 삭제 요청이었음을 깨닫게 될 즈음엔 이미 삭제 요청에 대한 재확인이 끝나 삭제가 이미 처리되어버렸을 것이다.

습관의 형성은 또한 여러 응용 소프트웨어 패키지를 사용해야 할 때 문제를 일으킬 수 있다. 이러한 패키지들의 인터페이스들은 비슷하면서도 다른 부분들이 있을 수 있다. 비슷한 사용자 동작이 상이한 시스템 반응을 초래할 수도 있고, 비슷한 시스템 반응을 얻기 위해 상이한 사용자 동작이 요구될 수도 있다. 이 경우 한 응용 소프트웨어를 통해 형성된 습관이 다른 응용 소프트웨어에서 오류를 발생시킬 수 있다.

인간-장비 인터페이스 설계 분야의 연구자들이 신경을 쓰는 또 다른 인간 본성은 주의력의 협소성인데, 사람의 주의력은 집중도가 증가함에 따라 국지화되는 경향이 있다. 사람이 당면의 작업에 몰두할수록 그러한 집중을 벗어나는 일이 더 어려워진다. 1972년 어느 민항기의 조종사들이 착륙기어 문제에 (실제로는 착륙기어 표시등을 교체하는 일에) 매몰되어 조종실에서 경고음이 울렸음에도 불구하고 기체가 지면을 향해 처박히도록 방치함으로써 추락사고가 일어난 적이 있었다.

이보다는 심각성이 낮은 예들은 데스크톱 컴퓨터 인터페이스에서 매일같이 발생하고 있다. 예를 들면, 키보드가 “Caps Lock” 모드에 있음을 (즉, “Caps Lock” 키를 눌렀음을) 가리키는 “Caps Lock” 표시등이 대부분의 키보드에 제공되고 있다. 그러나 디스플레이 스크린에 이상한 글자들이 나타나기 시작할 때까지 사람들이 이 표시등 상태를 알아차리는 경우가 많지 않다. 이런 상황에서도 사용자들은 종종 문제의 원인을 깨닫게 될 때까지 한동안 곤혹스러워 한다. 어떤 의미에서 이는 놀랄 일은 아닌데, 그것은 그 표시등이 사용자의 관찰 영역 안에 있지 않기 때문이다. 그러나 사용자들은 때로 눈에 보이는 표시등도 알아차리지 못한다. 예를 들면, 사용자가 어떤 작업에 너무 열중하여 디스플레이 스크린상의 커서를 관찰하는 것이 작업에 포함되어 있는 데도 커서 모습의 변경을 눈치 채지 못할 수도 있다.

인터페이스의 설계에서 예상해야 할 또 다른 인간 본성은 동시에 여러 측면을 다룰 수 있는 정신 능력이 제한되어 있다는 점이다. 1956년 *심리학 리뷰*의 한 기고문에서 밀러(George A. Miller)는 사람은 한 번에 일곱 가지 정도의 세부사항밖에는 처리할 수 없다는 내용의 연구에 대해 보고한 바 있다. 따라서 어떤 의사결정이 요구될 때 사용자의 기억에 의존하기보다는 필요한 모든 정보를 제시하도록 인터페이스를 설계하는 것이 중요하다. 특히 사용자로 하여금 이전의 모든 스크린 이미지의 정확한 세부사항을 기억하도록 요구하는 것은 서투른 설계일 것이다. 또한 인터페이스가 수많은 스크린 이미지 사이를 경유하도록 요구한다면 사용자는 그로 인한 미로에서 길을 잃을 수도 있다. 따라서 스크린 이미지의 내용과 배열은 중요한 설계 이슈 중 하나이다.

인체공학과 인지공학의 응용으로 인해 인간-장비 인터페이스 설계 분야는 고유한 특성을 갖게 되었지만, 이 분야에는 소프트웨어 공학의 일반적인 주제들도 많이 연관되어 있다. 특히 측도의 모색은 일반 소프트웨어 공학 영역뿐만 아니라 인터페이스 설계 분야에서도 마찬가지로 중요하다. 측정의 대상이 되어온 인터페이스 특성에는 인터페이스 학습에 소요되는 시간, 인터페이스를 통한 작업 수행에 소요되는 시간, 사용자-인터페이스 오류 발생률, 일정 기간의 사용 중단 후 인터페이스 숙달도의 유지 정도 등이나 사용자가 인터페이스에 대해 갖는 호감도와 같은 주관적 특성까지도 포함된다.

1954년에 처음 소개된 GOMS 모델은 인간-장비 인터페이스 설계 분야의 측도 모색의 대표적인 사례이다. 이 모델이 토대로 삼고 있는 방법은 사용자의 목표(예: 텍스트에서 단어 하나를 삭제한다), 작업행위(예: 마우스 버튼을 클릭한다), 수행방법(예: 마우스 버튼을 더블클릭한 다음 delete 키를 누른다), 선택 규칙(동일한 목표를 달성하기 위한 두 방법 중에서 선택한다) 등으로 작업을 분석하는 것이다. 사실 GOMS는 목표(goal), 작업행위(operator), 수행방법(method), 선택 규칙(selection rule)의 머리글자들로 이루어진 약어이다. 요약하자면 GOMS는 인터페이스를 사용하는 사람의 행위를 (키를 누름, 마우스를 이동시킴, 의사결정을 내림 등의) 일련의 기본 단계들로 분석할 수 있는 방법론이다. 각 기본 단계에는 정확한 시간이 할당되며, 작업을 구성하는 단계들에 할당된 시간들의 합을 계산한다. 이를 통해 GOMS는 제안된 여러 인터페이스에 대해 비슷한 작업의 수행에 각기 소요되는 시간으로 인터페이스들을 비교하기 위한 수단을 제공한다.

GOMS와 같은 시스템의 기술적 세부사항을 이해하는 것이 우리의 목적은 아니다. 여기서의 요지는 GOMS가 손을 움직이고 의사결정을 내리는 등의 사람의 행동에 기초를 두고 있다는 것이다. 사실 GOMS의 개발은 원래 심리학의 한 주제로 간주되었다. 따라서 GOMS를 통해 전통적인 소프트웨어 공학에서 가져온 측도라는 주제에서도 인간 본성이 인간-장비 인터페이스 설계 분야에서 갖는 역할의 중요성을 다시 한 번 생각해볼 수 있다.

인간-장비 인터페이스 설계는 당분간 중요한 연구 분야로서의 전망이 밝다. 오늘날의 GUI에 관한 아직 해결되지 않은 이슈들이 많이 남아있으며, 이제 수면위로 부상하고 있는 3차원 인터페이스의 사용과 관련된 수많은 문제들이 잠복해있다. 실제로 3차원 인터페이스는 3차원 비전에 음향 통신이나 촉감 통신을 결합시킬 수도 있어 이로 인한 잠재적 문제의 범위는 무궁무진하다.

연습문제

1. a. 인간-장비 인터페이스의 설계 분야에서 인체공학이 응용되는 곳을 찾아보라.
   b. 인간-장비 인터페이스의 설계 분야에서 인지공학이 응용되는 곳을 찾아보라.

2. 인간-컴퓨터 인터페이스 측면에서 스마트폰과 데스크톱 컴퓨터 사이의 중요한 차이점 하나는 디스플레이의 한 부분을 스크롤시키기 위해 사용되는 기법들이다. 대개 데스크톱의 경우 스크롤 영역의 오른쪽이나 아래쪽에 위치한 스크롤바 상에서 마우스 드래깅을 사용하거나 마우스의 스크롤 휠을 사용하여 스크롤을 수행한다. 반면에 스마트폰에

서는 스크롤바가 사용되는 경우가 드물다. (사용될 경우에는 화면의 어떤 부분이 현재 표시되고 있는지를 나타내기 위해 가는 선의 모습을 가질 것이다.) 대신에 디스플레이 화면상에서 손을 움직이는 동작을 통해 스크롤을 달성한다.

a. 인체공학적 관점에서 이러한 차이를 어떻게 설명할 수 있는가?
b. 인지공학적 관점에서 이러한 차이를 어떻게 설명할 수 있는가?

3. 인간-장비 인터페이스의 설계 분야가 일반 소프트웨어 공학 분야와 다른 점은 무엇인가?
4. 인간-장비 인터페이스의 설계에서 고려해야 할 인간 본성 문제 세 가지를 들어보라.

7.9 소프트웨어에 관한 소유권과 책임의 문제

고품질 소프트웨어의 개발에 필요한 투자에 대해 개인이나 기업이 보상이나 이익을 취하는 것이 허용되어야 한다는 것에는 모두들 동의할 것이다. 그렇지 않다면 우리 사회가 필요로 하는 소프트웨어를 생산하는 일을 누구도 맡으려하지 않을 것이다. 요약하자면, 소프트웨어 개발자들은 자신이 만드는 소프트웨어에 대해 일정 수준의 소유권을 필요로 한다.

이러한 소유권을 부여하기 위한 법률적 노력은 **지적재산권** 법률의 범주에 속하는데, 그 중 많은 부분은 이미 잘 확립되어 있는 저작권법과 특허법의 원칙들에 기초하고 있다. 실제로 저작권법이나 특허법은 "상품"의 개발자가 자신의 소유권을 보호하면서 특정인들에게 상품 또는 그 일부를 공개할 수 있도록 하기 위해 만들어진 것이다. 따라서 제품의 개발자는 개인이든 기업이든 요구사항 명세, 설계 문서, 소스 코드, 시험계획서, 최종 제품 안의 눈에 띄는 곳 등을 포함하는 모든 작업 결과물에 저작권 안내문을 포함시킴으로써 자신의 소유권을 주장해야 한다. 저작권 문구는 소유권, 작업 결과물의 사용이 허가된 대상자, 기타 제한사항들을 명시해야 한다. 특히 개발자의 권리는 **소프트웨어 라이선스(software license)**에서 법률적 조항의 형태를 갖추어 공식적으로 표현되어야 한다.

소프트웨어 라이선스는 소프트웨어 제품의 소유자와 사용자 사이의 법률적 합의서로서 지적재산에 대한 소유권을 이전하지 않으면서 사용자에게 제품 사용에 대한 일정한 허가를 부여한다. 이러한 합의서는 양 당사자의 권리와 의무를 상세하게 명시한다. 따라서 소프트웨어 제품을 설치하고 사용하기 전에 소프트웨어 라이선스의 조항들을 조심스럽게 읽고 이해할 필요가 있다.

저작권 합의서와 소프트웨어 라이선스는 소프트웨어에 대한 공공연한 복제와 비인가 사용을 금지하기 위한 법률적 수단을 제공하지만, 제3자가 거의 동일한 기능을 갖춘 유사 제품을 독자적으로 개발하는 것을 방지하기에는 일반적으로 충분하지 않다. 진정으로 혁신적인 소프트웨어 제품의 개발자가 자신의 발명으로부터 제대로 금전적 보상을 받지 못한 애석한 사례들이 많이 있으며, 특히 스프레드시트와 웹브라우저가 아마 이에 해당하는 극명한 사례들일 것이다. 이러한 경우는 대부분 다른 기업에서 경쟁제품을 개발하여 시장의 주도권을 확보하는 데 성공한 경우들이다. 경쟁자에 의한 이러한 침해행위를 방지하기 위한 법률적 방도가 특허법이다.

발명가가 발명을 통해 영리적 이익을 얻을 수 있게 하자는 취지로 제정된 것이 특허법이다. 특허를 취득하기 위해서는 발명가가 발명의 세부사항을 공개하고 그 발명이 새롭고, 유용하며, 비슷한 배경을 가진 다른 사람들에게 단순한 것이 아니라는 것을 증빙해야 한다(이러한 증빙은 소프트웨어의 경우 상당히 어려울 수 있음). 특허가 승인되면, 발명가는 다른 사람들이 일정 기간 동안 그 발명에 대한 제작, 사용, 판매, 수입 등을 할 수 없도록 막을 권리를 갖게 되며, 특허 기간은 대개 특허 신청일로부터 20년이다.

소프트웨어에 대한 소유권을 보호하기 위해 특허제도를 사용하는 데 따른 또 다른 단점은 특허를 획득하는 데 많은 비용과 시간을 요한다는 점이며, 때로 여러 해가 걸리기도 한다. 이렇게 기다리는 동안 소프트웨어 상품은 가치가 없어질 수도 있으며, 특허가 승인될 때까지는 다른 사람들이 그 상품을 도용하지 못하게 할 특허 청원자의 권한은 불확실한 상태로 남는다.

저작권, 소프트웨어 라이선스, 특허 등은 소프트웨어 엔지니어링 과정에서 대단히 중요하다. 소프트웨어 제품을 개발할 때 소프트웨어 엔지니어들은 종종 다른 제품의 소프트웨어를 이용하는데, 이는 전체 제품일 수도 있고 일부 컴포넌트들을 이용하거나 인터넷에서 다운로드 받은 소스코드의 일부를 이용할 수도 있다. 그러나 이러한 과정에서 지적재산권을 존중하지 못했을 경우 엄청난 배상책임이나 법적 결과를 맞을 수 있다. 예를 들자면, 2004년 별로 알려져 있지 않던 NPT라는 회사가 블랙베리 스마트폰의 제조사인 RIM (Research In Motion)을 상대로 RIM의 이메일 시스템에 내장되어 있는 몇 가지 핵심기술에 대한 특허 침해 소송에서 승소하였다. 관련 판결에는 미국 내의 모든 블랙베리 사용자들에게 이메일 서비스를 중단하라는 명령이 포함되었다. RIM은 결국 총 6.125억 달러를 지불하기로 합의하고서야 서비스 중단 사태를 피할 수 있었다.

끝으로 책임이라는 주제에 대해 살펴보기로 하자. 소프트웨어 개발자들은 종종 책임문제로부터 보호받기 위해 자신의 책임의 한계를 기술하는 문구를 소프트웨어 라이선스 안에 포함시킨다. "어떤 경우에도 아무개 회사는 이 소프트웨어의 사용으로 인한 어떠한 피해에 대해서도 책임지지 않을 것입니다"와 같은 문구의 사용이 보편화되어 있다. 그러나 원고가 피고 측의 태만을 증명할 수 있을 경우, 법원은 이러한 책임제한 성명서를 인정하지 않는다. 따라서 책임 관련 소송은 피고 측이 제품의 생산 과정에서 적절한 수준의 주의를 기울였는지 여부에 초점을 맞추는 경향이 있다. 워드프로세서의 경우에는 적절하다고 인정될 수 있는 수준의 주의가 원자로 제어 소프트웨어 개발에서는 태만에 해당될 수도 있다. 따라서 소프트웨어 관련 책임 소송에 대한 최선의 방어 전략의 하나는 소프트웨어 개발 과정에서 적절한 소프트웨어 공학 원리들을 적용하고, 소프트웨어의 응용 분야에 적절한 수준의 주의를 기울이며, 이러한 노력을 증명할 기록들을 작성하고 유지하는 것이다.

연습문제

1. 요구사항 명세, 설계 문서, 소스 코드, 최종 제품 등에서 저작권 문구의 중요성을 설명하라.
2. 저작권법과 특허법은 어떤 측면에서 사회에 이익이 되는가?
3. 책임제한 성명서를 법원이 인정하지 않는 것은 어느 정도까지인가?

단원 복습 문제

(* 표시된 것은 고급 내용을 다루는 절에 관련된 문제이다.)

1. 소프트웨어의 개발 과정에서 들인 노력이 나중에 소프트웨어 유지보수 단계에서 어떻게 보상되는지에 대한 예를 들어라.
2. 진화적 프로토타이핑이란 무엇인가?
3. 특정 소프트웨어 성질을 측정하기 위한 측도의 결여가 소프트웨어 공학 분야에 미치는 영향을 설명하라.
4. 소프트웨어 시스템의 복잡도를 측정하기 위한 측도를 갖고 있다고 하자. 그 측도에 따르면 전체 시스템의 복잡도는 시스템을 구성하는 부분들의 복잡도의 합이라고 볼 수 있는가? 그 이유를 설명하라.
5. 소프트웨어 시스템의 복잡도를 측정하기 위한 측도를 갖고 있다고 하자. 그 측도에 따르면 X라는 기능을 갖고 있던 시스템에 Y라는 기능을 추가하여 만든 시스템의 복잡도와 Y라는 기능을 갖고 있던 시스템에 X라는 기능을 추가하여 만든 시스템의 복잡도는 동일하겠는가? 그 이유를 설명하라.
6. 소프트웨어 공학은 어떤 면에서 보다 전통적인 전기공학이나 기계공학과 다른가?
7. a. 소프트웨어 개발에서 전통적인 폭포수 모델이 갖는 단점은 무엇인가?
   b. 소프트웨어 개발에서 전통적인 폭포수 모델이 갖는 장점은 무엇인가?
8. 공개소스 개발은 상향식 방법론에 해당하는가? 아니면 하향식 방법론에 해당하는가? 그 이유를 설명하라.
9. 리터럴 대신 상수를 사용하는 것이 어떻게 소프트웨어 유지보수를 용이하게 만들 수 있는지 설명하라.
10. 결합도와 응집도의 차이는 무엇인가? 이 중 최소화해야 할 것은 어느 것이고, 극대화해야 할 것은 어느 것인가? 그 이유를 설명하라.
11. 일상생활에서 나타나는 객체 하나를 선택하고, 기능적 응집도와 논리적 응집도 관점에서 그 구성요소들을 분석하라.
12. 단순 `goto` 문으로 연결되는 두 프로그램 단위 사이의 결합도와 함수 호출에 의한 경우를 비교하라.
13. 6장에서 매개변수들이 함수에 전달될 때 값에 의해 전달될 수도 있고 참조에 의해 전달될 수도 있다고 배운 바 있다. 어느 경우가 데이터 결합도를 더 복잡하게 만들 수 있겠는가? 그 이유를 설명하라.
14. 모든 데이터 항목이 전역변수로 선언되어 있는

대규모 프로그램의 경우, 유지보수 단계에서 어떤 문제들이 발생할 수 있을까?

15. 객체지향 프로그램에서 인스턴스 변수를 공용 또는 전용으로 선언하는 것이 데이터 결합도에는 어떻게 작용하는가? 인스턴스 변수를 전용으로 선언하는 것을 선호하는 이유는 무엇인가?

*16. 병렬 처리 상황에서 발생할 수 있는 데이터 결합과 관련된 문제는 무엇인가?

17. 주어진 구조도와 관련하여 다음 질문에 답하라.

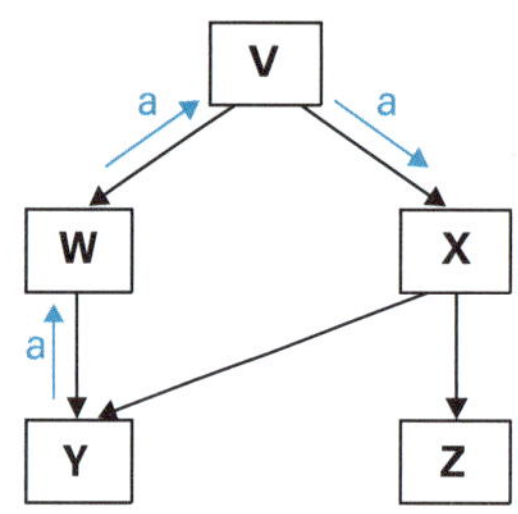

a. 모듈 Y는 어느 모듈에 제어를 반환하는가?
b. 모듈 Z는 어느 모듈에 제어를 반환하는가?
c. 모듈 W와 X는 제어 결합에 의해 연결되어 있는가?
d. 모듈 W와 X는 데이터 결합에 의해 연결되어 있는가?
e. 모듈 W와 모듈 Y가 공유하고 있는 데이터는 무엇인가?
f. 모듈 W와 Z의 관계는 무엇인가?

18. (휴양지의 기념품 가게 정도의) 작은 상점을 위한 간단한 재고 및 회계 관리 시스템의 절차적 구조를 나타내는 구조도를 그려라. 부가세법에 변경이 발생할 경우 이 시스템의 어떤 모듈들이 변경되어야 하는가? 기존 고객들에게 홍보 메일을 보낼 수 있도록 고객 레코드를 유지하자는 결정이 내려졌을 경우 변경이 필요한 모듈들은 어느 것인가?

19. 앞의 문제에 대해 객체지향 해법을 설계하고 이를 클래스 다이어그램으로 표현하라.

20. 잡지사, 잡지, 구독자 사이의 관계를 표현하는 클래스 다이어그램을 그려라. 클래스를 나타내는 각 사각형 안에는 클래스 이름을 표시하는 것으로 충분하다.

21. UML이란 무엇이며 어디에 사용되는가? 특히 가운데 “M”에 초점을 맞추어 설명하라.

22. 도서관 이용객이 도서관을 이용하는 방법을 묘사하는 용례 다이어그램을 그려라.

23. 전기회사가 고객에게 고지서를 보낼 때 발생할 상호작용 과정을 표현하는 진행순서 다이어그램을 그려라.

24. 판매가 이루어질 때 자동화된 재고관리 시스템에서 일어날 수 있는 데이터 흐름을 묘사하는 데이터 흐름도를 그려라.

25. 클래스 다이어그램이 표현하는 정보와 진행순서 다이어그램이 표현하는 정보를 비교하라.

26. 일대다 관계와 다대다 관계 사이의 차이는 무엇인가?

27. 이 장에 언급되어 있지 않은 일대다 관계의 예를 들어라. 이 장에 언급되어 있지 않은 다대다 관계의 예를 들어라.

28. 그림 7.10에 기초하여 진료 중 의사와 환자 사이에 발생할 수 있는 상호작용 과정을 상상해보라. 이러한 과정을 나타내는 진행순서 다이어그램을 그려라.

29. 레스토랑에서 점원과 고객 사이의 관계를 표현하는 클래스 다이어그램을 그려라.

30. 잡지사, 잡지, 구독자 사이의 관계를 표현하는 클래스 다이어그램을 그려라. 각 클래스에 대해 인스턴스 변수들과 메서드들을 포함시켜라.

31. `PlayerA`의 리턴은 성공적이고 이에 대해 `PlayerB`는 리턴하는 데 실패할 경우에 발생하는 상호작용 과정을 보일 수 있도록 그림 7.5의 진행순서 다이어그램을 확장하라.

32. 도구, 사용자, 제조업체 사이의 관계를 표현하는 아래 클래스 다이어그램에 기초하여 다음 질문들에 답하라.

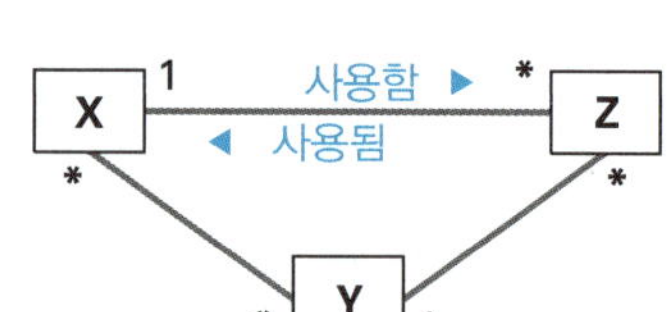

a. 도구, 사용자, 제조업체를 나타내는 클래스는 각기 (X, Y, Z) 중 어느 것인가? 그 이유를 설명하라.
b. 둘 이상의 사용자가 하나의 도구를 사용할 수 있는가?
c. 둘 이상의 제조업체가 하나의 도구를 제조할 수 있는가?
d. 각 사용자는 여러 제조업체에서 만든 도구들을 사용하는가?

33. 다음 각 경우에 대해, 해당 활동이 진행순서 다이어그램, 용례 다이어그램, 클래스 다이어그램 중 어느 것에 관련되는지 구분하라.
a. 사용자들이 시스템과 상호작용하는 방식을 표현한다.
b. 시스템 안의 클래스들 사이의 관계를 표현한다.
c. 객체들이 어떤 작업을 달성하기 위해 상호작용하는 방식을 표현한다.

34. 아래 진행순서 다이어그램에 기초하여 다음 질문들에 답하라.

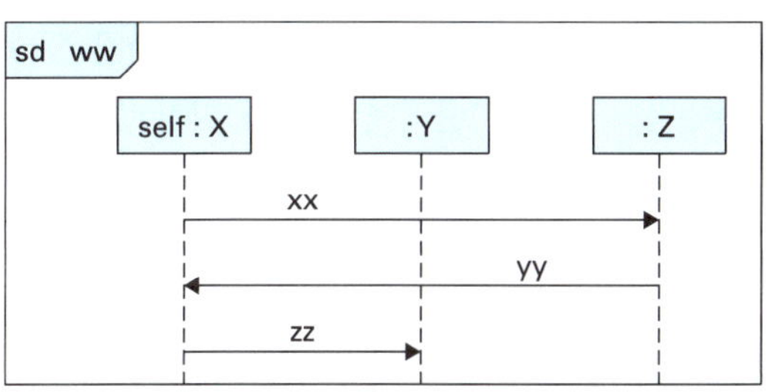

a. ww()라는 메서드를 포함하는 클래스는?
b. xx()라는 메서드를 포함하는 클래스는?
c. 진행 과정에서 타입 Z의 객체가 타입 Y의 객체와 직접 통신하는 일이 생길 수 있는가?

35. 객체 A가 객체 B의 메서드 bb()를 호출하고, B는 요청된 행위를 수행한 다음 제어를 A에게 돌려주고, A는 다시 객체 B의 메서드 cc()를 호출하는 과정을 표현하는 진행순서 다이어그램을 그려라.

36. 앞의 문제에 대한 답을 다음과 같이 확장하라. A는 변수 continue가 참일 경우에만 메서드 bb()를 호출하고 B가 제어를 반환한 후에 continue가 참인 동안은 계속 bb()를 호출한다.

37. Vehicle이라는 클래스가 Truck이라는 클래스와 Automobile이라는 클래스들의 일반화라는 사실을 묘사하는 클래스 다이어그램을 그려라.

38. 그림 7.12에 기초하여, SurgicalRecord 타입의 객체 안에 추가로 포함되는 인스턴스 변수들은 무엇인지 답하라. OfficeVisitRecord 타입의 경우는?

39. 상속이 항상 클래스 일반화를 구현하기 위한 최선의 방법이 아닌 이유를 설명하라.

40. 소프트웨어 공학 외의 분야에서 설계 패턴을 찾아보라.

41. 소프트웨어 공학에서 설계 패턴의 역할을 요약하라.

42. 어떤 측면에서 전형적인 고급 프로그래밍 언어의 (if-else, while 등의) 제어 구조들이 소규모 설계 패턴이라고 볼 수 있는가?

43. 다음 중 파레토 원리와 관련이 있는 것은? 그 이유를 설명하라.
a. 미운 사람 한 명이 파티에서 모든 사람의 기분을 망칠 수 있다.
b. 각 라디오 방송국은 하드록 음악, 클래식 음악, 토크 등과 같은 특별한 형식에 집중한다.
c. 선거에서 후보자들은 과거에 투표한 적이 있는 유권자 그룹에 유세의 초점을 맞춘다.

44. 소프트웨어 엔지니어들은 대규모 소프트웨어 시스템에서의 오류 내용이 동질적인 것으로 예상하겠는가? 아니면 이질적인 것으로 예상하겠는가? 그 이유를 설명하라.

45. 블랙박스 테스트와 유리박스 테스트의 차이는 무엇인가?

46. 소프트웨어 공학 이외의 분야에서 블랙박스 테스트나 유리박스 테스트와 비슷한 테스트들의 예를 들어보라.

47. 공개소스 개발은 베타테스트와 어떻게 다른가? (블랙박스 테스트와 유리박스 테스트의 비교에 대해 생각해보라.)

48. 대규모 소프트웨어 시스템에 대한 최종 테스트 전에 의도적으로 100개의 오류를 만들어 넣었

다고 가정하자. 그리고 최종 테스트를 통해 200개의 오류를 찾아 고쳤는데, 그 중의 50개는 의도적으로 만들어 넣은 그룹에 속하는 것들이라고 하자. 의도적으로 포함된 오류 중 남아 있는 50개의 오류를 고쳤다면, 아직 발견되지 않은 오류의 개수를 몇 개 정도로 추정할 수 있겠는가? 그 이유를 설명하라.

49. GOMS란 무엇인가?

50. 인체공학이란 무엇인가? 인지공학이란 무엇인가?

51. 인간-컴퓨터 인터페이스 측면에서 스마트폰과 데스크톱 컴퓨터 사이의 차이점 하나는 "줌"이라는 과정을 통해 화면상의 이미지를 확대하거나 축소하기 위해 사용되는 기법에 대한 것이다. 데스크톱 상에서 줌은 표시 영역과는 별도의 슬라이더를 드래깅하거나 메뉴 또는 툴바 아이콘을 사용하여 달성된다. 스마트폰에서 줌은 엄지와 검지를 디스플레이 화면에 올려놓은 상태에서 간격을 넓히거나 좁힘으로써 달성된다.

a. 인체공학적 관점에서 이러한 차이를 어떻게 설명할 수 있는가?

b. 인지공학적 관점에서 이러한 차이를 어떻게 설명할 수 있는가?

52. 전통적인 저작권법이 소프트웨어 개발자의 투자를 보호하지 못하는 측면은 무엇인가?

53. 소프트웨어 개발자가 특허를 얻는 데 실패할 수 있는 이유들은 무엇인가?

사회적 논제

다음 질문들은 컴퓨터 적용 분야에 관련된 윤리적/사회적/법률적 쟁점에 대한 지침을 마련하기 위한 것이다. 이 질문들의 목표는 단순히 대답을 이끌어내는 것에 있지 않다. 자신의 대답에 대한 이유를 생각해야 하며, 그와 같은 논거는 각 문항 사이에서 일관성을 유지해야 한다.

1. a. 메리는 대규모 네트워크에 연결되어 있는 컴퓨터에 의료기록들을 저장하기 위해 사용할 시스템을 구현하는 작업을 맡게 되었다. 메리의 의견에 의하면 시스템 보안 부분의 설계에 결함이 있지만, 이러한 의견은 재정적 이유로 기각되었다. 메리 생각에는 불충분한 상태의 보안 시스템을 사용하여 프로젝트를 계속 진행하도록 지시받았다. 메리는 어떻게 해야 한다고 생각하는가? 그 이유를 설명하라.

b. 메리는 지시받은 대로 시스템을 구현하였으며, 인가받지 않은 사람이 의료기록들을 관찰하고 있음을 알고 있다고 하자. 메리는 어떻게 해야 한다고 생각하는가? 보안 침해에 대해 메리는 어느 정도까지 책임이 있다고 보는가?

c. 메리가 고용주의 지시를 따르는 대신 시스템 구현을 진행하기를 거부하고 설계상의 결함을 일반에 공개해버림으로써, 회사에 재정적 곤란을 초래하고 아무 잘못도 없는 많은 사원들이 직장을 잃게 되었다고 하자. 메리의 행동은 옳았다고 생각하는가? 만일 전체 팀의 한 분과만을 맡고 있던 메리는 몰랐지만, 다른 분과에서 메리가 구현하고 있는 시스템에 적용될 유효한 보안 시스템을 개발하기 위해 진

지한 노력을 기울이고 있었다면, 메리의 행동에 대한 판단이 달라질 것인가? (이 상황에 대한 메리의 관점은 전과 같다고 가정한다.)

2. 여러 사람이 대규모 소프트웨어 시스템을 함께 개발할 경우, 책임은 어떻게 할당되어야 하는가? 책임을 계층구조로 나타낼 수 있는가? 책임의 정도를 나타낼 수 있는가?
3. 대규모의 복잡한 소프트웨어 시스템을 개발할 때는 흔히 여러 사람이 참여하게 되며, 이들 중 전체 프로젝트에 대한 완전한 모습을 파악하고 있는 사람은 많지 않을 것이다. 프로젝트의 기능에 대해 완전히 파악하지 못한 상태에서 프로젝트에 참여하는 것이 윤리적으로 합당한 일인가?
4. 자신의 성과물을 다른 사람이 어떻게 사용할지에 대해 성과물의 작성자가 어느 정도까지 책임을 져야 한다고 보는가?
5. 컴퓨터 전문가와 고객 사이의 관계에서, 전문가의 책임은 고객의 희망 사항을 구현하는 것인가? 아니면 고객의 희망 사항 자체를 지도할 책임이 있는가? 고객의 희망 사항을 따르다보면 비윤리적 결과로 이어질 수 있다는 것을 전문가가 예견할 수 있을 경우에는 어떻게 해야 하는가? 예를 들면, 고객은 효율성을 목적으로 안일한 간이식 방법을 사용하기를 원하지만, 전문가가 보기에는 이러한 간이식 방법이 사용될 경우 데이터에 오류가 발생하거나 시스템이 오용될 가능성이 있을 수 있다. 고객이 강력히 주장하기 때문에 이를 따른 전문가는 책임에서 면제될 수 있는가?
6. 기술의 발전이 워낙 빠르게 진행되어 발명자가 자신의 발명에서 이익을 얻기도 전에 새로운 발명으로 묻혀버릴 경우 어떤 일이 생기겠는가? 발명을 유도하기 위해 경제적 이익이라는 수단이 필요한가? 공개소스 개발의 성공과 이 문제에 대한 대답은 어떤 관련이 있는가? 고품질의 무료 소프트웨어가 지속적으로 현실화될 수 있겠는가?
7. 컴퓨터에서의 혁신은 세계의 에너지 문제를 가중시킬 것인가? 아니면 그 해결에 도움이 될 것인가? 기아나 빈곤과 같은 다른 대형 문제들에 대해서는 컴퓨터에서의 혁신이 어떻게 작용하겠는가?
8. 기술 발전은 무한히 계속될 것인가? 사회가 기술에 의존하는 관계를 크게 바꿀 수 있는 것이 있는가? 기술을 계속 발전시켜 가면 사회에 발생할 결과는 무엇일까?
9. 소프트웨어 개발에 기울인 노력에서 이익을 얻을 수 없다면 고품질의 소프트웨어가 생산되지 않을 것이라는 의견에 동의하는가? 동의한다면, 그 "이익"의 형태는 무엇이라야 하겠는가? 앞의 대답은 소프트웨어 외의 예술, 서비스, 노동 등의 다른 상품에도 적용되는가?
10. 스마트폰상의 많은 응용 프로그램들은 다른 응용 프로그램들이 제공하는 서비스들과 자동적으로 통합된다. 이러한 통합을 통해 한 응용 프로그램에 입력된 정보를 다른 응용 프로그램들과 공유하게 된다. 이러한 통합의 이점으로는 어떤 것들이 있는가? "지나친" 통합으로 인해 우려해야 할 점으로는 어떤 것들이 있는가?

참고문헌

Alexander, C., S. Ishikawa, and M. Silverstein. *A Pattern Language*. New York: Oxford University Press, 1977.

Beck, K. *Extreme Programming Explained: Embrace Change*, 2nd ed. Boston, MA: Addison-Wesley, 2004.

Braude, E. *Software Design: From Programming to Architecture*. New York: Wiley, 2004.

Bruegge, B. and A. Dutoit. *Object-Oriented Software Engineering Using UML, Patterns, and Java*, 3rd ed. Boston, MA: Addison-Wesley, 2010.

Cockburn, A. *Agile Software Development: The Cooperative Game*, 2nd ed. Boston, MA: Addison-Wesley, 2006.

Fox, C. *Introduction to Software Engineering Design: Processes, Principles and Patterns with UML2*. Boston, MA: Addison-Wesley, 2007.

Gamma, E., R. Helm, R. Johnson, and J. Vlissides. *Design Patterns: Elements of Reusable Object-Oriented Software*. Boston, MA: Addison-Wesley, 1995.

LaViola, Jr., J. J., E. Kruijff, R.P. McMahan, D.A. Bowman, and I. Poupyrev. *3D User Interfaces Theory and Practice*, 2nd ed. Boston, MA: Addison-Wesley, 2017.

Pfleeger, S. L. and J. M. Atlee. *Software Engineering: Theory and Practice*, 4th ed. Upper Saddle River, NJ: Prentice-Hall, 2010.

Pilone, D. and N. Pitman. *UML 2.0 in a Nutshell*. Cambridge, MA: O'Reilly Media, 2005.

Pressman, R. S. and B. Maxim. *Software Engineering: A Practitioner's Approach*, 8th ed. New York: McGraw-Hill, 2014.

Schach, S. R. *Classical and Object-Oriented Software Engineering*, 8th ed. New York: McGraw-Hill, 2010.

Shalloway, A. and J. R. Trott. *Design Patterns Explained*, 2nd ed. Boston, MA: Addison-Wesley, 2005.

Shneiderman, B., C. Plaisant, M. Cohen, S. Jacobs, N. Elmqvist, and N. Diakopoulos. *Designing the User Interface: Strategies for Effective Human-Computer Interaction*, 6th ed. Essex, England: Pearson, 2016.

Sommerville, I. *Software Engineering*, 10th ed. Essex, England: Pearson, 2016.

CHAPTER

8

데이터 추상화

이 장에서는 컴퓨터의 주기억장치가 제공하는 셀 단위의 구성과는 다른 데이터의 배열 방법을 어떻게 구현할 수 있는지 살펴볼 것이며, 이는 데이터 구조라는 이름으로 알려져 있는 주제이다. 그 목표는 데이터의 사용자가 컴퓨터의 주기억장치상의 구성에 구애받지 않고 추상적 도구로 데이터의 집합을 이용할 수 있도록 하자는 것이다. 이러한 내용에서 추상적 도구로서의 데이터 구조를 구축하고자 한 희망사항이 어떻게 객체나 객체지향 프로그래밍의 개념으로 이어지는지 알 수 있을 것이다.

* 표시된 절은 고급 내용임을 나타냄

6장에서 데이터 구조의 개념을 소개한 바 있으며, 이때 고급 프로그래밍 언어들은 데이터들이 컴퓨터의 주기억장치가 제공하는 셀 단위의 구성과는 다른 방식으로 저장되어 있다고 간주하면서 알고리즘을 표현할 수 있는 기능을 제공한다는 점을 살펴보았다. 또한 전통적인 프로그래밍 언어들이 지원하는 기본 데이터 타입인 프리미티브 구조에 대해서도 살펴보았다. 이 장에서는 프로그래밍 언어의 프리미티브 구조 외의 데이터 구조를 구축하고 조작하는 데 사용할 수 있는 기법을 탐색할 것이며, 이를 통해 전통적인 데이터 구조를 객체지향 패러다임에서 조명할 것이다. 이러한 진행 과정을 통한 기반 주제는 추상적 도구의 구축이다.

8.1 기본 데이터 구조

먼저 뒤에서 예제로 사용될 몇 가지 기본 데이터 구조를 소개하기로 한다. 데이터를 리스트나 다른 구조에 모으기 위한 추상화는 문제 해결을 위한 일반적인 도구이다.

배열과 집합체

6.2절에서 배열과 집합체 타입이라는 데이터 구조들을 살펴보았다. 배열(array)은 그 안의 항목들이 모두 동일한 타입인 "직사각형" 모양의 데이터 블록을 나타낸다는 것을 상기하자. 가장 단순한 형태의 배열은 하나의 행으로 이루어지는 1차원 배열로서 하나의 인덱스로 각 원소의 위치를 표시할 수 있다. 예를 들면, 26개의 원소를 갖는 1차원 배열은 텍스트 한 쪽에 각 알파벳 문자가 나타나는 횟수를 저장하는 데 사용될 수 있다. 특히, 2차원 배열은 행들과 열들로 이루어지며, 항목의 위치를 두 개의 인덱스로 표시할 수 있는데, 첫 번째 인덱스는 그 위치에 해당하는 행을 나타내며, 두 번째 인덱스는 해당 열을 나타낸다. 2차원 배열의 한 예로 판매팀의 구성원들에 의한 월간 매출액을 나타내는 숫자들로 이루어진 직사각형 배열을 들 수 있다. 이 배열에서 각 행의 항목들은 개별 판매원의 월간 매출액들을 나타내며, 각 열의 항목들은 특정 달에 판매원 별 매출액들을 나타낸다. 따라서 세 번째 행 첫 번째 열의 항목은 세 번째 판매원의 1월 매출액을 나타낸다.

배열과는 달리 집합체 타입(aggregate type)은 타입과 크기가 다를 수도 있는 데이터 항목들의 블록이다. 이 블록의 항목들은 대개 필드(field)라고 불린다. 집합체 타입의 한 예로 개별 사원에 관한 데이터 블록을 들 수 있는데, 그 필드에는 (문자 타입의) 사원의 이름, (정수 타입의) 나이, (실수 타입의) 숙련도 등이 될 수 있다. 집합체 타입 안의 각 필드는 대개 숫자 인덱스를 사용하기보다는 필드 이름으로 접근한다.

리스트, 스택, 큐

또 다른 기본 데이터 구조로 순차적으로 배열되어 있는 항목들의 집합을 나타내는 **리스트(list)**가 있다(그림 8.1a). 리스트의 시작은 리스트 **헤드(head)**라고 부르며, 리스트의 다른 쪽 끝은 **테일(tail)**이라고 부른다.

어떤 데이터 집합이나 리스트로 간주될 수 있다. 예를 들면, 텍스트는 심볼들의 리스트, 2차원 배열은 행들의 리스트, CD에 기록된 음악은 음의 리스트로 볼 수 있다. 보다 일상적인 리스트의 예로는 초청자 명단, 쇼핑 목록, 수강생 명단, 재고 목록 등을 들 수 있다. 리스트와 연계된 동작은 상황에 따라 달라진다. 경우에 따라 리스트의 항목들을 제거하는 일, 리스트에 새로운 항목들을 추가하는 일, 리스트 상의 항목들을 차례로 하나씩 "처리" 하는 일, 리스트 상의 항목들의 배열 순서를 변경하는 일, 또는 특정 항목이 리스트에 들어 있는지 검색하는 일 등이 필요할 수도 있다. 이 장의 뒷부분에서 이러한 동작들에 대해 살펴보겠지만, 리스트와 그 변형들의 기본 개념은 아마도 알고리즘들에서 발견되는 가장 보편적인 데이터 추상화일 것이다.

리스트의 항목들에 접근하는 방식을 제한함으로써 스택과 큐라는 특별한 유형의 리스트 두 가지를 얻게 된다. **스택(stack)**은 헤드에서만 항목들을 제거하거나 삽입할 수 있는 리스트이다. 스택의 한 예는 테이블 위에 쌓여있는 책 더미이며, 이 경우 물리적 특성에 의해 책의 추가나 제거가 상단에서만 이루어진다(그림 8.1b). 일상적 표현에 따라 스택의 헤드는 스택의 **상단(top)**이라고 불린다. 스택의 테일은 **하단(bottom)**이라고 부른다. 스택의 상단에 새로운 항목을 추가하는 일을 항목을 **push**한다고 표현하며, 스택의 하단에서 항목 하나를 제거하는 일을 항목을 **pop**한다고 표현한다. 스택에서 제거되는 항목은 항상 마지막으로 스택에 추가된 항목이며, 이러한 특성으로 인해 스택은 흔히 **LIFO(Last-In, First-Out)** 구조라고 불린다.

이러한 LIFO 특성은 저장된 순서와 반대의 순서로 꺼내야 할 항목들을 저장할 때 스택이 이상적이라는 것을 의미하며, 따라서 스택은 종종 백트래킹 활동의 기초구조로 사용된

그림 8.1 | 리스트, 스택, 큐

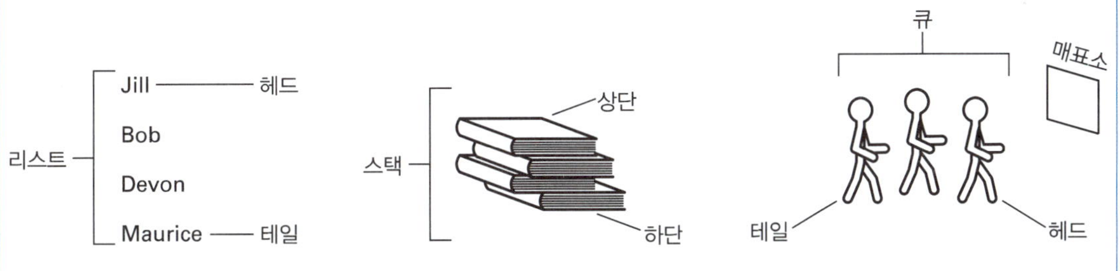

a. 이름 리스트 **b.** 책 더미 **c.** 사람들의 행렬

파이썬 리스트

내장 파이썬 리스트 데이터 구조는 최근의 언어들에서 발견될 수 있는 "만능" 프로그래밍 언어 추상화 요소라고 할 수 있다. 파이썬 리스트는 0에서 시작하는 인덱스를 사용하여 원소들에 접근하거나 값을 배정할 수 있다는 점에서 전통적인 언어들의 배열과 비슷한 면이 있다. 그렇지만 집합체 타입의 경우처럼 리스트의 원소들은 아래 예에서와 같이 각기 타입이나 크기가 다를 수도 있다.

```
listOfStuff = [42, 'blue', 3.14592]
```

위의 문장은 정수 하나, 문자열 하나, 실수 하나를 포함하는 "listOfStuff"이라는 이름의 새로운 리스트를 생성한다. (일반 집합체 타입과는 달리 파이썬 리스트는 이질적인 원소들을 포함하면서도 인덱스로 접근할 수 있다. 파이썬 객체 필드들은 이름으로 접근한다.)

파이썬 리스트는 항목의 추가 및 삭제, 집합 안의 각 항목에 대한 검색이나 처리 등을 지원하기 위한 내장 메커니즘을 갖추고 있다.

```
# 리스트 끝에 새로운 항목을 추가한다.
listOfStuff.append('clear')
# 리스트 안의 각 항목을 한 개씩 출력한다.
for item in listOfStuff:
    print(item)
# 특정 값이 리스트 안에 있는지 검사한다.
if 'clear' in listOfStuff:
    print('clear is in the list')
```

파이썬 리스트는 내장함수 pop()과 insert()만 사용하여 LIFO 스택처럼 동작할 수도 있다.

```
# 리스트 앞에 (즉, 인덱스 0의 위치에) 새로운 항목을 넣는다.
listOfStuff.insert(0, 'fraggle')
# 방금 넣은 항목을 다시 꺼낸다.
front = listOfStuff.pop(0)
```

파이썬 리스트는 내장함수 pop()과 append()만 사용하여 FIFO 큐처럼 동작할 수도 있다.

다. (**백트래킹(backtracking)**이라는 용어는 시스템에 진입하는 것과 반대 방향으로 시스템에서 빠져나오는 과정을 지칭한다. 흔히 드는 예 중의 하나는 숲에서 빠져나가는 길을 찾기 위해 지나갔던 길을 되돌아오는 과정이다.) 예를 들어 재귀법을 지원하기 위해 필요한 하부구조를 생각해보자. 함수에 대한 새로운 호출이 이루어질 때마다 이전의 호출에 관련된 실행 데이터는 치워두어야 한다. 그리고 각 호출로 인한 함수의 수행이 완료될 때마다 치워두었던 직전의 호출에 관련된 실행 데이터를 꺼내 와야 한다. 따라서 치워둘 실행 데이터를 스택에 push한다면, 실행 데이터를 꺼내야 할 필요가 있을 때마다 적절한 실행 데이터가 스택의 상단에 놓여있게 될 것이다.

항목에 대한 제거는 헤드에서만 이루어지며, 새로운 항목의 추가는 테일에서만 이루어지는 리스트를 큐(queue)라고 한다. 극장에서 표를 구입하기 위해 기다리는 사람들의 행렬은 큐의 한 예이다(그림 8.1c). 큐의 맨 앞(head)에 있는 사람이 서비스를 받을 수 있으며, 새로 도착한 사람들은 큐의 끝(tail)에 가서 선다. 3장에서 일괄 처리 운영체제가 실행 대기 작업들을 작업 큐(job queue)라고 불리는 큐에 저장한다는 것을 설명할 때 이미 큐 구조를 소개한 바 있다. 이때 큐는 FIFO(First-In, First-Out) 구조임을 살펴본 바 있으며, 큐의 항목들은 저장되는 순서대로 제거됨을 의미한다.

큐는 1장에서 소개한 바와 같이 데이터를 한 장소에서 다른 장소로 옮길 때 임시 저장 영역으로 사용되는 버퍼의 기초 구조로 종종 사용된다. 데이터 항목들은 버퍼에 도착하는 대로 큐의 테일 쪽에 저장된다. 데이터 항목들을 최종 목적지로 보낼 시점이 되면, 이들은 큐의 헤드 쪽에 나타나는 순서대로 전달된다. 따라서 항목들은 도착한 순서대로 전달된다.

트리

트리(tree)는 일반 회사의 조직도(그림 8.2)와 비슷한 계층적 구성을 갖는 항목들의 집합이다. 최상단에는 사장이 있으며, 사장에서 아래쪽 방향의 연결선으로 이어진 부사장들이 있고, 그 아래에는 지사장들 등등으로 이어진다. 트리 구조에 대한 이러한 직관적인 정의에 (조직도상으로) 회사에서 그 누구도 둘 이상의 상급자를 갖지 않는다는 제약을 추가한다. 즉, 조직도에서 둘 이상의 가지가 아래 계층에서 합쳐지는 일이 없다. (6.4절에서 구문분석 트리 형태로 나타나는 트리의 예를 이미 살펴본 바 있다.)

트리상의 각 위치는 노드(node)라고 불린다(그림 8.3). 최상단의 노드는 루트 노드(root node)라고 불린다(그림의 아래위를 바꾸면, 이 노드는 트리의 하단, 즉, 뿌리(root)를 나

그림 8.2 | 조직도의 예

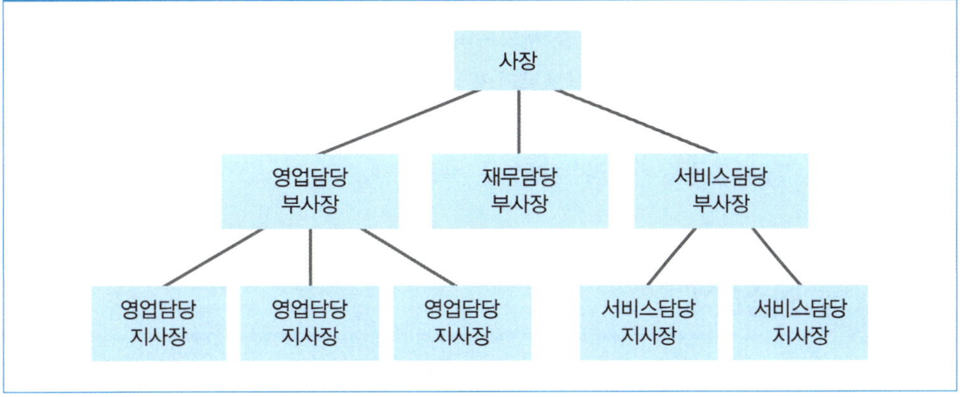

그림 8.3 | 트리 관련 용어

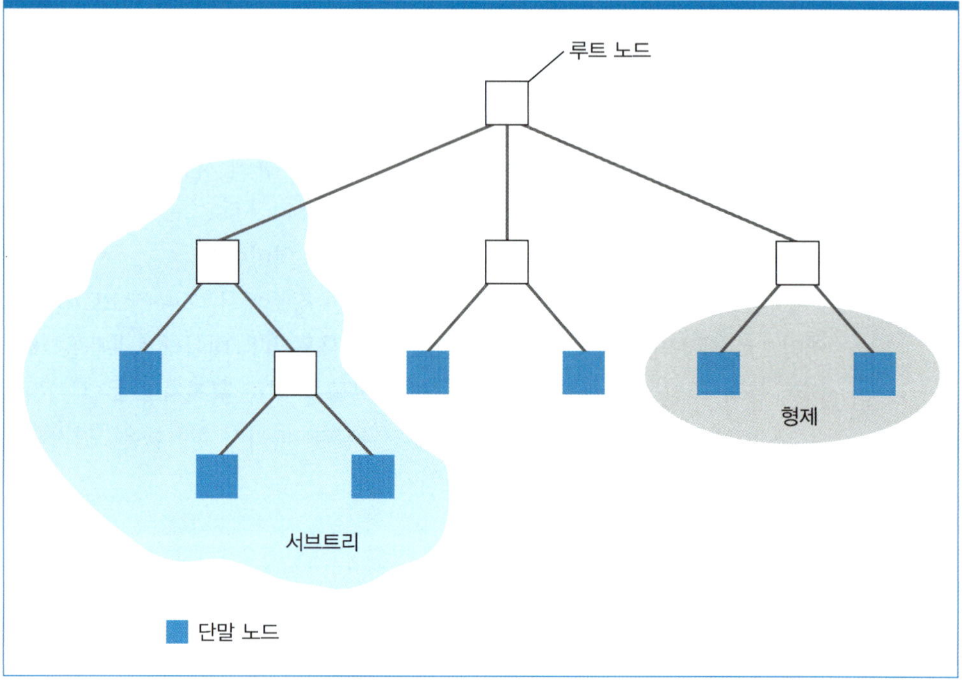

타낸다). 루트의 반대쪽 끝에 있는 노드들은 **단말 노드**(terminal node 또는 leaf node)라고 불린다. 루트 노드에서 단말 노드에 이르는 최장 경로에 있는 노드의 개수를 트리의 **깊이**(depth)라고 부른다. 즉, 트리의 깊이는 트리 안의 수평 계층의 개수이다.

때로 트리를 지칭할 때 각 노드가 그 바로 아래 노드들을 낳는 것에 비유하여 표현한다. 이런 의미에서 어떤 노드의 조상 또는 자손과 같은 표현을 사용한다. 어떤 노드의 바로 아래의 자손들은 **자식**(child) 노드라 부르며, 바로 위의 조상들은 **부모**(parent) 노드라고 부른다. 그리고 동일한 부모를 갖는 노드들을 **형제**(sibling)라고 부른다. 각 부모 노드가 둘 이하의 자식을 갖는 트리는 **2진트리**(binary tree)라고 불린다.

트리에서 임의의 노드 하나를 선택하면, 그 노드와 그 아래의 노드들이 트리 구조를 갖는데, 이러한 작은 트리를 **서브트리**(subtree)라고 부른다. 따라서 각 자식 노드는 그 부모 노드 아래에 위치하는 서브트리의 루트가 된다. 이러한 각 서브트리는 그 부모 노드로부터의 **가지**(branch)라고 불린다. 2진트리에서는 트리를 표시하는 방향에 따라 노드의 왼쪽 가지 또는 오른쪽 가지라는 표현을 사용한다.

연습문제

1. 컴퓨터과학 이외의 분야에서 리스트, 스택, 큐, 트리 등에 대한 예들을 찾아보라.

2. 리스트, 스택, 큐 사이의 차이를 요약하라.
3. 비어 있는 스택에 문자 A를 push한 다음, 문자 B와 C를 차례로 push하였다고 가정하자. 그런 다음 문자 한 개를 pop한 후, 문자 D와 E를 차례로 push하였다. 스택 상의 문자들을 상단에서 하단 방향으로 나열하라. 이 시점에서 문자 한 개를 pop한다면, 어떤 문자를 꺼내게 되겠는가?
4. 비어 있는 큐에 문자 A를 추가한 다음, 문자 B와 C를 차례로 추가하였다고 가정하자. 그런 다음 문자 한 개를 제거한 후, 문자 D와 E를 차례로 추가하였다. 큐 상의 문자들을 헤드에서 테일 방향으로 나열하라. 이 시점에서 문자 한 개를 제거한다면, 어떤 문자를 꺼내게 되겠는가?
5. A, B, C, D 등의 네 개의 노드를 갖는 트리가 있다. A와 C가 형제이고 D의 부모는 A일 경우, 어떤 노드들이 단말 노드들인가? 그리고 어느 노드가 루트 노드인가?

8.2 관련 개념

이 절에서는 데이터 구조와 밀접하게 관련되어 있는 세 가지 주제인 추상화, 정적 구조와 동적 구조의 차이, 포인터 개념 등을 살펴볼 것이다.

추상화

앞의 절에서 제시된 구조들은 종종 데이터와 연계된다. 그러나 컴퓨터의 주기억장치는 리스트, 스택, 큐, 트리 등으로 구성되어 있는 것이 아니라 주소를 지정할 수 있는 메모리 셀의 열로 구성되어 있다. 따라서 다른 모든 구조들은 컴퓨터에서 모의구현(simulate)되어야 한다. 이러한 모의구현이 이 장의 주제이다. 여기에서는 배열, 리스트, 스택, 큐, 트리 등의 구조들은 사용자가 실제 저장장치의 세부사항들을 신경 쓰지 않고 보다 편리한 형식으로 정보가 저장되어 있는 것처럼 이용할 수 있게 해주는 추상적 도구라는 점만 언급해둔다.

여기에서 *사용자*라는 용어는 실제로 사람을 가리키는 표현은 아니며, 문맥에 따라 그 의미가 달라진다. 만일 볼링 대회 기록을 관리하기 위해 PC를 사용하는 사람에 대해 생각할 경우라면, 사용자는 사람을 의미한다. 이 경우, (스프레드시트 소프트웨어 패키지 등의) 응용 소프트웨어는 사람이 사용하기 편리한 추상적 형태로 데이터를 제시하는 일을 맡을 것이며, 대개 배열을 사용할 가능성이 높다. 인터넷상의 서버의 경우, 사용자는 클라이언트 컴퓨터를 의미할 수도 있다. 이 경우, 서버는 클라이언트가 편리하게 사용할 수 있는 추상적 형태로 데이터를 제시하는 일을 맡을 것이다. 프로그램 모듈 구조의 관점

유휴 공간 수집

동적인 데이터 구조가 확장되거나 축소되면서 저장 공간이 사용되다가 풀려난다. 사용되지 않게 된 저장 공간을 나중에 다른 용도로 사용하기 위해 회수하는 과정을 **유휴 공간 수집**(garbage collection)이라고 부른다. 여러 상황에서 유휴 공간 수집이 요구된다. 운영체제 안의 메모리 관리자는 메모리 공간을 할당하고 회수하면서 유휴 공간 수집을 수행해야 한다. 파일 관리자는 컴퓨터의 대용량 저장장치에서 파일들을 저장하고 삭제하면서 유휴 공간 수집을 수행한다. 그리고 실행 관리자의 제어 하에서 실행되는 프로세스가 할당 받은 메모리 공간 내에서 유휴 공간 수집을 수행할 필요가 있을 수도 있다.

유휴 공간 수집에 몇 가지 미묘한 문제들이 있다. 연결 구조를 사용할 경우, 어떤 데이터 항목을 가리키는 포인터가 변경될 때마다, 유휴 공간 수집기는 포인터가 원래 가리키던 저장 공간을 회수해야 할지 결정해야 한다. 이 문제는 여러 경로의 포인터들을 포함하는 얽혀있는 데이터 구조의 경우 특히 복잡해진다. 부정확한 유휴 공간 수집 루틴은 데이터의 손실이나 저장 공간의 비효율적 사용을 초래할 수도 있다. 예를 들어 유휴 공간 수집이 저장 공간의 회수에 실패할 경우, 이용할 수 있는 공간이 조금씩 줄어드는 **메모리 유출**(memory leak)로 알려진 현상이 발생할 것이다.

에서는 데이터에 접근을 요하는 임의의 모듈이 사용자가 될 것이다. 이 경우, 데이터를 갖고 있는 모듈이 다른 모듈에서 편리하게 사용할 수 있는 추상적 형태로 데이터를 제시하는 일을 맡을 것이다. 이러한 시나리오들에서 공통점은 사용자가 데이터를 추상적 도구로 이용할 수 있다는 것이다.

정적 구조와 동적 구조

추상적 데이터 구조를 구축할 때 구분해야 할 중요한 사항 중 하나는 모의구현하는 구조가 정적인가 아니면 동적인가 하는 것이며, 이는 구조의 형태나 크기가 시간에 따라 변화하는가 여부를 말한다. 예를 들어 추상적 도구가 이름들의 리스트일 경우, 리스트의 크기가 고정되어 있는지 또는 이름들을 추가하거나 삭제하면서 크기가 늘어나거나 줄어드는지가 중요한 고려사항이다.

일반적으로 정적 구조가 동적 구조에 비해 다루기가 쉽다. 정적 구조의 경우에는 구조상의 다양한 데이터 항목에 접근하는 수단과 지정된 위치의 값을 변경하는 수단을 제공하는 것으로 충분할 수 있다. 그러나 동적 구조의 경우에는 이 외에도 항목의 추가와 삭제를 처리하는 수단과 데이터 구조의 확장에 따른 필요한 메모리 공간의 확보 수단 등도 갖추어야 한다. 부실하게 설계된 구조의 경우, 새로운 항목 하나를 추가함으로 인해 구조상의 많은 항목들에 대한 재배열이 필요할 수도 있으며, 일정 규모 이상으로 구조가 커지면 추가 공간을 확보할 수 있는 새로운 메모리 영역으로 전체 구조를 옮겨야 할 수도 있다.

포인터

컴퓨터 주기억장치의 셀들은 숫자로 된 주소로 식별될 수 있다. 이 주소들은 숫자이므로 주소 자체를 인코딩하여 메모리 셀에 저장할 수 있다. **포인터(pointer)**는 이러한 인코딩된 주소를 값으로 갖는 메모리 영역이다. 데이터 구조에서 포인터는 데이터 항목이 저장되어 있는 위치를 기록하기 위해 사용된다. 예를 들어 어떤 데이터 항목을 한 장소에서 다른 장소로 계속 옮겨야 할 경우, 포인터로 사용될 고정된 위치를 지정할 수 있다. 그리고 매번 그 항목을 옮길 때마다 데이터의 새로운 주소를 반영하기 위해 포인터를 갱신하면 된다. 나중에 데이터 항목에 대한 접근이 필요할 경우 포인터를 사용하여 그 항목을 찾을 수 있다. 실제로 포인터는 항상 그 데이터를 "가리키고" 있을 것이다.

2장에서 CPU에 대해 공부할 때 이미 포인터 개념을 다룬 바 있다. CPU 안에는 프로그램 카운터라고 불리는 레지스터가 있어서 다음에 실행될 명령의 주소를 저장하고 있다. 따라서 프로그램 카운터는 일종의 포인터이다. 사실 프로그램 카운터는 **명령 포인터(instruction pointer)**라는 이름으로도 불리고 있다.

포인터를 응용하는 예로 컴퓨터 주기억장치 안에 제목순으로 저장되어 있는 소설 목록을 생각해보자. 이러한 배열이 많은 응용에서 편리하기는 하겠지만, 리스트 상에 흩어져 있는 특정 작가가 지은 소설들을 모두 찾는 것과 같은 일을 어렵게 만들 것이다. 이러한 문제를 해결하기 위해 각 블록에 추가의 셀을 두어 동일 작가의 소설을 나타내는 다른 블록을 가리키는 포인터로 사용할 수 있다. 이러한 방식을 사용함으로써 같은 작가가 지은 소설들을 고리 모양으로 연결할 수 있다(그림 8.4). 이 경우 어떤 작가가 지은 소설 하나만 찾으면, 포인터들을 따라감으로써 다른 소설들도 모두 찾을 수 있다.

오늘날 많은 프로그래밍 언어들은 프리미티브 데이터 타입으로 포인터를 포함하고 있다. 즉, 마치 정수나 문자열처럼 포인터에 대한 선언, 할당, 조작 등을 허용한다. 이러한 프로그래밍 언어를 사용함으로써, 프로그래머는 컴퓨터 주기억장치에서 관련 항목들을 포인터로 연결하여 정교하게 연결된 데이터 집합을 설계할 수 있다.

그림 8.4 제목순으로 배열되어 있고 저자에 따라 링크로 연결된 소설들

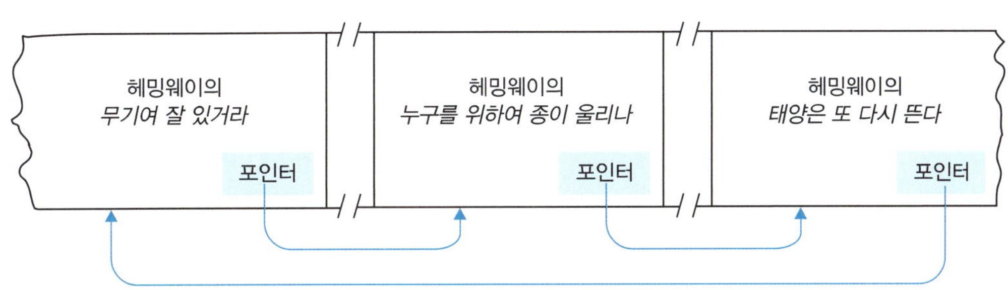

연습문제

1. 어떤 의미에서 배열, 리스트, 스택, 큐, 트리 등이 추상이라고 볼 수 있는가?
2. 정적 데이터 구조를 이용할 것으로 예상되는 응용 프로그램의 예를 찾아 기술하라. 또 동적 데이터 구조를 이용할 것으로 예상되는 응용 프로그램의 예를 찾아 기술하라.
3. 컴퓨터과학 이외의 분야에서 포인터 개념이 사용되는 상황을 찾아 기술하라.

8.3 데이터 구조의 구현

이제 앞 절에서 논의된 데이터 구조들을 어떻게 컴퓨터 주기억장치에 저장할 수 있는지 생각해보자. 6장에서 살펴보았듯이, 데이터 구조들은 종종 고급 프로그래밍 언어에서 프리미티브 구조로 제공된다. 여기에서 우리의 목표는 이러한 구조를 다루는 프로그램들이 어떻게 주기억장치에 저장된 데이터를 다루는 기계어 프로그램으로 변환되는지 이해하는 것이다.

배열의 저장

먼저 배열을 저장하기 위한 기법부터 살펴보기로 한다.

24시간 동안 매시간 측정된 온도 값들을 저장하는 문제를 생각해보자. 각 온도 값을 저장하는 데 한 개의 메모리 셀이 필요하다고 하자. 그리고 각 온도 값을 위치로 식별하기를 원한다고 하자. 즉, 첫 번째 온도 값이나 다섯 번째 온도 값 등에 접근할 수 있기를 원한다. 요컨대 온도 값들을 1차원 배열로 취급할 수 있기를 원하는 것이다.

이를 달성하기 위해서는 단순히 온도 값들을 연속된 주소를 갖는 24개의 메모리 셀들에 저장하면 된다. 이 경우 첫 번째 셀의 주소가 x 라면, 특정 온도 값이 저장되어 있는 위치는 해당 인덱스에서 1을 뺀 다음 그 결과를 x 에 더함으로써 계산된다. 예를 들면, 네 번째 온도 값은 그림 8.5에서 보이고 있는 대로 주소가 $x + (4 - 1)$인 위치에 저장되어 있을 것이다.

이것이 1차원 배열을 구현하기 위해 고급 프로그래밍 언어의 번역기들에서 주로 사용하는 기법이다. 번역기가 24개의 정수 값을 갖는 1차원 배열인 Readings를 선언하는

```
int Readings[24];
```

와 같은 선언문을 만나면, 번역기는 24개의 연속된 메모리 셀을 따로 잡는다. 나중에 프로그램에서 배열 Readings의 네 번째 항목에 67을 저장하도록 요청하는

그림 8.5 주소 x에서 시작하여 메모리에 저장된 온도 값들의 배열

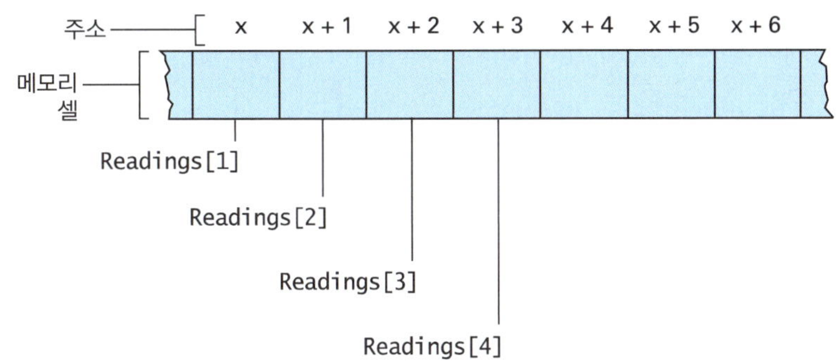


```
Readings[4] = 67;
```

와 같은 배정문을 만나면, 번역기는 67이라는 값을 주소가 $x + (4 - 1)$인 메모리 셀에 저장하기 위해 필요한 기계어 명령들을 만들어낼 텐데, 여기에서 x는 배열 Readings를 위한 블록의 첫 번째 셀의 주소를 말한다. 이러한 방식을 사용하여 프로그래머는 온도 값들이 실제로 1차원 배열에 저장되어 있는 것처럼 프로그램을 작성할 수 있다. (주의: 파이썬, C, C++, C#, 자바 등의 언어에서 배열 인덱스는 1이 아니라 0에서 시작하며, 따라서 네 번째 온도 값은 Readings[3]으로 참조된다. 이 절 끝의 연습문제 3을 참고하라.)

이제 어떤 회사의 판매팀의 일주일간의 매출액을 기록하는 문제를 생각해보자. 이 경우 데이터는 2차원 배열에 들어가는 것으로 간주할 수 있으며, 각 행의 값들은 개별 판매원의 매출액들을 나타내고, 각 열의 값들은 특정 날짜에 판매원별 매출액들을 나타낸다.

2차원 배열의 구현과 관련하여 먼저 알아두어야 할 것은 데이터가 갱신되어도 배열의 크기는 변하지 않으며, 이러한 의미에서 배열은 정적이라고 표현된다. 따라서 전체 배열을 위해 필요한 저장 공간의 양을 계산하여 그만큼의 연속된 메모리 셀 블록을 잡아둘 수 있다. 그런 다음 데이터를 배열 안에 한 행씩 저장한다. 배열의 첫 행의 값들을 잡아둔

STL(Standard Template Library)

이 장에서 논의된 데이터 구조들은 표준적인 프로그래밍 구조가 되었으며, 일부 프로그래밍 환경에서는 이들을 마치 프리미티브처럼 취급하기도 한다. 이러한 예의 하나가 STL에 의해 보강된 C++ 프로그래밍 환경이다. STL은 널리 사용되는 데이터 구조들을 기술하는 사전 정의된 클래스들을 포함하고 있다. 따라서 C++ 프로그램에서 STL을 이용함으로써 프로그래머는 이러한 구조들을 자세히 기술하는 작업을 하지 않아도 된다. 대신 프로그래머는 8.6절에서 `StackOne`을 `StackOfIntegers` 타입으로 선언한 것과 동일한 방식으로 STL에 포함되어 있는 타입을 사용하여 변수들을 선언하기만 하면 된다.

블록의 첫 번째 셀에서 시작하여 연속된 메모리 셀들에 저장한 다음, 그 다음 행을 그 뒤에 저장할 것이며, 또 그 다음 행들로 계속 진행할 것이다(그림 8.6). 이러한 저장 방식에 대해 **행 우선 순서(row major order)**를 사용한다고 말하며, 배열을 열 단위로 저장하는 **열 우선 순서(column major order)**와 대조된다.

이러한 방식으로 저장된 데이터에 대해 어떻게 배열의 3번 행 4번 열의 값을 찾을 수 있는지 생각해보자. 컴퓨터의 메모리에서 이 배열을 위해 잡아둔 블록의 첫 번째 위치에서 배열의 1번 행의 데이터가 시작될 것이다. 그 뒤에는 2번 행, 그 뒤에는 3번 행 등등으로 진행할 것이다. 3번 행에 도달하기 위해 1번 행과 2번 행을 지나야 한다. 각 행에는 월요일부터 금요일까지의 매출액을 나타내는 5개의 항목이 들어 있으며, 3번 행의 첫 번째 항목에 도달하기 위해 총 10개의 항목을 지나야 한다. 그 행에서 4번 열에 도달하기 위해서는 다시 세 개의 항을 지나야 한다. 3번 행 4번 열에 도달하기 위해 전체적으로 블록 시작 위치에서 13개의 항을 지나야 한다.

위 계산을 일반화하여 행 위치와 열 위치에 대한 참조를 실제 메모리 주소로 변환하기 위한 공식을 얻을 수 있다. 예를 들어 c가 배열 안의 열의 수, 즉, 각 행 안의 항목 수라고 하면, i번 행 j번 열의 항목의 주소는 다음과 같을 것이다.

$$x + (c \times (i - 1)) + (j - 1)$$

여기에서 x는 1번 행 1번 열의 항목을 포함하는 셀의 주소를 나타낸다. 즉, i번 행에 도달하기 위해 c개씩의 항목을 포함하는 열을 $i - 1$개 지나가야 하며, 이 행에서 j번째 항목에 도달하기 위해 다시 $j - 1$개의 항목을 지나가야 한다. 앞의 예에서 $c = 5$, $i = 3$, $j = 4$이며, 따라서 배열의 시작 주소가 x이면, 3번 행 4번 열의 항목의 주소는 $x + (5 \times (3 - 1)) + (4 - 1) = x + 13$과 같다. $(c \times (i - 1)) + (j - 1)$과 같은 식을 **주소 다항식(address polynomial)**이라 부른다.

그림 8.6 네 개의 행과 다섯 개의 열을 가지며 행 우선 순서로 저장된 2차원 배열

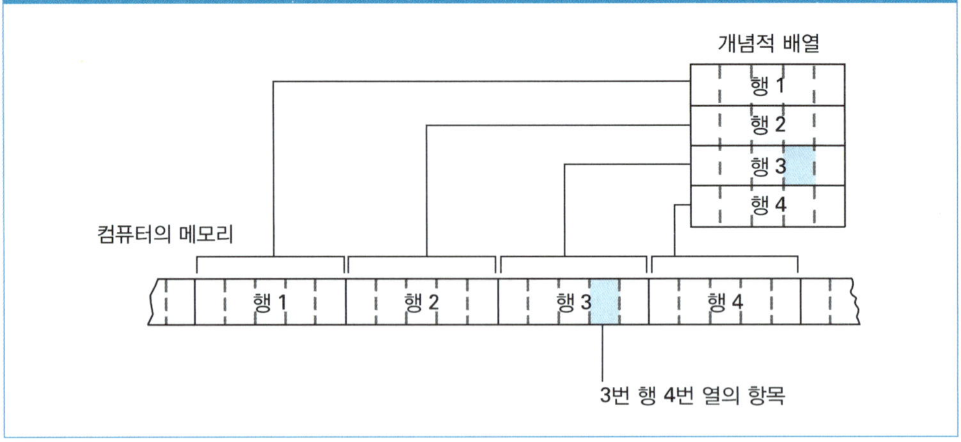

연속형 리스트의 구현

대부분의 프로그래밍 언어에서 제공되는 배열을 생성하고 조작하기 위한 프리미티브들은 연속형 리스트(contiguous list)를 구현하기에 편리한 도구이다. 이러한 리스트의 항목들이 모두 동일한 프리미티브 타입일 경우, 그 리스트는 1차원 배열과 다를 바 없다. 약간 더 복잡한 예로 각 이름의 길이가 8 글자 이내인 10개의 이름으로 이루어진 리스트를 생각해보자. 이 경우, 프로그래머는 이 연속형 리스트를 10개의 행과 8개의 열을 갖는 2차원 배열로 구성할 수 있으며, 그 결과는 그림 8.6에서 표현되는 것과 같은 구조가 될 것이다(이 배열은 행 우선 순서로 저장되어 있다고 가정함).

많은 고급 언어들은 이러한 리스트의 구현에 적합한 기능을 갖추고 있다. 예를 들어 위에서 제안된 2차원 문자 배열의 이름이 `MemberList`라고 하자. 이러한 배열에 관한 전통적 표기법은 예를 들어 3번 행 5번 열의 문자 하나를 가리키는 `MemberList[3, 5]`와 같은 표현일 것이다. 어떤 언어들은 이외에도 리스트의 세 번째 항목에 해당하는 3번 행 전체를 가리키는 `MemberList[3]`과 같은 표현을 채택하고 있다.

위와 같은 배열 항목 주소 계산이 대부분의 고급 프로그래밍 언어에서 사용되는 방법이다. 8개의 행과 5개의 열을 갖는 2차원 정수 배열을 가리키는 이름인 Sales를 선언하는

```
int Sales[8, 5];
```

와 같은 선언문을 만나면, 번역기는 40개의 연속된 메모리 셀을 잡아둔다. 나중에 배열 Sales의 3번 행 4번 열의 항목에 5를 저장하도록 요청하는

```
Sales[3, 4] = 5;
```

와 같은 배정문을 만나면, 번역기는 주소가 $x + 5(3 - 1) + (4 - 1)$인 메모리 셀에 5를 저장하기 위해 필요한 기계어 명령들을 만들어낼 텐데, 여기에서 x는 배열 `Sales`를 위한 블록의 첫 번째 셀의 주소를 말한다. 이러한 방식을 사용하여 프로그래머는 매출액들이 실제로 2차원 배열에 저장되어 있는 것처럼 프로그램을 작성할 수 있다.

집합체의 저장

이제 문자 타입의 `Name`, 정수 타입의 `Age`, 실수 타입의 `SkillRating` 등 세 개의 필드로 이루어진 `Employee`라는 집합체의 저장에 대해 생각해보자. 각 필드가 필요로 하는 메모리 셀의 수가 고정되어 있다면, 이 집합체를 연속된 셀들의 블록에 저장할 수 있다. 예를 들어 `Name`이 최대 25개의 셀을 필요로 하며, `Age`는 한 개의 셀을 필요로 하며, `SkillRating`도 한 개의 셀을 필요로 한다고 가정하자. 이 경우 27개의 연속된 셀로 이루어진 블록을 잡아둘 수 있으며, 이름은 첫 25개의 셀에 저장하고, 나이는 26번째 셀에 저장하며, 기술등급은 마지막 셀에 저장할 수 있다(그림 8.7a).

이렇게 정해지면 집합체 안의 각 필드에 접근하는 것은 쉬운 일이다. 집합체의 시작 주

그림 8.7 | 집합체 타입 Employee의 저장

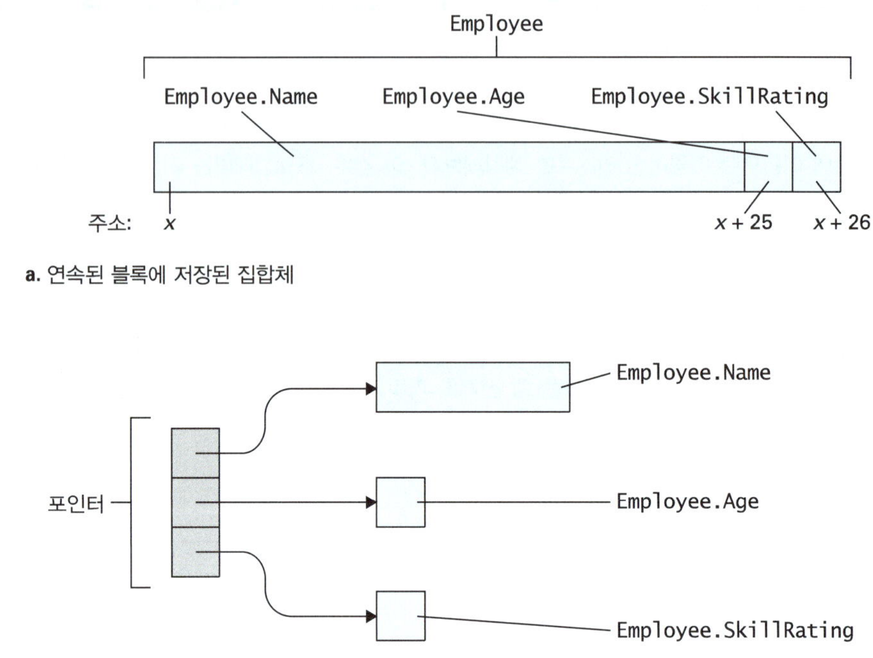

a. 연속된 블록에 저장된 집합체

b. 별도의 장소에 저장된 집합체 필드들

소, 집합체 안에서 해당 필드의 위치 등을 알면 필드에 대한 참조를 특정 메모리 셀로 변환시킬 수 있다. 첫 번째 셀의 주소가 x라면, 집합체 Employee 안의 필드 Name을 나타내는 참조인 Employee.Name은 x에서 시작하는 25개의 셀로 번역될 것이며, Employee 안의 Age 요소를 나타내는 참조인 Employee.Age는 주소가 $x + 25$인 셀로 번역될 것이다. 예를 들어 번역기가 고급 언어 프로그램에서

```
Employee.Age = 22;
```

와 같은 문장을 만나면, 번역기는 주소가 $x + 25$인 메모리 셀에 22를 저장하기 위해 필요한 기계어 명령들의 열을 만들어낼 것이다.

집합체를 연속된 메모리 셀 블록에 저장하는 방법 대신 각 필드를 별도의 장소에 저장하고 이들을 포인터로 연결할 수도 있다. 즉, 세 개의 필드를 갖는 집합체의 경우 세 개의 포인터를 저장하기 위한 장소를 메모리 안에 확보한 다음, 각 포인터가 실제 필드들이 저장된 곳을 가리키게 할 수 있다(그림 8.7b). 이러한 포인터들이 주소 x에서 시작하는 블록에 저장될 경우, 첫 번째 필드는 x에 저장된 포인터를 따라가면 찾을 수 있을 것이며, 두 번째 필드는 $x + 1$에 저장된 포인터를 따라가면 찾을 수 있을 것이며, 세 번째 필드는 $x + 2$에 저장된 포인터를 따라가면 찾을 수 있을 것이다.

포인터를 사용하는 방식은 집합체 필드들의 크기가 동적일 경우 특히 유용하다. 예를 들면, 포인터 방식을 사용할 경우, 필요한 크기의 메모리 영역만 찾을 수 있으면 포인터를 새로 찾은 영역의 주소로 변경함으로써 첫 번째 필드의 크기를 쉽게 증가시킬 수 있다. 그러나 연속된 블록에 집합체를 저장하는 경우라면 전체 구조에 대한 변경이 필요할 것이다.

리스트의 저장

이름 리스트를 컴퓨터의 주기억장치에 저장하기 위한 기법을 생각해보자. 한 가지 방법은 전체 리스트를 연속된 주소를 갖는 메모리 셀 블록에 저장하는 것이다. 각 이름이 8 글자 이내라고 가정하면, 전체 블록을 8개의 셀을 포함하는 작은 블록들로 분할할 수 있다. 작은 블록 각각에 문자 당 한 개씩의 셀을 사용하여 ASCII 코드로 이름을 저장할 수 있다. 이름이 할당된 작은 블록의 셀들을 다 채우지 못할 경우 남은 셀들에는 공백 문자를 위한 ASCII 코드로 채운다. 이러한 방식을 사용하면 10개의 이름을 갖는 리스트를 저장하기 위해 80개의 메모리 셀이 필요할 것이다.

지금 설명된 저장 방식이 그림 8.8에 요약되어 있다. 중요한 점은 전체 리스트가 하나의 큰 메모리 블록에 저장되며, 연속된 항목들은 인접한 메모리 셀에 차례로 저장된다는 점이다. 이러한 구성을 **연속형 리스트(contiguous list)**라고 부른다.

연속형 리스트는 정적인 리스트를 구현하기 위한 편리한 저장 구조이지만, 이름의 삭제나 삽입으로 인해 여러 항목들이 이동해야 하는 동적 리스트의 경우에는 불리하다. 최악의 경우에는 항목들의 추가로 인해 크기가 늘어난 리스트를 위한 충분한 공간을 확보하기 위해 전체 리스트를 새로운 위치로 옮겨야 할 수도 있다.

리스트 전체를 하나의 연속된 큰 블록에 저장하는 대신 리스트상의 개별 항목들을 각기 다른 메모리 영역에 저장한다면, 삽입이나 삭제로 인한 문제가 간단해질 수 있다. 이해를 돕기 위해 각 이름이 8글자 이내인 이름 리스트를 저장하는 문제를 다시 생각해보자. 이번에는 각 이름을 9개씩의 연속적인 메모리 셀 블록에 저장한다. 처음 8개의 셀은

그림 8.8 연속형 리스트로 메모리에 저장되어 있는 이름들

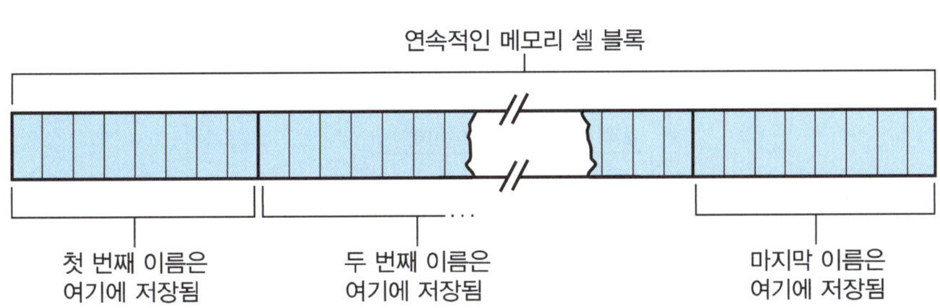

이름 자체를 저장하기 위해 사용되며, 마지막 셀은 리스트상의 다음 이름에 대한 포인터로 사용된다. 이러한 방식을 사용할 경우 리스트 항목들은 포인터로 연결된 여러 개의 작은 9-셀 블록들에 흩어져 있을 수 있다. 연결 방식을 사용한다는 점에서 이러한 구성을 **연결 리스트(linked list)**라고 부른다.

연결 리스트의 시작 위치를 나타내기 위해 첫 번째 항목, 즉, 리스트 헤드의 주소를 저장하는 별도의 포인터를 두는데, 이를 **헤드 포인터(head pointer)**라고 부른다.

연결 리스트의 끝을 표시하기 위해 (일부 언어에서는 **NIL 포인터**로 불리며, 파이썬에서는 None 객체라고 부르는) **null 포인터**를 사용하는데, 이것은 리스트에 더 이상의 항목이 없다는 것을 표시하기 위해 마지막 항목의 포인터 셀에 들어가는 특별한 비트 패턴이다. 예를 들면, 주소가 0인 곳에 리스트 항목을 저장하지 않기로 정할 경우, 유효한 포인터 값으로 0을 사용하지 않을 것이며 따라서 0을 null 포인터로 사용할 수 있다.

최종적인 연결 리스트 구조를 그림 8.9에 그림으로 표현하고 있으며, 그림에서 개별 사각형들은 리스트를 위해 사용될 흩어져 있는 메모리 블록들을 나타낸다. 각 사각형에는 그 구성을 나타내는 라벨이 달려있다. 각 포인터는 포인터에서 포인터가 가리키는 곳으로 향하는 화살표를 사용하여 표시된다. 리스트를 순회하는 작업은 헤드 포인터를 따라 첫 번째 항목을 찾고, 각 항목에 저장되어 있는 포인터를 따라 null 포인터에 도달할 때까지 항목들을 차례대로 방문하는 것이다.

연속형 리스트에 비해 연결 리스트가 갖는 이점을 이해하기 위해, 항목 한 개를 삭제하는 작업을 생각해보자. 연속형 리스트에서 이 작업은 빈자리를 만들게 되며, 따라서 삭제된 항목 뒤에 오는 항목들은 리스트의 연속성을 유지하기 위해 모두 앞쪽으로 이동해야 한다. 그러나 연결 리스트의 경우, 항목 한 개를 삭제하기 위해서는 한 개의 포인터만 변경하면 된다. 즉, 삭제된 항목을 가리키던 포인터를 삭제된 항목 다음 항목을 가리키도록 변경하게 된다(그림 8.10). 이후 리스트를 순회할 때 삭제된 항목은 더 이상 리스트의 일

그림 8.9 | 연결 리스트의 구조

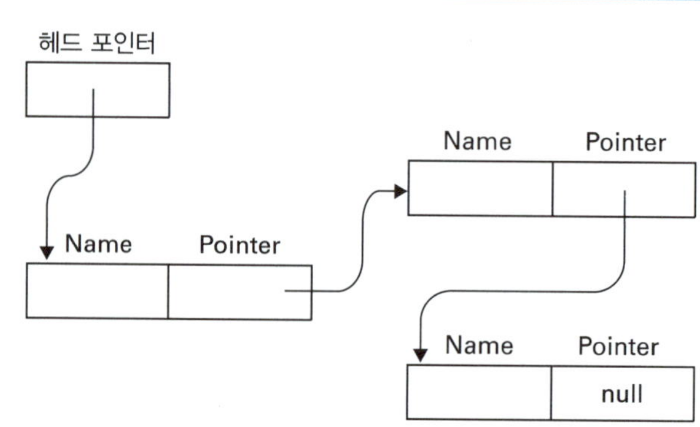

포인터와 관련된 문제점

순서도의 사용이 복잡하게 얽혀있는 알고리즘을 설계하게 만들고(5장), goto 문의 무절제한 사용이 부실하게 설계된 프로그램을 만들듯이(6장), 무절제한 포인터의 사용 또한 불필요하게 복잡하고 오류를 포함하기 쉬운 데이터 구조를 초래하는 것으로 밝혀져 있다. 이러한 무질서 상태를 안정시키기 위해, 많은 프로그래밍 언어들은 포인터의 사용을 제약한다. 예를 들면, 자바는 일반적인 형태의 포인터를 허용하지 않으며, 대신 참조(reference)라고 불리는 제한된 형태의 포인터만을 허용한다. 차이의 하나는 참조는 산술 연산에 의해 변경되지 않는다는 것이다. 예를 들어 C 프로그래머가 포인터인 `Next`를 연속형 리스트상의 다음 항목을 가리키도록 변경하고 싶다면,

`Next+1`을 `Next`에 저장한다

에 해당하는 문장을 사용하게 되는 반면, 자바 프로그래머라면

`Next`를 리스트상의 다음 항목을 가리키도록 변경한다

에 해당하는 문장을 사용하게 될 것이다. 자바 문장이 달성하고자 하는 목표를 더 명확히 표현하고 있음을 유의하라. 그리고 이에 해당하는 자바 문장을 실행하기 위해서는 또 다른 리스트의 항목이 반드시 존재해야 한다. 그러나 `Next`가 리스트상의 마지막 항목을 가리키고 있다면, C 문장은 `Next`가 리스트 바깥을 가리키게 만들 것이며, 이는 초보 C 프로그래머는 물론 어느 정도 숙련된 C 프로그래머들도 흔히 범하는 실수이다.

부분이 아니므로 건너뛰게 된다.

연결 리스트에 새로운 항목을 삽입하는 것은 약간 더 복잡하다. 먼저 새로운 항목과 포인터를 저장하기에 충분히 큰 사용되지 않는 메모리 셀 블록을 찾는다. 여기에 새로운 항목을 저장하고 포인터는 리스트 상에서 새로운 항목 뒤에 올 항목의 주소로 채운다. 마지막으로 새로운 항목 바로 앞에 올 항목의 포인터를 새로운 항목을 가리키도록 변경한다

그림 8.10 | 연결 리스트에서 항목의 삭제

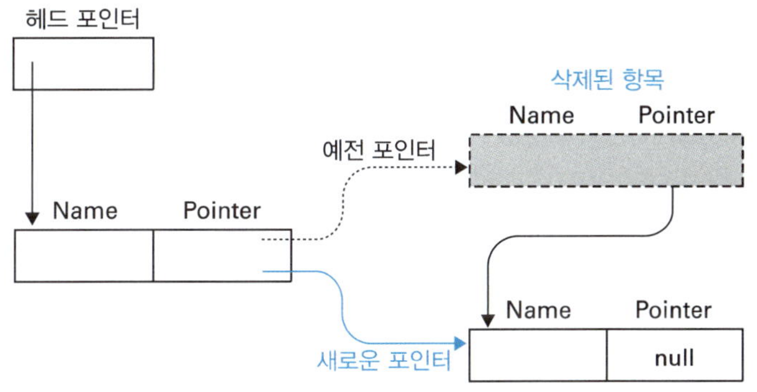

그림 8.11 | 연결 리스트에 항목 삽입

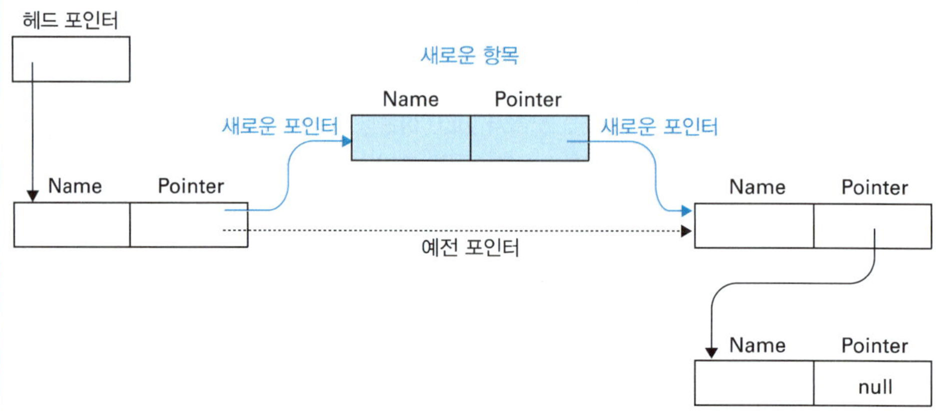

(그림 8.11). 이러한 변경 후, 리스트를 순회할 때마다 새로운 항목은 적절한 위치에서 방문될 것이다.

스택과 큐의 저장

스택이나 큐를 저장하기 위해 종종 연속형 리스트와 유사한 구성이 사용된다. 스택의 경우, 가장 큰 상태의 스택을 수용하기에 충분한 크기의 메모리 블록을 잡아둔다. (이 블록의 크기를 정하는 것은 때로 설계상의 중요 결정 중 하나이다. 너무 작은 공간을 잡으면, 결국 스택은 할당된 저장 공간보다 커져버릴 것이다. 너무 큰 공간을 잡으면, 메모리 공간이 낭비될 것이다.) 이 블록의 한쪽 끝은 스택의 하단으로 지정되며, 바로 스택에 push 되는 첫 번째 항목을 위한 위치이다. 그 다음에 항목이 추가될 때마다 바로 앞 항목 다음에 위치하게 되며, 스택은 잡아둔 블록의 다른 쪽 끝 방향으로 확장된다.

항목들을 push하거나 pop하면, 스택 상단의 위치는 잡아둔 메모리 셀 블록 내에서 앞

그림 8.12 | 메모리상의 스택

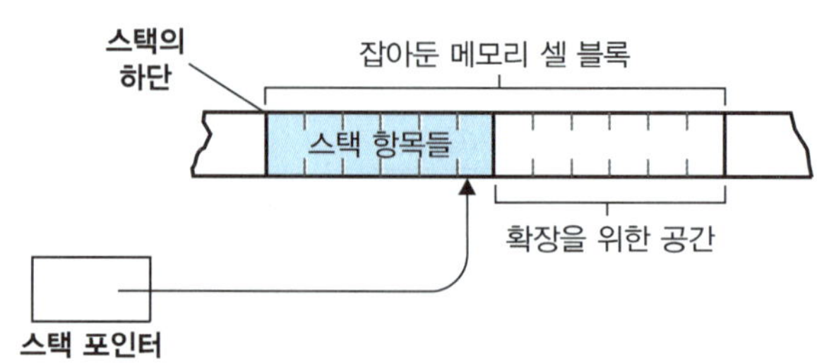

뒤로 이동하게 된다. 이 위치를 나타내기 위해 그 주소가 **스택 포인터(stack pointer)**라고 불리는 메모리 셀에 저장된다.

그림 8.12에서 나타내고 있는 전체 시스템은 다음과 같이 진행된다. 스택에 새로운 항목을 push하기 위해, 먼저 스택 포인터를 스택 상단 바로 위의 빈자리를 가리키도록 조정한 다음 새로운 항목을 그 자리에 저장한다. 스택에서 항목 하나를 pop하기 위해, 스택 포인터가 가리키는 데이터를 읽은 다음 스택 포인터는 그 다음 항목을 가리키도록 조정한다.

큐에 대한 전통적인 구현은 스택의 구현과 비슷하다. 여기에서도 주기억장치에 예상되는 최대 크기의 큐를 저장하기에 충분히 큰 연속된 셀들의 블록을 잡는다. 그러나 큐의 경우 양쪽 끝에서 작업을 수행할 필요가 있으며, 따라서 스택의 경우에 사용되었던 한 개의 셀 대신 두 개의 메모리 셀을 포인터로 사용하기 위해 잡아둔다. 이 중의 하나는 **헤드 포인터(head pointer)**라고 불리며, 큐의 헤드를 나타내기 위해 사용된다. 다른 하나는 **테일 포인터(tail pointer)**라고 불리며 큐의 테일을 나타내기 위해 사용된다. 큐가 비어있는 상태에서는 이들 포인터 모두 동일한 위치를 가리킨다(그림 8.13). 항목을 큐에 삽입할

그림 8.13 헤드 포인터와 테일 포인터를 사용한 큐의 구현. 항목들이 삽입되고 삭제되면서 큐가 메모리 상에서 어떻게 움직이는지 주목하라.

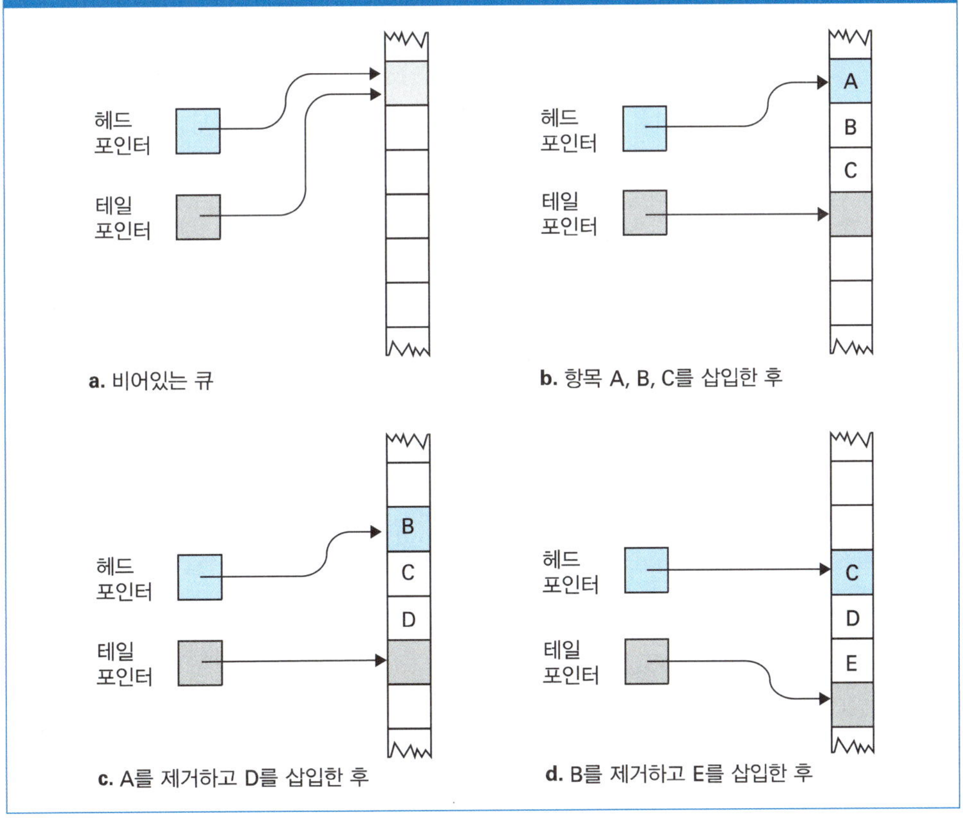

그림 8.14 | P에서 V까지의 문자들을 담고 있는 순환형 큐

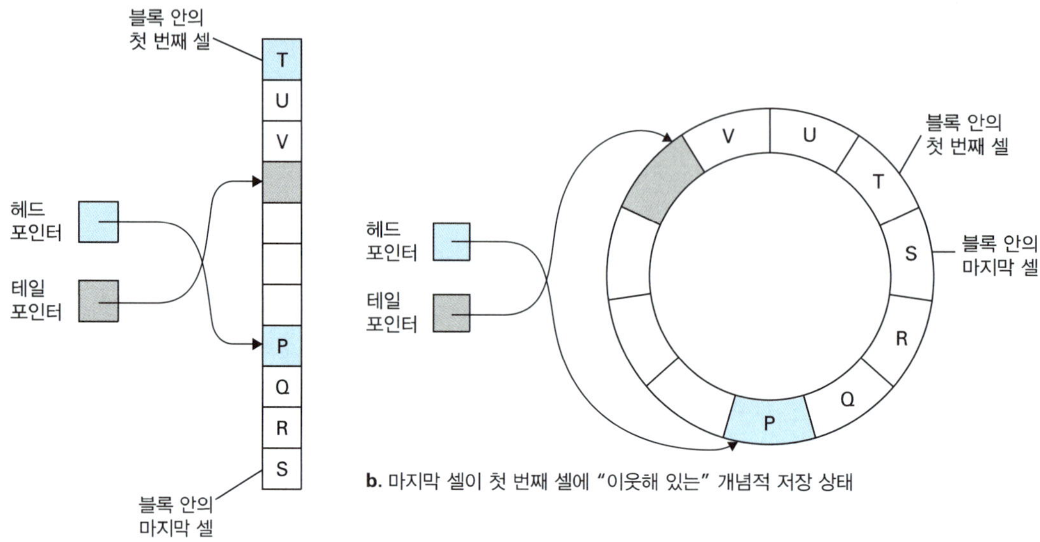

a. 큐의 실제 저장 상태

b. 마지막 셀이 첫 번째 셀에 "이웃해 있는" 개념적 저장 상태

때마다 테일 포인터가 가리키는 곳에 저장되며, 테일 포인터는 사용되지 않고 있던 다음 위치를 가리키기 위해 조정된다. 이러한 방식으로 테일 포인터는 항상 큐 뒤쪽의 비어있는 첫 번째 위치를 가리킨다. 큐에서 항목 한 개를 제거하는 것은 헤드 포인터가 가리키는 항목을 추출하는 일과 큐 안의 다음 항목을 가리키도록 헤드 포인터를 조정하는 일을 포함한다.

지금까지 설명된 저장 방식의 문제점은 항목들을 삽입하고 삭제하다보면 큐가 메모리에서 빙하처럼 움직인다는 것이다(그림 8.13 참고). 따라서 큐가 정해진 메모리 블록을 벗어나지 않게 만들 메커니즘이 필요하다. 해결 방법은 간단하다. 일단 큐가 블록 안에서 이동하도록 허용한다. 큐의 테일이 블록의 끝에 도달했을 때 추가 항목들을 다시 블록의 앞에서부터 채워나간다. 마찬가지로 큐의 헤드가 블록의 마지막 항목이고 이 항목이 제거될 경우, 헤드 포인터는 다시 블록의 시작 부분을 가리키도록 조정된다. 이러한 방식으로 큐는 블록의 양쪽 끝이 서로 연결되어 둥근 고리 모양을 형성하게 된다(그림 8.14). 이러한 방식으로 구현된 큐를 순환형 큐(circular queue)라고 부른다.

2진트리의 저장

트리를 저장하는 기법에 대한 설명을 간단히 하기 위해, 각 노드가 두 개 이하의 자식을 갖는 2진트리로 논의를 한정한다. 대개 이러한 트리는 연결 리스트와 유사한 연결 구조를

그림 8.15 | 2진트리에서의 노드 구조

데이터를 포함하는 셀	왼쪽 자식 포인터	오른쪽 자식 포인터

사용하여 메모리에 저장된다. 그러나 각 항목이 데이터와 다음 항목을 가리키는 포인터라는 두 개의 요소로 이루어지는 연결 리스트와 달리, 노드라고도 불리는 2진트리의 각 항목은 (1) 데이터, (2) 노드의 첫 번째 자식에 대한 포인터, (3) 노드의 두 번째 자식에 대한 포인터 등의 세 개의 요소로 이루어진다. 비록 컴퓨터 안에서 좌우의 개념은 없지만, 종이 위에 트리를 그릴 때에 맞추어 첫 번째 포인터는 **왼쪽 자식 포인터(left child pointer)**로 지칭하며 또 다른 포인터는 **오른쪽 자식 포인터(right child pointer)**로 지칭하는 것이 도움이 된다. 따라서 트리의 각 노드는 그림 8.15의 형식에 따라 짧은 연속적인 메모리 셀 블록으로 표현된다.

메모리에 트리를 저장하기 위해서는 노드들을 저장하기 위한 메모리 셀 블록을 찾는 일과 원하는 트리 구조에 따라 노드들을 연결하는 일이 필요하다. 각 포인터는 해당 노드의 왼쪽 자식 또는 오른쪽 자식을 가리키도록 설정되거나 해당 방향의 자식 노드가 없을 경우 null 값을 갖도록 설정된다. (따라서 두 포인터 모두 null 값을 갖는 노드가 단말 노드가 된다.) 끝으로 루트 노드의 주소를 저장하는 특별한 위치인 **루트 포인터(root pointer)**

그림 8.16 | 연결 구조를 사용한 2진트리의 개념적 구조와 실제 구조

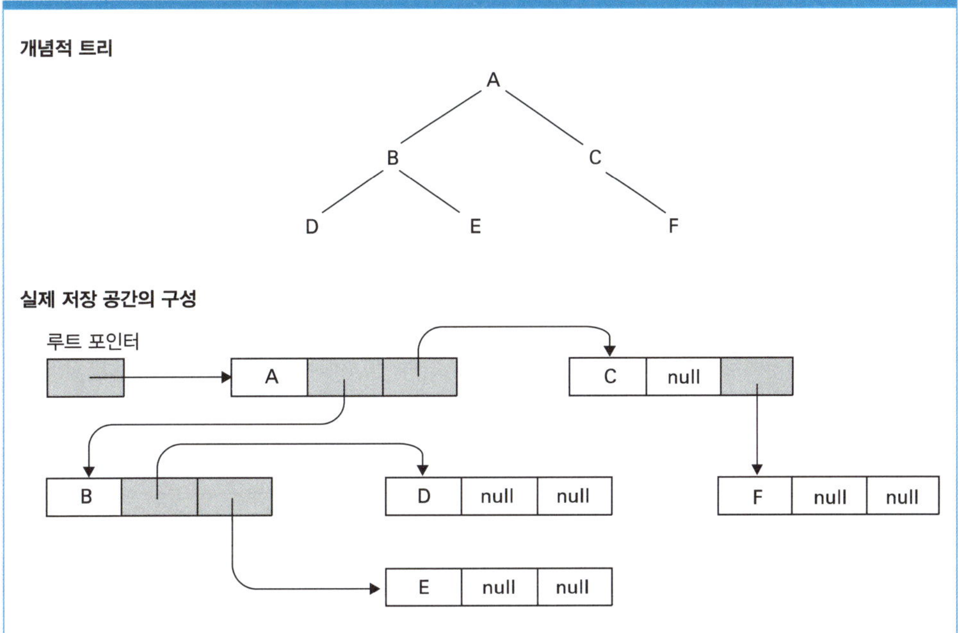

를 위한 장소를 잡는다. 트리에 처음 접근하기 위해 사용되는 것이 바로 루트 포인터이다.

이러한 연결 구조를 사용하는 저장 방식의 예가 그림 8.16에 제시되어 있으며, 그림에서는 개념적인 2진트리 구조와 실제 컴퓨터 메모리상에서의 이 트리에 대한 표현을 함께 보여주고 있다. 주기억장치에서 노드의 실제 배열은 개념적 배열과는 상당히 다를 수 있다. 그러나 루트 포인터를 따라가면 루트 노드를 발견할 수 있으며, 적절한 포인터를 따라감으로써 트리 아래쪽으로 향하는 임의의 경로상의 노드들을 찾아갈 수 있다.

연결 구조를 사용하여 2진트리를 저장하는 대신 전체 트리를 하나의 연속된 메모리 셀 블록을 사용하여 저장할 수도 있다. 이 방식을 사용할 경우, 트리의 루트 노드를 블록의 첫 번째 셀에 저장한다. (설명을 단순화하기 위해 트리의 각 노드는 한 개씩의 셀을 필요로 한다고 가정한다.) 루트의 왼쪽 자식을 2번 셀에 저장하며, 루트의 오른쪽 자식을 3번 셀에 저장하며, 일반적으로 n번 셀에 들어가는 노드의 왼쪽 자식과 오른쪽 자식을 각각 $2n$번 셀과 $2n + 1$번 셀에 저장한다. 블록 안에서 트리가 사용하지 않는 위치를 나타내는 셀들은 데이터가 들어 있지 않음을 나타내는 특별한 비트 패턴으로 표시한다. 이러한 기법을 사용하여 그림 8.16의 트리를 저장한 것을 그림 8.17에서 보이고 있다. 이 방식은 기본적으로 트리의 각 계층의 노드들을 위에서부터 한 층씩 차례대로 저장하는 것이다. 즉, 블록의 첫 번째 항목은 루트 노드이며, 그 뒤에 루트의 자식들이 저장되며, 그 다음에 루트의 손자들이 저장되며, 이렇게 계속 진행된다.

앞에서 설명된 연결 구조와 달리 이 방식에서는 임의의 노드에 대해 부모나 형제를 찾

그림 8.17 | 포인터를 사용하지 않고 저장된 트리

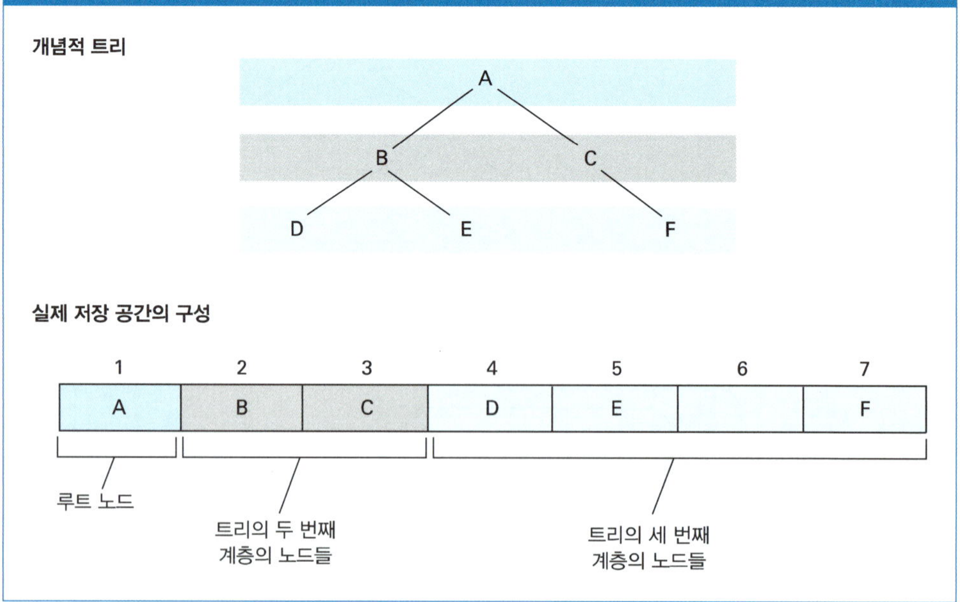

그림 8.18 엉성하고 균형을 못 갖춘 트리의 개념적 형태와 포인터를 사용하지 않는 저장 모습

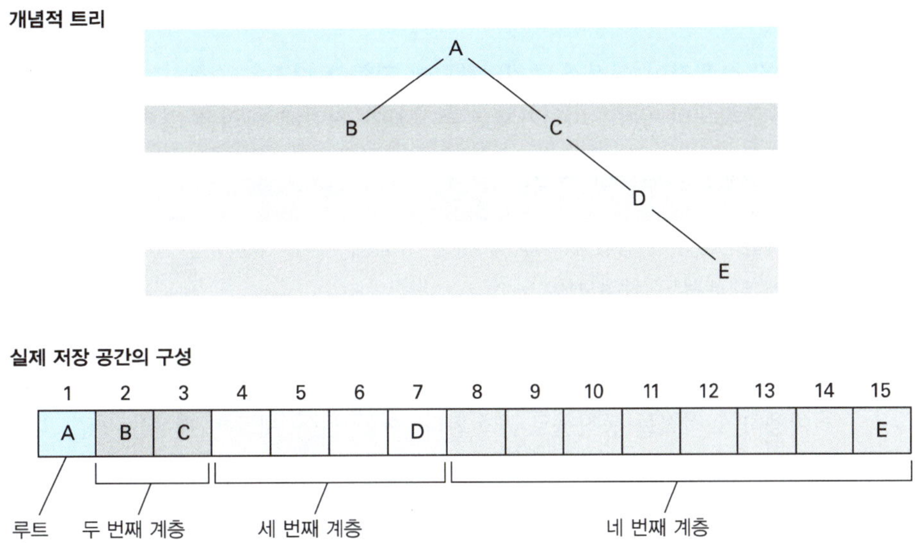

을 수 있는 효율적인 방법을 제공한다. 어떤 노드의 부모의 위치는 그 노드의 위치를 2로 나누어 구할 수 있으며, 예를 들어 위치가 7인 노드의 부모의 위치는 3이 될 것이다. 어떤 노드의 형제의 위치는 그 노드의 주소가 짝수이면 1을 더하고, 홀수이면 1을 빼는 방법으로 구할 수 있다. 예를 들면, 위치가 4인 노드의 형제의 위치는 5이며, 위치가 3인 노드의 형제의 위치는 2이다. 그리고 2진트리가 거의 균형을 갖추고 있고(루트 노드의 서브트리 둘 다 동일한 깊이를 갖는다는 의미임) 거의 가득 차 있을(트리에 가늘고 긴 가지가 없다는 의미임) 경우, 이 저장 방식은 저장 공간을 효율적으로 사용한다. 그러나 이러한 특성을 갖추지 못했을 경우, 이 방식은 그림 8.18에서 보는 것처럼 상당히 비효율적일 수도 있다.

데이터 구조의 조작

실제 컴퓨터 메모리에 데이터 구조를 저장하는 방식은 사용자가 생각하는 개념적 구조와 일치하지 않는다는 점을 살펴보았다. 2차원 배열은 실제로 2차원의 직사각형 블록에 저장되지 않으며, 리스트나 트리도 실제로는 큰 메모리 영역에 흩어져 있을 수도 있다.

따라서 사용자가 데이터 구조를 추상적 도구로 사용할 수 있도록 하기 위해, 사용자에게서 실제 저장 방식의 복잡성을 가려야 한다. 이것은 사용자가 사용하는 (추상적 도구에 대해 표현한) 명령이 실제 저장 방식에 맞는 단계들로 변환되어야 함을 의미한다. 배열의 경우, 주소 다항식을 사용하여 행 인덱스와 열 인덱스를 어떻게 메모리 셀 주소로 변환하

는지 살펴보았다. 예를 들어 추상적 배열로 생각하는 프로그래머에 의해 작성된

```
Sales[3, 4] = 5;
```

와 같은 문장이 어떻게 주기억장치에 정확한 변경을 수행하는 단계들로 변환될 수 있는지 살펴본 바 있다. 마찬가지로 추상적인 집합체 타입을 참조하는

```
Employee.Age = 22;
```

와 같은 문장이 집합체의 실제 저장 방법에 따라 어떻게 적절한 동작들로 번역될 수 있는지에 대해서도 살펴보았다.

리스트, 스택, 큐, 트리 등의 경우, 추상적 구조에 대해 표현된 명령들은 대개 사용자에게서 바탕이 되는 저장 방식의 세부사항을 가리면서 필요한 작업을 수행하는 함수들을 이용하여 적절한 동작들로 표현된다. 예를 들어 새로운 항목을 연결 리스트에 삽입하기 위해 `insert()` 함수가 제공될 경우, 다음과 같은 함수 호출을 실행하는 것으로 J. W. Brown을 Physics 208의 수강생 명부에 삽입할 수 있다.

```
insert("Brown, J.W.", Physics208)
```

이러한 함수 호출은 전적으로 추상적 구조에 대해 표현되어 있으며, 리스트가 어떻게 구현되는지는 숨겨져 있다.

그림 8.19에서는 보다 자세한 예제로 연결 리스트상의 값들을 인쇄하는 `printList()`라는 함수를 보여주고 있다. 이 함수는 `List`라 불리는 집합체 안의 `Head`라는 필드가 리스트의 첫 번째 항목을 가리키고 있으며, 리스트상의 각 항목은 값("`Value`")과 다음 항목을 가리키는 포인터("`Next`")의 두 부분으로 구성되어 있는 것으로 가정한다. 그림에서는 None이라는 특별한 파이썬 값이 null 포인터로 사용된다. 이러한 함수가 일단 개발되면, 리스트를 인쇄하기 위해 실제로 필요한 단계들에 신경 쓰지 않고 이 함수를 연결 리스트를 인쇄하기 위한 추상적 도구로 사용할 수 있다. 예를 들면, Economics 301을 위한 출석부를 인쇄하기 위해, 사용자는 다음과 같은 함수 호출을 수행하기만 하면 된다.

```
printList(Economics301ClassList)
```

그리고 리스트가 실제로 저장되는 방식을 변경하기로 결정한다면, `printList()` 함수

그림 8.19 | 연결 리스트를 인쇄하기 위한 함수

```
def PrintList(List):
  CurrentPointer = List.Head
  while (CurrentPointer != None):
    print(CurrentPointer.Value)
    CurrentPointer = CurrentPointer.Next
```

의 내부 동작만이 변경되어야 하며, 이 함수의 사용자는 예전과 동일한 함수 호출을 사용하여 리스트의 인쇄를 요청할 수 있다.

연습문제

1. 아래의 배열이 행 우선 순서로 저장되어 있을 경우 주기억장치에서 어떻게 배열될지 보여라.

5	3	7
4	2	8
1	9	6

2. 2차원 배열을 행 우선 순서가 아니라 열 우선 순서로 저장할 경우 i 번 행 j 번 열의 항목을 찾기 위한 공식을 제시하라.

3. 파이썬, C, C++, 자바, C# 등의 프로그래밍 언어에서 배열의 인덱스는 1이 아니라 0에서 시작한다. 따라서 `Array`라는 이름의 배열의 첫 번째 행 네 번째 열의 항목은 `Array[0][3]`으로 참조된다. 이 경우, `Array[i][j]` 형식의 참조를 메모리 주소로 변환하기 위해 번역기가 사용할 주소 다항식은 무엇인가?

4. 연결 리스트가 비어있음을 가리키는 조건은 무엇인가?

5. 그림 8.19의 함수가 특정 이름을 인쇄하게 되면 멈추도록 함수를 수정하라.

6. 연속된 셀 블록에 스택을 구현하기 위해 이 절에서 사용한 기법에서, 스택이 비어있음을 가리키는 조건은 무엇인가?

7. 1차원 배열을 사용하여 고급 언어에서 스택을 어떻게 구현할 수 있는지 기술하라.

8. 이 절에 기술되어 있는 대로 큐를 순환형으로 구현한다면, 큐가 비어있을 경우 헤드 포인터와 테일 포인터의 관계는 무엇인가? 큐가 가득 차 있을 경우는? 큐가 가득 차 있는지 비어있는지 여부를 어떻게 판단할 수 있는가?

9. 이 절에 기술되어 있는 대로 왼쪽 자식 포인터와 오른쪽 자식 포인터를 사용하여 트리를 저장하는 방식을 사용할 경우, 아래 트리가 메모리에서 어떻게 나타날지 보여주는 다이어그램을 그려라. 그리고 이 절에서 설명된 또 다른 트리 저장 방식을 사용할 경우 연속적인 저장 공간에서 이 트리가 어떻게 나타날지 보여주는 다이어그램을 그려라.

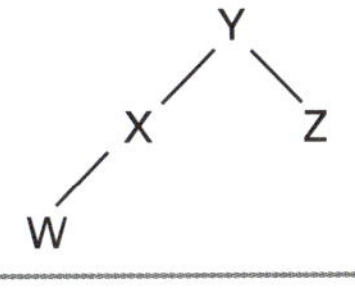

8.4 사례 연구

이름들의 리스트를 알파벳순으로 저장하는 작업을 생각해보자. 리스트에 대해 수행되어야 할 작업은 다음과 같다고 가정한다.

어떤 항목이 들어 있는지 검색한다,
리스트를 알파벳순으로 *인쇄*한다,
새로운 항목을 *삽입*한다.

우리의 목표는 리스트를 저장하는 방식과 위의 연산들을 수행하기 위한 함수들을 개발하여 완전한 추상적 도구를 만드는 것이다.

먼저 리스트를 저장하기 위해 어떤 방법을 사용할 수 있는지 생각해보기로 한다. 연결 리스트 모델에 따라 리스트를 저장할 경우, 리스트에 대한 검색은 5장에서 논의된 순차 검색을 사용하게 될 것이며, 리스트가 길 경우 이 작업은 아주 비효율적일 수 있다. 따라서 검색 함수에서 5.5절의 2진 검색 알고리즘을 사용할 수 있는 구현을 모색하게 될 것이다. 2진 검색 알고리즘을 적용할 수 있기 위해서는 점점 좁혀지는 리스트의 구간들에서 중앙 항목을 쉽게 찾을 수 있는 저장 방식을 채택해야 한다. 이를 위한 해결방법의 하나는 리스트를 2진트리로 저장하는 것이다. 리스트의 중앙 항목을 루트 노드로 두며, 리스트 전반부의 중앙 항목을 루트의 왼쪽 자식으로 두고, 리스트 후반부의 중앙 항목을 루트의 오른쪽 자식으로 둔다. 그 다음에 리스트를 4분한 구간의 각 중앙 항목들을 루트의 자식의 자식으로 두며, 이러한 방식으로 계속 진행해나간다. 그림 8.20에서 A, B, C, D, E, F, G, H, I, J, K, L, M 등의 문자로 이루어진 리스트를 예제로 보이고 있다. (문제의 리스트 부분에 짝수 개의 항목이 포함되어 있을 경우 가운데 두 항목 중 큰 것을 전체의 중앙 항목으로 간주한다.)

이러한 방식으로 저장된 리스트를 검색하기 위해서는 먼저 목표 값과 루트 노드를 비교한다. 그 둘이 같으면, 검색은 성공한 것이다. 그 둘이 같지 않으면, 목표 값이 루트보다 작은지 큰지에 따라 각각 루트의 왼쪽 자식 또는 오른쪽 자식으로 이동한다. 이동한 위치에서 검색을 진행하기 위해 필요한 해당 리스트 부분의 중앙 항목을 발견하게 된다.

그림 8.20 | A에서 M까지의 문자들을 위한 순서 트리

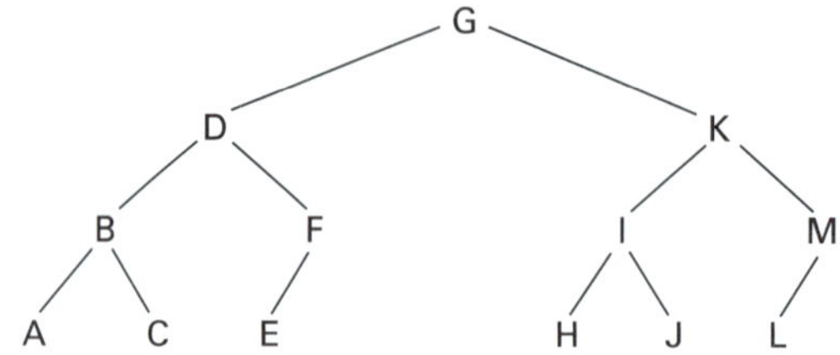

그림 8.21 | 연결을 사용하는 2진트리로 구현된 리스트를 위한 2진 검색

```
def Search(Tree, TargetValue):
  if (Tree == None):
    return None          # 검색 실패
  elif (TargetValue == Tree.Value):
    return Tree          # 검색 성공
  elif (TargetValue < Tree.Value):
    return Search(Tree.Left, TargetValue)
    # Search 함수를 적용하여 TargetValue가 루트의 왼쪽 자식 포인터로
    #   식별되는 서브트리에 있는지 확인하고 해당 검색 결과를 보고한다.
  elif (TargetValue > Tree.Value):
    return Search(Tree.Right, TargetValue)
    # Search 함수를 적용하여 TargetValue가 루트의 오른쪽 자식 포인터로
    #   식별되는 서브트리에 있는지 확인하고 해당 검색 결과를 보고한다.
```

이렇게 비교하고 자식 노드로 이동하는 과정을 목표 값을 찾아서 검색이 성공하거나 목표 값을 찾지 못하고 null 포인터(None)를 만나 검색의 실패를 확인하게 될 때까지 계속한다.

그림 8.21은 연결 트리 구조의 경우 이러한 검색 과정이 어떻게 표현될 수 있는지 보여준다. 파이썬 키워드 `elif`는 "`else: if...`"의 단축 표현이다. 이 함수는 2진 검색 알고리즘을 위한 그림 5.14의 함수를 트리구조에 맞추어 약간 고친 것일 뿐이며, 외관상

그림 8.22 | 그림 8.21의 함수로 문자 J를 검색할 때 고려되는 서브트리들

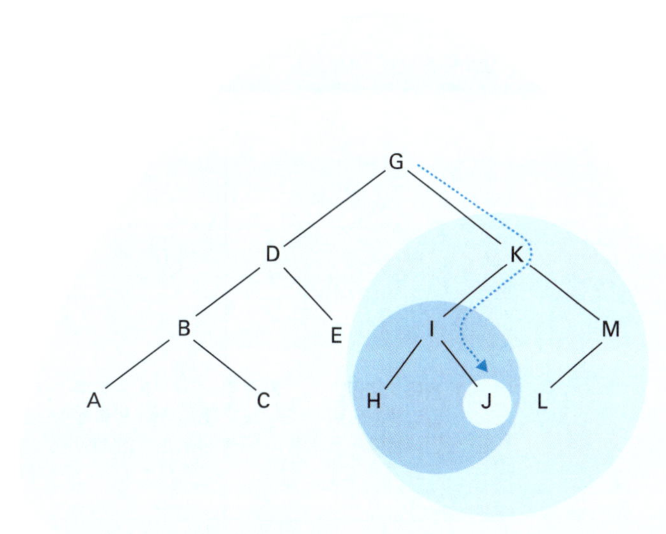

의 차이 외에는 다른 점이 없다. 그림 8.22에서는 알고리즘을 점차 작은 구간의 리스트에 대해 표현하는 대신 점차 작은 서브트리로 표현하고 있다.

"리스트"를 2진트리로 저장하게 되면, 리스트를 알파벳순으로 인쇄하는 과정이 어려울 것으로 생각할 수 있을 것이다. 그러나 리스트를 알파벳순으로 인쇄하기 위해서는 먼저 왼쪽 서브트리를 알파벳순으로 인쇄한 다음, 루트 노드를 인쇄하고, 그 다음에 오른쪽 서브트리를 알파벳순으로 인쇄하면 된다(그림 8.23). 이것은 왼쪽 서브트리는 루트 노드보다 작은 모든 원소들을 포함하며, 오른쪽 서브트리는 루트 노드보다 큰 모든 원소들을 포함하기 때문이다. 이를 위한 코드의 개요는 다음과 같다.

```
if (트리가 비어있지 않음):
  왼쪽 서브트리를 알파벳순으로 인쇄한다
  루트 노드를 인쇄한다
  오른쪽 서브트리를 알파벳순으로 인쇄한다
```

위의 코드 개요는 왼쪽 서브트리와 오른쪽 서브트리를 알파벳순으로 인쇄하는 작업을 포함하는데, 둘 다 기본적으로 원래 작업을 작은 규모로 수행하는 버전일 뿐이다. 즉, 트리를 인쇄하는 문제의 해결방법에 서브트리를 인쇄하는 작은 작업이 포함되며, 이는 트리 인쇄 문제에 재귀적 방식을 사용할 수 있음을 의미한다.

이러한 생각을 확장하여 그림 8.24와 같은 트리 인쇄를 위한 완전한 파이썬 함수를 작성할 수 있다. 이 함수의 이름은 `PrintTree()`라고 정하고 왼쪽 및 오른쪽 서브트리를 인쇄하기 위해 `PrintTree()`를 사용한다. null 서브트리("None")를 만나면 이 재귀 과정은 종료되며, 이 함수의 후속 활성화 과정은 현재보다 항상 더 작은 트리에 대해 적용

그림 8.23 | 검색 트리를 알파벳순으로 인쇄하기

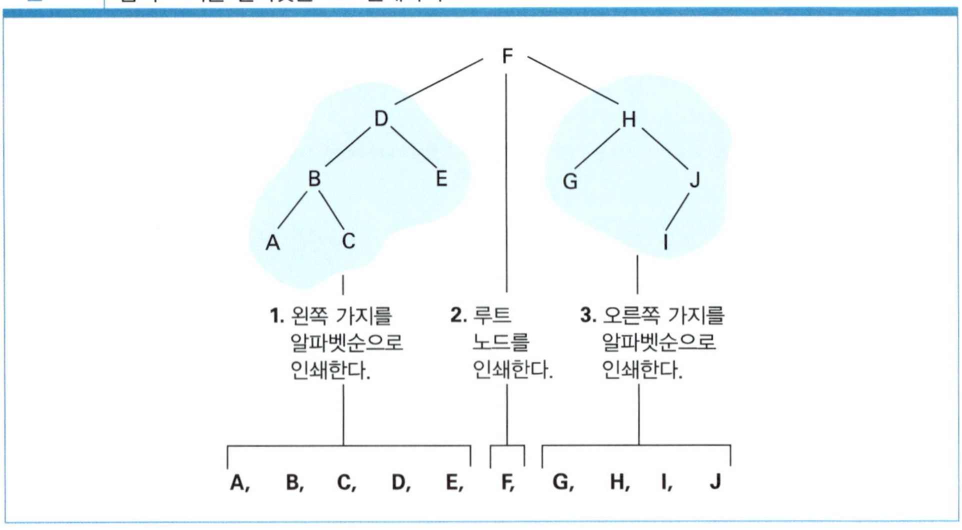

그림 8.24 | 2진트리 안의 데이터를 인쇄하기 위한 함수

```
def PrintTree(Tree):
  if (Tree != None):
    PrintTree(Tree.Left)
    print(Tree.Value)
    PrintTree(Tree.Right)
```

되므로 이러한 종료 조건에 도달하는 것이 보장된다.

트리에 새로운 항목을 삽입하는 작업도 생각보다 쉽다. 어쩌면 삽입 작업에서 새로운 항목을 위한 공간을 마련하기 위해 트리를 잘라야 할 것으로 생각할지 모르지만, 실제로 추가되는 노드는 그 값에 상관없이 항상 새로운 단말 노드로서 추가될 수 있다. 새로운 항목을 위한 적절한 장소를 찾기 위해, 그 항목을 검색하는 것처럼 트리상의 경로를 찾아 내려간다. 이 항목은 트리에 들어 있지 않으므로, 검색은 null 포인터에 이르게 될 것이다. 이 지점이 새로운 노드를 위한 적절한 위치가 된다(그림 8.25). 실제로 이곳이 새로운 항목을 삽입한 후 그 항목을 검색하면 도달하게 될 위치이다.

그림 8.25 | 트리로 저장된 리스트 B, E, G, H, J, K, N, P에 항목 M을 삽입하기

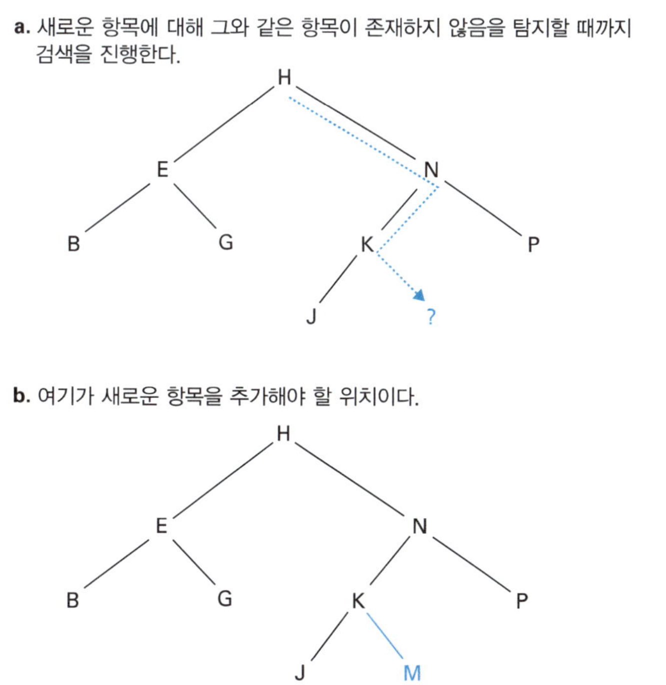

그림 8.26 | 2진트리로 저장된 리스트에 새로운 항목을 삽입하기 위한 함수

```
def Insert(Tree, NewValue):
  if (Tree == None):
    # NewValue로 새로운 단말 노드 생성
    Tree = TreeNode()
    Tree.Value = NewValue
  elif (NewValue < Tree.Value):
    # NewValue를 왼쪽 서브트리에 삽입
    Tree.Left = Insert(Tree.Left, NewValue)
  elif (NewValue > Tree.Value):
    # NewValue를 오른쪽 서브트리에 삽입
    Tree.Right = Insert(Tree.Right, NewValue)
  else:
    # NewValue가 루트보다 크지도 작지도 않을 경우,
    #   이 값은 이미 트리 안에 있으므로 트리를 변경하지 않는다.
    return Tree
```

연결 트리 구조에 대한 삽입 과정을 표현하는 함수를 그림 8.26에 보이고 있다. 이 함수는 (NewValue라고 불리는) 삽입할 값에 대해 검색 과정을 통해 발견한 적절한 위치에 NewValue를 포함하는 새로운 단말 노드를 삽입한다. 검색 과정에서 삽입할 항목이 트리 안에서 발견될 경우 삽입은 이루어지지 않는다. 그림 8.26의 파이썬 코드에서는 연결 트리 구조상에 새로운 단말 노드로 사용될 새로운 집합체를 생성하기 위해 함수 호출 TreeNode()를 사용한다. 이를 위해서는 그림 8.26의 코드 외에도 사용자정의 타입 TreeNode를 정의하기 위한 추가 코드가 필요하며, 이에 대해서는 다음 절에서 살펴볼 것이다.

연결을 사용하는 2진트리 구조와 검색, 인쇄, 삽입 등을 위한 함수 등으로 이루어지는 소프트웨어 패키지는 우리의 가상적 응용에서 사용될 수 있는 추상적 도구가 될 수 있다. 실제로, 적절히 구현되면 이 패키지는 실제 저장 구조에 상관없이 사용될 수 있다. 이러한 패키지 안의 함수들을 사용함으로써 사용자는 이름들의 리스트가 알파벳순으로 저장되어 있는 것처럼 간주할 수 있지만, 실제로는 "리스트" 항목들이 2진트리로 연결된 메모리 셀 블록들에 흩어져 저장될 수도 있다.

연습문제

1. 나중에 검색에 사용할 수 있도록 R, S, T, U, V, W, X, Y, Z 등으로 이루어진 리스트를 저장하는 데 사용할 수 있는 2진트리를 그려라.
2. 그림 8.20의 트리에서 항목 J를 검색하기 위해 그림 8.21의 2진 검색 알고리즘을 적용할 때, 순회되는 경로를 표시하라. 항목 P를 검색할 경우는?

3. 그림 8.20의 순서 트리에서 노드 K를 인쇄할 시점의 그림 8.24의 재귀적 트리 인쇄 알고리즘의 활성화 상태를 나타내는 다이어그램을 그려라.
4. 각 노드가 26개까지의 자식을 갖는 트리 구조가 어떻게 영어 단어들의 인코딩에 사용될 수 있는지 기술하라.

8.5 맞춤형 데이터 타입

6장에서 데이터 타입의 개념을 소개하고, 정수형, 실수형, 문자형, 부울형 등의 기본 타입들에 대해 설명하였다. 이러한 데이터 타입들은 대부분의 프로그래밍 언어에서 프리미티브 데이터 타입으로 제공된다. 이 절에서는 프로그래머가 특정 응용 프로그램에서 사용하기에 적합한 자신의 데이터 타입을 정의할 수 있는 방법을 살펴보기로 한다.

사용자정의 데이터 타입

프로그래밍 언어에서 프리미티브로 제공되는 데이터 타입 외의 다른 데이터 타입들을 이용할 수 있다면, 때로 알고리즘의 표현이 쉬워질 수 있다. 이러한 이유로 오늘날의 많은 프로그래밍 언어들은 프로그래머가 프리미티브 타입을 기초 요소로 사용하여 추가적인 데이터 타입을 정의할 수 있도록 허용한다. 이렇게 정의되는 데이터 타입 중 가장 기본적인 형태는 **사용자정의 데이터 타입(user-defined data type)**이라는 것이며, 이것은 기본적으로 여러 개의 프리미티브 타입을 하나의 이름으로 모은 것이다.

설명을 위해 이름, 나이, 기술등급 등으로 이루어진 동일한 집합체 구조를 갖는 여러 변수를 사용하는 프로그램을 개발한다고 생각해보자. 한 가지 방법은 각 변수를 별도의 집합체 타입으로 정의하는 것이다(6.2절). 그러나 더 나은 방법은 이러한 집합체를 새로운 (사용자정의) 데이터 타입으로 정의하고, 이 새로운 타입을 프리미티브처럼 사용하는 것이다.

6.2절에서 살펴본 바 있는

```
struct
{
  char   Name[25];
  int    Age;
  float  SkillRating;
} Employee;
```

와 같은 C 문장은 문자 타입의 Name, 정수 타입의 Age, 실수 타입의 SkillRating 등의 필드들을 포함하는 새로운 집합체 Employee를 정의한다.

반면에

```
struct EmployeeType
{
  char   Name[25];
  int    Age;
  float  SkillRating;
}
```

와 같은 C 문장은 새로운 집합체 변수를 정의하는 것이 아니라 EmployeeType라는 새로운 집합체 타입을 정의한다. 이 새로운 데이터 타입은 프리미티브 데이터 타입과 동일한 방식으로 변수 선언에 사용될 수 있다. 즉, C에서

```
int x;
```

와 같은 문장으로 정수 타입의 변수 x를 선언하듯이,

```
struct EmployeeType Employee1;
```

와 같은 문장으로 EmployeeType 타입의 변수 Employee1을 선언할 수 있다. 그리고 나중에 프로그램에서 변수 Employee1로 사원의 이름, 나이, 기술등급 등을 포함하는 전체 메모리 셀 블록을 참조할 수 있다. 블록 안의 개별 항목에 대한 참조를 위해서는 Employee1.Name이나 Employee1.Age 등과 같은 표현을 사용할 수 있다. 따라서 Employee1이 나타내는 블록 안의 Age 필드에 26을 저장하기 위해

```
Employee1.Age = 26;
```

와 같은 문장이 사용될 수 있다. 그리고 Sleeve, Waist, Neck 등의 변수를 프리미티브 타입인 float 형으로 선언하기 위해

```
float Sleeve, Waist, Neck;
```

와 같은 형식의 문장을 사용하듯이, DistManager, SalesRep1, SalesRep2 등의 세 변수의 타입을 EmployeeType로 선언하기 위해

```
struct EmployeeType DistManager, SalesRep1, SalesRep2;
```

와 같은 형식의 문장을 사용할 수 있다.

사용자정의 데이터 타입과 그러한 타입의 실제 항목을 구분하는 것은 중요하다. 사용자정의 데이터 타입의 실제 항목을 그 타입의 **인스턴스(instance)**라고 부른다. 사용자정의 데이터 타입은 기본적으로 그러한 타입의 인스턴스들을 생성하기 위해 사용하는 틀(template)에 해당한다. 이 틀은 그러한 타입의 모든 인스턴스들이 갖는 속성들을 기술하

고 있지만, 이 틀 자체가 그러한 타입의 개체를 구성하는 것은 아니다(이는 마치 빵틀에서 빵이 만들어지지만 그 자체는 빵이 아닌 것과 같다). 앞의 예제에서는 사용자정의 데이터 타입 EmployeeType가 그 타입의 세 인스턴스인 DistManager, SalesRep1, SalesRep2를 생성하기 위해 사용되었다.

추상 데이터 타입

C의 구조체나 파스칼의 레코드와 같은 사용자정의 데이터 타입은 많은 프로그래밍 언어에서 중요한 역할을 하는데, 바로 소프트웨어 설계자로 하여금 특정 프로그램에 맞게 데이터 표현을 조절할 수 있게 돕는 일이다. 그러나 전통적인 사용자정의 데이터 타입은 프로그래머가 새로운 저장 방식을 정의하는 것만 허용한다. 이들은 이러한 구조를 갖는 데이터에 수행될 연산을 제공하지는 않는다.

추상 데이터 타입(abstract data type)은 (표현에 해당하는) 데이터와 (동작에 해당하는) 함수 모두를 포함할 수 있는 사용자정의 데이터 타입이다. 추상 데이터 타입의 생성을 지원하는 프로그래밍 언어들은 일반적으로 (1) 추상 데이터 타입을 하나의 단위로 정의하기 위한 구문, 그리고 (2) 추상 데이터 타입을 사용하는 프로그램상의 다른 부분으로부터 해당 추상 데이터 타입의 내부구조를 감추기 위한 메커니즘 등 두 가지 기능을 제공한다. 첫 번째 기능은 유지보수와 디버깅을 쉽게 수행할 수 있도록 추상 데이터 타입의 데이터와 함수를 한 곳에 모아주는 중요한 구성 도구이다. 두 번째 기능은 추상 데이터 타입 바깥의 코드에서 추상 데이터 타입 내부 데이터에 대한 접근 목적으로 제공되는 함수들을 사용하지 않고 직접 접근하는 것을 방지해주며, 이를 통해 코드의 신뢰성을 제고한다.

설명을 명확하게 하기 위해, 어떤 프로그램에서 정수 값을 갖는 스택 여러 개를 생성하여 사용하고자 하는 예를 생각해보자. 각 스택을 20개의 정수 값을 갖는 배열로 구현할 수도 있다. 스택의 하단 항목은 배열의 첫 번째 위치에 저장되며, 추가적인 스택 항목들이 배열에 차례대로 저장된다(8.3절의 연습문제 7번 참고). 그리고 추가의 정수형 변수가 스택 포인터로 사용될 것이며, 이 변수는 다음 스택 항목을 저장할 배열 항목의 인덱스를 포함할 것이다. 따라서 각 스택은 스택 내용을 포함할 배열과 스택 포인터 역할을 할 정수로 구성된다.

이러한 계획을 구현하기 위해 먼저 다음과 같은 형식의 C 문장으로 StackType라는 사용자정의 타입을 정의할 것이다.

```
struct StackType
{
   int StackEntries[20];
   int StackPointer = 0;
}
```

(C, C++, C#, 자바 등의 언어에서 배열 StackEntries의 인덱스는 0에서 19 사이의 범위에 있으며, 따라서 StackPointer는 0으로 초기화한다.) 이렇게 선언한 다음, 아래와 같은 문장으로 StackOne, StackTwo, StackThree 등의 스택을 선언할 수 있다.

```
struct StackType StackOne, StackTwo, StackThree;
```

이 시점에서 StackOne, StackTwo, StackThree 등의 변수들 각각은 개별 스택을 구현하기 위해 사용되는 각각의 메모리 셀 블록을 참조할 것이다.

이제 25를 StackOne에 push하고자 할 경우, 스택 구현의 하부를 구성하는 배열 구조의 세부사항을 고려할 필요 없이 스택을 추상적 도구로 사용하기를 원할 것이며, 아마 다음과 유사한 함수 호출을 사용하기를 원할 것이다.

```
push(25, StackOne);
```

그러나 push()라는 이름의 적절한 함수가 정의되어 있지 않다면 위와 같은 문장을 사용할 수 없을 것이다. StackType 타입의 변수에 수행하기를 원하는 다른 연산에는 스택 항목에 대한 pop, 스택이 비어있는지에 대한 검사, 스택이 가득 차 있는지에 대한 검사 등이 있으며, 이들 각각에 대한 함수 정의가 추가로 필요하다. 요약하자면, 앞의 StackType이라는 데이터 타입 정의에는 이 타입과 관련하여 사용할 모든 속성들이 포함되어 있지는 않다. 더욱이 프로그램 안의 어떤 함수라도 StackType 변수의 StackPointer 필드나 StackEntries 필드에 접근할 수 있는데, 이 경우 push() 함수와 pop() 함수에 포함되는 세심한 검사를 건너뛰게 된다. 프로그램 상의 또 다른 부분에 있는 부주의한 배정문으로 인해 스택 데이터 구조 중간에 저장되어 있는 데이터를 덮어쓰거나 모든 스택의 특징인 LIFO 동작을 망칠 수도 있다.

여기에서 필요한 것은 StackType에 허용되는 연산들을 정의하고 또 외부의 간섭으로부터 내부의 변수들을 보호하기 위한 메커니즘이다. 이러한 메커니즘 중 하나는 자바 언어의 interface 구문이다. 예를 들면, 자바에서 다음과 같은 코드를 작성할 수 있다.

```
interface StackType
{
 public int                 pop(); /* 스택 상단의 항목을 받아온다. */
 public void      push(int item); /* 스택에 새로운 항목을 추가한다. */
 public boolean         isEmpty(); /* 스택이 비어있는지 검사한다. */
 public boolean          isFull(); /* 스택이 가득 차있는지 검사한다. */
}
```

위의 추상 데이터 타입만으로는 스택이 어떻게 저장될지, 그리고 push(), pop(), isEmpty(), isFull() 등의 함수들의 실행에 어떤 알고리즘이 사용될지 규정되지는 않는다. (위의 인터페이스에서는 추상화를 통해 제거되어 있는) 이러한 세부사항들은 자바 코드의 다른 부분에서 규정될 것이다. 그러나 앞의 사용자정의 데이터 타입의 경우와 같이 프로그래머들은 변수나 함수의 매개변수들에 대해 타입 StackType을 선언할 수 있다.

이제 아래와 같은 문장으로 StackOne, StackTwo, StackThree 등을 스택으로 선언할 수 있다.

```
StackType StackOne, StackTwo, StackThree;
```

이제 실질 매개변수로 25라는 값을 사용하여 StackOne에 연계된 push() 함수를 실행하는 것을 의미하는

```
StackOne.push(25);
```

와 같은 문장을 사용하여 항목들을 스택에 push할 수 있다.

보다 기초적인 사용자정의 데이터 타입과 달리 추상 데이터 타입은 완전한 데이터 타입이며, 1980년대에 Ada와 같은 언어에서 추상 데이터 타입을 도입한 것은 프로그래밍 언어의 설계에서 상당한 진전으로 평가된다. 오늘날 객체지향 언어들은 클래스(class)라고 불리는 확장된 버전의 추상 데이터 타입을 제공하며, 이에 대해 다음 절에서 살펴볼 것이다.

연습문제

1. 데이터 타입과 그 타입의 인스턴스 사이의 차이는 무엇인가?
2. 사용자정의 데이터 타입과 추상 데이터 타입의 차이는 무엇인가?
3. 리스트를 구현하기 위한 추상 데이터 타입을 기술하라.
4. 수표발행 계좌를 구현하기 위한 추상 데이터 타입을 기술하라.

8.6 클래스와 객체

6장에서 배웠듯이, 객체지향 패러다임에서는 작업을 수행하기 위해 서로 상호작용하는 객체라는 단위들로 구성되는 시스템이 구축된다. 각 객체는 다른 객체들로부터 수신된 메시지에 반응하는 개체이다. 객체들은 클래스로 알려져 있는 틀에 의해 기술된다.

여러 면에서 클래스는 추상 데이터 타입의 기술에 해당한다. 예를 들면, 그림 8.27은 자바나 C#과 같은 언어에서 StackOfIntegers라는 이름의 클래스를 어떻게 정의하는지 보여주고 있다. (C++에서 이에 해당하는 클래스를 정의하는 것도 동일한 구조를 갖지

그림 8.27 자바나 C#로 구현된 정수 스택

```
class StackOfIntegers implements StackType
{
  private int[] StackEntries = new int[20];
  private int StackPointer = 0;

  public void push(int NewEntry)
  {  if (StackPointer < 20)
        StackEntries[StackPointer++] = NewEntry;
  }

  public int pop()
  {  if (StackPointer > 0) return StackEntries[--StackPointer];
        else return 0;
  }

  public boolean isEmpty()
  {       return (StackPointer == 0);    }

  public boolean isFull()
  {       return (StackPointer >= MAX);    }
}
```

만 약간 다른 구문을 사용한다.) 이 클래스는 추상 데이터 타입 StackType에서 선언된 각 함수의 본체를 제공한다. 또한 이 클래스는 StackEntries라는 이름의 정수 배열, 그리고 배열에서 스택 상단의 위치를 나타내기 위해 사용되는 StackPointer라는 이름의 정수를 포함한다.

이 클래스를 틀로 사용하여 자바나 C# 프로그램에서 아래와 같은 문장으로 StackOne이라는 이름의 객체를 생성할 수 있다.

```
StackType StackOne = new StackOfIntegers();
```

C++ 프로그램에서는 다음과 같은 문장을 사용할 것이다.

```
StackOfIntegers StackOne();
```

나중에 프로그램에서 아래와 같은 문장으로 106이라는 값을 StackOne에 push할 수 있다.

```
StackOne.push(106);
```

또는 아래와 같은 문장으로 StackOne의 상단에서 값을 꺼내어 OldValue라는 변수에 저장할 수 있다.

```
OldValue = StackOne.pop();
```

이러한 기능들은 추상 데이터 타입의 경우와 기본적으로 동일하지만, 클래스와 추상 데이터 타입 사이에는 다른 점이 있다. 클래스는 추상 데이터 타입의 확장에 해당한다. 예를 들면, 6.5절에서 설명했듯이 객체지향 언어에서 클래스는 다른 클래스에서 속성들을 상속받을 수 있으며, 또한 생성되는 개별 객체들을 설정하는 생성자라는 이름의 특별한 메서드를 포함할 수 있다. 더욱이 클래스는 여러 수준의 캡슐화(6.5절)를 통해 인스턴스의 내부 속성을 잘못 사용하지 않도록 보호하는 기능도 있다.

결론적으로, 클래스와 객체의 개념은 프로그램에서 데이터 추상화를 표현하기 위한 기법을 진보시켰다. 사실 객체지향 프로그래밍 패러다임이 널리 사용되는 것은 추상화를 간편하게 정의하고 사용할 수 있는 기능이 있기 때문이다.

연습문제

1. 추상 데이터 타입과 클래스 사이의 유사점들은 무엇인가? 차이점들은 무엇인가?
2. 클래스와 객체의 차이는 무엇인가?
3. 정수 큐 타입의 객체들을 생성하기 위한 틀로 사용될 수 있는 클래스를 기술하라.

8.7 기계어에서의 포인터

이 장에서 포인터를 소개하였으며 이들이 데이터 구조를 구축할 때 어떻게 사용되는지를 보였다. 이 절에서는 기계어에서 포인터를 어떻게 처리하는지 살펴보기로 한다.

그림 8.12에 기술된 것과 같은 스택에서 한 개의 항목을 pop하여 범용 레지스터 중 하나에 저장하기 위한 프로그램을 부록 C의 Vole 기계어로 작성하기를 원한다고 하자. 즉, 스택 상단의 항목을 저장하는 메모리 셀의 내용을 레지스터에 넣고자 한다. 우리가 사용하는 기계어에는 레지스터에 값을 넣는 명령이 두 개 있는데, 하나는 명령 코드 2를 사용하며 다른 하나는 명령 코드 1을 사용한다. 명령 코드가 2인 경우 피연산자 필드는 레지스터에 들어갈 데이터를 포함하며, 명령 코드가 1인 경우 피연산자 필드는 레지스터에 들어갈 데이터의 주소를 포함한다.

어떤 내용이 들어 있을지 알 수 없으므로 우리 프로그램에서 명령 코드 2를 사용할 수는 없다. 그리고 프로그램이 실행되면서 스택 상단의 주소는 변화하므로 주소가 무엇인지도 알 수 없으며, 따라서 명령 코드 1을 사용할 수도 없다. 그러나 스택 포인터의 주소는 알고 있다. 즉, 레지스터에 넣을 데이터의 주소가 들어 있는 곳의 위치를 알고 있다. 이제 필요한 것은 피연산자로 레지스터에 넣을 데이터에 대한 포인터의 주소를 갖는 필드를 취하는 제3의 명령 코드이다.

그림 8.28 | 포인터를 이용할 수 있도록 부록 C의 Vole 기계어를 확장하려는 첫 번째 시도

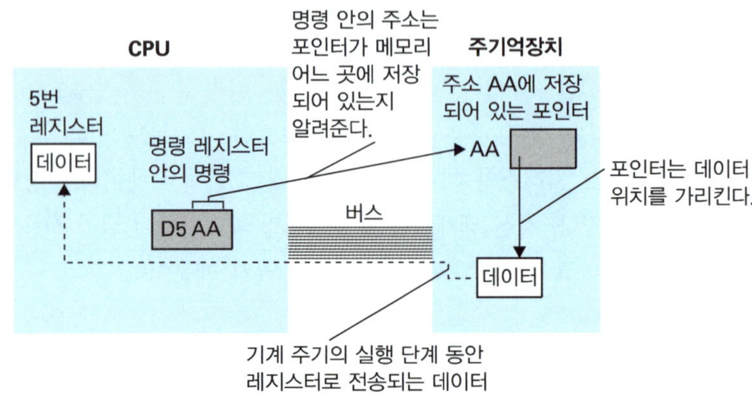

이를 위해 부록 C의 Vole 언어를 확장하여 명령 코드 D를 포함시킨다. 이러한 명령 코드를 갖는 명령은 DRXY 형식을 가질 수 있으며, 이 명령은 주소 XY에 들어 있는 주소가 가리키는 메모리 셀의 내용을 R번 레지스터에 넣으라는 의미이다(그림 8.28). 따라서 주소가 AA인 메모리 셀에 스택 포인터가 들어 있다면, D5AA라는 명령은 스택 상단의 데이터가 5번 레지스터에 들어가도록 만들 것이다.

그러나 이 명령이 pop 연산을 완성하지는 못한다. 추가로 필요한 것은 스택 포인터에서 1을 빼서 새로운 상단 위치를 가리키도록 하는 것이다. 이것은 우리의 기계어 프로그램은 새로운 LOAD 명령을 수행한 뒤에, 스택 포인터를 레지스터로 옮긴 다음 1을 빼고 그 결과를 다시 메모리에 저장하게 될 것임을 의미한다.

메모리 셀 대신 레지스터 중 하나를 스택 포인터로 사용한다면, 스택 포인터를 메모리와 레지스터를 오가며 이동하는 일을 줄일 수 있을 것이다. 그러나 이 경우에는 주기억장치 대신 레지스터에 포인터를 예상하도록 새로운 LOAD 명령을 다시 설계해야 한다. 따라서 명령 코드 D인 명령의 형식이 DR0S가 되도록 정의할 수 있으며, 이 명령은 S번 레지스터가 가리키는 메모리 셀의 내용을 R번 레지스터에 넣으라는 의미이다(그림 8.29). 이 명령 뒤에 S번 레지스터에 저장된 값에서 1을 빼는 명령을 실행함으로써 완전한 pop 연산이 수행될 수 있다.

push 연산의 구현에도 유사한 명령이 필요하다. 따라서 부록 C의 Vole 기계어에 명령 코드 E를 추가하여 확장할 수 있으며, ER0S 형식의 명령은 R번 레지스터의 내용을 S번 레지스터가 가리키는 메모리 셀에 저장하라는 의미이다. 이 명령 뒤에 S번 레지스터에 저장된 값에 1을 더하는 명령을 실행함으로써 push 연산을 완성할 수 있다.

여기에서 제안된 새로운 명령 코드 D와 E는 포인터를 다루기 위해 기계어를 어떻게 설계하는지 보여주고 있을 뿐만 아니라, 이들은 또한 원래의 기계어에 포함되어 있지 않

그림 8.29 | 레지스터에 저장된 포인터가 가리키는 메모리 셀의 내용을 레지스터에 넣기

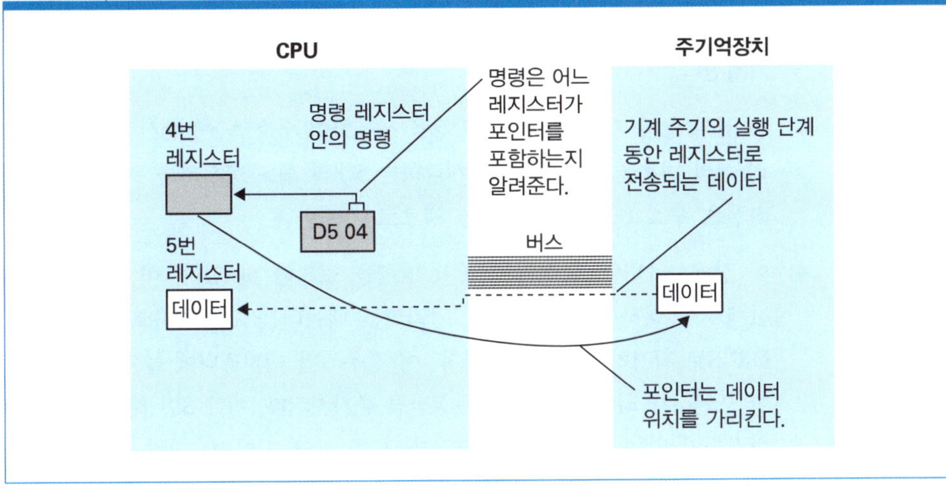

던 주소 지정 기법을 보여주고 있다. 부록 C의 Vole 기계어는 명령에서 데이터를 표시하는 두 가지 방법을 사용한다. 이 중 하나는 명령 코드 2에서 사용하는 방법이며, 피연산자 필드는 관련 데이터 자체를 포함한다. 이 방식은 **즉석 주소지정 방식**(immediate addressing)이라고 불린다. 데이터를 표시하는 두 번째 방법은 명령 코드 1과 3에서 사용되고 있다. 여기에서 피연산자 필드는 관련 데이터가 있는 곳의 주소를 포함한다. 이 방식은 **직접 주소지정 방식**(direct addressing)이라고 불린다. 그러나 여기에서 제안된 명령 코드 D와 E는 데이터를 표시하는 또 하나의 방식을 보여준다. 이 명령들의 피연산자 필드는 데이터가 있는 곳의 주소가 있는 곳의 주소를 포함한다. 이 방식은 **간접 주소지정 방식**(indirect addressing)이라고 불린다. 오늘날의 기계어들에서는 이 세 가지 주소지정 방식 모두 보편적으로 사용된다.

연습문제

1. 부록 C의 Vole 기계어가 이 절의 끝에서 제안된 대로 확장되었다고 가정하자. 그리고 8번 레지스터는 패턴 DB를 갖고 있고, 주소가 DB인 메모리 셀은 패턴 CA를 가지고 있으며, 주소가 CA인 메모리 셀은 패턴 A5를 가지고 있다. 아래의 각 명령을 실행한 후 5번 레지스터에는 어떤 비트 패턴이 들어 있겠는가?
   a. 25A5
   b. 15CA
   c. D508
2. 이 절의 끝에 기술되어 있는 확장을 사용하여 pop 연산을 수행하기 위한 Vole 기계어

루틴을 작성하라. 스택은 그림 8.12에서와 같이 구현되어 있으며, 스택 포인터는 F번 레지스터에 들어 있고, 스택 상단의 원소를 pop하면 5번 레지스터에 들어가는 것으로 가정한다.

3. 이 절의 끝에 기술되어 있는 확장을 사용하여 주소 A0에서 시작하는 5개의 연속된 메모리 셀의 내용을 주소 B0에서 시작하는 5개의 셀로 복사하는 프로그램을 작성하라. 프로그램은 주소 00에서 시작하는 것으로 가정한다.

4. 이 장에서 DR0S 형식의 기계어 명령을 소개한 바 있다. 이 형식을 "S번 레지스터의 값에 X를 더하여 얻은 주소가 가리키는 데이터를 R번 레지스터에 넣어라"를 의미하는 DRXS로 확장하였다고 가정하자. 이 경우 S번 레지스터에 들어 있는 값이 데이터에 대한 포인터가 되며, 이 포인터를 X만큼 증가시킨다. 이때 S번 레지스터에 들어 있는 값은 변경되지 않는다. (F번 레지스터가 04를 갖고 있다면, 명령 DE2F는 E번 레지스터를 주소가 06인 메모리 셀의 내용으로 채울 것이다. F번 레지스터의 값은 04로 남아있을 것이다.) 이 명령의 장점은 무엇인가? "S번 레지스터의 값에 T번 레지스터의 값을 더하여 얻은 주소가 가리키는 데이터를 R번 레지스터에 넣어라"를 의미하는 DRTS 형식 명령의 장점은 무엇이겠는가?

단원 복습 문제

(* 표시된 것은 고급 내용을 다루는 절에 관련된 문제이다.)

1. 아래의 배열을 행 우선 순서로 저장하는 경우와 열 우선 순서로 저장하는 경우에 대해 컴퓨터 메모리에서 어떻게 나타날지 보여주는 그림들을 그려라.

A	B	C	D
E	F	G	H
I	J	K	L

2. 6개의 행과 8개의 열을 갖는 배열을 주소 20(10진법 기준)에서 시작하여 행 우선 순서로 저장하였다고 하자. 배열의 각 항목이 한 개씩의 메모리 셀을 차지한다면, 3번 행 4번 열의 항목의 주소를 구하라. 각 항목이 두 개씩의 메모리 셀을 차지할 경우의 주소는?

3. 행 우선 순서 대신 열 우선 순서를 가정하고 위의 2번 문제를 다시 풀어라.

4. 전통적인 1차원 배열을 사용하여 동적 리스트를 구현할 경우 발생되는 문제는 무엇일까?

5. 3차원 배열을 저장하기 위한 방법을 기술하라. i 번 평면, j 번 행, k 번 열의 항목의 주소를 정하기 위한 주소 다항식을 구하라.

6. A, B, C, E, F, G 등의 문자로 이루어진 리스트가 연속 메모리 셀 블록에 저장되어 있다고 하자. 알파벳순서를 유지하면서 문자 D를 이 리스트에 삽입하기 위해 필요한 활동은 어떤 것인가?

7. 아래의 표는 컴퓨터 주기억장치의 일부 셀의 내용과 그 주소를 표현하고 있다. 셀 중 일부는 알파벳 문자를 포함하고 있으며, 이러한 셀 다음에는 비어있는 셀이 나타난다. 비어있는 셀에는 주

소를 넣어 바로 앞의 문자 셀과 함께 연결 리스트의 항목을 구성하도록 하라. 이 리스트에는 문자들이 알파벳순으로 나타나며, null 포인터로는 0을 사용한다. 헤드 포인터가 가져야 할 주소는 무엇인가?

주소	내용
11	C
12	
13	G
14	
15	E
16	
17	B
18	
19	U
1A	
1B	F
1C	

8. 다음 표는 컴퓨터 주기억장치 안의 연결 리스트의 일부를 표현하고 있다. 리스트의 각 항목은 두 개의 셀로 이루어지는데, 첫 번째 셀에는 알파벳 문자가 들어 있으며, 두 번째 셀에는 다음 항목에 대한 포인터가 들어 있다. 문자 N이 더 이상 리스트에 포함되지 않도록 포인터들을 변경하라. 그런 다음 문자 N을 문자 G로 교체하고 이 새로운 문자가 리스트에서 알파벳순으로 적절한 위치에 나타나도록 포인터들을 변경하라.

주소	내용
30	J
31	38
32	B
33	30
34	X
35	41
36	N
37	3A
38	K
39	36
3A	P
3B	34

9. 아래의 표는 앞의 문제들과 동일한 형식을 사용하여 연결 리스트를 표현한다. 헤드 포인터의 값이 44일 경우, 이 리스트가 나타내는 이름은 무엇인가? 이 리스트가 Jean이라는 이름을 나타내도록 포인터들을 변경하라.

주소	내용
40	N
41	46
42	I
43	40
44	J
45	50
46	E
47	00
48	M
49	42
4A	A
4B	40

10. 다음 루틴 중 연결 리스트에서 `PreviousEntry`라는 항목 바로 다음에 `NewEntry`를 올바로 삽입하는 것은 어느 것인가?

루틴 1 :

1. `PreviousEntry`의 포인터 필드의 값을 `NewEntry`의 포인터 필드에 복사한다.
2. `PreviousEntry`의 포인터 필드의 값을 `NewEntry`의 주소로 변경한다.

루틴 2 :

1. `PreviousEntry`의 포인터 필드의 값을 `NewEntry`의 주소로 변경한다.
2. `PreviousEntry`의 포인터 필드의 값을 `NewEntry`의 포인터 필드에 복사한다.

11. 두 개의 연결 리스트를 결합하기 위한 (즉, 한 연결 리스트 뒤에 다른 연결 리스트를 달아서 한 개의 리스트를 형성하기 위한) 함수를 설계하라.

12. 두 개의 정렬된 연속형 리스트를 한 개의 정렬된 연속형 리스트로 결합하는 함수를 설계하라. 동일한 작업을 연결 리스트에 대해 수행하라.

13. 연결 리스트의 순서를 역으로 바꾸는 함수를 설계하라.

14. a. 스택을 보조적인 저장 구조로 사용하여 연결 리스트를 역순으로 인쇄하는 알고리즘을 설계하라.

b. 스택을 명시적으로 사용하지 않고 동일한 작업을 수행하는 재귀 함수를 설계하라. 여기에서의 재귀적 해결방법에 스택이 어떤 형태로 관여되어 있는가?

15. 때로 연결 리스트의 각 항목에 한 개가 아니라 두 개씩의 포인터를 달아서 두 개의 서로 다른 순서를 지정할 수 있다. 첫 번째 포인터를 따라가면 `Carol`이라는 이름을 얻고, 두 번째 포인터를 따라가면 문자들이 알파벳순으로 나타나도록 아래의 표를 채워라. 두 개의 리스트 각각을 위한 헤드 포인터의 값은?

주소	내용
60	O
61	
62	
63	C
64	
65	
66	A
67	
68	
69	L
6A	
6B	
6C	R
6D	
6E	

16. 아래의 표는 본문에 기술된 대로 연속된 메모리 셀 블록에 저장되어 있는 스택을 표현하고 있다. 스택의 하단의 주소가 10이고 스택 포인터의 값이 12일 경우, pop 명령으로 꺼내게 될 값은 무엇인가? pop 명령 후 스택 포인터의 값은?

주소	내용
10	F
11	C
12	A
13	B
14	E

17. 문제 16의 명령이 문자 하나를 pop하는 것이 아니라 문자 `D`를 push하는 것이었을 경우, 메모리 셀들의 최종 내용을 나타내는 표를 그려라. push 명령을 수행한 후의 스택 포인터의 값은?

18. 스택에서 나머지 항목들을 유지하면서 하단의 항목만을 제거하기 위한 함수를 설계하라. 스택에 접근하기 위해서는 push 연산과 pop 연산만을 이용해야 한다. 이 문제를 해결하기 위해 어떤 보조적인 저장 구조를 사용해야 하는가?

19. 두 스택의 내용을 비교하기 위한 함수를 설계하라.

20. 두 개의 스택이 주어져 있다고 하자. 한 스택에서 다른 스택으로 한 번에 한 개씩의 항목만을 옮길 수 있다면, 원래 데이터에 대한 어떠한 재배열이 가능하겠는가? 세 개의 스택이 주어져 있을 경우라면?

21. 세 개의 스택이 주어져 있고, 한 스택에서 다른 스택으로 한 번에 한 개씩의 항목만을 옮길 수 있다고 하자. 스택 중의 한 곳에서 인접한 두 항목의 순서를 바꾸기 위한 알고리즘을 설계하라.

22. 길이가 일정하지 않은 이름들로 이루어지는 스택을 만들고자 한다. 이름을 직접 스택에 저장하는 대신, 이름들은 별도의 메모리 영역에 저장하고 스택에는 이름들에 대한 포인터를 저장하는 방식의 장점은 무엇인가?

23. 큐는 메모리에서 헤드 방향으로 이동하는가? 테일 방향으로 이동하는가?

24. 새로운 항목들에 우선순위를 부여하는 방식의 "큐"를 구현하기를 원한다고 하자. 따라서 새로운 항목은 자신보다 낮은 우선순위를 갖는 항목들보다 앞쪽에 저장되어야 한다. 이러한 "큐"를 구현하기 위한 저장 방식을 기술하고 그 타당성을 설명하라.

25. 큐 안의 각 항목이 한 개씩의 메모리 셀을 사용하며, 헤드 포인터의 값은 11, 테일 포인터의 값은 17이라고 하자. 한 개의 항목을 삽입하고 두 개의 항목을 제거하였다면, 이 포인터들의 값은 어떻게 변경되는가?

26. a. 순환형으로 구현된 큐가 아래 그림에서 나타내는 상태에 있다고 하자. 문자 G와 R을 삽입하고, 세 개의 문자를 제거하고, 다시 문자 D와 P를 삽입한 후의 구조를 나타내는 그림을 그려라.

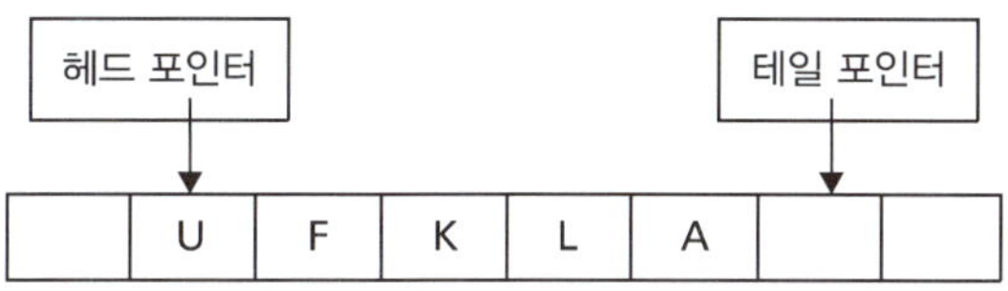

b. (a)에서 어느 문자도 제거하기 전에 먼저 G, R, D, P 등의 문자를 삽입한다면, 어떤 오류가 발생하겠는가?

27. 고급 언어로 작성된 프로그램에서 큐를 구현하기 위해 배열을 어떻게 사용할 수 있는지 기술하라.

28. 두 개의 큐가 주어져 있고, 이 중의 한 큐의 헤드에 있는 항목 한 개를 둘 중의 한 큐의 테일로 옮기는 일만 할 수 있다고 하자. 큐 중의 어느 하나에서 인접해 있는 두 항목의 순서를 바꾸기 위한 알고리즘을 설계하라.

29. 아래의 표는 컴퓨터의 메모리에 저장되어 있는 트리를 표현하고 있다. 트리의 각 노드는 세 개의 셀로 이루어져 있다. 첫 번째 셀은 문자 데이터를 포함하고 있고, 두 번째 셀은 노드의 왼쪽 자식에 대한 포인터를 포함하고 있으며, 세 번째 셀은 노드의 오른쪽 자식에 대한 포인터를 포함하고 있다. 0이라는 값은 null 포인터를 나타낸다. 루트 포인터의 값이 4F일 경우, 아래 표가 나타내는 트리를 그려라.

주소	내용
40	G
41	0
42	0
43	X
44	0
45	0
46	J
47	49
48	0
49	M
4A	0
4B	0
4C	F
4D	43
4E	40
4F	W
50	46
51	4C

30. 아래의 표는 컴퓨터의 주기억장치 안의 셀 블록의 내용을 나타내고 있다. 셀 중의 일부는 알파벳 문자를 포함하고 있으며, 이러한 셀 각각의 뒤에는 두 개의 공백 셀이 있다. 이 메모리 블록이 다음에 설명되는 트리를 표현할 수 있도록 공백 셀들을 채워라. 문자 셀 다음의 셀들은 차례대로 그 노드의 왼쪽 자식과 오른쪽 자식에 대한 포인터로 사용하며 0을 null 포인터로 사용한다. 루트 포인터가 가져야 할 값은 무엇인가?

주소	내용
30	C
31	
32	
33	H
34	
35	
36	K
37	
38	
39	E
3A	
3B	
3C	G
3D	
3E	
3F	P
40	
41	

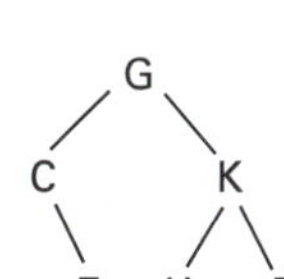

31. 그림 8.21에 제시된 재귀 알고리즘을 대체하기 위한 비재귀 알고리즘을 설계하라.

32. 그림 8.24에 제시된 재귀 알고리즘을 대체하기 위한 비재귀 알고리즘을 설계하라. 필요한 백트래킹의 제어를 위해 스택을 사용하라.

33. 문제 29에 주어진 트리에 그림 8.24의 재귀적 트리 인쇄 알고리즘을 적용하라. 노드 X가 인쇄되는 시점에 알고리즘의 중첩된 활성화를 (그리고 각 활성화에서 현재 위치를) 나타내는 그림을 그려라.

34. 문제 29의 트리에서 루트 노드를 현재대로 유지하면서 데이터 원소들의 위치도 변경하지 말고, 그림 8.24의 트리 인쇄 알고리즘이 노드들을 알파벳순으로 인쇄할 수 있도록 트리상의 포인터들만 변경하라.

35. 8.3절에 기술되어 있는 대로 포인터를 사용하지 않고 연속된 메모리 셀 블록을 사용하여 아래의 2진트리를 저장할 때, 메모리상에서 어떻게 나타날지 보여주는 그림을 그려라.

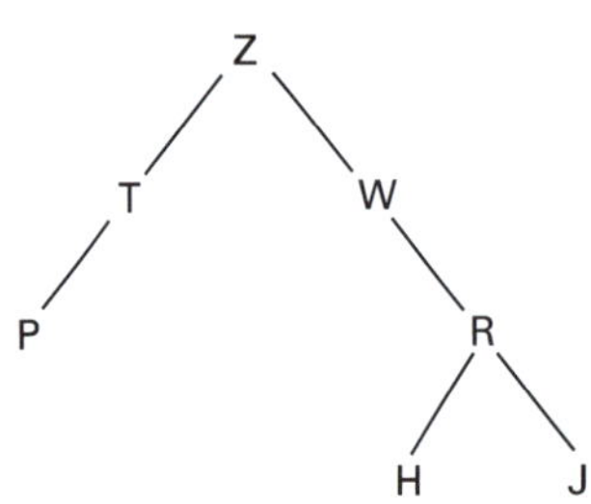

36. 8.3절에 기술된 대로 2진트리를 나타내는 연속된 셀들이 A, B, C, D, E, F 등의 값을 갖고 있다고 하자. 이 트리를 그려라.

37. (개념적 구조인) 리스트를 (실제 기초 구조인) 트리로 구현하기를 원할 법한 사례를 들어보라. (개념적 구조인) 트리를 (실제 기초 구조인) 리스트로 구현하기를 원할 법한 사례를 들어보라.

38. 본문에서 논의된 연결 트리 구조는 부모에서 자식 방향으로 트리를 따라 아래로 이동할 수 있도록 포인터들을 포함한다. 자식에서 부모 방향으로 트리를 따라 위로 이동할 수 있도록 허용하는 포인터 시스템을 기술하라. 그리고 형제 사이의 이동을 위한 포인터 시스템을 기술하라.

39. 체스 게임 동안 체스 판의 상황을 표현하기에 적절한 데이터 구조를 기술하라.

40. 아래 트리 중 그림 8.24의 알고리즘을 적용할 때 노드들이 알파벳순으로 인쇄되는 것은 어느 트리인가?

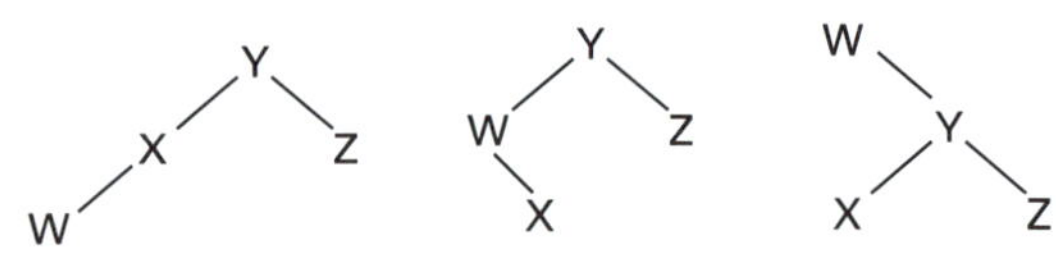

41. 그림 8.24의 함수가 "리스트"를 역순으로 인쇄하도록 수정하라.

42. 가족의 가계도를 저장하기 위해 사용될 수 있는 트리 구조를 기술하라. 이 트리에 수행될 연산은 어떤 것들인가? 연결 구조를 사용하여 트리를 구현할 경우, 각 노드에는 어떤 포인터들이 필요한가? 트리가 방금 답한 포인터들을 갖는 연결 구조를 사용하여 구현되어 있다고 가정하고, 앞에서 대답한 연산들을 수행하는 함수들을 설계하라. 답으로 제시된 저장 방식을 사용하여 어떤 사람의 모든 형제들을 어떻게 찾을 수 있는지 설명하라.

43. 그림 8.20과 같은 방식으로 저장된 트리에서 특정 값을 찾아서 삭제하기 위한 함수를 설계하라.

44. 트리에 대한 전통적인 구현에서 각 노드는 가능한 각 자식에 대한 별도의 포인터를 갖도록 구축된다. 이러한 포인터의 수는 임의의 노드가 가질 수 있는 자식의 최대 수를 나타내며, 설계상의 중요한 결정 중 하나이다. 어떤 노드가 포인터 수보다 적은 수의 자식을 가질 경우에 포인터들의 일부는 null로 설정될 것이다. 그러나 이러한 노드는 포인터 수보다 많은 자식을 가질 수는 없다. 어떤 노드가 가질 수 있는 자식의 수를 제한하지 않는 트리 구현 방법을 기술하라.

45. 8.5절에 소개된 C 언어 struct 문장 스타일의 의사코드를 사용하여, 어느 회사의 사원에 관련된 데이터를 나타내는 사용자정의 데이터 타입을 정의하라. (이러한 데이터에는 이름, 주소, 직책, 급여 정보 등등이 포함될 수 있다.)

46. 그림 8.27의 자바 class 구문과 유사한 의사코드를 사용하여, 이름들의 리스트를 나타내는 추상

데이터 타입의 정의의 윤곽을 제시하라. 특히 리스트의 저장을 위한 구조는 무엇이며 이 리스트를 다루기 위해 제공되어야 할 함수에는 어떤 것들이 있겠는가? (함수들에 대한 세부적인 기술을 포함할 필요는 없다.)

47. 그림 8.27의 자바 class 구문과 유사한 의사코드를 사용하여, 큐를 나타내는 추상 데이터 타입 정의의 윤곽을 제시하라. 이러한 타입의 인스턴스들이 어떻게 생성될 수 있는지, 그리고 이러한 인스턴스에 항목들이 어떻게 삽입되고 삭제될 수 있는지를 보여주는 의사코드 문장들을 제시하라.

48. a. 사용자정의 데이터 타입과 프리미티브 데이터 타입의 차이는 무엇인가?
b. 사용자정의 데이터 타입과 추상 데이터 타입의 차이는 무엇인가?

49. 주소록을 표현하는 추상 데이터 타입에 나타날 만한 데이터 구조와 함수들을 제시하라.

50. 비디오 게임에서 간단한 우주선을 표현하는 추상 데이터 타입에 나타날만한 데이터 구조와 함수들을 제시하라.

51. 스택 대신 큐를 정의하도록 그림 8.27, 그리고 8.5절의 StackType 인터페이스를 수정하라.

52. 클래스는 어떤 면에서 전통적인 추상 데이터 타입보다 일반적이라고 할 수 있는가?

***53.** 8.7절의 끝에 기술되어 있는 DR0S 및 ER0S 형식의 명령을 사용하여, 그림 8.12에서와 같이 구현된 스택에 항목을 push하기 위한 기계어 루틴을 작성하라. 스택 포인터는 F번 레지스터에 들어 있고 push할 항목은 5번 레지스터에 들어 있는 것으로 가정한다.

***54.** 연결 리스트의 각 항목이 데이터 셀 하나와 다음 리스트 항목에 대한 포인터로 구성되어 있다고 하자. 그리고 메모리상의 주소 A0에 있는 새로운 항목을 B5에 위치한 항목과 C4에 위치한 항목 사이에 삽입하려고 한다. 부록 C의 Vole 언어와 8.7절 끝에 기술되어 있는 추가적인 명령 코드 D와 E를 사용하여, 이 삽입을 수행하기 위한 기계어 루틴을 작성하라.

***55.** 8.7절에 기술되어 있는 DR0S 형식의 명령이 DRXY 형식의 명령에 비해 갖는 장점은 무엇인가? 8.7절의 연습문제 4에 기술되어 있는 DRXS 형식의 명령이 DR0S 형식의 명령에 비해 갖는 장점은 무엇인가?

사회적 논제

다음 질문들은 컴퓨터 적용 분야에 관련된 윤리적/사회적/법률적 쟁점에 대한 지침을 마련하기 위한 것이다. 이 질문들의 목표는 단순히 대답을 이끌어내는 것에 있지 않다. 자신의 대답에 대한 이유를 생각해야 하며, 그와 같은 논거는 각 문항 사이에서 일관성을 유지해야 한다.

1. 어떤 소프트웨어 분석가가 특정 응용 프로그램에서 데이터의 효율적 처리를 가능하게 할 데이터 구조를 설계하려고 한다고 하자. 이 데이터 구조에 대한 권리를 어떻게 보호할 수 있을까? 데이터 구조도 시와 같이 저작권으로 보호되는 생각의 표현이라고 볼 수 있는가? 혹은 알고리즘의 경우와 마찬가지로 법률상의 허점으로 인해 보호에서 제외될 것인가? 특허의 적용은 가능한가?
2. 데이터가 없는 경우보다 부정확한 데이터가 더 나쁜 것은 어떤 측면에서인가?

3. 많은 응용 프로그램에서 스택의 최대 크기는 이용 가능한 메모리의 양에 의해 결정된다. 이용 가능한 공간이 소진되면, 이러한 소프트웨어는 “스택 오버플로”와 같은 메시지를 내보내고 종료하도록 설계된다. 이러한 오류는 잘 발생하지 않으며, 사용자도 이런 점을 모를 것이다. 만일 이러한 오류가 발생하여 중요한 정보를 잃게 될 경우, 누구에게 책임이 있는가? 소프트웨어 개발자는 어떻게 자신의 배상책임을 최소화할 수 있는가?
4. 포인터 방식에 기초한 데이터 구조에서 항목을 삭제하면, 대개 메모리 셀을 지우는 것이 아니라 포인터의 변경을 초래한다. 따라서 연결 리스트의 항목을 삭제하면, 삭제된 항목이 사용하던 메모리 공간을 다른 데이터가 이용할 때까지 삭제된 항목은 실제로 메모리에 남아있게 된다. 삭제된 데이터가 남아있음으로 해서 발생하는 윤리적 문제와 보안 문제에는 어떤 것이 있겠는가?
5. 데이터나 프로그램을 한 컴퓨터에서 다른 컴퓨터로 전송하는 것은 쉬운 일이며, 따라서 한 컴퓨터가 가지고 있는 지식을 여러 컴퓨터들에 전파하는 것은 쉬운 일이다. 반면에 사람의 경우 지식을 다른 사람에게 전달하기 위해서는 때로 시간이 많이 걸린다. 예를 들어 어떤 사람이 다른 사람에게 새로운 언어를 가르치는 것은 시간이 걸리는 일이다. 컴퓨터의 능력이 사람의 능력에 가까워질 경우 이러한 지식 전파 속도의 차이가 갖는 의미는 무엇인가?
6. 포인터를 사용함으로써 컴퓨터 메모리에서 연관성이 있는 데이터들을 연결할 수 있는데, 이러한 방식은 사람의 두뇌에서의 정보 연상 작용과 비슷한 면이 있다. 컴퓨터 메모리상의 연결은 어떤 면에서 두뇌에서의 연상과 유사한가? 또 이들 사이에는 어떤 차이가 있는가? 사람의 두뇌를 보다 가깝게 흉내 내는 컴퓨터를 구축하려고 시도하는 것은 윤리적으로 합당한 일인가?
7. 컴퓨터 기술의 보급으로 인해 새로운 윤리적 문제가 생겨난 것인가? 아니면 기존의 윤리 이론들이 적용될 수 있는 새로운 환경이 생겨난 것인가?
8. 컴퓨터과학개론 교재의 저자가 본문에서 개념들을 설명하기 위해 프로그램 예제들을 포함하기를 원한다고 하자. 그러나 설명의 명확성을 위해 많은 예제들은 전문 소프트웨어에서 실제로 사용되는 프로그램의 단순화된 버전들이어야 할 것이다. 독자들이 이러한 예제들을 무심코 사용할 수 있으며, 훨씬 더 견고한 기법을 사용해야 할 중요한 응용 소프트웨어에 이러한 예제의 기법이 들어갈 수 있다는 사실을 이 저자가 인식하고 있다고 하자. 저자가 단순화된 예제를 사용하는 것이 옳은가? 아니면 설명의 명확성을 희생하며 견고한 예제만 사용하는 것이 옳은가? 아니면 명확성과 견고성을 모두 갖출 수 없는 경우에는 아예 해당 예제 자체를 사용하지 말아야 하는가?

참고문헌

Carrano, F. M. and T. Henry. *Data Abstraction and Problem Solving with C++: Walls and Mirrors*, 7th ed. Boston, MA: Addison-Wesley, 2016.

Goodrich, M.T., R. Tamassia, and M.H. Goldwasser. *Data Structures and Algorithms in Python*. Hoboken, NJ: Wiley, 2013.

Gray, S. *Data Structures in Java: From Abstract Data Types to the Java Collections Framework*. Boston, MA: Addison-Wesley, 2007.

Lee, K.D. and S. Hubbard. *Data Structures and Algorithms with Python*. Cham, Switzerland: Springer, 2015.

Main, M. *Data Structures and Other Objects Using Java*, 4th ed. Boston, MA: Addison-Wesley 2011.

Main, M. and W. Savitch. *Data Structures and Other Objects Using C++*, 4th ed. Boston, MA: Addison-Wesley, 2010.

Prichard, J. and F. M. Carrano. *Data Abstraction and Problem Solving with Java: Walls and Mirrors*, 3rd ed. Boston, MA: Addison-Wesley, 2010.

Shaffer, C. A. *Practical Introduction to Data Structures and Algorithm Analysis*, 2nd ed. Upper Saddle River, NJ: Prentice Hall, 2001.

Weiss, M. A. *Data Structures and Algorithm Analysis in C++*, 4th ed. Boston, MA: Addison-Wesley, 2013.

Weiss, M. A. *Data Structures and Algorithm Analysis in Java*, 3rd ed. Boston, MA: Addison-Wesley, 2011.

Weiss, M. A. *Data Structures and Problem Solving Using Java*, 4th ed. Boston, MA: Addison-Wesley, 2011.

CHAPTER

9

데이터베이스 시스템

데이터베이스는 대규모의 데이터 집합을 사용자가 편리하게 관련 정보 항목을 검색하고 추출하는 데 사용할 수 있는 추상적 도구로 변환해주는 시스템이다. 이 장에서는 데이터베이스와 함께 대규모 데이터 집합에서 숨겨진 패턴을 발견하기 위한 기법을 찾는 데이터마이닝, 그리고 오늘날의 데이터베이스 및 데이터마이닝 시스템의 토대를 형성하는 여러 가지 도구들을 제공하는 전통적인 파일구조 등에 대해 살펴볼 것이다.

* 표시된 절은 고급 내용임을 나타냄

오늘날의 발전된 기술은 대단히 큰 규모의 데이터의 저장을 가능하게 하지만, 당면 작업에 관련된 정보 항목을 추출할 수 없다면 이러한 데이터 집합은 아무 쓸모가 없을 것이다. 이 장에서는 데이터베이스 시스템에 대해 살펴볼 것이며, 또 이러한 시스템이 어떻게 대규모의 데이터 집합을 유용한 정보의 원천으로 변환하기 위해 추상화를 적용하는지 배우게 될 것이다. 또한 관련된 주제로서 데이터 집합 안의 패턴들을 식별하고 찾는 기법의 개발을 목표로 하는 데이터마이닝이라는 빠르게 발전하고 있는 분야를 살펴볼 것이다. 그리고 오늘날의 데이터베이스 및 데이터마이닝 시스템의 토대를 형성하는 전통적인 파일 구조의 원리들에 대해서도 살펴볼 것이다.

9.1 데이터베이스 기초

데이터베이스(database)라는 용어는 항목들 사이에 여러 개의 내부 링크가 있어서 여러 관점에서 접근할 수 있다는 점에서 다차원적인 데이터 집합을 지칭한다. 이것은 정보를 한 가지 관점으로만 제시한다는 점에서 일차원적인 저장 시스템이라고 할 수 있고 때로 단층 파일(flat file)이라고도 불리는 전통적인 파일시스템(9.5절)과 대비된다. 예를 들어 작곡가들과 이들의 작품을 포함하는 단층 파일은 작곡가 순으로 배열된 작품들의 목록과 같은 한 가지 유형의 정보만을 제공할 수 있는 반면, 하나의 데이터베이스는 특정 작곡가의 모든 작품을 제공할 수도 있고, 특정 유형의 음악을 작곡한 모든 작곡가들을 제공할 수도 있으며, 어쩌면 다른 작곡가의 작품을 편곡한 작곡가들을 제공할 수도 있다.

데이터베이스 시스템의 중요성

컴퓨터 장비들이 정보관리에서 다양한 용도로 사용됨에 따라, 응용 프로그램마다 자신이 사용할 데이터 집합을 별도의 시스템으로 구현하는 경향을 보여 왔다. 급여업무는 급여 파일을 사용하여 처리되며, 인사부서는 자체의 사원 레코드를 유지하고, 재고업무는 재고 파일을 통해 관리된다. 이러한 현상으로 인해 어떤 기관이 필요로 하는 정보의 많은 부분은 기관 내의 여러 곳에 복제되며, 서로 연관된 항목들이 별도의 시스템에 저장된다. 이러한 상황에서 데이터베이스 시스템이 특정 기관에서 저장하고 유지하는 정보를 통합하는 수단으로 등장하였다(그림 9.1). 이러한 시스템을 이용할 경우, 동일한 판매 데이터를 사용하여 재고보충용 주문서 작성, 시장동향 보고서 작성, 고객 대상 직접 광고 및 제품 출시 홍보, 영업사원 대상 상여금 계산 등을 수행할 수 있다.

이러한 통합 정보 자원은 실효성 있는 접근 방법이 제공될 경우 경영진의 의사결정을 위한 기초 자료가 될 수도 있다. 이에 따라 데이터베이스 연구는 데이터베이스상의 정보를 의사결정 과정에 이용할 수 있도록 해주는 기법의 개발에 초점을 맞추게 되었으며, 이

그림 9.1 | 파일 구조와 데이터베이스 구조

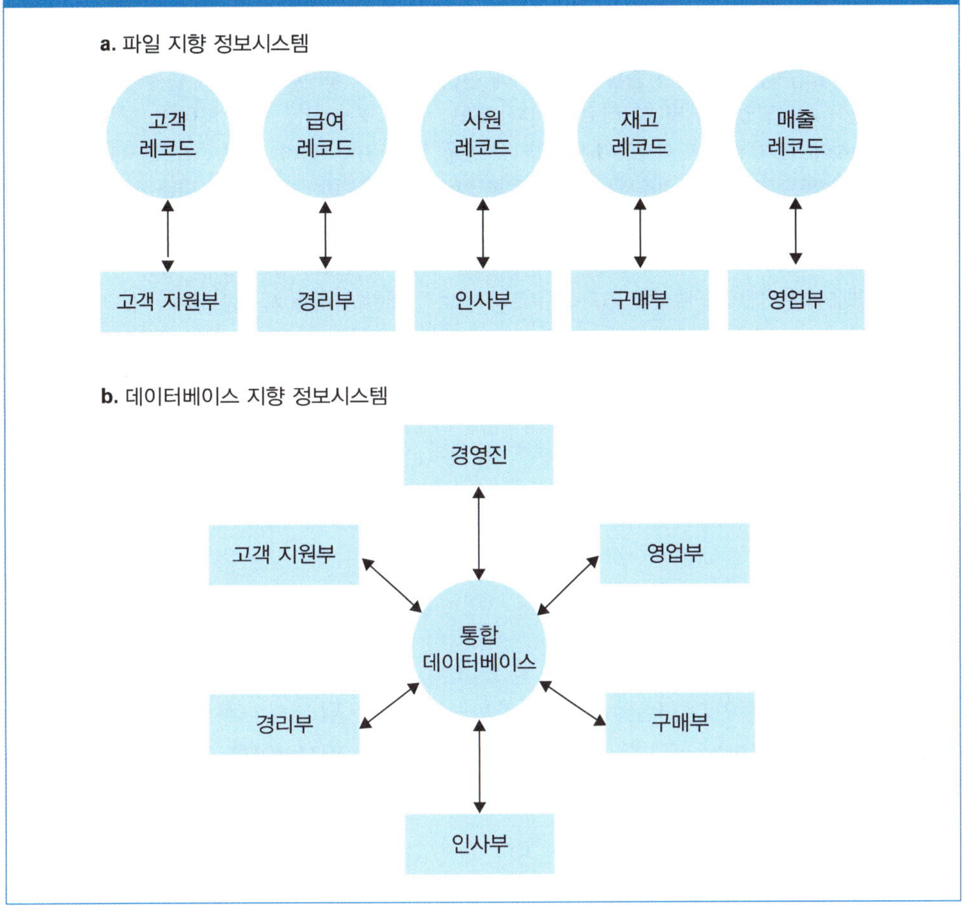

러한 측면에서 많은 발전이 있었다. 오늘날 데이터마이닝과 결합된 데이터베이스 기술은 중요한 경영 도구의 하나이며, 조직의 경영진으로 하여금 해당 조직과 그 주변 환경의 모든 측면을 포괄하는 방대한 양의 데이터로부터 새로운 지식과 통찰을 추출할 수 있게 해준다.

더욱이 데이터베이스 시스템은 많은 유명 웹사이트들을 지원하는 기초 기술로 이용되고 있다. 구글, 이베이, 아마존 등과 같은 사이트들의 기본 기능은 이용자들과 데이터베이스 사이의 인터페이스를 제공하는 것이다. 이용자의 요청을 처리하기 위해 서버는 데이터베이스에 질의를 보내어 그 결과를 웹페이지 형태로 구성한 다음, 그 결과를 이용자에게 전송한다. 이러한 웹 인터페이스는 데이터베이스 기술의 새로운 역할을 보편화시키고 있는데, 데이터베이스는 이제 기업의 데이터를 저장하는 수단에 그치지 않고 그 자체가 기업의 제품이 되고 있다. 최근의 데이터베이스는 거래 데이터뿐만 아니라 모든 유형의 텍스트나 멀티미디어 콘텐츠 및 메타데이터를 저장한다. 실제로 데이터베이스 기술을 웹 인터페이스와 결합시킴으로써 인터넷은 범세계적인 주요 정보 공급처가 되고 있다.

메타데이터는 데이터에 관한 데이터

메타데이터라는 용어는 다른 종류의 데이터에 관한 정보를 의미한다. 전산화 된 카탈로그가 널리 보급되기 전에 많이 사용되었던 메타데이터로는 저자, 제목, 주제, 또는 다른 보다 복잡한 기준에 따라 서가에서 책을 신속하게 찾기 위한 도서카드가 있었다. (사진을 찍은 위치, 장비, 사람 등으로) 이미지나 (작성자, 앨범, 노래 제목 등으로) 미디어 파일에 대한 정보를 기술하거나 웹페이지를 위한 관련 정보를 제공하기 위해 컴퓨터 메타데이터가 사용될 수 있다. 오늘날 일반적인 데이터 파일 형식들 중에는 문서의 작성자 정보 또는 클라우드 자원의 개정 내역과 같은 메타데이터를 파일 안에 포함하는 경우가 많다.

메타데이터는 데이터 분석에 추가적 구조나 정보에 대한 단서를 제공함으로써 데이터 분석 도구의 기능을 향상시킬 수 있다.

2013년 에드워드 스노든이 미국 국가안보국이 수십 년 동안 미국시민의 전화통화 메타데이터를 대량으로 수집해왔음을 폭로했을 때, 이러한 수집 관행의 지지자들은 재빠르게 통화 내용 자체는 기록되지 않았음을 지적하였다. 비판자들은 상대방 전화번호, 통화 지속시간 등등과 같은 메타데이터만으로도 이미 영장도 없이 상당한 사생활침해가 진행되었음을 들어 반박하였다.

스키마의 역할

데이터베이스 기술을 많이 사용하는 데 따른 단점 중 하나는 인가받지 않은 사람이 민감한 데이터에 접근할 수 있다는 것이다. 회사 웹사이트를 통해 주문을 하는 사람이 그 회사의 재무 데이터에 접근할 수 없어야 하며, 마찬가지로 회사의 복지 관련 부서 근무자가 사원들의 기록에 접근하는 것은 필요하겠지만 회사의 재고 레코드나 판매 레코드에는 접근할 수 없어야 한다. 따라서 데이터베이스에서는 정보 접근에 대한 제어 기능이 정보 공유 기능만큼이나 중요하다.

사용자별로 데이터베이스 안의 정보에 대한 다른 접근 권한을 제공하기 위해, 데이터베이스 시스템은 종종 스키마와 서브스키마를 이용한다. **스키마(schema)**란 데이터베이스 소프트웨어가 데이터베이스를 유지하기 위해 사용하는 전체 데이터베이스 구조에 대해 기술한 것을 말한다. **서브스키마(subschema)**는 특정 사용자가 필요로 하는 데이터베이스 부분에 한정된 기술이다. 예를 들면, 어떤 대학의 데이터베이스를 위한 스키마에서는 각 학생 레코드가 학생의 현재 주소와 전화번호, 성적표 등을 포함한다는 사실이 기술되어 있을 것이다. 또한 각 학생 레코드는 그 학생의 지도교수의 레코드에 연결되어 있다는 것이 스키마에 나타날 수도 있다. 각 교수의 레코드는 주소, 경력 등등의 정보를 포함하게 될 것이다. 이러한 스키마에 기초하여 궁극적으로는 학생에 관한 정보와 교수의 경력을 연결할 수 있는 링크 시스템이 유지될 것이다.

대학의 학적담당자가 이러한 링크 시스템을 사용하여 교수에 관한 사적인 정보를 얻는 것을 방지하기 위해, 학적담당자의 데이터베이스에 대한 접근은 교수 레코드에서 경력사항을 포함하지 않는 서브스키마로 제한되어야 한다. 이러한 서브스키마 하에서 학적담당자는 어느 교수가 특정 학생의 지도교수인지는 찾아볼 수 있지만, 그 교수에 관한 추가적인 정보에는 접근할 수 없게 된다. 반면에 급여담당자를 위한 서브스키마는 각 교수의 경력 정보를 제공하겠지만, 학생과 지도교수 사이의 연결 관계를 포함하지는 않을 것이다. 따라서 급여담당자는 교수의 급여액을 변경할 수는 있지만, 그 교수가 지도하는 학생의 이름을 얻지는 못할 것이다.

데이터베이스 관리 시스템

전형적인 데이터베이스 응용 시스템은 여러 소프트웨어 계층을 포함하는데, 이들은 응용 계층과 데이터베이스 관리 계층이라는 두 개의 주요 계층으로 분류될 수 있다(그림 9.2). 응용 소프트웨어는 데이터베이스의 사용자와의 통신을 처리하며, 사용자들이 웹사이트를 통해 데이터베이스에 접근하는 응용 소프트웨어에서 볼 수 있듯이 상당히 복잡할 수도 있다. 이 경우 응용 계층은 인터넷 도처에 존재하는 클라이언트들과 이러한 클라이언트들로부터의 요청을 처리하기 위해 데이터베이스를 사용하는 한 개의 서버로 이루어진다.

응용 소프트웨어는 데이터베이스를 직접 조작하지는 않는다. 데이터베이스에 대한 실제 조작은 **데이터베이스 관리 시스템(database management system; DBMS)**에 의해 이루어진다. 일단 응용 계층이 사용자가 어떤 행위를 요청하고 있는지 결정한 다음에는 결과를 달성하기 위한 추상적 도구로 DBMS를 사용한다. 만일 그 요청이 데이터를 추가하거나 삭제하는 것일 경우, 실제 데이터베이스를 변경하는 것은 DBMS이다. 그 요청이 정보를 검색하는 것일 경우, 필요한 검색을 수행하는 것도 DBMS이다.

응용 소프트웨어와 DBMS로 이분화함으로써 생기는 여러 가지 이점이 있다. 그 중 하나는 소프트웨어 설계를 단순화시키는 데 크게 도움이 되는 추상적 도구의 구축과 사용이 가능해진다는 것이다. 데이터베이스가 실제로 어떻게 저장되는지에 관한 세부사항이 DBMS 내부에 격리되어 있을 경우, 응용 소프트웨어의 설계는 크게 단순화될 수 있다.

그림 9.2 | 데이터베이스 구현의 개념적 계층

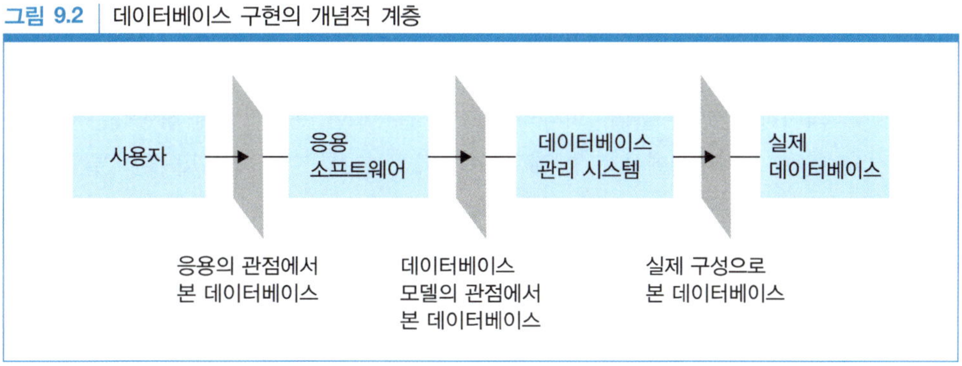

분산 데이터베이스

네트워킹 기술의 발전과 함께 데이터베이스 시스템도 여러 컴퓨터에 흩어져 있는 데이터로 구성되는 분산 데이터베이스로 발전하게 되었다. 예를 들면, 다국적기업의 경우 각 지역의 사원 레코드들은 해당 지역에 위치한 사이트에 저장하고 유지하지만, 이러한 레코드들을 네트워크로 연결하여 하나의 분산 데이터베이스를 구축할 수 있다.

분산 데이터베이스에서는 데이터가 분할되어 있을 수도 있고 동일한 데이터가 여러 번 복제되어 있을 수도 있다. 첫 번째 종류의 예로 여러 지역으로 나누어 저장된 앞서의 사원 레코드를 들 수 있다. 두 번째 종류는 동일한 데이터베이스 요소의 복제본이 여러 지역에 저장되어 있는 상황을 말한다. 정보 검색 시간을 줄이기 위한 방편으로 데이터의 복제가 이루어질 수 있다. 두 상황 모두 전통적인 중앙집중식 데이터베이스에서는 존재하지 않는 문제를 제기한다. 바로 어떻게 데이터베이스의 분산성을 감추어 분산 데이터베이스가 하나의 응집된 시스템으로 기능할 수 있도록 하느냐, 그리고 데이터베이스에 대한 수정이 일어나더라도 여러 개의 데이터베이스 복제본을 동일하게 유지하느냐 등과 같은 문제이다. 이러한 문제들과 관련하여 분산 데이터베이스에 대한 연구는 지금도 계속되고 있다.

예를 들면, DBMS가 잘 설계되어 있을 경우, 응용 소프트웨어는 데이터베이스가 하나의 컴퓨터에 저장되어 있는지 네트워크상의 여러 컴퓨터에 흩어져 있는 **분산 데이터베이스(distributed database)**인지 신경 쓸 필요가 없다. 대신 DBMS가 이러한 문제를 처리해주기 때문에, 응용 소프트웨어는 데이터가 실제로 어디에 저장되어 있든지 상관없이 데이터베이스에 접근할 수 있게 된다.

응용 소프트웨어를 DBMS에서 분리함으로써 생기는 두 번째의 이점은 이러한 구성을 통해 데이터베이스에 대한 접근제어가 가능해진다는 것이다. 데이터베이스에 대한 모든 접근을 DBMS가 수행하도록 함으로써 다양한 서브스키마에 의해 부과되는 제한을 DBMS가 집행할 수 있게 된다. 특히 DBMS는 자체적인 필요에 따라 전체 데이터베이스 스키마를 사용할 수 있지만, 각 사용자가 이용하는 응용 소프트웨어는 그 사용자의 서브스키마에 의해 기술되는 제한을 따르도록 요구할 수 있다.

사용자 인터페이스와 실제 데이터 조작을 두 개의 소프트웨어 계층으로 분리하는 또 다른 이유는 **데이터 독립성(data independence)**을 달성하기 위한 것이다. 데이터 독립성이란 응용 소프트웨어를 변경하지 않고 데이터베이스의 구성을 변경할 수 있다는 것을 의미한다. 예를 들면, 회사의 새로운 건강보험 프로그램에 참여하는지 여부를 표시하기 위해, 인사부서에서 사원 레코드에 필드 하나를 추가해야 할 일이 발생할 수 있다. 만일 응용 소프트웨어가 직접 데이터베이스를 다루는 경우라면, 데이터 형식에 대한 이러한 변경으로 인해 데이터베이스를 다루는 모든 응용 프로그램이 변경되어야 할 것이다. 이 결과로 인사부서에서 만들어진 변경이 급여 프로그램이나 사내소식을 우송하기 위한 주소 라벨 인쇄 프로그램까지도 변경하게 만들 것이다.

응용 소프트웨어와 DBMS를 분리하게 되면, 이렇게 프로그램을 고쳐야 할 필요가 없어진다. 한 사용자가 필요로 하는 데이터베이스상의 변경을 구현하기 위해서는 전체 스키마와 그 변경에 관련된 사용자의 서브스키마만 변경하면 된다. 다른 모든 사용자들의 서브스키마는 동일하게 유지되며, 따라서 변경되지 않은 서브스키마에 기초하고 있는 이들의 응용 소프트웨어도 수정될 필요가 없다.

데이터베이스 모델

추상화가 어떻게 내적 복잡성을 숨기기 위해 사용될 수 있는지 여러 번 살펴본 바 있다. 데이터베이스 관리 시스템은 추상화의 예를 또 한 번 보여준다. 데이터베이스 관리 시스템은 데이터베이스의 내적 구조의 복잡성을 숨김으로써 데이터베이스의 사용자가 데이터베이스에 저장된 정보가 보다 유용한 형식으로 배열되어 있는 것으로 간주할 수 있다. 특히 DBMS는 데이터베이스에 대한 개념적 관점에서 표현된 명령들을 실제 데이터 저장 시스템에서 요구하는 행위로 변환하는 루틴들을 포함하고 있다. 데이터베이스의 개념적 관점을 **데이터베이스 모델(database model)**이라고 부른다.

다음 절들에서 관계형 데이터베이스 모델과 객체지향 데이터베이스 모델 두 가지를 살펴볼 것이다. 관계형 데이터베이스 모델의 경우, 데이터베이스에 대한 개념적 관점은 행과 열로 이루어진 테이블의 집합으로 간주하는 것이다. 예를 들면, 어떤 회사의 사원들에 관한 정보는 각 사원에 대해 한 개씩의 행을 가지며, 열들에는 이름, 주소, 사원번호 등등의 라벨이 붙어있는 테이블로 간주될 수 있다. 그리고 정보가 실제로 행과 열로 저장되어 있는 것은 아니지만, DBMS는 응용 소프트웨어가 테이블의 특정 행에서 어떤 항목들을 선택하거나 급여 열에 나타나는 값의 범위를 보고하는 등의 작업을 할 수 있게 해주는 루틴들을 포함할 것이다.

이러한 루틴들은 응용 소프트웨어가 데이터베이스에 접근하기 위해 사용하는 추상적 도구를 형성한다. 보다 정확히 표현하자면, 응용 소프트웨어는 6장에서 논의된 것과 같은 범용 프로그래밍 언어들을 사용하여 작성된다. 이러한 언어들은 알고리즘 표현을 위한 기본 요소들을 제공하지만, 데이터베이스를 조작하기 위한 명령들을 갖추고 있지는 않다. 그러나 이러한 언어로 작성된 프로그램은 사전에 작성된 서브루틴 형태로 DBMS가 제공하는 루틴들을 사용할 수 있으며, 이렇게 함으로써 데이터베이스 모델의 개념적 이미지를 지원할 수 있도록 언어의 기능을 확장하는 셈이다.

더 나은 데이터베이스 모델을 찾기 위한 노력은 계속되고 있다. 이러한 노력의 목표는 복잡한 데이터베이스 시스템을 쉽게 개념화할 수 있고, 정보에 대한 요청을 간결하게 표현할 수 있으며, 효율적인 데이터베이스 관리 시스템을 만들 수 있는 모델을 찾자는 것이다.

연습문제

1. 같거나 비슷한 정보를 다른 용도로 사용하는 제조공장의 두 부서의 예를 찾아보라. 그런 다음 이 부서들을 위한 서브스키마들이 어떻게 다를지에 대해 기술하라.
2. 데이터베이스 모델의 목적은 무엇인가?
3. 응용 소프트웨어와 DBMS의 역할을 요약하라.

9.2 관계형 모델

이 절에서는 관계형 데이터베이스 모델에 대해 자세히 살펴볼 것이다. 관계형 데이터베이스 모델은 데이터를 사각형 테이블에 저장되어 있는 것으로 기술하며, 이러한 테이블은 관계(relation)라고 불리는데, 스프레드시트 프로그램에서 정보를 표시하는 형식과 비슷하다. 예를 들면, 관계형 모델에서는 어떤 회사의 사원들에 관한 정보를 그림 9.3에서 보이는 것과 같은 관계로 표현할 수 있다.

관계 안의 한 행을 튜플(tuple)이라고 부른다. 그림 9.3의 관계에서, 튜플들은 개별 사원에 관한 정보들로 구성된다. 관계에서 열들은 속성(attribute)이라고 지칭되는데, 이는 열 안의 각 항목이 해당 튜플의 어떤 특성 또는 속성을 기술하기 때문이다.

관계형 모델의 설계와 관련된 쟁점사항

관계형 데이터베이스를 설계할 때 첫 번째 단계는 데이터베이스를 구성하는 관계들을 설계하는 것이다. 이는 쉬운 작업처럼 보이지만, 부주의한 설계자를 괴롭힐 여러 미묘한 문제들이 있다.

그림 9.3의 관계에 포함된 정보 외에 사원들의 업무에 관한 정보를 포함시키고자 한다고 해보자. 각 사원에 대해 업무 경력을 포함시키기를 원할 수 있으며, 업무 경력 안의

그림 9.3 사원 정보를 포함하는 관계

Empl Id	Name	Address	SSN
25X15	Joe E. Baker	33 Nowhere St.	111223333
34Y70	Cheryl H. Clark	563 Downtown Ave.	999009999
23Y34	G. Jerry Smith	1555 Circle Dr.	111005555
•	•	•	•
•	•	•	•
•	•	•	•

각 항목은 (비서, 관리직, 매장 주임 등의) 직함, (업무별로 다른) 업무 식별코드, 각 업무에 연계된 기술 코드, 해당 업무의 소속 부서, (시작일과 종료일로 표시되는) 해당 사원의 업무 종사 기간 등으로 이루어진다. (해당 업무가 사원의 현재 지위에 해당될 경우에는 종료일에 *를 사용한다.)

이 문제에 대한 접근 방법 하나는 그림 9.3의 관계를 확장하여 이상의 속성들을 테이블 안의 추가적인 열들에 포함시키는 것이며, 이 결과는 그림 9.4에서 보이는 것과 같다. 그러나 이 결과를 자세히 검사해보면 몇 가지 문제가 드러난다. 이 중 하나는 중복으로 인한 비효율성이다. 이 관계는 사원별로 한 개씩의 튜플을 갖는 것이 아니라 사원이 어떤 업무에 배정될 때마다 한 개씩의 튜플이 만들어진다. 어떤 사원이 그 회사에서 여러 직함을 거쳐 승진했다면, 이 새로운 관계에서 여러 튜플이 그 사원에 대해 (이름, 주소, 사원번호, 사회보장번호 등의) 동일한 정보를 포함해야 한다. 예를 들면, Baker와 Smith에 관한 인적 정보가 반복되는데, 이것은 그들이 둘 이상의 직함을 거쳤기 때문이다. 그리고 특정 업무를 여러 사원이 거쳐 갔을 경우, 그 업무의 배정을 표현하는 각 튜플에서 해당 업무에 관련된 부서와 기술등급 코드가 반복되어야 한다. 예를 들면, 여러 사원이 거쳐 간 매장 주임에 관한 정보가 반복되어 있다.

앞에서와 같이 확장된 관계에서 발생하는 또 다른, 어쩌면 더욱 심각한 문제는 데이터베이스에서 정보를 삭제할 때 드러난다. 예를 들어 Joe E. Baker가 D7이라는 코드로 표시되는 업무를 담당하는 유일한 사원이라고 하자. 이 사원이 회사를 떠나게 되어 그림 9.4에 표현되어 있는 데이터베이스에서 삭제될 경우, D7이라는 업무에 대한 정보를 잃게 될 것이다. 이는 D7이라는 업무가 K2라는 기술등급을 필요로 한다는 사실을 포함하는 유일한 튜플이 Joe Baker에 관련된 튜플이기 때문이다.

튜플의 일부만을 삭제하는 기능이 이 문제를 해결할 것으로 생각할 수도 있겠지만, 이

그림 9.4 중복을 포함하는 관계

Empl Id	Name	Address	SSN	Job Id	Job Title	Skill Code	Dept	Start Date	Term Date
25X15	Joe E. Baker	33 Nowhere St.	111223333	F5	Floor manager	FM3	Sales	9-1-2009	9-30-2010
25X15	Joe E. Baker	33 Nowhere St.	111223333	D7	Dept. head	K2	Sales	10-1-2010	*
34Y70	Cheryl H. Clark	563 Downtown Ave.	999009999	F5	Floor manager	FM3	Sales	10-1-2009	*
23Y34	G. Jerry Smith	1555 Circle Dr.	111005555	S25X	Secretary	T5	Personnel	3-1-1999	4-30-2010
23Y34	G. Jerry Smith	1555 Circle Dr.	111005555	S26Z	Secretary	T6	Accounting	5-1-2010	*
⋮	⋮	⋮	⋮	⋮	⋮	⋮	⋮	⋮	⋮

는 또 다른 문제를 야기하게 될 것이다. 예를 들어, 업무 F5에 관련된 정보 또한 부분 튜플로 유지되어야 하는지 또는 관계 안의 다른 곳에 이 정보가 존재하는지에 대한 판단이 요구된다. 더욱이 부분 튜플을 필요로 한다는 것은 데이터베이스 설계에 개선이 필요하다는 증거로 볼 수 있다.

이 모든 문제의 원인은 한 개의 관계 안에 둘 이상의 개념을 조합시켰기 때문이다. 제안된 바에 따라 그림 9.4의 확장된 관계는 (이름, 사원번호, 주소, 사회보장번호 등의) 사원에 관련된 정보, (업무 코드, 직함, 부서, 기술등급 등의) 회사 내 업무 관련 정보, (시작일과 종료일로 이루어지는) 사원과 업무 종사 기간에 관한 정보 등을 직접 포함하고 있다. 이러한 관찰을 바탕으로 각 범주의 정보별로 한 개씩 세 개의 관계를 사용하여 이 시스템을 재설계함으로써 앞에서 언급된 문제들을 해결할 수 있다. 그림 9.3에 있는 원래의 관계를 EMPLOYEE 관계로 지칭하며 이 관계는 그대로 유지하면서, JOB과 ASSIGNMENT 라고 불리는 두 개의 새로운 관계를 사용하여 추가된 정보를 표현할 수 있으며, 이 결과로 그림 9.5의 데이터베이스가 만들어진다.

그림 9.5 | 세 개의 관계로 이루어지는 사원 데이터베이스

EMPLOYEE 관계

Empl Id	Name	Address	SSN
25X15	Joe E. Baker	33 Nowhere St.	111223333
34Y70	Cheryl H. Clark	563 Downtown Ave.	999009999
23Y34	G. Jerry Smith	1555 Circle Dr.	111005555

JOB 관계

Job Id	Job Title	Skill Code	Dept
S25X	Secretary	T5	Personnel
S26Z	Secretary	T6	Accounting
F5	Floor manager	FM3	Sales
•	•	•	•
•	•	•	•
•	•	•	•

ASSIGNMENT 관계

Empl Id	Job Id	Start Date	Term Date
23Y34	S25X	3-1-1999	4-30-2010
34Y70	F5	10-1-2009	*
23Y34	S26Z	5-1-2010	*
•	•	•	•
•	•	•	•
•	•	•	•

이러한 세 개의 관계들로 구성되는 데이터베이스는 EMPLOYEE 관계 안에 사원들에 관한 정보를, JOB 관계 안에 사내 업무에 관한 정보를, ASSIGNMENT 관계 안에 업무 경력에 관한 정보를 포함한다. 여러 관계의 정보를 조합하면 추가적인 정보를 얻을 수도 있다. 예를 들어 어떤 사원의 사원번호를 알고 있다면, 그 사원이 근무했던 모든 부서를 찾을 수 있는데, 이를 위해 먼저 ASSIGNMENT 관계를 사용하여 그 사원이 담당했던 업무들을 먼저 찾고 그 다음에 JOB 관계에서 그 업무의 관련 부서를 찾으면 된다(그림 9.6). 이와 같은 과정을 통해 하나의 큰 관계에서 얻을 수 있는 정보를 앞에서 언급된 문제를 겪지 않으면서 세 개의 작은 관계로부터 얻을 수 있다.

유감스럽게도 정보를 여러 관계에 분산시킬 때 항상 앞의 예에서처럼 아무 문제도 생기지 않는 것은 아니다. 예를 들어 그림 9.7에 있는 EmplId, JobTitle, Dept 등의 속성을 갖는 원래의 관계와 이를 제안된 바에 따라 두 개의 관계로 분해한 것을 비교해보자. 얼핏 보면 두 개의 관계로 이루어진 시스템은 단일 관계 시스템과 동일한 정보를 포함하는 것처럼 보이지만, 실제로는 차이가 있다. 예를 들어 특정 사원이 근무하는 부서를 찾는 문제를 생각해보자. 단일 관계 시스템의 경우 이 작업은 해당 사원의 사원 번호를

그림 9.6 | 사원 23Y34가 근무했던 부서들을 찾기

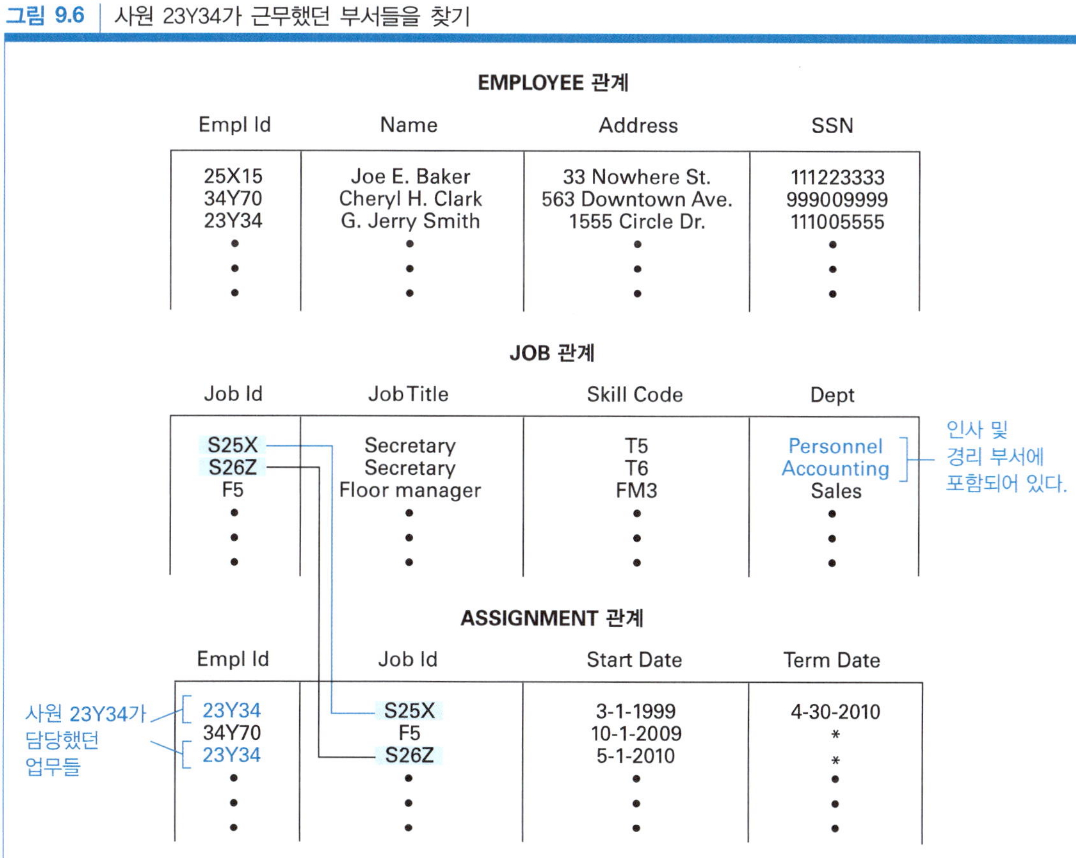

그림 9.7 | 어떤 관계와 이에 대한 분해

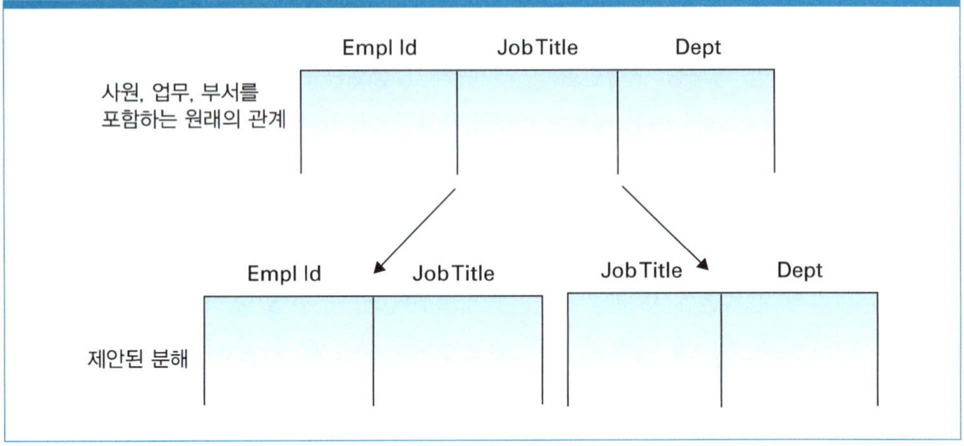

포함하는 튜플을 찾아 그 안의 부서 정보를 추출함으로써 쉽게 처리된다. 그러나 두 개의 관계를 사용하는 시스템에서는 이 정보를 얻지 못할 수도 있다. 해당 사원의 직함을 찾고 그와 같은 직함에 연계된 부서도 찾을 수 있지만, 동일한 직함이 여러 부서에 존재할 수 있으므로 해당 사원이 특정 부서에서 근무하는지는 확실하지 않다.

하나의 관계를 여러 개의 작은 관계로 분해할 때 정보의 손실을 초래할 경우도 있고 그렇지 않을 경우도 있으며, 후자의 경우 무손실 분해(lossless decomposition)라고 불린다. 이러한 관계적 특성은 설계상의 중요한 고려사항이다. 목표는 데이터베이스의 설계에서 문제가 될 수 있는 관계적 특성을 파악하고 이러한 특성을 제거하기 위해 관계들을 재구성하는 방법을 찾는 것이다.

관계 연산

이제 관계형 모델에서 데이터를 어떻게 구성할지에 관한 기본적인 이해를 갖추었을 것이며, 관계들로 이루어진 데이터베이스에서 어떻게 정보를 추출할 수 있는지 살펴볼 차례이다. 먼저 관계에 대해 수행할만한 몇 가지 연산을 살펴보자.

때로 관계에서 특정 튜플들을 선택할 필요가 있다. 어떤 사원에 관한 정보를 받아오기 위해 EMPLOYEE 관계에서 해당 사원번호 속성 값을 갖는 튜플을 선택해야 한다. 또는 특정 부서 안의 직함들의 리스트를 얻기 위해, 해당 부서 코드를 부서 속성으로 갖는 튜플들을 JOB 관계에서 선택해야 한다. 이러한 과정의 결과는 원래의 관계에서 선택된 튜플들로 구성되는 또 다른 관계이다. 특정 사원에 관한 정보를 선택한 결과로 EMPLOYEE 관계에서 선택된 단 한 개의 튜플만을 포함하는 관계가 만들어진다. 특정 부서에 관련된 튜플들을 선택한 결과로 어쩌면 JOB 관계에서 선택된 여러 개의 튜플들을 포함하는 관계가 만들어질 수 있다.

요약하자면, 관계에 대해 수행하고자 하는 연산 중 하나는 특정 특성을 갖는 튜플들을 선택하여 새로운 관계를 만드는 것이다. 이러한 연산을 표현하기 위해 다음 구문을 사용한다.

```
NEW ← SELECT from EMPLOYEE where EmplId = "34Y70"
```

이 문장의 의미는 EMPLOYEE 관계에서 EmplId 속성이 34Y70과 같은 튜플들을 포함하는 NEW라는 이름의 새로운 관계를 만들라는 것이며(그림 9.8), 이 경우 그러한 튜플은 단 한 개이다.

관계에서 행들을 추출하는 SELECT 연산과는 달리, PROJECT 연산은 열들을 추출한다. 예를 들어 특정 부서에 있는 직함들을 찾을 때 이미 JOB 관계에서 해당 부서에 관련된 튜플들을 SELECT하여 NEW1이라는 이름의 새로운 관계를 만들었다고 하자. 우리가 찾는 리스트는 이 새로운 관계의 JobTitle 열에 해당한다. PROJECT 연산은 이러한 열들을 추출하여 새로운 관계를 만드는 것이며, 다음과 같이 표현한다.

```
NEW2 ← PROJECT JobTitle from NEW1
```

이 결과로 NEW1 관계의 JobTitle 열에서 가져온 값들로 이루어지는 한 개의 열을 포함하는 (NEW2라는 이름의) 새로운 관계가 만들어진다.

PROJECT 연산의 또 다른 예로 모든 사원의 이름과 주소로 이루어지는 리스트를 얻기 위해 다음과 같은 문장을 사용할 수 있다.

```
MAIL ← PROJECT Name, Address from EMPLOYEE
```

그림 9.8 | SELECT 연산

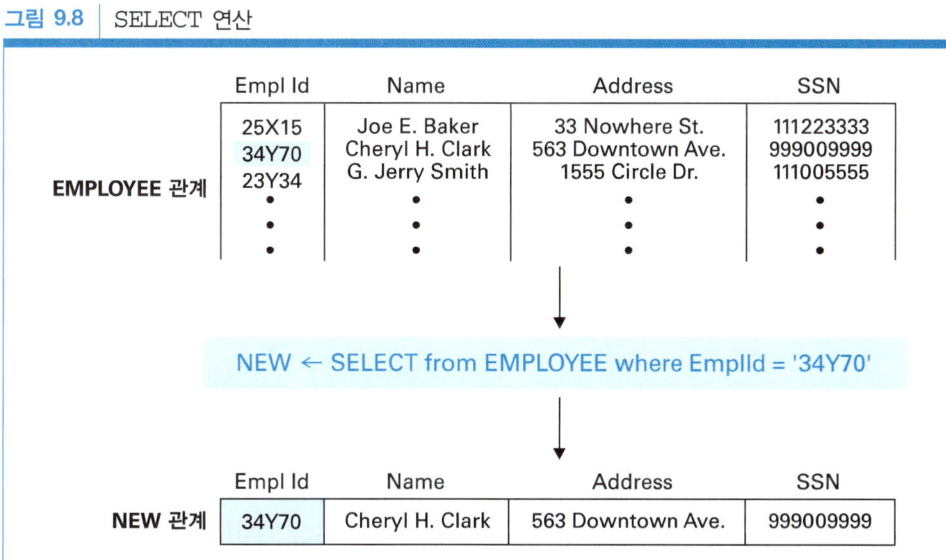

이 리스트는 MAIL이라고 불리는 새로운 (두 개의 열을 갖는) 관계가 된다(그림 9.9).

관계형 데이터베이스와 관련하여 사용되는 또 다른 연산은 JOIN 연산이다. 이 연산은 여러 관계를 조합하여 한 개의 관계를 만들기 위해 사용된다. 두 개의 관계에 대한 JOIN은 원래의 관계들에 들어 있는 속성들로 이루어지는 새로운 관계를 만들어낸다(그림 9.10). 이 속성들의 이름은 원래 관계의 이름을 접두사로 추가하는 것 외에는 원래 관계에서의 이름과 같다. (속성으로 V와 W를 갖는 관계 A와 속성 X, Y, Z를 갖는 관계 B를 JOIN한 결과는 A.V, A.W, B.X, B.Y, B.Z 등의 다섯 개의 속성을 갖는 관계이다.) 이러한 명명 규칙은 원래 관계들에서 공통적인 이름을 갖는 속성을 포함하고 있더라도 새로운 관계에 들어 있는 속성들이 고유한 이름을 갖도록 보장한다.

두 개의 원래 관계들의 튜플들을 결합하여 새로운 관계의 튜플들, 즉, 행들이 만들어진다(그림 9.10). 새로운 관계의 튜플들을 형성하기 위해 어떤 튜플들이 실제로 결합될지는 JOIN 구성 조건에 의해 결정된다. 이러한 조건 중 하나는 지정된 속성이 동일한 값을 갖는 것이다. 실제로 이것이 그림 9.10에서 표현된 경우이며, 그림에서 다음 문장을 실행한 결과를 표시하고 있다.

```
C ← JOIN A and B where A.W = B.X
```

이 예에서 관계 A로부터의 튜플과 관계 B로부터의 튜플이 결합되는 것은 두 튜플에서 온 W와 X의 값이 동일할 경우이다. 따라서 관계 A로부터의 튜플 (r, 2)와 관계 B로부터의 튜

그림 9.9 | PROJECT 연산

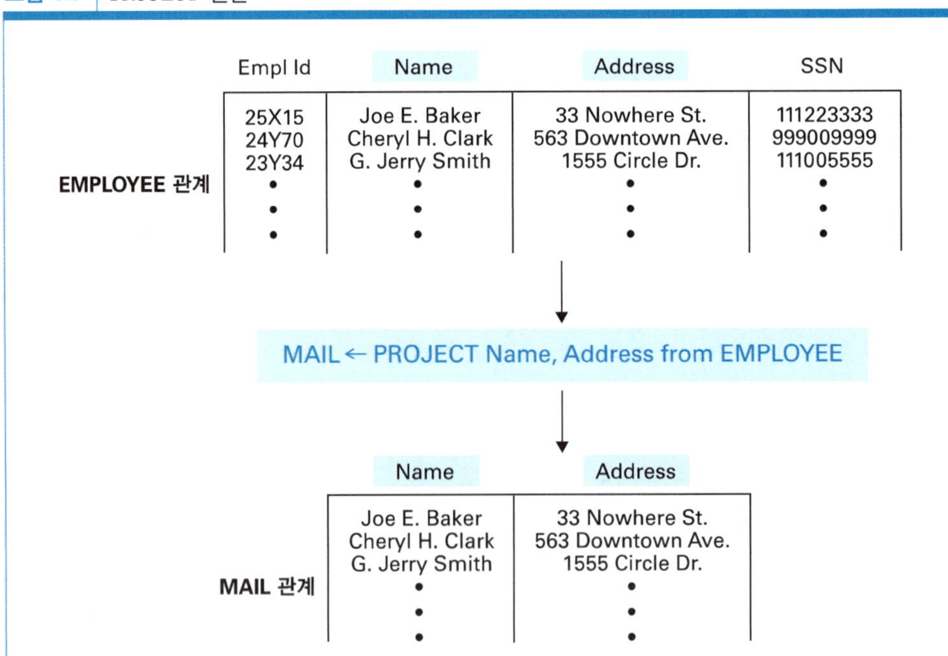

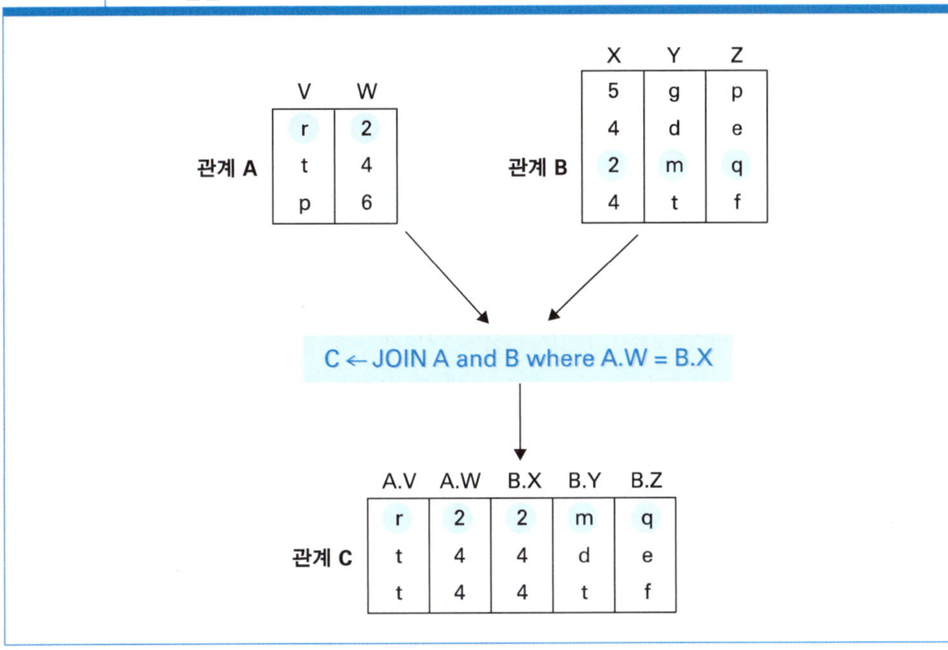

그림 9.10 JOIN 연산

플 (2, m, q)의 결합이 결과에 나타나는 것은 앞의 튜플에서 W의 값과 뒤의 튜플에서 X의 값이 같기 때문이다. 반면에 관계 A로부터의 튜플 (r, 2)와 관계 B로부터의 튜플 (5,

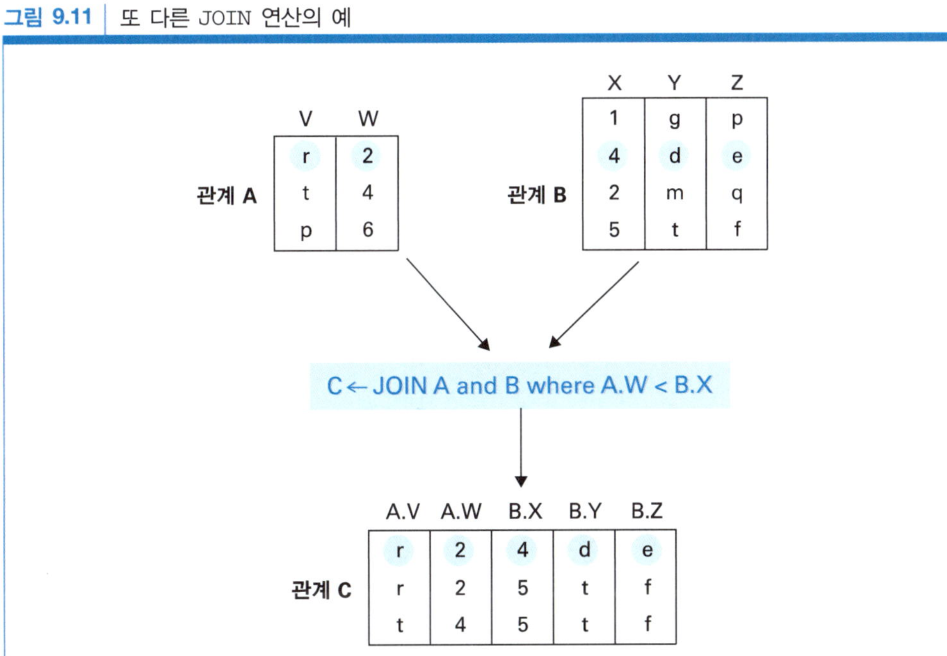

그림 9.11 또 다른 JOIN 연산의 예

g, p)는 최종 관계에 나타나지 않는데, 이 튜플들은 속성 W와 X에서 같은 값을 갖지 않기 때문이다.

또 다른 예로서 그림 9.11은 다음 문장을 실행한 결과를 표현한다.

```
C ← JOIN A and B where A.W < B.X
```

결과의 튜플들은 관계 A에서 W 속성이 관계 B에서 X 속성보다 작은 경우만으로 구성되어 있음을 유의하라.

이제 각 사원에 대해 사원번호와 근무 부서로 이루어진 리스트를 얻기 위해 그림 9.5의 데이터베이스에서 JOIN 연산이 어떻게 사용될 수 있는지 살펴보자. 먼저 관찰할 사항은 필요한 정보가 둘 이상의 관계에 분산되어 있으며, 따라서 이 정보를 얻기 위한 과정은 SELECT와 PROJECT만으로는 되지 않는다는 것이다. 실제로 그림 9.12에서 보이고 있는 것과 같이 관계 NEW1을 만들어내기 위해 다음과 같은 문장을 필요로 한다.

```
NEW1 ← JOIN ASSIGNMENT and JOB
  where ASSIGNMENT.JobId = JOB.JobId
```

NEW1 관계에서 ASSIGNMENT.TermDate가 "*"인 튜플들을 SELECT한 다음 ASSIGNMENT.EmplId 및 JOB.Dept 속성을 PROJECT함으로써 원하는 리스트를 얻을

그림 9.12 JOIN 연산의 응용

ASSIGNMENT 관계

Empl Id	Job Id	Start Date	Term Date
23Y34	S25X	3-1-1999	4-30-2010
34Y70	F5	10-1-2009	*
25X15	S26Z	5-1-2010	*
•	•	•	•
•	•	•	•
•	•	•	•

JOB 관계

Job Id	Job Title	Skill Code	Dept
S25X	Secretary	T5	Personnel
S26Z	Secretary	T6	Accounting
F5	Floor manager	FM3	Sales
•	•	•	•
•	•	•	•
•	•	•	•

NEW1 ← JOIN ASSIGNMENT and JOB where ASSIGNMENT. JobId = JOB.JobId

NEW1 관계

ASSIGNMENT Empl Id	ASSIGNMENT Job Id	ASSIGNMENT StartDate	ASSIGNMENT TermDate	JOB Job Id	JOB JobTitle	JOB SkillCode	JOB Dept
23Y34	S25X	3-1-1999	4-30-2010	S25X	Secretary	T5	Personnel
34Y70	F5	10-1-2009	*	F5	Floor manager	FM3	Sales
25X15	S26Z	5-1-2010	*	S26Z	Secretary	T6	Accounting
•	•	•	•	•	•	•	•
•	•	•	•	•	•	•	•
•	•	•	•	•	•	•	•

수 있다. 정리하면, 우리가 필요로 하는 정보는 그림 9.5의 데이터베이스에 대해 다음 문장들을 실행함으로써 얻을 수 있다.

```
NEW1 ← JOIN ASSIGNMENT and JOB
   where ASSIGNMENT.JobId = JOB.JobId
NEW2 ← SELECT from NEW1 where ASSIGNMENT.TermDate = '*'
LIST ← PROJECT ASSIGNMENT.EmplId, JOB.Dept from NEW2
```

SQL

기초적인 관계 연산들의 소개를 마친 이 시점에서 데이터베이스 시스템의 전체 구조를 다시 생각해보자. 데이터베이스는 실제로 대용량 저장장치에 저장된다. 응용 프로그래머가 이러한 장치의 세부사항을 신경 쓰지 않고 (관계형 모델 같은) 데이터베이스 모델의 관점에서 응용 소프트웨어를 작성할 수 있도록 하기 위해 데이터베이스 관리 시스템이 제공된다. DBMS는 모델의 관점에서 표현된 명령들을 받아들여 실제 저장 구조에 관한 행위로 변환한다. 이러한 변환은 응용 소프트웨어에서 추상적 도구로 사용되는 DBMS 내부의 루틴들에 의해 처리된다. 따라서 관계형 모델에 기초한 DBMS는 SELECT, PROJECT, JOIN 등의 연산을 수행하기 위한 루틴들을 포함할 것이며, 이들은 응용 소프트웨어에서 호출될 수 있다. 이러한 방식을 사용함으로써 응용 소프트웨어는 마치 데이터베이스가 실제 관계형 모델의 테이블 형식으로 저장되어 있는 것처럼 작성될 수 있다.

오늘날 관계형 데이터베이스 관리 시스템이 SELECT, PROJECT, JOIN 등의 연산을 수행하기 위한 루틴을 반드시 직접적인 형태로 제공하지는 않는다. 대신 기본 단계들을 조합한 기능을 수행하는 루틴들을 제공하기도 한다. 이의 한 예는 SQL(Structured Query Language; 구조적 질의 언어)이라는 언어인데, SQL은 대부분의 관계형 데이터베이스 질의 시스템에서 중추적 역할을 한다. 예를 들면, 인터넷상의 많은 데이터베이스 서버에서 사용되는 관계형 데이터베이스 시스템인 MySQL에서 기반 언어는 SQL이다.

SQL이 널리 사용되는 이유 중 하나는 ANSI(American National Standards Institute)에서 SQL을 표준화하였기 때문이다. 또 다른 이유는 원래 IBM이 SQL을 개발하고 판매하였으며, 따라서 확실한 유통구조를 확보할 수 있었다는 것이다. 이 절에서는 관계형 데이터베이스에 대한 질의를 어떻게 SQL로 표현하는지에 대해 설명할 것이다.

SQL 질의는 명령 형식으로 표현된 것처럼 보이지만, 실제로는 선언형 문장이다. SQL 문장은 수행되어야 할 활동들을 나열하는 대신 어떤 정보를 원하는지에 대한 기술이다. 이 점의 중요성은 SQL이 관계를 조작하기 위한 알고리즘을 개발하는 부담에서 응용 프로그래머들을 해방시켜 준다는 점에 있다. 즉, 응용 프로그래머들은 어떤 정보를 원하는지에 대해 기술하기만 하면 된다.

SQL 문장의 첫 번째 예로 모든 사원들의 사원번호와 근무 부서를 얻기 위한 3단계 과정으로 이루어지는 질의로 돌아가 보자. SQL에서 이 질의 전체는 아래와 같은 문장 하나로 표현될 수 있다.

```
SELECT EmplId, Dept
FROM Assignment, Job
WHERE Assignment.JobId = Job.JobId
  AND Assignment.TermDate = '*';
```

이 예에서 알 수 있듯이, 각 SQL 질의 문장은 select 절, from 절, where 절 등의 세 개의 절을 포함할 수 있다. 대략적으로 말하자면, 이러한 문장은 from 절에 나열된 모든 관계에 대한 JOIN을 구성한 다음, where 절의 조건을 만족하는 튜플들을 SELECT하고, select 절에 나열된 속성들을 PROJECT하여 얻게 되는 결과에 대한 요청이다. (SQL 문장에서 select 절은 PROJECT 연산에서 사용되는 속성들을 표시하고 있다는 점에서 용어들이 다소 거꾸로 사용되고 있음에 유의하라.) 몇 개의 간단한 예를 살펴보자.

아래 문장은 Employee 관계에 포함된 모든 사원의 이름과 주소에 대한 리스트를 만들어낸다. 이 문장은 단순한 PROJECT 연산에 해당된다.

```
SELECT Name, Address
FROM Employee;
```

아래 문장은 Employee 관계에서 Cheryl H. Clark에 관련된 튜플 안의 모든 정보를 만들어낸다. 이 문장은 기본적으로 SELECT 연산에 해당한다.

```
SELECT EmplId, Name, Address, SSNum
FROM Employee
WHERE Name = 'Cheryl H. Clark';
```

아래 문장은 Employee 관계에 포함되어 있는 대로 Cheryl H. Clark의 이름과 주소를 만들어낸다. 이 문장은 기본적으로 SELECT 연산과 PROJECT 연산의 조합에 해당한다.

```
SELECT Name, Address
FROM Employee
WHERE Name = 'Cheryl H. Clark';
```

아래 문장은 모든 사원들의 이름과 입사일의 리스트를 만들어낸다. 이것은 Employee 관계와 Assignment 관계를 JOIN한 다음 where 절과 select 절에서 표시된 튜플과 속성을 SELECT하고 PROJECT하여 얻은 결과이다.

```
SELECT Employee.Name, Assignment.StartDate
FROM Employee, Assignment
```

```
WHERE Employee.EmplId = Assignment.EmplId;
```

SQL에는 질의 수행 외에도 관계의 구조 정의, 관계의 생성, 관계의 내용 수정 등을 위한 문장들을 포함한다. 아래에 INSERT INTO, DELETE FROM, UPDATE 등의 문장 예를 보인다.

다음 문장은 Employee 관계에 주어진 값들을 포함하는 튜플을 추가한다.

```
INSERT INTO Employee
VALUES ('42Z12', 'Sue A. Burt', '33 Fair St.', '444661111');
```

다음 문장은 Employee 관계로부터 G. Jerry Smith에 관련된 튜플들을 제거한다.

```
DELETE FROM Employee
WHERE Name = 'G. Jerry Smith';
```

다음 문장은 Employee 관계에서 Joe E. Baker에 관련된 튜플 안의 주소를 변경한다.

```
UPDATE Employee
SET Address = '1812 Napoleon Ave.'
WHERE Name = 'Joe E. Baker';
```

연습문제

1. 그림 9.5의 EMPLOYEE, JOB, ASSIGNMENT 등의 관계에서 주어지는 부분적 정보에 기초하여 아래 질문에 답하라.
   a. 인사부 경력을 가진 경리부의 비서는 누구인가?
   b. 영업부의 매장 주임은 누구인가?
   c. G. Jerry Smith는 현재 어떤 업무를 맡고 있는가?
2. 그림 9.5의 EMPLOYEE, JOB, ASSIGNMENT 등의 관계에 기초하여, 인사부 내의 모든 직함의 리스트를 얻기 위한 일련의 관계 연산 명령들을 작성하라.
3. 그림 9.5의 EMPLOYEE, JOB, ASSIGNMENT 등의 관계에 기초하여, 사원들의 이름과 근무 부서로 이루어지는 리스트를 얻기 위한 일련의 관계 연산 명령들을 작성하라.
4. 문제 2, 3의 답을 SQL로 표현하라.
5. 관계형 모델은 어떻게 데이터 독립성을 제공하는가?
6. 관계형 데이터베이스에서 여러 관계들을 결합하는 방법은 무엇인가?

9.3 객체지향 데이터베이스

또 다른 데이터베이스 모델은 객체지향 패러다임에 기초한다. 이 방식에서 관계를 반영하기 위해 서로 연결되는 객체들로 구성되는 **객체지향 데이터베이스(object-oriented database)**가 생겨나게 되었다. 예를 들면, 앞의 절에서 사용된 사원 데이터베이스의 객체지향 구현은 (객체의 타입을 나타내는) Employee, Job, Assignment 등의 세 개의 클래스로 구성될 수 있다. Employee 클래스로부터 만들어진 객체는 EmplId, Name, Address, SSNum 등의 항목을 포함할 수 있으며, Job 클래스로부터 만들어진 객체는 JobId, JobTitle, SkillCode, Dept 등의 항목을 포함할 수 있으며, Assignment 클래스로부터 만들어진 객체는 StartDate와 TermDate 등의 항목을 포함할 수 있다.

이러한 데이터베이스의 개념적 구현이 그림 9.13에 나타나 있는데, 다양한 객체 사이의 연결은 관련 객체들을 잇는 선분으로 표현되어 있다. Employee 타입의 객체를 살펴보면, 개별 사원이 거쳐 온 여러 업무 배정을 표현하는 Assignment 타입의 객체들의 집합에 연결되어 있는 것을 볼 수 있다. Assignment 타입의 각 객체들은 다시 해당 배정에 관련된 업무를 표현하는 Job 타입의 객체에 연결된다. 따라서 어떤 사원의 모든 업무 배정은 해당 사원을 나타내는 객체로부터의 연결을 따라감으로써 찾을 수 있다. 마찬가지로 특정 업무를 거쳐 간 모든 사원들은 업무를 표현하는 객체로부터의 연결을 따라감으로써 찾을 수 있다.

객체지향 데이터베이스에서 객체들 사이의 연결은 대개 DBMS에 의해 유지되며, 따라

그림 9.13 | 객체지향 데이터베이스에서 객체 사이의 연관 관계

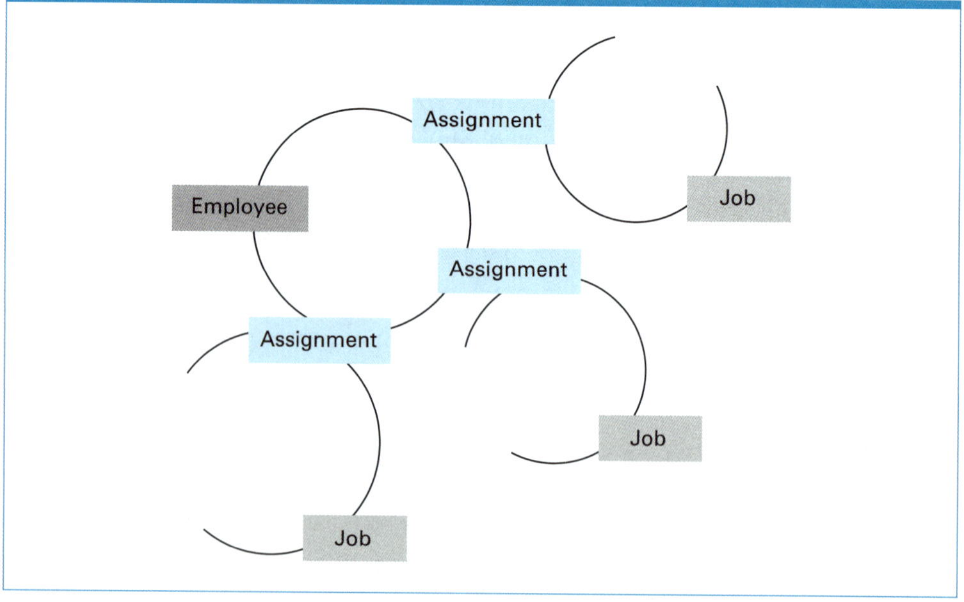

서 응용 소프트웨어를 작성하는 프로그래머는 이러한 연결들이 어떻게 구현되는지에 대한 세부사항을 고려할 필요는 없다. 대신 새로운 객체가 데이터베이스에 추가될 때, 응용 소프트웨어는 이 객체가 연결될 다른 객체들을 지정하기만 하면 된다. 그러면 DBMS가 이러한 연관 관계를 기록하는 데 필요한 연결을 만들어준다. 예를 들면, DBMS는 특정 사원의 업무 배정을 표현하는 객체들을 연결 리스트와 비슷한 방식으로 연결할 수도 있다.

객체지향 DBMS가 수행하는 또 다른 작업은 자신에게 맡겨진 객체들을 위한 영구 저장 공간을 제공하는 것인데, 단순해 보이지만 일반적인 객체의 취급 방법과는 본질적인 차이가 있다. 대개 객체지향 프로그램이 실행되는 동안 생성되는 객체들은 프로그램이 종료되면 폐기된다. 이런 의미에서 객체들은 일시적인 것으로 볼 수 있다. 그러나 생성된 후 데이터베이스에 추가되는 객체들은 이들을 생성한 프로그램이 종료된 후에도 반드시 저장되어 있어야 한다. 이러한 객체는 **지속성(persistent)**을 갖는다고 볼 수 있다. 지속성 객체의 생성은 일반 객체의 경우와는 상당한 차이가 있다.

객체지향 데이터베이스의 옹호론자들은 데이터베이스 설계에서 객체지향 방식이 관계형 방식보다 우수하다는 점을 설명하는 여러 가지 주장을 펴고 있다. 그 중 하나는 객체지향 방식의 경우 (응용 소프트웨어, DBMS, 데이터베이스 자체 등을 포함하는) 전체 시스템을 동일한 패러다임에서 설계할 수 있다는 것이다. 이것은 관계형 데이터베이스에 대한 질의를 위한 응용 소프트웨어를 개발하기 위해 명령형 프로그래밍 언어를 사용해 온 일반적 방식과는 대조적이다. 이러한 작업에서는 본질적으로 명령형 패러다임과 관계형 패러다임 사이의 충돌이 발생한다. 개론서 수준에서 이러한 차이는 미세한 것 같지만, 이러한 패러다임상의 차이가 그 동안 많은 소프트웨어 오류의 근원이 되어왔다. 개론서 수준에서도, 객체지향 응용 프로그램과 결합된 객체지향 데이터베이스가 전체 시스템에서 서로 통신하는 객체들에 대한 동질적 이미지를 형성한다는 것을 짐작할 수 있을 것이다. 반면 명령형 응용 프로그램과 결합된 관계형 데이터베이스는 공통의 인터페이스를 찾으려는 본질적으로 다른 두 조직의 모습을 떠 올리게 한다.

객체지향 데이터베이스가 관계형 데이터베이스에 비해 갖는 또 다른 이점을 알아보기 위해 관계형 데이터베이스에 사원 이름들을 저장하는 문제를 생각해보자. 전체 이름을 관계 안의 하나의 속성으로 저장한다면, 성 부분에 국한된 질의가 불편할 것이다. 그러나 이름을 (성을 제외한) 이름, 중간이름, 성 등의 개별 속성들로 나누어 저장할 경우 속성의 개수가 문제가 될 수 있는데, 이는 단일 문화권 안에서도 이름들이 하나의 구조를 따르지 않을 수 있기 때문이다. 객체지향 데이터베이스에서 이러한 문제들은 사원의 이름을 나타내는 객체 안에 숨겨질 수 있다. 사원의 이름은 그 이름을 다양한 형식으로 보고할 수 있는 지능적 객체로서 저장할 수 있다. 따라서 이 객체 외부에서 성, 전체 이름, 여성의 결혼 전 성, 별명 중 어느 것이라도 쉽게 이용할 수 있다. 각 경우에 관련된 세부사항은 객체 안에 캡슐화된다.

서로 다른 데이터 형식에 따른 기술적 문제들을 캡슐화하는 능력은 다른 경우에도 유용하다. 관계형 데이터베이스에서 어떤 관계 안의 속성들은 데이터베이스에 대한 전반적인 설계의 일부이며, 따라서 이러한 속성들에 연계된 타입들이 전체 DBMS에 침투된다. (임시 저장 공간을 나타내는 변수들은 적절한 타입으로 선언되어야 하며, 다양한 타입의 데이터를 조작하기 위한 함수들이 설계되어야 한다.) 따라서 (비디오나 오디오 등과 같은) 새로운 타입의 속성을 포함할 수 있도록 관계형 데이터베이스를 확장하려면 여러 가지 문제가 발생할 수 있다. 특히 데이터베이스 설계 곳곳에서 새로운 데이터 타입을 반영하기 위해 수많은 함수들을 확장해야 할 수도 있다. 그러나 객체지향 설계에서는 사원 이름을 받아올 때 사용되는 동일한 함수가 동영상을 표현하는 객체를 받아올 때도 사용될 수 있는데, 이는 타입상의 차이는 관련 객체 안에 숨겨져 있기 때문이다. 따라서 객체지향 방식은 멀티미디어 데이터베이스 구축에 보다 편리하며, 이는 큰 이점으로 받아들여지고 있다.

데이터베이스 설계에서 객체지향 패러다임의 또 다른 이점은 단순한 데이터가 아니라 지능적 객체를 저장할 수 있다는 것이다. 즉, 객체는 객체의 내용이나 관계에 관한 메시지에 어떻게 반응해야 할지 기술한 메서드를 포함할 수 있다. 예를 들면, 그림 9.13의 `Employee` 클래스의 객체는 객체 안의 정보를 보고하고 갱신하는 메서드들, 사원의 업무 경력을 보고하는 메서드, 사원의 업무 배정을 변경하기 위한 메서드 등을 포함할 수 있다. 마찬가지로 `Job` 클래스의 객체는 해당 업무의 세부사항을 보고하는 메서드, 그 업무를 거쳐 간 사원들을 보고하는 메서드 등을 포함할 수 있다. 따라서 사원의 업무 경력을 검색하기 위해 복잡한 함수를 작성할 필요는 없을 것이다. 대신 해당 사원 객체에게 업무 경력을 보고하도록 요청할 수 있다. 이렇게 구성요소들이 질의에 지능적으로 반응할 수 있는 데이터베이스를 구축할 수 있는 능력은 전통적인 관계형 데이터베이스를 넘어서는 흥미로운 가능성을 제공한다.

연습문제

1. 이 절에서 논의된 사원 데이터베이스 안의 `Assignment` 클래스의 객체 인스턴스에 포함될 메서드에 어떤 것들이 있을까?
2. 지속성 객체란 무엇인가?
3. 창고 재고관리 업무를 다루는 객체지향 데이터베이스에서 사용될 수 있는 클래스들과 각 클래스의 내적 특성들을 식별하라.
4. 관계형 데이터베이스에 비해 객체지향 데이터베이스가 가질 수 있는 이점을 들어보라.

9.4 데이터베이스 무결성 유지

개인용도의 저비용 데이터베이스 관리 시스템은 비교적 간단한 시스템이다. 이러한 시스템들은 사용자에게서 데이터베이스 구현의 기술적 세부사항을 가리는 것을 유일한 목표로 삼는 경향이 있다. 이러한 시스템에 의해 유지되는 데이터베이스의 규모는 상대적으로 작으며 일반적으로 일부 데이터가 손상되더라도 크게 문제가 되기보다는 불편한 정도의 정보를 포함한다. 문제가 발생할 경우, 사용자는 직접 오류 항목을 고칠 수도 있고, 혹은 백업 사본을 이용하여 데이터베이스를 복원한 후 최신 데이터로 갱신하기 위해 필요한 변경을 수작업으로 수행할 수도 있다. 이러한 과정은 불편할 수도 있지만, 이러한 불편을 피하기 위한 비용이 불편 정도에 비해 훨씬 많이 소요될 수 있다. 어쨌든 이러한 불편은 소수의 인원에 한정되며, 재정적 손실도 일반적으로 크지 않다.

그러나 대규모의 다중사용자용 상용 데이터베이스 시스템의 경우 문제가 훨씬 커질 수 있다. 부정확하거나 손실된 데이터로 인해 막대한 비용이 들 수도 있고 심각한 결과를 초래할 수 있다. 또한 데이터베이스의 동시 사용자 수가 증가함에 따라 데이터베이스에 허용되는 연산 횟수도 그에 맞추어 늘어날 수 있어야 한다. 이런 환경에서 DBMS의 주된 역할 중 하나는 어떤 이유로 완료되지 못한 작업이나 고의성은 없지만 데이터베이스에 부정확한 정보를 발생시킬 수 있는 작업들로 인한 문제에 대비함으로써 데이터베이스의 무결성을 유지하는 것이다. DBMS의 이러한 역할이 이 절에서 다룰 내용이다.

커밋/롤백 프로토콜

한 은행계좌에서 다른 계좌로의 자금 이체, 항공 예약의 취소, 대학에서의 수강신청 등과 같은 단일 트랜잭션이 데이터베이스 수준에서는 여러 개의 단계들을 포함할 수 있다. 예를 들면, 은행계좌간의 자금 이체로 인해 한 계좌에서는 잔고가 감소하고 다른 계좌에서는 잔고가 증가하게 된다. 이러한 단계들이 진행되는 동안은 데이터베이스상의 정보의 일관성이 유지되지 않는다. 실제로 송금계좌의 잔고가 감소되었지만 수신계좌의 잔고는 아직 증가되기 전의 짧은 기간 동안 자금이 사라진 상태가 된다. 마찬가지로 항공편에서 어떤 승객의 좌석을 재배정할 때, 해당 승객의 좌석이 배정되어 있지 않은 순간이 발생하거나 승객 명부가 실제보다 한 명 더 많은 인원을 포함하고 있는 순간이 발생할 수도 있다.

과중한 트랜잭션 부하가 걸리는 대규모 데이터베이스의 경우, 임의의 시점에서 잡은 데이터베이스의 상태는 어떤 트랜잭션이 진행되는 도중일 가능성이 높다. 따라서 데이터베이스가 일관성을 잃은 상태에서 트랜잭션 실행을 위한 요청이나 장비 오동작이 발생할 가능성이 높다.

먼저 장비 오동작 문제부터 살펴보자. DBMS의 목표는 이러한 문제가 데이터베이스를 일관성을 잃은 상태로 고착시키지 않도록 하는 것이다. 이를 위해 흔히 자기디스크와 같은 비휘발성 저장장치에 각 트랜잭션의 활동에 대한 레코드를 포함하는 로그(log)를 유지하는 방법을 쓴다. 트랜잭션으로 인해 데이터베이스를 변경하기 전에 수행할 변경을 먼저 로그에 기록한다. 따라서 로그는 각 트랜잭션의 행위에 대한 영구적인 레코드를 포함한다.

트랜잭션 안의 모든 단계들이 로그에 기록되는 시점을 커밋 시점(commit point)이라고 부른다. 이 시점에서 DBMS는 필요할 경우 자체적으로 트랜잭션을 재구성하기 위해 필요한 정보를 갖게 된다. 커밋 시점에서 DBMS는 트랜잭션의 활동들이 데이터베이스에 반영될 것임을 보장하는 책임을 수용하며, 이런 의미에서 DBMS는 이 트랜잭션에 대해 커밋한다. 장비 오동작의 경우, DBMS는 마지막 백업 이후 완료된 (즉, 커밋된) 트랜잭션들을 재구성하기 위해 로그 정보를 사용할 수 있다.

트랜잭션이 커밋 시점에 이르기 전에 문제가 발생할 경우, DBMS는 완료될 수 없는 부분 실행 트랜잭션을 갖게 될 것이다. 이 경우, 로그는 트랜잭션에 의해 실제 수행된 활동들을 롤백(roll back), 즉, 되물리는 데 사용될 수 있다. 예를 들어 장비 오동작의 경우, DBMS는 오동작 시점에 불완전한 (즉, 커밋되지 않은) 트랜잭션을 롤백에 의해 복구할 수 있다.

그러나 트랜잭션에 대한 롤백은 꼭 장비 오동작으로 인한 복구과정에 국한되는 것은 아니다. 이들은 종종 DBMS의 정상적인 작업의 일부분으로 수행되기도 한다. 예를 들면, 특별한 권한을 요하는 정보에 대한 접근 시도나 몇 개의 트랜잭션이 서로 맞물려 교착상태에 빠지는 등의 사유로 트랜잭션의 수행에 필요한 모든 단계들을 완료하기 전에 트랜잭션이 종료되어 버릴 수도 있다. 이러한 경우에 DBMS는 트랜잭션의 롤백에 로그를 사용할 수 있으며, 이렇게 해서 미완료 트랜잭션으로 인한 데이터베이스상의 오류를 피할 수 있다.

롤백 과정에 잠복된 미묘한 문제들은 DBMS 설계가 얼마나 까다로운 작업인지 보여주는 한 예이다. 한 트랜잭션의 롤백은 다른 트랜잭션에 이미 사용된 데이터베이스 항목에 영향을 미칠 수도 있다. 예를 들면, 롤백 대상인 트랜잭션이 어떤 계좌 잔고를 갱신하였을 수도 있으며, 또 다른 트랜잭션이 갱신된 값에 기초한 활동을 이미 수행했을 수도 있다. 이는 이러한 추가적인 트랜잭션도 롤백되어야 함을 의미하며, 이러한 롤백은 또 다른 트랜잭션에 영향을 미칠 수도 있다. 이 결과로 파생되는 현상이 연쇄 롤백(cascading rollback)이라고 불리는 문제이다.

로킹

이제 데이터베이스에서 어떤 트랜잭션이 진행되는 동안 다른 트랜잭션의 실행을 시작하는 데 따른 문제를 생각해보자. 이러한 상황으로 인해 트랜잭션들 사이에 의도되지 않은 상호작용이 발생하여 데이터베이스에 오류를 초래할 수 있다. 예를 들면, 한 계좌에서 다른 계좌로 자금을 이체하는 트랜잭션이 진행되는 도중에 또 다른 트랜잭션에서 은행의 총 잔고를 계산하려 시도할 경우, **합산 오류 문제**(incorrect summary problem)라고 알려진 문제가 발생할 수 있다. 이러한 상황에서 이체 단계들이 수행되는 순서에 따라 총 잔고는 실제보다 큰 값으로 계산될 수도 있고 작은 값으로 계산될 수도 있다. 또 다른 가능성은 **갱신 유실 문제**(lost update problem)라고 알려진 것인데, 이것은 동일한 계좌에 대해 공제 작업을 수행하는 두 개의 트랜잭션이 있을 때 발생할 수 있다. 한 트랜잭션이 계좌의 현재 잔고를 읽은 후 새로운 잔고를 계산하지 않은 상태에서 또 다른 트랜잭션이 현재의 잔고를 읽었다면, 두 트랜잭션 모두 동일한 초기 잔고에 대해 공제 작업을 수행하게 된다. 이 결과 두 번의 공제 중 하나는 데이터베이스에 반영되지 않게 될 것이다.

이러한 문제를 해결하기 위해 DBMS는 트랜잭션들을 한 번에 하나씩 완전히 실행하도록 하는 방식을 사용할 수 있는데, 이를 위한 방법으로 새로운 트랜잭션을 큐에 넣어두고 그보다 앞선 트랜잭션들이 완료될 때까지 기다리게 한다. 그러나 트랜잭션에 따라서는 대용량 저장장치 관련 작업의 수행을 기다리는 데 오랜 시간을 소요할 수도 있다. 트랜잭션들의 실행을 교차적으로 진행시킴으로써 한 트랜잭션이 기다리는 동안의 시간을 다른 트랜잭션이 이미 읽어온 데이터를 처리하는 데 사용할 수 있다. 따라서 대부분의 대규모 데이터베이스 관리 시스템은 (3.3절의) 시분할 운영체제가 프로세스들을 교차 실행하는 것과 거의 동일한 방식으로 트랜잭션 사이의 시분할을 조정하기 위한 일정관리자(scheduler)를 포함한다.

합산 오류 문제나 갱신 유실 문제와 같은 이상 현상을 방지하기 위해 일정관리자들은 어떤 트랜잭션에서 현재 사용하고 있는 데이터베이스 안의 항목들을 표시하는 **로킹 프로토콜**(locking protocol)을 이용한다. 이러한 표시는 로크(lock)이라고 불리며, 표시된 항목은 로크 걸린 항목이라 표현된다. **공유 로크**(shared lock)와 **배타적 로크**(exclusive lock)라는 두 가지 유형의 로크가 일반적으로 사용된다. 이들은 트랜잭션이 요구하는 접근의 유형이 공유 접근인지 배타적 접근인지에 따라 정해진다. 트랜잭션이 데이터 항목을 변경하지 않는다면 공유 접근을 요구하는 것이며, 이는 다른 트랜잭션들이 그 데이터 항목을 읽는 것을 허용할 것임을 의미한다. 그러나 그 트랜잭션이 데이터 항목을 변경할 경우에는 반드시 배타적 접근을 이용해야 하며, 이는 그 트랜잭션이 해당 데이터 항목에 접근하는 유일한 트랜잭션이어야 한다는 것을 의미한다.

로킹 프로토콜에서는 트랜잭션이 데이터 항목에 접근을 요청할 때마다 DBMS에 요구하는 접근 유형을 알려주어야 한다. 로크가 걸리지 않았거나 공유 로크가 걸려있는 항목에 대해 트랜잭션이 접근을 요청할 경우, 그러한 요청은 승인되며 그 항목에 공유 로크가 표시된다. 그러나 요청된 항목에 이미 배타적 로크가 걸려있을 경우, 추가적인 접근은 거부된다. 트랜잭션이 어떤 항목에 대해 배타적인 접근을 요청할 경우, 그 항목에 아무 로크도 걸려있지 않을 경우에만 요청이 승인된다. 이런 방식으로 데이터를 변경하려는 트랜잭션은 해당 항목에 대해 배타적 접근을 얻음으로써 다른 트랜잭션으로부터 그 데이터를 보호한다. 반면에 어느 트랜잭션도 해당 항목을 변경하려 하지 않을 경우, 여러 트랜잭션이 그 항목에 공유 접근을 할 수 있다. 물론 한 트랜잭션이 항목에 대한 처리를 마칠 때 DBMS에 그 사실을 알려 관련 로크를 제거한다.

트랜잭션의 접근 요청이 거부될 경우를 처리하기 위해 여러 가지 알고리즘이 사용된다. 알고리즘 하나는 요청된 항목을 이용할 수 있을 때까지 트랜잭션을 기다리도록 하는 것이다. 그러나 이 방식은 동일한 두 항목에 배타적 접근을 요구하는 두 개의 트랜잭션이 각자 한 항목에 대한 배타적 접근을 얻은 다음 다른 항목을 기다릴 경우, 서로 상대방의 진행을 막을 수 있기 때문에 교착상태로 이어질 수 있다. 이러한 교착상태를 피하기 위해, 어떤 데이터베이스 관리 시스템은 오래된 트랜잭션에 우선권을 부여한다. 즉, 오래된 트랜잭션이 덜 오래된 트랜잭션에 의해 로크가 걸린 항목에 대한 접근을 요구할 경우, 덜 오래된 트랜잭션은 자신이 확보하고 있던 모든 데이터 항목을 풀어주어야 하며, 그 활동은 (로그에 근거하여) 롤백된다. 그러면 오래된 트랜잭션이 자신이 요구한 항목에 대해 접근할 수 있게 되고, 덜 오래된 트랜잭션은 새로 시작해야 한다. 덜 오래된 트랜잭션이 여러 번 순번에 밀리게 되면, 그 과정에서 오래된 트랜잭션이 되며 결국에는 높은 우선순위를 갖게 될 것이다. 이러한 프로토콜은 (오래된 트랜잭션이 덜 오래된 트랜잭션에 부상을 입히고 덜 오래된 트랜잭션이 오래된 트랜잭션을 기다려준다는 의미에서) **부상-대기 프로토콜(wound-wait protocol)**이라고 불리며, 모든 트랜잭션이 결국에는 작업을 완료하게 될 것이다.

연습문제

1. 커밋 시점에 도달한 트랜잭션과 그렇지 않은 트랜잭션 사이의 차이는 무엇인가?
2. DBMS는 어떻게 광범위한 연쇄 롤백을 방지할 수 있을까?
3. 초기 잔고가 $400인 동일한 계좌에서 $100을 공제하는 트랜잭션과 $200을 공제하는 트랜잭션 등 두 개의 트랜잭션에 대한 통제되지 않은 교차 실행으로 인해 최종 잔고가 $100, $200, $300 중 어느 것이나 될 수 있음을 보여라.
4. a. 데이터베이스 안의 어떤 항목에 대한 공유 접근을 요청하는 트랜잭션의 가능한 결과들에 대해 요약하라.
   b. 데이터베이스 안의 어떤 항목에 대한 배타적 접근을 요청하는 트랜잭션의 가능한 결과들에 대해 요약하라.
5. 데이터베이스 시스템에 대해 작업을 수행하는 트랜잭션들 사이에 교착상태를 초래할 일련의 이벤트를 기술하라.
6. 5번 문제의 대답에서 나타나는 교착상태를 어떻게 해소할 수 있는지 기술하라. 이 해결 방법은 데이터베이스 관리 시스템의 로그를 사용할 필요가 있는가? 그 이유를 설명하라.

9.5 전통적인 파일 구조

이 절에서는 다차원적인 데이터베이스 시스템에 대한 학습에서 조금 벗어나 전통적인 파일 구조를 살펴보기로 한다. 이러한 구조들은 오늘날의 데이터베이스 기술의 초석이 된 데이터 저장 및 검색 시스템의 기원에 해당한다. 인덱스나 해싱 등과 같이 이러한 구조들을 위해 개발된 여러 가지 기법은 오늘날의 복잡한 대규모 데이터베이스의 구축에서 중요한 도구로 이용된다.

순차파일

순차파일(sequential file)은 파일 안의 정보가 시작부터 끝까지 하나의 긴 줄로 배열되어 있는 것처럼 차례로 접근할 수 있는 파일을 말한다. 이러한 예에는 오디오 파일, 비디오 파일, 프로그램 파일, 텍스트 문서 파일 등이 포함된다. 사실 PC에서 생성되는 파일의 대부분은 순차파일이다. 예를 들어 스프레드시트가 저장될 때, 그 정보는 순차파일로 인코딩되고 저장되며, 스프레드시트 응용 소프트웨어가 이 파일을 읽어 다시 스프레드시트를 재구성할 수 있다.

텍스트 파일은 논리적 레코드 단위가 ASCII나 유니코드로 인코딩된 개별 문자인 순차파일이며, 이러한 파일들은 종종 사원 레코드 파일 등과 같은 보다 복잡한 순차파일을 구축하기 위한 기본 도구로 이용된다. 이를 위해 필요한 것은 각 사원에 대한 정보를 텍스트 문자열로 표현하기 위한 통일된 형식을 정하고, 그 형식에 따라 정보를 인코딩하여 얻은 사원들의 레코드를 텍스트 문자열 형태로 하나씩 차례대로 저장하는 것이다. 예를 들면, 각 사원의 레코드를 31 글자의 문자열로 기록하되, 사원의 이름을 포함하는 25 글자의 필드 다음에 사원번호를 나타내는 6 글자의 필드로 이루어지도록 입력하기로 정함으로써 간단한 사원 파일을 구축할 수 있다. 이때 이름의 길이가 25 글자보다 짧은 경우 25 글자 필드를 채우기 위해 공백들을 사용할 수 있을 것이다. 최종 파일은 인코딩된 문자들로 이루어지는 긴 문자열이며, 여기에서 각각의 31 글자 블록은 개별 사원에 관한 정보를 표현한다(그림 9.14). 정보는 파일에서 31 글자 블록으로 구성되는 논리적 레코드 단위로 읽어온다. 각 블록 안에서 개별 필드는 블록을 구성하는 통일된 형식에 따라서 식별된다.

순차파일 안의 데이터는 파일의 순차적 성질을 유지하면서 대용량 저장장치에 기록되어야 한다. (자기테이프나 CD의 경우와 같이) 대용량 저장장치 자체가 순차적일 경우, 이는 단순한 작업이 된다. 이 경우 저장매체의 순차적 성질에 따라 파일을 기록하기만 하면 된다. 그러면 파일을 처리하는 일도 파일의 내용을 차례대로 읽어 처리하는 작업에 불과하다. 하나의 연속적인 나선형 트랙을 따라 음악을 섹터 단위로 하나의 순차파일로 저장한 오디오 CD를 연주할 때 따르는 것이 바로 이와 같은 절차이다.

그림 9.14 | 텍스트 파일로 구현된 간단한 사원 파일의 구조

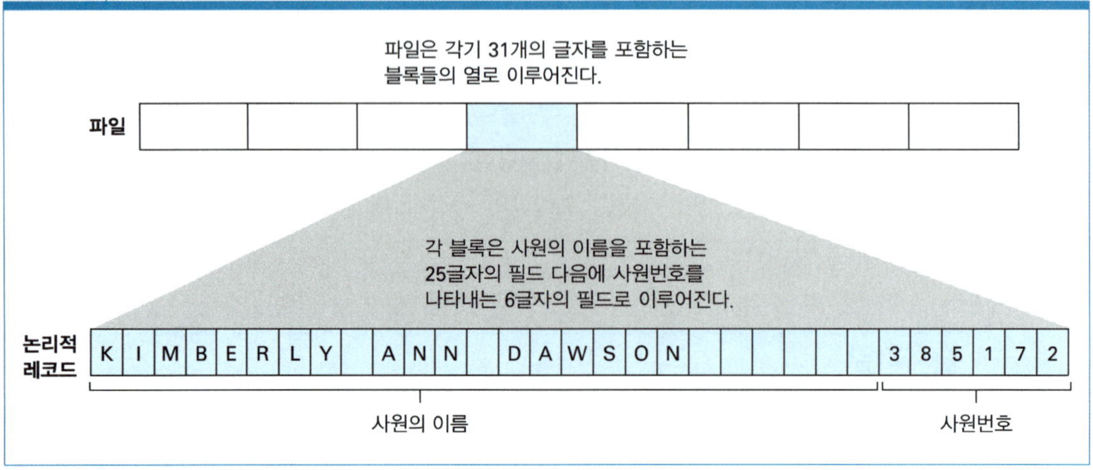

그러나 자기디스크 장치의 경우 파일은 여러 섹터에 분산될 것이며, 이들은 다양한 순서로 읽을 수 있다. 적절한 순서를 유지하기 위해 대부분의 운영체제, 특히, 파일관리자는 파일에 저장되어 있는 섹터들의 리스트를 유지한다. 이 리스트는 파일이 저장되는 디스크 상에 디렉터리 시스템의 일부로서 기록된다. 실제 파일은 디스크의 여러 부분에 분산되어 있지만, 운영체제는 이 리스트를 사용하여 마치 파일들이 순차적으로 저장된 것처럼 섹터들을 적절한 순서로 읽을 수 있다.

순차파일을 처리할 때는 파일의 끝에 도달했는지 탐지할 필요가 있다. 일반적으로 순차파일의 끝을 EOF(end-of-file)로 지칭한다. EOF를 표시하는 다양한 방법이 있다. 이 중 하나는 센티널(sentinel)이라 불리는 특별한 레코드를 파일 끝에 두는 방법이다. 또 다른 방법은 운영체제의 디렉터리 시스템에서 파일의 EOF를 표시하기 위한 정보를 사용하는 것이다. 운영체제는 어떤 섹터들이 파일을 담고 있는지 알고 있으므로, 파일이 끝나는 위치 또한 알고 있을 것이다.

순차파일을 이용하는 전형적인 예로 작은 회사에서의 급여처리를 들 수 있다. 여기에서 일련의 논리적 레코드로 이루어지는 순차파일을 생각할 수 있으며, 각 논리적 레코드는 사원의 급여에 관한 정보로 이름, 사원번호, 급여율 등등을 포함할 것이며, 이들을 사용하여 일정 주기로 급여 봉투를 출력할 수 있다. 각 사원의 레코드를 읽고, 해당 사원의 급여액을 계산한 다음, 적절한 급여 봉투를 만든다. 순차파일을 처리하는 이러한 활동은 다음과 같은 문장으로 표현할 수 있다.

```
while (EOF에 도달하지 않았음):
    파일에서 다음 레코드를 읽어 처리한다
```

순차파일 내의 논리적 레코드는 키 필드 값으로 식별될 수 있으며, 파일은 대개 (어쩌

면 알파벳 문자열이나 숫자인) 키에 의해 정해지는 순서에 따라 레코드들이 나타나도록 배열된다. 이러한 배열은 파일 안의 정보를 처리하는 작업을 단순화시켜 준다. 예를 들면, 급여처리에서 각 사원의 레코드가 각 사원의 출퇴근시간 기록지상의 정보를 반영하도록 갱신되어야 한다고 하자. 출퇴근시간 기록 레코드를 포함하는 파일과 사원 레코드를 포함하는 파일 모두 동일한 키에 따라 동일한 순서로 배열되어 있을 경우, 이러한 갱신 과정은 두 파일 모두에 순차적으로 접근하면서 한 파일의 출퇴근시간 기록 레코드로 사원 레코드 파일의 해당 레코드를 갱신하는 방식으로 처리될 수 있다. 파일들에서 레코드들이 동일한 순서로 배열되어 있지 않을 경우 매번 검색 과정을 필요로 했을 것이며, 이에 비해 앞의 배열을 이용한 처리가 훨씬 개선된 것이다. 앞의 급여처리에서 순차적 파일에 대한 갱신은 대개 몇 개의 단계로 나누어 처리될 것이다. 먼저 (출퇴근시간 기록 대장과 같은) 새로운 정보를 트랜잭션 파일이라 불리는 순차파일에 기록한 다음, 이 트랜잭션 파일을 마스터 파일이라 불리는 갱신 대상 파일의 순서에 맞추어 정렬한다. 그런 다음 양쪽 파일의 레코드들을 순차적으로 읽으면서 마스터 파일의 레코드들을 갱신한다.

이러한 갱신 과정과 약간 다른 것으로 두 개의 순차파일을 병합하는 과정이 있는데, 이것은 두 개의 원천 파일로부터의 레코드들을 포함하는 하나의 새로운 파일을 만드는 것이다. 입력 파일들에서 레코드들은 공통의 키 필드에 따라 오름차순으로 배열되어 있는 것으로 가정되며, 이러한 파일들은 출력 파일에서도 키들이 오름차순으로 배열되는 방식으로 병합된다. 전형적인 병합 알고리즘이 그림 9.15에 요약되어 있으며, 알고리즘이 하는 일은 두 개의 입력 파일을 순차적으로 읽어 들이면서 출력 파일을 구축하는 것이다(그림 9.16).

그림 9.15 | 두 개의 순차파일을 병합하기 위한 함수

```
def MergeFiles (InputFileA, InputFileB, OutputFile):
  if (두 입력 파일 모두 EOF에 도달함):
    OutputFile이 빈 상태로 멈춘다.
  if (InputFileA가 EOF에 도달하지 않음):
    InputFileA의 첫 번째 레코드를 InputFileA의 현재 레코드로 지정한다.
  if (InputFileB가 EOF에 도달하지 않음):
    InputFileB의 첫 번째 레코드를 InputFileB의 현재 레코드로 지정한다.
  while (어느 입력 파일도 EOF에 도달하지 않음):
    "작은" 키 필드 값을 갖는 현재 레코드를 OutputFile에 기록한다.
    if (기록된 현재 레코드가 해당 입력 파일에서 마지막 레코드임):
      해당 입력 파일이 EOF에 도달하였음을 선언한다.
    else:
      해당 입력 파일의 다음 레코드를 그 파일의 현재 레코드로 지정한다.
  EOF에 도달하지 않은 입력 파일의 현재 레코드에서 시작하여
  남아있는 모든 레코드들을 OutputFile에 기록한다.
```

그림 9.16 병합 알고리즘의 적용 (레코드를 표현하기 위해 문자들이 사용된다. 개별 문자는 레코드의 키 필드의 값을 나타낸다.)

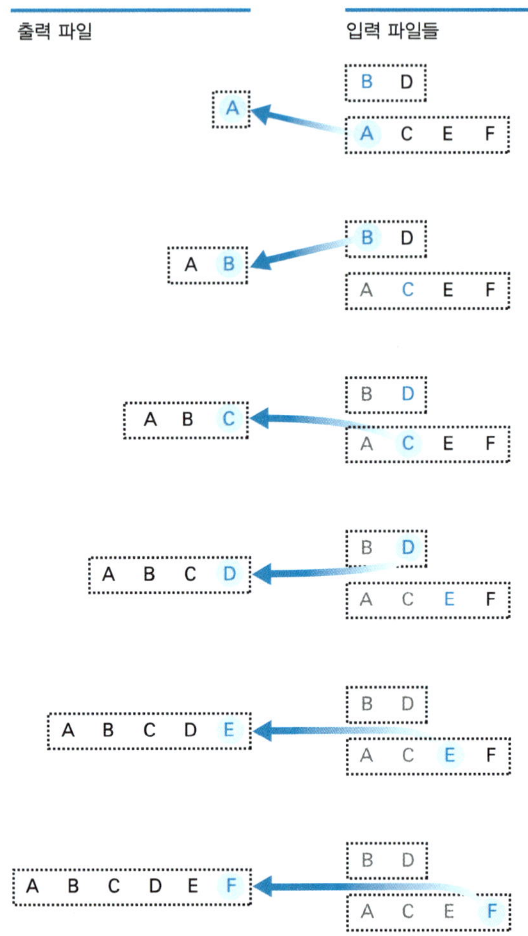

인덱스화 파일

순차파일들은 파일 항목들이 저장되어 있는 순서대로 처리할 데이터를 저장하기에 이상적이다. 그러나 예측할 수 없는 순서로 파일 안의 레코드를 검색해야 할 경우 이러한 파일은 효율적이지 않다. 이러한 상황에서는 원하는 논리적 레코드의 위치를 빨리 찾기 위한 방법이 필요하다. 널리 사용되는 해결 방법 중 하나는 책에서 토픽들을 찾기 위해 인덱스를 사용하는 것과 거의 비슷한 방식으로 인덱스를 사용하는 것이다. 이러한 파일시스템을 **인덱스화 파일(indexed file)**이라고 부른다.

파일을 위한 인덱스는 파일에 저장되어 있는 키들의 리스트와 함께 각 키를 포함하는

그림 9.17 | 인덱스화 파일을 열기

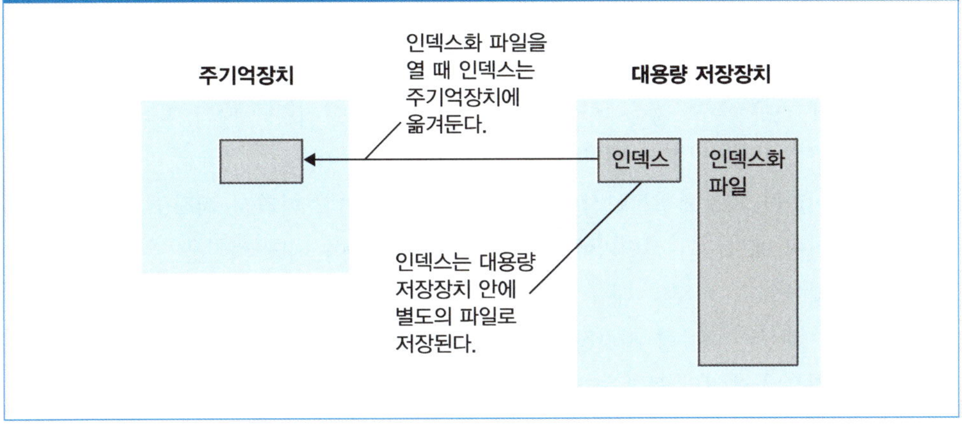

레코드의 저장 위치를 나타내는 항목들을 포함한다. 따라서 특정 레코드를 찾기 위해, 먼저 인덱스에서 키를 찾은 다음 그 키에 연계된 위치에 저장되어 있는 정보를 읽어온다.

파일의 인덱스는 대개 인덱스화 파일과 동일한 대용량 저장장치 안에 별도의 파일로 저장된다. 대개의 경우 인덱스는 파일 안에 레코드에 대한 접근이 필요할 때 쉽게 이용할 수 있도록 파일 처리를 시작하기 전에 주기억장치에 미리 옮겨둔다(그림 9.17).

인덱스화 파일의 전형적인 예가 사원 레코드를 유지하는 상황에서 나타난다. 여기에서 개별 레코드를 읽어올 때 장시간의 검색을 피하기 위해 인덱스가 사용될 수 있다. 예를 들어 사원 레코드 파일에 사원번호로 인덱스를 만들어두었을 경우, 사원번호만 알면 해당 사원의 레코드를 신속하게 읽어올 수 있다. 또 다른 예는 오디오 CD에서 개별 곡들에 신속하게 접근하기 위해 사용되는 인덱스에서 볼 수 있다.

오랜 세월에 걸쳐 기본 인덱스 개념의 여러 변형이 사용되어 왔다. 이 중 하나는 계층 구조를 사용하여 인덱스를 구성함으로써 인덱스가 계층적 구조 또는 트리 구조를 갖게 하는 것이다. 대표적인 예는 대부분의 운영체제에서 파일 저장의 조직화를 위해 사용하는 계층적 디렉터리 시스템이다. 이 경우 디렉터리나 폴더가 인덱스의 역할을 수행하며, 각 인덱스는 그 하위의 인덱스들에 대한 연결 링크들을 포함한다. 이러한 관점에서 전체 파일시스템은 하나의 큰 인덱스화 파일로 볼 수 있다.

해시 파일

비록 인덱스의 사용은 데이터 저장구조 안의 항목들에 대해 상대적으로 신속한 접근을 가능하게 하지만, 인덱스의 유지라는 대가를 부담한다. 해싱(hashing)은 이러한 오버헤드 없이 비슷한 정도의 접근을 제공하기 위한 기법이다. 인덱스화 시스템의 경우에서와 마찬가지로 해싱도 키 값을 사용하여 레코드의 위치를 찾는다. 그러나 인덱스에서 키를 찾는 대신, 해싱은 키에서 직접 해당 레코드의 위치를 찾는다.

해시 시스템은 다음과 같이 요약될 수 있다. 데이터 저장 공간은 먼저 버킷(bucket)이라 불리는 여러 개의 구역으로 분할되며, 각 버킷은 여러 개의 레코드를 저장할 수 있다. 레코드들은 키 값을 버킷 번호로 변환하는 알고리즘에 따라 여러 버킷들에 분산된다. (키 값을 버킷 번호로 변환하는 함수를 해시 함수(hash function)라고 부른다.) 각 레코드는 이러한 과정에 의해 식별되는 버킷에 저장된다. 따라서 저장구조 안에 배치된 레코드는 먼저 레코드의 식별키에 해시 함수를 적용하여 해당 버킷을 결정한 다음 버킷의 내용을 읽어오고, 버킷의 내용 중에서 원하는 레코드를 검색하여 읽어올 수 있다.

해싱은 대용량 저장장치에서 데이터를 읽어오는 수단으로도 사용되지만, 주기억장치에 저장된 데이터 블록들에서 항목을 읽어오는 수단으로도 사용된다. 대용량 저장장치의 저장 구조에 해싱이 적용될 때, 결과로 만들어지는 파일을 해시 파일(hash file)이라고 부른다. 주기억장치의 저장 구조에 해싱이 적용될 때, 결과로 만들어지는 구조는 보통 해시 테이블(hash table)이라고 부른다.

해싱 기법을 전형적인 사원 파일에 적용해보자. 이 파일의 각 레코드는 개별 사원에 관한 정보를 포함한다. 먼저 버킷들로 사용될 대용량 저장장치의 여러 영역들을 확보한다. 버킷의 수와 각 버킷의 크기는 설계상의 중요한 결정사항이며, 이에 대해서는 나중에 살펴볼 것이다. 지금으로서는 41개의 버킷을 만드는 것으로 정하며, 버킷의 번호로는 0에서 40까지의 숫자를 사용한다. (버킷의 수를 짝수인 40 대신 41로 정한 이유에 대해서는 곧 설명될 것이다.)

사원번호를 사원 레코드의 식별키로 사용한다고 가정하자. 다음에 할 일은 이러한 키를 버킷 번호로 변환하기 위한 해시 함수를 만드는 것이다. 사원번호가 25X3Z 또는

해싱을 통한 인증

해싱의 용도는 효율적인 데이터 저장 시스템의 구축에 국한되지 않는다. 예를 들면, 해싱은 인터넷상에서 전송되는 메시지의 인증 수단으로 사용될 수도 있는데, 그 원리는 비밀스러운 방법으로 메시지에 해싱을 적용하는 것이다. 이렇게 얻은 해시 값은 메시지와 함께 전송된다. 메시지를 인증하기 위해 수신 측에서도 동일한 비밀스러운 방법으로 수신된 메시지에 대해 해싱을 적용하여 생성된 값이 원래의 값과 일치하는지 확인한다. (메시지가 변경되었을 경우, 동일한 해시 값을 가질 확률은 매우 낮은 것으로 가정된다.) 수신 측에서 계산된 해시 값이 원래의 값과 일치하지 않으면, 메시지가 손상된 것으로 간주된다. 이러한 해싱의 응용에 관심이 있다면, 인증 응용 분야에 광범위하게 사용되고 있는 해시 함수인 MD5에 관한 정보를 인터넷에서 검색해볼 수 있을 것이다.

오류 탐지 기법도 해싱을 인증에 응용하는 예로 간주할 수 있다. 예를 들면, 패리티 비트도 비트 패턴을 0 또는 1로 해싱하는 해시 시스템으로 볼 수 있다. 이 값은 원래의 비트 패턴과 함께 전송된다. 수신된 패턴이 동일한 값으로 해싱되지 않는다면, 그 패턴은 손상된 것으로 간주된다.

그림 9.18 | 키 필드 값 25X3Z를 41개의 버킷 중 하나로 해싱하기

키 필드 값:	25X3Z
ASCII 표현:	0011001000110101010110000011001101011010
10진수 표현:	215,643,337,562
41로 나눈 후의 나머지:	3
버킷 번호:	3

J2X35 등과 같이 숫자 형태가 아닐 수도 있지만, 이들도 비트 패턴으로 저장될 것이며, 따라서 숫자로 해석될 수 있다. 이렇게 숫자로 해석된 키를 버킷의 수인 41로 나누면, 그 나머지로 0에서 40까지의 정수를 얻을 것이며, 이 값을 41개의 버킷 중 하나를 식별하는 번호로 사용할 수 있다(그림 9.18).

41에 의한 나눗셈을 해시 함수로 사용하여 파일을 구축할 수 있는데, 먼저 개별 레코드의 키에 이 해시 함수를 적용하여 버킷 번호를 얻은 다음, 그 레코드를 해당 버킷에 저장한다(그림 9.19). 나중에 레코드를 읽을 필요가 있을 경우, 그 레코드의 키에 해시 함수

그림 9.19 | 해시 시스템의 원리

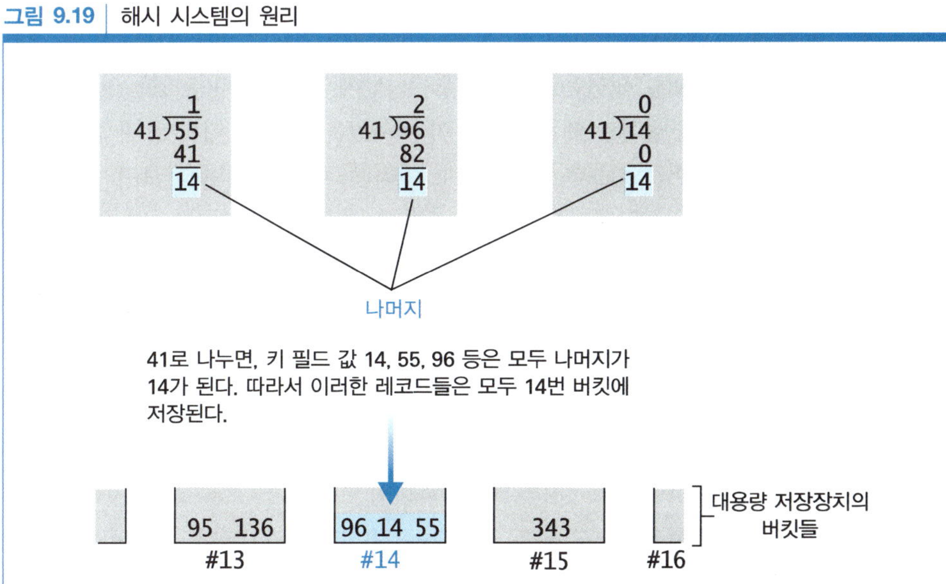

를 적용하여 해당 버킷을 구하고 그 버킷을 검색하여 원하는 레코드를 찾는다.

이제 왜 버킷의 개수를 41로 결정했는지에 대해 살펴보기로 하자. 먼저, 효율적인 해시 시스템이 되기 위해서는 레코드들이 버킷들에 골고루 분산되어야 한다. 균형을 이루지 못한 채 많은 수의 키가 동일한 버킷으로 해싱될 경우 **클러스터링(clustering)**이라는 현상으로 지칭되며, 하나의 버킷에 그만큼의 많은 레코드가 몰릴 것이다. 이 경우 해당 버킷에서 레코드를 읽어내기 위한 검색에 많은 시간을 소요하게 될 것이며, 해싱으로 인한 이점이 사라지게 될 것이다.

만일 저장영역을 41개가 아니라 40개의 버킷으로 분할했다면, 해시 함수는 41이 아니라 40에 의한 나눗셈을 사용하게 되었을 것이다. 그러나 제수와 피제수가 공통 인수를 가질 경우, 그 인수는 나머지에도 반영될 것이다. 예를 들어 해시 파일에 저장되는 항목들의 키가 (40의 인수 중 하나인) 5의 배수일 경우, 40으로 나눌 때 5라는 인수가 나머지들에도 나타나게 되어 항목들은 0, 5, 10, 15, 20, 25, 30, 35 등의 버킷에 몰릴 것이다. 키들이 2, 4, 8, 10, 20 등의 배수인 경우에도 비슷한 상황이 발생할 것이다. 이는 이러한 숫자들도 모두 40의 인수이기 때문이다. 따라서 버킷의 수를 41로 정한 것은 이 숫자가 소수여서 공통 인수를 갖게 될 가능성이 없으며, 따라서 클러스터링의 가능성을 줄여주기 때문이다.

유감스럽게도 클러스터링 현상을 완전히 제거할 수는 없다. 잘 설계된 해시 함수에서도 파일 구축과정에서 두 개의 키가 같은 값으로 해싱될 가능성은 높으며, 이러한 현상을 **충돌(collision)**이라고 부른다. 이를 이해하기 위해 다음과 같은 시나리오를 생각해보자.

41개의 버킷에 레코드들을 임의로 분산시키는 해시 함수를 찾았으며, 현재 저장 공간은 모두 비어있고, 새로운 레코드들을 한 번에 하나씩 삽입한다고 하자. 첫 번째 레코드를 삽입할 때 그 레코드는 비어있는 버킷에 들어갈 것이다. 그러나 두 번째 레코드를 삽입할 때는 41개의 버킷 중 40개만이 비어있을 것이며, 따라서 두 번째 레코드가 비어있는 버킷에 들어갈 확률은 40/41이다. 두 번째 레코드가 비어있는 버킷에 들어갔다면, 세 번째 레코드를 삽입할 때는 39개만이 비어있을 것이며, 따라서 세 번째 레코드가 비어있는 버킷에 들어갈 확률은 39/41이다. 이러한 과정을 계속하다보면, 처음 7개의 레코드가 비어있는 버킷들에 들어갔을 경우, 8번째 레코드가 남아있는 빈 버킷에 들어갈 확률은 34/41밖에 되지 않는다.

이러한 분석을 통해 처음 8개의 레코드가 빈 버킷들에 들어갈 확률은 각기 앞서 삽입되는 레코드들이 빈 버킷에 들어간다고 가정하고 각 레코드를 빈 버킷에 삽입할 확률들을 곱한 값과 같음을 알 수 있다. 따라서 이 확률은 다음과 같다.

```
(41/41)(40/41)(39/41)(38/41) . . . (34/41) = .482
```

요컨대 이 확률은 1/2도 되지 않는다는 것이다. 즉, 41개의 버킷에 레코드들을 분산시킬 때 8번째 레코드를 저장할 때쯤이면 충돌이 발생해 있을 확률이 1/2이 넘게 된다.

이렇게 충돌 가능성이 높기 때문에, 해시 함수를 아무리 잘 설계하더라도 해시 시스템은 클러스터링을 염두에 두고 설계해야 한다. 특히 어떤 버킷이 가득 차서 오버플로가 발생할 수 있다. 이 문제에 대한 해결책의 하나는 버킷의 크기를 확장할 수 있도록 허용하는 것이다. 또 다른 방법은 이미 가득 찬 버킷에 들어갈 레코드들을 위한 오버플로 영역을 따로 마련해두고 여기에 넘쳐난 레코드들을 넣는 것이다. 어느 경우이든 클러스터링과 버킷 오버플로의 발생은 해시 파일의 성능을 현저히 저하시킨다.

어떤 연구에 따르면, **적재율(load factor)**이라 불리는, 레코드 수와 파일의 총 용량의 비가 50퍼센트 아래일 때 해시 파일은 우수한 성능을 보인다고 한다. 그러나 적재율이 75퍼센트 이상에 이르면, 일반적으로 시스템의 성능이 떨어진다(클러스터링이 표면화되어 일부 버킷들이 가득차거나 오버플로가 초래됨). 이러한 이유로 해시 저장 시스템은 대개 적재율이 75퍼센트에 이르면 더 큰 용량을 확보하여 재구성된다. 결론적으로 해시 시스템을 구현하여 달성한 레코드 검색의 효율성에도 대가가 있다는 것이다.

연습문제

1. 입력 파일 하나에는 키 필드 값이 B, E인 레코드들이 포함되어 있고, 다른 하나에는 키 필드 값이 A, C, D, F인 레코드들이 포함되어 있다고 가정하고, 그림 9.15의 병합 알고리즘을 따라해 보라.

2. 병합 알고리즘은 병합 정렬(merge sort)이라고 불리는 널리 사용되는 정렬 알고리즘의 핵심이다. 병합 정렬 알고리즘을 설계해 보라. (*힌트*: 비어있지 않은 파일은 한 개의 항목으로 구성된 파일들의 집합으로 간주될 수 있다.)

3. 순차적 성질은 파일의 물리적 성질인가? 아니면 개념적 성질인가?

4. 인덱스화 파일에서 레코드를 읽어올 때 필요한 단계들을 제시하라.

5. 해시 함수를 잘못 선택할 경우 해시 저장 시스템이 순차파일과 별 차이가 없게 될 수 있음을 설명하라.

6. 본문에서 제시된 나눗셈 방식의 해시 함수를 6개의 저장 버킷에 적용하여 해시 저장 시스템을 구축한다고 하자. 다음 각 키 값에 대해 해당 키를 갖는 레코드가 어느 버킷에 들어가겠는가? 어떤 문제점이 발생할 것이며, 그 이유는 무엇인가?

   a. 24　　b. 30　　c. 3　　d. 18　　e. 15
   f. 21　　g. 9　　h. 39　　i. 27　　j. 0

7. 두 사람의 생일이 같은 달 같은 날이 될 확률이 1/2이 넘기 위해 몇 사람이 모여야 할까? 이 문제와 이 절의 내용과는 어떻게 연관되는가?

9.6 데이터마이닝

데이터베이스 기술과 밀접하게 관련되어 있으며 빠르게 성장하고 있는 주제 중 하나가 데이터마이닝(data mining)인데, 데이터 집합에서 패턴을 발견하기 위한 여러 가지 기법들을 포함한다. 데이터마이닝은 마케팅, 재고관리, 품질관리, 여신위험관리, 사기행위의 탐지, 투자 분석 등의 다양한 영역에서 중요한 도구가 되어가고 있다. 데이터마이닝 기법은 DNA 분자 안에 인코딩되어 있는 특정 유전자의 기능에 대한 식별이나 유기체의 성질을 특징짓는 분야 등과 같이 쉽게 생각하기 어려운 환경들에서도 응용되고 있다.

데이터마이닝 활동은 저장된 사실을 검색하는 일반 데이터베이스 질의와 달리 사전에 알려져 있지 않은 패턴을 식별하는 것을 목적으로 한다는 점에서 전통적인 데이터베이스 질의와 다르다. 더욱이 데이터마이닝은 잦은 갱신이 이루어지는 "온라인" 운영 데이터베이스에 대해서가 아니라 데이터웨어하우스(data warehouse)라고 불리는 정적인 데이터 집합에 대해 수행된다. 데이터웨어하우스는 흔히 데이터베이스나 데이터베이스 집합에 대한 "스냅사진"에 해당한다. 실제 운용 중인 데이터베이스 대신 이러한 스냅사진이 이용되는 것은 동적인 시스템보다는 정적인 시스템에서 패턴을 찾는 것이 쉽기 때문이다.

또 하나 강조해둘 것은 데이터마이닝이 컴퓨터 분야에서만 이용되는 것이 아니라 통계학에서도 많이 사용되고 있다는 점이다. 실제로 많은 이들은 데이터마이닝이 대규모의 다양한 데이터 집합에 대해 통계적 분석을 수행하려는 시도에 기원을 두고 있기 때문에, 데이터마이닝이 컴퓨터과학의 한 분야가 아니라 통계학의 응용 분야라고 주장할 것이다.

데이터마이닝에는 클래스 서술과 클래스 차별화라는 두 가지 형태의 기법이 있다. 클래스 서술(class description)은 어떤 데이터 항목 그룹을 특징짓는 성질을 식별하는 내용을 다루며, 클래스 차별화(class discrimination)는 두 개의 그룹을 나누는 성질을 식별하는 내용을 다룬다. 예를 들면, 클래스 서술 기법은 소형차를 구입하는 사람들의 특징을 식별하기 위해 사용될 수 있으며, 클래스 차별화 기법은 중고차를 구입하는 고객들과 신차를 구입하는 고객들을 구별하는 특성을 찾기 위해 사용될 수 있다.

또 다른 형태의 데이터마이닝 기법에 클러스터 분석(cluster analysis)이 있는데, 이것은 클래스 자체의 발견을 목적으로 한다. 이것은 이미 식별되어 있는 클래스 구성원들의 성질을 발견하는 것을 목적으로 하는 클래스 서술과는 다르다. 보다 정확히 표현하자면, 클러스터 분석은 그룹화의 발견으로 이어질 데이터 항목들의 특성을 발견하는 것을 목적으로 한다. 예를 들면, 특정 영화를 관람한 사람들의 나이에 관한 정보의 분석을 통해 클러스터 분석은 주 관객층이 4-10세 그룹과 25-40세 그룹임을 발견할 수 있을지 모른다. (아마 그 영화는 주로 어린이들과 그 부모들이 주 관객층이었을 것이다.)

연계성 분석(association analysis)이라는 데이터마이닝 기법은 데이터 그룹 사이의 연결 링크를 찾는 것을 목적으로 한다. 포테이토칩을 구입하는 고객은 또한 맥주나 소다도 구입한다거나 주중에 쇼핑을 하는 사람들은 퇴직연금 수령자라든가 하는 사실을 밝혀낼 수 있는 것은 연계성 분석이다.

이상치 분석(outlier analysis)이라는 데이터마이닝 기법은 일반 기준을 벗어난 데이터 항목들의 식별을 목적으로 한다. 이상치 분석은 데이터 집합에서 오류의 식별, 고객의 정상적인 구매 패턴에서 갑작스런 일탈 행위의 탐지에 의한 신용카드 절도의 식별, 비정상적인 행동의 인식에 의한 잠재적 테러범의 식별 등에 사용될 수 있다.

마지막으로 소개하는 데이터마이닝 기법은 **순차 패턴 분석(sequential pattern analysis)**인데, 이것은 시간의 경과에 따른 행위 패턴의 식별을 목적으로 한다. 예를 들면, 순차 패턴 분석은 주식시장과 같은 경제체제 추세나 기후조건과 같은 환경체제 추세 등을 밝혀낼 수 있다.

이러한 예들에서 알 수 있듯이, 데이터마이닝의 결과는 향후의 행위에 대한 예측에 사용될 수도 있다. 어떤 개체가 클래스를 특징짓는 성질을 보유할 경우, 그 개체는 아마 해당 클래스의 구성원들처럼 행동할 것이다. DNA의 신비를 밝히는 데 데이터마이닝을 사용하는 예에서 볼 수 있는 것처럼, 많은 데이터마이닝 프로젝트들은 단지 데이터에 대한 이해를 높이는 것을 목적으로 하고 있다. 어느 경우이든 데이터마이닝 응용의 범위는 방대하며, 따라서 향후에도 데이터마이닝은 활발한 연구영역으로서의 전망이 밝다.

데이터베이스 기술과 데이터마이닝은 가까운 사촌이나 마찬가지이며, 따라서 이들 중 한 분야의 연구는 다른 쪽에도 영향을 미칠 것이다. 데이터웨어하우스에 데이터마이닝을 가능하게 만드는 **데이터 큐브(data cube)**의 형태로 데이터를 제시할 수 있는 기능을 갖도록 하기 위해 데이터베이스 기법이 광범위하게 사용된다. 큐브라는 용어는 여러 차원을 갖는 이미지의 형상화에 사용되며, 데이터 큐브는 여러 관점에서 바라본 데이터를 말한다. 데이터마이닝 분야의 연구에서 데이터 큐브를 구현하기 위한 기법들이 개선되면서, 이러한 결과들은 다시 데이터베이스 설계 분야에 기여하게 될 것이다.

결론적으로, 성공적인 데이터마이닝은 데이터 집합에서 패턴을 식별하는 것에 그치지 않는다. 이러한 패턴들에 중요한 의미가 있는지 아니면 단순한 우연인지를 결정하기 위해 지적인 판단이 적용되어야 한다. 특정 편의점에서 많은 수의 당첨복권이 팔렸다는

생물정보학(Bioinformatics)

데이터베이스 기술과 데이터마이닝 기법의 발전으로 인해 패턴의 식별과 유기화합물의 분류에 관련된 연구 영역에서 생물학자들이 이용할 수 있는 도구들의 종류가 증가하고 있다. 이 결과로 생물정보학이라는 생물학의 새로운 분야가 등장하게 되었다. DNA 정보해독 연구에서 비롯된 생물정보학은 이제는 단백질들의 리스트를 만들거나 생화학경로라고 불리는 단백질 상호작용 순서를 이해하는 등의 작업들을 포괄하고 있다. 비록 일반적으로는 생물학의 한 부분으로 간주되고 있지만, 생물정보학은 컴퓨터과학이 다른 분야에도 영향을 미치고 뿌리내리고 있음을 보여주는 예이다.

사실은 복권을 구입하려는 사람에게 아마 중요한 의미가 있는 정보로 간주되지 않을 것이지만, 간식을 구입하는 고객이 냉동 포장식을 함께 구입하는 경향이 있다는 사실에 대한 발견은 슈퍼마켓 지배인에게는 의미 있는 정보일 수 있다. 또한 데이터마이닝은 데이터웨어하우스에 표현되어 있는 개인 정보에 관한 권리, 데이터마이닝을 통해 유추된 결론의 정확성과 용도, 데이터마이닝 자체의 적절성 등에 관련된 다양한 윤리적 쟁점을 포함한다.

연습문제

1. 데이터마이닝을 "온라인" 데이터베이스에 대해 수행하지 않는 이유는?
2. 본문에서 식별된 각 데이터마이닝 유형에서 발견될 수 있는 (본문에 나타난 것 외의) 패턴의 예를 들어보라.
3. 매출 데이터에 대한 데이터마이닝에서 데이터 큐브가 제공할 수 있는 몇 가지 관점을 식별하라.
4. 데이터마이닝이 어떻게 전통적인 데이터베이스 질의와 다른가?

9.7 데이터베이스 기술의 사회적 영향

데이터베이스 기술의 발전으로 예전에는 복잡한 기록 속에 묻혔을 정보에 접근할 수 있게 되었다. 자동화된 도서관 시스템은 도서관 이용객들의 독서 습관 정보를 쉽게 모을 수 있으며, 판매점들은 고객들의 구매 정보 기록을 유지할 수 있으며, 인터넷 검색 엔진들은 사용자들의 요청에 대한 기록을 보관할 수 있다. 이러한 정보들을 마케팅 기업, 수사기관, 정당, 고용주, 개인 등에 제공하는 것도 가능한 일이 되었다.

이는 데이터베이스 응용 전 분야에 걸쳐 퍼져있는 잠재적 문제의 대표적인 사례이다. 기술의 발전으로 인해 방대한 규모의 데이터를 수집하거나 정보의 더미에 묻혀있을 관계를 파악하기 위해 서로 다른 데이터 집합을 비교하거나 병합하는 일이 쉬워졌다. 이로 인한 법률적 및 윤리적 파생 효과는 긍정적인 면도 있고 부정적인 면도 있지만 무시할 수 없는 규모이다. 이러한 파생 효과는 단지 학술적 토론의 주제에 그치지 않으며 바로 현실적인 문제들이다.

경우에 따라서는 데이터 수집이 명시적으로 이루어지기도 하지만, 때로는 은밀하게 이루어진다. 명시적 데이터 수집은 정보 제공을 명시적으로 요청하는 형태로 이루어지며, 설문조사나 경품행사 등록양식의 경우와 같이 자발적으로 정보를 제공할 수도 있고, 정부 규정 등에 의한 경우와 같이 비자발적으로 정보를 제공할 수도 있다. 때로 자발성 여부는 개인의 관점에 따라 달라질 수도 있다. 대출 신청 시 개인정보를 제공하는 것이 자발적인가? 아니면 비자발적인가? 그 구분은 대출을 받는 것이 편의를 위한 것인지 아니면 꼭 필요한 것인지에 따라 달라질 것이다. 요즘엔 어떤 소매점에서는 신용카드를 사용할 때 서명을 디지털 형식으로 기록해야 한다. 이 경우도 고객의 상황에 따라 디지털 형식의 서명 제공이 자발적일 수도 있고 아닐 수도 있다.

더욱 미묘한 경우의 데이터 수집에서는 아예 관련자와의 직접적인 통신을 피한다. 이러한 예로는 신용카드 소지자의 구매 행태를 기록하는 신용카드 회사, 사이트 방문자의 신원정보를 기록하는 웹사이트, 대상기관의 주차장에 주차된 승용차의 차량번호를 기록하는 사회운동가 등을 들 수 있다. 이러한 경우들에서 데이터 수집의 대상이 되는 사람들은 정보 수집 사실에 대해 인식하고 있지 못할 것이며, 그렇게 구축되고 있는 데이터베이스의 존재 자체에 대해서도 모르고 있을 가능성이 높다.

때로 우리가 잠깐 멈추어 생각해보면 하부에서 일어나는 데이터 수집 활동을 쉽게 짐작할 수 있다. 예를 들면, 슈퍼마켓에서는 미리 등록한 단골고객들에게 할인가를 제공하기도 한다. 이 경우의 등록 과정은 할인을 받기 위해 구매 시점에 제시할 ID 카드의 발급을 포함한다. 이러한 과정에서 슈퍼마켓 상점은 고객의 구매에 관한 기록을 수집할 수 있으며, 이러한 기록의 가치는 제공된 할인의 가치를 훨씬 상회할 수 있다.

물론 이러한 데이터 수집 붐의 추진 동력은 데이터의 가치이며, 드러나지 않았을 정보를 표면화시키는 방식으로 데이터들의 연결을 가능하게 하는 데이터베이스 기술의 발전으로 인해 그 가치는 더욱 증폭된다. 예를 들면, 신용카드 소지자의 구매 패턴을 분류하고 막대한 마케팅 가치를 갖는 고객 프로필로 정리할 수 있다. 최근에 운동 장비를 구입한 사람들에게 보디빌딩 잡지의 구독용지가 우송될 수 있으며, 최근에 개 먹이를 구입한 사람들에게 개의 훈련에 관한 잡지의 구독용지가 우송될 수 있다. 정보를 조합하는 방법도 생각해볼 수 있다. 복지 기록부와 범죄 기록부를 비교하여 집행유예 규정위반자를 찾아 체포하는 데 사용해왔으며, 1984년에는 미국의 병무청에서 징병 등록을 하지 않은 국민들을 찾아내기 위해 유명 아이스크림 가게의 생일 등록 리스트를 사용하였다.

데이터베이스의 남용으로부터 사회를 보호하기 위한 몇 가지 방법이 있다. 한 가지는 법률적 구제제도를 적용하는 것이다. 유감스럽게도 어떤 행위에 반대하는 법률을 통과시키는 것은 그 행위의 발생을 중지시키는 것이 아니라 그 행위를 불법으로 규정할 뿐이다. 미국에서 대표적인 예는 1974년의 프라이버시 법령인데, 그 목적은 정부 데이터베이스의 남용에서 국민들을 보호하자는 것이었다. 이 법령 안의 한 조항은 정부기관들이 자신이 보유하고 있는 데이터베이스에 대해 연방관보(Federal Register)에 공표하도록 요구함으로써, 국민들이 자신의 개인정보에 접근하여 정정할 수 있게 하였다. 그러나 정부기관들은 이 조항에 태만하게 대응하고 있다. 이 자체가 반드시 악의적 의도가 있음을 의미하는 것은 아니다. 많은 경우 문제는 관료주의 자체에 있다. 그러나 인적 데이터베이스를 구축하면서도 그 사실을 깨닫지도 못하는 관료체제를 신뢰하기는 어려울 것이다.

어쩌면 데이터베이스 남용을 통제하기 위한 보다 강력한 방법은 여론을 이용하는 것이다. 데이터베이스 남용의 대가가 그로 인한 이익보다 크다면 데이터베이스가 남용되지 않게 될 것이다. 기업들이 가장 두려워하는 대가는 불리한 여론이며, 기업들은 바로 대응할 것이다. 1990년대 초기에 주요 신용카드사들이 마케팅 목적으로 메일링리스트를 판매하는 것을 중지시킨 것도 바로 여론이었다. 보다 최근의 일로는 구글의 소셜 네트워크 도구인 구글 버즈(Google Buzz)가 지메일(Gmail)과 연락처 정보를 자동으로 공유하는 것에 대해 극심한 대중적 비판을 겪은 후 2011년 구글 버즈 서비스를 중지한 바 있다. 정부기관들도 여론에 굴복한 사례들이 있다. 1997년 미국에서 사회보장제도 담당 행정기관은 사회보장 관련 레코드를 인터넷을 통해 제공하려는 계획을 세웠다가 정보의 보안에 의문을 제기한 여론을 존중하여 계획을 수정한 바 있다. 이러한 경우들에서 결과는 대개 수일 만에 나타났는데, 이는 법률적 절차를 따랐을 때의 지루한 기간과 현저히 대비된다.

물론 많은 경우 데이터베이스 응용은 데이터의 소유자와 데이터의 대상자 모두에 이익이 될 수도 있지만, 모든 경우에서 가볍게 취급되어서는 안 될 프라이버시 손실이 존재한다. 이러한 프라이버시 문제는 정보가 정확할 때도 심각하지만, 정보에 오류가 있을 때는 더욱 엄청난 문제로 비화될 수 있다. 잘못된 정보로 인해 신용 등급에 문제가 생겼음을 알게 되었을 때 겪게 될 절망적인 기분을 상상해보라. 이러한 잘못된 정보를 다른 기관들에서도 쉽게 공유할 수 있을 때 문제가 얼마나 더 심화될지 상상해보라.

프라이버시 문제는 기술 일반의 발전, 특히 데이터베이스 기술의 발전으로 인한 주요 부작용 중 하나이며, 앞으로도 그러할 것이다. 이러한 문제를 해결하기 위해서는 국민 일반의 교육, 경계심, 적극적 대처 등을 필요로 한다.

연습문제

1. 범법 사실이 없는 개인들에 대해서도 범죄 성향을 파악할 목적으로 수사기관들의 데이터베이스에 대한 접근이 허용되어야 하는가?
2. 질병 징후가 없는 개인들에 대해서도 잠재적 의료 문제가 있는지 파악할 목적으로 보험회사들이 데이터베이스에 접근하는 것을 허용해야 하는가?
3. 재정적으로 안정되어 있는 사람이 있다고 하자. 이러한 정보가 여러 기관 사이에 공유되고 있을 경우 이 사람이 얻을 수 있는 이점은 무엇인가? 이러한 정보의 배포로 인해 이 사람이 겪을 수 있는 문제점은 무엇인가? 재정적으로 곤란한 상황이라면 어떤가?
4. 자유 언론은 데이터베이스 남용의 통제에 어떤 역할을 수행할 수 있는가? (예를 들면, 언론은 어느 정도까지 여론에 영향을 미치거나 남용에 대해 알릴 수 있는가?)

단원 복습 문제

(* 표시된 것은 고급 내용을 다루는 절에 관련된 문제이다.)

1. 단층 파일과 데이터베이스의 차이를 요약하라.
2. 데이터 독립성이 의미하는 바는 무엇인가?
3. 계층적 방식의 데이터베이스 구현에서 DBMS의 역할은 무엇인가?
4. 스키마와 서브스키마의 차이는 무엇인가?
5. 응용 소프트웨어와 DBMS를 분리함으로써 얻게 되는 이점 두 가지를 들어라.
6. (8장의) 추상 데이터 타입과 데이터베이스 모델 사이의 유사성을 기술하라.
7. 다음 각 사항이나 활동이 데이터베이스 시스템에서 (사용자, 응용 소프트웨어 프로그래머, DBMS 소프트웨어의 설계자 중) 어느 계층에서 일어나는지 식별하라.
   a. 효율성을 극대화시키기 위해 데이터는 디스크에 어떻게 저장되어야 하는가?
   b. 항공편 243에 여석이 있는가?
   c. 관계를 대용량 저장장치에서 어떻게 구성할 것인가?
   d. 사용자가 몇 번이나 비밀번호를 잘못 입력하면 대화가 종료되어야 하는가?
   e. PROJECT 연산을 어떻게 구현할 수 있는가?
8. 다음 작업 중 DBMS에 의해 처리되는 것은?
   a. 사용자의 데이터베이스에 대한 접근을 적절한 서브스키마로 제한한다.
   b. 데이터베이스 모델에 대해 표현된 명령들을 실제 데이터 저장장치에 맞는 행위로 변환한다.
   c. 데이터베이스상의 데이터들이 네트워크상의 여러 컴퓨터들에 분산되어 있다는 사실을 가려준다.
9. 항공사, (특정일의) 항공편, 승객 등에 관한 다음 정보를 어떻게 관계형 데이터베이스에서 표현할지에 대해 기술하라.

   항공사: Clear Sky, Long Hop, Tree Top
   Clear Sky 항공편: CS205, CS37, CS102
   Long Hop 항공편: LH67, LH89
   Tree Top 항공편: TT331, TT809
   Smith의 예약: CS205 (좌석 12B), CS37 (좌석 18C), LH89 (좌석 14A).
   Baker의 예약: CS37 (좌석 18B), LH89 (좌석 14B).
   Clark의 예약: LH67 (좌석 5A), TT331 (좌석 4B).
10. 어떤 관계에 SELECT 연산과 PROJECT 연산이 적용되는 순서는 어느 정도까지 중요한가? 즉, SELECT 다음에 PROJECT를 수행할 경우에 PROJECT 다음에 SELECT를 수행할 경우와 동일한 결과를 얻기 위한 조건은 무엇인가?
11. 9.2절에 기술된 대로 JOIN 연산에서 "where" 절이 불필요함을 보이는 논거를 제시하라. (즉, "where" 절을 사용하는 임의의 질의는 한 관계의 모든 튜플과 다른 관계의 모든 튜플을 결합하는 JOIN 연산을 사용하여 표현될 수 있음을 보여라.)
12. 아래에 나타난 관계들에서 각 명령을 실행한 후 RESULT 관계는 어떤 모습일까?

X 관계

U	V	W
A	Z	5
B	D	3
C	Q	5

Y 관계

R	S
3	J
4	K

   a. RESULT ← PROJECT W from X
   b. RESULT ← SELECT from X where W = 5
   c. RESULT ← PROJECT S from Y
   d. RESULT ← JOIN X and Y where X.W ≥ Y.R
13. SELECT, PROJECT, JOIN 등의 명령을 사용하여, 아래 데이터베이스에 대해 부품과 제조업체에 관한 다음 각 질문에 답하기 위한 일련의 명

령들을 작성하라.

Part 관계

PartName	Weight
Bolt 2X	1
Bolt 2Z	1.5
Nut V5	0.5

Manufacturer 관계

CompanyName	PartName	Cost
Company X	Bolt 2Z	.03
Company X	Nut V5	.01
Company Y	Bolt 2X	.02
Company Y	Nut V5	.01
Company Y	Bolt 2Z	.04
Company Z	Nut V5	.01

a. 어느 회사가 Bolt 2Z를 만드는가?

b. Company X가 만드는 부품과 각 부품의 가격을 포함하는 리스트를 구하라.

c. 어느 회사가 무게가 1인 부품을 만드는가?

14. SQL을 사용하여 문제 13에 답하라.

15. SELECT, PROJECT, JOIN 등의 명령을 사용하여, 다음 데이터베이스에 대해 부품과 제조업체에 관한 다음 각 질의에 답하기 위한 일련의 명령들을 작성하라. 그림 9.5의 EMPLOYEE, JOB, ASSIGNMENT 등의 관계의 정보에 관한 다음 질문에 답하기 위한 일련의 명령들을 작성하라.

a. 이 회사 사원들의 이름과 주소로 이루어진 리스트를 구하라.

b. 인사 부서에서 근무했거나 근무하고 있는 사원들의 이름과 주소로 이루어진 리스트를 구하라.

c. 인사 부서에서 현재 근무하고 있는 사원들의 이름과 주소로 이루어진 리스트를 구하라.

16. SQL을 사용하여 문제 15에 답하라.

17. 작곡가, 이들의 삶, 이들의 작품 등에 관한 정보를 포함하는 관계형 데이터베이스를 설계하라. (그림 9.4에서와 비슷한 중복을 피하라.)

18. 음악 연주자, 연주곡목, 연주곡의 작곡자 등에 관한 정보를 포함하는 관계형 데이터베이스를 설계하라. (그림 9.4에서와 비슷한 중복을 피하라.)

19. 컴퓨팅 장비 제조업체와 이들의 제품에 관한 정보를 포함하는 관계형 데이터베이스를 설계하라. (그림 9.4에서와 비슷한 중복을 피하라.)

20. 출판사, 잡지, 구독자 등에 관한 정보를 포함하는 관계형 데이터베이스를 설계하라. (그림 9.4에서와 비슷한 중복을 피하라.)

21. 부품, 공급자, 고객 등에 관한 정보를 포함하는 관계형 데이터베이스를 설계하라. 각 부품은 여러 공급자가 공급할 수 있고 다수의 고객이 주문할 수 있다. 각 공급자는 다수의 부품을 공급할 수 있고 다수의 고객을 가질 수 있다. 각 고객은 다수의 공급자로부터 다수의 부품을 주문할 수 있으며, 사실 동일한 부품을 여러 공급자로부터 주문할 수도 있다. (그림 9.4에서와 비슷한 중복을 피하라.)

22. (SELECT, PROJECT, JOIN 등의 연산을 사용하여) 그림 9.5에 기술되어 있는 관계형 데이터베이스에서 회계 부서의 각 업무에 대해 JobId, StartDate, TermDate 등을 읽어오기 위한 일련의 명령을 작성하라.

23. SQL을 사용하여 문제 22에 답하라.

24. (SELECT, PROJECT, JOIN 등의 연산을 사용하여) 그림 9.5에 기술되어 있는 관계형 데이터베이스에서 현재 근무 중인 모든 사원에 대해 Name, Address, JobTitle, Dept 등을 읽어오기 위한 일련의 명령을 작성하라.

25. SQL을 사용하여 문제 24에 답하라.

26. (SELECT, PROJECT, JOIN 등의 연산을 사용하여) 그림 9.5에 기술되어 있는 관계형 데이터베이스에서 현재 근무 중인 각 사원에 대해 Name, JobTitle 등을 읽어오기 위한 일련의 명령을 작성하라.

27. SQL을 사용하여 문제 26에 답하라.

28. 아래의 관계 하나에서 제공되는 정보와

Name	Department	TelephoneNumber
Jones	Sales	555-2222
Smith	Sales	555-3333
Baker	Personnel	555-4444

아래의 두 관계가 제공하는 정보 사이의 차이는

무엇인가?

Name	Department
Jones	Sales
Smith	Sales
Baker	Personnel

Department	TelephoneNumber
Sales	555-2222
Sales	555-3333
Personnel	555-4444

29. 자동차 부품과 각 부품을 구성하는 세부부품에 관한 정보를 포함하는 관계형 데이터베이스를 설계하라. 한 부품은 더 작은 부품들을 포함할 수 있는 동시에 그 자체가 더 큰 부품들에 포함될 수도 있다는 사실을 반영하라.

30. www.google.com, www.amazon.com, www.ebay.com 등과 같은 유명 웹사이트 중 하나를 선택하여 그 사이트를 지원하는 데이터베이스로 이용될 관계형 데이터베이스를 설계하라.

31. 그림 9.5에 표현되어 있는 데이터베이스에 기초하여 다음 프로그램에서 답하고자 하는 질문이 무엇인지 기술하라.

```
TEMP ← SELECT from ASSIGNMENT
   where TermDate = '*'
RESULT ← PROJECT JobId, StartDate
   from TEMP
```

32. 31번 문제의 질의를 SQL로 변환하라.

33. 그림 9.5에 표현되어 있는 데이터베이스에 기초하여 다음 프로그램에서 답하고자 하는 질문이 무엇인지 기술하라.

```
TEMP1 ← JOIN EMPLOYEE and ASSIGNMENT
   where EMPLOYEE.EmplId =
      ASSIGNMENT.EmplId
TEMP2 ← SELECT from TEMP1 where
   TermDate = '*'
RESULT ← PROJECT name, StartDate
   from TEMP2
```

34. 33번 문제의 질의를 SQL로 변환하라.

35. 그림 9.5에 표현되어 있는 데이터베이스에 기초하여 다음 프로그램에서 답하고자 하는 질문이 무엇인지 기술하라.

```
TEMP1 ← JOIN EMPLOYEE and JOB
   where EMPLOYEE.EmplId = JOB.EmplId
TEMP2 ← SELECT from TEMP1 where
   Dept = 'SALES'
RESULT ← PROJECT Name from TEMP2
```

36. 35번 문제의 질의를 SQL로 변환하라.

37. 아래의 SQL 문장을 일련의 SELECT, PROJECT, JOIN 연산으로 변환하라.

```
SELECT Job.JobTitle
FROM Assignment, Job
WHERE Assignment.JobId = Job.JobId
   AND Assignment.EmplId = '34Y70';
```

38. 아래의 SQL 문장을 일련의 SELECT, PROJECT, JOIN 연산으로 변환하라.

```
SELECT Assignment.StartDate
FROM Assignment, Employee
WHERE Assignment.EmplId =
   Employee.EmplId
   AND Employee.Name = 'Joe E.
Baker';
```

39. 문제 13의 데이터베이스에 대해 아래의 SQL 문장이 갖는 효과를 기술하라.

```
INSERT INTO Manufacturer
VALUES ('Company Z', 'Bolt 2X', .03);
```

40. 문제 13의 데이터베이스에 대해 아래의 SQL 문장이 갖는 효과를 기술하라.

```
UPDATE Manufacturer
   SET Cost = .03
   WHERE CompanyName = 'Company Y'
      AND PartName = 'Bolt 2X';
```

***41.** 슈퍼마켓 재고관리를 위해 사용되는 객체지향 데이터베이스에서 볼 수 있는 객체들을 찾아보라. 이들 각 객체는 어떤 메서드들을 포함하겠는가?

***42.** 도서관의 장서 목록을 관리하기 위해 사용되는 객체지향 데이터베이스에서 볼 수 있는 객체들을 찾아보라. 이들 각 객체는 어떤 메서드들을

포함하겠는가?

***43.** 트랜잭션 T1과 T2에 대한 다음 수행 순서에 의해 생성될 수 있는 잘못된 정보는 어떤 것이겠는가?
T1은 계좌 A와 B의 합을 계산하도록 설계되어 있다. T2는 계좌 A에서 $100을 계좌 B로 이체하도록 설계되어 있다. T1이 먼저 계좌 A의 잔고를 읽어 들인다. 그런 다음 T2가 계좌 이체를 수행한다. 마지막에 T1이 계좌 B의 잔고를 읽어 들인 다음 읽은 값들의 합을 보고한다.

***44.** 본문에 기술되어 있는 로킹 프로토콜이 문제 43에서 발생되는 오류를 어떻게 해결할 것인지 설명하라.

***45.** T1이 덜 오래된 트랜잭션일 경우, 문제 43에서 부상–대기 프로토콜은 이벤트의 진행 순서에 어떤 영향을 미치겠는가? T2가 덜 오래된 트랜잭션일 경우는?

***46.** 한 트랜잭션은 잔고가 $200인 계좌에 $100을 입금하려 하고, 또 다른 트랜잭션은 동일한 계좌에 $100을 인출하려 한다고 하자. 이 트랜잭션을 교차적으로 실행함으로써 최종 잔고가 $100이 되는 상황을 기술하라. 또 이 트랜잭션을 교차적으로 실행함으로써 최종 잔고가 $300이 되는 상황을 기술하라.

***47.** 데이터베이스 안의 어떤 항목에 대해 배타적 접근을 사용하는 트랜잭션과 공유 접근을 사용하는 트랜잭션 사이의 차이는 무엇이며, 이 차이의 중요성은 무엇인가?

***48.** 병행처리와 관련하여 9.4절에서 논의된 문제는 데이터베이스 환경에 국한되는 것은 아니다. 워드프로세서에서 문서에 접근할 때 발생할 유사한 문제에는 어떤 것들이 있을까? (워드프로세서가 있는 PC를 가지고 있다면, 동일한 문서에 대해 워드프로세서를 두 번 실행시키고 어떤 일이 발생하는지 관찰해보라.)

***49.** 어떤 순차파일이 50,000개의 레코드를 포함하고 있고 하나의 항목을 처리하는 데는 5밀리초가 소요된다고 가정하자. 파일 중간의 한 레코드를 읽을 때 얼마만큼의 시간 동안 기다려야 하는가?

***50.** 그림 9.15의 병합 알고리즘에서 입력 파일 중 하나가 처음부터 비어있을 경우 실행될 단계들을 나열하라.

***51.** 두 입력 파일에 동일한 키 값을 갖는 레코드가 존재할 경우를 처리할 수 있도록 그림 9.15의 알고리즘을 수정하라. 이러한 레코드들은 동일한 레코드이므로 이 중 하나만 출력 파일에 나타나야 하는 것으로 가정하라.

***52.** 디스크에 저장된 파일을 두 가지 서로 다른 순서에 따라 순차파일로 처리할 수 있는 시스템을 설계하라.

***53.** 텍스트 파일을 바탕 구조로 사용하여 어떤 잡지의 구독자들에 관한 정보를 포함하는 순차파일을 어떻게 구축할 수 있는지 기술하라.

***54.** 일정하지 않은 크기의 논리적 레코드를 갖는 순차파일을 텍스트 파일로 구현할 수 있는 기법을 설계하라. 예를 들어 각 논리적 레코드가 소설작가와 그 작가의 작품들의 목록을 포함하는 순차파일을 구축하기를 원한다고 가정하라.

***55.** 인덱스화 파일이 해시 파일에 비해 갖는 이점들은 무엇인가? 해시 파일이 인덱스화 파일에 비해 갖는 이점들은 무엇인가?

***56.** 이 장에서 전통적인 파일 인덱스와 운영체제에서 유지되는 파일 디렉터리 시스템을 대비시키고 있다. 운영체제의 파일 디렉터리가 전통적인 인덱스와 어떤 면들에서 차이가 있는가?

***57.** 해시 파일이 10개의 버킷으로 분할될 경우, 3개의 임의의 레코드 중 두 개가 동일한 버킷으로 해싱될 확률은 얼마인가? (해시 함수는 버킷들에 우선권을 배정하지 않는다.) 충돌 발생 확률이 1/2이 넘기 위해서는 몇 개의 레코드가 파일에 저장되어야 하는가?

***58.** 버킷의 수가 10개가 아니라 100개일 경우, 앞의 문제에 답하라.

***59.** 해시 함수로 이 장에서 논의된 나눗셈 기법을 사용하고 파일 저장 영역은 23개의 버킷으로 분할할 경우, 키 값을 2진수로 해석할 때 정수 124인 레코드를 찾기 위해 어느 버킷을 검색해야 하는가?

*60. 해시 파일의 구현과 동질성 2차원 배열의 구현을 비교하라. 해시 함수와 주소 다항식의 역할상의 유사점은 무엇인가?

*61. 다음 각 질문에 답하라.
a. 순차파일이 인덱스화 파일에 비해 갖는 장점 하나를 들어라.
b. 순차파일이 해시 파일에 비해 갖는 장점 하나를 들어라.
c. 인덱스화 파일이 순차파일에 비해 갖는 장점 하나를 들어라.
d. 인덱스화 파일이 해시 파일에 비해 갖는 장점 하나를 들어라.
e. 해시 파일이 순차파일에 비해 갖는 장점 하나를 들어라.
f. 해시 파일이 인덱스화 파일에 비해 갖는 장점 하나를 들어라.

*62. 순차파일이 연결리스트와 유사한 측면은 무엇인가?

사회적 논제

다음 질문들은 컴퓨터 적용 분야에 관련된 윤리적/사회적/법률적 쟁점에 대한 지침을 마련하기 위한 것이다. 이 질문들의 목표는 단순히 대답을 이끌어내는 것에 있지 않다. 자신의 대답에 대한 이유를 생각해야 하며, 그와 같은 논거는 각 문항 사이에서 일관성을 유지해야 한다.

1. 현재 미국에서는 모든 연방 수형자들의 DNA 기록을 범죄 수사에서 사용하기 위해 데이터베이스에 저장하고 있다. 이 정보를 의료 연구 등의 다른 목적으로 제공하는 것은 윤리적으로 합당한가? 윤리적으로 용인되는 목적의 예가 있는가? 윤리적으로 용인될 수 없다면, 그 이유를 설명하라. 각 경우의 장점과 단점은 무엇인가?
2. 대학은 어느 선까지 학생들에 관한 정보를 공개할 수 있도록 허용되어야 하는가? 이름과 주소의 경우는 어떠한가? 학생들의 인적사항이 드러나지 않는 상태에서의 성적 분포의 경우는 어떠한가? 이 문제에 대한 대답과 1번 문제에 대한 대답 사이에 일관성이 있는가?
3. 개인들에 관한 데이터베이스의 구축에 관련하여 어떠한 제한사항을 두는 것이 적절한가? 정부는 국민들에 관한 어떤 정보를 보유할 권한이 있는가? 보험회사는 고객들에 관한 어떤 정보를 보유할 권한이 있는가? 기업은 사원들에 관한 정보를 보유할 권한이 있는가? 이러한 환경에서 구현되어야 할 통제사항이 있는가? 그렇다면 어떻게 구현되어야 하는가?
4. 신용카드사가 고객들의 구매 패턴을 마케팅 기업에 판매하는 것은 적절하다고 보는가? 스포츠카 우편주문 기업이 주소록을 스포츠카 잡지사에 판매하는 것은 용인될 수 있는가? 미국 국세청이 상당한 자본 수입을 가진 납세자들의 명단과 주소를 증권사에 판매하는 것은 용인될 수 있는가? 이러한 질문들에 조건 없이 예 또는 아니오

로 대답할 수 없다면, 어떤 타당한 정책을 제안하겠는가?

5. 데이터베이스의 설계자는 데이터베이스 안의 정보가 어떻게 사용될지에 대해 어느 선까지 책임이 있는가?
6. 데이터베이스가 실수로 데이터베이스 안의 정보에 대해 승인되지 않은 접근을 허용하였다고 가정하자. 그 정보가 나쁜 용도로 사용될 경우, 정보의 오용에 대해 데이터베이스의 설계자는 어느 정도까지 책임을 나누어야 하는가? 이 대답은 침입자가 데이터베이스 설계상의 결함을 찾아 비인가 정보를 획득하기 위해 기울인 노력의 정도에 따라 달라지는가?
7. 데이터마이닝의 성행으로 인해 윤리 및 프라이버시와 관련된 다양한 문제가 제기되고 있다. 소속 공동체 전체 주민에 관한 특정 정보가 데이터마이닝을 통해 노출될 경우 프라이버시 침해로 볼 수 있는가? 데이터마이닝의 사용은 훌륭한 비즈니스 관행을 조장할 것인가? 아니면 나쁜 관행을 조장할 것인가? 개별 조사표에서 명시적으로 요청된 사항 외에도 데이터에서 더 많은 정보를 추출할 수 있음을 알고 있다고 할 때, 국민들이 인구조사에 참여하도록 강제하는 것은 어느 선까지 적절한 일인가? 마케팅 기업에서 데이터마이닝을 사용함으로써 의심하지 않는 대중에 대해 불공정한 이점을 취하는 것은 아닌가? 프로필의 작성은 어느 선까지 좋은 일인가? 또는 나쁜 일인가?
8. 어느 선까지 개인이나 기업이 개인들에 관한 정보를 수집하고 보유하도록 허용되어야 할까? 수집되는 정보가 여러 소스에 흩어져 있긴 하지만 이미 공개되어 있을 경우라면 어떠한가? 개인이나 기업은 이러한 정보를 어느 선까지 보호하도록 기대해야 하는가?
9. 많은 도서관들에서는 이용자가 정보를 검색할 때 사서의 도움을 요청할 수 있도록 조회 서비스를 제공한다. 인터넷 및 데이터베이스 기술의 존재는 이러한 서비스를 쓸모없게 만들 것인가? 그렇다면, 이는 진보인가? 아니면 퇴보인가? 그렇지 않다면, 이유를 설명하라. 인터넷 및 데이터베이스 기술의 존재는 도서관 자체의 존재에 어떤 영향을 미칠 것인가?
10. 우리는 신원정보 절도의 가능성에 얼마나 노출되어 있는가? 이러한 노출을 최소화하기 위해 어떤 조치들을 취할 수 있는가? 신원정보 절도의 희생자는 어떤 피해를 입을 수 있는가? 신원정보 절도가 발생할 경우 희생자에게도 책임이 있는가?

참고문헌

Berstein, A., M. Kifer and P. M. Lewis. *Database Systems*, 2nd ed. Boston, MA: Addison-Wesley, 2006.

Connolly, T. and C.E. Beg. *Database Systems: A Practical Approach to Design,*

Implementation and Management, 5th ed. Boston, MA: Addison-Wesley, 2009.

Date, C. J. *An Introduction to Database Systems*, 8th ed. Boston, MA: Addison-Wesley, 2004.

Date, C. J. *Databases, Types and the Relational Model*, 3rd ed. Boston, MA: Addison-Wesley, 2007.

Elmasri, R. and S. Navathe. *Fundamentals of Database Systems*, 7th ed. Essex, England: Pearson, 2015.

Patrick, J. J. *SQL Fundamentals*, 3rd ed. Upper Saddle River, NJ: Prentice-Hall, 2009.

Silberschatz, A., H. Korth, and S. Sudarshan. *Database Systems Concepts*, 6th ed. New York: McGraw-Hill, 2009.

Ullman, J. D. and J. D. Widom. *A First Course in Database Systems*, 3rd ed. Upper Saddle River, NJ: Prentice-Hall, 2008.

CHAPTER

10

컴퓨터 그래픽스

이 장에서는 영화와 대화형 비디오 게임의 제작에 큰 영향을 미치고 있는 컴퓨터 그래픽스 분야에 대해 탐색할 것이다. 실제로 컴퓨터 그래픽스의 발전은 시각 매체를 현실적 제약으로부터 해방시키고 있으며, 많은 이들은 영화 산업이나 텔레비전 산업에서 컴퓨터로 만든 애니메이션이 배우, 무대장치, 촬영기사 등을 곧 대체할 수도 있을 것이라고 주장한다.

* 표시된 절은 고급 내용임을 나타냄

컴퓨터 그래픽스는 시각적 표현을 생성하고 조작하기 위해 컴퓨터 기술을 적용하는 컴퓨터과학 분야이다. 컴퓨터 그래픽스는 텍스트의 표현, 그래프나 도표의 작성, 그래픽 사용자 인터페이스의 개발, 사진의 조작, 애니메이션 영상의 제작 등을 포함하는 다양한 주제들에 연계되어 있다. 그러나 컴퓨터 그래픽스라는 용어는 점차 3D 그래픽이라는 특정 분야를 가리키는 경우가 많으며, 따라서 이 장에서도 주로 이 주제에 집중한다. 먼저 3D 그래픽을 정의하고 광의의 컴퓨터 그래픽스 안에서 그 역할을 설명한다.

10.1 컴퓨터 그래픽스의 범위

디지털카메라의 출현과 함께 디지털 이미지의 처리를 위한 소프트웨어의 보급은 급속히 확대되었다. 이러한 소프트웨어를 이용해 결점이나 무서운 느낌을 주는 적목(red eye) 현상을 제거하거나 여러 사진에서 따온 부분들을 합쳐 실제와는 다른 이미지를 만들거나 하는 등의 사진 조작이 가능하다.

비슷한 기법이 종종 영화 및 텔레비전 산업에서 특수효과를 만들기 위해 적용되기도 한다. 사실 이러한 응용은 이들 산업이 필름과 같은 아날로그 시스템에서 디지털 이미지로 옮겨가는 주된 요인이 되었다. 이러한 기법이 응용되는 곳에는 와이어의 제거, 영상 중첩, 카메라로 촬영된 동작을 변경시키기 위해 사용되는 새로운 이미지 시퀀스의 합성 등이 포함된다.

디지털 사진과 동영상 프레임을 조작하는 소프트웨어 외에도 오늘날 간단한 선 그림에서 복잡한 예술작품에 이르기까지 여러 유형의 2차원 이미지 제작을 도와주는 다양한 유틸리티 및 응용 소프트웨어들이 존재한다. (널리 알려져 있는 기초적인 소프트웨어의 예로 마이크로소프트의 Paint라는 프로그램이 있다.) 이러한 프로그램들은 최소한 점이나 선을 그리는 기능, 타원이나 직사각형과 같은 간단한 도형 모양들의 삽입 기능, 영역에 대한 색상 채움 기능, 그림의 지정된 부분에 대한 오려두기 및 붙이기 기능 등을 제공한다. 영화, TV, 컴퓨터 게임 등의 제작자는 기존의 상용 도구를 사용할 수도 있지만 사용자 지정 소프트웨어 도구를 만들어 새로운 시각요소와 애니메이션을 생성하기 위해 맞춤형 소프트웨어 도구를 새로 만들 수도 있다.

위에서 언급한 응용 기능들은 모두 평평한 2차원적인 모양과 이미지에 대한 조작을 다루고 있음에 주목하기 바란다. 따라서 이들은 두 가지 서로 연관된 연구 분야의 예로 볼 수 있는데, 하나는 **2D 그래픽**이며 다른 하나는 **영상처리(image processing)**이다. 이들 사이의 차이는 2D 그래픽에서는 이미지 생성을 위해 (원, 직사각형, 문자 등의) 2D 모양을 픽셀 패턴으로 변환시키는 데 초점을 맞추고 있는 반면, 뒤에서 인공지능을 학습할 때 다루게 될 영상처리에서는 이미지의 강화나 이해에 사용될 수 있는 패턴을 식별하기 위해 이미지 상의 픽셀들을 분석하는 데 초점을 맞춘다. 요약하자면, 2D 그래픽에서는 이미지 생성을 다루는 반면, 영상처리는 이미지 분석을 다룬다.

2D 그래픽에서 2차원 모양을 이미지로 변환시키는 것에 비해 3D 그래픽에서는 3차원 모양을 이미지로 변환시킨다. 이 과정은 3차원 장면에 대한 디지털 버전을 구성한 다음 이 장면에 대한 이미지를 생성하기 위해 사진 촬영 과정을 모방하는 것으로 이루어진다. 이 주제는 일반 촬영과 유사하지만, 촬영 대상 장면이 실제 존재하는 것이 아니라 데이터와 알고리즘의 모음으로만 "존재하며" 3D 그래픽 기법을 사용하여 "촬영된다는" 차이가 있다. 따라서 일반 촬영이 실세계를 촬영하는 반면, 3D 그래픽은 가상세계에 대한 "촬영"이다.

3D 그래픽을 사용한 이미지의 생성은 두 개의 구별되는 단계로 이루어진다. 하나는 촬영될 장면의 생성, 인코딩, 저장, 조작 등을 수행하는 과정이며, 또 다른 하나는 이미지를 생성하는 과정이다. 앞의 과정은 창의적이고 예술적인 과정인 반면, 뒤의 과정은 많은 계산을 요하는 과정이다. 이러한 주제들에 대해 다음의 네 절들에서 살펴볼 것이다.

3D 그래픽이 가상장면에 대한 "사진"을 생성한다는 사실로 인해, 실세계에서는 행동이 제약되는 대화형 비디오 게임이나 애니메이션 영화 제작에 사용하기에 이상적인 도구가 되고 있다. 새로운 시각요소, 음악, 효과 등을 만들어내는 강력한 전산 도구들은 오락산업에서 이용되는 스토리 종류까지 변화시키고 있다. 대화형 비디오 게임은 게임 사용자가 상호작용하는 디지털 인코딩된 3차원 가상환경으로 이루어지며, 사용자가 보는 이미지는 3D 그래픽 기술에 의해 생성된다. 애니메이션 영화도 비슷한 방식으로 만들어지는데, 차이점은 가상환경과 상호작용하는 사람이 최종 관람객이 아니라 애니메이션 작업자라는 점이다. 일반에게 최종 배포되는 작품은 프로덕션 감독이나 제작자가 결정한 2차원 이미지 시퀀스로 이루어진다.

애니메이션에서 사용되는 3D 그래픽에 대해서는 10.6절에서 더 자세히 살펴볼 것이다. 이제 3D 그래픽이 발전함에 따라 이러한 응용들이 어디로 나아갈지 상상하는 것으로 이 절을 맺기로 하자. 오늘날 영화들은 2차원 이미지의 시퀀스로 배포되고 있다. 비록 이러한 정보를 표시하는 영사기들은 필름 릴을 사용하는 아날로그 장치에서 DVD 플레이어와 평판 디스플레이를 사용하는 디지털 기술로 진보하였지만, 이들은 여전히 2차원 표현을 다루고 있다.

그렇지만 현실감 있는 3차원 가상세계를 생성하고 조작하는 능력이 향상됨에 따라 이들에 어떠한 변화가 생길지 상상해보라. 가상세계를 촬영하여 영화를 2차원 이미지 형태로 배포하는 대신 가상세계 자체를 배포할 수 있을 것이다. 관람자는 단지 영화가 아니라 영화 세트에 접근하게 될 것이다. 전용 게임박스를 통해 비디오 게임을 이용하는 것과 비슷한 방식으로 "3D 그래픽 영사기"를 이용하여 이러한 3차원 세트를 감상하게 될 것이다. 관람자는 감독이나 제작자가 구상한 대로의 영화를 감상하게 되는 "기본 플롯"을 먼저 볼 수 있을 것이다. 그렇지만 관람자가 비디오 게임에서 다른 시나리오로 진행하는 상황과 비슷하게 가상세트를 조작할 수도 있다. 3차원 인간-장비 인터페이스의 잠재성이 발전하고 있음을 고려할 때 그와 같은 가능성은 광범위하다고 볼 수 있다.

연습문제

1. 영상처리, 2D 그래픽, 3D 그래픽 사이의 차이를 요약하라.
2. 3D 그래픽은 일반 촬영과 어떻게 다른가?
3. 3D 그래픽을 사용하여 "사진"을 생성할 때의 두 가지 주요 단계는 무엇인가?

10.2 3D 그래픽 개요

이미지에 대한 모델링, 렌더링, 화면표시 등의 세 단계로 이루어지는 이미지 생성 및 표시의 전 과정을 살펴봄으로써 3D 그래픽에 대한 학습을 시작하기로 하자. (10.3절에서 상세히 탐색하게 될) 모델링 단계는 전통적인 영화산업에서 세트를 설계하고 구축하는 단계와 유사하며, 차이라면 3D 그래픽 장면은 디지털 인코딩된 데이터와 알고리즘으로부터 구축된다는 점이다. 따라서 컴퓨터 그래픽 환경에서 생성된 장면은 실제로는 존재하지 않을 수도 있다.

그 다음 단계는 해당 장면 안의 물체들이 지정된 위치의 카메라에서 만들어지는 사진에서 어떻게 나타날지 계산함으로써 그 장면에 대한 2차원 이미지를 생성하는 일이다. 이 단계는 **렌더링(rendering)**이라고 불리며, 10.4절과 10.5절의 주제이다. 렌더링은 장면을 필름에 투상하는 카메라와 유사한 방식으로 장면 안의 물체들에 대해 **투상 평면(projection plane)**으로 알려진 평면상에 투상을 계산하기 위해 해석 기하를 적용하는 일을 포함한다

그림 10.1 | 3D 그래픽 패러다임

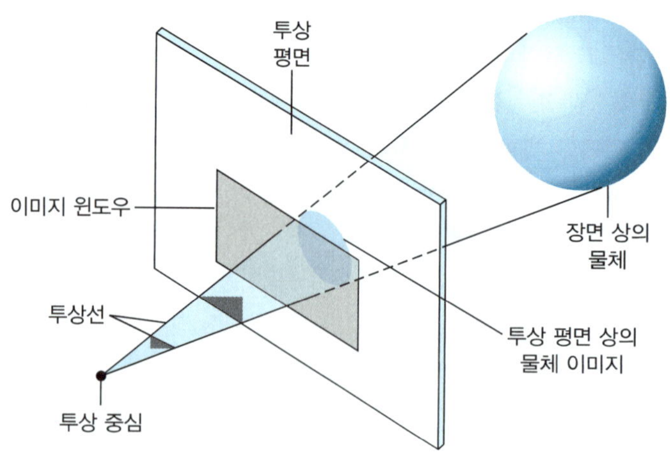

(그림 10.1). 이때 적용되는 투상의 유형은 **원근 투상**(perspective projection)인데, 이는 모든 물체가 **투상선**(projector)을 따라 투상될 것임을 의미한다. 원근 투상에서의 투상선은 **투상**(projection)의 중심, 즉, **시점**(view point)이라고 불리는 공통 지점으로부터 확장되는 직선을 말한다. (이것은 모든 투상선이 평행을 유지하는 **평행 투상**(parallel projection)과 대조적이다. 원근 투상에 의해 만들어지는 투상은 사람의 시각에 의한 것과 비슷한 반면, 평행 투상은 사물의 "진짜" 모습을 만들어내며 공학도면 등에서 유용하다.)

최종 이미지의 경계를 정의하는 투상 평면의 제한적 구역을 **이미지 윈도우**(image window)라고 부른다. 이것은 대부분의 카메라에서 사진의 경계를 나타내기 위해 뷰파인더 안에 표시되는 직사각형에 해당한다. 실제로 대부분의 카메라에서는 뷰파인더를 통해 이미지 윈도우보다 좀 더 큰 카메라 투상 평면을 볼 수 있다. (뷰파인더에서 사람의 머리 부분을 볼 수 있더라도 머리 부분이 이미지 윈도우 내부에 위치하지 않는다면, 최종 사진에 머리 부분이 나타나지 않을 것이다.)

일단 이미지 윈도우 안으로 투상되는 장면 부분이 파악되면 최종 이미지 상의 각 픽셀의 모습을 계산한다. 이러한 픽셀 단위의 처리 과정상의 계산은 복잡할 수도 있는데, 이는 이 과정에서 장면 안의 물체들이 빛에 대해 어떻게 작용할지 고려해야하기 때문이다. 예를 들면 밝은 빛에서 딱딱하고 반들반들한 표면은 간접광 하의 부드럽고 투명한 표면과는 렌더링 결과가 달라야 한다. 이 때문에 렌더링 과정은 재료공학이나 물리학 등 여러 분야의 지식을 많이 이용하게 된다. 더욱이 한 물체의 모습을 결정하기 위해 장면 안의 다른 물체들에 대한 정보가 필요한 경우가 종종 있다. 그 물체가 다른 물체의 음영 영역 안에 위치할 수도 있고, 그 물체가 다른 물체의 모습과 동일한 반사 이미지일 수도 있다.

각 픽셀의 모습이 결정되면 그 결과들을 모아 **프레임 버퍼**(frame buffer)라고 불리는 저장 영역에 이미지를 비트맵 형식으로 저장한다. 이 버퍼는 주기억장치의 영역일 수도 있고, 그래픽 응용 프로그램에서 지정한 하드웨어의 경우 전용 메모리 블록일 수도 있다.

끝으로 덧붙이자면, 프레임 버퍼 안에 저장된 이미지는 바로 화면에 표시될 수도 있고 나중에 표시될 수 있도록 보다 영구적인 저장장치로 전송할 수도 있다. 영화에서 사용할 이미지를 제작하는 경우라면, 일단 저장되었다가 최종 상영 이전에 다시 수정될 수도 있다. 그러나 대화형 비디오 게임이나 비행 시뮬레이터에서는 이미지들이 실시간으로 생성되어 표시되어야 하며, 이는 종종 생성되는 이미지 품질의 제한요소로 작용한다. 이것이 영화사에서 배포하는 본격 애니메이션 영화의 그래픽 품질이 오늘날 대화형 비디오 게임의 그래픽 품질보다 우수한 이유이다.

이제 전형적인 비디오 게임 시스템을 분석하는 것으로 3D 그래픽에 대한 소개를 맺기로 한다. 게임 자체는 기본적으로 인코딩된 가상세계와 게임 사용자가 가상세계의 조작에 사용하는 소프트웨어로 이루어진다. 게임 사용자가 가상세계를 조작함에 따라 게임 시스템은 장면들에 대한 렌더링과 이미지를 이미지 버퍼에 저장하는 일을 반복한다. 실시간이라는 제약성을 극복하기 위해 이러한 렌더링 과정의 많은 부분은 전용 하드웨어에 의해 처리된다. 실제로 이러한 전용 하드웨어를 갖추고 있는지 여부가 일반 컴퓨터와 게임 시스템을 구별 짓는 요소이다. 끝으로 게임 시스템 안의 디스플레이 장치는 프레임 버퍼의 내용을 화면에 표시함으로써 게임 사용자에게 장면이 변화하는 느낌을 준다.

연습문제

1. 3D 그래픽에서 이미지 생성에 포함되는 세 개의 단계를 요약하라.
2. 투상 평면과 이미지 윈도우의 차이는 무엇인가?
3. 프레임 버퍼란 무엇인가?

10.3 모델링

연극무대 연출의 시작을 위해 세트의 설계, 소품의 구비나 제작 등이 필요하듯이 3D 컴퓨터 그래픽 프로젝트도 비슷한 준비가 필요하다. 컴퓨터 그래픽스 용어로는 세트는 장면(scene)에 해당하며 소품은 물체(object)라고 불린다. 3D 그래픽 장면은 실제로 만질 수 있는 물리적 구조이기보다는 디지털 인코딩된 모델로 구축되는 물체들로 이루어지기 때문에 가상장면이라는 점에 유의하기 바란다.

이 절에서 물체나 장면의 구축에 연관된 주제들을 탐색할 것이다. 먼저 개별 물체들에 대한 모델링에서 발생되는 이슈들을 살펴 본 다음 이러한 물체들을 모아 장면을 구성하는 작업에 대해 살펴볼 것이다.

개별 물체에 대한 모델링

무대 연출에서 소품이 현실감을 주는 정도는 장면에서 어떻게 사용되는지에 따라 달라진다. 전체 자동차가 필요하지 않을 수도 있고, 전화도 작동해야 할 필요가 없으며, 배경 장면은 대형 장막에 그려진 그림일 수도 있다. 마찬가지로 컴퓨터 그래픽의 경우 물체에 대한 소프트웨어 모델이 물체의 참모습을 정확히 반영하는 정도는 상황에 따라 달라진다. 배경 쪽 물체보다는 전경 쪽 물체의 모델링에 더 정밀한 표현을 필요로 한다. 그리고 엄격한 실시간 제약을 받지 않을 경우 정밀성을 높일 수 있다. 그러나 정밀한 표현에는 계산 작업(시간)과 데이터 표현(공간) 측면 모두에서 추가 비용이 따르므로 불필요한 세부사항은 추상화를 통해 줄이는 것도 대단히 중요하다. 물체의 컴퓨터 모델이나 상호작용에 대한 시뮬레이션은 실제 모습보다 단순하게 추상화된 상태에서 시작해야 한다.

따라서 비교적 단순한 물체 모델도 있고 대단히 복잡한 물체 모델도 있다. 일반적으로 정교한 모델일수록 이미지 품질이 높아지지만 렌더링에 더 많은 시간을 요한다. 이런 측면으로 인해 컴퓨터 그래픽스 분야에서 진행 중인 연구의 다수는 고도의 정밀성을 유지하면서도 효율적인 물체 모델을 구축하기 위한 기법의 개발을 모색하고 있다. 이러한 연구 중에는 물체가 장면 안에서 갖는 궁극적 역할에 따라 정밀성 정도를 달리 하는 모델의 개발을 다루는 것들도 있으며, 이러한 연구 결과로 만들어지는 단일 물체 모델을 변화하는 환경에서 사용할 수 있을 것이다.

물체를 기술하기 위해 필요한 정보에는 물체의 모양 외에도 물체가 빛에 어떻게 반응하는지 결정하는 표면 특성과 같은 추가적인 성질이 포함된다. 일단은 모양에 대한 모델링을 먼저 살펴보기로 하자.

모양 3D 그래픽에서 물체의 모양은 대개 **평면형 패치(planar patch)**라고 불리는 작은 평면들의 집합으로 기술되며, 각 평면의 모양은 다각형 형태로 주어진다. 이러한 다각형들이 모여 기술하고자 하는 물체의 모양에 근접한 형태를 나타내는 **다각형 메시(polygonal mesh)**를 형성한다(그림 10.2). 작은 평면형 패치를 사용함으로써 필요한 만큼의 근접성을 얻을 수 있다.

다각형 메시 안의 평면형 패치로 종종 삼각형을 사용하는데, 이는 삼각형이 3차원 공간에서 평면을 표시하기 위해 필요한 최소한의 점의 개수인 3개의 정점만으로 표현될 수 있기 때문이다. 다각형 메시는 그 안의 평면형 패치들의 정점들의 집합으로 표현된다.

물체에 대한 다각형 메시 표현을 얻기 위한 방법은 다양하다. 한 방법은 원하는 모양에 대한 정확한 기하학적 표현을 구한 다음 그 표현을 사용하여 다각형 메시를 구축하는 것

그림 10.2 | 구 모양을 위한 다각형 메시

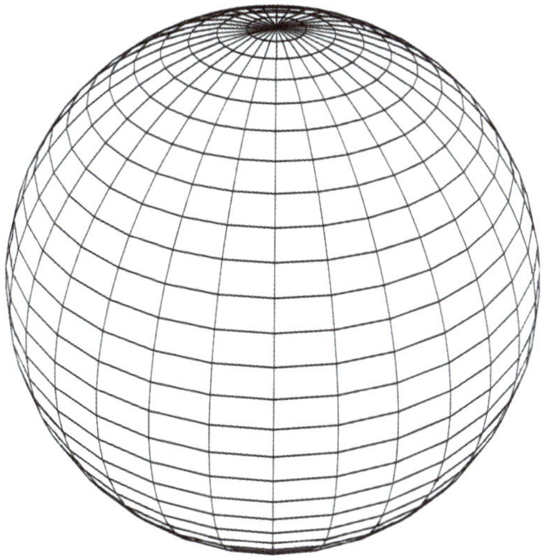

이다. 예를 들면, 원점을 중심으로 갖고 반지름이 r인 구는 해석기하에서 다음과 같은 방정식으로 표현된다.

$$r^2 = x^2 + y^2 + z^2$$

이 공식에 기초하여 구 표면상의 위선들과 경선들을 위한 방정식들을 만들고, 이러한 선들의 교차점을 구한 다음, 그와 같은 교차점들을 다각형 메시의 정점들로 사용할 수 있다. 다른 기하학적 형태들에 대해서도 비슷한 기법을 적용할 수 있으며, 이것이 바로 컴퓨터로 만든 싸구려 애니메이션에서 구, 원통, 원추 등의 형태를 결합하여 캐릭터들을 표현하는 이유이다.

보다 일반적인 모양에 대한 기술은 복잡한 해석적 수단을 통해 표현될 수 있다. 한 가지 방법은 (1970년대 이 개념을 개발한 르노자동차 엔지니어인 베지어(Pierre Bezier)의 이름을 따라 명명된) **베지어 곡선(Bezier curve)**을 사용하는 것이다. 베지어 곡선에서는 3차원 공간상의 곡선 구간을 몇 개의 제어점만을 사용하여 정의할 수 있는데, 두 개의 제어점은 곡선 구간의 양 끝을 나타내며, 나머지 제어점들은 곡선의 모양에 영향을 미친다. 예를 들면, 그림 10.3은 4개의 제어점들로 정의되는 곡선을 보여주고 있다. 이 곡선은 구간 양 끝을 나타내는 제어점들을 제외한 나머지 제어점들이 끌어당기고 있는 모양새를 취하고 있음에 주목하기 바란다. 이러한 제어점들을 이동시킴으로써 곡선은 다양한 모양을 취할 수 있다. (마이크로소프트의 Paint와 같은 그림그리기 소프트웨어 패키지를 사용하여 곡선을 그릴 때 이러한 기법이 사용되는 것을 볼 수 있다.) 여기에서는 더 이상 자세히 다루지는 않겠지만, 베지어 기법은 **베지어 곡면(Bezier surface)**과 같은 3차원 곡면의 표현으로 확장될 수 있으며, 베지어 곡면은 복잡한 표면을 위한 다각형 메시를 얻기 위한 과정의 초기 단계에서 효율적으로 이용될 수 있다.

그림 10.3 | 베지어 곡선

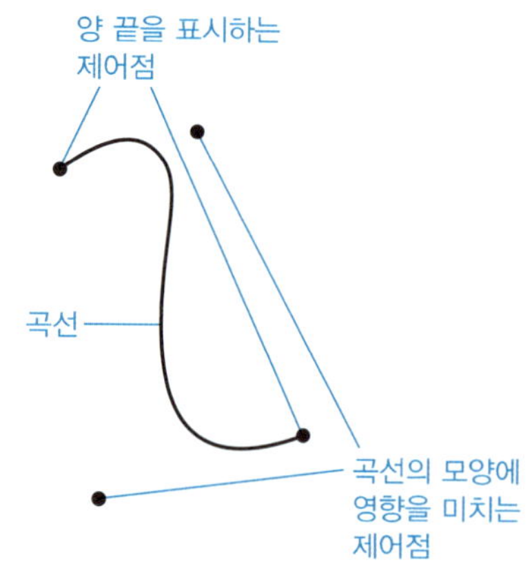

구에 대한 정확한 공식이나 베지어 곡면 공식 등과 같은 어떤 모양에 대한 정확한 표현을 다각형 메시를 사용하는 근사형으로 변환시키는 이유에 대해 궁금하게 생각할 것이다. 그 대답은 다각형 메시로 표현된 물체들에 대해서는 동일한 렌더링 프로세스를 적용할 수 있으며, 이를 통해 전체 장면을 효율적으로 렌더링할 수 있다는 것이다. 이러한 이유로 기하학적 공식이 모양에 대한 정확한 기술을 제공하고 있지만, 이들은 단지 다각형 메시 구축을 위한 도구로 이용될 뿐이다.

다각형 메시를 얻기 위한 또 다른 방법은 수작업 방식으로 메시를 구축하는 것이다. 이 방법은 깔끔한 수학적 기법으로 표현될 수 없는 모양의 경우에 주로 사용된다. 그 절차는 먼저 물체에 대한 물리적 모델을 만든 다음 3차원 공간에서 위치를 기록할 수 있는 펜 장치를 표면 부위들에 갖다 댐으로써 표면상의 지점들의 위치를 기록하는 방법을 사용하는데, 이와 같은 위치 정보 수집 과정을 **디지털화(digitizing)**라고 한다. 이렇게 얻은 점들의 집합은 모양을 표현하기 위한 다각형 메시의 정점들로 이용된다.

어떤 모양들은 너무 복잡하여 기하학적 모델링이나 수작업 방식의 디지털화로는 현실감 있는 모델을 얻기 어려울 수도 있다. 그와 같은 예에는 나무와 같은 식물, 산맥과 같

프랙탈

본문에 기술되어 있는 절차형 모델에 의한 산악 지형의 구성은 3D 그래픽에서 프랙탈이 활용되는 한 예이다(그림 10.4). 기술적으로 정의하자면, **프랙탈(fractal)**이란 "하우스도르프 차원(Hausdorff dimension)이 위상적 차원(topological dimension)보다 큰" 도형을 말한다. 이는 더 낮은 차원의 도형 복사본을 "모아서" 형성되는 도형을 의미한다. 대개 프랙탈은 재귀적 과정를 통해 만들어지는데, 이때 각 재귀적 과정은 프랙탈 구성에 사용되는 패턴의 축소판을 모아 패턴을 더욱 정밀하게 만든다. 이렇게 만들어지는 프랙탈의 일부를 확대하면 전체의 모습과 유사한 모습을 갖는다.

프랙탈의 전형적인 예는 코흐의 눈송이(von Koch snowflake)라 불리는 것인데, 아래 구조에서 각 선분을 다시 동일한 모양의 더 작은 구조로 대체하는 일을 반복하여 만들어진다.

이러한 반복은 아래 그림과 같이 진행된다.

프랙탈은 종종 3D 그래픽 분야에서 절차형 모델의 중추적 역할을 한다. 실제로 산악 지형, 초목, 구름, 연기 등을 위한 현실적 이미지를 생성하기 위해 프랙탈이 종종 이용된다.

은 지형, 구름이나 연기, 불꽃 등과 같은 기체 물질 등이 포함된다. 이 경우 원하는 모양을 자동적으로 구축할 수 있는 프로그램을 작성하여 다각형 메시를 얻을 수 있으며, 이러한 프로그램을 **절차형 모델**(procedural model)이라 부른다. 즉, 절차형 모델은 원하는 구조를 생성하기 위한 알고리즘을 적용하는 프로그램 단위라고 할 수 있다.

예를 들면, 산맥 모양을 만들기 위해 사용되어 온 절차형 모델에서는 다음과 같은 단계들을 수행한다. 먼저 한 개의 삼각형을 만든 다음 삼각형 변들의 중앙점들을 구한다(그림 10.4a). 그런 다음 이 중앙점들을 연결하여 총 4개의 작은 삼각형들을 형성한다(그림 10.4b). 이제 원래 삼각형의 정점들을 고정시킨 상태에서 중앙점들을 3차원 공간상에서 움직여 (삼각형의 변들을 늘이거나 줄이면서) 삼각형들을 변형시킨다(그림 10.4c). 이 과정을 작은 삼각형들 각각에 대해서 반복하고(그림 10.4d), 원하는 정밀성 수준에 이를 때까지 이러한 과정을 계속 반복한다.

절차형 모델은 비슷하면서도 각기 다른 여러 개의 복잡한 물체를 생성하기 위한 효율

그림 10.4 산맥 모양을 위한 다각형 메시의 구축

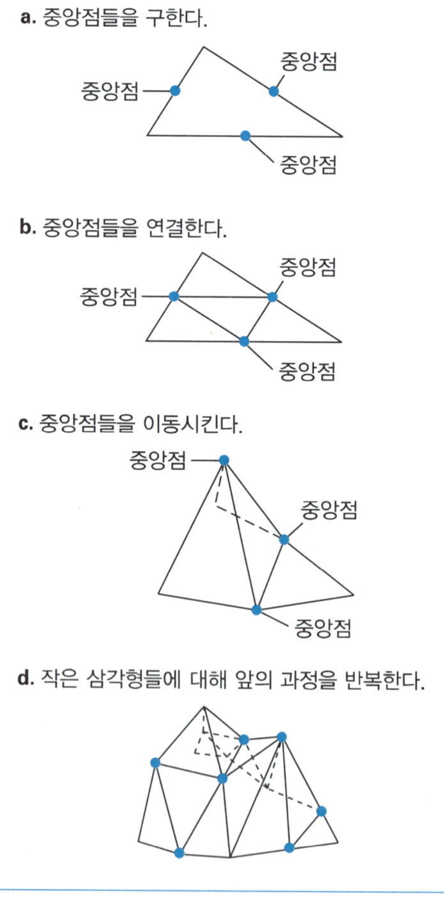

적 수단을 제공한다. 예를 들면, 절차형 모델을 사용하여 가지 모습이 비슷비슷하지만 각기 다른 실물과 비슷한 여러 개의 나무를 만들 수 있다. 이러한 나무 모델들을 구축하기 위한 한 방법은 (6.4절의) 구문 분석기가 문법 규칙들로부터 구문 분석 트리를 구축하는 것과 유사한 방법으로 나무들을 "키우는" 분기 규칙을 적용하는 것이다. 사실 이러한 모델에서 사용되는 분기 규칙 집합을 종종 문법이라고 부르기도 한다. 소나무들을 "키우는" 문법을 설계할 수도 있고, 또 떡갈나무들을 "키우는" 또 다른 문법을 설계할 수도 있을 것이다.

절차형 모델을 구축하기 위한 또 다른 방법은 수많은 입자들의 집합으로 물체의 기초 구조를 모방하는 것이며, 이러한 모델을 **입자 시스템(particle system)**이라 부른다. 일반적으로 입자 시스템들은 원하는 모양을 얻기 위해 분자들 사이의 상호작용과 유사한 방식으로 특정의 사전 정의된 규칙들을 적용하여 시스템상의 입자들을 이동시킨다. 예를 들면, 물보라 애니메이션을 만들기 위해 입자 시스템들이 이용되어 왔는데, 이에 대해서는 나중에 애니메이션을 다룰 때 살펴볼 것이다. (한 양동이의 물을 한 양동이의 콩알로 모델링했다고 상상해보라. 양동이를 흔들면 물이 흩어지듯이 콩알들이 사방으로 튀어나갈 것이다.) 입자 시스템을 응용하는 또 다른 예들로는 깜박이는 불꽃, 구름, 군중 장면 등을 들 수 있다.

절차형 모델의 출력은 대개 원하는 물체와 비슷한 모양의 다각형 메시가 된다. 삼각형에서 산맥 모양을 생성하는 것과 같은 경우에는 생성 과정의 자연스런 결과물로 메시가 만들어질 것이다. 분기 규칙에서 나무를 키우는 것과 같은 경우에는 최종적으로 메시 구축 단계를 추가하여 메시를 얻을 수 있다. 입자 시스템의 경우에는 시스템 외곽선상의 입자들이 최종 다각형 메시 정점을 위한 자연스런 후보가 될 것이다.

절차형 모델에 의해 생성된 메시가 얼마나 정확한지는 상황에 따라 달라질 수 있다. 장면 배경으로 쓰일 나무를 위한 절차형 모델의 경우 나무의 기본 형태만 갖춘 조잡한 메시를 만들 수도 있을 것이며, 반면에 전경에 나타날 나무를 위한 절차형 모델은 가지 하나하나 잎 하나하나를 구별할 수 있을 정도의 메시를 만들어야 할 것이다.

표면 특성 다각형 메시로만 이루어지는 모델은 물체의 모양만을 반영한다. 대부분의 렌더링 시스템은 렌더링 프로세스에 사용자가 요청하는 다양한 표면 특성을 반영하는 기능들을 갖추고 있다. 예를 들면, (10.4절에서 소개할) 여러 가지 음영법을 적용하여 공을 위한 메시에서 매끈매끈한 적색 공을 렌더링할 수도 있고 우툴두툴한 녹색 공을 렌더링할 수도 있다. 때로 이러한 유연성이 바람직할 수도 있지만, 원래 물체에 대한 충실한 렌더링을 요구하는 상황에서는 렌더링 시스템이 수행해야 할 작업을 정확히 파악할 수 있도록 물체에 대한 보다 구체적인 정보가 포함되어야 한다.

모양 외에 물체에 관한 추가적인 정보를 인코딩하기 위한 다양한 기법들이 존재한다. 예를 들면, 다각형 메시 상의 각 정점과 함께 해당 위치의 원래 물체 색상을 인코딩할 수도 있을 것이다. 이러한 정보는 원래 물체의 모습을 재생시키기 위해 렌더링 과정에서 사용될 수 있다.

재질 매핑(texture mapping)으로 알려져 있는 프로세스에 의해 색상 패턴을 물체 표면과 연계시킬 수 있는 경우도 있다. 재질 매핑은 물체의 표면과 사전 정의된 이미지를 연계시킨다는 점에서 벽지 도배와 비슷한 프로세스로 볼 수 있다. 재질 매핑에 사용되는 이미지는 디지털 사진일 수도 있고, 예술가의 작품일 수도 있고, 아니면 컴퓨터에 의해 생성된 이미지일 수도 있다. 전통적인 재질 이미지에는 벽돌무늬, 원목무늬, 대리석무늬 등이 포함된다.

예를 들어 석벽에 대한 모델을 만든다고 하자. 벽의 모양은 긴 직사각형 고형물을 묘사하는 단순한 다각형 메시로 표현할 수 있다. 그런 다음 이 메시와 함께 2차원 돌무늬 이미지를 제공할 수 있다. 나중에 렌더링 과정에서 석벽 모습을 만들어내기 위해 직사각형 고형물에 돌무늬를 입힐 수 있을 것이다. 정확히 표현하자면, 렌더링 프로세스에서 벽의 한 지점의 모습을 결정할 필요가 있을 때마다 돌무늬상의 해당 지점의 모습을 사용하게 될 것이다.

재질 매핑은 비교적 평평한 표면에 적용될 때 가장 좋은 효과를 낸다. (비치볼에 벽지를 바르는 경우와 같이) 곡면에 적용하려면 재질 이미지가 뒤틀릴 것이고, 물체 주위의 표면 전체에 적용하려면 이음새가 생길 것이며, 이러한 경우 결과적인 모습이 부자연스럽게 보일 것이다. 그렇지만 재질 매핑은 질감 효과를 얻기 위한 효율적인 수단으로 인정되고 있으며, 대화형 비디오 게임과 같이 실시간 렌더링을 요하는 상황에서 널리 이용되고 있다.

리얼리즘을 위한 모색 실감나는 이미지를 도출할 수 있는 물체 모델을 구축하는 방법에 대해서는 현재 연구가 진행되고 있다. 특히 관심을 끄는 것은 피부, 모발, 털, 깃털 등과 같은 생명체 캐릭터에 연관된 재질에 관한 내용이다. 이러한 연구의 많은 부분은 특정 물질을 대상으로 하고 있으며, 모델링과 렌더링 기법 모두를 다루고 있다. 예를 들면, 사람의 피부에 대한 실감나는 모델을 얻기 위해 연구자들은 빛이 표피층과 진피층을 통과하는 정도를 반영시키고 있으며, 이러한 계층들의 내용물이 피부 모습에 어떻게 영향을 미치는지를 조사하고 있다.

또 다른 예는 사람 모발의 모델링에 관한 것이다. 먼 거리에서 머리카락을 보는 상황이라면 일반 모델링 기법으로도 충분할 수 있다. 그러나 클로즈업 장면에서 실감나는 모발을 얻는 것은 쉽지 않을 수 있다. 관련된 문제에는 투명도, 재질감, 묶은 모습, 바람에 흩날리는 등 외부 힘에 반응하는 모습 등을 포함한다. 이러한 어려움들을 해결하기 위해 어떤 응용에서는 머리카락을 한 올씩 개별적으로 모델링하는 방법을 사용하기도 하는데, 수십만 개가 넘는 사람의 머리카락을 이런 방식으로 처리하는 일은 엄청난 작업이 될 것이다. 더욱 놀라운 것은 일부 연구자들이 개별 머리카락에 대해 크기에 맞춘 재질감, 색상 변화, 동역학적 변화 등을 다루는 모발 모델을 구축해왔다는 것이다.

고도의 정밀성을 추구하는 또 다른 예는 직물의 모델링에서 찾아볼 수 있다. 이 경우 정교한 제직 패턴 정보가 능조직(twill)이나 주자조직(satin)과 같은 직조 유형에 따른 재질감을 도출하는 데 사용되어 왔으며, 사용된 섬유의 세부 속성이 편직 패턴 정보와 결합되어 사실감 높은 클로즈업 이미지를 도출하는 편물 옷감 모델을 만드는 데 이용되어 왔다. 이에 더해 물리학이나 기계공학 등에 관한 지식도 바느질이나 주름 등의 효과로 인한 직물의 변형을 반영하는 이미지를 계산하기 위해 응용되어 왔다.

앞에서도 언급하였듯이 실감나는 이미지의 생성은 모델링 프로세스와 렌더링 프로세스 모두에 다양한 기법들을 적용하는 활발한 연구 분야이다. 대개 새로운 기법에 대한 진전이 이루어지면, 모델링/렌더링 프로세스와 최종 이미지 상영 사이에 상당한 시간 간격이 존재하는 영화제작소의 그래픽 소프트웨어와 같이 실시간 제약성을 갖지 않는 응용 분야에 먼저 적용시켜본다. 새로운 기법들이 정제되고 간결하게 다듬어지면서 이들이 실시간 응용에도 이용되며, 이러한 환경의 그래픽 품질이 개선된다. 진정한 사실성을 갖춘 가상 세계와의 실시간 상호작용도 그리 먼 미래의 일이 아닐 수도 있을 것이다.

섬유 재질에 대한 전산 처리

개별 물체 모델에 요구되는 추상화 수준은 기본 객체에 따라 달라지기도 하지만 물체가 장면 내에 나타나는 상황에 따라서도 달라진다. 옷감, 털, 머리카락 등을 위한 섬유 재질의 컴퓨터 모델링의 발전은 오락산업에서 컴퓨터 생성 이미지의 사실주의에 대한 요구에 의해 주도되었다. 예를 들어 아래 이미지에서 스머펫의 금발 머리의 사실성, 스머프의 모자나 옷을 구성하는 옷감의 정밀성 등을 주의 깊게 살펴보기 바란다. 오늘날 실감나는 디지털 세부사항에 대한 이러한 관심은 현재 모자 위로 눈썹이 나있어 허구임이 명백한 만화 캐릭터에까지 상식이 되어가고 있다.

SMURFS: THE LOST VILLAGE (2017), Sony Pictures Animation.

스머프들 주변의 Forbidden Forest의 무성한 세부사항 표현에는 많은 계산 작업을 요하는 장면 그래프가 요구된다. 어떤 장면에서는 60그루가 넘는 나무와 다른 많은 종류의 초목이 나타난다. 일부 나무 모델에는 약 40,000개 정도의 잎이 나타나며, 각 잎은 또 60에서 90개에 이르는 다각형으로 이루어져 있다. 도처에 보이는 포도나무와 같은 식물은 계산 절차를 통해 생성되어 지표면을 덮고 있다.

전체 장면에 대한 모델링

하나의 장면 속의 물체들에 대한 충분한 기술과 디지털 인코딩이 완료되면, 이들에 대해 장면 내에서의 위치, 크기, 방향 등이 지정된다. 이러한 정보들이 연결되어 **장면 그래프(scene graph)**로 불리는 데이터 구조를 형성한다. 또한 장면 그래프는 광원을 나타내는 특별한 물체나 카메라를 나타내는 특정 물체 등에 대한 링크를 포함하기도 한다. 카메라의 위치, 방향, 초점 속성 등이 이 그래프에 기록된다.

따라서 장면 그래프는 일반 촬영에서 스튜디오 설정에 해당된다. 이러한 설정에서는 카메라, 조명, 소품, 배경 등 카메라 셔터를 누를 때 사진에 나타날 모든 요소들이 적절한 장소에 배치된다. 이들의 차이는 일반 촬영을 위한 설정이 물리적 개체들을 포함하는 반면 장면 그래프는 디지털 인코딩된 물체 표현들을 포함한다는 점이다. 요약하자면, 장면 그래프는 가상세계를 기술한다.

장면 안의 카메라 위치도 많은 파생효과를 초래한다. 앞에서도 언급하였듯이, 물체에 대한 모델링의 정밀성은 그 물체의 장면 상 위치에 따라 달라지기도 한다. 전경의 물체들은 배경의 물체들보다 높은 정밀성을 요하며, 전경과 배경의 구분은 카메라 위치에 따라 달라진다. 연극무대 설정과 비슷한 상황에서 사용되는 장면에서는 전경과 배경의 역할이 확실하게 정해져 있으며, 이에 따라 물체 모델들을 구축하면 된다. 그러나 이미지마다 카메라 위치를 변경해야 하는 상황이라면, "사진"마다 물체 모델이 제공하는 정밀도가 조정되어야 할 것이며, 이에 대해서는 현재 연구가 진행 중이다. 어떤 연구자는 장면 안에서 카메라가 이동함에 따라 다각형 메시와 기타 특징들을 조정할 수 있는 지능형 모델들로 이루어지는 장면을 구상하고 있다.

3D TV

TV에서 3D 이미지를 보여주기 위한 몇 가지 기술이 존재하지만, 모두 동일한 시각적 입체감 효과에 의존한다. 즉, 왼쪽 눈과 오른쪽 눈에 약간의 차이가 있는 이미지가 들어오면 뇌는 이를 깊이로 해석한다는 것을 이용한다. 이를 위해 가장 비용이 적게 드는 방법은 필터 렌즈를 사용하는 특수 안경을 쓰는 것이다. (1950년대 영화관에서 사용되었던) 구식 착색 렌즈나 좀 더 나중에 나온 편광 렌즈는 화면상의 단일 이미지 상에서 미세하게 다른 부분을 필터링함으로써 양쪽 눈에 조금 다른 이미지를 보낸다. 이보다는 비싼 기술에서는 왼쪽 이미지와 오른쪽 이미지 사이에서 빠르게 전환하는 3D TV와 동기화를 이루면서 왼쪽 렌즈와 오른쪽 렌즈를 교대로 닫는 "능동형" 안경을 사용한다. 가장 최근에 개발된 것은 특수 안경이나 헤드셋을 사용하지 않는 3D TV이다. 이들은 사용자의 얼굴 방향으로 약간 각도를 달리 하여 왼쪽 이미지와 오른쪽 이미지를 투사하기 위해 스크린 표면에 정교한 필터 배열이나 확대경 배열을 사용하며, 이러한 방법으로 사용자의 양쪽 눈이 다른 이미지를 보도록 만든다.

카메라 이동 시나리오에 따른 흥미로운 예 하나는 사람에게 가상적인 3차원 세계 속을 이동하는 경험을 제공하는 가상현실 시스템에서 찾아볼 수 있다. 이러한 가상적인 세계를 장면 그래프로 표현할 수 있으며, 사용자는 이러한 환경을 사람의 동작에 따라 이동하는 카메라를 통해 관찰하게 된다. 실제로 3차원 공간의 거리감을 제공하기 위해 사람의 양눈에 해당하는 두 개의 카메라를 사용한다. 두 눈 앞에 위치한 각각의 카메라를 통해 보이는 이미지들에 의해 사람은 3차원 공간상의 장면 안에 들어가 있는 것처럼 착각하게 되며, 음향이나 촉감 등이 추가되면 이러한 착각은 상당한 현실감을 제공한다.

마무리를 하자면, 장면 그래프의 구축은 3D 그래픽 프로세스에서 전환기적인 위치를 점하고 있다는 사실이다. 장면 그래프는 최종 이미지 도출에 필요한 모든 정보를 포함하고 있기 때문에 장면 그래프의 완성은 예술적 모델링 프로세스의 마지막 단계에 해당되며, 또한 이미지 렌더링이라는 많은 계산을 요하는 프로세스의 시작 단계에 해당하기도 한다. 실제로 장면 그래프가 일단 구축되면, 그래픽 작업은 투상의 계산, 특정 지점들에서의 표면 세부사항의 결정, 조명 효과의 모방 등을 남겨놓게 되며, 이러한 작업들은 대개 개별 응용과 독립적인 작업들이다.

연습문제

1. (일반 직교좌표계를 이용하여 인코딩된) 아래 4개의 좌표는 어떤 평면형 패치의 정점들을 나타내고 있다. 이 패치의 모양을 설명하라. (해석기하 지식이 없는 사람들을 위해 설명을 보충하자면, 아래의 각 좌표는 방의 한 구석에서 시작하여 해당 지점에 이르는 방법을 알려주는 것으로 볼 수 있다. 좌표상의 첫 번째 숫자는 오른쪽의 벽과 바닥 사이에서 이음새를 따라 얼마나 걸어야 할지 알려준다. 두 번째 숫자는 왼쪽의 벽에 평행한 방향으로 얼마나 걸어야 할지 알려준다. 세 번째 숫자는 바닥에서 얼마나 높이 올라가야 할지 알려준다. 이 숫자가 음수이면, 유령이 되어 벽이나 바닥을 통과하여 반대 방향으로 걸어가야 할 것이다.)

   (0, 0, 0)　　(0, 1, 1)　　(0, 2, 1)　　(0, 1, 0)

2. 절차형 모델이란 무엇인가?

3. 공원에서의 이미지를 생성하기 위해 사용되는 장면 그래프 안에 포함될 수 있는 물체들을 나열해보라.

4. 모양들을 정확한 기하방정식을 통해 표현할 수 있음에도 불구하고 다각형 메시로 표현하는 이유는 무엇인가?

5. 재질 매핑이란 무엇인가?

10.4 렌더링

이제 장면 그래프 안의 물체들이 투상 평면에서 어떻게 나타날지 결정하는 렌더링 프로세스에 대해 살펴보기로 하자. 렌더링 작업을 수행하는 방법에는 여러 가지가 있다. 이 절에서는 오늘날 일반 판매용으로 출시되어 있는 (비디오 게임, PC용 그래픽 소프트웨어 등의) 대중적인 그래픽 시스템들에서 많이 사용되는 전통적 방식에 치중한다. 다음 절에서는 두 가지 다른 대안들을 살펴볼 것이다.

먼저 빛과 물체 사이의 상호작용에 대한 배경 지식을 조사할 것이다. 물체의 모습이란 결국 물체에서 나오는 빛에 의해 결정되며, 따라서 물체의 모습을 결정하는 일은 결국 빛의 동작을 시뮬레이션 하는 작업이다.

광-재질 상호작용

물체의 재질 특성에 따라 물체 표면에 부딪치는 빛은 흡수될 수도 있고, 반사광으로 반사될 수도 있고, 굴절광으로 표면을 통과할 (그리고 굴절될) 수도 있다.

반사 먼저 평평한 불투명 표면에서 반사되는 광선을 고려해보자. 광선은 직선으로 여행하여 입사각(incidence angle)이라고 불리는 각도로 표면에 부딪친다. 광선이 반사되는 각도는 입사각과 동일하다. 그림 10.5에서 보이고 있듯이 이러한 각들은 표면에 수직인 직선에 대해 측정된다. (표면에 직각인 직선을 "법선"이라고 부르며, "입사각은 법선에 대해 측정된다"와 같이 쓴다.) 입사광선, 반사광선, 법선 등은 모두 동일한 평면상에 위치한다.

매끄러운 표면의 경우, (동일한 광원에서 오는 광선 등과 같이) 표면상의 동일 영역에 부딪치는 평행한 광선들은 거의 같은 방향으로 반사되어 평행선을 형성하며 물체로부터 멀어져간다. 이러한 반사광을 정반사광(specular light)이라 부른다. 정반사광은 표면의 방

그림 10.5 | 반사광

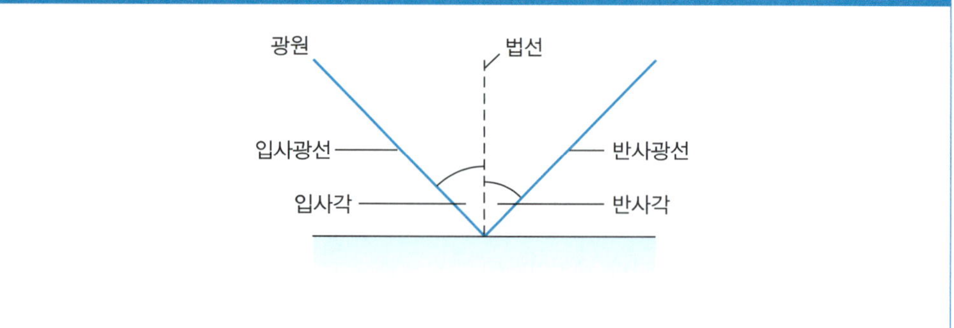

향과 광원의 방향이 반사광을 관찰자 방향으로 보낼 경우에만 관찰될 수 있다. 따라서 정반사광은 대개 표면상에 밝은 하이라이트로 나타난다. 더욱이 정반사광은 표면과의 접촉을 최소화하므로 원래 광원의 색상을 띠는 경향이 있다.

그러나 표면들이 완벽하게 매끄러운 경우는 드물며, 따라서 많은 광선들은 표면의 전체적 방향과는 다른 방향에서 표면들에 부딪칠 수 있다. 더욱이 광선들은 종종 표면 경계를 통과한 후 표면 입자들 사이에서 튀다가 결국 반사되어 떠나며, 그 결과 광선들은 각기 다른 방향으로 흩어진다. 이렇게 흩어지는 빛을 **난반사광(diffuse light)**이라 부른다. 난반사광은 정반사광과 달리 여러 방향에서 관찰될 수 있다. 또한 난반사광은 표면과의 접촉 시간이 길어 재질의 흡수성의 영향을 더 많이 받으며, 따라서 물체의 색상을 띠는 경향이 있다.

그림 10.6은 단일 광원에 의해 조명을 받는 공을 보이고 있다. 공 표면에서 밝은 하이라이트 부분은 정반사광에 의한 것이며, 광원 방향의 반구 중 하이라이트 부분을 제외한 나머지 부분은 난반사광에 의한 것이다. 주 광원 반대편 반구 부분은 광원의 직접적인 반사광으로는 볼 수 없다. 공의 이러한 부분을 볼 수 있는 것은 **주변광(ambient light)** 때문인데, 주변광은 특정 광원이나 방향과 관계없는 떠도는 빛 또는 흩어진 빛을 말한다. 주변광에 의해 비추어지는 표면 부분은 종종 균일하게 어두운 색을 띤다.

대부분의 표면은 정반사광과 난반사광 둘 다 만들어내며, 표면의 특성에 따라 이들의 비율이 달라질 뿐이다. 매끄러운 표면은 반짝임을 보이는데, 이는 난반사광보다 정반사광의 비율이 높기 때문이다. 거친 표면은 탁해 보이는데, 이는 정반사광보다 난반사광의 비율이 높기 때문이다. 어떤 표면은 그 미세한 특성으로 인해 입사광의 방향에 따라 정반사

그림 10.6 | 정반사광 대 난반사광

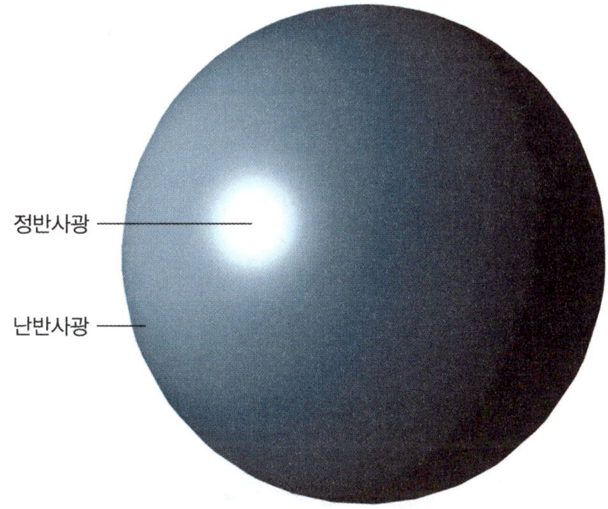

광 대 난반사광의 비율이 달라진다. 이러한 표면에 부딪치는 빛의 방향에 따라 정반사광이 많을 때도 있고 난반사광이 많을 때도 있다. 따라서 이러한 표면의 모습은 회전 각도에 따라 반짝이다가 탁해지기도 한다. 이러한 표면은 반사 패턴이 대칭인 등방성 표면(isotropic surface)과 대비되는 표현인 비등방성 표면(anisotropic surface)으로 불린다. 비등방성 표면은 천의 보풀 방향에 따라 재질 모습을 변화시키는 공단과 같은 옷감에서 찾아볼 수 있다. 비등방성 표면의 또 다른 예는 (잔디 깎는 방식에 따라 결정되는) 잔디판에 따라 밝고 어두운 줄무늬 패턴과 같은 비등방성 시각 효과가 생기는 잔디운동장 표면이다.

굴절 이제 불투명한 물체 대신 투명한 물체에 부딪치는 빛에 대해 살펴보기로 하자. 이 경우 광선은 표면에서 반사되는 대신 물체를 투과한다. 광선이 표면을 통과하면서 방향이 바뀌게 되는데, 이를 **굴절(refraction)** 현상이라고 부른다(그림 10.7). 굴절 정도는 해당 물질의 굴절률에 따라 정해지며, 굴절률은 물질의 밀도에 연관되어 있다. 밀도가 높은 물질일수록 밀도가 낮은 물질에 비해 높은 굴절률을 갖는다. 광선이 (공기에서 물로 진행하듯이) 낮은 굴절률을 갖는 물질 쪽에서 높은 굴절률을 갖는 물질 쪽으로 투과하게 되면, 입사 지점에서 법선에 가까운 쪽으로 방향을 틀게 된다. 굴절률이 낮은 물질 쪽으로 진행할 경우, 광선의 방향은 법선에서 멀어진다.

투명한 물체들에 대한 적절한 렌더링을 위해서는 렌더링 소프트웨어가 관련 물질들의 굴절률들을 알고 있어야 하지만, 이것만으로 충분한 것은 아니다. 렌더링 소프트웨어는 또한 물체 표면의 어느 쪽이 안쪽이고 어느 쪽이 바깥쪽인지에 대해서도 알고 있어야 한다. 빛이 물체로 들어오는 것인지 물체를 떠나는 것인지 결정할 수 있어야 하는데, 이러한 정보를 얻기 위한 기법들은 때로 상당히 미묘한 측면을 갖는다. 예를 들면, 다각형 메

그림 10.7 | 굴절광

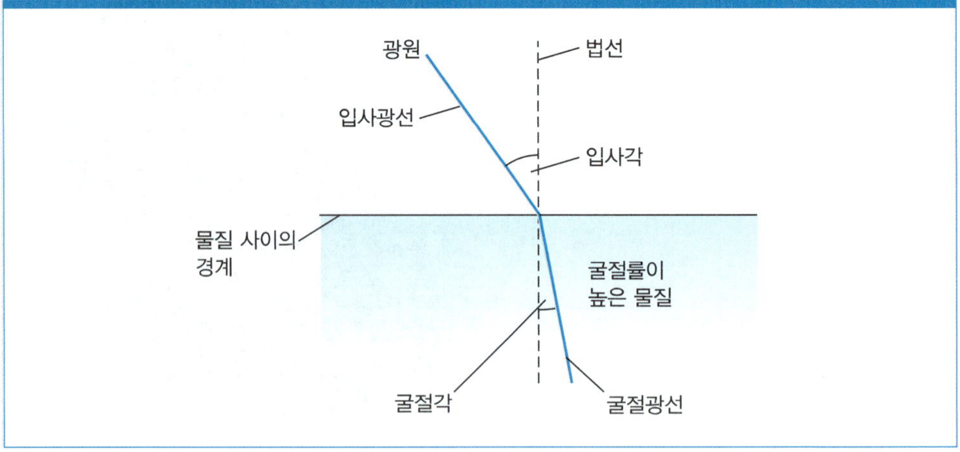

시 안의 각 다각형의 정점들을 물체의 바깥쪽에서 보았을 때 시계반대방향으로 나열하기로 정한다면, 정점 리스트는 다각형 패치의 어느 편이 물체의 바깥쪽을 나타내는지를 교묘하게 인코딩하고 있는 셈이다.

클리핑, 주사 변환, 은면 제거

이제 장면 그래프에서 이미지를 생성하는 프로세스에 집중해보자. 당분간의 논의에서는 대부분의 대화형 비디오 게임 시스템에서 사용되는 기법들을 이용하기로 한다. 이러한 기법들이 모여 **렌더링 파이프라인(rendering pipeline)**으로 불리는 정립된 패러다임을 형성한다. 이 방식의 장단점에 대해서는 이 절의 끝에서 살펴볼 것이며, 다음 절에서는 다른 대안 두 가지를 탐색할 것이다. 우선은 렌더링 파이프라인에서는 불투명 물체들만을 다루며, 따라서 굴절 문제는 고려하지 않는다. 더욱이 렌더링 파이프라인에서는 물체 사이의 상호작용도 무시되며, 따라서 여기서는 거울 효과나 그림자에 대해서도 고려하지 않는다.

렌더링 파이프라인에서는 먼저 카메라가 볼 수 있는 물체들을 (또는 물체의 부분들을) 포함하는 3차원 장면 안의 영역을 구한다. **가시부피(view volume)**라고 불리는 이 영역은 투상 중심에서 이미지 윈도우의 귀퉁이들을 지나면서 뻗어나가는 직선들이 형성하는 피라미드 안쪽 공간을 가리킨다(그림 10.8).

그림 10.8 | 가시부피 안쪽에 위치하는 장면 영역의 식별

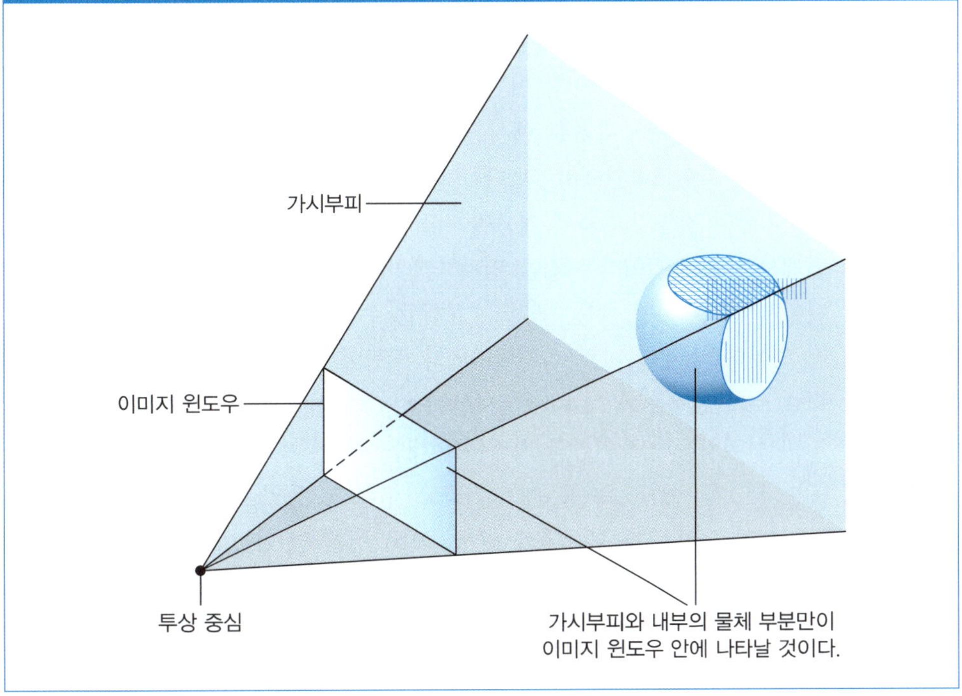

에일리어싱

TV 화면에서 줄무늬 셔츠나 넥타이에 이상한 "반짝거림" 현상이 나타날 때가 있다. 이는 **에일리어싱(aliasing)**이라는 현상 탓인데, 이는 해당 영상 안의 패턴과 화면 픽셀 밀도의 불일치로 인해 발생한다. 예를 들면, 영상 안의 패턴에서 흑색과 백색이 번갈아 나타나는데, 해당 픽셀상의 중심이 모두 흑색 줄 부분에 걸쳐있다고 하자. 이 경우 물체는 화면상에서 완전히 흑색으로 나타날 것이다. 그런데 물체가 조금만 움직여도 모든 픽셀의 중심이 백색 줄로 옮겨가면서 물체가 갑자기 백색으로 바뀌게 된다. 이렇게 성가신 현상을 보상할 수 있는 다양한 방법이 있다. 한 가지 방법은 각 픽셀의 모습을 정확히 한 점에 대응시키기보다는 작은 영역의 평균으로 결정하는 것이다.

일단 가시부피가 정해지면, 가시부피와 교차하지 않는 물체나 물체 부분을 고려 대상에서 제외시킨다. 이러한 물체나 물체 부분들이 투상되면 결국 이미지 윈도우 밖으로 떨어질 것이며, 따라서 최종 이미지에 나타나지 않게 될 것이다. 이 작업의 첫 단계는 완전히 가시부피 밖에 위치하는 물체들을 모두 버리는 것이다. 이 프로세스를 간단히 하기 위해 장면 그래프를 트리 구조로 구성하여 장면상의 서로 다른 영역에 속하는 물체들은 서로 다른 가지를 따라 저장되도록 할 수 있다. 이렇게 해두면, 트리 상의 전체 가지들을 무시하는 방식으로 장면 그래프에서 큰 구간들을 버릴 수 있다.

가시부피와 교차하지 않는 물체들을 찾아서 버린 후 남아있는 물체들에 대해서는 클리핑(clipping)이라고 불리는 프로세스에 의해 정리할 수 있는데, 클리핑은 기본적으로 가시부피 바깥에 위치하는 물체 부분을 잘라내는 일이다. 보다 정확히 표현하자면, 클리핑은 각각의 평면형 패치를 가시부피의 경계선들과 비교하여 경계선 바깥에 위치하는 부분들을 잘라내는 프로세스이다. 이 결과로 전체가 가시부피 안에 위치하는 (일부 평면형 패치가 다듬어져 있는) 다각형 메시를 얻게 된다.

렌더링 파이프라인에서 그 다음에 수행할 단계는 남아있는 평면형 패치 상에서 최종 이미지상의 픽셀 위치들에 대응될 지점들을 식별하는 일이다. 이러한 지점들만이 최종 그림에서 사용될 것이라는 점을 인지하기 바란다. 어떤 물체에 대한 세부 묘사가 픽셀 위치 사이에 해당한다면, 이는 픽셀로 표현될 수 없으며 따라서 최종 이미지에서 볼 수 없게 될 것이다. 이것이 바로 디지털카메라 시장에서 픽셀 수를 중요하게 광고하는 이유이다. 픽셀 수가 많을수록 작은 세부사항이 사진에 반영될 가능성이 높아진다.

픽셀 위치들과 장면상의 지점들을 대응시키는 프로세스를 주사 변환(scan conversion) 또는 래스터 변환(rasterization)이라고 부른다. 동일 수평선상의 픽셀들을 주사선(scan line)이라고 부르며, 패치들을 주사선으로 변환시킨다는 의미로 주사 변환이라는 명칭을 사용한다. 래스터 변환이라는 명칭은 픽셀 배열을 래스터(raster)로 부르는 사실을 반영하고 있다. 주사 변환은 투상 중심에서 뻗어 나온 투상선을 이미지 윈도우상의 각 픽셀을 지나도록 확장시키고 이러한 투상선이 평면형 패치들과 교차하는 지점들을 구하는 방식으로 이루어진다. 이 지점들이 물체의 모습을 결정하는 패치상의 지점들이며, 실제로 이 지점들이 최종 이미지 상의 픽셀들로 표현되는 것들이다.

그림 10.9는 한 개의 삼각형 패치에 대한 주사 변환을 묘사하고 있다. 그림 10.9a는 픽셀 위치와 패치 상의 지점을 대응시키기 위해 투상선이 어떻게 사용되는지 보여준다. 그림 10.9b는 주사 변환에 의해 결정되는 패치의 픽셀 이미지를 보여준다. 전체 픽셀 배열(래스터)은 격자로 표현되며, 삼각형에 대응되는 부분은 음영 표시되어 있다. 그림 10.9는 또한 픽셀 크기보다 작은 부위를 갖는 모양을 주사 변환시킬 때 발생할 수 있는 왜곡도 보여주고 있다. 이와 같은 톱니모양의 가장자리에 대해 대부분의 PC 모니터 사용자들

그림 10.9 | 삼각형 패치에 대한 주사 변환

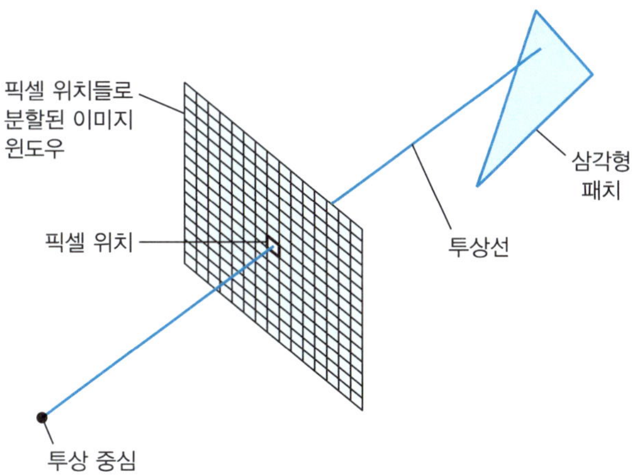

a. 주사 변환 프로세스

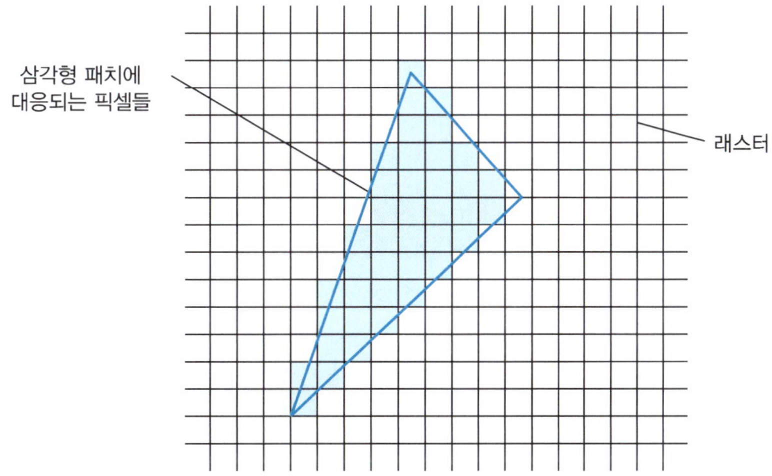

b. 삼각형 패치에 대해 “투상된 모양”을 보여주는 래스터

은 이미 익숙해있을 것이다.

유감스럽게도 전체 장면에 대한 (또는 단 한 개의 물체에 대해서도) 주사 변환은 한 개의 패치에 대한 주사 변환만큼 간단하지 않다. 이는 여러 개의 패치들이 포함되어 있어 한 패치가 다른 패치를 가릴 수도 있기 때문이다. 따라서 투상선이 어떤 평면형 패치와 교차할 경우에도 패치상의 교차점이 최종 이미지에서는 보이지 않을 수도 있다. 시야에서 가려지는 장면상의 지점을 찾아 버리는 일을 **은면 제거(hidden-surface removal)** 프로세스라고 한다.

은면 제거의 특별한 형태로 **후면 제거(back face elimination)**라는 것이 있는데, 이것은 물체의 "뒷면"에 해당하는 다각형 메시 상의 패치들을 고려 대상에서 제외시키는 것이다. 후면 제거는 비교적 단순한데, 이는 물체의 뒷면에 해당하는 패치들은 카메라에서 멀어지는 방향을 취하는 것으로 파악될 수 있기 때문이다.

그러나 모든 은면을 제거하는 문제는 후면 제거보다 훨씬 복잡하다. 예를 들어 건물 전면에 자동차가 있는 장면을 상상해보자. 자동차와 건물 모두로부터의 평면형 패치들이 이미지 윈도우의 동일 영역으로 투상될 것이다. 중첩 영역의 경우 프레임 버퍼에 최종적으로 저장되는 픽셀 데이터는 배경 물체의 (즉, 건물의) 모습보다는 전경 물체의 (즉, 자동차의) 모습을 반영해야 한다. 요약하자면, 투상선이 둘 이상의 평면형 패치와 교차할 경우, 렌더링 되어야 할 지점은 이미지 윈도우에 가장 가까운 평면형 패치 상의 지점이라야 한다.

"전경/배경" 문제를 해결하기 위한 단순한 방법으로 **화가 알고리즘(painter's algorithm)**이라는 것이 있는데, 이 알고리즘은 카메라로부터의 거리에 따라 장면상의 물체들을 배열한 다음 먼 거리에 위치한 물체들부터 먼저 주사 변환함으로써 가까운 거리의 물체에 대한 주사 변환이 이전의 결과에 우선하도록 만드는 방법이다. 유감스럽게도 화가 알고리즘은 물체들이 뒤얽혀있는 경우를 해결할 수 없다. 예를 들면, 다른 물체의 뒤쪽에 있는 나무의 일부분은 그 물체의 앞쪽에 나타날 수 있다.

"전경/배경" 문제에 대한 보다 포괄적인 해법들은 전체 물체보다 개별 픽셀들에 집중하는 방식을 이용한다. 널리 사용되는 기법 중에 **z-버퍼**(또는 깊이 버퍼)라고 불리는 별도의 저장 영역을 이용하는 방법이 있는데, 이 버퍼는 이미지상의 각 픽셀 별 항목을 포함한다(즉, 프레임 버퍼 안의 각 픽셀 항목에 대해 z-버퍼 항목이 만들어진다). z-버퍼 안의 각 위치는 현재 프레임 버퍼가 나타내는 물체상의 대응되는 위치에 대해 카메라로부터의 거리를 저장하기 위해 사용된다. 따라서 z-버퍼를 이용할 경우 "전경/배경" 문제는, 해당 픽셀을 위한 데이터가 아직 프레임 버퍼에 저장되지 않은 경우 혹은 이전에 렌더링된 물체의 경우 z-버퍼에 기록되어 있는 거리 정보를 이용하여 현재 물체상의 지점이 더 가까운 것으로 판단될 경우 픽셀 모습을 계산하여 저장하는 방식으로 해결될 수 있다.

보다 정확히 표현하자면, z-버퍼를 이용하는 렌더링 프로세스는 다음과 같이 진행될 수 있다. z-버퍼 안의 모든 항목에 대해 렌더링이 허용되는 최대 거리 값으로 설정한다. 그런 다음 평면형 패치 상의 각 지점에 대해 렌더링을 고려할 때마다 이 지점과 카메라 사이의 거리를 현재 픽셀 위치에 해당하는 z-버퍼 상의 값과 비교한다. 이 거리가 z-버퍼 상의 값보다 작으면, 해당 지점의 모습을 계산하여 그 결과를 프레임 버퍼에 기록하고, z-버퍼 상의 값도 방금 렌더링된 지점의 거리로 대체한다. (그 거리가 z-버퍼 상의 값보다 클 경우, 현재 패치 상의 지점이 너무 멀어 고려할 필요가 없거나 이미 렌더링된 더 가까운 지점에 의해 가려질 것이므로 아무 조치도 취할 필요가 없다.)

음영법

일단 주사 변환에서 최종 이미지에 나타나야 할 평면형 패치 상의 지점을 발견하면, 렌더링 작업은 해당 지점에서의 패치의 모습을 결정하는 일로 귀결된다. 이러한 프로세스를 음영법(shading)이라고 부른다. 음영법은 문제의 지점으로부터 카메라를 향해 투상되는 빛의 성질을 계산하는 일을 포함하며, 빛의 성질은 다시 해당 지점의 표면 방향에 따라 달라진다. 결국 카메라가 보는 정반사광, 난반사광, 주변광 등의 세기는 해당 지점의 표면 방향에 의해 결정된다.

음영법 문제에 대한 단순한 해법에 플랫 음영법(flat shading)이라는 것이 있는데, 여기에서는 평면형 패치의 방향을 패치 상의 각 지점의 방향으로 사용한다. 즉, 각 패치의 표면은 평평한 것으로 가정한다. 그러나 그 결과로 얻는 최종 이미지는 그림 10.6에서처럼 곡면 모습을 얻는 대신 그림 10.10에서처럼 다면체의 모습을 갖게 될 것이다. 플랫 음영법은 다각형 메시로 모델링되는 물체보다는 다각형 메시 자체의 이미지를 만드는 것으로

그림 10.10 | 플랫 음영법에 의해 렌더링된 구의 모습

볼 수 있다.

보다 사실적인 이미지를 만들기 위해서는 렌더링 프로세스가 개별 평면형 패치들의 모습을 부드러운 곡면 모습으로 다듬어주어야 한다. 이 작업은 렌더링되는 각 지점에 대해 원래 표면의 정확한 방향을 추정함으로써 달성된다.

이러한 추정 방법은 대개 다각형 메시의 각 정점에서의 표면 방향을 나타내는 데이터를 얻는 데서 시작되며, 이러한 데이터를 얻는 방법도 여러 가지가 있다. 한 가지 방법은 각 정점에 대해 원래 표면 방향을 인코딩한 데이터를 모델링 과정에서 다각형 메시에 첨부하는 것이다. 이 결과로 각 정점에 대해 **법선 벡터(normal vector)**라고 불리는 화살표가 첨부된 다각형 메시가 만들어진다. 각 법선 벡터는 원래 표면에 수직인 방향을 바깥쪽으로 가리킨다. 그 결과가 그림 10.11에서 보이고 있는 것과 같은 다각형 메시이다. (또 다른 방법은 정점에 인접한 각 패치의 방향을 계산한 다음 정점에서의 표면 방향의 추정치로 이들의 평균을 사용하는 것이다.)

다각형 메시의 정점들에서의 원래 표면 방향을 얻는 방법에 관계없이 이 데이터에 기초하여 평면형 패치에 대해 음영법을 적용하기 위한 몇 가지 방법이 존재한다. 이러한 방법에는 **구로 음영법(Gouraud shading)**과 **퐁 음영법(Phong shading)** 등이 포함되는데, 이들 사이에는 미묘한 차이가 있다. 두 가지 방법 모두 패치 경계선상의 표면 방향에 대한 근사 값을 구하기 위해 패치 정점들에서의 표면 방향에 관한 정보를 이용한다. 구로 음영법에서는 패치 경계선을 따라 표면 모습을 결정하기 위해 이 정보를 적용하며, 패치 내부의 지점들에서의 표면 모습을 추정하기 위해 경계선 모습에 보간법(interpolation)을 적용한다. 이와는 대조적으로 퐁 음영법에서는 패치 내부의 지점들에서 표면 방향을 추정하기 위해 패치 경계선상의 표면 방향들에 대해 보간법을 적용한 다음 모습을 결정하는 단계로 진행한다. (요약하자면, 구로 음영법에서는 방향 정보를 색상 정보로 변환시킨 후에 색상 정보에 대해 보간법을 적용한다. 반면에 퐁 음영법에서는 해당 지점에서의 방향을 추정하기 위해 방향 정보에 대한 보간법을 적용하며, 추정된 방향 정보를 색상 정보로 변환시킨다.) 이러한 결과로 퐁 음영법의 경우 패치 내부에 정반사광이 발생할 가능성이 높은데, 이는 퐁 음영법이 표면 방향의 변화에 더 민감하기 때문이다. (이 절 끝의 연습문제 3을 참고하기 바란다.)

그림 10.11 | 정점에서의 법선 벡터를 첨가한 다각형 메시의 개념도

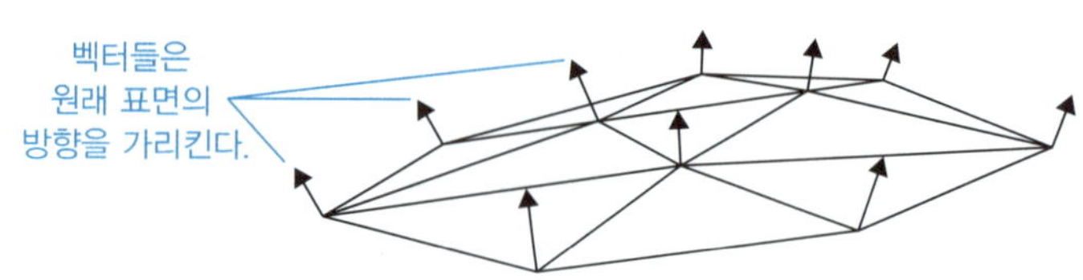

그림 10.12 | 융기 매핑을 사용하여 렌더링된 구의 모습

끝으로 덧붙이자면, 표면에 재질감을 보태기 위해 기본 음영법을 보강할 수 있다. 이러한 예에는 융기 매핑(bump mapping)이 있는데, 여기에서는 표면에 거친 느낌을 주기 위해 표면 방향에 작은 변이를 주는 방법을 이용한다. 정확히 표현하자면, 융기 매핑은 일반 음영법 알고리즘에서 적용되는 보간법 프로세스에 약간의 무작위성을 추가함으로써 그림 10.12에서처럼 표면 전반에 재질감을 보탠다.

렌더링-파이프라인 하드웨어

앞에서 이미 언급했듯이 클리핑 프로세스, 주사 변환, 은면 제거, 음영법 등을 합하여 렌더링 파이프라인이라고 불리는 일련의 과정을 구성한다. 더욱이 이러한 작업들을 수행하기 위한 효율적인 알고리즘들이 널리 알려져 있고 직접 전자회로로 구현되어 있으며, 특히 이러한 전자회로들은 전체 렌더링 파이프라인을 자동적으로 수행하는 칩들을 제작하기 위해 VLSI 기술에 의해 소형화되어 있다. 오늘날 저가의 칩들도 초 당 수백만 개의 평면형 패치를 렌더링할 수 있다.

비디오 게임 장비를 포함하여 그래픽 응용에 사용하도록 설계된 대부분의 컴퓨터 시스템들은 이러한 렌더링 장치들을 갖추고 있다. 범용 컴퓨터 시스템의 경우에는 전용 제어기(2장 참고)로서 컴퓨터의 버스에 연결되는 그래픽 카드(graphics card) 또는 그래픽 어댑터(graphics adapter) 형태로 이러한 장치를 추가할 수 있다. 이러한 하드웨어를 사용함으로써 렌더링 프로세스 수행에 소요되는 시간을 크게 줄일 수 있다.

렌더링 파이프라인 하드웨어는 또한 그래픽 응용 소프트웨어의 복잡성을 줄여준다. 기본적으로 소프트웨어가 해야 할 일은 그래픽 하드웨어에 장면 그래프를 제공하는 것뿐이다. 그러면 하드웨어에서 파이프라인 단계들을 수행하여 그 결과를 프레임 버퍼에 넣어준다. 이렇게 해서 소프트웨어 입장에서는 전체 렌더링 파이프라인이 하드웨어를 추상도구로 사용하는 단일 단계로 축소된다.

예를 들어 대화형 비디오 게임을 살펴보자. 게임을 초기화하기 위해 게임 소프트웨어는 장면 그래프를 그래픽 하드웨어에 전달한다. 그러면 하드웨어는 장면을 렌더링하여 이미지를 프레임 버퍼에 넣으면, 프레임 버퍼 안의 이미지는 자동적으로 모니터 스크린에 표시된다. 게임이 진행되면서 게임 소프트웨어가 게임 상황의 변화를 반영하기 위해 그래픽 하드웨어에 있는 장면 그래프만 갱신시키면, 하드웨어가 장면을 렌더링하여 갱신된 이미지를 프레임 버퍼에 넣는 일을 반복한다.

많은 그래픽 카드에서 사용되는 최신 GPU(Graphical Processor Unit)들은 렌더링 계산과 유사한 방식으로 표현될 수 있는 복잡한 시뮬레이션 계산에 사용할 수 있는 훌륭한 추상도구이다. 화면 출력을 실시간으로 렌더링하는 데 사용되지 않고 있는 동안에 GPU들은 대신 수치 계산을 수행할 수 있다. 복잡한 그래픽 출력이나 수치 시뮬레이션을 처리하는 데 소요되는 시간은 하부 모델의 복잡성뿐 아니라 사용되는 하드웨어 및 소프트웨어 시스템에 따라 달라진다.

그렇지만 그래픽 하드웨어마다 처리 능력이나 통신 기능 등에서 상당한 차이가 있다. 따라서 비디오 게임과 같은 응용 소프트웨어가 특정 그래픽 플랫폼을 위해 개발되었다면, 다른 환경으로 이전시키기 위해서는 수정이 필요하다. 이러한 그래픽 하드웨어 종속성을 줄이기 위해, 그래픽 하드웨어와 응용 소프트웨어 사이의 중개 역할을 하는 표준 소프트웨어 인터페이스들이 개발되어 왔다. 이러한 인터페이스들은 표준 명령을 특정 그래픽 하드웨어 시스템에 맞는 구체적 명령으로 변환시키는 소프트웨어 루틴들로 구성된다. 이러한 표준 인터페이스의 예에는 OpenGL(Open Graphics Library의 줄임말), Direct3D 등이 포함된다. OpenGL은 실리콘그래픽스에서 개발한 공개 시스템으로 비디오 게임 산업에서 널리 사용되고 있으며, Direct3D는 마이크로소프트 윈도우 환경에서 사용하도록 마이크로소프트에서 개발한 것이다.

맺음말로 강조하고 싶은 것은 렌더링 파이프라인에 여러 가지 장점도 있지만 단점도 있다. 그 중에서도 가장 심각한 것은 파이프라인이 **지역 조명 모델**(local lighting model)만을 구현하고 있다는 사실인데, 이는 파이프라인이 각 물체를 다른 물체들과 연관성 없이 렌더링한다는 것을 의미한다. 즉, 지역 조명 모델 하에서는 각 물체가 광원과의 관계에서 해당 장면 안의 유일한 물체인 것처럼 렌더링된다. 그러한 결과로 그림자나 반사와 같은 물체들 사이의 빛에 의한 상호작용이 반영되지 않는다. 이는 물체들 사이의 상호작용을 고려하는 **전역 조명 모델**(global lighting model)과 대비된다. 전역 조명 모델을 구현하기 위한 두 가지 기법에 대해 다음 절에서 살펴볼 것이다. 우선은 이러한 기법들이 현재 기술 상태에서는 실시간 처리 기능을 제공하지 못한다는 점만 언급해둔다.

그러나 이러한 단점이 있다고 해서 렌더링 파이프라인 하드웨어가 전역 조명 효과를 전혀 낼 수 없다는 의미는 아니다. 실제로 지역 조명 모델에 의해 부과되는 제한의 일부를 극복하기 위한 교묘한 기법들이 개발되어 왔다. 특히 그림자를 드리우는 물체에 대한 다각형 메시의 복제본을 만들고, 복제 메시를 평평하게 펴서 바닥에 위치시킨 다음 어두운 색상을 입히는 방법으로 지역 조명 모델 상황에서도 바닥에 드리운 그림자를 의미하는 **투하 그림자**(drop shadow)의 모습을 모방할 수 있다. 달리 표현하면, 그림자는 마치 또 다른 물체인 것처럼 모델링되며, 이것은 그림자 모습을 만들어내기 위해 일반 렌더링 파이프라인 하드웨어에 의해 렌더링될 수 있다. 이러한 기법은 대화형 비디오 게임이나 비행 시뮬레이터와 같은 전문가 수준의 응용에서뿐만 아니라 일반사용자 수준의 응용에서도 널리 이용되고 있다.

연습문제

1. 정반사광, 난반사광, 주변광 사이의 차이를 요약하라.
2. 클리핑, 주사 변환 등의 용어를 정의하라.
3. 구로 음영법과 퐁 음영법은 다음과 같이 요약될 수 있다.
   구로 음영법에서는 경계선을 따라 표면의 모습을 결정하기 위해 패치의 경계선을 따라 물체의 방향을 사용하며, 패치 내부의 특정 지점의 모습을 결정하기 위해서는 경계선상의 모습들에 대해 보간법을 이용한다. 퐁 음영법에서는 패치 내부 지점의 방향을 계산하기 위해 경계선상의 방향들에 대해 보간법을 이용하며, 이렇게 계산된 방향을 해당 지점 모습의 결정에 사용한다.
   사용되는 음영법에 따라 물체의 모습이 달라질 수 있는가?
4. 렌더링 파이프라인의 중요성은 무엇인가?
5. 지역 조명 모델을 사용할 때 거울을 통한 반사를 모방할 수 있는 방법을 설명하라.

10.5 전역 조명의 처리

연구자들은 현재 렌더링 파이프라인에 대한 두 가지 대안을 조사하고 있는데, 두 가지 모두 전역 조명 모델을 구현하고 있으며 따라서 일반 파이프라인에 내재되어 있는 지역 조명 모델의 제한성을 극복할 수 있는 잠재성을 제공한다. 이 대안들은 광선 추적법과 래디오시티법이라 불리는데, 둘 다 세밀하며 시간을 많이 소요하는 프로세스이다.

광선 추적법

광선 추적법(ray tracing)은 기본적으로 광선의 방향을 거슬러가서 광원을 찾는 프로세스이다. 이 프로세스는 먼저 렌더링 대상 픽셀을 선택한 후 그 픽셀을 지나는 직선을 찾고, 그 직선을 따라 이미지 윈도우에 부딪치는 광선을 추적한다. 이러한 추적 프로세스는 장면 안으로 향하는 직선을 따라 그 직선이 물체에 닿을 때까지 쫓아가는 일을 포함한다. 그 물체가 광원일 경우, 광선 추적 프로세스는 종료되며 그 픽셀은 광원상의 한 점으로 렌더링된다. 광원이 아닐 경우, 반사되어 이 프로세스가 역추적하고 있는 광선을 만들어 낸 입사광선의 방향을 계산하기 위해 물체의 표면 성질을 구한다. 그런 다음 이 프로세스는 광원을 찾기 위해 그 입사광선을 쫓아가는데, 그 단계에서 또 다른 광선을 발견하고 추적하는 일을 반복할 수도 있다.

광선 추적법의 예는 그림 10.13에 묘사되어 있는데, 이 그림에서 이미지 윈도우를 통과하여 거울 표면에까지 역추적된 광선을 볼 수 있다. 거울 표면에서 다시 밝게 빛나는 공까지 갔다가, 다시 거울로 돌아가고, 거울에서 광원까지 추적된다. 이러한 추적 과정을 통해 얻은 정보에 기초하여 이미지 상의 픽셀은 거울에 반사된 광원에 의해 비춰지는 공 표면 상의 한 점으로 나타나게 될 것이다.

광선 추적법이 갖는 단점 한 가지는 정반사만을 추적한다는 점이다. 따라서 이 방법으로 렌더링되는 물체는 모두 반짝이는 모습을 띠는 경향이 있다. 이러한 효과에 대한 대책

그림 10.13 | 광선 추적법

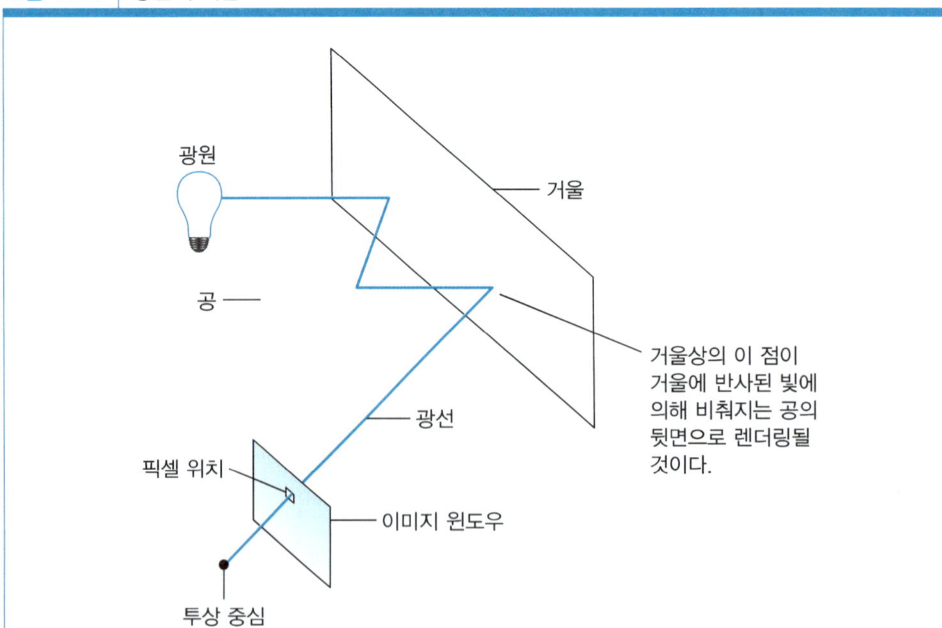

으로 분산 광선 추적법(distributed ray tracing)이라고 불리는 광선 추적법의 한 변형이 적용될 수 있다. 이들의 차이는 기본 광선 추적법이 반사 지점으로부터 하나의 광선만을 역추적하는 반면, 분산 광선 추적법에서는 반사 지점에서 조금씩 방향을 달리하는 여러 개의 광선을 역추적한다는 것이다.

투명 물체에 대한 렌더링에 적용할 수 있는 기본 광선 추적법의 또 다른 변형이 있다. 이 방법에서는 어떤 표면으로 광선을 역추적할 때마다 반사와 굴절이라는 두 가지 효과를 고려한다. 이 경우 원래 광선을 추적하는 작업은 반사에 대한 역추적과 굴절에 대한 역추적 등 두 개의 작업으로 분리할 수 있다.

대개 광선 추적법은 재귀법을 사용하여 구현되며, 각 호출은 광선을 광원까지 추적하라는 요청에 해당된다. 첫 번째 호출이 광선에 대해 반짝이는 불투명 표면까지 추적할 수도 있다. 그 지점에서 추적 대상 광선이 입사 광선이 반사된 것임을 파악하고 입사 광선의 방향을 계산한 다음, 그 입사 광선에 대해 다시 추적을 위한 호출이 이루어질 것이다. 두 번째의 이 호출은 주어진 광선에 대해 광원을 찾기 위해 비슷한 작업을 수행할 것이며, 그 과정에서 또 한 번의 호출이 이루어질 수도 있다.

재귀적인 광선 추적을 종료시키기 위해 다양한 조건이 사용될 수 있다. 추적 대상 광선이 광원에 도달할 수도 있고, 광선이 물체에 부딪치지 않고 장면 밖으로 나갈 수도 있으며, 재귀적 호출 횟수가 정해진 한도에 도달할 수도 있다. 부딪친 표면들의 흡수성에 기초한 또 다른 종료 조건을 적용할 수도 있다. 어두운 색의 무광택 표면과 같이 흡수성이 높은 표면의 경우 입사 광선은 표면의 모습에 거의 영향을 미치지 않을 것이며 광선 추적은 종료될 수 있다. 누적 흡수도 비슷한 효과를 가질 수 있다. 즉, 어중간한 정도의 흡수성을 갖는 표면을 여러 번 거치게 되면 광선 추적이 종료될 수 있다.

전역 조명 모델을 이용함으로써 광선 추적법은 일반 렌더링 파이프라인에 내재된 여러 제약점을 피할 수 있다. 예를 들면, 광선 추적법에서는 은면 제거 문제와 그림자 탐지 문제가 자연스럽게 해결된다. 그렇지만 광선 추적법은 시간이 많이 걸린다는 큰 단점을 갖고 있다. 광원을 찾아가는 과정에서 반사가 있을 때마다 계산량은 크게 증가하며, 이는 굴절을 반영하거나 분산 광선 추적법을 적용할 경우 더욱 심화된다. 따라서 대화형 비디오 게임과 같은 일반소비자용 실시간 시스템에서는 광선 추적법을 쓰지 않으며, 영화제작소에서 사용하는 그래픽 소프트웨어와 같이 실시간성이 중요하지 않은 전문가용 응용 소프트웨어에서나 찾아볼 수 있다.

래디오시티법

래디오시티법(radiosity)은 일반 렌더링 파이프라인에 대한 또 다른 대안이다. 광선 추적법이 점 단위로 개별 광선을 추적하는 것에 비해, 래디오시티법은 평면형 패치 쌍 사이에서 방사되는 빛 에너지 전체를 고려하는 영역 단위 방식을 취한다. 이렇게 방사되는 빛

에너지는 기본적으로 난반사광이다. 물체에서 방사되는 빛 에너지는 (광원의 경우처럼) 물체 자체에서 생성되거나 물체에서 반사된다. 따라서 각 물체의 모습은 그 물체가 다른 물체로부터 받는 빛 에너지를 고려하여 결정된다.

한 물체로부터 방사되는 빛이 다른 물체의 모습에 영향을 미치는 정도는 **형상 인자(form factor)**라는 매개변수에 의해 결정된다. 렌더링 대상 장면 안의 각 패치 쌍에 대해 고유한 형상 인자가 연계된다. 이러한 형상 인자들은 거리나 방향 차이 등과 같은 관련 패치들 사이의 기하학적 관계에 따라 정해진다. 장면 안의 한 패치의 모습을 결정하기 위해서는 장면 안의 다른 모든 패치들로부터 받은 빛 에너지의 양을 계산해야 하며, 각 계산에서 해당 형상 인자가 사용된다. 그 결과 값들을 조합하여 각 패치를 위한 단일 색상과 농도를 정한다. 다면체 모습이 아니라 부드러운 윤곽 모습의 표면을 얻기 위해 구로 음영법과 유사한 기법을 사용하여 위의 값들에 대한 보간법을 인접 패치들 사이에 적용한다.

계산 대상 패치의 수가 아주 많은 관계로 래디오시티법은 많은 계산량을 요한다. 이로 인해 광선 추적법과 마찬가지로 래디오시티법도 현재 일반소비자 시장에서 구할 수 있는 실시간 그래픽 시스템의 처리 용량 범위를 벗어난다. 래디오시티법의 또 다른 문제는 개별 점들이 아니라 전체 패치들을 처리 단위로 삼기 때문에 정반사광을 정밀하게 반영하지 못한다는 점이며, 이는 래디오시티법에 의해 렌더링되는 표면들이 대개 탁한 모습을 띠게 될 것임을 의미한다.

그러나 래디오시티법이 갖는 장점들도 있다. 그 중 하나는 래디오시티법에 의해 물체의 모습을 결정하는 일은 카메라에 독립적이라는 점이다. 따라서 일단 한 장면을 위한 래디오시티법 계산이 수행되면, 다양한 카메라 위치에 대해 그 장면의 렌더링이 신속히 완료될 수 있다. 또 다른 장점은 래디오시티법은 **색상 블리딩(color bleeding)**과 같은 빛의 여러 가지 미묘한 특성들을 반영한다는 점인데, 색상 블리딩은 한 물체의 색상이 그 주변의 다른 물체들의 색조에 영향을 미치는 것을 말한다. 이러한 장점들로 인해 래디오시티법이 유용하게 사용되는 분야들이 있다. 그 중 하나는 건축설계용 그래픽 소프트웨어이다. 실제로 빌딩 안의 조명은 주로 난반사광과 주변광으로 이루어지므로 정반사 효과는 중요하지 않으며, 새로운 카메라 위치들을 효율적으로 처리할 수 있다는 사실은 설계사가 신속하게 여러 개의 방을 시점을 바꾸어 가며 볼 수 있음을 의미한다.

연습문제

1. 광선 추적법에서 광원에서 이미지 윈도우 방향이 아니라 이미지 윈도우에서 광원 방향으로 역방향 추적을 하는 이유는 무엇인가?

2. 단순 광선 추적법과 분산 광선 추적법 사이의 차이는 무엇인가?

3. 래디오시티법의 두 가지 단점은 무엇인가?

4. 광선 추적법과 래디오시티법은 어떤 면에서 비슷한가? 이들은 어떤 면에서 다른가?

10.6 애니메이션

이제 움직이는 영상의 생성과 화면 표시에 컴퓨터 기술을 이용하는 CGI(Computer-Generated Imagery) 애니메이션에 대해 살펴보기로 하자. 비교적 저렴하면서도 강력한 컴퓨터 애니메이션 소프트웨어 도구를 이용하여 제작자는 전통적인 수작업 방식의 애니메이션 기법을 사용할 때보다 비용 효과적으로 더욱 정확하고 복잡한 시각적 예술품을 제작할 수 있게 되었다. CGI 애니메이션이 더욱 널리 보급되고 있는 것은 비단 잠재 비용이 낮을 뿐만 아니라 보다 강력한 도구들을 이용함에 따라 더욱 야심적이고 새로운 스토리텔링 목표를 달성할 수 있기 때문이다.

애니메이션 기초

먼저 몇 가지 기초적인 애니메이션 관련 개념들을 소개하고자 한다.

프레임 애니메이션을 달성하는 방법은 일련의 영상을 차례대로 빠른 속도로 화면에 표시하는 것인데, 각각의 영상을 프레임이라고 부른다. 이러한 프레임은 일정한 시간 간격으로 변화하는 장면의 모습을 담고 있으며, 이들을 차례로 보여줌으로써 시간의 경과에 따라 장면이 연속적으로 변경되는 듯한 느낌을 준다. 영화에서 사용하는 표준적인 표시 속도는 초 당 24개의 프레임을 보여주는 것이며, 방송에서는 초 당 60개의 프레임을 보여준다. (실제로는 비디오 방송의 경우 짝수 번째 프레임은 홀수 번째 프레임의 영상을 보강하기 위해 사용되며, 따라서 비디오 방송은 초 당 30프레임을 표시하는 시스템으로

키네오그래프(Kineograph)

키네오그래프는 애니메이션 프레임들로 이루어진 책이며, 페이지들을 빨리 넘길 때 움직이는 영상의 효과를 얻을 수 있도록 만들어져 있다. 이 교재를 이용해서 키네오그래프를 만들 수 있다. 1쪽의 귀퉁이 여백 부분에 점 하나를 찍는다. 그리고 3쪽에는 위치를 조금만 옮겨 점 하나를 찍는다. 이렇게 매 홀수 쪽에 위치를 조금씩 옮기며 점을 찍는다. 이제 책의 귀퉁이 부분에서 페이지들을 빠르게 넘기면 점이 춤추듯이 움직이는 것을 관찰할 수 있을 것이다. 점 대신 걸어가는 막대 인물을 사용하여 운동역학 실험을 시도해보라. 또 땅바닥으로 떨어지는 물방울 이미지를 만들어 동역학 실험을 시도해보라.

분류될 수도 있다.)

프레임은 일반 촬영을 통해 만들어질 수도 있고 컴퓨터 그래픽에 의해 인공적으로 만들어질 수도 있으며, 또한 두 가지 방식이 결합될 수도 있다. 예를 들면, 촬영을 통해 얻은 영상에서 지지용 와이어의 흔적을 제거하거나 두 개의 영상을 결합하거나 모핑 효과를 얻기 위해 2D 그래픽 소프트웨어가 사용되는 경우가 종종 있다. 모핑(morphing)은 하나의 물체가 다른 물체로 모습을 변형해 가는 프로세스를 말한다.

모핑을 자세히 살펴보면 애니메이션 프로세스에 대한 흥미로운 사실을 파악할 수 있다. 모핑 효과를 만들기 위해서는 먼저 모핑 진행 과정의 처음과 끝에 해당하는 두 개의 핵심 프레임을 식별해야 한다. 즉, 모핑이 진행되기 직전의 영상과 모핑이 완료된 직후의 영상에 해당하는 프레임들을 식별해야 한다. (일반 영화제작에서는 모핑으로 이어지는 연기 동작과 모핑 이후에 진행되는 연기 동작 등 두 개의 연기 동작에 대한 "촬영"을 필요로 한다.) 모핑 직전의 프레임에서 제어점(control point)이라 불리는 선들이나 점들과 같은 요소들이 모핑 직후 프레임상의 유사 요소들과 연계되며, 모핑은 제어점들을 중심으로 하나의 영상을 다른 영상으로 조금씩 변형시키는 수학적 기법을 적용하는 방법으로 진행된다. 이러한 변형 과정에서 만들어지는 영상들을 기록함으로써 원래의 핵심 프레임 쌍 사이의 간격을 채워주고 모핑 효과를 만들어주는 일련의 인공적 영상들을 얻게 된다.

스토리보드 전형적인 애니메이션 프로젝트에서 제일 먼저 할 일은 상영 내용의 핵심이 될 장면들의 스케치 형태로 전체 스토리를 말해주는 일련의 2차원 영상들로 이루어지는 스토리보드(storyboard)를 만드는 것이다. 스토리보드의 궁극적 역할은 애니메이션 프로젝트의 구현에 2D 기법을 사용할지 3D 기법을 사용할지에 따라 달라진다. 2D 그래픽을 사용하는 프로젝트에서는 1920년대에 디즈니 스튜디오들에서 했던 것과 마찬가지로 스토리보드가 대개 최종 프레임들에 포함될 수 있도록 다듬어진다. 그 당시에 마스터 애니메이터라고 불리던 예술가들이 스토리보드를 다듬어 핵심 프레임(key frame)이라 불리는

블러링(Blurring)

전통적인 사진술 분야에서는 빠르게 움직이는 물체에 대한 명확한 사진을 얻기 위한 많은 노력이 있었다. 애니메이션 분야에서는 목적이 반대인 경우가 많다. 움직이는 물체를 묘사하는 프레임 열 안의 각 프레임이 명확한 이미지를 나타낼 경우 움직임이 부드럽지 않게 된다. 그런데 명확한 이미지는 장면 그래프 안의 정지 물체들에 대한 개별 이미지로 프레임을 생성한 데 따른 자연스러운 결과이다. 따라서 애니메이션 작업자들은 종종 컴퓨터 생성 프레임에서 움직이는 물체 이미지에 인위적 왜곡을 가한다. 이러한 기법 중에 **수퍼샘플링(supersampling)**이라는 방법이 있는데, 여기에서는 움직이는 물체를 아주 조금씩 이동시켜 만든 여러 개의 이미지를 겹쳐서 하나의 프레임을 만드는 방법을 사용한다. 또 다른 기법은 움직이는 방향으로 늘어나 보이도록 움직이는 물체의 모양을 변화시키는 것이다.

세밀한 프레임들을 만드는 일을 하였으며, 핵심 프레임들은 애니메이션 상에서 일정 간격으로 캐릭터들과 배경들의 모습을 설정하는 역할을 하였다. 애니메이션이 부드럽게 연속성을 보일 수 있도록 핵심 프레임들 사이의 간극을 메워줄 추가 프레임들을 그리는 작업은 보조 애니메이터들의 일이었다. 이러한 간극 채움 작업을 **동화생성(in-betweening)**이라고 불렀다.

이러한 프로세스와 오늘날 사용되는 프로세스 사이의 주된 차이점은 오늘날 애니메이션 작업자들은 핵심 프레임들을 그리기 위해 영상처리와 2D 그래픽 소프트웨어를 사용하며 동화생성 과정의 많은 부분이 자동화되어 보조 애니메이터라는 역할이 더 이상 필요 없게 되었다는 점이다.

3D 애니메이션 오늘날 대부분의 비디오 게임 애니메이션이나 애니메이션 영화는 3D 그래픽을 이용하여 만들어진다. 이러한 프로젝트들은 여전히 2D 영상으로 이루어지는 스토리보드를 만드는 것으로 시작된다. 그러나 이 경우의 스토리보드는 2D 그래픽 프로젝트에서 최종 결과물 속으로 발전시켜 나가는 것과 달리 3차원 가상세계의 구축을 위한 안내 역할로 이용될 뿐이다. 대본이나 비디오 게임의 진행에 따라 가상세계 내부에서 물체들이 움직이며 이러한 가상세계를 반복하여 "촬영"하게 된다.

이제 컴퓨터가 만든 장면 안에서 물체가 움직인다는 것이 무엇을 의미하는지에 대해 분명히 해두어야 할 시점이 된 것 같다. 여기에서 "물체"란 것은 실제로 장면 그래프 안에 저장된 데이터들일 뿐이다. 이러한 데이터에는 물체의 위치나 방향 등을 가리키는 값들이 포함되어 있다. 따라서 물체를 "움직이는" 것은 단지 이러한 값들을 변경하는 일일 뿐이다. 일단 이러한 변경이 이루어지면, 렌더링 프로세스에서 변경된 값들이 사용될 것이며, 따라서 물체는 최종적인 2차원 영상에서 움직인 것처럼 보일 것이다.

동역학과 운동역학

3D 그래픽 장면 안에서 동작이 자동화되거나 사람에 의해 제어되는 정도는 응용에 따라 달라진다. 물론 목표는 전체 과정을 자동화하는 것이며, 이를 위해 자연적 현상에서 나타나는 동작을 파악하고 모방하기 위한 방법을 찾고자 하는 방향의 많은 연구가 수행되었다. 이 측면에서 두 영역의 역학이 유용한 것으로 밝혀져 있다.

그 중 하나는 **동역학(dynamics)**인데, 동역학은 물체에 작용하는 힘의 효과를 산출하기 위해 물리 법칙을 적용함으로써 물체의 이동을 설명한다. 예를 들면, 장면 안의 물체에는 위치 외에도 이동 방향, 속도, 질량 등의 항목들이 주어질 수 있다. 이러한 항목들은 중력이나 다른 물체와의 충돌 등이 그 물체에 갖는 효과를 계산하기 위해 사용될 수 있으며, 그래픽 소프트웨어는 이 결과를 이용하여 다음 프레임에서 그 물체의 적절한 위치를 계산할 수 있다.

예를 들어 용기 안에서 이루어지는 물보라를 묘사하는 애니메이션 장면들을 구성하는 작업을 생각해보자. 작은 물방울 하나하나를 입자로 표현하는 입자 시스템을 장면 그래프에서 이용하여 물을 표현할 수 있다. (물을 콩알 크기의 큰 "분자들"로 이루어져 있다고 생각하라.) 그런 다음 이 입자들에 작용하는 중력 효과와 용기가 옆으로 흔들리면서 입자들 사이에 발생하는 상호작용을 계산하기 위해 물리 법칙들을 적용할 수 있다. 이렇게 해서 일정한 시간 간격으로 각 입자의 위치를 계산할 수 있을 것이며, 겉 부분의 입자들의 위치를 다각형 메시의 정점들로 사용하여 물 표면을 나타내는 메시를 구할 수 있다. 그런 다음 시뮬레이션이 진행됨에 따라 이 메시를 반복적으로 "촬영"함으로써 애니메이션 장면들을 얻을 수 있다.

동작을 시뮬레이션하기 위해 사용되는 또 다른 역학 분야는 **운동역학(kinematics)**인데, 운동역학은 한 물체를 구성하는 부분들이 서로에 대해 어떻게 움직이는지 기술함으로써 물체의 운동을 설명한다. 운동역학의 응용은 관절구조를 갖는 인물의 애니메이션에서 두드러지는데, 이 경우 팔이나 다리와 같은 부속기관을 움직이는 일이 필요하다. 이러한 동작들은 근육이나 중력 등에 의해 작용하는 개별 힘들의 효과를 계산하는 것보다는 관절동작 패턴을 시뮬레이션하는 방법으로 모델링하는 것이 쉽다. 따라서 튀는 공의 경로를 결정할 때는 동역학이 적합한 기법인 반면, 애니메이션 대상 캐릭터의 팔의 움직임은 운동역학을 적용하여 어깨, 팔꿈치, 팔목 등에서의 회전에 대한 적절한 계산을 통해 결정해야 할 것이다. 이러한 이유로 캐릭터에 대한 애니메이션 연구의 많은 부분은 해부학적 문제, 그리고 관절이나 사지가 어떻게 동작에 영향을 미치는지 등에 치중하고 있다.

운동역학을 적용하기 위해서는 대개 먼저 묘사하고자 하는 캐릭터의 골격구조를 모방한 막대 그림으로 캐릭터를 표현한다. 그런 다음 그림의 각 구간에 대해 그 구간을 둘러싸는 외형을 표현하는 다각형 메시로 덮으며, 인접한 메시들을 어떻게 연결해야 할지 결정하기 위한 규칙들을 세운다. 그런 다음 마치 끈 인형을 조종하듯이 (소프트웨어나 사람이) 골격구조의 관절들을 움직여 막대그림을 조종할 수 있다. "끈"이 모델에 연결되는 지점을 avar라고 부르는데, 관절 변수(articulation variable) 또는 애니메이션 변수(animation variable)를 나타낸다.

운동역학의 응용에 관한 연구의 많은 부분은 자연스런 동작을 흉내 내는 일련의 부속기관 위치들을 자동적으로 계산하기 위한 알고리즘 개발을 목표로 하고 있다. 이러한 추세에 따라 오늘날 실감 있는 걷기동작을 만드는 알고리즘들이 개발되어 있다.

그러나 운동역학에 기초한 애니메이션의 많은 부분은 여전히 캐릭터가 사전 설정된 관절/부속기관 위치를 거쳐 가도록 지시하는 방식으로 만들어진다. 이러한 위치들은 애니메이션 작업자가 창의적으로 정할 수도 있고, 필요한 동작을 수행하는 살아있는 모델의 위치들을 기록하는 **동작 캡처(motion capture)**를 이용하여 구할 수도 있다. 구체적 예를 들자면, 사람 신체상의 중요 지점들에 반사 테이프를 붙인 후 야구공을 던지게 하고, 동작이 진행되는 동안 여러 각도에서 사진을 찍는다. 그런 다음 여러 사진에서 반사 테이프의 위치를 관찰하는 방법으로 던지기를 하는 동안 그 사람의 팔과 다리의 정확한 방향을 구하여, 이를 애니메이션 상의 캐릭터에 이용한다.

애니메이션 과정

애니메이션 분야 연구의 궁극적 목표는 전체 애니메이션 과정을 자동화시키는 것이다. 적절한 매개변수들만 주어지면 원하는 애니메이션 장면들을 자동으로 만들어주는 소프트웨어를 상상해보라. 이 방향의 발전은 오늘날 영화제작소들에서 만들어내는 군중 영상, 전투 장면, 동물 무리의 질주 장면 등에서 찾아볼 수 있는데, 이러한 영상들은 장면 그래프 속에서 자동적으로 움직이는 가상 "로봇"들을 두고 이들이 개별적으로 자신이 맡은 동작을 수행하는 방식으로 만들어진다. 현실 세계에서 수백 또는 수천 명의 단역 배우들이 필요한 장면에 가상 모델을 이용함으로써 훨씬 적은 비용으로 촬영할 수 있고, 또 불꽃놀이 장면이나 소품으로 인해 배우들이 다칠 염려도 없어진다.

반지의 제왕 3부작을 위해 가공의 오크 군대와 인간 군대를 촬영할 때 흥미로운 사례가 발생하였다. 화면상의 각 전사는 각자의 신체적 특성과 무작위로 설정된 공격이나 도주 성향을 나타내는 성격을 갖는 각기 고유한 "지능적" 개체로 모델링되었다. 제2부의 헬름 계곡 전투 장면을 위한 테스트 시뮬레이션 과정에서 오크들의 도주 성향을 너무 높게 설정하여 인간 전사만 만나면 오크들은 도망만 다녔다. (이것은 아마 가상의 보조출연자들이 자신의 배역을 너무 위험한 것으로 인식한 첫 번째 사례일 것이다.)

물론 오늘날에도 여전히 많은 애니메이션이 애니메이션 작업자들에 의해 만들어진다. 그러나 1920년대처럼 손으로 2차원 프레임들을 그리는 대신, 앞의 운동역학에 관한 논의에서 설명하였듯이 오늘날의 애니메이션 작업자들은 끈 인형의 조종을 연상시키는 방식으로 장면 그래프 안의 3차원 가상 물체들을 조종하기 위해 소프트웨어를 사용한다. 이러한 방식으로 애니메이션 작업자들은 애니메이션 장면들을 만들기 위해 "촬영" 당하는 일련의 가상장면들을 만들 수 있다. 일부 경우에서는 핵심 프레임을 위한 장면을 만들 때에만 이러한 기법이 사용되고, 핵심 프레임 사이의 중간 프레임들을 만들기 위해서는 장면 그래프 안에서 한 핵심 프레임에서 다음 핵심 프레임으로 물체를 움직이기 위해 동역학과 운동역학을 적용하여 장면들을 자동적으로 렌더링하는 소프트웨어가 사용된다.

컴퓨터 그래픽스 연구가 발전하고 기술이 진보함에 따라 분명히 애니메이션 과정의 더 많은 부분이 자동화될 것이다. 언젠가 애니메이션 작업자들이나 영화배우, 무대장치 등이 필요 없게 될지는 두고 볼 일이지만, 어떤 사람들은 그와 같은 날이 멀지않았다고 믿고 있다. 실제로 3D 그래픽은 무성영화에서 발성영화로의 변천보다 영화산업에 훨씬 더 큰 변화를 가져올 수도 있을 것이다.

연습문제

1. 사람이 영상을 볼 때 대략 0.2초 정도 잔상이 남는다. 이러한 근사추정에 기초하여 애니메이션을 만들기 위해 초 당 몇 개의 영상을 보여주어야 하는지 답하라. 이러한 추정치를 영화에서 사용되는 초 당 프레임 개수와 비교해보라.
2. 스토리보드란 무엇인가?
3. 동화생성(in-betweening)이란 무엇인가?
4. 운동역학과 동역학을 정의하라.

단원 복습 문제

(* 표시된 것은 고급 내용을 다루는 절에 관련된 문제이다.)

1. 다음 중 2D 그래픽의 응용 분야에 해당되는 것은 어느 것이며, 3D 그래픽의 응용 분야에 해당되는 것은 어느 것인가?
   a. 잡지 지면 설계
   b. 마이크로소프트 Paint를 사용한 이미지 그림
   c. 비디오 게임을 위한 가상세계 이미지 작성
2. 일반 촬영의 다음 각 항목에 해당하는 3D 그래픽 환경의 항목은 무엇인가? 이유를 설명하라.
   a. 필름
   b. 뷰파인더 내부의 사각형
   c. 촬영 대상 장면
3. 원근 투상을 사용할 때 장면 안의 구가 투상 평면에서 원으로 나타나지 않을 조건은?
4. 원근 투상을 사용할 때 선분의 이미지가 투상 평면에서 곡선으로 나타나는 일이 가능할까? 이유를 설명하라.
5. 8피트 길이의 일직선 막대기의 한 끝이 투상 중심에서 4피트 거리에 있다고 가정하자. 그리고 투상 중심에서 막대기 한쪽 끝까지의 직선이 투상 중심에서 1피트 거리의 투상 평면상의 한 점을 지난다고 하자. 이 막대기가 투상 평면과 평행할 경우, 투상 평면상에서 막대기 이미지의 길이는 얼마가 되겠는가?
6. 평행 투상과 원근 투상의 차이를 설명하라.
7. 이미지 윈도우와 프레임 버퍼의 관계를 설명하라.
8. 영화를 만들기 위해 3D 그래픽을 이용하는 것과 대화형 비디오 게임용 애니메이션을 만들기 위해 3D 그래픽을 이용하는 것 사이의 중요한 차이는 무엇인가? 이유를 설명하라.
9. 3D 그래픽 장면에서 사용될 물체의 모델에 포함될 물체의 성질로는 어떤 것들이 있는가? 그러한 모델에 포함되지 않을 성질로는 어떤 것들이 있는가? 이유를 설명하라.
10. 다각형 메시만으로 이루어진 모델로는 반영되지 않는 물체의 성질로는 어떤 것들이 있는가? (따라서 다각형 메시만으로는 물체에 대한 완전한 모델이 될 수 없다.) 이러한 성질 중 하나를 물체 모델에 추가할 수 있는 방법을 설명하라.
11. 3차원 공간에 아무렇게나 선택된 네 점이 항상 어떤 패치의 정점들을 구성할 수 있을까? 이유를 설명하라.
12. (직교좌표계상의 좌표들을 나타내는) 아래의 각 집합은 다각형 메시 상의 한 패치의 정점들을

나타낸다. 이들이 나타내는 메시의 모양을 기술하라.

```
Patch 1:  (0, 0, 0) (0, 2, 0)
          (2, 2, 0) (2, 0, 0)
Patch 2:  (0, 0, 0) (1, 1, 1)
          (2, 0, 0)
Patch 3:  (2, 0, 0) (1, 1, 1)
          (2, 2, 0)
Patch 4:  (2, 2, 0) (1, 1, 1)
          (0, 2, 0)
Patch 5:  (0, 2, 0) (1, 1, 1)
          (0, 0, 0)
```

13. (직교좌표계상의 좌표들을 나타내는) 아래의 각 집합은 다각형 메시 상의 한 패치의 정점들을 나타낸다. 이들이 나타내는 메시의 모양을 기술하라.

```
Patch 1:  (0, 0, 0) (0, 4, 0)
          (2, 4, 0) (2, 0, 0)
Patch 2:  (0, 0, 0) (0, 4, 0)
          (1, 4, 1) (1, 0, 1)
Patch 3:  (2, 0, 0) (1, 0, 1)
          (1, 4, 1) (2, 4, 0)
Patch 4:  (0, 0, 0) (1, 0, 1)
          (2, 0, 0)
Patch 5:  (2, 4, 0) (1, 4, 1)
          (0, 4, 0)
```

14. 직육면체를 표현하기 위한 다각형 메시를 설계하라. 정점들의 인코딩에는 직교좌표계를 사용하고, 해답을 표현하는 스케치를 그려라.

15. 8개 이하의 삼각형 패치를 사용하여 반지름이 1인 구의 모양에 근접한 다각형 메시를 설계하라. (8개의 패치만을 사용한 메시는 대단히 조잡한 구 모양이 되겠지만, 여기서의 목표는 구에 대한 정확한 표현을 만들어내는 것이 아니라 다각형 메시가 무엇인지를 이해하는 정도를 보이는 것이다.) 패치 정점들의 표현에는 직교좌표계를 사용하고, 메시에 대한 스케치를 그려라.

16. 다음 네 개의 점이 평면형 패치의 정점들이 될 수 없는 이유는 무엇인가?

```
(0, 0, 0) (1, 0, 0) (0, 1, 0) (0, 0, 1)
```

17. (1, 0, 0), (1, 1, 1), (1, 0, 2) 등의 점들이 어떤 평면형 패치의 정점들이라고 하자. 다음 선분 중 이 평면의 표면에 수직인 것들을 찾아라.

a. (1, 0, 0)에서 (1, 1, 0)에 이르는 선분
b. (1, 1, 1)에서 (2, 1, 1)에 이르는 선분
c. (1, 0, 2)에서 (0, 0, 2)에 이르는 선분
d. (1, 0, 0)에서 (1, 1, 1)에 이르는 선분

18. 절차형 모델의 두 가지 유형은 무엇인가?

19. 다음 각 특성에 대해 모델링과 렌더링 중 어느 것이 해당되는가? 각기 이유를 설명하라.

a. 표준적인 작업
b. 계산량이 많은 작업
c. 창조적인 작업

20. 다음 중 장면 그래프에 포함될 수 있는 것들은?

a. 광원
b. 애니메이션 소품
c. 캐릭터/배우
d. 카메라

21. 어떤 의미에서 장면 그래프를 3D 그래픽 과정에서 전환기적인 단계로 볼 수 있는가?

22. 장면 그래프 안의 카메라가 위치나 방향을 바꿀 수 있다는 사실로 인해 파생되는 복잡성은 무엇인가?

23. (0, 0, 0), (0, 2, 0), (2, 2, 0), (2, 0, 0) 등을 정점으로 갖는 평면형 패치 표면이 매끄럽고 반짝거린다고 하자. 점 (0, 0, 1)에서 출발한 광선이 점 (1, 1, 0)에서 패치 표면에 부딪칠 경우, 다음 중 반사광이 지나갈 점은?

a. (0, 0, 1)
b. (1, 1, 1)
c. (2, 2, 1)
d. (3, 3, 1)

24. 부표를 이용하여 고요한 수면 10피트 위에 등을 설치하였다고 하자. 부표에서 15피트 거리에 수면보다 5피트 위에 위치한 관찰자에게 물에 비친 등이 보일 수면상의 위치는?

25. 물고기 한 마리가 고요한 수면 아래를 헤엄치고 있고 관찰자는 수면 위에서 물고기를 관찰하고 있다면, 관찰자 위치에서 물고기는 어디에 있는 것으로 보이겠는가?

a. 진정한 위치보다 위쪽 그리고 더 뒤쪽
b. 진정한 위치
c. 진정한 위치보다 아래쪽 그리고 더 앞쪽

26. (1, 0, 0), (1, 1, 1), (1, 0, 2) 등이 어떤 평면형 패치의 정점들이고 정점들은 물체 바깥쪽에서 바라보았을 때 반시계방향으로 나열되어 있다고 하자. 아래의 각 점에서 출발한 광선이 패치에 부딪칠 때 물체의 안쪽 면에 부딪칠지 바깥쪽 면에 부딪칠지 표시하라.
a. (0, 0, 0)
b. (2, 0, 0)
c. (2, 1, 1)
d. (3, 2, 1)

27. 가시부피 바깥의 물체가 최종 이미지에 나타날 수 있는 예를 하나 들고 그 이유를 설명하라.

28. z-버퍼의 내용과 용도를 기술하라.

29. 은면 제거에 관한 논의에서 "전경/배경" 문제를 해결하기 위해 z-버퍼를 이용하는 절차를 기술한 바 있다. 5장에서 소개한 의사코드를 이용하여 이 절차를 표현하라.

30. 어떤 물체의 표면에 주황색과 청색을 번갈아 사용하여 수직 줄무늬를 만들었다고 하자. 이 물체를 어떤 장면 안에 위치시켜 물체 상에서 2 cm 간격의 점들을 픽셀 위치에 대응시킬 경우, 최종 이미지에서 물체가 가질 수 있는 모습에는 어떤 것들이 있겠는가?

31. 재질 매핑과 융기 매핑 모두 표면에 재질을 연계시키는 수단들이지만, 이 기법들 사이에는 상당한 차이가 있다. 이들을 비교하는 내용을 담은 짧은 문단을 작성하라.

32. 렌더링 파이프라인의 네 단계를 나열하고 각각을 짧게 정의하라.

33. 하드웨어나 펌웨어를 사용한 렌더링 파이프라인 구현의 이점들은 무엇인가?

34. 대화형 비디오 게임을 위해 설계된 컴퓨터의 하드웨어는 범용 PC의 하드웨어와 어떤 면에서 다른가?

35. 일반 렌더링 파이프라인의 중요한 제한점은 무엇인가?

36. 지역 조명 모델과 전역 조명 모델 사이의 차이는 무엇인가?

37. 일반 렌더링 파이프라인에 비해 광선 추적법이 갖는 장점은 무엇인가? 단점은 무엇인가?

38. 일반 광선 추적법에 비해 분산 광선 추적법이 갖는 장점은 무엇인가? 단점은 무엇인가?

39. 일반 렌더링 파이프라인에 비해 래디오시티법이 갖는 장점은 무엇인가? 단점은 무엇인가?

40. 일반 광선 추적법에 의해 만들어진 한 장면에 대한 이미지를 래디오시티법에 의해 만들어진 동일 장면에 대한 비슷한 이미지와 비교할 경우, 두 이미지들은 어떤 차이를 보이겠는가?

41. 영화관에서 상영할 90분용 애니메이션 영화를 만들기 위해 필요한 프레임 개수는?

42. 깜박이는 불꽃의 애니메이션을 만들기 위해 입자 시스템을 어떻게 사용할 수 있을지 설명하라.

43. 어떤 장면 속에서 움직이는 하나의 물체를 묘사하는 애니메이션 장면들을 만들 때 z-버퍼의 사용이 어떻게 도움이 될 수 있을지 설명하라.

44. 오늘날 애니메이션 작업자의 작업과 과거의 애니메이션 작업자의 작업 사이에는 어떤 차이점들이 있는가?

사회적 논제

다음 질문들은 컴퓨터 적용 분야에 관련된 윤리적/사회적/법률적 쟁점에 대한 지침을 마련하기 위한 것이다. 이 질문들의 목표는 단순히 대답을 이끌어내는 것에 있지 않다. 자신의 대답에 대한 이유를 생각해야 하며, 그와 같은 논거는 각 문항 사이에서 일관성을 유지해야 한다.

1. 컴퓨터 애니메이션이 발전되어 영화나 텔레비전에서 실제 배우가 필요 없는 수준에 이르렀다고 가정해보자. 어떤 결과가 파생하겠는가? 영화배우가 없어짐으로 인한 파급효과는 무엇일까?
2. 디지털 카메라가 발전되면서 일반 대중이 사진을 변경하거나 조작할 수 있게 되었다. 이것이 사회에 초래할 변화에는 어떤 것들이 있을까? 어떤 윤리적 문제와 법률적 문제가 발생할 것인가?
3. 사진에 대한 소유권은 어디까지인가? 누군가 자신의 사진을 웹사이트에 올렸는데, 다른 사람이 그 사진을 다운로드 받은 다음 사진 주인이 난처한 입장에 놓이도록 고쳐서 이용자가 많은 소셜미디어에 올렸다고 하자. 사진의 주인은 어떤 조치를 취할 수 있어야 하는가? 원본 사진의 주인공이 대중이 널리 신뢰하는 기관을 대표하는 경우라면 어떨까? 그 기관이나 대중은 진실에 도달하기 위해 어떤 조치를 취해야 하는가?
4. 폭력적인 컴퓨터 게임을 개발한 프로그래머는 게임으로 인해 발생한 결과에 대해 어느 정도까지 책임을 져야 하는가? 컴퓨터 게임에 대한 아이들의 접근은 제한되어야 하는가? 그렇다면, 누가 어떻게 제한해야 하는가? 전과자와 같은 사회의 다른 구성원들에 대해서는 어떠한가?

참고문헌

Angel, E. and D. Shreiner. *Interactive Computer Graphics*, A Top-Down Approach with WebGL, 7th ed. Boston, MA: Addison-Wesley, 2014.

Hill, Jr., F. L. and S. Kelley. *Computer Graphics Using OpenGL*, 3rd ed. Upper Saddle River, NJ: Prentice-Hall, 2007.

Hughes, J.F., A. Van Dam, M. McGuire, D.F. Sklar, J.D. Foley, S.K. Feiner, and K. Akeley. *Computer Graphics, Principles and Practice*, 3rd ed. Upper Saddle River, NJ: Addison-Wesley, 2014.

LaViola, Jr., J. J., E. Kruijff, R.P. McMahan, D.A. Bowman, and I. Poupyrev. *3D User Interfaces Theory and Practice*, 2nd ed. Boston, MA: Addison-Wesley, 2017.

McConnell, J. J. *Computer Graphics, Theory into Practice*. Sudbury, MA: Jones and Bartlett, 2006.

Parent, R. *Computer Animation, Algorithms and Techniques*, 3rd ed. San Francisco, CA: Morgan Kaufmann, 2012.

CHAPTER

11

인공지능

이 장에서는 인공지능이라고 알려져 있는 컴퓨터과학 분야를 탐색한다. 인공지능은 비교적 새로운 분야이지만, 전자게임대회 참가선수, 학습 및 추론 능력을 갖춘 것처럼 보이는 컴퓨터, 축구 경기에서 승리하기 위한 것과 같은 공통의 목표를 달성하기 위해 서로 협력하는 컴퓨터들 등과 같은 몇 가지 경이적인 결과물을 도출해왔다. 인공지능에 관한 한 오늘의 소설이 내일에는 현실로 다가올 것이다.

인공지능(Artificial Intelligence; AI)은 사람의 개입 없이 복잡한 작업을 수행할 수 있는 자율 컴퓨터의 구축을 목표로 하는 컴퓨터과학 분야이다. 이러한 목표는 컴퓨터가 인식 능력과 추론 능력을 갖출 것을 요구한다. 이러한 능력은 상식적 활동 영역에 속하는 것으로 사람에게는 자연스러운 일이지만 컴퓨터에게는 어려운 작업으로 밝혀져 있다. 이러한 점으로 인해 이 분야의 연구는 계속 난관을 겪고 있다. 이 장에서는 인공지능 분야의 방대한 연구영역에 속하는 몇 가지 주제에 대해 탐색할 것이다.

11.1 지능과 컴퓨터

인공지능 분야는 대단히 방대하며, 심리학, 신경학, 수학, 언어학, 전기공학, 기계공학 등의 다른 학문분야와 연결되어 있다. 생각을 정리하기 위해 먼저 에이전트 개념을 살펴본 다음, 에이전트가 보일 지능적인 행동 유형을 알아볼 것이다. 실제로 인공지능 분야 연구의 많은 부분은 에이전트 행동 유형에 따라 분류될 수 있다.

지능적 에이전트

에이전트(agent)란 주변 환경으로부터의 자극에 대해 반응하는 "장비(device)"를 말한다. 에이전트는 무인항공기, 컴퓨터 비디오 게임의 캐릭터, 인터넷상에서 다른 프로세스와 통신하는 (클라이언트, 서버, 또는 P2P 개체와 같은) 프로세스 등과 같은 형태를 취할 수도 있지만, 에이전트를 로봇과 같은 개별 장비로 생각하는 것도 자연스러운 일이다. 대부분의 에이전트는 주변 환경으로부터 데이터를 받아들이기 위한 센서(sensor)를 갖추고 있으며, 또한 주변 환경에 영향을 미치기 위해 이용할 수 있는 액추에이터(actuator)를 갖고 있다. 센서의 예에는 마이크, 카메라, 거리 센서, 대기 또는 토양 샘플링 장치 등이 포함된다. 액추에이터의 예에는 바퀴, 다리, 날개, 집게, 음성합성기 등이 포함된다.

인공지능 분야의 많은 연구는 지능적으로 행동하는 에이전트의 구축과 관련되어 있으며, 이것은 에이전트 액추에이터의 행위는 센서를 통해 수신된 데이터에 대한 합리적인 반응이어야 함을 의미한다. 이에 따라 이러한 연구를 액추에이터의 반응 수준에 따라 분류할 수 있다.

간단한 경우에는 이러한 반응들이 반사적인 행위일 수도 있는데, 이는 각 행위가 입력 데이터에 대해 미리 정해져 있는 반응임을 의미한다. 더욱 "지능적인" 행동을 얻기 위해서는 보다 높은 수준의 반응이 요구된다. 예를 들면, 에이전트가 주변 환경에 대한 지식을 갖게 하고 이에 따라 행동을 조절하도록 요구할 수도 있다. 야구공을 던지는 과정은 대개 반사적인 행위이지만, 언제 어디로 공을 던져야 할지 결정하기 위해서는 현재의 환경에 대한 지식이 필요하다. (예를 들면, 현재 한 명이 아웃되어 있고, 주자는 1루와 3루에 나가있다.) 이러한 실세계의 지식을 어떻게 저장, 갱신, 접근할 수 있는지, 그리고 궁극적으로 의사결정 과정에 적용할 수 있는지는 인공지능에서 계속 단순하지 않은 문제로 남아있다.

에이전트가 체스 경기에 이기는 것이나 복잡한 통행로에서 운전하는 것과 같은 목표를 달성하게 하려면 보다 높은 수준의 반응이 요구된다. 이러한 목표 지향적 행동은 에이전트의 반응들이 신중하게 형성된 행위 계획이나 현재의 여러 옵션 중 최선의 행위를 선택한 결과로 이루어지도록 요구한다.

어떤 경우에는 에이전트가 학습 능력을 갖추고 있어 그 반응은 시간이 지남에 따라 개선되기도 한다. 이는 ("어떻게" 반응할지를 배우는) **절차적 지식(procedural knowledge)**을 개발하는 형태를 취할 수도 있고 ("무엇을"에 해당하는 내용을 배우는) **서술형 지식(declarative knowledge)**을 저장하는 형태를 취할 수도 있다. 절차적 지식의 습득은 대개 시행착오 과정을 거치는데, 이때 잘못된 행위에 대해서는 벌을 받고 잘된 행위에 대해서는 상을 받는 방식에 의해 적절한 행위를 배워나간다. 이러한 방식에 따라 에이전트는 시간이 지남에 따라 체커나 체스 같은 경쟁 게임에서 능력을 향상시키도록 개발된다. 서술형 지식을 습득하는 것은 대개 에이전트의 지식 저장소에서 "사실들"을 확장하거나 수정하는 형태를 취한다. 예를 들면, 야구선수는 자신의 지식 데이터베이스(현재 한 명의 선수가 아웃 상태이며, 주자는 1루와 3루에 나가 있음)를 반복적으로 조정해야 하며, 이로부터 향후의 합리적 반응을 도출하게 된다.

자극에 대한 합리적 반응을 도출하기 위해, 에이전트는 센서를 통해 수신한 자극을 "이해해야" 한다. 즉, 에이전트는 센서에서 생성된 데이터로부터 정보를 추출할 수 있어야 하는데, 이를 달리 표현하면, 에이전트는 인식 기능을 갖추어야 한다는 것이다. 경우에 따라서는 이것이 단순한 과정일 수도 있다. 자이로스코프(gyroscope)에서 얻은 신호는 반응을 결정하기 위한 계산에서 이용할 수 있는 형태로 쉽게 인코딩될 수 있다. 그러나 경우에 따라서는 입력 데이터에서 정보를 추출하는 것이 어려울 수도 있다. 이러한 예로는 음성이나 영상의 이해를 들 수 있다. 또한 에이전트들은 자신이 갖고 있는 액추에이터에 맞는 형태로 반응을 표현할 수 있어야 한다. 이러한 표현 작업은 단순할 수도 있고, 완전한 육성 문장의 경우와 같이 에이전트가 음성 합성과 같은 복잡한 과정을 통해 반응을 표현해야 할 경우도 있다. 에이전트에서 사용할 인식이나 반응과 관련된 영상처리 및 분석, 자연어의 이해, 음성 합성 등과 같은 주제도 중요한 연구 영역들이다.

여기에서 언급하고 있는 에이전트의 속성 중에는 현재 활발히 연구되고 있는 분야도 있고 과거에 활발히 연구된 분야도 있다. 물론 이들이 서로 전혀 무관한 분야들은 아니다. 여기에서 언급된 모든 속성들을 갖추어서, 주변 환경으로부터 수신된 데이터들을 이해하고 에이전트의 능력을 극대화하기 위해 학습 과정을 통해 새로운 응답 패턴들을 만들어낼 수 있는 에이전트를 개발할 수 있다면 좋을 것이다. 그러나 연구자들은 다양한 유형의 합리적인 행동을 분리하고 이들을 독립적으로 발전시킴으로써, 다른 영역의 진보와

그림 11.1 | 정리된 상태의 8-퍼즐

결합되어 보다 지능적인 에이전트를 만들어내기 위한 토대를 마련해왔다.

이제 11.2절과 11.3절의 논의에서 사용할 배경을 제공하기 위한 에이전트 하나를 소개하는 것으로 지능적 에이전트에 관한 논의를 맺고자 한다. 가로 세로에 세 개씩 모두 9개의 타일을 놓을 수 있는 프레임 안에 1에서 8까지의 번호가 적혀있는 8개의 정사각형 타일이 놓여있는 8-퍼즐 문제가 주어져 있다고 하자(그림 11.1). 프레임 안에는 빈칸이 하나 있으며, 인접한 칸에 놓인 타일 중 하나를 빈칸으로 밀어 옮길 수 있다. 문제는 번호가 뒤섞여 있는 타일들을 번호순으로 정리된 상태로 만드는 것이며(그림 11.1), 이러한 8-퍼즐을 해결하기 위한 에이전트의 설계에 대해 생각해보자.

이 에이전트는 집게, 비디오카메라, 미끄러지지 않고 타일을 밀 수 있는 고무 손가락 등을 갖춘 박스 모양의 장비이다(그림 11.2). 이 에이전트의 전원을 켜면, 퍼즐을 달라는 듯이 집게를 폈다 다물었다 하기 시작한다. 번호가 뒤섞인 상태의 8-퍼즐을 집게에 얹어 주면, 집게는 퍼즐을 꽉 잡는다. 잠시 후 에이전트는 손가락을 내려 타일들을 프레임 안

그림 11.2 | 퍼즐 풀이 장비

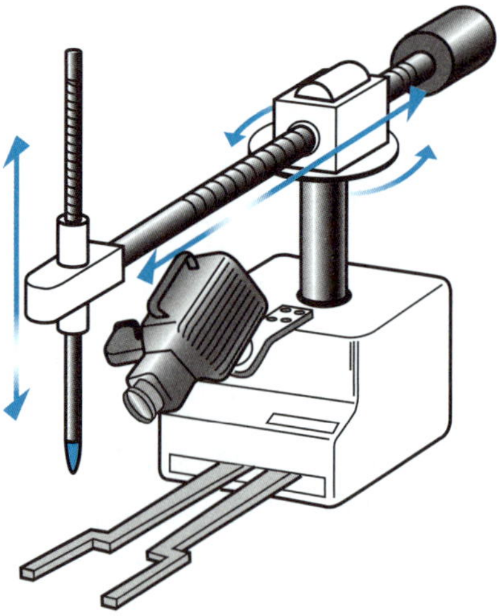

에서 밀어대기 시작하여 타일들이 번호순으로 정리될 때까지 이를 계속한다. 타일들의 정리가 끝나면, 에이전트는 퍼즐을 내려놓고 전원이 꺼진다.

이 퍼즐 풀이 장비는 앞에서 언급한 두 가지의 에이전트 속성을 보여준다. 첫째, 이 장비는 카메라에서 수신한 영상으로부터 현재 퍼즐 상태를 추출해야 한다는 점에서 인식 기능을 갖추어야 한다. 영상의 이해 문제에 대해서는 11.2절에서 다룰 것이다. 둘째, 이 장비는 목표 달성을 위한 계획을 세우고 집행해야 한다. 이 문제에 대해서는 11.3절에서 다룰 것이다.

연구방법론

인공지능 분야의 진가를 이해하기 위해서는 인공지능에 대한 두 가지 연구 방향이 있음을 이해할 필요가 있다. 한 가지 방향은 지능적 행동을 발현하는 시스템을 구축하고자 하는 공학 트랙이며, 또 다른 방향은 동물, 특히 인간의 지능에 대한 계산 요소를 이해하려고 노력하는 이론 트랙이다. 이러한 분류는 각 트랙을 추구하는 방식을 살펴봄으로써 더욱 명확해진다. 공학적 방식은 정해진 성능 목표를 충족하는 제품을 만들어내는 것을 목표로 삼는 성능 지향 방법론으로 이어진다. 이론적 방식은 지능에 대한 이해를 강화하고 외적 성능보다는 하부 프로세스를 강조하므로 모방 지향 방법론으로 이어진다.

자연어 처리와 언어학의 경우를 예로 생각해보자. 이 분야들은 서로 밀접하게 관련되어 있으며 상대편의 연구 결과를 이용할 수 있지만, 근원적인 목표는 서로 다르다. 언어학자들은 사람이 언어를 어떻게 처리하는지에 관심이 있으며, 따라서 이론적인 측면을 추구하는 성향이 있다. 자연어 처리 학자들은 자연어를 다룰 수 있는 기계의 개발에 관심을 가지며, 따라서 공학적인 방향에 치우친다. 따라서 언어학자들은 이론을 시험할 목적의 시스템을 구축하는 등 모방 지향 모드로 작업하는 반면, 자연어 처리 학자들은 작업을 수행하기 위한 시스템을 구축하는 등 성능 지향 모드로 작업하게 된다. (문서 번역기나 음성 명령 인식 시스템과 같은) 성능 지향 모드로 개발된 시스템들은 언어학자들에 의해 생산된 지식에 크게 의존하지만, 종종 개별 시스템의 제한된 환경을 이용하는 "지름길"을 적용하기도 한다.

음성 영어 명령을 통해 외부세계로부터 명령을 수신하는 운영체제 셸을 개발하는 작업을 생각해보자. 이 경우 이러한 셸이 에이전트의 역할을 수행할 텐데, 영어의 모든 것을 알아야 할 필요는 없다. 예를 들면, 셸은 *copy* 라는 단어의 여러 가지 의미를 구별할 필요도 없다. 이 단어가 명사인지 또는 동사인지, 또는 표절과 관련된 의미를 담고 있는지 등은 중요하지 않다. 대신 셸은 *copy* 라는 단어를 *rename*이나 *delete* 와 같은 다른 명령과 구분할 필요가 있다. 따라서 셸이 할 일은 미리 저장된 오디오 패턴들과 입력을 비교하는 것이다. 공학자의 입장에서는 이러한 시스템의 성능이 만족스러울 수 있겠지만, 이론가 입장에서는 이 시스템의 수행 방식이 취향에 맞지 않을 것이다.

튜링 테스트

예전에는 인공지능 분야에서 발전 정도를 측정하기 위해 1950년 튜링(Alan Turing)이 제안한 **튜링 테스트(Turing test)**를 벤치마크로 이용하였다. 오늘날 튜링 테스트는 인공지능 분야에서는 여전히 중요한 부분으로 남아있지만 일반적 중요성은 많이 퇴색되었다. 튜링의 제안은 조사관이라고 불리는 사람이 타이프라이터를 통해 시험 대상자와 통신하는 방법을 이용하는데, 이때 시험 대상자가 사람인지 기계인지를 조사관에게 알려주지 않는다. 이러한 환경에서 조사관이 기계와 사람을 구분할 수 없다면, 그 기계는 지능적으로 행동한다고 판정된다. 튜링은 2000년쯤이면 기계들의 30퍼센트 정도가 5분 단위 튜링 테스트를 통과할 것으로 예측하였으며, 이 예측은 신기할 정도로 정확하게 들어맞았다.

튜링 테스트가 더 이상 지능에 대한 의미 있는 측정 방법으로 간주되지 않는 이유 중 하나는 섬뜩할 정도의 외견상 지능을 비교적 쉽게 만들 수 있기 때문이다. 그 중 유명한 예는 1960년대 중반 와이젠바움(Joseph Weizenbaum)이 개발한 DOCTOR라는 프로그램인데, 이 프로그램은 보다 일반적인 ELIZA 시스템의 축소 버전이다. 대화식 프로그램인 DOCTOR는 심리 인터뷰를 진행하는 로제리안(Rogerian) 분석가의 역할을 수행하도록 설계되었으며, 따라서 사용자가 환자 역할을 맡고 컴퓨터가 분석가 역할을 맡게 된다. DOCTOR 프로그램 내부에서 이루어지는 일이란 환자가 입력한 문장을 잘 정의된 어떤 규칙들에 따라 재구성하여 다시 환자에게 보내주는 것에 지나지 않는다. 예를 들면, "나는 오늘 피곤해요."라는 문장에 대한 반응으로 DOCTOR는 "왜 오늘 피곤하다고 생각하세요?"라는 문장으로 응답할 수도 있다. 만일 DOCTOR가 문장 구조를 인식하지 못했을 경우라면, "계속해 보세요." 또는 "재미있는 말씀이군요." 등으로 응답할 수도 있다.

와이젠바움이 DOCTOR를 개발한 목적은 자연어 통신에 관한 연구를 수행하기 위한 것이었다. 심리학이라는 주제는 단지 프로그램이 "통신" 할 수 있는 환경을 제공하기 위한 것이다. 그러나 와이젠바움을 낙담시킨 것은 몇몇 심리학자들이 DOCTOR 프로그램을 실제 심리치료에 이용할 것을 제안하였다는 것이다. (로제리안 이론에 따르면 분석가

인공지능의 기원

사람의 행동을 모방하는 기계를 제작하려는 염원은 오랜 역사를 갖고 있지만, 현대 인공지능은 1950년에 시작되었다고 보는 것이 정설일 것이다. 이 해는 바로 튜링(Alan Turing)이 컴퓨터가 지능적 행동을 보이도록 프로그램할 수 있다는 것을 제안한 『컴퓨터와 지능(*Computing Machinery and Intelligence*)』이라는 글을 발표한 해이다. 인공지능이라는 학문분야 이름은 몇 년 후 매카시(John McCarthy)가 "학습이나 기타 지능적 특성의 모든 측면은 원칙적으로 컴퓨터가 모방하는 것이 가능할 정도로 정확히 기술될 수 있다는 가설"을 탐색하기 위한 "인공지능(*artificial intelligence*)에 대한 연구가 다트머스대학에서 1956년 여름 동안 수행되었다."고 제시한 전설적인 제안서에서 최초로 사용되었다.

가 아니라 환자가 치료 세션 동안 토론을 이끌어가야 하며, 따라서 실제 치료사와 마찬가지로 컴퓨터가 토론을 진행하는 것이 가능하다고 주장하는 심리학자들이 있었던 것이다.) 더욱이, DOCTOR 프로그램은 정말 이해하고 있는 듯 강한 이미지를 심어주기 때문에 DOCTOR 프로그램과 "통신하는" 사람들은 컴퓨터의 질의-응답 방식 대화에서 저자세로 임하게 된다. 어떤 의미에서 DOCTOR 프로그램은 튜링 테스트를 통과한 것으로 볼 수 있다. 그 결과로 윤리적 문제와 기술적 문제가 제기되었으며, 와이젠바움은 기술적 진보가 만연한 사회에서 인간의 존엄성을 옹호하는 대표적인 인물로 부상하게 되었다.

튜링 테스트를 통과한 보다 최근의 사례로는 컴퓨터 사용자로 하여금 악성코드 방어 도구의 가동을 멈추도록 속이기 위해 사용자와 "지능적" 대화를 수행하는 인터넷 바이러스를 들 수 있다. 그리고 튜링 테스트와 비슷한 현상이 체스 두기 프로그램과 같은 컴퓨터 게임에서도 발생한다. 비록 이러한 체스 프로그램들은 (11.3절에서 논의할 기법과 유사한) 주먹구구식의 기법을 적용하여 체스 말들을 움직이지만, 컴퓨터와 시합하는 사람들은 컴퓨터가 창의성이나 또는 성격까지 갖고 있다는 느낌을 받는 경우도 있다. 물리적 속성을 가지며 지능적 특성을 보이도록 제작된 장비들이 사용되는 로봇공학 분야에서도 비슷한 느낌을 받는 경우들이 있다. 소리에 대한 반응으로 머리를 흔들거나 귀를 쫑긋거리는 등의 동작으로 귀여운 짓을 하는 장난감 애완견이 이러한 예에 해당된다.

연습문제

1. 에이전트가 취할 수 있는 "지능적" 행위의 유형을 몇 가지 들어보라.
2. 전등이 한쪽에만 달려있는 어두운 방에 놓여있는 식물은 전등 방향으로 자라도록 되어 있다. 이것을 지능적인 반응으로 볼 수 있는가? 식물은 지능을 갖는다고 볼 수 있는가? 그렇다면, 지능을 어떻게 정의할 수 있는가?
3. 자동판매기는 어떤 버튼을 누르느냐에 따라 다양한 상품을 내놓도록 설계되어 있다. 자동판매기가 어떤 버튼이 눌려지는지 "인식한다고" 말할 수 있는가? 그렇다면, 인식을 어떻게 정의할 수 있는가?
4. 어떤 기계가 튜링 테스트를 통과했을 경우, 그 기계는 지능을 가지고 있다고 동의하겠는가? 동의하지 않는다면, 그 기계는 지능을 가진 것처럼 행동한다는 데는 동의하겠는가?
5. 당신이 문자 서비스나 대화형 소셜미디어를 사용하여 인터넷상에서 어떤 사람과 10분 동안 의미 있고 논리적인 대화를 수행하였다고 하자. 나중에 대화 상대방이 컴퓨터였다는 것을 알게 되었다면 그 컴퓨터는 지능을 가지고 있다고 판단하겠는가? 그 여부에 대한 이유는 무엇인가?

11.2 지각 능력

센서로부터의 입력에 지능적으로 반응하기 위해 에이전트는 입력을 이해할 수 있어야 한다. 즉, 에이전트는 지각 능력을 갖추어야 한다. 이 절에서는 영상의 이해와 언어의 이해라는 특히 어려운 두 가지 연구 영역에 대해 살펴보고자 한다.

영상의 이해

앞 절에서 소개된 퍼즐 풀이 장비에 의해 제기된 문제들을 생각해보자. 이 장비에서 집게를 펴고 다무는 것은 별 문제가 되지 않으며, 이 과정에서 집게 안에 퍼즐이 놓여있는 것을 탐지하는 것도 높은 정밀도를 요하는 것이 아니기 때문에 단순한 작업에 지나지 않는다. 카메라를 퍼즐 쪽으로 초점을 맞추는 문제도 집게가 퍼즐을 보기 쉽게 미리 정해진 특정 위치에 위치시키도록 설계함으로써 쉽게 처리할 수 있다. 따라서 이 장비가 요구하는 첫 번째의 지능적 행동은 시각 매체를 통한 정보의 추출 작업이다.

이 장비가 퍼즐을 살펴볼 때 직면하는 문제는 단순한 영상의 생성과 저장이 아니라는 것을 인식해야 한다. 단순한 영상의 생성과 저장을 위한 기술은 사진이나 텔레비전 시스템 등에서 이미 오랫동안 해오던 것이다. 여기에서의 문제는 영상을 이해하여 퍼즐의 현재 상태에 관한 정보를 추출하는 것이며, 이 정보는 나중에 타일의 이동을 검토할 때 이용한다. 퍼즐 풀이 장비의 경우 퍼즐 영상에 대한 가능한 해석 방법은 다소 제한되어 있다. 퍼즐 영상은 항상 1에서 8까지의 번호를 포함하는 일정한 형태의 타일 패턴이 나타날 것으로 가정할 수 있다. 문제는 이 숫자들의 배열을 추출하는 것이다. 이를 위해 퍼즐 그림이 컴퓨터 메모리에서 비트들로 인코딩되어 있고, 각 비트는 특정 픽셀의 밝기 수준을 표현한다고 생각할 수 있다. 이 장비는 퍼즐을 카메라 앞의 특정 위치에 잡고 있으므로 영상의 크기가 고정되어 있다고 가정할 수 있으며, 퍼즐에서 사용되는 개별 숫자들에 의해 생성되는 비트 패턴들로 구성되는 사전에 기록된 템플릿과 그림상의 구역들을 비교함으로써 어느 타일이 어느 위치에 있는지 이 장비가 탐지할 수 있다. 이러한 비교들을 통해 퍼즐의 상태를 알 수 있다.

이와 같은 영상인식 기법이 광학문자판독기에서 사용되는 방법 중 하나이다. 그러나 이 기법에서는 읽어 들이는 기호의 스타일, 크기, 방향 등이 고정되어 있어야 한다는 단점이 있다. 특히 글자의 모양이 같더라도 크기가 다르면 비트 패턴들을 매치시키기가 어렵다. 특히 손으로 쓴 글씨를 처리할 경우 어려움이 가중될 것에 대해서는 쉽게 상상할 수 있다.

문자인식 문제에 대한 또 다른 접근방식은 기호의 정확한 모습 대신 기하학적 특성에 기초하여 판단하는 것이다. 이 경우 숫자 1은 하나의 수직 선분으로 규정될 수 있으며, 2는 열린 곡선과 바닥에 위치한 수평 선분으로 규정될 수 있을 것이며, 다른 숫자들도 유사한 방식으로 규정될 수 있을 것이다. 이와 같은 기호 인식 방법은 두 단계로 이루어지는데, 첫 번째 단계에서는 처리된 영상으로부터 특징들을 추출하는 것이며, 두 번째 단계에서는 이 특징들을 이미 알려진 기호의 특징들과 비교하는 것이다. 템플릿 매칭 방식의 경우에서처럼 이러한 문자인식 기법도 문제가 없는 것은 아니다. 예를 들면, 문자 O와 C를 구별할 때나 8-퍼즐에서 숫자 3과 8을 구별할 때 등에서 영상에서의 사소한 오류가 전혀 다른 기하학적 특징들로 해석될 수 있다.

퍼즐 응용의 경우 일반적인 3차원 장면에서 영상을 이해할 필요가 없다는 점은 다행스러운 일이다. 예를 들어 인식해야 할 모양들, 즉, 1에서 8까지의 숫자들이 일반적인 상황에서 흔히 그러하듯이 서로 겹쳐있지 않고 분리되어 있다는 것만으로도 큰 이점이다. 예를 들어 일반 사진의 경우 각도에 따라 물체를 인식하는 것도 문제이지만, 물체의 일부분이 가려지는 문제도 있다.

일반적인 영상을 이해하는 작업은 대개 영상처리와 영상분석이라는 두 단계의 과정을 거치는 방식으로 이루어진다. (1) **영상처리(image processing)**는 영상의 특징을 식별하는 과정을 가리키며, (2) **영상분석(image analysis)**은 이러한 특징들이 무엇을 의미하는지를 이해하는 과정을 가리킨다. 이미 기하학적 특징에 의한 기호 인식과 관련하여 이러한 2분화된 과정의 적용을 관찰한 바 있다. 그 경우 영상에서 발견되는 기하학적 특징을 식별하는 과정이 영상처리에 해당되며, 이러한 특징의 의미를 식별하는 과정이 영상분석에 해당한다.

영상처리와 관련된 다양한 주제들이 있다. 이 중 하나는 윤곽선 강화(edge enhancement)인데, 이것은 영상 안의 구역들의 경계선을 명확히 하기 위해 수학적 기법을 적용하는 과정이다. 어떤 의미에서 윤곽선 강화는 사진을 선화(line drawing)로 변환하려는 시도로 볼 수 있다. 영상처리에서 나타나는 또 다른 활동으로 구역 식별(region finding)이 있는데, 이것은 영상 안에서 밝기, 색상, 질감 등에서 동일한 영역들을 식별하는 과정이다. 이러한 구역은 동일한 물체에 속하는 영상 구역을 표현하고 있을 가능성이 높다. 컴퓨터를 사용하여 예전의 흑백 영화를 컬러 영화로 변환할 때 이렇게 구역을 인식하는 기능을 이용한다. 영상처리 범위에 속하는 또 다른 활동에 평활처리(smoothing)가 있는데, 이것은 영상 안의 잡티를 제거하는 과정이다. 평활처리는 영상 안의 오류로 인해 다른 영상처리 단계에서의 혼동이 발생하는 것을 방지하지만, 지나친 평활처리는 중요한 정보를 잃게 만들 수도 있다.

평활처리, 윤곽선 강화, 구역 식별 등은 모두 영상 안의 다양한 구성요소들을 식별하기 위해 진행되는 단계들이다. 영상분석은 이러한 구성요소들이 무엇을 나타내는지 그리고 궁극적으로 그 영상이 무엇을 의미하는지를 결정하는 과정이다. 이 과정에서 여러 각도에서 보았을 때 부분적으로 가려져 있는 물체를 인식하는 문제에 직면하게 된다. 영상분석에 대한 접근방식 중 하나는 영상이 무엇을 나타내는지에 대한 가정을 갖고 시작하여 영상 안의 구성요소들을 추정된 물체들과 연계시키려고 노력하는 것이다. 이것이 주로 사람

진성 AI와 유사 AI

지능적 행동을 보이도록 컴퓨터를 프로그램할 수 있다는 가설은 **유사 AI**(weak AI)로 알려져 있으며, 오늘날 정도의 차이는 있지만 널리 인정되고 있다. 그러나 지능과 의식을 가질 수 있도록 컴퓨터를 프로그램할 수 있다는 가설은 **진성 AI**(strong AI)로 알려져 있으며, 이에 대해서는 의론이 분분하다. 진성 AI에 대한 반대론자들은 컴퓨터는 본질적으로 사람과 다르며 따라서 사랑의 감정을 느끼거나, 옳고 그름을 판단하거나, 사람처럼 자신에 대해 생각하는 등의 일을 할 수는 없다고 주장한다. 그러나 진성 AI의 옹호론자들은 사람의 마음이라는 것도 작은 구성요소들로 이루어져 있으며, 이 구성요소들도 개별적으로는 인간적이거나 의식을 갖는 것이 아니라 결합을 통해 그와 같은 특성을 갖는 것이며, 컴퓨터의 경우에도 이러한 현상이 불가능할 이유는 없다고 주장한다.

진성 AI에 관한 토론을 해결하기 어려운 것은 지능이나 의식과 같은 속성이 직접적으로 식별될 수 없는 내적 특성이라는 점이다. 튜링이 지적하였듯이 우리가 어떤 사람이 지능을 갖는다고 생각하는 것은 그 사람의 내부 정신 상태를 관찰할 수는 없지만 지능적으로 행동한다고 판단하기 때문이다. 그렇다면, 컴퓨터가 의식의 외적 특성을 보일 경우, 우리는 동일한 시각으로 대할 준비가 되어 있는가? 이 질문에 대한 대답이 긍정적인지 여부와 그에 대한 논거는 무엇인가?

들이 사용하는 방식이다. 예를 들어 희미하게 보이는 상황에서 예상치 않은 물체를 인식하기 어려울 때가 있지만, 그 물체가 무엇일지에 대한 실마리가 주어지면 이를 확인하는 것은 쉬운 일이다.

일반적인 영상분석과 관련된 문제는 복잡하지만, 영상분석 분야의 큰 진전은 로봇 청소기에서 미국 우편물의 95% 이상에 대한 자동 분류에 이르기까지 다양한 기술 발전에 기여하고 있다. 그러나 이 분야에서 앞으로 연구해야 할 일도 많다. 실제로 영상분석은 사람은 신속하면서도 쉽게 처리하는 작업이 컴퓨터에게는 어려울 수도 있음을 보여주는 예 중의 하나이다.

언어 처리

지각에 관련된 또 다른 어려운 문제는 언어의 이해이다. 정형적인 고급 프로그래밍 언어를 기계어로 번역하는 작업(6.4절)의 성공으로 인해 초창기 학자들은 컴퓨터가 자연어를 이해할 수 있도록 프로그램할 수 있는 날도 머지않았다고 믿었다. 실제로 프로그램을 번역할 수 있다는 사실이 컴퓨터가 실제로 번역 대상 언어를 이해한다는 환상을 심어준다. (6.1절에서 하퍼가 컴퓨터에게 독일어를 가르치는 것으로 생각한 관리자들에 관한 이야기를 상기하기 바란다.)

이 학자들이 간과한 것은 정형적인 프로그래밍 언어의 깊이는 영어, 독일어, 라틴어 등의 자연어들과는 질적으로 다르다는 점이다. 프로그래밍 언어들은 잘 설계된 프리미티브들에 기초하고 있으며, 각 문장은 유일한 문법적 구조를 가지며 하나의 의미만 갖는다. 반면에 자연어 문장은 문맥이나 의사전달 방식에 따라 여러 가지 의미를 가질 수 있다. 따라서 사람들의 경우에도 자연어를 이해하기 위해 추가적인 지식에 의존하는 정도가 크다.

예를 들어

Norman Rockwell painted people.

이라는 문장이나

Cinderella had a ball.

이라는 문장은 구문분석이나 각 단어별 해석을 통해서는 구분할 수 없는 복수의 의미를 갖는다. 이러한 문장들을 이해하기 위해서는 이 표현이 나타나는 문맥을 이해할 수 있어야 한다. 그리고 경우에 따라서는 어떤 문장의 진정한 의미는 자구적인 해석과 일치하지 않는 경우도 있다. 예를 들어

Do you know what time it is?

라는 문장은 대개 "Please tell me what time it is."와 동일한 의미로 사용되지만, 이 말을 한 사람이 오랫동안 기다린 경우라면 "You are very late."를 의미할 수도 있다.

따라서 자연어 문장의 의미를 밝혀내기 위해서는 몇 단계의 분석을 필요로 한다. 이러한 분석 단계 중 첫 번째가 **구문 분석(syntactic analysis)**인데, 그 주요 작업은 문장의 요소들의 역할을 규정하는 것이다. 즉,

Mary gave John a birthday card.

라는 문장에서 주어가 *Mary*라든지,

John got a birthday card from Mary.

라는 문장에서 주어가 *John*임을 인식하는 것이 바로 이 단계이다.

다음 단계의 분석은 **의미 분석(semantic analysis)**이라고 불린다. 각 단어의 문법적 역할을 식별하는 구문 분석 과정과 달리, 의미 분석은 각 단어가 문장 안에서 어떤 의미를 나타내는지 식별하는 작업을 담당한다. 의미 분석은 기술된 행위, 행위의 주체(문장의 주어일 수도 있고 아닐 수도 있음), 행위의 대상 등의 요소를 식별하는 것을 목표로 한다. "Mary gave John a birthday card"라는 문장과 "John got a birthday card from Mary"라는 문장이 동일한 내용을 나타낸다는 것을 인식하는 것은 의미 분석을 통해서이다.

세 번째 단계의 분석은 **문맥 분석(contextual analysis)**이라고 불린다. 문장을 이해하는 과정에 문맥을 도입하는 것이 바로 이 단계이다. 예를 들면, 다음 문장에서 각 단어의 문법적 역할을 식별하는 것은 쉬운 일이다.

The bat fell to the ground.

관련된 행위는 *falling*이며, 그 주체는 *bat*라는 것 등을 식별하는 의미 분석도 수행할 만하다. 그러나 이 문장의 의미가 명확해지려면 이 문장을 포함하는 문맥을 고려해야 한다. 예를 들면, 이 문장이 야구 경기의 맥락에서 나타날 때에는 동굴 탐험의 맥락에서 나타날 때와는 다른 의미를 갖는다. 또한 "Do you know what time it is?"라는 질문의 참된 의미도 문맥에 따라 정해질 것이다.

구문, 의미, 문맥 등에 대한 다양한 수준의 분석이 반드시 독립적인 것은 아니다.

Stampeding cattle can be dangerous.

라는 문장의 주어는 스스로 질주하는 소 떼의 경우라면 주어가 (형용사인 *stampeding*으로 수식되는) 명사 *cattle*일 것이다. 그러나 재미로 소 떼를 질주시키는 말썽쟁이에 대한 이야기에서는 주어가 동명사인 *stampeding*일 것이다(이 경우 *cattle*은 목적어가 됨). 따라서 이 문장은 둘 이상의 문법적 구조를 가지며, 어느 것이 맞는지는 문맥에 따라 달라진다.

자연어 처리에서의 또 다른 연구 영역은 개별 문장 대신 전체 문서를 대상으로 하며, 관심의 대상이 되는 문제는 **정보검색(information retrieval)**과 **정보추출(information extraction)**의 두 가지 범주로 나누어진다. 정보검색은 주어진 주제에 관련된 문서들을 식별하는 작업을 가리킨다. 월드와이드웹 사용자들이 특정 주제에 관련된 사이트들을 찾고자 할 때 직면하는 문제가 이의 한 예이다. 현재의 기술은 키워드를 사용하여 사이트들을 검색하는 것인데, 이 경우 별 관계가 없는 사이트들을 무수히 보고하면서 정작 중요한 사이트들은 빠뜨릴 수 있다. 예를 들면, "car"를 키워드로 사용했을 때 "automobile"에 관한 사이트들은 빠뜨리게 될 것이다. 이 경우 정말 필요한 것은 사이트들의 내용을 이해하는 검색 메커니즘일 것이다. 이러한 이해력을 갖춘다는 것은 어려운 일이며, 이로 인해 많은 사람들은 시맨틱 웹(semantic Web)을 구성하기 위해 4.3절에서 소개된 XML 기술을 이용하고 있다.

정보추출은 다른 응용에서 유용하게 사용할 수 있는 형태를 갖도록 문서에서 정보를 추출하는 작업을 가리킨다. 이것은 특정 질문에 대한 대답을 정리한 것일 수도 있고, 나

손바닥 안의 인공지능

스마트폰 응용 프로그램에서 인공지능 기법을 사용하는 사례들이 증가하고 있다. 예를 들면, 구글은 시각적 검색 엔진을 제공하는 스마트폰 응용 프로그램인 구글 고글(Goggles)을 개발하였다. 스마트폰의 카메라를 사용하여 책, 안내판, 표지판 등의 사진을 찍으면 고글은 이미지 처리, 이미지 분석, 텍스트 인식 등을 수행한 후 해당 물체를 식별하기 위해 웹 검색을 개시한다. 구글 번역은 한 언어로 말한 음성 문장을 녹음하고, 다른 언어로 번역하며, 다양한 언어로 번역 내용을 말해줄 수 있다. AI가 계속해서 혁신적인 방식으로 활용됨에 따라 스마트폰은 더욱 똑똑해질 것이다.

중에 질문에 대한 대답을 구할 때 이용할 수 있도록 정보를 기록한 것일 수도 있다. 이러한 형태 중 하나가 프레임인데, 이는 기본적으로 특정 사항들을 기록하는 일종의 템플릿이다. 예를 들어 신문 독해 시스템을 생각해보자. 이 시스템은 신문에 나타날 수 있는 각 기사 유형마다 한 개씩의 다양한 프레임을 이용할 수 있다. 이 시스템에서 어떤 기사가 가택절도사건에 관한 보도라고 파악하게 되면, 가택절도 프레임에서 빈칸들을 채워나가는 방식으로 진행하게 될 것이다. 이 프레임은 아마 절도사건이 발생한 곳의 주소, 범행 일시, 도난품목 등등의 항목들을 요청할 것이다. 만일 이 시스템에서 어떤 기사가 자연재해에 관한 보도라고 파악하게 되면, 가택절도의 경우와는 달리 자연재해 프레임을 채우게 될 것이며, 시스템은 재해의 유형, 피해 금액 등등의 정보를 파악하려 할 것이다.

정보추출자가 정보의 기록에 이용하는 또 다른 형태는 **시맨틱 넷(semantic net)**인데, 이것은 기본적으로 데이터 항목들 사이의 연관 관계를 가리키기 위해 포인터를 사용하는 대규모의 연결 데이터 구조이다. 그림 11.3에서 아래 문장에서 얻은 정보를 강조해서 표시하고 있는 시맨틱 넷을 보이고 있다.

Mary hit John.

그림 11.3 | 시맨틱 넷

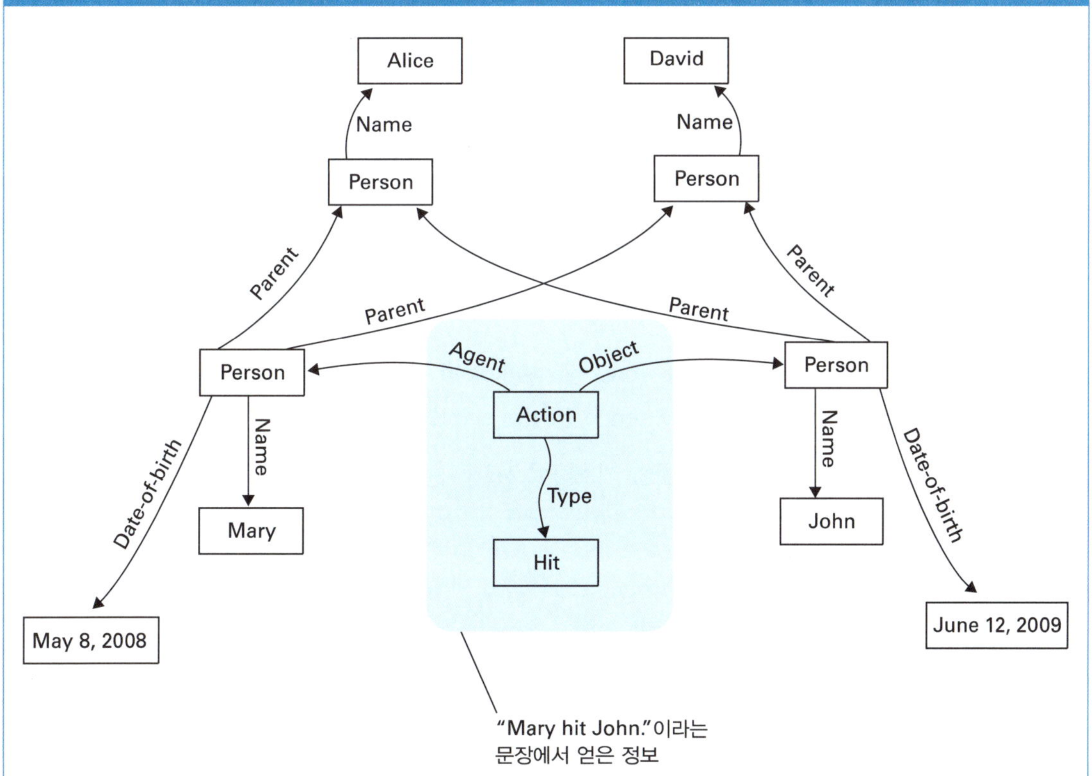

연습문제

1. 로봇상의 비디오 시스템이 얻은 영상을 원격으로 제어하는 사람에게 중계할 경우와 자체 활동 제어용으로 사용할 경우 비디오시스템에 대한 요구사항은 어떻게 달라지는가?
2. 아래의 그림이 엉터리라는 것을 어떻게 알 수 있는가? 이와 같은 판단력을 어떻게 컴퓨터에 프로그램할 수 있겠는가?

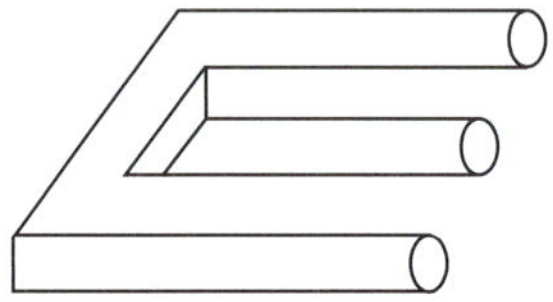

3. 아래 그림에 몇 개의 블록이 들어 있는가? 이러한 질문에 정확히 대답할 수 있도록 어떻게 컴퓨터를 프로그램할 수 있겠는가?

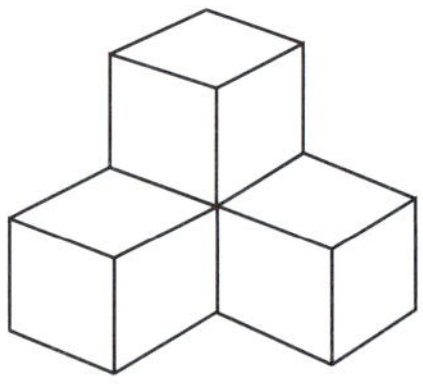

4. "Nothing is better than complete happiness"라는 문장과 "A bowl of cold soup is better than nothing"라는 문장을 결합할 때 "A bowl of cold soup is better than complete happiness"라는 문장을 의미하지 않는다는 것을 어떻게 알 수 있는가? 이러한 구별 능력을 어떻게 컴퓨터에 전달할 수 있겠는가?
5. "They are racing horses"라는 문장의 모호성을 설명하라.
6. 아래 두 문장을 구문 분석한 결과를 비교하라. 그리고 이 문장들의 의미가 어떻게 다른지 설명하라.
   The farmer built the fence in the field.
   The farmer built the fence in the winter.
7. 그림 11.3의 시맨틱 넷에 기초하여 Mary와 John 사이의 친족 관계를 구하라.

11.3 추론

이제 기초적인 추론 능력을 갖춘 에이전트를 개발하기 위한 기법을 탐색하기 위해, 11.1절에서 소개된 퍼즐 풀이 장비 예제를 사용할 것이다.

프로덕션 시스템

퍼즐 풀이 장비가 영상에서 타일들의 위치를 해독한 다음의 작업은 퍼즐을 풀기 위해 타일들을 어떻게 이동시킬지를 생각해내는 것이다. 이 문제에 대해 생각할 수 있는 접근 방식 중 하나는 가능한 모든 타일 배열들에 대한 답들을 미리 장비 안에 프로그램해 두는 것이다. 이 경우 장비가 할 일은 적절한 프로그램을 선택하여 실행시키기만 하면 된다. 그러나 8-퍼즐에서는 수십만 개의 타일 배열이 있으며, 따라서 각각에 대해 답을 명기하는 방안은 좋은 생각이 아니다. 따라서 우리의 목표는 이 장비가 스스로 8-퍼즐의 답을 구성할 수 있도록 프로그램을 만드는 것이다. 즉, 이 장비를 위한 프로그램은 기초적인 추론 활동을 수행할 수 있어야 한다.

컴퓨터에서 추론 능력을 발전시키는 것은 오래된 연구 주제의 하나이다. 이러한 연구의 성과 중 하나는 공통의 특성을 갖는 큰 추론 문제 집합이 존재한다는 것을 인식하게 된 것이다. 이러한 공통적 특성은 **프로덕션 시스템(production system)**이라고 알려진 추상적 존재로 추출되었으며, 프로덕션 시스템은 다음과 같은 세 개의 주요 요소로 이루어진다.

1. *상태 집합.* 각 **상태(state)**는 응용 환경에서 발생할 수 있는 상황을 나타낸다. 시작할 때의 상태를 **초기 상태**라고 부르며, 도달하고자 하는 상태 또는 상태들을 **목표 상태**라고 부른다. (8-퍼즐 예제의 경우 상태는 8-퍼즐의 타일 배열 상황에 해당하며, 초기 상태는 장비에 전해질 때의 퍼즐의 상황에 해당하며, 목표 상태는 그림 11.1에서 보이고 있는 정리된 퍼즐 상황을 나타낸다.)
2. *프로덕션 집합(또는 규칙이나 이동의 집합).* **프로덕션(production)**은 한 상태에서 다른 상태로 이동하기 위해 응용 환경에서 수행될 수 있는 동작을 말한다. 각 프로덕션에는 전제조건이 연계되어 있을 수 있다. 즉, 어떤 프로덕션이 적용되기 위해서는 해당 환경에서 어떤 조건이 충족되어야 한다. (8-퍼즐 예제의 경우 프로덕션은 타일의 이동에 해당한다. 각 타일을 이동하기 위한 전제조건은 해당 타일 옆에 빈칸이 있어야 한다는 것이다.)
3. *제어 시스템.* **제어 시스템(control system)**은 초기 상태에서 목표 상태로 이동하는 문제를 해결하는 논리로 구성된다. 이 과정의 각 단계에서 제어 시스템은 전제조건이 충족되어 있는 프로덕션 중 어느 프로덕션을 다음에 적용할지 결정해야 한다. (8-퍼즐 예제의 특정 상태에서 빈칸 옆에 해당하는 타일이 여러 개 있으며 따라서 적용할 수 있는 프로덕션도 여러 개가 된다. 제어 시스템은 어느 타일을 이동시킬지 결정해야 한다.)

퍼즐 풀이 장비에 배정된 작업은 프로덕션 시스템으로 정형화할 수 있다. 이 환경에서 제어 시스템은 프로그램의 형태를 갖는다. 이 프로그램은 8-퍼즐의 현재 상태를 검사하고, 목표 상태에 이르기 위한 일련의 프로덕션을 찾아서 적용한다. 따라서 8-퍼즐을 풀기 위한 제어 시스템을 설계하는 것이 우리가 할 일이다.

제어 시스템의 개발에서 나타나는 중요한 개념은 **문제 공간(problem space)**이라는 것인데, 이것은 프로덕션 시스템 안의 모든 상태, 프로덕션들, 전제조건들의 집합이다. 문제 공간은 종종 **상태 그래프(state graph)**라는 형태로 개념화된다. 여기에서 그래프라는 용어는 수학에서 **방향성 그래프(directed graph)**라고 부르는 구조를 가리키는데, 이것은 화살표로 연결된 **노드(node)**들의 집합을 의미한다. 상태 그래프는 시스템상의 상태를 나타내는 노드들과 시스템을 한 상태에서 다른 상태로 전환시키는 프로덕션을 나타내는 화살표들로 구성된다. 상태 그래프에서 두 노드를 연결하는 화살표가 존재한다는 것은 시스템을 화살표의 시작 위치에 해당하는 상태에서 화살표의 목적지 위치에 해당하는 상태로 전환시키는 프로덕션이 존재한다는 의미이다.

8-퍼즐의 경우 가능한 모든 답을 미리 명시적 프로그램으로 제공하는 것은 가능한 상태의 수가 너무 많아 비현실적인 것과 마찬가지로, 전체 상태 그래프를 명시적으로 표현하는 것도 그 규모상 적절하지 않다는 점을 강조해둔다. 따라서 상태 그래프는 당면 문제의 개념화 방법이지만, 전체를 그리기에는 부적절한 도구이다. 그렇지만 그림 11.4에 표시되어 있는 8-퍼즐을 위한 상태 그래프의 일부를 가지고 생각해보거나 이를 확장하는 것이 도움이 될 수 있다.

상태 그래프의 관점에서 보면, 제어 시스템에 주어진 문제는 초기 상태에서 목표 상태

그림 11.4 8-퍼즐 문제를 위한 상태 그래프의 일부

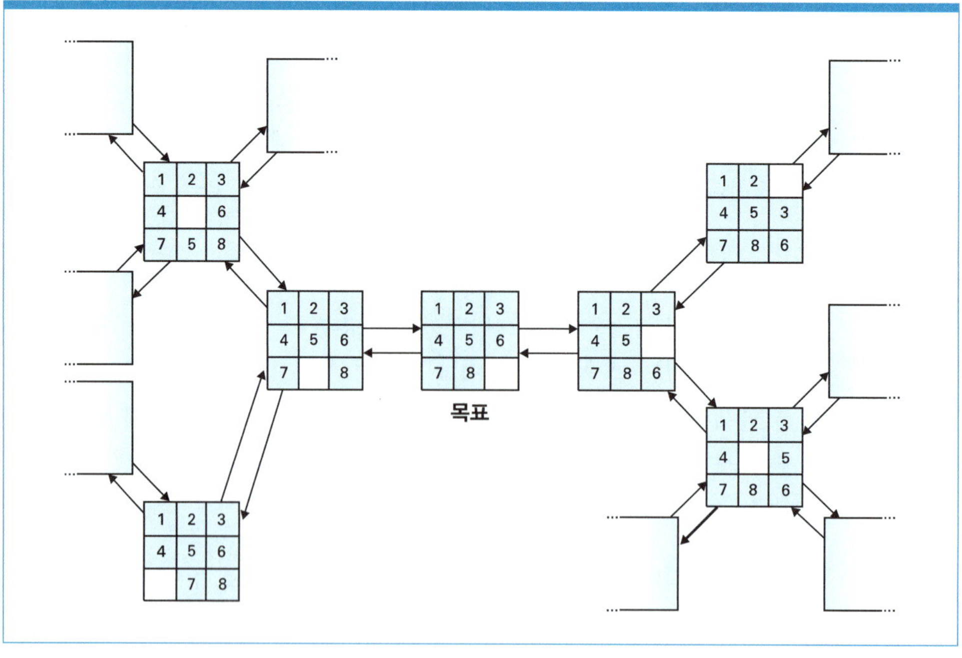

에 이르는 화살표 순서를 찾는 일이다. 이러한 화살표 순서는 원래 문제를 푸는 프로덕션 순서를 나타낸다. 따라서 응용문제와 상관없이 제어 시스템이 할 일은 상태 그래프에서 경로를 찾는 문제로 간주될 수 있다. 제어 시스템에 대한 이러한 일반적 관점은 추론을 요하는 문제를 프로덕션 시스템에 맞게 분석함으로써 얻게 되는 성과이다. 즉, 프로덕션 시스템을 사용하여 문제를 규정지을 수 있다면, 그 해결은 경로 탐색 문제로 정형화할 수 있다.

이러한 점을 강조하기 위해, 작업들을 어떻게 프로덕션 시스템으로 표현하고 상태 그래프에서의 경로 탐색을 수행하는 제어 시스템의 맥락에서 작업들이 수행될 수 있는지 살펴보기로 하자. 인공지능에서 사용되는 고전적인 예제의 하나는 체스와 같은 게임이다. 이러한 게임들은 잘 정의된 상황과 어느 정도의 복잡성을 갖추고 있으며, 따라서 이론들을 적용해보기 위한 이상적인 환경을 제공한다. 체스에서 기반 프로덕션 시스템의 상태들은 가능한 체스 판의 배치들에 해당하며, 프로덕션은 말들의 이동에 해당하고, 제어 시스템은 (사람이든 컴퓨터이든) 선수에 해당한다. 상태 그래프의 초기 상태는 체스를 시작할 때 말들의 배치를 나타낸다. 이 노드에서 시작되는 화살표들은 체스 경기에서 첫 번째 이동 후 도달할 수 있는 체스 판 배치들에 해당하는 노드들로 향한다. 이러한 노드들에서 갈라지는 화살표들은 두 번째 이동에 의해 도달할 수 있는 배치들을 나타내며, 이러한 방식으로 상태 그래프를 계속 확장할 수 있다. 이러한 정형화를 통해 체스 게임은 큰 상태 그래프에서 각자 자신이 정한 목표 노드에 이르기 위한 경로를 찾기 위해 노력하는 두 명의 선수로 이루어지는 것으로 생각할 수 있다.

프로덕션 시스템이 드러나지 않게 이용되는 예는 주어진 사실들에서 논리적 결론을 도출하는 문제에서 볼 수 있다. 이러한 상황에서 사용되는 프로덕션은 **추론 규칙(inference rule)**이라고 불리는 논리 규칙이며, 기존의 명제들에서 새로운 명제들을 구성하는 데 사용된다. 예를 들면, "모든 슈퍼히어로는 고결하다"와 "슈퍼맨은 슈퍼히어로이다"를 결합하여 "슈퍼맨은 고결하다"라는 명제를 만들 수 있다. 이러한 시스템에서 상태들은 연역 과정의 특정 지점에서 참인 명제들의 집합으로 구성된다. 초기 상태는 (흔히 공리라고 불리는) 기본 명제들의 집합을 나타낸다. 이러한 명제들에서 결론들을 도출할 수 있으며, 목표 상태는 제안된 결론을 포함하는 명제들의 임의의 집합을 나타낸다.

그림 11.5의 예제는 "소크라테스는 사람이다", "모든 사람은 인간이다", "모든 인간은 죽는다" 등의 명제 집합에서 "소크라테스는 죽는다"라는 결론을 도출하기 위해 조사해야 할 상태 그래프 부분을 보여주고 있다. 이 예제에서 추론 과정이 추가적인 명제를 생성하기 위해 적절한 프로덕션을 적용하면서 지식의 집합체가 한 상태에서 다른 상태로 전환하는 것을 볼 수 있다.

오늘날 흔히 논리 프로그래밍 언어에서 구현되어 있는 이러한 추론 시스템(6.7절)은 대부분의 **전문가 시스템(expert system)**의 중심축인데, 전문가 시스템이란 동일한 시스템을 대하는 인간 전문가가 따르는 원인-결과 추론을 모방하도록 설계된 소프트웨어 패키지

그림 11.5 | 프로덕션 시스템을 이용한 연역적 추론

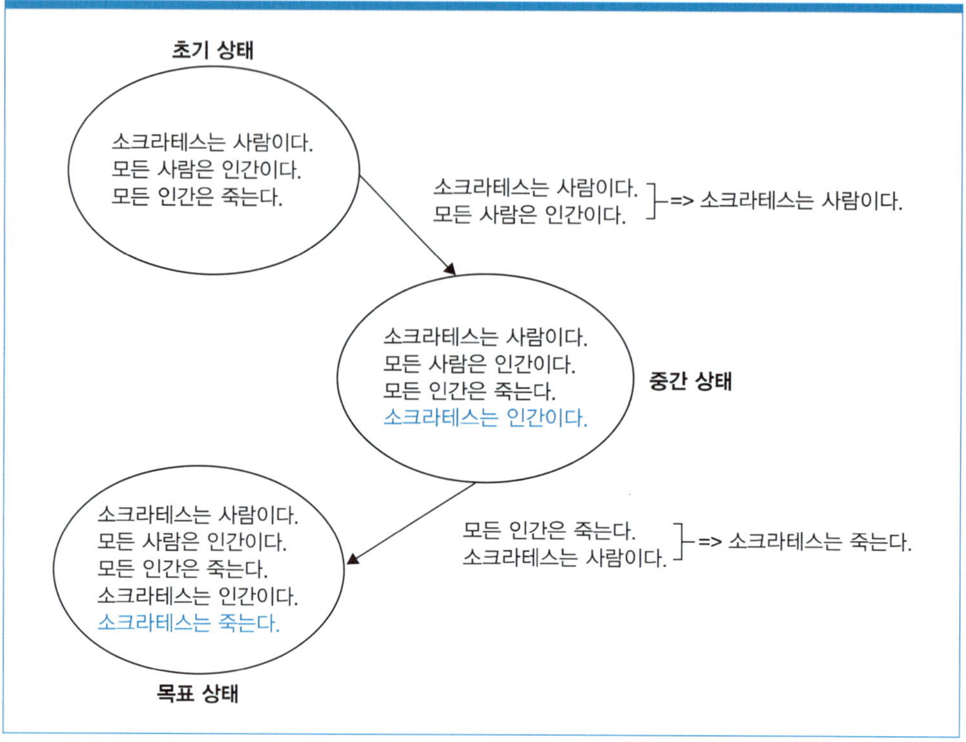

이다. 의료 전문가 시스템의 경우 질병의 진단이나 치료 방법의 개발을 보조하는 데 사용된다.

탐색 트리

프로덕션 시스템에서 제어 시스템이 하는 일은 상태 그래프상의 초기 노드에서 목표 노드로 이르는 경로를 탐색하는 작업을 포함한다. 이러한 탐색을 수행하는 간단한 방법은 초기 상태에서 출발하는 각 화살표를 따라 도달하는 각 목적지 상태를 기록하고, 이 새로운 상태에서 출발하는 화살표들에 따른 결과를 다시 기록하는 등의 일을 반복하는 것이다. 마치 물에 떨어뜨린 한 방울의 염료가 퍼져나가듯이 초기 상태에서 목표 상태로의 탐색이 펼쳐져 나갈 것이다. 이러한 과정은 새로 도달하는 상태 중 하나가 답에 해당하는 목표 상태가 될 때까지 계속되며, 제어 시스템은 초기 상태에서 목표 상태에 이르는 발견된 경로를 따라 나타나는 프로덕션들을 적용하기만 하면 된다.

이러한 전략을 적용한 결과는 **탐색 트리(search tree)**라고 불리는 트리를 구축하는 것이며, 이 트리는 상태 그래프 중에서 실제로 제어 시스템이 조사하는 부분에 해당된다. 탐색 트리의 루트 노드는 초기 상태에 해당되며, 각 노드의 자식들은 부모 노드에 프로덕

그림 11.6 | 풀어야 할 8-퍼즐 예제

1	3	5
4	2	
7	8	6

션 하나를 적용하여 도달할 수 있는 상태들에 해당한다. 탐색 트리에서 노드들 사이의 연결선은 한 개의 프로덕션을 적용하는 것을 나타내며, 루트 노드에서 단말 노드에 이르는 각 경로는 상태 그래프에서 해당 상태 사이의 경로를 나타낸다.

그림 11.6의 배열 상태에서 시작하여 8-퍼즐을 푸는 과정에서 만들어질 탐색 트리를 그림 11.7에서 나타내고 있다. 이 트리에서 가장 왼쪽의 가지는 6번 타일을 위로 이동시켜 문제를 풀기 위한 시도를 표현하고 있으며, 중앙의 가지는 2번 타일을 오른쪽으로 이동시키는 접근 방식을 표현하고 있고, 가장 오른쪽 가지는 5번 타일을 아래로 이동시키는 접근 방식을 표현하고 있다. 그리고 이 탐색 트리에서 6번 타일을 위로 이동시키는 것으

그림 11.7 | 탐색 트리 예제

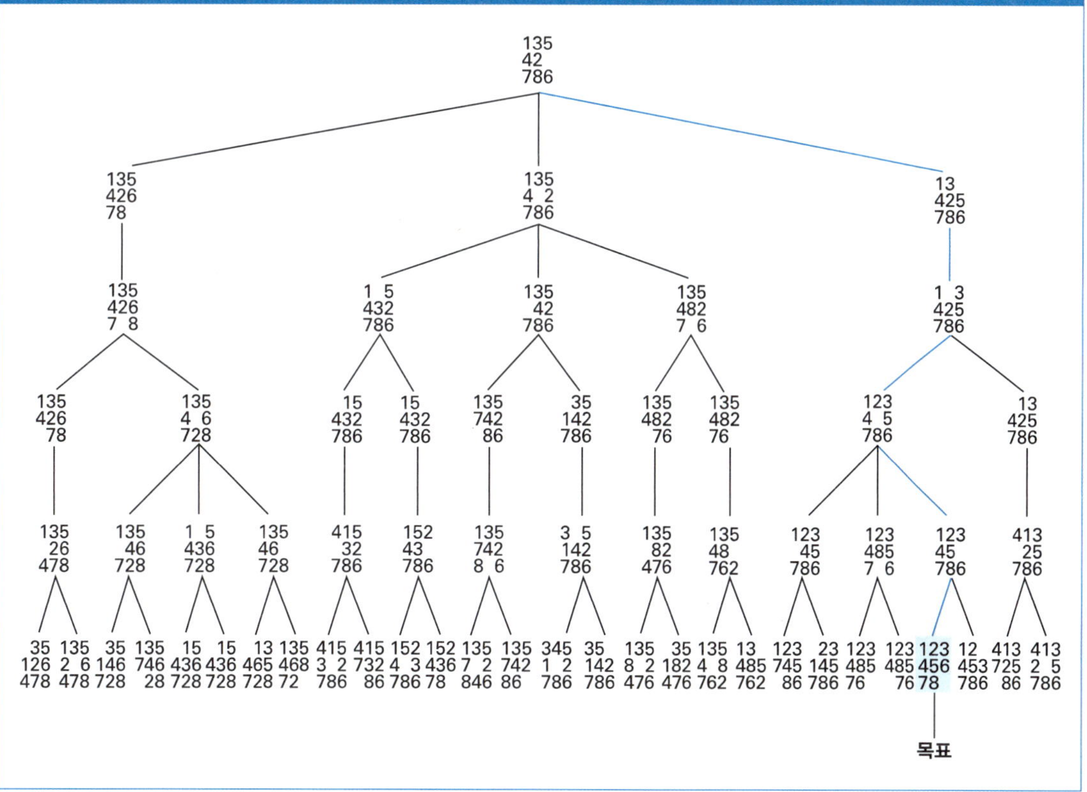

그림 11.8 | 나중의 실행을 위해 스택에 삽입된 프로덕션들

스택 상단 ——	5번 타일을 아래로 이동한다.
	3번 타일을 오른쪽으로 이동한다.
	2번 타일을 위로 이동한다.
	5번 타일을 왼쪽으로 이동한다.
	6번 타일을 위로 이동한다.

로 시작할 경우, 그 다음에 적용할 수 있는 유일한 프로덕션은 8번 타일을 오른쪽으로 옮기는 것임을 보여주고 있다. (실제로는 6번 타일을 아래로 이동시킬 수도 있지만, 이것은 바로 전의 프로덕션의 역에 해당되어 쓸모없는 이동이 될 것이다.)

그림 11.7의 탐색 트리에서 목표 상태는 트리의 단말 계층에서 나타난다. 목표 상태에 이르렀다는 것은 답이 발견되었음을 가리키므로, 제어 시스템은 탐색 절차를 종료시키고 주변 환경에 맞추어 퍼즐 해결에 사용될 명령 절차를 구성하기 시작한다. 이러한 구성 작업은 목표 노드에서부터 탐색 트리를 따라 올라가며 트리 연결선이 표현하는 프로덕션을 스택에 push하는 간단한 과정으로 수행될 수 있다. 그림 11.7의 탐색 트리에 이 기법을 적용하여 얻은 프로덕션 스택을 그림 11.8에 나타내고 있다. 이제 제어 시스템은 이 스택에서 명령들을 하나씩 pop하여 실행시킴으로써 실제 환경에서 퍼즐을 풀 수 있다.

여기에 한 가지 더 유의해야 할 사항이 있다. 8장에서 논의된 트리들은 부모 노드에서 자식 노드들로 이동할 때 사용할 수 있는 트리 *아래쪽* 방향의 포인터 체계를 가지고 있음을 상기하자. 그러나 여기에서의 탐색 트리의 경우 제어 시스템은 목표 상태에서 초기 상태 방향으로 트리를 따라 *올라가면서* 자식 노드에서 부모 쪽으로 이동할 수 있어야 한다. 이러한 트리는 아래쪽 방향 대신 위쪽 방향을 가리키는 포인터 체계를 사용하여 구축되어야 한다. 즉, 부모 노드가 자식들에 포인터를 포함하는 대신 각 자식 노드가 그 부모에 대한 포인터를 포함해야 한다. (응용에 따라서는 트리에서 위아래 방향 양쪽으로 이동할 수 있도록 양방향의 포인터 모두 사용하기도 한다.)

휴리스틱

그림 11.7의 예제에서는 전체 탐색 트리가 너무 커지지 않도록 초기 퍼즐 배열을 선택하였다. 반면에 체스 게임의 경우, 첫 번째로 가능한 이동의 수가 20개이며, 따라서 탐색 트리의 루트 노드의 자식 노드 수가 우리 예제에서와 같이 3개가 아니라 20개가 될 것이다. 더욱이 체스 게임 한 판은 보통 30번에서 35번 사이의 이동으로 이루어진다. 8-퍼즐의 경우에도 목표 상태에 도달하기 위한 이동의 수가 많아질 경우 탐색 트리는 상당히 커

질 수 있다. 따라서 전체 탐색 트리를 구성하는 것은 전체 상태 그래프를 표현하는 것만큼이나 비현실적일 수 있다.

이러한 문제에 대처하기 위한 전략 중 하나는 탐색 트리를 구축하는 순서를 변경하는 것이다. 앞에서와 같이 트리를 계층별로 구축해 가는 너비 우선(breadth-first) 방식 대신, 보다 유망한 경로를 더욱 깊이 탐색하고 처음의 선택이 잘못된 것으로 판명될 경우에만 다른 선택을 고려하는 전략을 사용할 수 있다. 이러한 방식을 적용하면 탐색 트리를 계층적으로 구축하는 대신 수직 경로를 따라 구축하게 되며, 이를 깊이 우선(depth-first) 탐색 트리 구축이라고 부른다. 이 방식은 종종 최적 우선(best-first) 탐색 트리 구축이라고도 불리는데, 이는 탐색을 위해 선택된 수직 경로가 가장 유망한 것처럼 보이는 경로라는 점을 강조한 것이다.

최적 우선 방식은 사람들이 8-퍼즐을 풀 때 적용하는 전략과 비슷하다. 사람들이 너비 우선 방식의 모델에서처럼 동시에 여러 선택을 탐색하는 일은 드물 것이다. 대신 가장 유망해 보이는 옵션을 선택하여 따라가 볼 것이다. 여기에서 가장 '유망해 보이는'이라는 표현을 쓰고 있음에 유의하기 바란다. 특정 시점에서 어느 옵션이 최선의 선택인지 확실히 아는 경우는 드물다. 우리는 단지 직관을 따를 뿐이며, 물론 그러한 선택의 결과로 헤맬 수도 있다. 그렇지만, 이러한 직관적 정보를 이용함으로써 사람들은 모든 선택을 동일하게 취급하는 주먹구구식 방법보다는 나은 결과를 얻을 때가 많으며, 따라서 자동화된 제어 시스템에서 이러한 직관적 방법을 적용하는 것이 현명한 전략일 수 있다.

이를 위해서는 여러 상태 중 어느 것이 가장 유망해 보이는지 파악하는 방법이 필요하다. 우리가 사용하는 방법은 휴리스틱(heuristic)을 사용하는 것인데, 휴리스틱이란 해당 상태에서 가장 가까운 목표 상태와의 "거리"를 측정하기 위한 시도이며, 각 상태에 연계

행동 기반 지능

인공지능 분야의 초창기 연구는 지능을 모방하기 위한 프로그램을 명시적으로 작성하는 방식으로 이루어졌다. 그러나 오늘날 많은 사람들은 인간의 지능이 복잡한 프로그램의 실행에 기초한 것이 아니라 여러 세대에 걸쳐 진화한 단순한 자극-반응 기능에 기초하고 있다고 주장한다. "지능"에 관한 이러한 이론은 행동 기반 지능이라고 불리는데, 이는 "지능적" 자극-반응 기능이 특정 개인들만이 생존하고 번식할 수 있었던 원인이 된 행동의 결과라고 믿기 때문이다.

행동 기반 지능은 폰노이만 구조 기반 컴퓨터들이 계산 능력에서는 사람을 훨씬 능가하지만 상식 부문에서는 변변한 성과를 내지 못하는 이유와 같은 몇 가지 인공지능 분야의 질문에 대한 대답을 제시하고 있다. 이런 점에서 행동 기반 지능은 인공지능 연구에서 중요하다. 본문에서 기술된 바와 같이 행동 기반 기법들이 인공신경망 분야에서는 신경단위(neuron)들이 원하는 방식으로 행동할 수 있도록 가르치기 위해, 유전자 알고리즘 분야에서는 전통적인 프로그래밍 과정에 대한 대안을 제공하기 위해, 로봇공학 분야에서는 반응적 전략을 통해 로봇 성능을 개선하기 위해 적용되어 왔다.

된 계량화된 값으로 표현된다. 어떤 의미에서 휴리스틱은 예상 비용에 대한 추정치이다. 두 상태 중에서 선택해야 할 경우, 작은 휴리스틱을 갖는 상태가 더 적은 비용으로 목표에 도달할 수 있을 가능성이 높은 상태이다. 따라서 이 상태가 탐색해야 할 방향을 나타낼 것이다.

휴리스틱은 두 가지의 특성을 가져야 한다. 첫째, 휴리스틱은 해당 상태에서 목표 상태에 이르기 위해 필요한 작업량에 대한 타당성 있는 추정치이어야 한다. 이는 휴리스틱이 옵션의 선택에 의미 있는 정보를 제공해야 하며, 휴리스틱이 제공하는 추정치가 정확할수록 이에 기초한 선택의 정확도가 높을 것임을 의미한다. 둘째, 휴리스틱은 계산하기 쉬워야 한다. 이는 휴리스틱의 사용이 탐색 과정에 도움이 되어야지 부담이 되어서는 안 된다는 것을 의미한다. 휴리스틱의 계산이 지나치게 복잡할 경우, 차라리 그 시간에 너비 우선 탐색을 수행하는 것이 나을 수도 있다.

8-퍼즐의 경우 간단한 휴리스틱은 제자리를 벗어나 있는 타일의 개수를 목표와의 "거리"에 대한 추정치로 사용할 수 있으며, 이는 두 개의 타일만이 제자리를 벗어나 있는 상태가 네 개의 타일이 제자리를 벗어나 있는 상태보다 목표에 가깝다는 가설에 따른 것이다. 그러나 이 휴리스틱은 타일이 제자리에서 얼마나 벗어나 있는지는 고려하지 않고 있다. 두 개의 타일이 제자리에서 아주 멀리 벗어나 있다면, 이들을 퍼즐 안에서 이동시키기 위해 많은 프로덕션들이 필요할 수 있다.

조금 나은 휴리스틱은 각 타일이 제자리에서 벗어나 있는 거리들을 측정하여 그 합을 사용하는 것이다. 제자리에 인접한 타일의 거리는 1이며, 대각선으로 인접한 자리에 있는 타일의 거리는 2가 된다(이 경우 타일을 수직방향으로 한 번, 수평방향으로 한 번 이동시켜야하기 때문이다). 이 휴리스틱은 계산하기 간단하며, 퍼즐을 현재 상태에서 목표 상태로 변환하기 위해 필요한 이동 횟수에 대한 대략적인 추정치를 제공한다. 예를 들면, 그림 11.9의 배열에 연계된 휴리스틱 값은 7인데, 이는 2번, 5번, 8번 타일이 최종 목적지와의 거리가 1이고, 3번과 6번 타일의 경우 그 거리가 2이기 때문이다. 실제로 이 퍼즐 배열을 목표 상태의 배열로 변환하기 위해 7번의 이동이 필요하다.

그림 11.9 | 풀어야 할 8-퍼즐 예제

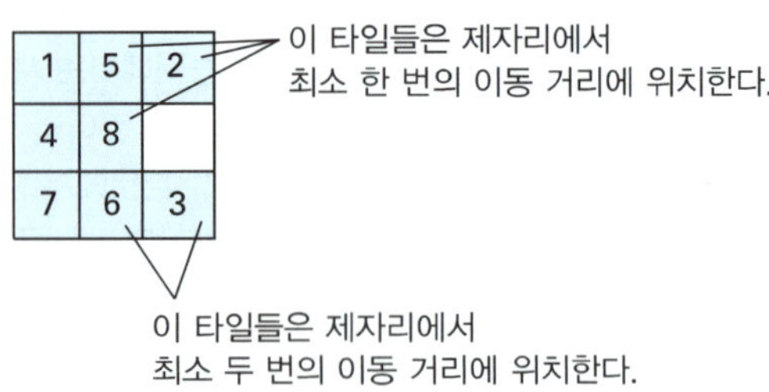

그림 11.10 | 제어 시스템을 위한 휴리스틱 알고리즘의 예

```
상태 그래프의 초기 노드를 탐색 트리의 루트 노드로 정하고 그 휴리스틱 값을 기록한다.
while (목표 노드에 도달하지 않았음):
   모든 단말 노드 중 가장 작은 휴리스틱 값을 갖는 가장 왼쪽 단말 노드를 선택한다.
   선택된 노드에 프로덕션 한 개를 적용하여 도달할 수 있는 노드들을 자식노드로 연결한다.
   탐색 트리에 새로 추가된 각 노드들 옆에 휴리스틱 값을 기록한다
목표 노드에서 루트에 이르는 탐색 트리 경로를 순회하며,
   만나는 각 연결선에 연계된 프로덕션을 스택에 push한다.
스택의 프로덕션들을 pop하여 실행함으로써 원래의 문제를 푼다.
```

이제 8-퍼즐을 위한 휴리스틱을 정하였으므로, 다음 단계는 이를 의사결정 과정에 이용하는 것이다. 사람이 의사결정을 내려야 할 경우 목표에 가장 가까워 보이는 옵션을 선택하는 경향이 있음에 대해 언급한 바 있다. 따라서 우리의 탐색 절차도 탐색 트리에서 각 단말 노드의 휴리스틱을 고려하여 가장 작은 값을 갖는 단말 노드에서 탐색을 진행해야 한다. 이러한 전략이 탐색 트리를 구축하고 얻은 답을 실행하는 알고리즘을 제시하고 있는 그림 11.10에 채택되어 있다.

그림 11.10의 알고리즘을 그림 11.6의 배열에서 시작하는 8-퍼즐에 적용해보자. 먼저, 초기 상태를 루트 노드로 정하고 그 휴리스틱 값인 5를 기록한다. 그런 다음 while 문의 본체를 처음 실행하면 초기 상태에서 도달할 수 있는 세 개의 상태를 그림 11.11에서와 같이 추가하게 된다. 각 단말 노드의 휴리스틱 값은 노드 아래의 괄호 안에 표시하고 있다.

아직 목표 노드에 도달하지 않았으므로, while 문의 본체를 다시 실행하는데, 이번에는 가장 작은 휴리스틱 값을 갖는 가장 왼쪽의 노드에서 탐색을 확장해나간다. 그 다음의 탐색 트리는 그림 11.12에 표시된 것과 같은 모습을 갖는다.

그림 11.11 | 휴리스틱 탐색의 앞부분

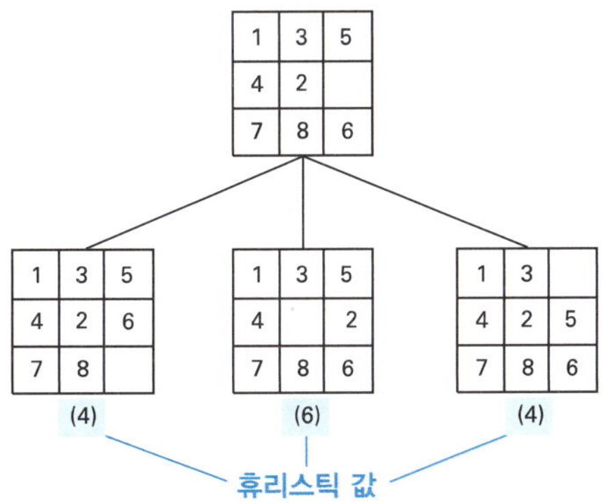

그림 11.12 | 두 번 반복 후의 탐색 트리

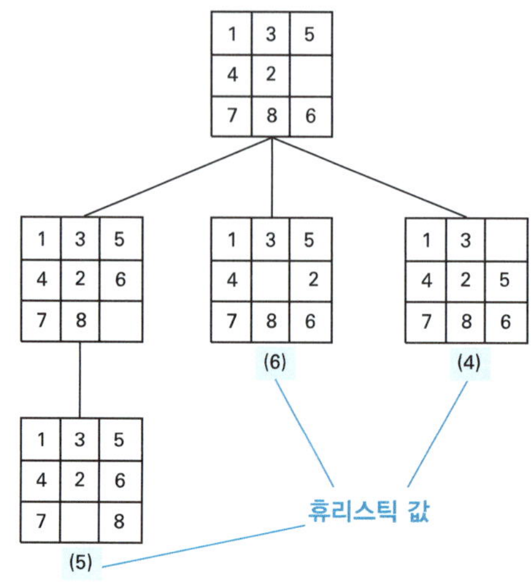

가장 왼쪽 단말 노드의 휴리스틱 값은 5인데, 이것은 이 가지를 따라가는 것이 아마 좋은 선택이 아닐 수도 있음을 나타낸다. 알고리즘도 이 점을 간파하고 다음번의 while 문 반복에서는 (현재 "최소의 휴리스틱 값을 갖는 가장 왼쪽 노드"에 해당하는) 가장 오른쪽 노드에서 트리를 확장해 나가서, 그림 11.13의 탐색 트리를 얻는다.

이 시점에서 알고리즘은 올바른 방향으로 진행하고 있는 것처럼 보인다. 마지막 노드에서의 휴리스틱 값은 3밖에 되지 않는다. while 문은 이 경로를 탐색하도록 지시하며,

그림 11.13 | 세 번 반복 후의 탐색 트리

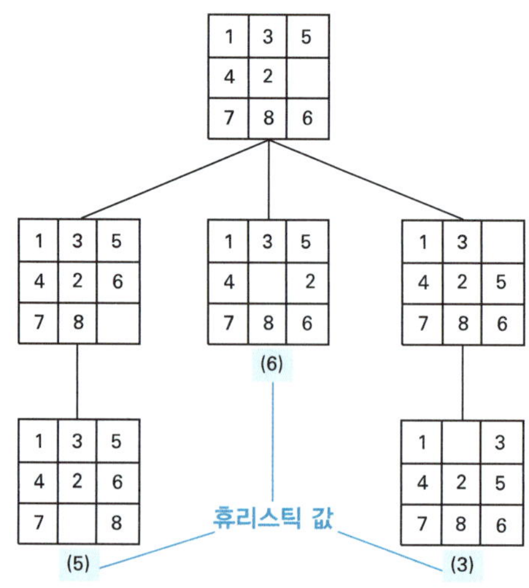

그림 11.14 | 휴리스틱 체계를 사용하여 형성된 최종 탐색 트리

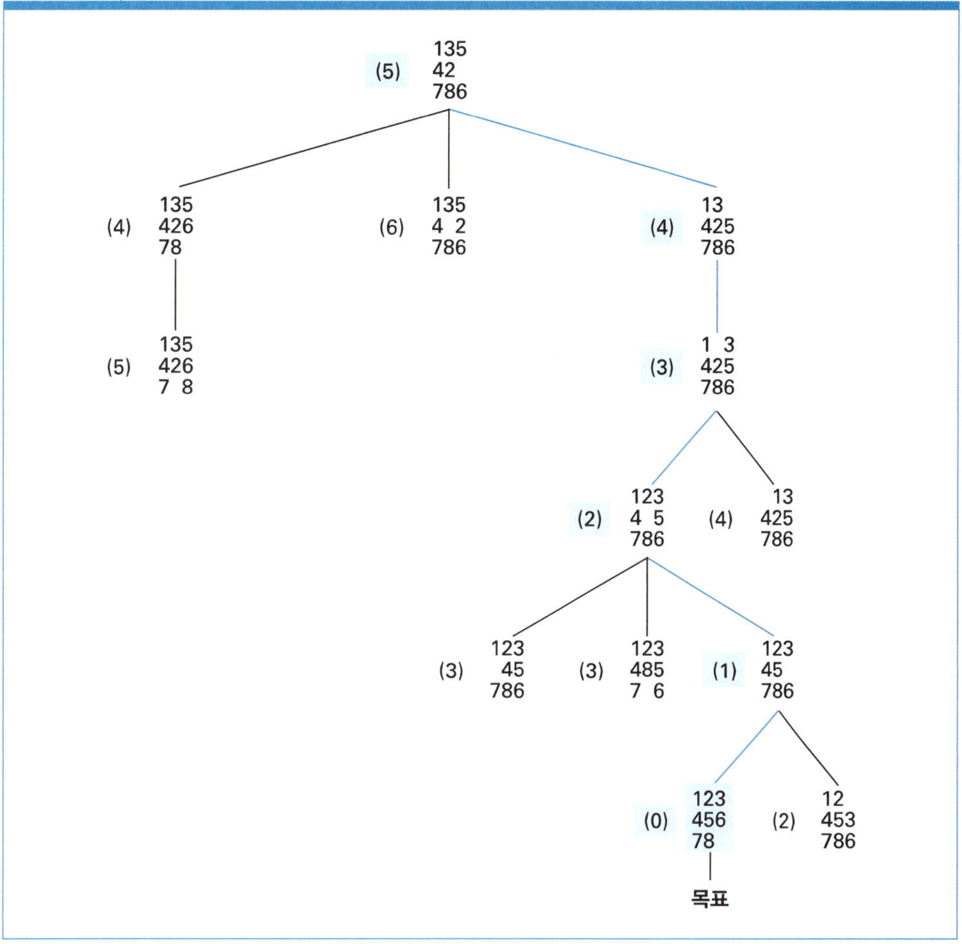

탐색은 목표 상태 방향으로 집중하여 그림 11.14의 탐색 트리를 구축하게 된다. 이 트리를 그림 11.7의 트리와 비교하면, 새로운 알고리즘에서도 앞부분에서 일시적으로 잘못된 방향으로 간 적이 있지만, 휴리스틱 정보의 사용으로 탐색 트리의 크기를 크게 줄였으며 탐색 과정의 효율성도 크게 향상된 것을 알 수 있다.

목표 상태에 도달하면 `while` 문은 종료되며, 목표 노드에서 루트 방향으로 트리를 순회하며 만나는 프로덕션들을 스택에 push한다. 결과로 얻은 스택은 앞에서 그림 11.8에 표시한 것과 같다.

마지막으로 알고리즘에서는 스택에서 프로덕션들을 pop하여 실행하도록 되어있다. 이 시점에서 퍼즐 풀이 장비는 손가락을 내려 타일들을 이동시키기 시작한다.

휴리스틱 탐색에 대해 한 마디만 보태고자 한다. 이 절에서 소개되어 있는 알고리즘을 흔히 최적 적합(best-fit) 알고리즘이라고 부르는데, 모든 응용문제에 대해 이 알고리즘이

최선의 해를 발견한다는 보장은 없다. 예를 들면, 자동차에서 **내비게이션 장치**를 사용하여 어떤 도시에 이르는 경로를 탐색할 때 임의의 경로가 아니라 가장 짧은 경로를 원할 것이다. **A* 알고리즘**은 최적 해를 찾을 수 있도록 최적 적합 알고리즘을 수정한 것이다. 두 알고리즘 사이의 중요한 차이는 A* 알고리즘에서는 다음에 확장할 노드를 선택할 때 휴리스틱 값 외에도 각 단말 노드에 이르기 위해 소요되는 "누적 비용"을 고려한다는 점이다. (자동차 **내비게이션 장치**의 경우 이러한 비용은 **내비게이션 장치**가 내부 데이터베이스로부터 얻는 여행 거리이다.) 따라서 A* 알고리즘은 남은 비용의 추정에만 근거하는 대신 완전한 잠재적 경로들의 비용에 대한 추정치들에 근거하여 결정을 내린다.

연습문제

1. 인공지능에서 프로덕션 시스템이 갖는 중요성은 무엇인가?

2. 8-퍼즐을 위한 상태 그래프에서 다음 상태를 표현하는 노드 주변 부분을 그려라.

4	1	3
	2	6
7	5	8

3. 너비 우선 방식을 사용하여 다음 초기 상태에서 8-퍼즐을 풀 때, 제어 시스템이 구축하게 될 탐색 트리를 그려라.

1	2	3
4	8	5
7	6	

4. 연필, 종이, 너비 우선 방식 등을 사용하여 다음 초기 상태에서 8-퍼즐을 풀 때 만들어질 탐색 트리를 구축해보아라. (끝까지 그릴 필요는 없다.) 어떤 문제가 발생하는가?

4	3	
2	1	8
7	6	5

5. 8-퍼즐 풀이에 사용하는 본문의 휴리스틱 체계와 정상에 도달하기 위해 근처 지형만을 고려하여 가장 경사가 급한 방향으로 진행하는 등반가 사이에 어떤 유사성이 있는가?

6. 이 절에 제시되어 있는 휴리스틱을 사용하여 다음 8-퍼즐을 풀기 위해, 그림 11.10의 최적 적합 알고리즘을 적용해보라.

1	2	3
4		8
7	6	5

7. 그림 11.10의 탐색 알고리즘이 잘못된 선택을 하지 않도록 8-퍼즐 상태를 위해 휴리스틱 값을 계산하는 방법을 개선해보라. 그러한 개선에도 불구하고 탐색에서 잘못된 선택을 하게 되는 예제를 찾을 수 있는가?

8. Leesburg에서 Bedford에 이르는 경로를 발견하기 위해 그림 11.10의 최적 적합 알고리즘을 적용했을 때 만들어지는 탐색 트리를 그려라. 탐색 트리 상의 각 노드는 지도상의 각 도시를 나타낼 것이다. Leesburg를 나타내는 노드에서 시작하라. 노드를 확장할 때 확장 대상 도시에 직접 연결된 도시들만을 추가하라. 각 노드에서 Bedford에 이르는 직선거리를 기록하고 이를 휴리스틱 값으로 사용하라. 최적 적합 알고리즘이 발견하는 해는 무엇인가? 발견된 해는 가장 짧은 경로가 맞는가?

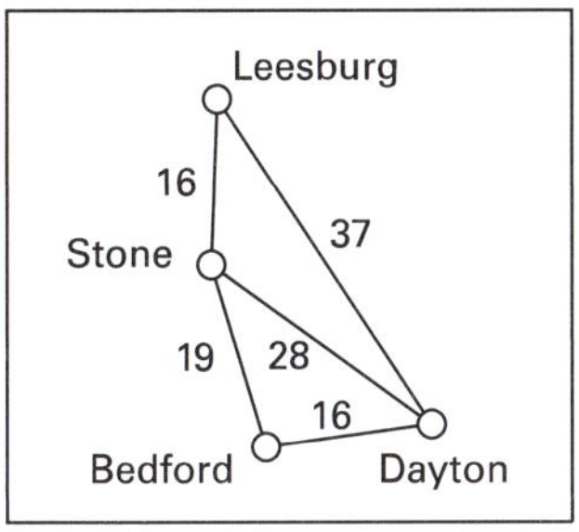

아래 도시에서 Bedford에 이르는 직선거리

Dayton	16
Leesburg	34
Stone	19

9. A* 알고리즘은 최적 적합 알고리즘에 두 가지 중요한 수정을 가한다. 첫째, A* 알고리즘은 어떤 상태에 도달하기 위한 실제 비용을 기록한다. 지도상의 경로의 경우 실제 비용은 여행 거리이다. 둘째, A* 알고리즘은 확장할 노드를 선택할 때 실제 비용과 휴리스틱 값의 합이 최소인 노드를 선택한다. 문제 8에 대해 이러한 두 가지 수정사항을 반영한 탐색 트리를 그려라. 각 노드에서 해당 도시까지의 여행 거리, 목표지점에 이르기 위한 휴리스틱 값, 이들의 합 등을 기록하라. 발견된 해는 무엇인가? 발견된 해는 가장 짧은 경로가 맞는가?

11.4 추가적인 연구 영역

이 절에서는 지식, 학습, 매우 복잡한 문제의 해결 등을 탐색할 텐데, 이러한 주제들은 인공지능 분야의 연구자들에게 계속 난제로 남아있다. 이러한 활동들은 모두 인간의 두뇌에서는 쉽지만 컴퓨터에서는 크게 부담이 되는 기능들을 다루고 있다. 현재까지 "지능적"

에이전트의 개발에서 진척을 이룰 수 있었던 것은 범위를 제한하거나 단축 경로를 적용하는 등의 방식으로 이러한 문제들과의 직접적 대면을 피해왔기 때문이다.

지식의 표현과 조작

지각 능력에 대한 앞서의 논의에서 영상에 대한 이해는 영상에 나타나는 항목들에 대한 상당한 양의 지식을 요하며, 문장의 의미는 문맥에 따라 달라진다는 점 등을 살펴본 바 있다. 이러한 예들은 사람의 두뇌에서 유지되는 지식의 창고가 갖는 역할을 보여주는데, 이러한 지식을 흔히 **실세계 지식(real-world knowledge)**이라고 부른다. 인간은 엄청난 양의 지식을 저장하고 있으며 놀라울 정도로 신속하게 저장된 지식에서 필요한 정보를 꺼낸다. 이러한 능력을 컴퓨터에 부여하는 것이 인공지능에서 주요 도전사항이다.

그렇지만 최신 컴퓨터 시스템은 디지털화되어 1과 0의 조합으로 저장될 수 있는 모든 데이터에 대해 엄청난 양의 정보를 저장하고 검색함에 있어 뛰어난 능력을 보인다. 데이터와 지식의 정확한 관계는 복잡하고도 애매하지만 컴퓨터에서 접근할 수 있는 데이터의 양이 크게 증가함에 따라 소위 "**빅 데이터(big data)**" 시스템에서 새로운 정보와 지식을 추출할 수 있는 기회 또한 증가하였다. 인공 지능, 기계 학습, 통계 기법 등은 이전에는 보이지 않던 패턴이나 대규모 데이터 집합에서의 연결성을 발견할 수 있는 소프트웨어 도구에 기여하고 있다.

여기에 깔려있는 목표는 지식을 표현하고 저장하는 방법을 찾는 것이다. 이것은 앞에서 살펴본 바와 같이 지식은 서술형과 절차형 두 가지 형태로 존재한다는 사실로 인해 더욱 복잡해진다. 따라서 지식의 표현은 단순한 사실이나 데이터의 표현이 아니라 보다 광범위한 문제들을 포함한다. 따라서 언젠가 모든 형태의 지식을 표현하기 위한 하나의 체계가 발견될 수 있는지도 의문으로 남아있다.

그러나 문제는 지식의 표현과 저장에 그치지 않는다. 지식은 또한 쉽게 접근할 수 있어야 하며, 이러한 접근성을 달성하는 것도 또 하나의 도전사항이다. 11.2절에서 소개된 시맨틱 넷은 흔히 지식의 표현과 저장을 위한 수단으로 사용되지만, 시맨틱 넷에서 정보를 추출하는 것은 간단한 일이 아닐 수 있다. 예를 들면, "Mary hit John"이라는 문장의 의미는 Mary와 John의 상대적 연령에 따라 달라진다. (이들의 나이가 각기 2세와 30세일 경우, 혹은 그 반대일 경우라면?) 이와 같은 정보를 그림 11.3에 제시된 완전한 시맨틱 넷에 저장할 수는 있겠지만, 문맥 분석에서 이러한 정보를 추출하기 위해서는 상당한 검색 작업을 요할 것이다. 초 대규모 데이터 집합이 주어질 경우 정보가 어떻게 구성되더라도 효율적인 검색 알고리즘이나 휴리스틱 또는 추론은 문제 해결의 필수 요소이다.

지식에 대한 접근을 다룰 때의 또 다른 문제는 당면 작업과의 관련성이 명시적이 아니라 묵시적인 지식을 파악하는 일이다. "아더가 경주에서 승리하였습니까?"라는 질문에 대한 대답으로 "아니오."라는 무뚝뚝한 대답보다는 "아닙니다. 아더는 감기에 걸려 경주에 참가하지 못했답니다."라고 대답할 수 있는 시스템을 원할 것이다. 그러나 필요한 작업이 단순히 관련된 정보를 검색하는 데 그치는 것은 아니다. 우리가 정말 필요로 하는 것은 관련된 정보와 적절한 정보를 구분할 수 있는 시스템이다. 예를 들어 "아닙니다. 아더는 1월에 태어났으며 그의 여형제의 이름은 리사입니다."와 같은 대답 안의 정보는 앞의 질문과 어느 정도 관련되어 있기는 하지만, 가치 있는 대답으로 간주되지는 않을 것이다. 따라서 지식을 효율적으로 이용하기 위해서는 단순히 검색에 그치는 것이 아니라 정보의 필터링이나 패턴의 인식도 필요하다.

지식 추출 시스템을 향상시키기 위한 또 다른 접근 방식은 추출 과정에 다양한 형태의 추론을 삽입하는 것인데, 이 결과를 추론에 관한 추론을 의미하는 **메타 추론(meta-reasoning)**이라고 부른다. 원래 데이터베이스 검색에서 흔히 사용되는 **폐쇄계 가정(closed-world assumption)**을 적용하는 것이 그 예의 하나인데, 폐쇄계 가정이란 주어진 정보에서 명시적으로 도출될 수 없는 명제는 거짓으로 간주하는 것이다. 예를 들면, 어떤 데이터베이스에 니콜 스미스에 대한 어떠한 정보도 포함되어 있지 않을 경우, 그 데이터베이스에서 니콜 스미스가 특정 잡지를 구독하지 않는다는 결론을 얻을 수 있는 것은 폐쇄계 가정에 따른 것이다. 추론 과정은 니콜 스미스가 구독자 리스트에 있지 않음을 확인한 다음, 폐쇄계 가정을 적용하여 니콜 스미스가 구독하지 않는다고 결론짓는 것으로 진행된다.

표면상 폐쇄계 가정은 별문제가 없는 것처럼 보이지만, 외견상 문제가 없어 보이는 메타 추론 기법이 미묘하면서도 바람직하지 않은 효과를 일으킬 수 있다. 예를 들어 우리가 가지고 있는 유일한 지식이 다음과 같은 명제라고 가정하자.

미키는 생쥐이다 또는 도날드는 오리이다.

이 명제만으로는 미키가 실제로 생쥐인지 알 수 없다. 따라서 폐쇄계 가정을 따르면

미키는 생쥐이다.

라는 명제는 거짓이라고 결론짓게 된다. 마찬가지로 폐쇄계 가정을 따르면

도날드는 오리이다.

라는 명제도 거짓이라고 결론짓게 된다. 따라서 폐쇄계 가정에 따르면, 위의 두 명제 중 하나는 참이어야 함에도 불구하고 둘 다 거짓이라는 모순적 결론에 이르게 된다. 이렇게 멀쩡해 보이는 메타 추론 기법에서 파생되는 결과를 이해하는 것이 인공지능과 데이터베이스 분야 모두에서 연구 목표이며, 이는 또한 지능적 시스템의 개발이 얼마나 복잡한 일인지를 보여준다.

마지막으로 살펴볼 문제는 **프레임 문제(frame problem)**라고 알려져 있는 것으로, 변화하는 환경에서 저장된 지식을 최신의 것으로 유지하는 일이다. 지능적 에이전트가 자신의 행동을 결정하기 위해 자신의 지식을 사용하려면 그 지식은 최신의 상태이어야 한다. 그

러나 지능적 행동을 지원하기 위해 필요한 지식의 규모는 방대하며 변화하는 환경에서 지식을 유지하는 것은 엄청난 일이다. 환경의 변화는 종종 다른 정보 항목을 간접적으로 변경하게 되며, 이러한 간접적 결과를 고려하는 것은 어려운 일이라는 점이 사안의 복잡성을 심화시키는 한 요인이다. 예를 들어 화병이 쓰러져 부서질 경우, 화병이 부서지는 것과 물을 쏟게 되는 것은 간접적으로 연결되어 있지만, 그러한 상황에 대한 지식은 화병에 물이 있다는 사실을 더 이상 포함하지 않게 된다. 따라서 프레임 문제를 해결하기 위해서는 다량의 정보를 효율적으로 저장하고 검색하는 능력뿐만 아니라 저장 시스템이 간접적 결과에도 적절히 반응할 수 있어야 한다.

학습

지식의 표현과 조작 기능 외에도, 지능적 에이전트가 새로운 지식을 획득할 수 있는 능력을 갖는 것이 바람직하다. 새로운 프로그램을 작성하여 설치하거나 저장된 데이터에 명시적으로 정보를 추가하는 등의 방법으로 언제든지 컴퓨터 기반의 에이전트를 "가르칠" 수 있지만, 우리가 원하는 것은 스스로 학습할 수 있는 능력을 갖춘 지능적 에이전트이다. 우리는 에이전트가 변화하는 환경에 적응하고 미리 프로그램을 작성해둘 수 없는 작업을 수행할 수 있기를 바란다. 가사 업무용으로 설계된 로봇은 새로운 가구, 새로운 주방기구, 새로운 애완동물, 또는 새로운 주인을 만날 수도 있다. 무인 운전 자동차는 도로 경계선의 변화에 적응할 수 있어야 한다. 게임 참가 에이전트는 새로운 전략을 개발하고 적용할 수 있어야 한다.

기계 학습을 분류하는 한 방식은 사람의 개입 정도를 기준으로 하는 것이다. 가장 낮은 수준은 **모방 학습**(learning by imitation)이며, 이 방식에서는 사람이 어떤 작업의 단계들을 직접 시연해보이고 컴퓨터는 그 단계들을 단순히 기록하는 것이다. 예를 들면, 사람이 컴퓨터에서 일련의 동작을 수행하거나 로봇이 일련의 동작을 수행하도록 실제로 움직여 보이는 등의 과정을 사용하게 된다. 이러한 형태의 학습은 스프레드시트나 워드프로세서 등의 응용 프로그램에서 많이 사용되어 왔는데, 보통 자주 사용되는 일련의 명령들을 기록했다가 나중에 한 번의 요청으로 이들을 재연하는 방식으로 이루어진다. 모방에 의한 학습의 경우 에이전트가 하는 일은 아주 단순한 작업이다.

그 다음 수준의 학습은 **지도 학습**(supervised training)이다. 지도 학습에서는 일련의 예제에 대해 사람이 올바른 반응을 식별해준 다음, 에이전트가 이러한 예제들로부터의 경험을 일반화하여 다른 경우에도 적용될 수 있는 알고리즘을 개발하게 된다. 훈련에 사용되는 예제들을 **훈련용 집합**(training set)이라고 부른다. 지도 학습의 전형적인 응용에는 사람의 목소리나 필체를 인식하기 위한 학습, 정크 메일과 유용한 메일을 구분하기 위한 학습, 증상에서 질병을 진단하기 위한 학습 등이 포함된다.

세 번째 수준은 **강화 학습**(learning by reinforcement)이다. 강화 학습에서는 에이전트에게 시행착오 과정의 작업에서 성공하였는지 실패하였는지 스스로 판단할 수 있는 일반적인 규칙이 주어진다. 강화 학습은 체커나 체스 등의 게임을 하는 방법을 배울 때와 같이 성공과 실패를 쉽게 정의할 수 있는 경우에 유용하다. 지도 학습과 달리 강화 학습은 시간이 지나감에 따라 에이전트가 스스로 행동을 개선시켜 나가는 것을 배운다.

자율 학습(unsupervised training)이라고 불리는 기계 학습은 수준에 있어서는 강화 학습과 비슷하지만 다른 목표를 갖고 있다. 클러스터링 알고리즘, 주요 구성요소 분석, (다음 절에서 설명할) 자율 신경망 등은 사람의 개입을 최소화하면서 데이터로부터 패턴이나 의미를 추론하는 데 사용할 수 있는 몇 가지 접근 방법의 예이다.

가능한 모든 학습 활동을 포괄하는 일반적 원칙은 아직 발견되어 있지 않으며, 학습은 도전을 요하는 연구 분야로 남아있다. 그러나 여러 가지 진척 사례들이 존재한다. 그 중의 하나는 입력을 위해 비디오카메라를 사용하며 컴퓨터를 장착한 봉고차의 운전을 학습하기 위해 카네기-멜론 대학에서 개발된 시스템인 ALVINN(Autonomous Land Vehicle in a Neural Net)이며, 지도 학습을 사용하고 있다. ALVINN은 인간 운전자로부터 데이터를 수집하여 운전상의 결정을 조정하는 데 사용한다. ALVINN은 학습을 통해 어느 쪽으로 운전할지 예측하며, 자신의 예측을 인간 운전자의 데이터와 비교하여 검사하며, 인간의 선택에 가깝도록 자신의 매개변수들을 수정하게 된다. ALVINN은 봉고차를 시속 55마일의 속도로 운전할 수 있을 만큼 성공적이었으며, 추가 연구를 통해 다른 차량이 있는 상황에서 고속도로 정도의 속도로 운전하는 데 성공한 제어 시스템을 개발하였다.

끝으로, 학습과 밀접하게 관련된 현상인 발견에 대해 생각해보자. 이들 사이의 중요한 차이는 학습이 "목표 기반"인데 비해 발견은 그렇지 않다는 것이다. *발견*이라는 용어는 학습에는 존재하지 않는 "예상되지 않은 것"이라는 의미를 함축하고 있다. 우리는 외국어나 운전 방법 등과 같은 목표를 정해 놓고 "학습"을 시작할 수 있는 반면, 이러한 학습이 예상보다 어렵다는 것을 "발견할" 수도 있다. 탐험가는 무엇이 있는지를 "알게 되는(학습하는)" 것이 목표이었지만 큰 호수가 있는 것을 "발견할" 수도 있다.

효율적인 지식 발견 능력을 갖춘 에이전트라면 어떤 생각의 흐름이 성과를 도출할 수 있을지 식별할 수 있어야 한다. 여기에서 발견은 추론 능력과 휴리스틱의 사용에 의존하는 바가 크다. 더욱이 발견을 응용에서 이용하기 위해서는 에이전트가 의미 있는 결과와 그렇지 못한 결과를 구분할 수 있어야 한다. 예를 들어 데이터마이닝 에이전트가 발견된 모든 사소한 관계들을 보고해서는 안 된다.

컴퓨터 발견 시스템의 성공적인 사례로 철학자 베이컨(Sir Francis Bacon)의 이름을 딴 Bacon이라는 시스템이 있는데, 이 시스템은 전기에 관한 옴(Ohm)의 법칙, 행성 운동에 관한 케플러(Kepler)의 제3법칙, 관성 보존의 법칙 등을 발견하였다(어쩌면 "재발견"이라는 표현이 더욱 적절할 것이다). 보다 유용한 시스템으로 적외선 스펙트럼 데이터를 사용하여 천문학계에 알려진 적이 없던 새로운 항성 그룹을 발견한 AUTOCLASS가 있으며, 컴퓨터에 의한 진정한 과학적 발견의 사례로 꼽을 수 있다.

논리 프로그래밍에서의 지식의 역할

지식의 표현과 저장에서 중요한 관심사 중 하나는 그러한 지식을 이용해야 하는 시스템과의 호환성이다. 논리 프로그래밍(6.7절 참고)을 사용하는 것이 때로 도움이 되는 것은 이러한 면에서이다. 논리 프로그래밍 시스템에서 지식은

Dumbo는 코끼리이다.

나

X가 코끼리라는 것은 X가 회색임을 의미한다.

와 같은 "논리" 명제들로 표현된다. 이러한 명제들은 추론 규칙 프로그램에서 쉽게 이용할 수 있는 표기 체계를 사용하여 표현될 수 있다. 그리고 그림 11.5에서 살펴본 바와 같이 연역적 추론 순서는 간단하게 구현될 수 있다. 따라서 논리 프로그래밍에서 지식의 표현과 저장은 지식의 추출 및 적용 과정과 적절하게 통합되어 있다. 논리 프로그래밍 시스템은 저장된 지식과 적용 모듈 사이에 "완벽한" 이음새를 제공한다고 말할 수 있다.

유전자 알고리즘

앞 절에서 소개된 A* 알고리즘은 많은 탐색 문제들에 대해 최적 해를 찾아주지만, 이러한 탐색 기법을 사용하기에는 (과도한 메모리를 요하거나 지나치게 오랜 시간을 소요하게 되는) 너무 복잡한 문제들이 존재한다. 이러한 문제들의 경우 여러 세대의 시험적 해를 이용하는 진화적 과정을 통해 해를 발견할 수 있는 경우가 종종 있다. 이러한 전략이 소위 유전자 알고리즘(genetic algorithm)의 토대이다. 요약하자면 유전자 알고리즘은 번식 이론과 자연도태라는 진화적 과정에 대한 시뮬레이션을 무작위 동작과 조합하여 해를 발견한다.

유전자 알고리즘은 먼저 무작위로 만들어진 시험적 해들의 풀을 생성한다. 각 해는 단순한 추측에 지나지 않는다. (8-퍼즐의 경우 시험적 해는 임의로 구성된 타일 이동 순서일 수 있다.) 각각의 시험적 해는 염색체(chromosome)라고 불리며, 염색체의 개별 구성 요소를 유전자(gene)라고 부른다(8-퍼즐의 경우 유전자는 한 번의 타일 이동에 해당함).

초기 염색체 각각은 무작위 추측이므로 주어진 문제에 대한 해가 될 가능성은 거의 없다. 따라서 유전자 알고리즘은 새로운 염색체 풀을 생성하게 되는데, 이때 이전 풀에서 두 개의 (부모) 염색체의 자식에 해당하는 염색체가 새로운 염색체 풀에 들어간다. 부모들은 무작위로 선택하되 해가 될 가능성이 높은 염색체들에게는 확률적 선호도를 높이 설정함으로써 적자생존이라는 진화적 원리를 모방한다. (어떤 염색체가 부모 노드로서 최선의 후보인지 결정하는 것이 아마 유전자 알고리즘 과정에서 가장 문제가 되는 단계일 것이다.) 각각의 자식 염색체는 부모들로부터의 유전자들에 대한 임의의 조합으로 만들어진다. 그리고 결과로 만들어지는 자식 염색체는 때로 무작위 방식의 변이를 적용한다(예:

8-퍼즐의 경우 두 개의 타일 이동 순서를 바꿈). 이러한 과정을 반복하다보면 최선의 해는 아니더라도 상당히 근접한 해가 발견될 수 있도록 점차 좋은 시험적 해들로 진화할 수 있기를 희망하는 것이다. 유감스럽게도 유전자 알고리즘이 해를 찾아줄 것이라는 보장은 없지만, 연구결과에 따르면 유전자 알고리즘이 의외로 다양한 범위의 복잡한 문제들을 해결하는 데 효과적임이 밝혀져 있다.

유전자 알고리즘 방식을 프로그램 개발 작업에 적용한 것이 **진화적 프로그래밍**(evolutionary programming)이며, 그 목표는 프로그램을 명시적으로 작성하기보다는 스스로 진화할 수 있는 프로그램을 개발하는 것이다. 연구자들은 함수형 프로그래밍 언어를 사용하여 진화적 프로그래밍 기법을 프로그램 개발 과정에 적용해왔다. 이 방식은 "유전자 풀"이라고 불리는 다양한 함수들을 포함하는 프로그램 집합에서 출발하며, 후속 세대의 프로그램들을 구축할 때 "유전자 풀"의 함수들이 사용된다. 그 다음에 여러 세대에 걸쳐 진화적 과정을 실행시키는데, 이전 세대에서 가장 성능이 우수한 함수들을 사용하여 다음 세대를 구성함으로써, 문제에 대한 해답이 진화될 것을 기대한다.

연습문제

1. 실세계 지식(real-warld knowledge) 이라는 용어가 의미하는 것은 무엇이며, 인공지능에서 그 중요성은 무엇인가?
2. 잡지 구독자에 관한 데이터베이스는 대개 각 잡지에 대한 구독자의 리스트를 포함하지만, 구독하지 않는 사람들의 리스트는 포함하지 않는다. 이러한 데이터베이스에서 특정인이 특정 잡지를 구독하지 않는다는 것을 어떻게 결정하는가?
3. 프레임 문제를 요약하라.
4. 컴퓨터를 훈련시키는 세 가지 방법을 들어라. 이 중 사람의 직접적 개입을 필요로 하지 않는 것은?
5. 진화적 기법이 보다 전통적인 문제 해결 기법들과 다른 점은?

11.5 인공 신경망

인공지능 분야의 모든 성과에도 불구하고 전통적인 알고리즘을 통한 접근방식으로 해결하기 어려운 많은 인공지능 문제들이 있다. 순차적인 명령들은 사람의 두뇌에 비견할만한 수준의 지각이나 추론 능력을 갖추지 못하고 있다. 이러한 이유로 많은 연구자들은 자연계에서 관찰되는 현상을 이용하는 방식들로 눈을 돌리고 있다. 이러한 방식 중 하나가 앞 절에서 소개한 유전자 알고리즘이며, 또 다른 접근방식으로 인공신경망(artificial neural network)이 있다.

기본 특성

인공신경망은 생체계의 신경단위(neuron)들의 망과 유사한 컴퓨터 처리 모델을 제공한다. 생물학적 신경단위는 수상돌기(dendrite)라고 불리는 여러 개의 입력 촉수들과 축색돌기(axon)라는 하나의 출력 촉수를 갖는 단일 세포이다(그림 11.15). 세포의 축색돌기를 통해 전달되는 신호는 셀이 억제 상태인지 흥분 상태인지를 반영한다. 이 상태는 신경세포의 수상돌기를 통해 받은 신호들의 조합에 의해 결정된다. 수상돌기들은 다른 신경세포의 축색돌기로부터의 신호들을 시냅스(synapse)라고 불리는 연결부를 통해 받는다. 연구에 따르면 시냅스를 통한 신호의 전달은 시냅스의 화학적 구성에 의해 제어되는 것으로 알려져 있다. 즉, 특정 입력 신호가 신경단위에 흥분 효과를 일으킬지 억제 효과를 일으킬지는 시냅스의 화학적 구성에 의해 정해진다. 따라서 생물학적 신경망은 신경단위 사이의 화학적 연결을 조정함으로써 학습하는 것으로 알려져 있다.

인공신경망의 신경단위는 생물학적 신경단위에 대한 기초적 이해를 바탕으로 이를 모방하는 소프트웨어 장치이다. 이 장치는 유효 입력이 그 신경단위에 지정된 **임계값(threshold value)**을 초과하는지 여부에 따라 출력 값이 1 또는 0이 된다. 유효 입력이란 그림 11.16에서 나타내고 있는 것처럼 실제 입력들에 가중치를 적용한 합이다. 그림에서 원은 신경단위를 나타내며 화살표는 신경단위 사이의 연결을 나타낸다. 다른 신경단위의 축색돌기로부터의 (v_1, v_2, v_3 등으로 표시되어 있는) 값들은 표시되어 있는 신경단위의 입력으로 사용된다. 이러한 입력들 외에도 각 연결에는 (w_1, w_2, w_3 등으로 표시되어 있는) **가중치(weight)**들이 연계되어 있다. 이러한 입력 값들을 수신하는 신경단위는 각 연결 상의 입력 값과 그에 연계된 가중치를 곱한 결과들을 합하여 유효 입력 ($v_1w_1 + v_2w_2 + v_3w_3$)을

그림 11.15 생체계의 신경단위

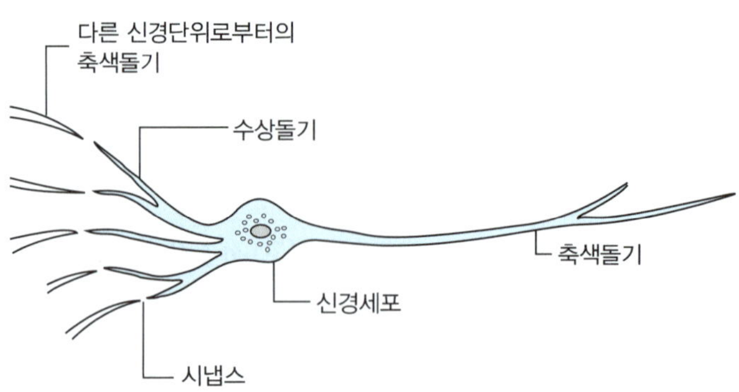

그림 11.16 | 신경단위 내부의 활동

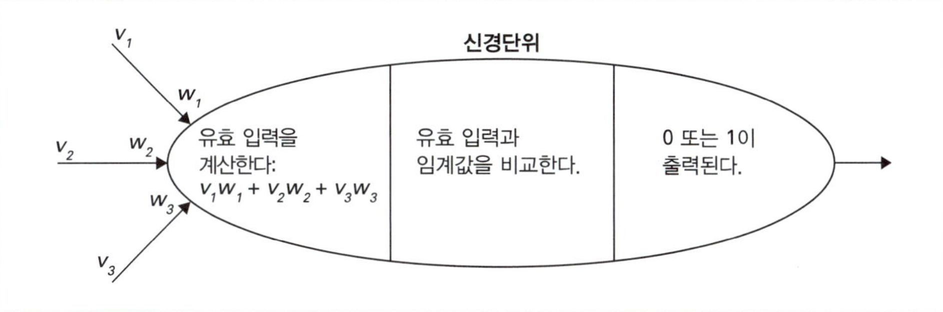

계산한다. 이 합이 신경단위의 임계값을 초과할 경우 신경단위의 출력은 흥분 상태를 나타내는 1이 되며, 그렇지 않을 경우 억제 상태를 나타내는 0이 출력된다.

그림 11.16에서처럼 신경단위는 원으로 표시하며, 신경단위의 각 입력에 대해 연계된 가중치가 표시된다. 그리고 원 중앙에는 신경단위의 임계값을 표시한다. 그림 11.17에 1.5라는 임계값과 −2, 3, −1 등을 가중치로 갖는 신경단위의 예를 보이고 있다. 따라서 이 신경단위의 입력이 1, 1, 0일 경우, 유효 입력은 (1)(−2) + (1)(3) + (0)(−1) = 1이 되며, 따라서 출력은 0이 된다. 그러나 이 신경단위의 입력이 0, 1, 1일 경우, 유효 입력은 (0)(−2) + (1)(3) + (1)(−1) = 2이며, 이 값은 임계값을 초과한다. 따라서 출력은 1이 된다.

가중치가 음수일 수도 있고 양수일 수도 있다는 사실은 해당 입력이 수신 신경단위에 억제 효과를 일으킬 수도 있고 흥분 효과를 일으킬 수도 있음을 의미한다. (가중치가 음수이면, 입력 값 1이 가중 합을 감소시킬 것이며, 따라서 유효 입력이 임계값 아래로 내려가도록 작용할 것이다. 반면에 양의 가중치는 연계된 입력 값이 가중 합을 증가시키는 효과를 일으켜 가중 합이 임계값을 초과하도록 작용할 것이다.) 그리고 가중치의 실제 크기는 해당 입력이 수신 신경단위의 억제나 흥분에 얼마나 작용할지 그 정도를 제어한다. 따라서 인공신경망 전체의 가중치들을 조정함으로써 신경망이 다양한 입력들에 어떻게 반응할지를 프로그램할 수 있다.

그림 11.17 | 신경단위의 표현

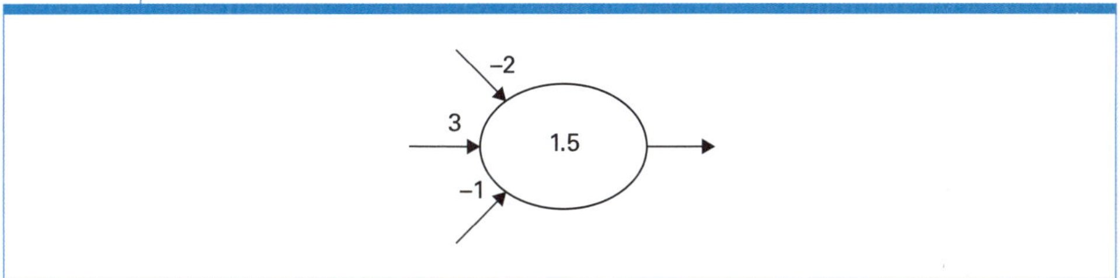

그림 11.18 | 두 개의 서로 다른 프로그램을 갖는 신경망

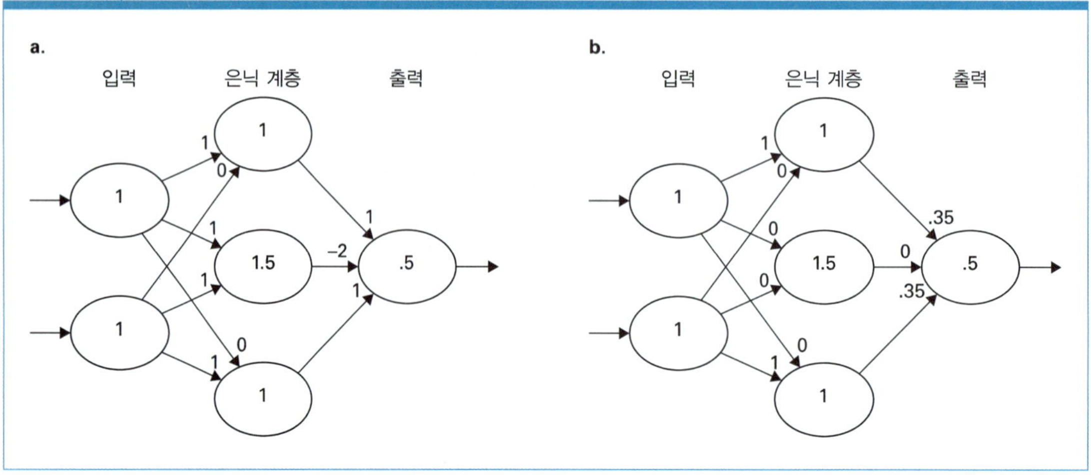

인공 신경망은 대개 여러 계층으로 배열된다. 입력 신경단위들은 첫 번째 계층을 형성하며, 출력 신경단위들은 마지막 계층을 형성한다. 은닉 계층이라고 불리는 추가적인 신경단위 계층이 입력 계층과 출력 계층 사이에 포함될 수도 있다. 한 계층의 각 신경단위는 후속 계층의 모든 신경단위들과 상호연결된다. 그림 11.18a의 간단한 신경망 예는 두 입력이 서로 다를 경우에는 출력이 1이 되고 그렇지 않으면 출력이 0이 되도록 프로그램되어 있다. 그러나 그림 11.18b에서처럼 가중치들을 변경하면, 두 입력이 모두 1일 경우에 출력이 1이 되고 그렇지 않으면 출력이 0이 되는 신경망을 얻게 된다.

그림 11.18의 신경망은 실제 생물학적 신경망에 비해 비교할 수 없을 정도로 단순화시킨 것이다. 인간의 뇌는 대략 10^{11}개 정도의 신경단위를 포함하며, 각 신경단위마다 대략 10^4개 정도의 시냅스가 존재한다. 실제로 생물학적 신경단위의 수상돌기들은 개수가 너무 많아 그림 11.15에서 표현하고 있는 개별 촉수로 나타나는 것이 아니라 섬유질 그물 모습을 갖는다.

인공 신경망의 훈련

인공신경망의 중요한 특징은 미리 프로그램되어 있는 것이 아니라 훈련을 시킨다는 것이다. 즉, 프로그래머가 특정 문제를 풀기 위해 필요한 가중치들을 미리 결정하여 그 값들을 신경망에 입력하지 않는다. 대신에 인공신경망은 지도 학습(11.4절)을 통해 적절한 가중치들을 학습하도록 되어 있으며, 지도 학습은 훈련용 집합의 입력 값들을 신경망에 적용하여 가중치들을 조금씩 조정함으로써 신경망의 성능이 프로그래머가 원하는 행동에 가까이 가도록 만드는 반복 과정을 통해 이루어진다.

인공 신경망의 훈련에 유전자 알고리즘 기법이 어떻게 적용되는가를 보면 참으로 흥미

롭다. 특히 신경망을 훈련시키기 위해 신경망을 위한 가중치들의 집합을 여러 개 무작위로 생성할 수 있으며, 이때 각 집합은 유전자 알고리즘에서 염색체에 해당한다. 그런 다음 단계별 진행과정에서 신경망에는 각 염색체가 나타내는 가중치들을 배정하고 다양한 입력에 대해 시험할 수 있다. 이러한 시험 과정에서 오류의 수를 최소화하는 염색체들이 다음 세대를 위한 부모로 선택될 확률을 높게 정할 수 있다. 많은 실험에서 이러한 방식으로 성공적인 가중치 집합을 구할 수 있었다고 한다.

전통적인 프로그래밍 기법을 통해 해를 찾기보다 인공 신경망의 훈련을 통해 훨씬 생산적으로 해를 찾는 데 성공한 사례를 들어보자. 여기에서 주어진 문제는 비디오카메라로부터 받은 정보를 사용하여 주위환경을 파악하려는 로봇을 위한 것이다. 예를 들어 로봇은 하얀색인 벽면과 검정색인 바닥면을 구분해야 한다. 언뜻 보면 이것은 하얀색 픽셀은 벽면으로 분류하고 검은색 픽셀은 바닥면으로 분류하면 되는 쉬운 작업처럼 생각될 것이다. 그러나 로봇이 여러 방향으로 관찰하거나 방안을 이동하다보면 조명 상태가 달라져서 벽면이 회색처럼 보일 수도 있고 바닥면이 회색처럼 보일 수도 있다. 따라서 로봇은 다양한 조명 상태에서 벽면과 바닥면을 구별하는 법을 학습해야 한다.

이를 위해 우리가 구축해야 할 인공 신경망은 개별 픽셀들의 색을 나타내는 값들 외에도 이미지의 전체적 밝기를 나타내는 값을 입력으로 사용해야 한다. 그런 다음 다양한 조명 상태에서 벽면과 바닥면의 일부분을 나타내는 픽셀들의 예를 사용하여 신경망을 훈련시킬 수 있다.

픽셀들의 분류와 같은 단순한 학습 문제를 넘어 인공신경망은 복잡한 지능적 학습에도 사용되어 왔는데, 앞 절에서 언급된 ALVINN(Autonomous Land Vehicle in a Neural Net) 프로젝트에서 그 사례를 찾아볼 수 있다. 실제로 ALVINN은 아주 단순한 구성의 인공신경망이다(그림 11.19). 입력은 30×32 크기의 센서 배열에서 얻으며, 각 센서는 전면 도로의 비디오 영상의 특정 부분을 관찰하고 그 결과를 4개의 은닉 계층 신경단위에 각각 보고한다. (따라서 이들 4개의 신경단위 각각은 960개의 입력을 갖는다.) 이들 4개의 신경단위 각각의 출력은 30개의 출력 신경단위 각각에 연결되어 있으며, 이 출력은 운전 방향을 표시한다. 30개의 출력 신경단위 중 한쪽 끝의 신경단위가 흥분 상태이면 왼쪽 방향의 급선회를 나타내며, 반대편 끝의 신경단위가 흥분 상태이면 오른쪽 방향의 급선회를 나타낸다.

ALVINN은 스스로 내린 운전 방향에 대한 결정과 사람의 운전 방향에 대한 결정을 비교하는 방식으로 훈련되며, 자신의 결정이 사람의 결정에 가까워지도록 가중치를 조금씩 변경해나간다. 그러나 여기에 흥미로운 부수적 문제가 있다. 비록 ALVINN이 단순한 기법을 사용하여 운전을 학습하지만, 실수를 어떻게 만회하는지에 대해서는 학습하지 않는다. 따라서 사람으로부터 수집된 데이터에 실수 만회 상황도 인공적으로 만들어 추가시킨다. (초창기에 실수 만회 훈련을 위한 방법으로 고려된 것은 사람이 차량을 길에서 벗어나게 한 다음 어떻게 만회하는지를 ALVINN이 관찰하여 배우도록 하는 방식이었다. 그러

그림 11.19 | ALVINN의 구조

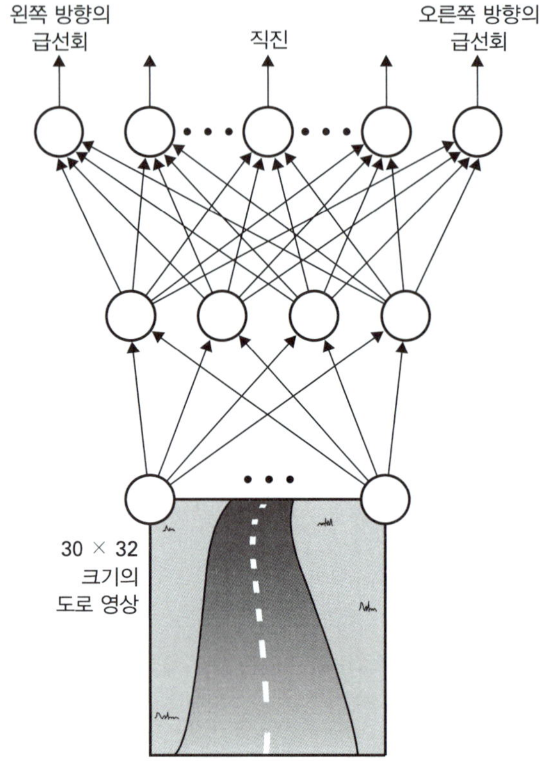

나 사람이 실수하는 절차를 수행하는 동안 ALVINN도 이를 배울 텐데, 이는 분명 바람직하지 않은 특성이다.)

연습문제

1. 두 입력이 모두 1일 때 다음 신경단위의 출력은 무엇인가? 입력 패턴이 0, 0일 경우는? 입력 패턴이 1, 0일 경우는? 입력 패턴이 0, 1일 경우는?

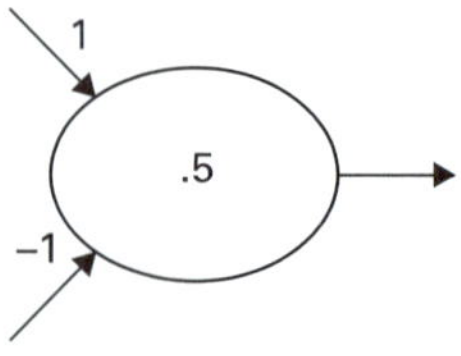

2. 입력 중 둘 이상이 1일 경우에만 출력이 1이 되도록 다음 신경단위들의 가중치와 임계값을 조정하라.

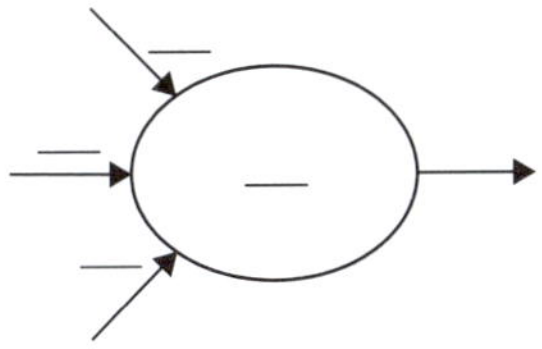

3. 인공신경망을 훈련시킬 때 발생할 수 있는 문제 하나를 들어보라.

11.6 로봇 공학

로봇 공학(Robotics)은 지능적으로 행동하는 물리적인 자율 에이전트에 관한 학문이다. 다른 모든 에이전트들과 마찬가지로 로봇도 자신의 환경 안에서 지각하고, 추론하고, 행동해야 한다. 따라서 로봇 공학 연구는 인공지능의 모든 영역과 기계 및 전기 공학의 다양한 영역의 성과들을 이용한다.

세상과의 상호작용을 위해 로봇은 물체를 조작하고 돌아다니기 위한 메커니즘을 필요로 한다. 초창기 시절 로봇 공학은 머니퓰레이터(manipulator)라고 불리는 로봇 팔의 발전에 긴밀하게 제휴되어 있었는데, 로봇 팔은 대개 팔꿈치, 손목, 손, 또는 다른 도구 등이 달려있는 기계 장치이다. 당시의 연구는 이러한 장치를 어떻게 조종할 것인지를 다루기보다는 이들의 위치와 방향에 관한 지식을 어떻게 유지하고 이용하는가에 초점이 맞추어져 있었다. (우리는 눈을 감고도 손가락으로 코를 만질 수 있는데, 이것은 우리의 두뇌가 코와 손가락에 관한 위치 정보를 유지하고 있기 때문이다.) 시간이 흐르면서 로봇 팔은 더욱 정교해져 촉감 센서를 사용하여 계란이나 종이컵을 다룰 수 있을 정도로 발전하였다.

최근 더욱 빠르고 가벼운 컴퓨터의 등장으로 움직여 다닐 수 있는 이동성 로봇에 대한 연구가 강화되었다. 이러한 이동성을 달성할 수 있게 되면서 다양한 창의적 설계들이 나타나고 있다. 로봇 이동성 분야의 연구자들은 물고기처럼 헤엄치거나, 잠자리처럼 날거나, 메뚜기처럼 뛰거나, 뱀처럼 기는 로봇들을 개발하고 있다.

바퀴 달린 로봇도 설계와 제작이 쉬워 많이 사용되지만, 이들은 돌아다닐 수 있는 지형 유형이 제한되어 있다. 계단을 오르거나 암석 지역에서 구르기 위해 바퀴나 트랙 등의 조합을 이용하여 이러한 제한을 극복하는 것도 현재 연구 목표 중 하나이다. 예를 들면, NASA의 화성 탐사선은 암석 지역에서 이동할 수 있는 특수 설계된 바퀴를 사용하고 있다.

다리 달린 로봇은 이동성을 크게 향상시키지만 훨씬 더 복잡하다. 예를 들면, 사람처럼 걷도록 설계된 다리가 둘 달린 로봇은 끊임없이 자세를 감지하고 조정해야지만 쓰러지지 않을 수 있다. 그러나 이러한 어려움은 극복될 수 있으며, 이는 계단을 걸어 오르고 뛸

가정용 로봇

iRobot사의 인기 있는 *룸바(Roomba)*와 같은 로봇 청소기는 널리 사용되는 가전제품으로 자리 잡았다. 고급 모델은 광학, 적외선, 충돌, 낙하 등에 대한 감지 센서들의 조합을 사용하여 가구 기둥, 계단, 애완동물 등을 우회할 위치를 기억하면서 한 층 전체를 돌아다닐 수 있다. 로봇을 제어하는 자율 에이전트 소프트웨어는 장착된 먼지 통이 가득 차거나 배터리 충전 양이 낮아지면 충전 스테이션으로 돌아갈 정도의 지능을 갖추고 있다. 항법 알고리즘은 넓은 개방 공간에서는 방 길이만큼의 직진 이동을 적용하고, 장애물 주변을 청소하거나 청소 안 된 방을 찾기 위해서는 2차적인 모서리 탐색 방식을 함께 적용한다.

함께 제공되는 스마트폰 앱을 이용하여 로봇의 상태를 모니터링하고, 자동 실행을 예약하며, 특히 더러운 부분에 대한 표시와 함께 청소가 완료된 바닥 부분에 대한 최종지도를 생성할 수도 있다.

수도 있는 아시모라는 이름의 두 다리 달린 인간형 로봇의 예를 통해서도 알 수 있는데, 이 로봇은 혼다에서 개발하였다.

로봇 팔과 이동성 분야의 큰 발전에도 불구하고, 대부분의 로봇에서 아직 자율성 수준은 낮은 편이다. 산업용 로봇 팔은 대개 특정 작업용으로 프로그램이 고착되어 있으며 센서도 갖추지 않고 있고, 부품들이 정확한 위치에 주어질 것을 가정하여 동작한다. NASA 화성 탐사선이나 군사용 무인정찰기와 같은 이동성 로봇들도 지능 쪽은 원격 조종하는 사람에 의존한다.

사람에 의존하는 것을 극복하는 것이 현재 연구의 주요 목표 중 하나이다. 한 가지 중요한 질문은 자율 로봇이 그 주변 환경에 대해 파악해야 할 정보가 무엇이며 행동을 어느 정도까지 미리 계획할 필요가 있는가에 관한 것이다. 한 방법은 주변 물체와 위치들에 대한 목록을 포함하여 주변 환경에 대한 자세한 기록을 유지하며, 이에 기초하여 정밀한 행동 계획을 준비하는 로봇을 구축하는 것이다. 이 방향의 연구는 지식의 표현과 저장 기술의 발전과 추론 및 계획 작성 기법의 향상에 크게 의존한다.

또 다른 접근 방법은 복잡한 기록의 유지와 자세한 행동 계획의 작성에 많은 노력을 들이는 대신 한 순간 한 순간 자신의 동작을 이끌어갈 세상과의 상호작용을 위한 단순한 규칙들을 적용하는 반응형 로봇을 개발하는 것이다. 반응형 로봇의 옹호론자들은 장거리 자동차 여행을 계획할 때 사람들이 전체적인 세부 계획을 미리 마련하는 대신 주요 도로만 미리 선정해두고, 식사 장소, 이용할 통행료 징수소, 우회로를 이용하는 문제 등의 세부사항은 나중에 생각한다고 주장한다. 마찬가지로 복잡한 통로를 지나가거나 한 건물에서 다른 건물로 이동해야 할 반응형 로봇도 미리 아주 자세한 계획을 작성하는 대신 만나는 장애물을 피하기 위한 간단한 규칙들을 적용한다. 역사상 가장 많이 팔린 진공청소기 로봇인 iRobot Roomba는 가구나 다른 장애물의 세부사항을 기억하지 않고 반응형 모드로 바닥을 돌아다니는 방식을 사용하고 있다. 더군다나 집 안의 애완동물 같은 것이 고정된 위치에 있을 리도 없지 않겠는가?

물론 어떤 방식도 모든 상황에서 최선이 될 수는 없을 것이다. 진정한 자율 로봇이 되기 위해서는 여러 수준의 추론과 계획 기능을 갖추어야 할 것이며, 주요 목표의 설정이나 달성에는 고급 기법을 적용하고 작은 세부 목표들을 달성하기 위해서는 낮은 수준의 반응형 시스템을 적용하게 될 것이다. 이러한 다중 수준 추론의 사례는 로봇 축구팀들의 국제 대회인 Robocup 경진대회에서 찾아볼 수 있으며, 이 행사는 2050년쯤에는 세계적 수준의 인간 축구팀을 이길 수 있는 로봇 팀의 개발을 목표로 하는 연구 포럼으로 기획되었다. 이 대회에서 강조하는 것은 공을 "찰" 수 있는 이동성 로봇의 제작이 아니라 공통의 목표를 달성하기 위해 서로 협력하는 로봇들로 이루어진 팀을 설계하는 것이다. 이러한 로봇들은 단지 이동하고 자신의 행위에 대해 추론하는 것뿐만이 아니라 자신의 팀 동료들과 상대 선수들의 움직임에 대해서도 추론할 수 있어야 한다.

로봇 공학 연구의 또 다른 예는 진화적 로봇 공학이라는 분야인데, 여기에서는 낮은 수준의 반응 규칙과 높은 수준의 추론 체계 등의 개발에 진화 이론을 적용한다. 여기에서 적자생존 이론이 여러 세대에 걸쳐 스스로 균형이나 이동성 수단을 확보하는 장치들의 개발에 사용되는 것을 볼 수 있다. 이 영역의 연구에서는 대개 (소프트웨어 형태의) 로봇의 내부 제어 시스템과 로봇 본체의 물리적 구조가 분리되어 있다. 예를 들면, 수영하는 올챙이 로봇을 위한 제어 시스템을 다리를 가진 유사 로봇에 이식할 수 있다. 그러면 제어 시스템에서 진화적 기법을 적용하여 로봇이 기어서 움직이도록 만들 수 있다. 또 다른 예로 로봇의 물리적 기관에 진화적 기법을 적용하여 특정 작업을 수행하기 위한 최적의 센서 위치를 찾는 데 이용해왔다. 보다 어려운 연구 과제는 소프트웨어 제어 시스템과 물리적 기관을 동시에 진화시키는 것이다.

로봇 공학 분야의 훌륭한 연구 성과는 모두 나열하기 힘들 정도로 많다. 오늘날의 로봇이 공상과학 영화나 소설에 등장하는 강력한 로봇과는 거리가 멀지만, 특정 작업을 수행하는 데는 상당한 성과를 거두고 있다. 오가는 차들이 있는 곳에서 운전할 수 있는 로봇도 있고, 애완견처럼 행동할 수 있는 로봇도 있고, 무기를 목표에 조준할 수 있는 로봇도 있다. 그러나 이러한 성공에 기뻐하면서도 인공애완견에 대해 느끼는 애정이나 지능형 무기의 가공할 위력은 사회적 및 윤리적 문제를 제기하고 있음을 잊어서는 안 될 것이다. 우리의 미래는 우리가 만들어가는 것이다.

연습문제

1. 로봇의 행동에 대한 반응적 접근 방식은 보다 전통적인 "계획 기반" 행동과 어떤 면에서 다른가?
2. 로봇 공학 분야에 현재 활발하게 연구되고 있는 주제에는 어떤 것들이 있는가?
3. 로봇의 발전에 적용되는 두 가지 수준의 진화 이론은 무엇인가?

11.7 결과에 대한 고찰

인공지능 분야의 발전이 인류에 혜택을 가져다 줄 것이라는 점에는 의심의 여지가 없으며, 이러한 잠재적 혜택에 대한 열광에 매몰되기 쉽다. 그러나 잠재적 혜택만큼이나 끔찍한 파급효과를 가져올 수 있는 위험성도 잠복되어 있다. 때로 이러한 견해 차이는 관점이나 사회적 위치에 따라 달라지기도 하는데, 한 사람의 이익은 다른 사람의 손해라는 말도 있지 않은가? 따라서 기술의 발전을 여러 관점에서 살펴볼 필요가 있다.

어떤 사람들은 단조롭고 지루한 작업에서 사람들을 해방시키며 보다 즐거운 생활방식을 영위할 수 있게 한다는 면에서 기술 발전을 인류에 대한 축복으로 간주한다. 그러나 동일한 현상에 대해 국민들의 고용기회를 박탈하고 힘을 가진 사람들에게 부를 몰아준다며 인류에 대한 저주로 간주하는 사람들도 있다. 사실 후자의 관점은 인도의 헌신적인 인도주의자인 간디(Mahatma Gandhi)의 메시지이기도 하다. 간디는 대규모 직조공장을 농부들 가정의 물레로 대체하는 것이 인도가 더 행복해지는 것이라고 역설하였다. 이 때문에 간디는 소수의 인원만을 고용하는 중앙집중식 대량생산체제가 다수에게 혜택을 줄 수 있는 분산형 생산 체제로 교체되어갈 것이라고 주장하였다.

부와 특권의 불평등한 분배에서 연유된 많은 혁명을 역사에서 찾아볼 수 있다. 오늘날의 기술 발전이 그러한 불균형을 심화시킨다면, 파국적인 결과가 발생할 수도 있다.

그러나 지능적으로 고도화된 기계를 제작하는 데 따르는 결과는 사회 계층 사이의 권력 갈등보다 더욱 미묘하고 근본적인 측면이 있다. 이 문제는 인간이란 무엇인가에 대한 핵심적인 사항에 닿아있다. 19세기에 다윈(Charles Darwin)의 진화론과 인간이 보다 열등한 형태의 생물에서 진화하였다는 생각은 사회를 뒤흔들었다. 만일 인간에 도전할 만한 지적 능력을 갖춘 기계들의 공격을 맞게 된다면 사회는 어떻게 대응할 것인가?

역사를 만든 로봇들

a. 2013년 4월 26일 독일 마그데부르크에서 개최된 로보컵 독일오픈 2013 토너먼트에서 두 팀의 로봇들이 축구 경기를 하고 있다(Jens Schlueter/Stringer/GettyImages).

b. Tartan Racing의 "Boss" - 도시 환경에서 스스로 차량을 운전하는 DARPA 후원 경연대회인 Urban Challenge의 우승자(ⓒ DARPA).

c. NASA 탐사선 - 화성 표면을 탐색하는 지질학자 로봇(NASA/JPL-Caltech 제공).

과거에는 기술 발전 속도가 빠르지 않았기 때문에 지능에 대한 개념을 조정함으로써 인간에 대한 자화상을 유지할 시간적 여유가 있었다. 우리의 선조들은 19세기의 기계적 장치가 초자연적인 지능을 갖는 것으로 해석하였지만, 오늘날 우리는 그러한 기계가 어떠한 지능도 갖지 않는 것으로 간주한다. 그러나 실제로 기계가 인간의 지능에 도전할 경우, 또는 기계의 능력이 우리가 적응할 수 있는 것보다 빠른 속도로 발전할 경우, 인간은 어떻게 반응할 것인가?

20세기 중반의 IQ 테스트에 대한 사회의 반응을 생각해보면 인간의 지성에 도전하는 기계들에 사람들이 어떻게 반응할지 짐작할 수 있을 것이다. 당시에 IQ 테스트는 아이들의 지능 수준을 파악하기 위한 것으로 간주되었다. 미국에서 아이들은 종종 IQ 테스트 점수에 따라 분류되고 이에 따른 교육 프로그램들로 배치되었다. 따라서 IQ 테스트에서 좋은 점수를 받은 아이들에게는 다양한 교육 기회들이 제공되는 반면, 점수가 나쁜 아이들은 보충 수업을 받도록 하였다. 요약하자면, 개인의 지능에 대한 측정치가 주어졌을 때 사람들은 점수가 낮은 사람들의 능력을 무시하는 경향을 보였던 것이다. 그러면 사람에 비견할만한 "지적" 능력을 갖추었거나 그렇게 보이는 기계들이 등장할 때 사람들은 어떻게 받아들일 것인가? 사람들은 기계들보다 "열등한" 사람들을 해고할 것인가? 그럴 경우, 이 사람들은 어떻게 될 것인가? 사람의 존엄성을 기계와의 비교 결과에 따라 정할 것인가?

특정 분야에서는 이미 사람의 지적 능력이 기계들의 도전을 받기 시작하고 있는 사례를 찾을 수 있다. 컴퓨터들은 이제 체스 전문가들을 이길 수 있게 되었다. 컴퓨터 전문가 시스템은 의료에 관한 조언을 할 수 있게 되었으며, 투자 포트폴리오를 관리하는 간단한 프로그램들이 때로 투자 전문가들보다 더 나은 실적을 올릴 경우도 있다. 이러한 시스템들이 관련된 개인들의 자화상에 어떤 영향을 미치고 있는가? 개개인들이 점차 더 많은 영역에서 기계들보다 못하게 되었을 때 개인의 자존심에 어떤 영향을 미칠 것인가?

많은 사람들은 인간은 생물이고 기계는 무생물이기 때문에 기계가 보유하는 지능은 사람의 지능과는 본질적으로 다른 것이라고 주장한다. 이들은 그와 같은 이유로 기계들은 사람의 의사결정 과정과 똑같이 하지는 못할 것이라고 주장한다. 기계들이 사람과 같은 의사결정에 도달할 수는 있겠지만, 그러한 결정의 토대는 사람의 경우와는 같지 않을 것이다. 그러면 지능의 종류가 다른 정도는 어디까지이며, 사람들이 기계의 지능에 의해 제안된 경로를 따르는 것은 윤리적으로 합당한 일일까?

와이젠바움(Joseph Weizenbaum)은 그의 저서 『*컴퓨터의 능력과 인간의 이성*』에서 검열되지 않은 인공지능의 응용에 대해 다음과 같이 경고하고 있다.[7)]

> 컴퓨터들은 사법적 판단을 할 수도 있고 정신과의사로서 판단을 내릴 수도 있다. 컴퓨터들은 가장 끈기 있는 인간보다 훨씬 더 복잡한 방법으로 동전 던지기를 반복할

7) Joseph Weizenbaum, *Computer Power and Human Reason: From Judgment to Calculation*, W. H. Freeman, 1976.

수도 있다. 때로 컴퓨터들은 "올바른" 결정에 도달할 수도 있겠지만, 이러한 결정의 토대에 대해 누구나 항상 그리고 반드시 수용할 수 있는 것은 아니다.

"컴퓨터와 정신"에 관한 많은 논쟁이 있어왔다. 여기에서 결론은 이러한 문제가 기술적인 것이나 수학적인 것이 아니라, 윤리적인 문제라는 것이다. 이러한 문제는 "할 수 있는가"로 끝나는 질문으로 해결될 성질의 것이 아니다. 컴퓨터의 적용 범위의 한계는 결국 당위성의 문제로 귀결된다. 가장 기본적인 직관에 따르면, 우리는 컴퓨터를 지혜롭게 만드는 어떠한 방법도 알지 못하므로 지혜를 요하는 작업을 컴퓨터에게 맡겨서는 안 된다는 것이다.

이 절의 많은 내용들은 컴퓨터과학보다는 공상과학소설에 가까운 것이라고 주장할 수 있을 것이다. 그러나 많은 사람들은 얼마 전까지만 해도 "컴퓨터가 우리 사회를 접수한다면 어떻게 될 것인가?"와 같은 질문에 대해 설마 그런 일이 생기겠느냐는 듯이 심각하게 받아들이지 않았다. 그러나 여러 가지 면에서 이미 그와 같은 날이 도래해 있다고도 볼 수 있다. 전산화된 데이터베이스가 오류로 인해 어떤 사람에 대해 불량 신용 등급, 범죄 기록, 예금의 초과 인출 등을 보고하였다면, 그 사람의 말과 컴퓨터 보고 중 사람들이 어느 것을 믿겠는가? 오동작을 일으킨 운항 시스템이 안개로 덮인 활주로의 위치를 잘못 표시하게 되면, 항공기는 어디에 착륙하게 될까? 다양한 정치적 결정에 대한 대중의 반응을 예측하기 위해 컴퓨터를 사용할 경우, 정치가는 어떤 결정을 하게 되겠는가? "컴퓨터가 장애 상태이다"라는 이유로 담당자가 서비스를 못하게 되는 경우는 또 얼마나 자주 발생하는가? 이런 경우 누가 (또는 무엇이) 주도적 위치에 있다고 볼 수 있는가? 우리는 이미 우리 사회를 컴퓨터들에 헌납한 것은 아닌가?

연습문제

1. 최근 100년간 개발된 기계들을 없애버린다면 오늘날 인구의 얼마만큼이나 살아남겠는가? 최근 50년으로 기간을 변경한다면? 혹은 20년이라면? 살아남은 사람들은 주로 어느 지역에 분포하겠는가?
2. 당신의 삶은 어느 정도까지 기계에 의해 제어되고 있는가? 당신의 삶에 영향을 미치는 기계들은 누가 제어하는가?
3. 일상생활에서 의사결정의 토대가 되는 정보는 어디에서 얻는가? 중요한 결정의 경우는? 이러한 정보의 정확성에 대한 신뢰는 어느 정도인가? 이유를 설명하라.

단원 복습 문제

(* 표시된 것은 고급 내용을 다루는 절에 관련된 문제이다.)

1. 11.2절에서 보여주고 있듯이 사람들은 의문문을 질문 이외의 용도로 사용하기도 한다. 예를 들어 "타이어에 구멍이 난 것을 알고 있나요?"라는 문장의 의미는 질문이라기보다는 그와 같은 사실을 알려주기 위해 사용된다. 의문문을 확인, 경고, 비난 등의 용도로 사용하는 예들을 들어보라.

2. 음료수 자동판매기를 에이전트로서 분석해보라. 어떤 센서를 가지고 있는가? 액추에이터는 무엇인가? 반응 수준은 반사형, 지식 기반형, 목표 기반형 중 어디에 해당하는가?

3. 다음 각 반응에 대해 반사형, 지식 기반형, 목표 기반형 중 어디에 해당하는지 식별하고, 그 이유를 설명하라.
   a. 독일어 텍스트를 영어로 번역하는 컴퓨터 프로그램
   b. 실내 온도가 설정 온도 아래로 내려가면 난로를 켜는 온도조절장치
   c. 활주로에 비행기를 안전하게 착륙시키는 조종사

4. 어떤 연구원이 사람의 기억력을 연구하기 위해 컴퓨터 모델들을 사용했다면, 그 컴퓨터를 위해 개발된 프로그램들은 반드시 컴퓨터의 기억 기능을 최대한 발휘했다고 볼 수 있을까? 그 이유를 설명하라.

5. 서술형 지식의 예들을 제시하라. 절차형 지식의 예들을 제시하라.

*6. 객체지향 프로그래밍에서 객체의 어떤 부분이 서술형 지식의 저장에 사용되는가? 어떤 부분이 절차형 지식의 저장에 사용되는가?

7. 다음 활동들에 대해 성능 지향인지 모방 지향인지 분류하라.
   a. (공항 터미널에서 사용되는 것과 같은) 자동 셔틀 버스 시스템의 설계
   b. 허리케인 경로 예측 모델의 설계
   c. 웹에 저장되어 있는 문서들을 위한 인덱스의 도출 및 유지에 사용되는 웹 검색 데이터베이스의 설계
   d. 이론을 검증하기 위한 국가 경제 모델의 설계
   e. 환자의 활력징후를 모니터하는 프로그램의 설계

8. 오늘날 기관에 전화를 하면 음성 합성과 음성 인식을 사용하여 호출자와 대화하는 자동 응답 시스템이 처리하는 경우가 있다. 이러한 시스템들은 튜링 테스트를 통과하겠는가? 그 이유를 설명하라.

9. 네 개의 기호 F, E, L, T 등을 구별하기 위해 사용될 수 있는 기하학적 특징의 집합을 만들어보라.

*10. 템플릿과 비교하는 방식의 문자식별 기법과 1장에서 논의된 오류 정정 코드 사이의 유사점을 기술하라.

11. A로 표시된 "귀퉁이"가 볼록한 부분인지 오목한 부분인지에 따라 아래 그림에 대한 두 가지 해석을 기술하라.

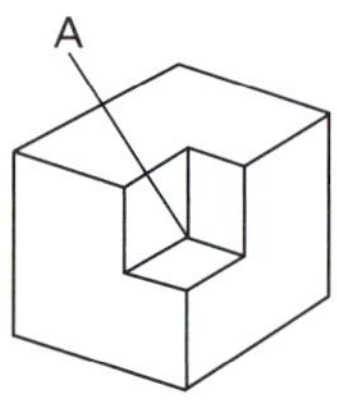

12. 아래의 두 문장에서 (단어 하나만 다른) 전치사구들의 역할을 비교하라. 컴퓨터가 이러한 차이를 인식하게 하기 위해 어떻게 프로그램할 수 있겠는가?

    The pigpen was built by the barn.
    The pigpen was built by the farmer.

13. 아래의 두 문장을 구문 분석한 결과는 어떻게 다른가? 의미 분석의 결과는 어떻게 다른가?

    An awesome sunset was seen by Andrea.
    Andrea saw an awesome sunset.

14. 아래의 두 문장을 구문 분석한 결과는 어떻게 다른가? 의미 분석의 결과는 어떻게 다른가?

If X 〈 10 then subtract 1 from X else add 1 to X.

If X 〉 10 then add 1 to X else subtract 1 from X.

15. 본문에서 자연어에 대한 이해가 정형적 프로그래밍 언어의 경우와 다른 문제에 대해 간략하게 논의한 바 있다. 자연어에 관련된 복잡성의 예로 "Do you know what time it is?"라는 문장이 각기 다른 의미를 갖는 상황들을 들어보라.

16. 문장의 문맥이 변경되면 그 의미뿐만 아니라 그 중요성도 달라질 수 있다. 그림 11.3의 문맥에서 "Mary hit John"이라는 문장의 중요성은 생일들이 모두 2000년대 후반이라면 어떻게 달라지는가? 생일 중 하나는 1980년대이고 다른 하나는 2000년대 후반이라면?

17. 아래 문장의 정보를 표현하는 시맨틱 넷을 그려라.

Donna threw the ball to Jack, who hit it into center field. The center fielder tried to catch it, but it bounced off the wall instead.

18. 때로 어떤 질문에 대답하는 능력은 알고 있는 사실들 자체와 함께 지식의 한계에 대한 파악 정도에 따라 달라질 수 있다. 예를 들어 A라는 데이터베이스와 B라는 데이터베이스 모두 동일한 회사의 건강보험 프로그램에 소속되어 있는 사원 전체 리스트를 포함하고 있지만, 데이터베이스 A만이 그 리스트가 완전하다는 것을 알고 있다고 하자. 그 리스트에 포함되어 있지 않은 어떤 구성원에 대해, 데이터베이스 B로서는 도출할 수 없지만 데이터베이스 A는 도출할 수 있는 결론은 무엇일까?

19. 폐쇄계 가정으로 인해 모순이 발생되는 예 하나를 들어라.

20. 폐쇄계 가정이 흔히 사용되는 예 두 가지를 들어라.

21. 프로덕션 시스템과 관련하여 상태 그래프와 탐색 트리의 차이는 무엇인가?

22. 프로덕션 시스템과 연관 지어 루빅큐브를 푸는 작업을 분석하라. (필요한 상태들, 프로덕션들 등등을 규정하라.)

23. a. 탐색 트리가 2진트리이며 목표 상태에 도달하기 위해 8개의 프로덕션이 필요하다고 가정하자. 너비 우선 방식으로 트리를 구축한다면 목표 상태에 도달할 때 트리에 포함될 수 있는 노드의 최대 개수는?

b. 초기 상태에서 시작하는 탐색과 목표 상태에서 역으로 진행하는 탐색을 동시에 진행하며 두 탐색이 만날 때까지 계속할 경우, 어떻게 탐색 동안 살펴볼 전체 노드의 수가 줄어들 수 있는지 설명하라. (역방향 탐색에서 살펴본 상태들을 기록하는 탐색 트리 역시 2진트리이며, 두 가지의 탐색이 동일한 속도로 진행된다고 가정하라.)

24. 본문에서 종종 프로덕션 시스템이 알려진 사실들로부터 결론을 도출하기 위한 기법으로 사용된다고 언급한 바 있다. 시스템에서 상태들은 추론 과정의 각 단계에서 참으로 알려진 사실들로 이루어지며, 프로덕션들은 알려진 사실들을 조작하기 위한 논리 규칙이다. "존은 야구선수이다", "야구선수는 키가 작지 않다", "존은 키가 크거나 아니면 작다" 등의 사실에서 "존은 키가 크다"라는 결론을 도출할 수 있게 해 주는 논리 규칙들을 제시하라.

25. 아래의 트리는 어떤 시합에서 가능한 이동들을 표현하는데, 현재는 선수 X가 이동 A와 이동 B 중 하나를 선택할 수 있는 상황이다. 선수 X가 이동한 다음에는 선수 Y가 이동을 선택할 수 있으며, 그 다음에 선수 X가 시합의 마지막 이동을 선택할 수 있다. 트리의 단말 노드들은 시합 결과가 선수 X의 승리(win), 패배(loss), 무승부(tie)를 나타내는 W, L, T 등으로 표시되어 있다. 선수 X는 이동 A와 이동 B 중 어느 것을 선택해야 할까? 그 이유를 설명하라. 시합 형태의 게임에서 "프로덕션"을 선택하는 것은 8-퍼즐과 같은 1인 게임의 경우와 어떻게 다른가?

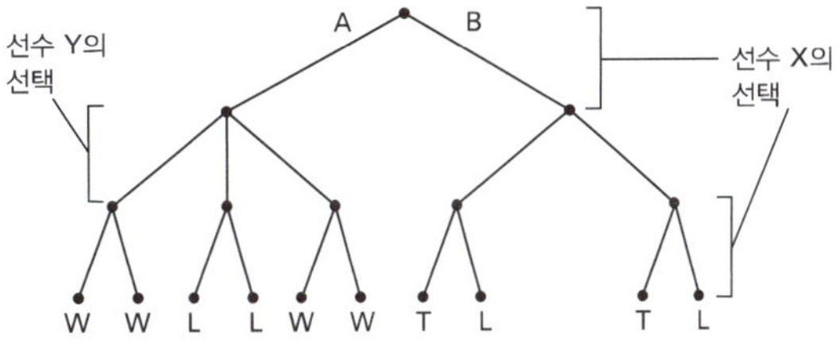

26. 체커 게임을 프로덕션 시스템으로 분석하고, 두 상태 중 어느 것이 목표에 더 가까운지 결정하기 위해 사용될 수 있는 휴리스틱을 찾아 기술하라. 이러한 상황의 제어 시스템은 8-퍼즐과 같은 1인 게임의 경우와 어떻게 다른가?

27. 대수학에서 식을 조작하는 규칙들을 프로덕션으로 간주함으로써, 대수식의 단순화에 관한 문제를 프로덕션 시스템으로 풀 수 있다. $3/(2x - 1) = 6/(3x + 1)$과 같은 방정식을 $x = 3$의 형태로 환산할 수 있게 하는 대수 프로덕션들을 규정하라. 이렇게 대수식을 단순화시킬 때 사용될 수 있는 일반적 규칙, 즉, 휴리스틱으로는 어떤 것들이 있을까?

28. 아래와 같은 초기 상태의 8-퍼즐을 휴리스틱 정보를 이용하지 않고 풀어가는 과정에서 너비 우선 탐색에 의해 생성되는 탐색 트리를 그려라.

	1	3
4	2	5
7	8	6

29. 문제 28의 초기 상태의 8-퍼즐을 푸는 과정에서 제자리를 벗어난 타일의 수를 휴리스틱으로 사용할 경우 그림 11.10의 최적 적합 알고리즘에 의해 생성되는 탐색 트리를 그려라.

30. 아래와 같은 초기 상태의 8-퍼즐을 푸는 과정에서 11.3절에서 개발한 것과 같은 휴리스틱을 사용할 경우 그림 11.10의 최적 적합 알고리즘에 의해 생성되는 탐색 트리를 그려라.

1	2	3
5	7	6
4		8

31. 8-퍼즐을 풀 때 제자리를 벗어난 타일의 수를 휴리스틱으로 사용하는 것이 11.3절에서 사용된 휴리스틱만큼 좋은 휴리스틱이 아닌 이유를 설명하라.

32. 5.5절의 2진 검색을 수행할 때 리스트의 어느 쪽 절반을 고려할지 결정하기 위한 기법과 휴리스틱 탐색을 수행할 때 어느 가지를 따라갈지 결정하는 것과의 차이는 무엇인가?

33. 프로덕션 시스템의 상태 그래프 안의 어떤 상태가 다른 상태들에 비해 극히 작은 휴리스틱 값을 갖고 있고 그 상태에서 도로 자신으로 가는 프로덕션이 존재할 경우, 그림 11.10의 알고리즘은 그 상태를 반복적으로 고려하게 되는 무한 루프에 빠질 수 있다. 시스템에서 프로덕션 하나를 실행하는 비용이 최소한 1일 경우, 예상 비용을 휴리스틱 값과 순회 경로를 따라 그 상태에 도달하는 비용의 합으로 계산함으로써 이러한 무한 루프 과정을 피할 수 있음을 보여라.

34. 지도에서 두 도시 사이의 운전 경로를 찾을 때 어떤 휴리스틱을 사용하겠는가?

35. Trent에서 Wildwood에 이르는 경로를 발견하기 위해 그림 11.10의 최적 적합 알고리즘을 적용했을 때 만들어지는 탐색 트리를 4번째 계층까지 그려라. 탐색 트리 상의 각 노드는 지도상의 각 도시를 나타낼 것이다. Trent를 나타내는 노드에서 시작하라. 노드를 확장할 때 확장 대상 도시에 직접 연결된 도시들만을 추가하라. 각 노드에서 Wildwood에 이르는 직선거리를 기록하고 이를 휴리스틱 값으로 사용하라. 최적 적합 알고리즘의 처리 과정에 결함이 존재하는가? 그렇다면 어떤 시정 조치가 필요한가?

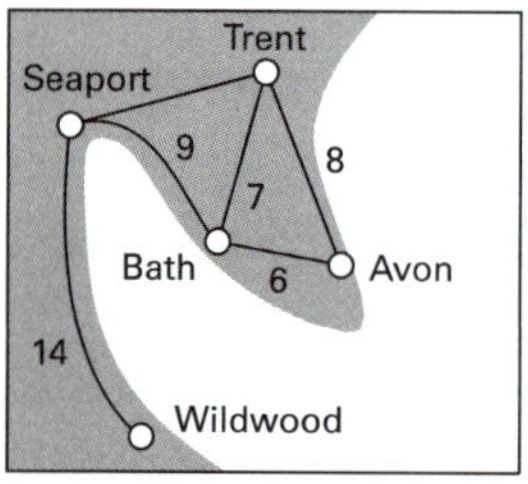

아래 도시에서 Wildwood에 이르는 직선거리

Avon	10
Bath	8
Trent	15
Seaport	13

36. A* 알고리즘은 최적 적합 알고리즘에 두 가지 중요한 수정을 가한다. 첫째, A* 알고리즘은 어떤 상태에 도달하기 위한 실제 비용을 기록한다. 지도상의 경로의 경우 실제 비용은 여행 거리이다. 둘째, A* 알고리즘은 확장할 노드를 선택할 때 실제 비용과 휴리스틱 값의 합이 최소인 노드를 선택한다. 문제 35에 대해 이러한 두 가지 수정사항을 반영한 탐색 트리를 그려라. 각 노드에서 해당 도시까지의 여행 거리, 목표지점에 이르기 위한 휴리스틱 값, 이들의 합 등을 기록하라.

Dearborn에서 Wildwood에 이르는 경로에 대해 발견된 해는 무엇인가?

37. 프로덕션 시스템에서 유용하게 사용될 수 있기 위해 휴리스틱이 갖추어야 할 두 가지 성질은 무엇인가?

38. 용량이 각기 3리터와 5리터인 두 개의 양동이가 있다고 하자. 한 양동이에서 다른 양동이로 물을 옮길 수 있고, 양동이를 비울 수도 있고, 양동이를 채울 수도 있다. 5리터 용량의 양동이에 정확히 4리터의 물을 넣는 것이 주어진 문제라고 할 때, 이 문제를 풀 수 있는 프로덕션 시스템을 기술하라.

39. 각기 14톤을 실을 수 있는 두 개의 트럭에 화물을 적재하는 작업을 감독하는 일을 생각해보자. 화물은 전체 무게는 28톤이지만 각기 무게가 일정하지 않은 다양한 상자들이다. 각 상자의 무게는 상자 옆면에 표시되어 있다. 두 트럭에 상자들을 나눌 때 어떤 휴리스틱을 사용하겠는가?

40. 다음 중 메타 추론의 예에 해당되는 것은?
a. 그 사람은 떠난 지 오래 되었으므로 아마 멀리 갔을 것이다.
b. 나는 대개의 경우 잘못된 결정을 하는데 마지막 두 번의 결정은 올바른 것이었으므로, 다음 번 결정은 반대로 해야 할 것이다.
c. 나는 지금 피곤하므로 아마 맑은 정신이 아닐 것이다.
d. 나는 지금 피곤하므로 낮잠을 자야겠다고 생각한다.

41. 어떤 장면을 기억하는 사람의 능력이 잃어버린 물건을 찾는 데 어떻게 도움이 되는지 설명하라.

42. a. 모방 학습은 어떤 점에서 지도 학습과 유사성이 있는가?
b. 모방 학습은 어떤 점에서 지도 학습과 차이가 있는가?

43. 그림 11.18의 인공신경망에서, 두 입력이 같을 때 (즉, 둘 다 0이거나 둘 다 1일 때) 출력이 1이 되고 두 입력이 서로 다를 때 (즉, 하나는 0이고 하나는 1일 때) 출력이 0이 되도록 가중치들과 임계값들을 조정하라.

44. 대수식 $7x + 3 = 3x - 5$를 대수식 $x = -2$로 단순화시키는 과정을 표현하기 위한, 그림 11.5와 비슷한 다이어그램을 그려라.

45. 앞 문제의 답을 확장하여 문제를 푸는 과정에서 제어 시스템이 따라갈 수 있는 다른 경로들을 보여라.

46. "폴리는 앵무새이다", "앵무새는 새이다", "모든 새는 날 수 있다" 등의 초기 사실에서 "폴리는 날 수 있다"라는 결론을 도출하는 추론 과정을 표현하기 위한, 그림 11.5와 비슷한 다이어그램을 그려라.

47. 앞 문제의 명제들과는 달리 타조나 날개가 부러진 울새 등의 일부 새들은 날지 못한다. 그러나 "모든 새는 날 수 있다"라는 명제의 모든 예외 조항을 나열하는 연역적 추론 시스템을 구축한다는 것은 비현실적이다. 인간들은 특정 새가 날 수 있는지 여부를 어떻게 판단하는가?

48. "I read the new tax law"라는 문장의 의미가 문맥에 따라 어떻게 달라지는지 설명하라.

49. 도시들을 돌아다니는 여행 문제를 어떻게 프로덕션 시스템으로 규정할 수 있는지 기술하라. 어떤 상태들이 있는가? 어떤 프로덕션들이 있는가?

50. 세 개의 작업 A, B, C를 수행해야 하는데, 이들을 동시에 수행할 수는 없지만 어떤 순서로 수행해도 무방하다고 한다. 이 문제를 어떻게 프로덕션 시스템으로 규정할 수 있는지 기술하고, 상태 그래프를 그려라.

51. 앞 문제에서 작업 C를 작업 A보다 먼저 수행해야 한다면, 상태 그래프는 어떻게 달라지는가?

52. a. 양의 정수 i, j에 대해 (i, j)라는 기호가 "리스트 상의 i번째 자리의 항목이 j번째 자리의 항목보다 클 경우, 두 항목을 교환하라"를 의미한다고 할 때, 다음 두 교환 순서 중 어느 것이 길이 3인 리스트를 정렬하기에 적합한 방법인가?
(1, 3) (3, 2)
(1, 2) (2, 3) (1, 2)
b. 교환 순서를 이러한 방식으로 표현할 경우,

교환 순서를 여러 부분으로 나눈 다음 다르게 연결함으로써 새로운 교환 순서를 구성할 수 있다. 이러한 방법을 사용하여 길이가 10인 리스트를 정렬하기 위한 프로그램을 개발하기 위한 유전자 알고리즘을 기술하라.

53. 로봇 그룹의 각 구성원이 한 쌍의 센서를 장착하고 있다고 하자. 각 센서는 2미터 거리 이내의 정면에 위치한 물체를 탐지할 수 있다. 각 로봇은 원통형 쓰레기통 모양이며 임의의 방향으로 이동할 수 있다. 농구공을 직선을 따라 밀 수 있는 로봇을 만들기 위해 센서를 어디에 배치해야 할지 결정하기 위한 실험 순서를 설계하라. 이러한 실험 순서를 진화적 시스템과 비교해보라.

54. 당신은 의사결정을 할 때 즉흥적인 편인가? 아니면 계획성이 있는 편인가? 이 대답은 점심을 무엇으로 할까를 결정하는 경우와 진로 선택과 같은 경우에 따라 달라지는가?

사회적 논제

다음 질문들은 컴퓨터 적용 분야에 관련된 윤리적/사회적/법률적 쟁점에 대한 지침을 마련하기 위한 것이다. 이 질문들의 목표는 단순히 대답을 이끌어내는 것에 있지 않다. 자신의 대답에 대한 이유를 생각해야 하며, 그와 같은 논거는 각 문항 사이에서 일관성을 유지해야 한다.

1. 원자력, 유전자공학, 인공지능 등의 분야의 연구자들은 자신의 연구결과가 어떻게 사용될지에 대해 어느 정도의 책임이 있는가? 과학자는 자신의 연구로 밝혀진 지식에 대해 책임이 있는가? 그러한 지식이 예상치 못한 것이었다면?

2. 지능과 지능의 모방 사이의 차이를 어떻게 구별할 수 있는가? 그러한 차이가 존재한다고 믿는가?

3. 전산화된 의료 전문가 시스템이 적절한 조언을 주는 것으로 의료계에 평판을 얻었다고 하자. 의사는 어느 정도까지 이러한 시스템으로 인해 환자 치료에 관한 자신의 의견을 바꾸어야 하는가? 의사가 전문가 시스템의 제안과는 다른 치료를 적용하였는데 시스템이 옳았던 것으로 밝혀진다면, 이 의사는 의료 과오에 관해 유죄인가? 일반적으로 어떤 분야에서 전문가 시스템이 유명해질 경우, 이는 어느 정도까지 인간 전문가의 판단 능력을 강화시켜주기보다는 방해가 될 것인가?

4. 많은 이들은 컴퓨터의 행위는 단지 프로그램에 따라 정해지며, 따라서 컴퓨터는 자유의지를 가질 수 없다고 주장할 것이다. 이 경우, 컴퓨터는 자신의 행위에 대해 책임질 필요는 없을 것이다. 사람의 두뇌는 컴퓨터인가? 사람은 태어날 때 이미 프로그램이 정해져 있는가? 사람은 환경에 의해 프로그램되는가? 사람은 자신의 행위에 대해 책임이 있는가?

5. 학문적으로 가능하지만 수행해서는 안 될 연구가 있는가? 예를 들어, 사람의 지각 및 추론 능력에 비견할 수 있는 기계를 제작하는 것이 가능하다고 해서 그와 같은

기계를 실제로 만드는 것이 적절하다고 보는가? 이러한 기계의 존재로 제기될 쟁점에는 어떤 것들이 있을까? 오늘날 다른 과학 분야들의 발전으로 인해 제기되는 쟁점에는 어떤 것들이 있는가?

6. 과학자나 예술가의 작업이 당시의 정치적, 종교적, 또는 다른 사회적 압력에 의해 영향을 받는 사례는 역사에서 많이 찾아볼 수 있다. 이러한 쟁점들은 오늘날 과학적 연구에 어떻게 영향을 미치고 있는가? 특히 컴퓨터과학의 경우는?

7. 오늘날 많은 문화권에서 기술의 진보로 인해 인력이 남아도는 직업에 종사하던 사람들을 재훈련시키는 책임을 일정 부분 사회가 분담하고 있다. 기술이 점차 사람들이 할 일을 대체해나갈 때, 사회는 무엇을 해야 하며 무엇을 할 수 있는가?

8. 청구 금액이 $0.00인 컴퓨터가 생성한 고지서를 받았을 경우, 어떻게 해야 하는가? 아무 일도 하지 않았고 30일이 지난 후 청구 금액이 $0.00인 두 번째 고지서를 받았을 경우, 어떻게 해야 하는가? 이번에도 아무 일도 하지 않았고 30일이 지난 후 청구 금액이 $0.00인 또 다른 고지서와 함께 즉시 결제되지 않을 경우 소송을 당하게 될 것이라는 경고문을 함께 받았다고 하자. 이러한 사건에서 주도적 위치에 있는 것은 누구인가?

9. 자신의 PC에 인격을 부여한 적이 있는가? PC가 말썽을 피운다거나 고집스럽다고 느낀 적이 있는가? 자신의 컴퓨터에게 화를 낸 적이 있는가? 컴퓨터에게 화를 내는 것과 컴퓨터의 처리 결과에 대해 화를 내는 것 사이의 차이는 무엇인가? 컴퓨터가 당신에게 화를 낸 적이 있는가? 자동차, 텔레비전, 볼펜 등의 다른 사물과의 관계에서 비슷한 경우가 있는가?

10. 9번 문제에 대한 자신의 답에 기초하여, 인간은 사물의 행동을 어느 정도까지 지능이나 의식의 존재와 연계시킬 자세가 되어 있는지 설명하라. 어느 정도까지 사람들은 그와 같이 연계시켜야 하는가? 지능적 존재가 행동 이외의 다른 방법으로 자신의 지능을 표출할 수 있는가?

11. 많은 사람들은 어떤 기계가 튜링 테스트를 통과할 수 있다고 해서 지능을 갖고 있는 것은 아니라고 생각한다. 이에 대한 논리는 지능적 행위가 곧 지능을 의미하는 것은 아니라는 것이다. 그러나 진화론은 적자생존에 기초하고 있으며, 이는 행위 기반 테스트이다. 진화론에 따르면, 지능적 행위가 지능의 전 단계라고 볼 수 있는가? 튜링 테스트를 통과하는 능력을 갖춘 기계는 지능을 갖추어가는 과정에 있다고 볼 수 있는가?

12. 의료 기술은 인체의 여러 부분을 인공 장기나 장기 제공자가 제공한 장기로 교체할 수 있는 수준까지 발전해 있다. 언젠가 두뇌의 일부까지 교체할 수 있는 날이 올 수도 있다. 이러한 발전이 가져올 윤리적 문제들은 무엇인가? 환자의 신경단위가 인공적 신경단위로 한 번에 하나씩 교체된다면, 그 환자는 여전히 동일한 사람이라고 볼 수 있는가? 그 환자는 차이를 느낄 것인가? 그 환자를 여전히 인간으로 볼 수 있는가?

13. 자동차에서 내비게이션 장치는 운전자에게 친근한 목소리로 전방의 회전방향이나 다른 동작에 대해 알려준다. 운전자가 실수할 경우 내비게이션 장치는 자동으로 경로를 조정하고 과도한 감정 표현 없이 경로를 찾을 수 있도록 길안내를 제공한다. 새로운 목적지를 찾아 운전할 때 내비게이션 장치는 운전자의 스트레스를 줄여준다고 생각하는가? 어떤 면에서 내비게이션 장치가 운전자의 스트레스를 가중시킬 수 있는가?

14. 오늘날의 스마트폰 앱들은 음성 통역 기능을 제공할 수 있다. 어떤 상황에서 이러한 기능을 편한 마음으로 사용할 수 있겠는가? 이러한 통역 기능이 의미를 정확하게 전달할 수 있을 것으로 신뢰하겠는가? 우려할 점은 없겠는가?

참고문헌

Banzhaf, W., P. Nordin, R. E. Deller, and F. D. Francone. *Genetic Programming: An Introduction*. San Francisco, CA: Morgan Kaufmann, 1998.

Liu, J. and J. Wu. *Multi-Agent Robotic Systems*. Boca Raton, FL: CRC Press, 2001.

Luger, G. F. *Artificial Intelligence: Structures and Strategies for Complex Problem Solving*, 6th ed. Boston, MA: Addison-Wesley, 2008.

Mitchell, M. *An Introduction to Genetic Algorithms*. Cambridge, MA: MIT Press, 1998.

Negnevitsky, M. *Artificial Intelligence: A Guide to Intelligent Systems*, 3rd ed. Boston, MA: Addison-Wesley, 2011.

Nilsson, N. *Artificial Intelligence: A New Synthesis*. San Francisco, CA: Morgan Kaufmann, 1998.

Nolfi, S. and D. Floreano. *Evolutionary Robotics*. Cambridge, MA: MIT Press, 2000.

Rumelhart, D. E. and J. L. McClelland. *Parallel Distributed Processing*. Cambridge, MA: MIT Press, 1986.

Russell, S. and P. Norvig. *Artificial Intelligence: A Modern Approach*, 3rd ed. Upper Saddle River, NJ: Prentice-Hall, 2009.

Shapiro, L. G. and G. C. Stockman. *Computer Vision*. Englewood Cliffs, NJ: Prentice-Hall, 2001.

Shieber, S. *The Turing Test*. Cambridge, MA: MIT Press, 2004.

Weizenbaum, J. *Computer Power and Human Reason*. New York: W. H. Freeman, 1979.

CHAPTER

12

계산이론

이 장에서는 컴퓨터과학의 이론적 기초를 살펴볼 것이다. 어떤 의미에서 이 장에서 다루는 내용들이야말로 컴퓨터과학에 진정한 과학으로서의 지위를 부여하는 것이라고 할 수 있다. 이 분야의 지식은 본질상 추상적인 면이 있지만 실제에 응용되는 경우도 많이 있다. 특히 프로그래밍 언어가 표현할 수 있는 범위의 한계가 갖는 의미를 살펴볼 것이며, 이것이 인터넷상의 통신에서 널리 사용되는 공개키 암호화에 어떻게 연관되어 있는지 알아볼 것이다.

* 표시된 절은 고급 내용임을 나타냄

이 장에서는 컴퓨터가 할 수 있는 일은 무엇이며 할 수 없는 일은 무엇인지에 관한 문제에 대해 살펴볼 것이다. 튜링 기계라고 불리는 단순한 기계가 어떻게 컴퓨터가 풀 수 있는 문제들과 풀 수 없는 문제들 사이의 경계를 밝히는 데 사용되는지 알아볼 것이다. 또한 어떤 알고리즘으로도 해결할 수 없는 문제이며, 따라서 현재의 컴퓨터뿐만 아니라 미래의 컴퓨터로도 해결할 수 없는 정지 문제라고 알려진 특정 문제를 살펴볼 것이다. 그리고 컴퓨터로 해결할 수 있는 문제 중에서도 어떤 문제들은 그 답을 찾는 과정이 너무 복잡하여 현실적 관점에서는 해결할 수 없는 문제로 분류되는 것들이 있음을 알게 될 것이다. 복잡도 분야의 지식이 어떻게 공개키 암호화 시스템의 구축에 사용될 수 있는지 살펴보는 것으로 이 장을 맺는다.

12.1 함수와 함수의 계산

이 장의 목표는 컴퓨터 능력의 한계를 조사하는 것이다. 우리는 컴퓨터가 할 수 있는 일은 무엇이고 할 수 없는 일은 무엇인지, 또 컴퓨터의 잠재적 능력을 최대한 발휘하기 위해 필요한 기능들이 무엇인지 이해하고자 한다. 이전의 장들에서 여러 파이썬 함수들의 예를 살펴본 바 있지만, 여기에서는 먼저 수학적 함수의 계산에 관한 일반적 개념부터 알아보기로 하자.

수학에서 함수(function)란 가능한 입력 값의 집합과 출력 값의 집합 사이에서 하나의 가능한 입력에는 하나의 출력만이 배정되는 대응 관계를 말한다. 야드 단위의 측정값을 미터 단위로 변환하는 함수를 예로 들 수 있다. 이 함수는 야드 단위의 측정값이 주어지면, 동일한 거리를 미터 단위로 측정했을 때의 결과로 얻을 값을 계산할 것이다. 또 다른 예로 `sort()` 함수라고 불리는 함수는 숫자들로 이루어진 입력 리스트에 대해, 그 안에 들어 있는 숫자들은 동일하지만 점차 값이 증가하는 순서로 배열되어 있는 항목들로 이루어진 출력 리스트를 배정할 것이다. 또 다른 예로 한 쌍의 값이 주어지면 그 값들의 합을 나타내는 값을 출력하는 `addition()` 함수를 들 수 있다.

주어진 입력에 대해 함수가 배정하는 출력을 결정하는 과정을 *함수의 계산*이라고 부른다. 함수를 계산하는 능력은 중요하며, 이는 문제를 풀기 위한 수단으로 함수 계산이 이용되기 때문이다. 덧셈 문제를 풀기 위해서는 `addition()` 함수를 계산해야 하며, 리스트를 정렬하기 위해서는 `sort()` 함수를 계산해야 한다. 따라서 컴퓨터과학의 기본적 작업 중 하나는 우리가 풀고자 하는 문제들의 바탕이 되는 함수들을 계산하기 위한 기법들을 찾는 일이다.

예를 들어 함수의 입력과 출력이 미리 결정되어 테이블 형태로 기록될 수 있는 시스템을 생각해보자. 함수의 출력이 필요할 때마다 테이블에서 주어진 입력을 찾기만 하면 요구되는 출력을 얻을 수 있다. 따라서 함수의 계산은 테이블 검색 과정으로 귀착된다. 이

재귀 함수론

무언가를 할 수 없다는 말을 듣는 것보다 사람을 성가시게 하는 일은 없다. 일단 학자들이 알고리즘적 해법을 갖지 않는 해결 불가능 문제들을 식별하기 시작하면, 다른 학자들은 이러한 문제들의 복잡도를 이해하기 위한 연구를 시작한다. 오늘날 이 분야의 연구는 재귀 함수론이라는 주제의 중요한 부분이며, 이러한 초고난도 문제들에 대해 많은 사항들이 알려지게 되었다. 실제로, 수학자들이 무한대를 넘어서는 "정량적" 수준을 표현하는 수의 체계를 개발해왔듯이, 재귀 함수 이론가들이 알고리즘의 능력 밖의 문제들에 대해 다양한 수준의 복잡도를 규명해오고 있다.

러한 시스템은 편리하기는 하지만, 테이블 형태로 표현될 수 없는 함수들도 많기 때문에 이용에 제한을 받는다. 그림 12.1에 예 하나를 보이고 있는데, 여기에서는 야드 단위의 측정값을 미터 단위의 측정값으로 변환하는 함수를 테이블로 표시하려고 시도하고 있다. 가능한 입력/출력 쌍의 리스트에 한계가 없으므로 이 테이블은 불완전할 수밖에 없다.

함수 계산을 위한 보다 강력한 접근 방법은 가능한 모든 입력/출력 조합을 하나의 테이블 안에 표시하려고 시도하는 것보다는 대수 공식으로 주어지는 지시를 따르는 것이다. 예를 들면, 연이율이 복리로 r일 때 투자액 P의 n년 후의 가치를 계산하는 방법을 기술하기 위해 다음과 같은 대수식을 사용할 수 있다.

$$V = P(1 + r)^n$$

그러나 대수 공식의 표현력에도 한계가 있기는 마찬가지다. 입력/출력 관계가 대수적 조작만으로 표현하기에는 너무나 복잡한 함수들이 있다. 그러한 예에는 sin, cos 등의 삼각함수가 포함된다. 38도에 대한 sin 함수를 계산하라는 문제가 주어지면, 적당한 삼각형을 그린 다음 변들의 길이를 측정하여 필요한 비율을 계산할 수 있는데, 이러한 과정을

그림 12.1 | 야드 단위의 측정값을 미터 단위로 변환하는 함수를 테이블로 표시하려는 시도

야드 (입력)	미터 (출력)
1	0.9144
2	1.8288
3	2.7432
4	3.6576
5	4.5720
.	.
.	.
.	.

38이라는 값에 대한 대수적 조작만으로 표현할 수는 없다. 휴대용 계산기에서 38도에 대한 sin 함수를 계산할 때도 복잡한 과정을 수행하게 된다. 실제로 계산기에서는 38도에 대한 sin 함수 값에 대한 근사 값을 계산하여 보고하는 것이며, 이를 위해 꽤 복잡한 수학적 기법을 적용한다.

점점 더 복잡한 함수를 계산하기 위해서는 점점 더 강력한 기법을 적용해야 한다. 이제 던져야 할 질문은 함수가 아무리 복잡하더라도 이를 계산할 수 있는 시스템을 항상 찾을 수 있느냐이다. 이에 대한 대답은 아니오이다. 수학에서 도출된 중요한 결론의 하나는 어떤 함수들은 너무 복잡해서 이들의 경우 입력 값에 기초하여 출력을 결정하기 위해 사용할 수 있는 잘 정의된 단계별 과정이 존재하지 않는다는 것이다. 따라서 이러한 함수의 계산은 어떤 알고리즘으로도 불가능하다. 이러한 함수들을 계산 불가능하다고 표현하며, 반면에 입력 값에 알고리즘을 적용하여 출력 값을 계산할 수 있는 함수들을 **계산 가능한(computable)** 함수라고 표현한다.

계산 가능한 함수와 계산 불가능한 함수 사이의 차이는 컴퓨터과학에서 중요하다. 컴퓨터들은 알고리즘에 의해 기술되는 작업들만을 수행할 수 있으므로, 계산 가능한 함수들에 대한 연구는 바로 컴퓨터의 궁극적 능력에 대한 연구라고 할 수 있다. 만일 계산 가능한 함수들의 전체 집합을 계산하기 위해 기계가 이용할 수 있는 기능들을 식별할 수 있고 이러한 기능들을 가진 기계를 제작할 수 있다면, 이렇게 제작된 기계들이 우리가 만들 수 있는 가장 강력한 컴퓨터들이라는 것을 확신할 수 있을 것이다. 마찬가지로 어떤 문제에 대한 해답이 계산 불가능한 함수의 계산을 요할 경우, 그 문제에 대한 해답은 컴퓨터들의 능력 밖에 있다고 결론지을 수 있다.

연습문제

1. 테이블 형태로 완전히 표현될 수 있는 함수들을 찾아보라.
2. 출력을 입력에 관한 대수식으로 기술할 수 있는 함수들을 찾아보라.
3. 대수적 공식을 사용하여 기술할 수 없는 함수 하나를 찾아보라. 그 함수는 계산 가능한 함수인가?
4. 고대 그리스 수학자들은 도형을 그리기 위해 자와 컴퍼스를 사용하였다. 이들은 선분의 중점을 찾고, 직각을 구성하고, 이등변 삼각형을 그리기 위한 기법들을 개발하였다. 이들의 "계산 시스템"으로 수행할 수 없는 "계산"의 예들을 찾아보라.

12.2 튜링 기계

기계의 능력과 한계를 이해하기 위한 노력으로 여러 학자들이 다양한 계산 장치들을 제안하고 연구하였다. 이 중의 하나가 1936년 튜링(Alan M. Turing)에 의해 제안된 튜링 기계인데, 오늘날에도 알고리즘적 과정이 갖는 능력을 연구하기 위한 도구로 사용되고 있다.

튜링 기계의 원리

튜링 기계(Turing machine)는 읽기/쓰기 헤드를 사용하여 테이프 상에 기호를 읽고 쓸 수 있는 제어장치로 이루어져 있다(그림 12.2). 테이프는 양쪽 끝에서 무한히 확장될 수 있으며 셀들로 분할되어 있고, 각 셀은 그 기계의 알파벳이라고 불리는 유한한 기호 집합에서 선택된 임의의 기호 하나를 포함할 수 있다.

튜링 기계의 계산이 이루어지는 동안 아무 때라도 기계는 유한한 개수의 조건 중 어느 하나에 있어야 하며, 이러한 조건을 상태라고 부른다. 튜링 기계 계산은 초기 상태라고 불리는 특별한 상태에서 시작하며, 기계가 정지 상태라고 불리는 또 다른 특별한 상태에 도달하면 멈춘다.

튜링 기계의 계산은 기계의 제어장치에 의해 실행되는 일련의 단계들로 이루어진다. 각 단계는 현재 테이프 셀 (즉, 읽기/쓰기 헤드 아래의 셀) 안의 기호를 읽고, 그 셀 안에 기호를 쓰고, 필요할 경우 읽기/쓰기 헤드를 한 셀 오른쪽이나 왼쪽으로 이동시키고, 상태를 변경하는 등의 작업으로 이루어진다. 수행되어야 할 정확한 동작은 프로그램에 의해 정해지는데, 프로그램은 기계의 상태와 현재 테이프 셀의 내용에 기초하여 무엇을 해야 할지 제어장치에 알려준다.

구체적인 튜링 기계의 사례 하나를 살펴보자. 예제를 설명하기 위해 튜링 기계의 테이프를 셀들로 분할되어 있는 수평 띠 모양으로 표현하는데, 셀에는 튜링 기계의 알파벳 기호들을 기록할 수 있다. 튜링 기계의 읽기/쓰기 헤드의 현재 위치는 현재 테이프 셀 아래에 라벨을 달아 표시한다. 이 예에서 사용되는 알파벳은 0, 1, * 등의 세 개의 기호로 구

그림 12.2 | 튜링 기계의 구성요소

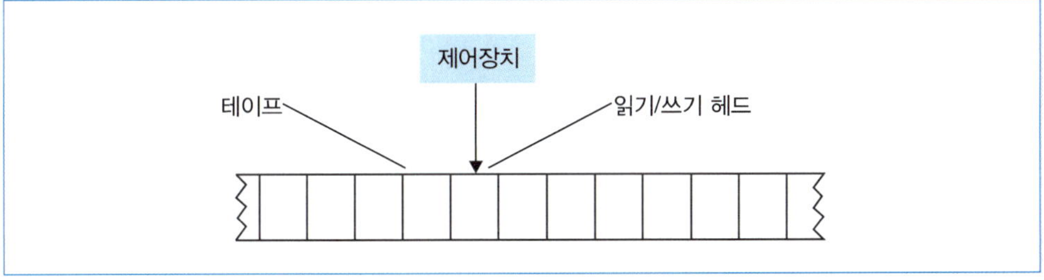

성된다. 이 예제의 테이프는 아래와 같은 모습을 갖는다.

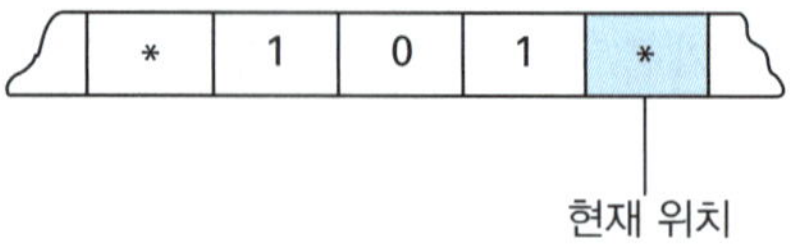

테이프 상의 기호 열을 *로 분리된 2진수들로 해석함으로써, 위의 테이프는 5라는 값을 나타내고 있는 것으로 인식할 수 있다. 예제의 튜링 기계는 테이프 상의 값을 1만큼 증가시키도록 설계되어 있다. 정확히 표현하자면, 이 튜링 기계는 0과 1로 이루어진 기호 열 오른쪽 끝을 표시하는 * 자리에서 시작하는 것으로 가정하고 있으며, * 왼쪽의 비트 패턴을 그 다음으로 큰 정수를 나타내도록 변경한다.

이 튜링 기계의 상태는 START, ADD, CARRY, OVERFLOW, RETURN, HALT 등으로 이루어진다. 각 상태에 대응되는 동작들은 그림 12.3의 테이블에 의해 기술된다. 이 기계는 항상 START 상태에서 시작하는 것으로 가정한다.

이 튜링 기계를 앞의 그림처럼 값 5를 나타내고 있는 테이프에 적용해보자. 그림과 같이 현재 셀이 *를 갖고 있는 위치에 있고 START 상태에서 시작할 경우, 그 자리에 다시 *를 써 넣고 읽기/쓰기 헤드를 한 셀 왼쪽으로 이동시킨 다음 ADD 상태에 진입하도록 되어 있다. 이와 같은 동작 후의 기계의 구성은 다음과 같다.

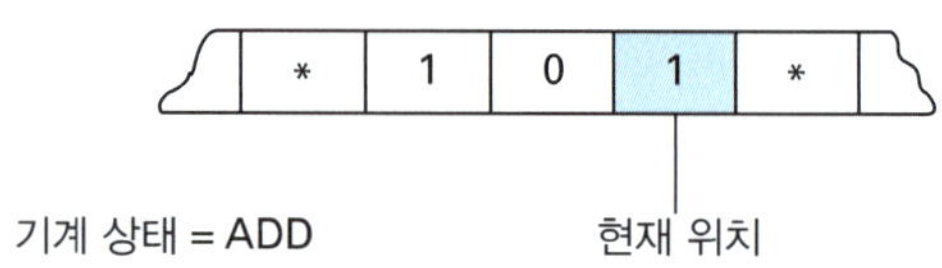

이제 다시 ADD 상태에서 현재 셀에 1이 들어 있을 때 무엇을 해야 할지 알아보기 위해

그림 12.3 값을 1만큼 증가시키는 튜링 기계

현재 상태	현재 셀의 내용	적어 넣을 값	이동 방향	다음 상태
START	*	*	왼쪽	ADD
ADD	0	1	오른쪽	RETURN
ADD	1	0	왼쪽	CARRY
ADD	*	*	오른쪽	HALT
CARRY	0	1	오른쪽	RETURN
CARRY	1	0	왼쪽	CARRY
CARRY	*	1	왼쪽	OVERFLOW
OVERFLOW	(무시함)	*	오른쪽	RETURN
RETURN	0	0	오른쪽	RETURN
RETURN	1	1	오른쪽	RETURN
RETURN	*	*	이동 없음	HALT

튜링 기계의 기원

튜링(Alan Turing)은 오늘날 우리가 알고 있는 컴퓨터들을 만들 수 있는 기술이 개발되기 훨씬 전인 1930년대에 튜링 기계의 개념을 발명하였다. 사실 튜링의 비전은 연필과 종이를 사용하여 계산을 수행하는 사람을 생각하고 있었다. 튜링의 목표는 "계산 과정"의 한계를 연구할 수 있는 모델을 제공하는 것이었다. 이것은 계산 시스템의 한계를 밝힌 1931년의 그 유명한 괴델(Gödel)의 논문이 발표된 직후이며, 연구의 주요 방향은 이러한 한계들의 이해에 모아졌다. 튜링이 자신의 모델을 발표했던 1936년 그 해에 포스트(Emil Post)는 튜링의 모델과 동일한 계산 능력을 갖는 것으로 증명된 또 다른 모델을 발표하였는데, 이 모델은 오늘날 포스트 프로덕션 시스템으로 불린다. 이들 초창기 학자들의 (튜링 기계나 포스트 프로덕션 시스템 같은) 계산 시스템 모델은 아직도 컴퓨터과학 연구의 소중한 도구로 사용되며, 이러한 사실을 통해 이들의 통찰력을 엿볼 수 있다.

테이블을 조회한다. 테이블에 따르면, 현재 셀의 1은 0으로 바꾸고, 읽기/쓰기 헤드를 한 셀 왼쪽으로 이동시킨 다음 CARRY 상태에 진입하도록 되어 있다. 이와 같은 동작 후의 기계의 구성은 다음과 같다.

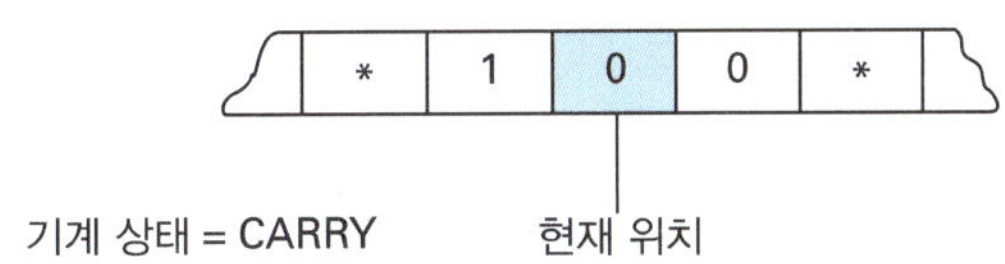

이제 다시 다음에 무엇을 해야 할지 알아보기 위해 테이블을 조회한다. 테이블에 따르면, CARRY 상태에서 현재 셀에 0이 들어 있을 때 현재 셀의 0은 1로 바꾸고, 읽기/쓰기 헤드를 한 셀 오른쪽으로 이동시킨 다음 RETURN 상태에 진입하도록 되어 있다. 이와 같은 동작 후의 기계의 구성은 다음과 같다.

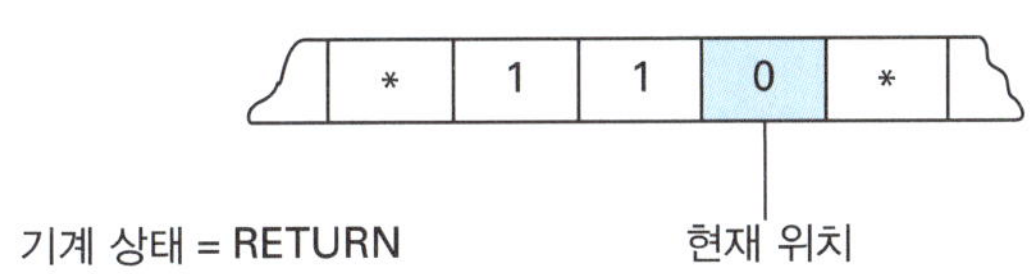

이 상황에서 테이블은 현재 셀의 0을 0으로 바꾸고 읽기/쓰기 헤드를 한 셀 오른쪽으로 이동시킨 다음 RETURN 상태에 남아있도록 지시하고 있다. 이와 같은 동작 후의 기계의 구성은 다음과 같다.

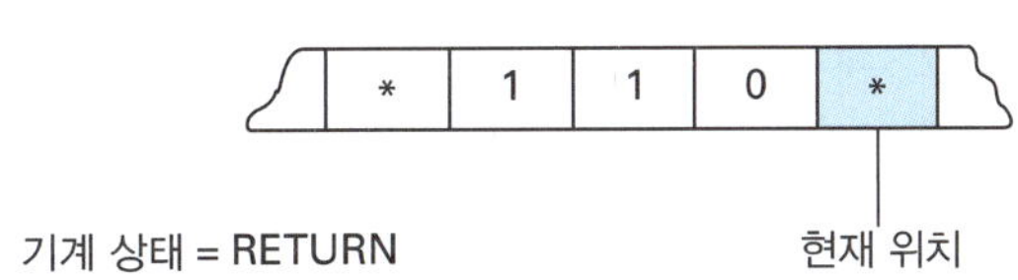

이 시점에서 테이블은 현재 셀의 *를 다시 쓴 다음 HALT 상태가 되도록 지시하고 있

다. 튜링 기계는 다음과 같은 구성 상태에서 정지하며, 테이프 안의 기호들은 원하는 대로 6이라는 값을 표현하고 있다.

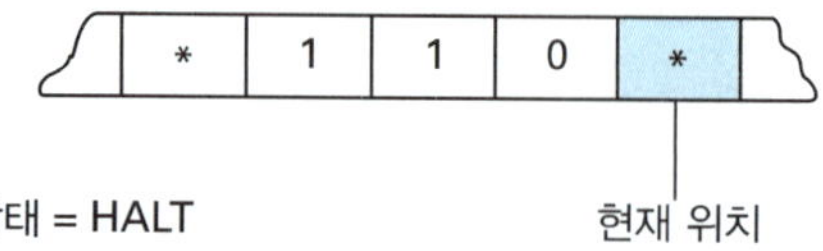

처치-튜링 논제

앞의 예제에서 튜링 기계는 음이 아닌 정수 n이 입력으로 주어지면 출력으로 $n+1$을 계산하는 후속 값(successor) 함수라고 알려져 있는 함수를 계산하기 위해 사용될 수 있다. 입력 값을 2진수 형태로 테이프에 넣은 다음, 예제의 튜링 기계가 정지할 때까지 실행시키고 테이프에서 출력 값을 읽어내기만 하면 된다. 이와 같이 튜링 기계로 계산될 수 있는 함수를 **튜링 계산 가능(Turing computable)**하다고 표현한다.

튜링의 가설은 튜링 계산 가능한 함수들의 집합은 계산 가능한 함수들의 집합과 동일하다는 것이다. 즉, 튜링의 가설에 따르면, 튜링 기계의 계산 능력은 모든 알고리즘 시스템의 계산 능력을 포함한다는 것이며, 이를 바꾸어 표현하면, (테이블이나 대수 공식 등의 접근 방식과는 달리) 튜링 기계 개념은 모든 계산 가능한 함수들을 표현할 수 있는 방식을 제공한다는 것이다. 오늘날 이 가설은 종종 **처치-튜링 논제(Church-Turing thesis)**로 지칭되는데, 이는 이 가설에 튜링(Alan Turing)과 처치(Alonzo Church)가 함께 기여하였음을 나타낸다. 튜링의 초기 연구 이후 이 가설을 뒷받침하는 여러 가지 증거 자료가 수집되어 왔으며, 오늘날 처치-튜링 논제는 널리 인정되고 있다. 즉, 계산 가능한 함수와 튜링 계산 가능한 함수는 동일시되고 있다.

이 가설의 중요성은 계산 기계들의 능력과 한계에 대한 통찰을 제공한다는 것이다. 더 정확히 표현하자면, 이 가설이 튜링 기계의 능력을 다른 계산 시스템들과 비교할 수 있는 표준으로 확립하고 있다는 것이다. 어떤 계산 시스템이 튜링 계산 가능한 모든 함수들을 계산할 수 있다면, 그 시스템은 다른 어떤 계산 시스템 이상으로 강력한 것으로 간주된다.

연습문제

1. 그림 12.3에 기술된 튜링 기계를 아래의 초기 구성에 적용해보라.

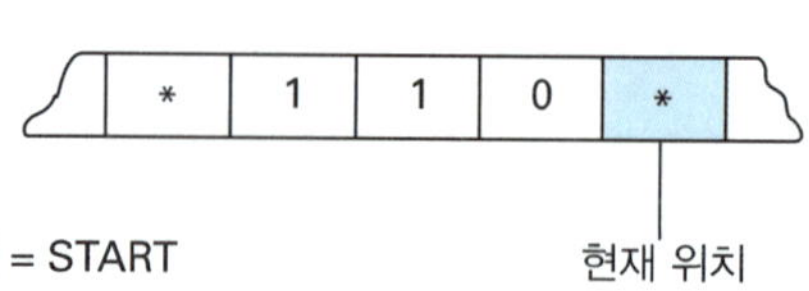

2. 0과 1로 이루어진 기호 열을 한 개의 0으로 바꾸는 튜링 기계를 기술하라.
3. 0보다 큰 값이 테이프 상에 주어지면 그 값을 1만큼 감소시키고 0이 주어지면 값을 변경하지 않는 튜링 기계를 기술하라.
4. 계산이 사용되는 일상생활의 상황 하나를 찾아보라. 이 상황은 튜링 기계와 어떤 면에서 유사한가?
5. 어떤 입력들에 대해서는 정지하지만 어떤 입력들에 대해서는 결코 정지하지 않는 튜링 기계를 기술하라.

12.3 보편적 프로그래밍 언어

6장에서 고급 프로그래밍 언어들에서 찾아볼 수 있는 다양한 기능들을 살펴본 바 있다. 이 절에서는 이러한 기능 중에 꼭 필요한 것들이 무엇인지 결정하기 위해 계산 가능성에 대한 지식을 적용해본다. 오늘날의 고급 언어들에 들어 있는 대부분의 기능은 언어의 근본적인 능력에 기여하기보다는 단지 편의성을 강화시킬 뿐이라는 것을 알게 될 것이다.

우리의 목표는 튜링 계산 가능한 함수 전체, 즉, 계산 가능한 모든 함수를 계산하기 위한 프로그램을 표현할 수 있는 기능을 갖춘 단순한 명령형 프로그래밍 언어를 기술하는 것이다. 따라서 어떤 프로그래머가 나중에 이 언어를 사용하여 어떤 문제를 풀 수 없다면, 그 이유가 언어 탓이 아니라 그 문제를 해결할 수 있는 어떠한 알고리즘도 존재하지 않기 때문이다. 이러한 성질을 갖는 언어를 **보편적 프로그래밍 언어(universal programming language)**라고 부른다. 보편적 프로그래밍 언어가 복잡할 필요가 없다는 사실에 놀랄지 모르겠지만, 실제로 우리가 제시하려는 언어는 정말 단순하다. 이 언어를 기본 골격(Bare Bones) 언어라고 부를 텐데, 이는 이 언어가 보편적 프로그래밍 언어의 최소한의 요구사항만을 반영하고 있기 때문이다.

기본 골격 언어

기본 골격 언어를 제시하기에 앞서 먼저 다른 프로그래밍 언어들에서 찾아볼 수 있는 변수들을 살펴보기로 하자. 컴퓨터 자체는 비트 패턴이 나타내고 있는 내용이 무엇인지 모르면서도 패턴들을 조작하지만, 프로그래머는 변수들을 사용하여 (숫자 목록이나 알파벳 문자열 등과 같은) 데이터 구조나 데이터 타입을 표현할 수 있다. 정교한 데이터 타입 및 구조들을 다루는 고급 언어로 표현된 명령은 실행을 위해 컴퓨터에 주어지기 전에 먼저 요청된 행위를 모방하기 위해 비트 패턴들을 조작하는 기계어 명령들로 번역되어야 한다.

편의를 위해 여기에서는 이러한 패턴들을 2진법으로 표기된 숫자들로 해석하기로 한다. 따라서 컴퓨터가 수행하는 모든 계산은 음이 아닌 정수에 대한 숫자 계산으로 표현될 수 있다. 더욱이 프로그래밍 언어들에게 이러한 용어들만 사용하여 알고리즘을 표현하도록 요구함으로써 (프로그래머들은 불편해지겠지만) 프로그래밍 언어를 단순화시킬 수 있다.

기본 골격 언어를 개발함에 있어 우리의 목표는 최대한 단순한 언어를 개발하는 것이므로 이러한 방향을 따르기로 한다. 기본 골격 언어에서 모든 변수는 2진법으로 표기된 음이 아닌 정수들로 해석되는 비트 패턴을 나타내는 것으로 간주된다. 따라서 10이라는 패턴이 배정되어 있는 변수는 2라는 값을 갖고 있다고 표현될 것이며, 101이라는 패턴이 배정되어 있는 변수는 5라는 값을 갖고 있다고 표현될 것이다.

이러한 규약을 사용함으로써 기본 골격 언어의 모든 변수는 동일한 타입을 갖게 되며, 따라서 기본 골격 언어에서는 서로 다른 타입 사이의 변환 연산이나 변수의 이름과 그에 연계된 속성을 기술하기 위한 선언문이 필요 없게 된다. 기본 골격 언어에서는 파이썬에서처럼 변수가 필요하면 별도의 선언 없이 사용하면 되며, 변수가 갖는 값은 음이 아닌 정수로 해석되는 비트 패턴이라는 것만 유념하면 된다.

물론 기본 골격 언어를 위한 번역기는 변수 이름을 다른 용어와 구별할 수 있어야 한다. 이를 위해 용어의 역할을 구문만으로 식별할 수 있도록 기본 골격 언어의 구문이 설계되어 있다. 이를 위해 변수 이름들은 반드시 영문 알파벳으로 시작되며, 그 뒤에는 문자나 (0에서 9까지의) 숫자로 이루어진 임의의 조합이 올 수 있다. 따라서 XYZ, B747, abcdefghi, X5Y 등의 기호 열은 변수로 사용될 수 있는 반면, 2G5, %o, x.y 등은 사용될 수 없다.

이제 기본 골격 언어의 절차적 문장들을 살펴보자. 이 언어에는 세 종류의 배정문과 한 개의 루프 표현을 위한 제어 구조가 있다. 파이썬 구문 스타일을 따르기 위해 한 줄에 한 개씩의 문장을 쓸 것이며, 루프 구조의 본체를 표시하기 위해 들여쓰기를 할 것이다.

세 종류의 배정문 각각은 문장 안의 변수의 내용 변경을 요청한다. 첫 번째 형식의 배정문을 사용하여 변수의 값을 0으로 만들 수 있다. 그 구문은 다음과 같으며, 여기에서 name은 임의의 변수 이름이다.

```
clear name
```

나머지 두 배정문은 서로 반대의 역할을 하며, 구문은 다음과 같다.

```
incr name
decr name
```

name은 역시 변수의 이름이다. 둘 중 앞의 배정문은 표시된 변수의 값을 1만큼 증가시킨다. 따라서 변수 Y의 값이 아래 문장을 실행하기 전에 5였다면, 실행 후의 Y에 배정되는 값은 6이 될 것이다.

```
incr Y
```

반면에 decr 문은 표시된 변수의 값을 1만큼 감소시키기 위해 사용된다. 변수의 값이 이미 0일 경우는 예외이며, 이 경우 변수의 값은 변경되지 않는다. 따라서 변수 Y의 값이 아래 문장을 실행하기 전에 5였다면, 실행 후의 Y에 배정되는 값은 4가 될 것이다.

```
decr Y
```

그러나 Y의 값이 아래 문장을 실행하기 전에 0이었다면, 실행 후에도 Y의 값은 0으로 남아있게 될 것이다.

기본 골격 언어는 while을 사용하여 표현되는 단 한 종류의 제어 구조만을 제공한다. 아래의 문장은 변수 name의 값이 0이 아닌 동안 while 문 아래의 들여쓰기 되어있는 문장들이 반복되도록 만든다.

```
while name not 0:
.
.
.
```

더 정확히 표현하자면, 프로그램 실행 중에 while 구조를 만나면, 먼저 표시된 변수의 값을 0과 비교한다. 그 값이 0이면, 이 구조를 건너뛰고 실행은 들여쓰기 되어있는 본체 아래의 문장으로 진행된다. 그러나 그 변수의 값이 0이 아니면, while 구조 안의 일련의 문장들이 실행되고 제어는 while 문으로 돌아가서 다시 비교를 수행한다. 루프 제어의 부담은 부분적으로는 프로그래머에게 지워져 있으며, 프로그래머는 무한 루프를 피하기 위해 루프의 본체에서 변수의 값을 변경하도록 명시적으로 요청해야 한다. 예를 들면, 아래의 문장들은 일단 while 문에 도달하면 X의 값이 0이 될 수 없기 때문에 무한 반복에 빠지게 된다.

```
incr X
while X not 0:
  incr Z
```

반면에 아래의 문장들은 처음 X가 가지고 있던 값을 변수 Z에 옮기고 종료된다.

```
clear Z
while X not 0:
  incr Z
  decr X
```

하나의 while 문은 다른 while 문에서 반복되는 명령들 안에 나타날 수도 있다. 이 경우 들여쓰기 수준에 따라 어떤 명령들이 안쪽 while 문에 속하는지 정해진다.

그림 12.4 | X×Y를 계산하기 위한 기본 골격 언어 프로그램

```
clear Z
while X not 0:
  clear W
  while Y not 0:
    incr Z
    incr W
    decr Y
  while W not 0:
    incr Y
    decr W
  decr X
```

마지막 예제인 그림 12.4의 명령들은 X와 Y의 값들을 곱한 결과를 Z에 배정하며, 부수 작용으로 X의 값을 잃게 한다. (변수 W에 의해 제어되는 while 구조의 작용으로 Y의 원래 값은 복원된다.)

기본 골격 언어를 이용한 프로그래밍

기본 골격 언어를 제시하는 목표는 어떤 것이 실용적인가를 조사하기 위한 것이 아니라 무엇이 가능한가를 조사하기 위한 것이다. 기본 골격 언어를 응용 프로그램의 개발에 사용하는 것은 부적절할 것이다. 그러나 이렇게 단순한 언어가 군더더기 없는 보편적 프로그래밍 언어를 제공하자는 목표를 충족시키고 있다는 것을 곧 알게 될 것이다. 우선은 기본 골격 언어가 기본 연산들을 어떻게 표현할 수 있는지 보일 것이다.

먼저 배정문들을 조합하면 주어진 변수에 임의의 음이 아닌 정수 값을 지정할 수 있다는 사실을 언급해둔다. 예를 들면, 다음 문장들을 통해 X의 값을 먼저 0으로 만든 다음 1씩 증가시키는 일을 세 번 반복함으로써 X의 값을 3으로 만들 수 있다.

```
clear X
incr X
incr X
incr X
```

프로그램에서 흔히 일어나는 또 다른 활동에는 한 장소의 데이터를 다른 장소로 복사하는 일이다. 기본 골격 언어에서 이것은 한 변수의 값을 다른 변수에 배정할 수 있어야 함을 의미한다. 이는 먼저 목적지에 해당하는 변수의 값을 0으로 만든 다음 그 값을 적절한 횟수만큼 1씩 증가시킴으로써 달성될 수 있다. 사실 이미 앞에서 다음과 같은 문장들을 통해 X의 값을 Z에 옮길 수 있음을 관찰한 바 있다.

그림 12.5 | 기본 골격 언어를 사용한 "Today의 값을 Tomorrow에 복사하라" 명령의 구현

```
clear Aux
clear Tomorrow
while Today not 0:
  incr Aux
  decr Today
while Aux not 0:
  incr Today
  incr Tomorrow
  decr Aux
```

```
clear Z
while X not 0:
  incr Z
  decr X
```

그러나 이 문장들은 X가 원래 가지고 있던 값을 지우게 되는 부수 작용이 있는데, 이 문제를 바로잡기 위해 처음 위치의 값을 먼저 다른 보조 변수에 옮기는 방법을 사용할 수 있다. 그런 다음 이 보조 변수의 값을 사용하여 목적지에 해당하는 변수에 문제의 값을 배정하는 동시에 원래의 변수를 복원할 수 있다. 이러한 방식을 사용하여 Today의 값을 Tomorrow로 복사하는 작업이 그림 12.5의 문장들을 통해 달성될 수 있다.

그림 12.5의 문장 구조를 나타내는 간이 표현으로 다음과 같은 구문을 사용한다. 여기에서 name1과 name2는 변수 이름들을 나타낸다.

```
copy name1 to name2
```

이렇게 해서 비록 기본 골격 언어 자체는 명시적 복사 명령을 갖고 있지 않지만, 위와 같은 구문의 명령을 포함하는 프로그램을 실제 기본 골격 언어 프로그램으로 변환하기 위해 프로그램에서 이미 사용하고 있지 않은 보조 변수를 사용하는 while 구조를 사용하여 copy 문들을 대체해야 한다는 사실에 대한 이해를 갖고, 마치 이러한 문장이 기본 골격 언어의 문장인 것처럼 프로그램을 작성할 수 있다.

기본 골격 언어의 보편성

이제 기본 골격 언어가 보편적 프로그래밍 언어라는 주장을 확인하기 위해 처치-튜링 논제를 적용해보자. 먼저 기본 골격 언어로 작성된 프로그램은 함수 계산을 지시하는 것으로 간주될 수 있음을 관찰할 수 있다. 함수의 입력은 프로그램 실행 전에 변수에 배정된 값들로 이루어지며, 함수의 출력은 프로그램이 종료되는 시점에 변수에 배정되어 있는 값들로 이루어진다. 이 함수를 계산하기 위해, 변수 값들을 적절히 지정하기 위한 배정문들

로 시작되는 프로그램을 실행시킨 다음 프로그램이 종료될 때 변수들의 값을 관찰하기만 하면 된다.

이러한 조건 하에서 아래의 프로그램은 12.2절의 튜링 기계 예제에서 계산되는 후속값 함수와 동일한 함수를 계산하도록 지시한다.

```
incr X
```

실제로 이 프로그램은 X의 값을 1만큼 증가시킨다. 마찬가지로 아래의 프로그램에서 변수 X, Y의 값을 입력으로 그리고 변수 Z의 값을 출력으로 해석한다면, 이 프로그램은 덧셈 함수의 계산을 지시한다.

```
copy Y to Z
while X not 0:
  incr Z
  decr X
```

학자들은 기본 골격 언어가 모든 튜링 계산 가능 함수들을 계산하기 위한 알고리즘의 표현에 사용될 수 있음을 증명하였다. 이러한 결과와 처치-튜링 논제를 결합하면, 계산 가능한 임의의 함수는 기본 골격 언어로 작성된 프로그램에 의해 계산될 수 있다는 의미가 된다. 따라서 기본 골격 언어는 보편적 프로그래밍 언어인데, 이것은 어떤 문제를 해결하기 위한 알고리즘이 존재한다면 그 문제는 어떤 기본 골격 언어 프로그램으로 해결될 수 있다는 의미에서이다. 또한 기본 골격 언어는 이론적으로는 범용 프로그래밍 언어로 사용될 수 있다.

여기에서 *이론적*이라는 표현을 사용하는 것은 기본 골격 언어가 파이썬이나 6장에서 소개된 고급 언어들만큼 편리하지 않기 때문이다. 그러나 각각의 고급 언어들은 기본적으로 기본 골격 언어의 기능들을 핵심적 기능으로 포함하고 있다. 사실 고급 언어들의 보편성을 보장하는 것은 바로 이러한 핵심적 기능이며, 다양한 언어들에서 볼 수 있는 다른 기능들은 편의를 위해 포함된 것들이다.

기본 골격 언어와 같은 언어들은 응용 프로그래밍 환경에서는 실용적이 아니지만, 이론 컴퓨터과학에서는 유용하게 사용된다. 예를 들면, 부록 E에서는 5장에서 제기된 반복 구조와 재귀 구조의 동등성에 관한 문제를 해결하기 위한 도구로 기본 골격 언어를 사용하고 있다. 부록 E에서 이들이 동등할 것이라는 우리의 생각이 옳다는 것을 확인할 수 있다.

연습문제

1. "invert X"라는 문장의 의미가 X의 원래 값이 0이 아니면 0으로, 0이면 1로 변환하는 것이라고 하자. 이 문장을 기본 골격 언어 문장들로 표현할 수 있음을 보여라.

2. 이 절의 기본 골격 언어도 필요 이상의 문장들을 포함하고 있는데, 이 사실을 clear 문을 기본 골격 언어의 다른 문장들을 조합하여 표현할 수 있음을 보임으로써 증명하라.

3. if-else 구조를 기본 골격 언어에서 모방할 수 있음을 보여라. 즉, 기본 골격 언어로 다음 문장의 동작을 모방하는 프로그램을 작성하라. 여기에서 S1과 S2는 임의의 문장들의 열을 나타낸다.

```
if X not 0:
  S1
else:
  S2
```

4. 기본 골격 언어의 각 문장을 부록 C의 Vole 기계어로 표현할 수 있음을 보여라. (따라서 기본 골격 언어는 이러한 컴퓨터를 위한 프로그래밍 언어로 사용될 수 있다.)

5. 기본 골격 언어에서 어떻게 음의 정수를 다룰 수 있는가?

6. 아래의 기본 골격 언어 프로그램에 의해 계산되는 함수를 기술하라. 이때 X가 함수의 입력을 나타내며 Z가 출력을 나타내는 것으로 가정하라.

```
clear Z
while X not 0:
  incr Z
  incr Z
  decr X
```

12.4 계산 불가능한 함수

이제 튜링 계산 가능하지 않은 함수의 예를 제시할 텐데, 이 함수는 처치-튜링 논제에 따라 일반적 의미에서 계산 불가능한 함수로 인정되고 있다. 따라서 이 함수의 계산은 컴퓨터의 능력 밖에 있다.

정지 문제

여기에서 규명하고자 하는 계산 불가능한 함수는 정지 문제(halting problem)로 알려진 문제와 관련이 있는데, 이 문제는 어떤 프로그램이 특정 조건에서 시작한다면 종료할 것인지를 미리 예측하는 문제이다. 예를 들어 아래의 간단한 기본 골격 언어 프로그램을 생각해보자.

```
while X not 0:
```

```
    incr X
```

X의 초기 값이 0인 상태에서 이 프로그램을 실행시키게 되면, 루프는 실행되지 않을 것이며 프로그램은 바로 종료될 것이다. 그러나 X의 초기 값이 0이 아닌 상태에서 이 프로그램을 실행시키게 되면, 루프는 무한정 실행될 것이며 이 과정은 종료되지 않는다.

이 경우에는 이 프로그램이 X에 0이라는 값이 배정된 상태에서 시작할 경우에만 종료될 것이라고 쉽게 결론지을 수 있다. 그러나 보다 복잡한 프로그램의 경우 프로그램의 행동을 예측하는 일은 더욱 복잡해진다. 사실 경우에 따라서는 이러한 예측은 불가능하며, 이 점에 대해 차차 알아볼 것이다. 그러나 먼저 용어를 정의하고 사고의 초점을 보다 정확하게 정리할 필요가 있다.

앞의 예에서 어떤 프로그램이 종료할 것인지는 변수들의 초기 값에 따라 달라질 수 있다는 것을 알 수 있다. 따라서 어떤 프로그램의 실행이 종료할 것인지 예측하려면, 이러한 초기 값들에 대해 보다 정확히 표현할 필요가 있다. 이러한 값들과 관련하여 우리가 사용할 표현은 처음에는 낯설겠지만 차차 익숙해질 것이다. 여기에서는 자기 참조(self-reference)라는 기법을 이용할 텐데, 이는 자신을 참조하는 객체를 이용한다. 자기 참조는 수학에서 여러 가지 놀라운 결과들로 이어졌는데, "이 문장은 거짓이다"와 같은 단순한 문장이나 "모든 집합의 집합은 자신을 포함하는가?"와 같은 더욱 복잡한 역설에 이르기까지 호기심을 자극하는 예들을 찾아볼 수 있다. 여기에서 우리가 하려는 것은 "한다면 하지 않는 것이지만, 하지 않는다면 하는 것이다."와 비슷한 추론을 위한 설정 작업이다.

여기에서 자기 참조는 프로그램 안의 변수에 프로그램 자체를 나타내는 초기 값을 배정하는 방식으로 이루어진다. 각각의 기본 골격 언어 프로그램은 ASCII를 사용하여 한 바이트 당 한 문자 형식의 긴 비트 패턴 하나로 인코딩할 수 있으며, 이러한 인코딩은 다시 아주 큰 음이 아닌 정수의 2진 표현으로 해석될 수 있다. 프로그램 안의 변수들을 위한 초기 값으로 배정하려는 값이 바로 이러한 정수이다.

이 경우 아래와 같은 단순한 프로그램에서 어떤 일이 일어날지 생각해보자.

```
while X not 0:
  incr X
```

우리가 알고 싶은 것은 X에 이 프로그램 자체를 나타내는 정수 값을 배정한 상태에서 이 프로그램의 실행을 시작할 경우 어떤 일이 일어나는가이다(그림 12.6). 이 경우 답은 쉽게 얻을 수 있다. X는 0이 아닌 값이므로 이 프로그램은 루프에 빠져 종료되지 않을 것이다. 반면에 아래 프로그램으로 비슷한 실험을 수행한다면, 이 프로그램은 while 구조에 이를 때쯤이면 원래의 초기 값에 상관없이 변수 X가 0이 되어 있을 것이므로 종료될 것이다.

```
clear X
while X not 0:
  incr X
```

그림 12.6 | 자체 종료 테스트를 위한 프로그램

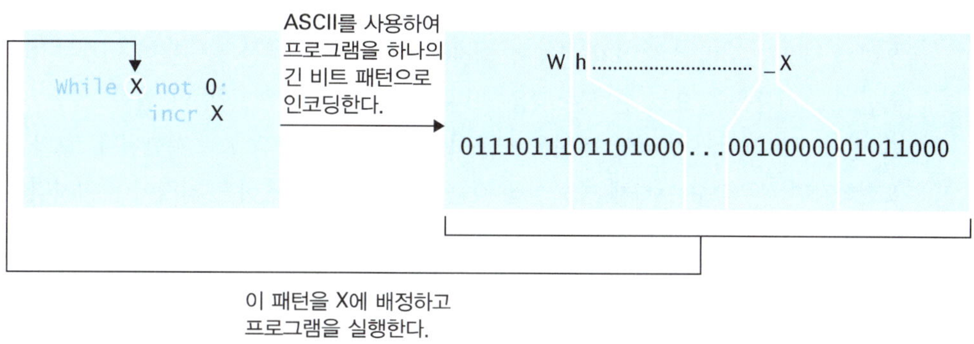

이제 용어 하나를 정의한다. 기본 골격 언어 프로그램에서 모든 변수를 프로그램 자체에 대한 인코딩 표현으로 초기화하여 실행하여 종료하면, 그 프로그램은 **자체 종료성(self-terminating)**을 갖는다고 정의된다. 이를 설명하자면, 프로그램이 자신을 입력으로 시작할 때 그 실행이 종료된다면 자체 종료성을 갖는 것이다. 이 정의에서 앞서 언급된 자기 참조가 사용되고 있음에 유의하기 바란다.

프로그램이 자체 종료성을 갖는지 여부는 아마 프로그램이 작성된 목적과는 아무 상관이 없다. 이는 단지 개별 기본 골격 언어 프로그램이 가질 수 있는 성질일 뿐이며, 프로그램에 따라 그러한 성질을 갖거나 갖지 않는다.

이제 정지 문제에 대해 정확히 기술할 수 있게 되었다. 정지 문제란 기본 골격 언어 프로그램이 자체 종료성을 갖는지 여부를 결정하는 문제이며, 이 문제에 대해 일반적으로 답할 수 있는 알고리즘은 없다는 것을 곧 알게 될 것이다. 즉, 임의의 기본 골격 언어 프로그램이 주어졌을 때 이 프로그램이 자체 종료성을 갖는지 여부를 결정할 수 있는 어떠한 단일 알고리즘도 존재하지 않는다. 따라서 정지 문제에 대한 해답은 컴퓨터의 능력 밖이다.

앞의 예제들에서 정지 문제를 해결하고 있는 듯이 보였는데 정지 문제를 해결 불가능한 문제라고 주장하는 것은 모순적으로 들릴 수도 있으므로 이를 명확히 할 필요할 있다. 예제들에서 사용된 관찰은 특정 예에 국한된 것으로 모든 상황에 적용되는 것은 아니다. 정지 문제가 요구하는 것은 모든 기본 골격 언어 프로그램에 대해 자체 종료성을 갖는지 여부를 결정할 수 있는 하나의 일반적인 알고리즘이다. 특정 프로그램에 대해 자체 종료성을 갖는지를 결정하기 위한 몇 개의 고립된 통찰이 모든 경우에 적용될 수 있는 하나의 일반적 방법이 존재한다는 것을 의미하는 것은 결코 아니다. 요약하자면, 특정 정지 문제를 해결할 수 있는 컴퓨터를 구축할 수는 있을지 모르지만, 발생하는 어떤 정지 문제라도 해결하기 위해 사용할 수 있는 단 하나의 컴퓨터를 구축할 수는 없다.

정지 문제의 해결 불가능성

이제 정지 문제를 해결하는 것이 컴퓨터의 능력 밖에 있음을 증명하고자 한다. 이를 위해 우리가 사용하는 방법은 정지 문제를 해결하기 위해서는 계산 불가능한 함수를 계산하기 위한 알고리즘을 필요로 한다는 것을 보이는 것이다. 문제의 함수의 입력으로는 기본 골격 언어 프로그램의 인코딩 버전을 사용하며, 출력 값은 0과 1로 제한된다. 보다 정확히 표현하자면, 이 함수는 자체 종료성을 갖는 프로그램을 표현하는 입력이 주어지면 출력이 1이 되고, 자체 종료성을 갖지 않는 프로그램을 표현하는 입력이 주어지면 출력이 0이 되도록 정의된다. 표현의 간결성을 위해 이 함수를 *정지 함수*로 지칭하기로 한다.

우리의 작업은 이제 정지 함수가 계산 불가능함을 보이는 것이며, 귀류법을 사용하여 증명하기로 한다. 귀류법은 주어진 명제가 참일 수 없음을 보임으로써 명제가 거짓임을 증명하는 방법이다. 이제 "정지 문제는 계산 가능하다"라는 명제가 참이 될 수 없음을 보이기로 하자. 전체 논지는 그림 12.7에 요약되어 있다.

정지 함수가 계산 가능하다면, (기본 골격 언어가 보편적 프로그래밍 언어이므로) 이를 계산할 수 있는 기본 골격 언어 프로그램이 존재해야 한다. 즉, 입력이 자체 종료성을 갖는 프로그램의 인코딩 버전일 경우 출력이 1인 상태로 아니면 출력이 0인 상태로 종료하는 기본 골격 언어 프로그램이 존재해야 한다.

이러한 프로그램을 적용하기 위해 어느 변수가 입력 변수인지 지정할 필요는 없으며, 단지 프로그램의 모든 변수를 테스트하고자 하는 프로그램의 인코딩 표현으로 초기화하면 된다. 이것은 입력 변수가 아닌 변수의 경우 본질적으로 초기 값이 최종 출력 값에 영향을 미치지 않기 때문이다. 정지 함수가 계산 가능하다면, 모든 입력 변수가 자체 종료성을 갖는 프로그램의 인코딩 버전으로 초기화될 경우 출력이 1인 상태로 아니면 출력이 0인 상태로 종료하는 기본 골격 언어 프로그램이 존재해야 할 것이라고 결론짓는다.

이 프로그램의 출력 변수의 이름이 X라고 가정하면(프로그램에서 출력 변수의 이름이 다를 경우 변수들의 이름을 변경하면 됨), 다음 문장들을 프로그램 끝에 추가하여 새로운 프로그램을 만들 수 있다.

```
while X not 0:
```

이 새로운 프로그램은 자체 종료성을 갖든지 갖지 않든지 둘 중 하나이어야 한다. 그러나 이 새로운 프로그램은 둘 중 어디에도 해당될 수 없음을 보게 될 것이다.

만일 이 새로운 프로그램이 자체 종료성을 가질 경우, 변수들을 이 프로그램 자체의 인코딩 표현으로 초기화하여 수행한다면, 그 실행이 추가된 while 문에 도달했을 때 변수 X의 값은 1이 되어 있을 것이다. (여기까지는 새로운 프로그램이 원래의 프로그램과 동일하며, 원래의 프로그램은 자체 종료성을 갖는 프로그램의 인코딩 표현이 입력으로 주어질 경우 1을 출력하도록 되어있다.) 이 시점에서 프로그램의 실행은 while 구조에서 영원

그림 12.7 | 정지 문제의 해결 불가능성에 대한 증명

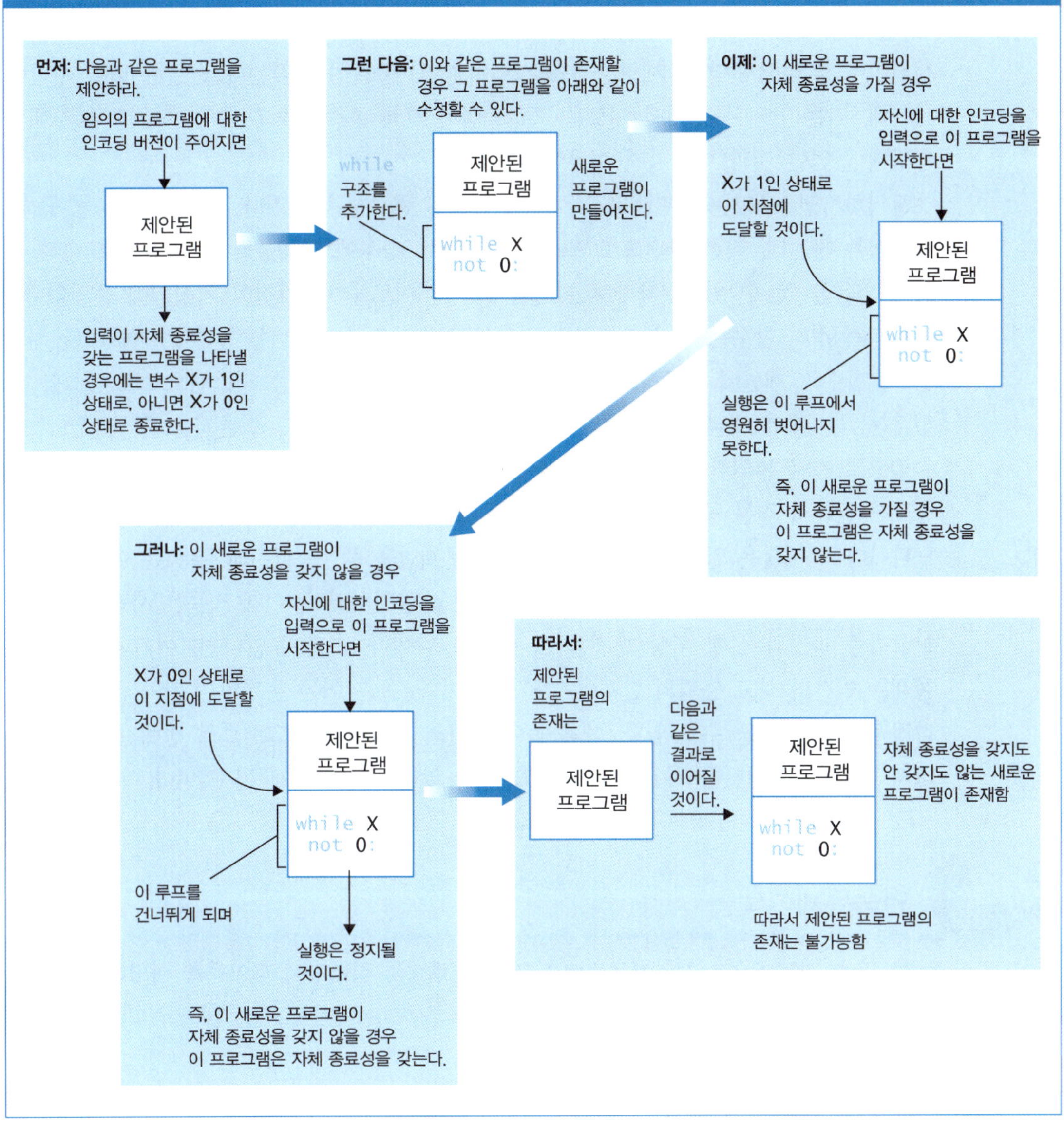

히 벗어나지 못할 텐데, 이는 루프 안에서 X의 값을 감소시키기 위한 부분이 마련되어 있지 않기 때문이다. 그러나 이는 새로운 프로그램이 자체 종료성을 갖는다는 가정에 모순된다. 따라서 새로운 프로그램은 자체 종료성을 갖지 않는다고 결론 내릴 수밖에 없다.

그러나 만일 이 새로운 프로그램이 자체 종료성을 갖지 않을 경우, 변수들을 이 프로그램 자체의 인코딩 표현으로 초기화하여 수행한다면, 그 실행이 추가된 while 문에 도달했을 때 변수 X의 값은 0이 되어 있을 것이다. (이는 while 문 앞의 문장들이 원래의 프로그램에 해당하며, 원래의 프로그램은 자체 종료성을 갖지 않는 프로그램의 인코딩 표현

이 입력으로 주어질 경우 0을 출력하도록 되어있다.) 이 경우 while 구조의 루프를 피하게 될 것이며 프로그램은 정지될 것이다. 그러나 이것은 자체 종료성을 갖는 프로그램의 성질이며, 따라서 우리는 새로운 프로그램이 자체 종료성을 갖는다고 결론 내릴 수밖에 없는데, 이는 앞의 문단에서 새로운 프로그램은 자체 종료성을 갖지 않는다고 결론 내릴 수밖에 없었던 것과 마찬가지 이유에서이다.

요약하자면, 우리는 한편으로 프로그램이 자체 종료성을 갖거나 갖지 않거나 둘 중 하나이어야 하는데, 다른 한편으로 프로그램이 어느 경우에도 해당될 수 없다는 모순적 상황에 있음을 알 수 있다. 따라서 이러한 모순에 이르게 한 가정이 거짓임에 틀림없다.

따라서 정지 함수는 계산 가능하지 않다고 결론지을 수 있으며, 정지 문제에 대한 해답은 이 함수의 계산에 의존하므로 정지 문제는 어떠한 알고리즘 시스템으로도 해결할 수 없다는 의미에서 **해결 불가능한 문제(unsolvable problem)**라고 결론지을 수 있다.

끝으로 지금 논의한 사항을 11장의 아이디어와 관련지어보기로 하자. 11장에서 제기된 중요한 근본적 질문 중 하나는 계산 기계의 능력이 지능 자체에 요구되는 능력을 포함하느냐이다. 기계들은 알고리즘적 해법을 갖는 문제만을 풀 수 있는데, 우리는 여기에서 알고리즘적 해법이 없는 문제들이 존재한다는 것을 발견하였다. 이제 의문은 사람의 두뇌는 알고리즘 과정의 실행 이상의 것을 할 수 있느냐이다. 그렇지 않다면, 여기에서 파악한 한계는 인간의 사고 능력의 한계이기도 할 것이다. 물론 이는 논쟁의 여지가 많으며 때로 감정적인 문제가 될 수도 있다. 예를 들어 인간의 두뇌가 프로그램으로 정해진 기계에 지나지 않는다면, 인간은 자유의지를 갖고 있지 않다고 결론짓게 될 것이다.

연습문제

1. 다음 기본 골격 언어 프로그램은 자체 종료성을 갖는가? 그 이유를 설명하라.

```
incr X
decr Y
```

2. 다음 기본 골격 언어 프로그램은 자체 종료성을 갖는가? 그 이유를 설명하라.

```
copy X to Y
incr Y
incr Y
while X not 0:
  decr X
  decr X
  decr Y
  decr Y
decr Y
```

```
while Y not 0:
```

3. 다음 시나리오에서 무엇이 문제인가?
어떤 마을에서 모든 사람은 자신의 집을 소유하고 있다. 이 마을의 주택 도색업자는 집 주인이 도색 작업을 하지 않는 모든 집들을 또한 그러한 집들만을 자신이 도색한다고 떠벌이고 있다.
(*힌트*: 주택 도색업자의 집은 누가 도색하는가?)

12.5 문제의 복잡도

12.4절에서 문제의 해결 가능성에 대하여 살펴보았다. 이 절에서는 해결 가능한 문제가 실용적인 해법을 갖는지에 대한 질문에 초점을 맞춘다. 이론적으로는 해결 가능한 문제 중에도 너무 복잡해서 실용적 관점에서는 해결 불가능한 문제들이 있음을 보게 될 것이다.

복잡도의 측정

일단 5.6절에서 시작했던 알고리즘 효율성에 관한 내용으로 돌아가 보자. 5.6절에서는 빅-세타 표기법을 사용하여 알고리즘들을 실행에 필요한 시간에 따라 분류하였다. 삽입 정렬 알고리즘은 $\Theta(n^2)$ 클래스에 속하며, 순차 검색 알고리즘은 $\Theta(n)$ 클래스에 속하고, 2진 검색 알고리즘은 $\Theta(\log_2 n)$에 속한다는 사실을 알게 되었다. 이제 문제들의 복잡도를 식별하는 데 이러한 분류 체계를 사용할 것이다. 우리의 목표는 어느 문제들이 다른 문제들보다 더 복잡한지 그리고 궁극적으로 너무 복잡해서 실용적 해법을 갖지 않는 문제들이 어떤 문제들인지 알려줄 분류 체계를 개발하는 것이다.

현재의 학습 내용이 알고리즘 효율성에 관한 지식에 기초하는 이유는 문제의 복잡도를 그 해법의 복잡도로 측정하기 때문이다. 우리는 단순한 해법을 갖는 문제는 단순한 문제이며, 단순한 해법을 갖지 않는 문제는 복잡한 문제라고 간주한다. 문제가 어려운 해법을 갖는다고 해서 반드시 문제 자체가 복잡한 것은 아니다. 결국 하나의 문제에 여러 가지 해법이 있으며, 그 중에는 복잡한 해법들도 있을 것이다. 따라서 어떤 문제가 복잡하다고 결론짓기 위해서는 그 문제를 위한 해법 중 어느 것도 단순하지 않음을 보여야 한다.

컴퓨터과학에서 관심을 갖는 문제들은 컴퓨터로 해결될 수 있는 문제들이며, 이러한 문제들의 해법이 알고리즘으로 표현된다. 따라서 어떤 문제의 복잡도는 그 문제를 해결하는 알고리즘들의 성질에 의해 결정된다. 더 정확히 표현하자면, 어떤 문제를 해결하기 위한 가장 단순한 알고리즘의 복잡도가 문제 자체의 복잡도로 간주된다.

그런데 알고리즘의 복잡도는 어떻게 측정하는가? 유감스럽게도 *복잡도(complexity)*라

공간 복잡도

시간을 기준으로 복잡도를 측정하는 방식 외에 저장 공간 요구사항을 측정하는 방법도 있는데, 이를 **공간 복잡도**(space complexity)라고 부른다. 즉, 어떤 문제의 공간 복잡도는 그 문제를 해결하기 위해 요구되는 저장 공간의 양에 의해 정해진다. 본문에서 *n*개의 항목을 갖는 리스트를 정렬하는 문제의 시간 복잡도는 $O(n \log_2 n)$임을 살펴본 바 있다. 동일한 문제의 공간 복잡도는 $O(n + 1) = O(n)$ 이하이다. 결국 삽입 정렬 알고리즘을 사용하여 *n*개의 항목을 갖는 리스트를 정렬할 때, 리스트를 위한 공간과 임시로 사용할 한 개의 항목을 저장할 공간을 필요로 한다. 따라서 점점 더 긴 리스트들을 정렬해야 할 경우, 각 작업에 필요한 시간이 요구되는 공간에 비해 더 빠른 속도로 증가한다. 사실 이것은 보편적인 현상이다. 공간을 사용하기 위해서는 시간이 필요하므로, 어떤 문제의 공간 복잡도가 시간 복잡도에 비해 더 빨리 증가하지는 않는다.

때로는 시간 복잡도와 공간 복잡도 사이의 절충 상황이 존재한다. 응용 프로그램에 따라서는 어떤 계산들을 미리 수행하여 결과를 나중에 필요할 때 빨리 꺼내볼 수 있도록 테이블에 저장해 두는 것이 유리할 수도 있다. 이와 같은 "테이블 조회" 기법은 필요할 경우 결과를 얻는 시간을 줄여주는데, 대신 테이블이 필요로 하는 추가 공간을 사용하게 된다. 반면에 데이터 압축 기법을 사용하여 저장 공간 요구사항을 줄일 수 있지만, 이 경우 데이터의 압축과 해제를 위한 추가 시간을 사용하게 된다. 두 종류의 복잡도 사이에 절충 상황이 존재하므로 알고리즘의 전체적인 효율성은 시간 복잡도와 공간 복잡도 모두에 종속된다.

는 용어는 여러 가지 의미로 해석된다. 복잡도에 대한 한 가지 해석은 알고리즘 안의 의사결정 및 분기(branching)의 양을 기준으로 삼는다. 이 경우 복잡한 알고리즘은 서로 얽혀있는 지시사항들로 이루어진 알고리즘이 될 것이다. 이러한 해석은 알고리즘의 발견과 표현에 관한 문제를 중요시하는 소프트웨어 엔지니어의 관점과 일치할지 모르겠지만, 컴퓨터의 관점에서 보는 복잡도의 개념을 반영하지는 못한다. 컴퓨터가 실행할 다음 명령을 선택할 때 실제로 의사결정을 내리는 것은 아니며, 매번 프로그램 카운터가 가리키는 명령을 실행할 때 컴퓨터는 단지 기계 주기를 반복적으로 따를 뿐이다. 따라서 컴퓨터가 서로 얽혀있는 명령들을 실행하는 것은 단순한 순차적 순서에 따라 명령들을 실행하는 것만큼 쉬운 일이다. 사실 복잡하게 표현된 알고리즘이 보다 단순한 알고리즘보다 효율적으로 실행되는 경우도 있다. 따라서 이러한 해석은 알고리즘 자체의 복잡도보다는 알고리즘 표현의 어려움을 측정하는 경향이 있다.

컴퓨터의 관점에서 알고리즘의 복잡도를 더 정확히 반영하는 해석은 알고리즘을 실행할 때 수행되어야 할 단계의 수를 측정하는 것이다. 이것은 작성된 프로그램에 나타나는 명령의 수를 의미하는 것은 아니다. 하나의 문장으로 이루어진 루프 본체가 100번 실행되도록 제어될 경우 이는 100개의 문장을 실행하는 것과 같다. 따라서 이러한 루틴은 개별적인 50개의 문장보다 짧지만 이보다 더 복잡한 것으로 간주된다. 요점은 이러한 복잡도의 해석이 결국은 해법을 표현하는 프로그램의 길이가 아니라 해법을 실행하기 위해 컴퓨터가 소요할 시간에 관한 것이라는 점이다.

따라서 어떤 문제를 복잡하다고 간주하는 것은 그 문제에 대한 모든 해법이 많은 시간을 요하는 경우이다. 복잡도에 대한 이러한 정의는 **시간 복잡도**(time complexity)로 지칭된다. 시간 복잡도 개념에 대해서는 5.6절의 알고리즘 효율성에 관한 학습을 통해 이미 간접적으로 접한 바 있다. 결국 알고리즘 효율성에 관한 학습은 알고리즘의 시간 복잡도에 관한 학습이며, 이 둘은 서로 반대되는 개념일 뿐이다. 즉, "보다 효율적인"이라는 표현은 "덜 복잡한"과 같은 것이다. 따라서 시간 복잡도를 기준할 때, $\Theta(n)$에 속하는 순차 검색 알고리즘은 리스트 검색 문제에 대해 $\Theta(\log_2 n)$에 속하는 2진 검색 알고리즘보다 더 복잡한 해법이다.

이제 문제의 복잡도를 규명하기 위한 수단을 얻기 위해 알고리즘의 복잡도에 대한 지식을 적용해보자. 이제 어떤 문제에 대해 시간 복잡도가 $\Theta(f(n))$인 알고리즘이 존재하며 또한 이보다 낮은 시간 복잡도를 갖는 알고리즘은 존재하지 않을 경우 이 문제의 (시간) 복잡도를 $\Theta(f(n))$이라고 정의한다. 즉, 어떤 문제의 (시간) 복잡도는 그 문제를 위한 최선의 해법의 (시간) 복잡도로 정의된다. 유감스럽게도 어떤 문제에 대한 최선의 해법을 찾고 그 해법이 최선이라는 것을 파악하는 일 자체가 아주 어려운 문제이다. 이러한 상황에서 어떤 문제의 복잡도에 대해 알려진 사항을 표현하기 위해 빅-세타 표기법의 변형인 **빅-오 표기법**(big-O notation)이 사용된다. 더 정확히 표현하자면, $f(n)$이 n에 관한 수학식이고 어떤 문제가 $\Theta(f(n))$에 속하는 알고리즘에 의해 해결될 경우, 이 문제는 $O(f(n))$에 속한다고 표현한다. 따라서 어떤 문제가 $O(f(n))$에 속한다는 것은 복잡도가 $\Theta(f(n))$인 해법을 갖는다는 의미이며, 실제로 이 문제는 그보다 나은 해법을 가질 수도 있다.

검색 및 정렬 알고리즘들에 대한 조사에 따르면, (리스트가 이미 정렬되어 있다는 것만 알고 있을 경우) 길이 n인 리스트를 검색하는 문제는 $O(\log_2 n)$에 속하는데, 이는 2진 검색 알고리즘이 이 문제를 해결하기 때문이다. 더욱이 학자들이 증명한 바에 의하면, 검색 문제는 실제로 $\Theta(\log_2 n)$에 속하며 따라서 2진 검색이 이 문제를 위한 최선의 해법을 나타낸다. 반면에 (리스트 안의 값의 분포에 대해 아무런 사전 지식이 없을 경우) 길이 n인 리스트의 정렬은 $O(n^2)$에 속한다는 것을 알 수 있는데, 이는 삽입 정렬 알고리즘이 이 문제를 해결하기 때문이다. 그러나 정렬 문제는 $\Theta(n \log_2 n)$에 속한다는 것이 알려져 있는데, 이는 삽입 정렬 알고리즘이 (시간 복잡도가 기준일 때) 최선의 해법이 아니라는 것을 의미한다.

정렬 문제에 대한 이보다 나은 해법 중 하나는 병합 정렬 알고리즘이다. 이 알고리즘에서는 이미 정렬된 작은 리스트 부분들을 병합하여 더 큰 정렬된 부분을 얻고 이들을 다시 병합하는 방식을 반복한다. 각 병합 과정은 순차파일을 논의할 때 소개하였던 병합 알고리즘(그림 9.15)을 적용한다. 편의성을 위해 그 알고리즘을 그림 12.8에 다시 싣고 있는데, 이번에는 두 개의 리스트를 병합하는 과정을 보이고 있다. 완전한 (재귀적) 병합 정렬 알고리즘은 그림 12.9에서 `MergeSort()`라는 함수로 제시되어 있다. 리스트를 정렬하도록 요청받으면, 이 함수는 먼저 주어진 리스트 안의 항목 수가 둘 미만인지 검사한다. 이

그림 12.8 | 두 개의 리스트를 병합하기 위한 MergeLists 함수

```
def MergeLists(InputListA, InputListB, OutputList):

  if (두 입력 리스트 모두 비어 있음):
    OutputList가 빈 상태로 멈춘다.
  if (InputListA가 비어 있음):
    주어진 리스트가 소진되었음을 선언한다.
  else:
    주어진 리스트의 첫 번째 항목을 현재 항목으로 선언한다.
  if (InputListB가 비어 있음):
    주어진 리스트가 소진되었음을 선언한다.
  else:
    주어진 리스트의 첫 번째 항목을 현재 항목으로 선언한다.
  while (어느 입력 리스트도 소진되어 있지 않음):
    현재 항목들 중 "작은" 항목을 OutputList에 출력한다.
    if (출력된 항목이 해당 입력 리스트의 마지막 항목임):
      해당 입력 리스트가 소진되었음을 선언한다.
    else:
      해당 입력 리스트의 다음 항목을 그 리스트의 현재 항목으로 선언한다.
  소진되지 않은 입력 리스트의 현재 항목에서 시작하여 남아있는 항목들을
      OutputList에 복사한다.
```

경우 이 함수의 작업은 완료된 것이다. 그렇지 않을 경우, 이 함수는 주어진 리스트를 둘로 나누고, 이들 각각에 대해 MergeSort() 함수의 사본들에 요청하여 정렬시킨 다음, 이들을 병합하여 정렬된 버전의 최종 리스트를 얻는다.

이 알고리즘의 복잡도를 분석하기 위해 먼저 길이 r 인 리스트와 길이 s인 리스트를 병합할 때 수행되어야 할 리스트 항목 사이의 비교 횟수를 생각해보자. 병합 과정은 두 리스트에서 한 항목씩을 꺼내어 비교하고 둘 중 "작은" 항목을 출력 리스트에 넣는 일을 반복함으로써 이루어진다. 따라서 매번 비교가 이루어질 때마다 고려해야 할 항목의 수는 1씩 줄어든다. 시작할 때의 항목의 개수가 $r + s$개이므로, 두 리스트를 병합하는 과정에서 필요한 비교 횟수는 $r + s$번을 넘지 않는다.

이제 전체 병합 정렬 알고리즘에 대해 생각해보자. 이 알고리즘은 길이 n인 리스트를

그림 12.9 | MergeSort 함수로 구현된 병합 정렬 알고리즘

```
def MergeSort(List):
  if (List가 둘 이상의 항목을 갖고 있음):
    MergeSort(List의 전반부)
    MergeSort(List의 후반부)
    MergeLists(List의 전반부, List의 후반부, List의 정렬된 버전)
```

정렬하는 작업이 주어지면, 길이가 대략 $n/2$인 리스트를 정렬하는 두 개의 작은 문제로 만들어 처리한다. 이 두 개의 문제는 다시 길이가 대략 $n/4$인 리스트를 정렬하는 네 개의 문제로 귀착된다. 이러한 분할 과정을 그림 12.10의 트리 구조로 요약할 수 있는데, 그림에서 각 트리 노드는 재귀적 과정에서의 한 문제를 나타내며, 각 노드 아래의 가지는 부모 노드에서 파생되는 작은 문제들을 나타낸다. 따라서 전체 정렬 과정에서 일어나는 비교의 총수는 트리의 각 노드에서 이루어지는 비교 횟수를 모두 더한 것과 같다.

먼저 트리의 각 계층에서 이루어지는 비교 횟수를 계산해보자. 임의의 트리 계층에서 나타나는 각 노드는 원래 리스트의 특정 부분에 대한 정렬 작업에 해당한다. 이러한 정렬은 병합 과정에 의해 수행되며, 따라서 앞에서 주장한 바와 같이 각 리스트 부분에 대한 비교 횟수는 그 안의 항목의 수를 초과하지 않는다. 따라서 트리의 각 계층에서 요구되는 비교 횟수는 리스트 부분들에 들어 있는 항목의 총수를 초과하지 않으며, 특정 계층의 리스트 부분들은 서로 겹치지 않으므로 이러한 합계는 원래 리스트의 길이를 초과하지 않는다. 따라서 트리의 각 계층에서의 비교 횟수는 n번 이하이다. (물론 최하위 계층에는 길이가 2 미만인 리스트들의 정렬만 이루어지며, 이 경우 비교가 전혀 필요 없다.)

이제 결정해야 할 것은 트리 안의 계층의 수이다. 이를 위해 문제를 더 작은 문제들로 분할하는 과정은 리스트의 길이가 2 미만이 될 때까지 계속된다. 따라서 트리의 계층 수는 n이라는 값에서 시작하여 2로 나누기를 반복하여 그 결과가 1 이하가 될 때까지 반복하는 횟수인 $\log_2 n$으로 의해 정해진다. 더 정확히 표현하자면, 비교를 사용하는 트리의 계층 수는 $\lceil \log_2 n \rceil$을 초과하지 않는데, 여기에서 $\lceil \log_2 n \rceil$은 $\log_2 n$의 값을 올림 처리한 결과를 나타낸다.

정리하자면, 길이 n인 리스트를 정렬할 때 병합 정렬 알고리즘에 의해 이루어지는 비교의 총 횟수는 트리의 각 계층에서 이루어지는 비교 횟수와 비교를 사용하는 트리의 계

그림 12.10 | 병합 정렬 알고리즘에 의해 생성되는 문제들의 계층구조

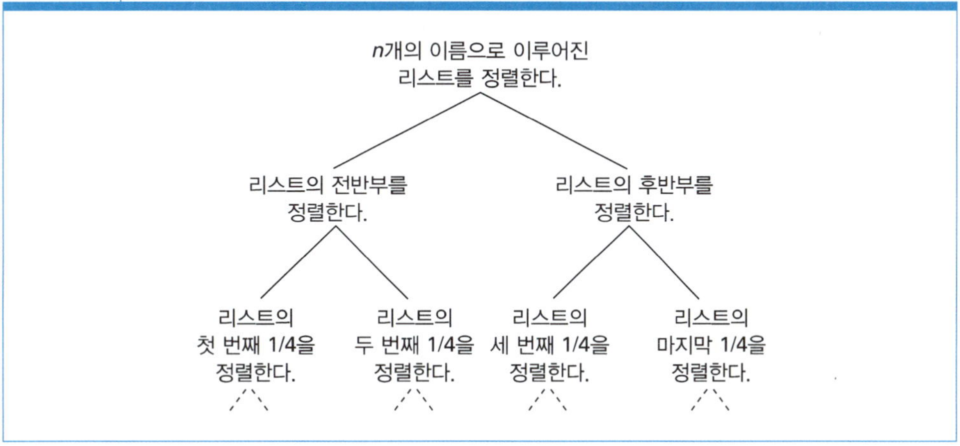

층 수를 곱함으로써 계산된다. 이 곱은 $n \lceil \log_2 n \rceil$를 초과하지 않으며, $n \lceil \log_2 n \rceil$에 대한 그래프는 $n \log_2 n$에 대한 그래프와 대체적인 모양이 동일하므로, 병합 정렬 알고리즘은 $O(n \log_2 n)$에 속하는 것으로 결론짓는다. 이 결과와 정렬 문제의 복잡도가 $\Theta(n \log_2 n)$이라는 학자들의 연구 결과를 조합하면 병합 정렬 알고리즘이 정렬 문제에 대한 최선의 해법 중 하나임을 알 수 있다.

다항식적 문제와 비다항식적 문제

$f(n)$과 $g(n)$이 수학식이라고 하자. $g(n)$이 $f(n)$으로 한계가 정해진다고 표현하는 것은 n의 값이 점점 커질수록 $f(n)$의 값이 결국에는 $g(n)$의 값보다 커지며, 이보다 더 큰 n의 값들에 대해서도 $g(n)$보다 큰 상태를 유지할 것임을 의미한다. 즉, $g(n)$이 $f(n)$으로 한계가 정해진다는 것은 "큰" n 값들에 대해서는 $f(n)$의 그래프가 $g(n)$의 그래프보다 위에 있을 것임을 의미한다. 예를 들면, 식 $\log_2 n$ 은 식 n 에 의해 한계가 정해지며(그림 12.11a), $n \log_2 n$은 n^2에 의해 한계가 정해진다(그림 12.11b).

$f(n)$ 자체가 다항식이거나 $f(n)$이 어떤 다항식에 의해 한계가 정해지며 어떤 문제가 $O(f(n))$에 속할 경우, 그 문제는 **다항식적 문제(polynomial problem)**라고 표현된다. 모든 다항식적 문제의 집합을 P로 나타낸다. 앞에서의 조사를 통해 리스트에 대한 검색 문제나 정렬 문제 등은 P에 속함을 알 수 있다.

어떤 문제가 다항식적 문제라는 것은 그 문제를 해결하기 위해 필요한 시간과 관련된 표현이다. 종종 P에 속하는 문제는 다항식적 시간 안에 해결될 수 있다고 말하거나 그 문제는 다항식적 시간 해법을 갖는다고 말한다. P에 속하는 문제들을 식별하는 것은 컴퓨터과학에서 대단히 중요한 일인데, 이는 어떤 문제들이 실용적 해법을 갖는지에 관한 질문과 밀접하게 연관되어 있기 때문이다. 실제로 클래스 P 밖에 있는 문제들은 입력의 크

그림 12.11 | 수학식 n, $\log_2 n$, $n \log_2 n$, n^2 등을 위한 그래프

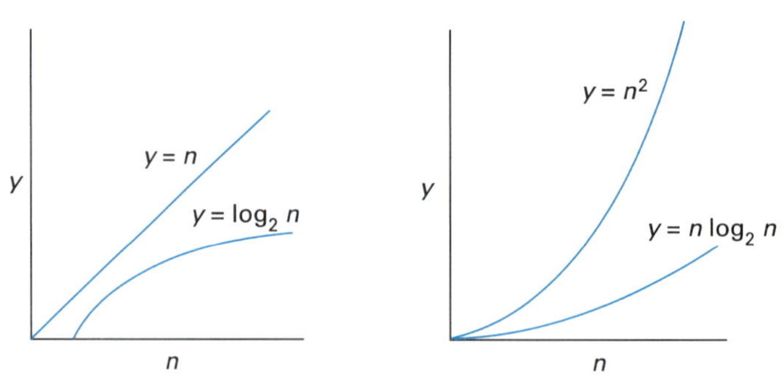

a. n과 $\log_2 n$ **b.** n^2와 $n \log_2 n$

기가 아주 크지 않더라도 극히 긴 실행시간을 갖는 특징을 갖는다. 예를 들어 어떤 문제의 해법이 2^n 단계를 필요로 한다고 하자. 기하급수인 2^n은 어떤 다항식으로도 한계가 정해지지 않는다. 즉, $f(n)$이 다항식일 경우 n의 값을 계속 증가시켜나가면 언젠가는 2^n의 값이 $f(n)$의 값보다 커지는 것을 볼 수 있을 것이다. 이것은 복잡도가 $\Theta(2^n)$인 알고리즘은 일반적으로 복잡도가 $\Theta(f(n))$인 알고리즘보다 덜 효율적이며 더 많은 시간을 요한다는 것을 의미한다. 복잡도가 기하급수로 주어지는 알고리즘은 기하급수적 시간을 요한다고 표현된다.

구체적 예제로 n명의 사람으로 이루어진 그룹에서 구성될 수 있는 모든 소위원회를 나열하는 문제를 생각해보자. 전체 그룹으로 이루어지는 소위원회도 허용하지만, 위원이 없는 소위원회는 고려하지 않는다고 하자. 이 경우 가능한 소위원회의 수는 $2^n - 1$개이며, 이 문제를 해결하는 알고리즘이라면 최소한 $2^n - 1$ 단계를 수행해야 하며, 따라서 그 복잡도는 $2^n - 1$ 이상이어야 한다. 그러나 $2^n - 1$이라는 식은 기하급수식이며 따라서 어떤 다항식으로도 한계가 정해지지 않는다. 따라서 위원회를 추출하는 대상 그룹의 크기가 커지면서 이 문제에 대한 어떤 해법이라도 엄청난 시간을 소요하게 된다.

복잡도가 출력의 크기로 인해 커지는 소위원회 문제와는 달리, 출력이 간단한 예/아니오인 문제 중에도 복잡도가 큰 경우가 있다. 한 예로 실수들의 덧셈과 관련하여 어떤 문장이 참인지에 관한 질문에 대답하는 문제가 있다. 예를 들면, "자신과 더했을 때 결과가 6이 되는 실수가 존재한다는 것은 참인가?"라는 질문에 대한 답이 '예'임을 쉽게 알 수 있다. 또 "0이 아닌 실수 중에 자신과 더했을 때 결과가 0이 되는 실수가 존재한다는 것은 참인가?"라는 질문에 대한 답이 '아니오'라는 것도 쉽게 알 수 있다. 그러나 질문이 더 복잡해지면서 이러한 질문에 쉽게 대답할 수 없게 된다. 그와 같은 질문을 만났을 때 아마 컴퓨터 프로그램의 도움을 받고 싶어질 것이다. 그렇지만 이러한 문제 중에는 그 대답에 기하급수적인 시간을 요하는 경우들이 있으며, 따라서 문제가 복잡할 경우 컴퓨터조차도 적절한 시간 내에 대답을 할 수 없게 된다.

이론적으로는 해결 가능하지만 P에 속하지 않아 엄청난 시간 복잡도를 갖는 문제들이 존재한다는 사실을 통해 이러한 문제들은 실용적 관점에서 보면 거의 해결 불가능하다고 결론지을 수 있다. 컴퓨터과학자들은 이러한 문제들을 **해결 곤란한 문제(intractable problem)**라고 부른다. 이러한 결과로 클래스 P는 해결 곤란한 문제들과 실용적인 해법을 갖는 문제들 사이의 중요한 경계를 나타내게 되었다. 따라서 클래스 P에 대한 이해는 컴퓨터과학에서 중요하게 다루는 부분이 되었다.

NP 문제

이제 배정된 출장비를 초과하지 않고 여러 도시의 고객들을 방문해야 하는 판매원에 관련된 **외판원 문제(traveling salesman problem)**에 대해 살펴보기로 하자. 이 문제는 자신의 집에서 출발하여 관련 도시들을 거쳐 다시 집으로 돌아오는 경로를 찾는 문제인데, 이때 경로의 전체 길이가 허용 범위를 초과하지 않아야 한다.

이 문제에 대한 전통적인 해법은 가능한 경로들을 체계적으로 살펴보면서 각 경로의 길이가 허용 거리 이내인지 검사하는 방법이며, 이러한 검사를 허용 거리 이내의 경로를 발견하거나 모든 가능성을 다 살펴볼 때까지 반복한다. 그러나 이 방법은 다항식적 시간의 해법이 아니다. 도시의 수가 증가하면서 검사해야 할 경로의 수는 어떤 다항식보다 빠르게 증가한다. 따라서 외판원 문제를 이러한 방식으로 해결하려는 것은 많은 수의 도시들이 포함될 경우에는 실용성이 없다.

외판원 문제를 적절한 시간 내에 해결하기 위해서는 보다 빠른 알고리즘을 발견해야 한다는 것을 알 수 있다. 만일 허용 거리 이내의 경로가 존재하고 이러한 경로를 처음에 선택하게 되면, 앞의 알고리즘이 바로 종료된다는 것을 알 수 있으며, 이러한 관찰로 인해 의욕이 생길 것이다. 예를 들면, 아래와 같은 문장들은 신속하게 외판원 문제를 해결할 수도 있다.

```
가능한 경로 중 하나를 선택하여 전체 거리를 계산한다.
if (이 거리가 허용 거리를 초과하지 않음):
   성공을 선언한다.
else:
   실패를 선언한다.
```

그러나 이러한 명령들은 기술적으로 알고리즘이 아니다. 첫 번째 명령은 어떤 경로를 선택하게 될지 지정하지 않고 있으며 그러한 결정을 어떻게 내리는지도 규정하지 않고 있으므로 모호한 명령이다. 첫 번째 명령은 프로그램을 실행하는 메커니즘이 창의성을 발휘하여 스스로 그러한 결정을 내리는 것에 의존하고 있다. 이러한 명령을 비결정적이라고 부르며, 이러한 명령을 포함하는 "알고리즘"을 **비결정적 알고리즘**(nondeterministic algorithm)이라고 부른다.

도시의 수가 증가할 때 앞의 비결정적 알고리즘을 실행하기 위해 필요한 시간은 상대적으로 천천히 증가한다. 경로를 선택하는 과정은 단지 도시들의 리스트 중 하나를 만들어내는 과정일 뿐이며, 이는 관련 도시의 수에 비례하는 시간 안에 수행될 수 있다. 더욱이 선택된 경로의 전체 거리를 계산하기 위해 필요한 시간도 방문 도시 수에 비례하며, 전체 거리를 허용 거리와 비교하기 위해 필요한 시간은 도시 수에 무관하다. 따라서 위의 비결정적 알고리즘을 실행하기 위해 필요한 시간은 어떤 다항식에 의해 한계가 정해지며, 비결정적 알고리즘을 사용할 경우 외판원 문제를 다항식적 시간 안에 해결하는 것이 가능해진다.

물론 위의 비결정적 알고리즘은 전혀 만족스러운 알고리즘이 아니다. 이 알고리즘은 운에 의존한다. 그러나 이러한 알고리즘의 존재만으로도 다항식적 시간 안에 실행되는 외

결정성과 비결정성

많은 경우에 결정적 알고리즘과 비결정적 "알고리즘" 사이의 차이는 미세해 보이지만, 이들의 차이는 분명하며 중요하다. 결정적 알고리즘은 알고리즘 실행 메커니즘의 창의적 능력에 의존하지 않는 반면, 비결정적 "알고리즘"의 경우에는 그러한 능력에 의존한다. 예를 들어 아래의 두 명령을 비교해보자.

다음 교차로에서 우회전하거나 좌회전하라.
다음 교차로에서 그 코너에 서 있는 사람의 지시에 따라 우회전하거나 좌회전하라.

어느 경우이든 지시를 따르는 사람이 취하는 행동은 실제 명령을 실행하기 전에 결정되어 있지 않지만, 첫 번째 명령은 지시를 따르는 사람이 자신의 판단에 기초하여 결정하도록 요구한다는 점에서 비결정적인 반면, 두 번째 명령은 지시를 따르는 사람에게 그와 같이 요구하는 대신 각 단계에서 무엇을 할지 알려주고 있다. 첫 번째 명령을 따라하는 사람이 여럿일 경우, 이 중 일부는 우회전할 것이며 일부는 좌회전할 것이다. 두 번째 명령을 따라하는 사람이 여럿이고 이들이 모두 동일한 정보를 받게 될 경우, 이들은 모두 동일한 방향으로 회전할 것이다. 여기에 결정적 알고리즘과 비결정적 "알고리즘" 사이의 중요한 차이가 존재한다. 동일한 입력 데이터에 대해 결정적 알고리즘이 반복적으로 실행될 경우, 매번 동일한 동작이 수행될 것이다. 그러나 비결정적 "알고리즘"은 동일한 조건 하에서 반복될 때 매번 다른 동작을 수행할 수 있다.

판원 문제에 대한 결정적 해법이 존재할 수도 있다는 것을 시사한다. 이의 사실 여부는 아직 해결되지 않고 있는 문제이다. 사실 외판원 문제는 다항식적 시간 안에 실행되는 비결정적 해법을 갖지만 결정적 다항식적 시간 해법이 발견되어 있지 않은 여러 문제 중 하나이다. 이러한 문제들에 대한 비결정적 해법의 효율성으로 인해 언젠가 이들에 대한 효율적인 결정적 해법이 발견될 것으로 기대하게 되지만, 많은 사람들은 이 문제들이 너무 복잡하여 효율적인 결정적 해법이 존재하지 않을 것으로 믿고 있다.

비결정적 알고리즘에 의해 다항식적 시간 안에 해결될 수 있는 문제를 비결정적 다항식적 문제(nondeterministic polynomial problem), 또는 NP 문제(NP problem)로 줄여서 부른다. 일반적으로 NP 문제들의 클래스를 NP로 표시한다. P에 속하는 모든 문제들은 또한 NP에도 속하는데, 이는 임의의 (결정적) 알고리즘 성능에 영향을 미치지 않는 비결정적 명령을 추가할 수 있기 때문이다.

그러나 모든 NP 문제가 P에 속하는지 여부는 외판원 문제의 경우와 같이 미해결 문제 중 하나이다. 이것은 어쩌면 오늘날의 컴퓨터과학에서 가장 널리 알려져 있는 미해결 문제일 것이다. 이 문제에 대한 해결은 중요한 결과들을 파생시킬 것이다. 예를 들면, 다음 절에서는 일부 암호화 시스템의 안전성은 외판원 문제와 유사한 문제들을 해결하는데 엄청난 시간이 걸린다는 사실에 의존하고 있음을 배우게 될 것이다. 만일 이러한 문제들을 위한 효율적인 해법이 발견될 경우, 이러한 암호화 시스템은 안전성을 잃게 될 것이다.

클래스 NP가 클래스 P와 실제로 동일한지에 대한 의문을 해결하기 위한 노력을 통해

그림 12.12 | 문제 분류의 요약

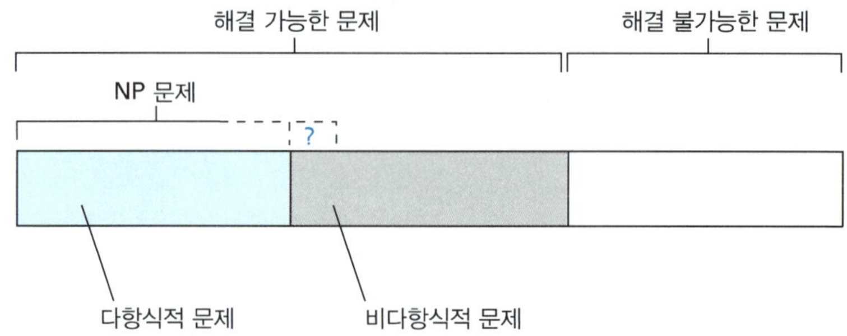

클래스 NP 안에 **NP 완전 문제(NP-complete problem)**라는 또 다른 클래스가 존재한다는 것을 발견하게 되었다. NP 완전 문제들은 이들 중 어느 한 문제에 대해서라도 다항식적 시간 해법이 존재할 경우 NP에 속하는 모든 문제들에 다항식적 시간 해법이 존재하게 된다는 성질을 갖는다. 즉, NP 완전 문제 중 하나를 해결할 수 있는 (결정적) 알고리즘이 발견될 경우, 이 알고리즘을 NP에 속하는 임의의 다른 문제를 다항식적 시간에 해결하기 위한 알고리즘으로 확장할 수 있다. 이 결과로 클래스 NP는 클래스 P와 같게 될 것이다. 외판원 문제는 NP 완전 문제의 한 예이다.

요약하자면, 그림 12.12에 묘사되어 있듯이 문제들은 해결 가능한 (즉, 알고리즘적 해법을 갖는) 문제들과 해결 불가능한 (즉, 알고리즘적 해법을 갖지 않는) 문제들로 분류될 수 있음을 볼 수 있다. 더욱이 해결 가능한 문제들의 클래스 안에는 두 개의 작은 클래스가 존재한다. 이들 중 하나는 실용적 해법을 갖는 문제들을 포함하는 다항식적 문제들의 집합이다. 다른 하나는 아주 작거나 조심스럽게 선택된 입력에 대해서는 실용적 해법을 가질 수도 있지만, 일반적으로 결정적 다항식 알고리즘이 알려져 있지 않은 해결 곤란한 문제들의 집합이다. 그리고 아직은 정확히 분류하기 어려운 이상한 NP 문제들도 존재한다.

유감스럽게도 많은 중요한 계산 문제들이 해결 곤란 또는 NP 클래스로 분류되며, 따라서 대부분의 경우 적절한 시간 내에 해결 될 수 없다. 현대적 예로는 자연어 인식이나 영상 인식, 통신 네트워크에서의 최적 데이터 라우팅, 컴퓨터 게임에서 지능형 에이전트들의 관리 등의 문제들이 있다. 알고리즘이 알려져 않거나 적절한 시간 내에 문제를 해결하지 못하는 경우 통계적 기법이나 **휴리스틱(heuristic)** 기법이 이용될 수 있다. 휴리스틱 기법이란 이후의 몇 단계 중 어떤 단계들이 가장 유망한지에 대한 추정에 사용될 수 있는 경험적 추측을 의미한다. 휴리스틱을 이용한 탐색으로 문제에 대한 정확한 해를 찾는다고 보장할 수는 없지만, 종종 적절한 시간 내에 정확한 해에 가까운 결과를 얻을 수 있다.

연습문제

1. 어떤 문제가 $\Theta(2^n)$에 속하는 알고리즘으로 해결될 수 있다고 하자. 이 문제의 복잡도에 관해 어떤 결론을 내릴 수 있는가?
2. 어떤 문제가 $\Theta(n^2)$에 속하는 알고리즘에 의해 해결될 수도 있고 $\Theta(2^n)$에 속하는 또 다른 알고리즘에 의해 해결될 수도 있다고 하자. 한 알고리즘이 다른 알고리즘보다 항상 좋은 성능을 갖게 되는가?
3. 두 명의 위원 Alice와 Bill로 이루어지는 위원회에서 구성될 수 있는 모든 소위원회들을 나열하라. Alice, Bill, Carol 등으로 이루어지는 위원회에서 구성될 수 있는 모든 소위원회들을 나열하라. Alice, Bill, Carol, David 등으로 이루어지는 위원회에서 구성될 수 있는 모든 소위원회들을 나열하라.
4. 다항식적 문제의 예를 제시하라. 해결 가능한 비다항식적 문제의 예를 제시하라. NP 문제이면서 아직 다항식적 문제로 밝혀져 있지 않은 문제의 예를 제시하라.
5. 알고리즘 X의 복잡도가 알고리즘 Y의 복잡도보다 클 경우, 알고리즘 X가 알고리즘 Y에 비해 반드시 이해하기 어렵다고 볼 수 있는가? 그 이유를 설명하라.

12.6 공개키 암호

어떤 경우에는 문제가 해결하기 어렵다는 사실이 부담이 아니라 유용한 성질이 되기도 한다. 특히 관심을 모으는 문제는 주어진 정수의 인수들을 찾는 문제인데, 이 문제를 해결하는 효율적인 해법이 있을지는 모르겠지만 아직은 발견되지 않았다. 예를 들면, 종이와 연필만을 가지고 작업할 경우, 2,173과 같은 작은 숫자들의 인수들을 찾는 것도 시간이 꽤 걸리는 작업임을 알 수 있을 것이며, 수백자리 정도의 큰 숫자들이 관련되어 있을 경우 현재 알려져 있는 최선의 소인수분해 기법을 사용하고 최신 기술을 적용할 경우에도 이 작업은 해결 곤란한 문제가 된다.

큰 정수의 인수들을 결정하기 위한 효율적인 방법을 발견하지 못한 것이 오랫동안 수학자들에게는 골칫거리였지만, 암호학에서는 이러한 사실을 응용하여 메시지의 암호화와 복호화에 사용되는 방법을 만들어낼 수 있었다. 이 암호화 방법은 창안자들인 라이베스트(Ron Rivest), 샤미르(Adi Shamir), 애들먼(Len Adleman) 등의 이름을 따서 **RSA 알고리즘(RSA algorithm)**으로 불린다. RSA 알고리즘에서는 **암호화 키(encrypting key)**라고 불리는 값들을 이용하여 메시지를 암호화하고 **복호화 키(decrypting key)**라고 불리는 값들을 이용하여 메시지를 복호화한다. 암호화 키를 알고 있는 사람들은 메시지를 암호화할

그림 12.13 | 공개키 암호

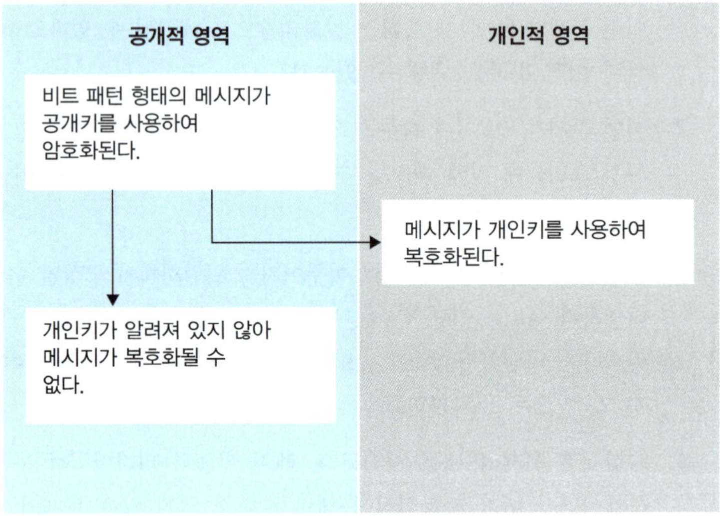

수는 있지만, 메시지를 복호화할 수는 없다. 메시지를 복호화할 수 있는 사람은 복호화 키를 가지고 있는 사람뿐이다. 따라서 암호화 키는 시스템의 보안성을 침해하지 않으면서 널리 배포될 수 있다.

이러한 암호 시스템을 **공개키 암호화(public-key encryption)** 시스템이라고 부르는데, 이 용어는 메시지의 암호화에 사용되는 키들이 시스템의 보안성을 손상하지 않으면서 공개될 수 있음을 반영하고 있다. 실제로 공개키 암호화 시스템에서 암호화 키들은 **공개키(public key)**라고 불리며 복호화 키들은 **개인키(private key)**라고 불린다(그림 12.13).

모듈로 연산

RSA 공개키 암호화 시스템의 기술에서, x를 m으로 나눈 나머지를 표현하기 위해 "x 모듈로(modulo) m" 또는 "x mod m"으로 읽는 x % m이라는 표현을 사용한다. 따라서 9 % 7은 2가 되는데, 이는 9 ÷ 7 계산에서 나머지는 2이기 때문이다. 마찬가지로 24 % 7은 3이 되는데, 이는 24 ÷ 7 계산에서 나머지는 3이기 때문이다. 그리고 14 ÷ 7 계산에서 나머지는 0이므로 14 % 7은 0이 된다. x가 0에서 $m - 1$ 범위 안의 정수일 경우, x % m은 x가 된다. 예를 들면, 4 % 9는 4이다.

p와 q가 소수이고 m이 0과 pq 사이의 정수일 경우, 임의의 양의 정수 k에 대해 수학에서 다음과 같은 사실이 밝혀져 있다.

$$1 = m^{k(p-1)(q-1)} \% pq$$

여기에서는 이 사실을 증명하지는 않겠지만, 이 의미를 분명히 하기 위해 예를 하나 들어 보기로 한다. p와 q가 각기 소수 3과 5이며, m은 4라고 하자. $m^{k(p-1)(q-1)}$를 15로 나누면 나머지는 1이 될 것이다(15는 3과 5의 곱임). 예를 들어 $k = 1$일 경우,

$$m^{k(p-1)(q-1)} = 4^{1(3-1)(5-1)} = 4^8 = 65{,}536$$

과 같은 결과가 되며, 이를 15로 나눈 나머지는 위의 주장대로 1이 된다. 그리고 $k = 2$일 경우,

$$m^{k(p-1)(q-1)} = 4^{2(3-1)(5-1)} = 4^{16} = 4{,}294{,}967{,}296$$

과 같은 결과가 되며, 이를 15로 나눈 나머지는 이번에도 1이 된다. 실제로 k로 선택되는 양의 정수가 무엇이든 나머지는 1이 될 것이다.

RSA 공개키 암호

이제 RSA 알고리즘에 기초한 공개키 암호화 시스템을 구축하고 분석할 준비가 된 셈이다. 먼저 두 개의 소수 p와 q를 선택하고 그 곱을 n으로 표시한다. 그런 다음 어떤 양의 정수 k에 대해 $e \times d = k(p-1)(q-1) + 1$을 만족하는 두 개의 다른 양의 정수 e와 d를 선택한다. 이 값들을 e와 d로 부르는 이유는 이들이 각기 암호화(*e*ncryption)와 복호화(*d*ecryption) 과정에서 사용되기 때문이다. (위의 등식을 만족하는 e와 d를 선택하는 것이 가능하다는 사실도 수학에서 증명되어 있다.)

이제 선택된 값은 p, q, n, e, d 등 5개이다. e와 n은 암호화 키로 사용되며, d와 n은 복호화 키로 사용된다. p와 q는 암호화 시스템의 구축 과정에서만 사용된다.

> 이제 설명의 명확성을 위해 예를 하나 살펴보기로 하자. p와 q의 값으로 7과 13을 선택한다. 그러면 $n = 7 \times 13 = 91$이 된다. 그리고 e와 d로 5와 29를 사용할 수 있는데, 이는 이 값들이 $5 \times 29 = 145 = 144 + 1 = 2(7 - 1)(13 - 1) + 1 = 2(p - 1)(q - 1) + 1$을 만족하기 때문이다. 따라서 암호화 키는 $n = 91$과 $e = 5$이며, 복호화 키는 $n = 91$과 $d = 29$이다. 암호화 키는 우리에게 메시지를 보내고자 하는 누구에게나 배포해도 좋지만, 복호화 키는 우리만 알고 있기로 한다(p와 q도 남에게 알려주지 않는다).

이제 메시지가 어떻게 암호화되는지 살펴보기로 하자. 메시지는 현재 ASCII나 유니코드 등을 사용하여 비트 패턴으로 인코딩되어 있으며, 2진수로 해석될 때 n보다 작다고 하자. (만일 n보다 작지 않으면, 메시지를 더 작은 조각들로 분할하여 각 조각을 개별적으로 암호화하게 될 것이다.)

2진수로 해석된 메시지가 나타내는 값이 m이라고 가정하자. 그러면 이 메시지의 암호

화된 버전은 2진수 값 $c = m^e \% n$이 된다. 즉, 암호화된 메시지는 m^e를 n으로 나눈 나머지의 2진수 표현에 해당한다.

> 예를 들어 앞의 예제에서 만들어진 암호화 키 $n = 91$과 $e = 5$를 사용하여 메시지 10111을 암호화하려 한다면, 먼저 10111은 23에 해당하는 2진수임을 인식하여 $23^e = 23^5 = 6{,}436{,}343$을 계산하고, 이 값을 $n = 91$로 나눈 나머지 4를 얻게 될 것이다. 따라서 이 메시지에 대한 암호화 버전은 4의 2진수 표현에 해당하는 100이 될 것이다.

2진수로 c를 나타내는 메시지를 복호화하기 위해서는 $c^d \% n$을 계산한다. 즉, c^d를 계산하고 그 결과를 n으로 나눈 다음 그 나머지를 취한다. 실제로 이 나머지가 원래 메시지를 나타내는 값 m이 되는데, 이것은 다음과 같은 계산을 통해 알 수 있다.

$$
\begin{aligned}
c^d \% n &= m^{e \times d} \% n \\
&= m^{k(p-1)(q-1)+1} \% n \\
&= m \times m^{k(p-1)(q-1)} \% n \\
&= m \% n \\
&= m
\end{aligned}
$$

여기에서 앞서 언급된 $m^{k(p-1)(q-1)} \% n = m^{k(p-1)(q-1)} \% pq = 1$과 $m \% n = m$ ($m < n$이기 때문임) 등의 사실을 이용하고 있다.

> 앞의 예제에서 암호화된 메시지 100을 수신하면, 이 값이 4에 해당하는 2진수임을 인식하여 $4^d = 4^{29} = 288{,}230{,}376{,}151{,}711{,}744$를 계산하고 이 값을 $n = 91$로 나누어 나머지 23을 얻는데, 이를 2진수로 표현하면 원래의 메시지 10111이 된다.

요약하자면, 두 개의 소수 p와 q를 선택하고 이들에서 n, e, d 등을 생성함으로써 RSA 공개키 암호화 시스템이 만들어진다. n과 e는 메시지의 암호화에 사용되는 공개키이고, n과 d는 메시지의 복호화에 사용되는 개인키이다(그림 12.14). 이 시스템의 강점은 메시지의 암호화 방법을 안다고 해서 메시지를 복호화할 수 있는 것이 아니라는 것이다. 따라서 암호화 키 n과 e를 널리 배포할 수 있다. 공격자들이 암호화 키를 얻게 되더라도, 이들이 가로채는 메시지를 복호화하지는 못할 것이다. 복호화 키를 알고 있는 사람만이 메시지를 복호화할 수 있다.

RSA 시스템의 보안성은 암호화 키 n과 e를 안다고 해서 복호화 키 n과 d를 계산할 수는 없다는 가정에 기초하고 있다. 그러나 실제로는 이를 위한 알고리즘들이 존재한다. 한 방법은 n을 소인수분해하여 p와 q를 찾은 다음 $k(p - 1)(q - 1) + 1$이 나머지 없이 e로 나누어지는 k를 찾게 되면, 이때의 몫이 d가 된다. 문제는 p와 q가 큰 숫자들일 때 이 과정의 첫 번째 단계가 시간이 많이 걸린다는 것이다. 실제로 p와 q가 수백 비트 정도의 큰 숫자일 경우, 현재 알려져 있는 최선의 소인수분해 알고리즘으로도 n에서 p와 q를 찾

그림 12.14 | RSA 공개키 암호화 시스템의 확립

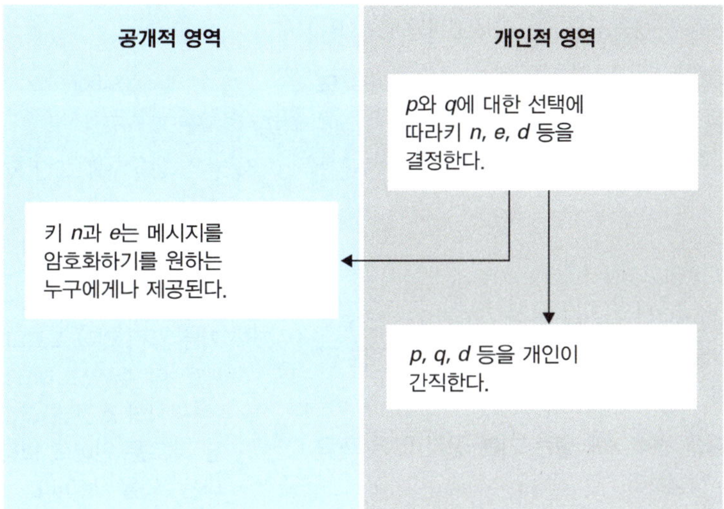

는 데 수십 년 이상 걸릴 것이다. 이 결과로 암호화된 메시지의 내용은 그 중요성이 사라진 후에도 오랫동안 안전하게 유지될 것이다.

현재까지 누구도 복호화 키를 모르는 상태에서 RSA 암호에 기초하여 만들어진 메시지를 효율적으로 복호화하는 방법을 찾지는 못하였으며, 따라서 RSA 알고리즘에 기초한 공개키 암호화가 인터넷상에서 통신의 프라이버시 보호를 위해 널리 사용되고 있다.

연습문제

1. 66,043의 인수들을 구하라. (이 문제에 너무 많은 시간을 들일 필요는 없다. 이 문제의 취지는 이 작업에 시간이 많이 걸릴 수 있음을 보이기 위한 것이다.)
2. 공개키 $n = 91$과 $e = 5$를 사용하여 메시지 101을 암호화하라.
3. 개인키 $n = 91$과 $d = 29$를 사용하여 메시지 10을 복호화하라.
4. 소수 $p = 7$과 $q = 19$, 그리고 암호화 키 $e = 5$에 기초한 RSA 공개키 암호 시스템에서 복호화 키 n과 d를 찾아라.

단원 복습 문제

(* 표시된 것은 고급 내용을 다루는 절에 관련된 문제이다.)

1. 다음과 같은 구조를 어떻게 기본 골격 언어로 모방할 수 있는지 보여라.

```
while X equals 0:
    .
    .
    .
```

2. 변수 X가 0보다 작거나 변수 Y와 같으면 변수 Z에 1을 넣고, 아니면 변수 Z에 0을 넣는 기본 골격 언어 프로그램을 작성하라.

3. 2의 X승을 변수 Z에 넣는 기본 골격 언어 프로그램을 작성하라.

4. 다음 각 경우에 대해 지시된 활동을 수행하는 기본 골격 언어 프로그램을 작성하라.
   a. X의 값이 짝수이면 Z에 0을 넣고, 아니면 Z에 1을 넣는다.
   b. 0에서 X까지의 정수의 합을 계산한다.

5. X의 값을 Y의 값으로 나누는 기본 골격 언어 프로그램을 작성하라. 나머지는 무시한다. 즉, 1 나누기 2는 0이 되며, 5 나누기 3은 1이 된다.

6. 함수의 입력은 X와 Y에 의해 표현되며 Z는 출력을 나타낸다고 가정하고, 아래 기본 골격 언어 프로그램에 의해 계산되는 함수를 기술하라.

```
copy X to Z
copy Y to Aux
while Aux not 0:
  decr Z
  decr Aux
```

7. 함수의 입력은 X와 Y에 의해 표현되며 Z는 출력을 나타낸다고 가정하고, 아래 기본 골격 언어 프로그램에 의해 계산되는 함수를 기술하라.

```
clear Z
copy Y to Aux1
copy Y to Aux2
while Aux1 not 0:
  while Aux2 not 0:
    decr Z
    decr Aux2
  decr Aux1
```

8. 변수 X와 Y에 대한 XOR(eXclusive OR)을 계산하여 그 결과를 변수 Z에 넣는 기본 골격 언어 프로그램을 작성하라. X와 Y에는 정수 값 0 또는 1만 들어 있다고 가정해도 좋다.

9. 기본 골격 언어 프로그램의 명령들에 정수 값 라벨을 달 수 있고 while 루프 구조를 아래와 같은 형식의 조건부 goto 문으로 대체하여 만들어진 새로운 언어도 보편적 프로그래밍 언어가 된다는 것을 보여라. name은 임의의 변수이며 label은 명령의 라벨로 사용되는 정수 값이다.

```
if name not 0:
   goto label
```

10. 이 장에서 아래와 같은 문장을 기본 골격 언어로 어떻게 모방할 수 있는지 살펴보았다.

```
copy name1 to name2
```

기본 골격 언어에서 while 루프 구조를 다음 형식의 사후 테스트 루프로 대체할 경우에도 위의 문장을 모방할 수 있음을 보여라.

```
repeat:
  ...
  until (name equals 0)
```

11. 기본 골격 언어에서 while 문을 다음 형식의 사후 테스트 루프로 대체할 경우에도 여전히 보편적 프로그래밍 언어가 된다는 것을 보여라.

```
repeat:
  ...
  until (name equals 0)
```

12. 일단 시작되면 한 개의 테이프 셀만을 사용하면서도 결코 정지 상태에 도달하지 않는 튜링 기계를 설계하라.

13. 현재 셀의 왼쪽에 있는 모든 셀에 대해 *를 포함하는 셀을 만날 때까지 0을 넣는 튜링 기계를 설계하라.

14. 튜링 기계의 테이프 상에 0과 1로 이루어진 패턴이 있다고 하자. 이 패턴의 오른쪽 끝에 있는 *를 포함하는 셀에서 시작하여 이 패턴을 왼쪽으로 한 셀만큼 회전 이동시키는 튜링 기계를 설계하라.

15. *를 포함하는 현재 셀과 그 왼쪽의 첫 번째 *를 포함하는 셀 사이에 있는 0과 1의 패턴을 거꾸로 뒤집는 튜링 기계를 설계하라.

16. 처치-튜링 논제를 요약하라.

17. 아래의 기본 골격 언어 프로그램은 자체 종료성을 갖는가? 그 이유를 설명하라.

```
copy X to Y
incr Y
incr Y
while X not 0:
  decr X
  decr X
  decr Y
  decr Y
decr Y
while Y not 0:
  incr X
  decr Y
while X not 0:
```

18. 아래의 기본 골격 언어 프로그램은 자체 종료성을 갖는가? 그 이유를 설명하라.

```
while X not 0:
```

19. 아래의 기본 골격 언어 프로그램은 자체 종료성을 갖는가? 그 이유를 설명하라.

```
while X not 0:
  decr X
```

20. 다음 문장의 유효성을 분석하라.

다음 문장은 참이다.
앞의 문장은 거짓이다.

21. 다음 문장의 유효성을 분석하라.
"어떤 배의 요리사는 스스로를 위해 요리를 하지 않는 모든 사람을 위해 또한 이들만을 위해 요리한다." (이 요리사를 위해 요리하는 사람은 누구인가?)

22. 어떤 나라에서는 각 사람이 참말쟁이거나 거짓말쟁이이다. (참말쟁이는 항상 참을 말하며, 거짓말쟁이는 항상 거짓만 말한다.) 하나의 질문으로 어떤 사람이 참말쟁이인지 거짓말쟁이인지를 구분할 수 있는 질문은 무엇일까?

23. 이론 컴퓨터과학에서 튜링 기계가 갖는 중요성을 요약하라.

24. 이론 컴퓨터과학에서 정지 문제가 갖는 중요성을 요약하라.

25. 어떤 모임의 사람들 중 특정 날짜가 생일인 사람이 있는지 알아낼 필요가 있다고 하자. 한 방법은 한 번에 한 사람씩 물어보는 것이다. 이 방법을 사용할 경우, 어떤 사건의 발생으로 그와 같은 사람이 있다는 것을 알 수 있는가? 또 어떤 사건의 발생으로 그와 같은 사람이 없다는 것을 알 수 있는가? 이제 양의 정수들 중 적어도 하나가 특정 성질을 갖는지 알아보기를 원하며 앞에서와 같이 정수들을 한 번에 한 개씩 체계적으로 테스트하는 방법을 적용한다고 하자. 실제로 그러한 성질을 갖는 정수가 존재할 경우 어떻게 발견할 수 있을 것인가? 만일 그러한 성질을 갖는 정수가 존재하지 않는다면, 어떻게 그와 같은 사실을 발견할 수 있을 것인가? 어떤 가설이 참인지를 알아보기 위한 테스트 작업과 그 가설이 거짓인지를 알아보기 위한 테스트 작업이 반드시 대칭적이라고 볼 수 있는가?

26. 리스트에 특정 값이 들어 있는지 검색하는 문제는 다항식적 문제인가? 그 이유를 설명하라.

27. 주어진 양의 정수가 소수인지 결정하기 위한 알고리즘을 설계하라. 그 알고리즘은 효율적인가? 그 해법은 다항식적 해법인가? 아니면 비다항식적 해법인가?

28. 어떤 문제에 대한 다항식적 해법은 기하급수적 해법에 비해 항상 나은 것인가? 그 이유를 설명하라.

29. 어떤 문제가 다항식적 해법을 갖는다는 사실이 그 문제가 항상 실용적 시간에 해결될 수 있다는 의미인가? 그 이유를 설명하라.

30. 찰리 프로그래머는 짝수의 사람들로 이루어진

그룹을 두 개의 같은 크기의 소그룹으로 나누는 문제를 맡았는데, 그룹을 나누는 기준은 양쪽 소그룹의 나이의 합의 차이를 최대화시키는 것이다. 찰리가 제안한 해법은 가능한 모든 소그룹 쌍을 구성하여 각 경우의 나이 합의 차이를 계산하고 이 중 가장 큰 차이를 갖는 경우를 선택하는 것이다. 반면 메리 프로그래머가 제안한 방법은 먼저 원래 그룹을 나이순으로 정렬한 다음 정렬된 그룹에서 나이가 적은 절반의 사람들로 하나의 소그룹을 구성하고 나머지 절반의 사람들로 또 하나의 소그룹을 구성하는 것이다. 각 해법의 복잡도는? 이 문제 자체는 다항식적 복잡도, NP, 비다항식적 복잡도 어디에 해당되는가?

31. 리스트를 정렬하기 위해 가능한 모든 리스트 배열을 생성한 다음 이들 중 원하는 배열을 선택하는 방법이 만족스러운 방법이 아닌 이유는?

32. 1에서 50 사이의 정수 네 개를 정확히 선택하는 방식에 기초한 복권이 있다고 하자. 그리고 당첨금이 아주 많아져서 모든 조합의 복권을 한 장씩 구입해도 이익이 될 정도라고 하자. 복권 한 장을 구입하는 데에 1초의 시간이 소요된다면, 모든 조합의 복권을 한 장씩 구입하는 데에는 얼마의 시간이 걸리겠는가? 복권에서 네 개가 아니라 다섯 개의 숫자를 선택하는 경우라면 시간은 얼마나 걸리겠는가? 이 문제는 이 장의 내용과 어떤 연관성이 있는가?

33. 아래의 알고리즘은 결정적 알고리즘인가? 그 이유를 설명하라.

```
def mystery (Number):
  if (Number > 5):
    "예"로 답한다
  else:
    5보다 작은 값 하나를 선택하여 답으로 제시한다
```

34. 아래의 알고리즘은 결정적 알고리즘인가? 그 이유를 설명하라.

```
직진한다.
세 번째 교차로에서 코너에 있는 사람에게 우회전할지
좌회전할지 물어보라.
그 사람의 지시에 따라 회전하라.
두 블록을 더 간 다음 멈추어라.
```

35. 아래의 알고리즘에서 비결정성 요소들을 찾아라.

```
1에서 100 사이의 숫자 세 개를 선택한다.
if (선택된 숫자들의 합이 150보다 큼):
  "예"로 답한다
else:
  앞에서 선택한 숫자 중 하나를 골라 답으로 제시한다
```

36. 아래의 알고리즘은 다항식적 시간 복잡도를 갖는가? 아니면 비다항식적 시간 복잡도를 갖는가? 그 이유를 설명하라.

```
def mystery (ListOfNumbers):
  ListOfNumbers에서 숫자들의 집합을
    선택한다.
  if (선택된 집합 안의 숫자들의 합이 125임):
    "예"로 답한다
  else:
    답을 주지 않는다
```

37. 다음 문제 중 클래스 P에 속하는 것들은?

a. 복잡도가 n^2인 문제
b. 복잡도가 $3n$인 문제
c. 복잡도가 n^2+2n인 문제
d. 복잡도가 $n!$인 문제

38. 어떤 문제가 다항식적 문제라고 말하는 것과 어떤 문제가 비결정적 다항식적 문제라고 말하는 것 사이의 차이를 요약하라.

39. 클래스 P와 클래스 NP 모두에 속하는 문제의 예 하나를 제시하라.

40. 동일한 문제를 해결하기 위한 두 개의 알고리즘이 주어져 있다고 하자. 이 중 한 알고리즘의 시간 복잡도는 n^4이며, 다른 알고리즘의 시간 복잡도는 $4n$이라고 하자. 어떤 크기의 입력에 대해 전자의 알고리즘이 후자의 알고리즘에 비해 더 효율적인가?

41. 15개의 도시가 있고 두 도시마다 각기 다른 도로에 의해 연결되어 있는 상황의 외판원 문제가 주어져 있다고 하자. 도시들을 순회하는 서로 다른 경로의 수는 모두 몇 개인가? 각 경로의 길이를 계산하는 데 1마이크로초가 걸린다면, 모든 경로의 길이를 계산하는 데 얼마나 오래 걸리겠는가?

42. Alice, Bob, Carol, David 등으로 이루어진 리스

트에 그림 12.8과 그림 12.9의 병합 정렬 알고리즘이 적용될 경우 이름 사이의 비교 횟수는 모두 몇 번인가? Alice, Bob, Carol, David, Elaine 등으로 이루어진 리스트의 경우는?

43. 그림 12.12가 나타내고 있는 각 범주에 속하는 문제의 예를 하나씩 제시하라.

44. n이 주어진 양의 정수라고 할 때, $x^2 + y^2 = n$ 형태의 방정식을 위한 정수해를 찾기 위한 알고리즘을 설계하라. 이 알고리즘의 시간 복잡도를 결정하라.

45. NP 완전 범주에 속하는 문제 중에 배낭 문제(knapsack problem)라는 것이 있는데, 이것은 합이 특정 값이 되도록 리스트에서 숫자들을 선택하는 문제이다. 예를 들면, 642 257 771 388 391 782 304 등으로 이루어진 리스트에서 합이 1427이 되는 숫자들은 257, 388, 782이다. 앞의 리스트에서 합이 1723이 되는 숫자들을 찾아라. 어떤 알고리즘을 적용하였는가? 그 알고리즘의 복잡도는?

46. 외판원 문제와 (문제 45의) 배낭 문제 사이의 유사점들을 찾아라.

47. 리스트 정렬을 위한 아래의 알고리즘은 버블 정렬이라고 불린다. n개의 항목으로 이루어진 리스트에 적용될 경우 버블 정렬은 항목 간 비교를 몇 번이나 필요로 하는가?

```
def BubbleSort (List):
  Counter = 1
  while (Counter < List 안의 항목 수):
    N = List 안의 항목 수
    while (N > 1):
      if (N번째 List 항목이
           그 앞 항목보다 작음):
          N번째 항목과 그 앞 항목을 서로 바꾼다
      N = N - 1
    Counter = Counter + 1
```

48. RSA 공개키 암호화에서 공개키 $n = 91$과 $e = 5$를 사용하여 메시지 110을 암호화하라.

49. RSA 공개키 암호화에서 개인키 $n = 133$과 $d = 5$를 사용하여 메시지 111을 복호화하라.

50. RSA 알고리즘에 기초한 공개키 암호화 시스템에서 공개키가 $n = 77$과 $e = 7$임을 알고 있다고 하자. 개인키는 무엇인가? 이 문제를 짧은 시간 안에 풀 수 있었던 이유는 무엇이라고 생각하는가?

51. 107,531의 인수들을 찾아라. 이 문제는 이 장의 내용과 어떤 연관성이 있는가?

52. 양의 정수 n이 2에서 n의 제곱근 사이에 어떠한 약수도 갖지 않는다면, 어떠한 결론을 얻을 수 있는가? 이것은 양의 정수의 인수들을 찾는 작업에 대해 무엇을 말해주는가?

사회적 논제

다음 질문들은 컴퓨터 적용 분야에 관련된 윤리적/사회적/법률적 쟁점에 대한 지침을 마련하기 위한 것이다. 이 질문들의 목표는 단순히 대답을 이끌어내는 것에 있지 않다. 자신의 대답에 대한 이유를 생각해야 하며, 그와 같은 논거는 각 문항 사이에서 일관성을 유지해야 한다.

1. 어떤 문제를 해결하기 위한 최선의 알고리즘을 실행하는 데에 100년이 걸린다고 하자. 이 문제를 해결하기 쉬운(tractable) 문제로 간주하겠는가? 그 이유를 설명하라.

2. 국민들은 정부기관의 감청을 방지할 수 있는 방식으로 메시지를 암호화할 권리를 가

져야 하는가? 이에 대한 대답이 “적법한” 수사를 보장하는가? “적법한” 수사인지 여부는 누가 결정해야 한다고 보는가?

3. 인간의 두뇌가 알고리즘 장치라면, 처치-튜링 논제가 인류에 대해 갖는 의미는 무엇인가? 어느 정도까지 튜링 기계가 인간 두뇌의 계산 능력을 포함하고 있다고 생각하는가?
4. 유한한 크기의 테이블, 대수 공식, 튜링 기계 등등의 서로 다른 계산 능력을 갖는 여러 계산 모델이 존재한다는 것을 살펴본 바 있다. 서로 다른 생물들의 계산 능력에 차이가 있는가? 사람들의 계산 능력에는 차이가 있는가? 만일 그렇다면, 더 높은 계산 능력을 갖춘 사람은 자신의 생활수준을 높이기 위해 그러한 능력을 사용해야 하는가?
5. 오늘날 거의 모든 도시들의 도로지도를 제공하는 웹사이트나 스마트폰 앱들이 있다. 이러한 사이트들은 특정 주소 위치를 찾는 것을 도와주며, 작은 지역의 배치를 보여주는 확대 기능을 제공한다. 이러한 지도 사이트 다수는 유사한 확대 기능을 갖는 위성사진을 제공하는데, 이러한 확대 기능은 개별 건물이나 주변 풍경의 자세한 영상을 제공할 수 있는 정도이다. 이러한 현실에 기초하여 다음과 같은 가상적 시나리오를 생각해보자. 이러한 영상이 실시간 비디오를 포함할 수 있도록 확장되었다고 하자. 이러한 비디오 영상에 적외선 기술까지도 적용한다고 하자. 이 정도면 다른 사람들이 남의 집 내부를 24시간 지켜볼 수 있다. 이러한 확장 과정의 어느 시점부터 프라이버시 권리의 침해가 발생한다고 보는가? 이러한 확장 과정의 어느 시점부터 오늘날의 첩보위성 기술의 능력을 벗어난 것이라고 생각하는가? 이러한 시나리오는 어느 정도까지 허구적인가?
6. 어떤 회사가 암호화 시스템을 개발하여 특허로 등록하였다고 하자. 이 회사가 설립되어 있는 국가의 정부는 국가 안보의 이름으로 필요하다면 이 시스템을 사용할 권리를 가져야 한다고 보는가? 그 정부는 국가 안보의 이름으로 그 회사가 이 시스템을 영리 목적으로 이용하는 것을 제한할 권리를 가져야 한다고 보는가? 이 회사가 다국적 기업일 경우라면?
7. 내부 구조가 암호화되어 있는 제품을 구매한다고 가정하자. 구매자는 내부 구조를 복호화할 권리를 갖는다고 보는가? 그렇다면, 이 경우 복호화를 통해 얻은 정보를 영리 목적으로 이용할 권리를 갖는다고 보는가? 비영리 목적으로 이용할 경우는? 암호화가 비밀스러운 암호화 시스템을 사용하여 이루어졌고, 구매자가 이 비밀을 발견한 경우라면? 이러한 비밀을 다른 사람과 공유할 권리를 갖는다고 보는가?
8. 여러 해 전에 철학자 듀이(John Dewey, 1859-1952)는 “기술의 책임성”이라는 용어를 소개하였다. “기술의 책임성”에 관련된 사례를 몇 개 들어보라. 이러한 사례들에 기초하여, “기술의 책임성”을 스스로 정의해보라. 지난 100년간 인류 사회는 “기술의 책임성”을 실천해왔다고 보는가? “기술의 책임성”을 실천하도록 보장하기 위한 조치

가 필요하다고 생각하는가? 그렇다면, 어떠한 조치가 필요한가? 그렇지 않다면, 이유를 설명하라.

참고문헌

Garey, M. R. and D. S. Johnson. *Computers and Intractability*. New York: W. H. Freeman, 1979.

Hofstadter, D. R. *Gödel, Escher, Bach: An Eternal Golden Braid*. St. Paul, MN: Vintage, 1980.

Hopcroft, J. E., R. Motwani, and J. D. Ullman. *Introduction to Automata Theory, Languages, and Computation*, 3rd ed. Boston, MA: Addison-Wesley, 2007.

Lewis, H. R. and C. H. Papadimitriou. *Elements of the Theory of Computation*, 2nd ed. Englewood Cliffs, NJ: Prentice-Hall, 1998.

Rich E. *Automata, Computability, and Complexity: Theory and Application*. Upper Saddle River, NJ: Prentice-Hall, 2008.

Richards, D. and H. Hamburger. *Logic and Language Models for Computer Science*, 3rd ed. Singapore: World Scientific, 2017.

Sipser, M. *Introduction to the Theory of Computation*, 3rd ed. Boston, MA: Cengage Learning, 2012.

Smith, C. and E. Kinber. *Theory of Computing: A Gentle Introduction*. Englewood Cliffs, NJ: Prentice-Hall, 2001.

Sudkamp, T. A. *Languages and Machines: An Introduction to the Theory of Computer Science*, 3rd ed. Boston, MA: Addison-Wesley, 2006.

Appendix

부록

A ASCII

B 2의 보수 표현을 조작하기 위한 회로

C 간단한 기계어

D 고급 언어 프로그램 예제

E 반복 구조와 재귀 구조와 동등성

F 연습문제 해답

Appendix A

ASCII

다음은 ASCII 코드 일부를 나열하고 있는데, 각 비트 패턴은 오늘날 보편적으로 사용되는 8비트 패턴에 맞추기 위해 왼쪽에 0을 하나씩 추가하여 확장되어 있다. 각 8비트 패턴에 대해 16진수 표현이 세 번째 열에 주어져 있다.

기호	ASCII	16진수	기호	ASCII	16진수	기호	ASCII	16진수
line feed	00001010	0A	>	00111110	3E	^	01011110	5E
carriage return	00001101	0D	?	00111111	3F	_	01011111	5F
space	00100000	20	@	01000000	40	`	01100000	60
!	00100001	21	A	01000001	41	a	01100001	61
"	00100010	22	B	01000010	42	b	01100010	62
#	00100011	23	C	01000011	43	c	01100011	63
$	00100100	24	D	01000100	44	d	01100100	64
%	00100101	25	E	01000101	45	e	01100101	65
&	00100110	26	F	01000110	46	f	01100110	66
'	00100111	27	G	01000111	47	g	01100111	67
(	00101000	28	H	01001000	48	h	01101000	68
)	00101001	29	I	01001001	49	i	01101001	69
*	00101010	2A	J	01001010	4A	j	01101010	6A
+	00101011	2B	K	01001011	4B	k	01101011	6B
,	00101100	2C	L	01001100	4C	l	01101100	6C
-	00101101	2D	M	01001101	4D	m	01101101	6D
.	00101110	2E	N	01001110	4E	n	01101110	6E
/	00101111	2F	O	01001111	4F	o	01101111	6F
0	00110000	30	P	01010000	50	p	01110000	70
1	00110001	31	Q	01010001	51	q	01110001	71
2	00110010	32	R	01010010	52	r	01110010	72
3	00110011	33	S	01010011	53	s	01110011	73
4	00110100	34	T	01010100	54	t	01110100	74
5	00110101	35	U	01010101	55	u	01110101	75
6	00110110	36	V	01010110	56	v	01110110	76
7	00110111	37	W	01010111	57	w	01110111	77
8	00111000	38	X	01011000	58	x	01111000	78
9	00111001	39	Y	01011001	59	y	01111001	79
:	00111010	3A	Z	01011010	5A	z	01111010	7A
;	00111011	3B	[	01011011	5B	{	01111011	7B
<	00111100	3C	\	01011100	5C	|	01111100	7C
=	00111101	3D	]	01011101	5D	}	01111101	7D

Appendix B

2의 보수 표현을 조작하기 위한 회로

이 부록에서는 2의 보수 표기법으로 표현된 값의 덧셈이나 부호 변경을 위한 회로를 제시하고 있다. 먼저 4비트 크기의 2의 보수 표현의 부호를 바꾸어주는 그림 B.1의 회로부터 살펴보기로 하자. 예를 들어 3에 대한 2의 보수 표현이 주어지면, 이 회로는 −3을 위한 표현을 만들어낸다. 이 회로는 본문에서 제시된 것과 동일한 알고리즘을 이용하여 부호 변환 작업을 수행한다. 즉, 이 회로는 주어진 패턴의 오른쪽에서 왼쪽으로 진행하며 1을 하나 복사할 때까지 입력에서 출력으로 복사한 다음 나머지 비트들은 보수를 취하여 복사한다. 가장 오른쪽의 XOR 게이트의 입력 하나는 0으로 고정되어 있으므로, 이 게이트는 다른 입력을 출력으로 전달하기만 한다. 그러나 이 출력은 또한 왼쪽으로 전달되어 다음 XOR 게이트의 입력으로 사용된다. 이 출력이 1일 경우, 다음 XOR 게이트는 그 입력의 보수를 취하여 출력에 전달할 것이다. 더욱이 이 1은 다시 OR 게이트를 통해 왼쪽으로 전달되어 그 다음 게이트에도 영향을 미치게 된다. 이러한 방식으로 진행함으로써 출력에 복사된 첫 번째 1은 왼쪽으로도 전달되어 나머지 비트들 모두 출력으로 이동하면서 보수로 바꾸도록 만든다.

다음으로 2의 보수 표기법으로 표현된 두 개의 값을 더하는 과정을 생각해보자. 예를 들어

그림 B.1 | 2의 보수 패턴의 부호를 변경하는 회로

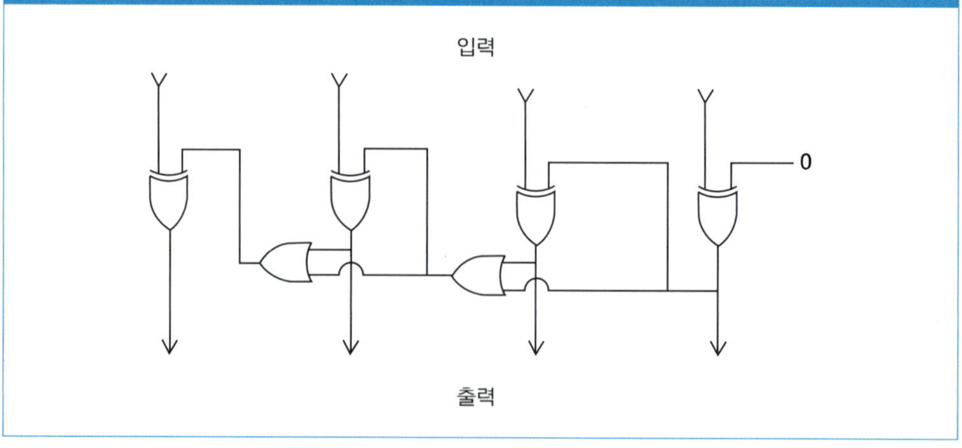

```
   0110
 + 1011
```

와 같은 문제를 풀 때, 왼쪽에서 오른쪽으로 한 자리씩 진행하며, 각 자리에 대해 동일한 알고리즘을 적용한다. 따라서 이러한 문제에서 한 자리에 대한 덧셈 회로를 얻게 되면, 이러한 회로를 반복함으로써 여러 자리의 수에 대한 덧셈 회로를 구축할 수 있다.

여러 자리의 수를 더하는 문제에서 한 자리에 대한 덧셈 알고리즘은 현재 자리의 두 값을 더하고, 그 합에 이전 자리에서 넘어온 올림수를 더한 다음, 이 합의 낮은 자리 비트를 답으로 적어 넣고, 올림수를 다음 자리에 전달하는 것이다. 그림 B.2의 회로는 이러한 알고리즘을 따르고 있다. 위쪽의 XOR 게이트는 두 입력 비트의 합을 결정하며, 아래쪽의 XOR 게이트는 이 합과 이전 자리에서 넘어온 올림수를 더한다. 두 개의 AND 게이트와 한 개의 OR 게이트는 올림수를 왼쪽으로 전달한다. 예를 들어 이 자리의 두 개의 원래 입력 비트 모두 1이었거나 두 입력 비트의 합과 이전 자리의 올림수가 모두 1이었을 경우, 만들어지는 올림수는 1이 될 것이다.

그림 B.3은 4비트 크기의 2의 보수 체계로 표현된 두 개의 값의 합을 계산하는 회로를 만들기 위해 이러한 한 자리 덧셈 회로의 복사본들이 어떻게 사용되는지 보여주고 있다. 각 사각형은 한 자리 덧셈 회로의 복사본을 나타낸다. 가장 오른쪽 사각형에 주어지는 올림수는 항상 0으로 정해져 있는데, 이것은 이전 자리에서 넘어올 올림수가 없기 때문이

그림 B.2 | 여러 자리의 수를 더하는 문제에서 한 자리를 더하기 위한 회로

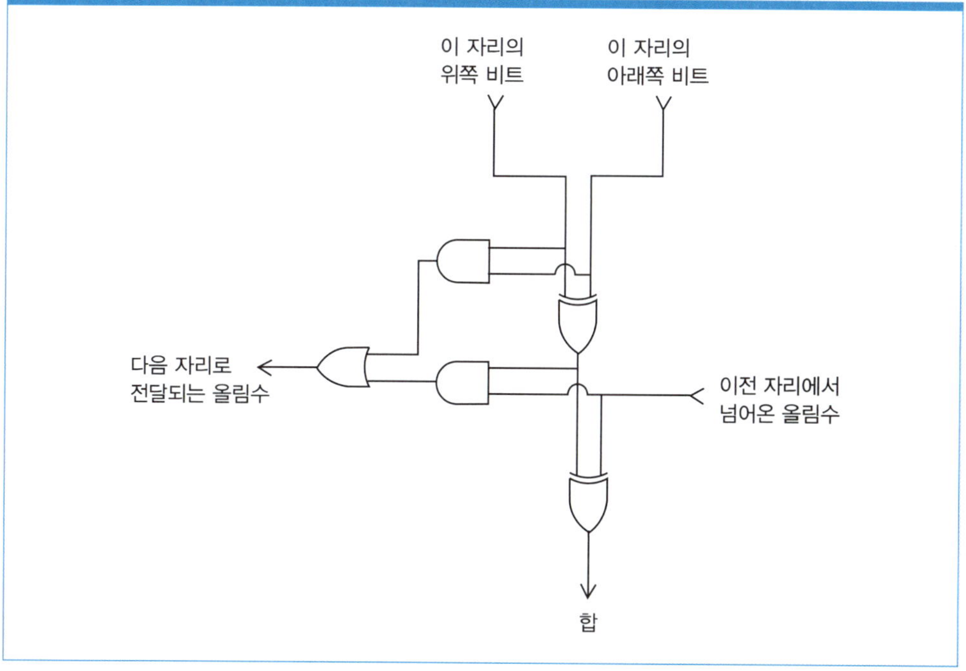

그림 B.3 | 그림 B.2의 회로의 복사본 4개를 사용하여 2의 보수 표기법으로 표현된 두 값을 더하는 회로

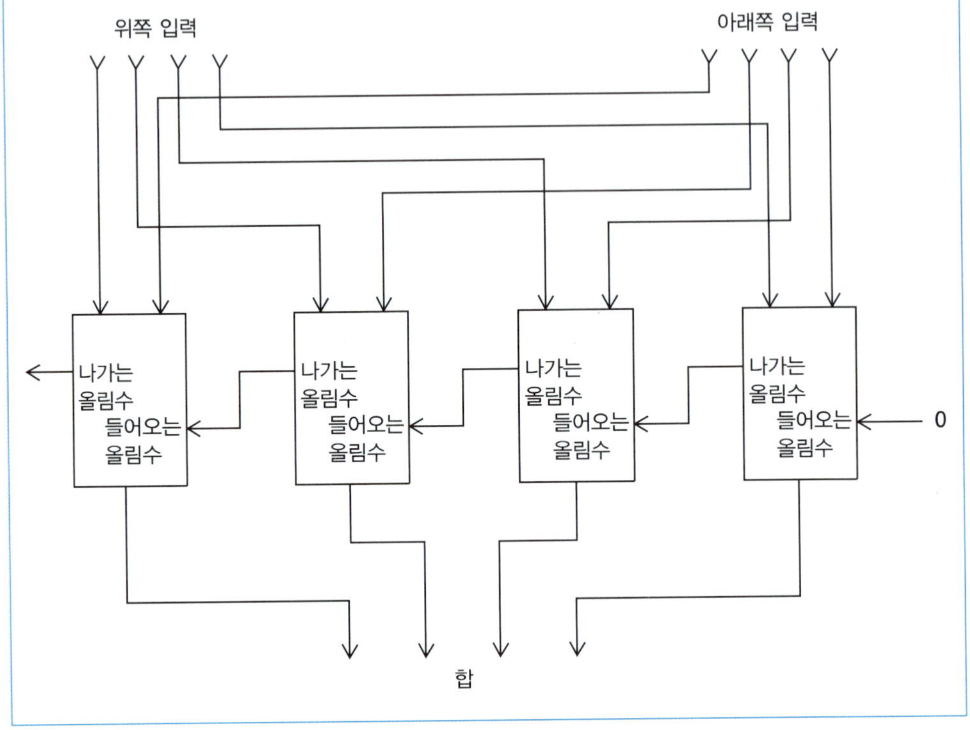

다. 비슷한 이유로 가장 왼쪽의 사각형에서 만들어지는 올림수는 무시된다.

그림 B.3의 회로는 가장 오른쪽 자리에서 가장 왼쪽 자리 방향으로 올림수 정보가 전파(ripple)되어야 한다고 해서 **전파 가산기(ripple adder)**라고 불린다. 비록 구성은 간단하지만, 이러한 회로는 자리들 사이의 전파를 최소화하는 예지 올림수 가산기(lookahead carry adder)와 같은 보다 영리한 버전에 비해 느리다. 따라서 그림 B.3의 회로는 덧셈 기능의 수행이라는 목적은 충분히 달성하고 있지만, 오늘날의 컴퓨터들에서 사용되는 회로는 아니다.

Appendix C

Vole: 간단한 기계어

이 부록에서는 간단한 가상 컴퓨터에서 실행될 간단하지만 대표성이 있는 기계어를 제시하고자 한다. 먼저 컴퓨터 자체의 구조부터 설명해보자.

Vole 구조[8)]

이 컴퓨터는 0에서 F까지의 번호로 표시되는 16개의 범용 레지스터를 갖고 있다. 각 레지스터는 한 바이트, 즉, 8비트 길이이다. 명령에서 레지스터들을 식별하기 위해, 각 레지스터에는 레지스터 번호를 나타내는 고유한 4비트 패턴이 배정되어 있다. 따라서 0번 레지스터는 0000(16진수 0)으로 표시되며, 4번 레지스터는 0100(16진수 4)으로 표시된다.

이 컴퓨터의 주기억장치에는 256개의 셀이 있으며, 각 셀에는 0에서 255 범위의 정수로 이루어지는 고유한 주소가 배정되어 있다. 따라서 주소는 00000000에서 11111111까지의 8비트 패턴으로 (또는 00에서 FF 범위의 16진수 값으로) 표현된다.

부동소수점 값들은 1.7절에서 설명되고 그림 1.24에 요약되어 있듯이 8비트 형식으로 저장된다.

Vole 기계어

각 기계어 명령은 두 바이트 길이이다. 첫 4비트는 명령 코드를 나타내며, 마지막 12비트는 피연산자 필드를 구성한다. 아래의 표는 명령들을 간단한 설명과 함께 16진 표기법으로 나열하고 있다. R, S, T 등의 문자들은 명령을 적용할 때마다 달라지는 레지스터 식별자를 표현하는 필드에서 16진수 대신 사용된다. X, Y 등의 문자들은 레지스터 외의 변수 필드에서 16진수 대신 사용된다.

8) Vole은 세계 곳곳에서 발견되는 튼튼한 짧은 꼬리 설치류이다. 이 부록에서 기술되는 프로세서와 마찬가지로 크기는 작지만 씩씩하다.

명령 코드	피연산자	설명
1	RXY	주소가 XY인 메모리 셀 안의 비트 패턴을 R번 레지스터에 LOAD하라. *예*: 14A3은 주소 A3에 위치한 메모리 셀의 내용을 4번 레지스터에 넣는다.
2	RXY	비트 패턴 XY를 R번 레지스터에 LOAD하라. *예*: 20A3은 A3이라는 값을 0번 레지스터에 넣는다.
3	RXY	R번 레지스터의 비트 패턴을 주소가 XY인 메모리 셀에 STORE하라. *예*: 35B1은 5번 레지스터의 내용을 주소 B1에 위치한 메모리 셀에 넣는다.
4	0RS	R번 레지스터의 비트 패턴을 S번 레지스터에 MOVE한다. *예*: 40A4는 A번 레지스터의 내용을 4번 레지스터에 복사한다.
5	RST	S번 레지스터와 T번 레지스터의 비트 패턴을 2의 보수 표현으로 ADD하여 그 결과를 R번 레지스터에 넣는다. *예*: 5726은 2번 레지스터와 6번 레지스터의 2진 값을 더하여 얻은 합을 7번 레지스터에 넣는다.
6	RST	S번 레지스터와 T번 레지스터의 비트 패턴을 부동소수점 표현으로 ADD하여 그 결과를 R번 레지스터에 넣는다. *예*: 634E는 4번 레지스터와 E번 레지스터의 부동소수점 값을 더하여 얻은 결과를 3번 레지스터에 넣는다.
7	RST	S번 레지스터와 T번 레지스터의 비트 패턴을 OR하여 그 결과를 R번 레지스터에 넣는다. *예*: 7CB4는 B번 레지스터와 4번 레지스터의 내용을 OR한 결과를 C번 레지스터에 넣는다.
8	RST	S번 레지스터와 T번 레지스터의 비트 패턴을 AND하여 그 결과를 R번 레지스터에 넣는다. *예*: 8045는 4번 레지스터와 5번 레지스터의 내용을 AND한 결과를 0번 레지스터에 넣는다.
9	RST	S번 레지스터와 T번 레지스터의 비트 패턴을 XOR(eXclusive OR)하여 그 결과를 R번 레지스터에 넣는다. *예*: 95F3은 F번 레지스터와 3번 레지스터의 내용을 XOR한 결과를 5번 레지스터에 넣는다.
A	R0X	R번 레지스터의 비트 패턴을 오른쪽으로 한 비트 ROTATE하기를 X번 반복한다. 매번 최하위 비트를 최상위로 옮긴다. *예*: A403은 4번 레지스터의 내용을 3비트 오른쪽으로 회전 이동시킨다.
B	RXY	R번 레지스터의 비트 패턴이 0번 레지스터의 비트 패턴과 같을 경우, 주소가 XY인 메모리 셀에 위치한 명령으로 JUMP한다. 그렇지 않으면, 정상적인 실행 순서에 따라 진행한다. (점프 명령은 실행 단계 동안 XY를 프로그램 카운터에 복사하는 방법으로 구현된다.) *예*: B43C는 먼저 4번 레지스터의 내용을 0번 레지스터의 내용과 비교한다. 이들의 내용이 같을 경우, 패턴 3C를 프로그램 카운터에 넣어 다음에 실행될 명령이 그 주소에 위치한 명령이 되도록 한다. 이들의 내용이 같지 않을 경우에는 아무 일도 하지 않으며, 따라서 프로그램의 실행은 정상적인 순서를 따라 진행한다.
C	000	실행을 HALT한다. *예*: C000은 프로그램의 실행을 중지시킨다.

Appendix D

고급 프로그래밍 언어

이 부록은 6장에서 예로 사용된 언어들 각각에 대한 간단한 배경을 소개한다.

Ada

찰스 베비지(Charles Babbage)의 지지자이자 시인 바이런 경의 딸인 에이다 바이런(Augusta Ada Byron, 1815-1851)의 이름을 따서 만들어진 Ada 언어는 미국 국방성의 모든 소프트웨어 개발 수요에 적합한 하나의 범용 언어를 목표로 미국 국방성의 주도로 개발되었다. Ada의 설계에서 주로 강조된 사항은 미사일 유도 시스템, 건물 내의 환경 제어 시스템, 자동차나 소형 가전제품 안의 제어 시스템 등과 같은 장비들의 일부로 사용되는 실시간 컴퓨터 시스템의 프로그래밍에 필요한 기능들을 포함시키는 것이었다. 따라서 Ada는 병렬 처리 환경에서의 활동, 응용 환경에서 발생할 수 있는 특별한 경우(예외(exception)라고 불림)를 처리하는 편리한 기법 등을 표현하는 기능들을 포함하게 되었다. Ada는 원래 명령형 언어로 설계되었지만, Ada의 최근 버전들은 객체지향 패러다임을 지원하고 있다.

Ada 언어의 설계에서는 신뢰할 수 있는 소프트웨어의 효율적 개발이라는 특징을 끊임없이 강조하였으며, 이는 보잉777 항공기의 내부 제어 소프트웨어 전체를 Ada로 작성한 것만 보아도 알 수 있다. 이는 또한 5장에서 언급하였듯이 SPARK 언어 개발의 출발점으로 Ada가 사용된 주요 이유이기도 하다.

C

C 언어는 1970년대 초반에 벨연구소에서 리치(Dennis Ritchie)에 의해 개발되었다. 비록 시스템 소프트웨어 개발을 위한 언어로 설계되었지만, C는 프로그래밍 전 분야에서 널리 사용되게 되었으며 ANSI(American National Standards Institute)에 의해 표준화되었다.

C는 원래 기계어보다 한 단계 위의 언어로 계획되었다. 따라서 C에서는 기호로 표현되는 프리미티브를 표현하기 위해 영어 단어를 사용하는 다른 고급 언어들과 비교하면, C

의 구문은 간결하다. 이러한 간결성은 복잡한 알고리즘에 대한 효율적 표현을 가능하게 하며, 이는 C의 대중성의 주요 요인 중 하나이다. (대개 간결한 표현이 긴 표현보다 읽기 쉽다.)

C++

C++ 언어는 벨연구소의 스트라우스트럽(Bjarne Stroustrup)에 의해 C 언어를 강화한 버전으로서 개발되었으며, 목표는 객체지향 패러다임에 적합한 언어를 만들자는 것이었다. 오늘날 C++는 그 자체로 탁월한 객체지향 언어이며, 또한 자바와 C#이라는 두 개의 다른 선도적인 객체지향 언어 개발의 출발점으로 이용되기도 했다.

C#

C# 언어는 .NET 프레임워크를 위한 도구로 마이크로소프트에서 개발되었는데, .NET 프레임워크는 마이크로소프트 시스템 소프트웨어를 실행하는 컴퓨터용 응용 소프트웨어 개발을 위한 포괄적인 시스템이다. C# 언어는 C++나 자바와 아주 비슷하다. 사실 마이크로소프트에서 C#을 다른 언어로 소개한 이유는 언어 자체가 새로워서가 아니라, 이미 다른 언어와 연계된 표준이나 다른 기업의 소유권 등에 구애받지 않고 마이크로소프트가 원하는 기능들을 포함시킬 수 있는 언어를 갖기 위해서였다. 따라서 C#의 새로운 점은 .NET 프레임워크를 이용하는 소프트웨어를 개발하기 위한 주 언어로서의 역할에 있다. 마이크로소프트의 지원을 배경으로 C#과 .NET 프레임워크는 앞으로 여러 해 동안 소프트웨어 개발 분야의 두드러진 주자로서의 위치를 보장받고 있다.

FORTRAN

FORTRAN은 FORmula TRANslator의 줄임말이다. FORTRAN은 최초로 개발된 고급 언어 중 하나이며(1957년에 발표됨), 최초로 컴퓨팅 계통에서 널리 사용된 언어 중 하나이다. 오랜 기간에 걸쳐 FORTRAN은 여러 번의 확장을 거듭하였으며, 오늘날의 FORTRAN 언어는 최초의 버전과는 상당한 차이가 있다. 실제로 FORTRAN의 진화를 연구해보면, 프로그래밍 언어 설계 분야의 연구 성과들을 관찰할 수 있다. 비록 원래는 명령형 언어로 설계되었지만, 최근의 새로운 FORTRAN 버전들은 여러 가지 객체지향 기능들을 포함하고 있다. FORTRAN은 여전히 과학 분야에서 널리 사용되고 있으며, 특히 수많은 수치해석 및 통계 패키지들이 FORTRAN 언어로 작성되어 있고 앞으로도 그러할 것이다.

자바

자바는 1990년대 초반 선마이크로시스템즈에 의해 개발된 객체지향 언어이다. 자바의 설계자들은 C와 C++의 많은 기능들을 빌려 왔다. 자바에 대한 열광은 언어 자체로 인한 것이라기보다는 자바 언어의 보편적 구현과 자바 프로그래밍 환경에서 이용할 수 있는 방대한 사전 설계 템플릿들로 인한 것이다. 보편적 구현이 의미하는 것은 자바로 작성된 프로그램은 다양한 기종의 컴퓨터에서 효율적으로 실행될 수 있다는 뜻이다. 템플릿의 존재는 복잡한 소프트웨어를 비교적 쉽게 개발할 수 있음을 의미한다. 예를 들면, 애플릿(applet)이나 서블릿(servlet)과 같은 템플릿들은 월드와이드웹용 소프트웨어 개발을 쉽게 만들어준다.

반복 구조와 재귀 구조의 동등성

이 부록에서는 반복 구조와 재귀 구조의 상대적 표현력에 대해 5장에서 제기된 질문에 답하기 위한 도구로 12장의 기본 골격 언어를 사용한다. 기본 골격 언어는 clear, incr, decr 등의 세 가지 배정문과 while 문으로 형성되는 한 가지 제어 구조만 가지고 있음을 기억하기 바란다. 이 단순한 언어는 튜링 기계와 동일한 계산 능력을 가지고 있으며, 따라서 처치-튜링 논제를 인정한다면, 알고리즘적 해법을 갖는 모든 문제들은 기본 골격 언어로 표현될 수 있는 해법을 갖는다고 결론지을 수 있다.

반복 구조와 재귀 구조의 비교에 있어 첫 번째 단계는 기본 골격 언어의 반복 구조를 재귀 구조로 대체해보는 것이다. 이를 위해 기본 골격 언어에서 while 문을 없애고, 그 대신에 기본 골격 언어 프로그램을 단위들로 분할하고 이들을 프로그램의 다른 곳에서 호출하는 기능을 제공한다. 더 정확히 표현하자면, 수정된 언어로 작성된 각 프로그램은 구문 상 서로 겹치지 않는 여러 개의 프로그램 단위로 이루어진다. 각 프로그램은 다음과 같은 구조를 갖는 정확히 한 개의 MAIN이라는 단위를 포함해야 한다.

```
def MAIN():
   .
   .
   .
```

(여기에서 점들은 들여쓰기 되어있는 다른 기본 골격 언어 문장들을 나타낸다.) 그리고 (의미상 MAIN에 종속되어 있는) 다른 단위들은 다음과 같은 구조를 갖는다.

```
def unit() :
   .
   .
   .
```

(여기에서 *unit*은 단위의 이름이며 변수 이름들과 동일한 구문을 갖는다.) 이렇게 분할된 구조의 의미는 프로그램의 실행은 항상 MAIN 단위의 앞부분에서 시작되며, MAIN 단위의 들여쓰기 되어있는 본체가 완료되면 실행을 멈추게 된다. MAIN 외의 프로그램 단위들은 다음과 같은 조건문에 의해 함수로서 호출될 수 있다.

```
if name not 0:
  unit()
```

(여기에서 *name*은 임의의 변수 이름을 나타내며, *unit*은 MAIN이 아닌 임의의 프로그램 단위를 나타낸다.) 그리고 MAIN이 아닌 단위들은 자신을 재귀적으로 호출할 수도 있다. 이러한 추가 기능으로 원래의 기본 골격 언어의 while 구조를 모방할 수 있다. 예를 들어

```
while X not 0:
  S
```

와 같은 형태의 기본 골격 언어 프로그램은 다음과 같은 단위 구조로 대체될 수 있다(여기에서 *S*는 임의의 기본 골격 언어 문장들의 열을 나타냄).

```
def MAIN():
  if X not 0:
    unitA()
def unitA():
  S
  if X not 0:
    unitA()
```

따라서 수정된 언어는 원래의 기본 골격 언어와 동일한 기능을 갖는다고 결론지을 수 있다.

수정된 언어를 사용하여 해결될 수 있는 어떠한 문제라도 원래의 기본 골격 언어를 사용하여 해결될 수 있다는 것도 증명될 수 있다. 이를 위한 한 방법은 수정된 언어로 표현된 어떤 알고리즘이라도 원래의 기본 골격 언어로 작성될 수 있음을 보이는 것이다. 그러나 이러한 증명은 재귀 구조를 어떻게 기본 골격 언어의 while 구조로 모방할 수 있는지에 대한 명시적 기술을 필요로 한다.

우리의 목적을 위해서는 12장에 제시되어 있는 처치-튜링 논제를 이용하는 것이 훨씬 간단하다. 특히, 기본 골격 언어가 튜링 기계와 동일한 계산 능력을 갖고 있다는 사실을 처치-튜링 논제와 결합시킴으로써 어떠한 언어도 기본 골격 언어보다 더 큰 계산 능력을 가질 수 없다는 결론을 도출할 수 있다. 따라서 수정된 언어로 해결될 수 있는 문제는 기본 골격 언어로도 해결될 수 있다.

따라서 수정된 언어의 계산 능력은 기본 골격 언어의 계산 능력과 동일하다고 결론지을 수 있다. 두 언어의 유일한 차이는 하나는 반복 제어 구조를 제공하며 다른 하나는 재귀법을 제공한다는 것이다. 따라서 두 개의 제어 구조는 계산 능력에 있어 사실상 동등하다.

Appendix F

연습문제 해답

1장

1.1절

1. 위쪽의 두 입력 중 정확히 한 개만이 1이어야 하며, 아래쪽 입력은 1이어야 한다.
2. 아래쪽 입력의 1은 NOT 게이트에 의해 0으로 변경되고, 그 결과로 AND 게이트의 출력이 0이 된다. 따라서 OR 게이트의 두 입력 모두 0이므로(플립플롭의 위쪽 입력은 0으로 유지된다는 점을 기억하라) OR 게이트의 출력은 0이 된다. 이것은 플립플롭의 아래쪽 입력이 0으로 돌아간 후에도 AND 게이트의 출력이 0으로 유지될 것임을 의미한다.
3. 위쪽 OR 게이트의 출력은 1이 될 것이며, 그 결과로 위쪽의 NOT 게이트의 출력이 0이 될 것이다. 이 결과로 아래쪽 OR 게이트의 출력이 0이 될 것이며, 따라서 아래쪽 NOT 게이트의 출력이 1이 된다. 이 1은 플립플롭의 출력인 동시에 위쪽 OR 게이트의 입력으로 사용되며 따라서 플립플롭의 입력이 0으로 돌아간 후에도 그 OR 게이트의 출력을 1로 만든다.
4. a. 전체 회로는 하나의 OR 게이트와 동등하다.
   b. 전체 회로는 하나의 XOR 게이트와 동등하다.
5. a. 6AF2 b. E85517 c. 48
6. a. 01011111110110010111
   b. 0110000100001010
   c. 1010101111001101
   d. 0000000100000000

1.2절

1. 첫 번째 경우, 6번 메모리 셀은 최종적으로 5라는 값을 갖게 된다. 두 번째 경우, 6번 메모리 셀은 최종적으로 8이라는 값을 갖게 된다.
2. 단계 1은 새로운 값을 3번 셀에 쓸 때 원래의 값을 지운다. 따라서 단계 2는 3번 셀

의 원래 값을 2번 셀에 넣는 것이 아니다. 이 결과로 두 셀 모두의 최종 값은 원래 2번 셀에 있던 값이 된다.

3. 올바른 절차는 다음과 같다.
   단계 1. 2번 셀의 내용을 1번 셀로 옮긴다.
   단계 2. 3번 셀의 내용을 2번 셀로 옮긴다.
   단계 3. 1번 셀의 내용을 3번 셀로 옮긴다.
4. 32768비트.

1.3절

1. 보다 빠른 데이터 읽어오기와 높은 전송 속도.
2. 여기에서 기억해야 할 사항은 컴퓨터의 내부 동작 속도에 비해 기계적 동작의 느린 속도로 인해 읽기/쓰기 헤드의 이동 횟수를 최소화해야 한다는 것이다. 만일 디스크 면을 가득 채운 후 다음 면으로 이동한다면, 하나의 트랙을 마칠 때마다 읽기/쓰기 헤드를 이동시켜야 한다. 따라서 이동 횟수는 두 면의 전체 트랙 수와 거의 비슷하게 된다. 그러나 두 면을 교대로 사용한다면 면 사이의 이동은 읽기/쓰기 헤드들 사이의 전자적 스위칭에 의해 가능하며, 따라서 각 실린더를 채운 후 읽기/쓰기 헤드를 이동하면 된다.
3. 이 응용 분야에서 정보는 대용량 저장장치에서 무작위로 읽어오게 되며, 이는 CD나 DVD에서 사용되는 나선형 방식에서는 시간이 많이 걸리는 작업이 된다. (더욱이 현재 기술로는 CD나 DVD의 내용을 개별적으로 수정할 수는 없다.)
4. CD, DVD, 블루레이 디스크 등은 모두 동일한 물리적 크기를 가지며, 디스크 판에 데이터를 저장하기 위한 나선형 트랙 구성도 동일하다. 다중 레이저를 갖춘 플레이어라면 세 종류의 광학 디스크 모두 읽을 수 있다.
5. 플래시 장치는 물리적 이동을 필요로 하지 않으므로, 응답 시간이 짧으며 물리적 마모가 발생하지 않는다.
6. 자기 디스크는 플로피디스크나 자기 테이프 등과 같은 다른 자기 매체에 비해 더 빠르고 높은 용량을 갖는다. 광학 매체에 비해서는 속도, 용량, 새로운 데이터의 저장 등의 측면에서 유리하다. SSD에 비해서는 저장 단위 당 가격 측면에서 여전히 유리한데, 이러한 이점은 최근에 이르러 점차 줄어들고 있다.

1.4절

1. Computer science.
2. 최하위 비트에서 6번째 비트가 대문자의 경우 항상 0이며 소문자의 경우 항상 1이라는 점을 제외하고는 두 개의 패턴은 동일하다.

3. a. 00100010 01010011 01110100 01101111
01110000 00100001 00100010 00100000
01000011 01101000 01100101 01110010
01111001 01101100 00100000 01110011
01101000 01101111 01110101 01110100
01100101 01110100 00101110

b. 01000100 01101111 01100101 01110011
00100000 00110010 00100000 00101011
00100000 00110011 00100000 00111101
00100000 00110101 00111111

4. 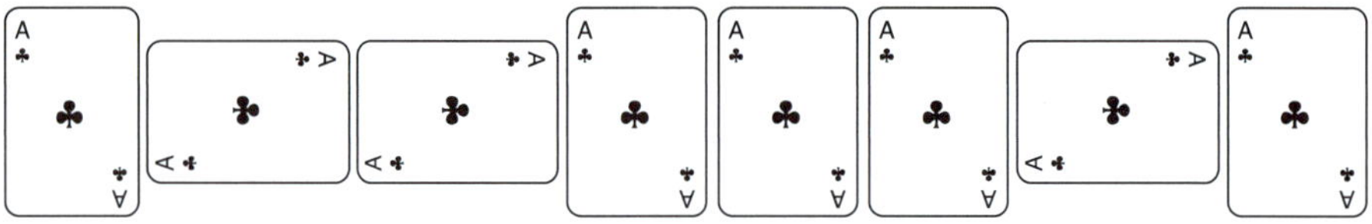

5. a. 5　b. 9　c. 11　d. 6　e. 16　f. 18

6. a. 110　b. 1101　c. 1011　d. 10010　e. 11011　f. 100

7. 24비트에 ASCII를 사용하면 세 개의 기호를 저장할 수 있으며, 따라서 저장할 수 있는 가장 큰 값은 999이다. 그러나 2진 표현을 사용할 경우 저장할 수 있는 가장 큰 값은 16,777,215이다.

8. a. 15.15　b. 51.0.128　c. 10.160

9. 기하학적 표현은 비트맵으로 인코딩된 영상에 비해 크기 변화에 대처하기 쉽다. 반면에 기하학적 표현은 비트맵이 제공하는 수준의 사진 품질을 제공하지는 못한다. 실제로 1.9절에서 논의하였듯이 비트맵의 JPEG 표현은 사진 표현에 널리 사용된다.

10. 샘플 추출률이 초 당 44,100 샘플일 경우, 한 시간 분량의 스테레오 음악은 635,040,000 바이트의 저장 공간을 필요로 한다. 따라서 용량이 600 MB를 조금 넘는 CD 한 장을 거의 채울 것이다.

1.5절

1. a. 42　b. 33　c. 23　d. 6　e. 31

2. a. 100000　b. 1000000　c. 1100000　d. 1111　e. 11011

3. a. $3\frac{1}{4}$　b. $5\frac{7}{8}$　c. $2\frac{1}{2}$　d. $6\frac{3}{8}$　e. $\frac{5}{8}$

4. a. 100.1　b. 10.11　c. 1.001　d. 0.0101　e. 101.101

5. a. 100111　b. 1011.110　c. 100000　d. 1000.00

1.6절

1. a. 3 b. 15 c. −4 d. −6 e. 0 f. −16

2. a. 00000110 b. 11111010 c. 11101111
d. 00001101 e. 11111111 f. 00000000

3. a. 11111111 b. 10101011 c 00000100
d. 00000010 e. 00000000 f. 10000001

4. a. 4비트로 나타낼 수 있는 가장 큰 값은 7이고 가장 작은 값은 −8이다.
b. 6비트로 나타낼 수 있는 가장 큰 값은 31이고 가장 작은 값은 −32이다.
c. 8비트로 나타낼 수 있는 가장 큰 값은 127이고 가장 작은 값은 −128이다.

5. a. 0111 (5 + 2 = 7) b. 0100 (3 + 1 = 4) c. 1111 (5 + (−6) = −1)
d. 0001 (−2 + 3 = 1) e. 1000 (−6 + (−2) = −8)

6. a. 0111 b. 1011 (오버플로) c. 0100 (오버플로)
d. 0001 e. 1000 (오버플로)

7.

a.	b.	c.	d.	e.
0110	0011	0100	0010	0001
+ 0001	+ 1110	+ 1010	+ 0100	+ 1011
0111	0001	1110	0110	1100

8. 그렇지 않다. 오버플로는 사용되는 체계에 비해 너무 큰 숫자를 저장하려 할 때 발생한다. 양의 정수와 음의 정수를 더할 때, 그 결과는 덧셈 대상이 되는 값들 사이에 있게 된다. 따라서 그 결과도 오류 없이 저장될 수 있을 정도로 작은 값일 것이다.

9. a. 6 (1110 → 14 − 8)
b. -1 (0111 → 7 − 8)
c. 0 (1000 → 8 − 8)
d. -6 (0010 → 2 − 8)
e. -8 (0000 → 0 − 8)
f. 1 (1001 → 9 − 8)

10. a. 1101 (5 + 8 = 13 → 1101)
b. 0011 (−5 + 8 = 3 → 0011)
c. 1011 (3 + 8 = 11 → 1011)
d. 1000 (0 + 8 = 8 → 1000)
e. 1111 (7 + 8 = 15 → 1111)
f. 0000 (−8 + 8 = 0 → 0000)

11. 그렇지 않다. 8 초과 표기법으로 저장될 수 있는 가장 큰 값은 7이며, 1111로 표현된다. 더 큰 값을 표현하기 위해서는 최소한 (5비트 패턴을 사용하는) 16 초과 표기

법이 사용되어야 한다. 마찬가지로 6도 4 초과 표기법으로 표현될 수 없다. (4 초과 표기법으로 표현될 수 있는 가장 큰 값은 3이다.)

1.7절

1. a. $\frac{5}{8}$ b. $3\frac{1}{4}$ c. $\frac{9}{32}$ d. $-1\frac{1}{2}$ e. $-(\frac{11}{64})$
2. a. 01101011 b. 01111010 (절삭 오차)
   c. 01001100 d. 11101110 e. 11111000 (절삭 오차)
3. 01001001($\frac{9}{16}$)은 00111101($\frac{13}{32}$)보다 크다. 다음은 두 패턴 중 어느 것이 더 큰 값을 표현하고 있는지 결정하는 간단한 방법이다.
   경우 1. 부호 비트들이 서로 다를 경우, 부호 비트가 0인 패턴이 더 큰 값을 표현한다.
   경우 2. 부호 비트가 둘 다 0인 경우, 패턴의 나머지 부분을 왼쪽에서 오른쪽으로 읽어나가며 두 패턴에서 서로 다른 비트 자리가 발견되면 멈춘다. 이 비트 자리에 1을 포함하는 패턴이 더 큰 값을 표현한다.
   경우 3. 부호 비트가 둘 다 1인 경우, 패턴의 나머지 부분을 왼쪽에서 오른쪽으로 읽어나가며 두 패턴에서 서로 다른 비트 자리가 발견되면 멈춘다. 이 비트 자리에 0을 포함하는 패턴이 더 큰 값을 표현한다. 이러한 비교 과정의 단순성이 부동소수점 체계에서 지수 표현에 2의 보수 대신 초과 표기법을 사용하는 이유이다.
4. 가장 큰 값은 패턴 01111111로 표현되는 $7\frac{1}{2}$이다. 가장 작은 양의 값에 대해서는 두 개의 "올바른" 답이 있다고 주장할 수 있다. 본문에 기술된 인코딩 과정에 따르면 유효 숫자 부분의 최상위 비트가 1이 되어야 하므로(정규형이라고 불림), 이 경우의 답은 패턴 00001000이 나타내는 $\frac{1}{32}$가 된다. 그러나 대부분의 컴퓨터들에서 0에 가까운 값들에 대해서는 이러한 제약을 부과하지 않으며, 이 경우에는 올바른 대답이 패턴 00000001이 나타내는 $\frac{1}{256}$이 된다.

1.8절

1. 파이썬이 인터프리터 언어로 간주되는 것은 스크립트의 저장, 컴파일러의 호출, 프로그램의 실행 등의 과정을 거치는 대신 안내 기호에 맞추어 대화 방식으로 프로그램을 입력할 수 있기 때문이다.
2. a. `print('Computer Science Rocks' + '!')`
   b. `print(42)`
   c. `print(3.1416)`
3. a. `rockstar = 'programmer'`
   b. `seconds_per_hour = 60 * 60`

또는

`seconds_per_hour = 3600`

c. `bodyTemp = 98.6`

4. `metricBodyTemp = (bodyTemp - 32)/1.8`

1.9절

1. RLE 인코딩, 빈도 종속 인코딩, 상대적 인코딩, 사전 인코딩.
2. 121321112343535
3. 컬러 만화는 명확한 경계선을 갖는 단색 블록들로 이루어진다. 더욱이 포함되는 색상의 수는 많지 않다.
4. 그렇지 않다. GIF와 JPEG 둘 다 손실 압축 체계이며, 이는 이미지의 세부사항을 잃게 될 것임을 의미한다.
5. JPEG 기본 표준은 사람의 육안이 밝기 변화에 비해 색상 변화에 민감하지 않다는 사실을 이용한다. 따라서 이 표준에서는 눈에 띄는 이미지 품질의 손상 없이 색상 정보를 표현하기 위해 사용되는 비트 수를 줄인다.
6. 시간적 차폐효과와 주파수 차폐효과.
7. 정보를 인코딩할 때, 근사 값을 사용한다. 숫자 데이터의 경우, 계산을 수행할 때 이러한 근사 값 문제가 가중되어 결과상의 오류를 초래할 수 있다. 이미지나 소리의 경우에는 근사 값 문제가 심각하지 않을 수도 있는데, 이는 인코딩된 데이터는 대개 저장, 전송, 재생 등에만 사용되기 때문이다. 그러나 이미지나 소리가 반복적으로 재생, 재기록, 재인코딩 등을 거치게 될 경우, 이러한 근사 값 문제가 심화되어 무가치한 데이터를 발생시킬 수 있다.

1.10절

1. b, c, e.
2. 그렇다. 한 바이트에서 짝수 개의 오류가 발생할 경우, 패리티 기법으로는 이들을 탐지하지 못한다.
3. 이 경우, 오류는 문제 1의 a와 d의 바이트들에서 발생되었다. 문제 2에 대한 대답은 변하지 않는다.
4. a.

100100010	101010011	101110100
101101111	001110000	100100001
100100010	000100000	001000011
001101000	101100101	101110010

001111001	101101100	000100000
001110011	001101000	101101111
001110101	101110100	101100101
001100100	100101110	
b. 101000100	101101111	101100101
001110011	100100000	000110010
000100000	100101011	000100000
100110011	000100000	000111101
000100000	100110101	100111111

5. a. BED b. CAB c. HEAD

6. 답안의 한 예는 다음과 같다.

   A 00000
   B 11100
   C 01111
   D 10011

2장

2.1절

1. 어떤 컴퓨터들에서는 이것이 메모리 셀의 내용을 읽어 레지스터에 넣었다가 다시 레지스터에서 목적지 셀로 옮기는 두 단계의 과정으로 이루어진다. 대부분의 컴퓨터에서는 이것이 중개 레지스터의 사용 없이 하나의 활동으로 이루어진다.

2. 써넣을 값, 써넣을 셀의 주소, 쓰라는 명령.

3. 범용 레지스터들은 현재 수행할 작업에 바로 적용될 데이터를 저장하기 위해 사용된다. 주기억장치는 가까운 미래에 필요한 데이터를 저장하기 위해 사용된다. 대용량 저장장치는 가까운 미래에 필요할 것 같지는 않은 데이터를 저장하기 위해 사용된다.

2.2절

1. 이동(*move*)이라는 용어는 종종 한 장소에서 제거하여 다른 장소에 옮기며, 따라서 빈 공간을 남긴다는 의미를 내포하고 있다. 그러나 대부분의 경우 컴퓨터에서 이러한 제거는 일어나지 않는다. 대신 대부분의 경우 이동 대상 객체가 새로운 장소로 복사될 (또는 복제될) 뿐이다.

2. 상대적 주소법이라는 일반적인 기법에서는 어디로 점프하느냐 대신 얼마나 멀리 점프하느냐를 표현한다. 예를 들면, 앞쪽으로 세 명령을 지난 위치로 점프하거나 뒤쪽

으로 두 명령 전으로 점프하거나 할 수 있다. 그러나 나중에 점프 명령과 점프의 목적지 사이에 추가의 명령들이 삽입될 경우 이러한 문장들이 변경되어야 함에 유의해야 한다.

3. 둘 다 답이 될 수 있다. 명령의 형식으로 보면 조건부 점프에 해당된다, 그러나 0이 0과 같다는 조건은 항상 참이므로 아무 조건이 없는 경우와 동일하게 점프는 항상 실행될 것이다. 이러한 명령은 효율적 설계를 제공한다는 이유로 실제 컴퓨터들에서 제공될 수 있다. 예를 들어 어떤 컴퓨터가 "If ... jump to..."와 같은 구조의 명령을 실행할 수 있도록 설계된다면, 이러한 명령 형식은 조건부 점프와 무조건 점프 모두의 표현에 사용될 수 있다.

4. 156C = 0001010101101100
   166D = 0001011001101101
   5056 = 0101000001010110
   306E = 0011000001101110
   C000 = 1100000000000000

5. a. 6번 레지스터의 내용을 8A번 메모리 셀에 STORE하라.
   b. A번 레지스터의 내용이 0번 레지스터의 내용과 같을 경우 주소가 DE인 위치로 JUMP하라.
   c. 3번 레지스터와 C번 레지스터의 내용에 대해 AND 연산을 수행하여 그 결과를 0번 레지스터에 넣어라.
   d. F번 레지스터의 내용을 4번 레지스터로 MOVE하라.

6. 15AB라는 명령은 CPU로 하여금 주소가 AB인 메모리 셀의 내용에 대해 메모리 회로에 질의하도록 요구한다. 메모리에서 이 값을 얻어 5번 레지스터에 넣는다. 25AB라는 명령은 이와 같은 메모리에 대한 요청을 요구하지 않는다. 대신 AB라는 값을 5번 레지스터에 넣는다.

7. a. 2356　　b. A503　　c. 80A5

2.3절

1. 16진수 34

2. a. 0F　　b. C3

3. a. 00　　b. 01　　c. 네 번

4. 컴퓨터는 멈춘다. 이 프로그램은 흔히 자가 수정 코드(self-modifying code)라고 불리는 프로그램의 한 예이다. 즉, 이 프로그램은 스스로를 수정한다. 맨 앞의 두 명령은 16진수 C0을 메모리 주소 F8에 넣으며, 그 다음 두 명령은 00을 주소 F9에 넣는

다. 따라서 컴퓨터가 F8에 도달하게 되면, 그 위치에 있는 정지 명령 C000을 실행하게 된다.

2.4절

1. a. 00001011　b. 10000000　c. 00101101
   d. 11101011　e. 11101111　f. 11111111
   g. 11100000　h. 01101111　i. 11010010
2. AND 연산에서 00111100
3. XOR 연산에서 00111100
4. a. 비트 열에 짝수개의 1이 포함되어 있으면 최종 결과는 0이 되며, 아니면 1이 된다.
   b. 이 결과는 짝수 패리티에서 패리티 비트 값에 해당한다.
5. 논리적 XOR 연산은 두 피연산자 모두가 1일 경우를 제외하면 덧셈과 같다. 그러나 두 피연산자 모두가 1일 경우에는 XOR의 결과는 0이지만, 덧셈의 결과는 10이라는 차이가 있다.(따라서 XOR 연산은 올림수 없는 덧셈 연산자에 해당한다.)
6. 소문자를 대문자로 변경하기 위해 마스크를 11011111로 하여 AND를 사용하라. 대문자를 소문자로 변경하기 위해서는 마스크를 00100000로 하여 OR을 사용하라.
7. a. 01001101　b. 11100001　c. 11101111
8. a. 57　b. B8　c. 6F　d. 6A
9. 5
10. 2의 보수 표기법으로는 00110110. 부동소수점 표기법으로는 01011110. 여기에서 중요한 것은 값들을 더하기 위해 사용되는 절차가 비트 패턴을 어떻게 해석하느냐에 따라 달라진다는 것이다.
11. 답안의 예:
    12A7 (A7번 메모리 셀의 내용으로 2번 레지스터에 LOAD하라.)
    2380 (값 80을 3번 레지스터에 LOAD하라.)
    7023 (2번 레지스터와 3번 레지스터의 내용을 OR하여 그 결과를 0번 레지스터에 넣어라.)
    30A7 (0번 레지스터의 내용을 A7번 메모리 셀에 STORE하라.)
    C000 (HALT.)
12. 답안의 예:
    15E0 (E0번 메모리 셀의 내용으로 5번 레지스터에 LOAD하라.)
    A502 (5번 레지스터의 내용을 오른쪽으로 2비트 ROTATE하라.)
    260F (값 0F를 6번 레지스터에 LOAD하라.)

8056 (5번 레지스터와 6번 레지스터의 내용을 AND하여 그 결과를 0번 레지스터에 넣어라.)

30E1 (0번 레지스터의 내용을 E1번 메모리 셀에 STORE하라.)

C000 (HALT.)

2.5절

1. a. 37B5

   b. 100만 번

   c. 그렇지 않다. 일반적으로 한 페이지 분량의 텍스트는 4000개 이하의 글자를 포함한다. 따라서 분 당 5 페이지를 인쇄한다는 것은 분 당 20,000개 이하의 글자를 인쇄하는 정도의 속도를 나타내며, 이는 분 당 100만 글자에 훨씬 못 미친다. (요지는 컴퓨터가 프린터의 인쇄 속도에 비해 훨씬 빠른 속도로 글자들을 프린터에 전송할 수 있다는 것이다. 따라서 프린터는 컴퓨터에게 기다리도록 요청할 수 있는 방법을 필요로 한다.)

2. 디스크는 1초에 50번 회전할 것이며, 이는 초 당 800개의 섹터가 읽기/쓰기 헤드 아래를 지나갈 것임을 의미한다. 각 섹터는 1024바이트를 포함하므로, 대략 6.5 Mbps의 속도로 비트들이 읽기/쓰기 헤드 아래를 지나갈 것이다. 따라서 제어기와 디스크 장치 사이의 통신 속도도 이 정도가 되어야 제어기가 디스크에서 읽혀 들어오는 데이터의 속도에 맞출 수 있을 것이다.

3. 유니코드로 표현된 300페이지 분량의 소설은 대략 2 MB 또는 16,000,000비트 정도의 크기를 갖는다. 따라서 소설 전체를 54 Mbps로 전송하기 위해 필요한 시간은 대략 0.3초 정도일 것이다.

2.6절

1. 옆변의 길이를 입력할 때 사용되는 함수 호출 `int()`는 입력된 부동소수점 값을 정수 값으로 절삭할 것이다. 그러나 `math.sqrt()` 함수는 매개변수가 정수이든 실수이든 관계없이 부동소수점 값을 리턴한다. 정수로 출력하기 위해서는 스크립트의 마지막 행을

   ```
   print(int(hypotenuse))
   ```

   와 같이 바꾸거나 빗변 계산 배정문을 다음과 같이 바꾸면 된다.

   ```
   hypotenuse = int(math.sqrt(sideA**2 + sideB**2))
   ```

2. 원래의 스크립트상의 `int()` 호출들을 모두 `float()`로 바꾸면 부동소수점 값을 읽고 적절히 처리할 수 있는 스크립트가 된다.

3. 보다 깔끔한 출력을 얻을 수 있는 파이썬 코드의 한 예는 다음과 같다.

```
print('Your speed is ' + str(mph) + ' mph')
. . .
print('Your total elapsed time is ' + str(elapsed_minutes) +
      ' minutes, ' + str(elapsed_seconds) + ' seconds')
```

4. 다음과 같이 작성할 수 있다.

```
number = int(input('Enter a base-10 number: '))
print('Binary representation is: ' + str(bin(number)))
```

5. 다음과 같이 작성할 수 있다.

```
number = int(input('Enter a number to encrypt or decrypt: '))
number = number ^ 0x55555555
print('Result is: ' + str(number))
```

6. 이와 같은 단순한 스크립트에 예상하지 못한 입력이 들어오면 대개 오류가 발생하거나 예상하지 못한 동작이 발생할 것이다. 더욱 정교한 스크립트에서는 정수로 변환하기 전에 입력의 적절성을 검사하거나 옆변의 길이가 음수인지 검사하기 위한 조건을 포함시키는 등의 노력을 할 것이다.

2.7절

1. 파이프에는 (현재 실행 중인) B1B0, 그리고 5002 등의 명령을 포함할 것이며, 어쩌면 B0AA 명령까지 포함할 수도 있다. 1번 레지스터의 값이 0번 레지스터의 값과 같을 경우, B0 위치로의 점프 명령이 실행되며, 이 경우 파이프 안의 명령들에 대해 소요된 노력은 낭비된다. 반면 이러한 명령들에 소요된 노력이 추가 시간을 요하는 것은 아니므로 시간이 낭비된 것은 아니다.
2. 아무 예방책도 마련되어 있지 않을 경우, 메모리 주소 F8과 F9의 정보는 프로그램의 앞부분에서 이 셀들의 내용을 변경하기 전에 미리 명령으로 인출된다.
3. a. 이 셀에 1을 더하려는 CPU는 먼저 이 셀의 값을 읽을 수 있다. 그 다음에 다른 CPU가 이 셀의 값을 읽는다. (이 시점에 두 CPU 모두 같은 값을 읽었음에 유의하라.) 첫 번째 CPU가 덧셈을 완료하여 그 결과를 그 셀에 다시 저장한 다음 두 번째 셀이 뺄셈을 완료하여 결과를 저장하였다고 하자. 이 경우 그 셀의 최종 값은 두 번째 CPU의 활동만을 반영하게 될 것이다.

   b. 앞에서와 같이 CPU들이 셀에서 데이터를 읽은 다음, 이번에는 두 번째 CPU가 먼저 결과를 저장하였다고 하자. 이번 경우에는 첫 번째 CPU의 활동만이 그 셀의 최종 값에 반영될 것이다.

3장

3.1절

1. 전형적인 예 하나는 어떤 행사 티켓을 구입하기 위해 기다리는 사람들이 서 있는 줄이다. 이 경우 "줄 중간에 끼어들려는" 사람이 있을 수 있으며, 이 경우 FIFO 구조를 훼손하게 된다.
2. (b), (c), (e).
3. PC들이 범용 컴퓨터인 반면 임베디드 시스템들은 종종 특정 작업에 초점을 맞춘다. 임베디드 시스템들은 동시대의 PC들에 비해 제한된 자원을 갖는 경우가 많으며, 대개 사람의 개입이 최소화된 상태에서 엄격한 일정에 따라 실행된다.
4. 시분할 방식은 둘 이상의 사용자가 동시에 컴퓨터를 이용하는 것을 말한다. 멀티태스킹은 한 명의 사용자가 동시에 둘 이상의 작업을 수행하는 것을 말한다.

3.2절

1. 사용자 인터페이스: 컴퓨터의 주변 환경과의 통신을 담당한다.
   파일 관리자: 컴퓨터의 대용량 저장장치의 사용을 관장한다.
   장치 관리자: 컴퓨터의 주변장치와의 통신을 처리한다.
   메모리 관리자: 컴퓨터의 주기억장치의 사용을 관장한다.
   일정 관리자: 시스템 안의 프로세스들을 관장한다.
   실행 관리자: 프로세스들에 CPU 시간 할당을 제어한다.
2. 이들 사이의 경계선은 분명하지 않으며, 어떻게 구분하느냐는 때로 보는 사람의 관점에 따라 달라진다. 대략적으로 얘기하자면, 유틸리티 소프트웨어는 기본적이고 보편적인 작업을 수행하는 반면 응용 소프트웨어는 컴퓨터의 특정 응용 분야에 고유한 작업을 수행한다.
3. 가상 메모리란 주기억장치와 대용량 저장장치 사이에서 데이터나 프로그램을 옮겨 저장하는 과정에 의해 존재하는 것처럼 보이는 가상적인 메모리 공간을 말한다.
4. 컴퓨터를 켜면, CPU는 ROM에 들어 있는 부트스트랩 코드를 실행하기 시작한다. 이 부트스트랩은 CPU로 하여금 대용량 저장장치에서 운영체제를 읽어 와서 주기억장치의 휘발성 영역에 옮기는 전송 과정을 수행하도록 지시한다. 이러한 전송이 완료되면, 부트스트랩은 CPU에게 운영체제 쪽으로 점프하도록 지시한다.

3.3절

1. 프로그램은 지시사항들의 집합이다. 프로세스는 이러한 지시사항들을 따르는 활동에 해당된다.

2. CPU는 현재의 기계주기를 완료하고, 현재 프로세스의 상태를 저장하고, 프로그램 카운터를 (인터럽트 처리기의 위치를 가리키는) 정해진 값으로 설정한다. 따라서 다음에 실행될 명령은 인터럽트 처리기의 첫 번째 명령이 될 것이다.

3. 실행 관리자가 높은 우선순위의 프로세스들을 먼저 선택하는 방법을 사용할 수 있다. 또 다른 옵션은 높은 우선순위의 프로세스들에 더 긴 할당 시간을 배정해주는 방법이다.

4. 각 프로세스가 자신의 할당 시간 전체를 다 썼을 경우, 컴퓨터는 초 당 대략 20개의 프로세스에 완전한 할당 시간을 제공할 수 있다. 만일 각 프로세스가 할당 시간 전부를 사용하지 않는다면, 이 값은 더 커질 것이지만, 이 경우 콘텍스트 스위치의 수행에 필요한 시간의 비중이 증가할 것이다(문제 5 참고).

5. 컴퓨터 시간의 $^{5000}/_{5001}$이 실제 프로세스를 수행하는 데 쓰일 것이다. 그러나 프로세스가 I/O 활동을 요청할 경우, 제어기가 이 요청을 수행하는 동안 프로세스에 주어진 할당 시간은 종료된다. 따라서 각 프로세스가 자신의 할당 시간에서 1마이크로초가 지난 후 I/O 요청을 할 경우, 컴퓨터의 효율성은 ½로 떨어진다. 즉, 컴퓨터는 프로세스 실행에 사용하는 만큼의 시간을 콘텍스트 스위치에 사용하게 된다.

3.4절

1. 이 시스템은 그 자원이 한 번에 둘 이상의 프로세스에서 사용되지 않도록 보장한다. 그러나 이러한 방식에서는 그 자원이 엄격히 교대 방식으로 할당되도록 정해진다. 일단 어떤 프로세스가 그 자원의 사용을 마치고 내놓게 되면, 이 프로세스가 이 자원에 다시 접근할 수 있기 위해서는 다른 프로세스가 이 자원을 사용하도록 기다려야 한다. 이것은 첫 번째 프로세스는 그 자원을 바로 필요로 하지만, 다른 프로세스는 한 동안 그 자원을 필요로 하지 않을 경우에도 적용된다.

2. 두 대의 차가 터널 양편에서 동시에 진입할 경우, 이들은 서로 상대의 존재에 대해 모르고 있을 것이다. 터널 진입 및 신호등 켜기 과정은 또 다른 임계 구역의 예인데, 이 경우 이러한 과정을 임계 프로세스(critical process)라고 부를 수 있다. 이 용어를 사용하여, 문제에서 기술하고 있는 방식의 결함은 터널의 양편에서 동시에 임계 프로세스를 실행할 수 있다는 점이라고 표현할 수 있다.

3. a. 이 방법은 공유할 수 없는 자원이 필요하지 않으며 자원은 단계적으로 할당되도록 보장한다. 즉, 한 대의 차에 전체 교량이 주어지든지 아니면 아예 주지 않는다.
   b. 이것은 공유할 수 없는 자원을 강제적으로 회수할 수 있음을 의미한다.
   c. 이것은 공유할 수 없는 자원을 공유할 수 있는 자원으로 만들어서 경쟁을 없앤다.

4. 방향성 그래프에서 닫힌 루프를 형성하는 일련의 화살표. 일부 운영체제의 경우 이러한 관찰에 기초하여 교착상태의 존재를 인식하고 적절한 해결 조치를 취할 수 있

는 기법이 개발되어 왔다.

3.5절

1. 이름과 날짜들을 사용하는 경우가 많아 비밀번호를 추측하는 사람들이 쉽게 짐작할 수 있으므로 이들은 비밀번호로 바람직하지 않다. 일반 단어들을 사용하는 것도 바람직하지 않은데, 이는 사전의 단어들을 비밀번호로 시도하는 프로그램을 쉽게 작성할 수 있기 때문이다. 그리고 영문자들만을 포함하는 비밀번호도 바람직하지 않은데, 이러한 비밀번호들에 사용되는 문자집합의 크기가 작기 때문이다.
2. 두 비트로 만들어질 수 있는 서로 다른 비트 패턴은 4개이다. 더 많은 특권 수준이 필요할 경우, 특권 수준의 표현에 3비트 이상이 필요할 것이며 모두 8개의 수준을 사용하도록 정할 수 있다. 같은 원리로 4개보다 적은 수의 특권 수준에 대한 자연스러운 선택은 2가 될 것이며, 이 경우 한 비트로 표현할 수 있다.
3. 그 프로세스는 운영체제 프로그램을 변경하여 실행 관리자가 그 프로세스에 모든 할당 시간을 주도록 만들 수 있다.

4장

4.1절

1. 개방형 네트워크란 규격과 프로토콜이 공개되어 있어 서로 다른 업체들이 호환성 있는 제품을 생산할 수 있는 네트워크를 말한다.
2. 둘 다 더 큰 버스 네트워크를 구성하기 위해 두 개의 버스를 연결하는 데 사용된다. 그러나 브리지가 브리지의 반대편 쪽이 목적지인 메시지들만을 반대편에 전달하는 데 비해 스위치는 각기 브리지 역할을 하는 여러 개의 연결을 갖는다.
3. 라우터는 인터네트워크에서 네트워크들 간의 메시지들의 방향을 안내하는 장치이다.
4. 우편주문 비즈니스와 고객들, 은행창구직원과 은행고객들, 약사와 그 약국고객들 등을 예로 들 수 있다.
5. 교통정리, 일반 전화 통화, 예절 등에 관련된 수많은 프로토콜들이 존재한다.
6. 일반적으로 클러스터 컴퓨팅은 고가용성 또는 부하균형 분산 컴퓨팅을 제공하기 위해 여러 대의 전용 컴퓨터들을 이용한다. 그리드 컴퓨팅은 클러스터 컴퓨팅에 비해 느슨한 연결 관계를 형성하며, 바쁘지 않을 때 분산 계산에 참여하는 컴퓨터들을 이용할 수 있다.

4.2절

1. 계층-1 ISP와 계층-2 ISP는 인터넷 통신의 핵심부를 제공하는 반면, 접속 ISP는 자신

의 고객들에게 인터넷 핵심부에 대한 접속 서비스를 제공한다.

2. DNS(Domain Name System)는 기호식 주소를 IP 주소로 (또는 반대 방향으로) 변환시켜주는 인터넷상의 네임 서버들의 집합이다.
3. 3.6.9는 세 바이트 패턴 000000110000011000001001을 나타낸다. 비트 패턴 0001010100011100은 점찍는 10진 표기법으로는 21.28로 표현할 수 있다.
4. 이 문제에는 여러 개의 답이 존재할 수 있다. 이 중 하나는 둘 다 좁은 범위에서 넓은 범위로 진행한다는 것이다. 기억하기 쉬운 형식의 인터넷 주소는 특정 컴퓨터의 이름에서 시작하여 TLD 이름 방향으로 진행한다. 우편주소도 개인의 이름에서 시작하여 도시, 주, 국가 등 점점 큰 지역으로 진행한다. 이러한 순서는 IP 주소에서는 반대로 되어있는데, IP 주소는 도메인을 식별하는 비트 패턴부터 시작된다.
5. 네임 서버들은 이름 형식의 주소를 IP 주소로 변환하는 일을 도와준다. 메일 서버들은 이메일 메시지의 송신, 수신, 저장 등을 수행한다. FTP 서버들은 파일 전송 서비스를 제공한다.
6. 프로토콜은 교환되는 메시지의 형식, 메시지의 적절한 순서, 메시지의 의미 등을 기술한다.
7. 이들은 원래의 서버가 모든 클라이언트들에 개별 메시지를 보내야 하는 부담을 덜어준다. P2P 방식은 이러한 부담을 (P2P 개체인) 클라이언트들에게 떠넘기는 반면, 멀티캐스트는 이러한 부담을 라우터들에게 떠넘긴다.
8. 고려해야 할 기준에는 비용, 이식성, 컴퓨터를 전화기로 사용하는 데 따른 실용성, 기존 아날로그 전화기를 유지해야 할 필요성 여부, 119 긴급 서비스, 다양한 관련 사업자의 신뢰성 및 서비스 구역 등이 포함될 수 있다.

4.3절

1. URL은 기본적으로 월드와이드웹 상의 문서 주소이다. 브라우저는 사용자가 하이퍼텍스트에 접근하는 것을 도와주는 프로그램이다.
2. 마크업 언어는 문서 안에 설명 정보를 삽입하기 위한 체계이다.
3. HTML은 마크업 언어 중 하나이다. XML은 마크업 언어들을 생성하기 위한 표준이다.
4. a. <html>은 HTML 문서의 시작을 표시한다.
   b. <head>는 문서 헤드의 시작을 표시한다.
   c. </p>는 문단의 끝을 표시한다.
   d. </a>는 또 다른 문서로 연결된 항목의 끝을 표시한다.
5. 클라이언트 측(client side)과 서버 측(server side)은 어떤 활동이 클라이언트 컴퓨터에서 수행되는지 또는 서버 컴퓨터에서 수행되는지를 식별하기 위해 사용되는 용

어들이다.

4.4절

1. 링크 계층은 메시지를 수신하여 네트워크 계층에 넘겨준다. 네트워크 계층은 메시지를 전달할 방향을 결정한 후 전송을 위해 다시 메시지를 링크 계층에 돌려준다. 라우팅에 그 이상의 상위 계층들은 필요하지 않다. 그렇지만 고급 라우터 중에는 선택적 필터링이나 계층화된 서비스 품질 등의 추가 서비스를 제공하기 위해 전송 계층이나 응용 계층을 사용하는 것들도 있다.
2. TCP와 달리 UDP는 목적지에서 메시지가 수신되었는지 확인하는 절차가 없는 비연결형 프로토콜이다.
3. 전송 계층은 들어오는 메시지를 응용 계층의 어떤 프로그램이 수신할지 결정하기 위해 전송 계층 프로토콜 포트번호를 사용한다.
4. 실제로 이를 위한 메커니즘은 없다. 임의의 호스트 상의 프로그래머는 그 호스트의 소프트웨어를 수정하여 이러한 기록을 남길 수 있다. 이것이 바로 민감한 데이터가 암호화되어야 하는 이유이다.

4.5절

1. 소켓은 네트워크 스택의 응용 계층에 있는 프로세스가 아래의 전송 계층을 통해 네트워크상의 다른 프로세스와 연결하기 위한 추상화 요소이다.
2. 새로운 소켓 연결에는 출발지 주소와 포트번호, 목적지 주소와 포트번호 등의 네 가지 정보가 필요하다.
3. 클라이언트 연결 설정과 서버 연결 설정 사이의 주된 차이는 서버의 경우 클라이언트가 통신을 위해 접속하기 전에 정해진 포트에서 감청하고 있어야 한다는 점이다. 클라이언트는 통신을 시작하기 전에 알려진 서버에 연결하기만 하면 된다.
4. 원칙적으로 클라이언트와 서버는 양측이 합의한 적절한 표현을 사용하여 문자 데이터를 공유할 수 있다. 파이썬 소켓 라이브러리의 `sendall()` 함수는 단일 ASCII 바이트들을 사용하여 문자를 전송한다.

4.6절

1. 피싱은 사용자들에게 사용자의 은행이나 대학 IT 부서 등과 같은 합법적인 기관을 가장하여 비밀번호, 신용카드 번호, 기타 등등을 질문함으로써 민감한 정보를 획득하는 기법의 하나이다. 컴퓨터 자체가 피싱에 대한 보호를 제공하지는 못하므로 사용자들은 적절한 확인 없이 민감한 정보를 다른 사람들에게 제공할 때는 건전한 판단을 따라야 한다.

2. 영역 게이트웨이는 자신을 거쳐 가는 (메시지의 부분들인) 패킷들을 전달하는 라우터이다. 따라서 게이트웨이에 설치된 방화벽은 내용에 의해 트래픽을 여과하는 것이 아니라 주소 정보에 따라 여과한다.
3. 비밀번호의 사용은 데이터를 보호하며, 따라서 그 안의 정보도 보호한다. 암호화의 사용은 정보를 보호한다.
4. 공개키 암호화 시스템의 경우, 메시지를 암호화하는 방법을 안다고 해서 메시지를 복호화할 수 있는 것은 아니다.
5. 이 문제는 국제적 성격을 갖고 있으며, 따라서 개별 정부의 법률의 적용을 곤란하게 한다. 더욱이 법률적 조치는 피해를 방지하는 것이 아니라 피해자를 위한 구제책을 제공할 뿐이다.

5장

5.1절

1. 프로세스는 알고리즘을 실행하는 활동을 말하며, 프로그램은 알고리즘에 대한 표현을 말한다.
2. 0장에서 음악 연주, 세탁기 사용, 모형의 구축, 마술 시연, 유클리드의 호제법 등의 알고리즘을 서술한 바 있다. 일상생활에서 마주치는 많은 "알고리즘"은 정형적 알고리즘 정의에 맞지 않을 수도 있다. 본문에서 언급된 나눗셈 알고리즘이 그러한 예에 해당된다. 시계에서 매일매일 침들을 이동시키고 종소리를 내기 위해 사용하는 알고리즘도 그러한 예에 해당된다.
3. 이 비정형적 정의는 단계들에 순서가 정해져 있어야 한다든가 모호성이 없어야 한다는 점 등을 요구하지 않고 있다. 이 정의에서는 단계들이 실행될 수 있고 끝나야 한다는 점 등의 요구사항만 시사하고 있다.
4. 두 가지 사항이 있다. 첫째는 명령들이 종료하지 않는 프로세스를 정의하고 있다는 점이다. 그러나 현실에서는 언젠가 주머니에 동전이 남아있지 않는 상태에 도달할 것이다. 사실 시작 상태에서 주머니가 비어있을 수도 있다. 이 시점에서 문제는 모호성이다. 표현된 대로의 알고리즘은 이러한 상황에서 무엇을 해야 할지 기술하지 않고 있다.

5.2절

1. 물질의 구성에서 이러한 예를 찾아볼 수 있다. 어느 수준에서는 분자들을 프리미티브로 간주할 수 있지만, 분자들은 사실 원자들로 이루어진 합성물이며, 원자들은 다시 전자, 양자, 중성자 등으로 구성되어 있다. 오늘날 이러한 "프리미티브"들조차 합

성물이라는 것이 알려져 있다.

2. 일단 함수가 올바르게 작성되면, 이 함수의 내부 구성을 다시 고려할 필요 없이 더 큰 프로그램 구조를 위한 구성요소로 사용될 수 있다.

3.
```
X = 입력 중 큰 값
Y = 입력 중 작은 값
while (Y != 0):
   Remainder = X를 Y로 나눈 나머지
   X = Y
   Y = Remainder
GCD = X
```

4. 빛의 모든 색상은 빨강, 파랑, 초록의 조합으로 만들어질 수 있다. 따라서 텔레비전 수상관은 이러한 세 가지 색상을 만들 수 있도록 설계되어 있다.

5.3절

1. a.
```
if (n == 1 또는 n == 2):
    답은 한 개의 값 n으로 이루어진 리스트이다
else:
    n을 3으로 나누어 몫 q와 나머지 r을 얻는다
    if (r == 0):
        답은 q개의 3으로 이루어진 리스트이다
    if (r == 1):
        답은 q-1개의 3과 2개의 2로 이루어진 리스트이다
    if (r == 2):
        답은 q개의 3과 1개의 2로 이루어진 리스트이다
```
   b. 결과는 667개의 3으로 이루어진 리스트가 될 것이다.
   c. 패턴을 발견하기 위해 여러 개의 작은 입력 값들에 대해 실험해볼 수 있을 것이다.

2. a. 그렇다. 힌트: 구멍이 있는 4분면을 피하고 다른 4분면들은 하나씩 덮도록 첫 번째 타일을 중앙에 둔다. 각 4분면은 이제 동일한 문제의 작은 버전을 나타낸다.
   b. 하나의 구멍을 갖는 보드는 $2^{2n} - 1$개의 정사각형을 포함하며, 각 타일은 정확히 3개씩의 정사각형을 덮는다.
   c. 이 문제의 (a)와 (b)는 한 문제의 해법을 아는 것이 다른 문제를 해결할 때 어떻게 도움이 될 수 있는지를 보여주는 훌륭한 사례이다. 폴리아의 네 번째 단계를 참고하라.

3. "This is the correct answer."

4. 단순히 퍼즐 조각들을 맞추려고 시도하는 것은 상향식 방법에 해당한다. 그러나 완성된 그림의 모습을 알아보기 위해 퍼즐 상자를 보는 것은 상향식 방법에 하향식 요소를 가미하는 셈이다.

5.4절

1. while 문의 테스트 조건을 "목표 값 != 현재 항목 그리고 비교할 항목이 남아 있음"과 같이 고친다.

2.
```
Z = 0
X = 1
repeat:
  Z = Z + X
  X = X + 1
  until (X == 6)
```

3. 사실 C 언어에서 이와 같은 구조가 문제가 되고 있다. do와 while이라는 키워드들이 여러 줄 떨어져 있으므로 프로그램을 읽는 사람들은 종종 while 절을 잘못 해석할 수 있다. 특히 do 문의 끝에 나타나는 while을 while 문의 시작으로 해석하기 쉽다. 이러한 경험을 통해 사전 테스트 루프와 사후 테스트 루프에 서로 다른 키워드를 사용하는 것이 바람직하다는 것을 알게 되었다.

4.

Cheryl	Alice	Alice
Gene	Cheryl	Brenda
Alice	Gene	Cheryl
Brenda	Brenda	Gene

5. 리스트에서 같은 값을 갖는 항목보다 기준 항목을 위로 올리는 것은 시간 낭비이다. 예를 들어, 제안된 변경을 반영한 새로운 프로그램을 모든 항목들이 같은 리스트에 적용해보라.

6.
```
def sort (List):
  N = 1
  while (N의 값이 List의 길이보다 작음):
    J = N + 1
    while (J의 값이 List의 길이 이하임):
      if (J 번째 항목이 N 번째 항목보다 작음):
           이 두 항목을 교환함
      J = J + 1
    N = N + 1
```

7. 아래 답안은 효율적이지 않다. 더 효율적으로 만들어보라.

```
def sort (List):
  N = List의 길이
  while (N > 1):
    J = List의 길이
    while (J > 1):
      if (J 번째 항목이 < J-1 번째 항목):
          이 두 항목을 교환함
      J = J - 1
    N = N - 1
```

5.5절

1. 비교할 첫 번째 이름은 Henry, 그 다음은 Larry, 마지막은 Joe가 될 것이다.
2. 8, 17
3. 1, 2, 3, 3, 2, 1
4. 종료 조건은 "N이 3 이상"이다. 이것은 더 이상의 호출이 이루어지지 않을 조건이다.

5.6절

1. 이 컴퓨터가 1초에 100개의 이름을 정렬할 수 있다면, 1초에 ¼(10,000 − 100) 회의 비교를 수행할 수 있다. 이것은 한 번의 비교에 대략 0.0004초 걸린다는 것을 의미한다. 따라서 1000개의 이름을 정렬하기 위해서는 평균적으로 ¼(1,000,000 − 1000)회의 비교를 필요로 하며, 따라서 대략 100초 즉, 1⅔분이 걸린다.
2. 2진 검색은 $\Theta(\log_2 n)$에 속하며, 순차 검색은 $\Theta(n)$에 속하고, 삽입 정렬은 $\Theta(n^2)$에 속한다.
3. 클래스 $\Theta(\log_2 n)$이 가장 효율적이며, 그리고 $\Theta(n)$, $\Theta(n^2)$, $\Theta(n^3)$ 등의 순이다.
4. 그렇지 않다. 이 답은 그럴 듯하게 들리지만 올바르지 않다. 사실은 세 장 중 두 장만이 양면이 같다. 따라서 그와 같은 카드를 선택할 확률은 ⅔이다.
5. 그렇지 않다. ³⁄₇에서와 같이 피제수가 제수보다 작을 경우 답은 0이어야 하는데 계산된 답은 1이 된다.
6. 그렇지 않다. X의 값이 0이고 Y의 값이 0이 아니면, 주어진 프로그램은 올바르지 않은 답을 계산할 것이다.
7. 매번 종료 테스트를 수행할 때마다, "Sum = 1 + 2 + ... + K 그리고 K는 N 이하임"이라는 명제가 성립한다. 이 명제를 "K는 N 이상임"이라는 종료 조건과 결합하면 원하는 결론인 "Sum = 1 + 2 + ... + N"을 얻게 된다. K는 0으로 초기화되고 루프를

한 번 반복할 때마다 1씩 증가하므로 그 값은 언젠가는 N의 값에 도달하게 된다.

8. 유감스럽게도 대답은 "그렇지 않다"이다. 기계적 오동작이나 전기 문제 등과 같은 하드웨어 및 소프트웨어 설계 이상의 문제들이 계산에 영향을 미칠 수 있다.

6장

6.1절

1. 3세대 언어로 작성된 프로그램은 레지스터나 메모리 셀 주소 등과 같은 컴퓨터 속성을 사용하여 단계들을 기술하지는 않으며, 이러한 점에서 기계 독립적이라고 말할 수 있다. 그러나 산술적 오버플로나 절삭 오차 등이 여전히 발생한다는 면에서는 기계 종속적이라고도 할 수 있다.
2. 주된 차이점은 어셈블러가 소스 프로그램의 각 명령을 한 개의 기계어 명령으로 변환하는 반면, 컴파일러는 종종 한 개의 소스 프로그램 명령에 해당하는 코드를 얻기 위해 여러 개의 기계어 명령을 만들어낸다는 점이다.
3. 선언형 패러다임은 해결해야 할 문제에 대한 서술을 개발하는 데 기초하고 있다. 함수형 패러다임은 프로그래머로 하여금 문제의 해법을 더 작은 문제들에 대한 해법을 사용하여 기술하도록 만든다. 객체지향 패러다임에서는 문제의 환경에서 구성요소들을 기술하는 데 초점을 둔다.
4. 3세대 언어들에서 프로그램은 문제의 환경에서 나타나는 요소들로 표현될 수 있으며, 이전 세대의 언어들에 비해 컴퓨터에 종속된 표현을 적게 사용한다.

6.2절

1. 서술적인 상수를 사용함으로써 프로그램의 이해도를 높일 수 있다.
2. 선언문은 용어를 기술하며, 명령문은 알고리즘의 단계들을 기술한다.
3. 정수형, 실수형, 문자형, 부울형.
4. `if-else` 구조와 `while` 루프 구조가 공통적으로 발견될 수 있다.
5. 배열의 모든 요소들은 동일한 타입을 갖는다.

6.3절

1. 변수의 참조범위란 그 변수에 접근할 수 있는 프로그램상의 구간을 말한다.
2. 결과 있는 함수는 함수의 이름에 연계된 값을 반환하는 함수이다.
3. 입출력 작업 자체가 함수들이기 때문이다. 실제로 I/O 작업은 컴퓨터 운영체제 안의 루틴들에 대한 호출로 이루어진다.

4. 형식 매개변수는 함수 안에서 사용하는 식별자이며, 함수를 호출할 때 함수에 전달되는 실질 매개변수의 값을 받는 자리를 마련하기 위한 것이다.

5. 참조에 의한 호출 방식으로 매개변수를 전달하는 함수에서 매개변수를 변경하면 그 효과는 호출 함수의 실질 매개변수에도 반영되지만, 값에 의한 호출 방식으로 매개변수를 전달하는 함수에서는 그와 같은 변경이 피호출 함수에 국한되며 호출 함수의 실질 매개변수에 영향을 미치지 않는다.

6.4절

1. *어휘 분석*: 토큰들을 식별하는 과정.
   구문 분석: 프로그램의 문법적 구조를 인식하는 과정.
   코드 생성: 목적 프로그램의 명령들을 생성하는 과정.

2. 심볼 테이블은 구문 분석기가 프로그램의 선언문들에서 얻은 정보에 대한 기록이다.

3. 구문 다이어그램에서 타원 안에 나타나는 항목은 종결자이다. 추가적인 기술을 요하는 항목은 사각형 안에 나타나며 비종결자라고 불린다.

4.

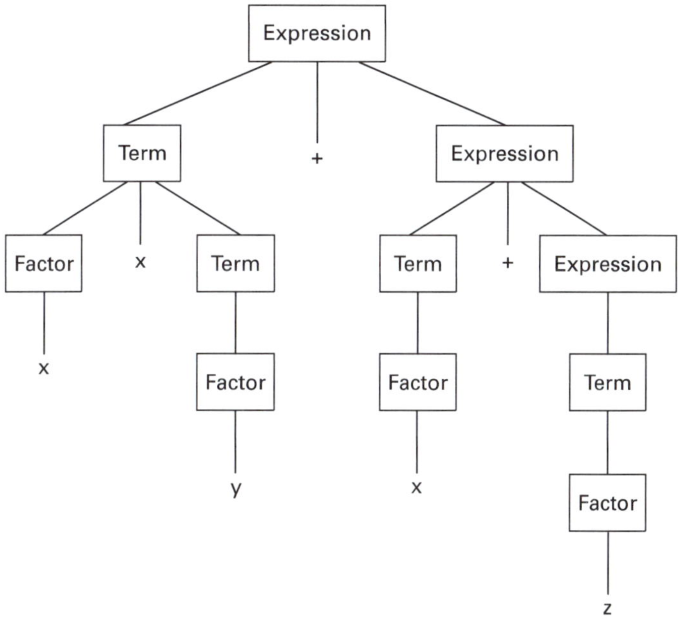

5. ChaCha 구조에 맞는 열들은 아래와 같은 작은 열들을 한 번 이상 포함하여 만들어진다.

   forward backward cha cha cha
   backward forward cha cha cha
   swing right cha cha cha
   swing left cha cha cha

6.5절

1. 클래스는 객체에 대한 서술이다.
2. 다양한 운석들을 만들어낼 수 있는 MeteorClass라는 클래스를 생각해볼 수 있을 것이다. LaserClass 클래스 안에 레이저 조준 방향을 가리키는 인스턴스 변수 AimDirection을 추가할 수 있을 것이다. 이 변수는 fire(), turnRight(), turnLeft() 등의 메서드에서 사용될 수 있을 것이다.
3. Employee 클래스는 사원의 이름, 주소, 근무연한 등에 관련된 기능들을 포함할 수 있을 것이다. FullTimeEmployee 클래스는 퇴직 연금 등에 관련된 기능들을 포함할 수 있을 것이다. PartTimeEmployee 클래스는 주당 근무시간, 시급 등에 관련된 기능들을 포함할 수 있을 것이다.
4. 생성자란 클래스의 인스턴스가 생성될 때 실행되는 클래스 안의 특별한 메서드이다.
5. 클래스 안의 어떤 항목들은 다른 프로그램 단위의 직접적 접근을 막기 위해 전용으로 지정된다. 어떤 항목이 전용으로 지정되어 있을 경우, 그 항목에 대한 수정으로 인한 파급 범위가 그 클래스 내부로 제한될 것이다.

6.6절

1. 병행 프로세스 실행을 개시하기 위한 기법, 프로세스 간 통신을 구현하기 위한 기법 등을 들 수 있다.
2. 한 가지 방식은 프로세스들에 맡기는 방법이며, 또 다른 방식은 데이터에 맡기는 방법이다. 후자의 방식에서는 관련 작업이 프로그램 안의 한 곳에 모여 있게 되는 이점이 있다.
3. 기상 예측, 항공 트래픽 제어, (핵반응에서 보행자 트래픽에 이르기까지의) 복잡한 시스템의 시뮬레이션, 컴퓨터 네트워킹, 데이터베이스 유지관리 등을 들 수 있다.

6.7절

1. R, T, V. 예를 들어 R이 논리적 결과임을 보이기 위해서는 그 부정인 ¬R을 주어진 집합에 추가한 다음, 아래 그림에서와 같이 분해 결과로 비어있는 명제를 얻을 수 있음을 보이면 된다.

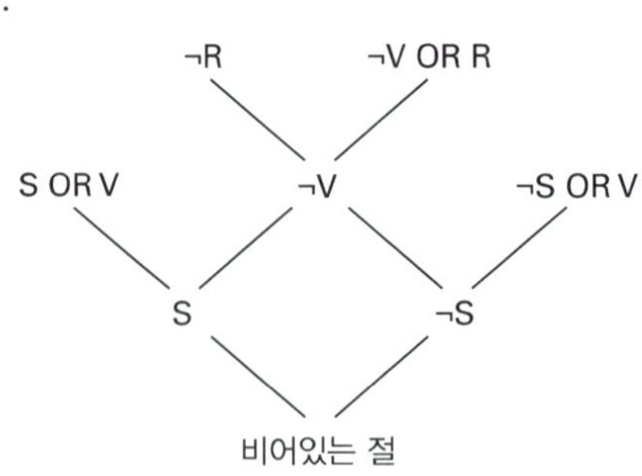

2. 그렇다. 이 집합을 아래와 같이 분해하면 비어있는 명제를 얻을 수 있기 때문에 이 집합은 모순적이다.

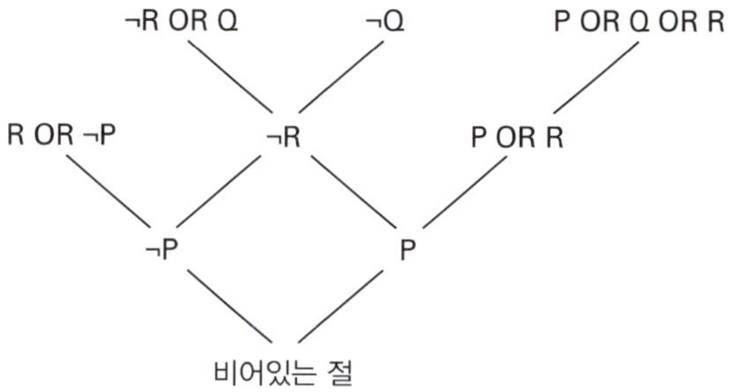

3.
```
mother(X, Y) :- parent(X, Y), female(X).
father(X, Y) :- parent(X, Y), male(X).
```

4. Prolog는 carol을 carol 자신의 형제라고 결론지을 것이다. 이 문제를 해결하기 위해 규칙에 X는 Y와 같을 수 없다는 사실을 포함시킬 필요가 있으며, Prolog에서는 이를 X \= Y와 같이 표현할 수 있다. 따라서 개선된 규칙은 다음과 같이 쓸 수 있다.
```
sibling (X, Y) :- X \= Y, parent(Z, X), parent(Z, Y).
```
위의 규칙은 X와 Y가 서로 다르며 공통의 부모를 가질 경우 X와 Y는 형제 관계에 있음을 의미한다. 아래의 버전은 X와 Y가 두 부모 모두를 공통으로 가질 경우의 형제 관계를 규정한다.
```
sibling (X, Y) :-  X \=  Y, Z \= W
                   parent (Z, X), parent (Z, Y),
                   parent (W, X), parent (W, Y).
```

7장

7.1절

1. 배정문들의 긴 열은 프로그램 설계에서 몇 개의 중첩된 if 문만큼 복잡하지 않다.
2. 일정한 사용 기간 후에 발견된 오류의 개수를 생각해볼 수 있다. 이 측도의 문제점 중 하나는 이 값을 미리 측정할 수 없다는 것이다.
3. 여기에서 중요한 것은 소프트웨어의 특성을 어떻게 측정할 수 있을지 생각해보는 것이다. 소프트웨어에서 오류 개수를 측정하기 위한 한 가지 방법은 소프트웨어를 설계할 때 고의적으로 오류들을 심어두는 것이다. 그런 다음 소프트웨어에 대한 디버깅을 수행한 후 고의로 심어둔 오류 중 남아있는 오류들의 개수를 확인한다. 예를 들어 7개의 오류를 심어두었는데, 디버깅에 의해 그 중 5개가 제거되었다면, 이 소프트웨어의 전체 오류 중 5/7만이 제거되었다고 가정할 수 있다.

4. 가능한 답에는 측도의 발견, 사전제작 컴포넌트의 개발, CASE의 개발, 표준화 등을 들 수 있으며, 7.5절에서 다룰 UML과 같은 모델링 및 표기 시스템의 개발도 답에 포함될 수 있다.

7.2절

1. 개발 과정에서의 작은 노력이 유지보수 과정에 큰 차이를 만들 수 있다.
2. 요구사항 분석 단계는 제안 시스템이 무엇을 달성해야 할지에 집중하는 반면, 설계 단계는 시스템이 어떻게 목표를 달성할지에 집중한다. 구현 단계는 시스템의 실제 구축에 집중하며, 테스트 단계는 시스템이 의도된 대로 수행되는지 확인하는 데에 집중한다.
3. 소프트웨어 요구사항 명세는 개발될 소프트웨어의 요구사항과 명세를 표현하는, 고객과 소프트웨어 엔지니어 사이의 서면 합의서이다.

7.3절

1. 전통적 방식인 폭포수 모델에서는 요구사항 분석, 설계, 구현, 테스트 등의 단계가 차례대로 수행되도록 정해져 있다. 프로토타이핑 패러다임에서는 이보다 완화된 시행착오 방식을 허용한다.
2. 점진적 모델, 반복형 모델, XP.
3. 전통적인 진화적 프로토타이핑은 소프트웨어를 개발하는 조직 안에서 수행되는 반면, 공개 소스 개발은 어느 한 조직으로 제한되지 않는다. 공개 소스 개발의 경우, 개발을 감독하는 사람이 어떤 기능 강화가 보고될지 결정하지 않는 반면, 전통적인 진화적 프로토타이핑의 경우 소프트웨어 개발을 관리하는 사람이 특정 기능 강화에 인원을 배정한다.
4. 이 문제는 각자 생각해볼 문제로 제시된 것이다. 당신이 소프트웨어 개발사의 관리자라면, 회사가 판매할 소프트웨어의 개발에 공개 소스 방법을 채택할 수 있겠는가?

7.4절

1. 소설의 장들은 서로 연결되어 있는 반면, 백과사전의 절들은 대개 독립적이다. 따라서 소설의 장들 사이의 결합도는 백과사전의 절들 사이의 결합도보다 강하다고 볼 수 있다. 그러나 백과사전의 절들은 소설의 장들에 비해 높은 응집도를 가질 것이다.
2. 누적 점수는 데이터 결합의 한 예가 될 것이다. 존재할 수 있는 다른 "결합"에는 피로, 운동량, 상대방의 전략에 대한 지식, 그리고 어쩌면 자신감 등을 포함할 것이다. 여러 스포츠에서 단위들의 응집도는 동작을 끝내고 다음 단위를 새로 시작함으로써 증가된다. 예를 들면, 야구에서 각 이닝을 시작할 때마다 이전 이닝을 만루 상태에서

끝냈더라도 주자 없이 시작한다. 테니스와 같은 경기의 경우 각 세트는 이전 세트의 결과와 무관하게 점수를 계산한다.

3. 이것은 어려운 문제이다. 관점에 따라서는 모든 것을 한 모듈에 넣는 것으로 시작할 수 있다. 이 경우 응집도는 아주 낮을 것이며 결합도는 아예 없다. 이 모듈을 작은 모듈들로 분할한다면, 결과적으로 결합도는 증가할 것이다. 따라서 응집도의 증가는 결합도도 증가시킬 것으로 결론 내릴 수 있다. 반면에 당면 문제가 세 개의 아주 응집성 있는 모듈들로 자연스럽게 분할될 수 있다고 하고, 이들을 A, B, C로 부르기로 하자. 원래의 설계가 이러한 자연스러운 분할을 따르지 않았다면(예를 들어 원래의 설계가 작업 A의 절반과 작업 B의 절반을 함께 묶는 등등), 응집도는 낮고 결합도는 높을 것으로 기대할 수 있다. 이 경우 A, B, C 등을 별도의 모듈로 분할하는 방식으로 시스템을 재설계함으로써 모듈 사이의 결합도는 감소시키고 모듈 내의 응집도는 증가시킬 것이다.

4. 결합은 모듈 사이의 연결이며, 응집은 모듈 내부의 연결성을 의미한다. 정보 은닉은 정보 공유를 제한하는 것이다.

5. `ControlGame`이 `UpdateScore`에게 누가 점수를 땄는지 알려주어야 한다는 것을 가리키는 화살표를 추가해야 할 것이다. 그리고 `UpdateScore`가 `ControlGame`에게 제어를 반환할 때 "세트 종료" 또는 "시합 종료"와 같은 현재 상황을 보고할 것을 가리키는 화살표도 추가해야 할 것이다.

6. 그림 7.5에서 첫 번째와 마지막을 제외한 모든 수평 화살표를 지운다. 즉, Judge는 `PlayerA`의 서비스를 평가한 후 바로 `Score`에 `updateScore` 메시지를 보내야 한다. (이는 물론 두 번째 서비스를 고려하지 않은 것이다. 더블 폴트를 허용하기 위해 프로그램 설계를 어떻게 수정할 수 있겠는가?)

7. 전통적인 프로그래머는 6장에서 소개된 것과 같은 문장들을 사용하여 프로그램을 작성하는 반면, 컴포넌트 어셈블러는 컴포넌트라고 불리는 사전 제작된 코드 블록들을 연결함으로써 프로그램을 작성한다.

8. 이 질문에는 많은 답이 존재한다. 한 가지 조합은 다가오는 일정을 사용자에게 알리기 위해 달력이 시계에 알람을 자동으로 설정하는 것이다. 그리고 달력 앱은 지도 앱의 컴포넌트를 사용하여 약속 장소로 가는 길안내를 제공할 수도 있다.

7.5절

1. 다이어그램에서 (책의 이동이 아니라) 데이터의 흐름을 표현하도록 해야 한다. 아래의 다이어그램은 (고객으로부터의) 도서 등록번호와 (도서관 파일로부터의) 이용자 레코드를 결합하여 대출 레코드를 구성하고 도서관 파일에 저장하는 데이터 흐름을 나타낸다.

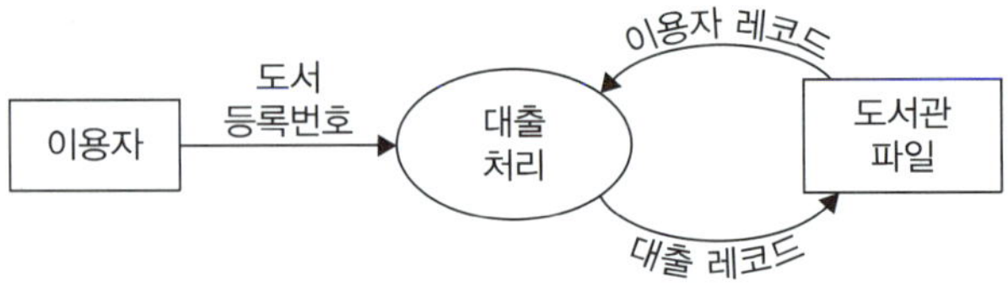

2.

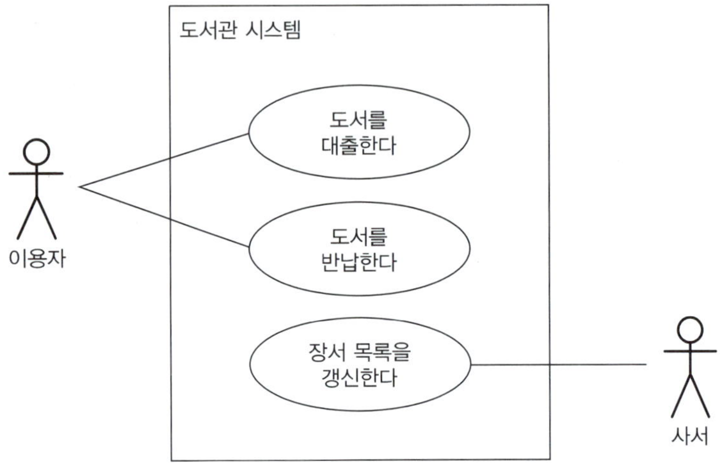

3. 이들의 관계는 다대다 관계이며, 따라서 다음과 같은 다이어그램으로 표현될 수 있다.

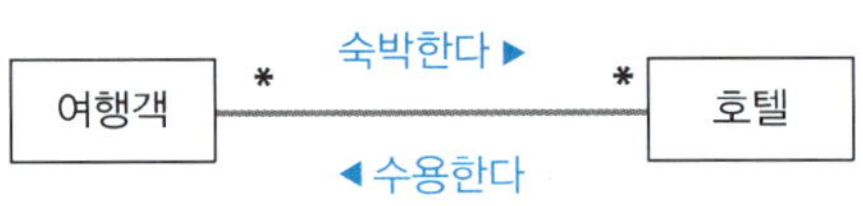

4.

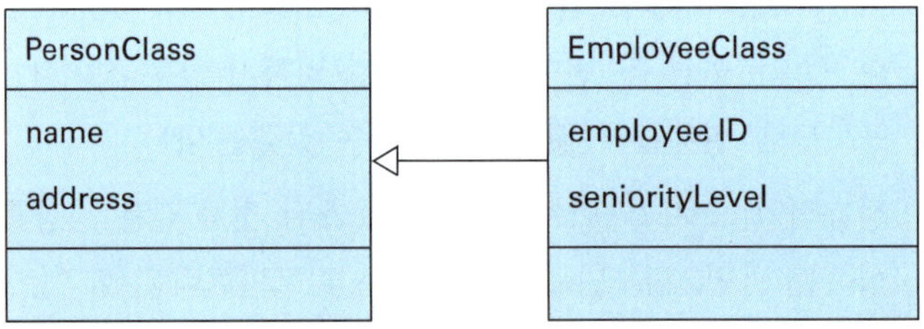

5. 그림을 둘러싸는 사각형을 하나 그리고, 그림 7.13에서와 같이 좌측상단에 "sd" 라벨을 추가하라.
6. 설계 패턴은 반복되는 소프트웨어 유형을 구현하기 위한 잘 개발된 표준적 방법론을 제공한다.

7.6절

1. SQA 그룹은 기관이 채택한 품질 제어 체계를 감독하고 집행한다.
2. 사람들은 프로젝트 과정에서 취하는 (결정, 행위 등의) 단계들을 기록하지 않는 경향이 있다. (개성의 충돌, 질시, 이기심의 충돌 등의 이슈들도 있다.)

3. 기록 정리와 검토.
4. 소프트웨어를 테스트하는 목적은 오류를 찾아내기 위한 것이다. 어떤 의미에서 오류를 찾아내지 못한 테스트는 실패라고 볼 수 있다.
5. 모듈 안의 분기(branching)의 양을 생각해볼 수 있을 것이다. 예를 들어, 모듈 안에 많은 루프와 `if-else` 문들이 포함되어 있다면 단순한 논리 구조를 갖는 모듈에 비해 더 많은 오류를 포함하기 쉬울 것이다.
6. 경계 값 분석을 시도할 수 있으며, 이 경우 100개의 항목을 갖는 리스트와 항목이 아예 들어 있지 않은 리스트에 대해 소프트웨어 테스트를 수행해야 할 것이다. 그리고 이미 올바른 순서대로 되어있는 리스트에 대한 테스트를 수행할 수도 있다.

7.7절

1. 소프트웨어 문서들에는 사용자 문서, 시스템 문서, 기술 문서 등이 있다. 이러한 문서들은 사용설명서, 소스 프로그램 안의 주석과 코드 자체, 프로그램 실행 시 단말기에 나타나는 메시지, (데이터 사전, 구조도, 데이터 흐름도, 개체-관계 다이어그램 등의) 설계 문서 등의 다양한 형태로 나타날 수 있다.
2. 개발 단계와 수정 단계. 중요한 점은 변경 내역도 원래의 프로그램만큼 철저히 문서화되어야 한다는 것이다. (소프트웨어는 사용 단계에서도 문서화되어야 한다. 예를 들면, 시스템의 사용자가 문제를 발견할 수도 있는데, 이 경우 바로 고쳐지기보다는 시스템의 사용자설명서의 차기 버전에 반영되는 것으로 그칠 수도 있다. 더욱이 소프트웨어 사용 설명서는 때로 소프트웨어가 상당 기간 사용된 이후에 작성될 수도 있다.)
3. 이 문제에 대해 사람마다 의견이 다를 것이다. 어떤 사람들은 프로그램이야말로 전체 프로젝트의 핵심이며, 따라서 당연히 가장 중요한 부분이라고 주장할 것이다. 또 어떤 사람들은 프로그램의 문서화가 잘 되어있지 않다면, 이해할 수도 없고 사용하거나 변경할 수도 없기 때문에 그러한 프로그램은 아무 가치도 없다고 주장할 것이다. 더욱이 훌륭한 문서화 작업이 되어있다면, 프로그램을 작성하는 작업 자체를 "쉽게" 재설계할 수 있다.

7.8절

1. a. 디스플레이의 경사 조절 기능, 마우스 모양. 스마트폰에서는 마우스 대신 터치스크린의 사용이나 전화기의 경사를 입력으로 이용하는 것 등을 들 수 있다.
   b. 툴바, 스크롤, 풀다운 메뉴 등의 설계를 포함하는 디스플레이 상의 윈도우 화면 구성. 스마트폰 상에서는 사람이 생각하는 방식에 맞추어 관심 대상 물체를 가리키기 위해 카메라를 기울이는 것을 들 수 있다.

2. a. 스마트폰에서 마우스나 스타일러스 등을 사용하는 것은 실용적이지도 않고 불편할 것이다. 더욱이 디스플레이 화면이 작아 꼭 필요하지 않은 화면상의 요소들은 사용하기 어려울 것이다. 이러한 이유로 스크롤바는 생략되는 경우가 많은데, 꼭 사용해야 할 경우라면 가는 선으로 표시될 것이다.
   b. 디스플레이 화면상의 슬라이딩 손동작은 사람들이 생각하는 방식에 맞는 자연스러운 동작이다. 사람들은 책상 위의 서류나 다른 물품을 밀어서 움직이곤 한다. 이러한 동작이 데스크톱 컴퓨터상에서 스크롤바를 사용하는 것보다 더 자연스럽다고 주장할 수 있을 것이다. 사실 스크롤바는 기대하는 방향으로 움직이지만 스크롤 대상 영역은 반대 방향으로 움직인다. 컴퓨터를 사용해본 일이 없는 사용자라면 이러한 동작은 직관에 위배될 수도 있다.
3. 인간 본성이 갖는 역할의 차이가 답이 될 수 있다. 또 다른 대답은 인터페이스 설계는 소프트웨어 시스템의 외적 특성을 강조한다는 것이다.
4. 본문에서 논의된 세 가지는 습관 형성, 주의력 범위의 협소성, 제한된 다중처리 능력 등이다. 이외에 가정하는 경향 등도 답이 될 수 있을 것이다.

7.9절

1. 저작권 문구는 작업 결과물의 소유권을 주장하고 작업 결과물의 사용이 허가된 대상자를 식별한다. 요구사항 명세, 설계 문서, 소스 코드, 최종 제품 등을 포함하는 작업 결과물을 만들어내기 위해서는 각기 상당한 투자를 요한다. 개인이든 기업이든 자신의 소유권을 확보하고 모든 지적재산에 대해 엉뚱한 사람들이 사용하지 않도록 하기 위한 조치를 취해야 한다.
2. 저작권과 특허 관련 법률은 새로운 제품의 창안자들이 이러한 제품들을 대중에게 제공할 동기를 부여한다는 점에서 사회에 이익이 된다. 이러한 보호가 없다면, 기업들은 신제품에 대한 대규모 투자를 꺼릴 것이다.
3. 책임제한 성명서는 기업을 태만으로부터 보호하지 않는다.

8장

8.1절

1. 리스트: 스포츠 팀의 선수 명단
   스택: 음식점 주방에 쌓아둔 접시들
   큐: 음식점 앞에 줄서 있는 사람들
   트리: 정부기관의 조직도
2. 스택과 큐는 특별한 유형의 리스트로 볼 수 있다. 일반 리스트의 경우 어느 위치에

서나 항목을 삽입 또는 제거할 수 있다. 스택의 경우 헤드에서만 항목을 삽입 또는 제거할 수 있다. 큐의 경우 테일에서만 항목을 삽입할 수 있고, 헤드에서만 항목을 제거할 수 있다.

3. 상단에서 하단 방향으로 스택상의 문자들을 나열하면 E, D, B, A가 된다. 지금 한 개의 문자를 pop하면, E를 꺼내게 될 것이다.
4. 헤드에서 테일 방향으로 큐상의 문자들을 나열하면 B, C, D, E가 된다. 지금 한 개의 문자를 큐에서 제거하면, B를 꺼내게 될 것이다.
5. 단말 노드는 D와 C이다. 루트 노드는 B인데, 이것은 다른 노드들은 모두 부모 노드가 있기 때문이다.

8.2절

1. 컴퓨터의 주기억장치 안의 데이터는 실제로 개별적으로 주소 지정이 가능한 메모리 셀에 저장된다. 배열, 리스트, 트리 등과 같은 구조는 데이터 사용자가 데이터에 보다 쉽게 접근할 수 있도록 모의구현되는 것이다.
2. 체커 게임 프로그램을 작성할 경우, 체커보드를 표현하는 데이터 구조는 아마 정적 구조일 텐데, 이것은 보드 크기가 게임 중에 변화하지 않기 때문이다. 그러나 도미노 게임 프로그램을 작성할 경우, 테이블 위에 구축되어 있는 도미노 패턴을 표현하는 데이터 구조는 아마 동적인 구조일 가능성이 높은데, 이것은 패턴의 크기가 계속 변하며 미리 정할 수 없기 때문이다.
3. 전화번호부는 기본적으로 사람들에 대한 (전화번호라는) 포인터의 집합이다. 범죄 현장에 남겨진 단서는 범인에 대한 (아마 해독을 요하는) 포인터이다.

8.3절

1. 5 3 7 4 2 8 1 9 6
2. R이 행렬 안의 행의 개수라면, 공식은 $R(j - 1) + (i - 1)$로 주어진다.
3. $(c \times i) + j$
4. 헤더 포인터가 null 값을 갖는다.
5.
```
def PrintList (List):
  Last = 인쇄될 마지막 이름
  Finished = False
  CurrentPointer = List.Head
  while ((CurrentPointer != None)and (Finished != False)):
    print(CurrentPointer.Value)
```

```
if (방금 인쇄된 이름 == Last):
  Finished = True
CurrentPointer = CurrentPointer.Next
```

6. 스택 포인터는 스택의 하단 바로 아래의 셀을 가리킨다.

7. 스택은 1차원 배열, 스택 포인터는 정수 타입의 변수로 표현한다. 그런 다음 이 스택 포인터를 정확한 메모리 주소로서가 아니라 스택의 상단의 위치를 나타내기 위해 사용한다.

8. 큐가 비어있을 조건과 가득 차 있을 조건 모두 헤드 포인터와 테일 포인터가 같다는 것으로 표시된다. 따라서 이 두 조건을 구별하기 위한 추가 정보가 필요하다.

9. 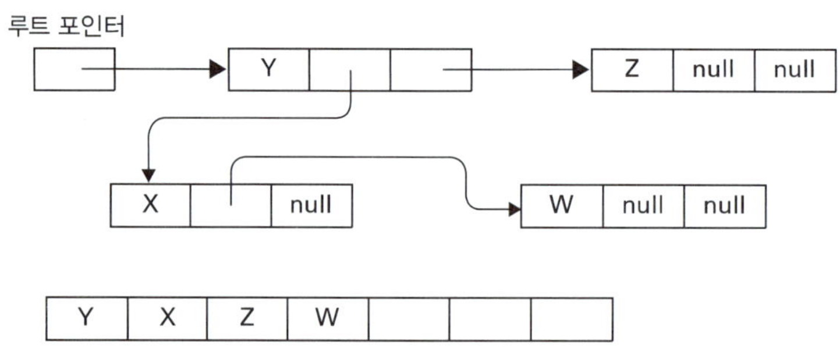

8.4절

1. 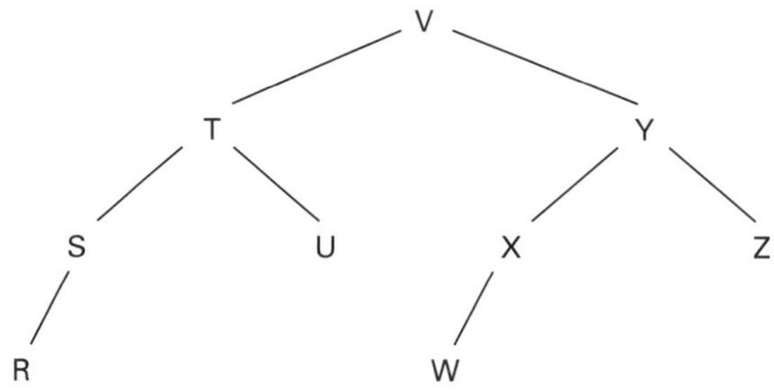

2. J에 대한 검색의 경우:

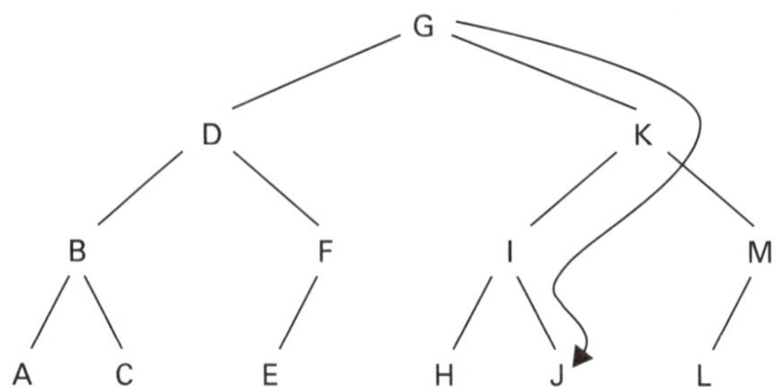

P에 대한 검색의 경우:

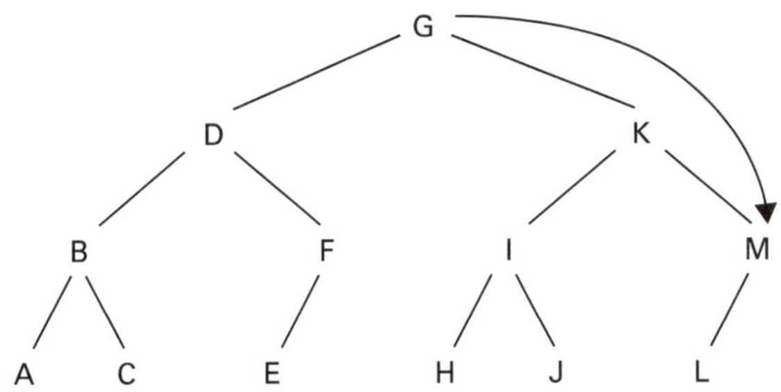

3.

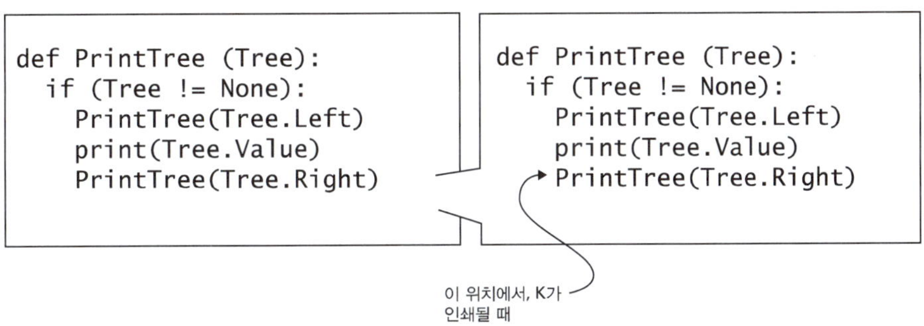

4. 각 노드에서, 각 자식 포인터는 알파벳에서 각기 다른 문자를 나타내기 위해 사용될 수 있다. 트리를 따라 내려가는 경로로 단어의 철자를 표현할 수 있다. 정확한 철자를 갖는 단어의 끝을 나타내는 노드에 특별한 표시를 할 수 있다.

8.5절

1. 타입은 틀(template)에 해당한다. 그 타입의 인스턴스는 그 틀에서 만들어진 실제 개체에 해당한다. 비유하자면, 개는 동물의 한 유형을 나타내며, 래시나 렉스는 개 타입의 인스턴스들이다.

2. 사용자정의 데이터 타입은 데이터 구성에 관한 기술인 반면, 추상 데이터 타입은 데이터 조작을 위한 연산을 포함한다.

3. 여기에서 중요한 사항은 리스트를 연속형 리스트로 구현하느냐 아니면 연결 리스트로 구현하느냐 하는 선택이다. 이 선택은 새로운 항목의 삽입, 예전 항목의 삭제, 항목의 검색 등을 위한 함수 구조에 영향을 미칠 것이다. 그러나 이러한 선택은 추상 데이터 타입 인스턴스의 사용자에게는 보이지 않아야 한다.

4. 이 추상 데이터 타입은 최소한 계좌 잔고를 저장하기 위한 데이터 구조와 입금 및 수표에 의한 인출 등을 위한 함수들을 포함하게 될 것이다.

8.6절

1. 추상 데이터 타입과 클래스 둘 다 타입 인스턴스 생성에 사용될 수 있는 틀이다. 그

러나 클래스가 상속 기능도 갖추고 있고 함수만 포함할 수도 있다는 점에서 더 일반적이라고 할 수 있다.

2. 클래스는 객체 생성에 사용할 수 있는 틀이다.
3. 이 클래스는 순환형 큐와 함께 항목의 추가, 항목의 삭제, 큐가 가득 차 있는지에 대한 테스트, 큐가 비어 있는지에 대한 테스트 등을 위한 함수들을 포함할 것이다.

8.7절

1. a. A5 b. A5 c. CA
2. D50F, 2EFF, 5FFE
3. 2EA0, 2FB0, 2101, 20B5, D50E, E50F, 5EE1, 5FF1, BF14, B008, C000
4. 각 항목이 (데이터 셀과 다음 항목을 가리키는 포인터 셀 등) 두 개의 메모리 셀로 구성된 연결 리스트를 순회할 때, DR0S 형식의 명령은 데이터를 읽어오기 위해 사용될 수 있으며, DR1S 형식의 명령은 다음 항목에 대한 포인터를 읽어오기 위해 사용될 수 있다. DRTS 형식의 명령이 사용될 경우, 참조되는 정확한 메모리 셀은 T번 레지스터 안의 값을 변경함으로써 조정할 수 있다.

9장

9.1절

1. 구매부서는 원자재에 대한 추가 주문서를 내기 위해 재고관리 레코드에 관심을 갖는 반면, 회계부서는 장부정리를 위한 정보를 필요로 할 것이다.
2. 데이터베이스 모델은 실제 조직 자체보다 응용 프로그램과 호환성 있는 조직적 관점에서 데이터베이스를 제공한다. 따라서 데이터베이스 모델의 정의는 데이터베이스를 추상적 도구로 사용할 수 있도록 만드는 첫 단계이다.
3. 응용 소프트웨어는 사용자의 요청을 응용 프로그램 용어에서 데이터베이스 관리 시스템이 지원하는 데이터베이스 모델에 맞춘 용어로 변환시켜준다. 데이터베이스 관리 시스템은 이러한 요청을 다시 실제 데이터베이스 활동으로 변환시킨다.

9.2절

1. a. G. Jerry Smith b. Cheryl H. Clark c. S26Z
2. 답안 예:

```
TEMP ← SELECT from JOB
where Dept ="PERSONNEL"
LIST ← PROJECT JobTitle from TEMP
```

시스템에 따라서는 이러한 명령들을 수행한 결과로 인사부서에 특정 직함이 여럿 있을 경우 그 수만큼 직함이 반복되어 나타날 것이다. 즉, 결과 리스트에 비서라는 직함이 여러 번 포함되어 있을 수도 있다. 그러나 결과로 얻어진 관계에서 중복되는 튜플들을 제거하도록 PROJECT 연산을 설계하는 것이 보다 일반적이다.

3. 답안 예:

```
TEMP1 ← JOIN JOB and ASSIGNMENT
                  where JOB.JobId = ASSIGNMENT.JobId
TEMP2 ← SELECT from TEMP1
                  where TermDate ="*"
TEMP3 ← JOIN EMPLOYEE and TEMP2
                  where EMPLOYEE.EmplId = TEMP2.EmplId
RESULT ← PROJECT Name, Dept from TEMP3
```

4.
```
SELECT JobTitle
  FROM Job
  WHERE Dept = 'PERSONNEL';
SELECT Employee.Name, Job.Dept
  FROM Job, Assignment, and Employee
  WHERE (Job.Job = Assignment.JobId) and
    (Assignment.EmplId = Employee.EmplID)
    and (Assignment.TermDate = '*');
```

5. 모델 자체는 데이터 독립성을 제공하지 않는다. 데이터 독립성은 데이터베이스 관리 시스템의 특성이다. 데이터 독립성을 갖기 위해서는 실제 조직이 변경되더라도 데이터베이스 관리 시스템이 응용 소프트웨어에게 일관성 있는 관계형 조직을 제시할 수 있어야 한다.

6. 공통 속성을 통해서 여러 관계들이 결합될 수 있다. 예를 들면, 이 절의 EMPLOYEE 관계는 EmplId 속성을 통해 ASSIGNMENT 관계와 결합되어 있으며, ASSIGNMENT 관계는 JobId 속성을 통해 JOB 관계와 결합되어 있다. 이렇게 관계들을 연결하기 위해 사용되는 속성들은 때로 연결 속성이라고 불린다.

9.3절

1. StartDate를 지정하고 읽어오는 메서드나 TermDate를 지정하고 읽어오는 메서드가 있을 수 있다. 전체 근무 기간을 보고하는 메서드를 제공할 수도 있다.
2. 지속성 객체는 무기한으로 저장되는 객체를 말한다.
3. 한 방식은 재고관리상의 각 제품 유형을 위한 객체를 확립하는 것이다. 각 객체에 대해

해당 제품에 대한 전체 재고, 가격, 미결 주문들에 대한 포인터 등을 유지할 수 있다.

4. 이 절의 앞부분에서 언급되었듯이 객체지향 데이터베이스는 관계형 데이터베이스에 비해 복합적 데이터 타입들을 보다 쉽게 처리한다. 그리고 객체들이 질문에 대답함에 있어 능동적 역할을 수행하는 메서드들을 포함할 수 있다는 사실로 인해 객체지향 데이터베이스는 단순히 데이터만 저장하는 관계들로 이루어지는 관계형 데이터베이스에 비해 이점을 갖는다.

9.4절

1. 일단 트랜잭션이 커밋 시점에 이르게 되면, 데이터베이스 관리 시스템은 데이터베이스에 대해 완전한 트랜잭션이 수행되도록 감독하는 책임을 수용한다. 커밋 시점에 이르지 않은 트랜잭션은 이러한 보장을 받지 못하며, 문제가 발생할 경우 트랜잭션이 다시 제출되어야 할 수도 있다.
2. 한 가지 방식은 잠시 동안 트랜잭션의 교차적 실행을 멈추고 현재 진행 중인 모든 트랜잭션을 완료시키는 것이다. 이렇게 함으로써 나중에 연쇄 롤백이 발생하더라도 이 시점에서 끊게 된다.
3. 트랜잭션들을 차례로 실행할 경우 최종 잔고는 $100가 될 것이다. 두 번째 트랜잭션이 원래의 잔고를 읽은 후와 새로운 잔고를 저장하기 전의 시간 동안 첫 번째 트랜잭션이 실행될 경우 최종 잔고는 $200가 될 것이다. 첫 번째 트랜잭션이 원래의 잔고를 읽은 후와 새로운 잔고를 저장하기 전의 시간 동안 두 번째 트랜잭션이 실행될 경우 최종 잔고는 $300가 될 것이다.
4. a. 다른 어떤 트랜잭션도 배타적 접근을 하고 있지 않다면, 공유 접근이 허용될 것이다.

   b. 다른 트랜잭션이 이미 어떤 형태로든 접근을 하고 있다면, 데이터베이스 관리 시스템은 새로운 트랜잭션을 기다리게 하거나 또는 다른 트랜잭션들을 롤백시키고 새로운 트랜잭션에 접근을 허용할 수 있다.
5. 두 개의 트랜잭션이 각기 서로 다른 항목에 배타적 접근을 확보하고 있는 상태에서 상대 트랜잭션이 접근을 확보한 항목에 대한 접근을 요구할 경우 교착상태가 발생할 것이다.
6. (로그 기록을 사용하여) 위의 트랜잭션 중 하나를 롤백시키고 다른 트랜잭션에 롤백되는 트랜잭션이 확보하고 있던 데이터 항목에 대한 접근을 허용함으로써 위의 교착상태를 제거할 수 있다.

9.5절

1. 처음 몇 단계는 아래 그림과 같다.

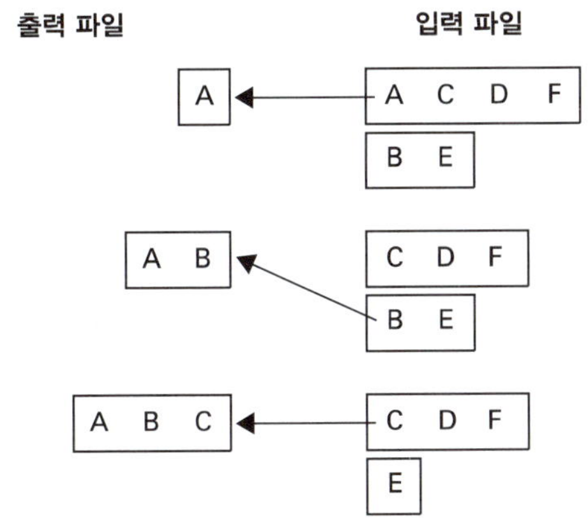

2. 핵심 아이디어는 먼저 파일을 각기 한 개의 레코드를 포함하는 여러 파일들로 나누어 저장하는 것이다. 그런 다음 단일 레코드 파일들의 쌍을 묶어 병합 알고리즘을 적용한다. 이 결과로 파일의 수는 절반으로 줄어들 것이며, 각 파일에는 두 개씩의 레코드가 정렬 상태로 포함될 것이다. 이 파일들을 다시 쌍으로 묶어 병합 알고리즘을 적용할 수 있다. 또 다시 파일의 수는 줄고 크기는 늘어나며, 각 파일은 정렬 상태에 있게 된다. 이를 반복하면 최종적으로 모든 레코드를 정렬된 상태로 포함하는 하나의 파일을 얻게 된다. (이 과정의 어느 단계에서나 파일의 개수가 홀수일 경우, 남는 파일은 그대로 두었다가 다음 단계에서 더 큰 파일과 쌍을 이루게 하면 된다.)

3. 파일이 테이프나 CD에 저장될 경우, 물리적 구성은 순차적일 가능성이 높다. 그러나 파일이 자기디스크 상에 저장되어 있을 경우, 파일은 여러 섹터들에 흩어져 저장될 수 있으며, 이 경우 파일의 순차적 특성은 파일을 저장하는 섹터들이 기록된 리스트나 포인터 시스템에 의해 지원되는 개념적 성질이다.

4. 먼저 파일의 인덱스에서 목표 키를 찾은 다음, 그곳에서 목표 레코드의 위치를 얻는다. 그런 다음 해당 위치의 레코드를 읽는다.

5. 해시 함수를 잘못 선택하면 보통의 경우보다 더 많은 클러스터링이 발생하여 더 많은 오버플로가 발생하게 된다. 대용량 저장장치의 각 구역에서 오버플로는 연결 리스트로 구성되며, 오버플로 레코드를 통한 검색은 기본적으로 순차파일에 대한 검색과 같다.

6. 구역 할당은 다음과 같다.

a. 0	b. 0	c. 3	d. 0	e. 3
f. 3	g. 3	h. 3	I. 3	j. 0

따라서 모든 레코드는 0번 버킷과 3번 버킷으로 해시되며, 1, 2, 4, 5번 버킷은 비게 된다. 여기에서의 문제는 사용되는 버킷의 수 6과 키 값은 공통 인수 3을 갖는다는

것이다. (이 키 값들에 대해 7개의 버킷을 사용하여 다시 해시해보고 어떻게 개선되는지 살펴보라.)

7. 여기에서 요점은 사람들을 365개의 그룹으로 나누기 위해 해시 알고리즘을 적용하고 있다는 것이다. 물론 이 해시 알고리즘은 각자의 생일을 계산하는 것이다. 놀라운 사실은 생일이 같은 두 사람이 존재할 확률이 ½이 되기 위해 필요한 사람의 수가 23명에 불과하다는 것이다. 해시 파일의 관점에서 보면, 레코드들을 365개의 대용량 저장장치 버킷들로 해시할 때 23개의 레코드가 입력된 후 클러스터링이 발생할 확률이 높다는 것이다.

9.6절

1. 동적 데이터에서 패턴을 검색하는 것은 문제가 많기 때문이다.
2. 클래스 기술 – 특정 잡지 구독자들의 특성을 식별한다.
   클래스 구별 – 두 잡지의 구독자를 구분하는 특성을 식별한다.
   클러스터 분석 – 비슷한 구독자를 갖는 경향이 있는 잡지들을 식별한다.
   연계성 분석 – 여러 잡지의 구독자들과 서로 다른 구매 습관 사이의 연결성을 식별한다.
   이상치 분석 – 일반 구독자의 프로필에 맞지 않는 잡지 구독자들을 식별한다.
   순차 패턴 분석 – 잡지 구독 추세를 식별한다.
3. 이 데이터 큐브는 매출 데이터를 월별 매출, 지역별 매출, 제품 유형별 매출 등으로 볼 수 있게 한다.
4. 전통적인 데이터베이스 질의는 데이터베이스에 저장된 사실을 검색하는 것인 데 비해, 데이터마이닝은 사실들 사이의 패턴을 찾는다.

9.7절

1. 여기에서 중요한 것은 이 질문에 대한 대답과 다음 문제에 대한 대답을 비교하는 일이다. 두 문제는 기본적으로 동일한 질문을 제기하지만, 문제에서 들고 있는 상황에 차이가 있다.
2. 앞 문제의 해답을 참고하라.
3. 정보의 공유가 이루어지지 않았을 경우 받지 못했을 어떤 기회에 대한 홍보나 광고 자료를 받을 수도 있고, 귀찮은 권유나 범죄의 대상이 될 수도 있다.
4. 여기에서 중요한 것은 자유 언론은 데이터베이스의 남용 사실이나 남용 가능성에 대해 경고할 수 있으며 따라서 여론 형성에 일정 역할을 할 수 있다는 것이다. 본문에 인용된 대부분의 경우에서 대중에 경고함으로써 바로잡는 조치를 주도한 것은 자유 언론이었다.

10장

10.1절

1. 영상처리는 2차원 이미지의 분석을 다루며, 2D 그래픽은 2차원 모양을 이미지로 변환하는 일을 다루며, 3D 그래픽은 3차원 장면을 이미지로 변환하는 일을 다룬다.
2. 일반 촬영은 실제 장면에 대한 이미지를 만들어내는 데 비해, 3D 그래픽은 가상장면에 대한 이미지를 만들어낸다.
3. 첫 번째 단계는 가상장면의 구축이며, 두 번째 단계는 이미지를 얻는 것이다.

10.2절

1. 모델링(장면의 구축), 렌더링(그림 생성), 화면 표시(그림을 화면에 표시).
2. 이미지 윈도우는 이미지를 구성하는 투상 평면 부분이다.
3. 프레임 버퍼는 이미지의 인코딩을 담고 있는 메모리 영역을 말한다.

10.3절

1. 마름모
2. 절차형 모델은 물체 구축을 지시하는 프로그램 단위이다.
3. 잔디밭, 돌로 만들어진 산책로, 전망대, 나무, 관목, 구름, 태양, 배우. 여기서의 요지는 하나의 장면 그래프의 범위를 강조하자는 것으로 장면 그래프가 수많은 세부사항을 포함할 수 있다는 것이다.
4. 모든 물체들을 다각형 메시로 표현함으로써 렌더링 프로세스에 동일한 방법을 적용할 수 있다. (대부분의 경우 렌더링은 물체 자체를 렌더링하는 대신 평면형 패치들을 렌더링하는 방식을 취한다.)
5. 재질 매핑은 2차원 이미지에 물체 표면 특성을 연계시키는 수단이다.

10.4절

1. 정반사광은 표면에서 직접 반사되는 빛을 말한다. 난반사광은 표면에서 흩어지는 빛을 말한다. 주변광은 정확한 광원을 갖지 않는 빛을 말한다.
2. 클리핑은 가시부피 안에 들어오지 않는 물체를 (또는 물체 부분을) 버리는 작업이다.
3. 하이라이트가 패치의 중앙 부분에 나타나야 한다고 하자. 이 하이라이트는 패치의 중앙 지점에서 특정 표면 방향에 의해 발생한다. 구로 음영법은 패치 경계선상의 표면 방향만을 고려하므로, 이러한 하이라이트를 찾지 못할 것이다. 그러나 퐁 음영법

은 패치 내부의 표면 방향을 결정하려고 시도하므로 이러한 하이라이트를 찾을 수도 있다.

4. 렌더링 파이프라인은 렌더링에 대한 표준적 방식을 제공하며, 이는 궁극적으로 보다 효율적인 렌더링 시스템으로 이어질 것이다. 특히 렌더링 파이프라인은 펌웨어로 구현될 수 있으며, 이는 소프트웨어로 구현될 때에 비해 훨씬 신속하게 수행될 수 있음을 의미한다.
5. 이 문제의 목적은 미리 결정되어 있는 어떤 구체적인 답을 요구하는 것이라기보다는 지역 조명 모델과 전역 조명 모델 사이의 차이에 대해 생각해보라는 것이다. 생각해 볼 수 있는 한 방법은 거울을 투명하다고 간주하고 반사될 물체의 복제본을 거울 뒤쪽에 두는 것이다. 또 다른 방법은 거울 속의 이미지를 일종의 투하 그림자로 취급하는 것이다.

10.5절

1. 우리가 관심을 갖는 것은 이미지 윈도우에 도달하는 광선뿐이다. 광원에서 출발한다면 어떤 광선들을 추적해야 할지 알 수 없을 것이다.
2. 분산 광선 추적법은 다수의 광선들을 추적함으로써 일반 광선 추적법에 의해 원천적으로 발생되는 반짝이는 모습을 피하자는 것이다.
3. 래디오시티법은 시간이 많이 걸리며, 정반사 효과를 반영하지 못한다.
4. 광선 추적법과 래디오시티법 모두 전역 조명 모델을 구현하며, 둘 다 많은 계산량을 요한다. 그러나 광선 추적법이 반짝이는 표면을 만들어내는 경향이 있는 반면, 래디오시티법은 탁한 표면을 만든다.

10.6절

1. 이 문제에 정답은 없다. 영상의 잔상이 0.2초 지속될 경우 초 당 5개의 프레임을 투상한다면, 각 프레임은 다음 프레임이 투상되기 직전에 사라질 것이다. 이는 어쩌면 깜박이는 이미지를 초래하여 오래 보기에는 불편하겠지만 애니메이션 효과를 만들어 주기는 할 것이다. (사실, 프레임 수를 줄일수록 조잡한 애니메이션이 만들어진다.) 초 당 5개의 프레임은 초 당 24개의 프레임을 사용하는 영화 표준치에 비해 훨씬 적은 것임을 유의하기 바란다.
2. 스토리보드는 원하는 애니메이션 시퀀스에 대한 "그림 개요"에 해당한다.
3. 동화생성은 핵심 프레임 사이의 간극을 채워주는 프레임들을 생성하는 작업이다.
4. 동역학은 운동을 힘의 결과로 분석하는 역학 분야이다. 운동역학은 운동을 초래하는 힘은 무시하고 운동을 분석하는 역학 분야이다.

11장

11.1절

1. 이 장에서 소개된 사례에는 반사적 행위, 실세계 지식에 기초한 행위, 학습, 인식 등이 있다.
2. 이 문제의 취지는 이 사항에 대해 확정적인 대답을 요구하는 것이 아니라 지능의 존재에 대한 논의가 얼마나 미묘한 문제인지를 보여주기 위한 것이다.
3. 대부분의 사람들은 이 질문에 그렇지 않다고 대답하겠지만, 만일 비슷한 상황에서 사람이 동일한 제품을 나누어주는 경우라면 인식이 존재한다고 주장했을 것이며, 이 경우 무엇이 다른지 설명하기 곤란할 것이다.
4. 이 문제에 대해 올바른 정답은 없다. 대부분의 사람들은 기계가 최소한 지능적인 것처럼 보인다는 사실에는 동의할 것이다.
5. 이 문제에 대해 올바른 정답은 없다. 사람의 대화를 모방하도록 설계되는 대화 로봇들이 짧은 시간 동안이라도 의미 있는 대화를 이어나가는 것은 어려우며, 대화 로봇을 기계로 판정하는 것은 쉬운 일이다.

11.2절

1. 원격 제어의 경우, 시스템은 단지 영상을 중계하기만 하면 되지만, 조종 등에 자체적으로 영상을 이용하기 위해서는 영상의 의미를 로봇이 "이해할" 수 있어야 한다.
2. 그림의 한 부분에 대해 가능한 해석들이 다른 부분에 대한 해석들과 맞지 않는다. 이러한 통찰력을 프로그램 안에 내장시키기 위해서는 다양한 선들의 접합점에 대한 가능한 해석들을 분리한 다음, (각 접합점에 대해) 호환성 있는 해석의 집합을 찾는 프로그램을 작성할 수 있을 것이다. 사실 생각해보면 이것이 우리가 감각적으로 이러한 그림을 해석하는 방법일 것이다. 여러 가능한 해석들을 맞추기 위해 노력하는 동안 우리 눈은 그림의 양끝 사이를 오가며 자세히 그림을 쳐다보게 될 것이다. (이 주제에 관심이 있다면 허프만(D. A. Huffman), 클로우스(M. B. Clowes), 왈츠(D. Waltz) 등의 저술을 읽어보기 바란다.)
3. 이 그림에는 네 개의 블록이 있지만, 그 중 세 개만 드러나 있다. 요점은 외견상 단순한 개념을 이해하는 데에도 상당한 "지능"이 필요하다는 것이다.
4. 이러한 예에서와 같이 의미상의 미묘한 구분은 자연어 이해 분야에서 아주 어려운 문제이다.
5. 이 문장은 말의 종류를 기술하는 문장일 수도 있고, 사람들이 무엇을 하고 있는지 설명하는 문장일 수도 있다.

6. 구문 분석 과정만으로는 동일한 구조를 얻겠지만, 의미 분석을 통해 첫 번째 문장에서 전치사절은 울타리를 세운 장소를 나타내는 반면, 두 번째 문장에서는 언제 울타리를 세웠는지를 말하고 있다는 것을 알 수 있다.

7. 이들은 남매 사이이다.

11.3절

1. 프로덕션 시스템은 다양한 문제에 대한 일관된 접근 방법을 제공한다. 즉, 원래 형태로는 외견상 달라 보이더라도 프로덕션 시스템을 사용하여 재구성된 모든 문제는 상태 그래프에서 경로 찾기 문제로 귀결된다.

2.

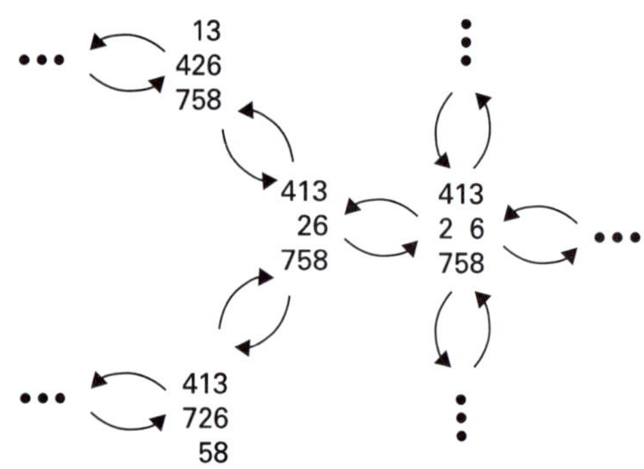

3. 이 탐색 트리는 네 번의 이동을 나타내는 깊이를 갖는다. 트리의 윗부분은 아래와 같다.

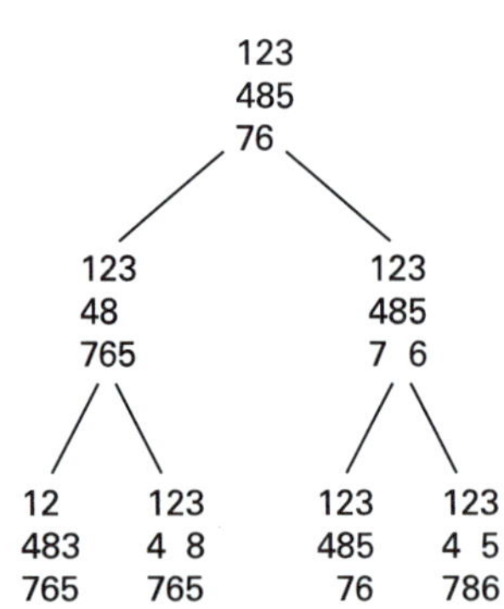

4. 이 작업은 너무 많은 시간과 지면을 필요로 한다.

5. 8-퍼즐을 풀기 위한 우리의 휴리스틱 시스템은 등반가의 경우와 같이 인근 상황의 분석에 기초하고 있다. 주변 지형만을 토대로 경로를 설정하는 등반가가 잘못된 길로 빠질 수 있듯이 우리 알고리즘이 이 절의 예에서 처음에 잘못된 경로로 진행할 수 있는 것도 이러한 근시안성으로 인한 것이다. (이러한 유사성으로 인해 국지적 또는 인근 정보만을 토대로 사용하는 휴리스틱 시스템을 언덕 등반(hill-climbing)

시스템이라고 부른다.)

6. 이 시스템은 목적 상태에 이를 때까지 5번, 6번, 8번 타일을 시계방향 또는 반시계 방향으로 회전시킨다.

7. 여기에서의 문제는 기존의 휴리스틱 체계가 빈칸을 제자리를 벗어난 타일들에 인접하도록 유지하는 것의 가치를 무시하고 있다는 것이다. 만일 빈칸이 올바른 위치의 타일들로 둘러싸여 있다면, 제자리를 찾아가려는 타일들을 이동시키기 전에 올바른 위치에 있는 타일 중 일부를 움직여야 한다. 따라서 빈칸 주변의 타일들이 실제로 올바른 위치에 있는 것으로 간주하는 것은 정확하지 않다. 이러한 결함을 고치기 위해 먼저 관찰해야 할 것은 제자리에 있기는 하지만 제자리를 벗어난 타일들로부터 빈칸을 막고 있는 타일은 제자리에서 이동했다가 나중에 다시 돌아가야 한다는 사실이다. 따라서 빈칸과 가장 가까운 제자리를 벗어난 타일 사이에 있는 올바른 위치의 각 타일은 최소한 두 번의 이동이 필요하게 된다. 따라서 예상 비용 계산을 다음과 같이 수정할 수 있다.

   먼저 예상 비용을 전과 같이 계산한다. 그러나 빈칸이 제자리를 벗어난 타일들과 떨어져 있을 경우, 빈칸과 제자리를 벗어난 타일 사이의 최단 경로를 구하고, 이 경로 상의 타일 수에 2를 곱한 결과를 앞의 예상 비용에 더한다.

   이 시스템을 사용할 경우, 그림 11.10의 단말 노드들의 예상 비용은 (왼쪽에서부터) 6, 6, 4가 되며, 처음부터 올바른 가지를 탐색하게 된다. 그러나 새로운 시스템도 완벽하지는 않다. 예를 들어 아래 그림의 구성을 살펴보자. 해답은 5번 타일을 아래로 밀고, 위의 두 행의 타일들을 올바른 위치에 올 때까지 시계 방향으로 회전시키고, 5번 타일을 다시 위로 밀고, 마지막으로 8번 타일을 제자리에 위치시키는 것이다. 그러나 새로운 휴리스틱 시스템에 따르면 8번 타일을 이동하는 것으로 시작하게 되는데, 이 이동의 예상 비용은 6이고 다른 옵션들은 예상 비용이 8이기 때문이다.

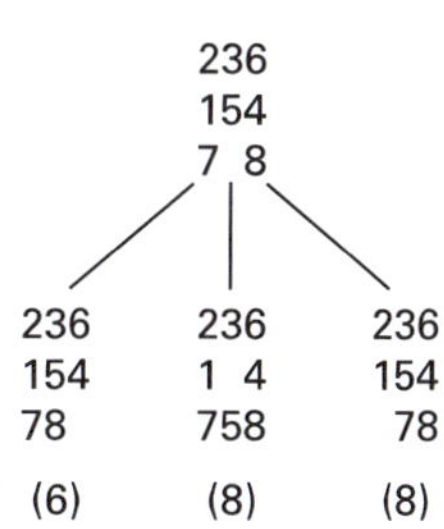

8. 최적 적합 알고리즘이 찾는 해는 Leesburg에서 Dayton을 거쳐 Bedford로 가는 경로이다. 이 경로는 가장 짧은 경로가 아니다.

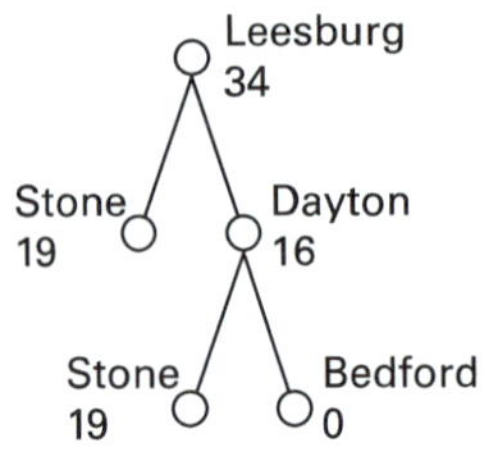

9. 발견된 해는 Leesburg에서 Stone을 거쳐 Bedford로 가는 경로이다. 이 경로는 가장 짧은 경로가 맞다.

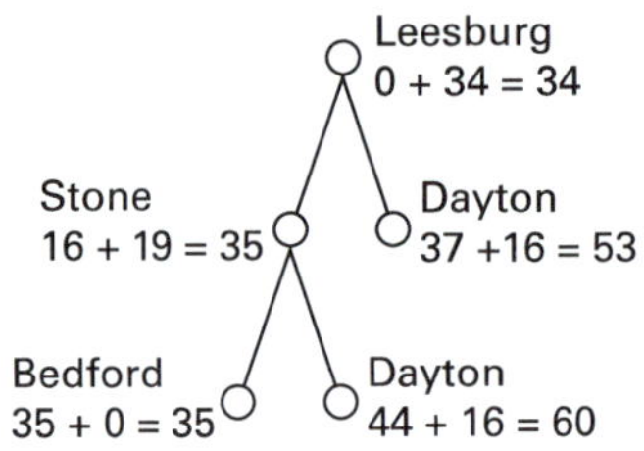

11.4절

1. 실세계 지식은 사람이 이해하고 추론할 때 사용하는 주변 환경에 관한 정보이다. 이러한 정보를 표현, 저장, 검색하기 위한 방법을 개발하는 것이 인공지능 연구의 중요 목표 중 하나이다.
2. 폐쇄계 가정을 이용한다.
3. 프레임 문제란 사건들이 발생하면서 컴퓨터의 지식 저장소를 올바르게 갱신하는 문제를 말한다. 이 작업은 많은 사건들이 간접적 결과를 파생시킨다는 점으로 인해 더욱 복잡해진다.
4. 모방 학습, 지도 학습, 강화 학습. 강화 학습은 사람의 직접적 개입을 필요로 하지 않는다.
5. 전통적인 기법들의 결과로 단일 컴퓨터 시스템이 도출된다. 진화적 기법들은 여러 세대의 시험적 시스템들을 도출하며 이 중에서 하나의 "적합한" 시스템을 발견할 수 있다.

11.5절

1. 패턴 1, 0은 출력으로 1을 생성하며, 그 외의 모든 패턴들은 출력으로 0을 생성한다.
2. 각 입력의 가중치를 1로 설정하고 이 단위의 임계값은 1.5로 설정한다.
3. 본문에서 식별된 중요한 문제 중 하나는 훈련 과정이 동일한 조정들을 계속 반복할 수 있다는 것이다.

11.6절

1. 완전한 행동 계획을 개발하는 대신, 반응적 접근 방식에서는 옵션들이 발생하기를 기다렸다가 결정을 내린다.
2. 여기에서 중요한 것은 로봇 공학이 얼마나 광범위한 분야인지에 대해 생각해보자는 것이다. 로봇 공학은 전체 인공지능 영역과 다른 분야들의 다양한 주제들을 포함한다. 로봇 공학의 목표는 이동성을 갖추고 있고 주변 환경에 대해 지능적으로 반응할 수 있는 순수하게 자율적인 기계를 개발하는 것이다.
3. 내부의 제어와 물리적 구조.

11.7절

1. 정답이 있는 문제가 아니다.
2. 정답이 있는 문제가 아니다.
3. 정답이 있는 문제가 아니다.

12장

12.1절

1. 부울 연산 AND, OR, XOR. 사실 1장에서 이 함수들을 소개하기 위해 테이블을 사용한 바 있다.
2. 대출 할부금, 원의 면적, 자동차의 마일리지 등의 계산.
3. 수학자들은 이러한 함수들을 초월함수(transcendental function)라고 부른다. 초월함수의 예에는 로그 함수와 삼각함수 등이 있다. 이러한 함수들을 계산할 수는 있지만, 대수식을 이용하지는 않는다. 예를 들면, 삼각함수는 실제로 관련 삼각형을 그리고, 변들의 길이를 측정한 다음, 비율 계산을 위한 나눗셈 정도에 대수 연산을 이용하여 계산된다.
4. 한 예는 임의의 각을 3등분하는 문제이다. 즉, 고대 그리스 수학자들은 임의의 주어진 각의 $\frac{1}{3}$ 크기를 갖는 각을 구성하는 데 실패하였다. 요지는 그리스의 자와 컴퍼스 계산 시스템도 역시 한계가 있는 시스템의 한 예라는 것이다.

12.2절

1. 결과는 아래 다이어그램으로 표현될 수 있다.

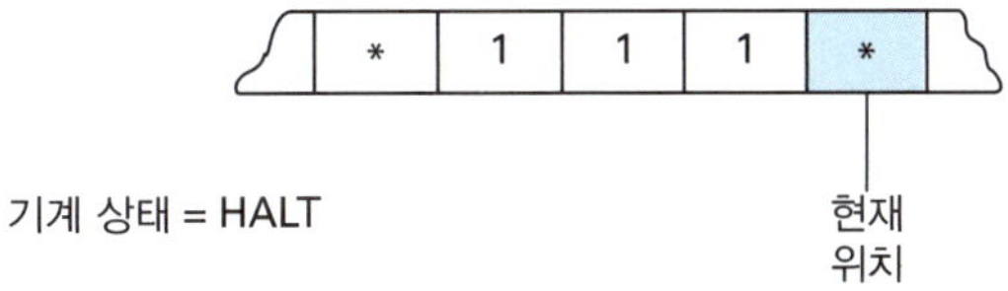

2.

현재 상태	현재 셀 내용	쓸 값	이동 방향	다음 상태
START	*	*	왼쪽	STATE 1
STATE 1	0	0	왼쪽	STATE 2
STATE 1	1	0	왼쪽	STATE 2
STATE 1	*	0	왼쪽	STATE 2
STATE 2	0	*	오른쪽	STATE 3
STATE 2	1	*	오른쪽	STATE 3
STATE 2	*	*	오른쪽	STATE 3
STATE 3	0	0	오른쪽	HALT
STATE 3	1	0	오른쪽	HALT

3.

현재 상태	현재 셀 내용	쓸 값	이동 방향	다음 상태
START	*	*	왼쪽	SUBTRACT
SUBTRACT	0	1	왼쪽	BORROW
SUBTRACT	1	0	왼쪽	NO BORROW
BORROW	0	1	왼쪽	BORROW
BORROW	1	0	왼쪽	NO BORROW
BORROW	*	*	오른쪽	ZERO
NO BORROW	0	0	왼쪽	NO BORROW
NO BORROW	1	1	왼쪽	NO BORROW
NO BORROW	*	*	오른쪽	RETURN
ZERO	0	0	오른쪽	ZERO
ZERO	1	0	오른쪽	ZERO
ZERO	*	*	이동 없음	HALT
RETURN	0	0	오른쪽	RETURN
RETURN	1	1	오른쪽	RETURN
RETURN	*	*	이동 없음	HALT

4. 이 문제의 요지는 튜링 기계의 개념이 "계산의 수행"이라는 의미를 나타낸다는 것이다. 즉, 계산 작업이 이루어지는 상황이 발생할 때마다, 어떤 튜링 기계의 요소와 활동이 존재해야 한다는 것이다. 예를 들면, 소득세를 계산하는 사람은 계산을 수행하는 것이다. 이때의 계산 기계는 사람이며, 값들을 기록하는 종이는 테이프를 나타낸다.

5. 다음 테이블로 기술되는 튜링 기계는 짝수 입력이 주어질 때는 멈추지만, 홀수 입력이 주어질 때는 멈추지 않는다.

현재 상태	현재 셀 내용	쓸 값	이동 방향	다음 상태
START	*	*	왼쪽	STATE 1
STATE 1	0	0	오른쪽	HALT

STATE 1	1	1	이동 없음	STATE 1
STATE 1	*	*	이동 없음	STATE 1

12.3절

1.
```
clear AUX
incr AUX
while X not 0:
   clear X
   clear AUX
while AUX not 0:
   incr X
   clear AUX
```

2.
```
while X not 0:
   decr X
```

3.
```
copy X to AUX
while AUX not 0:
   S1
   clear AUX
copy X to AUX
invert AUX (문제 1번을 참고하라)
while AUX not 0:
   S2
   clear AUX
while X not 0:
   clear AUX
   clear X
```

4. X는 주소가 40인 메모리 셀을 가리키고 각 프로그램은 주소 00에서 시작한다고 가정하면, 다음과 같은 변환표를 갖게 될 것이다.

	주소	내용
clear X	00	20
	01	00
	02	30
	03	40

	주소	내용
incr X	00	11
	01	40

	02	20
	03	01
	04	50
	05	01
	06	30
	07	40

	주소	내용
decr X	00	20
	01	00
	02	23
	03	00
	04	11
	05	40
	06	22
	07	01
	08	B1
	09	10
	0A	40
	0B	03
	0C	50
	0D	02
	0E	B1
	0F	06
	10	33
	11	40

	주소	내용
while X	00	20
not 0:	01	00
·	02	11
·	03	40
·	04	B1
	05	WZ
.	.	
.	.	
.	.	
	WX	B0
	WY	00

5. 실제 컴퓨터에서와 마찬가지로 기본 골격 언어에서도 인코딩 체계를 사용하여 음수들을 다룰 수 있다. 예를 들면, 각 비트 열에서 가장 오른쪽 비트는 부호 비트로 사용될 수 있으며, 나머지 비트들은 값의 크기 표현에 사용될 수 있다.

6. 이 함수는 곱하기 2를 나타낸다.

12.4절

1. 그렇다. 사실 이 프로그램은 변수들의 초기 값에 상관없이 정지하며, 따라서 변수들이 프로그램 자신의 인코딩 표현으로 초기화될 때도 정지해야 한다.
2. 이 프로그램은 X의 초기 값이 1로 끝날 경우에만 정지한다. 세미콜론에 대한 ASCII 표현은 00111011이므로 이 프로그램의 인코딩 버전은 1로 끝나며, 따라서 이 프로그램은 자체 종료성을 갖는다.
3. 이 문제의 요지는 이 논리가 정지 문제는 알고리즘적 해법을 갖지 않는다는 논증에서 사용된 것과 같다는 것이다. 주택 도색업자가 자신의 집을 도색한다면, 자신의 집을 도색하지 않는 결론이 나오며, 또 자신의 집을 도색하지 않는다면, 자신의 집을 도색한다는 결론이 나오는 모순이 생긴다.

12.5절

1. 이 문제의 복잡도는 $O(2^n)$에 속한다고만 결론 내릴 수 있다. 만일 이 문제를 해결하기 위한 "최선의 알고리즘"이 $\Theta(2^n)$에 속하는 것을 보일 수 있다면, 이 문제가 $\Theta(2^n)$에 속한다고 결론 내릴 수 있다.
2. 그렇지 않다. 일반적인 규칙으로 $\Theta(n^2)$에 속하는 알고리즘은 $\Theta(2^n)$에 속하는 알고리즘보다 좋은 성능을 보일 것이다. 그러나 작은 입력 값들에 대해서는 기하급수적 알고리즘이 때로 다항식적 알고리즘보다 나은 성능을 보일 경우도 있다. 사실 작은 입력 값들만 사용되는 응용에서는 다항식적 알고리즘보다 기하급수적 알고리즘이 선호되는 경우도 있다.
3. 요점은 소위원회의 수가 기하급수적으로 증가한다는 것이며, 모든 가능성을 다 나열하는 일이 힘든 작업이라는 것이다.
4. 다항식적 문제 클래스에 정렬 문제가 속하며, 정렬 문제는 삽입 정렬과 같은 다항식적 알고리즘으로 해결될 수 있다. 비다항식적 문제 클래스에는 주어진 위원회에서 구성될 수 있는 모든 소위원회를 나열하는 작업이 속한다. 모든 다항식적 문제는 NP 문제이기도 하다. 외판원 문제는 아직 다항식적 문제인 것으로 밝혀지지 않은 NP 문제의 한 예이다.
5. 그렇지 않다. 우리가 사용하는 *복잡도(complexity)*라는 용어는 알고리즘이 얼마나 이해하기 어려운지를 나타내는 것이 아니라 알고리즘 실행에 요구되는 시간을 기준으로 하고 있다.

12.6절

1. $211 \times 313 = 66043$
2. 메시지 101은 5에 대한 2진 표현이다. $5^e = 5^5 = 15625$. $15625 \% 91 = 64$의 2진

표현은 1000000이다. 따라서 1000000이 메시지 101의 암호화된 버전이다.

3. 메시지 10은 2에 대한 2진 표현이다. $2^d = 2^{29} = 536870912$. 536870912 % 91 = 32의 2진 표현은 100000이다. 따라서 100000이 메시지 10의 복호화된 버전이다.

4. $n = p \times q = 7 \times 19 = 133$. d를 구하기 위해 $k(p-1)(q-1) + 1 = k(6 \times 18) + 1 = 108k + 1$이 $e = 5$로 나누어떨어지는 양의 정수 값 k가 필요하다. $k = 1$과 $k = 2$ 등은 적합하지 않지만, $k = 3$일 때 $108k + 1 = 325$가 되어 5로 나누어떨어진다. 이때의 몫 65가 d의 값이 된다.

Index

ㅇ

ㅈ

ㅊ

ㅋ

ㅌ

영문

기타